JN416782

물 권 법

김 민 중 저

법 영 사

머 리 말

법학을 공부할 때에 누구나 가장 먼저 접하는 동시에 가장 중요한 과목 중 하나가 민법이다. 흔히 많은 학생이 민법에 대한 공부를 출발로 하여 본격적인 법학공부를 시작하게 된다. 그러나 민법은 총칙에서부터 물권법, 채권법, 가족법까지 공부하여야 할 분야가 대단히 넓다. 또한 기존의 교재는 거의 대부분 이해하기가 몹시 난해한 내용과 체계로 되어 있어 몇 년을 공부하고도 민법을 제대로 알기는 쉽지 않다.

로스쿨의 도입과 함께 새로운 법학교육이 모색되고 있으므로, 역시 민법교육에도 새로운 타입의 교재가 반드시 요구된다고 본다. 로스쿨이 시작된 이후 몇 년 동안 민법분야를 강의하면서 종래와는 다른 방법으로 강의를 하여야 할 필요성을 느끼게 되었다. 특별히 판례나 케이스를 통한 살아있는 민법교육의 필요성이 절실하다는 사실을 깨달게 되어 강의 때마다 판례와 사례를 중심으로 강의록을 새롭게 마련하고, 그 강의록을 체계적으로 정리한 결과가 바로 이 책이다. 아직은 로스쿨에 필요한 법학교육의 올바른 방법이 무엇인지를 속단할 수는 없다. 다만 비록 국내법이 대륙법계에 속한다고 할지라도 판례는 법학에서 가장 중요한 학습자료의 하나라는 사실은 누구도 부인할 수 없다. 물론 판례가 법학공부에 필요한 유일무이한 자료는 아니므로, 법학공부가 판례에만 집중되어야 할 필요는 없다. 그러나 법학교육에서 판례의 학습이 절대적으로 필요하다고 하지 않을 수 없고, 특히 판례를 공부할 때에는 법조문을 외우듯, 판결요지만을 외우는 태도는 바람직하지 않다고 본다. 기존의 교재나 판례집에서는 흔히 판결요지만을 소개하고 있는 경우가 많다. 하지만 판결요지만을 가지고 판례이론을 제대로 이해하기는 부족한 경우가 많고, 간혹 위험하기도 하다. 판례를 제대로 이해하려면 적어도 해당되는 분야에 관한 리딩 케이스에 관해서는 우선 사실관계를 파악하고, 법원은 그 문제에 대하여 평소 어떤 태도를 취하고 있는가, 그 판례에서는 법원이 어떤 태도를 취하고, 그 판례가 그 문제에 관한 법이론과 관련하여 어떤 의미를 가지고 있는가 등을 전체적으로 조감하여야 한다.

바로 이 책에서 가장 중점을 둔 내용이 판례학습과 리딩 케이스의 사실관계를 통한 사례학습이다. 물권법에서 다루어지는 중요한 법률문제에 관한 리딩 케이스를 찾아 학습에 필요한 한도에서 사실관계를 정리하여 판례의 내용을 중심으로 그 법률문제를 해결하여 나가는 이른바 「케이스 스터디」에 중점을 두고 이 책을 저술하였다. 다만 물권법의 교과서로서의 성질상 전체가 판례의 소개나 케이스에 대한 해결로만 이루어질 수는 없으므로, 물권법, 더 나아가서는 민법 전반에 대한 체계적 이해를 위하여 필요한 개념이나 학설의 대립 등도 될 수 있는 한 폭넓게 정리하였다.

저자는 이 책이 많은 학생을 바른 민법공부로 향도하는 역할을 할 수 있기를 희망한다. 다만 저자가 바라는 희망이 제대로 달성될 수 있는가 하는 여부는 최종적으로 독자의 판단에 맡겨진 문제라고 생각되며, 부족한 부분은 독자의 질정을 받아 지속적으로 다듬고 고칠 계획이다. 그리고 이 책의 출간에 대하여 격려와 조언을 준 모든 분에게 진심으로 고맙다는 인사를 전하고 싶다. 특히 이 책의 출간을 위하여 연구비를 지원해준 전북대에 대하여도 사의를 전한다("이 저서는 2011년도 전북대학교 연구교수 연구비 지원에 의하여 연구되었음"). 또한 흔쾌히 이 책의 출간을 허락해 주시고, 편집은 물론 목차와 색인, 표지 등에 이르기까지 세심히 신경을 써주신 법영사 여러분에게 심심한 사의를 표한다.

2014년 8월

김 민 중

차 례

제Ⅰ장

물권 총론

제 Ⅰ 장
물권 총론

제 1 절 서 론

Ⅰ. 물권법의 의의

인간이 생존하기 위하여는 외계의 물건을 이용하고 지배하여야 한다. 다만 인간의 욕망은 무한하므로, 외계의 유한한 물질과 무한한 인간의 욕망 사이에 혼란이 생기지 않도록 하기 위하여는 재화에 대한 인간의 지배관계나 이용관계를 규율하는 법률이 필요하다. 바로 물권법은 재화에 대한 인간의 지배관계나 이용관계를 규율하는 사법이다.

인간의 재화에 대한 지배와 이용은 인류역사의 시초부터라고 할 수 있고, 역시 재화의 지배나 이용에 대한 질서도 인류가 지구상에서 사회생활을 시작한 때로부터 요구된 사실을 부인할 수 없다. 우선 인류사회가 수렵사회에서 농경사회로 변천하는 과정에서는 토지가 생산수단으로 결정적인 중요성을 갖게 된 결과로 토지의 유한성을 전제로 한 토지의 이용질서가 물권적 제도의 중심적 내용으로 등장하고, 근대사회에서는 자본주의를 중심으로 발달한 상품생산을 통하여 소비물자에 대한 물권제도가 성립·정착되게 된다. 특히 소비문화가 고도로 발달한 현대사회에서는 공장제 생산을 전제로 하여 대량으로 제조되는 생산물에 대한 물권제도의 의의도 강조되고 있다.

Ⅱ. 물권법의 내용

1. 형식적 의미의 물권법

물권법을 형식적 의미로 파악하면 민법전 제2편 「물권」편의 규정을 가리킨다. 민법전의 물권편은 총칙, 점유권, 소유권, 지상권, 지역권, 전세권, 유치권, 질권, 저당권의 9장 188개 조항으로 구성되어 있다.

민법 물권편의 내용을 각 장별로 도표를 통하여 알기 쉽게 정리하면 아래와 같다.

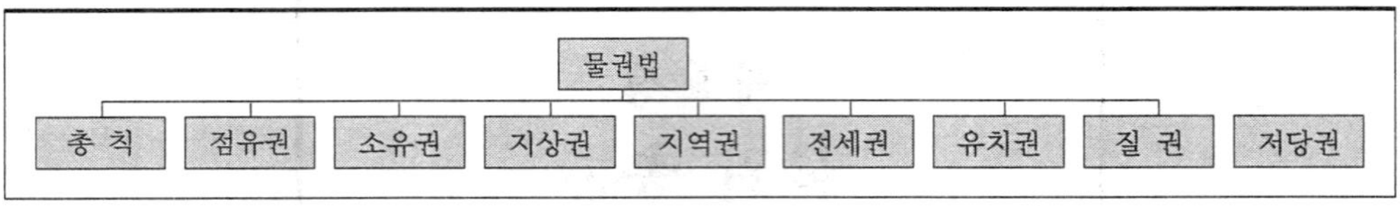

2. 실질적 의미의 물권법

실질적 의미로는 민법전 중 물권편의 규정과 관계없이 인간이 물건을 직접적으로 지배하는 관계인 물권관계를 규율하는 모든 규정을 물권법이라고 이해한다. 보통 강학상 물권법이라고 하면 실질적 의미의 물권법을 지칭하며, 다만 그 중심은 민법전 중 물권편(형식적 의미의 물권법)이 된다.

Ⅲ. 물권법의 특질

1. 채권법과 비교한 물권법의 특징

① 강행규정성　　채권법에서는 사적 자치 내지 계약자유의 원칙이 지배하고, 물권법에서는 사적 자치가 허용되는 범위가 극히 좁다. 특히 물권법에서는 사회적 정의의 실현을 위한 공법적 규제가 많다. 그러므로 채권법은 대체로 임의법규이고, 물권법은 강행법규가 대부분이다.

② 고유법성　　채권법은 세계공통적인 보편적 성격을 갖고,[1] 물권법은 각국의 고유한 관습과 전통에 의한 고유법의 색채가 강하다. 민법전의 물권편에서 특히 고유법의 색체가 가장 강한 부분으로는 전세권에 관한 규정(§§303-319)을 들 수 있다.[2]

2. 물권법의 로마법적 요소와 게르만법적 요소

물권법은 일반적으로－채권법과 비교하여－각국의 고유한 전통과 관습에 의하여 강한 영향을 받고 있는 분야에 속한다. 다만 현행의 물권법은 관습법 기타 관습에 의하여 규율

1) 예컨대 채권법의 세계적인 통일화작업의 일환으로 한국에서도 지난 2005년 3월 1일부터 시행되고 있는 유엔국제물품매매협약(United Nations Convention on Contracts for the International Sale of Goods, CISG)을 비롯하여 국제상사계약원칙(Principles of International Commercial Contracts. PICC)이 있고, 유럽에서는 유럽계약법원칙(Principles of European Contract Law. PECL), 유럽사법의 원칙·정의·모델규칙: 공통참조기준초안(Principles, Definitions and Model Rules of European Private Law: Draft Common Frame of Reference, DCFR) 등이 있다.

2) 전세권은 본래 관행적으로 채권관계로 규율되어 온 전세(이른바 채권적 전세)를 물권의 일종으로 성문화한 제도로서 외국의 입법례에서는 거의 찾아볼 수 없는 한국민법의 특유한 제도이다(전세권과 유사한 권리로 대만민법에 전금[典價]을 지급하고 타인의 부동산을 사용, 수익하며 타인이 회수하지 아니하는 때에는 그 부동산의 소유권을 취득하는 「전권」(典權)이 있다).

될 수 있는 분야를 제외하고는 고유법성이 약하며, 대부분 대륙의 물권법, 특히 독일물권법을 계수하고 있다. 물권법의 모법이라고 할 수 있는 독일물권법은 로마법적 요소와 독일고유법인 게르만법적 요소가 혼재하고 있다. 역시 현행의 물권법도 내부적인 내용은 주로 독일물권법에 그 기초를 두고 있는 한편, 외부적인 체계는 로마법에 아주 비슷한 형태를 취하여 로마법적 요소와 게르만법적 요소를 함께 가지고 있다.

로마법은 개인주의적 사상에 입각하여 추상적 지배권으로서의 소유권을 중심으로 물권법을 파악하고, 게르만법은 게베레(Gewere)라고 하는 개념을 통하여 소유권과 점유를 일체로 파악한다. 민법전에서 물권법을 지배하는 로마법적 요소로는 (i) 소유권과 점유의 대립, (ii) 개인주의적 소유권개념, (iii) 소유권과 제한물권의 구별을 들 수 있다. 반면에 물권법에 반영된 게르만법적 요소로는 (i) 부동산과 동산의 구별, (ii) 부동산등기제도, (iii) 선의취득, (iv) 합유와 총유의 인정에 관한 규정 등이 있다.

제 2 절 물권의 본질

Ⅰ. 물권의 의의

1. 물권은 재산권이다

물권은 채권과 함께 재산권에 해당한다. 다만 물권은 일정한 재화를 직접적·배타적·독점적으로 지배할 수 있는 권리이고, 반면에 채권은 특정인의 행위를 청구할 수 있는 권리이다.

2. 물권은 지배권이다

물권은 가장 전형적인 지배권으로 권리주체가 스스로 객체를 지배하는 권리이다. 지식재산권은 물권은 아니지만 지배권으로 물권에 준하여 취급된다.

3. 물권은 절대권이다

물권은 특정의 상대방이 없고 일반인을 의무자로 하여 모든 자에게 주장할 수 있는 권리로서 절대권이다. 절대권에는 배타성·독점성에 의한 대세적 효력이 있다. 그러나 채권은 특정인에 대한 청구권에 지나지 않는 상대권으로 배타성이나 독점성이 없고, 대인적 효력, 즉 대인효(對人效)를 가질 뿐이다.

물 권	채 권
절대권 지배권 우선성·배타성	상대권 청구권 평등성

[더 생각할 과제 - 물권은 절대권이고, 채권은 상대권인가]

물권은 절대권이고 채권은 상대권이라는 구분에 대하여는 부정하는 견해도 있다. 부정설은 절대권과 상대권을 제3자에 의한 권리침해로 불법행위가 성립하는가 아닌가에 따라서 구분하여 채권도 권리인 이상 불가침성을 가지며, 제3자에 의한 채권침해에 대하여 물권과 같이 역시 불법행위가 성립하므로, 물권은 절대적이고 채권은 상대적이라는 구별은 무의미하다고 본다. 그러나 다수설인 긍정설은 절대권이라는 개념을 모든 사람에 대하여 주장할 수 있는 권리로 이해하고, 상대권이라는 개념을 특정인에 대하여만 주장할 수 있는 권리로 이해하여 물권은 절대권이고 채권은 상대권이라고 본다.

Ⅱ. 물권의 특질

① 직접성 물권은 특정의 물건을 직접 지배하는 권리이다. 직접적인 물건의 지배가 물권의 특질이다. 물건을 「직접」 지배한다는 의미는 타인의 행위를 매개하지 않고 직접 물건으로부터 일정한 이익을 얻는다는 사실을 가리킨다. 예컨대 타인의 토지를 이용하기 위하여 지상권을 설정한 경우와 임대차계약을 체결한 경우를 비교하면 물권을 가지는 지상권자는 토지소유자와 무관하게 직접 토지를 사용할 수 있으나, 채권을 가지는 토지임차인은 채무자인 토지임대인의 이행이 있어야 비로소 임대목적물인 토지를 이용할 수 있다.

	대상	배타성	공시	종류·내용
물권	物件	있다	필요	법률에 의하여 결정된다.
채권	人	없다	불필요	당사자가 자유로 결정할 수 있다.

② 절대성 물권에 대하여는 특정한 의무자가 없고 물권은 모든 사람에 대하여 주장할 수 있는 절대성을 지닌다. 물권의 절대성이란 한편 예를 들어 소유자가 특정인에게만 소유자이고 나머지 다른 사람에 대하여는 소유자가 아니라고 할 수 없다시피 물권을 가지는 자는 그 물권을 누구에 대하여도 주장할 수 있다는 의미이고, 다른 한편 물권은 누구의 침해로부터도 보호된다는 의미이다.

③ 배타성 물권은 배타성을 가진다. 그러므로 물권은 같은 목적물에 대하여 같은 내용의 권리가 복수로 성립할 수 없다. 예를 들어 같은 부동산 위에 여럿의 저당권이 성립할 수 있지만, 등기의 선후에 의하여 순위(예컨대 1번저당권·2번저당권·3번저당권)가 결정되므로, 원칙적으로 같은 내용의 권리라고 할 수 없다.

[더 생각할 과제 - 채권의 비배타성]

채권에서는 같은 내용의 권리가 얼마든지 복수로 성립할 수 있다. 예컨대 대중강연을 잘하기로 소문난 저명한 김교수가 A단체와 B단체를 각 상대방으로 하여 같은 날 같은 시각에 다른 장소에서 강연을 해 주기로 하는 내용으로 계약을 체결하더라도 A단체와 B단체는 김교수에 대하여 같은 내용의 채권을 취득할 수 있다.

④ 특정성 물권의 특질로서 특정성이 있다. 특정성이란 물권은 확정적·개별적인

물건에 관하여만 성립할 수 있다는 의미이다. 물권에 대한 특정성의 원칙은 다시 물권은 확정된 물건에만 성립할 수 있다는 「確定의 原則」, 물권은 개별적인 물건에 관하여만 성립할 수 있다는 「個別의 原則」으로 구분된다.

⑤ 우선성 물권에는 항상 우열관계가 있다. 물론 물권과 채권이 서로 충돌하는 경우에는 항상 물권이 채권에 우선하는 효력이 있다. 그리고 내용이 서로 양립할 수 없는 2개 이상의 물권이 충돌하는 경우에는 먼저 성립한 물권이 후에 성립한 물권보다 우선한다.[3)]

⑥ 강한 양도성 채권에도 양도성이 인정되나(민법 제449조 제1항 본문은 "채권은 양도할 수 있다"고 천명하고 있다), 물권은 전형적인 재산권으로 양도성이 강하다. 특히 채권은 당사자의 약정에 의하여 양도가능성을 배제할 수 있지만, 물권은 약정에 의하여 그 양도성을 배제할 수 없는 특질을 지니고 있다.

Ⅲ. 물권의 주체·객체

1. 물권의 주체

자연인과 법인이 권리 혹은 법률관계의 주체로 인정되고 있다시피 물권의 주체도 역시 자연인과 법인이 해당된다.

2. 물권의 객체

(1) 물 건

1) 물건의 의의

물권의 객체는 원칙적으로 물건이다(§§192·211·279). 물권의 객체가 물건이라고 하는 의미에서 물권을 「對物權」이라고 한다. 민법상 물건이란 유체물 및 전기, 그 밖에 관리할 수 있는 자연력을 의미하므로(§98), 유체물 및 전기, 그 밖에 관리할 수 있는 자연력에 물권이 성립한다.

2) 유체물과 자연력

유체물은 의심할 여지없이 물권의 객체에 해당한다. 대표적으로 동산이나 토지, 건물과 같은 부동산은 유체물로서 물권의 객체가 된다. 그러나 공기·해양·유수는 유체물이지만 배타적 지배가 불가능하여 물권의 객체가 될 수 없다. 역시 관리가능한 자연력(예: 전기·냉기·열·광·원자력)도 민법상 동산으로 취급되고(§§99 II·98), 자연력도 배타적 지배나 관

---

3) 물권의 우열관계에서는 「시간에 있어서 앞서면 권리에 있어서 앞선다」(First in time, first in right)라는 원칙이 적용된다.

리가 가능한 한 소유권 기타 물권의 객체가 될 수 있다.

(2) 권 리

민법은 재산권의 준점유(§210), 재산권을 목적으로 하는 권리질권(§345), 지상권·전세권을 목적으로 하는 저당권(§371 I)과 같이 권리를 물권의 객체로 인정하고 있는 경우도 있다.

(3) 발명·저작 등 비유체적 이익

발명·저작과 같은 지능적 창조물은 물건에 해당하지 아니하여 물권의 객체가 되지 못하지만, 특허권·저작권과 같은 지배권의 일종인 지식재산권의 객체가 된다.

(4) 광구·어장

광구에서 일정한 광물을 채굴·취득하는 권리인 광업권·조광권이나 어장에서 수산동식물의 채포·양식을 위한 사업을 독점적·배타적으로 할 수 있는 어업권이 특별법에 의하여 인정되고 있다(광업법 §§9의2·47, 수산업법 §2). 다만 광업권·조광권이나 어업권은 토지나 바다 또는 광물이나 수산물을 직접 지배하지 아니하고, 그 대상물을 채굴·채포하여 소유권을 취득할 수 있는 권리로서 특히 「준물권」(準物物)이라고 부른다.

> A광업회사는 B지방자치단체의 소유에 속한 갑임야에 대하여 광업권설정등기를 마쳤다. 그런데 C전력회사가 B지방자치단체로부터 갑임야의 일부를 철탑부지로 사용하기 위하여 군유재산대부승낙을 받아 대부계약을 체결하고, 철탑부지 위에 송전철탑 및 전선을 설치하여 관리하여 오고 있었다. A광업회사는 C전력회사에 대하여 송전철탑 및 전선의 철거를 구할 수 있는가?

광업권은 등록을 한 일정한 토지의 구역(광구)에서 등록된 광물을 지중으로부터 채굴·취득하는 권리로서 준물권이라고 한다. 다만 광업권은 어디까지나 지중의 광물을 독점적이고도 배타적으로 채굴·취득할 수 있는 권리일 뿐 광업권의 효력이 토지의 지표에도 당연히 미친다고 볼 수는 없다. 광업권자가 지표의 토지를 사용하기 위해서는 토지소유자와 사법상의 계약을 체결하여 토지사용권을 취득하거나, 광업법의 규정에 따라서 토지의 사용·수용권을 취득하지 않으면 안 된다. 광업권자로서는 토지의 지표의 사용에 관한 다른 배타적인 권원이 없는 한, 적법한 권원에 기하여 광구의 지표에 설치된 영조물에 대하여는 광업권에 기한 방해배제청구로써 그 철거를 구할 수는 없다.

사례에서는 A광업회사가 광업권자로서 광업권을 받았다는 이유만으로는 그 광구의 지표에 대하여도 당연히 배타적인 지배권을 가질 수는 없다. 그러므로 B지방자치단체로부터 적법하게 철탑부지를 임차하여 사용하고 있는 C전력회사에 대하여 A광업회사가 송전철탑 및 전선의 철거를 구하기 위하여는 광업권 이외에 C전력회사에게 대항할 수 있는 다른 권원이 있어야 한다. A광업회사가 토지사용권에 관한 토지소유자와의 사법상의 계약을 체결하지 아니하고, 광업법의 규정에 따른 토지사용·수용권을 취득한 바가 없다고 하면 광업권자인 A광업회사로서는 광업권을 받았다는 사유만으로는 그 광업권에 기하여 직접 송전철탑 및 전선의 철거를 구할 수 없다.

3. 일물일권주의

(1) 일물일권주의의 의의

1) 서 설

1개의 물건 위에는 그 내용이 양립할 수 없는 물권이 오직 하나만 존재할 수 있다는 원칙을 일물일권주의라고 한다. 일물일권주의에 의하여 하나의 물건은 예를 들어 하나의 소유권의 객체가 될 수 있을 뿐이다.

구체적으로 표현하면 물건의 일부에는 하나의 독립한 물권이 성립할 수 없고, 또한 수개의 물건의 전체 위에 독립한 하나의 물권이 성립할 수 없다. 예를 들어 1동의 건물은 그 전체를 경매허가의 대상으로 삼아야 하고, 그 일부분을 분리하여 따로 경매허가의 대상으로 삼을 수는 없다.[4] 다만 가령 「매립토지 중 해변 최근지 70평」을 양도받기로 한 경우에는 70평에 해당하는 지분이전등기청구가 가능하다.[5]

2) 일물일권주의를 인정하는 이유

왜 일물일권주의가 필요한가? 일물일권주의는 (i) 물건의 일부나 집합 위에 하나의 독립한 물권을 인정하여야 할 사회적 필요성이 없고, (ii) 물건의 일부나 집합 위에 하나의 물권을 인정한다면 그 공시가 곤란하거나 공시를 혼란하게 할 염려가 있다는 이유로 인정된다.

3) 일물일권주의의 예외

(a) 서 언

물건의 일부나 여러 물건의 집합 위에 하나의 독립한 물권을 인정하여야 할 사회적 필요성이 없다고는 할 수 없다. 그러므로 일물일권주의에 대한 예외로서 물건의 일부에 관하여도 하나의 물권이 성립하는 경우가 있고, 또한 여럿의 물건의 집합이 하나의 물건으로 취급되어 독립한 물권의 객체가 되는 경우도 있다. 다만 일물일권주의의 예외를 인정하기 위해서는 (i) 물건의 일부나 여러 개의 물건의 집합 위에 하나의 독립한 물권을 인정하여야 할 사회적 필요성이 인정되어야 하고, (ii) 물건의 일부나 여러 개의 물건의 집합 위에 성립하는 하나의 독립한 물권에 대한 공시가 가능하여야 한다.

법률상 물건의 일부에 대하여 물권이 인정되는 경우도 있다. 실제로 전세권은 가옥이나 점포의 일부를 목적으로 하는 경우가 많다는 사정을 고려하여 건물의 일부에 대한 전세권의 성립이 인정된다. 또한 건물의 일부분은 독립하여 물권의 객체가 될 수 없으나, 예외적으로 1동의 건물의 일부가 구조상으로나 이용상으로 다른 부분과 구분되는

---

4) 대법원 1990.10.11. 자 90마679 결정.

5) 대법원 1992.10.23. 선고 91다40238 판결.

독립성이 있는 경우에는 구분소유권의 객체가 될 수 있다(§215, 집합건물의 소유 및 관리에 관한 법률 §1).[6]

(b) 토지의 일부

a) 토지의 개수

토지는 본래 끊이지 않고 하나로 이어져 있으나, 법기술적으로 1필·2필과 같이 「필」(筆)단위로 하여 하나의 물건으로 인정된다. 인위적으로 토지의 지표에 선을 그어서 경계로 삼고 구획되어 지적공부인 토지대장이나 임야대장에 등록된 각 구역을 「필」로 계산하여 독립한 지번을 부여하고, 독립된 지번이 부여된 1필의 토지를 1개의 토지라고 한다.

b) 지적법상 분필절차를 거치지 아니한 분필등기의 효력

토지의 일부에 대하여는 직접적 지배를 확정할 수 없고 공시가 곤란하여 물권의 객체는 1개의 독립한 토지가 아니면 안된다. 일물일권주의에 의하여 1필의 토지의 일부에 대하여는 물권이 성립할 수 없고, 토지의 일부를 처분하기 위하여는 먼저 분필등기(分筆登記)를 하여야 한다. 가령 1필의 토지의 일부를 매매계약의 대상으로 한 경우에는 그 물권적 효력은 분필절차를 밟아 분필등기를 하기 이전에는 인정되지 아니한다.

본래 A의 소유였던 갑임야가 등기부상으로는 을임야와 병임야로 분필등기된 후 을임야에 관하여는 B 앞으로 소유권이전등기가 마쳐졌고, 병임야에 관하여는 C 앞으로 소유권이전등기가 마쳐졌다. 그러나 임야대장과 임야도상에는 갑임야가 을임야와 병임야로 분할되어 등록되어 있지 않았다. 갑임야에 관한 분필등기는 유효한가? [대법원 1990.12.7. 선고 90다카25208 판결]

1필의 토지의 분필은 어떤 절차로 이루어지는가? 부동산등기법은 1부동산 1등기기록의 원칙을 채택하여 1필의 토지에 대하여는 1개의 등기기록을 두도록 규정하고 있다(부동산등기법 §15 I). 그리고 부동산등기법과 「측량·수로조사 및 지적에 관한 법률」(이하 '지적법'이라 칭한다)에 의하면 모든 토지는 필지마다 소재·지번·지목·면적·경계 또는 좌표 등을 조사·측량하여 지적공부에 등록함으로써 비로소 등기의 목적이 될 수 있다(지적법 §64). 지적공부에 등록할 소재·지번·지목·면적·경계 또는 좌표 등은 행정관청(지적공부를 관리하는 시장, 군수)이 결정하며(지적법 §§66·67), 토지의 분필을 하고자 할 때에는 새로이 지적측량을 하여 각 필지의 소재·지번·지목·면적·경계 또는 좌표 등을 정하도록 되어 있다(지적법 §79).

토지의 개수는 지적법에 의한 지적공부상의 토지의 필수를 표준으로 하여 결정되므로, 1필의 토지를 수필의 토지로 분할하여 등기하려면 먼저 지적법이 정하는 바에 따라서 분할의 절차를 밟아 지적공부에 각 필지마다 등록이 되어야 한다. 지적법상의 분필절차를 거치지 아니한 한 1개의 토지로서 등기의 목적이 될 수 없고, 설사 등기부에만 분필의 등

6) 대법원 2008.9.1. 자 2008마696 결정.

기가 실행되었다고 하여도 이로써 분필의 효과가 발생할 수는 없다. 결국 지적법상 분필절차를 거치지 아니한 분필등기는 1부동산 1등기기록의 원칙에 반하는 등기로서 무효라고 하여야 한다. 사례에서 B 앞으로의 소유권이전등기와 C 앞으로의 소유권이전등기는 결국 1개의 토지인 갑임야의 일부에 대한 등기에 다름 아닌 경우이므로 1부동산 1등기기록의 원칙에 반하여 그 효력이 없다.

c) 용익물권의 경우

용익물권은 분필절차를 밟지 않은 경우에도 1필의 토지의 일부 위에 설정될 수 있다(부동산등기법 §§69·70·72).[7] 또한 토지의 지하 또는 지상의 공간을 대상으로 하는 구분지상권도 성립할 수 있다(§289의2). 그리고 땅 속의 암석이나 토사는 토지의 구성부분으로서 토지의 일부일 뿐이며 독립한 물건이 아니고, 채굴 기타 방법으로 토지로부터 분리된 때에 비로소 독립한 동산이 된다. 다만 땅 속의 일정한 광물은 토지소유권의 객체가 될 수는 없으나, 광업권이라는 별개의 배타적인 권리의 객체가 된다(광업법 §§2·5).

(c) 건물의 일부

a) 서 언

건물은 가장 대표적인 토지의 정착물로서 부동산에 해당한다(§99). 법률상 건물은 토지로부터 완전히 독립한 별개의 부동산으로 취급되어(부동산등기법 §15) 건물은 토지와는 다른 별개의 부동산이다. 만일 타인의 토지에 무권한으로 건물을 건축하여도 토지에 부합하지 아니한다. 건축중인 건물이 언제부터 하나의 독립한 건물로서의 부동산이 되는가가 문제되나, 판례는 독립한 부동산으로서의 건물이라고 하기 위해서는 최소한의 기둥과 지붕 그리고 주벽이 이루어지면 된다고 본다.[8]

건물의 일부분, 즉 차양·덧문·주차시설 등과 같은 건물의 구성부분은 독립하여 물권의 객체가 될 수 없다. 다만 1棟의 建物의 一部가 구조상 주거·점포·창고 기타 건물의 용도로 이용될 수 있는 독립성, 즉 구조상·이용상의 독립성을 갖춘 경우에는 소유권의 객체가 될 수 있다(§215, 집합건물의 소유 및 관리에 관한 법률 §1). 구조상, 이용상 독립성을 갖추지 못한 건물의 일부분은 비록 집합건축물관리대장에 독립한 별개의 구분건물로 등록되어 있고 부동산등기부상에도 구분소유권의 목적으로 등기되어 있다고 하더라도 구분소유권의 객체가 될 수 없다.

A주식회사는 자동차전시장을 신축하였는데, 그 자동차전시장은 건물에 부설된 지상 3층 규모의 철골구조물로 된 주차시설인데, 철제에이치빔(H-beam)으로 기둥을 세우고 바닥에 철판을 깔고 차량이 주차할 수 있는 공간을 페인트로 선을 그어 구획하여 놓았으며, 각층 전면의 절반 가량의 높이에 철판을 잇대어 가려 놓았을 뿐 벽이라고 볼만한 시설은 없었다. 한편 B는 자동차전시장을 신축한 A주식회사로부터 자

7) 건물 중 1층부분에 국한하여 전세권설정등기를 할 수 있다(대법원 1962.3.22. 선고 4294민상1297 판결).

8) 대법원 2003.5.30. 선고 2002다21592 판결.

> 동차전시장의 일부분에 페인트로 선을 그어 구획하여 놓은 특정구획부분을 매수하였다. 그 후 B와 C 사이의 임대차계약을 통하여 C가 대표이사로 있는 D주식회사가 자동차전시장 특정구획부분을 사용하다가 임대차계약이 종료된 후에도 D주식회사가 계속 점유하며 사용하고 있었다. B는 D주식회사에 대하여 자동차전시장 특정구획부분에 대한 소유권에 기하여 반환을 청구하고, 그 점용에 따른 임료 상당의 부당이득반환을 청구할 수 있는가? [대법원 2011.6.30. 선고 2009다30724 판결]

본래 물권은 법률 또는 관습법에 의하는 외에는 임의로 창설하지 못한다(§185). 그리고 하나의 물권의 객체는 하나의 물건이여야 함이 원칙이고, 다만 민법 제215조와 집합건물법의 규정에 의하여 건물은 그 일부분이 구분소유권의 객체가 될 수 있다. 그리고 최소한의 기둥과 지붕 그리고 벽이 이루어져야만 독립한 부동산으로서의 건물의 요건을 갖추게 된다.9)

사례에서 자동차전시장은 주차시설로서 벽이라고 볼만한 시설이 없으므로, 독립한 부동산인 건물로서의 요건을 갖추지 못하고 구분소유의 객체가 될 수 없다. 그러므로 자동차전시장의 일부분에 페인트로 선을 그어 구획하여 놓은 자동차전시장 특정구획부분이 자동차전시장의 다른 부분과 구분되는 B의 소유라고 단정할 수 없다. 또한 B가 자동차전시장을 신축한 A주식회사로부터 그 특정구획부분을 분양받거나 매수한 경우라고 하여 달리 볼 수 없다. 자동차전시장 특정구획부분이 B의 소유라고 단정할 수 없으므로, B는 소유권에 기하여 D주식회사에게 자동차전시장 특정구획부분의 인도를 청구하거나, 그 점용에 따른 임료 상당의 부당이득의 반환을 청구할 수 없다.

b) 경매에서 건물의 일부만을 분리하여 매각허가한 조치의 적부

> A가 소유하는 갑건물은 1동의 주택 및 창고와 부속건물 4동이 한 개의 건물로 등기되어 있었고, 미등기인 창고 2동이 있었다. 그런데 법원이 등기된 건물 중 원채인 주택 및 창고와 부속건물 중 1동을 제외한 부속건물 3동과 미등기인 창고만을 따로 떼어 매각허가하였다. 법원이 건물의 일부만을 분리하여 매각허가한 조치는 유효한가? [대법원 1990.10.11. 자 90마679 결정]

법원은 경매에서 1동의 건물은 그 전체를 매각허가의 대상으로 삼아야 하고, 그 일부분을 분리하여 따로 매각허가의 대상으로 삼을 수는 없다. 만약 경매의 대상이 된 건물인 1동의 주택 및 창고와 부속건물 4동이 한 개의 건물로 등기되어 있고, 미등기인 창고 2동이 있다고 하면 법원이 등기된 건물 중 원채인 주택 및 창고와 부속건물 중 1동을 제외한 부속건물 3동을 따로 떼어 매각허가한 때에는 일물일권주의에 위반되어 위법하다. 역시 미등기인 창고 2동은 만약 그 창고가 등기된 건물에 부속된 경우라면 같은 이유로 위법하고, 따로이 독립된 건물이라면 경매신청이 없는데도 매각을 허가한 허물이 있다.

---

9) 대법원 2007.4.26. 선고 2005다00156 판결 등 참조.

c) 소유권보존등기 중 일부분에 대한 등기말소청구

> A는 갑회사가 신축분양중이던 오피스텔상가 중 1층 101호를 분양받았다가 그 후 분양목적물을 상가 1층 102호로 변경하였다. 그런데 처음 분양받은 1층 101호의 분양면적은 분양계약서상 45평으로 되어 있었으나, 그 45평은 공유면적을 포함한 경우이어서 실제의 전용면적은 그에 훨씬 미치지 못함에도 A는 그 분양면적이 전용면적만으로 45평이 되는 경우인양 분양계약서를 변조한 후 그를 다른 관계서류와 함께 갑회사로부터 분양계약상의 지위를 승계한 을회사에 제시하여 1층 102호의 분양면적이 전용면적 45평, 공유면적 17.10평인 경우처럼 집합건축물대장을 작성하게 한 다음, 그에 기하여 자신 앞으로 소유권보존등기를 마쳤다. 그 결과 1층 102호에 대한 등기부상의 표시 중 전유부분의 면적표시가 A가 실제로 분양받은 면적보다 넓은 45평으로 표시되게 되었다. 을회사는 A에 대하여 1층 102호 중 실제의 분양면적을 초과한 부분에 관한 소유권보존등기의 말소등기절차의 이행을 청구할 수 있는가? [대법원 2000.10.27. 선고 2000다39582 판결]

사례를 보면 A는 분양받은 오피스텔상가 1층 102호의 분양면적이 공유면적을 포함하여 45평으로 실제의 전용면적은 그에 훨씬 못 미치는데도 전용면적 45평, 공유면적 17.10평이라고 서류를 위조하여 소유권보존등기를 마친 사정이 인정된다. 그러므로 처음 오피스텔상가를 분양한 갑회사로부터 분양계약상의 지위를 승계한 을회사가 실제의 분양면적을 초과한 부분에 관한 소유권보존등기의 말소등기를 청구할 수 있는가가 문제된다.

사례에서 문제가 된 부동산인 오피스텔상가 중 1층 102호는 구분소유의 목적이 되는 하나의 부동산이기는 하나, 본래 일물일권주의의 원칙상 각 부동산의 일부분 및 구성부분에는 물권이 성립할 수 없다. 또한 구분 또는 분할의 절차를 거치지 아니한 채 하나의 부동산 중 일부분만에 관하여 따로 소유권보존등기를 행하거나, 하나의 부동산에 관하여 마쳐진 소유권보존등기 중 일부분에 관한 등기만의 말소를 따로 할 수는 없다. 그러므로 1층 102호 45평 중 실제의 분양면적을 초과하는 일부의 면적에 관한 소유권보존등기만의 말소를 구하는 소는 법률상 허용되지 아니하는 부적법한 경우라고 할 수 있다. 만일 부동산에 대한 등기부상의 표시 중 전유부분의 면적표시가 잘못된 때에는 그 잘못된 면적표시를 경정등기의 방법으로 바로 잡아야 하고, 그 잘못 표시된 면적만큼의 소유권보존등기를 말소하는 방법으로 바로 잡을 수는 없다. 결국 을회사는 A를 상대로 실제의 분양면적을 초과하는 일부의 면적에 관한 소유권보존등기의 말소등기절차의 이행을 청구할 수 없다.

(d) 입 목

수목은 원칙적으로 그 생육하고 있는 토지의 정착물로 토지의 일부이고 독립하여 물권의 객체가 되지 못한다.[10] 다만 수목을 토지 위에 생육하고 있는 채로 토지와 분리하여

---

10) 대법원 1971.12.28. 선고 71다2313 판결.

거래하여야 할 필요성에 의하여 「입목에 관한 법률」(이하 '입목법'이라 칭한다)에 따라서 등기된 수목, 즉 입목은 지반인 토지로부터 독립한 별도의 부동산으로 취급한다(입목법 §3 I).

입목으로 등기되지 않은 수목의 집단은 언제나 토지의 일부에 불과한가? 판례에 의하여 명인방법(明認方法)이라는 관습법상의 특수한 공시방법을 갖춘 경우에는 미등기의 수목의 집단도 독립한 부동산으로 취급될 수 있다.

> A 소유의 임야에 편백나무(100그루)가 자라고 있었는데, A는 임야와는 별도로 편백나무만을 B에게 매도하였다. B는 생육하고 있는 편백나무의 소유권을 임야와 떼어서 취득할 수 있는가?

토지에 생립하고 있는 수목이나 수목의 집단도 토지와는 별개로 독립의 거래가치가 있는 경우가 있고, 또한 거래의 필요성이 인정되기도 한다. 그러므로 생육하고 있는 수목이나 수목의 집단을 하나의 물건으로 취급하여 물권의 성립을 인정할 필요가 있다.

우선 「입목에 관한 법률」이 있다. 토지에 부착된 수목의 집단으로서 그 소유자가 입목법에 의하여 소유권보존의 등기를 받은 입목은 토지와는 별개의 독립한 부동산으로 취급된다. 그러므로 A가 편백나무에 관하여 입목등기를 한 때에는 토지와 분리하여 입목인 편백나무만을 분리하여 양도할 수 있으므로, B는 임야와 떼어서 편백나무만의 소유권을 취득할 수 있다. B에게 편백나무의 소유권만을 취득시킬 수 있을 뿐만 아니라, A는 편백나무만을 저당권의 목적으로 할 수 있다. 그리고 A가 편백나무의 소유권을 B에게 양도한 후에 임야를 C에게 양도하여 C가 임야의 소유권을 취득하거나, 또는 임야 위에 C를 위하여 지상권설정등기가 행하여지더라도 C의 토지소유권 또는 지상권의 효력이 B 소유의 입목에 미치지 아니한다.

모든 수목의 집단에 관하여 입목법에 의한 입목등기를 마칠 수 있지는 않는다. 입목등기가 되지 아니한 수목이나 수목의 집단은 임야와 별개의 독립한 물건이 될 수 없는가? 입목등기를 받지 아니한 수목이나 수목의 집단이라고 하더라도 예외적으로 임야와 떼어서 별개의 물건으로 취급할 수 있다. 바로 관습법상 명인방법을 취하면 된다. 생육하고 있는 수목이나 수목의 집단이라고 하더라도 명인방법을 취하면 임야와는 별개의 독립한 물건으로 취급되어 거래의 대상이 된다.

어느 경우에 명인방법이 인정되는가? 판례를 보면 예컨대 임야 중 2개소에 임야상 모든 입목의 소유자가 OOO임을 표시하는 게시판을 설치한 경우,[11] OOO소유라는 명인간판 10매 내지 30매를 수차 임야 각처에 게시하고, 암석에다 페인트로 OOO소유임을 표시한 경우,[12] 입목만을 매수한 후 그 지반인 임야의 10여개소에 「OOO 매수」라는 표지를 한 경우,[13] 입목에 새끼줄을 치고 요소요소에 소유자를 표시한 경우[14]에 명인방법으로

11) 대법원 1976.12.28. 선고 76다2557 판결.
12) 대법원 1969.11.25. 선고 69다1346 판결.
13) 대법원 1974.6.11. 선고 74다542 판결.
14) 대법원 1976.4.27. 선고 76다72 판결.

인정한다.

사례에서 A가 편백나무에 관하여 입목등기를 하지 아니한 때에는 생육하고 있는 편백나무를 매수한 B가 그 소유권을 취득하기 위하여는 명인방법을 취하여야 한다. 만약 B가 예컨대 임야의 여러 곳에 「입산금지 소유자 OOO」라는 푯말을 써서 붙인 경우라고 하면 입목소유권의 취득을 위한 명인방법으로 부족하다고 할 수 없으므로, B는 편백나무에 대한 소유권을 취득할 수 있다.

입목등기도 없고, B가 명인방법도 취하지 않은 경우에는 어떤가? 비록 AB 사이에 편백나무의 매매에 대하여 유효한 계약이 성립되어 있다고 할지라도, B는 역시 A에 대한 관계에서도 임야로부터 떼어서 편백나무만의 소유권을 취득할 수 없다. 만약 후에 A가 임야의 소유권을 C에게 양도한 때에는 B는 편백나무의 소유권을 C에 대하여 주장할 수 없다.

(e) 미분리의 과실·농작물

미분리의 과실은 수목의 일부에 불과하지만, 명인방법을 갖춘 때에는 독립한 물건으로 물권의 객체가 될 수 있다. 파종후 수개월 내에 수확할 수 있는 농작물은 비록 타인의 토지에 위법하게 경작·재배된 경우에도 토지와는 독립하여 소유권의 객체가 되고, 언제나 경작자에게 속한다.[15]

> A는 B로부터 토지와 떼어서 인삼만을 밭에 심은 그대로 매수하였다. A는 입인삼의 점유를 인도받아 가지고 경작하고 있는 경우에 그 입인삼에 대한 소유권을 취득하는가? 만약 C가 그 후 B로부터 인삼밭 자체를 매수하여 양도받은 경우에 자기가 인삼포의 소유자라고 주장할 수 있는가?

이론상으로는 토지에 생육하고 있는 인삼의 상태로는 독립된 물건이 아니므로, 인삼밭에서 떨어져 별개로 입인삼에 대하여 물권의 성립이 인정될 수 없다. 그러나 관습법상 인정되는 명인방법에 의한 공시방법을 충족하는 때에는 미분리의 입인삼에 대하여도 물권의 성립이 인정된다. 그러므로 토지의 정착물인 입인삼에 대한 소유권취득의 유효요건인 공시방법으로서는 입인삼의 점유이전만으로는 불충분하고, 권리의 변동이 있음을 일반에게 알리는 문구를 기재한 푯말을 인삼포를 통과하는 사람이면 누구나 쉽게 볼 수 있는 곳에 설치하는 명인방법을 갖추어야 한다.

사례에서 A가 입인삼에 대한 소유권을 취득하기 위하여는 명인방법을 갖추어야 한다. 만약 A가 B로부터 인삼포의 점유를 이전받아 경작하고 있다고 하더라도 명인방법을 구비하지 아니한 때에는 C에 대하여 인삼포의 소유권을 주장할 수 없다.

(f) 집합물

집합물이란 본래 별개의 독립한 물건으로 취급되는 물건이 계속적인 공동목적을 위하여 결합하여 거래관념상 일체로 취급되는 물건을 의미한다. 예컨대 창고 내의 동종상품,

15) 대법원 1977.4.12. 선고 76도2887 판결; 대법원 1979.8.28. 선고 79다784 판결.

가축무리, 상점에 진열된 상품, 도서관의 장서 등이 집합물이다.

일물일권주의의 원칙상 물건의 집합이나 집합물 위에는 하나의 물권이 성립할 수 없다. 그러나 물건의 집합이나 집합물 위에 하나의 물권을 인정하여야 할 사회적 필요성이 강하고, 적당한 공시방법을 갖출 수 있는 경우에는 물건의 집합이나 집합물 위에 하나의 물권을 인정하여도 좋다고 본다. 판례도 집합물 위에 하나의 물권의 성립이 가능하다고 보는 예외적인 경우를 인정한다. 대표적인 예로 돈사에서 대량으로 사육되는 돼지,[16] 특정의 양만장 내에 사육·관리되고 있는 뱀장어,[17] 논노회사에서 운영하는 곤지암창고에 보관중인 의류상품[18]과 같은 경우에 유동집합물에 대하여 그 전부를 하나의 재산권으로 보아 유효한 물권(양도담보권)의 설정을 인정하고 있다.

> A는 돼지를 사육하는 양돈업자인데, 사료의 구입 등을 위하여 급히 자금이 필요하게 되었다. A는 B은행으로부터 필요한 자금을 빌릴 때에 돈사에 대량으로 사육하고 있는 돼지를 담보로 제공할 수 있는가?

여러 개의 물건의 집합이나 집합물 위에 하나의 물권을 인정할 수 있는가? 여러 개의 물건의 집합이나 집합물 위에도 하나의 물권을 인정하여야 할 사회적 필요성이 있다. 그러므로 적당한 공시방법이 구비되어 있는 경우에는 여러 개의 물건의 집합이나 집합물 위에 하나의 독립한 물권을 인정하여도 상관없다고 본다.

케이스에서 A는 돈사에서 대량으로 사육되는 돼지를 양도담보계약의 목적물로 삼는 이른바 「유동집합물에 대한 양도담보계약」을 체결하여 B은행에 돼지를 양도담보로 제공할 수 있다. 다만 A가 돈사에서 대량으로 사육되는 돼지를 집합물에 대한 양도담보의 목적물로 삼은 경우에 그 돼지는 번식, 사망, 판매, 구입 등의 요인에 의하여 때때로 증감변동하기 마련이므로 B은행이 그때마다 별도의 양도담보권설정계약을 맺거나 점유개정의 표시를 하지 않더라도, 하나의 집합물로서 동일성을 잃지 아니한 채 양도담보권의 효력은 항상 현재의 집합물 위에 미치게 된다.

(g) 공장, 공장재단·광업재단

> A는 물품의 제조, 가공을 위한 공장을 가지고 있는데, 갑자기 급전이 필요하게 되었다. A는 B은행으로부터 필요한 자금을 차용할 때에 공장의 토지 또는 건물에 설치된 기계, 기구, 그 밖의 공장의 공용물을 일체로 담보로 제공할 수 있는가?

「공장 및 광업재단 저당법」은 공장의 토지나 건물, 공장재단(또는 광업재단)을 구성하는 다수의 기업재산을 하나의 물건으로 취급하여 저당권의 성립을 인정하고 있다. A는 우선 공장의 토지나 건물 위에 B은행을 위하여 저당권을 설정할 수 있다. 만약 A가 공장에 속

16) 대법원 2004.11.12. 선고 2004다22858 판결.
17) 대법원 1990.12.26. 선고 88다카20224 판결.
18) 대법원 1999.9.7. 선고 98다47283 판결.

하는 토지에 저당권을 설정하면 원칙적으로 그 토지에 부합된 물건과 그 토지에 설치된 기계, 기구, 그 밖의 공장의 공용물에 효력이 미친다(A가 공장에 속하는 건물에 설정한 저당권에 관하여도 마찬가지이다).

사례에서 A는 하나 또는 둘 이상의 공장으로 공장재단을 설정하여 저당권의 목적으로 할 수 있다. 본래 (i) 공장에 속하는 토지, 건물, 그 밖의 공작물, (ii) 기계나 기구, 전봇대, 전선, 배관, 레일, 그 밖의 부속물, (iii) 항공기나 선박, 자동차 등 등기나 등록이 가능한 동산, (iv) 지상권 및 전세권, (v) 임대인이 동의한 경우에는 물건의 임차권, (vi) 지식재산권은 각각 별개의 물건이나 권리에 해당하지만, 그 전부나 일부로 공장재단을 구성할 수 있고(공장 및 광업재단 저당법 §13), 그 공장재단은 1개의 부동산으로 보아 소유권과 저당권의 목적이 된다(공장 및 광업재단 저당법 §12). 그러므로 A는 자기의 공장에 속한 토지 또는 건물에 설치된 기계, 기구, 그 밖의 공장의 공용물 등으로 공장재단을 설정하고(공장재단은 공장재단등기부에 소유권보존등기를 함으로써 설정한다), 그 공장재단에 저당권을 설정할 수 있다.

(h) 여러 개의 동산(장래에 취득할 동산을 포함한다)이더라도 목적물의 종류, 보관장소, 수량을 정하거나 그 밖에 그와 유사한 방법으로 특정할 수 있는 경우에는 그 여러 개의 동산을 목적으로 동산담보권이 성립할 수 있다(동산·채권 등의 담보에 관한 법률 §3 II).

제 3 절 물권의 종류

I. 물권법정주의

1. 물권법정주의의 의의

"물권은 법률 또는 관습법에 의하는 외에는 임의로 창설하지 못한다"(§185). 물권의 종류·내용은 민법 기타 법률이나 관습법이 정한 경우에 한하여 인정되고, 당사자가 그 이외의 물권을 자유로 창설할 수 없다고 하는 원칙을 물권법정주의(物權法定主義)라고 한다.

물권법에 적용되는 물권법정주의는 채권법에서 인정되는 계약자유의 원칙과 대조를 이룬다. 채권법에서는 계약자유의 원칙에 따라서 얼마든지 법정의 계약과 다른 새로운 종류의 계약을 창설하거나 다른 내용을 약정할 수 있지만, 물권법에서는 물권법정주의를 채용한 결과로 물권의 종류나 내용결정의 자유가 제한된다.

2. 물권법정주의의 근거

역사적·연혁적으로 근대민법은 봉건시대에서의 대단히 복잡·혼란한 부동산제도, 특히 토지에 대한 지배관계를 정리하여 단순화하고 자유로운 소유권을 확립하여야 할 필요성을 가지고 출발하게 된다. 그러므로 근대민법은 물권법정주의를 통하여 「소유권의 자유」를 방해하는 봉건적 물권제도의 부활을 막고, 소유권 이외의 제한물권에 대하여 한정적 태도를 취하고 있다.

물권은 채권과 달리 독점적이고 배타적인 지배권이므로, 제3자가 그 존재를 명백히 인식할 수 있는 공시방법이 마련되어 있지 않으면 제3자에게 예측하지 않은 손해를 줄 뿐만 아니라, 거래의 안전과 신속을 도모할 수 없다. 그러므로 「공시에 친한」 물권의 종류와 내용을 미리 법률로 한정하여 물권공시의 기능을 가장 확실하게 하기 위하여 물권법정주의가 필요하다.

3. 물권법정주의의 내용

(1) 서 설

민법 제185조에서 「임의로 창설하지 못한다」고 하는 의미는 새로운 종류의 물권을 마음대로 만들지 못하고, 비록 법률 또는 관습법상 인정되는 물권이라고 하더라도 법률상의 규정이나 관습법이 인정하는 내용과 다른 내용으로는 물권을 성립시킬 수 없다고 하는 사실을 가리킨다. 그러므로 물권법정주의에 의하여 물권법에는 종류강제의 원칙과 내용강제의 원칙 두 원칙이 적용되며, 당사자에게 물권의 종류나 내용을 임의로 결정할 수 있는 자유 대신에 오직 종류선택 및 내용선택의 자유만이 인정되고 있다.

(2) 종류강제의 원칙

1) 서 언

종류강제의 원칙이란 물권의 종류는 법률·관습법으로 정하고, 법률·관습법이 인정하지 않는 새로운 물권(예컨대 공중권, 지하권)을 창설하지 못한다고 하는 원칙이다.

2) 민법 제185조에서의 「법률」의 의미

민법 제185조에서 「법률」이라 함은 헌법상 의미하는 법률만을 가리키고, 명령이나 규칙은 포함되지 아니한다. 물권을 법정하고 있는 법률 중 가장 중요한 법률은 물론 민법(물권편)이고, 민법에 규정된 물권으로는 점유권, 소유권, 지상권, 지역권, 전세권, 유치권, 질권, 저당권이 있다.

3) 민법 제185조에서의 「관습법」의 효력

물권은 관습법에 의하여도 창설될 수 있다. 예컨대 분묘기지권, 양도담보권, 관습법상의 법정지상권 등이 관습법에 의하여 인정된 물권이다. 다만 물권에 관한 관습법의 효력에 대하여는 약간 문제가 있다. 민법 제185조의 해석과 관련하여 관습법이 성문법과의 관계에서 어떤 효력을 가지는가에 관하여 학설상 (i) 대등적 효력설, (ii) 변경적 효력설, (iii) 보충적 효력설이 대립하고 있다.

① 대등적 효력설 대등적 효력설(다수설)은 민법 제185조를 민법 제1조의 예외규정으로 이해하여 물권에 관하여는 관습법에 성문법과 대등한 효력이 인정되며, 민법 기타 법률에 규정이 없는 종류나 내용의 물권은 물론, 법률에 규정이 있는 물권과 같은 종류이더라도 그 내용이 다른 물권이 관습법에 의하여 성립할 수 있다고 본다.

② 변경적 효력설 변경적 효력설은 민법 제185조가 규정의 형식으로는 법률상의 물권과 관습법상의 물권을 병렬적·대등적으로 규정하고 있지만, 실제 적용에서는 관습법상의 물권이 법률상의 물권을 변경할 수 있다고 본다.

③ 보충적 효력설 보충적 효력설은 민법 제185조의 관습법도 민법 제1조의 관습법과 같이 보충적 효력만을 가지고 있다고 본다. 보충적 효력설에 의하면 (i) 민법 기타 법률에 규정이 있는 물권과 다른 물권은 관습법에 의하여 성립할 수 없고, (ii) 법률이 특별히 규정을 두고 있지 않은 종류나 내용의 물권만이 관습법상 인정될 수 있다.

(3) 내용강제의 원칙

내용강제의 원칙이란 법률·관습법에 의하여 인정되는 물권이라 하더라도 법률·관습법이 인정하는 내용과 다른 내용은 당사자가 자유로 형성할 수 없다고 하는 원칙이다.

4. 물권법정주의의 효과

(1) 일반적 효과

민법 제185조는 강행규정으로서 물권은 「임의로 창설하지 못한다」고 하는 표현은 물권법정주의에 위반한 물권행위는 무효라는 의미를 나타낸다. 만일 물권행위가 예컨대 부동산에 질권을 설정하는 경우와 같이 종류강제에 위배되면 전부무효가 되고, 물권행위가 단지 내용강제에만 위배되면 위반된 내용만이 일부무효가 되어 일부무효의 법리(§137)에 따라서 규율된다.

(2) 물권법정주의에 어긋나는 합의의 효력

A는 B에게 지상권을 설정하여 주었는데, B는 누구에게도 지상권을 양도하지 않기로 지상권양도금지의 특약을 맺었다. 그런데 B가 지상권양도금지의 특약을 어기고 지상권을 C에게 양도하였다. C는 지상권을 취득하는가? A는 지상권양도금지의 특약을 어긴 B에게 어떤 청구를 할 수 있는가?

물권법정주의에 위반한 합의도 유효한가? 물권법정주의를 규정한 민법 제185조는 강행

규정이므로, 물권법정주의에 어긋나는 물권행위의 효력이 인정될 수는 없다. 지상권은 민법 제282조에 의하여 양도성이 인정되므로, AB 사이의 지상권양도금지의 특약은 내용강제에 반한다. 그러므로 지상권양도금지의 특약은 무효로 되고, C가 지상권을 취득하는가는 일부무효의 법리(§137)에 따르나, AB가 지상권양도금지의 특약이 무효라고 하더라도 지상권설정계약을 한 사정이 인정되는 한 지상권양도금지의 특약이 없는 지상권설정계약으로서 효력을 가진다. 그러므로 지상권양도금지의 특약에도 불구하고 C는 지상권을 취득한다.

AB 사이의 지상권양도금지의 특약에 대한 채권적 효력도 부정되는가? 민법 제185조는 물권법정주의에 어긋나는 물권의 창설을 금지하고 있을 뿐이므로, 물권법정주의에 위반하는 채권계약까지를 금지할 필요는 없다고 본다(채권행위유효설). 그러므로 AB 사이의 지상권양도금지의 특약에 의하여 B는 A에 대하여 지상권을 타인에게 양도하지 아니할 의무를 부담한다. 만약 B가 지상권양도금지의 특약에도 불구하고 C에게 지상권을 양도하면 C는 적법하게 지상권을 취득하므로, A가 그 특약을 가지고 C에 대하여 대항할 수는 없지만, A는 B에게 채무불이행을 이유로 손해배상청구를 할 수 있다.

학설상 물권법정주의에 위반하는 합의는 당사자간의 채권계약으로서도 무효라고 보는 견해도 있다. 무효설은 물권법정주의에 위반되는 물권행위가 무효로 되므로, 역시 채권행위도 무효라고 본다. 무효설을 따르면 B가 특약을 무시하고 C에게 지상권을 양도하더라도 A가 B에게 채무불이행책임을 물을 수는 없고, 다만 계약체결상의 과실책임이 문제될 수는 있다고 본다.

5. 물권법정주의에는 어떤 문제가 있는가

물권법정주의에 의하여 물권을 한정하는 경우에는 실제사회의 요구에 즉응하여 탄력성을 가지고 새로운 종류의 물권이 창설될 수 없다는 단점이 있다. 민법상 관습법에 의한 물권의 성립을 인정하여 어느 정도 물권한정주의에서 야기되는 결함을 보완하고 있다. 그러나 관습법에 의한 물권의 창설도 엄격한 성립요건을 갖추어야 하고 관습법의 존재 자체가 항상 분명하지는 아니하므로, 관습법에 의한 물권의 성립에도 문제는 있다고 하지 않을 수 없다.

Ⅱ. 물권의 분류

1. 민법이 규정하는 물권

(1) 서 언

민법은 점유권, 소유권, 지상권, 지역권, 전세권, 유치권, 질권, 저당권 모두 8가지 종류의 물권을 규정하고 있다. 민법상의 물권을 알기 쉽게 정리하면 아래 도표와 같이 분류할 수 있다.

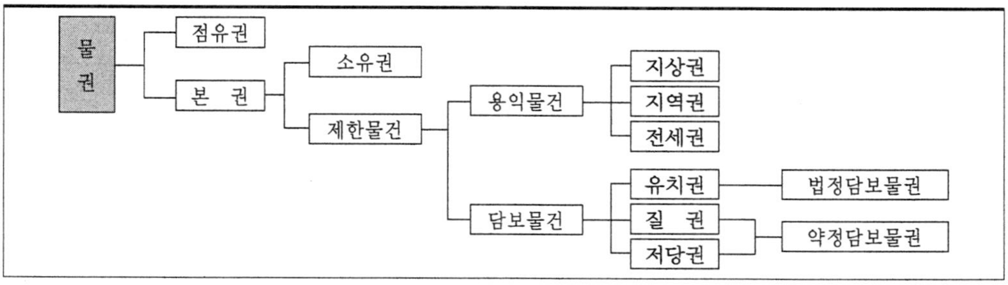

(2) 본권과 점유권

① 본권　　본권은 물건에 대한 사실상의 지배 유무를 묻지 않고, 물건의 지배를 적법하게 하는 물권, 즉 물건을 지배하는 근거가 되는 물권을 가리킨다.

② 점유권　　점유권은 물건을 지배할 수 있는 법률상의 권원의 유무를 묻지 않고, 물건을 지배하고 있는 사실상태에 기하여 인정되는 물권을 가리킨다.

(3) 소유권과 제한물권

① 소유권　　소유권은 객체인 물건이 가지는 사용가치·교환가치를 전면적으로 지배할 수 있는 물권이다. 그러므로 소유권을 가지는 소유자는 소유물을 전면적으로 사용·수익·처분할 수 있다.

② 제한물권　　제한물권은 전면적 지배권인 소유권을 한정하여 소유권이 갖는 권능의 일부를 지배하는 물권이다. 제한물권에는 용익물권과 담보물권이 있다.

(4) 제한물권: 용익물권과 담보물권

① 용익물권　　용익물권은 물건의 전면적 지배를 내용으로 하는 소유권에서 물건이 가지는 사용가치만을 지배할 수 있는 제한물권이다. 용익물권에는 (i) 건물 기타 공작물이나 수목을 소유하기 위하여 타인의 토지를 이용하는 지상권, (ii) 타인의 토지를 자기 토지의 편익에 이용하는 지역권, (iii) 전세금을 지급하고 타인의 부동산을 점유하여 그 부동산의 용도에 좇아 사용·수익하는 전세권이 있다.

② 담보물권　　담보물권은 목적물을 환가하여 그 대가를 지배하는 권능을 소유권으로부터 분리하여 교환가치만을 지배하는 제한물권이다. 담보물권은 채권의 이행을 담보하기 위하여 어떤 물건이나 권리를 담보로 제공할 목적으로 설정된다. 민법상 담보물

	내 용	종 류
용익물권	물건이 가지는 사용가치의 지배를 목적으로 하는 물권	지상권·지역권·전세권
담보물권	물건이 가지는 교환가치의 지배를 목적으로 하는 물권	유치권·질권·저당권

권에는 유치권·질권·저당권 세 가지 종류가 있다.

(5) 동산물권과 부동산물권

① 동산물권 　　동산물권은 동산에 설정되는 물권을 가리킨다. 예컨대 점유권·소유권·유치권·질권이 동산물권에 해당한다.

② 부동산물권 　　부동산물권은 부동산에 설정되는 물권을 가리킨다. 예컨대 점유권·소유권·지상권·지역권·전세권·유치권·저당권은 부동산물권이다.

2. 민법 이외의 법률이 인정하는 물권

(1) 상법이 인정하는 물권

상법이 인정하는 물권도 많다. 예컨대 (i) 상사유치권(일반적 상사유치권(상법 §58), 특수한 상사유치권으로 대리상(상법 §91), 위탁매매인(상법 §111), 운송주선인(상법 §120), 운송인(상법 §147) 및 선장(상법 §807)의 유치권이 있다), (ii) 상사질권(상법 §59), (iii) 주식질권(상법 §§338-340), (iv) 선박저당권(상법 §787), (v) 기타 각종의 우선특권(상법 §§468·777 이하·893)이 있다.

(2) 특별법이 인정하는 물권

특별법이 인정하는 물권도 많다. 특별법상의 물권으로는 아래와 같은 경우가 있다.

(i) 「공장 및 광업재단 저당법」에 의하여 인정되는 공장저당권·공장재단저당권, 광업재단저당권이 있다.

(ii) 「자동차 등 특정동산 저당법」에 의하여 건설기계, 소형선박, 자동차, 항공기와 같은 특정동산에 건설기계저당권, 소형선박저당권, 자동차저당권, 항공기저당권과 같은 특수저당권이 성립할 수 있다.

(iii) 「입목에 관한 법률」에 의하여 토지에 부착된 수목의 집단으로서 그 소유자가 소유권보존의 등기를 받은 입목(부동산으로 본다) 위에 저당권을 설정할 수 있다.

(iv) 「가등기담보 등에 관한 법률」에 의하여 가등기담보권·양도담보권·매도담보권이 인정된다.

(v) 2010년 6월 10일 제정되어 그로부터 2년 후인 2012년 6월 11일부터 시행되고 있는 「동산·채권 등의 담보에 관한 법률」에 의하여 동산이나 채권에 대한 담보등기를 통하여 동산담보권과 채권담보권이 성립할 수 있다.

3. 관습법상의 물권

(1) 관습법상의 물권으로 인정되는 경우

① 분묘기지권

> A의 4대조인 B가 1880.2.5. 사망하자 그 무렵 후손이 B의 분묘를 C의 토지 위에 설치하고 봉분을 만들어 그 이래 평온, 공연하게 묘지의 부분을 점유하여 왔다. 그리고 A는 B의 분묘를 수호관리하던 선대가 사망하자 그 상속인으로서 현재 B의 분묘를 수호관리하고 있는데, 1983.2.11. B의 분묘에 상석을 설치하여 분묘와 상석을 각 소유하면서 C의 토지 합계 14평방미터를 점유하고 있었다. C는 A에게 토지의 점유에 적법한 점유권원이 없음을 전제로 분묘의 발굴과 상석의 철거 및 토지 14평방미터의 인도를 청구할 수 있는가?

분묘란 그 내부에 사람의 유골, 유해, 유발 등 시신을 매장하여 사자를 안장한 장소를 말한다(장래의 묘소로서 설치하는 등 그 내부에 시신이 안장되어 있지 않은 때에는 분묘라고 할 수 없다). 물론 타인의 토지 위에 무단히 분묘를 설치할 수는 없다. 토지소유자는 무단히 설치된 분묘의 철거 및 묘역에 해당하는 토지부분의 명도를 청구할 수 있다.

분묘소유자가 분묘기지권을 시효취득할 수는 없는가? 타인의 토지에 사체 또는 유품을 묻는 곳인 분묘라는 특수한 공작물을 설치한 자가 그 분묘를 소유·수호하기 위하여 그 기지를 사용할 수 있는 지상권에 유사한 물권을 분묘기지권이라고 한다(일종의 「묘자리권」이다). 판례는 타인의 토지 위에 소유자의 승낙 없이 분묘를 설치한 경우라고 하더라도 20년간 평온, 공연하게 그 분묘의 기지를 점유함으로써 관습법상 지상권에 유사한 물권인 분묘기지권이 성립한다고 본다.[19]

케이스에서 A의 선대가 1880년 2월경 B의 분묘를 C 소유의 토지부분에 설치한 이래 그 분묘를 평온·공연하게 점유하여 20년이 경과한 즈음에 벌써 취득시효가 완성됨으로써 A의 선대는 토지에 관하여 분묘의 수호와 제사에 필요한 범위 내에서 지상권 유사의 물권인 이른바 분묘기지권을 취득한 경우로 보아야 한다. 그리고 A의 선대의 사망으로 A가 그 분묘기지권을 승계한 경우이므로, 토지소유자 C는 A에 대하여 토지의 점유에 적법한 점유권원이 없음을 전제로 분묘의 발굴과 토지의 인도를 청구할 수 없다. 또한 A는 상석을 분묘의 수호와 관리를 위하여 분묘기지권에 터잡아 설치한 경우로 보아야 하므로, 역시 C는 상석의 철거도 구할 수 없다.

타인의 토지 위에 토지소유자의 승낙을 얻지 않고 분묘를 설치한 경우에 분묘소유자의 점유는 소유의 의사에 의한 자주점유라고 볼 수는 없다. 단지 타주점유(他主占有)로 추정된다. 그러므로 분묘소유자가 분묘의 기지를 20년간 평온·공연하게 점유한 경우라고 하더라도 자주점유를 요건으로 하는 「점유로 인한 부동산소유권의 취득시효」(§245 I)가 성립되지는 아니한다. 결국 분묘소유자는 취득시효에 의하여 그 토지 위에 지상권 유사의 물권으로서 분묘기지권만을 취득할 뿐이고, 묘지에 대한 소유권을 취득하지는 못한다.

19) 대법원 1995.2.28. 선고 94다37912 판결.

② 관습법상의 법정지상권

> 본래 갑건물과 갑건물이 서 있는 을토지가 모두 A의 소유에 속하였는데, A는 을토지만을 B에게 매매를 통하여 양도하였다. B는 A에 대하여 자기의 소유에 속한 을토지 위에 서 있는 A 소유의 갑건물에 대한 철거 및 을토지의 명도를 청구할 수 있는가?

본래 동일인에게 속한 토지와 건물이 어떤 사유로 각각 그 소유자를 달리하게 되는 경우가 있다. 만약 저당물의 경매로 인하여 토지와 건물이 서로 다른 소유자에게 속하게 되면 민법 제366조 소정의 법정지상권이 성립한다. 법정지상권이 성립하면 건물소유자는 그 건물의 소유를 위하여 타인 소유의 토지를 사용할 수 있다. 다만 법정지상권이 성립하기 위해서는 저당권실행의 경매에 의하여 본래 동일인에게 속한 토지와 건물의 소유자가 달라져야 한다.

본래 동일인에게 속한 토지와 건물이 저당권실행에 의한 경매 이외의 방법, 예컨대 매매 기타의 방법으로 각기 소유자를 달리하게 되는 경우도 있다. 매매 기타의 방법으로 토지와 건물의 소유자를 달리하게 된 경우에는 민법 제366조 소정의 법정지상권이 성립하지 아니한다. 그렇다면 건물소유자는 건물을 철거하여야 하는가?

사례를 보면 A가 B에게 을토지만을 매도한 결과로 토지와 그 위의 건물의 소유자가 각각 달라지게 된 사정을 알 수 있다. 물론 AB 사이에 을토지의 점유·사용에 관하여 임차권이나 지상권의 성립 등에 관한 약정이 있는 때에는 그 약정에 의하여 규율되고, 별도로 법정지상권이 문제될 필요가 없다. 또한 AB가 갑건물을 철거하기로 합의한 때에는 A는 갑건물을 철거할 의무를 부담하므로, 갑건물을 철거하여 B에게 을토지를 명도하여야 한다.

만약 AB가 아무런 건물철거의 합의도 하지 아니한 경우에는 어떤가? 아무런 건물철거의 합의도 하지 않은 때에는 토지와 건물의 소유자가 달라진 후에도 건물소유자로 하여금 그 건물의 소유를 위하여 토지를 계속 사용케 하려는 묵시적 합의가 있다고 볼 수 있지 않을까? 그러므로 판례는 동일한 소유자에게 속하는 건물 또는 토지가 매매 기타의 원인으로 인하여 양자의 소유자가 다르게 될 때에 특히 그 건물을 철거한다는 합의가 없는 이상 건물소유자는 토지소유자에 대하여 그 건물을 위한 관습법상의 법정지상권을 취득한다고 본다. 결국 A는 건물철거의 합의가 없는 한 관습법상의 법정지상권을 가지므로, B는 A에 대하여 갑건물에 대한 철거 및 을토지의 명도를 청구할 수 없다.

③ 양도담보

> 인쇄업자 A는 B로부터 금전을 빌렸는데, B가 담보를 요구하였다. 마땅한 담보목적물을 가지고 있지 않는 A는 인쇄기계를 담보로 제공하고자 한다. A는 어떤 방법으로 인쇄기계를 담보로 제공할 수 있는가?

A가 가지고 있는 인쇄기계는 동산이므로, 민법상 저당권이 설정될 수 없다(저당권은 부동산(혹은 권리로써 전세권·지상권) 위에만 성립될 수 있다). 한편 동산에 대하여는 질권이 설정될 수 있으나, 질권은 점유질(占有質)이어야 하므로 질권설정자로 하여금 질물의 점유를 하게 하지 못한다(§330). 그러므로 A는 인쇄기계에 질권을 설정할 수 있지만, 질권을 설정하면 질물인 인쇄기계를 인쇄소에 두고 인쇄에 사용할 수 없다. 질권을 설정하면 인쇄기계를 B의 점유 아래로 이전하여야 하므로, 인쇄소를 운영하기 위하여 금전을 차용하는 의미가 없다. 그렇다면 A가 인쇄기계를 담보로 제공할 수 있는 방법은 없는가?

물론 공장저당의 방법도 생각할 수 있다. 그러나 공장저당권이 성립하기 위하여는 일정한 요건이 충족되어야 한다(「공장 및 광업재단 저당법」을 참고). 만약 A가 그 법률상의 요건을 충족시키지 못하는 상황에 있다고 하면 A로서는 A가 B에게 차용금을 반환하면 소유권을 반환한다는 약속 아래 점유개정의 방법으로 B로 하여금 인쇄기계의 소유권을 취득하게 하고(인쇄기계는 여전히 A가 점유·사용한다), 만일 A가 채무를 이행하지 않는 때에는 B가 인쇄기계에 대한 소유권을 확정적으로 취득하게 되지만, A가 채무를 이행하면 B는 인쇄기계의 소유권을 반환하는 담보방법을 이용할 수 있다. 바로 판례상 인정되는 관습법상의 물권으로서의 「양도담보」이다. 관습법상의 양도담보란 채권담보의 목적으로 목적물의 소유권(또는 기타 재산권)을 채권자에게 이전하고, 채무자가 이행하지 아니하는 경우에는 채권자가 그 목적물에 대한 소유권을 취득하여 그 목적물로부터 우선변제를 받게 되지만, 채무자가 이행을 하는 경우에는 목적물을 다시 원소유자에게 돌려주는 비전형담보제도를 가리킨다.

(2) 관습법상의 물권으로 인정되지 않는 경우

① 온천권

> A는 경매를 통하여 갑토지를 매수하여 자기 앞으로 소유권이전등기를 마쳤는데, B가 갑토지의 지하에 막대한 비용을 들여 시설한 온천수를 지상으로 양수하는 시설을 그 선대인 C로부터 상속하여 온천이 지상으로 용출 또는 굴착에 의하여 양수되는 원천 내지 탕구를 점용하여 지배하는 이른바 온천권을 소유하고 있었다. B는 A에 대하여 온천권은 토지소유권의 내용의 일부를 이루지 아니하고, 토지소유권과는 독립된 별개의 물권이나 준물권으로 관습법상 형성되어 있다고 주장할 수 있는가?

이른바 온천권(溫泉權)을 토지소유권과 독립된 별개의 물권이나 준물권으로 볼 수 있는가? 학설상으로는 온천권을 관습법상의 물권으로 보아야 한다는 견해가 있다. 그러나 온천의 소유자가 자기의 토지에 관하여 인역권을 가질 수 없으므로, 온천권은 토지소유권의 한 권능으로 보아야 하고 별개의 물권으로 볼 수 없다는 견해가 타당하다고 본다. 학설의 주류도 역시 온천에 대한 물권성을 부인하는 태도를 취하고 있다. 역시 판례도 온천에 관한 권리(광천권, 온천권, 온천수이용권)는 관습법상의 물권의 일종이라거나 또는 준물권이라고 볼 수 없다고 본다.[20] 온천권을 관습법상의 물권(혹은 준물권)으로 보지 않는 한, 온천수의 용출 및 인수에 관한 시설이 그 토지상의 건물에 상용되는 한, 그 토지 및 건물과 함께 운명을 같이 하는 종물로서 그 토지와 건물의 소유권을 취득한 자는 온천수와 그 용출 및 인수시설에 관한 지배권도 아울러 취득한다. 결국 B는 A에 대하여 관습법상의 물권이나 준물권으로서 이른바 온천권을 주장할 수 없다.

② 공원이용권

> A는 행정관청으로부터 도시공원법상의 근린공원인 OO공원 내의 자기 소유의 갑토지상에 골프연습장을 설치할 수 있다는 인가처분을 받았다. 그리고 A는 갑토지 위에 골프연습장의 건설을 위한 공사에 착수하였다. OO공원의 인근주민인 B 등은 A에 대하여 이른바 공원이용권에 기하여 골프연습장건설의 금지를 구할 수 있는가? [대법원 1995.5.23. 자 94마2218 결정]

OO공원이 도시공원법상 근린공원으로 설치되어 있다는 사실로 인하여 B 등과 같은 일반주민은 다른 사람의 공동사용을 방해하지 않는 한 자유로이 OO공원을 이용할 수 있다(B 등이 근린공원을 이용할 수 있는 권리는 일종의 반사권이다). 그러나 그 사정만으로 B 등이 누구에게나 주장할 수 있는 이른바 공원이용권이라는 배타적인 권리를 취득한다고 할 수는 없다. 그러므로 OO공원의 인근주민이라고 하는 사정만으로 B 등에게 A에 대하여 골프연습장건설의 금지를 구할 사법상의 권리가 생기지는 않는다.

③ 사도통행권

> 갑토지 위에 6·25 이전부터 자연도로가 설치되어 있었는데, 그 도로는 공로로부터 A 등이 거주하고 있는 자연부락에 이르는 유일한 도로였다. A 등은 자연부락에 소재한 주택에 거주하며 오래 전부터 그 도로를 통행하고 있었는데, B는 갑토지를 1985년경 임의경매절차에서 매수하여 그 소유권을 취득한 후 A를 포함한 자연부락의 주민 등이 그 도로를 통행하는 데에 아무런 이의를 제기하지 아니한 채 일반의 통행을 승인하여 오다가, 갑자기 1988.4. A 등에게 갑토지를 매수하도록 요구하다가 여의치 아니하자 그때부터 갑토지상에 쇠말뚝을 박는 등의 방법으로 A 등의 도로통행을 방해하였다. A 등은 도로의 이용에 관하여 어떤 권리를 주장할 수 있는가? [대법원 2002.2.26. 선고 2001다64165 판결]

A 등은 도로의 이용에 대하여 권리를 가질 수 있는가? 우선 갑토지의 소유권자와 A 등 사이에 갑토지를 도로로 이용하기로 하는 계약관계가 존재한다면, 그 계약관계에 의하여 A 등을 갑토지를 도로로 사용할 수 있다. 도로로의 이용을 위한 계약관계는 보통 임대차나 사용대차로 성립한다. 물론 계약관계에 의해서는 A 등은 소유권자에 대하여 갑토지의 사용에 관한 채권을 가질 뿐이고, 역시 소유권자는 A 등에게 채무를 부담할 뿐이다.

A 등이 갑토지의 전소유권자와 사이에서 갑토지의 도로로의 이용에 관한 계약관계가

---

20) 대법원 1970.5.26. 선고, 69다1239 판결; 대법원 1972.8.29. 선고 72다1243 판결.

성립하고, 그 후 1985년에 B가 전소유권자로부터 갑토지의 소유권을 승계한 경우라면 어떤가? 원칙적으로 채권을 가지고는 제3자에게 대항할 수 없으므로, A 등은 임차권이나 사용대차관계를 가지고 B에게 대항할 수 없다. 다만 부동산임차권은 등기가 가능하므로(§621), 만약 전소유권자와 맺은 임대차계약에서 임차권을 등기한 경우라고 하면 A 등은 그 임차권을 가지고 B에 대하여 대항할 수 있다.

갑토지의 이용에 관한 채권관계가 없다고 하면 A 등은 도로를 이용할 수 없는가? A 등이 갑토지를 도로로 직접 이용할 수 있는 물권이 존재한다면 가능하다. A 등과 갑토지의 소유권자와의 사이에 지역권 등과 같은 물권이 법률행위를 통하여 성립한 사정이 엿보이지 않는다. A 등이 지역권을 시효취득할 수는 없는가? 물론 지역권은 시효취득이 가능하다(§294). 지역권을 시효취득하기 위하여는 「계속되고 표현」되어야 하나, 6·25 이전부터 자연도로가 설치되어 계속 통행에 이용된 사정이 인정되므로, 민법 제245조의 요건을 충족시킨다. 다만 갑토지 위에 6·25 이전부터 자연도로가 설치되어 취득시효의 완성 후에 B가 소유권을 취득한 경우로 판단되므로, A 등은 취득시효의 완성에 따른 통행지역권을 새로운 소유권자인 B에게 주장할 수 없다고 하는 문제가 있다.

민법 제219조의 주위토지통행권은 어떤가? 우선 자연부락의 주민으로서 A 등이 전체로 주위토지통행권을 주장할 수 있는가 하는 의문이 든다. 그리고 주위토지통행권이 인정되기 위해서는 A 등의 토지가 주위토지에 의하여 포위되어야 하나, 과연 공로로 통하기 위하여 B의 갑토지에 설치된 도로를 통하지 않으면 안되는가, 부락주민이 소유하는 다른 토지에 도로를 설치한다면 공로로 통할 수 있는가 하는 문제도 검토가 필요하다. 또한 자연부락의 뒤편으로 통하는 도로가 있는가 하는 문제도 있다.

사례에서 A 등은 관습법상의 물권으로서 이른바 「사도통행권」을 주장할 수 있는가? 바로 판례에서 A 등이 주장한 문제가 관습법상의 사도통행권이다. 민법 제185조는 "물권은 법률 또는 관습법에 의하는 외에는 임의로 창설하지 못한다"고 규정하여 이른바 물권법정주의를 선언하고 있다. 물권법의 강행법규성은 물권법정주의를 중핵으로 하고 있으므로, 법률(성문법과 관습법)이 인정하지 않는 새로운 종류의 물권을 창설하는 경우는 허용되지 아니한다. 관습상의 사도통행권은 성문법과 관습법 어디에서도 근거가 없다. 그러므로 비록 도로가 공로로부터 자연부락에 이르는 유일한 통로이고, 도로로의 통행이 금지되는 경우에는 그 주변토지를 매입하는 등의 방법으로 우회도로를 개설할 수밖에 없어 막대한 비용과 노력을 들여야만 하는 사정이 있다고 할지라고, A 등이 도로에 관하여 관습상의 사도통행권을 가진다고 볼 수 없다.

사례를 보면 B가 소유권을 취득한 후 A를 포함한 자연부락의 주민 등이 도로를 통행하는 데에 아무런 이의를 제기하지 아니한 채 일반의 통행을 승인하여 온 사정이 인정된다. B가 갑토지가 일정기간 동안 사실상 도로로 사용되도록 묵인한 사정이 사용수익권을 포기하거나 일반 공중에게 무상통행권을 부여한 경우로 볼 수 있는가? 경우에 따라서는 토지가 사실상 도로로 사용되고 있는 경우에 토지소유자가 사용수익권을 포기하거나 일반 공중에게 무상통행권을 부여한 경우로 볼 수 있다. 다만 일반 공중에 대한 무상통행권의 부여나 갑토지에 대한 사용수익권의 포기로 보려면, B가 갑토지를 소유하게 된 경위나 보유기간, 도로로 사용되는 갑토지의 위치나 성상, 인근의 다른 토지와의 관계, 주위환경 등의 여러 가지 사정과 아울러 B 소유의 나머지 토지의 효과적인 사용수익을 위하여 갑토지가 기여하고 있는 정도 등을 종합적으로 고찰하여 신중하게 판단하여야 한다.[21)]

④ 환경권 사법상 일종의 물권으로서 환경권이 인정되는가? 헌법상 규정된 「환경권」[22)]은 사람이 인간다운 생활을 영위함으로써 인간으로서의 존엄을 유지하기 위하여 필수적으로 요구되는 인간의 생래적인 기본권의 하나이다. 그러나 사법상의 권리로서의 환경권은 명문의 법률규정이나 관계법령의 규정취지 및 조리에 비추어 권리의 주체, 대상, 내용, 행사방법 등이 구체적으로 정립될 수 있어야만 인정된다.[23)] 판례는 사법상의 권리로서의 환경권을 인정하는 명문의 규정이 없으므로, 환경권에 기하여 직접 방해배제청구권을 인정할 수는 없다고 본다.[24)]

⑤ 미등기 무허가건물의 양수인의 소유권에 준하는 관습상의 물권

> A는 미등기인 갑건물을 B로부터 매수하는 계약을 체결하였다. 그러나 AB는 매매계약을 체결하였을 뿐, 아직 A가 B로부터 그 소유권이전등기를 옮겨 받지는 않았다. A는 미등기인 갑건물에 대하여 사실상의 소유권 내지 소유권에 준하는 권리가 자기에게 있다고 주장할 수 있는가?

미등기 무허가건물의 양수인이라도 그 소유권이전등기를 마치지 않는 한 그 건물의 소유권을 취득할 수 없다. 또한 미등기 무효가건물의 양수인에게 소유권에 준하는 관습상의 물권이 있다고도 할 수 없다.[25)] 역시 미등기 무허가건물의 양수인에게 현행법상 사실상의 소유권이라거나, 소유권에 준하는 사용·수익·처분권이라는 어떤 포괄적인 권리 또는 법률상의 지위를 인정하기도 어렵다.[26)] 그러므로 A는 미등기인 갑건물에 대한 소유권은 물론, 사실상의 소유권 내지 소유권에 준하는 권리 혹은 소유권에 준하는 사용·수익·처분권이라는 어떤 포괄적인 권리 내지 법률상의 지위를 전혀 가질 수 없다.

---

21) 대법원 1993.4.13. 선고 92다11930 판결.

22) 헌법상 환경권의 내용인 환경에는 자연적 환경은 물론이고, 역사적, 문화적 유산인 문화적 환경, 사람이 사회적 활동을 하는 데 필요한 사회적 시설 등 사회적 환경 등도 포함된다.

23) 대법원 1995.5.23. 자 94마2218 결정.

24) 대법원 1999.7.27. 선고 98다47528 판결. 다른 판례로 광산에서 금광의 탐광 및 채광을 위한 굴진공사를 계속 진행할 경우에 지하를 통과하는 지하수가 고갈되고, 그로 인하여 이웃토지가 침하되며, 지하수와 토양이 심하게 오염될 가능성에 대한 충분한 개연성이 인정되어 환경침해가 발생할 경우에 이웃토지소유자이거나 근접토지거주자는 종전부터 향유하고 있던 자연환경 및 생활환경에 대하여 수인한도를 넘는 침해가 발생하며, 또 그 침해되는 환경적 이익이 그 생명, 건강 기타 금전으로 배상하기 어려운 생활상의 이익에 관련된 사실이 충분히 증명될 수 있으므로 이웃토지소유자를 포함한 인근주민은 토지소유권 및 환경권에 기초하여 굴진공사의 중지와 금지를 청구할 권리가 있다고 판단된다고 한 경우가 있다(대법원 2008.9.25. 선고 2006다49284 판결).

25) 대법원 2006.10.27. 선고 2006다49000 판결.

26) 대법원 2008.7.10. 선고 2005다41153 판결.

제 4 절 물권의 효력

Ⅰ. 물권의 우선적 효력

1. 채권에 대한 효력

(1) 물권우선의 원칙

물권은 그 성질상 배타성이 있다. 그러므로 물권의 목적물에 관하여 (i) 특정물채권자가 존재하는 경우, (ii) 사용·수익을 내용으로 하는 채권자가 존재하는 경우, (iii) 일반채권자가 그 채권의 실현을 청구하는 경우에 물권자는 원칙적으로 채권과 물권의 성립선후에 관계없이 채권자에 우선하여 그 대물적 지배를 관철할 수 있다(물권우선의 원칙).

> A는 그 소유하는 토지를 B에게 매도하는 계약을 체결하고, 후일 대금지급과 동시에 소유권이전의 합의와 소유권이전등기를 행하기로 특약을 하였다. 그런데 B에게 소유권이전등기를 하기 이전에, A는 C로부터 그 토지에 지상권을 설정하고 싶다는 청약을 받았는데, 지상권을 설정한 후 지상권설정등기까지 마쳤다. B의 채권과 C의 물권(지상권) 사이의 우열관계는 어떤가?

권리성립의 전후에 의하여 파악하면 B의 채권이 우선한다. 그러나 물권과 채권 사이에는 물권이 채권에 우선한다는 원칙이 적용된다(물권 사이에서는 시간상 먼저 성립한 물권이 후에 성립한 물권보다 우선한다). 결국 B가 가지는 소유권이전등기청구권이라고 하는 채권과 C의 지상권 사이에서는 C의 지상권이 우선한다. 또한 B가 소유권이전등기청구권을 행사하여 자기 앞으로 소유권이전등기를 넘겨받은 경우에는 B의 소유권과 C의 지상권 사이에서 충돌이 일어난다. 그리고 두 물권 사이에서는 먼저 성립한 C의 지상권이 우선한다. 그러므로 B가 후에 매매계약에 기하여 토지의 소유권을 취득하고 등기를 한 경우에도 B는 토지에 설정되어 있는 C의 지상권을 전제로 하는 소유권을 취득할 뿐이고, 완전한 소유권을 취득하지는 못한다.

(2) 「물권우선의 원칙」의 예외

1) 서 언

물권우선의 원칙에는 예외가 있다. 특별법의 적용이나 등기를 통하여 부동산임차권이 대항력을 갖춘 경우, 채권이 가등기를 구비한 경우 또는 우선특권이 있는 권리의 경우에는 채권이 물권에 우선할 수 있다.

2) 대항력 있는 부동산임차권

부동산임차권은 민법상 채권에 불과하지만 등기를 한 때에는 후에 성립한 물권보다 우선하는 효력이 인정된다(§621). 또한 주택임대차보호법에 의하여 주택임차권은 등기가 없는 경우에도 주택의 인도와 주민등록을 마친 때에는 그 다음 날부터 후에 성립한 물권에 우선하는 효력을 취득하고(주택임대차보호법 §3), 역시 상가건물임대차보호법상의 상가건물임차권은 건물의 인도와 사업자등록을 신청한 때에는 그 다음 날부터 물권과 대등한 효력을 가지고 시간적 순서에 따라서 우열이 결정된다(상가건물임대차보호법 §3 I).

> A가 자기 소유의 갑토지를 B에게 주차장으로 임대하였는데, 그 후 갑토지를 C에게 양도하였다. C가 갑토지상에 건물을 건축하기 위해서 소유권에 기하여 B에게 토지의 명도를 구하였다. B는 토지임차권을 가지고 C에 대하여 대항할 수 있는가?

사례에서 B의 임차권은 주거용 건물이나 상가건물의 임대차를 목적으로 하지 아니하므로, 「주택임대차보호법」 또는 「상가건물임대차보호법」이 적용되지 않는다. 그러므로 B는 토지임차권에 대하여 등기(§621)를 한 예외적인 경우를 제외하고는, C의 토지명도청구에 대하여 대항할 수 없다.

B의 임차권은 본래 A와의 임대차계약에 의하여 생긴 채권에 불과하므로, 임대차계약과 무관한 토지소유자 C를 구속할 수 없다. C의 소유권은 대세적 효력을 갖는 물권으로서 B의 채권인 임차권에 대하여 우선적 효력을 갖는다. ABC간의 법률관계에는 「매매(AC간의 법률관계)는 임대차(AB간의 법률관계)를 깨뜨린다」(Kauf bricht Miete)라는 원칙이 적용되므로, 특별한 사정이 없는 한 B는 C에 대하여 토지임차권을 주장할 수 없다.

3) 가등기를 갖춘 권리

부동산물권의 변동을 청구하는 채권은 가등기를 갖추면 물권에 우선하는 효력이 인정될 수 있다. 부동산물권의 변동을 구하는 청구권의 순위가 가등기에 의하여 보전된 경우에 후에 가등기에 기하여 본등기를 마치면 그 본등기의 순위는 가등기의 순위에 의하므로(부동산등기법 §91), 가등기로 보전된 부동산물권이 우선적 효력을 갖는다.

4) 우선특권이 있는 권리

민법상 인정되는 우선특권은 없다(일본민법에는 담보물권으로서 이른바 「선취특권」(先取特權)이 있다). 다만 특별법상 다수의 우선특권이 있다. 예컨대 임금채권우선특권(근로기준법 §38), 임대차에서 소액보증금의 우선특권(주택임대차보호법 §8, 상가건물임대차보호법 §14), 상법상의 각종 우선특권, 조세우선특권(국세기본법 §35, 지방세기본법 §99)과 같이 법률이 특별한 이유에서 채권에 물권보다 더 우선하는 효력을 인정하는 경우가 있다.

2. 물권 상호간의 효력

(1) 시간상 앞서면 권리에서 앞선다

물권은 배타성을 가진다. 그러므로 내용이 서로 다른 물권이 동시에 존재하는 경우에는 물권 상호간에 필연적으로 우열의 관계가 성립한다. 물권 상호간에서는 「시간에 있어서 앞서면 권리에 있어서 앞선다」(prior tempore, prior iure)고 하는 원칙에 의하여 먼저 성립한 물권이 우선한다. 다만 성립의 원인인 채권에 대하여는 배타성이 인정되지 아니하므로 채권성립의 선후를 가지고 바로 물권성립의 선후를 결정할 수는 없고, 물권 상호간에서는 각각의 성립이 객관적으로 확인되는 방법, 즉 공시를 한 때의 선후를 가지고 성립의 선후를 의제한다.

물권은 물건을 배타적으로 지배하는 권리로 같은 물건 위에 성질·범위·순위가 같은 물권이 동시에 성립할 수 없고, 다만 종류가 다른 물권만이 같은 물건 위에 동시에 성립할 수 있다. 같은 물건 위에 2개 이상의 소유권이 성립하지 못하나(같은 물건을 2인이 공동소유할 수 있으나, 공동소유의 경우에도 소유권은 하나만 성립할 뿐이다), 소유권과 전세권·지상권·저당권과 같이 서로 종류가 다른 물권은 같은 물건 위에 병존할 수 있다. 만약 같은 물건 위에 서로 다른 종류의 물권이 2개 이상 성립하면 시간적으로 먼저 성립한 물권이 후에 성립한 물권보다 우선하는 효력이 인정된다. 그리고 저당권은 각각 순위를 정하여 하나의 부동산 위에 복수로 성립할 수 있다. 예컨대 같은 부동산 위에 여럿의 저당권이 성립하면 성립시기에 따라서 1번저당권, 2번저당권, 3번저당권으로 구분하고, 선순위의 저당권이 후순위의 저당권보다 우선한다.

(2) 우선순위가 문제되지 않는 물권

물권에는 배타성에 따른 우선적 효력이 문제되지 않고, 공시에 적당하지 아니하여 우선순위가 성립의 선후와는 관계없이 법정되어 있는 경우가 있다.

① 점유권 점유권은 점유할 권리의 존부와 관계없이 사실상의 지배(점유)가 있다는 사실만에 의하여 성립하므로, 배타성 혹은 우선적 효력을 물을 여지가 없고 공시에 적당하지 않다. 점유자는 점유의 사실만으로 언제나 누구에 대하여나 일정한 효력을 주장할 수 있다.

② 유치권 유치권은 점유를 요소로 하여 법률상 당연히 성립하는 담보물권이며 다른 권리의 성립을 방해하는 배타성을 가지지 아니하고, 목적물을 유치한다고 하는 사실에 의하여 당연히 성립한다. 그러므로 유치권은 그 성립의 시기를 불문하고 모든 물권의 행사에 우선한다.

③ 지역권 토지의 독점적 사용을 내용으로 하지 않는 지역권은 배타성이 약하고, 같은 내용의 지역권이 토지의 동일부분에 대하여 성립하더라도 서로 우열의 문제가 생기지 아니한다.

Ⅱ. 물권적 청구권

1. 의 의

물권적 청구권(물상청구권이라고도 한다)이란 물권 자체를 침탈당하거나, 물권의 실현이 어떤 사정으로 인하여 침해당하고 있거나 침해당할 우려가 있는 경우에 그 반환이나 침해의 제거·예방에 필요한 행위를 물권자가 방해자에 대하여 청구할 수 있는 권리를 가리킨다. 물권적 청구권을 일반적으로 규율하는 민법상의 명문규정은 없다. 다만 민법은 점유권과 소유권에 관하여 각각 물권적 청구권에 관한 규정을 두고 있고(§§204-206·213·214), 소유권에 기한 물권적 청구권에 관한 규정을 지상권, 지역권, 전세권, 저당권과 같은 다른 물권에 준용하여 물권적 청구권을 대체로 물권의 일반에 인정하고 있다(§§290·301·319·370). 만일 물권 자체가 침탈되거나, 혹은 물권의 행사가 타인이 지배하는 사정에 의하여 방해되고 있거나 방해될 염려가 있는데도 불구하고 그 방해의 제거·예방을 위하여 필요한 청구를 할 수 없다고 하면, 물권은 물건을 배타적·직접적으로 지배할 수 있는 절대권이기는 하지만 유명무실한 권리가 될 우려가 있다. 그러므로 물권에 그「절대적 보호」또는 실효성을 주기 위한 목적으로 이른바 물권적 청구권이 인정된다.

2. 물권적 청구권의 법적 성질

물권적 청구권의 법적 성질에 대하여는 여러 가지 견해가 대립한다. 학설상 청구권설, 물권설, 절충설(다수설), 순채권설, 물권작용설이 있다.

① 청구권설　　청구권설은 물권적 청구권은 물권 그 자체의 작용이나 순수한 채권이라고 볼 수 없고 독립한 청구권이라고 본다. 청구권설에 의하면 물권적 청구권은 다른 청구권과 달리 (i) 물권의 방해상태가 존재하는 한 부단히 물권으로부터 물권적 청구권이 흘러나오므로, 물권적 청구권만이 독립적으로 소멸하지 않고 물권과 법률적 운명을 같이 하며, (ii) 물권으로부터 파생하는 물권적 청구권만을 물권에서 분리하여 독자적으로 양도할 수 없다고 본다.

② 물권설　　물권설은 물권적 청구권을 물권에 의존하는 측면을 강조하여 물권에 가깝다고 본다.

③ 순채권설　　순채권설은 물권적 청구권을 순수한 채권으로 본다. 순채권설에 대하여는 물권자가 물권침해자에 대하여 특정한 행위를 청구하는 권리라는 측면에서만 물권적 청구권을 파악하여 물권적 청구권이 물권을 떠나서 독자적으로 존재할 수 없다고 하는 사실을 간과하고 있다고 하는 비판이 있다. 현재 국내에서는 순채권설을 취하는 견해가 없다.

④ 물권작용설　　물권작용설은 물권적 청구권을 「물권의 작용」에 불과하고 독립한 권리가 아니라고 본다. 물권적 작용설에 관하여는 아직 국내에서 논의가 없고, 일본판례가 취하고 있는 견해이다.

⑤ 절충설　　절충설(다수설)은 순채권설과 물권설을 절충하여 물권적 청구권을 「물권의 효력으로 발생하는 청구권이지만 채권에 준하는 특수한 청구권」이라고 보는 견해이다. 다만 절충설에는 다시 물권성과 채권성의 두 성질 중 어느 성질을 강조하는가에 따라서 (i) 물권에 의존하는 측면을 강조하는 견해, (ii) 채권에 준하는 측면을 강조하여 물권의 침해의 결과로 생기는 독립한 청구권이지만 순수한 채권에 해당하지는 않고 물권에 부종하는 특수한 청구권이라는 견해가 있다.

[더 생각할 과제 - 물권적 청구권의 특이성]

물권적 청구권은 특정인에 대한 청구권이며 지배권인 물권과는 다르다. 그러므로 물권적 청구권은 채권과 유사하고, 채권의 이행지체(§§387 이하)와 채무의 변제(§§460 이하)에 관한 규정이 준용된다. 다만 물권적 청구권은 물권에 의존하는 권리로서 언제나 기초가 되는 물권과 그 운명을 같이 하고 물권이 이전·소멸하면 물권적 청구권도 이전·소멸한다. 그리고 물권적 청구권만을 독립하여 양도할 수 없으므로, 채권양도와 채권의 소멸에 관한 규정은 대부분 물권적 청구권에 적용되지 아니한다.

3. 물권적 청구권의 종류

(1) 서 설

물권적 청구권의 종류는 우선 기초가 되는 물권에 따라서 점유권에 기한 물권적 청구권, 본권에 기한 물권적 청구권으로 구분할 수 있다.[27] 그리고 물권적 청구권은 방해의 모습에 따라서 물권적 반환청구권, 물권적 방해제거청구권, 물권적 방해예방청구권으로 나눌 수 있다.[28]

(2) 기초가 되는 물권에 따른 분류

1) 점유권에 기한 물권적 청구권

점유권에 기한 물권적 청구권은 점유가 침해당하거나 침해당할 염려가 있는 때에 그 점유자에게 본권이 있는지를 묻지 않고, 점유 그 자체, 즉 사실적 지배의 상태를 보호하기 위하여 인정되는 물권적 청구권이다. 점유권에 기한 물권적 청구권은 보통 점유보호청구

27) 점유권에 기한 물권적 청구권과 본권에 기한 물권적 청구권은 서로 경합할 수 있다(예컨대 소유물을 직접 점유하고 있는 소유자는 본권인 소유권에 기한 물권적 청구권과 점유권에 기한 물권적 청구권을 가진다). 그리고 점유권에 기한 소와 본권에 기한 소는 서로 영향을 미치지 아니한다.

28) 물권적 청구권의 일종으로서 물권적 수거허용청구권을 인정할 필요가 있다고 하는 견해가 있다. 점유설정의사 없이 어떤 물건을 점유하게 된 자에 대하여 물권적 청구권을 행사하는 경우, 예를 들어 제3자인 C가 A의 물건을 B의 토지에 놓고 간 경우에 종래의 통설에 의하면 A는 반환청구권을 가지고 B는 방해제거청구권을 가진다고 이해하나, 수거허용청구권을 인정하는 견해에 의하면 B는 방해제거청구권을 가지며 A는 반환청구권이 없이 수거허용청구권만을 가진다고 설명한다.

권이라고 부르며 민법 제204조 내지 제206조에서 규정하고 있고, 「현재의 물적 지배상태」 그 자체를 보호하기 위한 제도라고 하는 측면에서 「있어야 할 상태」가 방해되고 있는 경우에 그 상태의 회복을 청구하는 본권에 기한 물권적 청구권과 다르다.

2) 본권에 기한 물권적 청구권

본권에 기한 물권적 청구권은 본권, 즉 소유권과 제한물권이 침해당하거나 침해당할 염려가 있는 때에 「본래 있어야 할 물권의 질서」를 회복하기 위하여 인정되는 물권적 청구권이다. 민법은 본권에 기한 물권적 청구권을 소유권에 관하여 민법 제213조, 제214조에서 규정한 후에, 개개의 제한물권에 준용하는 방식을 취하고 있다(§§290·301·319·370). 다만 민법 제213조, 제214조가 모든 제한물권에 똑같이 적용되지는 않고, 구체적인 제한물권의 내용에 따라서 적용되는 범위가 다르다.

① 유치권 유치권에는 직접지배성이 인정되지 않으므로, 본권에 기한 물권적 청구권이 인정될 여지가 없다. 그러므로 유치권에는 점유권에 기한 물권적 청구권(점유보호청구권)만이 인정될 뿐이다.

② 저당권 저당권에는 그 성질상 민법 제213조가 준용되지 아니한다. 그러므로 저당권자에게는 물권적 반환청구권은 없다.

③ 지역권 지역권에 대하여도 소유권에 관한 물권적 청구권에 관한 규정이 준용되나, 다만 물권적 반환청구권은 없다.

④ 질권 질권에 대하여는 민법 제213조, 제214조를 준용하는 규정이 없다. 질권에 기한 물권적 청구권이 인정되는가? 입법상의 부주의로 판단되므로, 해석론상 질권에 대하여도 소유권에 기한 물권적 청구권이 준용된다고 보아야 한다.

3) 물권적 청구권의 확대

물권뿐만 아니라, 광업권, 인격권[29)]이나 지식재산권, 부동산임차권[30)]에도 물권적 청구권에 준하는 보호가 인정될 수 있다.

① 임차권에 기한 물권적 청구권

A는 B로부터 집을 짓기 위하여 갑토지를 빌렸다. 갑토지 위에 A가 막 집을 지으려고 하는데, C가 갑토지 위에 컨테이너 하우스를 지어 사무실로 사용하고 있었다. A는 어떤 방법으로 C의 방해행위를 배제할 수 있는가?

(i) 우선 C가 A가 점유하여야 할 갑토지를 침탈하여 그 사용·수익을 방해하는 행위를 하고 있으므로, B는 임대차계약상 A를 위하여 그 방해를 제거할 의무가 있다. 그러므로

29) 판례는 인격권으로서 명예권에 기초하여 가해자에 대하여 현재 이루어지고 있는 침해행위를 배제하거나 장래에 생길 침해를 예방하기 위하여 침해행위의 금지를 구할 수도 있다고 본다(대법원 2005.1.17. 자 2003마1477 결정).

30) 만약 부동산임차권이 대항력을 갖춘 때에는 소유권에 기한 물권적 청구권을 유추적용할 수 있고, 대항력 없는 임차권의 경우에는 점유권에 기한 물권적 청구권의 행사가 가능하다.

A는 B에 대하여 임대차계약상의 권리로서, 자기가 갑토지를 사용·수익할 수 있도록 C를 퇴거시키는 방해배제청구권을 행사하도록 청구할 수 있다. A가 스스로 점유보호청구권을 가진다는 이유로, 또는 A의 임차권이 대항요건을 갖추고 있어서 그 임차권에 기하여 방해의 제거를 청구할 수 있다는 이유로 B는 방해제거의 의무를 면하지 못한다.

(ii) A가 이미 점유를 하고 있는 상태에서 어느 날 갑자기 C의 방해행위가 야기되는 경우도 있다. 만약 A가 갑토지에 대한 점유를 이미 확보하고 있는 상태에서 방해자 C가 나타나 방해행위를 하고 있는 때에는 스스로의 점유권에 기하여 방해를 배제할 수 있다.

(iii) A에게 물권적 청구권에 유사한 방해배제청구권을 인정할 수는 없을까? 임차권은 아무래도 물권이 아니므로, 직접적으로 방해배제청구권을 인정하기는 무리이다. 다만 우회적인 이론구성이기는 하지만, 민법 제404조의 채권자대위권을 전용하는 방법으로 점유개시 전의 A로부터의 방해배제청구를 인정할 수 있다.

채권자대위권이란 채권자가 자기의 채권을 보전하기 위하여 채무자가 제3자(제3채무자)에 대하여 가지는 권리를 채무자에 갈음하여 행사할 수 권리를 가리킨다. 금전채권을 보전하기 위해서는 채무자의 책임재산이 피보전채권을 만족시키기에 부족한 채무초과상태, 즉 채무자의 무자력을 요구한다고 보는 견해가 학설·판례의 태도이다. 그러나 불법점거자에 대한 방해배제청구권에 대하여는 무자력 여부를 묻지 아니하고 부동산임차인의 대위행사를 인정하고 있다(판례[31])·학설의 입장이다). 그러므로 A는 컨테이너 하우스의 건축에 의하여 갑토지를 불법점거하여 사용·수익을 방해하는 C에 대하여 자기의 임차권을 보전하기 위하여 B가 C에 대하여 가지는 소유물방해배제청구권을 대위행사할 수 있다. A가 갑건물의 인도나 반환청구를 위하여 B의 소유권에 기한 물권적 청구권을 대위하여 행사할 때에는 A가 갑건물에 대하여 점유한 사실이 있는가의 여부는 그 요건이 되지 않는다.

(iv) A의 임차권 자체에 기한 방해배제청구권을 인정할 수는 없는가? 사례에서 A는 임차권을 가지고 있으므로, A가 임차권에 기한 반환이나 방해배제 등의 권리를 가지는가가 문제된다.

직접적으로 임차권에 기하여 방해배제청구권을 인정하여야 한다는 견해도 있다. 그러나 A가 임차인의 자격으로서 직접 C에 대하여 방해제거를 청구할 수는 없다는 사실은 임차권의 채권적 성질상 당연하다. 다만 대항력을 갖춘 부동산임차권에 대하여는 방해배제청구권이 인정되어도 무방하다는 견해에 전혀 이견이 없다. 임차권에 대항력이 있으면 유효하게 물권을 취득한 제3자에 대하여도 우선적 효력을 주장할 수 있으므로, 당연히 그 효력으로서 법적 보호를 받지 못하는 자인 불법점거자의 방해행위를 배제할 수 있다는 사실은 너무나 자명하다. 만약 A가 갑토지에 대한 임차권을 민법 제621조에 의하여 등기한 때에는 그 임차권 자체에 기하여 C에 대하여 방해배제를 청구할 수 있다.

② 상린관계에 기한 방해배제청구권

---

31) 대법원 1962.1.25. 선고 4294민상607 판결.

A는 연립주택을 부양받아 거주하던 중 연립주택부지에 인접한 토지에 B종합병원이 건축되는 바람에 B종합병원 3층 입원실의 연립주택쪽 창문에 차면시설이 없어 그곳의 환자가 A의 주거 내부를 볼 수 있게 되었다. 또한 B종합병원의 영안실과 응급실의 입구가 연립주택의 전면에 위치하고 있어 영안실이 협소한 관계로 B종합병원 앞 공터(연립주택에서 3m 거리)에서 발인제가 진행되거나 사체를 운구차량에 입관하는 장면, 구급차가 응급환자 또는 사체(死體)를 메트에 실어 응급실로 또는 영안실로 들어가는 광경을 A나 그의 가족이 보게 되고, 또한 유족의 곡소리, 문상객이 내는 소음과 구급차의 경음이 그대로 들려왔다. A는 B종합병원에 대하여 생활방해를 방지하거나 감소시키기 위한 담장 및 차면시설을 설치하도록 청구할 수 있는가? [대법원 1997. 10.28. 선고 95다15599 판결]

민법 제217조에 따르면 특정토지로부터의 매연, 열기체, 액체, 음향, 진동이나 기타 유사한 물질이 이웃토지의 사용을 방해하거나 이웃거주자의 생활에 고통을 주는 경우를 이른바 생활방해(nuisance, Immission)라고 한다. 토지소유자는 생활방해를 하지 않을 적당한 조치를 할 의무, 즉 방해방지조치의무를 부담하지만(§217 I), 생활방해가 토지의 통상의 용도에 적당한 경우이면 오히려 이웃거주자가 그 생활방해를 인용할 의무를 부담한다(§217 II). 그러므로 수인한도를 초과하지 않는 생활방해, 즉 이웃거주자가 인용의무를 부담하는 생활방해는 민법 제217조의 의미에서의 생활방해사태가 아니다. 생활방해가 수인한도를 초과한 경우인지 여부는 모든 제반사정을 종합적으로 고려하여 판단하여야 한다.

사례를 보면 B종합병원이 적절한 조치를 취하지 않고 그 상태대로 시체실을 계속 사용한다면, A와 그의 가족은 시체에서 발산하는 악취, 유족이나 조객의 곡성 및 일반시민이 직접 보기를 꺼려하는 시체의 운구를 빈번이 보게 됨으로 인하여 죽음에 대한 공포와 생(生)에 대한 불안감, 그 밖에 신경의 긴장을 일으켜 정신위생상 유해한 결과를 낳고 또 생활환경상의 안정이 심히 저해받게 된다. A나 그의 가족이 받는 피해와 고통은 사회관념상 일반적으로 요구되는 수인의 정도를 초과함을 인정할 수 있다(A나 그의 가족의 고통은 B종합병원에 영안실과 응급실의 설치가 필요불가결하고 그 운영으로 이웃주민의 복지가 증진된 사정을 고려하더라도 사회관념상 일반적으로 요구되는 수인의 한도를 초과한다고 인정할 수 있다). 그러므로 B종합병원은 유족과 문상객 및 구급차의 소음을 인근주택의 거주자에게 전파되지 않도록 하거나 사회관념상 수인할 수 있을 정도로 감소시키는 조치, 사체나 중상해를 입은 사람이 운반될 때 이웃거주자에게 노출되지 않도록 하는 조치, 입원실의 창문에 차면시설을 설치하여 입원실에서 인근주택의 내부를 볼 수 없도록 하는 조치 등 이웃거주자의 평온한 생활을 방해하지 않도록 하기 위한 제반조치를 취하여야 할 의무가 있다.

생활방해가 있는 경우에 이웃거주자로서 A는 B종합병원을 상대로 방해배제청구를 할 수 있는가? 생활방해가 B종합병원의 적당한 방지조치가 없어 야기된다고 하면, 즉 적당한 방지조치가 있는 때에는 생활방해가 더 이상 생기지 않는다고 하면 A는 B종합병원에게 그 방지조치를 하라고 요구할 수 있는 방해배제청구가 인정된다. 학설은 방해배제청구의 법적 기초를 민법 제214조 내지 제205조의 소유권 내지 점유권에 기한 방해배제청구권으로 본다. 판례는 방해행위가 사회통념상 일반적으로 수인할 정도를 넘어선다고 인정되는 한 그 방해행위가 민법 제217조 제1항 소정의 매연, 열기체, 액체, 음향, 진동, 그 밖에 유사한 경우에 해당하는지 여부를 떠나 그 소유권에 기하여 그 방해의 제거나 예방을 청구할 수 있다고 본다.32)

③ 환경권에 기한 방해배제청구권

> A는 유서 깊은 수행도량으로서 신라 원성왕 때 창건된 B사찰에 인접한 토지 위에 갑빌딩을 신축하기 위하여 건축허가를 받았다. 그리고 A는 갑빌딩의 신축을 위하여 굴착공사 등에 착수하였다. B사찰은 환경이익 내지 환경권의 침해를 방지하기 위하여 갑빌딩의 신축공사의 금지를 구할 수 있는가? [대법원 1999.7.27. 선고 98다47528 판결]

B사찰(서울에 있는 봉은사33))은 환경권에 기하여 직접 갑빌딩의 신축공사를 금지하는 방해배제청구권을 행사할 수 있는가? 갑빌딩이 당초 예정대로 신축될 경우에 B사찰의 사찰로서의 경관이 침해될 뿐만 아니라, 사찰의 가장 기본적이고 중요한 여건인 정숙한 분위기가 침해되고, 조망이 저해되며, 갑빌딩이 B사찰에 인접한 탓으로 사찰의 내부 전체를 가까이에서 내려다 볼 수 있어서 사찰생활의 은닉이 침해되는 등 B사찰의 사찰로서의 환경이 크게 침해될 우려가 없다고 할 수 없다. 다만 사법상의 권리로서의 환경권이 인정되려면 그에 관한 명문의 법률규정이 있거나 관계법령의 규정취지 및 조리에 비추어 권리의 주체, 대상, 내용, 행사방법 등이 구체적으로 정립될 수 있어야 한다. 물론 헌법 제35조는 모든 국민에게 환경권을 보장하고 있으나, 환경권에 관한 헌법 제35조의 규정이 개개의 국민에게 직접으로 구체적인 사법상의 권리를 부여한 경우라고 보기는 어렵다. 또한 아직은 사법상의 권리로서의 환경권을 인정하는 명문의 규정이 없다. 그러므로 사법상의 권리로서의 환경권을 인정하는 명문의 규정이 없는데도 불구하고, B사찰에게 환경권에 기하여 직접 방해배제청구권을 인정하기는 어렵다. 결국 B사찰은 환경권에 기하여는 A에 대하여 갑빌딩의 신축공사의 금지를 청구할 수는 없다.

사례에서 B사찰이 달리 소유권에 기하여 건물의 건축금지 등 방해제거 및 방해예방을 위한 청구를 할 수는 없는가? 어느 토지나 건물의 소유자가 종전부터 향유하고 있던 경관이나 조망, 조용하고 쾌적한 종교적 환경 등이 그에게 하나의 생활이익으로서의 가치를 가지고 있다고 객관적으로 인정된다면 법적인 보호의 대상이 될 수 있다. 그러므로 인접

32) 대법원 1995.9.15. 선고 95다23378 판결 참조(원심판결인 부산고등법원 1995.5.18. 선고 95카합5 판결은 민법 제217조의 규정이 토지 자체의 지배 내지 이용과는 별도로 그 토지 위에 영위하는 인간의 건강하고 쾌적한 생활이익이 매연, 소음, 진동 등으로 인하여 적극적으로 침해된 때에는 생활이익의 침해를 토지소유권의 침해와 동일시하여 토지소유권에 터잡아 생활이익의 침해행위에 대한 방해배제청구권을 인정한다고 판시하고 있다).

33) 봉은사는 유서 깊은 수행도량으로서 신라 원성왕 때 창건되어 조선 선종의 수사찰로서 승과를 실시하고, 현재는 전통사찰로 등록되어 있다.

대지 위에 건물의 건축 등으로 그와 같은 생활이익이 침해되고 그 침해가 사회통념상 일반적으로 수인할 정도를 넘어선다고 인정되는 경우에는 토지 등의 소유자는 그 소유권에 기하여 건물의 건축금지 등 방해의 제거나 예방을 위하여 필요한 청구를 할 수 있다. 사례에서 갑빌딩이 B사찰의 경내 전체를 내려볼 수 있도록 고층으로 신축되게 되면 B사찰의 일조가 침해되는 외에도 갑빌딩의 건물이 B사찰의 전체적인 경관과 조화되지 아니하여 B사찰의 경관이 훼손되는 결과로 될 뿐만 아니라, B사찰 경내의 시계차단으로 조망이 침해되고, 그 한편으로 B사찰에서 수행하는 승려나 불공 등을 위하여 출입하는 신도에게도 그 일상생활이나 종교활동 등이 감시되는 듯한 불쾌감과 위압감을 불러일으킴으로써 B사찰이 종래 유지하여 온 조용하고 쾌적한 종교적 환경이 크게 침해될 우려가 있고, 그 침해의 정도가 사회통념상 일반적으로 수인할 정도를 넘어선다고 할 수 있다. 결국 B사찰은 갑빌딩에 관하여는 A에 대하여 B사찰의 사찰로서의 환경침해를 방지하기 위하여 필요한 한도(예컨대 B사찰의 환경이익보호와 A의 재산권에 대한 보호 사이에 조화를 꾀하여 지상 19층으로 건축될 예정인 갑빌딩 중 16층부터 19층까지 부분에 대한 공사) 내에서 그 건축공사의 금지를 청구할 수 있다. 특히 B사찰이 건축공사의 금지청구를 하기 위한 요건으로서 반드시 갑빌딩이 문화재보호법이나 건축법 등의 관계규정에 위반하여 건축되거나 또는 그 건축으로 인하여 B사찰 안에 있는 문화재 등에 대하여 직접적인 침해가 있거나 그 우려가 있어야 하지는 아니한다.

④ 인격권의 침해에 대한 정지·방지 등의 금지청구권

> A종중은 선조의 묘소를 보존하기 위하여 소유하고 있던 종중토지를 기본재산으로 출연하여 종중토지상에 B고등학교를 설립하기로 하였다. 그리고 A종중의 회장인 C가 개인의 명의로 학교법인의 설립대표자가 되어 그 명의로 학교법인의 설립허가를 받았다. 그 후 학교법인은 그가 운영하는 B고등학교의 명의로 발행·배포하는 「브로셔」에 학교법인을 실질적으로 설립한 주체가 A종중이라거나 C가 종중의 대표자로서 설립행위를 한 사실을 명백하게 밝히지 않은 채 단지 그 설립자가 C라고 기재하여 배포하였다. A종중은 학교법인에 대하여 그가 B고등학교의 명의로 발행·배포하는 「브로셔」에 학교법인의 설립자가 C라는 기재를 하지 않도록 구할 권리가 있는가? [대법원 1997.10.24. 선고 96다17851 판결]

사람(역시 사자(死者)의 경우도 마찬가지이다[34])이 갖는 명예에 관한 권리는 일종의 인격권으로 볼 수 있다. 인격권은 그 성질상 일단 침해된 후에는 금전배상이나 명예회복에 필요한 처분 등의 구제수단만으로는 그 피해의 완전한 회복이 어렵고 손해전보의 실효성을

---

34) 사람은 죽은 후에 자신의 인격적 가치에 대한 중대한 왜곡으로부터 보호되어야만 살아 있는 동안의 인간으로서의 존엄과 가치를 진정으로 보장받으므로, 사자(死者)의 인격적 법익에 대한 침해가 있는 경우에는 그 유족이 사자의 인격권침해를 이유로 그 침해행위의 금지를 구할 수 있다. 다만 재산상속이 사망시를 기준으로 개시되는 이상 손해배상을 청구할 수는 없으나, 사자의 인격적 법익이 침해됨으로써 그 유족의 명예, 명예감정 또는 유족의 사자에 대한 경애, 추모의 정 등이 침해된 경우에는 사자의 인격적 법익의 침해와는 별도로 유족 자신의 인격적 법익의 침해를 이유로 그 침해행위의 금지와 손해배상을 청구할 수 있다.

기대하기 어렵다. 그러므로 인격권의 침해에 대하여는 사전적, 예방적 구제수단으로 침해행위의 정지·방지 등의 금지청구권이 인정될 수 있다.

역시 법인이나 종중 등과 같은 권리능력 없는 사단의 경우에도 인격권이 인정된다. 사례에서 A종중이 종중총회의 결의하에 종중재산을 출연하여 후세의 교육을 위한 교육기관인 학교법인을 설립한 사실은 단체로서의 종중뿐만 아니라, 종중원 총원의 명예 및 사회적 신용과 관계되는 사항이라고 할 수 있으므로, 그 설립자의 지위는 일종의 인격권으로 볼 수 있다. 학교법인이 그가 발행·배포하는 「브로셔」에 학교법인의 설립자가 C라고 사실과 다른 기재를 하는 때에는 결과적으로 A종중이 학교법인의 설립자라는 사실을 부정하는 경우로 되어 A종중의 명예, 신용 등 인격권을 침해하는 행위가 된다. 그리고 학교법인이 장래에도 계속 침해행위를 할 염려나 위험성이 있는 한, A종중에게는 그 인격권에 대한 방해의 제거나 예방을 위하여 학교법인에 대하여 그가 B고등학교의 명의로 발행·배포하는 「브로셔」에 학교법인의 설립자가 C라는 기재를 하지 않도록 구할 권리(이른바 「금지청구권」)가 있다.

사례를 보면 종중총회의 결의에 따라서 A종중의 회장인 C가 개인의 명의로 학교법인의 설립대표자가 되어 그 명의로 학교법인의 설립허가를 받도록 한 사실이 인정된다. 종중총회가 C로 하여금 개인의 명의로 학교법인의 설립대표자가 되어 그 명의로 학교법인의 설립허가를 받도록 한 이상, 다른 특단의 사정이 없는 한 A종중으로서는 학교법인의 설립 당시에 이미 C가 학교법인의 설립자로 표기될 가능성이 있음을 알면서도 용인한 경우로 보아야 한다. 그러므로 그 후 학교법인이 그가 운영하는 B고등학교의 명의로 발행·배포하는 「브로셔」에 학교법인을 실질적으로 설립한 주체가 A종중이라거나 C가 A종중의 대표자로서 설립행위를 한 사실을 명백하게 밝히지 않은 채 단지 그 설립자가 C라고 기재한다고 하여, 그로 인하여 새삼스럽게 A종중의 사회적 명예나 신용이 침해된다고 보기는 어렵다.

⑤ 불법행위의 효과로서의 금지 및 예방청구권

> A회사는 인터넷광고프로그램을 만들어 인터넷사용자에게 제공하였는데, 그 인터넷광고프로그램을 설치한 인터넷사용자가 B회사가 운영하는 인터넷포털사이트에 방문하면 그 화면에 B회사가 제공하는 광고 대신 A회사의 광고가 대체 혹은 삽입된 형태로 나타나게 하였다. B회사는 A회사에 대하여 인터넷광고프로그램을 이용한 광고행위의 금지 또는 예방을 청구할 수 있는가?

다른 사람(특히 경쟁자)이 상당한 노력과 투자에 의하여 구축한 성과물을 상도덕이나 공정한 경쟁질서에 반하여 자신의 영업을 위하여 무단으로 이용함으로써 경쟁자의 노력과 투자에 편승하여 부당하게 이익을 얻고 경쟁자의 법률상 보호할 가치가 있는 이익을 침해하는 행위는 부정한 경쟁행위로서 민법상 불법행위에 해당한다. 경쟁자의 성과물에 대한 무단이용상태가 계속되어 불법행위에 따른 금전배상을 명하는 경우만으로는 피해자구제의 실효성을 기대하기 어렵고, 무단이용의 금지로 인하여 보호되는 피해자의 이익과 그로 인한 가해자의 불이익을 비교·교량할 때 피해자의 이익이 더 큰 경우에는 불법행위의 효과로서 그 행위의 금지 또는 예방을 청구할 수 있다.[35)]

사례에서 A회사의 광고행위는 B회사의 인터넷포털사이트가 가지는 신용과 고객흡인력을 무단으로 이용하는 셈이 될 뿐만 아니라, B회사의 영업을 방해하면서 B회사가 얻어야 할 광고영업의 이익을 무단으로 가로채는 부정한 경쟁행위로서 민법상 불법행위에 해당한다. 또한 A회사의 불법적인 광고행위가 일회적이 아니라 계속적으로 반복되며, A회사에게 금전배상을 명하는 경우만으로는 B회사의 구제의 실효성을 기대하기 어렵다. 그리고 A회사의 불법적인 광고행위를 금지함으로써 보호되는 B회사의 이익이 그로 인한 A회사의 영업의 자유에 대한 손실보다 더 크다. 그러므로 B회사는 A회사에 대하여 인터넷포털사이트에 접속한 인터넷사용자의 모니터에서 인터넷광고프로그램을 이용한 광고행위를 하는 불법행위의 금지 또는 예방을 청구할 수 있다고 보아야 한다.

(3) 방해의 모습에 따른 분류

물권의 방해의 모습에 따라서 아래와 같이 물권적 반환청구권, 물권적 방해제거청구권, 물권적 방해예방청구권 세 가지 종류가 있다. 각 물권적 청구권의 내용을 알기 쉽게 정리하면 아래 도표와 같다.

물권 일반	점유권	소유권	요 건	청구내용
물권적 반환청구권	점유물반환청구권(§204)	소유물반환청구권(§213)	권리자의 점유상실	목적물의 반환(인도)
물권적 방해제거청구권	점유물방해제거청구권(§205)	소유물방해제거청구권(§214)	점유상실 이외의 사정으로 인한 권리내용의 실현방해	방해의 제거
물권적 방해예방청구권	점유물방해예방청구권(§206)	소유물방해예방청구권(§214)	물권의 침해가 생길 염려	방해의 예방

① 물권적 반환청구권

> A는 자전거를 타고 등교하였는데, 수업시간에 쫓긴 나머지 자전거를 자전거보관소에 보관하지 않고, 강의실 앞에 대충 세워놓은 채 수업에 들어갔다. 그런데 수업을 마치고 밖에 나와 보니 자전거가 없어져 버렸다. 알고본 즉 「자전거제자리보관하기운동」을 전개하고 있는 B학생단체가 A의 자전거를 수거하여 갔다. A는 B학생단체에 대하여 어떤 청구를 할 수 있는가?

물권자가 목적물에 대한 점유를 완전히 침탈당한 경우에 침탈자에 대하여 점유를 회복하기 위하여 물건의 반환을 청구할 수 있는 권리를 「물권적 반환청구권」(rei vindicatio)이라고 한다.[36)] A는 자전거에 대한 소유권을 가지고 있다. 그리고 사례에서는 A가 수업을 받

35) 대법원 2010.8.25. 자 2008마1541 결정.

36) 물권적 반환청구권은 목적물의 점유의 이전을 구하는 형태로 행사한다. 목적물이 동산인 경우는 「인도청구」

고 있는 도중에 B학생단체가 자기의 소유물인 자전거에 대한 점유를 침탈한 경우이므로, A는 B학생단체에 대하여 소유권에 기한 물권적 반환청구권을 행사하여 자전거의 반환을 청구할 수 있다.

물권적 반환청구권이 인정되기 위해서는 물권자가 점유를 침탈당하여야 한다. 목적물의 점유가 침탈되기에 이른 이유는 불문한다. 물권자에 의하여 점유되어야 할 물건이 타인에 의하여 점유되고 있는 상태가 존재하고, 그 상태가 객관적으로 볼 때 위법하면 충분하다. 예를 들어 자전거를 도둑맞은 자가 도둑에게 물권적 반환청구권에 의하여 그 반환을 청구할 수 있을 뿐만 아니라, 건물임차인이 임차기간의 종료에도 불구하고 퇴거하지 않는 경우와 같이 처음에는 적법하게 점유를 하다가 후에 점유권원이 없어지게 된 때에도 임대인은 물권적 반환청구권에 의하여 그 반환을 청구할 수 있다. 다만 물권이라고 하더라도 점유할 권리가 없는 지역권이나 저당권에 대하여는 물권적 반환청구권이 인정될 여지가 없다.

사례에서 A는 B학생단체가 자전거를 보관하고 있는 곳에 찾아가서 실력으로 자전거를 가지고 올 수 있는가? A의 실력행사는 바로 「자력구제」가 된다. 자력구제는 예외적인 경우를 제외하고는 원칙적으로 위법하다(민사상 불법행위가 된다). 자력구제를 허용하면 상대방의 불평이나 대응을 유발하게 되며, 또한 자력구제에는 절차적 보장이 없으므로 잘못된 권리행사가 될 우려가 있고, 결과적으로 권리가 있다고 하더라도 과도한 폭력이 사용되어 사회질서를 파괴할 우려가 크다. 그러므로 원칙적으로 A는 자기의 실력을 발휘하여 자전거를 되찾을 수 없다.

예외적으로 A의 자력구제가 인정되는 경우는 언제인가? A의 눈 앞에서 B학생단체가 자기의 자전거를 수거하여 가고 있는 경우와 같이, 침해행위가 현재 진행중이고, 후에 법원에 소를 제기하여 권리의 실현을 구하기가 곤란한 때에는 자력구제가 인정될 수 있다. 만약 B학생단체가 A의 목전에서 자전거를 가지고 가고 있다고 하면 권리행사의 수단이 필요한 한도를 초과하지 않는 한, A의 자력구제가 위법하지 않다.

자력구제가 허용되지 않는다면 A로서는 B학생단체에 대하여 소송을 제기하여 소유권에 기한 반환청구를 하여야 한다. 만약 A가 승소하면 「B학생단체는 A에게 자전거를 반환하라」고 하는 판결을 얻게 된다. 그러나 판결에도 불구하고 B학생단체가 임의로 자전거를 반환하지 않는 경우도 있다. B학생단체가 임의로 이행하지 않으면 국가권력을 빌려서 강제하게 된다. 구체적으로 집행관이 B학생단체의 주소(사무소)로 가서 자전거를 강제로 반환받아 A에게 인도한다.

② 물권적 방해제거청구권 　물권적 방해제거청구권이란 '점유침탈 이외의 방법에 의하여' 목적물의 지배를 현실적으로 방해당하고 있는 경우에 물권자가 방해자에 대하여 그 방해상태의 제거를 구하는 권리를 가리킨다. 물권적 방해제거청구권에서 의미하는 「방해」가 되기 위해서는 예를 들어 이웃토지의 증축부분이 담을 넘거나 증축공사중

(引渡請求)라고 부르고, 부동산인 경우는 「명도청구」(明度請求)라고 일컫는다.

건축자재가 경계를 넘어 방치된 경우와 같이 물권이 있어야 할 상태에 반하는 방해가 야기되고, 또한 그 방해가 계속적 상태에 있어야 한다.

물권적 방해제거청구권은 동산·부동산을 막론하고 적용되지만 부동산, 특히 토지에 적용되는 경우가 많다. 예컨대 A가 B의 토지에 건축자재를 쌓아 놓거나 불법으로 건물을 짓고 사용하고 있는 경우에 B는 A에 대하여 물권적 방해제거청구권을 행사할 수 있다.

> A의 소유에 속한 토지는 이웃 B 소유의 토지로부터 2m 정도 저지에 위치하고 있었다. 그런데 어느 해 태풍에 의한 폭우로 인하여 축대가 붕괴되어 B의 토지에 생육하고 있는 고목이 A의 정원에 쓸어졌다. A는 B에 대하여 어떤 청구를 할 수 있는가?

예컨대 고목이 쓰러진 주된 원인이 B가 경계주변을 너무 굴착하여 생긴 경우에는 A가 B에 대하여 손해배상을 청구할 수 있다. 그리고 역시 A에게 방해제거청구권의 행사를 인정하여야 할 필요도 있다. 다만 사례와 같이 축대의 붕괴에 의하여 B의 고목이 A의 토지에 떨어진 이유가 폭우와 같이 예상할 수 없는 불가항력이 원인인 경우에는 물권적 방해제거청구권이 인정되지 아니한다는 견해(물권적 방해제거청구권이 성립하려면 방해자의 귀책사유가 요구된다는 입장이다)도 있다. 그러나 물권적 청구권은 현재의 객관적 위법상태를 「본래 있어야 할」 진실한 상태로 회복시킨다는 내용을 본질적 목적으로 하는 이상, 그 위법상태가 어떤 원인에 기인하여 발생하든 A는 B에 대하여 물권적 방해제거청구권을 행사할 수 있다고 보는 태도가 옳다.

[더 생각할 과제 - 폐기물의 불법투기·매립]

최근 폐기물의 불법투기가 사회문제로까지 비화되고 있다. 타인의 토지에 폐기물을 불법투기하면 말할 필요 없이 소유권의 침해가 된다. 역시 소유권자는 소유권에 기한 방해배제청구권도 행사할 수 있다.

소유권자는 방해배제의 내용으로서 어떤 청구를 할 수 있는가? 건설폐기물과 같이 유체물이라고 하면 그 물건의 취거를 청구할 수 있다. 그러나 화학물질을 포함한 폐기물로 인하여 토양의 오염이 야기된 경우에는 문제가 쉽지 않다. 오염된 토양의 정화나 교체까지 청구할 수 있는가? 오염된 토양의 정화와 교체는 전통적인 방해배제의 관념에 포함시키기 곤란하나, 방해배제가 바로 「원상회복」을 목적으로 한다고 이해할 수 있으므로 긍정하여야 좋다고 본다.

> A의 소유인 갑토지는 본래 인접토지보다 3m 정도 낮고 웅덩이가 된 채 황무지로 방치되어 있었고, 그 일대가 상습침수지역에 속하였다. 그런데 갑토지에 연탄재 등 쓰레기를 매립하여 양질의 농지로 만들어 주겠다는 B의 제의를 받고 A는 동의하였다. B는 연탄재를 포함한 쓰레기 등으로 약 3m 가량을 매립한 후 2m 가량을 양질의 토양으로 복토하여 쓰레기매립공사를 완공하였다. 그 후 A는 갑토지의 지상에 비닐하우스를 설치하여 채소를 재배하는 농경지로 사용하였는데, 사실은 B가 갑토지에 생활쓰레기뿐만 아니라, 산업쓰레기(건설폐기물, 사업장폐기물 등)까지를 위법하게 매립하여 그 쓰레기 등이 부패, 소멸되지 않고 현재도 갑토지의 지하에 그대로 남아 있는 사실을 발견하였다. A는 B에게 어떤 청구를 할 수 있는가?

우선 소유권에 기한 방해제거청구권으로서 쓰레기의 수거 및 원상복구를 청구할 수 있는가가 문제된다. 소유권에 기한 방해배제청구권에 있어서 「방해」란 어떤 의미인가? 소유권에 기한 방해배제청구권에서의 「방해」라 함은 현재에도 지속되고 있는 침해를 의미하고, 법익침해가 과거에 일어나서 이미 종결된 경우에 해당하는 「손해」의 개념과는 다르다. 그러므로 소유권에 기한 방해배제청구권은 방해결과의 제거를 내용으로 하여서는 안된다(과거의 방해결과의 제거는 바로 손해배상의 영역에 해당한다). 소유권에 기한 방해배제청구권은 현재 계속되고 있는 방해의 원인에 대한 제거를 그 내용으로 한다.

사례에서는 쓰레기의 매립으로 조성한 갑토지에 소유권자 A가 매립에 동의하지 않은 산업쓰레기가 매립되어 있으므로, 매립된 산업쓰레기가 토지소유권에 대한 '방해'이냐, 토지소유권에 발생한 '손해'이냐가 문제된다. 판례는 매립된 산업쓰레기는 과거의 위법한 매립공사로 인하여 생긴 결과로서 소유권자가 입은 손해에 해당될 뿐이고, 그 산업쓰레기가 현재 소유권에 대하여 별도의 침해를 지속하고 있다고 볼 수 없다고 한다.[37] 그러므로 판례에 의하면 A는 소유권에 기한 방해배제청구권을 행사할 수 없다(A는 손해배상은 청구할 수 있다).

사례에서 B가 쓰레기매립을 완료함에 따라서 A 소유의 갑토지에 묻힌 산업쓰레기는 부합(§256)에 의하여 A의 소유가 되어 있다. 유해한 산업쓰레기의 소유권이 A에게 이전함으로써, 현재 B는 A의 토지소유권에 대한 어떤 사실상의 방해를 하고 있지 않다. 결국 B의 더 이상 방해행위는 존속하지 아니하므로, 잔존하는 불이익한 결과는 오로지 손해배상에 의하여 처리하여야 한다.

사례에서 B의 불법쓰레기매립이 불법행위의 요건을 충족한다면, 특히 불법쓰레기의 매립을 통하여 손해나 손실(채소농사의 실패나 지질의 악화 등)이 있으면 A는 B에게 불법행위책임(§750)을 물을 수 있다. 다만 불법행위책임으로서는 금전배상이 원칙이므로, A는 B에 대하여 불법쓰레기의 매립을 통하여 생긴 손해에 대하여 금전에 의한 배상을 청구할 수 있을 뿐이다. A는 원칙적으로 B에게 불법행위책임으로서 원상회복을 청구할 수는 없다.

③ 물권적 방해예방청구권

최근 A가 소유하는 갑토지의 굴토로 인하여 갑토지의 일부가 비바람 등 자연적인 현상에 의한 경사지 흙의 유실 등으로 장차 인접하고 있는 B 소유의 을토지로 붕괴할 위험이 생겼다(한편 을토지는 지목이 논[畓]이고, 5년여 전부터 현재까지 경작되지 아니하고 방치되어 왔다). B는 A에 대하여 어떤 청구를 할 수 있는가?

물권의 침해가 아직 현실적으로 발생하지 않고, 단지 장차 발생할 염려가 있는 경우도 있다. 물권자가 방해의 발생까지 기다리지 않고, 방해의 발생을 저지하기 위하여 방해의 위험을 유지하고 있는 자에 대하여 그 방해의 예방을 청구할 수 있는 권리를 물권적 방해예방청구권이라고 한다.

사례에서 A가 소유하는 갑토지가 굴토(掘土)로 인하여 B 소유의 을토지로 붕괴할 위험이 생긴 경우라고 하면 B가 A에 대하여 물권적 방해예방청구권을 행사할 수 있는가? 갑토지의 일부가 을토지로 붕괴의 위험이 있다고 하여 항상 물권적 방해예방청구권이 인정된다고 보기는 어렵다. 물권적 방해예방청구권은 방해의 발생을 기다리지 않고, 현재 예

37) 예컨대 타인의 토지 위에 건물을 짓는 방해행위가 이미 완료된 경우라고 하더라도 건물이 토지상에 존속하는 한, 토지의 소유자는 소유권에 기한 방해배제청구권을 행사하여 건물의 철거를 요구할 수 있고, 토지소유권은 토지의 지표나 지상뿐만 아니라, 정당한 이익이 있는 범위 내에서는 지하에도 미친다는 입장에서 보면 판례의 태도가 부당하다는 지적도 있다.

방수단을 취하도록 청구할 수 있지만, 그 방해의 염려가 있다고 하기 위하여는 방해예방의 청구에 의하여 미리 보호받을 만한 가치가 있어야 한다. 특히 객관적으로 근거있는 상당한 개연성을 가진 방해의 염려가 있어야 하고, 관념적인 가능성만으로는 물권적 방해예방청구권을 인정할 수 없다.38) 그러므로 굴토로 인하여 갑토지의 일부가 비바람 등 자연적인 현상에 의하여 경사지 흙의 유실 등으로 장차 붕괴할 가능성이 있다고 하더라도, 만약 갑토지의 붕괴위험에 대한 예방조치를 강제할 정도로 갑토지의 일부가 붕괴될 개연성이 상당하다고 볼 수 없을 때에는(더욱이 을토지의 지목이 논[畓]이고 이미 5년여 동안 경작되지 아니하고 방치되어 온 사정에 비추어 보더라도) 을토지에 관한 B의 소유권이 B가 A에게 구하는 내용의 예방조치의 이행을 강제할 정도로 방해받을 염려가 있다고 보기 어렵다. 결국 B의 물권적 방해예방청구권이 인정되지 아니한다.

[더 생각할 과제 - 수거인용청구권이 인정되는가]

A의 정원에 서 있던 고목이 태풍에 의하여 B의 토지로 넘어졌다(혹은 A의 토지에 서 있는 고목을 제3자 C가 무단히 벌목하여 B의 토지에 적재하여 놓았다). A가 B의 토지에 들어가 나무를 수거하려고 할 때에 B는 A의 수거를 인용하여야 하는가?

사례에서 B는 A에게 나무에 대한 방해제거청구를 할 수 있다는 사실은 분명하다(B의 방해제거청구를 위하여 A의 귀책사유는 요구되지 아니하므로, 비록 태풍에 의하여 방해상태가 야기된 경우에도 B의 방해제거청구가 인정된다). A는 B에 대하여 나무의 반환을 청구할 수 있는가? A가 B에게 나무의 반환청구를 하기 위하여는 B가 물건을 점유하여야 한다. 본래 B의 점유가 인정되려면 사실상의 지배가 필요하고, 점유이론에 의하여 그 사실상의 지배에는 점유의사는 필요없다고 하더라도 적어도 점유설정의사는 요구된다고 본다.

B의 점유가 인정되는가? 자연력에 의하여 혹은 제3자의 행위에 의하여 우연히 A의 물건이 B의 토지에 들어가 있다고 하는 사실만으로 멀리 타지에 거주하고 있는 B에게 점유설정의사가 있다고 인정하기는 곤란하다. 예컨대 서울에 살고 있는 B에게 어느 날 A가 전화를 걸어 자기의 토지에 서 있던 나무가 금년 여름에 태풍에 의하여 B가 고향에 남겨둔 토지 위로 넘어졌으니, 빨리 내려와서 나무를 반환하라고 요구한다면 B에게는 대단히 황당한 일이라고 하지 않을 수 없다. 결국 태풍에 의하여 자기의 토지로 넘어진 나무에 대한 B의 점유가 인정된다고 볼 수는 없으므로, A는 B에게 나무의 반환청구를 할 수 없다고 보아야 한다.

그렇다면 과연 B의 토지에 놓여있는 나무에 대하여는 어떤 처리가 가능한가? 만약 A가 B에 대하여 나무의 반환을 청구할 수 없다고 하면 B가 스스로 A에 대하여 방해제거청구를 하지 않는 때에는 A의 나무가 B의 토지에 놓여있는 상태가 지속되고, A가 나무를 수거할 방법이 없다. 그러므로 A가 B의 토지에 쓸어져 있는 나무의 수거에 대하여 적극적인 이해를 가지는 경우에는 A가 B의 토지에 스스로 들어가 그 나무를 수거해 가도록 허용할 필요가 있다고 본다. 바로 A에게 「수거인용청구권」을 부여하여야 할 필요가 생긴다.39)

---

38) 대법원 1995.7.14. 선고 94다50533 판결.

39) 예컨대 독일민법 제1005조는 수거권(Verfolgungsrecht)에 관하여 명문규정을 두고 있고, 특히 독일민법 제962조는 벌떼의 소유자는 날아간 벌떼의 추적을 위하여 타인의 토지에 들어갈 수 있다고 규정하고 있다.

4. 물권적 청구권의 내용

(1) 행위청구권인가 인용청구권인가

물권적 청구권은 어떤 청구를 할 수 있는 권리인가? 물권적 청구권의 내용이 적극적 행위청구권인가, 아니면 소극적 인용청구권인가 하는 논의가 있다. 물권적 청구권이란 상대방에게 적극적 행위를 청구할 수 있다고 보는 견해가 행위청구권설이다. 반면에 인용청구권설은 소유권자가 하는 권리행사에 대하여 상대방에게 불평·불만을 하지 못하게 하는 권리가 물권적 청구권이라고 보는 견해이다.

학설상으로 다수설은—판례와 같이—물권적 청구권을 물권이 본래 「있어야 할 상태」로 회복하기 위하여 상대방에게 적극적 행위, 즉 작위를 청구할 수 있는 적극적 행위청구권으로 이해한다. 적극적 행위청구권설이 물권적 청구권에 관한 민법의 규정(§§204-206, 213, 214 참조)의 문언(文言)에 충실한 태도이다. 다만 물권적 청구권은 원칙적으로 적극적 행위청구권을 의미하고, 예외적으로 반환청구의 상대방인 현재의 점유자가 스스로 점유를 취득하지 않은 경우(예컨대 점유상태가 제3자의 행위 또는 자연력에 의하여 야기된 경우)에는 수거를 인용하는 소극적 인용청구권을 가리킨다고 보는 소수설(절충설)이 있다.

판례는 대체로 물권적 청구권을 상대방의 적극적인 행위를 청구하는 권리, 즉 행위청구권이라고 본다. 예컨대 판례를 보면 흔히 '소유권에 기하여 건물의 건축금지 등 방해의 제거나 예방을 위하여 필요한 청구를 할 수 있다',[40] '방해행위의 제거를 청구할 수 있다',[41] '소유권에 기한 물권적 청구권을 행사할 수 있다'[42] 등과 같이 표현하고 있으므로, 판례가 물권적 청구권을 적극적 행위청구권으로 이해하고 있다고 해석된다.

(2) 물권적 청구권의 경합

> 태풍으로 A의 정원에 있는 나무가 B의 정원으로 넘어졌다. A는 B에게 물권적 반환청구권을 행사하여 그 나무의 반환을 청구하였다. 그러나 B는 오히려 A에게 물권적 방해제거청구권을 행사하여 나무의 제거를 청구하였다. AB 중 누구의 주장이 타당한가?

만약 A가 나무를 고의로 B의 정원에 넘어지게 한 때에는 B는 당연히 방해제거를 청구할 수 있다. 그러나 예상외의 사고인 태풍에 의하여 A의 나무가 B의 정원으로 쓰러진 경우라고 하면 나무가 B의 정원에 놓이게 된 사정에 전혀 A의 과실이 없다. 그러나 물권적 청구권이 적극적 행위청구권이라는 사실을 강조하여 물권적 청구권의 성립에 상대방인 A의 귀책사유 여부는 무관하다고 하면 B는 A의 과실이 없더라도 A에 대하여 나무의 제거

40) 대법원 1999.7.27. 선고 98다47528 판결.
41) 대법원 2006.1.27. 선고 2003다58454 판결.
42) 대법원 2014.3.13. 선고 2009다105215 판결.

를 청구할 수 있다. 반대로 A가 B의 토지 위에 놓여 있는 자기의 나무에 관하여 B에 대하여 소유권에 기한 반환청구권을 행사할 수 있다고 하면 B의 방해제거청구권과 A의 반환청구권이라고 하는 2개의 물권적 청구권이 충돌하여 수습이 어렵게 된다.

물권적 청구권도 경합하는가? 학설상 경합설, 비경합설, 절충설(수거인용청구권인정설)로 대립한다.

① 경합설 　경합설은 물권적 방해제거청구권이 성립하는 경우에 원칙적으로 그 상대방(피청구자)에게 반환청구권이 성립한다고 본다. 경합설에 의하면 B가 A에 대하여 나무의 방해배제를 청구할 수 있는 물권적 방해제거청구권을 가지는 반면에, A도 B에게 나무의 반환을 청구할 수 있다. 그러나 경합설은 타당하지 않다.

② 비경합설 　학설상 다수설은 비경합설이다. 물권적 청구권의 경합을 인정하지 않는 비경합설에 따르면 B가 나무를 불법으로 점유하고 있다고 볼 수 없으므로, A는 B를 상대로 나무의 반환에 대한 물권적 청구권을 행사할 수 없다. 다만 비경합설은 B는 비록 태풍에 의하여 나무가 자기의 토지로 넘어져 들어온 경우라고 하더라도 A의 나무로 인하여 소유권(혹은 점유권)의 행사를 방해받고 있는 한, A에 대하여 그 나무의 제거를 청구할 수 있고, 그 비용은 A가 부담하여야 한다고 본다.

③ 절충설 　절충설인 수거인용청구권인정설은 원칙적으로 A에게 물권적 반환청구권을 인정할 수는 없다고 하더라도, 적어도 수거인용청구권은 인정하여야 한다고 본다. 절충설이 타당하다고 본다. 그러므로 나무에 대한 B의 점유가 인정되지 않으므로, 원칙적으로 A의 반환청구권은 인정되지 않고, 오로지 B의 방해제거청구권만이 인정되나, 다만 A에게 별도로 수거인용청구권을 인정하여 A 스스로가 나무의 수거를 하고자 하는 경우에 B에게 그 허용을 청구할 수 있다고 본다.

5. 물권적 청구권과 비용부담

> A 소유의 건물을 빌려서 인쇄공장을 경영하고 있는 임차인 B는 임대차기간이 종료하자 인쇄업을 중단하였으나, 건물에 장치한 인쇄기를 철거하지 않았다. A는 물권적 방해제거청구권을 행사하여 B에게 인쇄기를 철거하도록 청구하였다. 그러나 B는 스스로 철거를 하지 않고 A에게 알아서 인쇄기를 철거하라고 하였다. 만일 A가 자기의 비용으로 인쇄기를 철거한 경우에 B에 대하여 그 비용의 상환을 청구할 수 있는가?

물권적 청구권의 행사와 관련하여 비용이 드는 경우도 있다. 누가 그 비용을 부담하는가? 여러 가지 견해가 대립한다. 물권적 청구권에 따른 비용부담의 문제는 물권적 청구권의 본질을 이해하는 태도에 따라서 그 결론이 달라진다. 만일 상대방의 적극적 행위에 대한 청구를 물권적 청구권의 내용으로 이해하면 물권적 청구권은 상대방의 노력과 비용으로 방해제거를 청구할 수 있는 권리가 된다. 반면에 물권적 청구권을 행사하는 자가 스스로 행하는 회복행위를 상대방이 소극적으로 인용하여야 하는 소극적 부작위에 대한 청구를 물권적 청구권의 내용으로 이해하면 물권적 청구권을 행사하는 자가 자기의 노력과 비용으로 방해배제를 하고 상대방은 단지 그 방해배제를 인용하여야 하는 청구를 할 수 있는 권리를 물권적 청구권이라고 한다.

학설상으로는 물권적 청구권의 행사에 따른 비용을 누가 부담하는가에 관하여 상대방부담설, 상대방부담수정설, 책임설, 청구자부담설이 대립한다.

① 상대방부담설 상대방부담설은—판례와 같이—불가항력을 원인으로 물권적 방해상태가 야기된 경우에도 물권적 청구권의 성립이 인정되는 한 비용은 항상 상대방이 부담한다고 해석한다. 다만 상대방부담설에 대하여는 물권적 반환청구권과 물권적 방해제거청구권이 경합하는 경우에 먼저 물권적 청구권을 행사하는 자가 상대방에게 비용을 부담시킬 수 있다는 불합리한 결과가 생기고, 불가항력이나 제3자의 행위로 침해가 야기된 때에도 책임 없는 상대방에게 비용을 부담시킨다는 사실은 과실책임주의에 반한다는 비난이 있다.

학설은 물권적 청구권의 법적 성질을 상대방의 적극적 행위를 청구하는 권리, 즉 적극적 행위청구권으로 보므로, 물권자가 상대방에 대하여 적극적으로 반환·방해제거·방해예방에 필요한 행위를 하도록 청구할 수 있는 권리라고 이해한다. 판례도 물권적 청구권은 침해에 관한 상대방의 책임의 유무를 묻지 않고, 언제나 상대방의 비용으로 반환·방해제거·예방을 청구할 수 있는 권리라고 이해한다.[43] 그러므로 학설·판례가 취하는 적극적 행위청구권설에 따르면 A는 B에 대하여 인쇄기의 철거를 청구할 수 있고, 만일 A가 자기의 비용으로 인쇄기를 철거한 때에는 그 인쇄기를 B에게 인도한 후에 철거비용의 상환을 청구할 수 있다.

② 상대방부담수정설 상대방부담설이 가지는 불합리한 내용을 수정하는 상대방부담수정설이 있다. 상대방부담수정설은 원칙적으로 상대방이 비용을 부담하지만, 상대방인 현재의 점유자가 자기의 의사로 점유를 취득하지 아니한 경우(예컨대 태풍으로 인하여 소유자의 물건이 마당으로 넘어 들어온 경우, 도둑이 훔친 물건을 마당에 놓고 간 경우)에는 상대방은 목적물에 대한 지배를 포기하고 소유자가 자기의 비용부담으로 침해물건을 가져가는 회복행위를 인용하기만 하면 된다고 한다. 물론 상대방이 자기의 의사로 물권을 침해한 때에는 상대방이 전적으로 비용을 부담하여야 한다. 그러나 점유자의 의사와 관계없이 침해행위가 야기된 때에는 물권자가 상대방에 대하여 비용까지 부담시키며 침해행위의 배제를 청구할 수 없다고 보아야 하므로, 이른바 수거인용청구권설의 입장에서 상대방은 물권자의 비용으로 침해행위를 회복할 때에 인용하기만 하면 된다고 보는 태도가 타당하다.

③ 책임설 책임설은 방해상태에 대하여 귀책사유가 있는 자가 비용도 부담한다고 본다. 책임설에 의하면 방해상태가 상대방의 귀책사유에 의하여 생긴 때에는 상대방에게

---

43) 대법원 1966.1.31. 선고 65다218 판결; 대법원 1968.4.16. 선고 67다2778 판결.

그 비용부담으로 적극적인 배제행위를 하도록 청구할 수 있고, 방해상태가 물권자의 책임 있는 사유로 생긴 때에는 물권자 자신의 배제행위를 상대방에게 인용하게 하고 그 비용은 물권자가 전액 부담한다. 그러나 책임설에 대하여는 가령 A의 소유물을 도둑이 B의 소유지에 방치한 경우, 천재지변으로 방해상태가 야기된 경우와 같이 양자에게 귀책사유가 없으면 누구도 적극적 행위를 청구할 수 없으므로, 먼저 청구한 자가 사실상 스스로 비용부담을 하여 손해를 보는 결과가 생긴다는 비난이 있다.

④ 청구자부담설 청구자부담설은 물권적 청구권을 소극적 인용청구권으로 이해하여 비용을 물권적 방해상태의 제거를 청구하는 자가 부담하고, 다만 상대방의 불법행위로 인하여 물권이 침해를 받은 경우에는 상대방에게 비용을 손해배상으로 청구할 수 있다고 본다. 그러나 청구자부담설에서도 물권적 반환청구권과 물권적 방해제거청구권이 경합하는 경우에 양자에게 모두 귀책사유가 없으면 쌍방에게 침해원인이 없고, 결국 비용부담의 의무도 정할 수 없으므로 먼저 방해제거를 하려는 자가 사실상 스스로 비용부담을 하여야 하는 불합리가 야기된다.

6. 물권적 청구권과 소멸시효

> A는 갑토지에 대한 소유권을 가지고 있는데, 권한 없이 갑토지를 무단점유하여 자신의 소유권을 방해하고 있는 B에 대하여 물권적 청구권을 장기간 행사하지 않았다. A의 물권적 청구권만이 시효에 의하여 소멸하는가? 만일 A가 갑토지에 대하여 지상권을 가지고 있었는데, 지상권의 행사를 방해하는 B에 대하여 장기간 물권적 청구권을 행사하지 않은 경우라면 어떤가?

물권적 청구권이 소멸시효에 걸리는가? 물권적 청구권의 성질에 관하여 어느 학설을 취하는가에 따라서 결론에 차이가 있다. 물권적 청구권의 법적 성질을 「물권의 작용」이지 독립한 권리가 아니라고 보는 물권작용설에 의하면 물권적 청구권은 소멸시효에 걸리지 아니한다고 본다. 그러나 물권적 청구권을 순수한 채권으로 이해는 순채권설에 의하면 물권적 청구권도 소멸시효에 걸린다. 학설상으로는 물권적 청구권의 소멸시효 여부에 관하여 긍정설·부정설·절충설로 대립한다.

① 긍정설 긍정설은 물권적 청구권도 소유권에 기한 경우이든 제한물권에 기한 경우이든 상관 없이 모두 소멸시효에 걸린다고 보는 견해이다. 그리고 긍정설은 (i) 실무상 실효에 의한 물권적 청구권의 소멸을 사실상 부정하고 있는 입장을 고려할 때[44] 물권적 청구권에 소멸시효를 인정하는 해석태도가 당사자간의 이해관계에 부합하고, (ii) 특히 매매를 원인으로 하여 소유권이전등기까지 마친 후에 매매가 취소·무효·해제된 경우에 매도인이 가지는 소유권이전등기말소등기청구권은 소멸시효에 걸린다고 하여야 형평에

44) 대법원 1986.11.25. 선고 85다카2397 판결.

맞고, (iii) 소멸시효의 기산점은 물권적 청구권을 행사할 수 있는 때를 기준으로 한다고 본다.

긍정설은 물권적 청구권은 민법 제162조 제2항이 규정하는「채권 및 소유권 이외의 재산권」에 해당하여 20년의 소멸시효에 걸린다고 보나, 그 근거에 대하여는 아래와 같은 비판을 생각할 수 있다.

(i) 긍정설은 소멸시효를 인정하는 취지에 비추어 물권적 청구권에 대하여만 소멸시효를 인정하지 않는 태도는 부당하다고 지적한다. 그러나 소멸시효제도가 존재한다고 하여, 권리 위에 잠잔다고 하여 무조건 권리를 소멸시켜야 한다고 보기는 어렵다. 물권적 청구권은 물권의 침해상태가 계속되는 한 물권으로부터 끊임없이 발생하므로, 장기간의 불행사로 소멸된다는 문제를 생각할 수 없다고 보아야 옳다.

(ii) 긍정설은 독일민법의 해석상 물권적 청구권은 소멸시효에 걸린다고 보므로, 긍정설이 타당하다고 설명한다. 그러나 독일민법의 해석이 참고자료는 될 수 있을지언정 독일민법의 해석상 물권적 청구권이 소멸시효에 걸린다고 하여 민법상 동일하게 해석하여야 할 당위성은 없다. 특히 독일민법에서도 등기된 권리로부터 발생하는 청구권은 소멸시효에 걸리지 아니하여(§902 BGB) 부동산물권에 기한 물권적 청구권은 거의 소멸시효에 걸리지 않는다.

(iii) 긍정설은 민법이 상속회복청구권에 대한 소멸시효를 인정하고 있다(§§982·999)고 하는 사실을 근거로 제시한다. 그러나 상속회복청구권은 진정한 상속인의 지위에 기하여 받고 있는 침해를 배제하고 상속권의 내용을 자기에게 회복시키는 권리로서 물권적 청구권과 그 발생근거가 다르며 침해권리도 물권에 한하지 아니하여 양자의 권리가 동일시될 수 없다.

여하튼 긍정설에 의하면 갑토지에 대한 A의 물권이 소유권이든 지상권이든 상관없이 물권적 청구권을 행사할 수 있는 때로부터 20년 이상 물권적 청구권을 행사하지 않고 방치한 때에는 물권적 청구권이 시효로 소멸한다. 만약 A가 물권적 청구권을 행사하지 않은 기간이 20년 이상이라면 A는 B에 대하여 더 이상 물권적 청구권을 행사할 수 없다.

② 부정설 부정설은 소유권에 기한 물권적 청구권이든 제한물권에 기한 물권적 청구권이든 물권적 청구권은 독립하여 소멸시효에 걸리지 아니한다는 견해이다. 부정설이 옳다고 본다. 부정설이 타당한 근거로 아래와 같은 내용을 들 수 있다.

(i) 민법 제162조 제2항에 의하여 소유권은 분명 소멸시효에 걸리지 않는다. 만약 소유권은 그대로 영구히 존속하는데, 소유권에 기한 물권적 청구권만 소멸시효에 걸린다면 어떤 현상이 생기는가? 소유권은 있으나, 자기의 소유물을 침탈한 점유자에 대하여 그 반환을 청구하지 못하는 불합리한 경우가 생기게 된다. 소유권은 사실상 무의미한 권리가 되고 만다.

지상권과 같은 제한물권도 마찬가지이다. 예컨대 A의 토지에 있는 철근구조물이 B가 지상권을 가지고 있는 토지로 기울어져 넘어져 지상권의 행사를 방해하는 채로 20년이 경과한 경우에 만약 이제는 지상권에 기한 방해제거청구권을 더 이상 행사할 수 없다고 하면 어떤가? B가 20년간 지상권에 기한 방해제거청구권을 행사하지 아니하여 방해제거청구권의 소멸시효가 완성된다고 하면 B가 토지를 계속 사용·수익하고 있는 한(지상권을 행사하지 않고 있는 경우가 아니므로 지상권이 소멸하지는 않는다), 지상권은 있어도 방해행위의 제거를 청구하지 못하므로 방해행위를 수인하여야 하는 지상권이라고 하는 민법이 예상하지 못한 내용을 가진 지상권이 탄생하게 된다.

(ii) 본래 물권적 청구권은 물권의 완만한 상태와 현재의 상태가 부합하지 아니하는 경우에 생긴다. 그러므로 물권의 침해상태가 계속되고 있는 한 그 침해상태를 배제하기 위하여 끊임없이 물권적 청구권이 발생한다고 보아야 한다. 물론 침해상태가 어느 순간 종료되면 물권적 청구권도 따라서 소멸하므로, 그 이전에 발생한 침해상태에 대한 물권적 청구권이 문제될 여지가 없다. 결국 물권적 청구권은 어느 경우이든, 즉 소유권에 기한 물권적 청구권이든 제한물권에 기한 물권적 청구권이든 소멸시효에 걸릴 여지가 없다.

부정설에 따르면 A가 갑토지에 대하여 소유권을 가지고 있든 지상권을 가지고 있든 관계없이 항상 그 물권적 청구권을 행사하지 않고 아무리 오래 방치한 경우라고 하더라도 방해행위가 계속되는 한 물권적 청구권을 가진다. 결국 A는 B에 대하여 물권적 청구권을 행사할 수 있다.

③ 절충설　　절충설은 소유권이 소멸시효에 걸리지 아니하므로, 소유권에 기한 물권적 청구권은 소멸시효에 걸리지 않지만, 소유권 이외의 제한물권에 기한 물권적 청구권은 소멸시효에 걸린다는 견해이다. 절충설은 특히 민법 제162조 제2항의 해석상 소유권은 소멸시효에 걸리지 않는 반면에 물권적 청구권만이 소멸시효에 걸린다면 소유권은 있어도 물건의 반환을 청구할 수 없고 점유자는 점유권을 갖지 않지만 반환할 필요가 없다고 하는 부당한 결과가 생기고, 제3자가 소유권을 양수하려고 하더라도－소유권에 기한 물권적 청구권이 소멸시효에 걸린 때에는－소유자나 점유자의 누구에게도 양도를 청구하지 못하는 모순이 생긴다고 주장한다.

절충설에 의하면 사례에서 A가 소유권을 가지고 있는 경우에는 장기간의 불행사에도 불구하고 그 물권적 청구권이 시효로 소멸하지 아니하여 언제든지 물권적 청구권을 행사할 수 있다. 그러나 A가 지상권을 가지고 있는 경우에는 그 물권적 청구권이 장기간의 불행사로 소멸시효에 걸린 때에는 더 이상 지상권에 기한 물권적 청구권을 행사할 수 없다.

판례의 태도는 어떤가? 판례는 분명하게 소유권에 기한 물권적 청구권은 소멸시효의 대상이 아니라고 본다.[45] 다만 제한물권에 기한 물권적 청구권이 소멸시효에 걸리는가 여부에 대한 판례는 아직 찾아볼 수 없다.

---

45) 대법원 1982.7.27. 선고 80다2968 판결.

7. 물권적 청구권과 다른 청구권의 경합

(1) 물권적 청구권과 계약에 의한 청구권

> A는 차임 월 10만원에 B에게 노트북을 6개월 동안 빌려줬다. 그런데 노트북을 탐낸 B가 6개월이 지났는데도 노트북을 반환하지 않고 있다. A는 B에게 어떤 청구를 할 수 있는가?

1) 어떤 문제가 있는가

물권적 청구권과 계약상의 청구권이 경합하는 경우도 있다. 예컨대 부동산의 임대차계약이 종료한 경우에 임대인이 임차인에게 목적물의 반환을 청구하는 때에는 임대인은 임대차계약의 종료를 이유로 하는 목적물반환청구권이 성립하고, 또한 소유자로서의 지위에서 소유권에 기한 물권적 청구권을 행사할 수도 있다.

노트북은 A의 소유물이므로, A는 B에게 소유권에 기한 반환청구를 할 수 있다. 그러나 동시에 A는 B와의 임대차계약에 기하여 임대차계약상의 청구권으로 노트북의 반환을 구할 수도 있다(임대차계약이 종료하면 목적물을 반환할 계약상의 의무가 있다). A에게는 하나의 목적을 달성하기 위하여 2개의 다른 청구권이 고려되지만, 2개의 청구권은 그 내용에 차이가 있다. 소유권에 기한 반환청구권은 무조건적·영구적으로 인정되지만, 임대차의 종료에 기한 계약적 청구권은 채권으로 10년의 소멸시효에 걸리며 또한 계약상의 제약(예컨대 A가 부담하여야 할 노트북의 수리비를 B가 대신하여 지급하여 그 비용을 상환받을 때까지 노트북의 인도를 거절하는 경우)에도 복종하여야 한다.

2) 법조경합설 vs 청구권경합설

물권적 청구권과 계약상의 청구권이 경합하는 경우에 A는 어떤 청구권을 행사할 수 있는가? 전통적으로 법조경합설과 청구권경합설 2개의 학설이 대립한다. 현재 어느 청구권이든 행사할 수 있다고 보는 청구권경합설이 다수설이다.

① 법조경합설 법조경합설은 본래 소유권과 같은 물권은 특별한 관계에 있지 않는 자 사이에서 일반적으로 인정되는 권리로서 역시 소유권에 기한 물권적 청구권도 특별한 관계에 있지 않는 타인간의 관계에 대한 일반법의 문제라고 보고, 계약관계라고 하는 특수한 관계에 있는 자에 대하여는 계약에 기한 청구권이 우선적으로 적용되어야 한다고 본다. 법조경합설에 의하면 A는 B와 임대차계약에 의하여 특별관계에 있으므로, 이른바 「특별법은 일반법에 우선한다」고 하는 특별법우선의 원칙에 의하여 특별관계에 기한 규범(임대차계약의 종료에 의한 원상회복청구권)이 일반적 규범(물권적 청구권)에 우선하여 A는 임대차계약에 기한 권리만을 행사할 수 있다고 본다.

② 청구권경합설 청구권경합설에 따르면 A는 소유권에 기한 반환청구권이든 임대차계약의 종료에 따른 목적물반환청구권이든 양자를 함께 청구하거나 선택적으로 행사

할 수 있다. 청구권경합설이 다수설이다.

어느 학설을 취하든 난점은 있다. 다수설인 청구권경합설에서도 당사자가 어느 청구권을 선택하는가에 의하여 유리하기도 하고, 불리하기도 하므로, A에게도 B에게도 불합리하다. 예를 들어 A가 계약상의 청구권을 행사할 때에는 그 권리가 시효로 소멸한 경우가 있을 수 있고, 물권적 청구권을 행사하면 B가 계약상의 청구에 대하여 제기할 수 있는 항변을 제기하지 못하는 문제가 있다.

3) 판 례

> A가 그 소유이던 갑부동산에 관하여 두 번에 걸쳐 B를 근저당권자로 하여 근저당권설정등기를 마쳤다. 그 후 A의 변제 또는 변제공탁으로 인하여 근저당권의 피담보채무가 소멸되었는데, 그 이전에 A는 갑부동산을 C에게 매도하고 바로 그 소유권이전등기까지 마쳐 주어 그 소유권을 상실하였다. A는 B에 대하여 근저당권설정등기의 말소를 청구할 수 있는가? [대법원 1994.1.25. 선고 93다16338 판결]

판례는 청구권경합설에 따른다. 사례에서 B 명의로 마쳐진 근저당권설정등기에 대하여는 소유권에 기한 물권적 청구권을 행사하여 그 소멸을 청구할 수도 있고, 계약상의 권리로서 청구할 수도 있다. 다만 근저당권설정등기의 말소를 물권적 청구권에 기하여 청구할 수 있는 자는 청구 당시에 있어서의 그 부동산의 소유자 또는 말소등기로 인하여 직접적인 법률상의 이해관계를 가지고 있는 등기부상의 이해관계인에 한정된다. 그러므로 근저당권이 설정된 후에 그 부동산의 소유권이 C에게 이전된 경우에는 현재의 소유자인 C만이 자신의 소유권에 기하여 피담보채무의 소멸을 원인으로 그 근저당권설정등기의 말소를 청구할 수 있다. 다른 한편 근저당권설정자인 종전의 소유자 A는 근저당권설정계약의 당사자로서 근저당권의 소멸에 따른 원상회복으로 B(근저당권자)에게 근저당권설정등기의 말소를 구할 수 있는 계약상 권리가 있다. A는 계약상 권리에 터잡아 B에게 피담보채무의 소멸을 이유로 하여 근저당권설정등기의 말소를 청구할 수 있다.[46] 비록 A가 목적물의 소유권을 이미 상실하였다고 하더라도 그 이유만으로 계약상의 권리를 행사할 수 없다고 볼 수는 없다.

(2) 물권적 청구권과 불법행위로 인한 손해배상청구권

> A가 자기의 임야에 있는 암석에 대하여 발파작업을 하는 과정에서 잘못하여 큰 암석의 조각이 무수히 인근에 있는 B의 토지에 날아가 떨어졌다. B의 토지 위에는 마침 농작물을 경작하고 있었는데, 날아온 암석조각으로 인하여 큰 피해를 입었다. B는 A에 대하여 어떤 청구를 할 수 있는가?

물권적 청구권과 불법행위에 의한 손해배상청구권은 여러 가지 차이가 있다. 예컨대

---

46) 대법원 1994.1.25. 선고 93다16338 판결; 대법원 1988.9.13. 선고 86다카1332 판결; 대법원 1993.9.14. 선고 92다1353 판결 참조.

물권적 청구권은 상대방의 귀책사유(고의·과실)를 요구하지 않고, 반드시 손해의 결과발생을 요구하지 않고(방해의 우려만 있는 때에도 방해예방청구가 가능하다), 그 내용이 원물의 반환이나 방해제거·방해예방의 청구이다. 그러나 불법행위에 의한 손해배상청구권이 성립하기 위하여는 상대방의 고의·과실이 요구되고, 손해의 결과발생이 필요하고, 원칙적으로 금전에 의한 손해배상만이 가능하다. 그러므로 물권적 청구권과 불법행위로 인한 손해배상청구권이 함께 인정될 필요가 있다.

사례에서 A에게 적어도 과실이 있으므로, B는 A에 대하여 물권적 청구권과 불법행위로 인한 손해배상청구권을 모두 행사할 수 있다. B는 물권적 청구권을 행사하여 날아온 암석조각의 제거를 청구할 수 있다. 또한 침해의 발생에 대하여 A의 귀책성이 인정되므로, 만약 A가 침해의 제거를 하지 않는 때에는 B가 스스로 제거하고 그 비용을 불법행위에 기한 손해배상으로 청구할 수 있다. 그리고 물권적 청구권을 행사하여 침해가 제거된 경우라고 하더라도, 그 후에 전보되지 않은 손해(예컨대 농작물의 피해)가 남아 있는 때에는 B는 다시 불법행위에 기한 손해배상청구를 할 수 있다.

(3) 물권적 청구권과 부당이득반환청구권

1) 네 가지 테마

> A는 갑건물을 소유하고 있었는데, 갑건물을 B에게 매도하여 이전하고 소유권이전등기까지 마쳤다. 그 후 A는 B의 사기를 이유로 매매계약을 취소하였는데, B는 매매계약의 취소에 수긍할 수 없다고 주장하며 갑건물을 A에게 반환하기를 한사코 거절하면서 한 동안 점유를 계속하고 있었다. A는 B에 대하여 어떤 청구를 할 수 있는가?

사례에서 A가 B에 대하여 부당이득반환청구권을 가지는가 하는 문제에 관하여는 아래와 같이 네 가지 테마가 있다.

(i) 우선 사기취소에 의하여 갑건물의 소유권이 A에게로 되돌아온다. B는 A의 갑건물을 무단히 점유하고 있는 경우로 된다. 그러므로 A는 소유권에 기한 물권적 반환청구권에 기하여 갑건물의 반환을 B에게 청구할 수 있다.

A는 B에 대하여 부당이득반환청구도 할 수 있는가? 물론 매매계약의 취소에 의하여 B는 법률상 원인 없이 갑건물을 점유한 경우로 된다. 그리고 B가 법률상 원인 없는 점유로 이익을 얻는 경우가 있을 수 있다. 예컨대 B가 갑건물을 반환하지 않고 있는 동안 가게를 운영하여 수익을 얻고, 한편 A가 자신이 갑건물을 직접 이용하지 못하여 손실이 생기는 경우에는 A는 차임 상당액을 부당이득으로 B에게 반환청구할 수 있다.

(ii) 만약 B가 갑건물을 점유하고 있기는 하지만, 전혀 이득을 얻지 않고 있다면 어떤가? 부당이득반환에 있어서 「이득」이라 함은 실질적인 이익을 가리킨다. 만약 B가 법률상 원인 없이 갑건물을 점유하고 있다고 하여도, 갑건물을 아예 사용·수익하지 못하는 경우도 있을 수 있다. 예컨대 B가 갑건물에서 룸싸롱영업을 하다가 영업정지처분을 받아 폐문하고 관리조차 아니한 경우, 또는 공장의 용도로 갑건물을 임대차하였는데 전기까지 단

전되고 공장마저 폐쇄된 상태인 경우에는 실질적인 이익을 얻었다고 볼 수 없다. 그러므로 B의 점유가 법률상 원인이 없다고 하더라도 갑건물을 사용·수익하지 못한 경우라고 하면 A는 B에 대하여 부당이득반환청구를 할 수 없다.

(iii) A에게 차임 상당의 이익이나 기타 소득이 발생할 여지가 없는 특별한 사정이 있는 때에는 어떤가? 불법점유라는 사실이 발생하지 않은 경우라고 하더라도 부동산소유자에게 차임 상당의 이익이나 기타 소득이 발생할 여지가 없는 특별한 사정이 있는 때에는 손해배상이나 부당이득반환청구를 할 수 없다.[47] 만약 갑건물의 점유가 A 아래에 있다고 하더라도 A에게 임료 상당의 이익이나 기타 소득이 발생할 여지가 없는 경우에는 B에 대한 부당이득반환청구(혹은 손해배상청구)가 인정되지 않는다.

(iv) 물권적 청구권과 부당이득반환청구권의 관계에 관한 본질적인 테마는 바로 A가 B에 대하여 그 이득을 반환케 하기 위하여 물권적 청구권을 가지는 경우에 부당이득반환청구권도 경합하는가 하는 문제이다. 이른바 물권행위의 유인성·무인성의 이론과 관련하여 어느 이론을 취하는가에 따라서 다르다.

무인론(국내에서 다수설이다)에 따르면 매매계약(원인행위)의 실효로 아직 소유권이 A에게로 당연히 복귀하지는 않으므로, A가 물권적 청구권을 가지지는 못한다. 무인론에서 A는 오직 부당이득반환청구권만을 가지므로, 민법 제748조의 범위에서 부당이득반환청구를 할 수 있다(B가 선의라도 현존이익은 반환하여야 하므로 취득한 과실도 현존이익의 범위 내에서 반환하여야 한다). 결국 무인론을 취하면 도대체 물권적 청구권과 부당이득반환청구권과의 경합이 문제가 되지 않는다. 물론 아무리 무인론을 취한다고 하더라도 무효나 취소의 원인이 채권행위와 물권행위에 공통적으로 존재하는 경우, 또는 유인으로 하는 특약이 있는 경우 등에서는 물권행위의 유인성을 인정하는 경우와 마찬가지로, 물권적 청구권이 생기고, 부당이득반환청구권과의 경합이 문제된다. 반면에 유인론(현재 판례와 소수설의 태도이다)에 의하면 매매계약의 실효로 당연히 소유권이 A에게로 복귀하므로 A는 물권적 청구권, 즉 소유권에 기한 반환청구권을 가진다(물론 채권행위가 실효되더라도 물권행위의 효력을 그대로 유지한다는 특약을 둔 경우에는 소유권이 복귀하지 않으므로 물권적 청구권이 없다). A가 물권적 청구권을 행사하는 때에는 민법 제201조 이하의 규정이 적용되므로, B가 선의라면 과실반환을 하지 않아도 된다. 그러나 예컨대 도둑이 타인의 물건을 훔쳐 점유하는 경우에는 물권행위의 유인·무인과는 관계없이 물건의 주인은 여전히 소유권을 가지므로, 물권적 청구권을 가진다. 그리고 물건의 주인은 도둑에 대하여 물권적 청구권 이외에 부당이득반환청구권을 가지는가가 문제된다.

소유권에 의한 물권적 청구권과 부당이득반환청구권과의 경합관계에 관하여는 학설이 부정설, 점유부당이득론, 유형론을 기초로 한 견해, 절충설로 대립한다.

---

47) 대법원 1988.4.25. 선고, 87다카1073 판결(예컨대 A가 B 소유의 토지 위에 교량 2개를 가설하여 차량과 시민의 통행에 제공하고 있고, 그 토지는 오래 전부터 자연히 하천(준용하천)의 하상으로 되어 그 위로 늘 물이 흐르게 됨으로써 농경지나 대지로 회복될 가능성이 없게 되고, 다른 용도로도 쓸 수가 없게 된 경우에는 A의 손해배상이나 부당이득반환의 청구가 부정된다).

① 부정설 부정설은 부당이득에서 말하는 「이득」은 소유권 기타의 본권을 취득하였을 때에 비로소 생긴다고 보고, B가 소유권 기타의 본권을 취득하지 아니한 이상 이득이 없다고 보아야 하므로 A에게 부당이득반환청구권은 없다는 견해이다. 부정설에 의하면 B가 소유권 기타의 본권을 취득하지 아니한 때에는 이득의 대상이 없으므로 부당이득반환청구권이 성립할 여지가 전혀 없고, 반면에 소유권 기타의 본권이 있다면 A에게 물권적 청구권은 성립할 수 없고, 오직 부당이득반환청구권이 생긴다. 결국 부정설에서는 물권적 청구권과 부당이득반환청구권과의 경합이 전혀 문제되지 않는다. 현재 국내에서 부정설을 취하는 견해는 없다.

② 점유부당이득론 이른바 「점유부당이득론」이 있다. 점유부당이득론(다수설)은 B가 소유권 기타의 본권을 취득하지 않더라도 점유를 가지는 이상 이득이 성립한다고 본다. 그러므로 점유부당이득론에 의하면 B가 갑건물을 점유하고 있는 자체가 부당이득이고, 그 범위 내에서 A가 물권적 청구권을 가지는 경우에도 AB 사이의 관계는 부당이득반환의 관계가 되므로, 결국 물권적 청구권과 점유의 부당이득반환청구권과의 경합·병존이 발생한다고 본다.

③ 유형론 부당이득을 유형화시켜 각각의 유형에 맞는 법리를 적용하고자 하는 견해(소수설)가 있다. 소수설은 사례와 같이 계약의 무효·취소로 인하여 급부를 청산하는 급부부당이득의 경우에는 물권법의 적용영역이 아니라, 계약법 등 채권법의 적용영역이므로, 그 반환에 대하여도 물권법인 민법 제201조가 아니라, 오로지 채권법의 규정인 민법 제748조의 부당이득반환청구권으로만 다루어야 한다고 본다.

④ 절충설 절충설은 원물반환에 대하여는 물권적 청구권을 인정하나, 원물반환에 따른 부수적 청산(과실반환, 비용상환 등)에 대하여는 개별적인 계약법의 조항이나 부당이득에 관한 민법 제748조를 적용하여야 한다는 견해이다.

2) 물권적 청구권과 불법원인급여의 관계

> 원래 A의 소유에 속한 갑임야가 있었는데, A가 인근에서 술장사를 하는 B여와 불륜의 정교관계를 유지하면서 그 대가로 B녀에게 갑임야를 증여하고 그 앞으로 소유권이전등기를 넘겨주었다. 그 후 마음이 변한 A는 B녀에 대하여 갑임야의 반환을 청구할 수 있는가?

A가 B녀에 대하여 갑임야를 증여한 행위는 선량한 풍속 기타 사회질서에 반하여 무효이다. 그러므로 A가 갑토지의 반환을 청구할 수 있는 근거로는 소유권에 기한 물권적 청구권과 부당이득반환청구권 두 가지가 고려된다.

민법 제746조는 불법의 원인으로 인하여 재산을 급여한 때에는 그 이익의 반환을 청구하지 못한다고 규정하고 있다. 부당이득반환제도의 일반적인 법리에 따른다면, 불법의 원인에 의한 급여는 법률상의 원인이 없는 경우가 되므로, 부당이득이 되어 그 이익의 반환을 청구할 수 있게 된다. 그러나 불법원인급여에도 불구하고 그 반환청구를 인정한다면 법의 이념에 어긋나는 행위를 한 사람의 주장을 시인하고 그 사람을 보호하는 경우가 되어, 공평의 이념에 입각하고 있는 부당이득제도의 근본취지에 어긋날 뿐만 아니라, 법률 전체의 이념에도 어긋나게 된다. 그러므로 민법 제746조는 선량한 풍속 기타 사회질서에 위반한 사항을 내용으로 하는 법률행위를 무효로 하는 민법 제103조와 표리를 이루어, 사회적 타당성이 없는 행위를 한 사람을 보호할 수 없다는 법의 이념을 실현하기 위하여 그 이익의 반환을 청구하지 못하게 한다.

민법 제746조는 민법 제103조와 함께 사법의 기저를 이루는 하나의 큰 이상의 표현으로서 비록 민법전 채권편 부당이득의 장에 규정되어 있기는 하나, 일반적으로 사회적 타당성이 없는 행위의 복구가 부당이득의 반환청구라는 형식으로 주장되는 일이 많으므로, 민법 제746조는 그 근본에 있어서는 단지 부당이득제도만을 제한하는 이론에 그치지 아니하고, 보다 큰 사법의 기본이념으로 군림하여, 결국 사회적 타당성이 없는 행위를 한 사람은 그 스스로 불법한 행위의 무효를 주장하여, 그 복구를 어떤 형식 여하에 불구하고 소구할 수 없다는 이상을 표현하고 있다고 할 수 있다. 그러므로 불법원인급여를 한 사람은 그 원인행위가 법률상 무효라 하여 상대방에게 부당이득을 원인으로 한 반환청구를 할 수 없음은 물론, 그 원인행위가 무효이므로 급여한 물건의 소유권은 여전히 자기에게 있다고 하여 소유권에 기한 반환청구도 할 수 없다.

A와 B녀 사이의 증여계약은 공서양속(§103)의 위반에 해당한다. A의 B녀에 대한 갑임야의 소유권이전은 불법원인급여(§746)가 되므로, 당연히 A는 B녀에게 부당이득반환청구권에 의하여는 갑토지의 반환을 청구할 수 없다. 또한 A는 소유권에 기한 물권적 청구권도 행사할 수 없다. 결국 A가 급여한 갑임야의 소유권은 반사적 효과로서 급여를 받은 B녀에게 귀속하게 된다.

불법원인급여의 경우에 부당이득반환청구는 할 수 없으나, 소유권에 기한 물권적 청구권은 가능하다는 견해도 있다(종전의 판례가 취한 입장이다). 소수설은 민법 제746조는 부당이득의 장에 규정되어 있는 부당이득의 반환청구권에 관한 조문이므로, 채권적 청구권인 부당이득반환청구권을 제한하는 민법 제746조가 채권적 청구권과는 전혀 그 근거를 달리하는 물권적 청구권까지를 제한하는 효력이 있다는 주장은 논리의 비약을 넘어서 법의 규정을 떠난 해석이라고 아니할 수 없다고 비난한다. 그러므로 소수설은 불법원인으로 인한 급부가 이루어지는 경우에는 대개 수익자에게도 불법원인으로 수령하는 경우가 많고 경우에 따라서는 급부자의 불법행위보다도 수령자에게 더욱 중한 불법행위가 있는 경우도 있으므로, 민법 제103조에 위배되어 B녀가 그 소유권을 취득할 수가 없는데 A의 반환청구불능이라는 반사적 효과로 법에 근거 없이 B녀가 권리를 취득하는 결과가 된다고 하면 공평의 이념에 맞는다고도 할 수 없고 법률의 이상의 표현이라고는 더욱 보기 어려워 차라리 A에게 원상회복시켜 양자가 모두 법률상 근거 없는 이득을 취할 수 없게 하는 편이 훨씬 공평의 이념에 부합하는 결과가 된다고 본다. 그러나 불법원인급여의 경우에는 소유권에 기한 물권적 청구도 행사할 수 없다는 견해가 타당하다.

제 2 장

물권의 변동

제2장 물권의 변동

제1절 서 론

Ⅰ. 물권변동의 의의·내용·원인·종류

1. 물권변동의 의의

물권변동이란 물권의 발생·변경·소멸을 총칭한다. 물권의 주체를 중심으로 보면 물권변동은 물권의 「득실변경」(§186), 즉 물권의 취득·상실·변경을 의미한다.

2. 물권변동의 내용

(1) 물권의 발생(취득)

물권의 발생에는 절대적 발생(예컨대 시효취득·무주물선점·선의취득·유실물습득·매장물발견)과 상대적 발생이 있다. 물권의 상대적 발생은 주체를 중심으로 보면 승계취득이 되고, 승계취득에는 (i) 전주(前主)가 가지고 있는 물권이 모두 승계되는 이전적 승계, (ii) 전주의 권리내용의 일부를 승계하는 설정적 승계가 있다.

(2) 물권의 소멸(상실)

물권의 소멸에도 절대적 소멸과 상대적 소멸이 있다. 물권의 절대적 소멸(예컨대 물권의 포기·목적물의 멸실)에 의하여 사회에서 기존의 물권이 완전히 소멸하고, 상대적 소멸(예컨대 매매에 의한 전주의 소유권상실)에서는 물권 자체는 존속하지만 물권이 타인에게 이전되어 종래의 주체가 물권을 상실한다.

(3) 물권의 변경

물권의 변경은 물권의 목적물의 증감, 순위의 변경, 물권의 내용에 대한 부담·제한에 의하여 물권의 동일성을 해하지 않는 범위 내에서 물권의 주체·내용 혹은 작용이 변경되는 물권변동을 의미한다. 물권의 변경에는 크게 구분하여 주체의 변경, 내용의 변경(예컨대 지상권의 존속기간의 연장), 작용의 변경(예컨대 공유물의 분할금지)이 있다.

[더 생각할 과제 - 물권변동과 동적 안전·정적 안전]

점유권 이외의 물권은 외부에서는 파악할 수 없는 추상적인 존재이다. 그러므로 점유권 이외의 물권의 변동은 보통 눈으로 확인할 수 없다(물건의 멸실에 의한 물권의 소멸은 예외이다). 특히 소유권의 이전이나 제한물권의 설정은 외관으로부터는 쉽게 알 수 없으므로 제3자가 불측의 손해를 입을 가능성이 크다. 예를 들어 아파트를 구입하여 이사까지 한 경우라도 이미 그 아파트에 대한 소유권이 제3자에게 이전하여 그 제3자로부터 명도를 청구받게 되는 경우가 있을 수 있고, 혹은 구입한 아파트에 은행을 위한 저당권이 설정되어 있는 경우에는 전소유자가 채무를 변제하지 않으면 저당권의 실행으로 인하여 아파트에 대한 소유권을 잃게 될 수도 있다. 그러므로 물권변동에서는 거래의 안전을 도모하여야 할 필요성이 강하고, 거래의 안전을 보호하기 위하여는 외관에 대한 신뢰를 보호하여야 한다. 예컨대 아파트의 매수인이 매도인에게 소유권이 있다고 하는 사실을 믿을 수 있는 외관이 있으면 매수인을 보호한다고 하는 경우를 흔히 거래의 동적 안전의 보호라고 한다. 그러나 오로지 거래의 동적 안전만을 보호하면 진정한 소유자가 쉽게 소유권을 잃은 우려가 있으므로, 또한 진정한 소유자를 보호할 필요가 있고, 진정한 소유자의 보호에 관한 문제를 거래의 정적 안전의 보호라고 한다. 결국 물권변동에서는 거래의 동적 안전과 정적 안전의 조화가 핵심적인 과제라고 할 수 있다.

3. 물권변동의 원인

물권변동을 일으키는 원인인 법률요건에는 법률행위와 법률행위 이외의 법률요건 두 가지가 있다. 법률행위는 물권변동의 원인이 되는 법률요건 중 가장 중요하며, 물권변동을 일어나게 하는 법률행위를 「물권행위」라고 한다. 반면에 법률행위 이외의 물권변동의 원인이 되는 법률요건으로 민법상 취득시효(§§245 이하), 소멸시효(§§162 이하), 혼동(§§161 이하), 무주물선점(§252), 유실물습득(§253), 매장물발견(§254), 첨부(§§256 이하), 상속(§§995·1005)이 있다. 그리고 민법 이외의 법률에 의한 물권변동의 법률요건으로 토지수용(공익사업을 위한 토지 등의 취득 및 보상에 관한 법률 §19), 몰수(형법 §48), 경매(민사집행법 §80)가 있다. 또한 일정한 경우에는 판결에 의하여 물권변동이 일어나기도 한다(§187).

4. 물권변동의 종류

(1) 법률행위에 의한 물권변동과 법률행위에 의하지 않은 물권변동

① 법률행위에 의한 물권변동 　법률행위에 의한 물권변동은 당사자의 의사에 의하여 발생하며 사적 자치와 사소유권의 원칙이 지배하는 법체제 아래에서 가장 중요한 의미를 가진다. 법률행위에 의한 부동산물권변동은 등기(§186), 동산물권변동은 인도(§188)하여야 효력이 발생한다.

② 법률행위에 의하지 않은 물권변동　　법률행위에 의하지 않은 물권변동은 「상속, 공용징수, 판결, 경매 기타 법률의 규정에 의한」(§187) 물권변동을 가리킨다. 법률행위에 의하지 않은 물권변동을 흔히 법률의 규정에 의한 물권변동이라고 칭하나, 법률의 규정에 의한 물권변동에 한하지 아니하고, 당사자의 의사에 기하지 않은 물권변동을 모두 총칭한다. 법률행위에 의하지 않은 물권변동은 등기나 인도가 없어도 그 효력이 발생한다(§187).

(2) 부동산물권변동과 동산물권변동

① 부동산물권변동　　부동산은 인간의 생존과 사회존립의 기초가 되어 부동산물권변동은 동산물권변동보다 신중히 취급하고 있다. 부동산물권변동은 등기에 의하여 공시하고, 부동산물권변동에 관하여는 민법 제186조, 제187조에서 규정하고 있다.

② 동산물권변동　　동산물권변동은 점유의 이전, 즉 인도에 의하여 공시한다. 그리고 동산물권변동에 관하여는 민법 제188조 내지 제190조에서 규정하고 있다.

(3) 소유권의 변동과 제한물권의 변동

법률은 부동산소유권의 변동과 기타 제한물권의 변동을 구분하여 부동산소유권의 변동을 보다 신중히 취급하고 있다. 부동산소유권의 이전을 목적으로 하는 계약은 반드시 그 계약서에 검인을 받아야 하고 계약에 의한 부동산소유권이전등기는 법정기간 내에 의무적으로 신청하여야 하지만(부동산등기특별조치법 §§3·2), 제한물권의 변동에는 특별한 제한이 없다.

Ⅱ. 물권변동과 공시방법

1. 물권공시의 필요성

어떤 자가 어느 물건에 대한 물권을 취득하면 다른 자는－물권이 갖는 배타성에 의하여－그 물건에 대하여 같은 내용의 물권을 취득할 수 없으므로, 물권거래의 안전을 도모하기 위하여는 어느 목적물에 누가 어떤 내용의 물권을 가지고 있다는 사실을 외부적 표상에 의하여 알릴 필요가 있다. 물권의 변동을 외부에서 제3자가 용이하게 인식할 수 있도록 하는 표상을 「공시방법」이라고 하고, 공시방법을 통하여 물권의 현상을 공시하는 제도를 「공시제도」라고 한다.

2. 부동산물권의 공시제도

부동산물권의 존재·변동은 「등기」에 의하여 공시한다. 등기란 등기부라는 일정한 공부에 부동산물권을 공시하는 제도이다.

3. 동산물권의 공시제도

동산은 부동산과 비교하여 저렴하고 그 성상이 변하기 쉬우며 종류가 다양하여 공적 장부에 하나하나 기재하기 번거롭다. 또한 동산은 공적 장부에 기재할 가치가 대부분 없다. 그러므로 동산물권의 공시는 「점유」, 즉 물건의 현실적 지배를 통하여 한다. 예외적으로 특정동산에 대하여 공적 장부에 등록·등기하는 방법에 의하여 공시하는 경우(소형선박·자동차·항공기·건설기계 및 선박의 소유권이전과 저당권설정)가 있다.

4. 동산담보권·채권담보권의 공시제도

양도담보 등 그 명칭을 불문하고 동산이나 채권을 목적으로 하는 담보약정을 한 경우에는 「동산·채권 등의 담보에 관한 법률」에 따른 담보등기를 할 수 있고, 담보등기부는 동산담보등기부와 채권담보등기부로 구분되어 있다.

5. 입목과 수목의 집단·미분리과실의 공시제도

입목에 대하여는 입목등기부에 의한 등기제도가 있다(입목에 관한 법률). 또한 수목의 집단, 미분리과실에 대하여는 관습법상 인정되는 「명인방법」(明認方法)이라고 하는 공시제도가 있다.

Ⅲ. 공시의 원칙과 공신의 원칙

1. 입법례

공시제도는 물권의 현상을 공시하여 물권을 거래하는 자를 보호하기 위하여 인정되며 물권의 공시방법이 기능을 다하기 위하여는 공시의 원칙에 더하여 공신의 원칙이 인정되어야 한다. 공신의 원칙이라 함은 물권의 공시를 신뢰하여 거래한 자는 비록 그 공시가 실체적 권리관계와 일치하지 않더라도 마치 그 공시된 대로의 권리가 존재하는 경우처럼 권리의 취득을 인정하여 그 신뢰를 보호하는 원칙이다.

구 분	부 동 산	동 산
독일민법	공시의 원칙·공신의 원칙을 모두 인정	공시의 원칙·공신의 원칙을 모두 인정
프랑스민법	공시의 원칙만을 인정	공신의 원칙만을 인정
민법	공시의 원칙만을 인정	공시의 원칙·공신의 원칙을 모두 인정

공신의 원칙을 인정하면 물권거래의 동적 안전은 보호되나, 반면에 진정한 권리자는 기득의 권리를 박탈당하므로 정적 안전이 희생된다. 그러므로

공신의 원칙을 인정하는가 아닌가를 결정할 때에는 정적 안전을 보호하는가, 동적 안전을 보호하는가에 관한 가치판단이 선행되어야 한다.

외국의 입법례 중 독일민법은 부동산·동산에 공시의 원칙과 공신의 원칙 두 원칙을 모두 인정한다. 반면에 프랑스민법은 부동산에 공시의 원칙, 동산에 공신의 원칙만을 인정하고 있다. 민법은 부동산에 공시의 원칙, 동산에 공시의 원칙·공신의 원칙을 모두 채용하고 있다.

2. 공시의 원칙

(1) 공시원칙의 의의

공시의 원칙이란 물권변동은 항상 외계로부터 인식될 수 있는 어떤 일정한 표상을 필요로 한다고 하는 원칙을 가리킨다. 공시의 원칙을 달리 「공시주의」라고도 표현한다.[48]

공시제도의 기본적 의의는 공시가 필요한 물권을 공시 없이 물권변동을 행한 경우에 정당한 이해관계를 가진 자에 대한 관계에서 그 물권변동이 성립하지 않은 경우로 취급되는 효과가 생긴다는 사실에 있다. 공시의 원칙에 의하여 예컨대 A가 B로부터 토지를 매수하여 그 명도를 받은 경우라고 하더라도 소유권이전등기를 하지 아니하면 그 후에 B로부터 그 토지를 매수하여 등기한 C에게 A는 소유권의 취득을 주장할 수 없고, C로부터 토지의 명도를 청구받으면 A는 명도청구에 응하여야 한다.

(2) 공시는 어떤 방법으로 하는가

부동산물권의 공시방법은 「등기」이고, 동산물권의 공시방법은 원칙적으로 「점유의 이전」(인도)이다. 다만 동산물권의 공시방법인 점유의 이전은 공시방법으로 매우 불완전하여 일정한 상품상의 권리를 증권화하여 그 증권의 배서·교부를 공시방법으로 하거나(상법이 규율하는 화물상환증·선하증권·창고증권), 특정동산(소형선박·자동차·항공기·건설기계)에 대하여는 공적 장부에 기재하는 「등록」을 공시방법으로 인정하고 있다. 그리고 선박(총톤수 20톤 이상의 기선(機船)과 범선(帆船) 및 총톤수 100톤 이상의 부선(艀船)이 해당한다)은 「선박등기법」에 의한 등기로 공시한다. 또한 「동산·채권 등의 담보에 관한 법률」에 의하여 동산담보권과 채권담보권도 등기를 통하여 공시된다.

(3) 공시원칙의 강제방법

공시의 원칙을 실현하는 방법, 다시 표현하면 공시방법을 수반하지 않는 물권변동의 효과를 부인하는 태도에는 성립요건주의와 대항요건주의 두 가지가 있다. 성립요건주의는 민법과 독일민법이 취하고 있는 입법주의이고, 대항요건주의는 일본민법·프랑스민법이 취하고 있는 입법주의이다.

48) 공시의 원칙은 물권에 인정될 뿐만 아니라, 물권 이외에 광업권·어업권·지식재산권은 물론이고, 채무자에의 통지나 채무자의 승낙(§§450 이하)이 요구되는 채권양도 혹은 혼인신고(§812)와 같은 가족법상의 행위에서도 공시의 원칙이 적용된다.

성립요건주의에서는 등기나 인도와 같은 공시방법이 변동되지 않는 한 물권변동은 그 효력이 생기지 아니하므로, 공시방법의 변동, 즉 등기나 인도가 물권변동의 성립요건 혹은 효력요건이 된다. 대항요건주의에서는 등기나 인도와 같은 공시방법의 변동이 없더라도 물권변동은 당사자 사이에서 유효하게 성립하지만, 제3자에게 대항하기 위하여는 등기나 인도와 같은 공시가 필요하다. 대항요건주의에 의하면 등기나 인도는 물권변동의 대항요건에 불과하다.

> AB는 11월 12일 A 소유의 건물을 1억원에 B에게 매각하는 매매계약을 체결하고, B는 계약금으로 1천만원을 A에게 지급하였다. 그리고 A는 B에 대하여 등기에 필요한 서류는 1개월 후에 잔대금의 지급과 상환으로 교부하기로 약정하였다. 12월 12일 B가 A에게 잔대금을 지급하였고, AB는 소유권이전등기를 마쳤다. 민법상 AB 사이의 물권변동의 과정은 어떤가? 대항요건주의를 취하는 경우에 AB 사이에 물권변동이 일어나는 과정은 어떤가?

민법이 채택하고 있는 성립요건주의에 따르면 물권변동은 물권행위와 공시방법을 갖춘 때에 발생한다. 그러므로 11월 12일에 체결된 매매계약에 의하여는 단지 부동산소유권이전등기청구권이라는 채권이 발생할 뿐이며, 제3자에 대한 관계에서는 물론이고 AB 사이에서도 아직 B에게 소유권이 이전하지 않고 여전히 A가 매매목적물인 건물에 대한 소유권을 가진다. 건물에 대한 소유권은 12월 12일에 소유권이전등기가 마쳐진 때에 비로소 AB 사이에서나 제3자에 대한 관계에서나 B에게 이전하여 B가 건물에 대한 소유자가 된다.

대항요건주의에 의하면 어떤가? 대항요건주의 아래에서는 물권변동이 물권행위, 즉 물권변동에 대한 당사자의 의사표시만에 의하여 성립한다. 다만 제3자에게 물권변동(A로부터 B에게의 소유권이전)을 가지고 대항하려면 공시방법을 갖추어야 한다. 그리고 대항요건주의에서는 물권행위가 채권행위와 구별되지 않고 보통 채권행위 속에 흡수되어 있다고 본다(물권행위의 독자성을 부인한다). 그러므로 AB가 11월 12일에 매매계약을 체결한 때에 역시 물권변동을 위한 법률행위인 물권행위도 성립하여 건물에 대한 소유권은 비록 아직 소유권이전등기를 하지 않은 경우라고 하더라도 AB 사이에서는 B에게 이전하여 B는 A에 대하여 소유권을 주장할 수 있다. 그러나 소유권이전등기를 마치지 않은 한 B는 아직 제3자에 대하여는 소유권을 가지고 대항할 수 없다. 만일 B에게 소유권이전등기가 마쳐지기 전에 제3자 C가 A로부터 먼저 소유권이전등기를 옮겨 받으면 C가 완전한 소유자가 되고 B는 더 이상 C에 대하여 건물에 대한 소유권을 주장할 수 없게 된다.

3. 공신의 원칙

(1) 공신원칙의 의의

물권의 존재를 추측하게 하는 표상인 공시방법이 존재하면 실질적 권리를 수반하지 않는 허위 혹은 공허한 공시방법이라고 하더라도 그 공시방법을 신뢰하여 거래한 자를 진실한 권리가 존재하는 경우와 같이 보호하여야 한다고 하는 원칙을 공신의 원칙(Grundsatz des öffentlichen Glaubens)이라고 한다(달리 「公信主義」라고도 한다). 그리고 어떤 물권의 존재를 추측하게 하는 외부적 표상이 그 표상을 신뢰하고 거래한 자에 대하여 그가 신뢰한 대로 법적 효력을 발생시키는 힘을 「공신력」이라고 한다. 예컨대 동산의 점유에 공신의 원칙을 관철하여 공신력을 인정하게 되면 동산의 점유자는 여하튼 그 동산에 관한 물권을 가지고 있다고 추정되고(역시 부동산에 대하여 등기를 가지고 있으면 그 등기가 나타내는 부동산물권을 가지고 있다고 추정된다), 점유를 상실하면 그 물권이 소멸된다.

공신의 원칙은 의사주의·형식주의와 어떤 관계를 가지는가? 형식주의와 공신의 원칙이 밀접한 관련을 가진다는 사실은 의문의 여지가 없으나, 형식주의라고 하여 반드시 등기나 점유에 공신력을 인정하여야 하지는 않는다. 한편 의사주의라고 하더라도 공신력을 인정할 수 있다. 공신의 원칙은 오로지 공시제도를 전제로 하며, 의사주의 아래에서도 공시제도가 존재하는 사실은 형식주의의 경우와 다르지 않으므로(다만 공시가 성립요건인지 대항요건인지의 차이가 있을 뿐이다), 의사주의에서도 공신의 원칙은 얼마든지 인정될 수 있다. 그러므로 형식주의와 공신의 원칙이 논리적·필연적 관계를 가지지는 않고, 의사주의 아래에서도 일정한 기초를 구비한다면 등기나 점유에 공신력을 인정할 수 있다.

(2) 부동산물권의 공시방법인 등기의 공신력

1) 법률상 양도할 수 없는 자는 양도하지 못한다

로마법에서는 「자기가 가지는 권리 이상을 타인에게 줄 수 없다」, 혹은 「오로지 소유자만이 유효하게 소유권을 양도할 수 있다」(Nur der Eigentümer kann wirksam Eigentum übertragen)고 하는 법원칙이 엄격하게 적용되어 누구도 자기의 권리가 아니면 타인으로 하여금 그 권리를 취득하게 할 수 없다. 다시 말하면 로마법상의 원칙에 따르면 부동산이 양도된 경우에 양도인이 무권리자인 때에는 양도인이 아무리 권리자인 경우와 같이 보이고, 또한 권리자라고 믿는 데에 과실이 없어도 양수인은 그 부동산물권을 취득하지 못한다. 누구든지 스스로 권리를 가져야 타인에게 그 권리만큼을 넘겨줄 수 있고, 법률상 양도할 권한이 없는 자로부터는 권리가 양도될 수 없다고 하는 원칙은 비단 로마에서만 타당하지는 아니하고, 역시 현대민법에서도 타당한 일종의 보편성을 가진 근본원칙이라고 하지 않을 수 없다.

2) 등기의 공신력은 인정되는가

A는 자기 소유의 갑토지를 B에게 매도하고 소유권이전등기까지 마쳤다. 그 후 갑토지에 대한 AB 사이의 매매계약이 반사회적 법률행위로서 무효로 되었다. 그런데 갑토지에 대한 등기가 아직 B 명의로 그대로 남아 있었으므로, B는 C에게 갑토지를 자기의 토지인 양 매도하고 바로 C 명의로 소유권이전등기까지 넘겨주었다. C는 갑토지의 소유권을 취득하는가?

등기에 공신력이 인정되는가? 만약 등기의 공신력이 인정된다면 등기되어 있는 한 부동산물권의 존재가 인정되므로, B 명의의 등기를 믿은 C는 갑토지의 소유권을 취득할 수 있다. 입법례를 보면 부동산물권의 공시방법인 등기에 대하여도 독일민법(§§892·893 BGB), 스위스민법(§973 ZGB), 오스트리아민법(§1500 ABGB)은 공신력을 인정한다. 그러나 프랑스민법·일본민법은 아직 등기에 공신력을 인정하지 않고 있다.

민법의 태도는 어떤가? 민법상 부동산물권의 공시제도인 등기에 공신력이 없다는 사실에 관하여 특별한 규정이 있지는 않다. 현재 등기부의 기록에 공신력이 없음은 해석론으로서 이론이 없다. 비권리자로부터 부동산물권을 양도할 수 있다고 하면 법이론상 극히 이례적인 경우이므로, 특별히 명문규정이 있어야 등기의 공신력은 인정될 수 있다. 명문규정이 없는 이상, 등기의 공신력은 없다고 해석하여야 한다고 본다.

현실적으로도 부동산에 관하여는 진실한 권리관계를 될 수 있는 한 등기에 반영하는 제도적 장치가 아직까지도 완비되어 있다고 보기가 어렵다. 만약 공신의 원칙을 적용하면 진실한 권리자를 희생시키게 되는 경우가 많게 된다. 그러므로 부동산에 대하여는 아직 공신의 원칙을 채용하기가 곤란하다(소유자는 어디까지나 한정 없이 뒤쫓아 가서 부동산의 반환을 청구할 수 있다). 판례도 역시 부동산등기의 공신력을 부인하는 태도를 취하고 있다고 이해할 수 있다.[49] 결국 등기의 공신력을 부인하는 학설이나 판례의 태도에서 볼 때 갑토지에 관한 AB 사이의 매매가 반사회적 법률행위로서 무효라면 B가 C에게 갑토지를 매도한 행위도 효력이 없으므로, C 명의로 이루어진 등기는 실체적 권리관계에 부합되지 않는 무효의 등기로 된다.

3) 등기의 공신력을 인정하기 위한 전제조건

민법은 부동산물권변동에서는 등기의 공신력을 인정하지 않는다. 부동산물권변동의 공시방법인 등기에 공신력을 인정하기 위하여는 아래와 같은 최소한 세 가지의 전제조건이 충족되어야 한다고 본다.

(i) 진정한 권리자를 희생하고라도 거래의 상대방을 보호하여야 할 사회경제적 필요성이 있어야 한다.

(ii) 등기와 진정한 권리관계가 일치할 수 있는 등기제도가 완비되어야 한다. 예컨대 등기부의 정비, 등기절차의 신중성, 등기관의 실질적 심사주의의 도입 등이 먼저 요구된다.

(iii) 등기공신력의 인정에 의하여 권리를 박탈당하는 진정한 권리자의 손실을 전보할 수 있는 제도가 확립되어 있어야 한다.

(3) 동산물권의 공시방법인 점유의 공신력

1) 「동산은 추급할 수 없다」

만약 동산에 대하여 누구든지 자기가 가지고 있는 권리 이상을 타인에게 줄 수 없다고 하는 원칙(동산에 대하여도 철저하게 「자기가 가지는 권리 이상을 타인에게 줄 수 없다」(Nemo

49) 대법원 1979.7.24. 선고 79다942 판결.

plus iuris ad alium transferre potest quam ipse habet)는 법원칙이 적용되어 무권리자로부터의 동산양도까지도 인정되지 않는 대표적인 고전적 예로 로마법을 들 수 있다)을 그대로 관철하면 어떤 결과가 되는가? 동산거래의 경우에 대하여 로마법에 인정된 원칙을 예외 없이 적용하게 되면 동산의 점유를 아무리 신뢰하여도 보호되지 못한다는 결과가 된다. 그러나 동산의 거래를 보면 하나의 물건에 관하여 동시적으로 혹은 연속적으로 다수인이 끊임없이 새로운 거래관계를 맺는 경우가 매우 흔하다. 만약 동산물권에 관한 거래를 하고자 하는 자가 뜻하지 않는 손해를 피하고자 한다면 미리 하나하나 진정한 권리관계 여부를 확인하거나 목적물 위에 자기보다 우선하는 물권이 존재하는지 여부를 조사하여야 한다. 그러나 동산의 거래시마다 매번 권리관계를 조사하기는 극히 곤란하고, 만약 일일이 조사나 확인을 하여야 한다고 하면 동산거래의 안전을 심히 해하게 된다. 그러므로 동산에 관하여는 공신의 원칙을 쉽게 승인할 필요성이 있다고 수긍할 수 있다.

프랑스민법에서는 말하는 「동산은 추급할 수 없다」고 하는 원칙이 바로 동산에 대하여 공신의 원칙을 표현하고 있다.[50] 이른바 동산불추급의 원칙은 동산의 점유에는 공신력이 인정되므로, 양수인이 무권리자로부터 동산을 양수한 경우에 그 동산의 진정한 소유자라고 할지라도 양수인을 뒤쫓아 와서 동산의 소유권을 주장하며 동산의 반환을 요구할 수 없다. 역시 「사람은 자기의 신뢰를 둔 곳에서 그 신뢰를 찾아야 한다」(Wo man sein Glauben gelassen hat, da muss man ihn suchen)는 법언과 같이, 진정한 소유자는 상대방을 신뢰하여 점유를 준 경우에 오직 그 상대방에 대하여만 반환을 청구할 수 있을 뿐이다. 결국 동산의 점유를 신뢰하여 그 점유자를 소유자로 알고 거래를 한 자는 그 점유와 진정한 권리상태가 부합하지 않더라도 그 점유가 나타내는 소유권이 있다고 믿고 거래를 한 이상, 그 신뢰를 보호받아 정당하게 그 동산물권을 취득한다.

2) 동산의 점유에 공신력이 인정되는가

A는 B로부터 시계를 빌려서 소지하고 있었다. 그런데 C가 그 시계를 사고 싶다고 하므로, A는 그 시계가 자기 소유의 시계인 양 C에게 팔았다. C는 시계에 대하여 소유권을 취득하는가?

동산에 대하여는 공신의 원칙이 인정된다. 민법 제249조가 규정한 「선의취득」이 바로 동산의 점유에 공신력을 인정하여 거래의 안전을 확보하기 위한 제도이다. 선의취득에 의하여 동산을 점유하는 자의 권리외관을 중시하여 그 권리외관을 신뢰한 자의 소유권취득을 인정하고 진정한 소유자의 추급이 봉쇄된다(진정한 소유자라고 할지라도 어디까지나 한정없이 그 동산을 뒤쫓아 와서 반환을 요구할 수는 없다). 그러므로 C가 민법 제249조 소정의 요건을 구비하여 시계를 선의취득하면 시계에 대한 소유권을 취득하는 반면, 종전의 소유자 B는 소유권을 상실하게 되는 법률효과가 법률의 규정에 의하여 발생된다.

50) 게르만법상에서는 공신의 원칙을 표현하는 「손이 손을 지켜야 한다」(Hand wahre Hand)와 같은 법언이 있다.

(4) 물권 이외에 적용되는 공신의 원칙

공신의 원칙은 권리외관을 신뢰한 자를 보호하기 위한 제도로 물권 이외에도 권리외관에 대한 신뢰보호가 요청되는 경우에는 공신의 원칙이 적용될 수 있다. 물권 이외에 공신의 원칙이 적용되어 권리관계가 추단되는 경우로 채권의 준채무자에 대한 변제(§470), 지시채권의 소지인에 대한 변제(§518), 영수증소지자에 대한 변제(§471), 표현대리(§§125·126·129)가 있고, 사실관계의 존재가 추단되는 경우로 의사표시에 적용되는 표시주의(§§107 I·108 I)가 있다. 또한 금전이나 어음·수표, 그 밖의 유가증권에 관하여는 공신의 원칙이 더욱 강화되어 그 유통이 고도의 공신력으로 보호되고 있다(§250 단서, 어음법 §16, 수표법 §21).

제2절 물권행위

I. 물권행위의 의의·종류

1. 물권행위의 의의

물권행위란 물권변동을 일으키는 법률행위, 즉 물권의 변동을 목적으로 하는 의사표시를 요소로 하는 법률행위를 가리킨다. 물권행위를 달리 「물권적 법률행위」라고도 한다.

물권행위와 채권행위 사이에는 어떤 차이가 있는가? 저당권·지상권의 설정이나 이전과 같이 채권·채무의 발생을 수반하지 않고, 물권의 설정이나 이전만을 목적으로 하는 법률행위를 물권행위(대표적으로 물권계약)라고 한다. 매매나 증여와 같이 직접적으로 채권·채무를 생기게 하는 법률행위를 채권행위(대표적으로 채권계약)라고 하여 물권행위와 구별한다.

물 권 행 위	채 권 행 위
• 물권변동을 목적으로 하는 법률행위이다. • 물권의 변동이 일어나고 이행이라는 문제를 남기지 아니한다. • 처분행위이다.	• 채권채무의 발생을 목적으로 하는 법률행위이다. • 채권이 발생할 뿐이고 이행이라는 문제가 남는다. • 의무부담행위이다.

> A는 우연히 B전자대리점에 들렸는데, 마침 마음에 드는 TV를 발견하였다. A는 그 TV를 가리키며 「저 TV 얼마입니까?」 하고 물었고, 종업원이 대답하기를 「예, 100만원입니다」고 하였다. 그리고 A는 10만원권 자기앞수표 10장을 지급하고, 종업원은 그 TV를 A의 자동차에 실어 주었다. 어떤 법률행위가 AB 사이에 성립하는가?

우선 A와 B전자대리점 사이에 TV에 관한 매매계약(§563)이 체결된 사실은 누구나 쉽게 생각할 수 있다. 매매계약은 A의 TV를 산다고 하는 청약의 의사표시와 B전자대리점의 승낙의 의사표시가 합치하여 성립한다. 매매계약이 성립하면 매도인인 B전자대리점은 TV의 소유권을 매수인 A에게 이전할 의무를 부담하고, A는 B전자대리점에게 매매대금을 지급하여야 할 의무를 부담한다. 혹은 매매계약을 통하여 A는 B전자대리점에 대하여 TV에 대한 소유권을 이전하도록 청구할 수 있는 권리를 취득하고, B전자대리점은 A에게 대금의 지급을 청구할 수 있는 권리를 취득한다. 다만 매매계약만에 의하여는 아직 A가 그 TV에 대한 소유권을 가질 수 없다.

사례에서 A가 TV에 대한 소유권을 취득하기 위하여는 채권행위인 매매계약과는 별도로 물권행위와 공시방법을 갖추어야 한다. 그러므로 B전자대리점이 TV를 A의 자동차에 실어주기로 합의하고(물론 TV를 자동차에 옮겨 실어주면서 TV에 대한 소유권을 A에게 이전한다는 합의가 반드시 명시적으로 행하여져야 하지는 않는다), 실제로 종업원이 그 TV를 자동차에 실어준 때에 TV에 대한 소유권은 A에게 이전한다. 또한 A가 B전자대리점에게 지급한 10만원권 자기앞수표 10장에 대한 소유권도 역시 수표로 지급하기로 하는 합의를 하고, A가 B에게 그 수표를 배서·교부한 때에 이전하게 된다.

2. 물권행위의 종류

물권행위는 일종의 법률행위이므로, 계약도 있고 단독행위도 있을 수 있다. 또한 물권행위가 합동행위에 해당하는 경우도 있다. 그러므로 물권행위의 종류에는 물권적 단독행위, 물권계약, 물권적 합동행위가 있다.

① 물권적 단독행위　　물권적 단독행위는 물권자의 일방적 의사표시로 하는 물권행위이다. 물권의 포기, 지역권에서 승역지소유자의 위기(§299)가 물권적 단독행위의 좋은 예에 해당한다. 소유권의 포기는 상대방 없는 물권적 단독행위이다. 제한물권의 포기는 어떤가? 제한물권의 포기는 상대방 있는 물권적 단독행위로 본다(소수설로 제한물권의 포기도 상대방 없는 물권적 단독행위로 보는 견해도 있다).

② 물권계약　　물권계약은 물권변동을 목적으로 하는 서로 대립하는 2개 이상의 의사표시의 합치로 성립하는 물권행위이다. 흔히 물권계약을 채권계약과 구분하기 위하여 편의상 「물권적 합의」라는 표현을 사용하기도 한다. 예컨대 소유권이전이나 지상권설정의 합의가 물권계약이다.

③ 물권적 합동행위　　물권적 합동행위는 물권변동을 목적으로 하는, 방향이 동일한 2개 이상의 의사표시의 합치로 성립하는 물권행위이다. 예컨대 여럿의 공유자 전원에 의한 공유물의 포기가 물권적 합동행위이다(단독행위가 경합된 경우로 보는 견해도 있다).

3. 물권행위의 방식과 내용

민법상 물권행위는 그 방식이 자유일 뿐만 아니라, 그 내용에 관하여서도 아무런 제한이 없다. 다만 입법례로 독일민법은 물권적 합의(Einigung)에 대하여는 특별한 방식을 요구하지 않지만, 예외적으로 부동산소유권이전의 합의(Auflassung)에 대하여는 일정한 방식을 요구하고 있다. 독일민법상 부동산소유권이전의 합의에는 당사자 양쪽이 공증인의 면전에 출석하여 표시하여야 하며, 또한 공정증서로 작성된다(§§925 I·925a BGB).

4. 물권행위의 적용법규

물권행위도 법률행위이다. 그러므로 역시 당사자의 권리능력과 행위능력 혹은 의사표시, 대리, 무효와 취소, 조건과 기한과 같은 민법총칙편의 법률행위에 관한 규정이 모두 물권행위에도 적용된다. 그리고 물권행위 중 물권적 합의(물권계약)는 계약의 일종이므로, 물권적 합의에는 민법 채권편의 계약성립에 관한 규정(§§527 내지 535)이 그대로 적용된다.

Ⅱ. 물권행위와 공시방법

1. 물권변동에 관한 입법주의

물권변동을 물권행위, 즉 당사자의 의사표시만으로 발생하게 하는가, 혹은 당사자의 의사표시 이외에 공시방법을 갖추어야만 물권변동의 효력이 발생하도록 하는가는 입법정책의 문제이다. 물권변동에 관한 입법주의는 물권적 의사표시만으로 물권변동이 발생한다고 하는 의사주의(대항요건주의)와 물권적 의사표시 이외에 등기·인도라는 일정한 형식을 구비하여야만 물권변동이 발생한다고 하는 형식주의(성립요건주의)로 구분된다. 비교법적으로 볼 때 의사주의는 프랑스민법·일본민법이 채용하고 있고, 형식주의는 독일민법이 채용하고 있다.

물권변동에 관한 독일법주의와 프랑스법주의를 도표를 통하여 알기 쉽게 정리하면 아래와 같다.

내 용	독일법주의	프랑스법주의
원인행위와 물권 이전행위의 분리 유무	원인행위(예컨대 매매계약)만에 의하여는 당사자 양쪽에 채권적 의무(소유권의 양도의무·대금지급의무)만이 생길 뿐이고, 물권변동(소유권이전)을 위하여는 원인행위와 별개의 법률행위(물권행위)가 필요하다(물권행위의 독자성)	원인행위에 의하여 당사자 양쪽에 채권적 의무가 생길 뿐만 아니라, 물권변동 자체도 채권행위의 효력으로 생긴다(독자성의 부인)
물권변동을 위한 요건	물권변동 자체가 독립한 물권행위, 즉 물권적 합의와 등기에 의하여 생긴다(형식주의·등기주의)	물권변동이 원인행위와 동시에 생기고(특약·관습에 의하여 다른 시기에 물권변동이 생길 수 있다), 원칙적으로 물권변동을 위하여 일정한 형식이 요구되지 아니한다(의사주의)
등기의 의미	공시수단인 등기는 제3자에 대한 관계에서 의미를 가질 뿐만 아니라, 당사자 사이에서도 물권변동을 위한 요건이다(성립요건주의)	등기는 당사자 사이의 물권변동에는 직접적인 관계가 없고, 단지 제3자에 대하여 물권변동을 대항하기 위한 요건에 불과하다(대항요건주의)
원인행위의 하자가 물권변동에 미치는 영향	원인행위가 어떤 이유로 효력을 상실한 경우에도 물권변동의 효력 자체는 아무런 영향을 받지 아니하고, 당사자 사이에서 부당이득반환의 형태로 물권관계의 복귀가 문제될 뿐이다(무인주의)	물권행위의 독자성을 인정하지 않고 물권변동은 채권행위의 효력으로 생기므로 원인행위가 어떤 이유로 효력을 잃으면 물권변동의 효력도 당연히 소멸한다(유인주의)

2. 의사주의 vs 형식주의

(1) 의사주의

1) 의 의

의사주의는 물권변동을 목적으로 하는 의사표시만으로 물권변동이 일어나고, 그 이외에 어떤 공시방법도 필요로 하지 않는 입법주의이다. 의사주의에서는 A가 B로부터 부동산을 매수한 경우에 AB 사이에서는 매매계약만으로 소유권이전의 효과가 생기고, 별도로 물권변동을 위한 다른 요건이 요구되지 않는다.

예를 들어 프랑스민법이 채용하는 의사주의에 의하면 물권의 변동(예컨대 소유권의 이전, 저당권의 설정)을 생기게 하는 의사표시는 채권을 생기게 하는 의사표시와 마찬가지로, 아무런 형식도 필요하지 않다고 본다. 의사주의 아래에서는 저당권이나 지상권을 설정하는 계약과 같이 물권의 변동만을 생기게 하는 계약도 고용계약이나 조합계약과 같이 채권만을 생기게 하는 계약과 마찬가지로 의사표시만으로 성립한다. 그리고 매매계약이나 증여계약은 채권만을 생기게 하는 경우(불특정물의 매매와 같이 매도인이 목적물의 소유권을 이전할 채무만을 부담하는 때)에서도, 물권의 변동을 생기게 하는 경우(특정물의 매매와 같이 목적물의 소유권도 매매계약의 성립과 동시에 이전시키기로 한 때)에서도 그 계약에 아무런 형식상의 구별이 없다.

의사주의에는 어떤 특징이 있는가? 의사주의에 의하면 물권거래의 신속을 기할 수 있으나, 물권변동의 발생을 외부에서 인식하기 곤란하여 거래안전을 해칠 염려가 있다. 그러므로 의사주의에서는 계약당사자간에서는 의사표시만으로 물권변동이 생기고, 제3자에 대하여는 보통 공시방법을 물권변동에 대한 대항요건으로 하여 거래안전을 보호하고 있다(대항요건주의).

2) 의사주의와 소유권의 이전시기

A가 자기 소유의 갑부동산에 대하여 3월 1일에 B와의 사이에서 매매계약을 체결하고, 4월 1일에 계약금을 교부받고, 5월 1일에 대금을 지급받고, 6월 1일에 등기를 이전하고, 7월 1일에 부동산을 인도하였다. 의사주의에 의할 때 갑부동산의 소유권은 언제 A로부터 B에게 이전하는가?

대표적으로 프랑스민법과 일본민법이 의사주의를 취하고 있다. 특히 일본에서는 언제 물권변동이 일어나는가에 관하여 학설이 대립한다. 학설상 계약성립시설, 물권행위시설, 유상성설, 신용수여시설, 단계적 이전설이 대립한다.

① 계약성립시설　계약성립시설은 물권행위의 독자성을 부정하고 계약이 성립한 시점에서 소유권은 매수인에게로 이전한다고 본다. 일본에서의 다수설·판례의 입장이다. 계약성립시설에 의하면 갑부동산에 대한 소유권이 3월 1일에 A로부터 B에게 이전한다.

② 물권행위시설　물권행위시설은 물권행위의 독자성을 긍정하는 입장에서 대금지급이나 등기·인도와 같은 물권행위의 외부적 징표로 볼 수 있는 행위가 있는 때에 소유권이 이전한다고 본다. 부동산물권의 변동에 관하여 의사주의 아래에서도 등기가 공시방법이므로, 6월 1일이 갑부동산에 대한 이전시기로 된다.

③ 유상성설　유상성설은 소유권의 이전은 유상계약의 본질인 대가적 견련관계로부터 나온다고 보고, 소유권에 대응하는 내용은 대금의 지급이므로, 대금의 지급이 있는 때가 소유권이전시가 된다고 본다. 달리 대금지급시설이라고도 한다. 갑부동산에 대한 소유권은 대금지급시인 5월 1일에 이전한다.

④ 신용수여시설　신용수여시설은 소유권이 이전하는가 아닌가는 매도인이 매수인에게 주는 신용에 의하여 결정된다고 보고, 매도인이 매수인에게 신용을 준 때에 소유권이 이전한다고 본다.

⑤ 단계적 이전설　단계적 이전설은 소유권은 점차 단계적으로 매도인으로부터 매수인에게 이전하며 그 과정의 어느 시점을 택하여 소유권의 이전시기를 확정할 실익은 없다고 보고, 이론적으로 소유권이전의 시기를 결정할 수도 없다고 본다.

(2) 형식주의

1) 의　의

형식주의를 취하는 독일민법에서는 물권의 변동을 생기게 하는 의사표시는 채권을 생기게 하는 의사표시와는 항상 별개의 존재(물권의 변동만을 목적으로 하는 물권행위)일 뿐만 아니라, 부동산물권에 대하여는 등기, 동산물권에 대하여는 인도를 수반하는 요식행위로 하지 않으면 안된다. 형식주의 아래에서는 물권변동을 생기게 하는 의사표시는 당사자 쌍방의 계약에 의한 경우에도 특히 「합의」(Einigung)라고 부르고, 채권만을 생기게 하는 보통의 계약(Vertrag)과는 구별되는 개념으로 취급하고, 또한 등기 내지 인도라고 하는 외부로부터 인식할 수 있는 형식을 구비하여야 비로소 효력이 생긴다.

형식주의는 어떤 장점이 있는가? 등기는 물권의 존재와 그 내용을 일반에 대하여 명백하게 밝혀주고, 특히 물권 중에서도 가장 중요한 눈에 보이지 않는 관념적인 권리인 소유권(저당권도 마찬가지이다)을 일반에 대하여 현실화하고 눈에 보이게끔 하여 준다. 그러므로 등기는 물권의 거래를 하는 자가 전주(前主)의 권리를 확인하기 위한 하나의 중요한 자료로서의 역할을 한다. 물권변동의 경로가 정확하게 등기부에 기록된다면 누구든지 등기부를 열람함으로써 누가 진정한 권리자인가를 용이하게 알 수 있게 된다. 그리고 형식주의는 등기를 하지 않는 한 제3자에 대하여서는 물론이거니와 당사자간에 있어서도 물권변동의 효력이 발생하지 않는다는 이른바 「등기주의」를 채용하여 등기를 하지 않으면 먼저 등기를 한 제3자에 대하여 권리를 빼앗길 우려가 있으므로, 당사자로 하여금 속히 등기를 하게 한다.

2) 언제 소유권이 이전하는가

A가 B로부터 갑부동산을 매수하였다. 형식주의를 취할 때 B에 대한 관계에서나 제3자에 대한 관계에서 언제 B로부터 A에게 소유권이 이전하는가? 만약 동산이면 어떤가?

물권은 배타적인 지배권으로 제3자에게 미치는 영향이 크므로, 그 변동을 제3자에게 공시할 필요가 있다(공시의 원칙). 보통 부동산에 대하여는 「등기」(동산에 대하여는 「인도」이다)를 가지고 물권변동을 외부에 공시한다. 바로 형식주의는 물권변동을 목적으로 하는 당사자의 의사표시 이외에 등기나 인도라는 공시방법을 구비하여야만 비로소 물권변동이 일어난다고 보는 입법주의이다.

형식주의 아래에서는 A는 B에 대한 관계에 있어서나 제3자에 대한 관계에 있어서나 등기를 하지 않는 한 갑부동산의 소유권을 취득할 수 없다. 갑부동산에 대한 등기를 B 명의로 마친 때에 B는 비로소 그 소유권을 취득한다. 물론 동산이라고 하면 인도를 받아야만 소유권이 이전한다.

(3) 민법상의 입법주의

1) 민법상의 형식주의

민법은 형식주의(달리 「독법주의」라고도 한다), 즉 성립요건주의를 채용하고 있다. 민법 제186조는 부동산물권변동의 형식주의, 민법 제188조는 동산물권변동의 형식주의를 규정하고 있다.

2) 물권행위와 공시방법(등기·인도)의 관계

물권변동은 당사자의 의사표시만으로는 효력이 발생하지 않고 등기·인도와 같은 공시방법을 구비하여야 효력이 발생한다(§§186·188). 물권행위는 물권적 의사표시와 공시방법의 합체인가, 아니면 물권행위는 물권적 의사표시만으로 구성되고 공시방법은 물권행위와 분리된 별개의 존재인가? 학설이 합체설, 분리설, 요건구분설로 대립하고 있다.

① 합체설　　합체설은 물권적 의사표시와 공시방법(등기·인도)을 합하여 물권행위로 이해하는 견해이며, 물권행위만으로 물권변동이 발생한다고 본다. 형식주의 아래에서는 물권적 의사표시만으로는 물권변동의 물권적 효과가 발생하지 않고 공시방법을 구비하여야 물권변동이 발생한다고 하는 사실을 고려할 때 물권행위는—합체설에 따라서—물권적 의사표시와 공시방법(등기·인도)을 요소로 하는 법률행위라고 이해된다.

② 분리설　　분리설은 물권적 의사표시만을 물권행위로 이해하고, 물권행위와 공시방법(등기·인도)이 합하여 물권변동이 발생한다고 본다. 분리설에 의하면 공시방법은 물권행위 외에 법률이 요구하는 물권변동의 또 하나의 요건에 해당한다.

③ 요건구분설　　요건구분설로 물권적 의사표시는 물권행위의 성립요건이고, 공시방법(등기·인도)은 물권행위의 효력발생요건이라는 견해도 있다.

Ⅲ. 채권행위와 물권행위의 독자성

1. 물권행위독자성의 의의

예를 들어 AB 사이에 매매계약을 체결하여 어떤 물건에 대한 소유권을 이전하는 법률행위를 하는 경우에 그 효과는 채권적 효과와 물권적 효과로 구분할 수 있다. A가 B에게 부동산을 매각하는 계약을 체결하면 그 효과로서 AB 사이에 채권·채무만이 발생할 뿐이고, 아직 부동산소유권이 B에게 이전하지는 아니한다. B가 부동산소유권을 취득하기 위하여는 AB는 그 부동산소유권을 이전하는 행위, 즉 물권변동을 목적으로 하는 합의와 등기를 하여야만 한다. 전자의 AB 사이의 행위는 채권·채무를 발생하게 하는 채권행위이고, 후자의 AB 사이의 행위는 물권변동이라고 하는 효과를 발생하게 하는 물권행위이다.

물권변동을 위하여는 원인행위인 채권행위로부터 독립한 물권행위가 필요하다고 하는 특징을 물권행위의 「독자성」이라고 한다. 물권행위의 독자성을 인정하는 견해에 의하면 물권행위가 채권행위와 별도로 존재하든, 채권행위와 합체하여 일체로 존재하든 혹은 물권행위가 채권행위의 이행으로 채권행위 이후에 실현되든 상관없이 채권행위로부터 구분되는 물권행위를 인정한다.

물권행위의 독자성을 인정하는가 아닌가에 관한 논의가 의사주의인가 형식주의인가 하는 문제와 필연적으로 연결되지는 아니한다. 예를 들어 프랑스민법은 의사주의를 취하면서 물권행위의 독자성을 부인하고, 독일민법은 형식주의에 서서 물권행위의 독자성을 긍정한다. 그러나 오스트리아민법과 같이 형식주의 아래에서 물권행위의 독자성을 부인하는 입법례도 있다. 또한 일본민법은 의사주의를 취하고 있으나, 학설상 물권행위의 독자성을 긍정하는 견해가 있다.

2. 물권행위의 독자성에 관한 학설·판례

민법은 물권변동에 관하여 형식주의(성립요건주의)를 채용한 한편, 독일민법과 달리 채권행위와 물권행위의 관계에 대한 명시적 규정을 두지 않고 침묵하고 있다. 채권행위와는 별개의 독립한 개념으로서 「물권행위」의 독자성이 인정되는가? 학설상 물권행위의 독자성의 인정 여부에 대하여는 견해가 크게 다투어지고 있다. 현재 물권행위의 독자성을 인정하는 견해가 다수설이고, 부정하는 견해는 소수설에 속한다고 판단된다.

독자성인정설과 독자성부인설의 차이를 알기 쉽게 비교하면 아래 도표와 같다.

구 분	독자성인정설	독자성부정설
민법 제186조·제188조 제1항의 해석	민법 제186조의 법률행위와 민법 제188조 제1항의 양도를 각각 물권행위로 해석한다	• 물권행위를 포함한 채권행위로 새기는 견해 • 물권행위로 해석하는 견해
물권행위의 시기	등기신청에 필요한 서류를 넘겨 줄 때·인도를 할 때	채권행위를 한 때
행위능력의 유무	물권행위시	채권행위시
무인성의 인정 여부	주로 물권행위의 무인성을 인정한다	물권행위의 무인성을 부정한다
비고	다수설 ·	소수설

① 독자성인정설 　독자성인정설은 채권계약은 단지 당사자간에 채권·채무를 발생하게 할 뿐이고, 채권계약으로부터 물권변동이 생기기 위하여는 그 채권계약과는 별개의 물권행위(물권변동을 목적으로 하는 의사표시+공시방법)를 하여야 한다고 보는 견해이다. 물권행위의 독자성을 인정할 필요가 있다고 보며, 독자성인정설에 의하면 아래와 같은 근거로 물권행위의 독자성을 긍정한다.

(i) 민법이 성립요건주의(형식주의)를 취하고 있으므로, 물권행위의 독자성이 인정되어야 한다는 주장이 있다. 반드시 성립요건주의를 취한다고 하여 물권행위의 독자성이 인정되어야 할 필연적인 관계는 없다고 본다. 대항요건주의 아래에서도 물권행위의 독자성 여부가 논의될 수 있다(실제로 일본민법에서는 물권행위의 독자성을 둘러싼 의견대립이 있다). 그리고 성립요건주의를 취하면서도 물권행위의 독자성을 전혀 문제삼지 않을 수도 있다. 다만 성립요건주의를 취하는 한, 채권행위만으로는 물권변동이 생기지 않으므로 물권변동을 위하여는 채권행위 이외의 절차, 즉 등기를 위하여 등기서류를 교부(부동산물권의 경우)하거나 점유의 이전을 위하여 인도(동산물권의 경우)하는 물권행위가 요구될 필요가 강하다.

(ii) 거래의 현실을 보면 예컨대 매매계약을 체결하고, 얼마의 기간이 지난 후에 등기를 하기로 하거나 목적물을 인도하기로 하는 약정을 하는 경우와 같이, 거래의 실제에 있어서도 등기서류의 교부나 점유이전과 같은 물권행위를 일반적으로 의식한다(예컨대 매매계약을 체결한 후 등기를 넘겨받을 때에 당사자 사이에서 「소유권을 넘겨준다」, 「소유권을 넘겨받는다」는 의사 내지 의식이 뚜렷이 존재한다고 보아야 하지 않을까). 그러므로 물권행위의 독자성이 부인되면 채권의 발생과 동시에 이행이 되는 결과가 되어 채권행위의 성질에 반할 뿐만 아니라, 당사자의 의사 내지 의식과도 일치하지 아니한다.

(iii) 물권행위가 채권행위와는 별개의 행위라고 하면 물권행위는 「언제나」 채권행위와는 현실적으로 별개의 행위로 행하여져야 하는가? 물권행위의 독자성을 인정한다고 하여 반드시 물권행위가 채권행위와 가시적으로 동떨어져 이루어져야 한다는 의미는 아니다. 물권행위의 독자성을 인정한다고 하더라도 얼마든지 채권행위와 물권행위가 합쳐져 하나의 행위로 행하여질 수 있다.

(iv) 물권행위의 무인성을 인정하기 위한 전제로 독자성이 인정되어야 한다는 주장이 강하다. 물론 물권행위의 독자성을 인정하는 견해에는 다시 물권행위의 무인성까지도 인정하는 견해가 많다. 그러나 물권행위의 독자성을 인정한다고 하여 반드시 물권행위의 무인성이 인정되어야 하지는 아니한다. 국내에서도 최근에는 물권행위의 독자성을 긍정하고, 한편 물권행위의 무인성을 부정하는 견해가 있다.

(v) 채권과 물권을 엄격히 준별하는 현행민법의 체계 아래에서는 각 권리변동의 원인도 구별하여야 하므로, 채권의 발생원인으로서 채권행위와 물권변동의 원인으로 물권행위가 서로 독립하여 존재한다고 보아야 한다.

(vi) 판례 및 학문적 논의나 저서를 보면 「물권행위」라고 하는 개념을 채권행위와 구별하여 너무나 당연히 사용하고 있지 않은가? 여기] 저기 「물권행위」라고 하는 용어를 독자적 의미를 가진 개념으로 사용하고 있는 마당에 굳이 물권행위의 독자성이 인정되지 않는다고 강변할 필요는 없다고 본다. 물권행위의 독자성을 부인한다고 해서 물권행위라는 개념 자체를 부정한다든가, 채권행위를 전제로 하지 않고 물권변동을 일으키는 법률행위의 존재를 부정한다든가, 채권행위와는 따로이 훗날 다시 이행행위로서 별개의 독립한 물권행위가 행하여지는 경우를 부인하지는 않는다고 하는 설명이 있으나(물권행위의 독자성을 부인하는 견해로부터의 설명이다), 바로 그 주장 자체가 물권행위를 인정한다는 의미가 아닐까? 물권행위의 독자성을 인정하면 물권행위의 무인성까지 연결된다는 일종의 강박관념에 의하여 물권행위의 독자성을 부인하고자 하는 부당한 논리라고 보나, 물권행위의 독자성을 인정하여야 비로소 그 다음 단계로 물권행위가 무인인가 유인인가를 다투게 된다고 볼 때 물권행위의 독자성을 인정하더라도 큰 문제는 없다고 본다.

② 독자성부정설 독자성부정설은 물권변동은 당사자간의 채권계약에 의하여 효력이 생기고, 그 채권계약과 별개의 물권변동을 목적으로 하는 의사표시를 필요로 하지 아니하여 매매계약의 성립에 의하여 원칙적으로 바로 소유권이 이전한다고 보는 견해이다.

독자성부인설이 드는 근거도 다양하다. 독자성부인설은 (i) 성립요건주의를 취한다고 하더라도 입법적으로 독자성을 부인할 수 있고(예컨대 스위스민법, 오스트리아민법), (ii) 민법 제186조, 제188조 제1항에서 일컫는 「법률행위」, 「양도」가 물권행위를 지칭한다고 하여 바로 물권행위의 독자성을 인정한다는 결론을 내릴 수 없고, (iii) 거래실정상 사회일반이 물권행위를 의식하지 못하고, (iv) 물권행위의 독자성을 부인하는 태도가 판례를 통하여 관습적으로 확정되어 있고, (v) 물권행위의 독자성을 인정한다고 하여 반드시 물권행위의 무인성을 인정하여야 할 필요는 없다고 주장하고 있다.

판례의 태도는 어떤가? 판례를 보면 「물권계약」(예컨대 「동산질권설정계약」을 지칭한다),[51] 「물권적 합의」[52] 혹은 「물권적 계약」[53]이라는 용어를 자연스럽게 사용하거나, '물권계약으로 무효일 뿐 아니라 채권계약으로서도 무효이다'[54]고 하여 채권계약과는 별개의 개념으로 물권계약이라는 개념을 인정하고 있다. 또한 판례상 「물권행위」라고 하는 용어가 너무나 당연히, 그리고 널리 사용되고 있다.[55] 그러나 충분한 이유를 설명하지 않고 물권행위의 독자성이 부인된다고 본 판례도 있다.[56]

3. 물권행위의 독자성이 인정된다

(1) 물권행위독자성의 실익

채권행위와 물권행위 두 개념을 인정하여야 채권행위와 물권행위가 별도로 각각 존재하는 경우에 법이론의 구성상 설명이 가능하다. 예를 들어 아직 현존하지 않는 물건에 대하여도 채권행위로는 얼마든지 매매계약이 성립할 수 있고, 다만 후에 제작이 완료된 때에 비로소 매매계약과 별도로 다시 이행행위를 위한 물권행위라는 과정이 이루어져야 그 물건에 대한 소유권의 변동이 일어난다. 또한 물권행위독자성의 인정을 통하여 가령 소유권유보부 매매에서 매매계약은 아무런 조건 없이 체결하고, 물권행위는 매매대금의 완불을 조건으로 이행한다고 하는 경우와 같이 당사자는 채권행위와 물권행위의 요건을 각각 달리 정할 수 있다.

(2) 물권행위독자성의 효과

물권행위의 독자성을 인정하면 물권행위에 채권행위와 다른 원칙을 적용할 수 있다. 예컨대 종류채무나 금전채무와 같이 목적물이 불특정한 경우라고 하더라도 채권행위는 얼마든지 성립할 수 있지만, 물권행위를 하기 위하여는－특정의 원칙에 의하여－반드시 목적물이 특정되어야 한다. 그리고 타인의 물건을 매매하는 채권행위는 언제나 유효하지

---

51) 대법원 1962.4.26. 선고 4294민상1071 판결.
52) 대법원 1999.9.7. 선고 99다30534 판결.
53) 대법원 1964.11.24. 선고 64다851, 852 판결.
54) 대법원 1974.6.11. 선고 73다1975 판결.
55) 예컨대 대법원 2005.3.10. 선고 2004다67653, 67660 판결 등 참고.
56) 대법원 1977.5.24. 선고 75다1394 판결.

만, 매수인에게 소유권을 이전하는 물권행위를 하기 위하여는 반드시 매도인이 매매목적물에 대한 소유권이나 처분권을 가져야 한다.

물권법정주의나 순위의 원칙("시간에 있어서 빠르면 권리에 있어서도 빠르다"는 법언을 기억하라)은 채권행위에는 적용되지 않고, 단지 물권행위에만 적용된다. 그리고 물권행위의 독자성을 인정하면 당사자의 행위능력·처분능력·대리권 유무를 판단하는 시기가 채권행위와 물권행위에 따라서 각각 차이가 있다. 만일 채권행위 당시 당사자에게 행위능력이 존재한 경우에도 물권행위를 한 때에 행위능력을 상실하면 물권행위만을 행위제한능력을 이유로 취소할 수 있다. 그리고 무인설을 주장하는 입장에서는 물권행위의 독자성을 인정하면 무인주의를 통하여 채권행위에 무효·취소의 원인이 있더라도 물권변동의 효력은 영향을 받지 않을 수 있으므로, 매도인으로부터 양수인(전득자)의 지위는 보호되고 거래의 안전에 기여할 수 있다고 주장한다.

Ⅳ. 물권행위의 무인성·유인성

1. 물권행위의 무인성·유인성의 의의

> A가 술이 만취되어 인사불성인 상태에서 B와 어떤 물건에 관한 매매계약을 체결하고, 그 이행행위로서 물권행위는 술에서 깨어나 의사능력을 정상으로 되찾은 상태에서 하였다. AB 사이의 매매계약이 의사무능력을 이유로 무효로 된 경우에 그 물건에 대한 소유권이전의 물권행위는 그대로 유효한가, 당연히 효력을 잃는가?

원인행위인 채권행위의 이행으로 물권행위가 행하여진 후에 원인행위인 채권행위가 (i) 존재하지 않거나(불성립), (ii) 무효·취소되거나, (iii) 해제가 되는 경우가 있다. 어떤 사유에 의한 원인행위의 실효에도 불구하고 물권행위는 아무런 영향을 받지 아니한다는 특징을 물권행위의 무인성이라고 한다. 물권행위의 무인성에 의하면 B가 A로부터 그 물건을 매수하여 등기를 이전받거나 인도를 받은 후에 AB간의 매매계약이 의사무능력에 의하여 무효로 된다고 하더라도 물권변동의 효력은—물권행위 자체에 달리 무효의 원인이 없는 한—영향을 받지 아니한다. 그러나 유인성을 주장하는 견해는 원인행위가 효력을 잃었으므로 물권행위도 당연히 효력을 잃는다고 본다.

비교법적으로 살펴볼 때 물권행위의 독자성을 인정하는 독일민법에서는 물권행위의 무인성도 인정된다고 보고, 물권행위의 독자성을 인정하지 않는 프랑스민법이나 오스트리아민법에서는 물권행위의 무인성이 인정될 여지가 없다. 스위스민법은 물권행위의 독자성을 인정하는 한편, 물권행위의 무인성은 부인하고 있다(스위스민법 제974조 제2항은 물권행위의 유인성을 인정하는 명문규정을 두고 있다).

2. 물권행위는 무인인가, 유인인가

(1) 서 언

물권행위의 원인인 채권행위의 불성립 혹은 무효·취소나 해제가 물권행위에 영향을 미치는가 아닌가? 바로 물권행위의 무인성·유인성에 관한 문제이다. 물권행위의 무인성·유인성에 관한 논의는 민법상 가장 날카롭게 견해가 대립하는 대각축장의 하나라고 할 수 있다. 민법은 물권행위의 무인성·유인성에 관하여 직접적인 명문규정을 두고 있지 않다. 보통 국내에서는 학설상 다수설이 무인설이고 판례는 有因說을 취한다고 소개되고 있으나, 현재 과연 다수설이 무인설인지도 불분명한 상황이다(오히려 최근에는 유인설을 취하는 학자가 절대적으로 많다).

물권행위의 무인설과 유인설에는 어떤 차이가 있는가? 물론 가장 근본적인 차이는 원인행위의 실효로 인하여 물권행위가 함께 실효되는가 아닌가 하는 문제이다. 그리고 무인설과 유인설의 근본적인 차이로부터 아래와 같은 몇 가지 현실적인 차이가 생긴다.

A는 B와 갑부동산에 대한 매매계약을 체결하고 소유권이전등기를 마쳤는데, 어떤 사유로 매매계약이 실효되었다. A는 어떤 권리는 가지는가?

(i) 우선 A가 B에 대하여 어떤 권리를 가지는가가 문제된다. 무인설에 의하면 A는 단지 채권적 부당이득반환청구권을 가질 뿐이다. 그러나 유인설에 의하면 A는 당장 소유권에 기한 물권적 청구권까지 가진다.

(ii) A는 제3자에 대하여 소유권을 주장할 수 있는가? 유인설에 따르면 매매계약이 실효된 순간 A는 다시 누구에 대하여든 소유권을 주장할 수 있다. 그러나 무인설에 따르면 다시 A 앞으로 소유권등기가 회복되지 않은 한, A는 아직 소유권을 취득하지 못하므로, 제3자에 대하여 소유권을 주장할 수 없다.

(iii) 만약 매매계약이 실효되기 전에 이미 갑부동산에 대한 소유권이전등기가 B로부터 C에게로 넘어간 경우라고 하면 C는 어떤 보호를 받는가? 무인설에 의하면 C는 선의·악의를 불문하고 일단 보호를 받는다. 그러나 유인설에 의하면 C는 선의라고 하더라도 원칙적으로 보호받지 못하고, 다만 제3자의 보호규정(무효·취소에 관하여는 민법 제107조 내지 제110조, 해제에 관하여는 민법 제548조, 선의취득에 관한 민법 제249조 등이 있다)이 있는 경우에 한하여 그 규정에 따라서 보호받을 수 있다.

민법 제548조 제2항 단서(계약의 해제로 「제3자의 권리를 해하지 못한다」고 규정하고 있다)는 어떤 의미를 가지는가? 어차피 무인설에 의하면 선의·악의의 제3자가 보호되므로, 민법 제548조 제1항 단서는 단순한 주의적 규정 혹은 불필요한 규정이라고 보지 않을 수 없다. 그러나 유인설에 의하면 제3자가 비로소 민법 제548조 제2항 단서를 통하여서만 보호될 수 있으므로, 유인설은 바로 민법 제548조 제1항 단서를 유인설의 명백한 근거로 이해한다.

(2) 학 설

1) 무인설의 입장

우선 무인설을 보면 매매 또는 증여에 의하여 소유권이 이전된 경우에 매매 또는 증여라고 하는 물권변동의 원인(causa)이 무효라고 하더라도 물권행위의 효력은 그 영향을 받지 않는다고 본다. 민법상 물권행위의 독자성을 긍정하는 학설은 일반적으로 물권행위의 무인성을 인정한다. 그러나 물권행위의 독자성을 긍정하는 한편, 물권행위의 유인성을 인정하는 견해도 얼마든지 가능하고, 현실적으로 그 견해도 있다.

국내에서 주장되고 있는 무인설은 일반적으로 상대적 무인설이다. 상대적 무인설에 의하면 물권행위는 원칙적으로 무인성을 갖지만, (i) 당사자가 유인으로 하려는 의사표시를 한 때, 즉 채권행위의 유효를 물권행위의 조건으로 한 때, (ii) 제한능력·착오·사기·강박과 같이 원인행위의 취소원인이 물권행위에도 공통하는 경우, (iii) 반사회질서·불공정에 의한 무효 또는 기타 무효원인이 원인행위와 물권행위에 공통하는 경우, (iv) 채권행위와 물권행위가 외형상 일체로 존재하는 경우에는 유인적으로 된다고 본다. 그러므로 무인설을 취한다고 할지라고 이론상으로만 차이가 있을 뿐이고, 현실적으로는(실제로 채권행위에만 흠이 있고 물권행위에는 흠이 없어서 무인적으로 취급되어야 하는 경우는 매우 드물다) 유인설과 별로 차이가 없다.

무인설은 아래와 같이 주장하나, 기본적으로 유인설이 타당하다고 볼 때 몇 가지 지적을 받지 않을 수 없다.

(i) 무인설은 채권행위와 물권행위가 각각 독립한 법률행위라고 하면, 즉 물권행위의 독자성을 인정한다면 그 유효성도 각각 별개로 결정하여야 한다고 주장한다. 그러나 채권행위와 물권행위가 각각 별개의 행위로 행하여진다고 하더라도, 물권행위의 독자성을 긍정한다고 하더라도, 반드시 양자의 효력관계까지 별개로 결정되어야 한다고는 볼 수 없다. 물권행위가 오로지 원인행위인 채권행위의 이행으로서 행하여진다고 하는 사정을 생각하면 양자의 운명을 연결시켜도 상관없다고 본다. 오히려 채권행위와 물권행위의 운명을 각각 별도로 결정한다는 태도는 실제의 생활감정에서 볼 때 너무 생소하다고 하지 않을 수 없다.

(ii) 무인설은 물권관계의 절대성에도 불구하고 그 유효 여부를 당사자 사이에서만 효력이 있는 채권행위에 의존시키면 부당하다고 주장한다. 그러나 절대성을 가지는 물권관계의 근거 내지 원인이 바로 당사자 사이의 채권관계가 아닌가? 오히려 원인이나 근거가 실효된다면 비록 절대적 효력을 가지는 물권관계라고 하더라도 일단 덩달아 실효되고, 물권의 절대적 효력에 따른 문제는 달리 해결하면 충분하다고 본다.

(iii) 무인설은 무인성의 인정을 통하여 등기에 공신력이 인정되지 않는 민법상의 제도적 결함을 시정하여 거래안전을 기할 수 있다고 주장한다. 그러나 무인주의를 취하여도 거래의 안전이 보호되는 범위는 그리 넓지 않고(상대적 유인의 경우를 빼면 순수하게 무인적으로 되는 경우는 많지 않다), 무인주의를 관철하면 악의의 제3자까지 보호받게 되므로 오히

려 부당한 경우가 생길 수 있다.

2) 유인설을 취한다

유인설은 원인행위가 실효되면 따라서 물권행위도 효력을 잃는다는 견해이다. 유인설이 타당하다고 보며, 그 근거로 아래와 같은 내용을 지적하고자 한다.

(i) 물권행위의 유인성을 취하는 태도가 판례를 통하여 확고한 관습법으로 성립되어 있다고 본다. 판례가 직접적으로 물권행위의 유인성 여부에 대하여 다룬 사건은 아니지만, 계약해제의 효과와 관련하여 현행법제가 물권행위의 독자성과 무인성을 인정하지 않고 있는 측면에서 볼 때 매매계약이 해제되면 말소등기를 하지 않아도 소유권은 당연히 매도인에게 복귀한다고 하여 간접적으로 물권행위의 유인성이 인정된다는 듯한 입장을 보인 경우가 있다.[57)]

(ii) 국내에서의 무인론은 대부분 상대적 무인설이다. 그러나 상대적 무인설에 있어서는 어느 경우에 유인으로 되는가를 판정하기가 대단히 어렵다고 하는 아주 중요한 단점이 있다. 그러므로 상대적 무인설을 취하게 되면 물권적 법률관계가 불확실한 상태에 있게 되는 경우가 적지 않게 야기될 우려가 있다.

(iii) 제3자는 어떤 경우에 보호되는가? 무인설에 의하면 악의의 제3자도 보호하는 결과를 초래하게 된다. 주지하다시피 계약의 무효·취소에 관하여는 선의의 제3자를 보호하는 규정을 두고 있고(민법 제107조 내지 제110조가 해당한다), 제한능력을 이유로 하는 취소와 같이 제3자가 전혀 보호되지 않는 경우도 있다. 그러나 무인설에 따르면 일단 제3자가 선의이든 악의이든 무조건 보호되므로, 선의의 제3자보호규정이 있을 때에도 악의의 제3자까지 보호하게 되고, 제3자를 전혀 보호하지 않는 제한능력에 의한 취소의 경우에도 제3자를 보호하여야 하는 무시하지 못할 문제가 생기게 된다. 물론 무인설을 취하는 견해에는 선의의 제3자보호규정이 있을 때에는 당연히 선의의 제3자에 대하여만 대항할 수 없다고 하는 주장이 있으나, 스스로 무인설의 논리적 일관성을 해치는 궁색한 변명이라고 하지 않을 수 없다.

(iv) 거래의 실제과정을 살펴볼 때 채권행위에서 등기까지 일련의 과정은 원인과 결과의 관계로 연결되어 있으므로, 원인의 실효는 결과에도 영향을 미친다고 보는 태도가 실제의 법의식과 일치한다.

3. 무인성과 유인성의 구체적인 예

피아노대리점에 근무하는 종업원 A는 주인 B를 골탕먹일 작정으로－거짓말로－고객 C가 피아노를 한 대 주문하였으니 배달하라고 말하였다. 주인 B는 종업원 A의 거짓말을 믿고 피아노를 C에게 배달하였다. 그런데 외출에서 돌아온 C는 배달된 피

57) 대법원 1977.5.24. 선고 75다1394 판결.

> 아노를 보고 누가 자기에게 선물한 줄로 알고서 우선 안방에 들여 놓았다. C는 피아노의 소유권을 취득하는가? 혹은 C가 그 피아노를 D에게 다시 팔아버린 경우에 B는 D에게 피아노의 반환을 청구할 수 있는가?

우선 선결문제로서 BC 사이에 피아노에 대한 매매계약이 성립되어 있는가를 살펴보아야 한다. BC 사이에 매매계약이 성립하려면 C의 주문(청약의 의사표시)과 B의 승낙이 있어야 한다. 사례에서 C가 피아노를 산다고 하는 청약의 의사표시를 한 사실을 찾아볼 수 없다. 비록 B의 배달에 의한 의사실현을 통하여 B가 승낙의 의사표시를 나타낸 경우라고 하더라도 매매계약이 성립할 수 없다. B는 단지 종업원 A의 거짓말에 속아서 매매계약이 체결되어 있다고 착각하고 있을 뿐이다. 그러나 B는 C에게 피아노를 인도할 의사를 가지고 현실적으로 인도하고, C도 누가 자기에게 선물한 줄로 알고 피아노를 안방에 들여 놓았으므로, 피아노에 대한 소유권이 B로부터 C에게 이전하는 물권변동이 발생한다.

물권변동의 원인행위인 채권행위가 성립하지 않는 경우에 그 채권행위에 기하여 이루어진 물권변동은 자동적으로 무효가 되는가? 바로 물권행위의 무인성·유인성이 문제된다. 학설은 원인행위인 채권행위의 부존재 혹은 무효·취소나 해제가 물권행위의 효력에 영향을 미치지 않는다고 보는 무인론과 영향을 미친다고 보는 유인론으로 대립한다.

무인론에 의하면 채권행위는 원인행위이고 물권행위는 이행행위로서 양자는 전혀 별개의 행위이며, 그 유효성도 각각 별개로 결정된다고 본다. 그러므로 채권행위인 원인행위가 성립하지 않더라도 물권행위는 원칙적으로 유효하므로, 비록 BC 사이에 매매계약이 체결되지 않은 경우에도 물권행위는 그대로 유효하여 피아노에 대한 소유권은 일단 C에게 귀속한다. 이미 C가 그 피아노를 D에게 전매한 때에는 B는 D(선의이든 악의이든 불문한다)에 대하여는 피아노의 반환을 청구할 수 없고, 단지 C에 대하여 피아노의 가액의 반환만을 청구할 수 있을 뿐이다(§741). 만일 C가 무자력이라면 B는 어쩔 수 없이 피아노 1대를 잃게 된다.

유인론에 따르면 채권행위가 부존재하는 경우에는 물권행위의 효력도 그 영향을 받아 무효로 된다. 그러므로 BC 사이에 매매계약이 성립하지 않으면 자동적으로 C로부터 B에게 피아노에 대한 소유권도 복귀하여 B는 C에게 소유권에 기한 반환청구권을 행사할 수 있다. 만일 C가 D에게 피아노를 전매한 경우에 B가 D에 대하여 소유권에 기한 반환청구권을 행사할 수 있는가는 D가 제3자로서 보호되는가, 선의취득의 요건이 충족되는가에 따라서 다르다.

물론 제3자보호의 규정이 있으면 D가 보호될 수 있으나, 사례에서 D가 보호받는 제3자가 될 여지는 없다. 만일 선의취득의 요건이 충족되지 않는다면 A는 D에 대하여 피아노의 반환을 청구할 수 있다. 무권리자 C로부터 D가 평온·공연하게 피아노를 선의·무과실로 점유하여 선의취득의 요건을 충족하는 때에는 B는 D에 대하여 피아노의 반환을 청구할 수 없다. 물론 D의 선의취득이 인정되는 때에는 B는 C에 대하여 부당이득반환청구를 할 수 있다.

제 3 절 부동산물권의 변동

Ⅰ. 부동산등기

1. 등기의 의의

민법 제186조는 부동산물권변동의 성립요건으로 「등기」를 규정하고 있다. 민법 제186조의 「등기」는 부동산등기를 가리킨다. 부동산등기란 국가기관인 등기관이 법정절차에 따라서 1필의 토지 또는 1개의 건물에 관한 등기정보자료를 「등기부」(登記簿)라고 하는 공적 전산정보처리조직에 입력·처리하는 경우 혹은 그 입력·처리된 등기기록 자체를 가리킨다.

등기기록은 어떤 양식으로 되어 있는가? 부동산등기법 제15조가 자세하게 규정하고 있다. 우선 등기부에 관하여 「물적 편성주의」를 취하여 1필의 토지 또는 1개의 건물에 대하여 1개의 등기기록을 둔다(부동산등기법 §15 I). 그리고 등기기록에는 부동산의 표시에 관한 사항을 기록하는 「표제부」와 소유권에 관한 사항을 기록하는 「갑구」(甲區) 및 소유권 외의 권리(예컨대 용익권, 담보권)에 관한 사항을 기록하는 「을구」(乙區)를 둔다(부동산등기법 §15 II).

① 표제부　　토지등기기록의 표제부에는 (i) 표시번호, (ii) 접수연월일, (iii) 소재와 지번, (iv) 지목, (v) 면적, (vi) 등기원인을 기록하여야 한다(부동산등기법 §34). 그리고 건물등기기록의 표제부에는 (i) 표시번호, (ii) 접수연월일, (iii) 소재, (iv) 지번 및 건물번호(같은 지번 위에 1개의 건물만 있는 경우에는 건물번호는 기록하지 아니한다), (v) 건물의 종류, 구조와 면적(부속건물이 있는 경우에는 부속건물의 종류, 구조와 면적도 함께 기록한다), (vi) 등기원인, (vii) 도면의 번호(같은 지번 위에 여러 개의 건물이 있는 경우와 「집합건물의 소유 및 관리에 관한 법률」 제2조 제1호의 구분소유권의 목적이 되는 건물, 즉 「구분건물」인 경우로 한정한다)를 기록하여야 한다(부동산등기법 §40).

② 갑구와 을구　　갑구에는 소유권에 관한 사항(소유권보존이나 소유권이전은 물론 소유권에 관한 압류, 가압류, 경매개시결정, 가처분, 가등기)을 기록하며, 을구에 소유권 이외의 권리, 예컨대 용익권(지상권, 지역권, 전세권, 임차권)이나 담보권(저당권, 권리질권, 채권담보권)에 관한 사항을 기록한다. 갑구나 을구에 권리에 관한 등기를 할 때에는 (i) 순위번호, (ii) 등기목적, (iii) 접수연월일 및 접수번호, (iv) 등기원인 및 그 연월일, (v) 권리자를 기록하여야 한다(부동산등기법 §48 I). 그리고 권리자에 관한 사항을 기록할 때에는 권리자의 성명 또는 명칭 외에 주민등록번호 또는 부동산등기용 등록번호와 주소 또는 사무소 소재

지를 함께 기록하여야 하고, 법인 아닌 사단이나 재단 명의의 등기를 할 때에는 그 대표자나 관리인의 성명, 주소 및 주민등록번호를 함께 기록하여야 한다(부동산등기법 §48 II·III). 또한 권리자가 2인 이상인 경우에는 권리자별 지분을 기록하여야 하고 등기할 권리가 합유인 때에는 그 뜻을 기록하여야 한다(부동산등기법 §48 IV).

2. 등기의 종류

(1) 사실의 등기·권리의 등기

① 사실의 등기 　　사실의 등기(표제부의 등기)는 등기기록 중 표제부에 하는 부동산의 표시(부동산의 소재와 지번, 지목, 면적)에 관한 등기를 가리킨다. 부동산등기기록상 표제부의 표시에 대한 착오 또는 오류가 있어도 유효한가? 일반적으로 부동산에 관한 등기의 소재나 지번 등의 표시에 다소의 착오 또는 오류가 있다고 할지라도 그 등기기록이 실제의 권리관계를 표시함에 족할 정도로 동일성 혹은 유사성이 있다고 인정되는 경우에는 등기로서 유효하다.[58] 그러나 만일 부동산등기기록상 표제부의 표시상의 착오 또는 오류가 중대하여 그 실질관계와 동일성 또는 유사성조차 인정할 수 없는 경우에는 그 등기는 공시의 기능을 발휘할 수 없다. 예컨대 부동산등기기록의 표제부의 표시에 실제의 부동산의 위치와 그 행정구역이 서로 다르게 기재되어 있다면 비록 그 지번, 지목, 지적이 실제의 부동산과 상당 부분 유사하게 기재되어 있다고 하더라도 소재지인 행정구역이 달라 등기기록상 표시된 부동산과 실제의 부동산은 사회관념상 동일하거나 유사한 경우라고 볼 수 없으므로, 그 등기는 실제 부동산을 표상하는 등기로서의 효력이 있다고 할 수 없다.

> 연립주택 2동을 건축한 건축업자가 연립주택을 분양할 때에 오른쪽 연립주택을 「가」동으로, 왼쪽 연립주택을 「나」동으로 각기 표시하여 분양하였다. 그리고 현재까지도 연립주택건물의 외부에 그대로 표시되어 있었다. 그러나 건축사가 잘못하여 실제 건물표시와는 달리 「가」동과 「나」동을 바꾸어 신청함으로써 건축물관리대장에 실제 건물표시와 달리 「가」동과 「나」동이 서로 바뀌어 등재되게 되었고, 등기부의 표제부 표시란에도 오른쪽 연립주택건물이 「나」동으로, 왼쪽 연립주택건물이 「가」동으로 각기 기재됨으로써 역시 실제 건물표시와 뒤바뀌어졌다. 그리고 연립주택 「가」동 104호의 건물에 관하여 A 명의로 소유권보존등기가 되었다가 B 앞으로 소유권이전등기가 마쳐졌고, 왼쪽에 있는 연립주택 「나」동 104호는 현재 C가 점유하고 있다. B는 연립주택 「가」동 104호 건물에 관한 B 명의로 이루어진 소유권이전등기는 바로 C가 점유하고 있는 왼쪽 연립주택 「나」동 104호를 표상한다고 하여 그 연립주택에 대한 소유권을 주장할 수 있는가? [대법원 1990.3.9. 선고 89다카3288 판결]

58) 대법원 1995.9.29. 선고 95다22849 판결.

건물에 관한 소유권보존등기가 어떤 건물의 객관적·물리적 현황을 공시하는 등기로서 효력이 있는지의 여부는 등기부에 표시된 소재, 지번, 종류, 구조와 면적 등이 실제건물과 사회통념상 동일성이 인정될 정도로 합치되는가에 따라서 결정된다. A 명의로 소유권보존등기가 된 연립주택 「가」동 104호에 관한 등기기록의 표제부 표시란에 기재된 건물의 소재, 지번, 종류, 구조와 면적 등이 실제건물의 사정과 서로 일치된다면, 연립주택 2동의 외부에 표시된 「가」동과 「나」동의 실제표시가 뒤바뀌어 등기기록에 「나」동과 「가」동으로 표시되어 있다는 한 가지 사유만으로 등기기록의 표시와 실제건물과 사이에 동일성이 인정되지 않는다고는 볼 수 없다. 그러므로 연립주택 「가」동 104호에 관한 소유권보존등기가 왼쪽 연립주택 「나」동 104호(실제 건물표시)를 표상하는 등기로서 효력이 없다고 단정할 수는 없다.

사례에서 A가 자신의 명의로 소유권보존등기를 할 당시 오른쪽 연립주택 「가」동 104호(실제 건물표시)가 자기의 소유라고 보아 「가」동 104호로 표시하여 등기를 한 경우인지, 아니면 왼쪽 연립주택 「나」동 104호(실제 건물표시)에 관하여 등기를 한다고 생각하고 착오로 뒤바뀌어 「가」동 104호로 표시되어 등기가 된 경우인지를 확인하여 만일 A가 실제로 왼쪽 연립주택 「나」동 104호의 소유권자로부터 권리를 취득하여 자신의 명의로 소유권보존등기를 하였는데, 등기기록의 표제부 표시란에 「가」동 104호로 기재된 경우라면, 그 등기에 의하여 왼쪽 연립주택 「나」동 104호(실제 건물표시)가 A의 소유로 추정될 수도 있다. A가 실제로 권리를 취득하여 소유권보존등기를 한 건물이 왼쪽 연립주택 「나」동 104호(실제 건물표시)라면 A 명의의 소유권보존등기에 터잡은 B 명의의 소유권이전등기는 연립주택 「나」동 104호를 표상하는 유효한 등기라고 할 수 있고, B는 C에 대하여 왼쪽 연립주택 「나」동 104호의 소유권을 주장할 수 있다.

② 권리의 등기　　권리의 등기는 등기기록 중 갑구와 을구에 하는 부동산의 권리관계에 관한 등기를 가리킨다. 갑구와 을구는 각각 어떤 권리관계를 등기하는가? 갑구에는 소유권에 관한 사항을 적고, 을구에는 소유권 외의 권리(지상권, 지역권, 전세권, 저당권, 권리질권, 채권담보권, 임차권)에 관한 사항을 기록한다(부동산등기법 §15 II).

(2) 보존등기·권리변동등기

① 보존등기　　보존등기는 미등기의 부동산에 관하여 그 소유자의 신청에 의하여 처음으로 하는 소유권의 등기를 가리킨다. 보존등기는 새로이 등기기록을 개설함으로써 그 부동산을 등기부상 확정하고, 그 후에 있어서의 권리변동은 모두 보존등기를 시발점으로 한다.[59)]

② 권리변동등기　　권리변동등기는 소유권보존등기를 기초로 하여 행하는 권리변동의 등기를 가리킨다. 예컨대 소유권이전등기 등이 권리변동등기이다.

---

59) 대법원 1987.5.26. 선고 86다카2518 판결.

(3) 주등기·부기등기

① 주등기　　주등기는 표제부에 등기할 때는 표시번호난, 갑구·을구에 등기할 때는 순위번호난에 각각 독립한 번호를 붙여서 하는 등기를 가리킨다.

② 부기등기　　부기등기는 독립한 번호를 붙여서 하는 등기가 아니고, 주등기의 번호를 사용하여 주등기의 번호 아래 「부기 몇 호」라는 등기번호를 붙여서 하는 등기를 가리킨다(부기등기를 할 때에는 그 부기등기가 어느 등기에 기초하는지를 알 수 있도록 주등기 또는 부기등기의 순위번호에 가지번호를 붙여서 하여야 한다).

(4) 종국등기·예비등기

1) 종국등기

종국등기는 등기 본래의 효력, 즉 물권변동의 효력을 발생하게 하는 등기(「본등기」)를 가리킨다. 기입등기, 경정등기, 변경등기, 말소등기, 회복등기, 멸실등기는 종국등기에 해당한다.

① 기입등기　　기입등기는 새로운 등기원인에 의하여 어떤 사항을 새로 등기부에 기입하는 등기를 가리킨다. 소유권보존등기·소유권이전등기와 같은 등기는 보통 기입등기에 해당한다.

② 경정등기　　경정등기는 등기의 절차에 착오·유루(遺漏)가 존재하여 원시적으로 등기와 실체관계의 사이에 불일치가 생긴 경우에 그 불일치를 시정하기 위하여 하는 등기를 가리킨다.

③ 변경등기　　변경등기는 등기된 사항의 변경에 의하여 후발적으로 등기와 실체관계의 사이에 불일치가 생긴 경우에 그 불일치를 시정하기 위하여 하는 등기를 가리킨다.

④ 말소등기　　말소등기는 기존의 등기 전부를 말소하는 등기를 가리킨다. 매매계약이 무효로 되어 이미 이루어진 소유권이전등기를 말소하는 경우 혹은 저당권이 변제에 의하여 소멸하여 저당권설정등기를 말소하는 경우가 말소등기에 해당한다.

말소등기와 관련하여 아래와 같이 몇 가지 구체적인 문제가 있다.

(i) 소유권보존등기가 말소되어야 할 무효의 등기인 경우에 그 말소를 구하는 사람에게 말소를 청구할 수 있는 권원이 인정되지 않더라도 말소청구를 인용할 수 있는가? 소유권보존등기의 말소를 구하려면 먼저 자기에게 그 말소를 청구할 수 있는 권원이 있음을 적극적으로 주장·증명하여야 하며, 만일 그 권원이 있음이 인정되지 않는다면 비록 소유권보존등기가 말소되어야 할 무효의 등기라고 하더라도 말소를 청구할 수 있는 권원이 없는 사람의 청구를 인용할 수 없다.[60]

(ii) 공유부동산에 관하여 원인무효의 소유권이전등기가 마쳐진 경우에 공유자의 1인이 그 등기 전부의 말소를 구할 수 있는가? 공유자의 1인은 공유물에 관한 보존행위로서 그

---

60) 대법원 1999.2.26. 선고 98다17831 판결.

등기 전부의 말소를 구할 수 있다.[61])

(iii) 이미 말소된 등기의 말소를 구할 법률상 이익이 있는가? 말소등기란 어떤 등기의 등기사항 전부가 원시적 또는 후발적으로 실체관계와 불일치하게 된 경우에 그 등기 전부를 법률적으로 소멸시킬 목적으로 행하여지는 등기를 말하므로, 이미 말소되어 있는 등기에 대하여는 그 말소를 구할 법률상 이익이 없다.[62])

⑤ 회복등기　　회복등기는 말소회복등기와 멸실회복등기로 구분된다. 말소회복등기는 구등기의 전부·일부가 부적법하게 말소된 경우에 하는 회복등기이고, 멸실회복등기는 등기부의 전부·일부가 물리적으로 멸실된 경우에 하는 회복등기이다.

⑥ 멸실등기　　멸실등기는 부동산이 멸실한 경우에 하는 등기를 가리킨다.

2) 예비등기 – 가등기

(a) 가등기의 의의

가등기는 부동산물권변동이 성립할 때까지 부동산물권변동을 목적으로 하는 청구권을 일시적·잠정적으로 보호하기 위하여 하는 등기이다(가등기는 물권변동의 성립요건과 직접 관계가 없고, 간접적으로 성립요건을 준비하는 등기로서 예비등기에 속한다). 예컨대 부동산에 대한 매매계약을 체결하고 중도금을 지급한 상태에서 부동산물권변동을 목적으로 하는 청구권을 보전하기 위하여 가등기를 하며, 장래의 소유권이전청구권과 같이 부동산물권변동을 목적으로 하는 청구권이 시기부 혹은 정지조건부이거나 장래에 확정될 경우인 때에도 가등기를 할 수 있다(부동산등기법 §88).

(b) 가등기에 기한 본등기와 제3자등기의 말소

가등기가 있은 후에 제3자에게 소유권이전등기가 마쳐진 경우에 가등기권리자가 어떤 절차로 본등기를 하는가? 학설상 후기입설, 선기입설, 동시설이 대립한다.

① 후기입설　　후기입설은 가등기권리자는 먼저 제3자등기의 말소를 구하여 제3자등기가 말소된 후에 다시 가등기의무자에 대하여 본등기신청에 대한 협력을 구하여야 한다고 보는 견해이다. 후기입설에 대하여는 가등기권리자가 제3자등기의 말소를 청구할 수 있는 근거에 대한 설명이 부족하고, 제3자등기를 말소한 후 가등기권리자가 자기의 본등기를 하지 않고 방치하는 경우에 문제가 생긴다고 하는 비난이 있다.

② 선기입설　　선기입설은 가등기권리자는 먼저 가등기의무자를 상대로 본등기의 이행을 청구하여 본등기를 한 후에 제3자에 대하여 그 등기의 말소를 요구할 수 있다고 보는 견해이다. 역시 선기입설에 대하여도 가등기권리자가 현재 등기명의인이 아닌 가등기의무자에게 본등기를 청구할 수 있는 근거가 문제가 되고, 만일 가등기권리자가 본등기를 한 후에 제3자등기를 말소하지 않고 방치하면 중복등기가 야기되는 문제가 있다고 하는 지적을 받고 있다.

---

61) 대법원 1993.5.11. 선고 92다52870 판결.

62) 대법원 2005.9.28. 선고 2004다50044 판결.

③ 동시설　　동시설은 가등기권리자는 가등기의무자를 상대로 본등기를 청구하는 동시에 제3자를 상대로 하여 제3자등기의 말소를 청구하여야 한다고 보는 견해이다. 동시설에 대하여도 후기입설에서와 마찬가지로, 가등기만 하고 있는 상태에 있는 가등기권리자가 어떤 근거로 제3자에게 등기의 말소를 요구할 수 있는가를 설명하기 곤란하다고 하는 지적이 있다.

> AB는 A 소유의 갑부동산에 관한 매매계약을 체결하였으며, 소유권이전등기청구권을 보전하기 위하여 B 앞으로 가등기를 마쳤다. 그런데 가등기가 있은 후에 A가 C와 이중으로 갑부동산에 관하여 매매계약을 체결하였고, 바로 C에게 소유권이전등기를 옮겨 주었다. B는 어떤 절차로 본등기를 하여야 하는가, 또한 B에게로 본등기가 마쳐진 경우에 C의 등기는 어떻게 처리되는가?

종래의 판례는 처음 후기입설을 취하여 가등기에 기하여 본등기를 하는 때에는 장애가 되는 제3자등기의 말소를 청구할 수 있다고 한 예도 있다. 그러나 사례에 대한 판례에서는 태도를 바꾸어 독특한 선기입설과 직권말소설을 절충한 견해를 취하고 있다. 우선 판례에 의하면 가등기 후에 가등기권리자 이외의 제3자에 대한 소유권이전등기가 경유되더라도 가등기권리자의 본등기청구권은 이행불능상태에 있다고 할 수 없으므로, 제3자등기의 말소등기 없이 그 가등기의 본등기를 명할 수 있다고 본다. 그리고 가등기 후에 이루어진 제3자의 등기는 가등기가 본등기로 된 경우에는 본등기가 우선하므로, 본등기에 저촉되는 등기로서 당연히 그 효력을 상실하게 된다.

사례를 보면 갑부동산에 관하여 소유권이전등기청구권의 보전을 위하여 B 앞으로 가등기를 마친 후에 A가 C와 이중으로 갑부동산에 관하여 매매계약을 체결하고 바로 C에게 소유권이전등기가 행하여져 있다. 그러므로 가등기권리자 B는 누구를 상대로 본등기이행청구권을 행사하여야 하는가 하는 문제가 있다.

판례는 B는 C를 상대로 본등기이행청구를 할 수는 없고, 가등기의무자인 전소유자 A를 상대로 하여 본등기청구권을 행사하여 가등기에 기한 본등기를 하여야 한다고 본다. 그리고 B가 본등기를 갖추게 되면 C 명의의 제3자등기는 부동산등기법 제29조 제2호에서 말하는 「사건이 등기할 것이 아닌 경우」에 해당하여 등기관은 부동산등기법 제58조 제1항에 의하여 직권으로 말소하여야 한다고 보나,[63] 현재는 부동산등기법 제92조가 등기관은 가등기에 의한 본등기를 한 때에는 대법원규칙으로 정하는 바에 따라서 가등기 이후에 된 등기로서 가등기에 의하여 보전되는 권리를 침해하는 등기를 직권으로 말소하여야 한다고 규정하고 있다(다만 등기관이 가등기 이후의 등기를 말소한 때에는 지체 없이 그 사실을 말소된 권리의 등기명의인에게 통지하여야 한다).

결국 B는 우선 A를 상대로 가등기에 기하여 부동산에 관한 본등기의 이행을 청구하여야 하고, C를 상대로 본등기청구권을 행사할 수는 없다. 그리고 A로부터 가등권리자 B

63) 대법원 1962.12.24. 자 4294민재항675 결정.

명의로 소유권이전의 본등기가 행하여지면 등기관은 가등기 이후에 C 명의로 마쳐진 등기를 직권말소할 수 있다.

(c) 가등기상의 권리의 이전등기

a) 가등기상의 권리의 의의

가등기란 부동산물권변동이 성립할 때까지 부동산물권변동을 목적으로 하는 청구권을 일시적·잠정적으로 보호하기 위하여 하는 등기이다. 가등기는 종국등기에 대비되는 예비등기의 일종이다. 권리의 설정, 이전, 변경 또는 소멸의 청구권을 보전하려고 할 때 혹은 청구권이 시기부 또는 정지조건부인 경우, 그 밖에 장래에 확정될 권리인 때에 가등기를 할 수 있다(부동산등기법 §88).

가등기를 한 후에 그에 기한 본등기를 하면 본등기의 순위는 가등기의 순위에 의한다(부동산등기법 §91). 그러므로 가등기의 목적은 장차 하게 될 본등기의 순위를 보전하는 데 있고, 어떤 권리의 공시에 주목적이 있지 않다. 그러나 가등기가 있다는 사실로 인하여 결국 물권변동청구권이 공시되는 효과가 나온다. 가등기상의 권리는 바로 가등기에 의하여 공시된 권리로서 물권변동청구권이 해당한다. 가등기로 공시된 물권변동청구권에 기하여 본등기가 이루어지면 물권변동의 효과가 발생하게 되나, 그 결과로 취득하게 될 물권 그 자체는 가등기상의 권리라고는 할 수 없다.

b) 가등기의 가등기

본래 물권변동청구권은 채권적 청구권으로서 재산적 가치를 가지므로 채권양도의 방법으로 양도할 수 있고, 물권변동청구권이 가등기되어 있다고 하여 그 양도성이 제한될 이유가 없다. 가등기상의 권리가 양도되는 경우에 그 양도사실을 등기부에 나타낼 수 있는가, 만일 나타낼 수 있다면 어떤 방식으로 등기부에 기록하여야 하는가?

본래 가등기에 의하여 보전된 청구권에 양도와 같은 변동이 있는 경우에 그 가등기를 바탕으로 하여 다시 가등기로서의 부기등기를 할 수 있는가 하는 문제를 널리 「가등기의 가등기」라고 부른다. 학설이나 판례는 「가등기담보 등에 관한 법률」에 의하여 인정되는 가등기담보권은 일종의 담보물권으로 당연히 양도성을 가지며 그 이전은 가등기의 가등기에 의하게 된다고 본다.[64] 그리고 학설상 부동산에 대한 매매계약을 체결하고 장래의 소유권이전청구권을 보전하기 위하여 가등기를 한 상태에서 매수인이 장차 소유권을 취득하면 제3자에게 저당권을 설정하여 주기로 약정한 경우에 제3자는 장래의 저당권설정청구권을 보전하기 위하여 매수인의 소유권이전의 가등기에 기초하여 저당권설정의 가등기를 할 수 있다고 보는 견해가 있다.

가등기에 의하여 순위보전의 대상이 되어 있는 물권변동청구권이 양도된 경우에 가등기상의 권리의 이전등기를 가등기에 대한 부기등기의 형식으로 행할 수 있는가 하는 문제가 제기된다. 학설상 적극설과 부정설이 대립한다.

---

64) 대법원 1994.10.21. 선고 94다17109 판결.

① 부정설 부정설은 가등기는 순위를 확보하는 데 그 목적이 있을 뿐이고 가등기에 의하여 어떤 특별한 권리를 취득케 한다고 볼 수 없으므로 가등기를 한 자가 아직 본등기를 하기 전에 그 가등기명의자를 등기의무자로 하여 다시 부동산에 관한 권리이전의 가등기를 할 수 없다고 본다. 부정설은 가등기의 가등기를 인정한다고 하면 (i) 하나의 등기기록에 가등기가 여러 개 있게 되어 공시작용을 저해하고, (ii) 비교적 간편하게 또한 저렴한 비용으로 할 수 있는 제도가 가등기인 만큼 가등기가 남용될 우려가 있다고 본다.

② 긍정설 학설상 가등기의 가등기를 긍정하는 견해가 유력하다. 긍정설은 그 근거로서 (i) 가등기가 마쳐진 청구권은 재산적 가치를 갖고 있으므로 채권양도의 형식으로 얼마든지 양도가 가능하고, (ii) 특히 가등기라고 하는 특수한 방법으로 공시할 수 있으므로 제3자를 해할 우려가 없으며, (iii) 가등기를 허용하면 1개의 등기기록에 여러 개의 가등기가 있게 되어 등기의 명료를 해하지만 등기제도 자체의 목적에 비추어 불가피하고, (iv) 가등기의 가등기를 허용하면 가등기의 남용이 우려되기는 하지만 등기세를 인상하는 방법에 의하여 대응하면 족하다고 주장한다.

X는 갑토지를 매수하여 편의상 A 명의로 소유권이전등기를 하였으나, A가 갑토지를 임의로 처분하지 못하게 하기 위하여 갑토지에 관한 매매예약을 체결하고, 그 매매계약을 원인으로 하여 소유권이전청구권가등기를 마쳤다. 그 후 X는 형식상 A를 대리하여 B에게 갑토지를 매도하면서, 계약 당일 계약금만을 지급받은 상태에서 B에게 소유권이전등기를 마쳐 주었고, B가 중도금과 잔금을 완납할 때에 가등기를 말소해 주기로 약정하였다. 한편 Y는 B로부터 갑토지의 일부를 매수하기로 하는 계약을 체결하고, 동일 B에게 계약금을 지급하였다. 그런데 B가 X에게 중도금 및 잔금의 이행을 지체하자, X와 Y 및 B는 (ⅰ) Y가 B에게 지급할 대금을 B의 승낙하에 직접 X에게 지급하고, (ⅱ) X는 매매대금 중 일부를 공제하여 주는 한편, B는 잔금을 1개월 이내로 지급하기로 하되, B가 그 잔금을 그때까지 지급하지 아니하면 공제약정부분은 실효되고, (ⅲ) X는 가등기에 관한 권리 중 Y가 매수한 갑토지의 일부에 관한 권리를 Y에게 양도하되, 토지잔대금을 전액 지급할 때까지 가등기의 말소를 청구하지 않기로 약정하였다. Y는 자기가 매수한 갑토지의 일부에 관한 권리에 대하여 X를 상대로 소유권이전청구권가등기의 이전등기절차의 이행을 청구할 수 있는가? [대법원 1998.11.19. 선고 98다24105 전원합의체 판결]

종래의 판례는 가등기는 후일 본등기를 한 경우에 그 본등기의 효력을 소급시켜 가등기를 한 때에 본등기를 한 경우와 같은 순위를 확보케 하는 데에 그 목적이 있을 따름이고, 가등기에 의하여 어떤 특별한 권리를 취득케 하지는 아니한다고 하는 이유로 가등기된 소유권이전등기청구권을 본등기 전에 양수하더라도 그 양수등기의 방법으로서 가등기에 부기등기(附記登記)를 할 수 없다고 한 경우가 있다.[65] 그러나 사례에 대한 판례는 종래

65) 대법원 1972.6.2. 자 72마399 결정.

의 판례가 가등기의 가등기에 관하여 부정설을 따르는 태도를 변경하여 가등기에 의하여 순위보전의 대상이 되어 있는 물권변동청구권이 양도된 경우에 그 가등기상의 권리의 이전등기를 가등기에 대한 부기등기의 형식으로 행할 수 있다고 한다.

사례는 본래 갑토지에 관하여 X 명의로 소유권이전등기청구권가등기가 성립되어 있었는데, Y가 다시 갑토지의 일부를 매수한 경우이다. 그러므로 Y가 자기가 매수한 갑토지의 일부에 관한 권리에 대하여 X에게 소유권이전등기청구권가등기의 이전등기절차의 이행을 청구할 수 있는가가 문제된다. 본래 가등기는 순위확보에 목적이 있으나, 순위보전의 대상이 되는 청구권은 그 성질상 양도될 수 있는 재산권일 뿐만 아니라 가등기로 인하여 그 권리가 공시되어 결과적으로 공시방법까지 마련된 셈이라고 볼 수 있다. 그러므로 가등기상의 권리가 양도된 경우에는 양도인과 양수인의 공동신청으로 그 가등기상의 권리의 이전등기를 가등기에 대한 부기등기의 형식으로 행할 수 있다고 보아야 한다.

결국 Y는 X를 상대로 가등기상의 권리의 양도약정을 원인으로 하여 자기가 매수한 갑토지의 일부에 관한 권리에 대하여 소유권이전등기청구권가등기의 이전등기절차의 이행을 청구할 수 있다. 그리고 Y가 가등기의 부기등기를 받으면 X의 가등기시에 가등기를 한 경우와 같은 순위보전의 효력을 가진다.

[더 생각할 과제 - 예고등기의 폐지]

예고등기는 등기원인의 무효·취소로 인한 등기의 말소·회복의 소가 제기된 경우에 그 소가 제기된 사실을 공시하기 위하여 수소법원이 직권으로 등기소에 촉탁하여 행하는 등기이다. 현행 민법 아래에서는 부동산등기에 공신력이 인정되지 않으므로, 예고등기가 선의의 제3자보호 및 거래안전의 보호에 일정한 역할을 한다는 사실은 의문이 없다. 그러나 예고등기는 법률상으로는 선의의 제3자에게 거래할 부동산에 권리관계의 다툼이 있으므로, 거래에 신중을 기하라는 경고적 의미밖에 없으나 실질에서는 처분제한의 효력을 발휘하는 등 예고등기를 둘러싼 많은 문제가 제기된다. 구체적으로 살펴보면 처분금지가처분의 대용으로 그 비용절약을 위해서 예고등기를 악용하는 경우가 많고, 예고등기의 요건에 해당하는 주장만 하면 예고등기를 촉탁하게 되므로 등기명의인의 재산권행사를 방해할 목적으로 남용되며, 저당권설정등기를 마친 후 아는 사람에게 소유권을 허위로 넘기고 그 사람을 상대로 등기말소의 소를 제기하여 예고등기를 붙이게 하는 방법으로 저당권실행의 집행방해목적으로 악용되는 등 많은 문제를 내포하고 있다. 그러므로 지난 2011년 4월 12일에 개정된 부동산등기법은 예고등기제도를 폐지하여 현재는 예고등기가 허용되지 아니한다.

3. 등기소와 등기관

① 등기소　　등기소란 등기사무를 담당하는 국가기관(지방법원과 지원·등기소)를 가리킨다.

② 등기관　　등기관은 지방법원·지원·등기소에 근무하는 법원서기관·등기사무관·등기주사·등기주사보 중 지방법원장이 지정한 자로서 등기사무를 처리하는 공무원을 의미한다.

4. 등기부와 대장

① 등기부 　　등기부는 본래 부동산에 관한 권리관계를 기재하는 공적 장부를 가리키나, 1994년부터 시작된 등기부전산화작업이 2002년에 모두 완료되어 모든 등기사무가 전산정보처리조직으로 처리되므로 종이등기부를 전제로 한 규정이나 용어, 정의가 바뀌어 현재는 등기부란 전산정보처리조직에 의하여 입력·처리된 등기정보자료를 대법원규칙(「부동산등기규칙」)으로 정하는 바에 따라서 편성한 전산기록을 말한다고 정의할 수 있다(부동산등기법 §2 i). 부동산등기부에는 「토지등기부」와 「건물등기부」 두 종류가 있고(부동산등기법 §14 I), 그 밖의 법률에 의하여 입목등기부, 선박등기부, 공장재단등기부, 광업재단등기부, 담보등기부 등이 있다.

② 대장 　　대장에는 지적공부와 가옥대장이 있다. 지적공부에는 토지대장·임야대장이 있고, 가옥대장으로 건축물관리대장이 있다.

5. 등기사항

(1) 서 설

등기의 대상이 되는 물건은 부동산, 즉 토지와 건물이다. 다만 부동산이라 하더라도 사권의 목적이 될 수 없는 부동산은 등기의 대상이 되지 못한다. 그리고 법률상 특별히 등기할 사항으로 인정되는 경우도 있다.

(2) 민법상의 물권

등기의 가장 중요한 대상은 민법상의 부동산물권이다. 부동산물권으로 등기할 수 있는 권리로는 소유권·지상권·지역권·전세권·저당권이 있다. 그리고 권리질권도 등기할 수 있고(부동산등기법 §2 vi), 저당권으로 담보한 채권을 질권의 목적으로 한 때, 즉 저당권부 권리질권의 경우에 그 저당권등기에 질권의 부기등기를 할 수 있다(§348).

(3) 특별법상 등기가 가능한 물권

특별법상의 물권으로 등기가 가능한 경우도 있다. 예컨대 「선박등기법」에 의하여 선박에 대하여는 그 소유권·저당권·임차권을 등기할 수 있다(선박등기법 §3). 또한 「입목에 관한 법률」에 의하여 입목의 소유권·저당권도 등기할 수 있다. 「공장 및 광업재단 저당법」에 의하면 공장재단이나 광업재단의 소유권·저당권을 등기할 수 있다. 그리고 2012년 6월 11일부터 새로 시행된 「동산·채권 등의 담보에 관한 법률」에서 규정된 동산담보권이나 채권담보권을 담보등기할 수 있다.

(4) 물권 이외의 권리

반드시 물권만 등기할 수 있지는 않고, 물권 이외의 권리로서 등기가 가능한 경우도 있다. 민법상 부동산임차권(§621, 부동산등기법 §3 viii), 부동산환매권(§592, 부동산등기법 §53)은 등기가 가능하다.

Ⅱ. 법률행위에 의한 부동산물권의 변동

1. 형식주의(성립요건주의·독법주의)를 채택하고 있다

(1) 민법 제186조의 내용

부동산에 관한 법률행위로 인한 물권의 득실변경은 등기하여야 그 효력이 있다(§186). 민법 제186조는 법률행위에 의한 부동산물권변동에 관하여 성립요건주의(형식주의)의 원칙을 규정하고 있다. 부동산물권변동의 성립요건주의에 의하면 부동산물권변동은 등기하여야만 그 효력이 발생하므로, 민법 제186조는 달리 등기주의 혹은 등기강제주의를 표현하고 있다고 할 수 있다.

목적물의 인도가 요건으로 요구되는 동산물권변동과 달리 부동산물권에서는 목적부동산의 인도 혹은 명도는 물권변동의 성립요건에 해당하지 아니한다. 목적부동산의 인도 유무와 관계없이 물권적 의사표시와 등기 두 요건만 갖추면 부동산물권변동은 일어난다.

(2) 민법 제186조의 적용범위

1) 서 설

민법 제186조는 법률행위로 인한 「부동산물권의 득실변경」, 즉 부동산물권의 발생·변경·소멸에 적용된다. 물권변동이 있는 경우에 등기가 요구되는 부동산물권에는 소유권·지상권·지역권·전세권·저당권 5종이고, 점유권·유치권은 부동산물권인 경우에도 성질상 등기가 필요 없다.

법률행위에 의한 물권변동에 관하여는 민법 제186조가 등기를 그 요건으로 하고 있지만, 법률행위에 의하지 않는 물권변동에 관하여는 민법 제187조가 등기 없이 물권변동이 생긴다고 규정하고 있다. 그러므로 부동산물권변동의 경우라고 하더라도 민법 제186조에 의한 등기가 항상 요구되지는 않고, 민법 제187조에 의하여 등기 없이 물권변동이 발생하는 경우도 있다.

2) 원인행위의 실효에 의한 물권의 복귀

(a) 서 언

매매·증여와 같은 원인행위가 후에 무효·취소되거나 해제되는 경우가 있다. 원인행위가 실효되면 그 실효된 원인행위의 이행으로 이전된 물권은 등기를 말소하지 않더라도 당연히 원상으로 복귀하는가 혹은 말소등기를 하여야만 복귀하는가 하는 문제가 생긴다.

(b) 원인행위가 무효·취소된 경우

> A가 B에게 그 소유의 갑토지를 매도하는 매매계약을 체결한 후에 갑토지를 인도하고 소유권이전등기까지 마쳤다. 그런데 AB 사이의 매매계약이 어떤 사유에 의하여 무효·취소되었다. 갑토지에 대한 소유권은 말소등기 혹은 이전등기를 하여야만 비로소 A에게 복귀하는가, 혹은 말소등기나 이전등기 없이도 당연히 A에게 복귀하는가?

원인행위가 무효·취소된 경우에 물권이 당연히 복귀되는지, 말소등기·이전등기를 하여야 하는지 여부는 물권행위의 무인설 또는 유인설에 따라서 결론이 다르다. 예컨대 물권행위의 무인설에 의하면 AB 사이의 매매계약이 무효·취소된 경우에 원인행위의 실효에 의하여 A는 B에 대하여 부당이득반환청구권을 행사하여 말소등기가 마쳐져야만 A에게 복귀한다고 보고, 물권의 복귀에 대하여도 민법 제186조를 적용한다. 그러나 물권행위의 유인설에 의하면 원인행위의 실효는 물권행위의 실효를 초래하고, 결국 물권변동이 발생하지 않은 상태가 되어 말소등기를 마치지 않더라도 당연히 물권이 A에게 복귀하므로, 민법 제187조에 의하여 등기를 요하지 않고 물권변동이 일어난다고 본다. 판례는 유인설을 취하여 법률행위가 무효·취소되면 소유권이 이전되는 효과가 발생하지 않는다고 본다.[66] 판례나 유인설과 같이 매매계약의 무효·취소로 인하여 자동적으로 갑토지의 소유권이 A에게 복귀한다고 보는 태도가 타당하다.

물권행위의 유인설을 취하여 원인행위의 실효로 인하여 바로 물권이 본래의 상태로 복귀한다고 하면 AB 사이의 매매계약이 무효·취소되기 이전에 B로부터 갑부동산의 소유권이전등기를 받은 제3자가 있는 경우에 그에 대한 보호문제가 제기된다. 본래 민법은 부동산등기에 공신력을 인정하지 아니하므로, 등기를 믿고 거래를 하더라도 소유권을 취득할 수 없다. 다만 민법상 「선의의 제3자」를 보호하는 특별규정이 있는 경우도 있다. 원인행위인 채권행위가 무효·취소로 실효되기 전에 제3자가 선의로 소유권을 취득한 경우에 그 소유권을 그대로 인정하여 제3자를 보호하는 규정이 있는 때(§§107 II·108 II·109 II·110 III)에는 그 규정에 의하여 선의의 제3자는 보호된다. 다만 제한능력을 이유로 하는 취소의 경우에는 제한능력자제도의 취지가 제한능력자 본인의 보호에 있으므로, 제3자를 보호하는 규정이 없다.

(c) 계약해제의 경우

> A는 건물을 포함한 주유소시설을 B에게 양도하였으나, 채무불이행을 이유로 매매계약이 해제되었다. 한편 B는 매매계약의 해제에도 불구하고 건물 등 목적물을 반환하지 않고 있던 중 사망하였고, 그 상속인 C가 점유하여 주유소를 경영하면서 대지 소유자인 D에 대한 대물변제로 건물 등의 소유권을 이전해 주었다. A는 D에 대하여 소유권에 기한 건물소유권이전등기의 말소를 청구할 수 있는가?

66) 대법원 1991.11.12. 선고 91다9503 판결.

계약의 해제는 어떤 효과가 있는가? 매매계약에 의하여 소유권이전등기까지 마쳐진 경우에 매매계약이 해제되면 이전된 소유권은 말소등기 없이도 당연히 복귀되는가, 말소등기가 필요한가는 계약해제의 법률효과를 보는 태도에 따라서 다르다. 계약해제의 효과에는 채권적 효과설과 물권적 효과설이 있다.

① 채권적 효과설　　채권적 효과설은 물권행위의 독자성과 무인성을 인정하는 입장에서 원인행위로서의 채권행위가 해제로 실효되더라도 물권행위(이행행위)의 효력에는 영향이 없으므로, 계약해제의 효과는 단지 채권적 효력만에 그치며 물권이 당연히 복귀되지는 아니한다고 본다. 사례에서 A에게 아직 소유권이 복귀되지 않으므로, A는 소유권에 기한 반환청구권을 가지지는 못한다. A는 단지 C에 대하여 채권적 원상회복청구권을 가질 뿐이며, D에 대하여는 해제 후의 선의의 제3자로서 민법 제548조 제1항 단서에서 말하는 「제3자」의 범위에 포함시켜 보호할 수 있는가 하는 문제로 처리된다.

② 물권적 효과설　　물권적 효과설은 물권행위의 독자성과 무인성을 인정하지 아니하는 입장에서 계약의 해제로 물권변동의 효과도 자동적으로 실효된다고 본다. 물권적 효과설이 타당하다고 볼 때에 채권행위에 기하여 이전한 물권은 당연히 본래의 상태로 복귀한다. 사례에서 A는 매매계약의 해제로 인하여 등기를 요하지 아니하고 바로 소유권을 다시 취득하게 되므로, 당연히 A는 D에 대하여 소유권에 기한 반환청구권을 가진다. 다만 물권적 효과설을 취한다고 하더라도 D가 민법 제548조 제1항 단서에서 말하는 「제3자」로서 보호되는가 하는 문제는 있다.

판례의 태도는 어떤가? 판례는 분명하게 물권적 효과설을 취한다.[67] 판례는 유인설의 입장에서 원인행위에 해제와 같은 실효원인이 있는 경우에는 물권행위도 당연히 실효되고, 물권변동이 없었던 상태로 자동적으로 원상회복된다고 본다.

AB 사이에 갑부동산에 관한 매매계약이 체결되고 B 앞으로 갑부동산의 소유권이전등기까지 마쳤다. 그 후 B는 갑부동산을 C에게 양도하고 소유권이전등기를 C 앞으로 마쳤는데, AB 사이의 매매계약이 어떤 사유로 해제되었다. C는 보호되는가?

민법 제548조 제1항 단서가 명문으로 계약의 해제로 인하여 제3자의 권리를 해하지 못한다고 규정하고 있다. 그러므로 C가 해제된 계약으로부터 생긴 법률효과를 기초로 하여 해제 전에 새로운 이해관계를 가졌을 뿐 아니라 등기, 인도 등으로 완전한 권리를 취득한 때에는 민법 제548조 제1항 단서에서 규정하는 제3자에 해당한다고 하면 당연히 보호된다. 만약 C가 매매계약이 해제된 후 아직 계약해제로 인한 원상회복등기 등이 이루어지기 이전에 해약당사자와 양립되지 아니하는 법률관계를 가지게 된 때에도 제3자로 볼 수 있는가? 판례는 민법 제548조 제1항 단서에서 말하는 「제3자」의 범위를 확대해석하여 매매계약이 해제된 후 그 말소등기가 되기 이전에 그 목적물을 매수한 제3자까지를 포함시켜

67) 대법원 1977.5.24. 선고 75다1394 판결.

보호하고 있으나, 다만 계약해제의 사실을 몰랐던 제3자에 해당하여야 한다(제3자가 악의라는 사실의 주장·증명책임은 계약해제를 주장하는 자에게 있다).[68] 그러므로 민법 제548조 제1항 단서에서 말하는 「제3자」는 해제된 계약으로부터 생긴 법률효과를 기초로 하여 해제 전에 새로운 이해관계를 맺은 자와 해제된 후 그 해제에 의한 말소등기가 있기 이전에 이해관계를 갖게 된 선의의 제3자를 포함하여 의미한다고 해석하여야 한다. 사례에서 C가 비록 매매계약이 해제된 후에 갑부동산을 양수하고 소유권이전등기를 받은 경우라고 할지라도 그 해제로 인한 말소등기 이전이라고 하면 C는 선의인 한 보호된다.

3) 재단법인의 설립과 출연재산의 귀속

A는 사망하기 전인 2000.4.10. 그 소유의 갑토지를 을재단법인의 설립을 위하여 출연하였다. 그 후 을재단법인은 2004.5.9. 설립허가를 얻어 2004.5.20. 그 설립등기를 마쳤다. 한편 A가 사망하고 그의 아들인 B 앞으로 2009.3.10. 상속에 의하여 갑토지에 대한 소유권이전등기가 마쳐진 후, 그에 터잡아 C 앞으로 소유권이전등기가 순차 마쳐졌다. 갑토지는 을재단법인의 법인설립등기시인 2004.5.20. 을재단법인에 귀속되어 그 소유로 되는가, 혹은 B 및 C 등 명의의 각 소유권이전등기가 유효한가?

재단법인을 성립하려면 재산의 출연이 필요하다. 재단법인의 설립을 위한 재산출연행위는 일정한 목적을 위하여 재산권(동산, 부동산, 유가증권, 채권 등 그 종류에 제한이 없다)을 법인에 귀속시키려는 내용을 가진 의사표시를 요소로 하는 법률행위로서 상대방 없는 단독행위라고 본다.

A가 을재단법인의 설립을 위하여 갑토지를 출연한 경우에 그 소유권은 언제 을재단법인에게 귀속하는가? 민법 제48조는 재단법인을 설립하기 위하여 출연한 재산은 생전처분의 경우에는 법인이 성립한 때, 즉 법인의 설립등기를 한 때(§33)에 법인에 귀속하고, 유언의 경우에는 유언의 효력이 발생한 때, 즉 유언자가 사망한 때(§1073 I)에 법인에 귀속한다고 규정하고 있다. 그러나 민법상 물권변동에 관한 성립요건주의에 의하면 민법 제186조에 의하여 갑토지에 관한 소유권이전등기가 을재단법인 앞으로 마쳐진 때에 소유권이 을재단법인에게 넘어간다. 그러므로 출연재산에 부동산물권이 포함되어 있는 경우에 부동산물권이 재단법인에 귀속하는 시기가 민법 제186조에 의한 등기를 한 때인가, 혹은 민법 제48조에 의하여 법인성립시 혹은 유언의 효력발생시인가 하는 문제가 제기된다.

① 법인성립시설　　법인성립시설은 민법 제48조를 민법 제187조가 말하는 「기타 법률의 규정」으로 인정하여 등기가 없는 경우에도 출연재산은 민법 제48조가 정한 시기에 당연히 재단법인에 귀속한다고 본다. 법인성립시설에 의하면 민법 제48조에 의하여 2004년 5월 20일 설립등기를 마친 때에 갑토지에 대한 소유권이 등기 없이도 을재단법인에게로 귀속되므로(근거는 민법 제187조이다), 을재단법인이 2009년 3월 10일 상속에 의하여 B 앞으로 마쳐진 소유권이전등기보다 우선하여 소유권을 주장할 수 있다.

---

68) 대법원 2005.6.9. 선고 2005다6341 판결.

재단법인설립행위(혹은 재산출연행위)가 법률행위라고 하면 마땅히 민법 제186조에 의하여 등기를 갖춘 때에 출연재산이 을재단법인에게로 귀속한다. 특히 민법 제186조는 물권변동에 관한 대원칙으로 성립요건주의를 규정하고 있으므로, 물권변동에 관한 한 성립요건주의의 원칙과의 조화를 이루어야 한다. 그러나 법률행위에 의한 물권변동은 등기하여야 효력이 생긴다는 성립요건주의가 절대 어길 수 없는 금과옥조는 아니며, 경우에 따라서 필요하면 얼마든지 예외가 인정될 수 있다. 성립요건주의에 대한 예외는 있을 수 없다는 생각은 버려야 한다. 바로 민법 제48조는 재단법인을 두텁게 보호하기 위하여 성립요건주의를 버리고 출연재산의 귀속시기를 특별히 법인성립시로 정한 규정이라고 이해하여야 한다. 그러므로 민법 제48조를 민법 제187조가 말하는 기타의 「법률의 규정」으로 보아서 갑토지는 등기 없이 민법 제48조가 정한 법인설립시, 즉 2004년 5월 20일에 을재단법인에 귀속한다고 새겨야 타당하다고 본다.

법인성립시설을 취하면 문제는 없는가? 아주 문제가 없지는 않고, 가장 큰 문제가 거래의 안전이다. 아래에서 살펴보는 등기시설에 의하면 을재단법인 앞으로 등기가 이전되지 아니한 한 소유권을 취득하지 못하므로, C의 보호나 거래의 안전이 문제될 여지가 전혀 없다. 그러나 법인성립시설을 취하면 을재단법인이 설립등기를 마치면 갑토지에 대한 등기를 갖추지 않더라도 소유권을 취득하지만(등기명의가 아직 그대로 A 앞으로 되어 있더라도 법률상 갑토지의 소유권은 을재단법인에게 귀속한다), 사례에서와 같이 그 후에 A를 상속한 B가 신의에 배반하여 갑토지를 C에게 매각 등으로 처분하고 C 앞으로 등기를 넘겨주는 경우가 생길 수 있다. 그러나 C는 아무리 선의라고 하더라도 무권리자로부터 부동산물권을 취득한 경우가 되므로, 등기에 공신력이 인정되지 아니하는 현행법제 아래에서는 갑토지의 소유권을 취득하지 못한다. 을재단법인은 C에 대하여 갑토지의 반환을 청구할 수 있고, B로부터 C 앞으로의 소유권이전등기의 말소를 청구할 수 있다. 그러므로 법인성립시설을 취하면 B 명의의 등기를 신뢰한 C를 보호하지 못한다고 하는 거래의 안전에 관한 문제가 제기된다.

민법 제48조는 사실은 대항요건주의 아래에서나 타당한 규정이며, 물권변동에 관한 성립요건주의에는 어긋나는 규정이다(민법 제48조는 일본민법의 규정을 그대로 가져온 규정이며, 민법이 일본민법과 달리 물권변동에 관하여 성립요건주의를 취한 사실을 간과하여 생긴 입법상의 실수라는 지적도 있다). 그러므로 향후 민법 제48조를 아예 삭제하고 민법 제186조의 원칙으로 되돌아가 처리하거나, 성립요건주의와 조화되도록 개정할 필요가 있다. 민법 제48조를 그대로 남겨둔 채 해석론으로 문제를 해결하기는 곤란하다고 본다.

② 등기시설　등기시설은 재단법인설립행위가 법률행위라는 사실을 강조하여 출연재산은 민법 제186조에 따라서 등기를 갖춘 때에 비로소 재단법인에 귀속되는 효력이 생긴다고 본다. 등기시설에서 민법 제48조는 어떤 의미를 갖는가? 등기시설은 민법 제48조는 성립요건주의에 반대되는 규정이어서 출연재산의 법인에의 귀속을 정한 규정이라고 보기는 어렵고, 다만 등기를 갖춘 때에 출연재산이 귀속하는 시기를 설립등기시로 소급시킨다는 의미를 가지고 있다고 본다. 민법 제186조에 의하여 등기를 갖추어야 비로소 을재

단법인이 갑토지의 소유권을 취득하게 된다고 하면 아직 을재단법인 앞으로 소유권이전등기가 마쳐지지 아니한 상태이므로, B 및 C 등 명의의 각 소유권이전등기가 유효하다. 을재단법인이 C에 대하여 대항할 수 없으므로, 을재단법인은 오로지 B에 대하여 채무불이행에 따른 손해배상책임을 물을 수 있을 뿐이다.

③ 절충설　　절충설은 출연자와 재단법인 사이에서는－법인성립시설과 같이－등기가 없는 경우에도 출연재산은 민법 제48조가 정한 시기에 당연히 재단법인에 귀속하지만, 재단법인이 취득한 부동산으로 제3자에게 대항하기 위하여는－등기시설에 따라서－민법 제186조에 따른 등기를 필요로 한다고 본다. 사례에서 을재단법인과 C의 관계에서는 등기가 필요하므로, 이미 등기를 갖춘 C에 대하여 을재단법인은 소유권을 주장할 수 없다.

판례의 태도는 어떤가? 판례는 종래 재단법인의 설립시 그 출연재산은 등기 없이 법인의 성립과 동시에 당연히 재단법인에 귀속한다고 하여 등기불요설을 취한 경우가 있다.[69] 그러나 현재는 판례가 종래의 태도를 변경하고 절충설을 취하여 출연자와 재단법인 사이에서는 법인의 성립과 동시에 출연재산이 재단법인에 귀속하나, 제3자에게 대항하기 위하여는 민법 제186조에 따라서 등기를 하여야 한다고 본다.[70] 판례이론은 대항요건주의 아래에서는 아주 정확하게 정당한 태도라고 할 수 있다(바로 대항요건주의를 취하는 일본에서 판례와 학설이 지지하는 입장이다). 그러나 민법 제48조의 어디를 보아도 문언상 출연재산의 귀속시기에 관하여 법인과의 관계와 제3자와의 관계에 따라서 그 귀속시기를 달리한다는 해석을 할 수 있는 근거를 찾아 볼 수 없으므로, 민법 제48조를 그대로 두는 한 절충설을 취하는 판례의 태도는 민법의 해석론으로는 부당하다고 본다.

4) 소멸시효의 완성과 물권의 소멸

소유권 이외의 물권은 소멸시효에 걸린다. 그러므로 부동산물권도 소멸시효에 걸리게 되나, 실제로 부동산물권이 소멸시효의 대상이 되는 경우로는 용익물권인 지상권·지역권·전세권 세 가지가 있다.

부동산물권에 대한 소멸시효가 완성되면 등기를 하지 않은 경우에도 부동산물권은 당연히 소멸하는가, 아니면 말소등기를 하여야 소멸하는가? 소멸시효의 효과에 관하여 어느 학설을 따르는가에 따라서 다르다. 소멸시효의 효과에 관하여는 상대적 소멸설과 절대적 소멸설이 있다. 소수설인 상대적 소멸설은 소멸시효의 완성으로 부동산물권이 당연히 소멸하지는 아니하고, 시효이익을 받을 자가 상대방에게 권리소멸을 주장하고 말소등기를 청구하여 등기가 말소된 때에 비로소 부동산물권이 소멸한다고 본다. 반면에 절대적 소멸설(판례[71]·다수설의 입장이다)은 소멸시효의 완성으로 부동산물권은 당연히 소멸한다고 해석한다.

---

69) 대법원 1973.2.28. 선고 72다2344·2345 판결; 대법원 1976.5.11. 선고 75다1656 판결.
70) 대법원 1979.12.11. 선고 78다481, 482 판결.
71) 대법원 1979.2.13. 선고 78다2157 판결.

5) 제한물권의 소멸청구·소멸통고

민법 제287조에 의하여 지상권설정자에게, 민법 제311조에 의하여 전세권설정자에게 소멸청구가 인정되고, 또한 민법 제313조에 의하여 전세권설정계약의 각 당사자에게 소멸통고가 인정된다. 소멸청구나 소멸통고가 있는 경우에 지상권이나 전세권은 말소등기를 하지 않고도 당연히 소멸하는가, 아니면 말소등기를 마쳐야 비로소 소멸하는가 하는 문제에 관하여도 학설이 대립하고 있다.

① 소멸청구의 경우 소멸청구에 의한 지상권·전세권의 소멸을 민법 제187조에 의한 물권변동으로 보아 소멸청구의 의사표시만으로 당연히 제한물권이 소멸한다고 보는 견해가 있으나, 민법 제186조에 의한 물권변동으로 보아 소멸청구의 의사표시뿐만 아니라 말소등기까지 마쳐야 비로소 소멸한다고 보는 견해가 타당하다.

② 소멸통고의 경우 소멸통고에서는 전세권이 말소등기를 하지 않아도 6개월후 법률상 당연히 소멸한다고 보는 견해가 있으나, 6개월후 말소등기를 하여야만 소멸한다고 보는 견해가 타당하다.

6) 물권의 포기와 말소등기

예컨대 부동산에 관하여 과도한 저당권이 설정되어 소유하더라도 아무런 경제적 의의가 없는 경우에 소유자는 그 부동산에 관한 소유권을 포기할 수 있다. 소유자가 부동산소유권을 포기하면 소유권이 소멸한다. 부동산물권에 관하여 포기의 의사표시를 한 경우에 그 부동산물권은 포기의 의사표시만으로 소멸하는가, 혹은 등기를 하여야만 소멸하는가? 학설상으로는 물권의 포기의 의사표시는 일종의 형성권의 행사로서 말소등기 없이 소멸의 효과가 바로 발생한다고 보는 견해가 있으나, 포기로 인한 물권의 소멸은 법률행위로 인한 물권변동으로 부동산물권의 포기에는 포기의 의사표시와 등기(§186), 동산물권의 포기에는 포기의 의사표시와 점유의 포기를 필요로 한다고 보는 견해가 타당하다.

2. 물권변동의 요건: 등기

(1) 등기의 형식적 유효요건

1) 서 설

물권의 등기가 등기로서 유효하기 위하여는 부동산등기법상 유효한 등기가 존재하여야 한다. 다만 물권의 등기는 물권의 효력존속요건이 아니고 효력발생요건이다.[72] 그러므로 일단 존재한 등기기록이 멸실되거나 등기기록이 불법으로 말소되거나 또는 일단 마쳐진 등기가 새 등기기록에 이기되는 때에 탈루된 경우에도 그 등기가 표상하던 물권이 소멸하지는 아니한다.[73] 다만 학설상으로는 등기기록이 말소되면 비록 불법으로 말소된 경우

---

72) 대법원 1997.9.30. 선고 95다39526 판결.

73) 대법원 1982.9.14. 선고 81다카923 판결.

라고 하더라도 물권이 소멸한다고 보는 견해가 있다.

2) 중복등기기록의 효력

(a) 서 언

중복등기기록이란 하나의 부동산에 관하여 이미 등기가 되어 있는데도 불구하고 제2의 등기기록이 된 경우를 말한다. 중복등기기록은 그 구체적인 발생원인과 사례에 따라서 여러 가지 유형이 있을 수 있다. 크게 구분하여 보면 소유권의 등기명의인을 같이하는 중복등기기록과 소유권의 등기명의인을 달리하는 중복등기기록으로 나눌 수 있다. 어떤 유형의 중복등기기록이냐에 따라서 중복등기기록의 효력문제와 중복등기기록의 해소방법에 있어서 해석상 차이를 가지게 된다.[74]

(b) 중복등기기록의 효력에 관한 학설·판례

a) 학 설

부동산등기법은 물적 편성주의, 구체적으로는 1부동산 1등기기록주의[75](등기부를 편성할 때에는 1필의 토지 또는 1동의 건물에 대하여 1개의 등기기록을 사용한다)를 취하고 있다. 1부동산 1등기기록주의에 의하면 1개의 부동산에 관하여 2개 이상, 즉 이미 어느 부동산에 관하여 등기기록이 입력·처리되어 있는 경우에는 동일부동산에 관하여 별개로 등기기록을 입력할 수 없다. 본래 중복등기는 등기관의 업무상 착오나 잘못에 기인하여 발생하나, 현재는 등기부의 전산화가 이루어져 있으므로, 향후로는 새로운 중복등기가 생길 가능성은 희박하다. 만일 제2의 중복된 등기기록의 개설을 가져오는 등기의 신청이 있는 경우에는 심사의 단계에서 「사건이 등기할 것이 아닌 경우」에 해당하므로, 부동산등기법 제29조 제2호에 의하여 각하되어야 한다.

종래에는 부동산등기법상의 1부동산 1등기기록주의에도 불구하고 등기관이 중복등기의 신청을 각하하지 아니하고 수리하여 같은 부동산에 관하여 등기기록이 중복하여 개설된 경우가 적지 않다. 그리고 중복등기기록이 발생한 때에는 어느 등기기록을 유효로 하는가 하는 문제가 생긴다. 학설상 중복등기기록의 효력에 관하여는 아래와 같이 절차법설, 실체법설, 절충설이 대립한다.

① 절차법설 절차법설은 절차의 면을 중시하여 후등기기록은 절차상 위법하므로(왜냐하면 1부동산 1등기기록주의에 위반하기 때문이다), 실체적 법률관계를 불문하고 무효라고 하는 견해이다. 절차법설은 시간의 전후에 의하여 중복등기기록의 효력을 결정하려는 입장으로서, 같은 부동산에 관하여 이중으로 등기가 되면 1부동산 1등기기록주의의 원칙상 먼저 행한 선등기기록이 유효하고 뒤에 행하여진 후등기기록은 무조건 무효라고 본다.

---

74) 부동산등기규칙은 1993년부터 중복등기기록의 정리에 관한 규정을 두고 있다(다만 부동산등기규칙에 의한 중복등기기록의 정리는 실체의 권리관계에 영향을 미치지 아니한다).

75) 본래는 1부동산 1등기용지주의라고 표현하나, 현재는 부동산등기부에 대한 전산화사업의 완료로 종이등기부가 폐지되고 등기사무처리가 전산정보처리조직에 따라서 수행되고 있으므로, 종이등기부를 전제로 한 1부동산 1등기용지주의라고 하는 표현보다는 「1부동산 1등기기록주의」라고 하는 표현이 적당하다.

② 실체법설 실체법설은 일단 등기부상 중복등기기록이 생기면 선등기기록과 후등기기록의 실체관계를 따져서 실체관계에 부합하는 등기를 유효로 하는 견해이다. 실체법설은 만일 절차법설을 취하여 후등기기록을 무효로 하면 그 후등기기록의 내용이 실체관계와 부합하는 때에는 후등기자는 자기의 등기기록이 말소된 후에 실체관계를 이유로 선등기기록의 말소를 구하여 다시 자기 명의의 등기를 하여야 하는 우회를 거쳐야 하므로, 등기경제상 불이익하고 진정한 권리자의 보호에 미흡하다고 지적한다.

③ 절충설 절충설은 먼저 처리된 등기기록이 유효하고 뒤에 행하여진 등기기록이 무효라는 절차법적 입장을 기본적으로 따르지만, 선등기기록이 원인무효이고 후등기기록이 실체관계에 부합하는 경우에는 예외적으로 선등기기록을 무효로 하고 후등기기록을 유효로 하여야 한다는 견해이다.

어느 견해가 옳은가? 절차법설은 현행 부동산등기법이 취하고 있는 1부동산 1등기기록주의와 거래의 안전을 그 논거로 들고 있다. 그러나 부동산등기법 제15조에서 말하는 1부동산 1등기기록주의에 의한 등기란 실체적 권리관계에 부합하는 유효한 등기를 의미한다고 해석할 필요가 있다. 그러므로 1부동산 1등기기록주의를 취한다고 하여, 먼저 행하여진 등기기록이 언제나 유효하고 뒤에 된 등기기록이 무조건 무효라는 의미는 아니고, 후등기기록이 실체관계에 부합하여 진실한 등기일 때에는 비록 선등기기록이 원인무효가 아닌 때에도 후등기기록을 유효로 인정할 수 있는 경우가 있다고 보아야 한다.

결국 1부동산 1등기기록주의에 비추어 보더라도, 항상 후등기기록을 무효라고 처리하여야 할 필요는 없고, 보다 실체적 권리관계에 부합하는 등기기록을 유효로 할 필요가 있다고 본다. 또한 절차법설은 실체법설을 취하면 거래의 안전을 해친다는 비판을 하고 있으나, 절차법설을 취하더라도 역시 선등기기록의 유효를 인정하면 후등기기록을 신뢰하여 거래한 제3자의 이익을 해하는 문제가 생긴다. 그러므로 실체관계에 부합하는 등기를 믿고 거래한 제3자를 보호하여야 하는가, 무조건 1부동산 1등기기록주의를 형식적으로 적용하여 선등기기록을 믿고 거래한 제3자를 보호하여야 하는가 하는 문제로 귀착되며, 양자를 비교하면 등기의 형식적 요건에 가치를 두기 보다는 부동산물권의 상태를 진실 그대로 공시하고 있는 등기기록을 보호하여야 할 필요가 있다고 하지 않을 수 없다. 결국 실체법설이 옳다고 본다.

부동산등기법은 중복등기기록의 정리에 관한 규정을 두고 있다. 부동산등기법 제21조에 의하면 등기관이 같은 토지에 관하여 중복하여 마쳐진 등기기록을 발견한 경우에는 대법원규칙으로 정하는 바에 따라 중복등기기록 중 어느 하나의 등기기록을 폐쇄하여야 하고(중복등기기록의 정리에 관하여는 부동산등기규칙 제34조부터 제41조까지에서 자세하게 규정하고 있다), 폐쇄된 등기기록의 소유권의 등기명의인 또는 등기상 이해관계인은 폐쇄된 등기기록의 소유권의 등기명의인의 소유임을 증명하여 폐쇄된 등기기록의 부활을 신청할 수 있다.

b) 판 례

중복등기기록의 효력에 관한 판례의 태도는 어떤가? 판례는 중복등기기록의 효력에 관한 문제를 중복등기의 등기명의인이 동일인인 경우와 등기명의인이 동일인이 아닌 경우로 나누어 달리 판단을 하고 있다.

① 등기명의인이 동일인인 경우

> 갑부동산이 처음 2012.3.12. A 명의로 소유권보존등기가 되었다. 그런데 같은 갑부동산에 관하여 등기기록을 달리하여 2013.2.23. 다시 A 명의로 소유권보존등기가 마쳐진 다음, 그 소유권보존등기에 터잡아 2013.3.5. B 명의의 소유권이전등기를 거쳐 2014.2.28. C 명의로 순차로 소유권이전등기가 되었다. A 명의로 마쳐진 소유권보존등기와 그에 터잡아 이루어진 B 및 C 명의의 소유권이전등기는 유효한가?

사례는 같은 부동산에 관하여 동일인 명의로 소유권보존등기가 중복되어 있는 경우이다. 어느 소유권보존등기가 유효한가? 어느 소유권보존등기를 유효로 하는가에 따라서 B 및 C 명의의 각 소유권이전등기가 유효인가 아닌가가 결정된다.

같은 부동산에 관하여 등기기록을 달리하여 동일인 명의로 소유권보존등기기록이 중복되어 있는 경우에는 1부동산 1등기기록주의를 채택하고 있는 부동산등기법상 시간적으로 먼저 이루어진 등기기록이 유효하고 뒤에 마쳐진 중복등기기록은 실체관계에 부합하는 여부를 가릴 필요 없이 무효라고 본다(바로 절차법설을 따른다).[76),77)] 그러므로 뒤에 마쳐진 2005년 2월 23일자의 A 명의의 소유권보존등기기록과 그에 터잡아 이루어진 B 및 C 명의의 각 소유권이전등기기록은 모두 무효의 등기로 된다.

② 등기명의인이 동일인이 아닌 경우

> A는 갑토지를 분배받아 상환을 완료하고 토지분배를 원인으로 등기부상에 A 명의의 소유권보존등기를 마쳤다. 그리고 B(충남 서산군)는 A로부터 갑토지를 매수하여 가축시장부지로 사용하고 있었는데, 그에 따른 등기를 넘겨받을 때에 A로부터 직접 소유권이전등기를 넘겨받지 아니하고, 착오로 갑토지에 관하여 기존의 등기부(등기번호 제2297호)와는 별도로 등기번호 제2347호의 등기부에 중복등기로서 B 앞으로 소유권보존등기를 마쳤다. B는 A에 대하여 갑토지에 관하여 매매를 원인으로 한 소유권이전등기절차의 이행을 청구할 수 있는가? [대법원 1990.11.27. 선고 87다카2961, 87다453 전원합의체 판결]

사례는 갑토지에 관하여 등기명의인(A와 B)을 달리 하여 중복된 소유권보존등기가 마쳐진 경우이다. 그러므로 A와 B의 소유권보존등기기록 중 어느 등기가 유효한가가 문

76) 대법원 1981.11.18. 선고 81다1340 판결.

77) 부동산등기규칙 제34조에 의하면 중복등기기록의 최종 소유권의 등기명의인이 같은 경우에는 나중에 개설된 등기기록(후등기기록)을 폐쇄하고, 다만 후등기기록에 소유권 외의 권리 등에 관한 등기가 있고 먼저 개설된 등기기록(선등기기록)에는 없는 경우에는 선등기기록을 폐쇄한다.

제된다.[78)]

우선 판례의 입장은 어떤가? 판례는 중복등기의 등기명의인이 동일인이 아닌 때에는 먼저 이루어진 등기기록이 원인무효가 아닌 한 뒤에 된 등기기록은 비록 그 부동산의 매수인에 의하여 이루어진 경우에도 1부동산 1등기기록주의를 취하고 있는 부동산등기법 아래에서는 원인무효의 등기기록으로서 무효라고 본다. 그러므로 등기명의인을 달리한 중복등기는 절충적 절차법설에 따라서 B가 A의 소유권보전등기에 기하여 소유권이전등기를 마치지 아니하고 소유권보존등기를 마친 이상, B 명의의 소유권보전등기기록의 토대가 된 A 명의의 소유권보존등기가 원인무효라고 볼 아무런 근거가 없다면 뒤에 마쳐진 B 명의의 소유권보존등기는 이중등기로서 무효라고 본다. 그리고 판례는 같은 부동산에 관하여 중복된 소유권보존등기에 터잡아 등기명의인을 달리하는 각 소유권이전등기기록이 마쳐진 경우에 등기기록의 효력은 소유권이전등기의 선후에 의하여 판단되지 아니하고, 각 소유권이전등기의 바탕이 된 소유권보존등기의 선후를 기준으로 판단하여야 한다고 본다.[79)]

판례에 따르면 B 명의의 소유권보존등기기록이 무효로 되므로, B는 A를 상대로 갑토지에 관하여 매매를 원인으로 한 소유권이전등기를 청구할 이익이 있다. 그러나 중복등기기록에서 2개의 등기기록 중 어느 등기기록을 유효한 등기로 존속시키는가는 어느 등기기록이 현재의 권리상태에 부합하는가에 따라서 결정하여야 한다고 보는 실체법설이 타당하다고 본다. 그러므로 마땅히 현재의 권리상태에 부합하는 B 명의의 후등기기록을 유효한 등기기록으로 그대로 존속시키고, A 명의의 선등기기록을 폐쇄하여 이중등기의 상태를 종식시키는 태도가 옳다.

(c) 표시란의 이중등기기록

a) 지번표시가 잘못된 건물보존등기와 실질관계에 부응되는 보존등기의 효력

지번표시가 현저히 잘못된 건물보존등기가 이루어진 후에 실질관계에 부응되는 보존등기를 새로이 마친 경우에 후의 등기기록이 이중등기로서 무효로 되는가? 지번표시는 그 지상에 건립된 건물을 상호 식별하는데 중요한 요건의 하나이다. 그러므로 건물보존등기의 지번표시가 뒤바뀌어 잘못된 경우라고 하면 그 건물보존등기기록은 실질관계에 부응하는 유효한 등기라고 할 수 없다. 만약 후에 건물에 대하여 따로 실질관계에 부응되는 보존등기가 이루어지면 그때부터는 지번표시가 잘못된 건물등기기록은 벌써 경정등기절차에 의하여 유효한 취급을 받게 될 여지조차 없게 되어 확정적으로 무효이다.[80)]

b) 동일성이 있는 두 건물에 대하여 각기 소유권보존등기가 기록된 경우

예컨대 당초의 갑건물에 대하여 먼저 처리된 소유권보존등기기록이 있는데, 그 갑건물을 증축 내지 개축한 후에 새로 소유권보존등기를 마치면 어느 등기기록이 유효

78) 소유권의 등기명의인이 다른 경우에 관한 중복등기기록의 정리에 관하여는 부동산등기규칙 제35조 내지 제37조가 자세한 규정을 두고 있다.

79) 대법원 2001.2.15. 선고 99다66915 전원합의체 판결.

80) 대법원 1978.6.27. 선고 77다405 판결.

한가? 만약 먼저 처리된 등기기록상의 표시에 합치되는 당초의 건물이 증축 내지 개축으로 인하여 현재의 건물로 변형된 경우라고 하더라도 두 건물의 동일성이 인정되는 한, 당초의 건물에 대한 소유권보존등기기록은 증축 내지 개축으로 인한 변경등기를 거치기 전이라도 현재의 건물을 표상하는 유효한 등기라고 하여야 한다.[81] 그러므로 먼저 처리된 소유권보존등기기록이 원인무효가 되지 아니하는 한, 증축 내지 개축된 현재의 건물에 대하여 다시 마쳐진 소유권보존등기기록은 이중등기로서 무효이다.

(d) 중복등기기록의 효력이 문제되는 경우

a) 무효인 후등기기록을 근거로 한 등기부취득시효

> 갑토지에 관하여 1956.10.15. A 명의의 소유권이전등기의 회복등기가 마쳐졌다. 그런데 갑토지에서 분할되어 나온 토지 중의 하나인 을토지에 관하여 1983.4.4. B(국가) 명의의 소유권보존등기가 이루어졌다. 그 후 B는 C와의 임대차계약을 통하여 C로 하여금 을토지를 10년 이상 점유·사용하게 하였다. B는 을토지에 대하여 등기부취득시효의 완성을 주장할 수 있는가? [대법원 1996.10.17. 선고 96다12511 전원합의체 판결]

우선 B 명의의 소유권보존등기의 효력이 문제된다. 을토지는 갑토지에서 분할되어 나온 토지 중의 일부이므로, 갑토지에 대한 A 명의의 소유권이전등기와 B 명의의 소유권보존등기가 중복된다. 중복등기의 효력에 관한 판례의 태도에 따르면 먼저 이루어진 소유권보존등기가 원인무효가 되지 아니하는 한, 뒤에 된 소유권보존등기는 실체관계에 부합되는지의 여부를 따질 필요도 없이 무효로 된다. 그러므로 분할전 갑토지에 관하여 A 명의로 마쳐진 멸실회복에 의한 소유권이전등기의 기초가 된 소유권보존등기가 무효라고 볼 자료가 없다고 보면 특별한 사정이 없는 한, 갑토지의 일부에 해당하는 을토지에 관하여 그 후에 B 명의로 마쳐진 소유권보존등기는 무효라고 보아야 한다.

사례에서는 B가 갑토지에 대한 등기부취득시효의 완성에 의한 소유권취득을 주장하므로, 무효인 B 명의의 소유권이전등기에 터잡아 등기부취득시효가 완성될 수 있는가가 문제된다. 민법 제245조 제2항은 부동산의 소유자로 등기한 자가 10년간 소유의 의사로 평온·공연하게 선의이며 과실 없이 그 부동산을 점유한 때에는 소유권을 취득한다고 규정하고 있다. 그리고 등기부취득시효의 요건으로서의 소유자로 등기한 자라 함은 적법 유효한 등기를 마친 자일 필요는 없고 무효의 등기를 마친 자라도 상관없다고 보아야 한다. 다만 민법 제245조 제2항의 「등기」는 부동산등기법 제15조가 규정한 1부동산 1등기기록주의에 위배되는 등기라도 상관없는가 하는 문제가 있으나, 판례는 민법 제245조 제2항의 등기는 부동산등기법상의 1부동산 1등기기록주의에 위배되지 아니하는 등기를 말한다고 본다.[82] 그러므로 어느 부동산에 관하여 등기명의인을 달리하여 소유권보존등기기록이

---

81) 대법원 1993.2.23. 선고 92다36397 판결.

이중으로 마쳐진 경우에 먼저 이루어진 소유권보존등기가 원인무효가 아니어서 뒤에 된 소유권보존등기가 무효로 되는 때에는 뒤에 된 소유권보존등기나 그에 터잡은 소유권이전등기를 근거로 하여서는 등기부취득시효의 완성을 주장할 수 없다. 비록 B가 을토지에 관하여 소유권보존등기를 마친 후 C를 통하여 10년 이상 소유의 의사로 평온·공연하게 선의이며 과실 없이 점유한 사실은 인정되지만, B 명의의 소유권보존등기가 중복등기로서 무효인 이상, B는 그 무효인 등기를 근거로 하여서는 등기부취득시효의 완성을 주장할 수 없다.

b) 등기명의인을 달리하는 멸실회복등기간의 우열을 가리는 기준

> 갑토지는 6·25사변으로 인하여 그 토지대장과 등기부가 멸실되었다가 1954.3.10. A 명의로 전등기의 원인을 1942.2.5. 체결된 매매로 하여 소유권이전등기가 회복되었고, 그 후 그에 터잡아 1971.1.28. B 명의의 소유권이전등기가 되었다. 한편 1954.7.1. 회복등기신청에 의하여 등기용지를 달리하여 1938.2.8. 체결된 매매를 원인으로 한 C 명의의 소유권이전등기가 중복하여 회복되었다(C 명의로 회복된 소유권이전등기는 1917.6.19. 갑토지에 관하여 이루어진 소유권보존등기에 그 바탕을 두고 있었다). 어느 멸실회복등기가 유효한가?

사례는 같은 부동산에 관하여 등기명의인을 달리하여 멸실회복에 의한 각 소유권이전등기가 중복된 경우이다. 멸실회복등기가 중복으로 기록된 경우에 각 멸실회복등기간의 우열을 가리는 문제는 아래와 같이 세 가지로 나누어 살펴볼 수 있다.

① 중복된 등기가 모두 멸실된 후 각 회복등기가 중복되어 마쳐진 경우 같은 부동산에 관하여 등기명의인을 달리하여 중복된 소유권보존등기가 마쳐진 경우에는 먼저 된 소유권보존등기가 원인무효가 되지 아니하는 한, 뒤에 된 소유권보존등기는 1부동산 1등기기록주의를 채택하고 있는 부동산등기법 아래에서는 무효라는 입장은 판례이론의 굳건한 태도이다. 또한 같은 부동산에 관하여 중복된 소유권보존등기에 터잡아 등기명의인을 달리하는 각 소유권이전등기가 마쳐진 경우에도 등기의 효력은 소유권이전등기의 선후에 의하여 판단되지 아니하고, 각 소유권이전등기의 바탕이 된 소유권보존등기의 선후를 기준으로 판단하여야 한다. 역시 소유권이전등기가 멸실회복으로 인한 소유권이전등기라 하여 달리 볼 수는 없다. 그러므로 예컨대 갑토지에 대하여 먼저 마쳐진 C 명의의 소유권보존등기와 후에 마쳐진 A 명의의 소유권보존등기가 각 멸실되고, 후에 각 소유권보존등기에 관하여 모두 멸실회복등기가 이루어진 경우라고 하면 멸실회복등기의 선후가 아니라, 각 멸실회복등기의 바탕이 된 소유권보존등기의 선후에 의하여 판단하여야 한다. 결국 후에 마쳐진 A 명의의 소유권보존등기에 터잡은 멸실회복등기가 무효로 된다.

② 중복으로 마쳐진 멸실회복등기의 바탕이 된 소유권보존등기가 불명인 경우 사례에서는 갑토지에 관하여 A와 C로 등기명의인을 달리하여 멸실회복에 의한 각 소유권

82) 대법원 1996.10.17. 선고 96다12511 전원합의체 판결.

이전등기가 중복으로 마쳐져 있다. 그러나 사례를 자세히 보면 A와 C의 각 멸실회복등기의 바탕이 된 소유권보존등기가 동일등기인지 중복등기인지, 중복등기라면 각 소유권보존등기가 언제 마쳐진 경우인지가 도대체 불명하다.

중복으로 마쳐진 멸실회복등기의 바탕이 된 소유권보존등기가 불명인 경우에는 어떤 기준에 의하여 우열을 가려야 하는가? 현재 판례는 종전의 태도를 변경하여 적법하게 마쳐진 경우로 추정되는 각 멸실회복등기 상호간에는 각 회복등기일자의 선후를 기준으로 우열을 가릴 수 밖에 없다고 본다(결국 먼저 마쳐진 A 명의의 멸실회복등기가 우선하므로, 그 후 그에 터잡아 마쳐진 B 명의의 소유권이전등기는 유효하다).[83] 그러나 멸실된 후 회복된 소유권이전등기의 각 회복등기일자나 각 회복된 전등기의 접수연월일, 전등기의 원인일자의 선후로 각 멸실회복등기의 우열을 가릴 수는 없다고 보는 강한 반대견해(소수설)도 있다(종전판례의 입장이다). 종전의 판례[84]나 소수설은 같은 부동산에 관하여 등기명의인을 달리하는 멸실회복된 각 소유권이전등기의 바탕이 된 각 소유권보존등기가 동일등기인지 중복등기인지, 중복등기라면 각 소유권보존등기가 언제 이루어진 경우인지가 밝혀지지 아니한 경우에 한정하여 멸실 후 회복된 소유권이전등기의 회복등기일자를 기준으로 하여 회복등기의 우열을 가릴 수는 없다고 본다.

③ 순차로 마쳐진 소유권이전등기의 각 회복등기가 중복하여 이루어진 경우

갑토지에 관하여 X 명의로 1917.6.19. 하나의 소유권보존등기가 마쳐진 후 그를 바탕으로 1938.2.8. X로부터 A에게, 다시 1942.2.5. A로부터 B에게 순차로 소유권이전등기가 마쳐졌다. 그 후 갑토지에 대한 등기부가 멸실되었는데, A 명의의 등기와 B 명의의 등기가 각각 회복되었다. 어느 등기가 유효한가?

등기부가 멸실된 후에 등기명의인을 달리하는 소유권이전등기의 각 회복등기가 중복하여 이루어지는 경우가 있다. 사례를 보면 갑토지에 대한 소유권이전등기가 X(1917년 6월 19일의 소유권보존등기)→A(1938년 2월 8일의 등기)→B(1942년 2월 5일의 등기)에게로 마쳐진 후에 그 등기부가 멸실되고, A 명의의 등기와 B 명의의 등기가 각 회복등기된 경우로서 엄밀한 의미에서 중복등기의 문제가 아니다. 갑토지에 대한 등기부가 멸실되기 전 선차였던 소유권이전등기(A 명의의 등기)의 회복등기는 잘못 회복등재된 경우라고 할 수 있다. 그러므로 A 명의의 회복등기로 인하여 나중에 된 후차의 소유권이전등기의 회복등기(B 명의의 등기)가 무효로 되지 아니한다. 오로지 B 명의의 회복등기만이 유효하다.

(2) 등기의 실체적 유효요건

1) 서 언

법률행위에 의한 부동산물권변동은 물권행위와 등기의 두 요건을 갖추어야 한다. 또한 양자는 서로 부합하여야 한다. 특히 부동산물권변동이 실체적으로 유효하기 위하여는 물

83) 대법원 2001.2.15. 선고 99다66915 전원합의체 판결.

84) 대법원 1995.6.30. 선고 94다49274 판결.

권행위와 등기는 질적, 양적, 시간적으로 일치하여야 한다.

항상 물권행위가 먼저 행하여지고, 그 후 등기가 이루어져야 하는가? 일반적으로 물권변동의 두 요건인 물권행위와 등기는 물권행위가 먼저 있고, 그 이후 등기가 이루어진다. 그러나 반드시 물권행위가 선행하여야 하지는 아니하며, 등기를 먼저 행하고 후에 물권행위를 할 수도 있다. 물권행위가 없는 등기는 무효이지만 후에 등기에 상응하는 물권행위가 행하여지면 등기가 유효로 되고 물권변동이 일어난다.

2) 물권행위와 등기의 질적 불합치

만일 물권행위와 등기의 내용이 합치하지 않는 경우에는 물권변동의 효력이 발생하지 않는다. 예컨대 지상권설정의 합의를 하고 전세권설정등기를 하거나 갑토지에 대한 매매계약을 체결하고 을토지의 소유권이전등기를 한 경우와 같이 등기가 물권행위의 내용과 불일치하면 등기된 물권변동의 효력이 발생하지 아니한다.

3) 물권행위와 등기의 양적 불합치

물권행위와 등기의 내용이 완전히 부합하지 않고 일부분만이 부합하고 있거나 일부분만이 부합하지 않는 양적 불일치의 경우에 등기는 유효한가? 등기와 물권행위가 양적으로 불일치하는 경우로는 우선 두 가지가 있다. 등기의 양이 물권행위의 양보다 큰 경우와 적은 경우가 있다.

(i) 등기된 양이 물권행위의 양보다 큰 때에는 물권행위의 한도에서 효력이 생긴다.

(ii) 등기된 양이 물권행위의 양보다 적은 때에는 일부무효에 관한 민법 제137조에 따라서 원칙적으로 전부무효가 되지만, 나머지 부분의 유효를 원한다고 볼 수 있으면 기록된 등기의 한도에서 효력이 인정된다.

4) 물권행위와 등기의 시간적 불합치

ⓐ 당사자가 행위능력을 상실하거나 사망한 경우

물권행위와 등기의 중간에 당사자가 행위능력을 상실하면, 예컨대 A가 능력자로서 부동산을 B에게 매각하고, 등기를 신청할 때에는 피성년후견인·피한정후견인이 된 경우에는 어떤 효력이 생기는가? 의사표시의 발신후 표의자가 능력을 상실하여도 그 의사표시의 효력은 영향이 없으므로(§111 II), 유효하게 성립한 물권행위는 계속 유효하고, 등기신청행위는 피성년후견인·피한정후견인의 후견인이 하거나 피한정후견인의 경우에는 본인이 후견인의 동의를 얻어 할 수 있다.

물권행위와 등기의 중간에 당사자가 사망하면 어떤가? 예컨대 A가 B와 부동산에 관한 매매계약을 맺은 후 등기신청 전에 사망한 경우에는 「상속인에 의한 등기」가 허용되므로, 상속인이 직접 등기를 신청할 수 있다(부동산등기법 §47).

ⓑ 권리의 귀속에 변동이 생긴 경우

물권행위와 등기의 중간에 권리의 귀속에 변동이 생기는 경우가 있다. 예컨대 AB가 공동상속한 부동산을 C에게 매도하고, 소유권이전등기신청 이전에 그 부동산이 A의 단독소유로 되는 등기가 마쳐진 경우에는 C는 새 권리자 A와 새로운 물권행위를 하고 등기신청을 하여야 한다.

(3) 중간생략등기

1) 중간생략등기의 의의

부동산물권이 최초의 양도인으로부터 중간취득자에게, 중간취득자로부터 다시 최종취득자에게 이전하여야 하는 경우에 중간취득자로의 등기(中間登記)를 생략하고 직접 최초의 양도인으로부터 최후의 양수인에게 하는 등기를 「중간생략등기」라고 한다. 예컨대 A(최초매도인)가 B(중간매수인)에게 부동산을 매도하고, B가 소유권이전등기를 받지 않고 그 부동산을 다시 C(최종매수인)에게 전매한 경우에 A로부터 직접 C에게 하는 소유권이전등기가 중간생략등기이다. 중간생략등기는 취득세와 같은 각종의 세금을 면탈하기 위하여 이용될 가능성이 크고, 흔히 부동산투기나 법령제한의 회피 등의 수단으로 악용된다.

중간생략등기는 허용되는가? 부동산등기특별조치법은 아래와 같이 명문으로 중간생략등기를 금지하고 그 위반시 강력한 제재를 가하고 있다.

(i) 부동산의 소유권을 이전받기로 하는 내용으로 계약을 체결한 자가 부동산에 대하여 다시 제3자와 소유권이전을 내용으로 하는 계약이나 제3자에게 계약당사자의 지위를 이전하는 계약을 체결하고자 할 때에는 그 제3자와 계약을 체결하기 전에 먼저 체결된 계약에 따라서 소유권이전등기를 받아야 한다(부동산등기특별조치법 §2 II).

(ii) 만약 조세부과를 면하려 하거나 다른 시점간의 가격변동에 따른 이득을 얻으려 하거나 소유권 등 권리변동을 규제하는 법령의 제한을 회피할 목적으로 부동산등기특별조치법 제2조 제2항에 위반하여 중간생략등기를 한 때에는 3년 이하의 징역이나 1억원 이하의 벌금에 처한다(부동산등기특별조치법 §8).

2) 중간생략등기의 효력

(a) 서 설

부동산등기특별조치법의 엄한 규정에도 불구하고 중간생략등기를 완전히 막지는 못하고 있다. 현실적으로는 최초의 양도인으로부터 최종의 양수인에게 중간취득자(중간자)를 생략하고 이른바 중간생략등기가 이루어지는 경우가 흔하다. 중간생략등기가 유효로 될 수 있는가? 학설상으로는 크게 유효설, 상대적 무효설, 조건부 유효설과 무조건유효설이 대립한다. 판례는 3자합의를 요구하는 조건부 유효설을 취하고 있다고 해석된다.

(b) 학 설

a) 무효설

무효설은 형사처벌의 대상으로까지 되어 있는 중간생략등기를 절대적으로 무효로 보아야 한다는 견해이다. 무효설은 부동산등기특별조치법이 중간생략등기신청을 금지하고 위반한 자를 처벌하는 규정을 두고 있는 사정을 고려할 때 중간생략등기신청금지규정을 효력규정으로 이해하여야 하므로, 형벌의 제재가 있는 중간생략등기는 효력규정위반으로 무효인 등기가 된다고 본다.

부동산등기특별조치법의 규정은 효력규정인가, 단속규정에 지나지 않는가? 만약 효력규정이라면 중간생략등기는 당연히 무효로 되므로, 더 이상 그 효력 여부를 문제삼을 필요가 없다. 그러나 부동산등기특별조치법의 규정을 효력규정으로 보기는 어렵다. 부동산등기특별조치법 제2조 제1항에 의하면 부동산의 소유권이전을 내용으로 하는 계약을 체결한 때에는 일정한 기간 이내에 소유권이전등기를 신청하여야 하나, 그 기간이 지난 후에 있어서의 등기신청이 절대 허용되지 않는다거나 그 기간이 경과된 후의 등기가 무효라고 볼 수는 없지 않은가? 또한 부동산등기특별조치법 제2조 제2항을 위반한 중간생략등기를 무조건 무효라고 보면 그 무효인 등기에 터잡아 그 후에 행하여지는 등기가 모두 무효로 되므로, 거래의 안전이 크게 위협을 받게 된다. 그러므로 부동산등기특별조치법의 규정은 효력규정이 아니라, 단순한 단속규정으로 해석하여야 옳다.[85)]

b) 유효설

> A가 갑토지 및 그 지상건물을 B에게 매도하였다. 그리고 B가 아직 미등기인 채로 C에게 갑토지 및 건물을 증여하였다. 그 후 A로부터 C에게로 소유권이전등기절차가 직접 이행되었는데, 어느 날 갑자기 A가 C에 대하여 C 명의의 소유권이전등기는 중간생략등기로 무효라고 주장하였다. C는 자기 명의의 소유권이전등기가 유효라고 하기 위하여 어떤 주장을 할 수 있는가?

유효설은 다시 상대적 유효설, 조건부 유효설, 무조건유효설로 구분된다.

① 상대적 유효설 상대적 유효설은 중간생략등기는 원칙적으로 무효이나, 거래의 안전을 고려하여 제3자가 나타난 때에는 중간생략등기가 무효라는 주장을 배제하여야 한다는 견해이다. 상대적 유효설에 따르면 성립요건주의 아래에서는 물권적 합의만으로는 물권이 이전하지 않고 등기를 하여야 물권변동이 일어나며, 중간자는 이전등기를 받지 않고 또한 물권도 취득하지 아니하여 최종의 양수인은 무권리자로부터 이전받은 경우가 되어 중간생략등기는 원칙적으로 무효라고 보지만, 다만 중간생략등기는 오래 전부터 관행적으로 실시되고 있으므로 최종양수인 명의의 등기에 기초하여 다시 전득한 자가 있는 경우에는 거래의 안전을 위하여 그 중간생략등기를 유효로 취급하여야 할 필요가 있다고 본다. 사례에서 상대적 유효설을 주장하기 위하여는 C 명의의 소유권이전등기에 터잡아 다시 소유권이전등기를 넘겨받은 제3자가 있어야 한다. 그러나 무효인 중간생략등기를 믿고 거래한 제3자를 보호하기 위하여 중간생략등기의 효력을 인정한다고 하면 등기에 공신력을 인정한다는 의미가 되므로, 등기의 공신력은 인정되지 않는다고 보는 태도에 반한다.

---

85) 부동산등기특별조치법상 조세포탈과 부동산투기 등을 방지하기 위하여 등기하지 아니하고 제3자에게 전매하는 행위를 일정 목적범위 내에서 형사처벌하도록 되어 있으나, 그로써 순차 매도한 당사자 사이의 중간생략등기합의에 관한 사법상 효력까지 무효로 한다는 취지는 아니다(대법원 1993.1.26. 선고 92다39112 판결).

② 조건부 유효설　　조건부 유효설은 이른바 3자합의설이다. 조건부 유효설은 3자합의가 있어야 중간생략등기는 유효하다는 견해이다. 조건부 유효설에 의하면 B에게로의 등기를 생략하는 절차에 대하여 최초양도인 A, 중간자 B 및 최종양수인 C 3인의 합의가 있으면 중간생략등기가 유효로 된다(판례는 조건부 유효설을 취한다). 조건부 유효설이 타당하다고 본다.

③ 무조건유효설　　무조건유효설은 3자합의나 중간자의 동의가 있는 경우에는 물론 중간생략등기가 유효하고, 3자합의나 중간자의 동의가 없더라도 중간생략등기를 유효하다고 본다.

(c) 판　례

a) 3자합의에 의한 중간생략등기는 유효하다

판례는 최초양도인·최종양수인·중간자의 3자합의가 있는 때에는 중간생략등기가 유효하고, 3자합의는 명시적으로는 물론 묵시적으로도 가능하다고 본다.[86] 또한 합의는 3자 전원이 한 자리에서 하지 않더라도 최초매도인이 그 매수인에게, 매수인(제2매도인)이 그 다음 매수인에게 순차로 중간등기생략의 합의를 한 경우에도 전체로 보아 중간등기생략의 합의라고 본다.[87] 그러나 중간생략등기에 관한 합의가 있더라도 중간자의 최초매도인에 대한 소유권이전등기청구권이 소멸된다거나 최초매도인의 중간자에 대한 소유권이전등기의무가 소멸되지는 아니한다.[88] 또한 중간생략등기의 합의란 부동산이 전전 매도된 경우에 각 매매계약이 유효하게 성립함을 전제로 그 이행의 편의상 최초의 매도인으로부터 최종의 매수인 앞으로 소유권이전등기를 하기로 한다는 당사자 사이의 합의에 불과할 뿐이므로, 그 합의가 있다고 하여 최초의 매도인이 자신이 당사자가 된 매매계약상의 매수인인 중간자에 대하여 갖고 있는 매매대금청구권의 행사가 제한되지는 아니한다.[89]

> A가 갑토지 및 그 지상건물을 B에게 매도하였다. 그리고 B가 미등기인 채로 C에게 갑토지 및 건물을 증여하였다. C는 A에 대하여 소유권이전등기절차의 이행을 청구할 수 있는가?

부동산이 전전 양도된 경우에 중간생략등기의 합의가 없는 한 그 최종양수인은 최초양도인에 대하여 직접 자기 명의로의 소유권이전등기를 청구할 수 없다. 부동산의 양도계약이 순차 이루어져 최종양수인이 중간생략등기의 합의를 이유로 최초양도인에게 직접 그 소유권이전등기청구권을 행사하기 위해서는 관계당사자 전원의 의사합치, 즉 중간생략등

---

86) 대법원 1982.7.13. 선고 81다254 판결.

87) 대법원 1964.9.22. 선고 64다587 판결.

88) 대법원 1991.12.13. 선고 91다18316 판결.

89) 대법원 2005.4.29. 선고 2003다66431 판결(최초매도인과 중간매수인, 중간매수인과 최종매수인 사이에 순차로 매매계약이 체결되고 그 사이에 중간생략등기의 합의가 있은 후에 최초매도인과 중간매수인간에 매매대금을 인상하는 약정이 체결된 경우에 최초매도인은 인상된 매매대금이 지급되지 않은 사정을 이유로 최종매수인 명의로의 소유권이전등기의무의 이행을 거절할 수 있다).

기에 대한 최초양도인과 중간자의 동의가 있는 외에 최초양도인과 최종양수인 사이에도 그 중간등기생략의 합의가 있어야 한다. 그러므로 C가 A에 대하여 소유권이전등기절차의 이행을 청구하기 위해서는 ABC 전원의 의사합치, 또는 적어도 A와 B, B와 C 사이에서 순차로 중간생략등기의 합의가 있어야 한다. 만약 중간생략등기에 관하여 전혀 합의가 없다고 하면 매매계약의 당사자도 아니며, B로부터 증여받은 사람에 불과한 C가 직접 A에 대하여 갑토지 및 건물에 관하여 매매를 원인으로 한 소유권이전등기절차를 구할 수 있는 권원이 있다고 할 수 없다.

만약 B가 A에 대한 소유권이전등기청구권을 C에게 양도한 경우라고 하면 어떤가? 우선 부동산의 매매로 인한 소유권이전등기청구권의 양도성이 문제된다. 부동산의 매매로 인한 소유권이전등기청구권은 소유권의 이전을 목적으로 하는 매매의 효과로서 매도인이 부담하는 재산권이전의무의 한 내용을 이루고, 매도인이 부담하는 소유권이전의무에 대응하여 발생하는 채권적 청구권으로서의 성질을 가진다. 다만 매매로 인한 소유권이전등기청구권은 특별한 사정이 없는 이상 그 권리의 성질상 양도가 제한되고(이행과정에 신뢰관계가 따르기 때문이다), 그 양도에는 채무자의 승낙이나 동의를 요한다고 보아야 한다. 그러므로 소유권이전등기청구권의 양도는 통상의 채권양도와 달리 양도인의 채무자에 대한 통지만으로는 채무자에 대한 대항력이 생기지 않고, 반드시 채무자의 동의나 승낙을 받아야 대항력이 생긴다.[90] 결국 C가 소유권이전등기청구권을 B로부터 양도받은 경우라고 하더라도 A가 그 양도에 대하여 동의하지 않고 있다면 A에 대하여 채권양도를 원인으로 하여 소유권이전등기절차의 이행을 청구할 수 없다.

b) 3자합의 없이 마쳐진 중간생략등기의 효력

최종양수인이 중간생략등기의 합의를 이유로 최초양도인에게 직접 중간생략등기를 청구하기 위해서는 관계당사자 전원의 의사합치가 필요하다. 다만 판례는 당사자 사이에 적법한 원인행위가 성립되어 일단 중간생략등기가 이루어진 이상 중간생략등기에 관한 합의가 없다는 이유만으로는 중간생략등기가 무효라고 할 수는 없다고 본다.[91] 판례는 왜 일단 중간생략등기가 마쳐지면 3자합의가 없더라도 그대로 유효로 보는가를 분명히 밝히고 있지는 않다. 아마도 최종양수인 명의의 소유권이전등기는 실체적 권리관계에 부합하여 유효한 등기라는 취지가 아닐까 생각한다.[92]

c) 토지거래허가구역 내의 토지에 관한 중간생략등기

AB 사이에 토지거래허가의 대상인 토지에 대한 매매계약이 체결되었는데, 매수인 B는 전매차익을 얻기 위하여 매도인 A로부터 소유권이전등기를 받지 않은 상태에서 C에게 전매하였다. 그 후 관할관청으로부터 A와 C를 당사자로 하는 토지거래허가를 받아 C 앞으로 소유권이전등기가 옮겨졌다. C의 등기는 유효한가?

90) 대법원 2001.10.9. 선고 2000다51216 판결.

91) 대법원 2005.9.29. 선고 2003다40651 판결.

92) 등기가 실체적 권리관계에 부합한다고 하는 뜻은 그 등기절차에 어떤 하자가 있다 하더라도 진실한 권리관계와 합치되는 경우를 의미한다(대법원 1994.6.28. 선고 93다55777 판결).

국토의 계획 및 이용에 관한 법률 제118조에 의하면 허가구역에 있는 토지거래계약을 체결하려는 당사자는 공동으로 관할관청의 허가를 받아야 한다. 그러므로 먼저 AB 사이의 매매계약에 관한 토지거래허가를 받아 소유권이전등기를 마친 후에, 다시 BC 사이의 매매계약에 관한 토지거래허가를 받아야 한다.

관할관청의 허가 없이 전전 매매되고, 당사자 사이에 최초의 매도인으로부터 최종매수인 앞으로 직접 소유권이전등기를 마쳐 주기로 하는 중간생략등기의 합의가 있는 경우에 그 중간생략등기의 합의란 부동산이 전전 매도된 때에 각 매매계약이 유효하게 성립함을 전제로 그 이행의 편의상 최초의 매도인으로부터 최종매수인 앞으로 소유권이전등기를 마쳐 주기로 한다는 당사자 사이의 합의에 불과할 뿐이고, 그 합의가 있다고 하여 최초의 매도인과 최종매수인 사이에 매매계약이 체결된 사실을 의미하지는 않는다. 그러므로 최종매수인은 최초의 매도인에 대하여 직접 그 토지에 관한 토지거래허가신청절차의 협력의무이행청구권을 가지고 있다고 할 수 없고, 설사 최종매수인이 자신과 최초의 매도인을 매매계약의 당사자로 하는 토지거래허가를 받아 최종매수인 앞으로 소유권이전등기를 마치더라도 그 소유권이전등기는 적법한 토지거래허가 없이 마쳐진 등기로서 무효이다.[93] 결국 C는 A에게 직접 토지거래허가신청절차의 협력을 청구할 수 없을 뿐만 아니라, C가 자신과 A를 매매당사자로 하는 토지거래허가를 받아 자기 앞으로 소유권이전등기를 하더라도 C 명의의 소유권이전등기는 무효이다.

3) 중간생략등기에 관한 합의의 일부무효

복수의 당사자 사이의 중간생략등기에 관한 합의 중 일부의 당사자의 의사표시가 무효인 경우에 나머지 당사자 사이의 합의는 유효한가? 복수의 당사자 사이에 중간생략등기의 합의를 한 경우에 그 합의는 전체로서 일체성을 가지므로, 그 중 한 당사자의 의사표시가 무효인 경우에 나머지 당사자 사이의 합의가 유효한지의 여부는 민법 제137조에 정한 일부무효의 법리에 따라서 결정된다.[94] 원칙적으로 중간생략등기의 합의를 한 일부의 당사자의 의사표시가 무효라고 하더라도 중간생략등기는 전부 무효가 되고, 다만 나머지 당사자가 그 무효부분이 없더라도 중간생략등기에 관한 합의를 한다고 하는 사실이 인정되는 때에는 나머지 당사자 사이의 합의는 유효로 된다.

4) 중간생략등기청구권

중간생략등기청구권이란 최종양수인이 최초양도인에게 중간자의 등기를 생략하고 직접 자기에게 소유권이전등기를 하도록 적극적으로 청구할 수 있는 권리를 가리킨다. 중간생략등기청구권의 인정 여부에 관하여는 논의가 있다.

(i) 학설상 중간생략등기청구권을 무조건 인정하는 견해가 있고, 그 근거로는 아래와 같이 여러 가지 입장이 있다.

---

93) 대법원 1991.11.11. 선고 97다33218 판결.

94) 대법원 1996.2.27. 선고 95다38875 판결.

① 물권적 기대권설　　물권적 기대권설은 중간자의 지위를 물권적 기대권으로 구성하여 중간생략등기의 유효성을 인정하는 견해이다. 예를 들어 AB 사이의 매매계약에 의하여 부동산물권을 이전한다는 합의가 성립하면 B는 물권적 기대권을 취득한다고 본다. 그리고 BC 사이의 매매계약을 통하여 B가 그 물권적 기대권을 C에게 양도하면 C는 B의 동의 없이 A를 상대로 하여 중간생략등기이행청구권을 행사하여 A에게 직접 자기 명의로의 중간생략등기를 청구할 수 있다고 본다. 또한 물권적 기대권설은 3자의 합의가 없더라도 중간생략등기가 유효하다고 보므로, 적극적으로 중간생략등기이행청구권까지도 인정된다고 본다. 그러나 물권적 기대권을 인정하지 않더라도 중간생략등기의 유효성을 얼마든지 이론구성할 수 있으므로, 굳이 물권적 기대권설을 취할 필요는 없다고 본다.

② 「독일민법 제185조 제1항」 유추적용설

> AB 사이에 갑부동산에 대한 매매가 있었는데, 바로 BC 사이에 갑부동산을 전매하는 매매계약이 체결되었다. C는 A에 대하여 소유권이전등기에 대한 협력을 구할 수 있는가? A로부터 C에게 갑부동산에 대한 소유권이전등기가 옮겨진 경우에 그 등기는 유효한가?

독일민법 제185조 제1항은 비권리자의 처분행위라고 할지라도 만약 권리자의 동의를 얻어서 행한 때에는 유효하다고 규정하고 있다. 민법상 명문규정은 없지만, 독일민법 제185조 제1항과 같이 비권리자의 처분도 권리자의 동의를 얻어서 행한 경우일 때에는 유효하다고 보아야 하므로, 중간생략등기가 유효하다고 보는 견해를 「독일민법 제185조 제1항」 유추적용설이라고 한다.

「독일민법 제185조 제1항」 유추적용설은 AB 사이의 매매에는 A가 갑부동산에 대한 소유권을 B에게 이전한다는 합의가 포함될 뿐만 아니라, 그 합의에는 비권리자인 B가 필요에 따라서는 아직은 A의 소유권에 속한 갑부동산을 처분하는 데 대한 동의로서의 의미를 갖는다고 새길 수 있다고 본다. 사례에서 AB 및 BC 사이의 각 매매와 소유권이전에 대한 합의를 통하여 결국 AC 사이에 매매와 소유권이전의 합의가 있다고 볼 수 있으므로, AC 사이의 매매계약은 물론이고 그 이행행위로서의 소유권이전등기(중간생략등기)도 유효하게 되고, 거기에다가 A로부터 C에게로 소유권이전등기가 되어 있다고 하면 갑부동산의 소유권은 유효하게 A로부터 C에게 이전된다고 본다. 또한 갑부동산에 대한 소유권이전등기청구권이 채권행위에서 생긴다고 하면 AC 사이에 매매가 있다고 다루어지므로, 당연히 C는 A에 대하여 소유권이전등기에 대한 협력을 청구할 수 있다고 본다.

「독일민법 제185조 제1항」을 중간생략등기에 유추적용하는 태도는 옳은가? 민법에는 독일민법 제185조 제1항과 같은 규정이 없고, 그 이론구성이 지나치게 복잡하고 추상적이어서 받아들이기 어렵다고 본다. 그리고 독일민법 제185조 제1항은 본래 물건의 소유권자로부터 아무런 권리나 권한을 부여받지 못한 자가 그 물건을 무단히 처분한 경우에 적용되는 조항으로서 사례에서 B와 같이 매매계약의 매수인으로서의 지위에 있고, 단지 등기만이 없어 완전한 소유권을 취득하지 못한 자의 처분의 경우에 관한 규정이 아니다. 특히

AB, BC 사이의 매매계약으로 인하여 AC 사이에 매매와 소유권이전의 합의가 있다고 보는 주장은 지나친 의제이며 당사자의 의사를 너무 확대해석하므로, 「독일민법 제185조 제1항」 유추적용설은 결코 타당하다고 볼 수 없다.

③ 제3자를 위한 계약병존설　　제3자를 위한 계약병존설은 AB 사이의 매매계약에는 등기협력청구권을 목적으로 하는 제3자, 즉 전득자(C)를 위한 계약이 병존되어 있다고 보는 견해이다(제3자를 위한 계약이란 계약에 의하여 당사자 일방이 제3자에게 이행하기로 약정하여 제3자가 그 당사자 일방에게 직접 이행을 청구할 수 있도록 하는 계약이다). 제3자를 위한 계약병존설은 AB 사이의 법률행위 속에는 B가 후에 자기 명의로의 소유권이전등기를 하지 않고 그 부동산을 전매하여도 무방할 뿐만 아니라, 전매할 경우가 생기면 그 전득자에게 소유권이전등기를 해주기로 하는 묵시적 합의가 있다고 보고, 그 결과 C는 B의 동의 없이도 A에 대하여 소유권이전등기를 청구할 수 있다고 해석한다. 그러나 AB 사이의 매매계약에 A가 B의 제3자 C에 대한 처분행위까지를 미리 동의하여 자기와 C와의 사이에 채권행위와 물권행위를 성립시키고 직접 소유권이전등기의무를 부담한다는 의사까지 내포되어 있다고 해석하기는 너무 무리라고 하지 않을 수 없다.

④ 채권양도설　　채권양도설은 채권양도의 법리에 의하여 B가 자신이 가지는 A에 대한 채권(소유권이전등기청구권)을 C에게 양도할 수 있고, 그 채권양도를 통하여 C는 A에 대하여 소유권이전등기청구권을 가진다고 보는 견해이다.[95] 만약 채권양도로서 해결한다면 대항요건까지 마친 채권양도의 경우에 채권자의 지위가 전적으로 양수인에게 넘어가게 되므로, 사례에서 B는 더 이상 A에 대하여 채권(소유권이전등기청구권)을 행사할 수 없게 된다. 예컨대 B가 후에 C로부터 대금을 지급받지 못하여 C와의 매매계약을 해제하거나 또는 취소한 경우에도 B는 자신의 이름으로 등기하지 못한다고 하는 불합리한 결과가 생기게 된다.

⑤ 실체적 권리관계설　　실체적 권리관계설은 중간생략등기는 소유권이전등기의 당사자와 물권적 합의의 당사자가 상이하여 불일치하지만 현재의 권리상태를 표상하므로 지장이 없고, 결국 중간생략등기는 실체적 권리관계에 부합하게 되어 말소할 수 없다고 보는 견해이다. 실체적 권리관계설은 이미 최종양수인 C 앞으로 중간생략등기가 마쳐진 상태에서 그 중간생략등기의 유효를 인정하는 근거로는 설득력 있는 견해가 될 수 있으나, C가 중간생략등기청구권을 가지는가를 설명하기에는 부적절하다.

(ii) 민법이 성립요건주의를 취한 결과로 최초양도인에서 중간자로, 다시 중간자에서 최종양수인으로 소유권이전등기가 마쳐져야 하며, 최종양수인이 법률행위의 당사자가 아닌

---

95) 판례는 매매로 인한 소유권이전등기청구권은 특별한 사정이 없는 이상 그 권리의 성질상 양도가 제한되고, 그 양도에 채무자의 승낙이나 동의를 요하므로(통상의 채권양도와 달리 양도인의 채무자에 대한 통지만으로는 채무자에 대한 대항력이 생기지 않으며 반드시 채무자의 동의나 승낙을 받아야 대항력이 생긴다), 소유권이전등기청구권을 매수인으로부터 양도받은 양수인은 매도인이 그 양도에 대하여 동의하지 않고 있다면 매도인에 대하여 채권양도를 원인으로 하여 소유권이전등기절차의 이행을 청구할 수 없다고 본다(대법원 2001.10.9. 선고 2000다51216 판결).

최초양도인에 대하여 중간자의 등기를 생략하고 직접 자기에게 소유권이전등기를 청구하는 중간생략등기청구권은 허용되지 아니한다고 보는 이견도 있다. 판례는 한정적 적극설을 취하여 당사자 전원의 의사합치, 즉 중간생략등기에 대한 최초양도인과 중간자의 동의가 있는 외에 최초양도인과 최종양수인 사이에도 그 중간생략등기의 합의가 있는 때에는 최종양수인이 중간생략등기의 합의를 이유로 최초양도인에게 직접 소유권이전등기청구권을 행사할 수 있다고 본다.96) 역시 학설상 다수설도 3자합의에 기한 적극적 중간생략등기청구권을 인정하며, 3자합의가 있으면 최종양수인이 최초양도인에 대하여 중간생략등기청구권을 가진다고 보는 견해가 타당하다.

> 갑토지의 소유자이던 A는 갑토지를 B에게 3,000만원의 채무에 대한 대물변제로 양도하면서 매수인란이 공란으로 된 백지의 매도증서와 위임장 및 인감증명서를 교부하였다. 그런데 B는 다시 갑토지를 자신의 채권자인 C에 대한 4,000만원의 채무에 갈음하여 대물변제로 양도하면서 자신이 A로부터 받은 서류를 C에게 교부하였다. C는 A에 대하여 갑토지에 관하여 직접 소유권이전등기절차의 이행을 청구할 수 있는가? [대법원 1991.4.23. 선고 91다5761 판결]

사례에서는 이른바 중간생략등기청구권이 인정되는가 하는 문제가 있다. 우선 판례의 입장은 어떤가? 판례는 거듭 부동산이 전전 양도된 경우에 중간생략등기의 합의가 없는 한 최종양수인은 최초양도인에 대하여 직접 자기 명의로의 소유권이전등기를 청구할 수는 없고, 최종양수인이 중간생략등기의 합의를 이유로 최초양도인에게 직접 소유권이전등기청구권을 행사하기 위해서는 관계당사자 전원의 의사합치, 즉 중간생략등기에 대한 최초양도인과 중간자의 동의가 있는 외에 최초양도인과 최종양수인 사이에도 그 중간등기생략의 합의가 있어야 한다고 판시하고 있다.

사례에서 중간자인 B가 C에게 갑토지를 대물변제로 양도하면서 A로부터 받은 서류를 넘겨준 사실만으로 최초양도인 A와 최종양수인 C 사이에 묵시적으로 순차적인 중간등기생략에 관한 합의가 있다고 볼 수 있는가? 종래 판례는 소유권이전등기의 소요서류에 매수인란을 백지로 하여 교부한 경우에는 소유권이전등기와 관련하여 묵시적 그리고 순차적으로 중간생략등기의 합의가 있다고 보아야 상당하다고 보고 있다.97) 물론 사례에서와 같이 최초양도인 A가 중간생략등기를 거부하고 있는 상황에서는 매수인란이 공란으로 된 백지의 매도증서와 위임장 및 인감증명서를 교부한 사실만으로는 중간생략등기에 관한 합의가 있다고 단정하기는 어렵다. 그러나 중간생략등기의 합의는 중간자를 포함한 매매계약의 당사자 전원이 한 자리에서 합의를 보지 않더라도, 최초의 매도인이 그 매수인에게, 그 매수인이 제2의 매도인이 되어 그 다음 매수인에게 순차로 중간생략등기의 합의를 한 경우에도 전체로 보아 중간생략등기의 합의가 이루어진 경우로 볼 수 있는 만큼 최

96) 대법원 1997.5.16. 선고 97다485 판결.

97) 대법원 1982.7.13. 선고 81다254 판결.

초양도인이 그 매수인에게 매수인의 성명을 공백으로 하여 소유권이전등기에 필요한 서류를 작성하여 교부하고 제2의 매도인이 그로부터 부동산을 매수한 사람에게 등기소요서류를 소유권이전등기를 위하여 교부한 경우라고 하면 특단의 반증이 없는 한 3인은 소유권이전등기에 관한 명시 또는 묵시의 중간생략등기의 합의를 한 경우로 인정하는 태도가 상당하다. 그러므로 사례에서는 A와 B, B와 C 사이의 중간생략등기의 합의가 긍정된다고 볼 수 있다. 결국 C는 중간생략등기청구권을 가지고, A는 C에게 갑토지에 관하여 직접 소유권이전등기절차를 이행할 의무가 있다.

(4) 실제와 다른 등기원인에 의한 등기

등기부에는 반드시 「등기원인」을 기재하여야 한다(부동산등기법 §57). 물권변동이 있게 된 원인, 즉 원인행위 또는 그 무효·취소나 해제 등이 등기원인이다. 그러나 등기원인을 사실과 다르게 표시하는 경우가 종종 있다. 예컨대 세금관계나 등기절차의 번거로움을 피하기 위하여 예를 들어 증여에 의한 소유권이전등기를 매매에 의한 소유권이전등기로 신청하는 경우가 있다. 등기원인이 실제와 다른 등기는 비록 등기원인은 다르더라도 물권행위와 등기가 부합하여 유효한 등기라고 본다.98)

> AB 사이에 갑토지에 대한 매매계약이 체결되고 소유권이전등기까지 마쳐진 후, 그 매매계약이 무효로 되어 A에게 갑토지의 소유권이 되돌아갔다. B 명의의 소유권이전등기를 말소하지 않고, 직접 B로부터 A에게의 소유권이전등기를 할 수 있는가?

법률행위의 무효로 물권이 되돌아가는 경우에 등기의 원상회복방법으로서, 소유권이전등기를 말소하지 않고서 다시 소유권이전등기를 하는 편법도 허용되는가? 본래 A는 B에 대하여 소유권이전등기에 대한 말소등기를 청구하여야 한다. 그러나 AB 사이의 법률행위가 예컨대 허위표시로 무효가 되어서 B에게의 소유권이전등기가 역시 무효로 된 때에 AB 사이의 합의로 B 명의의 소유권이전등기를 말소하지 않고 B로부터 직접 A에게의 소유권이전등기를 하더라도 그 등기는 당사자 사이의 실체관계에는 부합하므로, 굳이 무효라고 볼 필요는 없다. 역시 법률행위가 취소·해제되어 물권이 되돌아가는 경우에도 말소등기를 하지 않고서 다시 소유권이전등기를 하는 편법이 이용될 수 있다.

(5) 무효등기의 유용

1) 무효인 등기의 운명

(a) 진정한 소유자가 원인무효의 등기의 유효를 인정한 경우에 그 등기의 효력

> A의 B에 대한 채권 1,000만원을 담보하기 위하여 B 소유의 부동산 위에 저당권설정등기를 하려고 필요한 서류를 사법서사에게 주어 등기절차를 밟도록 하였으나, 사법서사의 착오로 같은 A 앞으로 소유권이전등기를 하였다. 후에 B가 다시 C로부터

98) 대법원 1980.7.22. 선고 80다791 판결.

> 금원을 차용할 때에 AB의 합의로 A 명의의 소유권이전등기의 효력을 인정하였고, AB 두 사람의 합의로서 A 명의로부터 C 명의로 직접 소유권이전등기가 마쳐졌다. C 명의의 등기는 유효한가?

당초의 A 명의로 한 소유권이전등기는 등기원인 없는 무효의 등기이다. 그러므로 본래 무효인 A 명의의 등기에 터잡아 소유권이전등기를 받은 C 명의의 등기도 효력이 없다.

진정한 소유자 B가 A 명의의 원인무효의 소유권이전등기를 유효로 인정하면 그 등기의 효력은 어떤가? 후에 진정한 소유자인 B가 A 명의의 등기를 유효하다고 인정하여 AC 사이에 적법한 거래관계를 성립시키고 진정한 권리자인 C의 현재의 권리관계에 부합되는 등기를 경유한 때에는 일련의 등기를 무효시할 수는 없고, 현재의 진정한 권리자 C의 권리에 부합하는 등기는 유효한 등기로 전환된다고 보아야 한다.[99] 그러므로 C 명의의 등기는 유효하다.

(b) 무효등기의 유용이란?

처음에는 유효한 등기가 실체관계를 상실한 후에 처음의 실체관계와 별개 혹은 유사한 실체관계가 생겨서 처음의 등기를 후의 실체관계의 등기로 사용하는 경우가 있다. 바로 「무효등기의 유용」 혹은 구등기의 유용이라고 한다. 예를 들어 멸실된 건물의 등기를 신축건물의 등기로 유용하거나 피담보채권의 변제로 저당권이 소멸한 저당권등기를 후에 다시 동일한 내용의 저당권을 설정하고자 할 때에 구등기를 사용하는 경우가 무효등기의 유용에 해당한다. 물론 무효등기의 유용이 허용된다고 하더라도 물권변동의 효력이 생기는 시점은 유용의 합의가 있는 때이고, 본래의 등기시점으로 소급하지는 않는다.

무효등기의 유용에 관한 합의 내지 추인은 묵시적으로도 이루어질 수 있는가? 묵시적으로도 가능하며, 다만 묵시적 합의 내지 추인을 인정하려면 무효등기의 사실을 알면서 장기간 이의를 제기하지 아니하고 방치한 경우만으로는 부족하다. 무효등기가 무효임을 알면서도 유효함을 전제로 기대되는 행위를 하거나 용태를 보이는 등 무효등기를 유용할 의사에서 비롯되어 장기간 방치된 경우라고 볼 수 있는 특별한 사정이 있어야 비로소 무효등기의 유용에 관한 묵시적 합의 내지 추인이 인정된다.[100]

2) 표제부등기의 유용

> A는 갑건물을 소유하고 있었는데, 대지진에 의한 쓰나미로 인하여 갑건물이 무너졌다. 그 후 A는 새로이 을건물을 신축하였는데, 갑건물의 등기부의 표제부를 신축건물에 맞추어 표시변경등기하였다. 갑건물에 관하여 마쳐진 근저당권설정등기 또는 표시변경등기 후에 마쳐진 근저당권설정등기는 신축된 을건물에 그 효력이 미치는가?

멸실된 건물의 등기를 신축건물의 등기로 유용할 수 있는가? 흔히 기존건물의 일부가

99) 대법원 1964.12.29. 선고 64다1176 판결.
100) 대법원 2007.1.11. 선고 2006다50055 판결.

멸실된 후 그 소유자가 새로이 건물을 신축하고 기존건물의 등기기록상의 표제부의 표시를 신축건물에 맞추어 변경등기하는 경우가 있다. 그러나 멸실된 건물을 표상한 등기가 신축건물에 유용될 수는 없다.

멸실된 건물과 신축된 건물이 위치나 그 밖에 여러 가지 면에서 서로 같다고 하더라도 그 두 건물이 동일한 건물이라고는 할 수 없으므로, 신축건물의 등기를 멸실건물의 등기부에 기록하여도 그 등기는 무효이다. 설령 소유자가 멸실건물의 등기를 신축건물의 등기로 전용할 의사로써 멸실건물의 등기기록상 표시를 신축건물의 내용으로 표시변경등기를 하더라도 그 등기가 무효임에는 변함이 없다.[101] 그러므로 갑건물이 멸실된 후 그 소유자 A가 새로이 을건물을 신축하고 갑건물의 등기기록의 표제부를 신축된 을건물에 맞추어 표시변경등기한 경우라고 하더라도 갑건물에 관하여 마쳐진 근저당권설정등기나 표시변경등기 후에 마쳐진 근저당권설정등기는 모두 신축된 을건물에 그 효력이 미치지 않는다.

3) 저당권등기의 유용

(a) 저당권등기의 유용이란?

저당권은 그 부종성에 따라서 저당권으로 담보할 채권이 불성립하거나 변제, 시효의 완성, 그 밖의 사유로 소멸하게 되면 함께 소멸한다. 반드시 저당권을 말소하는 등기가 있어야 저당권이 소멸하지는 아니한다. 처음부터 무효이거나 피담보채권이 소멸하여 실효된 저당권의 등기가 말소되지 않고 그대로 남아 있는 경우에도 저당권등기는 이미 무효이다.

무효이거나 실효된 후에 아직 그대로 있는 저당권등기를 당사자 사이의 합의로 다른 채권의 담보를 위한 유효한 저당권등기로 다시 이용하는 경우가 있다. 바로 「저당권등기의 유용」이라고 한다.

(b) 저당권등기의 유용에 관한 학설

무효가 된 저당권등기가 말소되지 않고 그대로 남아 있는 경우에 다른 채권의 담보를 위한 저당권등기로 유효하게 유용될 수 있는가? 학설상으로는 부정설, 무제한긍정설 및 제한적 긍정설이 대립한다.

① 부정설 본래 저당권은 피담보채권에 부종한다. 저당권의 부종성이란 피담보채권을 성립시킨 계약의 불성립·무효 또는 취소에 의하여 피담보채권이 처음부터 성립하지 않거나 소급하여 성립하지 않았던 경우로 되는 때에는 저당권도 성립하지 않거나 무효로 되고, 또한 피담보채권이 어떤 사유(예컨대 변제, 포기, 혼동, 면제)로 소멸하면 저당권도 소멸하는 성질을 가리킨다. 그리고 저당권에는 순위가 있으나, 민법은 저당권의 순위에 관하여 순위승진의 원칙을 채용하고 있다(1순위의 저당권이 소멸하면 그 반사적 효과로 2순위의 저당권이 1순위의 저당권으로 상승한다). 저당권의 부종성과 순위승진성을 근거로 하여 등기유용을 전면적으로 부정하는 견해가 바로 부정설이다.

---

101) 대법원 1980.11.11. 선고 80다441 판결.

부정설에 의하면 저당권은 특정된 채권을 담보하기 위하여 존재하여 피담보채권을 떠나서는 저당권을 설정할 수 없고, 새로운 피담보채권과 유용되는 저당권이 내용상 합치할 수 없을 뿐만 아니라 소유자저당[102]을 인정하지 않는 민법의 입장에서는 저당권등기의 유용으로 저당권의 순위에 불합리가 생긴다고 본다. 그러나 부정설에 대하여는 아래와 같은 비난이 가능하다.

(i) 만일 무효로 된 저당권등기의 유용을 인정하지 아니한다고 하면 당사자는 기존의 저당권등기를 말소하고 동일한 내용의 채권을 위하여 새로이 저당권등기를 하여야 하여 비경제적·비실제적으로 된다.

(ii) 등기제도운영의 실제에서는 부종성이론의 변칙적 적용을 인정한다고 하더라도 결과적으로 저당권의 부종성과 근본적으로 상반되지 않는다.

(iii) 오히려 제3자에 대하여 아무런 이해관계도 미치지 않는 경우에는 당사자의 합의에 따라서 저당권등기의 유용을 유효로 보아야 할 필요가 있다.

② 무제한긍정설 무제한긍정설은 무효인 저당권등기의 유용을 전면적으로 인정하는 견해이다. 무제한긍정설은 등기유용의 유효성의 근거로서 (i) 등기는 물권적 합의로부터 무인이므로 말소되지 않고 있는 등기를 유용하더라도 무방하고, (ii) 등기는 현재의 진실한 권리관계를 공시하면 충분하고 그 변동과정까지 정확하게 반영하고 있을 필요가 없다고 본다. 다만 무제한긍정설은 아래와 같은 비난을 받지 않을 수 없다.

(i) 물권행위의 무인성이란 물권행위가 그 원인인 채권행위와 무인이라는 의미이지 등기가 물권계약으로부터 무인이라는 의미는 아니다.

(ii) 저당권등기의 유용을 무제한적으로 언제나 유효하다고 보면 거래안전을 크게 해친다.

③ 제한적 긍정설 제한적 긍정설(절충설)은 제한적으로 저당권등기의 유용을 인정하는 견해이다. 제한적 긍정설에는 다시 피담보채권의 불성립의 경우에는 그 채권을 위한 저당권등기를 신채권에 유용할 수 있으나, 소멸한 채권을 위한 저당권등기는 신채권에 유용할 수 없다는 견해, 저당권의 등기가 무효로 된 후에 그 부동산에 대하여 새로운 이해관계를 가지게 된 제3자가 등기부상 나타나지 않은 때에는 등기를 유용할 수 있으나, 등기부상 제3자가 새로운 이해관계를 가지게 된 때에는 무효로 된다는 견해가 있다.

일단 제한적 긍정설이 옳다고 본다. 그러나 등기유용의 유효성을 채권불성립의 경우인가 채권소멸인가에 따라서 달리 취급하는 견해는 양자를 구별할 이유가 분명하지 않을 뿐만 아니라 구별할 이유도 없다고 하는 비난을 받지 않을 수 있다. 등기는 결국 부동산에 관하여 앞으로 거래관계에 들어가려고 하는 제3자에게 불측의 손해를 주지 않도록 하는 공시수단임을 생각한다면, 무효등기를 유용할 때까지 이해관계 있는 제3자가 나타나지 않으면 무효등기의 유용을 제한적으로 인정하여도 좋다고 본다. 물론 이미 등기에 관하여 이

102) 소유자저당이란 부동산의 소유자가 자기의 부동산 위에 자기 자신의 저당권을 가지는 경우를 말한다. 소유자저당은 저당권의 부종성으로 인하여 원칙적으로 인정되지 아니하고, 단지 민법 제191조 단서에 규정한 혼동의 예외로 인정되는 경우가 있다.

해관계 있는 제3자가 나타난 때에는 더 이상 무효등기의 유용이 허용되지 아니한다.

> AB는 갑부동산을 2분의 1 지분씩 공유하고 있던 중 건물 1층부분을 C에게 임대하고, 임대보증금을 수령하면서 C와의 사이에 AB가 연대채무자로서 C에 대하여 부담하게 될 임차보증금반환채무를 담보하기 위하여 갑부동산에 관하여 저당권을 설정하기로 하는 저당권설정계약을 체결하고 그 계약에 기하여 갑부동산 전체에 대하여 채권액을 10억원으로 하고, 연대채무자를 AB로 한 C 명의의 저당권을 설정하였다. 그 후 C가 AB간에 여러 차례 건물에 대한 임대차계약을 갱신하기로 합의하고, 증액된 임차보증금을 추가로 지급하면서 그 담보를 위하여 갑부동산에 관하여 2, 3번저당권설정등기를 마쳤다. 10여년이 지나 C와 AB간의 임대차계약이 종료되었으나, AB가 C에게 그 당시의 임차보증금 18억원 중 3억5천만원을 반환하지 못하고 있던 중 A가 C와의 사이에 B의 연대보증하에 C로부터 일반자금대출의 형식으로 3억5천만원을 대출받아 그 자금으로 미지급한 임차보증금 3억5천만원을 반환하기로 합의하고, 그 합의에 따라서 3억5천만원의 대출이 실행되어 임차보증금 3억5천만원이 반환된 경우로 처리되었으며, 그 후 C는 갑부동산에 대한 2, 3번저당권을 말소하여 주었으나, 처음 설정된 1번저당권은 말소하지 아니하였다. 말소되지 않고 있는 저당권이 C에 대한 3억5천만원의 대출금채무를 담보하는가? [대법원 2002.12.6. 선고 2001다2846 판결]

사례를 보면 임대인 AB는 임차보증금반환채무를 담보하기 위하여 갑부동산에 임차인 C를 위한 1, 2, 3번저당권을 설정한 후, 임대차계약이 종료되어 AB가 임차보증금 18억원 중 3억5천만원을 반환하지 못하고 있던 중 A가 C와의 사이에 B의 연대보증하에 C로부터 일반자금대출의 형식으로 3억5천만원을 대출받아 그 자금으로 미지급한 임차보증금 3억5천만원을 반환하기로 합의하고, 그 합의에 따라서 3억5천만원의 대출이 실행되어 임차보증금 3억5천만원이 반환된 경우로 처리되었다. 그 후 C는 갑부동산에 대한 2, 3번저당권만을 말소하여 1번저당권만이 그대로 남게 되었다. 본래의 임차보증금반환채무를 담보하기 위하여 설정된 갑부동산에 대한 1번저당권이 후에 C로부터 A에게 일반자금대출의 형식으로 지급된 3억5천만원을 담보하는 저당권으로서의 효력을 가질 수 있는가?

우선 A가 C와의 사이에 B의 연대보증하에 C로부터 일반자금대출로 3억5천만원을 대출받기로 약정한 행위가 C와 AB 사이에 존재하는 기존의 임차보증금반환채무에 대하여 준소비대차(§605)가 성립한 경우로 되는가가 문제된다. 만약 준소비대차에 해당하면 원칙적으로 기존채무의 담보인 저당권은 그대로 존속하므로, 저당권은 AB가 연대하여 변제할 의무가 있는 일반자금대출금채무를 담보한다. 그러나 준소비대차는 소비대차에 의하지 아니하고 금전 기타의 대체물을 지급할 의무가 있는 경우에 당사자가 그 목적물을 소비대차의 목적물로 하기로 약정함으로써 당사자 사이에 소비대차의 효력이 생기는 계약으로서 기존채무의 당사자가 그 채무의 목적물을 소비대차의 목적물로 한다는 합의를 하여야 하므로, 준소비대차계약의 당사자는 기초가 되는 기존채무의 당사자이어야 한다.

사례를 보면 기존의 C에 대한 임차보증금반환채무에서는 채무자가 AB 2인이나, 일반대출금 3억5천만원에 대한 대출약정에서는 비록 B가 연대보증인이 되고는 있다고 하더라도 A가 단독으로 C와 소비대차계약을 체결한 경우로서 그 대출약정의 당사자는 A 1인이라고 하여야 한다. 결국 일반대출금에 대한 대출약정의 당사자는 A 1인으로서 기존채무의 채무자인 A 및 B 2인과는 다르므로 일반대출금에 대한 대출약정으로 C와 AB 사이에 기존의 임차보증금반환채무에 관하여 준소비대차가 성립한 경우라고 보기는 어렵다.

준소비대차가 아닌 경우에는 전혀 갑부동산에 잔존하는 1번저당권이 일반대출금 3억5천만원에 대한 저당권으로서의 효력을 가질 수 없는가? 무효로 된 저당권등기가 말소되지 아니하고 그대로 남아 있는 경우에는 당사자의 합의에 의하여 무효로 된 저당권등기를 다른 저당권을 위한 등기로 유용할 수 있다. 그러므로 일반대출금에 대한 대출약정이 준소비대차에 해당하지 아니한다고 하더라도 AB가 대출금채무를 담보하기 위하여 저당권을 유용하기로 C와 합의한 경우라고 하면 갑부동산에 남아있는 저당권은 C에 대한 3억5천만원의 대출금채무를 담보할 수 있다.

사례에서 A가 C로부터 일반대출금을 받아 상환하여 갑부동산에 대한 저당권의 피담보채무인 기존의 임차보증금반환채무가 변제되므로, 역시 저당권도 등기와 무관하게 소멸하게 된다. 그러나 아직 저당권등기가 말소되지 아니한 채 그대로 남아 있고, 또한 등기부상 이해관계 있는 제3자가 나타난 경우도 아니므로, 무효가 된 저당권등기를 유용할 수 있다. 다만 당사자 사이에 무효인 저당권등기의 유용에 대한 합의가 있는가가 문제된다. 사례에 나타난 저당권의 설정경위와 일반대출금에 대한 대출의 경위, 저당권이 대출 이후에도 말소되지 아니하고 그대로 남아 있는 사정, B가 대출금채무에 관하여 연대보증을 한 사정과 같은 여러 가지 사정에 비추어 볼 때 대출 당시 AB가 대출금채무를 연대하여 변제하기로 하면서 그 대출금채무를 담보하기 위하여 저당권을 유용하기로 C와 묵시적으로 합의한 경우로 볼 수 있다. 결국 무효인 저당권등기의 유용에 의하여 갑부동산에 남아 있는 1번저당권은 C에 대한 대출금채무를 담보하고 있다고 판단된다.

(c) 어떤 방법으로 저당권등기가 유용되는가

> 채무자인 A(소유자)가 채권자인 B를 위하여 갑부동산에 대하여 저당권을 설정해 주었는데, 피담보채무를 모두 변제하여 저당권이 소멸되었다. 그 후 A가 새로운 채권자 C로부터 금원을 차용할 때에 C와의 사이의 새로운 차용금채무를 담보하기 위하여 B 명의의 무효로 된 저당권설정등기를 유용할 수 있는가? [대법원 1998.3.24. 선고 97다56242 판결]

부동산의 소유자 겸 채무자 A가 채권자인 저당권자 B에게 저당권설정등기에 의하여 담보되는 채무를 모두 변제함으로써 저당권이 소멸된 경우에 그 저당권설정등기도 또한 효력을 상실하여 말소되어야 한다. 그러나 이른바 무효등기의 유용제도에 의하여 갑부동산의 소유자 A가 새로운 제3의 채권자 C로부터 금원을 차용할 때에 그 C와의 사이의 새로운 차용금채무를 담보하기 위하여 잔존하는 종전의 채권자 B 명의의 저당권설정등기를 유용할 수 있다.

종전의 B 명의의 저당권설정등기는 C를 위하여 어떤 절차로 유용되는가? 잔존하는 종전의 채권자 B 명의의 저당권설정등기를 이용하여 그에 터잡아 새로운 제3의 채권자 C에게 저당권이전의 부기등기를 마칠 수 있다. 만약 ABC 3자가 저당권등기유용의 합의를 하고 실제로 그 부기등기가 마쳐진 경우라고 하면, 그 저당권이전등기를 받은 새로운 제3의 채권자 C로서는 언제든지 부동산의 소유자 A에 대하여 그 등기유용의 합의를 주장하여 저당권설정등기의 말소청구에 대항할 수 있다. 물론 C 명의로의 저당권이전의 부기등기 이전에 등기부상 이해관계를 가지게 된 자에 대하여는 등기유용의 합의사실을 들어 저당권설정등기 및 그 저당권이전의 부기등기의 유효를 주장할 수는 없다.

채무자인 부동산소유자 A와 새로운 제3의 채권자 C와의 사이에서는 저당권설정등기의 유용의 합의를 하였으나, 아직 종전의 채권자 겸 저당권자 B의 협력을 받지 못하여 저당권이전의 부기등기를 마치지 못한 경우에는 A는 B에 대하여 그 저당권설정등기의 말소를 구할 수 있는가? A와 B 사이에서는 B 명의의 저당권설정등기가 여전히 등기원인이 소멸한 무효의 등기라고 할 수 있으므로, 부동산소유자로서 A는 종전의 채권자인 B에 대하여 저당권설정등기의 말소를 구할 수 있다. 다만 ABC 3자가 저당권설정등기를 유용하기로 합의한 경우라면 B는 A의 저당권설정등기말소청구에 대하여 그 ABC 3자 사이의 등기유용의 합의사실을 들어 대항할 수 있고, 또한 A로부터 갑부동산을 양도받기로 하였으나 아직 소유권이전등기를 옮겨 받지 아니하여 그 소유자를 대위하여 저당권설정등기의 말소를 구할 수밖에 없는 자에 대하여도 마찬가지로 대항할 수 있다.

4) 가등기의 유용

원인소멸로 무효가 된 가등기에 관하여 등기유용의 합의가 이루어져서 소유권이전의 본등기가 마쳐진 경우에 그 가등기의 유용은 등기유용에 관한 합의가 이루어지기 전에 소유권이전등기를 한 이해관계인이 없는 경우에 한하여 허용된다.[103)]

(6) 등기를 갖추지 않은 부동산매수인의 법적 지위

> A는 B로부터 갑부동산을 매수한 후에 B에게 대금을 완전히 지급하였고, B로부터 등기서류를 교부받은 외에 갑부동산을 인도받아 사용·수익까지 하고 있었다. 다만 아직 A 앞으로 소유권이전등기를 하지는 않았다. A는 어떤 법적 지위를 가지는가?

민법이 성립요건주의를 취하고 있는 만큼 부동산을 매수하여 점유하면서 직접 사용·수익하고 있더라도 아직 등기를 하지 않은 한 매수인은 법률상 소유권을 취득하지 못한다. 실질적·경제적으로는 매수인이 소유자라고 할 수 있으나, 형식적·법률적으로는 매수인이 소유권이전등기를 갖출 때까지는 부동산의 매도인이 소유자로 취급된다. 그러므로 사례에서 B에 대한 강제집행이 있는 경우에 A는 갑부동산에 대하여 자기의 소유권을 주

---

103) 대법원 1989.10.27. 선고 87다카425 판결.

장하거나 이의를 제기할 수 없다.[104] 또한 B가 파산선고를 받으면 갑부동산은 파산재단에 속하게 되고, A는 환취권[105]을 행사할 수도 없다.

물론 A는 갑부동산을 점유하고 있으므로, 점유자로서는 보호를 받을 수 있다. 만약 제3자가 갑부동산을 불법점거하는 등 침해행위를 하는 때에는 A는 점유권에 기한 물권적 청구권을 행사할 수 있다. A의 법적 지위는 당연히 점유자로서 보호를 받으나, 단지 점유자로서의 보호만으로는 충분하지 않다. 부동산의 매수인에게 점유 이외에 어떤 법적 지위를 부여하여 보호할 필요가 있다고 하지 않을 수 없다고 하는 견지에서 아직 등기를 갖추지 아니한 매수인의 보호와 관련하여 아래와 같은 논의가 있다.

① 물권적 기대권론 등기를 아직 갖추지 않은 부동산매수인의 법적 지위를 물권적 기대권으로 보호하여야 한다는 견해(물권적 기대권론이라고 부른다)가 있다. 물권적 기대권론은 당사자 사이에 물권적 합의가 있고, 또한 양도인이 등기에 필요한 일체의 서류를 부동산매수인에게 교부하여 부동산매수인이 단독으로 등기절차를 밟을 수 있는 상태에 있는 경우에 부동산매수인은 물권적 합의의 목적인 부동산물권을 취득할 기대권, 즉「물권적 기대권」(dingliche Anwartschaft)을 가진다고 본다. 그러나 물권적 기대권론은 독일의 학설과 판례를 통하여 형성된 이론으로서 민법에 반드시 맞는다고 보기는 어렵다. 물권적 기대권을 인정하기 곤란하다고 보는 입장에서 물권적 기대권론에 대하여 아래와 같이 몇 가지 사항을 지적하고자 한다.

(i) 독일민법에서는 토지소유권이전의 합의, 즉 아우프라쑹(Auflassung)을 한 후에 등기를 아직 갖추지 아니한 토지매수인에게 물권적 기대권이 인정된다. 독일민법상의 아우프라쑹은 언제나 일정한 방식을 갖추어 하여야 하므로, 늘 그 존재와 시기가 뚜렷하여 아우프라쑹까지 거친 토지매수인은 토지소유권을 취득할 가능성이 매우 강하다. 그러나 민법상 부동산매수인의 지위가 그 만큼 강하거나 확고하다고 볼 수는 없다. 민법상으로는 비록 물권행위가 있고, 매수인이 등기서류를 모두 가지고 있고, 부동산의 점유를 이전받은 경우라고 할지라도 매도인은 얼마든지 그 부동산을 다시 제3자에게 매도할 수 있을 뿐만 아니라, 제3자에게 먼저 소유권이전등기를 옮겨 줄 수도 있다. 그러므로 등기를 갖추지 않은 부동산매수인을 보호하기 위하여 그에게 물권적 기대권을 인정하기는 곤란하다.

(ii) 성립요건주의를 취하는 민법 아래에서는 등기를 태만히 한 자는 보호받을 가치가 없다. 등기에 태만한 자를 보호하면 성립요건주의를 부인하는 결과가 될 우려가 있다. 만약 등기를 갖추지 아니한 부동산매수인에게 아직 완전한 물권은 아니지만 실질적으로 물권과 유사한 물권적 기대권이라고 하는 강력한 파워 내지 타이틀을 준다고 하면 성립요건주의를 유명무실하게 할 우려가 있다고 하지 않을 수 없다.

(iii) 민법은 물권법을 지배하는 대원칙으로 물권법정주의를 규정하고 있다(§185). 법률이나 관습법에 의하는 외에는 물권이 창설될 수 없다. 그러나 물권적 기대권은 법률이나

104) 대법원 1966.3.22. 선고 66다226 판결.

105) 환취권이란 파산재단에 속하지 아니하는 제3자의 특정재산을 파산재단으로 편입하여 관리하고 있는 때에 실제 소유자인 제3자가 그 반환 또는 인도를 구하여 되찾을 수 있는 권리를 가리킨다.

관습법이 인정하는 물권이 아니다. 학설을 통하여 물권적 기대권을 인정한다고 하면 물권법정주의에 반한다고 볼 수 있다.

(iv) 물권적 기대권론은 중간생략등기와 등기청구권을 설명할 때에도 부동산매수인의 물권적 기대권을 근거로 설명한다. 예컨대 물권적 기대권론은 중간자의 지위를 물권적 기대권으로 구성하여 중간생략등기의 유효성을 인정한다. 또한 물권적 기대권론은 등기청구권이 물권적 기대권으로부터 나온다고 설명한다. 그러나 물권적 기대권을 인정하지 않더라도 중간생략등기의 유효성이나 등기청구권을 얼마든지 이론구성할 수 있으므로, 등기를 갖추지 않은 부동산매수인에게 반드시 물권적 기대권이 있어야 한다고 보기는 어렵다.

② 매각되어 인도된 물건의 항변론

> A는 B로부터 갑부동산을 매수하고 인도까지 받았으나, 아직 등기를 갖추지 않았다. 그런데 매매계약이 여전히 유효한데도 불구하고 B가 자기가 현재 등기부상의 소유자임을 내세워 A에 대하여 소유권에 기한 소유물반환청구권을 행사하였다. 현재 갑부동산을 점유하고 있는 A는 B에게 갑부동산을 반환하여야 하는가?

소유자라면 분명히 소유권에 기한 소유물반환청구권을 가진다(§213). 그러므로 B는 소유권에 기한 소유물반환청구권(rei vindicatio)을 가진다. 그러나 매수인인 A가 갑부동산을 반환하여야 한다면 어느 모로 보나 부당하고, A는 당연히 B의 소유물반환청구를 거절할 수 있다고 하여야 한다.

이론상 어떤 근거로 A가 B의 소유물반환청구를 거절할 수 있는가? 바로 로마법에서 적용된 「매각되어 인도된 물건의 항변」(exceptio rei venditae et traditae)을 매수인에게 인정하여야 한다는 견해가 있다. 로마법상의 「매각되어 인도된 물건의 항변」이란 양도인이 소유권에 기한 반환청구권을 행사하는 경우에 양수인이 그 부동산이 「양도인에 의하여 양수인에게 매도되고, 또한 인도된 물건」이라는 항변(exceptio)을 인정하여 부동산매수인을 보호하는 제도이다. 그러나 현행민법에서는 민법 제213조 단서가 있으므로, 굳이 로마법상의 「매각되어 인도된 물건의 항변」제도를 빌려올 필요가 없다고 본다.

민법 제213조 단서는 소유자가 소유물반환청구권을 행사한 경우에 「점유자가 그 물건을 점유할 권리가 있는 때에는 반환을 거부할 수 있다」고 규정하고 있다. 물론 등기를 갖추지 못한 부동산매수인이 「점유할 권리」를 가지는가가 문제된다. 그러므로 매도인은 매매목적물을 매수인에게 인도할 의무가 있는가가 문제되나(매도인에게 목적물인도의무가 있다고 하면 그 반사적 효과로 매수인은 목적물을 점유할 권리를 가진다), 민법 제563조는 매도인의 재산권이전의무만을 정할 뿐이고, 목적물이전의무를 별도로 규정하고 있지는 않다. 그러나 판례나 통설은 매도인에게 목적물인도의무도 있다고 새기고 있다. 특히 판례는 토지의 매수인이 아직 소유권이전등기를 옮겨 받지 않은 경우라고 하여도 매매계약의 이행으로 그 토지를 인도받은 때에는 매매계약의 효력으로서 그 토지를 점유·사용할 권리가 생기게 된다고 본다.[106] 사례에서 B는 A에 대하여 뿐만 아니라, A로부터 다시 토지를 매수한 자에 대하여 토지소유권에 기한 물권적 청구권을 행사할 수 없다(A는 바로 민법 제213조 단서에서 말하는 「점유할 권리」를 가지고 있기 때문이다).

③ 사실상 소유론 혹은 실질적 소유론 「사실상 소유」 혹은 「실질적 소유」라는 개념을 인정할 수 있는가? 판례는 매매 등 소유권취득의 원인이 되는 법률요건이 성립되어 소유권취득의 실질적 요건은 모두 갖추고 있으나 그 형식적 요건인 자기 명의의 등기를 갖추고 있지 아니한 경우를 일반적으로 사실상 소유 또는 실질적 소유라는 개념으로 이해할 수 있다고 본다.[107]

건물을 전소유자로부터 매수하여 점유하고 있는 자는 건물에 대한 철거처분권을 가지는가? 건물철거는 건물소유권의 종국적 처분에 해당되는 사실행위이므로, 원칙적으로는 그 소유자(민법상 원칙적으로는 등기명의자)에게만 철거처분권이 있다. 다만 예외적으로 건물을 전소유자로부터 매수하여 점유하고 있는 등 그 권리의 범위 내에서 그 점유중인 건물에 대하여 법률상 또는 사실상 처분을 할 수 있는 지위에 있는 자에게도 철거처분권이 있다.[108] 그러나 미등기건물에 대한 양도담보계약상의 채권자의 지위를 승계하여 건물을 관리하고 있는 자는 건물의 소유자가 아님은 물론 건물에 대하여 법률상 또는 사실상 처분권을 가지고 있는 자라고 할 수도 없어서 건물에 대한 철거처분권을 가지고 있는 자라고 할 수 없다.

Ⅲ. 법률행위에 의하지 않는 부동산물권의 변동

1. 민법 제187조의 내용

상속, 공용징수, 판결, 경매, 그 밖의 법률의 규정에 의한 부동산에 관한 물권의 취득은 등기를 요하지 아니한다(§187 본문). 그러나 등기를 하지 아니하면 그 부동산을 처분하지 못한다(§187 단서). 민법 제187조 본문은 민법 제186조의 등기강제주의(登記强制主義)에도 불구하고 법률행위에 의하지 않는 물권변동에서는 등기 없이도 그 효력이 발생한다고 규정하고 있다. 법률행위에 의하지 않는 물권변동에 등기를 필요로 하지 않는 이유는 등기가 성질상 불가능한 경우도 있고(상속), 정책적 이유로 인한 경우도 있고(판결·공용징수), 또는 법률관계의 공백상태를 방지하기 위한 경우(상속)도 있다.

민법 제187조에 의하여 부동산물권취득에 등기를 요하지 않는 경우에도 그 부동산을 처분하기 위하여는 등기를 하여야 한다. 다만 민법 제187조 단서에서 말하는 「처분」은 법률행위에 의한 처분을 의미하므로, 그 이외의 처분인 경우에는 다시 민법 제187조 본문의 적용을 받아 등기를 요하지 아니한다.

---

106) 대법원 2001.12.11. 선고 2001다45355 판결.

107) 대법원 2000.10.13. 선고 98다55659 판결.

108) 대법원 2003.1.24. 선고 2002다61521 판결.

2. 민법 제187조의 적용범위

(1) 서 설

민법 제187조는 상속, 공용징수, 판결, 경매, 그 밖의 법률의 규정에 의하여 부동산물권을 취득하는 경우에 적용된다. 민법 제187조는 「물권의 취득」이라고만 규정하고 있으나, 물권의 취득뿐만 아니라 물권의 소멸에 대하여도 역시 적용된다.

(2) 상 속

상속에 의하여 피상속인으로부터 상속인에게 소유권 등의 물권이 이전하므로, 상속도 물권변동의 원인의 하나이다. 그러나 상속은 피상속인의 지위가 포괄적으로 상속인에게 이전하는 포괄승계이므로, 물권변동과의 관계에서 원칙적으로 상속인=피상속인이라고 생각할 수 있다. 예컨대 같은 부동산에 관하여 피상속인 A로부터의 양수인 B가 있고, 상속인 C로부터의 양수인 D가 있는 경우에 AC는 동일인이므로 동일인으로부터의 이중양도와 마찬가지가 된다.

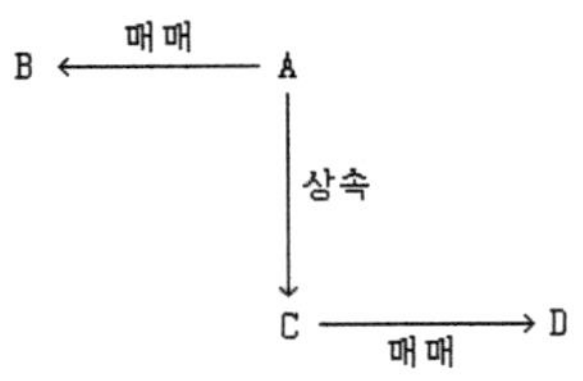

> A가 사망하고, 상속인 B, C가 갑토지를 2분 1씩의 지분으로 공동상속하였다. 그런데 상속재산인 갑토지에 대하여 B가 단독으로 상속한 경우로 등기하고, 갑토지를 D에게 매도한 후에 소유권이전등기를 마쳤다. C는 D에 대하여 소유권이전등기의 말소를 구할 수 있는가?

민법 제187조는 역시 상속인은 상속등기를 하지 않더라도 상속부동산의 소유권을 유효하게 취득한다고 규정하고 있다(다만 민법 제187조 단서에 의하여 상속부동산을 처분하려면 먼저 등기를 하여야 한다). 상속으로 부동산물권이 취득되는 시기는 피상속인의 사망시이고, 상속인의 단독신청에 의하여 상속에 의한 등기(부동산등기법 §23 III)가 행하여진다.

상속인이 여러 명인 경우도 있다. 상속인이 여러 명이면 상속분에 응하여 공동상속이 이루어지며, 상속한 부동산 위의 지분과 관련하여 중요한 문제가 있다. 바로 상속으로 인하여 부동산의 소유권을 취득한 자는 그 명의의 등기가 없더라도 원인무효등기의 말소를 청구할 수 있는가 하는 문제가 제기된다.

케이스에서 쟁점은 C가 상속에 의하여 취득한 2분의 1의 공유지분을 등기 없이 D에 대하여 대항할 수 있는가 하는 문제이다. B한테는 C의 상속지분은 타인의 재산이고, 사례에서와 같이 B가 C의 지분을 자기의 명의로 등기하여 양도하더라도 등기에 공신력이 인정되지 아니하는 이상, D는 그 소유권을 취득할 수 없다(D 명의의 등기는 원인무효의 등기이다). 그리고 원인무효등기의 말소청구는 처분행위라고 볼 수 없으므로, C는 자기 명의로의 등기를 갖추지 않고도 D에 대하여 대항할 수 있다.[109] 그러므로 B의 지분만이 유효하게 D에게 이전된 경우로 되어 갑토지는 CD의 공유로 되고, C는 D에 대하여 자기의 지분에 대한 지분소유권이전등기의 말소를 구할 수 있다.

포괄적 유증의 경우에는 어떤가? 포괄적 유증을 받은 자는 민법 제187조에 의하여 법률상 당연히 유증받은 부동산의 소유권을 취득하게 된다.[110] 그러나 특정유증을 받은 자는 유증의무자에게 유증을 이행하기를 청구할 수 있는 채권을 취득할 뿐이므로, 유증받은 부동산의 소유권자가 아니어서 직접 진정한 등기명의의 회복을 원인으로 한 소유권이전등기를 구할 수 없다.

(3) 공용징수

공용징수란 공익사업을 위하여 소유권, 그 밖의 재산권을 법률의 힘에 의하여 강제적으로 취득하는 경우를 말한다.[111] 공용징수에 의한 소유권취득의 법적 성질은 원시취득에 해당하지만, 보통 소유권이전등기의 형식에 의한다.

공용징수는 (i) 사업시행자(공익사업을 수행하는 자를 말한다)와 토지소유자의 협의에 의한 협의취득의 경우(공익사업을 위한 토지 등의 취득 및 보상에 관한 법률 §14), (ii) 협의가 성립하지 않아 토지수용위원회의 재결에 의하는 재결수용의 경우(공익사업을 위한 토지 등의 취득 및 보상에 관한 법률 §34)로 구분된다. 협의취득의 경우에는 협의에서 정한 시기에, 재결수용의 경우에는 재결에서 정한 수용의 개시일에 물권변동이 일어난다(공익사업을 위한 토지 등의 취득 및 보상에 관한 법률 §45). 그리고 공용징수(수용)에 의한 소유권이전등기는 등기권리자가 단독으로 신청하고, 다만 국가 또는 지방자치단체가 등기권리자인 때에는 등기를 등기소에 촉탁하여야 한다(부동산등기법 §99).

(4) 판 결

판결에 의한 부동산물권변동도 등기를 요하지 않는다. 다만 민법 제187조에서 이른바 「판결」이라 함은 판결 자체에 의하여 부동산물권취득의 형성적 효력이 발생하는 경우, 즉 형성판결(예컨대 사해행위취소의 판결, 공유물분할판결, 상속재산분할판결)에 한한다. 예를 들어 당사자 사이에 이루어진 어떤 법률행위를 원인으로 하여 부동산소유권이전등기절차의 이행을 명하는 이행판결, 소유권의 확인을 구하는 확인판결이 있더라도 소유권이전등기를 마치지 아니하면 부동산소유권을 취득할 수 없다. 그리고 민사소송법 제220조에 의한 인낙조사나 화해조서가 작성된 때에도 그 내용이 당사자 사이의 법률관계의 형성에 관한 경우에는 민법 제187조가 말하는 「판결」에 포함되나, 소유권이전의 약정을 내용으로 하는 화해조서는 포함되지 않는다.

판결에 의한 물권변동의 시기는 언제인가? 판결이 확정된 때이고, 그에 따른 등기는 승소한 등기권리자 또는 등기의무자가 단독으로 신청할 수 있다(부동산등기법 §23 IV).

---

109) 대법원 1970.3.10. 선고 70다15 판결 참고.

110) 대법원 2003.5.27. 선고 2000다73445 판결.

111) 행정법에서는 흔히 「공용수용」이라고 표현하고, 특히 공익사업을 위한 토지 등의 취득 및 보상에 관한 법률 제19조 이하, 부동산등기법 제99조는 「수용」이라고 하는 표현을 사용하고 있다.

(5) 경 매

경매에는 본래 사경매와 공경매가 있다. 민법 제187조에서 말하는 「경매」는 국가기관이 하는 공경매를 가리킨다. 그리고 공경매에는 민사집행법상의 경매에 한하지 않고, 국세징수법상의 체납처분도 포함된다. 민사집행법상의 경매에서는 매수인이 매각대금을 완납한 때에, 국세징수법에 의한 체납처분에서는 매수인이 매각대금을 납부한 때에 물권변동이 일어나 소유권을 취득한다.

(6) 「기타 법률의 규정」

민법 제187조에 의하면 「기타 법률의 규정」에 의한 부동산물권변동의 경우에도 등기를 요하지 아니한다. 민법 제187조에서 말하는 「기타 법률의 규정」에 해당하는 경우로는 신축건물의 소유권취득, 법정지상권의 취득, 관습법상의 법정지상권의 취득, 법정저당권의 취득(§649), 분배농지의 상환완료에 의한 소유권취득, 용익물권의 존속기간완료로 인한 소멸, 피담보채권의 소멸에 의한 저당권소멸, 법정대위에 의한 저당권이전(§§368 · 482), 혼동에 의한 물권의 소멸(§191), 소멸시효에 의한 물권의 소멸, 법률행위의 실효에 의한 물권의 복귀를 들 수 있다.

Ⅳ. 등기청구권

1. 등기청구권의 의의

등기는 원칙적으로 등기권리자와 등기의무자의 공동신청에 의한다(공동신청주의). 가령 매매에 의하여 소유권이 매도인으로부터 매수인에게 이전하는 경우에 등기권리자인 매수인과 등기의무자인 매도인이 공동으로 매도인으로부터 매수인에게의 매매에 기한 소유권이전등기를 신청하여야 한다.

공동신청주의에 의하면 만일 등기의무자가 등기의 신청을 위하여 협력하지 아니하면 등기권리자는 등기를 신청할 수 없다. 그러므로 등기권리자는 등기의무자에 대하여 등기신청에 협력을 청구할 수 있는 등기청구권이 인정된다.

[더 생각할 문제 - 등기인수청구권이 인정되는가]

AB는 A 소유의 갑토지를 B가 매수하기로 하는 매매계약을 체결하였다. 그 후 AB 사이에 매매잔금의 지체로 인한 손해배상 등을 둘러싸고 분쟁이 발생하여 소유권이전등기가 지연되고 있던 중 B는 A를 상대로 갑토지에 관한 소유권이전등기청구의 소를 제기하였는데, 법원은 A는 B부터 매매잔금 7천만원을 수령함과 동시에 B에게 갑토지에 관한 소유권이전등기절차를 이행하고, B는 또한 A로부터 갑토지에 관한 소유권이전등기를 넘겨받음과 상환으로 매매잔금을 지급하라는 판결이 선고되었다.

> 그러나 B는 여전히 매매잔금을 지급하지 아니하였고, 소유권이전등기도 마쳐지지 않았다. A는 B에 대하여 소유권이전등기를 인수받아 가기를 청구할 수 있는가? [대법원 2001.2.9. 선고 2000다60708 판결]

국내에서 등기인수청구권을 인정한 최초의 케이스이다. 부동산등기법 제28조는 등기는 등기권리자와 등기의무자가 공동으로 신청하여야 함을 원칙으로 하면서도, 부동산등기법 제23조 제4항에서 「판결에 의한 등기는 승소한 등기권리자 또는 등기의무자가 단독으로」 신청할 수 있도록 규정하고 있다. 부동산등기법 제23조 제4항에서 승소한 등기권리자 외에 등기의무자도 단독으로 등기를 신청할 수 있게 한 취지는 어디에 있는가? 통상의 채권채무관계에서는 채권자가 수령을 지체하는 경우에 채무자는 공탁 등에 의한 방법으로 채무부담에서 벗어날 수 있다. 그러나 등기에 관한 채권채무관계에서는 공탁 등의 방법을 사용할 수 없다. 그러므로 부동산등기법 제23조 제4항의 취지는 등기의무자가 자기 명의로 있어서는 안 될 등기가 자기 명의로 있음으로 인하여 사회생활상 또는 법률상 불이익을 입을 우려가 있는 경우에는 소(訴)의 방법으로 등기권리자를 상대로 등기를 인수받아 가기를 구하고, 그 판결을 받아 등기를 강제로 실현할 수 있도록 한 의미로 이해할 수 있다. 사례에서 B는 소유권이전등기의 신청절차를 인수할 의무가 있다. A는 법원으로부터 판결을 받아 B 앞으로의 소유권이전등기를 단독으로 신청할 수 있다.

2. 등기청구권의 발생원인과 성질

(1) 등기청구권의 발생원인

등기청구권은 어떤 원인에 의하여 발생하는가? 등기청구권의 발생원인으로는 아래와 같이 네 가지를 들 수 있다.

① 법률행위에 의한 물권변동의 경우 등기청구권은 주로 법률행위에 의하여 발생한다. 법률행위에 의한 등기청구권은 매매계약이나 중간생략등기의 합의와 같이 원인행위인 채권행위에 의하여 발생한다고 본다. 다만 학설상으로 등기청구권이 물권적 합의로부터 나온다고 보는 소수설이 있다.

② 실체관계와 등기가 일치하지 않는 경우 물권변동이 된 경우에 등기와 실체가 일치하지 아니하면 그 불일치상태를 제거하여야 하므로, 현재의 물권상태가 등기와 일치하지 않는 때에는 법률상 당연히 등기청구권이 발생한다.

③ 취득시효의 경우 부동산을 20년간 소유의 의사로 공연·평온하게 점유하여 점유취득시효가 완성되면 「등기함으로써」 소유권을 취득하므로(§245 I), 취득시효완성자에게 등기명의인에 대한 등기청구권이 발생한다.

④ 임차권 및 환매권의 경우 부동산임차인은 반대약정이 없는 한 부동산임대인에 대하여 등기청구권을 가진다(§621 I). 역시 당사자 사이에 환매권의 보류에 관한 약정이 있

으면 그 약정에 기하여 등기청구권이 발생한다(§592).

(2) 등기청구권의 성질에 관한 학설·판례

등기청구권의 성질에 관하여는 여러 견해가 대립한다. 물권의 효력으로 생기는 물권적 등기청구권이라고 하는 견해, 물권변동의 과정을 그대로 등기에 나타낼 필요가 있다고 하는 등기법상의 요청에 따라서 물권변동의 사실 그 자체로부터 생기는 등기청구권이라고 하는 견해, 당사자 사이의 등기에 관한 특약에 의하여 생기는 채권적 등기청구권이라고 하는 견해가 있다.

① 학 설 　현재 등기청구권의 성질에 대하여는 일원설과 다원설이 대립하고 있다. 일원설은 등기청구권을 일원적으로 물권적 등기청구권으로만 이해한다. 다원설은 보통 법률행위에 의한 물권변동의 경우에는 채권적 청구권, 실체관계와 등기가 일치하지 않는 경우에는 물권적 청구권, 취득시효의 경우에는 채권적 청구권, 부동산임차권·부동산환매권의 경우에는 채권적 청구권으로 구분하여 이해한다.

② 판 례 　판례를 살펴보면 법률행위에 의한 등기청구권은 분명히 채권적 청구권으로 이해하고 있다.[112] 그리고 정정적 등기청구권의 경우에는 물권적 청구권,[113] 취득시효로 인한 등기청구권의 경우에는 채권적 청구권[114]이라고 본다.

(3) 등기청구권의 성질이 문제되는 구체적인 예

1) 법률행위에 의한 물권변동과 등기청구권

(a) 등기청구권의 법적 성질

부동산매매계약에 기하여 매수인이 매도인에게 등기청구권을 가지는 경우에 그 등기청구권은 채권적 청구권인가 물권적 청구권인가? 만일 매수인이 매도인에 대하여 가지는 등기청구권이 채권적 청구권이라면 그 등기청구권은 상대적 효력밖에 없고, 10년의 소멸시효에 걸리며, 그 양도는 채권양도의 방법에 의한다. 반면에 등기청구권이 물권적 청구권이라면 등기청구권은 매도인 이외의 제3자에 대하여도 주장할 수 있는 절대적 효력이 있고, 소멸시효에 걸리지 않는 경우도 있으며, 그 양도도 물권의 양도로서 제한 없이 자유로 할 수 있다. 법률행위에 의한 물권변동에서 그 등기청구권의 성질에 관하여는 학설상 채권적 청구권설과 물권적 청구권설이 대립한다.

① 채권적 청구권설 　채권적 청구권설은 부동산물권의 변동을 목적으로 하는 법률행위에 의하여 발생하는 등기청구권을 채권적 청구권으로 이해하는 견해이다. 채권적 청구권설에 의하면 등기청구권은 단지 계약상대방에 대하여만 행사할 수 있고, 원칙적으로는 채권과 마찬가지로 10년의 소멸시효에 걸린다고 본다. 다만 채권적 청구권설에는 등기청구권은 물권적 합의로부터 발생하지만 그 성질은 채권적 청구권이라고 보는 견해가 있

112) 대법원 1977.8.23. 선고 77다622 판결.
113) 대법원 1964.11.24. 선고 64다851, 852 판결.
114) 대법원 1970.9.29. 선고 70다1875 판결.

으나, 물권행위는 어디까지나 이행행위이며, 그 자체가 급부행위이므로, 등기청구권의 근거 또는 발생원인은 원인행위인 채권행위로 돌아가서 찾아야 하고, 그 성질은 채권적 청구권이라고 보는 견해가 타당하다.

② 물권적 청구권설　　물권적 청구권설은 등기청구권을 물권적 청구권으로 이해하는 견해이다. 물권적 청구권설에는 물권행위의 효력으로서 등기청구권이 발생한다는 견해, 물권적 합의가 있으면 「물권적 기대권」이 생기고 물권적 기대권의 효력으로서 등기청구권이 발생한다는 견해가 대립한다. 그러나 물권행위는 이행행위로서 그로부터 어떤 급부청구권이 생길 수 없고, 특히 「물권적 기대권」이라는 개념은 본래 독일의 학설과 판례를 통하여 형성된 이론이나 국내의 물권변동이론으로서 반드시 타당하다고 볼 수 없으므로, 물권적 기대권설은 어느 입장을 따르든 문제가 있다.

판례의 태도는 어떤가? 판례는 법률행위로 인한 등기청구권을 채권적 청구권으로 본다. 예컨대 부동산의 매매로 인한 소유권이전등기청구권은 물권의 이전을 목적으로 하는 매매의 효과로서 매도인이 부담하는 재산권이전의무의 한 내용을 이루고, 매도인이 물권행위의 성립요건을 갖추도록 의무를 부담하는 경우에 발생하는 채권적 청구권이라고 이해한다.115)

(b) 등기청구권의 소멸시효

법률행위에 의한 물권변동에서의 등기청구권이 소멸시효에 걸리는가? 등기청구권이 소멸시효에 걸리는가 여부에 대한 견해는 등기청구권의 법적 성질을 보는 태도에 따라서 다르다.

등기청구권의 성질에 관하여 물권적 청구권설을 취하면 물권적 청구권이 별도로 소멸시효에 걸리는가 하는 문제와 관계가 된다. 다수설과 같이 채권적 청구권설을 취하면 채권이 소멸시효에 걸리는 이상, 채권에 기한 채권적 청구권도 소멸시효에 걸리고, 역시 등기청구권도 당연히 소멸시효에 걸린다고 해석된다.

① 매매목적물을 인도받은 경우와 등기청구권의 소멸시효

A는 B로부터 1996.12.29. 갑부동산을 매수하였는데, A가 바로 갑부동산을 인도받아 현재까지 사용수익하고 있기는 하지만 아직 A 앞으로 소유권이전등기가 마쳐지지 않았다. A가 2009.2.26. B에 대하여 소유권이전등기를 청구하는 소를 제기한 경우에 A의 청구는 받아들여질 수 있는가?

사례에서 A의 등기청구권의 성질이 문제된다. 우선 등기청구권을 물권적 청구권으로 이해하는 견해가 있다. 물권적 청구권설은 당사자 사이에 그 목적부동산의 소유권을 이전한다는 합의, 즉 이른바 물권적 합의가 있고, 그 물권적 합의로부터 소유권이전등기청구권이 발생한다고 보아야 하므로, 결국 그 성질은 다분히 물권적인 등기청구권에 가깝다고 보아야 한다는 견해(소수설)이다. 그리고 등기청구권이 물권적 합의에 그 발생근거가 있다

115) 대법원 200110.9. 선고 2000다51216 판결.

고 보는 견해는 적어도 소멸시효에 관한 한, 등기청구권은 그 자체가 독립하여 소멸시효의 대상이 될 수 없다고 본다. 사례에서 A의 등기청구권을 물권적 등기청구권으로 이해하는 견해에 의하면 A의 등기청구권은 소멸시효에 걸리지 않으므로, A는 언제라도 소유권이전등기청구권을 행사하여 자기 앞으로 소유권이전등기를 넘겨받을 수 있다. 그러나 소유권이전등기청구권의 법적 성질을 채권적 청구권이라고 보는 견해도 있다. 법률행위에 의한 등기청구권은 채권적 청구권으로 이해된다고 보는 견해가 타당하다. 역시 판례나 다수설도 법률행위에 기한 등기청구권을 채권적 청구권으로 보므로, A가 가지는 소유권이전등기청구권을 채권적 청구권으로 보아야 한다. A의 소유권이전등기청구권은 민법 제162조 제1항에 의하여 10년의 소멸시효에 걸린다.116)

사례를 보면 A는 갑부동산을 인도받아서 사용수익하고 있다. 부동산을 매수한 자가 그 매매목적물을 인도받은 경우에도 매수인의 등기청구권은 소멸시효에 걸리는가? 부동산매매를 할 경우에 매수인이 가지는 소유권이전등기청구권을 채권적 청구권이라고 보는 견해에서도 매수인이 이미 목적물의 인도나 명도를 받은 때에 그 등기청구권이 소멸시효에 걸리는가 하는 문제에 관하여는 다시 긍정설과 부정설이 대립한다.

ⓐ 긍정설 긍정설을 따르면 어떤가? 긍정설은 현행법제상 등기청구권이 매매목적물의 인도나 명도를 받은 경우와 받지 아니하고 있는 경우를 가려서 인도나 명도를 받은 경우에는 등기청구권은 소멸시효의 대상인 권리가 될 수 없다고 해석할 수 있는 법적 근거를 찾아볼 수 없으므로, 등기청구권은 그 인도나 명도를 받은 여부에 불구하고 채권적 청구권으로서 모두 소멸시효의 대상이 된다고 보아야 한다고 본다. 다만 긍정설에 의하면 매수인이 그 매매계약의 이행으로서 목적물의 인도나 명도를 받고 있으면 달리 특별한 사유가 없는 한 매도인은 매수인에 대한 등기의무의 존재를 승인하고, 그 승인의 상태는 계속하고 있다고 보아야 하므로, 민법 제168조 제3호에 의하여 소멸시효의 진행이 중단된 경우로 된다. 사례에서 매도인인 B가 매수인인 A에게 갑부동산을 의무의 이행으로서 인도한 상태이고, 그 상태가 계속되고 있다면 달리 특별한 사유가 없는 한 B는 A에 대한 그 소유권이전등기의무의 존재를 승인하고, 그 상태가 계속하고 있다고 보아야 하므로 만약 인도시까지 등기청구권이 소멸시효의 완성으로 이미 소멸된 경우가 아니라면, 인도로써 등기청구권의 소멸시효는 중단되고 그 상태는 계속되어 있다고 볼 수 있어서 A는 소유권이전등기청구권을 행사하여 소유권이전등기를 넘겨받을 수 있다.

ⓑ 부정설 부정설이 판례와 다수설의 태도이고, 타당하다. 부동산매매에서는 계약당사자의 채권채무의 내용은 다른 경우와 달라서 목적물의 인도와 등기이전이라는 두 가지의 형태로 나누어져 있다. 비록 부동산거래의 공시방법을 이행시킬 목적으로 규정된 법률상으로는 등기이전이 물권변동의 요건일 뿐 목적물의 인도는 그 요건이 아니라 하더라도, 매매의 목적물은 부동산 자체이고 등기는 다만 부동산의 거래상황을 공시하기 위한 등기법상의 절차에 불과하다. 특히 부동산의 매수인이 매매목적물을 인도받아서 사용수

---

116) 대법원 1976.11.6. 선고 76다148 전원합의체 판결.

익하고 있는 경우에는 시효제도의 존재이유(본래 시효제도는 자기의 권리를 행사하지 않고 소위 권리 위에 잠자는 자를 법적 보호에서 제외하기 위하여 규정된 제도이다)에 비추어 볼 때 그 매수인을 권리 위에 잠자고 있다고 볼 수도 없다. 또한 매도인의 명의로 등기가 남아있는 상태와 매수인이 인도받아 사용수익하고 있는 상태를 비교하면 매도인의 명의로 잔존하고 있는 등기를 보호하기 보다는 매수인의 사용수익상태를 더욱 보호하여야 한다. 만약 인도 내지 명도를 받은 매수인의 등기청구권도 다른 일반채권과 동일하게 소멸시효에 걸린다면 매도인의 등기이전의무가 소멸되는데 그치지 아니하고, 더 나아가 매도하여 이미 매수인에게 인도까지 완료한 매매목적물이 매도인에게 환원되어야 하는 결과가 되어 비록 그 책임이 매수인의 등기청구권행사의 태만에 있다고는 할지라도 부동산거래의 현실정에 비추어 심히 불합리하다고 할 수 있다. 그러므로 부동산을 매수한 자가 그 목적물을 인도받은 경우에는 그 매수인의 등기청구권은 다른 채권과는 달리 소멸시효에 걸리지 않는다고 해석하여야 타당하다고 본다. 부정설에 따르면 A는 갑부동산을 1996년 12월 29일 매수하여 10년이 도과된 이후인 2009년 2월 26일 소유권이전등기청구권을 행사하였다고 하더라도 A의 등기청구권은 소멸시효기간의 만료로 소멸되지 않았으므로, B는 소유권이전등기의무를 이행하여야 한다.

② 미등기전매의 경우에 원래의 매수인의 등기청구권의 소멸시효

> 갑임야는 본래 A의 소유로서 그의 위임에 따라서 B가 갑임야를 점유·관리하여 왔는데, C가 1956.1.12. A로부터 갑임야를 매수하여 그 점유·관리는 계속하여 B에게 맡겼다가 1961.10.10. C는 갑임야를 B에게 미등기전매하였다. 그 후 B의 상속인이 C의 상속인에 대한 등기청구권에 기하여 C의 상속인이 가지는 A의 상속인에 대한 등기청구권을 대위행사하는 채권자대위소송을 2009.3.30. 제기하였다. A의 상속인은 C의 상속인이 가지는 등기청구권이 C가 갑임야를 B에게 매도하고 인도한 때(1961.10.10.)로부터 10년이 경과하여 소멸시효로 소멸하였다고 항변할 수 있는가?

원래의 매수인이 등기를 하지 않은 채 목적물을 제3자에게 전매하여 그 점유를 상실하면 원래의 매수인의 등기청구권이 소멸시효에 걸리는가? 긍정설과 부정설 두 가지 견해가 대립한다.

ⓐ 긍정설 긍정설은 원래의 매수인이 목적물의 점유를 상실하여 더 이상 사용·수익하고 있는 상태가 아니라면, 매도인에 대한 관계에서 권리의 주장 내지 행사가 계속되고 있다고 볼 만한 사정이 없고, 비록 원래의 매수인이 그 부동산을 다른 사람에게 처분하고 인도하여 준 경우라고 하더라도 그 처분은 타인의 권리를 전매한 경우에 불과할 뿐이고, 그 소유권을 처분 내지 행사한 경우라고 볼 수는 없으며, 그 인도도 또한 원래의 매수인이 새로운 매매계약에 따른 자신의 의무를 양수인에게 이행한 경우에 지나지 아니할 뿐만 아니라 오히려 그 점유를 이전함으로써 목적물에 대한 사용·수익의 상태에서 벗어나게 된 경우이어서 그 처분 내지 인도를 가리켜 매도인에 대한 관계에서 권리행사라고 볼 수도 없으므로, 점유의 상실원인이 무엇이든지 상관없이 점유상실의 시점으로부터 그

등기청구권의 소멸시효가 진행한다고 봄이 상당하다고 본다. 종래의 판례는 긍정설을 취하여 부동산매수인이 매매목적물을 인도받아 사용·수익하고 있는 경우에는 매수인의 등기청구권이 소멸시효에 걸리지 않으나, 원래의 매수인이 목적물을 미등기전매하고, 그 점유를 상실하여 더 이상 사용·수익하고 있는 상태가 아니라면 점유를 상실한 시점으로부터 원래의 매수인의 등기청구권에 관한 소멸시효가 진행한다고 본다.117) 긍정설에 의하면 C가 갑임야를 B에게 미등기전매하고 간이인도의 방법에 의한 인도를 하여 점유를 상실한 때, 즉 1961년 10월 10일로부터 10년이 훨씬 경과한 2009년 3월 30일 시점에서는 C의 상속인이 A의 상속인이 대하여 가지는 등기청구권이 시효소멸하였으므로, B의 상속인에 의한 채권자대위권이 인정되지 아니한다.

ⓑ 부정설　　부정설은 부동산의 매수인이 그 부동산을 인도받은 이상, 사용·수익하다가 그 부동산에 대한 보다 적극적인 권리행사의 일환으로 다른 사람에게 그 부동산을 처분하고 점유를 승계하여 준 경우에도 그 등기청구권의 행사 여부에 관하여 그가 그 부동산을 스스로 계속 사용·수익만 하고 있는 경우와 특별히 다를 바 없으므로, 두 어느 경우에나 등기청구권의 소멸시효는 마찬가지로 진행되지 않는다고 본다. 판례는 긍정설을 취한 종래의 견해를 폐지하고, 현재는 부정설을 취하고 있다.118) 부정설에 따르면 C가 갑임야를 B에게 미등기전매하고 인도한 경우라고 할지라도 C 내지 그 상속인의 등기청구권이 소멸시효에 걸리지 않으므로, B의 상속인은 C의 상속인에 대한 등기청구권에 기하여 C의 상속인이 A의 상속인에 대하여 가지는 등기청구권을 대위행사할 수 있다.

판례(대법원 전원합의체판결이다)를 보면 부정설을 취한 다수의견과 약간 견해를 달리하는 보충의견(소수설)이 있다. 보충의견은 부동산의 매수인은 매도인에 대하여 소유권이전등기청구권과 인도청구권을 행사하게 되고, 등기청구와 인도청구는 일반적으로 그 자체가 채권이라고 이해하고 있으나 그 법률적 성질은 소유권을 이전받을 매수인의 채권에 기한 채권적 권리행사이고, 결국 매수인이 이전등기청구를 하거나 또는 인도청구를 하는 경우는 모두 매수인이 채권을 행사한다는 측면에서는 동일하다고 본다. 그러므로 보충의견에 의하면 매수인이 인도받음으로써 인도에 관한 채권행사는 일단 완료되고, 그 이후 매수인에 의한 목적물의 점유·사용은 매매계약에 따른 채권의 행사 자체가 계속되는 경우가 아니고, 그 권리행사의 결과의 상태가 유지되는 경우일 뿐이므로, 목적물을 매수인 본인이 점유·사용하든지 또는 제3자에 양도하여 점유·사용하게 하든지 매수인의 인도청구권행사의 결과에 따른 상태는 마찬가지로 유지되고 있으므로, 권리행사의 상태가 관건이 되는 소멸시효의 적용에서 굳이 본인이 점유·사용하는지 또는 제3자에 양도하여 점유·사용하게 하는지를 구별할 필요가 없다고 본다.

[더 생각할 과제 - 명의신탁에서 유예기간의 경과 후 소유권이전등기청구권의 소멸시효]

(i) 부동산의 매수인이 목적물을 인도받아 계속 점유하는 경우에는 매도인에 대한 소유권이전

117) 대법원 1997.7.22. 선고 95다17298 판결.

118) 대법원 1999.3.18. 선고 98다32175 전원합의체 판결.

등기청구권은 소멸시효가 진행되지 아니한다고 하는 법리는 3자간 등기명의신탁에 의한 등기가 유예기간의 경과로 무효로 된 경우에도 마찬가지로 적용되므로, 부동산을 인도받아 점유하고 있는 명의신탁자의 매도인에 대한 소유권이전등기청구권 역시 소멸시효가 진행되지 않는다.119)

(ii) 부동산실명법이 정한 유예기간이 실명화 등의 조치 없이 경과함으로써 명의신탁약정은 무효로 되는 한편, 명의수탁자가 부동산에 관한 완전한 소유권을 취득하게 되나, 다만 부동산실명법 제3조 및 제4조가 명의신탁자에게 소유권이 귀속되는 경우를 막는 취지의 규정은 아니므로 명의수탁자는 명의신탁자에게 자신이 취득한 부동산을 부당이득으로 반환할 의무가 있고, 명의신탁자가 부동산의 회복을 위하여 명의수탁자에 대하여 가지는 소유권이전등기청구권은 그 성질상 법률의 규정에 의한 부당이득반환청구권으로서 민법 제162조 제1항에 따라 10년의 기간이 경과함으로써 시효로 소멸한다. 그러나 명의신탁자가 부당이득의 법리에 따라 법률상 취득하게 된 부동산에 대한 부당이득반환청구권의 경우에 무효로 된 명의신탁약정에 기하여 처음부터 명의신탁자가 그 부동산의 점유 및 사용 등 권리를 행사하고 있다 하여 부당이득반환청구권 자체의 실질적 행사가 있다고 볼 수 없을 뿐만 아니라, 명의신탁자가 그 부동산을 점유·사용하여 온 경우에는 명의신탁자의 명의수탁자에 대한 부당이득반환청구권에 기한 등기청구권의 소멸시효가 진행되지 않는다고 보아야 한다면, 명의신탁자가 부동산실명법의 유예기간 및 시효기간의 경과 후 여전히 실명전환을 하지 않아 법률을 위반한 경우임에도 그 권리를 보호하여 주는 결과로 되어 부동산거래의 실정 및 부동산실명법 등 관련법률의 취지에도 맞지 않으므로, 명의신탁자가 부동산을 계속 점유·사용하여 온 경우에도 명의수탁자에 대한 부당이득반환청구권에 기한 등기청구권의 소멸시효가 진행한다.120)

2) 실체관계와 등기의 불일치를 제거하기 위한 등기청구권

(a) 서 설

등기와 실체적 권리관계가 일치하지 않는 경우에는 그 불일치를 제거하기 위하여 등기청구권이 발생한다. 예컨대 매매에 기하여 A로부터 B에게 소유권이전등기가 된 후에 그 매매가 무효·취소로 되어 등기까지 무효로 된 경우 혹은 무권리자 B가 A의 부동산에 관하여 위조서류를 이용하여 B 명의로 소유권이전등기를 마친 경우에 A는 실체관계와 부합하지 않는 B 명의의 등기를 말소하기 위한 등기청구권을 가진다. 또한 채권담보의 목적으로 부동산의 소유권을 이전하기로 합의하고 그 등기에 필요한 관계서류를 교부받은 채권자가 아직 자기 명의로 등기를 하지 아니한 동안에 채무자가 피담보채무를 변제하면 채권담보의 목적으로 소유권을 이전하기로 한 물권적 계약은 그 목적소멸로 인하여 소멸되므로, 그 이후에 채권자가 관계서류를 소지하고 있음을 기화로 그 명의로 소유권이전등기를 하면 그 등기는 실체관계와 일치하지 않는 당연무효의 등기가 되어 그 말소를 위한 등기청구권이 인정된다.121)

---

119) 대법원 2013.12.12. 선고 2013다26647 판결(이른바 3자간 등기명의신탁의 경우에 부동산실명법이 정한 유예기간의 경과에 의하여 기존 명의신탁약정과 그에 의한 등기가 무효로 되고 그 결과 명의신탁된 부동산은 매도인 소유로 복귀하므로 매도인은 명의수탁자에게 무효인 그 명의로 된 등기의 말소를 구할 수 있고, 다만 매도인과 명의신탁자 사이의 매매계약은 여전히 유효하므로 명의신탁자는 그 매매계약에 기한 소유권이전등기청구권을 보전하기 위하여 매도인을 대위하여 명의수탁자를 상대로 그 명의의 등기의 말소를 구할 수 있다).

120) 대법원 2009.7.9. 선고 2009다23313 판결.

121) 대법원 1964.11.24. 선고 64다851, 852 판결.

(b) 말소등기청구권의 성질

등기와 실체관계가 일치하지 않는 경우에 그 등기청구권은 물권에 관한 방해를 제거하기 위하여 물권의 효력으로서 발생하는 일종의 물권적 청구권이라고 본다(통설의 입장이다). 특히 판례는 소유권등기의 말소를 구하는 등기청구권이나 진정명의회복을 원인으로 한 소유권이전등기절차의 이행을 구하는 등기청구권의 법적 성질을 분명하게 소유권에 기한 방해배제청구권이라고 본다.[122)]

(c) 진정명의회복을 위한 소유권이전등기청구권

> 본래 토지의 소유자는 X였는데, 그 토지에 대한 소유권이전등기가 원인 없이 A→B→C를 거쳐 D 앞으로 마쳐졌다. X는 A, B, C, D를 상대로 각각 등기의 말소를 청구하지 않고, 바로 D를 상대로 소유권이전등기를 청구할 수 있는가?

(i) 소유권자가 진정한 등기명의의 회복을 위하여 부진정한 현재의 등기명의인을 상대로 그 등기의 말소를 구하는 외에 진정한 등기명의의 회복을 위한 소유권이전등기절차의 이행을 구할 수 있는가? 판례는 종래 「피고 명의의 소유권이전등기가 원인무효라면 원고로서는 그 등기의 말소를 구하여야 하고 소유권회복을 원인으로 하여 소유권이전등기절차의 이행을 구하여서는 안된다」고 본 경우가 있다.[123)] 그러나 현재는 「이미 자기 앞으로 소유권을 표상하는 등기가 되어 있었거나 법률에 의하여 소유권을 취득한 자가 진정한 등기명의를 회복하기 위한 방법으로는 현재의 등기명의인을 상대로 그 등기의 말소를 구하는 외에 진정한 등기명의의 회복을 원인으로 한 소유권이전등기절차의 이행을 직접 구하는 경우도 허용되어야 한다」고 본다.[124)] 판례에 비추어 X는 바로 D를 상대로 소유권이전등기를 청구할 수 있다.

왜 소유권자가 부진정한 현재의 등기명의인에 대하여 직접 소유권이전등기를 청구할 수 있다고 보아야 하는가? 진정명의회복을 위한 소유권이전등기청구권이 인정되는 이유로는 아래와 같은 내용을 지적할 수 있다.

i) 부동산등기제도가 물권변동의 과정을 그대로 표상하려고 하는 취지도 궁극적으로는 사실에 맞지 않는 등기를 배제하여 현재의 권리상태를 정당한 경우로 공시하여 부동산거래의 안전을 도모하려는 데 목적이 있으므로, 진정한 소유자는 직접 소유권이전등기를 청구하여도 상관없다고 보아야 한다.

ii) 현재의 부진정한 등기명의인은 진정한 소유자의 공시에 협력할 의무를 지며, 진정한 등기명의의 회복에 협력하기 위해서는 자기의 등기를 말소하는 방법에 의하거나, 등기부상의 진정한 권리자에게 직접 소유권이전등기를 이행하는 방법에 의하거나 상관없이 그 본질적인 측면에서 아무런 차이가 없을 뿐만 아니라, 그 어느 방법에 의하더라도 자기의

122) 대법원 2012.5.10. 선고 2010다2558 판결.
123) 대법원 1981.1.13. 선고 78다1916 판결.
124) 대법원 1990.11.27. 선고 89다카12398 판결.

등기를 잃는다는 측면에서 그 이해가 다르지 않다.

iii) 특히 부동산에 관하여 원인 없이 여러 사람을 거쳐 최종등기명의인 앞으로 그 등기가 마쳐진 경우에 진정한 소유자가 진정한 등기명의의 회복을 위하여는 중간등기명의인까지를 상대로 하여 차례로 그 등기의 말소를 구하여야 하나, 그 경우보다는 최종등기명의인을 상대로 하여 직접 이전등기를 구하는 경우가 소송절차나 소송경제상으로 보아 훨씬 도움이 된다.

iv) 만일 직접 소유권이전등기청구를 하지 못한다고 하면 진정한 소유자가 최종등기명의인을 상대로 그 부동산에 대한 소유권확인과 함께 직접 소유권이전등기절차의 이행을 구하는 경우에 소유권확인의 부분만 인용되고 소유권이전등기청구의 부분이 받아들여지지 아니하게 되므로, 진정한 소유자로서는 등기를 갖춘 진정한 소유권을 갖기 어려운 반면에 최종등기명의인으로서는 원인 없는 무효의 등기만을 갖게 되어 그 등기를 믿고 거래한 제3자에게 뜻하지 않은 불이익을 주게 된다.

(ii) 판례와 같이 진정한 등기명의를 회복하기 위한 방법으로 현재의 등기명의인을 상대로 그 등기의 말소를 구하는 경우에 갈음하여 소유권이전등기청구가 허용된다고 할 때에 소유권이전등기말소청구소송과 진정명의회복을 원인으로 한 소유권이전등기청구소송의 관계가 문제된다. 사례에서 X가 A에 대하여 전소로 소유권이전등기말소청구소송을 제기하여 패소확정판결을 받은 경우에 그 기판력은 그 후 제기된 진정명의회복을 원인으로 한 소유권이전등기청구소송에도 미치는가? 학설상 긍정설과 부정설, 절충설이 대립한다.

① 긍정설 　긍정설은 소유권이전등기말소청구소송에서 패소확정판결을 받은 때에 그 기판력은 그 후 제기된 진정명의회복을 원인으로 한 소유권이전등기청구소송에도 미친다고 본다. 말소등기에 갈음하여 허용되는 진정명의회복을 원인으로 한 소유권이전등기청구권과 무효등기의 말소청구권은 어느 경우이든 진정한 소유자의 등기명의를 회복하기 위한 권리로서 실질적으로 그 목적이 동일하고, 두 청구권이 모두 소유권에 기한 방해배제청구권으로서 그 법적 근거와 성질이 동일하다. 그러므로 비록 진정명의회복을 원인으로 한 소유권이전등기청구권은 이전등기, 무효등기의 말소청구권은 말소등기의 형식을 취하고 있다고 하더라도 그 소송물은 실질상 동일하다고 보아야 하므로, 전소인 소유권이전등기말소청구소송의 확정판결의 기판력이 후소인 진정명의회복을 원인으로 한 소유권이전등기청구소송에 미친다고 보는 긍정설이 타당하다고 보며, 역시 판례도 긍정설을 취한다.[125)]

② 부정설 　부정설은 소유권이전등기말소등기청구소송과 진정명의회복을 위한 소유권이전등기청구소송은 우선 그 청구취지가 다르므로, 각각의 소송물이 다르다고 보아야 한다고 본다. 그러므로 부정설은 두 소송에서 말소등기청구권과 소유권이전등기청구권이 실질적으로는 동일한 목적을 달성하기 위한 경우라 하더라도 각각에 다른 법률효과를 인정하여 별개의 소송물로 취급할 수 있고, 실체법과 함께 등기절차법의 측면에서 보

---

125) 대법원 2001.9.20. 선고 99다37894 전원합의체 판결; 대법원 2012.12.6. 선고 2002다44014 판결.

면 각 청구권의 법적 근거가 반드시 동일하다고만 볼 수도 없으며, 또한 실제적인 측면을 고려할 때에 소유권이전등기의 말소청구와 함께 진정명의의 회복을 원인으로 하는 소유권이전등기청구가 중첩적으로 허용된다고 본다.

③ 절충설 　　절충설은 원칙적으로는 전소인 소유권이전등기말소등기청구소송과 후소인 진정명의회복을 위한 소유권이전등기청구소송이 그 소송목적이나 법적 근거와 성질이 같아서 실질적으로 동일하다고 하더라도, 각각 그 청구취지와 청구원인이 서로 다른 이상, 2개의 소의 소송물은 다르므로, 전소의 확정판결의 기판력은 후소(後訴)에는 미치지 않는다고 보아야 한다고 본다. 다만 절충설은 예외적으로 이미 전소(前訴)에 관하여 확정판결이 있고 후소가 실질적으로 전소를 반복하는 경우에 불과하다고 하면, 즉 전소와 후소를 통하여 당사자가 얻으려고 하는 목적이나 사실관계가 동일하고, 전소의 소송과정에서 이미 후소에서와 실질적으로 같은 청구나 주장을 한 결과, 후소를 허용함으로써 분쟁이 이미 종결된 사실을 믿는 상대방의 신뢰를 해치고 상대방의 법적 지위를 불안정하게 하는 경우에는 후소는 신의칙에 반하여 허용되지 않는다고 본다.

(d) 원인무효의 등기명의자의 후등기명의자에 대한 등기말소청구

> A는 갑토지에 대하여 농지분배가 있은 양의 분배관계문서를 위조하여 자기 명의로 농지분배에 의한 소유권이전등기를 하였다. 그리고 B가 A로부터 갑토지에 대한 소유권이전등기를 이어 받았다. 그 후 B는 갑토지를 C에게 양도하고 C 명의로 소유권이전등기를 하였다. B는 C에 대하여 그 소유권이전등기의 말소를 구할 수 있는가?

원인무효의 등기명의자가 자신의 등기 후의 등기명의자에 대하여 등기말소청구권을 가지는가? 사례에서 A는 무권리자이므로, B는 A로부터 소유권이전등기를 이어 받았다고 하더라도 갑토지에 대한 아무런 권리를 취득할 수 없다. 그러므로 무권리자인 B가 자기의 소유권이전등기 후의 등기명의자에 대하여 그 말소를 구할 권한이 생길 이유가 없다(판례의 입장이다[126]). 특히 B는 실질적인 소유자에 대하여 자기의 소유권이전등기말소의무가 있다고 하더라도 그 의무의 이행을 위하여 전에 없던 권리가 새로 생겨 자기 이후의 등기명의자에 대하여 등기의 말소를 구할 수 있다고 할 수 없다. 다만 학설상으로는 물권자가 아닌 자에게도 그 실체관계에 부합하지 않는 등기를 소유자로서의 책임을 면탈하기 위하여, 혹은 과세상의 문제로 제거하여야 할 이익을 가지는 때에는 역시 등기말소청구권을 인정하여야 한다는 견해가 있다.

3) 점유취득시효에 의한 등기청구권

(a) 서 설

20년간 소유의 의사로 평온, 공연하게 부동산을 점유한 점유자는 「등기함으로써」 그 소유권을 취득한다(§245 I). 점유취득시효에 의한 부동산의 취득은 원시취득이므로, 원칙

---

126) 대법원 1982.12.28. 선고 82다카349 전원합의체 판결.

적으로 종전의 등기부를 폐쇄하고 새로이 등기부를 개설하여야 하여 등기청구권이 문제되지 않는다고 보는 견해가 있다. 그러나 일반적으로 점유취득시효에 의한 소유권취득은 점유자(취득시효완성자)가 등기명의인에 대하여 등기청구권을 행사하여 소유권이전등기를 함으로써 이루어진다.

(b) 등기청구권의 성질

취득시효를 완성시킨 점유자가 등기명의인에 대하여 갖는 등기청구권의 성질은 채권적 청구권이며,[127] 취득시효완성자는 그 당시의 등기명의인에 대하여만 등기청구권을 행사할 수 있다고 본다. 예컨대 A가 B의 부동산을 점유하여 취득시효가 완성된 경우에 A가 가지는 등기청구권은 채권적 청구권이므로, 만일 A가 소유권이전등기를 갖추기 전에 B가 그 부동산을 C에게 양도하여 소유권이전등기가 마쳐지면 A는 C에 대하여 취득시효의 완성에 따른 등기청구권을 주장하지 못한다.[128] 다만 학설상으로는 취득시효기간의 만료로 부동산의 점유자는 마치 물권적 합의를 가진 취득자와 마찬가지의 물권적 기대권을 취득하여 등기청구권이 물권적 기대권의 효력으로 생긴다고 보아 제3자에 대하여도 취득시효에 따른 등기청구권을 주장할 수 있다고 보아야 한다는 견해가 있다.

(c) 등기청구권의 소멸시효

> 본래 A 명의로 등기되어 있는 갑토지에 대하여 B가 1949.12.경 점유를 개시하여 사용하여 오다가, 1963.2.18. 사망하고 그 이후 그의 상속인인 C가 그 점유를 승계하였다. 그리고 D는 1991.4.8. C로부터 갑토지를 매수하여 현재 점유·사용하고 있다. D는 2009.3.5. A에 대하여 점유취득시효의 완성을 이유로 C의 소유권이전등기청구권을 대위행사할 수 있는가?

취득시효의 완성을 원인으로 한 소유권이전등기청구권이 소멸시효에 걸리는가? 우선 토지에 대한 취득시효의 완성으로 인한 소유권이전등기청구권은 그 토지에 대한 점유가 계속되는 한 시효로 소멸하지 아니한다. 또한 일단 취득시효기간의 만료로 점유자가 소유권이전등기청구권을 취득한 이상, 그 후 점유를 상실하더라도 시효이익의 포기로 볼 수 있는 경우가 아닌 한 이미 취득한 소유권이전등기청구권이 바로 소멸되지는 않는다.[129] 다만 취득시효를 완성시킨 점유자가 점유를 상실한 경우에 취득시효완성으로 인한 소유권이전등기청구권의 소멸시효는 시효이익의 포기와 별개의 문제이다. 취득시효가 완성된 점유자가 점유를 상실한 경우에 취득시효의 완성으로 인한 소유권이전등기청구권의 소멸시효가 진행한다(판례의 태도이다[130]). 취득시효완성자가 점유를 상실한 때로부터 10년간 등기청구권을 행사하지 아니하면 소멸시효가 완성한다.

사례에서 우선 B와 C의 점유는 소유의 의사로 평온, 공연하게 이루어진 경우로 추정된

127) 대법원 1995.12.5. 선고 95다24241 판결.
128) 대법원 1971.12.28. 선고 71다1566 판결.
129) 대법원 1990.11.13. 선고 90다카25352 판결.
130) 대법원 1996.3.8. 선고 95다34866, 34873 판결.

다. 그러므로 갑토지에 관하여 B의 점유개시시기(1949년 12월경)로부터 20년이 경과한 1969년 12월 31일 당시의 점유자인 C의 취득시효가 완성된 경우라고 판단된다. 그리고 갑토지에 관한 취득시효가 완성된 후 C는 갑토지를 그대로 점유하고 있는 한 취득시효의 완성에 따른 등기청구권은 소멸시효에 걸리지 않는다. 그러나 C가 1991년 4월 8일 갑토지를 D에게 인도함으로써 점유를 상실하였으므로, 그때로부터 C가 취득한 등기청구권의 소멸시효가 진행한다. 결국 C의 취득시효완성으로 인한 소유권이전등기청구권은 그가 점유를 상실한 1991년 4월 8일부터 10년이 경과함으로써 시효소멸하였으므로, C를 대위한 D의 소유권이전등기청구는 인정될 수 없다.

4) 부동산임차권·부동산환매권에 의한 등기청구권

① 부동산임차권의 경우　　부동산임차인은 당사자 사이에 반대약정이 없으면 임대인에 대하여 임차권등기절차에의 협력을 청구할 수 있고, 등기하면 그때부터 제3자에게 대항할 수 있다(§621). 부동산임차인의 등기청구권의 발생원인에 관하여는 임대차계약에 당연히 등기청구권에 관한 약정이 포함되어 있다고 보는 견해가 있으나, 법률의 규정, 즉 바로 민법 제621조 제1항에 의하여 발생한다고 보는 견해(다수설)가 타당하다. 그리고 부동산임차인의 등기청구권의 성질은 순수한 채권적 청구권이라고 보는 견해에 이견이 없다.

② 부동산환매권의 경우　　매매의 목적물이 부동산인 경우에 매매등기와 동시에 환매권(매매계약과 동시에 매수인과의 특약에 의하여 매매목적물을 도로 사오기로 한 환매특약부 매매에서 「환매할 권리」를 말한다)의 보류를 등기한 때에는 제3자에 대하여 그 효력이 있다(§592). 환매권등기에서의 등기청구권은 당사자 사이의 계약 또는 약정에 의하여 발생하며, 그 성질은 채권적 청구권이다.

3. 등기권리자·등기의무자

(1) 등기권리자

등기권리자란 신청된 등기를 마침으로써 실체법상의 권리관계에서 이익을 얻는다고 부동산등기법상 형식적으로 표시되는 자를 가리킨다. 예컨대 부동산의 매매에서는 매수인이 등기권리자이고, 지상권설정계약에서는 지상권자, 저당권설정계약에서는 저당권자가 등기권리자에 해당한다.

(2) 등기의무자

등기의무자란 신청된 등기를 마침으로써 실체법상의 권리관계에서 불이익을 받는다고 부동산등기법상 형식적으로 표시되는 자를 가리킨다. 예컨대 부동산의 매매에서는 매도인이 등기의무자이고, 지상권설정계약에서는 지상권설정자, 저당권설정계약에서는 저당권설정자가 등기의무자에 해당한다.

Ⅴ. 등기의 효력

1. 등기의 효력 일반

(1) 권리변동적 효력

물권행위와 그 물권행위에 대응·부합하는 등기가 있으면 부동산에 관한 물권의 변동이라는 효력이 생긴다. 등기에 의하여 물권변동의 효력이 생기는 시기는 실제로 등기부에 기록하는 때이고, 등기를 신청한 때가 아니다.

(2) 대항적 효력

지상권·지역권·전세권·저당권의 일정사항(예컨대 존속기간, 지료, 전세금, 이자, 지급시기)은 등기하지 않으면 당사자 사이에서 채권적 효력이 있을 뿐이나, 등기하면 당사자 이외의 제3자에 대하여도 대항할 수 있다. 등기를 마치지 아니하여 권리가 대항력을 갖추지 않는 경우에는 불안정하다.

(3) 등기의 순위확정적 효력

같은 부동산에 설정된 수개의 권리의 순위관계는 법률에 다른 규정이 없으면 등기의 순서에 의하여 결정된다(부동산등기법 §4 I).

(4) 점유적 효력

부동산에 관한 등기부취득시효(§245 II)에서는 등기가 마치 점유취득시효의 점유와 같은 효력을 가진다.

(5) 추정적 효력

1) 등기의 추정력의 의의와 인정근거

ⓐ 의 의

등기가 형식적으로 존재한다고 하는 사실에 의하여－비록 무효인 등기라고 하더라도－등기부상의 권리가 실체법적으로 존재한다고 추정되는 효력을 등기의 추정력이라고 한다. 등기의 추정력에 의하여 등기된 권리가 등기명의자에게 존재한다고 추정된다. 또한 등기가 있으면 그 권리가 추정될 뿐만 아니라, 그 등기는 일응 절차상으로도 유효요건을 갖추어 적법하게 마쳐진 등기라고 추정된다. 예를 들어 어떤 부동산이 등기부상 A의 소유로 되어 있는 경우에는 A가 진실한 소유자라고 추정되고, A로부터 B에게로의 소유권이전등기가 마쳐진 경우에는 부동산이 이제는 B의 소유에 속한다고 추정된다.

(b) 인정근거

민법은 등기의 추정력에 관하여 아무런 명문규정을 두고 있지 않다. 그러나 학설·판례는 이견 없이 등기의 추정력을 인정한다. 등기의 추정력은 왜 인정되는가? 학설상 등기의 추정력을 인정하는 근거에 관하여는 아래와 같이 여러 견해가 있다.

(i) 등기의 절차가 실체적 권리관계에 기하도록 그 유효성이 보장되어 있고, 또는 국가기관에 의하여 관리되어 등기가 실체에 부합할 개연성이 크다고 보므로, 등기의 추정력이 인정된다.

(ii) 점유의 추정력을 규정한 민법 제200조를 유추적용하여 동산에 관한 물권변동의 공시방법인 점유에 대하여 권리의 적법추정적 효력이 인정된다면 점유보다 더 우수한 공시방법인 등기에 관하여도 점유와 마찬가지로 추정력이 인정된다.

(iii) 증명책임의 분배와 관련하여 등기명의인에게 권리취득원인사실을 증명할 책임을 부담시키는 태도는 가혹하므로, 등기의 추정력을 인정하여야 한다.

2) 등기의 추정력의 법적 성질

등기의 추정력의 법적 성질은 「법률상의 추정」이라고 본다(통설·판례[131]의 태도이다). 그러므로 등기의 추정력은 다투는 자의 반증만으로 쉽게 깨어지지 않고, 법관을 확신시킬 정도의 반대증명을 제출하여야만 추정이 깨어진다고 본다. 판례에 의하면 소유권이전등기에서는 (i) 매도인이 등기필증을 소지하고 있음에도 불구하고 매수인이 소유권이전등기를 하고, 등기신청서에 사용된 매도인의 인감은 매도인이 일본에 거주하여 귀국한 적이 없는 때에 계출된 인감인 경우,[132] (ii) 허무인으로부터 소유권이전등기를 받은 경우,[133] (iii) 전소유자의 사망 후에 소유권이전등기가 이루어진 경우[134]에 추정이 깨어진다. 그리고 소유권보존등기에서는 (i) 보존등기명의자가 보존등기하기 이전의 소유자로부터 소유권을 양도받은 사실을 주장하지만 전소유자는 보존등기명의자에 대한 양도사실을 부인하는 경우,[135] (ii) 토지가 A 명의로 보존등기되어 있지만 토지를 사정받은 사람이 B로 따로 있음이 밝혀진 경우[136]에는 추정이 깨어지고, 또한 등기절차가 적법하게 진행되지 아니한 경우로 볼만한 의심스러운 사정이 있음이 증명되는 경우에는 그 추정력은 깨어지므로 등기의무자를 달리하는 별개의 부동산에 관하여 동일한 접수일과 접수번호로 마쳐진 소유권이전등기의 추정력은 깨어진다고 본다.[137]

131) 대법원 1983.11.22. 선고 83다카894 판결.
132) 대법원 1962.4.18. 선고 4294민상946 판결.
133) 대법원 1985.11.12. 선고 84다카2494 판결.
134) 대법원 1983.8.23. 선고 83다카597 판결.
135) 대법원 1974.2.26. 선고 73다1658 판결.
136) 대법원 2005.5.2. 선고 2002다43417 판결.
137) 대법원 2003.2.28. 선고 2002다46256 판결.

3) 등기추정력이 미치는 범위

(a) 추정력의 물적 범위

a) 권리의 추정

등기가 되어 있으면 등기된 권리가 등기명의자에게 존재한다고 추정된다. 예를 들어 토지의 소유권이전등기명의자는 등기의 효력으로서 그 토지에 대한 소유자로 추정을 받는다.[138] 임차권이 등기된 경우에는 임차권의 존재가 추정되고, 저당권설정등기의 경우에는 그 저당권설정등기에 상응하는 피담보채권의 존재도 추정된다.[139]

b) 절차의 적법추정

등기가 있으면 그 권리가 추정될 뿐만 아니라, 그 등기는 일응 절차상으로도 유효요건을 갖추어 적법하게 마쳐진 등기라고 추정된다. 예컨대 전등기의 접수일자 및 접수번호, 원인일자 등이 「불명」으로 기재되어 있다는 사실만으로는 등기절차에 무슨 하자가 있는 경우로 볼 수 없어서 그 사정만으로 등기의 추정력이 깨어진다고 볼 수 없다.[140] 외국인 명의로 소유권이전등기가 마쳐진 경우에는 다른 특별한 사정이 없는 한 법령상에 규정된 절차를 거쳐 합법적으로 소유권을 보유하거나 등기가 마쳐진 경우로 추정된다.[141] 역시 전등기명의자가 미성년자이고, 그 미성년자가 부동산을 친권자에게 증여하는 행위가 이해상반행위라 하더라도 일단 친권자에게 소유권이전등기가 마쳐진 이상, 특별한 사정이 없는 한 그 소유권이전등기에 관하여 필요한 절차를 적법하게 거친 경우로 추정된다.[142]

c) 등기원인의 적법추정

등기에 의하여 등기원인이 적법하다고 하는 추정까지도 생기는가? 학설상으로는 등기원인에 대하여까지도 적법추정을 긍정하는 견해와 등기원인에는 등기의 추정력이 미치지 아니한다고 보는 견해가 대립한다.

학설상 긍정설은 등기된 권리를 추정할 뿐만 아니라, 그 권리는 등기원인으로부터 연유하며, 그 등기원인이 진정하고 등기절차가 적법하다고 하는 추정도 당연히 인정된다고 본다. 긍정설은 등기는 무효원인에 의한 경우라는 반증이 없는 한 일응 유효하고 적법한 등기원인에 의한 경우라고 추정되고, 등기원인의 무효를 주장하는 자는 그 원인사실을 주장하고 증명할 책임이 있다고 본다. 그러나 다수설인 부정설은 부동산에 대한 공적 규제가 심하여 공적 규제를 회피할 목적으로 실제와 다른 등기원인에 기하여 등기되는 경우가 적지 아니하므로, 등기의 추정력을 등기원인의 적법추정에까지 확대하여 인정하는 태도는 현실과 거리가 있다고 주장한다.

판례는 부동산등기는 그 등기가 형식적으로 존재하는 자체로부터 적법한 등기원인에

138) 대법원 1983.11.22. 선고 83다카 894 판결.
139) 대법원 1969.2.18. 선고 68다2329 판결.
140) 대법원 1992.7.10. 선고 92다9340 판결.
141) 대법원 1964.11.27. 선고 64다171 판결.
142) 대법원 2002.2.5. 선고 2001다72029 판결.

의하여 마쳐진 경우로 추정되고, 등기명의자가 등기부에 기재된 원인과 다른 원인으로 등기명의를 취득한 사실을 주장하고 있지만 그 주장사실이 인정되지 않는다고 하더라도 그 자체로 등기의 추정력이 깨어진다고 할 수 없다고 본다.143) 다만 소유권이전등기의 원인으로 주장된 계약서가 진정하지 않은 경우로 증명된 이상 그 등기의 적법추정은 깨어진다.144)

> A는 부모가 모두 사망한 이후 자신보다 13살이 많은 오빠인 B로부터 돈을 차용하기도 하는 등 도움을 얻어 지내던 중 1984년경 아파트를 분양받는데 돈이 부족하여 B에게 1천5백만원 가량을 빌려주기를 부탁하였다. 부탁을 받은 B는 A에게 상속재산을 은행에 담보로 제공하여 대출을 받아 돈을 빌려 주겠다면서 상속재산의 정리와 담보제공 등에 필요하니 부동산매도용 인감증명과 인감도장을 가져오라고 하였다. 어린시절부터 B를 믿고 따랐던 A는 별 의심 없이 부동산매도용 인감증명과 인감도장을 B에게 교부하였다. 그런데 B는 상속재산에 속하는 토지에 관하여 AB 명의의 재산상속등기와 미등기건물에 관한 소유권보존등기를 마치고, 이어서 A의 상속지분에 관하여 매매를 원인으로 B 앞으로의 지분소유권이전등기를 마쳤다. 후에 사실을 눈치 챈 A가 B 앞으로 마쳐진 지분소유권이전등기에 대하여 따지자, B는 A에게 1천5백만원을 지원한 대가로 각 부동산에 관한 A 소유의 지분을 이전받았다고 주장하였다. A는 B 앞으로 마쳐진 지분소유권이전등기의 말소를 청구할 수 있는가? [대법원 1997.6.24. 선고 97다2993 판결]

등기부상의 등기원인과 다른 취득원인을 주장하는 경우에도 등기의 추정력이 인정되는가? 판례는 등기상에 표상된 취득원인사실은 적법의 추정을 받는다고 본다. 그러므로 일단 부동산에 관하여 소유권이전등기가 마쳐져 있는 경우에는 그 등기명의자는 적법한 등기원인에 의하여 소유권을 취득한 경우로 추정되고, 다투는 측에서 등기의 추정력을 번복시키는 사유를 주장·증명하여야 한다. 또한 부동산등기는 현재의 진실한 권리상태를 공시하면 그에 이른 과정이나 태양을 그대로 반영하지 않더라도 유효하므로, 등기명의자가 등기부상 기재된 등기원인에 의하지 아니하고 다른 원인으로 적법하게 취득한 경우라고 하면 등기원인행위의 태양이나 과정을 다소 다르게 주장한다고 하여 그 주장만 가지고 등기의 추정력이 깨어지지는 아니한다.145)

사례를 보면 B가 A로부터 교부받은 부동산매도용 인감증명과 인감도장을 이용하여 A의 상속재산에 관하여 자기 명의로 지분소유권이전등기를 마쳤고, 그 등기원인은 매매로 되어 있으나, B는 자기 앞으로 지분소유권이전등기가 마쳐진 이유를 B가 A에게 1천5백만원을 지원한 대가로 상속재산에 관한 A 소유의 지분을 이전받은 경우라고 주장하고 있다. 그러므로 B는 A에 대하여 적법한 등기원인에 의하여 상속재산에 관한 소유권을 취득한

143) 대법원 1997.9.30. 선고 95다39526 판결.

144) 대법원 1998.9.22. 선고 98다29568 판결.

145) 대법원 1994.9.13. 선고 94다10160 판결.

경우로 추정되는가가 문제된다. 만일 B의 주장만 가지고 그 등기의 추정력이 깨어지지 아니한다고 하면 A가 스스로 B의 지분소유권이전등기가 A의 의사에 반하여 이루어진 경우로서 무효라는 주장·증명을 하여야 한다.

사례는 B의 지분소유권이전등기는 A의 인감증명 등 서류를 위조하여 마쳐진 경우가 아니라, A가 교부한 부동산매도용 인감증명과 인감도장에 의하여 마쳐진 경우이다. 본래 특정된 용도로 본인이 직접 발급받은 인감증명서 및 그 특정된 용도에 맞게 인감도장에 의하여 작성된 문서는 특별한 사정이 없는 한 본인이나 그로부터 정당한 권한을 위임받은 자에 의하여 그 권한의 범위 안에서 적법하게 작성된 경우로 보아야 한다. 그리고 매도증서와 같은 처분문서는 진정성립이 인정되는 이상, 그 기재의 내용을 부정할 만한 분명하고도 수긍할 수 있는 반증이 없는 한 그 문서에 표시된 의사표시의 존재 및 내용을 그대로 인정하여야 한다. 그러므로 비록 B가 등기원인인 매매와 달리 1천5백만원을 지원한 대가로 부동산에 관한 소유지분을 이전받은 경우라고 주장하고 있더라도 등기의 추정력이 번복된다고 볼 수는 없다. 결국 A가 B 명의로 마쳐진 소유권이전등기가 A의 의사에 반하여 이루어진 경우로서 무효라는 분명하고도 수긍할 만한 주장·증명을 하지 못하는 한, A는 B에 대하여 지분소유권이전등기의 말소를 청구할 수 없다.

(b) 추정력의 인적 범위

등기에 의한 추정력의 효과는 등기명의자뿐만 아니라 제3자도 원용할 수 있다. 그리고 등기의 추정력은 등기명의자의 이익만을 위하여 추정되지는 않고, 예컨대 부동산에 대한 과세와 같이 등기명의자에게 불이익한 경우에도 인정된다.

예를 들어 전소유자가 현등기명의자에 대하여 등기원인의 무효 혹은 부존재를 이유로 전소유자로부터 현등기명의자에게로의 소유권이전등기의 말소를 청구하는 때에 현등기명의자는 등기의 추정력을 원용하여 자기가 진정한 소유자라고 주장하는 경우가 있을 수 있다. 등기의 추정력은 권리변동의 당사자인 전소유자와의 사이에서도 인정되는가? 학설은 긍정설과 부정설로 대립한다.

학설상 부정설은 부실등기의 가능성이 높고 공적 규제의 회피를 위하여 등기원인을 실제와 달리 기재하는 등기가 적지 않은 현실을 고려할 때 당사자간에는 등기의 추정력을 원용할 수 없다고 본다. 그러나 긍정설은 권리변동의 당사자간에도 등기의 추정력이 적용되어 소유권이전등기의 현등기명의자가 전소유자에 대하여 등기의 추정력을 주장할 수 있다고 보며, 전소유자에게 등기의 추정력을 주장하지 못한다고 한다면 등기를 함으로써 권리관계를 명확하게 하려는 목적을 달성할 수 없으므로, 등기기록상 권리변동의 당사자 사이에서도 등기의 추정력을 인정하는 긍정설이 타당하다. 판례도 소유권이전등기의 등기명의자는 제3자에 대하여 뿐만 아니라, 그 전소유자에 대하여도 적법한 등기원인에 의하여 소유권을 취득한 경우로 추정한다고 하여 긍정설을 취하고 있다.[146)]

146) 대법원 2014.3.13. 선고 2009다105215 판결(예컨대 A로부터 B에게로 소유권이전등기가 된 후에 A가 B를 상대로 소유권을 부인하고 등기원인의 무효를 주장하며 소유권이전등기의 말소를 구하려면 A가 무효원인이 되는 사실을 주장하고 증명할 책임이 있다).

4) 특수한 등기의 추정력

(a) 소유권보존등기의 추정력

소유권보존등기는 소유권이 진실하게 보존되어 있다는 사실에 관하여만 추정력이 있다. 그러므로 소유권보존등기는 소유권보존 이외의 권리변동이 진실하다는 사실에 관하여는 추정력이 없으며, 소유권보존등기명의자가 원시취득자가 아니라는 사실이 드러나면 그 추정력이 부정된다. 예컨대 A 명의로 건물의 소유권보존등기가 되어 있는 경우에 A가 그 건물을 신축하지 아니한 경우라면 그 등기의 추정력은 깨어지므로, 등기명의자 A는 스스로 적법하게 그 소유권을 양도받게 된 사실을 증명할 책임이 있다.[147)]

(b) 말소등기의 추정력

등기가 말소된 경우에는 그 권리는 실체법상 소멸되어 그 권리가 부존재하는 경우로 추정되고, 말소 전의 기간 동안에도 그 권리는 존재하지 아니한 경우로 추정된다. 다만 등기가 말소원인 없이 불법으로 말소된 때에는 그 회복등기가 마쳐지기 전이더라도 그 권리는 존재한 경우로 추정된다.

(c) 특별조치법에 의한 등기의 추정력

통상의 등기절차와는 다른 간이한 절차에 의한 등기를 허용하는 특별조치법(예컨대 일반농지의 소유권이전등기 등에 관한 특별조치법, 임야소유권이전등기 등에 관한 특별조치법, 부동산등기에 관한 특별조치법, 부동산소유권이전등기 등에 관한 특별조치법)에 의한 소유권보존등기에는 일반등기보다 더 강한 등기의 추정력이 인정된다. 그러므로 특별조치법에 의하여 행하여진 소유권보존등기는 소정의 절차에 따라 적법하게 마쳐진 경우로 추정되고, 등기절차상 소요되는 보증서 및 확인서가 허위 또는 위조된 경우라든가 기타의 사유로 적법하게 등기된 경우가 아니라는 증명이 없는 한, 그 소유권보존등기의 추정력은 깨어지지 않는다.[148)]

5) 추정력의 효과

(a) 기본적 효과

어떤 등기가 있으면 그 등기가 표상하는 권리가 존재하는 경우로 추정된다. 그러므로 등기명의자가 권리를 주장하고 등기부를 증거로 제출하면 등기명의자는 진정한 권리자로 추정되고, 그 사실을 다투는 상대방이 권리의 부존재를 증명하여야 한다.

(b) 부수적 효과

a) 등기의 신뢰와 무과실

등기의 추정력에 의하여 등기를 신뢰하고 거래하는 경우에는 무과실로 추정된다. 예를 들어 A가 등기부상의 명의자가 매도인과 동일인이어서 그를 소유자로 믿고 그 부동산을 매수한 경우에는 등기부상 매도인 명의를 의심할 만한 특별한 사정이 없는 한 과실이 없

147) 대법원 1996.7.30. 선고 95다30734 판결.
148) 대법원 1985.4.9. 선고 84다카2107 판결.

는 경우로 추정되며,[149] 다만 등기내용을 조사하지 않은 경우에는 비록 선의이더라도 과실이 있다고 추정된다.

b) 등기와 점유의 추정력과의 관계

등기된 부동산에 대하여도 점유의 추정력에 관한 민법 제200조가 적용되는가가 문제된다. 다수설은 등기된 부동산에 관하여는 민법 제200조가 적용되지 않고, 다만 미등기부동산(예컨대 신축건물)에 대하여는 민법 제200조가 적용된다고 본다. 그러나 점유자의 권리추정의 규정은 등기되어 있는가 미등기인가를 묻지 않고 모든 부동산에 대하여 적용된다고 보는 소수설이 있다. 판례는 소극설에 따라서 등기된 부동산의 점유에 대하여는 권리추정력이 인정되지 않는다고 본다.[150]

c) 등기의 내용에 관한 악의의 추정

부동산물권을 취득하려는 자는 상례적으로 미리 등기부를 조사한다. 그러므로 거래당사자는 반증이 없는 한 등기내용을 알고 있던 경우로, 즉 악의로 추정된다.

2. 가등기의 효력

(1) 가등기란?

가등기는 본등기(종국등기)를 할 만한 요건을 완비하지 못한 경우에 후일 요건이 완비된 때에 하게 될 본등기의 순위를 보전하기 위하여 미리 해 두는 예비적인 등기이다. 가등기(假登記)는 아직 물권변동은 발생되지 않고, 다만 물권변동을 목적으로 하는 청구권이 발생되거나 청구권이 발생될 법률관계만이 이루어져 아직 본등기를 할 수 없는 경우에 그 법률관계를 미리 등기부에 공시하여 그 순위를 확보하고자 하는 요청에 따라서 행한다. 가등기는 장래의 권리를 보전하여 줄 뿐만 아니라, 무용의 절차를 생략할 수 있다는 장점으로 인하여 실제로 가등기가 많이 이용된다.

부동산등기법 제88조는 가등기는 부동산등기법 제3조에 열거한 권리의 설정, 이전, 변경 또는 소멸의 청구권을 보전하려고 할 때에 한다고 규정하고 있다. 그러므로 가등기는 부동산등기법 제3조에 규정된 물권 또는 부동산임차권의 변동을 목적으로 하는 청구권을 보전하기 위하여서만 할 수 있고, 그 청구권이 아닌 물권적 청구권을 보전하기 위하여는 할 수 없다.[151]

---

149) 대법원 1983.3.8. 선고 80다3198 판결.
150) 대법원 1982.4.13. 선고 81다780 판결.
151) 대법원 1982.11.23. 선고 81다카1110 판결.

(2) 가등기의 본등기순위보전적 효력

A로부터 B에게의 소유권이전에 관하여 가등기가 행하여졌다. 그 후 A로부터 C에게의 소유권이전의 본등기가 이루어진 후에 B의 가등기에 기하여 본등기가 행하여졌다. B의 본등기는 C의 본등기보다 우선하게 되는가?

가등기에는 순위보전적 효력, 즉 「순위보전효」(順位保全效)가 있다. 가등기를 한 후에 그에 기한 본등기를 하면 "본등기의 순위는 가등기의 순위에 따른다"(부동산등기법 §91). 사례에서 B의 본등기는 비록 C의 본등기보다 늦게 행하여진 등기이지만, C의 본등기보다 우선하게 된다. 그러므로 C의 소유권취득은 B에 대한 관계에 있어서는 그 효력을 잃게 된다.

B가 저당권설정에 관하여 가등기를 하고, 그 후 C는 저당권설정의 본등기를 하고 있다면 어떤가? B의 가등기에 기한 저당권설정의 본등기가 이루어지면 C의 저당권이 아주 효력을 잃지는 아니하고, 후순위로 된다.

가등기에 기한 본등기에 의하여 물권변동의 효력이 가등기를 한 때로 소급하는가? 가등기는 그 성질상 본등기의 순위보전의 효력만이 있어서 후일 본등기가 마쳐진 때에는 본등기의 순위가 가등기한 때로 소급할 뿐이다. 가등기에 기한 본등기에 의하여 물권변동의 효력이 가등기한 때로 소급하여 발생하지는 않는다.[152] 물권변동의 효력은 본등기를 한 때에 발생한다. 사례에서 C가 취득한 소유권은 B가 본등기를 할 때까지는 아무런 영향을 받지 않는다.

(3) 가등기의 청구권보전적 효력

AB 사이에 갑부동산에 대한 매매계약이 체결되었는데, A는 B로부터 소유권이전등기청구권의 보전을 위하여 가등기를 받았다. 그 후 B는 갑부동산을 다시 C에게 매도하고 바로 C 앞으로 소유권이전등기를 마쳐 주었다. A는 C의 본등기를 말소할 수 있는가? 혹은 B가 갑부동산 위에 D를 위한 저당권설정등기를 마친 경우에 A는 D의 저당권설정등기를 말소할 수 있는가?

가등기에 기한 본등기를 하기 전에 가등기는 어떤 효력이 있는가? 학설상으로는 가등기인 채로는 아무런 실체법상의 효력도 없다고 보는 소극설과 가등기에도 청구권보전의 효력이 있다고 보는 적극설이 대립한다.

① 소극설 소극설은 본등기가 없는 한 가등기인 채로는 아무런 효력도 생기지 않는다고 본다. 소극설에 의하면 가등기가 본등기의 요건을 구비하고 있더라도 가등기의무자인 B는 얼마든지 갑부동산을 처분할 수 있고, A는 가등기만을 가지고는 소유권이전의 본등기를 옮겨 받은 C 또는 먼저 저당권설정등기를 마친 D에 대하여 대항할 수 없다. 물

152) 대법원 1992.9.25. 선고 92다21258 판결.

론 소극설에서도 가등기가 불법으로 말소되면 가등기에 기하여 그 회복을 청구할 수 있다고 본다.

② 적극설 적극설은 가등기 그 자체만으로는 아무런 효력이 없다고 하면서, 한편으로 가등기권리자는 제3자의 등기 후에도 본등기를 할 수 있고, 또한 그 본등기에 저촉하는 제3자의 등기를 말소시킬 수 없다고 하면 모순이 되므로, 가등기는 가등기인 채로 어떤 실체법상의 효력이 있다고 하지 않을 수 없다고 본다. 적극설은 그 효력이 바로「청구권보전의 효력」(Sicherungswirkung)이라고 본다.

판례의 태도는 어떤가? 판례는 가등기는 본등기를 하는 경우에 그 순위를 보전하는 효력만을 가지며 본등기 이전의 가등기만으로는 실체법상의 아무런 효력도 생기지 아니하므로, 그 가등기 후에 소유권이전등기를 한 제3자에 대하여 가등기만으로는 소유권을 주장할 수 없고, 가등기만으로는 그 소유권취득을 제3자에게 대항할 수 없다고 본다.[153] 역시 제3자 명의의 소유권이전등기가 비록 무효일 망정, 가등기권리자(본등기를 명하는 판결이 확정된 경우라도 본등기를 마치기까지는 마찬가지이다)는 그 말소를 청구할 권리가 없다.[154]

판례 및 소극설의 태도는 타당한가? 사례에서 B의 가등기 후에도 A는 얼마든지 갑부동산을 처분할 수 있고, 그 처분행위에 의하여 C에게 소유권이전등기가 유효하게 넘어갈 수 있다는 사실은 너무나 당연하고, 다툴 수 없다. 그러나 C의 소유권취득이 완전히 유효하다고 하면 이론상 B가 본등기를 통하여 그도 다시 유효한 소유권을 이중으로 취득하게 될 수는 없다(하나의 부동산에 관하여 C의 소유권과 A의 소유권이 성립한다면 일물일권주의에 명백히 반한다). 역시 C가 유효하게 소유권을 가진다고 보는 한, B는 이미 갑부동산에 관하여 아무런 권리도 가지고 있지 않으므로, 도대체 A에게 본등기를 마쳐 줄 수 있는 위치에 있지 않다. 그러나 A가 B에 대하여 가등기에 기한 본등기의 신청에 관하여 협력을 청구할 수 없다고 하면 가등기제도는 그 존재의의를 잃게 된다. 그러므로 가등기제도가 본래의 의의를 되찾기 위해서는 가등기에 대하여 가등기인 채로 어떤 실체적 효력을 인정하여야 할 필요가 있다.

가등기에 의거한 본등기의 절차와 관련한 학설을 보면 A는 B에게 자기의 본등기의 신청에 협력하기를 청구할 수 있거나(「선기입설」의 입장이다), 또는 B에게 본등기를 청구하기 위한 전제로 먼저 C에 대하여 C의 등기의 말소를 청구할 수 있다(「후기입설」의 입장이다)고 본다. 판례도 가등기에 후에 제3자를 위한 소유권이전등기가 행하여진 경우에 가등기권리자는 가등기위무자인 전소유자를 상대로 본등기청구권을 행사하여야 한다고 본다.[155] 다만 학설이나 판례는 어떤 근거로 가등기권자가 가등기위무자인 전소유자를 상대로 본등기를 청구할 수 있는가, 제3자에 대하여 소유권이전등기의 말소를 요구할 수 있는가를 분명하게 밝히지 않고 있다. 특히 판례는 가등기 후에 제3자에게 소유권이전등기가 된 경우에 가등기권리자는 가등기의무자인 전소유자를 상대로 본등기청구권을 행사할 수 있다

153) 대법원 1966.5.24. 선고 66다485 판결.
154) 대법원 2001.3.23. 선고 2000다51285 판결.
155) 대법원 1962.12.24. 자 4294민재항675 전원합의체 결정.

고 하면서도, 다른 한편 가등기에는 아무런 실체법상의 효력도 생기지 않는다고 하는 모순된 입장을 취하고 있다.

아무래도 가등기에 관하여도 가등기인 채로 어떤 실체법적 효력을 인정하지 않을 수 없다고 본다. 사례에서 가등기 후에 C 명의로 소유권이전등기가 되어 있는데도 불구하고 A가 자기 명의의 본등기를 되찾을 수 있다고 하기 위해서는 가등기도 가등기인 채로 어떤 실체법적 효력이 있다고 볼 수밖에 없다. 가등기에 이른바 「청구권보전의 효력」이 인정되어야 한다.

물론 가등기에 청구권보전의 효력을 인정하는 명문규정은 없다. 다만 독일민법 제883조 제2항을 참고할 수 있다. 독일민법 제883조 제2항은 "가등기 후에 부동산이나 권리에 관하여 한 처분행위는 가등기된 청구권의 실현을 좌절시키거나 그 청구권을 침해하는 한도에서 효력이 없다"고 규정하고 있다. 독일민법 제883조 제2항과 같은 규정이 없으므로, 가등기된 청구권을 좌절시키거나 침해하는 처분행위가 무효로 되는가에 관하여는 논의가 있을 수 있다. 부동산등기법 제3조를 보면 가등기는 「청구권을 보전하려는 때」에 한다고 규정하고 있다. 가등기를 하는 취지가 바로 청구권을 안전하게 보호하고 지키는 「보전」에 있으므로, 만약 가등기 후에 제3자에게 소유권이전의 본등기가 행하여진 결과로 가등기된 청구권의 보전이 좌절되거나 침해되는 때에는 그 한도에서 가등기된 청구권의 보전을 위하여 그 처분행위가 적어도 당사자 사이에서는 무효로 된다고 하지 않을 수 없다. 물론 가등기에 기한 본등기의 근거를 명백하게 규율하기 위하여는 독일민법 제883조 제2항과 같은 명문규정을 둘 필요가 있다고 보나, 현재로서는 가등기 자체의 효력으로서 청구권보전의 효력을 인정하는 근거를 부동산등기법 제3조에서 찾을 수 있다고 생각된다.

사례에서 BC 사이의 처분행위는 A의 가등기된 청구권을 좌절시키거나 침해하는 한도에서 상대적 무효로 되므로, C는 정당한 소유권을 가지고 있어서 누구에 대하여나 소유자로서의 지위를 가지나, B에 대한 관계에서만은 소유자가 아니다(A에 대하여는 어떤가? C는 A에 대하여는 소유자이다). 그러므로 A는 B로부터 본등기를 넘겨받을 수 있다. 다만 C의 소유권이 B에 대한 관계에서만 상대적으로 무효이므로, A가 C에 대하여 직접 C의 소유전이전등기의 말소를 청구할 수는 없다고 본다(판례의 태도와 같이 C의 본등기는 등기관이 직권말소한다고 본다). 예컨대 B가 A의 가등기를 가까운 시일 내에 말소시켜 준다고 약속하고 C에게 갑부동산을 양도한 후에 C 앞으로 먼저 소유권이전등기를 넘겨준 경우에 A가 가등기를 내세워 C의 소유권이전등기를 즉시 말소시킬 수 있다고는 생각할 수 없다(A가 C에 대하여 직접 소유권이전등기의 말소를 청구할 수 없다고 하는 측면에서는 판례와 입장이 같다).

A의 가등기가 기록된 후에 갑부동산에 대하여 D에게로 저당권설정등기나 전세권설정등기가 마쳐진 경우에는 어떤가? 가등기에 의하여 보호되는 청구권을 좌절시키거나 침해하는 한도에서 D의 저당권설정등기나 전세권설정등기는 효력이 없다. 다만 A가 D에 대하여 저당권설정등기나 전세권설정등기의 말소를 직접 청구할 수는 없다고 본다. 판례도 부동산에 대하여 가등기가 마쳐진 후 전세권설정등기가 이루어지고 다시 가등기에 기한

본등기가 행하여진 경우에는 전세권설정등기는 실질적으로 등기관이 직권말소할 수 있다고 본다.[156)]

(4) 가등기의 경고적 효력

가등기는 「경고효」가 있다. 가등기가 된 부동산을 거래하는 자에게 후일 그 순위가 가등기시로 소급하는 본등기가 행하여지면 그 권리가 소멸될 수 있다고 고지하는 효력이 바로 경고효이다.

(5) 가등기의 추정력

가등기에도 추정력이 있는가? 가등기에는 본등기와 같은 추정력이 없다. 소유권이전청구권의 보전을 위한 가등기가 있다 하여 반드시 소유권이전등기할 어떤 계약관계가 있다고 단정할 수 없으므로, 소유권이전등기를 청구할 어떤 법률관계가 있다고 추정이 되지는 않는다.[157)]

3. 토지조사부 등의 기재의 권리추정력

(1) 토지조사부(임야조사부)의 소유자란에의 등재의 추정력

토지조사부나 임야조사부의 소유자란에 등재되어 있으면 권리추정력이 인정되는가? 토지조사부나 임야조사부에 소유자로 등재된 자는 재결에 의하여 사정(査定)의 내용이 변경된 사실 등의 반증이 없는 이상 토지소유자로 사정받고 그 사정이 확정된 경우로 추정된다.[158)] 토지의 사정을 받은 자는 그 토지를 원시적으로 취득하므로, 사정을 이유로 소유권을 취득한 사실을 주장하는 자는 그 사정의 사실 외에 사정 이전의 토지취득경위까지 증명할 필요는 없다.[159)] 만약 보존등기명의인 이외의 자가 토지를 사정받은 경우로 밝혀지면 소유권보존등기의 추정력은 깨어진다.[160)]

(2) 토지대장(임야대장)의 기재

토지대장(임야대장)은 아무런 법적 근거 없이 과세의 편의상 임의로 기재한 경우에 불과하다. 토지대장의 소유자란에 이름이 기재되어 있다 하더라도 그 기재에 권리의 추정력을 인정할 수 없다.[161)]

---

156) 대법원 1979.9.27. 자 79마222 결정.

157) 대법원 1979.5.22. 선고 79다239 판결.

158) 「査定」(사전적으로는 조사·심사하여 정한다는 의미이다)이란 일제강점기에 토지조사사업과 임야조사사업을 통하여 만들어진 토지조사부나 임야조사부 및 지적도에 의하여 토지나 임야의 소유자 및 강계(경계를 말한다)를 확정한 행정처분을 말한다.

159) 대법원 1998.9.8. 선고 98다13686 판결.

160) 대법원 1997.5.23. 선고 95다46654, 46661 판결.

161) 대법원 1995.12.26. 선고 95다28601, 28618 판결; 대법원 2003.6.24. 선고 2001다4705 판결.

(3) 지적원도의 기재

어떤 토지의 지적원도에 어떤 사람의 성명이 기재되어 있는 사실이 인정된다면 그 사실은 그 사람이 그 토지의 소유자로 사정을 받은 경우로 짐작케 하는 유력한 자료가 되기는 한다. 그러나 토지의 지번·지목·지적·소유자 등 토지의 조사에 관한 사항을 토지조사부에 기재하는 외에 지적원도에 지번·지목·지적과 함께 소유자의 성명까지 병기한 사정은 법령의 근거 없이 행정의 편의를 위하여 한 경우로 보이고, 지적원도에 사람의 성명이 기재되어 있는 사실만으로 그 사람이 그 토지의 소유자로 사정을 받은 사실이 추정된다고 볼 수는 없다.

제 4 절 동산물권의 변동

Ⅰ. 권리자로부터의 물권취득

1. 성립요건주의(형식주의·독법주의)

(1) 민법 제188조 제1항의 내용

"동산에 관한 물권의 양도는 그 동산을 인도하여야 효력이 생긴다"(§188 I). 민법 제188조 제1항은 법률행위에 의한 동산물권변동의 성립요건주의(형식주의·독법주의)를 규정하고 있다. 동산물권변동에서는 인도(점유의 이전)가 성립요건이다. 민법은 동산물권변동의 요건으로서의 「인도」에 관하여 현실인도 이외에 관념적인 인도로서 간이인도(§188 II), 점유개정(§189), 목적물반환청구권의 양도(§190)를 인정하고 있다.

(2) 민법 제188조 제1항의 적용범위

민법 제188조 제1항의 적용범위에는 법률행위에 의한 동산소유권의 양도만이 해당한다. 동산물권에는 소유권 이외에 점유권·유치권·질권이 있지만, 점유권·유치권·질권에 대하여는 각각 특별규정이 적용된다(§§192·320·328·330·332). 소형선박(소형어선을 포함한다)·자동차·항공기·건설기계도 역시 동산이기는 하나(「특정동산」이라고 부른다), 그 특정동산의 소유권에 대하여는 인도로 충분하지 않다. 자동차의 소유권(자동차관리법 §6), 항공기의 소유권(항공법 §5), 소형선박 및 소형어선의 소유권(선박법 §8의2, 어선법 §13의2)의 득실변경은 등록하여야 그 효력이 생긴다. 역시 특정동산에 대한 저당권의 설정을 위하여도 「등록」을 요한다(자동차 등 특정동산 저당법 §5). 그리고 등기하여야 하는 선박(총톤수 20톤 이상의 기선과 범선 및 총톤수 100톤 이상의 부선)의 경우에는 등기사항에 따라서 소유권이전등기는 등기가 대항요건이 되나(상법 §743), 저당권등기에서는 효력요건이 된다(상법 §787 III).

2. 성립요건으로서의 동산의 인도

(1) 인도의 의의

인도란 점유의 이전, 즉 물건에 대한 사실상의 지배의 이전을 가리킨다. 동산에 관한 물권변동에서 점유의 이전, 즉 인도를 요건으로 하는 입법주의를 「인도주의」라고 한다. 동산물권변동의 공시방법으로서의 인도는 등기에 비교하면 매우 불완전한 공시방법이라고 할 수 있다.

동산에 관한 물권변동에는 인도를 필요로 하지만, 예외적으로 인도가 없어도 물권변동의 효력이 발생하는 경우가 있다. 인도주의의 예외로 아래와 같은 경우를 들 수 있다.

(i) 부동산의 종물인 동산이 소유권·저당권의 목적이 되거나(§§358·100 II), 재단을 구성하는 동산이 「공장 및 광업재단 저당법」에 의한 재단저당의 목적이 되는 경우와 같이 등기에 의하여 공시되는 동산은 별도의 인도를 요하지 않는다.

(ii) 등기·등록으로 공시되는 동산, 즉 선박에 관한 권리변동은 등기하여야 하고(선박등기법 §3), 자동차·항공기·건설기계·소형선박의 소유권·저당권의 득실변경은 등록하여야 효력이 발생한다(자동차 등 특정동산 저당법 §5).

(iii) 선하증권·화물상환증·창고증권과 같은 증권의 인도는 증권이 표상하는 상품 그 자체의 인도와 동일한 효력을 가진다(상법 §§133·157·820).

(2) 인도의 종류

1) 현실의 인도

민법 제196조 제1항의 인도는 「현실의 인도」를 뜻한다. 물건의 교부와 같이 현실적으로 물건에 대한 사실상의 지배를 이전하는 경우가 「현실의 인도」에 해당한다.

동산에 있어서 대부분의 경우에 보통 손에서 손으로 장소적 이전이 일어나면 현실의 인도가 이루어진다. 다만 현실의 인도란 물리적 의미에서가 아니다. 현실의 인도에 해당하는가 여부는 사회통념상 내지 거래관념상으로 결정한다.162) 사회통념상 내지 거래관념상 어떤 동산이 양도인의 지배권을 벗어나 양수인의 지배권으로 옮겨가는 경우에 현실의 인도가 인정된다.

2) 간이인도

> 전주에 거주하는 A는 춘천에 거주하는 B와의 임대차계약에 의하여 임차인으로서 B 소유의 동산을 점유하고 있었는데, 도중에 B로부터 그 동산을 매수하라는 제의를 받았다. A는 고심한 끝에 그 동산을 매수하기로 하고, B와 매매계약을 체결하였다. A는 B로부터 현실의 인도를 받아야 그 동산에 대한 소유권을 취득하는가?

162) 예컨대 바위덩어리로 되어 있는 임야를 매수하여 대금을 지급한 때에는 인도를 받은 경우로 인정된다(대법원 1992.6.9. 선고 92다6853 판결).

"양수인이 이미 그 동산을 점유한 때에는 당사자의 의사표시만으로 그 효력이 생긴다"(§188 II). 양수인이나 그 대리인이 이미 목적물을 소지하고 있는 경우에는 당사자의 의사표시만으로 점유를 이전할 수 있다. 바로 「간이인도」(traditio brevi manu)이다.

사례에서 A가 동산을 이미 점유하고 있으므로, B가 A에게 소유권이전의 의사표시를 한 사실만에 의하여 A는 인도를 받은 경우로 된다. 굳이 A가 춘천까지 찾아가 B에게 그 동산을 반환할 필요가 없고, 춘천에 거주하는 B가 현실의 인도를 하기 위하여 A를 찾아 전주까지 와야 할 필요가 없다. 「간이인도」로 충분하다.

3) 점유개정

(a) 의 의

> A는 자기가 타고 다니는 자전거를 B에게 매도하기로 하고, 매매계약을 체결하였다. 그런데 A가 1주일 정도 더 자전거가 필요하고, B는 1주일 동안 외국여행을 가는 관계로 자전거가 당장 필요하지 아니하여 A가 B로부터 빌려서 1주일 동안 자전거를 타고 다니기로 하였다. A는 자전거의 소유권을 B에게 넘기기 위하여 일단 자전거에 대한 현실의 인도를 하여야 하는가?

동산에 관한 물권을 양도하는 경우에 점유개정도 인도의 하나로 본다(§189). 당사자 쌍방의 계약으로 양도인이 그 동산의 점유를 계속하고, 양수인은 양도받은 경우로 하는 인도를 「점유개정」(constitutum possessorium)이라고 한다. 양도인이 소유하는 물건을 양수인에게 양도한 후에 양도인이 계속하여 그 물건을 점유하면 양수인은 양도인을 직접점유자로 하여 그 물건의 점유를 점유개정을 통하여 취득하게 된다. 사례에서 AB 사이에 양수인 B가 간접점유를 취득하는 법률관계의 합의를 통하여 B가 자전거를 인도받은 경우로 인정된다.

(b) 점유개정이 문제되는 경우

a) 점유개정에 의한 이중양도

> A는 B와 C에게 기계를 이중으로 양도하는 매매계약을 체결하고 각 점유개정의 방법으로 양도하였다. 그 후에도 A는 기계를 계속 점유하여 왔다. 그런데 B는 양도에 따른 인도청구권을 피보전권리로 하여 기계에 대하여 처분금지가처분결정을 받아 집행을 하였고, 본안소송을 제기하여 승소의 판결을 받았다. 한편 C는 B가 처분금지가처분결정을 집행한 후에 A로부터 기계를 인도받았고, 그 후 기계를 다시 제3자 D에게 처분해 버렸다. 누구에게 기계의 소유권이 귀속하는가?

동산의 소유자가 동산을 이중으로 양도하고, 각 점유개정의 방법으로 양도인이 점유를 계속하는 경우에 누가 그 동산의 소유권을 취득하는가? 양수인 사이에서는 먼저 현실의 인도를 받아 점유를 한 자만이 소유권을 취득한다.[163)]

---

163) 대법원 1975.1.28. 선고 74다1564 판결.

점유개정의 방법으로 동산이 이중양도되고, 양수인 중 1인의 처분금지가처분집행 후 다른 양수인이 현실의 인도를 받은 경우에도 역시 현실의 인도를 받은 양수인이 우선하는가? 양수인 중 한 사람이 처분금지가처분집행을 하고, 그 동산의 인도를 명하는 판결을 받은 경우에는 다른 양수인이 가처분집행 후에 양도인으로부터 그 동산을 현실로 인도받아 점유를 승계하더라도 그 동산을 선의취득한 경우가 아닌 한 그 다른 양수인은 가처분채권자인 양수인이 승소판결에 따른 집행권원에 터잡아 강제집행을 하는 경우에 강제집행을 수인하여야 하는 지위에 있다. 그러므로 현실의 인도를 받은 양수인이 가처분채권자인 양수인과의 사이에서는 그 동산에 대한 소유권의 취득을 주장할 수 없다고 본다.164)

사례는 기계가 점유개정의 방법으로 A로부터 B와 C에게 이중양도된 경우이다. 그리고 B가 가처분결정을 집행한 후에 C가 A로부터 기계를 현실로 인도받은 후 기계를 다시 제3자에게 처분해 버린 사정이 인정된다. 비록 가처분의 효력은 그 당사자인 B와 A 사이에만 미치고, C에게는 미치지 않는다고 하여도 C는 B에 대하여 B의 본안승소판결에 따른 집행을 수인하여야 하는 지위에 있으므로 C는 점유이전을 가지고 B에 대항하여 그 소유권을 주장할 수 없다. 한편 B는 가처분상의 피보전권리에 의하여 기계를 인도받아 그 소유권을 취득하게 될 터인데, C가 가처분을 무시하고 기계를 인도받은 후 다시 제3자 D에게 처분함으로써(D가 선의취득하게 된다) B로 하여금 기계에 대한 소유권을 취득할 수 없게 한 경우라고 할 수 있다. 그러므로 C는 B에게 손해배상의무가 있다.

b) 점유개정의 방법에 의한 선의취득

동산의 선의취득에 필요한 점유의 취득은 점유개정으로도 가능한가? 선의취득에는 현실적 인도가 있어야 하고, 점유개정에 의한 점유취득만으로서는 그 요건을 충족할 수 없다(선의취득과 관련하여 자세하게 설명한다).

c) 점유개정의 방법으로 설정된 이중의 양도담보설정계약의 효력

> 양돈업을 영위하던 A가 B와 C로부터 양돈사료를 공급받던 중 그 사료대금채무를 담보하기 위하여 각 점유개정의 방법으로 당시까지 사육하고 있거나 장래에 사육하게 될 모든 돼지를 각각의 목적물로 하여, 먼저 B와 사이에 2007.2.1. 피담보채권액을 1억원으로 정한 양도담보계약을, 그 후 2009.1.25. C와 사이에 피담보채권액을 2억원으로 정한 양도담보계약을, 다시 2009.10.1. B와 사이에 피담보채권액을 2억원으로 정한 양도담보계약을 각 체결하였다. 그런데 A가 각 양돈사료대금채무를 연체하자 먼저 B가 법원에 돼지를 압류하고, 다음으로 C가 돼지를 각 압류한 다음, 유체동산경매절차에서 돼지가 D에게 1억5,000만원에 일괄매각되었다. 매각대금은 누구에게 얼마가 배당되는가?

금전채무를 담보하기 위하여 채무자가 그 소유의 동산을 채권자에게 양도하되 점유개정의 방법으로 인도하고 채무자가 그 동산을 계속 점유하기로 약정한 경우에 특별한 사

164) 대법원 1989.10.24. 선고 88다카26802 판결.

정이 없는 한 그 동산의 소유권은 신탁적으로 이전되는 경우에 불과하다. 그러므로 채권자와 채무자 사이의 대내적 관계에서는 채무자가 소유권을 보유하나, 대외적인 관계에서 채무자는 동산의 소유권을 이미 채권자에게 양도한 무권리자가 되어서 다시 다른 채권자와 사이에 양도담보설정계약을 체결하고 점유개정의 방법으로 인도하더라도 선의취득이 인정되지 않는 한 나중에 양도담보계약을 체결한 채권자로서는 양도담보권을 취득할 수 없다. 현실의 인도가 아닌 점유개정의 방법으로는 선의취득이 인정되지 아니하므로, 결국 뒤의 채권자는 적법하게 양도담보권을 취득할 수 없다.165)

사례에서 C는 양도담보권을 취득하지 못한다. 단지 점유개정의 방법으로 나중에 A와 사이에 돼지에 관하여 이중양도담보계약을 체결하였을 뿐인 C는 돼지에 대하여 적법하게 양도담보권을 취득하지 못하므로, A의 일반채권자에 불과하다고 볼 수밖에 없다(C는 후순위의 양도담보권자가 아니다). 그리고 B가 2009년 10월 1일 A와 사이에 돼지에 관하여 다시 체결한 양도담보계약에 의하여 AB 사이의 최초의 양도담보계약에서 약정하였던 피담보채권액(1억원)에서 다시 2억원의 피담보채권액이 적법하게 증액된 경우로 볼 수 있다. 결국 B는 합계 3억원의 피담보채권에 대한 양도담보권을 가지므로, 매각대금 1억5,000만원은 모두 유일한 양도담보권자인 B에게 배당되어야 한다.

4) 목적물반환청구권의 양도

(a) 의 의

> A는 건고추를 제3자 C가 소유하는 창고에 보관하고 있었는데, 마침 B에게 그 건고추를 매도하였다. 그런데 B도 시세가 오를 때까지 창고에 건고추를 보관하여야 하였으므로, C 소유의 창고에 그대로 보관하고자 하였다. 건고추는 A로부터 B에게 어떤 방법으로 인도될 수 있는가?

A가 건고추를 창고로부터 꺼내서 B에게 현실의 인도를 한 후에 B가 다시 C에게 부탁하여 C 소유의 창고에 자기의 건고추를 보관시킨다고 하면 대단히 복잡하다. 양도인이 제3자에게 맡겨 논 물건을 맡겨 둔 채로 양수인에게 매각하는 경우에 양도인이 제3자(점유자)에 대하여 가지는 반환청구권을 양수인에게 양도하여 양수인이 인도를 받는 경우로 할 수 있다.166) 바로 「목적물반환청구권의 양도」(cessio vindicationis)라고 한다(§190). A는 C에 대한 건고추의 반환청구권을 간단히 B에게 양도하는 방법으로 동산소유권의 양도에 필요한 인도를 마칠 수 있다.

(b) 목적물반환청구권의 양도에 의한 선의취득

목적물반환청구권의 양도에 의한 선의취득도 인정되는가? 양도인이 소유자로부터 보관을 위탁받은 동산을 제3자에게 보관시킨 경우에 양도인이 그 제3자에 대한 반환청구권

165) 대법원 2005.2.18. 선고 2004다37430 판결.

166) 판례를 보면 예컨대 수입화물을 운송한 운송인이 그 운송물을 자신이 지정한 보세창고에 반입한 후 그 반출에 필요한 서류를 화주에게 교부한 경우라고 하면 운송인은 그로서 그 운송물에 대한 인도를 완료한 경우로 본다(대법원 1986.7.22. 선고 82다카1372 판결).

을 양수인에게 양도하고 지명채권양도의 대항요건을 갖춘 때에는 동산의 선의취득에 필요한 점유의 취득요건을 충족한다(뒤에 자세하게 설명한다).

Ⅱ. 선의취득(무권리자로부터의 권리취득)

1. 선의취득의 의의

> A는 B로부터 기계(동산)를 구입하여 대금을 지급하고 인도를 받은 후 직접 사용하다가 다시 B가 그 기계를 필요로 하므로 A는 B에게 그 기계를 빌려주었다. B가 기계를 A로부터 임차하여 점유하고 있었는데, C는 B가 여전히 그 기계의 소유자인 줄로 알고 B로부터 그 기계를 매수하였다. C는 기계의 소유권을 취득하는가?

어떤 동산을 점유하는 자를 권리자로 믿고 평온·공연·선의·무과실로 물권을 취득하는 경우가 있다. 사례에서 C가 기계를 B로부터 매수할 때에 B의 기계에 대한 점유를 신뢰하여 B를 소유자로 믿고 기계를 선의·무과실로 매수하여 점유를 취득한 사정이 인정된다면 동산거래의 안전을 위한 점유의 공신력에 의하여 권리외관을 신뢰한 C에게 기계에 대한 소유권을 취득시킬 필요가 있다. 비록 양도인이 동산의 정당한 권리자가 아니라 할지라도 양수인에게 그 동산에 관한 물권취득을 인정하는 제도를 「선의취득」(즉시취득)이라고 한다. 민법 제249조는 명문으로 "평온, 공연하게 동산을 양수한 자가 선의이며 과실없이 그 동산을 점유한 경우에는 양도인이 정당한 소유자가 아닌 때에도 즉시 그 동산의 소유권을 취득한다"고 하여 선의취득을 인정하고 있다(§249).

2. 선의취득의 요건

(1) 선의취득의 객체

1) 동산에 한한다

동산에 대하여만 선의취득이 인정되고, 부동산에 대하여는 선의취득이 성립하지 아니한다(왜냐하면 부동산등기에는 공신력이 인정되지 않기 때문이다). 부동산의 일부가 분리되어 동산이 된 경우(예컨대 입목을 매수하여 벌채한 경우)에 선의취득이 적용되는가? 양도행위의 시점에서 부동산의 일부인 때에는 후에 분리되어 동산이 되더라도 선의취득의 대상이 되지 아니한다. 부동산의 종물인 동산에 대하여는 선의취득이 성립하고, 공장재단·광업재단을 구성하는 동산도 분리한 후에 양도된 경우에는 선의취득이 인정된다.

2) 금전·화폐

> A는 B가 「동전점(占)을 쳐 보려고 하는데, 500원짜리 동전 3개만 빌려달라」고 하므로, 빌려줬다. B는 그 동전을 가지고 C편의점에서 콜라를 사 마셨다. A는 C편의점에 대하여 그 500원짜리 동전의 반환을 청구할 수 있는가?

(i) 금전 혹은 화폐는 어떤 법적 성질을 가지는가? 금전이 기념주화, 고전(古錢), 봉금(封金)으로 취급되는 때에는 당연히 동산에 해당한다. 그러나 일반적으로 금전은 물건으로서의 개성이 없고, 단지 일정한 금전적 가치를 표상할 뿐이므로 보통의 동산과 다르다. 그러므로 금전이 절취되거나 편취된 경우에는 물권적 반환청구권이 인정될 여지가 없고, 부당이득 내지 불법행위법상의 청구권만이 인정된다.

(ii) 금전에 관하여도 선의취득이 인정되는가? 학설은 긍정설과 부정설로 대립한다. 긍정설은 금전도 민법 제249조에 의한 선의취득의 대상이 된다고 본다. 그러나 금전은 동산의 일종이기는 하지만 보통 물건이 가지는 개성을 갖고 있지 아니하고 가치 그 자체라고 생각하여야 한다. 동산에 적용되는 규정 중에는 금전에는 적용되지 못한다고 보아야 할 경우가 적지 않다. 그러므로 금전에 관하여도 민법 제249조가 적용되는가 하는 문제는 금전의 특수성을 생각하여 아래와 같이 경우를 나누어서 이해할 필요가 있다고 본다.

i) 보통의 금전은 가치의 상징으로서 유통되므로, 물건으로서의 개성은 문제가 되지 않는다고 새겨야 한다. 「금전은 그 점유가 있는 곳에 소유권도 있다」고 하는 법언과 같이, 금전에는 항상 소유와 점유가 일치하여 금전의 점유가 언제나 그 소유의 권원이 되므로, 선의취득을 문제삼을 여지가 없다(오로지 부당이득반환청구권으로 뒷처리가 행하여질 뿐이다).

ii) 금전이 언제나 가치의 상징으로만 유통되지는 아니하고, 경우에 따라서 단순한 물건(동산)으로서 주고 받기도 한다. 예컨대 금전을 기념주화나 고전(古錢)으로 거래한 경우, 진열을 목적으로 특정의 화폐를 인도한 경우, 금전을 봉투나 자루, 현금가방에 넣은 채로 맡긴 경우를 그 예로 들 수 있다. 예외적으로 금전이 물건으로 거래된 때에는 당연히 민법 제249조가 적용된다고 보아야 한다.

민법 제250조 단서는 도품이나 유실물이 「금전」인 때에는 도품, 유실물에 대한 특례를 정한 민법 제250조 본문이 적용되지 아니한다고 규정하고 있다. 민법 제250조 본문에서 말하는 「동산」에는 금전까지 포함된다는 사실이 자명하다. 역시 민법 제250조는 민법 제249조의 예외규정이므로, 민법 제249조에서 말하는 「동산」에도 당연히 금전이 포함된다고 해석할 수 있다. 그러나 보통의 금전의 경우에는 언제나 점유가 있으면 소유권도 있다고 보므로, 처음부터 선의취득이 문제될 여지가 없다

(iii) 사례에서는 500원짜리 동전을 동산으로 보아서, C편의점이 동전을 선의취득하므로 A로부터의 반환청구를 거절할 수 있다고 보아도 상관없다. 선의취득이 된다고 볼 때에 C편의점이 동전을 선의취득하여 A의 반환청구를 거절할 수 있다고 하는 경우까지는 전혀 다른 문제가 야기될 여지가 없다. 그러나 C편의점이 500원짜리 동전이 B가 A로부터 점

(占)을 쳐 보기 위하여 빌린 동전이라는 사실을 안 경우라면 어떤가? 민법 제249조의 요건을 충족시키지 못하므로, 선의취득이 성립하지 않는다. 선의취득이 성립하지 않는다면 A의 반환청구는 인정되는가? A가 반환청구를 할 수 있다고 하면 C편의점은 B로부터 받은 '그 500원짜리 동전'을 찾아서 반환하여야 한다. 그러나 C편의점이 그 500원짜리 동전 자체를 찾아 반환하기는 현실적으로 거의 불가능하고, 금전의 유통을 교란케 할 뿐이다. 그러므로 C편의점은 선의·악의를 묻지 아니하고 확정적으로 그 500원짜리 동전의 소유권을 취득한다고 보아야 할 필요가 있다.

가치의 반환청구권, 즉 가치의 레이 빈디카치오(rei vindicatio)에 관한 문제가 있다. 금전의 선의취득을 전혀 인정하지 아니하여 금전에 대하여만 유독 거래의 안전을 극한대로 보호하게 되면 정적 안전이 크게 희생되는 문제가 있다. 물론 A는 B에 대하여 1,500원의 반환청구를 할 수 있으나(B가 무자력이 된 때에는 속수무책이다), A의 권리는 채권이므로, C에 대하여는 행사할 수 없다. 그러나 목적물이 통상의 동산인 경우와 비교하면 어딘가 균형이 어긋난다고 하는 느낌을 지울 수 없다. 그러므로 금전의 소유자에게도 일정한 한도에서 물권적 보호를 부여하기 위하여 가치의 반환청구권을 인정하여야 한다는 유력한 견해가 있다(부당이득법과도 관련되는 중요한 문제제기라고 평가된다). 가치의 반환청구권을 인정한다고 하면 선의취득의 요건이 충족되지 않는 한, A는 500원짜리 동전 3개라고 하는 가치에 대하여 C편의점에게 반환청구를 할 수 있게 된다.

(iv) 사례에서 500원짜리 동전 3개가 도품이나 유실물이라면 어떤가? 도품이나 유실물이 단순한 물건으로서의 금전인 때, 예컨대 금전이 봉금이나 콜렉션의 대상인 경우에는 당연히 민법 제250조가 적용된다. 금전이 단순한 물건으로 취급되는 경우이므로, 당연히 민법 제250조 본문이 그대로 적용되어야 옳다. 금전이 일종의 물건으로 거래될 때에는 굳이 「금전」이라고 할 수 없으므로, 민법 제250조 단서도 적용되지 아니한다. 단순한 물건으로서의 금전이 도품이나 유실물인 때에는 그 반환의 청구가 인정된다(예컨대 고속도로 휴게소에서 현금을 수송하던 차량을 부수고 현금가방을 훔친 도둑으로부터 그 현금가방을 전달받은 사람을 추적하여 외국으로 출국 직전에 공항에서 붙잡은 때에는 물권적 반환청구권에 기하여 바로 그 현금가방의 반환을 청구할 수 있다). 민법 제250조 단서에서 말하는 「금전」은 가치의 상징으로서 유통되는 금전을 가리키고, 금전은 비록 도품이나 유실물이라고 하더라도 그 점유가 있는 곳에 언제나 소유권도 함께 존재하므로, 그 금전의 반환청구가 허용되지 아니한다는 의미로 새겨야 한다(도품이나 유실물인 「금전」에 대하여는 물권적 반환청구권이 인정되지 아니하고, 오로지 채권적 청구권이나 불법행위만이 문제될 수 있다). 한편 진열의 목적으로 마련한 특정의 화폐, 봉투나 자루 혹은 현금수송용 케이스에 넣은 채로 보관하고 있는 금전이 도품이나 유실물이 된 경우에 그 단순한 물건으로서의 금전을 보통의 금전으로서 사용해 버릴 수 있다. 만약 도품이나 유실물인 단순한 물건으로서의 금전을 보통의 금전으로 사용한 경우라고 하면 민법 제250조 단서에 의하여 그 금전의 반환청구가 금지된다는 사실은 너무나 당연하다.

3) 등기·등록 등으로 공시되는 동산

> A가 소유하는 자동차를 B가 점유하고 있었는데, 등록도 아예 B 명의로 해 놓았다. C가 B로부터 그 자동차를 매수하여 인도를 받았고, 등록도 이전하였다. C에게 선의취득이 적용되는가?

소형선박(혹은 소형어선), 자동차, 항공기, 건설기계(건설기계관리법에서 정하는 건설공사에 사용되는 일정한 기계를 말한다)와 같이 등록을 갖춘 특정동산도 성질상 동산이다. 그러나 특정동산은 법률상 부동산과 같이 취급되어 선의취득의 목적이 될 수 없다.[167] 자동차나 소형선박, 항공기와 달리 건설기계의 소유권의 득실변경을 위하여는 등록을 요구하고 있지 않다.[168] 그러나 건설기계에 대하여도 등록을 하여야 하므로(건설기계관리법 §3), 등록된 건설기계는 선의취득의 대상이 아니라고 본다(선의취득의 대상으로 보는 견해도 있다).[169]

자동차에 대하여 선의취득이 적용되는가? 판례는 자동차소유권의 득실변경은 등록을 받아야 효력이 생기므로(자동차관리법 §6), 자동차에 관하여는 선의취득에 관한 규정이 적용될 여지가 없다고 본다.[170] 그러나 자동차의 선의취득에 관한 문제는 아래와 같이 세 가지 유형으로 나누어서 살펴볼 필요가 있다.

(i) 미등록의 자동차에 대한 선의취득의 문제가 있다. 자동차가 아직 미등록된 상태인 때에는 선의취득이 적용될 수 있다고 본다(역시 이론적으로는 선박이나 항공기, 건설기계의 경우에도 미등록이나 미등기의 경우에는 선의취득이 인정된다).

(ii) 만약 A가 자동차를 자기 명의로 등록하고, 잠깐 B에게 빌려준 상태에서 B가 그 자동차를 C에게 팔고 인도한 경우에는 C에게의 등록이 없는 한, C가 소유권을 취득할 수는 없으므로(판례도 자동차의 소유권의 득실변경은 등록함으로써 그 효력이 생기고, 등록이 없는 한 대외적 관계에서는 물론 당사자의 대내적 관계에 있어서도 그 소유권을 취득할 수 없다고 본다[171]), 전혀 선의취득이 문제될 여지가 없다. 단지 B의 타인의 물건에 대한 매매가 되므로, 그에 따른 B의 C에 대한 의무, 즉 민법 제569조에 따른 의무나 민법 제570조의 담보책임과 같은 문제가 남는다.

(iii) 사례에서는 자동차의 소유권은 A에게 있으나, B 명의로만 되어 있을 뿐이므로, B는 무권리자라고 보아야 한다. C가 무권리자인 B로부터 자동차의 등록명의를 넘겨받은 경우이므로, C가 소유자가 되는가가 문제된다. 물론 등록된 자동차에 대하여도 선의취득

---

167) 등기로 공시되는 선박(총톤수 20톤 이상의 기선과 범선 및 총톤수 100톤 이상의 부선)도 마찬가지이나, 등기·등록으로 공시되지 아니하는 선박(예컨대 쪽배나 거룻배)에 대하여는 일반의 동산과 같이 선의취득이 인정된다.

168) 건설기계에 관한 권리의 득실은 보통의 동산과 같이 인도가 있을 때에 성립하나, 다만 시·도지사에게 신고하여야 한다(건설기계관리법 §5 I 참조).

169) 판례도 불도저에 관하여 선의취득의 규정이 적용될 여지가 없다고 본다(대법원 1966.1.25. 선고 65다2137 판결).

170) 대법원 1964.9.8. 선고 64다650 판결.

171) 대법원 2007.1.11. 선고 2006도4498 판결.

을 적용시켜야 한다고 생각할 수도 있다. 그러나 등록된 자동차에는 선의취득이 적용되지 않는다고 보아야 한다. 등록된 자동차에 대하여 선의취득이 인정된다고 하면 등록에 공신력을 인정한다고 하는 의미가 되나, 등기에 대하여도 공신력이 인정되지 않는 상황에서 등록에 공신력을 인정하기는 곤란하다. 그러므로 동산으로서의 자동차의 특성(거래의 안전을 도모할 필요성)이나 등록에 대한 일반의 의식을 고려하면 선의취득을 긍정하기는 어렵다. 다만 선의취득을 부정하는 경우에 C의 보호는 민법 제108조 제2항의 유추적용을 통하여 꾀할 수 있다. 그리고 민법 제108조 제2항을 유추적용하여 C를 보호하는 경우에 신뢰의 대상이 되는 외관은 단순한 등록만이 아니라, 등록과 점유 양자라고 보아야 한다.

4) 등기나 명인방법으로 공시되는 지상물

입목등기에 의하여 공시된 입목은 토지와는 별개의 독립한 부동산으로 취급되므로, 당연히 선의취득의 적용이 없다. 물론 벌채 등에 의하여 토지로부터 분리되면 즉시 동산으로 되므로, 선의취득의 대상이 된다. 입목을 목적으로 한 저당권의 효력이 입목이 벌채되면 토지로부터 분리된 목재 위에 미치나(입목법 §4 I), 제3자가 분리된 목재를 선의취득한 때에는 저당권의 효력이 소멸한다.

명인방법에 의하여 공시되는 지상물(예컨대 수목의 집단·입도·미분리의 과실)의 법적 성질을 부동산으로 보는 한, 선의취득의 객체가 되지 못한다. 그러나 명인방법을 갖춘 지상물을 동산으로 보는 견해에서도 공시방법이 점유가 아니라 명인방법이므로, 선의취득은 적용될 수 없다는 입장이 있다. 여하튼 수목의 집단이나 미분리의 과실에 대하여는 비록 명인방법이 되어 있다고 하더라도 선의취득을 인정하기 어렵다고 본다(선의취득이 인정된다고 하면 누구든 수목의 집단이나 미분리의 과실에 대하여 명인방법을 취한 후에 제3자에게 양도하면 제3자가 권리를 취득하고, 진정한 권리자는 권리를 잃으므로, 너무 진정한 권리자를 해친다). 물론 수목의 집단이 벌채되거나 미분리의 과실이 토지나 나무로부터 분리된 때에는 순수한 동산이 되므로, 선의취득의 대상이 된다.

5) 공장재단·광업재단에 속하는 구성물

공장재단의 구성물(예컨대 기계, 기구, 전봇대, 전선, 레일)을 공장재단에서 분리한 경우에 그 분리된 구성물에 관하여 저당권이 소멸하는가? 공장 및 광업재단 저당법 제20조에 의하면 공장소유자가 저당권자의 동의를 받아 공장재단의 구성물을 공장재단에서 분리한 경우에 그 분리된 구성물에 관하여는 저당권이 소멸한다. 그러므로 저당권자의 동의를 얻지 아니하고 공장재단으로부터 구성물을 분리하면 분리된 구성물 위에 저당권의 효력이 미친다고 해석된다. 다만 공장재단으로부터 분리된 구성물에 대하여는 선의취득이 인정되므로, 선의취득하면 저당권의 효력이 더 이상 미칠 수 없다(선의취득의 성질은 원시취득이다).

역시 광업재단에 속하는 기계, 기구, 그 밖의 부속물이 광업재단에서 분리된 때에는 그 분리된 부속물에 대하여는 선의취득이 인정된다. 그러므로 광업권자가 저당권자의 동의를 받지 아니하고 공장재단의 구성물을 광업재단에서 분리한 경우에 그 분리된 부속물에 관하여는 저당권의 효력이 미치나, 선의취득이 되면 저당권의 효력도 소멸한다.

6) 권 리

(a) 서 언

권리의 선의취득은 원칙적으로 인정되지 않는다. 지명채권(채권자가 특정되어 있는 채권을 가리킨다)을 무권리자로부터 양수한 양수인은 지명채권을 선의취득할 수 없다. 만약 채무자가 무권리자로부터의 양수인에게 변제하면 어떤 효력이 생기는가? 채무자가 선의이며 과실 없는 때에 한하여 채권의 준점유자에 대한 변제로서 효력이 생겨서(§470) 채무자는 채무를 면할 수 있고, 진정한 채권자와 양수인의 관계는 부당이득반환의 문제로 처리된다.

판례는 분명히 저당권은 선의취득의 대상이 되지 않는다고 본다.[172] 민법 제343조(민법 제249조를 동산질권에 준용한다)와 같은 명문규정이 없는 한, 특히 저당권은 부동산 위에 성립하는 권리이므로 민법 제249조의 선의취득을 저당권의 취득에 적용할 수는 없다. 역시 어음(수표)상의 권리가 소멸한 후에 발생하는 이득상환청구권(일종의 지명채권이다),[173] 연립주택이나 아파트 등의 입주권[174] 등도 선의취득의 대상이 될 수 없다.

(b) 무기명채권

무기명채권이라 함은 특정의 채권자를 지정하지 않고, 증권의 소지인에게 변제하여야 하는 증권적 채권을 말한다. 예컨대 상품권, 승차권, 입장권 등이 무기명채권에 해당한다.

상품권, 승차권, 입장권 등은 특수한 종류의 동산에 해당하는가? 민법은 상품권, 승차권, 입장권 등과 같은 무기명채권에 대하여 「동산으로 간주」하는 규정을 두고 있지 않고(일본민법 제86조 제3항은 "무기명채권은 동산으로 본다"고 규정하고 있다), 채권편에 별도의 규정을 두고 있다(§§523-525). 그러므로 상품권, 승차권, 입장권 등은 더 이상 동산으로 취급되지 아니하고, 무기명채권에 관하여는 동산에 관한 규정이 적용되지 않는다.

민법은 무기명채권에 관하여는 동산의 선의취득에 관한 규정을 적용하지 아니하고, 특칙을 두고 있다. 민법 제524조를 통하여 민법 제514조가 준용되므로, 무기명채권을 나타내는 증서를 무권리자로부터 교부받아 적법하게 소지하고 있으면 악의나 중과실이 아닌 한, 경과실이 있더라도 선의취득할 수 있다.

(c) 지시채권

지시채권은 증서가 있는 채권으로 증서에 기재된 채권자 혹은 그 채권자가 지정한 지시인에게 변제하여야 하는 증권적 채권(대표적으로 어음·수표)을 가리킨다. 지시채권은 유통성이 특히 강한 관계로 거래의 안전을 위하여 특별히 선의취득을 인정할 필요가 있다. 민법 제514조는 동산거래에 관한 선의취득보다 그 요건을 완화하여 지시채권의 선의취득에 관한 특칙을 두고 있다. 무권리자로부터 지시채권을 배서·교부받는 방법으로 양수한

---

172) 대법원 1985.12.24. 선고 84다카2428 판결.

173) 대법원 1980.5.13. 선고 80다537 판결.

174) 대법원 1980.9.9. 선고 79다2233 판결.

양수인은 악의나 중과실이 없으면 비록 경과실이 있다고 하더라도 선의취득할 수 있다.

유가증권이 도품이나 유실물인 경우에 민법 제250조가 적용되는가? 유가증권에 관하여 민법 제250조를 준용한다고 하는 명문규정이 없어서 그 범위에서는 민법 제250조가 적용되지 않는다. 비록 도품이나 유실물이라고 하더라도 유가증권은 아직 2년 이내라고 할지라도 반환할 필요가 없다.

(d) 증권에 의하여 표창되는 동산

화물상환증·창고증권·선하증권과 같이 증권에 의하여 표창되는 동산의 선의취득에 관하여는 두 가지로 생각할 수 있다.

(i) 화물상환증·창고증권·선하증권과 같이 증권에 의하여 표창되는 동산은 그 증권을 배서·교부하면 인도한 효력이 발생하며, 그 법적 성질은 지시채권으로 이해된다. 그러므로 지시채권에서와 마찬가지로, 증권의 배서·교부를 통하여 선의취득이 가능하다. 역시 민법 제514조에 따라서 소지인이 무권리자로부터 증서를 취득한 경우에도 선의·무중과실인 한 그 증권상의 권리를 선의취득한다.

(ii) 증권 자체의 선의취득과 별개로, 화물상환증·창고증권·선하증권과 같이 증권에 의하여 표창되는 동산 자체의 선의취득이 인정될 수 있다. 예컨대 창고업자가 창고에 보관중인 동산을 증권 없이 임의로 처분하면 일반적인 동산의 선의취득이 되고, 민법 제249조가 적용된다.

(2) 거래행위에 의한 승계취득

1) 동산물권에 관한 거래행위

선의취득이 되기 위하여는 「동산물권」을 목적으로 하는 거래행위가 존재하여야 한다. 동산물권은 동산에 대한 소유권·질권이 해당하고, 역시 동산양도담보권도 가능하다. 유치권도 동산물권이기는 하나, 유치권은 법률상 일정한 요건이 갖추어지는 때에는 당연히 성립하므로, 선의취득이 문제될 여지가 없다.

2) 거래행위의 존재

거래행위로는 예컨대 매매·증여·교환·질권설정·대물변제·소비대차의 이행 등을 들 수 있다. 그러나 임대차와 같은 단순한 채권계약에 의하여는 비록 점유의 이전이 초래된다고 하더라도 선의취득이 성립하지 아니한다.

예를 들어 타인의 산림을 자기의 산림으로 오인하여 벌채한 경우와 같이 사실행위에 의한 원시취득에 대하여는 선의취득이 인정되지 않는다(물론 사실행위를 통하여 타인의 입목을 벌채한 자로부터 다시 거래를 통하여 벌목을 취득한 자는 선의취득할 수 있다). 또한 거래행위는 특정승계에 한한다(선의취득은 개별적 거래의 안전을 위한 제도이다). 상속이나 회사의 합병과 같은 포괄승계에는 선의취득이 적용되지 아니한다.

> A는 갑건물을 소유하고 있었는데, B은행 앞으로 갑건물에 대하여 저당권설정등기를 마쳤다. 그 후 A는 C렌탈회사와 렌탈계약을 체결하여 전화설비를 임차하여 갑건물에 설치하되, 렌탈료를 60회에 걸쳐 지급하고 렌탈기간의 만료 후에는 전화설비를 C렌탈회사에 반환하거나 매수하기로 하였다. A가 B은행에 대한 채무를 변제하지 못하자 B은행은 저당권의 실행으로 갑건물을 경매하였고, D가 매수하였다. D는 전화설비에 대한 소유권을 취득하는가?

경매의 경우에도 선의취득이 인정되는가? 거래행위가 반드시 임의의 거래일 필요는 없고, 공경매에서의 매수인도 선의취득을 할 수 있다. 공경매는 사법상의 법률행위는 아니나 그 실질에 있어서는 매매와 다르지 않고, 또한 경매의 목적물에 담보권의 효력이 미치지 아니하는 동산이 포함되어 있는 때에는 그 매수인을 보호할 필요가 있으므로 선의취득을 인정하여야 한다.

사례에서는 우선 전화설비가 갑건물의 부합물이나 종물인가가 문제된다. 저당권의 효력은 저당부동산의 부합물이나 종물에도 미치므로, 전화설비가 부합물이나 종물이라고 하면 D는 경매에서의 매수인으로서 그 소유권을 취득한다.

우선 전화설비는 부합물인가? 전화설비가 갑건물에 부합하려면 사실상 분리복구가 불가능하여 거래상 독립한 권리의 객체성을 상실하고 갑건물과 일체를 이루는 부동산의 구성부분이 되어야 하며, 부합된 경우에는 타인이 권원에 의하여 부합시킨 때에도 그 물건의 소유권은 갑건물의 소유자에게 귀속된다. 그러므로 전화설비가 부합물이라고 하면 비록 C렌탈회사가 렌탈계약에 기하여 전화설비를 갑건물에 설치한 경우라고 하더라도 저당권의 효력이 미치므로(전화설비가 저당권설정등기 후에 부합된 경우라고 하더라도 마찬가지이다), D가 그 소유권을 취득할 수 있다. 그러나 전화설비는 갑건물로부터 훼손하지 아니하고도 분리가 가능하고, 분리에 많은 비용이 소요되지 않고, 분리 후에도 경제상 독립물로서 효용을 가질 수 있으므로, 전화설비를 부합물로 보기는 어렵다. D는 부합물로서는 전화설비에 대한 소유권을 주장할 수 없다.

전화설비가 부합물이 아니라면 종물에는 해당하는가? 건물에 설치된 전화설비는 건물의 종물이 되는가가 문제된다. 판례는 백화점건물의 지하 2층 기계실에 설치된 전화교환설비를 종물로 본 예가 있다.[175] 건물의 용도에 따라서 차이가 있을 수 있지만, 보통 전화설비는 건물의 종물이 될 수 있다고 본다. 다만 사례에서는 전화설비가 C렌탈회사의 소유에 속하므로, 주물의 소유자와는 다른 사람의 소유에 속하는 물건도 종물이 될 수 있는가 하는 문제가 있다. 판례는 부동산의 상용에 공하여진 물건일지라도 그 물건이 부동산의 소유자가 아닌 다른 사람의 소유인 때에는 그 물건을 종물이라고 할 수 없다고 본다.[176] 학설상으로는 제3자를 침해하지 않는 범위 내에서는 다른 소유자에게 속하는 물건이라도 종물이 될 수 있다는 견해가 있다. 전화설비는 렌탈목적물로서 C렌탈회사의 소유에 속하

---

175) 대법원 1993.8.13. 선고 92다43142 판결.

176) 대법원 2008.5.8. 선고 2007다36933, 36940 판결.

며, A는 렌탈기간의 만료 후에는 전화설비를 C렌탈회사에 반환하거나, C렌탈회사로부터 매수하기로 약정한 사실까지 인정된다. 그러므로 전화설비는 갑건물의 종물로 될 수 없다(갑건물과 전화설비의 소유자가 각각 다르기 때문이다). 역시 학설에 따르더라도 전화설비를 종물로 보면 C렌탈회사의 이익을 침해하게 되므로, C렌탈회사의 소유에 속하는 전화설비를 갑건물의 종물이라고 보기는 어렵다. 사례에서 전화설비는 종물이 아니므로, 전화설비에는 저당권의 효력이 미칠 수 없어 갑건물의 매수인 D가 그 소유권을 취득할 수 없다(저당권이 설정되고 난 후에 종물이 된 경우에도 저당권의 효력이 미치므로, 만약 종물이라고 하면 전화설비에 저당권의 효력이 미친다).

사례에서 D는 경매를 통하여 전화설비를 선의취득할 수는 없는가? 경매에 의하여도 선의취득이 가능하므로, D는 선의취득에 기하여 전화설비에 대한 소유권을 취득할 수 있다. 물론 D가 갑건물을 선의취득하려면 전화설비가 경매의 목적물로 된 사실이 인정되어야 하고, D가 선의이며 과실 없이 전화설비를 점유하는 등으로 선의취득의 요건을 구비하여야 한다. 다만 갑건물이 경매된 사실을 이유로 전화설비까지도 경매의 목적물에 포함된 경우로 무조건 보기는 어렵다. 그러므로 D가 현재 전화설비를 점유하고 있다는 사실만으로는 선의취득의 요건을 구비한 경우로 볼 수는 없다.

3) 유효한 거래행위

선의취득이 되기 위하여는 거래행위가 유효하여야 한다. 선의취득은 양도인이 무권리자라고 하는 사정을 제외하고는 아무런 흠이 없는 거래행위가 있어야 성립한다. 거래행위가 당사자의 제한능력, 착오·사기·강박으로 취소되거나 그 밖의 무효·취소의 원인으로 실효된 때에는 선의취득이 성립할 수 없다.

> 18세의 A는 B로부터 부탁을 받고 B 소유의 노트북을 보관하고 있었는데, 자기의 노트북이라고 C를 믿게 한 후 그 노트북을 C에게 팔고 인도하였다. 그 후 A는 미성년을 이유로 C와의 매매계약을 취소하였는데, C는 아직 노트북을 A에게 돌아주지 아니한 상태에서 D에게 노트북을 팔고 인도하였다. D는 노트북을 선의취득하는가?

무권리자인 A가 B로부터 빌린 노트북을 C에게 양도한 경우에 C는 노트북을 선의취득할 수 있다. 다만 선의취득을 위한 거래행위는 유효하여야 한다. 무권리자 A가 미성년을 이유로 C와의 매매계약을 취소하면 더 이상 유효한 거래행위가 아니므로, C는 선의취득할 수 없다. 그러나 A와 C 사이의 거래행위가 취소되어 효력을 잃더라도 무권리자인 C가 다시 노트북을 D에게 팔고 인도하면 CD 사이의 거래행위에 하자가 없고, D가 선의·무과실이어서 선의취득의 요건을 갖춘 때에는 D가 노트북의 소유권을 취득한다. 물론 AC 사이의 매매계약이 비진의표시나 허위표시로 무효이거나, 착오나 사기·강박으로 인하여 취소된 때에는 C의 선의취득은 성립하지 않으나, D는 제3자보호의 규정에 의하여 보호될 수 있다.

(3) 양도인의 점유로부터의 취득 - 양도인의 점유

선의취득은 점유에 의하여 양도인을 권리자로 신뢰한 경우에 그 신뢰를 보호하는 제도로 양도인이 목적물을 점유하고 있는 때에 한하여 인정된다. 양도인의 점유는 점유의 종류를 불문하므로 직접점유이든 간접점유이든, 혹은 자주점유이든 타주점유이든 상관없고, 양도인이 목적물을 지배한다고 믿기에 충분한 사실이 존재하면 된다. 양도인이 점유보조자인 경우에도 선의취득이 인정된다고 본다. 다만 점유 이외의 사유에 의하여 권리자로 오신하더라도 선의취득은 성립하지 아니한다.

(4) 양도인이 무권리자인 경우

> A가 B에게 컴퓨터를 매도하고, 점유개정이나 목적물반환청구권의 양도에 의한 인도를 통하여 B에게 점유가 이전하였다. 그 후 A는 C에게 그 컴퓨터를 이중으로 매도하고 현실의 인도를 하였다. C는 컴퓨터를 선의취득하는가?

양도인이 처분권한을 갖고 있지 않는 경우에 한하여 선의취득이 인정되고, 처분권한이 있으면 적법한 권리취득이 된다. 양도인이 전혀 무권리자인 경우뿐만 아니라, 임차인·수치인과 같이 채권적 점유권한을 가지고 있더라도 선의취득이 된다.

매매를 통한 양도가 소유권이전의 성립요건을 갖춘 후에는 매도인은 무권리자가 된다. 그러므로 A가 B에게 컴퓨터를 매도하고, 점유개정이나 목적물반환청구권의 양도에 의한 인도를 통하여 B에게 점유가 이전하면 A는 무권리자가 된다. 그러므로 무권리자 A가 C에게 그 컴퓨터를 이중으로 매각하고 현실의 인도를 하면 C의 선의취득이 성립한다.

타인의 동산을 자기의 이름으로 처분할 권한이 있는 자가 특정의 동산에 대하여는 그 권한을 갖고 있지 않는 경우, 예컨대 집행채무자의 소유에 속하지 않는 동산을 집행관(민사집행법 §43)이 강제경매에 붙인 경우에도 선의취득의 성립이 인정된다. 그리고 소유권자인 경우에도 압류를 당한 동산을 처분하면 선의취득이 인정된다. 다만 처분권한이 없는 제한능력자·무권대리인으로부터 한 취득행위는 선의취득에 의하여 보호되지 않고,[177] 취득행위 자체의 효력에 관한 문제로 취급된다.

(5) 양수인의 점유취득

1) 현실의 인도·간이인도

현실의 인도로 선의취득에 필요한 점유취득을 한다는 사실은 더 말할 필요가 없다. 간이인도는 어떤가? 간이인도에 의하여도 선의취득의 성립이 인정된다. 판례도 동산의 선의취득에 필요한 점유의 취득은 이미 현실적인 점유를 하고 있는 양수인에게는 간이인도에 의한 점유취득으로 그 요건이 충족된다고 본다.[178]

177) 무권대리인이 본인을 대리하여 본인 소유의 동산을 양도한 경우에 양수인은 원칙적으로 선의취득할 수 없다. 다만 주권의 선의취득은 양도인이 무권리자인 경우뿐만 아니라, 무권대리인인 경우에도 인정된다(대법원 1997.12.12. 선고 95다49646 판결).

2) 점유개정

> A는 B에게 카메라를 팔았는데, 외국여행에 가지고 가서 1주일만 사용하고 싶다고 말하고 B로부터 빌렸다. 그런데 A는 카메라가 자기의 물건이라고 말하고, 사정을 모르는 C에게 그 카메라를 다시 팔았으나, 그 후에도 카메라가 계속 필요하여 C로부터 카메라를 빌려서 사용하고 있었다. C가 카메라의 소유권을 취득할 수 있는가?

사례에서 B도 C도 산 카메라를 그대로 A에게 맡겨 놓고 있으므로, 점유개정에 의하여 인도를 받은 경우로 이해할 수 있다. C는 카메라를 매수한 때에 A가 카메라의 소유권을 가지고 있지 않으나, A의 점유를 신뢰하고 카메라를 매수한 경우이다. 그러므로 만약 점유개정에 의한 선의취득이 인정된다고 하면 선의·무과실의 C는 카메라의 소유권을 선의취득할 수 있다.

점유개정에 의한 인도를 받은 C의 선의취득이 인정되는가? 학설상으로는 점유개정에 의한 점유취득으로도 선의취득이 성립하는가에 관하여 부정설·긍정설·절충설로 심하게 대립한다.

① 부정설 부정설은 점유개정으로는 선의취득이 성립하지 못한다고 본다. 부정설은 아래와 같은 근거로 점유개정에 의한 선의취득을 부정한다.

(i) 선의취득의 요건인 취득자의 점유취득은 물건에 대한 사실상의 지배관계가 원소유자의 지배를 이탈하여 취득자의 지배 내로 이전하여야 하지만 점유개정에 의한 인도에서는 지배의 이전이 생기지 아니하여 선의취득을 인정할 수 없다.

(ii) 점유개정은 점유취득이 권리변동의 당사자 이외의 제3자에 대하여 전혀 인식될 수 없는 상태에서 실현되므로 점유개정에 대하여 선의취득을 인정하면 물권관계를 혼란시킬 우려가 있고 진정한 권리자에게 너무 가혹하게 된다.

(iii) 선의취득의 공용수용적 성질에 비추어 비례의 원칙에 따라서 양수인의 점유상태가 양도인의 점유를 완전히 배제할 수 있을 정도로 견고한 경우에 한하여 양수인의 선의취득을 인정하여야 한다.

부정설(다수설)과 뒤에 살펴볼 판례(부정설에 따라서 동산의 선의취득에 필요한 점유의 취득은 현실적인 인도가 있어야 하고, 소위 점유개정에 의한 점유취득만으로는 그 요건을 충족할 수 없다고 본다[179])에 의하면 A가 카메라를 C에게 매도한 경우에도 아직 현실의 인도를 하지 않고, 점유개정에 의하여 여전히 A가 점유를 하고 있는 때에는 C는 선의취득을 할 수 없다. 그러므로 부정설에 따르면 B는 소유자로서 A에 대하여 카메라의 반환을 청구할 수 있다.

후에 C가 현실의 인도를 받으면 어떤가? 부정설을 취하여 현실의 인도를 받기까지는 점유개정에 의한 선의취득의 성립이 인정되지 않는다고 보더라도, 나중에 현실의 인도까

---

178) 대법원 1981.8.20. 선고 80다2530 판결.

179) 대법원 1978.1.17. 선고 77다1872 판결.

지 받으면 선의인 취득자에게 현실의 인도시에 선의취득이 인정된다고 이해하여야 한다고 본다(점유개정에 의하여는 선의취득이 인정되지 않지만 뒤에 인도를 받게 되면 그때부터 선의취득이 인정된다고 하는 근거로 독일민법 제933조를 든다). 그러므로 사례에서 C가 후에 B보다 먼저 현실의 인도를 받은 그때에 선의취득이 성립하여 C는 카메라의 소유권을 취득하게 된다. 물론 B가 먼저 카메라를 되돌려 받으면 C의 선의취득이 인정될 여지가 없다. 결국 C가 현실의 인도를 받은 때에는 B는 C에 대하여 카메라의 반환을 청구할 수 없고, 만약 B가 A에게 카메라의 반환을 청구하여 B가 A로부터 현실의 인도를 받으면 B는 C에 대하여 반환의무를 부담하지 않는다.

② 긍정설 긍정설은 점유개정에 의한 선의취득을 긍정하는 견해이다. 긍정설이 주장하는 내용은 아래와 같다.

(i) 민법이 점유개정을 점유의 이전의 한 방법으로 인정한 이상, 점유개정에 의한 점유취득에 의하여도 선의취득이 성립한다고 보아야 한다.

(ii) 현실적으로 대금을 지급하고 동산을 점유개정에 의하여 매수한 자 혹은 동산에 대하여 양도담보를 설정받고 금융을 제공한 자가 안심하고 거래할 수 있도록 하기 위하여는 점유개정에 의한 선의취득이 인정되어야 한다고 보아야 한다.

긍정설에 따르면 점유개정에 의하여 인도한 때에도 선의취득이 성립하므로, C의 선의취득이 긍정되어 「늦은 자가 이긴다」고 하는 경우가 되고, B는 A에 대하여 카메라의 반환을 청구할 수 없다.

③ 절충설 절충설은 긍정설·부정설의 어느 경우도 타당하지 않다고 보고, BC를 대등하게 취급하는 견해이다. 사례는 실질적으로 생각하면 동산의 이중양도의 케이스이므로, 절충설은 점유개정에 의하여도 일응 처음부터 선의취득이 성립하나, 아직 확정적이지 않고, 현실의 인도를 받은 때에 비로소 확정적으로 된다고 본다. 부정설과의 차이는 점유개정에 의하여도 일단 선의취득이 성립하므로, AC의 거래가 이루어진 시점에서 C가 선의·무과실이면 좋다고 본다(부정설에 의하여 현실의 인도를 받은 때에 선의취득이 인정된다고 보는 경우에는 C는 A로부터 현실의 인도를 받는 시점에서 선의·무과실이 아니면 안된다).

어떤 입장이 타당한가? 주지하다시피 점유의 취득에는 네 가지 모습, 즉 현실의 인도·간의인도·점유개정·목적물반환청구권의 양도가 있다. 그리고 민법 제249조가 동산에 대한 「점유」를 공연, 평온하게 선의이며 과실없이 취득하면 선의취득이 된다고 규정하고 있을 뿐이고, 「점유개정」에 의한 점유취득을 분명하게 배제하고 있지는 않다. 민법이 인도의 방법으로서 점유개정도 인정하고 있는 이상, 선의취득의 요건으로서의 점유취득에 점유개정을 포함시킬 수 있다는 견해도 일응 수긍이 가고, 완전히 잘못된 주장이라고는 할 수 없다. 그러나 점유개정에 의한 선의취득을 인정하는 경우에 문제가 전혀 없지는 않다.

본래 선의취득제도는 원권리자(혹은 진정한 권리자)의 권리를 빼앗아서 그 희생으로 공연·평온·선의·무과실로 이루어진 거래의 안전을 보호하려는 제도이다. 그러나 원권리자의 권리를 희생시켜서 거래의 안전을 보호한다고 하더라도 무조건 원권리자의 권리를 빼앗을 수는 없고, 될 수 있는 한 원권리자를 보호하여야 할 필요도 있다. 점유개정은 종래의 점유자가 점유를 계속한다고 하는 측면에서 관념적 인도방법 중에서 가장 관념적인 경우이어서 외부에서 거래행위의 존재를 전혀 인식할 수 없으므로, 점유개정과 같은 관념적 점유로 원권리자의 권리를 상실케 하는 태도는 아무리 거래의 안전을 위하여 필요하다고 하더라도 원권리자에게 너무나 가혹하다고 하지 않을 수 없다. 결국 선의취득을 위한 점유의 취득에 점유개정과 같은 관념적 점유까지도 포함시키게 되면 원권리자의 이익이 전적으로 도외시되는 결과가 되므로(사례에서 점유개정으로 선의취득이 된다고 하면 C의 점유개정 후에 B가 A로부터 카메라를 현실적으로 수취하더라도 C는 역시 B에게 인도를 요구할 수 있으나, 아무래도 C를 너무 과하게 보호한다는 느낌을 지울 수 없다), 점유개정에 의한 점유취득에 의하여 직접 선의취득이 성립할 수는 없다고 보아야 한다.

점유개정이라고 하여 선의·무과실로 점유를 취득한 양수인의 지위를 깡그리 무시하여도 되는가? 점유개정으로 점유를 취득한 양수인의 지위도 보호할 필요가 있으므로, 원소유자와 양수인 중 누구를 보호하여야 하는가에 관하여 고민스런 가치판단 내지 이익형량을 하기 보다는 양자를 대등하게 보호할 필요가 있다고 보지 않을 수 없다. 절충설은 판례나 부정설과 달리, 일응 선의취득이 성립한다고 보므로, B가 C를 상대방으로 하여 소유권의 확인소송을 제기하더라도 패소하게 된다. 반대로 C가 B에게 확인소송을 제기하더라도 아직은 선의취득이 확정적이지 않으므로 패소하게 된다. 결국 A와의 교섭을 통하여(혹은 소송에서) 먼저 현실의 인도를 받은 당사자가 이기게 된다. 그러므로 절충설은 C가 현실의 인도를 받을 때에 선의·무과실이 아니면 보호되지 못한다고 보는 판례나 부정설과 비교하여 C를 B와 대등하게 보호하는 입장이 된다. C가 거래를 한 시점에서 선의·무과실인 때에는 B와 대등하게 취급된다고 보는 절충설이 타당하다고 생각된다(판례나 부정설의 입장에 의하면 B는 제2의 매수인 C가 등장한 후에 자기가 매수인이라고 하는 사실을 통지하여 C를 악의에 빠뜨려 C가 현실의 인도를 받더라도 선의취득을 하지 못하게 할 수 있으므로, C가 현실의 인도를 받을 때에 선의·무과실이어야 한다고 요구하는 태도는 타당하지 않다).

3) 목적물반환청구권의 양도

A회사는 2005년경부터 B회사가 제조하는 철강제품을 공급받아 판매하는 판매대리점계약을 체결하고 영업을 하여 왔는데, 판매대리점계약에는 A회사가 B회사로부터 철강제품을 공급받되 그 소유권은 A회사가 공급대금을 완납할 때까지 B회사에게 유보되고 대금완납시 비로소 A회사에 이전된다는 등의 내용이 포함되어 있었다. 그 후 B회사는 A회사의 도산으로 A회사에 대한 철강제품의 대금을 비롯한 미수대금 합계 15억원의 회수가 어려워지자 공급한 철강제품의 소재를 찾게 되었고, 그 결과 C회사의 창고에 철강제품이 보관되어 있다는 사실을 알게 되었다. 그런데 A회사는 그 이전에 벌써 D에 대한 채무의 변제에 갈음하여 C회사의 창고에 보관시킨 철강제품의 반환청구권을 D에게 양도하였고, 그 사실을 바로 C회사에 대하여 통지까지 하였다. D는 철강제품에 대한 소유권취득을 주장할 수 있는가?

목적물반환청구권의 양도에 의한 인도를 통하여도 선의취득이 성립하는가? 판례는 양도인이 소유자로부터 보관을 위탁받은 동산을 제3자에게 보관시킨 경우에 양도인이 그 제3자에 대한 목적물반환청구권을 양수인에게 양도하고 지명채권양도의 대항요건(민법 제450조에 의하여 채무자 이외의 제3자에게 대항하기 위하여는 확정일자 있는 증서에 의한 통지가 필요하다)을 갖춘 때에는 동산의 선의취득에 필요한 점유취득의 요건을 충족한다고 본다.180) 그러나 학설은 긍정설과 부정설이 대립한다.

긍정설은 선의취득을 위한 점유취득은 목적물반환청구권의 양도에 의한 경우에도 무방하다고 보는 견해이다. 그리고 부정설은 점유개정과 마찬가지로 목적물반환청구권의 양도에 기한 점유이전을 통하여는 선의취득이 인정되지 아니한다고 보는 견해이다. 목적물반환청구권의 양도의 경우에는 제3자의 점유는 그대로라고 하더라도 양도인은 간접점유를 상실하므로, 진정한 원권리자와의 사이의 점유매개관계가 완전히 단절되어 점유개정과는 다르다. 또한 무권리자인 양도인은 현재 점유를 하지 아니하고 있고, 제3자인 점유자에 대하여 통지를 하여야 하므로, 점유개정의 경우보다는 선의취득행위의 존부가 외부로부터 인식되기 쉽다. 그러므로 판례나 긍정설과 같이, 양도인이 제3자에 대한 목적물반환청구권을 양수인에게 양도하고 지명채권양도의 대항요건을 갖춘 때에는 동산의 선의취득이 성립한다고 보는 태도가 타당하다.

사례에서는 철강제품의 소유권이 B회사에게 유보되어 있다. 그러나 A회사는 소유권유보부 매매(매매계약을 체결하면서, 매도인이 대금을 모두 지급받기 전에 목적물을 매수인에게 인도하지만 대금이 모두 지급될 때까지는 목적물의 소유권은 매도인에게 유보되며 대금이 모두 지급된 때에 그 소유권이 매수인에게 이전된다는 내용의 이른바 소유권유보의 특약을 한 매매를 말한다)를 통하여 철강제품을 점유하고 있을 뿐이므로, A회사가 철강제품의 대금을 완납한 사실을 증명하지 못하는 한 아직 철강제품의 소유자는 아니다. A회사는 무권리자이므로, A회사가 D에 대한 채무의 대물변제로 C회사의 창고에 보관시킨 철강제품의 반환청구권을 D에게 양도하는 방법을 통하여 철강제품을 처분한 행위는 무권리자로서의 처분행위이다. 그러므로 D가 철강제품에 대한 소유권을 취득하는가는 D에게 선의취득이 성립하는가 하는 문제가 된다. 또한 D의 선의취득 여부는 목적물반환청구권의 양도에 의한 인도로도 선의취득이 가능한가에 따라서 다르다.

판례의 태도와 같이, 목적물반환청구권의 양도에 의하여도 선의취득에 필요한 점유의 취득요건을 충족한다고 본다(물론 목적물반환청구권도 일종의 지명채권으로서 지명채권양도의 대항요건을 갖추어야 한다). 다만 D는 과실 없이 철강제품을 점유하여야 하므로, D의 무과실 여부가 문제된다. 철강제품의 경우에 그 소유권관계가 대외적으로 공시되어 있지 아니한 사실 등에 비추어, D에게 대물변제 당시 철강제품의 소유권이 과연 A회사에게 있는지, 철강제품의 대금을 완납한 경우인지 여부를 조사하기를 요구할 수는 없다고 보아야 한다. 결국 A가 대물변제 당시 A회사가 그 소유자가 아님을 알지 못한 데 대하여 과실이 없다고 볼 수 있으므로, D는 철강제품을 선의취득한다고 판단된다.

---

180) 대법원 1999.1.26. 선고 97다48906 판결.

(6) 점유취득의 평온·공연 및 선의취득자의 선의·무과실

1) 평온·공연한 점유취득

선의취득을 위한 점유취득은 평온하고도 공연하여야 한다. 「평온」은 법이 허용하지 않는 폭력으로 점유를 취득·보유하는 경우가 아닌 상태를 의미한다. 거래행위 후에 선의취득을 주장하는 자가 점유를 취득 또는 보유하는 데에 강폭행위를 쓴 때에는 평온한 점유가 아니므로, 선의취득의 보호를 받을 수 없다. 그러나 점유가 불법이라고 주장하는 자로부터 이의를 받거나 소유권을 둘러싸고 분쟁이 존재한 사실만을 가지고 평온하지 않다고는 할 수 없다. 그리고 「공연한 점유」라 함은 은비(隱秘), 즉 감추고 숨긴 점유가 아닌 점유를 말한다.

2) 선의·무과실

선의취득이 되기 위하여는 동산의 점유를 취득한 자가 선의이며 무과실에 해당하여야 한다. 선의취득자의 선의·무과실에서 「선의」란 양도인의 무권리를 알지 못한 경우를 말하고, 「무과실」은 그 알지 못한 사실에 과실이 없는 경우를 가리킨다. 민법 제249조가 규정하는 선의·무과실의 기준시점은 물권행위가 완성되는 때가 되므로 물권적 합의가 동산의 인도보다 먼저 행하여지면 인도된 때를, 인도가 물권적 합의보다 먼저 행하여지면 물권적 합의가 이루어진 때를 기준으로 삼으며,[181] 그 후 악의가 되더라도 선의취득의 효력이 상실되지 아니한다. 그리고 대리인에 의하여 점유를 취득한 경우에는 대리인에 대하여 선의·악의 혹은 과실의 유무를 결정한다.

3) 평온·공연·선의·무과실의 증명책임

평온·공연·선의·무과실의 요건을 누가 증명하여야 하는가? 선의취득자가 증명하여야 한다고 하면 실제상 선의취득의 성립은 용이하지 않다. 그러므로 민법은 평온·공연·선의를 추정하고 있다(§197 I). 굳이 선의취득자가 평온·공연·선의를 증명할 필요는 없다.

점유취득의 무과실도 추정되는가에 대하여는 견해가 대립하고 있다. 판례는 무과실은 추정되지 않고, 선의취득의 주장자에게 증명책임이 있다고 본다.[182] 그러나 선의취득이 거래안전에 봉사하는 제도라고 하는 사실을 고려하면 선의취득자가 양도인의 점유를 신뢰하여 거래한 이상 무과실도 추정된다고 새겨야 한다(학설상 다수설의 입장이다). 분명히 민법 제197조 제1항은 무과실의 추정에 대하여까지는 규정하고 있지 않으나, 선의취득의 경우에 대하여는(등기부취득시효의 경우에는 무과실이 추정되지 않는다) 민법 제200조를 근거로 「무과실」을 추정할 수 있다고 본다. 민법 제200조에 의하여 전주(前主)가 권리자라고 추정되므로, 그 전주를 믿은 자로서 무과실이 추정된다고 해석할 수 있다.

---

181) 대법원 1991.3.22. 선고 91다70 판결.

182) 대법원 1962.3.22. 선고 4294민상1174·1175 판결.

3. 선의취득의 효과

(1) 소유권·질권의 취득

선의취득에 의하여 선의취득자는 목적물 위에 거래행위의 목적이 된 동산물권을 취득한다(§§249-251·343). 선의취득에 의하여 취득하는 물권은 실제로는 소유권·질권에 한한다(민법 제343조가 소유권의 선의취득에 관한 민법 제249조 내지 제251조를 질권에 준용한다). 동산물권 중 점유권·유치권에 대하여는 선의취득을 인정할 실익이 없다.

(2) 선의취득의 성질

선의취득의 요건이 구비되면 선의취득자는 즉시 그 동산에 관한 물권, 즉 소유권이나 질권을 취득한다. 선의취득에 의한 소유권·질권의 취득은 원시취득이다(다수설). 다만 선의취득을 승계취득이라고 보는 이견도 있다.

(3) 선의취득효과의 구체적인 내용

소유권이 선의취득되면 양수인은 점유의 취득에 의하여 즉시 소유권을 취득하고, 원소유자의 소유권은 선의취득에 따른 반사적 효과로 양수인의 선의취득과 동시에 소멸한다. 그러므로 선의취득자가 임의로 선의취득의 효과를 거부하고 종전의 소유자에게 동산을 반환받아 가기를 청구할 수 없다.[183)]

선의취득이 되면 원권리자 아래 존재한 물적 담보의 운명은 어떤가? 선의취득의 성질을 원시취득으로 보는가, 승계취득으로 보는가에 따라서 다르다. 다수설인 원시취득설에 의하면 원권리자에게 존재한 물적 담보는 선의취득과 더불어 소멸한다. 그러나 승계취득설에 따르면 원권리자에게 존재한 물적 담보가 그대로 존속하게 된다. 다수설인 원시취득설이 타당하다고 보며, 선의취득자는 제한물권의 부담이 없는 완전한 소유권을 취득한다. 다만 양도인이 소유자가 아니라는 사실에 대하여는 선의취득자가 선의·무과실이지만, 물적 담보의 존재에 대하여는 악의 혹은 유과실인 때에는 물적 담보가 붙은 소유권의 거래행위와 같이 물적 담보가 그대로 존속한다고 해석된다.

[더 생각할 과제 - 선의취득과 부당이득의 관계]

> A가 자기 소유의 카메라를 B에게 빌려 주었는데, B는 그 카메라를 자기의 물건이라고 칭하고 선의의 C에게 양도하고 인도함으로써 C가 선의취득하였다. A는 C에 대하여 부당이득반환을 청구할 수 있는가?

선의취득이 성립한 경우에 원권리자의 부당이득반환청구권이 인정되는가? A 소유의 카메라를 임차한 임차인 B가 그 카메라를 C에게 양도하고 인도한 경우에 우선 AB 사이에서는 BC 사이의 양도가 유상인 한 부당이득의 관계가 존재하므로, A는 B에 대하여 부

---

183) 대법원 1998.8.12. 선고 98다6800 판결.

당이득반환청구를 할 수 있다. 그러나 BC 사이에서는 법률상의 원인이 존재하는 이상, 부당이득이 성립하지 아니하여 A는 C에 대하여 부당이득반환청구를 할 수 없다.

사례에서 BC 사이의 양도가 무상인 경우에는 어떤가? AC 사이에서 부당이득의 관계가 성립하는가 하는 문제에 대하여는 부정설과 긍정설이 대립한다. 본래 선의취득제도는 단순히 형식적으로 선의취득자에게 권리의 귀속을 인정하기 위한 제도가 아니라, 거래의 안전·신속을 보호하기 위하여 선의취득자에게 이득을 보류시킬 목적으로 인정되는 제도라고 이해하여야 한다. 또한 원권리자인 A의 손실은 B와의 사이의 법률관계에 의하여 결정되어야 하고, 그 부담은 신의를 배반한 B를 믿고 카메라를 빌려준 A가 스스로 떠맡아야 한다고 새겨야 한다. 비록 C의 이익취득이 무상행위에 기한 경우라고 하더라도 그 이득을 반환하여야 한다는 특별규정을 두고 있지 않는 한, 민법상 무상행위에 기한 취득을 특별취급할 필요는 없다. 그러므로 C는 선의취득이 성립한 한, 원권리자 A에게 부당이득의 반환의무를 부담하지 아니한다고 본다.

4. 도품·유실물에 관한 특칙

(1) 서 설

선의취득의 경우에 동산이 도품이나 유실물인 때에는 피해자 또는 유실자는 도난 또는 유실한 날로부터 2년 내에 그 물건의 반환을 청구할 수 있다(금전의 경우에는 예외이다, §250). 예컨대 도난당한 물건이나 잃어버린 물건이 매각된 경우에 소유자측에도 전혀 잘못이 없다고 할 수는 없으므로, 민법 제249조가 적용되어야 하지만, 도난을 당하거나 잃어버린 때에는 본인에게 잘못이 있더라도 스스로의 의사에 의한 경우가 아니다. 그러므로 민법 제250조는 예외적으로 점유자의 점유보다는 소유자의 소유권을 더 보호하여야 할 필요가 있다고 하는 취지로 인정되고 있는 규정이다.

(2) 목적물 – 도품·유실물

민법 제250조·제251조가 적용되기 위하여는 도품 혹은 유실물에 해당하여야 한다. 「도품」이란 점유자의 의사에 반하여 점유가 침탈된 물건을 가리키며, 형법상 절도·강도에 해당하는가 여부와는 직접적인 관계가 없다. 「유실물」이란 점유자의 의사에 의하지 않고 침탈 이외의 방법으로 점유가 이탈된 물건을 가리킨다. 그러나 예를 들어 소유자 A가 B의 사기에 의하여 목적물을 B에게 인도한 경우에는 A의 의사에 반하여 점유가 침탈된 경우가 아니므로, 민법 제250조가 적용되지 아니한다.

미국 버지니아주에 사는 한 여성 A가 동네 벼룩시장에서 단돈 7달러를 주고 그림을 샀다. A는 그 그림을 산 뒤 어머니의 권유에 따라서 전문가의 감정을 의뢰하였는데, 감정의 결과 그 그림은 프랑스의 인상주의 화가인 피에르 오귀스트 르누아르(1841-1919)의 풍경화 「센 강변의 풍경」(1879년작)으로 밝혀졌다. 최근 A는 그 그림을 경매에 내 놓았고, 최소 10만달러(약 1억1,300만원) 이상에 호가되고 있는데, 경매 직전에 그 그림은 볼티모어박물관에서 1951년 도난당한 사실이 드러났다. 볼티모어박물관은 그 그림의 소유권을 되찾을 수 있는가?

외신에 의하면 도난을 당한 때로부터 60여년만인 2012년에 발견된 화가 피에르 오귀스트 르누아르의 풍경화「센 강변의 풍경」의 소유권을 놓고 법적 공방이 이어지고 있다고 한다. 사례에서 만약 벼룩시장에서 멋모르고 산 그림이라는 주장이 거짓이고, A가 직접 그림을 훔친 도둑이거나 그의 상속인인 경우, 또는 A의 선의취득이 인정되지 아니하는 경우라고 하면 볼티모어박물관은 A에 대하여 그림의 반환을 청구할 수 있다. 그러나 A의 선의취득이 성립한 경우라고 하면 볼티모어박물관은 그림을 도난당한 날로부터 2년 내에 그 물건의 반환을 청구할 수 있을 뿐이므로(§250), 도난당한 날로부터 60여년이 지난 경우라고 하면 그림의 반환을 청구할 수 없다.

[더 생각할 과제 - 횡령물도 도품인가]

A가 운영하는 카메라점에서 일하는 B는 고가의 카메라 1대를 몰래 가지고 나와 그 사정을 아는 친구 C에게 팔았다. 그런데 C는 다시 그 카메라를 중고카메라를 전문으로 판매하는 D에게 팔았고, 그때 D는 그 사정을 몰랐다. A는 D에게 카메라의 반환을 청구할 수 있는가?

사례에서 A가 운영하는 상점에서 일하는 B는 A의 점유보조자이다. 그러므로 B가 A가 운영하는 상점에서 카메라를 몰래 가지고 나온 경우에는 도난이 아니라, 횡령에 해당한다.

사례는 B가 자기가 일하는 가게에서 주인 몰래 카메라를 횡령한 경우이다. B가 가지고 나온 카메라가 민법 제250조·제251조의「盜品」인가? 만약 도품에 해당하면 민법 제250조·제251조가 적용된다. 판례는 민법 제250조·제251조의「도품」에는 원권리자로부터 점유를 수탁한 사람이 적극적으로 제3자에게 부정처분한 경우와 같은 위탁물횡령은 포함되지 않는다고 본다. 그리고 점유보조자 내지 소지기관의 횡령처럼 형사법상 절도죄가 되는 경우에도 형사법과 민사법의 경우를 동일시하여야 할 필요가 없을 뿐만 아니라, 진정한 권리자와 선의의 거래상대방 사이의 이익형량의 필요성에서 위탁물횡령과 다를 바 없으므로 역시 민법 제250조의 도품에 해당하지 않는다.[184)]

B의 횡령에는 도품·유실물에 관한 특칙이 적용되지 않고, 민법 제249조에 의하여 처리된다. B가 A가 운영하는 카메라점에서 몰래 가지고 나온 카메라를 그 사정을 알고 매수한 C는 악의의 양수인으로 선의취득을 할 수 없다. 결국 C는 무권리자가 된다. 그러나 무권리자 C로부터 카메라를 다시 양수한 D는 선의이므로, 선의취득을 할 수 있다. 다만 D가 중고카메라를 전문으로 취급하는 상인이라고 하는 사정이 D가 무과실인가 하는 판단을 할 때에 중요하게 고려될 수 있다. 만약 카메라가 횡령물이라고 하는 사실을 몰랐다고 하더라도 그 알지 못한 데에 과실이 있다면 선의취득이 되지 못하므로, A는 D에게 카메라의 반환을 청구할 수 있다.

184) 대법원 1991.3.22. 선고 91다70 판결

(3) 회복청구권

1) 당사자

민법 제250조는 회복청구권자를 소유자라고 하지 않고 「피해자 또는 유실자」라고 하고 있다. 그러므로 규정상 소유자에 한하지 않는다. 임차인이나 수치인도 회복청구권자에 포함된다.

누가 회복청구권의 상대방이 되는가? 현재 목적물인 도품·유실물을 점유하고 있는 자이다. 도둑 혹은 습득자로부터 직접 취득한 자에 한하지 않는다. 선의취득자로부터의 전득자도 상대방이 된다.

2) 반환청구기간

도난의 피해자 또는 유실자는 도난·유실시로부터 2년 내에 그 물건의 반환을 청구할 수 있다(§250). 2년의 반환청구기간은 제척기간이라고 해석된다.[185] 2년의 제척기간이 언제부터 기산되는가 하는 문제가 있으나, 피해자의 점유상실시로부터 기산된다고 본다.

3) 소유권의 귀속

2년의 회복기간의 경과 후에는 도품이나 유실물을 양수한 점유취득자가 당연히 소유권자가 되고, 피해자나 유실자는 더 이상 회복을 청구할 수 없다. 민법 제250조의 2년의 기간중에 소유권은 원소유자에게 남아 있는가, 혹은 이미 점유취득자에게 이전하는가? 민법 제250조는 2년 동안은 선의취득을 유보시키는 특별규정이므로, 원소유자에게 남아 있다고 하는 구성(원소유자귀속설)도 있고, 또한 일단 점유취득자에게 선의취득이 되고, 반환청구에 의하여 비로소 소유자가 되돌려 받는다고 하는 구성(취득자귀속설)도 있다. 학설상으로는 후자가 다수설이다.

원소유자귀속설과 취득자귀속설은 점유취득자가 동산을 처분한 때에 횡령죄가 성립하느냐 아니냐 등에 차이가 생기나, 형법상으로는 형법의 고려에 의하여 처리할 수 있다. 사법상으로는 어느 입장을 취하더라도 거의 차이가 없다. 점유취득자가 파산선고를 받은 경우에 차이가 생기는 정도이다. 다만 점유취득자에게 일단 소유권이 귀속한다고 하면 민법 제250조의 회복청구권은 점유의 회복뿐만 아니라, 소유권의 회복도 포함한다고 해석하게 된다.

왜 다수설은 일단 옮겨간 소유권을 회복청구에 의하여 되찾아 온다고 하는 복잡한 구성을 취하는가? 본래의 소유자에게 속한다고 하면 점유취득자는 2년간 타인의 물건을 점유한 경우가 되고, 또한 소유권을 언제 어떤 근거로 취득하는지도 분명하지 않아 부당하다고 하는 사정이 그 이유이다. 그러므로 약간 복잡한 구성이기는 하지만 취득자귀속설이 타당하다고 본다.

---

185) 소수설로 2년의 기간의 성질에 관하여 민법 제250조에 기한 반환청구권이 형성권이 아니라 청구권이라고 하는 이유로 시효기간으로 보아야 한다는 견해가 있다.

(4) 대가의 변상

민법 제250조에 대하여는 특칙으로서 민법 제251조가 있다. 점유취득자가 도품·유실물을 (i) 경매, (ii) 공개시장, (iii) 동종류의 물건을 판매하는 상인으로부터 선의로 매수한 때에는 피해자·유실자는 그 대가를 변상하여야 목적물을 회복할 수 있다(§251). 민법 제251조는 민법 제249조와 제250조를 전제로 하는 규정이므로, 무과실도 당연한 요건이라고 해석하여야 한다.[186] 또한 민법 제251조에서 말하는 「양수인」이란 민법 제250조에서와 마찬가지로 선의취득의 요건을 충족시켜 점유하고 있는 자 또는 그 특정승계인(전득자)을 가리킨다.

점유취득자가 지출한 구입대금뿐만 아니라, 구입에 든 비용도 「대가」에 포함된다. 대가의 변상을 구하는 권리는 피해자 또는 유실자의 반환청구권에 대하여 대가변상을 받을 때까지 거절할 수 있는 연기적 항변권이 아니고, 점유자에게 인정되는 대가변상의 청구권이라고 해석된다.

> A는 B의 소유에 속한 롤렉스시계를 훔쳤다. 그리고 A는 그 시계를 C에게 팔았고, 현재는 그 시계를 D가 가지고 있다. B는 D에게 그 시계의 반환을 청구할 수 있는가?

선의취득의 요건을 충족하더라도 동산이 도품인 때에는 민법 제250조에 의하여 피해자는 도난당한 날로부터 2년 내에 그 물건의 반환을 청구할 수 있다. 그러므로 B는 현재 시계를 점유하고 있는 D에 대하여 도난당한 날로부터 2년 내에는 그 반환을 청구할 수 있다.

B는 D에게 무상으로 시계의 반환청구를 할 수 있는가? 원칙적으로 B는 무상으로 회복청구를 할 수 있다. 다만 예외적으로 D가 지급한 대가를 변상하고 시계의 반환을 청구하여야 하는 경우도 있다. 바로 D가 시계를 「경매나 공개시장에서 또는 동종류의 물건을 판매하는 상인에게서 선의로 매수한 때」이다. 그 경우에는 A는 D가 「지급한 대가를 변상」하여야 시계의 반환을 청구할 수 있다(§251).

민법 제251조는 어떤 취지의 규정인가? 단순히 D에게 그가 지급한 대가의 변상을 받을 때까지는 시계의 반환청구를 거부할 수 있는 항변권만을 인정하는가, 혹은 A가 시계의 반환을 청구하거나 어떤 원인으로 반환을 받은 경우에는 D에게 대가변상의 청구권까지 보장한다는 취지인가? 판례는 후자로 본다.[187] 그러므로 A가 시계의 반환을 청구하는 경우는 물론, 또는 어떤 원인으로 이미 시계를 반환을 받은 경우에도 D는 A에 대하여 대가의 변상을 청구할 수 있다.

---

186) 대법원 1991.3.22. 선고 90다70 판결.
187) 대법원 1972.5.23. 선고 72다115 판결.

제 5 절 지상물에 대한 물권변동

Ⅰ. 서 설

지상물 중에서 일정한 수목의 집단에 대하여는 1973년에 제정된 「입목에 관한 법률」(이하 「입목법」이라 칭한다)에 따라서 입목등기를 할 수 있다. 등기된 입목은 생육하고 있는 토지와는 분리된 독립한 부동산으로 취급된다. 입목등기에 의하여 공시될 수 있는 수목의 집단을 제외한 수목의 집단이나 수목, 미분리의 과실에 대한 공시방법으로는 관습법상의 명인방법이 이용되고 있다.

Ⅱ. 입목에 관한 물권변동의 공시

1. 입목법상의 입목

(1) 입목의 개념

토지에 생육하고 있는 수목의 집단으로 그 소유자가 입목법에 의한 소유권보존등기를 하면 그 수목의 집단은 「입목」이 된다(입목법 §2 I). 그리고 입목은 그 생육하고 있는 토지와 별개의 독립한 부동산으로 취급된다(입목법 §3 I).

(2) 입목등기

입목법에 의하여 소유권보존등기를 받을 수 있는 수목의 집단은 시·군에 비치되는 입목등기원부에 등록된 수목의 집단에 한한다(입목법 §8). 개개의 수목은 입목등기될 수 없다.

(3) 입목에 관한 물권

입목법에서 입목에 대하여 인정하고 있는 물권은 소유권과 저당권뿐이다. 다만 「가등기담보 등에 관한 법률」에 의하여 입목 위에 가등기담보권·양도담보권을 설정할 수 있다.

(4) 입목을 위한 법정지상권

입목소유자와 입목이 생육하고 있는 토지소유자가 경매나 그 밖의 사유로 각각 다르게 된 때에는 토지소유자는 입목소유자에게 지상권을 설정한 경우로 보므로(입목법 §6 I), 입목소유자는 법정지상권을 취득한다.

2. 입목법이 적용되지 아니하는 입목

(1) 서 언

민법 제99조는 "토지 및 그 정착물은 부동산이다"라고 규정하고 있으나, 입목이나 미분리의 과실은 원칙적으로 토지의 정착물로서 별개의 독립된 부동산이 아니라 토지의 일부로 취급된다. 그러나 관행상 수목의 집단이나 개개의 수목이 토지에 자라고 있는 그대로 토지와 독립하여 거래되는 경우가 많다. 또한 예컨대 사과, 뽕잎, 입도(논에 서 있는 벼), 엽연초(담뱃입), 인삼과 같은 미분리의 과실도 자라서 독립의 거래가치를 가지게 되면 토지와는 독립한 거래의 대상으로 취급되고 있다. 그러므로 입목이나 미분리의 과실에 대하여도 독립한 물권을 인정할 필요가 있다. 바로 입목이나 미분리의 과실에 대하여 그 물권관계를 공시하는 방법으로 관습법상 명인방법이 이용되고 있다.

민법은 물건을 일응 부동산과 동산으로 분류하여 등기 및 인도를 각 물권변동의 요건으로 삼고 있다. 그러나 지상에 자라고 있는 입목이나 미분리의 과실은 토지의 일부분을 구성하고 있는 상태에서 그 자체 독립한 거래의 대상으로 되는 때에는 아직 동산이라고 할 수도 없고, 또한 부동산인 토지와 운명을 같이 하여야 한다고 할 수도 없다. 그러므로 입목이나 미분리의 과실에 대하여는 부동산의 일부로 보는 한편, 그 부동산과 분리되어 독립한 물건으로서 거래의 객체가 되는 관행이 인정되고 있다. 다만 입목이나 미분리의 과실의 물권변동을 위하여는 관행에 따른 공시방법을 갖추어야 한다고 보며, 바로 그 물권관계를 공시하기 위하여 관습법상 인정되는 방법이 「명인방법」(明認方法)이다.

명인방법에 의하여 공시가 인정되는 물권은 소유권에 한한다. 명인방법은 등기와 같은 완전한 공시방법이 되지 못하고 극히 소박하고 단순한 공시방법에 지나지 아니하여 저당권과 같이 복잡한 물권관계를 공시하기 위하여는 부적당하다. 또한 유치권과 같이 아무런 공시방법을 필요로 하지 않는 권리에 대하여는 당초부터 명인방법의 문제는 생기지 아니하고, 입목은 토지에 자라고 있더라도 토지 그 자체는 아니므로 입목 위에 지상권과 같은 용익물권을 설정할 수도 없다.

(2) 공시방법으로서의 명인방법

1) 의 의

명인방법은 등기에 의하여 공시될 수 있는 건물의 물권변동에는 허용되지 않고, 건물을 제외한 토지의 정착물과 미분리의 과실로서 독립한 거래가치를 가지는 지상물은—거래의 수요가 있는 한—명인방법에 의하여 거래의 객체가 될 수 있다. 명인방법은 등기와 같은 완전한 공시방법이 되지 못하고, 극히 소박하며 단순한 공시방법에 지나지 아니하므로, 명인방법에 의하여 공시될 수 있는 지상물의 물권은 소유권에 한한다. 명인방법에 의한 저당권·질권의 설정은 불가능하다.

명인방법이 되기 위하여는 입목이나 미분리의 과실의 소유권이 누구에게 귀속하고 있다는 사실을 제3자로 하여금 명백히 인식하게 하기에 족한 적당한 방법을 취하여야 한다. 명인방법은 구체적으로 어떤 내용으로 어느 정도 표시하여야 되는가? 예를 들어 입목에 대하여 보통 사용하고 있는 방법으로는 수목의 껍질을 깎아 거기에 소유자의 성명을 묵서한다든가, 그 주위에 누가 입목을 매수하여 소유하고 있다는 뜻의 묵서된 표목을 여러 장소에 세워 제3자가 용이하게 입목소유자를 알 수 있도록 하면 된다. 미분리의 과실에 대하여 사용하고 있는 방법은 논이나 밭의 주위에 새끼를 둘러치고 소유자의 성명을 묵서한 목찰을 세워 그 옆을 지나는 제3자가 용이하게 그 소유자를 알 수 있도록 하면 명인방법으로 인정될 수 있다.

2) 판례에 나타난 명인방법의 예

(a) 명인방법으로 인정되는 경우

> 임야 위에 서 있는 입목에 대하여 A가 2008.8.13. 임야의 전소유자인 B로부터 매수하고, 2008.10.5. A는 입목소유자로서 입산을 금지시키기 위하여 「입산금지 소유자 아무」라는 판자푯말을 임야 내 여러 곳에 부쳐놓았다. 그 후 C가 임야의 전소유자인 B로부터 임야를 매수하고 소유권이전등기를 넘겨받았다. A는 C에 대하여 입목의 소유권을 주장할 수 있는가?

어느 경우에 명인방법으로 인정되는가? 명인방법은 수목의 집단인 경우에 경계를 따라서 적당한 거리를 두고 수피를 깍아서 소유자의 성명을 묵서한다든가, 수목의 주위에 새끼를 둘러치고 소유자의 성명을 묵서한 목찰을 세우는 방법 등이 해당한다. 사례에서 임야지반과 분리하여 입목을 매수한 후에 입목의 소유권양도를 받은 A가 임야의 여러 장소에 「입산금지 소유자 아무」라는 푯말을 써서 붙쳤다면 입목소유권의 취득을 위한 명인방법으로 부족하다 할 수 없다. 구체적으로 판례를 보면 임야 중 2개소에 임야상 모든 입목의 소유자가 OOO임을 표시하는 게시판을 설치한 경우,[188] 원고 소유라는 명인간판 10매 내지 30매를 수차 임야 각처에 게시하고, 암석에다 페인트로 원고 소유임을 표시한 경우,[189] 입목만을 매수한 후 그 지반인 임야의 10여개소에 「OOO 매수」라는 표지를 한 경우,[190] 입목에 새끼줄을 치고 요소요소에 소유자를 표시한 경우[191] 등을 명인방법으로 인정한다.

(b) 명인방법으로 인정되지 않는 경우

> 갑토지는 A와 그의 형인 B의 공유에 속하였는데, A가 갑토지를 점유하면서 갑토지의 주위에 울타리를 치고 수목을 식재한 후 가옥의 정원수로 가꾸어 왔다. A는 수목이 자기의 소유임을 주장할 수 있는가?

188) 대법원 1976.12.28. 선고 76다2557 판결.
189) 대법원 1969.11.25. 선고 69다1346 판결.
190) 대법원 1974.6.11. 선고 74다542 판결.
191) 대법원 1976.4.27. 선고 76다72 판결,

우선 토지의 공유자의 1인이 다른 공유자로부터 그의 지분에 대한 사용권을 설정받은 후 그 토지 위에 정원수를 심은 경우라면, 그 정원수는 토지사용권에 의하여 식재한 경우로서 토지지분권과 상관없이 정원수의 소유권을 취득한다고 보아야 한다. 그러므로 A가 그의 형인 B로부터 갑토지 중 B의 지분에 대한 사용권을 설정받은 경우인지가 문제된다. 만약 A가 정원수를 토지사용권에 의하여 식재한 경우라고 하면 그 정원수의 소유권을 취득하므로, 수목에 대하여 명인방법을 취한 경우인지 여부가 문제되지 아니한다.

A가 B로부터 토지사용권을 설정받지 못한 때에는 어떤가? 토지 위에 식재된 수목은 비록 A가 식재하였다고 하더라도 명인방법으로 공시되지 않는 한 A의 소유라고 할 수 없다. 판례는 토지의 주위에 울타리를 치고 그 안에 수목을 정원수로 심어 가꾸어 온 사정만으로는 명인방법을 갖춘 경우로 보기는 어렵다고 본다.[192] 결국 A는 명인방법의 주장을 통하여는 수목의 소유권을 주장할 수 없다.

판례를 더 보면 「특별한 임야중의 입목 일정수량」과 같이 특정이 안된 입목을 매수한 경우에는 비록 명인방법으로서 「게시판」을 부착시킨 경우라고 할지라도 매수한 입목의 소유권취득을 위한 공시방법, 즉 적법한 명인방법으로 인정될 수 없다고 한다.[193] 또한 수목을 특정하지 않고 지적만으로 표시하여 매수하고 그 공시를 위하여 그 입목이 원고의 소유라는 팻말을 게시한 경우,[194] 법원의 검증 당시 수령 10년 이상된 수목을 흰 페인트칠로 표시하라는 명에 따라서 감정인이 포푸라의 표피에 흰 페인트칠을 하고 편의상 그 위에 일련번호를 붙인 경우[195]만으로는 명인방법으로 보기 어렵다고 본다.

3) 명인방법의 우열관계

(a) 입목의 이중양도에 대하여 모두 명인방법을 취한 경우

> A는 갑임야 위에 서 있는 입목을 갑임야의 전(前)소유자인 B로부터 매수하고 「입산금지 소유자 아무」라는 푯말을 써서 갑임야 내 여러 곳에 붙여 놓는 방법으로 입목에 대한 소유권이전의 명인방법을 강구하였다. 후에 갑임야는 B로부터 C에게 양도되고 소유권이전등기가 마쳐졌는데, D는 갑임야를 전소유자 B로부터 매수한 C로부터 같은 입목을 매수하였으나, 입목소유권의 변동을 나타내는 명인방법을 A보다 뒤늦게 실시하였다. A는 D에 대하여 갑임야 위에 자라고 있는 입목에 대한 소유권을 주장할 수 있는가?

입목을 이중양도한 경우에 각 양도에 모두 명인방법을 갖추게 되면 어느 명인방법이 우선하는가? 물론 일방은 명인방법을 갖추고, 타방은 명인방법을 갖추지 아니한 때에는 명인방법을 갖춘 쪽이 그 소유권을 취득한다. 그리고 양수인이 모두 명인방법을 갖춘 때는 먼저 명인방법을 실시한 쪽이 그 소유권을 취득하고 타방에 우선한다. 판례도 역시 민

192) 대법원 1991.04.12. 선고 90다2022 판결.
193) 대법원 1973.9.25. 선고 73다1229 판결.
194) 대법원 1975.11.25. 선고 73다132 판결.
195) 대법원 1990.2.13. 선고 89다카23022 판결.

법상의 형식주의 아래에서는 물권변동에 관한 공시방법을 이행하지 아니한 이상 당사자 간의 매매계약과 대금지급만으로는 소유권이전의 효력이 발생하지 아니하고, 입목의 이중매매에서는 관습법에 의하여 입목소유권변동에 관한 공시방법으로 인정되어 있는 명인방법을 먼저 한 사람에게 입목의 소유권이 이전된다고 판시하고 있다.[196]

사례를 보면 A가 갑임야와 분리하여 입목을 매수하여 그 소유권양도를 받은 후, 임야의 여러 장소에 「입산금지 소유자 아무」라는 푯말을 세운 사실을 인정할 수 있다. 그러므로 A가 임야의 여러 장소에 세운 「입산금지 소유자 아무」라는 푯말이 입목소유권의 취득을 위하여 관습법상 인정되는 명인방법이 되는가가 문제된다. 판례를 보면 입목만을 매수한 후 그 지반인 임야의 10여개소에 「OOO 매수」라는 표식을 한 경우, 새끼줄을 치고 또는 철인으로 O표를 하고 요소에 소유자를 게시한 경우를 명인방법으로 인정한다고 볼 때, 사례에서 A가 임야의 여러 장소에 「입산금지 소유자 아무」라는 표기를 써서 붙인 경우라고 하면 입목소유권취득의 명인방법으로 부족하다고 할 수 없다.

사례에서 A가 B로부터 입목만을 매수하여 이미 명인방법을 취한 후에 D가 B로부터 갑임야를 매수한 C로부터 다시 같은 입목을 매수하여 역시 입목에 관하여 명인방법을 취하고 있다. 그러므로 갑임야 위의 입목에 관하여 A와 D 중 누가 우선하는가가 문제된다.

A와 D가 모두 명인방법을 갖추고 있으나, A가 D보다 먼저 명인방법을 갖춘 경우이므로, A가 D보다 우선한다. 입목을 이중으로 매수한 D는 나중에 명인방법을 취하더라도 먼저 명인방법을 실시한 A에게 입목소유권을 주장할 수 없다. 역시 B로부터 C에게로 갑임야가 매도되고 소유권이전등기가 마쳐진 경우라고 하더라도 A의 명인방법이 C의 등기보다 앞서는 한, A의 입목에 대한 소유권이 C의 소유권보다도 우선하고, 결국 C로부터 입목을 매수한 D보다 우선한다.

(b) 입목의 명인방법과 토지에 대한 지상권설정등기 또는 소유권이 경합하는 경우

입목을 이중양도한 경우에 일방은 입목취득의 명인방법을 실시하고, 타방은 그 지반인 토지 위에 지상권(혹은 임차권)설정등기를 하거나 혹은 입목과 같이 그 지반의 소유권을 취득하여 그 등기를 한 때에 명인방법과 등기 중 어느 경우가 우선하는가? 명인방법에 대하여도 등기와 대등한 효력이 인정되므로, 어느 경우이거나 먼저 한 쪽이 타방에 우선한다고 본다. 판례도 입목의 소유를 목적으로 그 지반인 임야에 지상권설정등기를 한 후 다른 사람이 입목소유의 게시판을 요소에 세워서 그 명인방법을 실시하더라도 지상권자는 특별한 사정이 없는 한 그 지상권설정의 당시 임야 위에 현존하는 입목의 소유권을 취득한다고 한 경우가 있다.[197]

196) 대법원 1967.2.28. 선고 66다2442 판결.
197) 대법원 1972.10.25. 선고 72다1389 판결.

Ⅲ. 미분리의 과실에 관한 물권변동의 공시

1. 미분리의 과실의 성질

미분리의 과실이란 생육중인 벼나 과수에 열린 과실 혹은 뽕잎과 같이 토지나 토지의 일부를 이루는 과목에 고착된 상태에 있는 과실을 가리킨다. 미분리의 과실은 토지 혹은 그 일부인 과목으로부터 분리되지 않는 한 독립한 동산이 될 수 없지만, 관습상 독립한 거래의 대상으로 취급하고 있다. 다만 미분리의 과실은 동산이나 토지의 공시방법과 다른 공시방법을 필요로 한다.

2. 명인방법

> A는 B의 밭에서 자라고 있는 쪽파를 그대로 매수하였다. A가 수확철까지 기다리며 쪽파를 가꾸고 있는 경우에 그 쪽파의 소유권을 취득하는가? 그 후 C가 B로부터 쪽파밭을 매수하여 양도받은 경우에 자기가 쪽파의 소유자라고 주장할 수 있는가?

쪽파는 미분리의 과실에 해당한다. 미분리의 과실에 대한 물권변동의 유효요건인 공시방법은 점유이전만으로는 부족하고, 권리변동이 있음을 일반인에게 알리는 문구를 기재한 팻말을 쉽게 볼 수 있는 곳에 설치하는 명인방법을 하여야 한다. 그러므로 A는 쪽파밭의 주위에 새끼를 둘러치고 자기의 성명을 묵서한 목찰 등을 쪽파밭을 지나는 사람이라면 누구나 쉽게 볼 수 있는 곳에 설치하여 명인방법을 취하여야 쪽파에 대한 소유권을 취득한다.[198] 그리고 명인방법을 확실하게 취한 후에는 쪽파밭이 C에게 양도되더라도 A의 소유권이 우선한다.

---

198) 쪽파의 매수인이 명인방법을 갖추지 않은 경우에 쪽파에 대한 소유권을 취득한다고 볼 수 없어 그 소유권은 여전히 매도인에게 있으므로, 매도인과 제3자 사이에 맺어진 임의처분의 약정에 의하여 제3자가 후속작물의 경작을 위하여 밭을 갈아엎어 쪽파를 손괴하더라도 형법상 재물손괴죄가 성립하지 않는다(대법원 1996.2.23. 선고 95도2754 판결).

제6절 물권의 소멸

Ⅰ. 서 설

물권의 소멸이란 물권이 그 존재를 상실하는 경우를 가리킨다. 물론 물권의 소멸에는 물권이 절대적으로 소멸하는 경우와 단지 상대적으로 소멸하는 경우가 있다. 예를 들어 A에게 속한 물권이 B에게 양도된 경우에 물권은 A 아래에서는 존재하지 않게 되어 소멸하지만, B 아래에서는 물권이 그대로 존재하므로, 물권이 단지 상대적으로 소멸할 뿐이다.

Ⅱ. 목적물의 멸실

1. 서 언

물건이 멸실되면 역시 물권도 소멸한다. 물건의 일부가 멸실한 때에는—사회통념상— 그 동일성이 유지되어 있는 한 물권은 존속하고, 동일성이 긍정될 수 없는 경우에는 구물권(舊物權)은 소멸하고 신물권(新物權)이 성립한다. 예컨대 건물의 일부만이 화재로 소실된 경우에 동일성이 인정되지 않는 한, 나머지 일부의 건물에 대하여 새로운 소유권이 성립한다.

2. 토지소유권의 소멸원인으로서 「포락」

(1) 포락의 의의

「포락」(浦落)이란 토지가 바닷물이나 하천법상의 하천(하천법의 적용을 받는 국가하천과 지방하천을 통털어 가리킨다)의 물에 개먹어 무너져 바다나 하천에 떨어지고, 그 원상복구가 사회통념상 불가능한 상태에 달한 경우를 말한다.[199] 예를 들어 하천이나 해면에 인접한 토지가 홍수로 인한 하천유수의 범람이나 해일 등으로 침수되어 토지가 황폐화되거나 물밑에 잠기어 항시 물이 흐르고 있는 상태가 계속되고, 그 원상복구가 사회통념상 불가능하게 된 상태로 되면 토지가 포락된다. 토지가 포락되면 그 토지의 소유권은 영구히 소멸하게 된다.

---

199) 사전적으로 포락이란 강물이나 빗물에 논밭이 개먹어서 무너져 떨어진 경우를 가리킨다.

(2) 포락의 요건

포락이 되기 위하여는 (i) 토지가 바닷물이나 하천의 물에 의하여 개먹어 무너져 떨어져야 하고, (ii) 원상복구가 사회통념상 불가능하여야 한다. 우선 토지가 바닷물에 의하여 침식되어 해면을 이루면 포락이 된다. 바다, 즉 해면과 인접토지와의 분계는 약최고만조위(해면이 가장 많이 올라간 상태)를 그 기준으로 하므로, 포락으로 인하여 해면화되어 더 이상 소유권의 목적이 될 수 없는 범위도 약최고만조위를 기준으로 정한다. 그리고 하천법상 하천에는 여러 종류가 있으나, 포락은 토지가 하천법상의 적용하천의 물에 개먹어 무너져서 떨어져 나가야 하고 하천법이 적용되지 않는 사실상의 소하천(보통하천)의 물에 무너져 내린 경우에는 포락이 아니다.

포락의 판정기준은 원상복구가 가능하냐 아니냐에 달려있고, 원상복구의 가능 여부는 사회의 일반평균인이 지닌 건전한 상식에 따라서 결정한다. 토지가 개먹어 무너져 떨어지더라도 만일 원상복구가 가능하면 토지소유권이 상실되지 아니하고 토지소유자의 소유권은 존속한다. 예를 들어 바다에 인접한 토지가 유실되어 최고만조 때에 바닷물에 잠겨 버리게 되더라도 제방축조의 방법에 의하여 과다한 비용을 요하지 않고 원상복구가 가능하여 원상복구할 경제적 가치가 있는 경우에는 종전의 소유권이 소멸한다고 볼 수 없다.

누가 증명책임을 부담하는가? 원상복구가 불가능하게 되어 포락으로 소유권이 소멸한 사실은 소유권의 소멸을 주장하는 자가 증명하여야 한다.[200)]

> 원래는 남쪽으로 대한해협이 바로 보이는 부산 수영만에 접하여 있는 갑토지는 A 명의로 소유권이전등기가 되어 있었는데, A가 갑토지에 대한 소유권이전등기를 넘겨받은 당시에도 갑토지의 대부분이 바다에 포락되어 가쪽 얕은 곳의 수심은 1미터 정도이고, 안쪽 깊은 곳은 수심이 2-3미터 정도로 바다의 수면 아래 침하되어 있었는데도 A는 갑토지를 원상복구할 계획도 없이 그대로 방치하고 있었다. 그리고 갑토지를 원상으로 복구하는데는 갑토지의 바깥쪽에 해수를 막을 방파제를 구축하는 공사를 포함하여 8억원 정도의 거액의 공사비가 소요되는 반면 그 공사를 하더라도 갑토지의 북쪽에 바로 인접하여 있는 군사시설(수영비행장)로 인한 제한 때문에 그 시가는 인근의 토지보다 상당히 저렴한 3억원 정도에 불과하게 되어 손해를 보게 되어 있었다. 그런데 부산시가 86아시안게임과 88올림픽게임을 대비한 요트경기장 및 관광위락시설의 건설을 위하여 국가로부터 공유수면매립면허를 받아 갑토지를 포함한 그 일대의 토지에 매립공사를 시작하여 그 준공인가를 받았다. A는 갑토지에 대한 소유권을 주장할 수 있는가? [대법원 1992.4.10. 선고 91다31562 판결]

권리의 객체로서의 물건이 되기 위한 요건의 하나로 지배가능성을 요구하고 있다. 해면 아래의 토지는 지배가능성이 없으므로, 사적 소유권의 객체가 될 수 없다. 토지가 포락

---

200) 대법원 1995.11.7. 선고 93다25585 판결.

으로 인하여 해몰된 때에는 본래의 소유자가 바다의 수면 아래 침하된 토지에 대하여 가진 소유권은 자동적으로 소멸된다.

사례를 보면 갑토지가 얕은 곳은 1미터, 깊은 곳은 2-3미터 정도로 바다의 수면 아래 침하되어 있다. 그러므로 포락에 의하여 갑토지에 대한 A의 소유권이 소멸된 경우인지가 문제된다.

토지소유권의 소멸원인으로서의 포락으로 인정되려면 해수에 침수되어 해면하에 떨어진 토지에 대한 원상복구가 소유자에게 가능한지, 원상복구할 경제적 가치가 있는지를 판단하여야 한다. 원상복구의 불가능 여부는 포락 당시를 기준으로 하여 물리적으로 복구가 가능한지 여부를 밝혀야 할 뿐만 아니라, 원상복구에 소요될 비용, 그 토지의 복구로 인한 경제적 가치 등을 비교검토하여 사회통념상 복구가 불가능한지 여부를 기준으로 하여야 한다. 만약 복구 후의 토지가액보다 복구공사비가 더 많이 들게 되는 경우에는 특별한 사정이 없는 한 사회통념상 그 원상복구가 불가능하다고 볼 수 있다. 예컨대 판례를 보면 토석으로 제방을 막아 농경지, 염전, 갈밭으로 사용하던 토지가 태풍으로 제방이 무너져 조수가 침범하여 4-5년간 간조시는 모래사장이 되지만, 만조시에는 70센티 내지 1미터 가량의 해면하에 있게 되고, 유실된 제방의 축조가 그 규모나 소요경비로 보아 소유자의 재력으로는 감히 복구할 수 없는 정도이며 경제적 가치로 보아 제방축조를 할 수 없는 경우라면 포락으로 인정한다.201)

사례를 보면 해수를 막을 방파제의 구축을 포함하여 공사비로 8억원 정도가 소요되는 반면, 그 공사를 하더라도 갑토지와 바로 인접하여 있는 군사시설(수영비행장)로 인한 제한으로 인하여 그 시가는 인근의 토지보다 상당히 저렴한 3억원 정도에 불과하게 되어 손해를 입게 된다. 그러므로 비록 물리적으로는 갑토지의 원상복구가 가능하다고 하더라도 원상복구할 경제적 가치가 있다고 보기 어렵다. 결국 갑토지에 대한 A의 소유권은 이미 포락으로 인하여 상실되었으므로, A는 갑토지에 대한 소유권을 주장할 수 없다.

(3) 포락의 효과

토지가 포락되어 해면화 또는 하상화되면 종전의 토지소유권은 영구히 소멸한다. 판례도 토지가 포락되어 해면화 또는 하상화되고, 그 복구가 심히 곤란하여 토지로서의 효용을 상실하면 종전의 소유권은 영구히 소멸된다고 본다.202) 포락된 토지는 행정관청으로부터 재산세의 부과 또는 환지처분의 인정고시가 있다고 하더라도 소유권이 인정되지 아니한다. 또한 포락 당시의 소유명의인이나 상속인으로부터 선의, 무과실로 매수하더라도 포락으로 인하여 상실된 소유권이 매수인에게 귀속되지는 아니한다.

포락된 토지가 다시 성토화되면 그 토지의 소유권은 누구에게 귀속하는가? 재성토화된 토지의 소유권귀속에 관하여는 아래와 같이 네 가지 견해가 있을 수 있다.

(i) 포락이 되면 종전의 소유권은 영구히 소멸되고, 그 후 포락된 토지가 다시 성토화되

201) 대법원 1971.3.9. 선고 70다2756 판결.

202) 대법원 2002. 6. 14. 선고 2002두1823 판결.

어도 종전의 소유권자가 다시 소유권을 취득할 수 없다는 견해가 있다. 판례의 확고한 태도이다.203) 판례에 따르면 포락 후에 다시 성토화된 토지는 무주물로 되고, 무주의 부동산으로 국가에 귀속된다. 판례(국유설)에 대하여는 포락후에 성토화된 토지가 국유로 된다면 국민의 재산권보장(헌법 §23)에도 어긋나고, 구체적으로는 개인의 소유권을 침해하게 된다고 하는 비난이 있으나, 포락으로 영구히 토지소유권이 소멸한다고 보면 육지로 떠오른 토지나 인위적으로 성토화된 토지는 무주물로 볼 수 밖에 없지 않을까? 그러므로 포락된 토지가 다시 성토화되어도 종전의 소유권이 되살아날 수는 없고, 일단 국유에 귀속된다고 보아야 한다. 사례에서 갑토지가 매립에 의하여 성토화되어 있더라도 A의 소유권이 되살아나지 아니하여 A는 갑토지에 대한 소유권을 주장할 수 없다. 물론 법률에 다른 규정이 있으면 그 법률에 따르며, 예컨대 공유수면매립법 제26조에 의하면 매립면허를 받은 자가 매립지의 소유권을 취득한다.

(ii) 포락된 토지가 후에 성토화된 경우에는 본래의 소유자 또는 포락된 토지에 대하여 제방공사를 하는 등 연고를 갖고 있는 자에게 선점권(일종의 관습법상의 권리)을 부여하여야 한다고 하는 견해가 있다.

(iii) 토지가 포락되어도 종전의 토지소유권은 멸실되지 않고, 그 후 다시 성토화가 되면 과거의 토지면적 내에서 종전의 소유자가 당연히 소유권을 취득한다고 보는 견해가 있다. 그러나 포락을 토지소유권의 절대적 소멸사유로 보는 한, 예컨대 임야가 해면에 떨어져 당시의 소유자가 소유권을 상실한 후에 제3자가 방파제를 구축하게 되자 다시 육지로 떠오른 경우에 종전의 임야소유자가 그 소유권을 다시 취득한다고 볼 수는 없다.

(iv) 토지의 일부분이 포락으로 인하여 해면화 또는 하상화가 되어 종전의 소유권이 영구히 소멸한 후 포락된 부분이 다시 성토화되면 이른바 부동산부합의 문제로 해결하여야 한다고 보는 견해가 있다. 강변이나 해안의 토지에 자연현상으로 인하여 토사가 쌓여 생기는 충적토에 대한 소유권귀속의 문제에 대하여는 별도의 선점도 필요없이 토사가 쌓이는 사실 자체로 그 토지에 토사가 부합하는 현상으로 이해할 수 있다. 토지에 토사가 부합하여 부동산부합이 일어난 경우에는 민법 제256조에 의하여 소유권이 결정된다. 토지가 적어도 주된 부동산이라고 볼 수 있으므로, 토지에 부합하여 재성토화되는 토사가 부동산이라고 보더라도(동산이라고 보는 견해도 있다), 토지의 소유권에 흡수되게 된다고 새기는 견해가 타당하다고 본다. 그러나 포락에 의한 소유권의 소멸이 인정되는 한, 새로 부동산이 생겨나는 순간 무주의 부동산이 되므로 부합의 법리가 적용되기 이전에 민법 제252조 제2항에 의하여 국유로 되어 부동산부합이 문제될 여지가 없다고 생각된다.

3. 변형물에 대한 물권의 효력

물건이 멸실된 경우에 멸실물의 물질적 변형물(예컨대 무너진 건물의 목재)이 존재하는 때에는 물권이 원칙적으로 목적물의 물질적 변형물에 미친다. 멸실물의 가치적 변형물(건

---

203) 대법원 1984.11.27. 선고 84다카1072 판결.

물의 멸실에 의한 보험금 또는 손해배상청구권)이 남은 때에는 어떤가? 담보물권은 이른바 「物上代位」(§§342 · 370)에 의하여 목적물을 대위하는 가치적 변형물에 미친다.

Ⅲ. 소멸시효

물권이 모두 소멸시효에 걸리지는 않는다. 소멸시효에 걸리는 물권은 지상권 · 지역권 · 전세권 세 가지의 용익물권에 한한다. 지상권 · 지역권 · 전세권은 20년간 행사하지 아니하면 소멸시효기간의 완성으로 소멸한다.

(i) 민법 제162조 제2항이 소멸시효의 적용에서 분명히 소유권을 제외하고 있다. 취득시효가 완성된 결과로 소유자가 소유권을 잃는 경우는 있으나, 소유권 자체가 소멸시효에 걸리지는 않는다(소유권은 영구성이 있다).

(ii) 점유권이나 유치권은 어떤가? 점유권은 점유하고 있다는 사실만 있으면 성립하고, 점유가 있는 한 점유권이 존속되며 점유를 잃으면 바로 점유권이 소멸한다. 그러므로 점유권은 권리 위에 잠을 잔 결과로 소멸시효에 의하여 소멸한다는 경우가 있을 수 없다. 마찬가지로 유치권의 성립도 점유의 계속을 요구하므로, 점유가 있는 한 소멸시효로 소멸하는 경우가 있을 수 없다.

(iii) 담보물권도 피담보채권이 있는 한 독립하여 소멸시효에 걸리지 않는다.

(iv) 용익물권의 소멸시효가 완성되면 바로 소멸하는가, 말소등기를 하여야 비로소 소멸하는가? 소멸시효완성의 효과를 보는 입장에 따라서 다르다. 소멸시효완성의 효과에 관하여는 절대적 소멸설과 상대적 소멸설이 대립한다. 다수설 · 판례의 견해인 절대적 소멸설에 의하면 소멸시효의 완성에 의하여 말소등기를 요하지 아니하고 용익물권이 바로 소멸한다. 반면에 상대적 소멸설에 의하면 소멸시효의 이익을 받는 자가 용익물권의 소멸을 주장하여 말소등기를 하여야 비로소 물권이 소멸한다고 본다.

Ⅳ. 물권의 포기

> A는 B에 대하여 1억원의 대금채권을 가지고 있었는데, 그 담보로 B 소유의 갑부동산 위에 저당권를 설정받았다. 그런데 갑부동산이 전혀 담보가치를 가지고 있지 아니하여 A는 저당권을 스스로 포기하였다. A의 저당권은 말소등기 없이도 당연히 소멸하는가?

물권을 포기하면 어떤 효력이 생기는가? 소유권을 포기하면 무주물로 되므로, 동산의 경우에는 선점하면 소유권을 취득하고 부동산의 경우에는 무주의 부동산으로 국유가 된다(§252 Ⅰ · Ⅱ). 제한물권을 포기하면 소유권 또는 제한을 받고 있던 물권은 완전한 상태로 복귀한다.

물권의 포기는 어떤 법적 성질을 가지는가? 통설은 물권을 소멸시키는 의사표시에 의하여 성립하는 단독행위라고 본다(물권의 포기를 일종의 형성권의 행사로 이해하는 이견이 있다). 소유권이나 점유권의 포기는 상대방 없는 단독행위에 속하고, 제한물권의 포기는 포기로 인하여 직접 이익을 받는 자(주로 소유자)에게 하여야 하는 상대방 있는 단독행위에 해당한다.

물권의 포기는 원칙적으로 권리자의 자유이다. 그러나 물권의 포기로 말미암아 타인의 이익을 해하여서는 안된다. 특히 민법 제371조 제2항은 지상권 또는 전세권이 저당권의 목적인 경우에 그 지상권 혹은 전세권의 포기는 저당권자의 동의 없이 할 수 없다고 규정하고 있다. 또한 물권의 포기도 법률행위의 일종이므로, 선량한 풍속 기타 사회질서에 위반하는 때에는 무효이다.

사례에서 A의 포기에 의하여 저당권은 바로 소멸하는가? 물권의 포기를 법률행위로 보는가, 형성권의 행사로 보는가에 따라서 다르다. 만약 물권의 포기를 형성권의 행사로 보면 말소등기 없이 저당권이 소멸한다. 그러나 물권의 포기는 법률행위라고 보아야 하므로, 물권의 포기에도 민법 제186조와 제188조가 적용된다고 보아야 한다. 말소등기를 하여야 비로소 A의 저당권포기에 의하여 저당권이 소멸한다. 점유를 수반하는 물권이라고 하더라도 점유의 포기가 요건이라고 볼 수는 없으므로, 포기의 의사표시와 말소등기를 하면 그 물권이 소멸한다(점유를 수반하는 물권은 점유의 포기가 요건이라는 주장이 있으나, 타당하지 않다). 물론 질권이나 유치권, 점유권의 포기에 있어서는 당연히 점유의 포기가 있어야 한다. 또한 동산물권을 포기하는 때에는 포기의 의사표시 이외에 점유의 포기가 따라야 한다.

부동산물권을 포기한 경우에 그 등기절차는 어떤가? 부동산등기법은 아무런 규정도 두고 있지 않다. 언제나 포기한 권리자가 단독으로 말소등기를 신청할 수 있다는 견해도 있다. 물론 소유권의 포기는 상대방 없는 단독행위이므로, 단독으로 말소등기를 신청할 수 있다고 하여도 상관없다. 그러나 제한물권의 포기와 같이 상대방 있는 단독행위로 물권을 포기하는 경우에는 상대방과의 공동으로 신청하여야 한다고 본다.

Ⅴ. 혼 동

1. 혼동의 의의

서로 대립하는 두 개의 법률상의 지위 또는 자격이 동일인에게 귀속하는 경우를 「혼동」이라고 한다. 혼동은 채권 및 물권에 공통한 소멸원인이고, 혼동을 일으킨 법률상의 원인(예컨대 매매, 상속) 여하를 묻지 않는다.

물론 병존시켜야 할 필요가 있는 두 개의 법률상의 지위가 동일인에게 귀속한 경우에는 혼동이 일어나지 않는다. 특히 성질상 혼동으로 소멸하지 않는 권리도 있다. 점유권은 점유의 사실을 보호하는 권리로 점유권에는 흔히 소유권과 같은 본권이 수반한다. 그러므로 점유권은 소유권 기타의 본권인 물권과 함께 양립할 수 있으므로, 점유권에 관하여는 혼동의 원칙이 적용되지 않는다. 광업권은 광물을 독점적으로 채취할 수 있는 권리로 토지소유권과 별개의 독립한 권리이므로, 역시 광업권이 토지소유권과 양립하더라도 혼동으로 소멸하는 일은 없다.

2. 소유권과 제한물권의 혼동

(1) 원 칙

A는 B 소유의 갑토지 위에 지상권을 취득하였고, 갑토지 위에 건물을 건축하였다. 그 후 A는 B로부터 갑토지를 매수하여 자기 앞으로 소유권이전등기까지 마쳤다. A의 지상권은 소멸하는가?

같은 물건에 대하여 소유권과 다른 물권이 동일한 사람에게 귀속하면 혼동이 일어나므로, 다른 물권은 소멸한다(§191 I). 사례에서 갑토지에 대한 소유권의 취득을 통하여 이제는 A가 토지소유권에 의하여 갑토지 위의 건물을 소유할 수 있으므로, 더 이상 지상권이 불필요하다. 무의미하게 된 지상권은 권리관계의 간명화를 위하여 소멸한다.

(2) 예 외

1) 물건이 제3자의 권리의 목적인 경우

A 소유의 갑토지에 대하여 B가 1번저당권, C가 2번저당권을 가지고 있었다. 그런데 B가 A로부터 갑토지의 소유권을 취득하였다. B의 1번저당권은 소멸하는가?

물건이 제3자의 권리의 목적인 경우에는 혼동이 일어나지 않는다. 사례에서 갑토지는 C의 2번저당권의 목적이 되어 있으므로, B가 A로부터 토지소유권을 취득하여도 B의 1번저당권은 소멸하지 아니한다. 만약 B의 1번저당권이 혼동으로 소멸한다고 하면 후순위의 권리를 가지는 C가 혼동의 결과로 부당하게 유리한 지위를 차지하여 B의 이익을 해하게 되므로, 부당하다.

B가 갑토지의 소유권을 취득하면 B의 1번저당권은 소멸하지 아니하고, 자기의 토지 위에 저당권을 가지는 이른바 「소유자저당」의 상태가 된다. 갑토지가 C에 의하여 경매된 때에 B는 C의 2번저당권에 우선하여 변제를 받을 수 있다.

반대로 사례에서 B가 2번저당권, C가 1번저당권을 가지고 있고, B가 토지소유권을 취득한 경우라고 하면 어떤가? 예외가 적용되는 경우는 본인의 권리가 제3자의 권리보다 우선하는 때에 한한다. 그러므로 제3자의 권리가 처음부터 우위에 있는 경우에는 혼동으로 제3자가 부당하게 이익을 얻는다는 일이 없으므로, 예외에 해당하지 아니한다(본인의 권리는 소멸한다). C의 저당권이 1번저당권으로 선순위라고 하면 B가 토지소유권을 취득한 경우에 B의 2번저당권은 혼동으로 소멸한다.

예외의 적용이 있는 경우이더라도, 다른 사유로 본인의 권리가 소멸하는 경우가 있다. 예컨대 A가 B에 대한 채권을 담보하기 위하여 물상보증인 C 소유의 갑토지 위에 1번저당권을 가지고 있고, D는 역시 갑토지 위에 후순위의 2번저당권을 가지고 있는 경우에 AC, 즉 본인과 물상보증인 사이에서 혼동이 있게 되면 D의 2번저당권으로 인하여 예외가 그대로 적용되어 A의 1번저당권은 당연히 존속한다. 그러나 A가 B에 대한 채권자로서 채무자 B 소유의 갑토지 위에 1번저당권을 설정받고, C가 2번저당권을 가지고 있는 상황에서 AB 사이의 혼동(예컨대 A가 B를 상속한 경우)이 있게 되면 채권·채무의 혼동으로 인하여 A의 채권이 소멸하여 버리므로, C의 2번저당권에도 불구하고 A의 1번저당권은 채권의 소멸로 소멸한다.

> A 소유의 갑토지 위에 B가 지상권을 취득하였고, 그 얼마 후 갑토지에 C의 저당권이 설정되었다. B가 토지소유권을 A로부터 취득하면 B의 지상권은 소멸하는가?

B의 지상권이 C의 저당권에 대하여 대항할 수 있으므로, B의 지상권은 혼동으로 소멸하지 아니한다. 비록 C가 저당권을 실행한다고 하더라도 A는 지상권을 보유한다. 저당권의 실행에 의하여 갑토지를 매수한 매수인은 A의 지상권의 부담이 있는 토지소유권을 취득할 뿐이다.

> A 소유의 갑토지 위에 B를 위한 임차권이 설정되어 대항요건을 구비하였고, 그 대항요건을 갖춘 후에 역시 갑토지 위에 C를 위한 저당권이 설정되었다. 그 후 B가 갑토지에 대한 소유권을 취득하면 B의 임차권은 소멸하는가?

부동산에 대한 소유권과 임차권이 동일인에게 귀속하게 되는 경우에 원칙적으로 임차권은 혼동에 의하여 소멸한다. 그러나 임차권이 대항요건을 갖추고 있고, 또한 그 대항요건을 갖춘 후에 저당권이 설정된 때에는 혼동으로 인한 물권소멸의 원칙에 관한 예외규정인 민법 제191조 제1항 단서를 준용하여 임차권은 소멸하지 않는다고 보아야 한다. 사례에서 B의 임차권은 대항요건을 구비하고 있고, 그 대항요건을 갖춘 후에 C의 저당권이 설정된 경우이므로, B가 갑토지의 소유권을 취득하더라도 B의 임차권은 그대로 존속한다.

2) 제한물권이 제3자의 권리의 목적인 경우

> A 소유의 갑토지 위에 B가 지상권을 가지고 있었는데, 그 지상권 위에 C가 저당권을 취득하였다. 그 후 B가 갑토지의 소유권을 취득하였다. B의 지상권을 소멸하는가?

소유권과 제한물권이 동일한 사람에게 귀속하더라도 그 제한물권이 제3자의 권리의 목적인 경우에는 혼동이 일어나지 아니한다. B의 지상권이 C의 저당권의 목적이 되어 있으므로, B가 토지소유권을 취득하여도 B의 지상권은 소멸하지 아니한다.

3. 제한물권과 그 제한물권을 목적으로 하는 다른 제한물권의 혼동

(1) 원 칙

> A는 자기의 건물을 소유하기 위하여 B 소유의 갑토지 위에 지상권을 설정받았다. 그 후 A는 자기의 지상권 위에 C를 위하여 저당권을 설정하였다. 만약 C가 지상권을 취득하게 되면 C의 저당권을 소멸하는가?

제한물권과 그 제한물권을 목적으로 하는 다른 제한물권이 동일인에게 귀속하면 그 다른 제한물권은 원칙적으로 소멸한다. 왜냐하면 서로 대립하는 두 개의 법률상의 지위를 동일인에게 양립시켜 서로 맞서게 한다면 전혀 무의미하다고 하지 않을 수 없기 때문이다. 그러므로 지상권 위에 저당권을 가지는 C가 그 지상권을 취득하게 되면 저당권은 원칙적으로 소멸한다. 역시 저당권 위에 질권을 가지는 자가 저당권자를 상속하는 경우에도 질권은 원칙적으로 소멸한다.

(2) 예 외

1) 제한물권이 제3자의 권리의 목적인 경우

> A는 B 소유의 갑토지 위에 지상권을 가지고 있었는데, A는 자기가 가지고 있는 지상권 위에 우선 C를 위하여 1번저당권을 설정하였다. 그 후 A는 다시 그 지상권 위에 D를 위한 2번저당권을 설정하였다. 만약 C가 A로부터 지상권을 취득하게 되면 C의 1번저당권은 소멸하는가?

만약 C의 1번저당권이 소멸한다면 후순위의 제3자(D)가 부당하게 유리한 지위를 차지하게 되어 본인(C)의 이익을 해하게 된다. 그러므로 C가 지상권을 취득하여도 그의 1번저당권은 소멸하지 아니한다.

예컨대 A가 B의 지상권 위에 임차권을 가지고 있고, C가 같은 지상권 위에 저당권을 가지고 있는 경우에는 어떤가? A의 임차권이 대항요건을 갖추고 있는가에 따라서 다르다. 만약 A의 임차권이 대항요건을 구비하고 있다고 하면 C가 후순위에 있으므로 예외가 적용되어 A의 임차권은 소멸하지 않는다. 그러나 A의 임차권이 C의 저당권에 대항할 수 없다고 하면 C가 우위에 있으므로, 예외의 적용이 되지 아니하여 A의 임차권은 소멸한다.

2) 혼동한 권리가 제3자의 권리의 목적인 경우

> A의 지상권 위에 B가 저당권을 가지고 있었고, 다시 B의 저당권 위에 C가 질권을 가지고 있었다. B가 지상권을 취득하면 그 위에 설정된 자기의 저당권은 소멸하는가?

혼동한 권리가 제3자의 권리의 목적인 경우에도 예외의 적용에 의하여 혼동한 권리가 소멸하지 않는다. B의 저당권이 제3자 C의 질권의 목적이 되어 있으므로, B가 지상권을 취득하여도 B의 저당권은 소멸하지 아니한다. 역시 A의 지상권 위에 B의 임차권이 있고, 그 임차권 위에 C가 질권을 가지고 있는 경우에도 마찬가지로 B가 지상권을 취득하더라도 B의 임차권은 소멸하지 않는다.

4. 혼동의 실효

혼동 이전의 상태가 어떤 이유로 되살아나면 혼동으로 일단 소멸한 권리도 함께 되살아나는가? 혼동에 의한 물권소멸의 효과는 절대적이다. 그러므로 어떤 이유로 혼동 이전의 상태로 되더라도 일단 혼동한 권리가 되살아나지는 않는다. 다만 혼동을 생기게 한 원인이 존재하지 않거나, 원인행위가 무효·취소·해제 등으로 효력을 잃게 되는 때에는 혼동이 생기지 않은 경우로 되므로, 혼동한 권리가 되살아난다. 예를 들어 근저당권자가 소유권을 취득하면 그 근저당권은 혼동에 의하여 소멸하지만, 그 뒤 그 소유권취득이 무효라는 사실이 밝혀지면 혼동으로 소멸한 근저당권은 당연히 부활한다.[204)]

Ⅵ. 공용징수·몰수

1. 공용징수

공용징수[205)]란 특정한 공익사업으로 사용하기 위하여 소유권 기타 재산권을 법률의 힘에 의하여 강제적으로 취득하는 경우를 말한다. 공용징수에 의하여 공익사업의 주체(사업시행자)는 원시적으로 권리를 취득하고, 토지소유자의 권리는 소멸한다(공익사업을 위한 토지 등의 취득 및 보상에 관한 법률 §45 참조).

2. 몰 수

몰수는 재산권박탈을 내용으로 하는 일종의 형벌로서의 재산형이다(형법 §41 ix). 몰수에 의하여 국가는 원시적으로 권리를 취득하고, 피몰수자의 권리는 소멸한다.

---

204) 대법원 1971.8.31. 선고 71다1386 판결.

205) 부동산등기법 제99조, 공익사업을 위한 토지 등의 취득 및 보상에 관한 법률 제1조 등은 「수용」이라고 하는 표현을 쓰고 있으므로, 공용징수보다는 「수용」이라는 용어가 적당하다고 본다.

제3장

기본물권

제 3 장
기본물권

제 1 절 점 유 권

Ⅰ. 점유제도

1. 점유제도의 의의

(1) 서 설

예컨대 A가 자전거를 가지고 있는 경우에 A는 여러 가지 사정에 의하여 자전거를 사실상 지배한다. A의 자전거에 대한 점유에 대하여는 예컨대 (i) 소유자로서 가지고 있는 경우, (ii) 다른 사람으로부터 그 자전거를 빌려서 임차인으로 가지고 있는 경우, (iii) 다른 사람으로부터 그 자전거를 보관맡아서 수치인으로 가지고 있는 경우, (iv) 다른 사람으로부터 그 자전거를 훔쳐서 가지고 있는 경우 등을 생각하여 볼 수 있다. A가 자전거를 점유하는 원인을 묻지 않고 A의 자전거에 대한 사실적 지배상태를 일응 시인하고, 그 사실적 지배상태를 법적으로 보호할 필요가 있다. 바로 물건에 대한 사실상의 지배를 정당화시킬 수 있는 권리, 즉 「本權」이 있느냐 없느냐를 불문하고 그 사실상의 지배상태에 대하여 일정한 법률효과를 부여하여 보호하는 제도가 점유제도이다.

(2) possessio vs Gewere

현행민법의 점유제도는 로마법의 포쎄시오와 게르만법의 게베레라고 하는 두 개의 서로 다른 제도의 이론적·제도적 결합의 산물이다. 민법상의 점유제도가 복잡한 성질을 지니고 있고, 또한 일원적 이해를 곤란하게 하는 이유도 바로 현재의 점유권이 두 개의 서로 상이한 제도가 융합하고, 다시 오랜 동안 다양한 변화를 거쳐 현재의 점유제도로 발전한 사정에 그 원인이 있다.

포쎄시오란 어떤 제도인가? 로마법에서는 물건에 대한 사실적 지배인 점유, 즉 포쎄시오를 물건에 대한 법적 지배인 소유권(dominium)과 완전히 분리하고, 점유 자체에 소권의 보호가 인정된다고 보았다. 그러므로 로마법상으로는 점유를 권리로서가 아니라 사실로서 파악하여 얼마든지 본권으로부터 분리되어 존재할 수 있다고 보고, 본권, 특히 법적인 완전지배권으로서의 소유권과 대치시켰다. 물권법상 인정되는 점유보호청구권제도, 물권적 반환청구권의 피고(=점유자)에게 과실수취권, 비용상환청구권을 인정하는 제도는 로마법상의 포쎄시오에서 유래한다.

게베레는 어떤가? 게르만법에서는 물건에 대한 법적 지배인 소유는 사실적 지배인 게베레와 불가분하고, 소유는 게베레를 수반하여 비로소 현실적 존재가 되며 그 효력을 완전히 발휘하게 된다고 보았다. 그러므로 게르만법상에서는 법적 지배인 소유는 게베레가 존재하는 한 정당하게 존재한다고 추정되고, 게베레의 이전에 의하여 비로소 완전하게 이전하며, 게베레를 수반하는 물적 지배가 침해된 때에는 그 침해를 배제하여 물적 지배를 회복할 수 있었다. 게르만법상으로는 점유가 본권을 보완하거나 대체하는 특징이 있고, 물권법상 취득시효·선의취득과 같은 제도나 권리추정규정은 게르만법상의 게베레에 그 기원이 있다.

2. 점유제도의 법적 기능

(1) 점유보호기능

점유는 본권과 관계없이 물건에 대한 사실적 지배의 현상을 보호하고, 그 침해를 배제하여 원상을 회복할 수 있는 법적 근거로서 기능을 한다. 점유제도가 가지는 점유보호기능의 중심적 제도는 점유소권이다.

학설상 점유가 사실적 지배 그 자체로 보호되는 근거에 대하여는 (i) 인격보호설, (ii) 본권(소유권)보호설, (iii) 의사존중설, (iv) 평화유지설, (v) 연속설(생활관계유지설)이 주장되고 있다. 점유제도의 근거에 대한 평화유지설과 연속설의 학설대립을 보면 평화유지설은 로마법상의 포쎄시오의 점유소권을 중심으로 한 이론이고, 연속설은 게베레의 효력을 중심으로 한 이론이라고 할 수 있다. 국내에서는 점유제도의 사회적 작용에 대하여 일원설로서 평화설과 이익설이 주장되고 있고, 이원설로서 사회적 평화의 유지·동산물권의 공시 두 가지를 주장하거나 다원설로서 사회적 평화의 유지, 점유자의 개인적 이익의 존중, 거래안전의 보호, 동산물권의 공시방법 네 가지를 드는 견해가 있다.

① 의사존중설 의사존중설은 점유자의 의사를 보호하기 위하여 점유제도가 인정된다는 견해이다(주장자는 빈트샤이드(Windscheid)이다). 다만 의사존중설에 대하여는 점유의사가 요구된 시대에는 적합한 견해이지만, 점유의사를 요구하지 않고 물건에 대한 사실적 지배라는 객관적 사실만에 의하여 점유를 보호하는 입장에서는 더 이상 타당하지 않다고 하는 지적이 있다.

② 인격보호설 인격보호설은 점유자의 인격침해에 대한 구제가 점유제도의 근거라고 하는 견해이다(주장자는 사비니(Savigny)이다). 그러나 인격보호설에 대하여는 점유와 인격이 분리되지 않은 과거시대의 유물에 불과하다고 하는 비난이 있다.

③ 소유자보호설　　소유자보호설은 점유제도의 사회적 작용은 소유권의 보호에 있다고 하는 견해이다(주장자는 예링(Jhering)이다). 다만 소유자보호설에는 소유자 아닌 자에 대하여도 점유보호청구권을 인정하는 근거를 설명할 수 없다는 난점이 있다.

④ 평화설　　평화설은 사실상의 지배, 즉 점유에 대하여 진정한 권리자의 자력구제를 허용한다고 하면 사회의 평화와 질서를 파괴하는 결과가 되므로, 사회의 평화와 질서를 유지하기 위하여는 점유를 보호하여야 할 필요가 있다고 보는 견해이다(주장자는 데른부르그(Dernburg), 콜러(Kohler)이다). 평화설에 대하여는 점유자에게 자력구제를 인정하고 있는 한편, 사회의 질서유지는 점유소권만의 목적이 아니고 법제도 전체의 사명에 속하며, 물권법 전반에 걸친 점유보호의 근거를 평화설만으로 설명할 수 없다고 하는 비판이 있다. 그러나 점유제도가 사회의 평화를 위하여 생활관계의 현재상태를 보호할 목적으로 인정된다는 측면에서 평화설이 타당하다고 보며, 판례도 역시 평화설에 가깝다.[206]

⑤ 이익설(연속설)　　이익설은 점유자는 그 생활관계의 「연속」을 가능한 한 유지하려고 노력하므로, 생활관계의 「연속」에 대한 침해는 점유자의 생활가치의 상실을 의미하여 점유자의 개인적 이익의 보호에 점유제도의 존재이유가 있다고 보는 견해이다(주장자는 헤크(Heck)이다).

(2) 본권취득기능

점유제도는 점유자에 의한 물적 지배가 본권에 기한 지배에 준하는 강도와 안정성을 객관적·주관적으로 갖춘 경우에 일정한 조건 아래 본권을 창설하거나 본권의 효과에 준하는 효과를 부여하는 기능을 한다. 점유제도가 가지는 본권취득기능에 따른 제도로 취득시효나 무주물선점이 있다. 또한 선의점유자의 보호(§§201 I·202·203)는 본권에 준하는 효과가 부여되는 경우에 해당한다.

(3) 본권공시기능

점유제도는 점유자가 물권자로서의 외관을 갖추거나 갖추지 않은 사실에 대한 신뢰를 보호하는 기능을 한다. 점유제도가 가지는 본권공시기능의 구체적인 예로는 대표적으로 동산물권변동의 공시방법(점유의 공시력=소극적 신뢰보호)과 선의취득(점유의 공신력=적극적 신뢰보호)을 들 수 있고, 역시 본권의 추정(§200)도 포함된다.

3. 점유제도의 존재이유

① 사회평화의 유지　　점유제도는 점유보호청구권·점유의 권리추정과 같은 수단을 통하여 물건에 대한 사실적 지배질서와 평화의 유지를 위하여 필요하다(평화설이라고 칭한다).

---

206) 예컨대 점유의 침탈 또는 방해의 상태가 일정한 기간을 지나게 되면 그대로 사회의 평온한 상태가 되고, 원래의 상태로 복구하게 되면 오히려 평화질서의 교란으로 볼 수 있게 되므로, 일정한 기간을 지난 후에는 원상회복을 허용하지 않는 태도가 점유제도의 이상에 맞다고 본다(대법원 2002.4.26. 선고 2001다8097, 8103 판결).

② 점유자의 개인적 이익보호 　점유제도는 점유자에 대한 과실취득·비용상환청구권의 인정에 의한 점유자의 개인적 이익의 보호를 위하여 필요하다.

③ 거래안전의 보호 　점유제도는 점유가 가지는 본권공시기능으로부터 발생하는 본권의 추정적 효력·공시력·공신력에 의한 거래안전의 보호에서 그 존재이유를 찾을 수 있다.

④ 동산물권의 공시방법 　점유제도는 민법상 점유를 물권변동의 공시방법으로 하고, 점유의 이전을 동산물권변동의 성립요건으로 하고 있는 동산물권의 공시방법에서 그 존재이유를 찾을 수 있다.

4. 점유권의 개념 – 점유의 권리성

(1) 왜 점유권은 이해하기 어려운가?

점유권은 이해하기 난해한 권리라고 흔히 일컫는다. 물권편에 소유권 등과 나란히 규정되어 있으나, 소유권과 같은 「본권」으로서의 물권과는 매우 성질이 다르다.

소유권이나 지상권은 물건을 실제로 지배하는가 아닌가와 관계없이 존재하는 권리로서 이른바 「물건에 대한 현실적 지배의 배후에 있는 권리」라고 할 수 있으나, 점유권이라고 하는 권리는 물건에 대한 현실적 지배에 대하여 인정되는 권리이다. 그러므로 점유권은 물권이 아니라고 보는 견해도 있다.

민법전은 「점유권」의 장에서 「점유권의 효력」과 관련하여 다양한 법적 효과나 권능에 관한 규정을 두고 있는데, 그 법적 효과나 권능이 나오는 원천이 바로 점유권이라고 이해할 수 있다. 다만 점유권의 효력으로 인정되는 법적 효과나 권능에는 서로 다른 성질을 가진 경우가 포함되어 있으므로, 점유권을 단일한 권리개념 아래 일원적, 통일적으로 이해하기가 곤란하다. 점유권이 이해하기 어려운 권리가 된 이유는 현대의 점유제도가 로마법의 포쎄시오와 게르만법의 게베레라고 하는 서로 다른 두 제도의 융합이라고 하는 연혁에 그 원인이 있다.

(2) 점유권 = 물권

민법은 점유권도 물권의 일종으로 규정하고 있다. 점유권은 「물건에 대한 사실상의 지배」에 부여되는 법적 지위로서 물건에 대한 사실상의 지배인 점유라고 하는 사실을 법률요건으로 하여 생기는 물권이다.

구체적으로 점유권자는 사회질서유지적 관점에서 점유 자체의 보호를 위하여 점유보호청구권(§§204-206)을 갖고, 권리의 추정(§200)을 받는다. 또한 점유권은 취득시효의 전제가 되고, 선의취득을 위하여도 중요한 기능을 한다.

점유와 점유「권」은 구별되는가? 민법 제192조 제1항은 "물건을 사실상 지배하는 자는 점유권이 있다"고 규정하고 있다. 물건에 대한 사실상 지배를 바로 점유「권」이라고 하여 일종의 「물권」으로 이해하고 있다. 민법에 규정되어 있는 여러 효과가 점유권의 효력인가, 단순한 점유의 효과인가에 대한 논의가 있으나, 그다지 의미있는 논의라고 보기는 어렵다. 민법은 분명히 점유권이라고 부르고 있으나, 점유권은 다른 물권과는 권리의 성질이 다르다는 사실을 이해하면 충분하다고 본다.

(2) 점유권과 본권

점유권과 점유할 수 있는 권리(본권)는 명확하게 구별된다. 물건에 대한 사실상의 지배가 정당한가 아닌가를 불문하고 그 사실상의 지배에 의하여 성립하는 권리가 점유권이다. 반면에 「점유할 수 있는 권리」 혹은 「점유할 권리」로서 점유를 법률상 정당하게 하는 권리를 「本權」(예컨대 소유권·임차권)이라고 한다. 가령 시계를 사취당한 소유자는 점유할 수 있는 권리, 즉 본권은 여전히 가지고 있지만 점유권은 상실하고, 시계를 사취한 자는 점유할 수 있는 권리(본권)는 없지만 점유권은 가지고 있다.

사 례	점유권	본권
소유자가 자기의 물건을 점유하고 있는 경우	O	O
도난당한 소유자인 경우	X	O
도둑인 경우	O	X

점유·점유권과 본권과는 어떤 관계에 있는가? 점유·점유권 및 점유할 수 있는 권리(본권)라고 하는 개념은 법적으로 분명하게 구별된다. 「점유」란 물건에 대한 사실상의 지배 자체를 가리킨다. 민법상으로는 점유를 물건이 사실적 지배관계 내에 있다고 인정되는 객관적 관계를 지칭하는 「소지」와 같은 의미로 이해한다. 점유는 점유권의 기초가 되는 사실이며, 민법은 소지에 소지자의 의사를 더하여 비로소 점유권의 기초로 하는 입장(주관주의)을 택하지 않고, 소지를 그대로 점유권의 기초로 하는 객관주의를 취하고 있다. 「점유권」이란 점유라고 하는 사실상태에 각종의 법률효과가 부여된 권리이며, 민법상 물권의 일종으로 되어 있다.[207] 다만 점유권은 다른 물권(본권으로서의 물권)과는 성질이 전혀 다르고, 특히 배타성이나 우선적 효력이 인정되지 않는다.

(3) 점유와 소지

물건이 사실상 지배상태에 있다고 하는 객관적 관계를 소지라고 한다. 본래 「소지」란 물리적으로 어떤 물건을 지배하는 상태를 가리킨다. 그러나 책을 손으로 잡고 있는 경우뿐만 아니라, 책상 위에 놓여 있더라도 소지에 해당한다. 빈집에 대하여는 이웃에 거주하며 출입구를 감시하고, 침입을 막을 수 있는 상태에 있으면 굳이 열쇠를 채우지 않은 경우라고 하더라도 소지로 판단된다. 결국 「소지」란 사회관념상 물건이 그 사람의 사실적 지배 아래 있다고 인정되는 객관적 관계가 존재하면 인정되고, 반드시 물건을 직접 가지고 있을 필요가 없다.

점유는 소지 이외에 점유의사가 있는 경우(「점유=소지+점유의사」)에 성립한다고 보는 입

207) 학설상 소수설로서 점유권은 점유 그 자체라고 하는 견해가 있다. 사실상의 지배가 곧 점유권이라고 보는 견해는 사실상의 지배=점유=점유권이라는 등식이 성립한다고 본다.

법례도 있다(일본민법 第180조는 의사주의를 취한다). 그러나 민법상으로는 사실상의 지배가 즉 소지이고, 동시에 점유를 의미하여 별도로 점유와 소지를 구별할 필요가 없다. 민법에서는 바로 「물권에 대한 사실상의 지배=소지=점유」가 된다(객관주의를 취한다).

Ⅱ. 점 유

1. 점유의 개념

(1) 점유이론

점유의 성립요건은 「객관적 요소」(corpus)인 소지만으로 충분한가, 소지 이외에 「주관적 요소」(animus)에 해당하는 어떤 의사의 존재가 요구되는가? 바로 그 문제를 「점유이론」이라고 한다. 점유이론에 관하여는 대표적으로 객관주의와 주관주의가 대립한다.

① 객관주의 객관주의(혹은 객관설)는 점유는 사실상의 지배만으로 구성되고 특별한 점유의사를 필요로 하지 아니한다고 보는 학설이다. 점유는 소지만으로 성립한다고 보는 객관주의에는 다시 (i) 소지한다고 하는 의사 혹은 소지하고 있다고 하는 인식을 가지고 소지하면 충분하다고 보는 소지의사설(주장자는 예링이다), (ii) 단순한 소지로 충분하다고 보는 순객관설(주장자는 베커(Becker)이다)이 있다.

② 주관주의 주관주의는 점유는 소지(사실상의 지배)와 점유의사를 필요로 한다고 보는 학설이다. 주관주의에는 (i) 소유자로서 물건을 지배하는 의사를 가질 필요가 있다고 보는 소유자의사설(주장자는 사비니이다), (ii) 사실상 모든 방향으로 물건을 지배하는 의사를 가지면 충분하다고 보는 지배자의사설(주장자는 빈트샤이드이다), (iii) 물건의 소지가 자기를 위한다고 하는 의사에 의하면 충분하다고 하는 자기소지의사설(주장자는 데른부르그이다)이 있다.

입법례를 살펴보면 프랑스민법은 주관주의(소유자의사설)를 채용하고 있다(§§2228, 2229 Code civil). 일본민법은 주관주의에 의한 자기소지의사설을 취하고 있다(일본민법 第180조는 "점유권은 자기를 위한 의사에 의하여 물건을 소지함으로써 취득한다"고 규정하고 있다). 그러나 독일민법, 스위스민법은 순객관주의를 채택하고 있다(§854 BGB, §919 ZGB). 민법도 독일민법, 스위스민법의 태도에 따라서 순객관주의를 채용하고 있다(§192 I).

(2) 민법상의 점유

1) 사실상의 지배

(a) 의 의

사실상의 지배란 사회관념상 물건이 어떤 사람의 지배 내에 있다고 할 수 있는 객관적 관계를 가리킨다. 다만 사실상의 지배가 있다고 하기 위하여는 반드시 물건을 물리적·현실적으로 지배하여야만 하지는 아니한다. 물건에 대한 점유의 의미는 물건과 사람과의 시간적·공간적 관계와 본권관계, 타인지배의 가능성 등을 고려하여 사회관념에 따라서 합목적적으로 판단하여야 한다.[208] 그러므로 점유는 단순한 사실적 지배 여부에 따라서만 결정되지 아니하며, 평가를 포함한 개념으로 이해하여야 한다.

예컨대 임야에 대한 점유는 어떤 형태로 이전하는가? 점유의 이전이나 점유의 계속은 반드시 물리적이고 현실적인 지배를 요한다고 볼 수 없으므로, 임야에 대한 관리나 이용의 이전이 있으면 인도가 있다고 보아야 한다. 특히 임야에 대한 소유권을 양도한 경우라면 그에 대한 점유의 지배권도 넘겨지는 형태가 거래에 있어서 통상적인 모습이라고 할 수 있다.

> A는 B 소유의 임야 위에 자기 선조의 시신을 모시는 분묘를 설치하여 수호·관리하고 있었는데, B가 그 분묘의 철거를 주장하자 A는 분묘기지권을 주장하였다. A가 설치한 분묘가 평장되어 있거나 암장되어 있어 객관적으로 인식할 수 있는 외형을 갖추고 있지 아니한 때에도 분묘가 있는 임야부분을 점유한 경우로 인정되는가?

분묘기지권이란 분묘를 수호하고 봉제사하는 목적을 달성하는 데 필요한 범위 내에서 타인의 토지를 사용할 수 있는 권리를 가리킨다. 분묘기지권이 성립하기 위하여는 타인의 토지에 그 승낙 없이 분묘를 설치하여 20년간 평온, 공연하게 그 분묘의 기지를 「점유」하여야 한다. 그리고 분묘의 기지에 대한 점유로 인정되기 위하여는 봉분 등 외부에서 분묘의 존재를 인식할 수 있는 형태를 갖추고 있어야 한다.

예컨대 평장이나 암장되어 있는 경우에는 어떤가? 만약 분묘가 평장되어 있거나 암장되어 있어 객관적으로 인식할 수 있는 외형을 갖추고 있지 아니한 경우에는 분묘의 기지를 점유하고 있다고 볼 수 없다. 사례에서 A가 설치한 분묘가 객관적으로 분묘로 인식할 수 있는 외형도 구비되어 있지 않다고 하면 A의 점유가 인정될 수 없으므로, 분묘기지권이 성립할 수 없다.

(b) 물건과 사람과의 시간적 관계

사람과 물건의 관계가 어느 정도 계속적이어야 사실상의 지배가 성립할 수 있다. 그러므로 은행창구에서 잠깐 사용하는 볼펜, 강연자가 사용하는 강단의 컵과 같이 물건을 지배하고 있는 사정이 일시적인 때에는 사실상의 지배가 성립하지 아니한다.

(c) 물건과 사람과의 공간적 관계

a) 물리적 지배가 직접 가능한 경우

물리적으로 직접 지배력이 미칠 수 있는 경우에는 의심할 여지 없이 사실상의 지배가 인정된다. 예를 들어 몸에 지니고 있는 물건, 집안에 둔 물건, 담장으로 둘러싸인 건물이나 토지에 대하여는 사실상의 지배가 인정되어 점유가 성립한다.

208) 대법원 1997.8.22. 선고 97다2665 판결.

b) 물건에 대하여 일정한 거리의 공간적 관계가 있는 경우

사실상의 지배가 성립하기 위하여 반드시 어떤 사람이 물건을 유형적·물리적으로 잡고 있다든가 또는 가지고 있다든가 할 필요는 없다. 누가 사실상의 지배를 하고 있는지에 관하여 외부로부터의 인식이 가능하면 비록 물건에 대하여 일정한 거리상의 공간적 관계가 있더라도 사실상의 지배가 성립한다. 예를 들어 여행을 떠난 경우에 여행자의 자택에 있는 가재도구, 들에 있는 논이나 밭, 주차장에 세워둔 자동차에 대하여도 사실상의 지배가 인정된다. 그리고 빈집의 소유자가 이웃에 거주하며 그 건물에 대한 출입을 일상적으로 감시할 수 있는 경우에는 푯찰이나 시건장치가 없더라도 점유로 인정된다. 또한 건물의 부지가 된 토지는 그 건물의 소유자가 점유하고 있다고 볼 수 있고, 비록 건물의 소유자가 현실적으로 건물이나 그 부지를 점거하고 있지 않더라도 그 건물의 소유를 위하여 그 부지를 점유한다고 보아야 한다.[209)]

(d) 본권을 가지고 있는지 여부

사실상의 지배는 본권과는 무관하다. 점유할 수 있는 권리, 즉 본권이 있느냐 없느냐에 관계없이 사실상의 지배는 얼마든지 가능하다. 심지어 도둑도 훔친 물건에 대하여 사실상의 지배를 하고, 점유를 취득한다. 다만 사회관념상 점유로서의 사실상의 지배가 있는가를 판단할 때에 본권관계는 중요한 참고사항이 될 수 있다. 판례는 대지의 소유자로 등기한 자는 보통의 경우 등기할 때에 그 대지의 인도를 받아 점유를 얻은 경우로 보아야 하므로 등기사실을 인정하면서 특별한 사정의 설시 없이 점유사실을 인정할 수 없다고 판단할 수는 없다고 본다.[210)]

(e) 타인의 지배를 배제할 수 있는 가능성

사실상의 지배가 인정되기 위하여는 타인에 의한 지배의 가능성이 배제될 수 있는 상태에 있어야 한다. 판례는 점유라 함은 타인의 간섭을 배제하는 면이 있다고 하여야 하므로, 만약 토지가 공로에 연결되고 있는 골목길로서 주택거주자가 공로에의 통로로 통행하여 공중의 통행에 제공되고 있다고 하더라도 그 사실만으로 바로 주택거주자의 점유 아래 있다고 할 수 없다고 본다.[211)]

> A원양회사는 그 소유의 선박을 수리할 필요가 있자, 수리내역 중 전기·엔진 등 부분은 직접 수리하기로 하고, 선체의 외판, 상갑판 등 부분은 B조선소에게 수리를 맡기기로 한 다음, 선박을 B조선소의 드라이독(dry dock, 乾船渠)에 상가하여 수리를 개시하였다. 실제로 수리공사는 A원양회사 및 B조선소가 각각 여러 하수급업체를 동원하여 수행하였는데, 각 하수급업체의 직원은 B조선소로부터 사전에 안전수칙에 대한 교육을 받고 허가를 받아 B조선소에 출입하였고, 한편 A원양회사는 그 직원인

209) 대법원 1996.6.14. 선고 95다47282 판결.
210) 대법원 2001.1.16. 선고 98다20110 판결.
211) 대법원 1974.7.16. 선고 73다92 판결.

C를 공무감독으로 임명하여 선박수리에 대한 전반적인 업무를 처리하도록 하였다. 그런데 수리작업 중 선박의 기관실 부근에서 원인불명의 화재가 발생하여 선박이 전소되었다. B조선소는 선박수리계약에 따른 목적물반환의무의 불이행에 따른 책임을 지는가?

선박이 누구의 지배·관리 아래 있는가가 핵심적인 문제이다. 만약 이미 B조선소에게로 선박의 점유가 이전된 경우라고 하면 B조선소로서는 언제가, 예컨대 수리공사가 종료된 때에 선박을 A원양회사에 인도하여야 할 의무를 선박수리계약상 부담한다. 그러나 선박에 대한 점유가 여전히 A원양회사에 있다고 하면 B조선소는 목적물반환의무를 지지 않는다.

선박에 대한 점유 여부는 어떤 기준으로 판단하는가? 선박의 경우에는 그 규모, 선체의 구조와 기능 등을 종합하여, 그 선박이 소재하는 장소를 점유함으로써 그 선체 전부를 점유하는 경우로 보아야 할 경우가 있는 반면, 선박이 소재하는 장소 또는 드라이독(선박의 수리 등을 위하여 큰 선거(독)를 만들고 배를 들여보낸 뒤 갑문을 닫고 선거내의 물을 배출하여 작업하는 시설을 말한다) 등의 시설을 점유한다는 사실만으로 당연히 그 선박도 함께 점유하는 경우로는 볼 수 없고, 그 선박의 소재와는 무관하게 선박의 점유관계가 성립하는 경우도 있을 수 있다.[212] 결국 선박 자체에 대한 사실적 지배 등을 기초로 하여 선체의 전부 또는 일부에 대한 점유 여부를 판단하여야 한다.

사례에서는 선박의 규모와 선체의 구조 등에 비추어 A원양회사가 선박의 선체 전부 또는 일부(화재가 발생한 기관실 부근)에 대한 점유를 완전히 상실한 경우인지에 대하여 의문이 없지 않다. 특히 선박의 수리작업 중 A원양회사와 B조선소측의 시공비율, 수리작업 중에 A원양회사가 임명한 직원 C가 수리공사 전반의 진행을 관리·감독하고 있었던 사정 등에 비추어 보면, 선박의 수리는 A원양회사의 의뢰에 따라서 B조선소가 주도한 경우라고 보기 어렵다. 실질적으로는 A원양회사가 주도적으로 수리작업을 수행하면서 B조선소의 드라이독을 빌리되, 수리공사 중 일정부분을 B조선소에게 의뢰함으로써 수리 전후를 통하여 A원양회사가 선박을 계속하여 점유하고 있었다고 볼 여지가 없지 않다. 물론 선박이 B조선소의 드라이독에 완전히 상가된 사실과 외부인이 선박에 출입하려면 일단 B조선소에 들어가야 하고, 그 과정에 B조선소측의 통제에 따를 수밖에 없었던 사정 등은 B조선소가 선박을 인도받아 점유·지배한 경우로 판단하는 근거로 삼을 수도 있으나, 그 사정만으로는 B조선소가 선박을 점유하고 있었다고 단정하기에 부족하다. 그러므로 선박에 대한 B조선소의 점유를 전제로 B조선소에게 목적물인도의무가 있다고 할 수는 없다.

2) 점유설정의사

(a) 서 언

민법상 점유의 성립을 위하여 어떤 의사가 요구되지는 않지만, 최소한 사실적 지배관

212) 대법원 2003.2.11. 선고 2000다66454 판결.

계를 가지려는 의사, 즉 점유설정의사는 필요하다고 보는 견해가 통설이다. 다만 점유설정의사는 법률행위에서와 같은 의사가 아니라, 사실상의 지배를 하려고 하는 자연적 의사를 의미한다. 의사무능력자나 제한능력자라고 하더라도 사실상의 지배를 하려고 하는 의사, 즉 점유설정의사가 있는 한 점유를 취득할 수 있다. 그러나 수면중인 사람의 호주머니에 물건을 집어넣은 경우에는 점유설정의사가 인정되지 아니하므로, 점유가 성립하지 아니한다.

(b) 일반적 의사

A는 아침 일찍 고기를 잡기 위하여 호수에 그물을 쳐놓았다. A는 오후 늦게 그물을 끌어올리려고 하였는데, 깜박 잊고는 다음 날 아침에야 그물을 끌어올렸다. 그물에 여러 종류의 고기가 많이 걸려 있었다. A는 그물을 던져놓은 때로부터 끌어올릴 때까지 사이에도 그물에 걸린 고기에 대한 점유를 취득하는가?

점유설정의사는 성질상 일반적 의사이면 족하고 개별적으로 특정하여 존재하여야 할 필요는 없다. 비록 그물에 고기가 걸려 있는지, 어떤 고기인지를 아직 알지 못하는 상태에서도 그물의 설치를 통하여 그물에 걸리는 고기에 대한 사실상의 지배를 한다는 의사가 일반적으로 표시되어 있으므로, 그물을 던져놓은 때로부터 그 그물에 걸린 모든 고기에 대한 점유를 취득한다.

예를 들어 집 앞에 편지함을 설치한 경우, 사서함을 개설한 경우, 자동판매기를 설치한 경우, 동물을 잡기 위하여 덫을 놓은 경우에도 마찬가지로 점유설정의사가 일반적으로 인정된다. 그러므로 편지함·사서함에 투입된 서신, 자동판매기에 투입된 동전, 덫에 걸린 동물에 대하여는 그 사실을 아직 모르는 경우에도 점유가 인정된다.

(c) 자연적 의사

점유설정의사는 법률행위와 같이 어떤 법률효과의 발생을 원하는 의사가 아니고, 사실상의 지배를 하고자 하는 자연적 의사이다. 그러므로 어린이·지적장애인도 점유를 취득할 수 있고, 미성년자는 그 법정대리인의 동의 없이 독자적으로 점유를 취득할 수 있다.

놀이터에서 놀고 있는 3세의 어린이 A가 삼촌이 사준 유아용 자전거를 타고 있었다. A는 그 유아용 자전거에 대한 점유권을 가지고 있는가?

점유의 취득은 법률행위가 아니므로, 행위제한능력자라도 법정대리인의 동의를 필요로 하지 않는다. 다만 의사무능력자에게도 점유권이 인정되는가는 견해가 나뉠 수 있다. 주관설에 의하면 의사무능력자는 점유의사가 없으므로, 법정대리인의 점유를 통한 대리점유만이 인정될 뿐이다. 그러나 순수한 객관설에 의하면 의사무능력자라고 하더라도 소지가 있으면 점유의 취득이 인정된다. 민법이 취하고 있는 객관설에 의하는 한, 3세의 어린이 A도 자기의 자전거에 대한 점유권을 가진다.

[더 생각할 과제 - 법인의 점유]

법인의 점유도 인정되는가? 당연히 법인의 점유도 인정할 수 있다. 이사와 같은 법인의 기관이 법인을 위하여 물건을 사실상 지배하여 점유하면 곧 법인의 점유가 된다. 다만 학설상 법인의 대표기관과 기타의 기관을 구별하지 않고 모든 기관의 점유가 곧 법인의 점유가 되는가, 오로지 대표기관의 점유만을 법인의 점유로 인정하는가 하는 다툼이 있다. 통설·판례는 대표기관의 점유만을 법인의 점유로 본다.[213)]

3) 점유의 관념화

(a) 서 언

점유는 물건에 대한 사실상의 지배가 성립한 때에 인정되지만, 반드시 본인이 직접 사실상의 지배를 하고 있어야 하지는 않는다. 타인을 통하여 지배하는 경우에도 점유가 성립할 수 있다. 점유의 개념이 물리적·가시적인 물건의 지배로부터 분리되는 현상을「점유의 관념화」라고 한다. 점유의 관념화가 인정되면 현실적으로 물건을 지배하지 않고도 점유가 이전될 수 있다. 점유가 관념화되는 경우로는 아래와 같이 두 가지 제도가 있다.

(i) B가 A의 기관 혹은 보조자로 A의 점유를 돕는「점유보조자」제도가 있다.

(ii) A가 B를 매개하여 점유하고 있지만, B 자신도 독립한 점유자로 보는「간접점유」제도가 있다.

(b) 점유보조자

a) 의 의

가사상, 영업상, 그 밖의 유사한 관계에 의하여 타인의 지시를 받아 물건에 대한 사실상의 지배를 하는 제도를 점유보조자제도라고 한다(§195). 점유보조자제도에서는「타인」만이 점유자이다.

타인의 지시를 받아 물건에 대한 사실상의 지배를 하는 자를「점유보조자」라고 한다. 점유보조자는 점유자가 아니다(점유보조자의 사실상 지배는 독립한 소지로 볼 수 없기 때문이다). 점유보조자에 대하여 지시를 하는「타인」을 점유주(占有主)라고 하며, 점유주만이 점유자가 된다.

A는 B의 집에서 가사도우미로 일하고 있는데, 마침 주인이 멀리 여행을 떠났다. A는 B의 주택이나 가재도구에 대한 점유자로 인정되는가?

왜 점유보조자의 사실상 지배는 점유로 보호되지 않는가? 만약 A가 점유자라고 하면 가사상 B의 종속관계에 서는 A가 그의 업무수행상 물건을 지배하고 있는 경우에 그는 점유자이므로, 점보의 보호에 관한 여러 효력을 누구에게든지, 심지어는 그의 주인인 B에 대하여도 행사할 수 있게 된다. 또한 A는 B의 소유에 속한 물건에 대한 점유를 마음대로 이전할 수 있다는 결과로까지 된다. 그러므로 점유보조자에 불과한 A가 점유자로 된다면 부당

213) 대법원 1965.2.16. 선고 64다1513 판결.

하고, 사회관념상으로 보더라도 마땅히 점유자로 인정할 수 없다. B만이 점유자로 된다.

b) 요 건

(가) 사실상의 지배

어떤 자(점유보조자)가 타인(점유주)을 위하여 물건에 대한 사실상의 지배를 하고 있어야 한다. 다만 사실상의 지배만 있으면 충분하고, 점유보조자에게 점유주를 위하여 사실상 지배한다는 의사는 필요하지 않다.

(나) 점유보조관계

점유보조자와 점유주 사이에 점유보조자가 점유주의 지시를 따라야 할 사회적 복종관계(점유보조관계)가 있어야 한다. 점유보조관계는 물건을 물리적으로 소지하는 자가 어떤 단체적 관계(예컨대 가족·법인·고용관계)의 구성원에 불과하여 그 자에게 단체와의 관계에서 직접점유자의 지위를 인정할 수 없는 경우에 성립한다. 예컨대 점주와 상점의 점원, 주인과 가정부, 은행과 그 출납원, 회사와 그 근로자, 국가와 공무수행중의 공무원 사이의 관계가 명령·복종의 종속관계가 성립하는 점유보조관계라고 할 수 있다.

점유보조관계가 생기는 기초는 사법상의 법률관계(예컨대 계약)일 수도 있고, 공법상의 법률관계(예컨대 국가와 공무원의 관계)일 수도 있다. 그리고 점유보조관계의 기초가 되는 법률관계는 반드시 유효하여야 할 필요는 없고, 법률관계가 계속적이 아니어도 상관없다. 또한 점유보조관계는 점유주가 소유권을 가지고 있는가 아닌가에 관계없이 인정될 수 있다.

점유보조자와 점유주 사이의 사회적 복종관계가 외부로부터 인식할 수 있어야 하는가? 학설상으로는 사회적 복종관계에 대한 외부적 인식이 필요하지 않다는 견해와 단순한 점유보조관계인지 간접점유인지는 거래안전에 대단히 중요한 영향을 미치므로 점유보조관계가 외부로부터 인식될 수 있어야 한다는 견해가 대립한다. 제3자가 점유보조관계를 반드시 외부에서 용이하게 인식할 수 있어야 하지는 않는다고 보는 견해가 타당하다.

자기의 물건에 대한 점유보조관계도 성립하는가? 자기의 물건에 대한 점유보조관계도 성립할 수 있다. 예컨대 어린이는 부모가 사준 물건(예컨대 장남감)에 대하여 소유자이지만, 다른 한편 그 물건의 유지·관리를 위하여 부모의 지시를 받는 한 점유보조자에 불과하다고 본다.

(다) 가사상·영업상, 그 밖의 유사한 관계

가) 가사상의 관계

가사상의 관계에는 친척뿐만 아니라 가사도우미·청소부 기타 일용근로자도 포함된다. 예를 들어 부모의 상점에서 부모를 돕는 아들, 장인의 가게에서 장인을 돕는 사위는 점포, 가게의 물건에 대하여 점유보조자가 된다. 다만 집에 초대된 손님은 어떤 물건을 사용하도록 허용된 경우에도 점유보조자로 되지 아니한다.

[더 생각할 과제 - 배우자의 점유]

> A는 B의 아내인데, 그 시부모 및 남편인 B와 함께 아무런 권원 없이 토지와 건물을 주택 및 축사 등으로 계속 점유·사용하여 오고 있었다. 소유자인 C가 A에 대하여 여러 차례 그 명도를 청구하였으나, A는 명도요구를 거부하고 있었다. C는 소유권에 기하여 A에게 토지인도와 건물명도 및 그에 대한 부당이득의 반환을 구할 수 있는가?

점유에 관하여 아내[妻]의 지위는 어떤가? 아내가 남편과 공동으로 주거하거나, 주택이나 가재도구·자동차 등 생활용품을 같이 사용하고 있는 경우에 아내가 남편과의 관계에서 점유보조자인지가 문제된다. 아내는 남편의 점유보조자라고 볼 수도 있고, 또는 점유자나 공동점유자라고 할 수 있는 경우도 있다.

아내의 남편에 대한 종속적 지위를 전제로 한 민법 아래에서는 아내는 남편의 점유보조자에 불과하다고 볼 수도 있다. 그러나 현대의 혼인생활에 대하여는 부부의 평등이 선언되어 있으므로(헌법 §36), 부부관계를 종속관계 내지 명령·복종의 관계로 볼 수 없다. 아내가 그 남편의 소유인 가옥 기타의 동산을 공동으로 사용하는 경우에 아내는 점유보조자가 아니라 남편과 공동점유자라고 보아야 한다.[214] 사례에서 아내 A는 남편 B와 가족공동생활관계를 같이 하면서 토지와 건물을 주택 및 축사 등으로 계속 점유·사용하고 있고, 점유매개관계 내지 점유보조관계가 존재할 만한 특별한 사정이 존재하지 않으므로 AB가 공동점유관계에 있다고 판단된다. C는 소유권에 기하여 A에게 토지인도와 건물명도 및 그에 대한 부당이득의 반환을 구할 수 있다.

물론 남편의 특유재산이나 남편이 단독으로 운영하는 점포에서 아내가 남편의 지시를 받고 있는 경우(예컨대 남편이 경영하는 약국에서 아내가 일을 돕고 있는 경우)에 그 범위에서는 아내가 점유보조자가 될 수 있다. 또한 남편이 자신의 특유재산을 아내에게 관리하도록 한 경우에는 위임으로 인한 점유매개관계가 성립하므로, 아내는 직접점유자로서, 남편은 간접점유자로서의 지위를 가질 수 있다.

> A는 1980.6.1. B의 셋째딸인 C와 결혼하여 데릴사위로 B의 집으로 들어와 동거하면서 B 소유의 토지를 경작하였다. A가 토지를 경작하기 시작한 당시 B는 60세이고 그 아들인 D는 8세에 불과하였다. 최근 B의 사망으로 토지를 상속한 D가 A에 대하여 토지의 명도를 청구하자, A는 토지를 소유자이던 B로부터 증여받았다고 주장하였으나, D의 아버지인 B가 데릴사위인 A에게 증여한 일이 없다고 밝혀졌다. A는 토지를 1980.8.10.부터 소유의 의사로 평온·공연하게 점유하여 경작하여 왔으므로 점유가 개시된 때로부터 20년이 경과한 2000.8.9. 취득시효기간이 완성되었다고 주장할 수 있는가?

사례에서 A가 취득시효의 완성을 주장하기 위하여는 우선 A의 자주점유가 인정되어야 한다. A가 단지 점유보조자에 불과하다고 하면 취득시효가 인정될 수 없다. 또한 A의 점유가 인정된다고 할지라도 자주점유이어야만 취득시효가 가능하다. 물론 A가 토지를 소유자이던 B로부터 증여받은 일이 없다는 사실만 가지고 곧 그 점유권원의 성질상 타주점유라고 볼 수는 없다. 다만 A가 토지를 경작하기 시작한 1980년 8월 10일경 B는 60세이고 그 아들인 D는 8세에 불과한 사실과 A는 B의 셋째딸인 C와 결혼하여 데릴사위로 B의 집에 들어와 동거하면서 토지를 경작한 사실이 인정되고, 또한 A가 토지를 증여받은 일이 없다는 사실을 합쳐 살펴보면, A는 처가에 동

214) 대법원 1998.6.26. 선고 98다16456, 16463 판결. 다만 남편이 무허가로 건물을 축조할 때에 도와 준 아내는 불법건축물에 대한 점유자라고 볼 수 없고 건물의 점유보조자에 불과하다고 한 경우도 있다(대법원 1991.10.11. 선고 91누896 판결).

거하면서 가족의 일원으로서 토지를 경작한 경우이거나 아니면 연로한 장인인 B를 위하여, 그 사망 후에는 그 상속인이며 연소한 D를 위하여 관리경작한 경우라고 볼 여지가 있다. 그러므로 A는 단순한 점유보조자에 불과하거나, 또는 점유권원의 성질상 타주점유자라고 보아야 하므로, 시효취득이 인정되지 않는다.

나) 영업상의 관계

영업상의 관계에는 이익을 추구하는 모든 직업적 행위가 해당된다. 상업적인 일뿐만 아니라 학문적인 일도 영업상의 관계에 포함한다. 예를 들어 외판원이 소지하고 있는 판매품견본, 은행지점이 본점을 위하여 보관하고 있는 주식, 광부가 가지고 있는 광물, 몰이꾼이 사냥꾼을 위하여 잡은 노루에 대한 점유는 모두 점유보조자의 점유이다.

(라) 점유취득시의 선의·악의의 기준

점유취득시의 선의 및 악의는 점유보조자 또는 점유주 중 누구를 기준으로 결정하는가 하는 문제가 있다. 점유에 관한 선의·악의가 문제되는 경우(예컨대 점유자의 과실수취권, 점유물의 멸실·훼손에 대한 책임의 범위)에 원칙적으로 점유주가 선의이어야 한다는 사실은 의심의 여지가 없고, 악의의 점유자가 점유보조자의 선의를 원용할 수 없다. 그리고 점유자가 선의이고 점유보조자가 악의인 때에도 점유보조자의 악의는 점유주의 불이익으로 돌아간다.

c) 점유보조자의 지위

> A는 B가 인사동골목에서 운영하는 골동품가게에서 점원으로 일하고 있었다. A는 어느 날 막 출근하여 살펴보니, 가게에 진열되어 있던 이조백자 1개가 없어진 사실을 알게 되었다. C가 이조백자를 훔쳐 간 경우에 A는 C에 대하여 어떤 권리를 가지는가?

점유보조자는 점유자가 아니고, 占有主만이 점유자이다(다만 자기의 물건에 대한 점유보조자는 점유보조자인 동시에 점유자가 된다). 점유권에 관한 모든 효력은 점유주에게만 발생하고, 점유보조자에게는 인정되지 아니한다. 그러므로 점유보호청구권은 점유주에게만 인정되며 점유보조자에게는 인정되지 아니한다. 사례에서 A는 B의 점유보조자이다. A는 B의 점유보조자에 지나지 않으므로, 잃어버린 이조백자에 대한 점유권이 있다는 사실에 터잡아 점유물반환청구를 할 수 없다.

점유보조자의 자력구제권은 어떤가? A가 단순한 점유보조자라고 하여 눈 앞에서 이조백자가 도난당하는 관경을 보고도 수수방관하여야 하고, 자력방위나 자력탈환을 하지 못한다고 하면 너무나 부당하다. 점유보조자도 점유주를 위하여 자력구제권(§209)을 행사할 수 있다고 보아야 한다. C가 가게에 침입하여 막 이조백자를 도난하여 달아나고 있는 때에는 A는 바로 추적하여 이조백자를 자력으로 되빼앗아 올 수 있다.

d) 점유보조관계의 소멸

민법 제195조는 점유보조자가 물건에 대한 사실상의 지배를 행사하는 경우에 관하여만 언급하고 있다. 그러나 민법 제195조는 점유보조자가 점유를 취득하거나 점유를 상실하는 경우에도 적용된다. 예를 들어 점유보조자로서의 가사도우미가 시장에서 반찬거리로 생선을 구입하면 주인이 점유주로서 그 생선에 대한 점유를 취득하고, 가사도우미가 폐품을 버리면 주인은 점유를 잃는다.

점유보조관계, 즉 종속관계가 끝나면 역시 점유보조자로서의 지위도 끝난다. 다만 점유보조자 자신의 의사만에 의하여 점유보조자로서의 지위가 소멸하지는 않고, 외부에서 명백히 인식할 수 있을 정도로 점유보조관계가 종료된 사실이 표시되어야 한다.

(c) 간접점유

a) 간접점유의 의의·종류

(가) 간접점유의 개념

간접점유(일본에서는 「대리점유」라고 부른다)는 직접점유에 대립하는 개념이다. 간접점유라 함은 어떤 자가 타인과 일정한 법률관계에 기하여 그 타인으로 하여금 점유하게 하기 위하여 점유를 이전한 경우에 그 자에게 인정되는 점유이다. 민법 제194조는 "지상권, 전세권, 질권, 사용대차, 임대차, 임치 기타의 관계로 타인으로 하여금 물건을 점유하게 한 자는 간접으로 점유권이 있다"고 하여 「간접점유」에 관하여 규정하고 있다. 민법은 타인에게 점유를 이전하여 간접점유를 생기게 하는 법률관계로서 「지상권, 전세권, 질권, 사용대차, 임대차, 임치 기타의 관계」를 들고 있다. 바로 「점유매매관계」라고 한다.

타인을 통하여 물건에 대한 사실상의 지배를 행사하고 있는 자는 간접점유자이고, 물건에 대한 사실상의 지배를 하고 있는 타인은 직접점유자이다. 예를 들어 건물을 임대한 경우에 건물을 직접 점유하며 사용·수익하고 있는 임차인이 직접점유자이고, 임차인의 점유를 매개하여 그 건물을 간접적으로 점유하고 있는 임대인, 즉 소유자는 간접점유자이다. 또한 지상권자와 지상권설정자, 전세권자와 전세권설정자, 질권자와 질권설정자, 차주와 대주, 수치인과 임치인 사이에도 직접점유자와 간접점유자의 관계가 된다.

간접점유자 :	지상권설정자	전세권설정자	질권설정자	대주	임대인	임치인
	↕	↕	↕	↕	↕	↕
직접점유자 :	지상권자	전세권자	질권자	차주	임차인	수치인

(나) 간접점유와 유사한 개념

가) 간접점유와 대리

간접점유는 외형상 대리와 유사하여 대리점유라고 칭하기도 한다. 그러나 간접점유는 사실행위인 반면에, 대리는 법률행위인 측면에서 차이가 있다.

나) 간접점유와 공동점유

공동점유는 공동점유자 상호간의 평등관계를 내용으로 하는 반면에, 간접점유는 기능적으로 상이한 상위점유자·하위점유자의 계층적 점유에 의한 상하관계를 내용으로 한다.

다) 간접점유자와 점유보조자

간접점유자는 물건에 대하여 사실상의 지배를 하고 있지 않으나 점유자로 인정되고, 반면에 점유보조자는 물건을 사실상 지배하고 있음에도 불구하고 점유자로 인정되지 않는다는 측면에서 차이가 있다.

(다) 간접점유의 종류

간접점유의 특수한 유형으로 아래와 같이 다계층 간접점유, 공동간접점유, 병존간접점유도 가능하다.

① 다계층 간접점유

> A가 B에게 소유물을 임대하였는데, 그 후 B가 다시 그 물건을 C에게 전대하였다. 얼마 후 C가 다시 D에게 그 물건에 대한 보관을 맡겼다. 어떤 점유관계가 ABCD 사이에 성립하는가?

점유매매관계는 층층으로 몇 겹 겹쳐서 있을 수 있다. 이른바 「다계층 간접점유」가 성립할 수 있다. 간접점유관계에 여러 사람이 상이한 순위를 가지고 서로 점유매개관계를 형성하여 발생하는 여러 개의 간접점유를 다계층 간접점유라고 한다. 사례에서 D가 직접점유자이다. 그리고 A는 제3간접점유자, B는 제2간접점유자, C는 제1간접점유자가 되어 3층의 간접점유가 성립한다.

② 공동간접점유

> A는 막 변호사시험에 우수한 시험으로 합격하였는데, 대망의 꿈을 안고 변호사사무실을 오픈하기 하기 위하여 XYZ 3인이 공동소유하는 갑건물을 임차하였다. A와 XYZ 사이에는 어떤 점유관계가 성립하는가?

여러 사람이 동등한 지위에서 공동으로 하는 간접점유를 공동간접점유라고 한다. 사례에서 A는 혼자서 직접점유자가 되고, XYZ 3인은 임대를 통하여 갑건물을 간접점유하므로 공동간접점유자가 된다.

③ 병존간접점유

> A는 B로부터 다이아몬드반지를 빌려 사용하고 있었는데, 갑자기 외국출장을 가게 된 관계로 A는 그 다이아몬드반지를 C에게 보관하도록 맡겨놓았다. 그런데 B는 C로부터 돈을 빌리게 되었는데, 마침 C가 자기 소유의 다이아몬드반지를 보관하고 있으므로, 그 다이아몬드반지를 C에게 입질하였다. ABC 사이에는 어떤 점유관계가 성립하는가?

여러 사람이 같은 물건에 관하여 동일한 순위에서 간접점유를 하고 있는 경우도 있다. 동일한 순위에 있는 여러 사람의 간접점유를 병존간접점유라고 한다. 사례를 보면 우선 AB 사이의 사용대차관계(혹은 임대차관계)에 의하여 A가 직접점유자가 되고, B는 간접점유가 된다. 그 후 A가 C에게 다이아몬드반지를 임치하여 A가 간접점유자가 되고 C가 직접점유자로 되는데, 한편 B가 자기 소유의 다이아몬드반지 위에 C를 위한 질권을 설정하였으므로, BC 사이에 다시 B가 간접점유자가 되고 C를 직접점유자로 하는 관계가 성립한다. 결국 다이아몬드반지에 관하여 C를 직접점유자로 하여 A와 B에게 각각 병존적으로 동일한 순위의 간접점유가 성립한다.

b) 간접점유의 성립요건

(가) 특정인의 직접점유

간접점유가 성립하기 위하여는 특정인의 직접점유가 있어야 한다. 「특정인」이란 점유매개자로서 간접점유자와의 일정한 법률관계에 있는 직접점유자를 의미하고, 직접점유자는 타주점유를 한다.

(나) 점유매개관계의 존재

간접점유자와 직접점유자 사이에서 점유매개관계가 존재하여야 한다. 점유매개관계란 외형적으로 볼 때 직접점유자가 본인의 점유할 권리에 기하여 점유를 취득하고, 본인에 대하여 반환의무를 부담하는 법률관계라고 할 수 있다. 점유매개관계는 반드시 유효하여야 할 필요는 없고, 점유매개관계에 해당하는 계약이나 권리가 무효·취소가 되더라도 간접점유는 성립한다고 해석된다.

민법 제194조는 점유매개관계로 지상권·전세권·질권·사용대차·임대차·임치와 「기타의 관계」를 들고 있다. 점유매개관계가 되는 「기타의 관계」란 「일시적으로 타인으로 하여금 점유할 수 있는 권리·의무를 발생하게 하는 법률관계」를 의미한다. 예컨대 계약(도급계약·운송계약) 혹은 법률의 규정(유치권·친권·후견), 국가행위(파산재단의 관리) 등을 들 수 있다.

직접점점유자의 점유권은 간접점유자로부터 유래하여야 한다. 상위점유자인 간접점유자의 권리는 하위점유자인 직접점유자의 권리보다 포괄적이고 광범하여야 한다.

c) 간접점유자의 지위

(가) 서 언

간접점유자도 직접점유자가 점유하는 물건에 고유한 점유권을 가진다. 다만 간접점유자는 직접점유자의 점유에 생긴 사유에 의하여 일정한 영향을 받는다.

(나) 간접점유자의 점유보호청구권

가) 대내적 관계에서의 점유보호청구권

직접점유자가 무단으로 점유물을 제3자에게 처분하여 간접점유자의 점유를 침탈하거나 방해하는 경우에 대내적 관계에서 간접점유자는 직접점유자에 대하여 점유보호청구권(§207)이나 자력구제권(§209)을 행사할 수 있는가? 간접점유자는 대내적 관계에서는 점유보호청구권이나 자력구제권을 가지지 않고, 간접점유의 기초가 되는 법률관계(점유매개관계) 또는 본권에 의거한 청구권을 행사할 수 있을 뿐이다.

나) 대외적 관계에서의 점유보호청구권

제3자가 직접점유자의 점유를 침탈하거나 방해하고 있는 경우에 간접점유자도 대외적 관계에서는 점유보호청구권을 갖는다(§207 I). 다만 간접점유자는 제3자에 대하여 직접점유자에게 반환하기를 청구하여야 하고, 만약 직접점유자가 반환을 받을 수 없거나 반환을 원하지 않는 때에는 자기에게 반환하기를 청구할 수 있다(§207 II).

다) 직접점유자가 점유를 제3자에게 양도한 경우

> A는 B와의 임대차계약에 기하여 B를 직접점유자로 하여 갑대지를 간접점유하고 있었는데, A에 대하여 갑대지의 인도에 대한 의무를 진 B가 A의 의사에 반하여 갑대지에 대한 점유를 임의로 C에게 양도하였다. A는 B의 승낙을 받거나 그로부터 임차하여 갑대지를 점유하고 있는 C에게 인도를 구할 수 있는가?

직접점유자가 간접점유자의 의사에 반하여 점유를 제3자에게 양도하면 간접점유자의 점유가 침탈된 경우에 해당하는가? 사례를 보면 C가 갑대지의 직접점유자인 B의 승낙이나 B와의 임대차계약에 기하여 갑대지를 점유하고 있다고 인정된다. A가 갑토지에 대한 C의 점유로 말미암아 갑대지에 대한 자신의 점유를 침탈당한 경우에 해당하는가, 그 결과 A는 민법 제207조, 제204조 소정의 점유물반환청구권에 기하여 C는 갑대지를 점유할 정당한 권원이 없으므로, C가 점유하고 있는 갑대지를 인도할 의무가 있다는 취지의 주장을 할 수 있는가 하는 문제가 제기된다.

판례는 직접점유자가 임의로 점유를 제3자에 양도한 경우에는 점유이전이 간접점유자의 의사에 반한다 하더라도 간접점유자의 점유가 침탈된 경우에 해당하지 않는다고 본다.[215] A는 여전히 B를 제1간접점유자, C를 직접점유자로 하는 제2간접점유자로서의 지위를 가지게 된다(이른바 「다계층 간접점유」가 된다). 그러므로 A의 간접점유에 대한 침탈이라고 볼 수 없고, A는 B의 승낙을 받거나 그로부터 임차하여 갑대지를 점유하고 있는 C에게 갑대지의 인도를 청구할 수 없다. 또한 A의 B에 대한 갑대지인도청구권은 B와의 임대차계약에 기한 채권적 청구권에 불과하므로, 계약당사자 이외의 자인 C에게는 그 효과를 주장할 수 없다.

(다) 간접점유자의 자력구제권

> A는 자기가 소유하는 스쿠터를 B에게 1개월 동안 빌려주었다. 그런데 B의 집 앞에 세워 논 스쿠터를 C가 훔쳐타고 도망가는 장면을 A가 목격하게 되었다. A는 간접점유자로서 자력구제를 통하여 C로부터 스쿠터를 탈환할 수 있는가?

직접점유자에 대한 점유침해가 있는 경우에 간접점유자에게도 자력구제권이 인정되는가? 학설은 긍정설과 부정설이 대립하고 있다. 사례에서 A에게 C로부터 스쿠터를 자력으로 탈환할 수 있는 자력구제권을 인정하여도 직접점유자 B에게 아무런 손해발생의 염려가 없다. 또한 침해자 C를 A의 자력구제권을 부인하면서까지 보호할 필요는 없다. 그러므로 간접점유자 A에게도 자력구제권이 인정될 필요가 있다.

---

215) 대법원 1993.3.9. 선고 92다5300 판결.

4) 점유의 객체

점유의 객체는 사실상의 지배가 가능한 물건이면 된다. 점유는 물건의 일부나 사소유권이 금지된 공공용 물건에도 성립할 수 있다.

3. 점유의 종류

(1) 서 설

점유는 여러 기준에 대하여 다양하게 분류할 수 있다. 예컨대 자주점유·타주점유, 선의점유·악의점유, 과실점유·무과실점유, 하자점유·무하자점유와 같은 구분이 있다.

(2) 자주점유·타주점유

1) 의 의

소유의 의사를 가지고 하는 점유를 자주점유라고 한다. 자주점유란 소유자와 동일한 지배를 하려는 의사를 가지고 하는 점유를 의미하며, 법률상 그 지배를 할 수 있는 권원, 즉 소유권을 가지고 있거나 또는 소유권이 있다고 믿고서 하는 점유는 아니다.[216] 반면에 타인에게 소유권이 있다고 하는 사실을 전제로 하는 점유를 타주점유라고 한다.

2) 점유의 성질의 판단기준

(a) 서 언

점유자의 점유가 소유의 의사 있는 자주점유이냐, 아니면 소유의 의사 없는 타주점유이냐 여부는 점유자의 내심의 의사에 의하여 주관적으로 결정되지는 않는다. 자주점유인지 타주점유인지는 점유취득의 원인이 된 권원의 성질이나 점유와 관계가 있는 모든 사정에 의하여 외형적·객관적으로 결정되어야 한다. 그러므로 주관적으로 소유의 의사가 있다는 사실만으로 자주점유가 되지는 못한다.

(b) 권원의 성질상 점유의 성질이 분명한 경우

예를 들어 무효인 매매계약에서 선의의 매수인의 점유는 언제나 소유의 의사를 가지는 자주점유이다. 그러나 임차인·수치인·질권자·지상권자·전세권자의 점유는 분명히 소유의 의사가 없는 타주점유이고, 또한 부동산을 다른 사람에게 매도하여 그 인도의무를 지고 있는 매도인의 점유는 특별한 사정이 없는 한 타주점유로 된다.[217] 그리고 등기명의가 신탁된 경우라면 특별한 사정이 없는 한 명의수탁자의 부동산에 관한 점유는 그 권원의 성질상 자주점유라고 할 수 없고 타주점유가 된다.[218]

---

216) 대법원 1996.10.11. 선고 96다23719 판결.

217) 대법원 2004.9.24. 선고 2004다27273 판결.

218) 대법원 1996.6.11. 선고 96다7403 판결.

[더 생각할 과제 - 도둑의 점유]

본래 소유의 의사를 가지고 하는 점유를 자주점유라고 하고, 「소유의 의사」란 소유자로서 물건을 점유할 의사를 말한다. 한편 타인의 물건이라고 하더라도 소유의 의사를 가지고 점유할 수 있다. 도둑이 타인의 물건을 점유하는 경우도 자주점유가 된다. 다만 도둑은 본권이 없다는 사실을 잘 알면서 훔친 물건을 점유하고 있으므로, 도둑의 점유는 악의점유이다.

(c) 권원의 성질상 분명하지 않은 경우

a) 자주점유의 추정

권원의 성질상 자주점유이냐 타주점유이냐를 판정할 수 없는 경우에는 자주점유로 추정한다(§197 I). 다만 자주점유의 추정은 경우에 따라서 깨어질 수 있다. 예컨대 점유자가 성질상 소유의 의사가 없는 경우로 보이는 권원에 바탕을 두고 점유를 취득한 사실이 증명되거나, 점유자가 타인의 소유권을 배제하여 자기의 소유물처럼 배타적 지배를 행사하려는 의사를 가지고 점유하는 경우로 볼 수 없는 객관적 사정, 즉 점유자가 진정한 소유자라면 통상 취하지 아니할 태도를 보이거나 소유자라면 당연히 취할 행동을 취하지 아니한 경우와 같이 외형적·객관적으로 보아 점유자가 타인의 소유권을 배척하고 점유할 의사를 갖고 있지 아니한 경우라고 볼 만한 사정이 증명된 경우에는 자주점유의 추정은 깨어진다.[219] 또한 점유자가 점유 개시 당시에 소유권취득의 원인이 될 수 있는 법률행위 기타 법률요건이 없이 그 법률요건이 없다는 사실을 잘 알면서 타인 소유의 부동산을 악의로 무단점유한 사실이 증명된 경우에는 특별한 사정이 없는 한 점유자는 타인의 소유권을 배척하고 점유할 의사를 갖고 있지 않다고 보아야 하여 소유의 의사가 있는 자주점유라는 추정은 뒤집어진다.[220]

b) 판례가 타주점유로 보는 경우

(i) 매매(혹은 증여)의 대상토지의 실제 면적이 공부상 면적을 상당히 초과하는 경우에 그 초과부분에 대한 점유의 성질은 어떤가? 통상 부동산을 매수하려는 사람은 매매계약을 체결하기 전에 그 등기부등본이나 지적공부 등에 의하여 소유관계 및 면적 등을 확인한 다음 매매계약을 체결하므로 매매대상토지의 면적이 공부상 면적을 상당히 초과하는 경우에는 계약당사자가 그 사실을 알고 있다고 보아야 한다. 그러므로 매도인이 공부상 면적을 초과하는 부분에 대한 소유권을 취득하여 이전하여 주기로 약정하는 등의 특별한 사정이 없는 한, 그 초과부분은 단순한 점용권의 매매로 보아야 하므로, 그 점유는 권원의 성질상 타주점유에 해당한다(매매가 아닌 증여라고 하더라도 마찬가지이다).[221]

(ii) 다른 공유자의 지분에 대한 공유자의 점유는 어떤 성질을 가지는가? 공유자의 한 사람이 공유부동산 전부를 점유하고 있다고 하여도 다른 특별한 사정이 없는 한 권원의 성질상 다른 공유자의 지분비율의 범위 내에서는 타주점유이다.[222]

---

219) 대법원 2006.4.27. 선고 2004다38150 판결.

220) 대법원 1997.8.21. 선고 95다28625 판결.

221) 대법원 2004.5.14. 선고 2003다61054 판결; 대법원 2014.3.13. 선고 2011다111459 판결.

(iii) 타인의 토지 위에 분묘를 설치·소유하는 자는 다른 특별한 사정이 없는 한 그 분묘의 보존·관리에 필요한 범위 내에서만 타인의 토지를 점유하므로, 점유의 성질상 소유의 의사가 추정되지 않는다.[223] 타인의 토지에 분묘를 설치한 분묘소유자의 점유는 타주점유이다(그러므로 분묘점유자는 분묘가 설치된 토지에 대한 소유권을 시효취득하지는 못하고, 오로지 분묘기지권을 시효취득할 뿐이다).

(iv) 처분권한이나 법률행위의 효력에 관한 악의로 점유하게 된 경우도 타주점유가 된다. 그러므로 처분권한이 없는 자로부터 그 사실을 알면서 부동산을 취득하거나 어떤 법률행위가 무효임을 알면서 그 법률행위에 의하여 부동산을 취득하여 점유하게 된 경우에 그 점유의 법적 성질은 타주점유에 해당한다.[224]

(v) 국유지인 토지를 장차 불하받기로 하고 그에 대한 점유·사용권만을 양수한 경우에 점유자는 그 토지에 대하여 소유자의 소유권을 배제하고 자신의 소유물처럼 배타적으로 지배할 의사를 가지고 점유한 경우로 볼 수는 없다. 그러므로 국유지를 장차 불하받을 생각으로 그 점유·사용권만을 양도받아 점유한 자의 점유는 권원의 성질상 타주점유에 해당한다.[225]

3) 자주점유와 타주점유의 전환

(a) 타주점유에서 자주점유로의 전환

a) 서 언

타주점유가 자주점유로 바뀌지 않는 한, 타주점유는 어디까지나 타주점유이므로, 예컨대 임차인은 아무리 오랫동안 점유하더라도 건물의 소유권을 시효취득할 수 없다(「소유의 의사」가 흠결되기 때문이다). 시효취득을 위하여는 임차인의 점유(타주점유)가 자주점유로 변하여야 한다.

타주점유가 자주점유로 바꾸어지는 경우가 있다. 어느 경우에 타주점유가 자주점유로 전환되는가? 학설·판례[226]는 아래와 같이 두 가지 중 어느 하나의 요건이 충족되어야 한다고 본다(일본민법 제185조는 점유의 성질의 변경에 관한 명문규정을 두고 있다).

(i) 타주점유자가 자기에게 타주점유를 하게 한 자에 대하여 소유의 의사를 표시하여야 한다.

(ii) 타주점유자가 새로운 권원에 의하여 소유의 의사를 가지고 점유를 개시하여야 한다(새로운 권원이란 대표적으로 매매 또는 증여 등이 해당한다).

b) 소유의사의 표시

타주점유자가 자기로 하여금 타주점유를 하게 한 자(간접점유자)에 대하여 이제부터 스

---

222) 대법원 1996.7.26. 선고 95다51861 판결.
223) 대법원 1997.3.28. 선고 97다3651, 3668 판결.
224) 대법원 2005.5.12. 선고 2004다63484 판결.
225) 대법원 1997.7.11. 선고 97다15562 판결.
226) 대법원 1998.3.27. 선고 97다53823 판결.

스로 소유의 의사를 가지고 점유한다는 표시를 하면 타주점유가 자주점유로 전환될 수 있다고 본다(통설). 판례도 통설에 따르고 있다.

어느 경우에 소유의사의 표시로 인정되는가? 소유의 의사를 간접점유자에게 표시할 필요는 없고, 객관적으로 인식할 수 있으면 된다는 견해가 있으나, 타당하지 않다. 소유의사의 유무는 점유취득원인이 된 권원의 성질이나 점유와 관계가 있는 모든 사정에 의하여 외형적·객관적으로 결정하여야 한다.[227] 예를 들어 타주점유하는 토지 위에 건물을 건축하고 과수나무를 식재한 사정만으로는 자주점유로 전환되지 아니하고,[228] 타주점유자가 그 명의로 소유권보존등기를 한 사실만으로는 소유자에 대하여 소유의 의사를 표시하여 자주점유로 전환된 경우라고 볼 수 없다.[229] 물론 유실물을 습득한 경우와 같이 간접점유자가 없는 경우에는 소유의 의사를 객관적으로 인식할 수 있으면 충분하다.

c) 새로운 권원에 의한 점유

타주점유자가 새로운 권원에 기하여 소유의 의사를 가지고 점유를 개시하면 타주점유가 자주점유로 전환된다. 적당한 예로 임차인이 소유자로부터 건물을 매수한 경우, 소유자가 임차물을 임차인에게 증여한 경우를 들 수 있다. 매매계약이나 증여는 자주점유로의 전환을 위한 새로운 권원이 되어 자주점유가 되므로, 후에 매매계약이나 증여가 무효로 되더라도 취득시효가 가능하다. 다만 특별한 사정이 없는 한 그 새로운 권원을 벗어나는 범위의 점유까지 자주점유로 전환된다고 볼 수는 없다.[230]

(b) 자주점유에서 타주점유로의 전환

a) 서 언

자주점유로부터 타주점유로의 전환은 어떤가? 타주점유로부터 자주점유로의 전환과 마찬가지로 자주점유가 타주점유로 바뀔 수도 있다.

b) 타주점유로 변경되는 경우

(i) 부동산을 타인에게 매도하여 그 인도의무를 지고 있는 매도인의 점유는 특별한 사정이 없는 한 타주점유로 변경된다.[231]

(ii) 토지점유자가 소유권이전등기말소등기청구소송의 직접 당사자가 되어 소송을 수행하여 결국 그 소송을 통하여 대지의 정당한 소유자를 알게 되고, 나아가 패소판결의 확정으로 점유자로서는 자기 명의의 소유권이전등기에 관하여 정당한 소유자에 대하여 말소등기의무를 부담하게 된 때에는 단순한 악의점유의 상태와는 달리 객관적으로 그와 같은 의무를 부담하고 있는 점유자로 변한 경우로서 점유자의 토지에 대한 점유는 패소판결확정 후부터는 타주점유로 전환된다.[232]

---

227) 대법원 2012.4.26. 선고 2012다2187 판결.
228) 대법원 1994.4.29. 선고 94다1449 판결.
229) 대법원 1997.5.30. 선고 97다2344 판결.
230) 대법원 2013.6.27. 선고 2011다101865 판결.
231) 대법원 1997.12.12. 선고 97다40100 판결.
232) 대법원 1996.10.11. 선고 96다19857 판결.

c) 타주점유로 변하지 않는 경우

(i) 부동산매수인이 점유를 개시한 후에 매도인에게 처분권이 없다는 사유로 그 매매가 무효로 밝혀지더라도 그 점유의 성질이 타주점유로 변하지는 않는다.[233)]

(ii) 점유자가 취득시효기간이 경과한 후에 상대방에게 토지의 매수를 제의한 일이 있다고 하여도 일반적으로 점유자는 취득시효가 완성된 후에도 소유권자와의 분쟁을 간편히 해결하기 위하여 매수를 시도하는 사례가 허다하다는 사실에 비추어 매수제의를 한 사정만을 가지고는 점유자의 점유를 타주점유라고 볼 수 없다.[234)]

(iii) 점유자가 스스로 매매 등과 같은 자주점유의 권원을 주장한 경우에 그 점유권원이 인정되지 않는다고 하더라도 그 사유만으로 자주점유의 추정이 번복된다거나 점유권원의 성질상 타주점유라고 볼 수는 없다.[235)]

(iv) 구분소유적 공유관계에서 어느 특정된 부분만을 소유·점유하고 있는 공유자가 매매 등과 같이 종전의 공유지분권과는 별도의 자주점유가 가능한 권원에 의하여 다른 공유자가 소유·점유하는 특정된 부분을 취득하여 점유를 개시한 사실을 주장하는 경우에는 타인 소유의 부동산을 매수·점유한 사실을 주장하는 경우와 달리 볼 필요가 없으므로, 그 취득권원이 인정되지 않는다고 하더라도 그 사유만으로 자주점유의 추정이 번복된다거나 그 점유권원의 성질상 타주점유라고 할 수 없고, 상대방에게 타주점유에 대하여 증명할 책임이 있다.[236)]

(v) 지상건물철거 및 토지인도청구권을 소송물로 하는 소송에서 패소하더라도 그 점유가 개시된 때로 소급하여 점유자의 자주점유가 타주점유로 전환되지는 않는다.[237)]

4) 자주점유와 타주점유의 구별실익

자주점유나 타주점유는 어떤 차이가 있는가? 점유보호의 측면에서는 자주점유이든 타주점유이든 차이가 없다. 다만 취득시효나 무주물선점이 인정되기 위하여는 자주점유에 해당하여야 한다. 그리고 자주점유인가 타주점유인가에 따라서 점유자의 회복자에 대한 책임의 범위에 차이가 있다(§202).

(2) 선의점유·악의점유

1) 의 의

점유할 수 있는 권리(본권)가 없음에도 불구하고 오신하여 하는 점유를 선의점유라고 하고, 본권이 없음을 알고 혹은 본권의 유무에 의심을 품고 하는 점유를 악의점유라고 한

233) 대법원 1996.5.28. 선고 95다40328 판결.

234) 대법원 1997.4.11. 선고 96다50520 판결.

235) 대법원 1983.7.12. 선고 82다708·709, 82다카1792·1793 전원합의체 판결; 대법원 1997.8.21. 선고 95다28625 전원합의체 판결; 대법원 1997.12.12. 선고 97다30288 판결(토지의 점유자가 이전의 토지소유자를 상대로 그 토지에 관하여 매매를 원인으로 한 소유권이전등기청구소송을 제기하여 패소하고 그 판결이 확정된 경우라고 하더라도 그 사정만을 들어서는 토지점유자의 자주점유의 추정이 뒤집어져 타주점유로 바뀐다고 할 수 없다).

236) 대법원 2013.03.28. 선고 2012다68750 판결.

237) 대법원 1989.4.25. 선고 88다카3618 판결.

다. 일반적으로 「선의」는 부지를 의미하며 단순히 의심만을 품은 경우에는 선의로 취급되지만, 점유에서는 제도의 취지상 본권이 있음을 확신한 점유자만을 선의로 보고 의심을 가진 자도 악의의 점유자로 해석한다.

2) 선의점유의 추정

점유자가 선의인지 악의인지가 불분명한 때에는 선의로 추정한다(§197 I). 다만 선의점유자가 본권에 관한 소에 패소하면 그 소가 제기된 때에 소급하여 악의점유자로 본다(§197 II). 민법 제197조 제2항에서 본권에 관한 소에 패소한 때란 종국판결에 의하여 패소로 확정된 경우를 가리킨다.[238] 등기명의자가 소유권이전등기말소청구소송의 제1심에서 패소확정되더라도 그 사유만으로 등기명의자로부터 매수하여 점유한 점유자의 점유에 관하여 악의나 과실이 있다고 볼 수는 없다.[239]

3) 구별실익

선의점유와 악의점유는 어떤 차이가 있는가? 취득시효, 점유자의 과실취득, 점유자의 책임, 점유자의 비용상환청구권, 선의취득에서 선의점유와 악의점유의 구별실익이 나타난다.

(3) 과실점유·무과실점유

1) 의 의

본권이 없음에도 불구하고 본권이 있다고 오신한 경우에 그 오신에 과실이 있는 점유를 과실점유라고 한다. 그리고 본권이 없음에도 불구하고 본권이 있다고 오신한 경우에 그 오신에 과실이 없는 점유를 무과실점유라고 한다.

2) 무과실점유의 추정

점유자가 과실이 있는지 무과실인지가 불분명한 경우에 무과실까지 추정되는가? 점유의 무과실이 문제되는 경우로는 선의취득과 등기부취득시효가 있다. 판례는 어느 경우에나 점유의 무과실은 추정이 되지 않고, 무과실을 주장하는 자가 증명하여야 한다고 본다.[240] 등기부취득시효의 경우에는 무과실이 추정되지 않는다고 볼 수 있다. 그러나 선의취득제도는 동산의 거래에 대한 깊은 배려를 이유로 인정된다고 볼 때에 선의취득에 있어서는 민법 제200조를 근거로 무과실의 추정을 인정할 필요가 있다고 본다.

3) 구별실익

과실점유와 무과실점유의 구별실익은 선의취득과 등기부취득시효에서 나타난다. 선의취득에서도 등기부취득시효에서도 무과실점유까지 요구한다.

---

238) 대법원 1974.6.25. 선고 74다128 판결.

239) 대법원 1983.3.8. 선고 80다3198 판결.

240) 선의취득에서 무과실의 증명에 대하여는 대법원 1962.3.22. 선고 4294민상1174, 1175 판결, 취득시효와 관련한 무과실증명에 관하여는 대법원 1991.2.12. 선고 90다13178 판결 참고.

(4) 하자점유·무하자점유

1) 의 의

선의·무과실, 평온, 공연의 요건을 결한 점유가 하자점유이다. 하자점유에는 예컨대 악의·과실·강폭(강박과 폭력)·은비·불계속과 같은 사정이 있다. 하자점유가 있으면 점유자는 불리한 효과를 받는다. 악의·과실·강폭·은비·불계속과 같은 사정이 없는 점유를 무하자점유라고 한다. 예를 들어 선의점유·무과실점유·평온점유·공연점유는 무하자점유이다.

2) 무하자점유의 추정

점유의 평온·공연은 추정된다(§197 I). 또한 점유의 계속도 추정된다.

3) 구별실익

하자점유와 무하자점유의 구별실익은 취득시효·선의취득에서 나타난다.

Ⅲ. 점유의 취득과 소멸

1. 점유의 취득

(1) 원시취득과 승계취득

점유는 원시적으로 취득하는 경우(원시취득)도 있고, 전점유자로부터 승계적으로 취득하는 경우(승계취득)도 있다. 유실물습득이나 무주물선점은 점유의 원시취득에 해당한다. 그러나 실제상 중요한 의미를 지니는 점유취득은 전점유자의 점유가 당사자의 합의로 동일성을 유지하며 신점유자에게 이전하는 승계취득이다.

(2) 점유의 승계취득

1) 서 설

간접점유를 포함하여 점유 일반에 대하여 민법은 그 취득방법으로서 네 가지의 종류를 규정하고 있다. 바로 (i) 현실의 인도, (ii) 간이인도, (iii) 점유개정, (iv) 목적물반환청구권의 양도가 해당한다(§196 I·II). 점유의 취득방법은 점유보호청구권의 기초가 되는 점유를 취득하는 방법으로서 의미를 가지는 동시에, 동산의 물권변동과의 관계에서도 중요한 의미를 가진다.

2) 현실의 인도

민법 제188조 제1항은 동산의 물권변동에 관한 성립요건으로서 「인도」를 요구하고 있다. 민법 제188조 제1항의 「인도」는 현실의 인도를 가리킨다. 물건을 문자 그대로 현실적으로 인도하는 경우가 현실의 인도이다. 동산의 교부나 송부는 동산이 양도인의 손에서부터 양수인의 손으로 이동하는 전형적인 현실의 인도에 해당한다.

부동산의 경우에는 양도인의 손에서 양수인의 손으로 점유를 현실적으로 이전시키기가 곤란하다. 물리적으로 이동이 불가능한 부동산에 관하여는 건물의 열쇠를 교부하거나 현지에서 인도를 확인하는 방법이 현실의 인도가 된다.

예컨대 멀리 떨어진 임야의 벌채현장의 목재를 매매하고, 임야에 적재되어 있는 채로 목재를 인도하는 경우가 있다. 사례와 같이 양도인이 멀리 떨어져 있는 물건을 가져다가 양수인에게 인도하지 아니하고, 멀리 떨어진 장소에 물건을 그대로 둔 상태에서 인도하는 경우를 「長手引渡」(traditio longa manu, 긴 손에 의한 인도)라고 한다. 장수인도도 현실의 인도로 되는가? 장수인도를 간이인도와 동일하게 취급하여야 한다는 견해도 있으나, 현실의 인도로 보는 태도가 타당하다. 간이인도가 되기 위하여는 인도가 되기 전에 미리 양수인이 물건을 점유하고 있어야 하나, 장수인도의 경우에는 양도인이 점유를 하고 있는 상태에서 인도가 이루어지므로, 간이인도로 보기는 어렵다.[241] 현실의 인도라고 하여 물건이 반드시 양도인의 손에서 양수인의 손으로 가시적으로 이동하여야 하지는 않고, 사회통념상 인도가 있다고 볼 수 있으면 충분하므로, 멀리 떨어진 벌채현장의 목재를 적재되어 있는 채로 인도하는 경우도 현실의 인도로 보아야 한다.

3) 간이인도

예컨대 임차인이 임대인으로부터 목적물을 양수한 때에는 임대인으로부터 임차인에게 점유를 이전하기 위하여 일단 목적물을 임대인에게 반환하고, 다시 현실의 인도를 하여야 한다고 하면 매우 성가시고 번거로운 일이다. 그러므로 당사자의 의사표시만에 의하여 점유를 승계할 수 있는 간이한 점유이전방법이 인정될 필요가 있다. 민법 제188조 제2항은 양수인(또는 그 대리인)이 이미 목적물을 점유하고 있는 때에는 당사자의 의사표시만에 의하여 점유권의 양도가 일어난다고 규정하고 있다. 바로 「간의인도」를 인정하고 있다. 간이인도에서는 의사표시만으로 점유가 이전되지만, 본래 점유를 하고 있는 자에게 점유를 이전하므로(점유주와 점유보조자(양수인) 사이에서도 가능하다), 특별히 문제는 없다.

4) 점유개정

> A가 자기의 주택을 B에게 매도하고 소유권이전등기까지 넘겨주었는데, 동시에 B로부터 그 주택을 빌려서 계속 거주하기로 하였다. B는 어떤 방법으로 주택에 대한 점유권을 취득하는가?

사례에서 B가 점유를 취득하려면 원래는 우선 A로부터 B에게 주택이 인도되고, 그로부터 A가 임차하여 다시 인도를 받아야 한다. A가 임차물(주택)을 인도받으면 B는 간접점유를 취득한다. 그러나 A가 B에게 주택을 현실적으로 인도하여야 하고, 다시 B가 임대차를 위하여 A에게 인도하여야 한다고 하면 불편하고 번거롭다. 그러므로 절차를 간략화하

241) 간이인도는 오히려 「短手引渡」(traditio brebi manu, 짧은 손의 인도)라고 부른다.

여 A가 이후 B를 위하여 점유한다는 뜻의 의사를 표시하면 그 사실만으로 B에게 점유가 이전한다고 본다. 민법 제189조도 당사자의 계약으로 양도인이 목적물의 점유를 계속하는 때에는 양수인이 인도를 받아 점유(간접점유)를 취득받은 경우로 된다는 규정을 두고 있다. 바로 「점유개정」을 인정하고 있다.

점유개정이 되기 위하여는 A가 자기의 점유물을 이후 B를 위하여 점유한다는 의사표시를 특별히 하여야 하는가? A의 특별한 의사표시가 필요하지 않고, 단지 임대차계약이 체결된 사실만으로 충분하다. 직접점유를 취득하는 A의 주관적 의사가 중요하지 않고, 간접점유관계의 발생을 정당화하는 법률관계의 외형상의 존재만 있으면 점유개정이 일어난다. 점유개정은 당사자의 계약만으로 일어날 뿐만 아니라, 점유이전을 받는 자(B)에게 현실적인 지배가 전혀 이전하지 아니한다고 하는 측면에서 관념적이고, 외부로부터 거의 식별이 곤란하므로, 물권변동과의 관계에서 여러 가지 문제가 있다.242)

5) 목적물반환청구권의 양도

간접점유가 이미 존재하는 경우에 간접점유자가 목적물을 직접점유자의 점유 아래 두고, 합의로 그 점유를 제3자에게 양도하는 경우를 목적물반환청구권의 양도라고 한다. 목적물반환청구권의 양도에 의하여 목적물은 양도의 전후를 통하여 여전히 직접점유자 아래 있고 변화가 없지만, 간접점유자와 제3자의 합의만으로 점유가 제3자에게로 이전한다.

목적물반환청구권의 양도는 예컨대 A가 B에게 빌려준 주택을 C에게 양도하는 경우에 이용될 수 있다. A가 B에 대하여 이후 C를 위하여 점유하라고 하는 뜻을 전달하고, C가 B로 하여금 향후 주택을 자기를 위하여 점유하도록 승낙하면 C에게 주택에 대한 점유가 이전한다. B(직접점유자)의 승낙은 필요하지 않다. C의 「승낙」은 객관적 법률관계(AC 사이의 매매계약)로부터 도출될 수 있으므로, 특별한 의사표시는 필요하지 않다고 해석된다. 다만 BC 사이에 간접점유관계가 발생한 사실을 B가 알아야 할 필요가 있으므로, A로부터 B에게의 통지는 점유이전의 요건으로서 필요하다.

(3) 상속에 의한 점유승계

1) 점유의 상속

점유의 승계는 상속의 경우에 곤란한 문제를 제기한다. 우선 점유의 상속이 가능한가 하는 근본적인 문제가 있다. 사망에 의하여 물건이 현실의 점유자를 잃는 경우에 점유가 이전되는가, 만일 이전된다고 하면 언제, 누구에게 이전하는가 하는 문제가 제기된다.

> A는 전주에 있는 B의 토지 위에 무권한으로 주택을 지어 살고 있었는데, 15년째 되던 해에 그만 사망하고 말았다. A의 사망으로부터 수개월 후에 서울에서 아파트에

242) 예컨대 점유개정에 의한 점유취득이 동산의 선의취득에 필요한 점유취득이 되는가, 점유개정의 방법으로 동산에 대한 이중의 양도담보설정계약이 체결된 경우에 뒤에 양도담보설정계약을 체결한 후순위채권자도 양도담보권을 취득할 수 있는가와 같은 문제가 있다.

살고 있던 큰아들 C가 그 주택으로 이사하였고, 현재까지 6년이 경과하였다. B가 토지의 진정한 소유자는 자기라고 주장하며 토지의 명도를 구하는 경우에 C는 20년의 취득시효를 주장할 수 있는가?

사례에서 B로서는 A가 사망한 때로부터 C가 이사를 할 때까지에 수개월의 간격이 있으므로, 점유가 자연적으로 중단되어 취득시효가 인정되지 아니한다고 주장할 수 있다. 반면에 점유권도 물권이고, 상속의 대상이 되므로, C가 A의 점유권을 상속의 개시와 동시에 승계하였다고 하면 취득시효의 완성을 주장할 수 있다.

BC의 주장 중 누가 옳은가? C가 A와 동거하고 있는 경우에는 점유의 승계가 인정되어 시효취득이 인정되고, 동거하지 않는 경우에는 시효취득이 인정되지 아니한다고 하면 너무 불합리하다. 또한 점유는 사실상태에 불과하므로, 상속을 인정하기 곤란하다는 견해도 일응 일리가 있으나, 민법이 점유를 점유「권」으로 규정하고 있는 이상, 점유의 상속을 긍정할 수밖에 없다고 본다. C는 동거를 하지 않는 경우에도, 수개월 후에 주택에 이사한 경우라고 하더라도 바로 상속의 개시와 동시에 점유의 승계가 인정되어 직접 그 주택으로 이사하지 아니한 기간에도 주택을 점유한 경우로 보아야 한다. 결국 C는 시효취득을 주장할 수 있다.

민법 제193조는 명문으로 "점유권은 상속인에게 이전한다"고 규정하고 있다. 그러므로 점유권은 사실상의 지배 유무에 상관없이, 상속인이 어디에 있건, 상속인이 상속의 개시를 알건 모르건 당연히 상속인에게 귀속한다고 해석된다. 왜 상속인이 피상속인의 점유를 자동적으로 승계하는가? 상속이란 피상속인이 생전에 가진 지위를 상속인이 당연히 승계하는 경우라고 보므로, 점유의 승계도 당연히 인정된다고 보아야 하기 때문이다.

2) 상속에 의한 점유승계의 효과

A는 B의 토지 위에 무권한으로 주택을 지어 거주하며 2년을 타주점유한 후에 사망하였다. A의 사망으로 인하여 그 상속인 C가 A를 단독상속하여 그 주택에서 살며 토지를 20년간 소유의 의사를 가지고 점유하였다. C는 토지에 대한 시효취득을 주장할 수 있는가?

상속에 의하여 승계된 점유에도 민법 제199조가 적용되는가? 민법 제199조에 의하여 인정되는 점유의 분리·병합은 포괄승계, 특히 상속에도 적용되는가가 문제된다. 학설상으로는 긍정설과 부정설이 대립한다.

① 긍정설 　 긍정설(학설상 다수설이다)은 상속인이 아직 현실로 사실상의 지배를 하기 전까지의 관념적인 점유는 피상속인의 점유의 연장이며 상속인은 전주(피상속인)의 점유의 병합을 주장할 수 있을 뿐이나 상속인이 현실적으로 상속재산을 지배하는 경우에 그 점유는 한편으로는 피상속인의 점유의 연장인 동시에, 다른 한편으로는 자기의 고유한 점유로 된다고 본다. 긍정설에 의하면 상속인은 피상속인의 점유를 병합하여 주장하든가 자기 자신의 점유만을 분리하여 주장하든가 선택하여 주장할 수 있다.

② 부정설　　부정설은 민법 제193조에 의하여 점유가 상속에 따라서 피상속인으로부터 상속인에게 이전되지 않고 점유에 관한 피상속인의 법적 지위가 그대로 상속인에게 이전되므로(1인의 사람이 점유한 경우와 마찬가지이다), 상속에 관하여는 점유의 분리·병합이 허용되지 않는다고 본다.

판례의 태도는 어떤가? 판례는 부정설에 따라서 상속에 의하여 점유를 취득한 경우에는 상속인은 피상속인의 점유를 떠나 자기만의 점유를 주장할 수 없다고 본다.[243] 판례에 의하면 피상속인의 점유가 하자점유이면 상속인의 점유도 하자점유가 되므로, 선대의 점유가 타주점유인 경우에 선대로부터 상속에 의하여 점유를 승계한 상속인의 점유도 그 성질 내지 태양을 달리할 수 없어서 특단의 사정이 없는 한 그 점유는 타주점유이고, 자주점유로 될 수 없다.

판례나 부정설의 태도가 타당한 측면도 있으나, 상속인이 스스로 현실적인 점유를 한 경우에 대하여까지 판례가 타당하다고 보기는 곤란하다. 본래 점유의 상속을 인정하는 민법 제193조는 피상속인의 점유와 상속인의 점유와의 사이에 중단이 생기는 경우를 막기 위한 규정이므로, 오로지 중단을 막기 위한 점유승계라고 하는 측면에서는 판례(부정설)의 태도와 같이 1인의 점유처럼 취급하여도 상관없으므로, 구태여 상속인의 점유만을 별도로 취급하여야 할 의미가 없다. 그러나 상속인이 이미 상속받은 물건을 현실적으로 점유하는 때에는 피상속인의 점유를 떠나 상속인의 점유의 의미를 인정하여야 한다. 결국 점유의 상속에 관하여도 민법 제199조를 적용하여 상속인의 선택의 여지를 인정하여야 한다. 사례에서 C는 자기의 점유만을 들어 시효취득을 주장할 수 있다고 보는 태도가 타당하다.

3) 상속과 새로운 권원

피상속인의 점유가 타주점유인 경우에 상속인이 자주점유로서의 자기의 점유를 개시하면 취득시효의 요건이 충족될 수 있는가? 바로 상속에 의한 점유승계에 민법 제199조가 적용되는가와 연관되는 문제이고, 상속이 타주점유가 자주점유로 전환되기 위한 「새로운 권원」이 되는가 하는 문제와도 같은 문제이다.

> A는 B의 토지 위에 무권한으로 주택을 지어 거주하며 2년을 살다가 사망하였는데, 실은 A는 B로부터 토지를 빌려서 사용하였다. A의 사망으로 인하여 C는 그 사실을 알지 못한 채 주택까지 건축되어 있으므로 토지가 확실히 A의 소유라고 생각하고, 그 주택으로 이사하여 토지를 점유하며 20년 동안 살았다. C는 시효취득을 주장할 수 있는가?

A의 점유가 타주점유인 사실은 너무도 분명하다. 판례나 학설의 입장을 따르면 A의 점유를 상속에 의하여 승계한 C의 점유가 자주점유로 바뀌기 위하여는 상속인이 소유자에 대하여 소유의 의사를 표시하거나, 새로운 권원에 의하여 다시 소유의 의사로써 점유를 개시하여야 한다.

---

243) 대법원 2008.7.10. 선고 2007다12364 판결.

상속은 자주점유로의 전환을 위한 「새로운 권원」, 즉 新權原이 될 수 없는가? 판례는 상속은 새로운 권원에 해당하지 않는다는 굳건한 태도를 보이고 있다. 판례에 의하면 상속에 의하여 점유를 취득한 경우에는 상속인은 다른 새로운 권원에 의하여 자기 고유의 점유를 개시하지 않는 한 피상속인의 점유를 떠나 자기만의 점유를 주장할 수 없다(피상속인이 타주점유이면 반드시 상속인도 타주점유로 된다). 확실히 토지를 빌려준 임대인측으로서는 어느 날 갑자기 임차인이 사망하고 상속이 일어난 사정만으로 타주점유가 자동적으로 자주점유로 되어 취득시효가 진행된다고 하면 도저히 받아들이기 어려울 수 있다. 그러므로 상속이 일어났다는 사실만에 의하여 자동적으로 타주점유가 자주점유로 변환될 수는 없다. 그러나 자주점유라고 믿고 장기간 상속부동산을 점유하고 있는 상속인을 보호할 필요도 있다. 상속인의 보호를 위하여는 상속인이 새로이 상속부동산을 사실상 지배하여 점유를 개시하고, 소유의 의사가 있다고 보여지는 경우에는 타주점유가 자주점유로 바뀌기 위한 「신권원」이 된다고 보아야 한다.

상속도 「신권원」이 된다고 보는 적극설에 찬동한다. 적극설에 의하면 상속도 권리취득의 한 원인이므로, 점유의 성질을 변경시키는 새로운 취득원인의 하나가 되고, 상속인이 소유의 의사를 가지고 상속부동산의 점유를 개시한 때에는 고유의 자주점유를 취득하여 상속인은 자기의 자주점유를 주장할 수 있다. 엄밀하게 생각하면 상속인의 점유는 (i) 피상속인의 관념적인 점유를 상속에 의하여 자동적으로 승계한 점유, (ii) 스스로의 사실적 지배에 의한 독자의 점유라는 「二面的 性格」(혹은 二重性)을 가지고 있다. 바로 상속인 스스로의 사실상 지배로 성립하는 「독자의 점유」라는 미묘한 개념에 기초하여 상속인에게 자기의 점유가 인정되고, 상속인에 의한 새로운 사실상 지배와 소유의 의사가 있다고 보여지는 한, 그 자기의 점유는 자주점유로 될 수 있다고 볼 필요가 있다.

상속을 신권원으로 인정할 때에 그 증명책임은 누가 부담하는가? 타주점유를 한 피상속인의 상속인이 독자의 점유에 기하여 취득시효를 주장하는 경우에는 점유자의 「소유의 의사」를 추정하는 민법 제197조 제1항은 적용되지 않고, 상속인측에서 소유의 의사를 증명하지 않으면 안된다. 상속인은 새로운 사실적 지배의 개시에 의하여 종래의 점유의 성질이 변경된 사실, 즉 자기의 사실적 지배가 외형적, 객관적으로 보아 소유의 의사에 기한 독자의 자주점유의 경우라고 해석될 수 있는 사정에 대한 증명책임을 부담한다.

(4) 점유승계취득의 효과

1) 점유의 분리·병합

A 소유의 갑토지를 B가 8년간 점유를 계속한 후에, C가 그 점유를 승계하여 10년간 점유하였는데, 다시 D가 C로부터 그 점유를 승계하여 9년간 점유하였다. D는 갑토지에 대하여 취득시효의 완성을 주장할 수 있는가?

점유를 타인으로부터 이어받은 승계인은 자기의 점유만을 주장하거나, 자기의 점유와 전점유자의 점유를 아울러 주장할 수 있다(§199 Ⅰ). 우선 D는 자기의 9년간 점유를 주장할

수 있으나, 9년간의 점유만으로는 취득시효가 완성되지 않으므로, 무익하다. 한편 D는 전점유자의 점유와 자기의 점유를 합하여 주장할 수 있다. 민법 제199조 제1항에서 말하는 「전점유자의 점유」란 D의 직전의 점유(사례에서 C의 점유)에 한하지 않고, 현재의 점유에 앞서는 모든 점유를 의미한다. 사례에서 갑토지에 대한 점유가 B→C→D의 순으로 순차 이전된 사정이 인정되고, D는 자기만의 점유를 주장하여 취득시효를 완성시킬 수 없으므로, 자기와 직전의 C의 점유만을 병합하여 주장하거나, B로부터 자기까지의 점유를 모두 아울러 주장할 수 있다. D는 자기의 점유와 직전의 C의 점유를 합하더라도 점유기간이 19년에 불과하므로, 아직 취득시효가 완성되지 못한다. 결국 D가 C와 B의 점유를 모두 아울러 주장하면 27년의 점유가 되므로, 취득시효가 완성될 수 있다.

D가 C와 B의 점유를 아울러 주장하면 27년의 점유가 되므로, 취득시효에 필요한 20년의 점유를 채우고도 7년이 남는다. 그러므로 D는 C의 점유와 합하여 이미 19년의 점유를 확보하고 있으므로, B의 점유에서는 단지 최후 1년의 점유만 가져올 수 있는가? B의 점유에서 단지 최후 1년의 점유만을 주장할 수 있다고 하면 취득시효의 완성을 위하여 점유의 개시시점을 점유기간 중의 임의시점을 택하여 주장할 수 있다는 의미가 된다. 그러나 점유가 순차로 승계된 때에는 점유자가 자기의 점유만을 주장하거나 또는 자기의 점유와 전점유자의 점유를 아울러 주장할 수 있는 선택권은 있으나, 그 경우에도 점유의 개시시기를 전점유자의 점유기간 중의 임의시점을 택하여 주장할 수는 없다고 본다.244)

2) 점유의 병합에 따른 하자의 승계

> A 소유의 갑토지를 B가 악의로 4년간 점유한 후에 C가 갑토지를 역시 악의로 6년간 점유하였다. 그 후 D가 C로부터 갑토지에 대한 점유를 승계하여 선의로 11년간 점유하였다. D는 갑토지에 대하여 취득시효의 완성을 주장할 수 있는가?

점유자가 자기의 점유와 전점유자의 점유를 함께 주장하는 경우에는 전점유자의 하자(예컨대 악의·과실·폭력·은비)까지도 승계하게 된다. 민법 제199조 제2항은 명문으로 점유의 승계인이 전점유자의 점유를 아울러 주장하는 경우에는 그 하자도 승계한다고 규정하고 있다.

사례에서 D로서는 B의 4년간, C의 6년간의 점유와 자기의 선의의 11년간의 점유를 아울러 주장할 때에는 BC의 악의점유를 승계하므로, 전체적으로 21년간의 악의점유가 된다. 점유취득시효는 선의점유가 요건이 아니므로(§245 I), 비록 악의점유라고 하더라도 점유취득시효를 완성시킬 수 있다. 그리고 D는 자기의 11년간의 선의점유가 있으므로, 자기의 점유만을 주장하여 등기부취득시효를 주장할 수 있다.

244) 대법원 1992.12.11. 선고 92다9968, 9975 판결.

2. 점유의 소멸

타인에게 점유물건을 양도하거나 그 점유를 포기하는 경우와 같이 점유자의 자유의사에 기하여 점유는 소멸한다. 절도·유실·횡령에 의하여 점유를 상실하는 경우와 같이 점유자의 자유의사에 의하지 않고 점유가 소멸할 수도 있다. 간접점유는 임차인이 임차물을 유실하거나 매도한 경우와 같이 직접점유자가 점유를 상실하거나 직접점유자가 점유물을 횡령하여 점유매개관계가 단절되면 소멸한다.

> A는 1971.2.10. B로부터 갑토지를 매수하여 인도받아 대부분은 논으로 점유·경작하고 있었는데, 1979년경 갑토지의 인근에 신도로가 개설되면서 갑토지가 도로에 편입되어 토지보상금을 수령하였다. 그런데 A는 1981년 봄 무렵 갑토지를 대지화하여 그 위에 건물을 축조하여 그 건물에서 거주하였다. A는 1971.2.10.로부터 20년이 경과한 1991.2.17. 갑토지에 대하여 취득시효의 완성을 주장할 수 있는가?

A가 점유중인 갑토지가 취득시효기간의 완성 이전에 이미 도로에 편입되어 토지보상금까지 받은 사정이 인정된다. 그러므로 특단의 사정이 없는 한 그때 이미 갑토지에 대한 A의 점유는 상실되었다고 보아야 한다. 아무리 A가 1971년 2월 10일부터 소유의 의사로 평온·공연하게 갑토지 위에 건물을 짓고 거주하며 점유하여 왔다 할지라도 소유권을 시효취득하지 못한다.

Ⅳ. 점유권의 효력

1. 서 설

민법은 점유권에 대하여 여러 가지 효과와 권능을 인정하고 있다. 어느 경우는 로마법의 포쎄시오에서 유래하기도 하고, 게르만법의 게베레에서 유래하는 효력도 있다. 민법상 점유권의 효력으로 규정되어 있는 내용을 개관하면 아래와 같다.

(i) 점유에는 「권리의 추정」이 인정된다. 점유자가 점유물에 대하여 행사하는 권리는 적법하게 보유한 경우로 추정한다(§200). 민법 제200조는 현실의 지배라고 하는 사실상태에 기하여 본권의 증명을 용이하게 하기 위하여 인정되는 효과로서, 이른바 「악마의 증명」(probatio diabolica)[245]이라고 하는 소유권의 존재에 대한 증명을 돕는다. 권리추정의 규정은 게르만법상의 게베레에 그 기원이 있다.

(ii) 「점유자의 과실취득권」이 인정된다. 점유자는 보통 과실을 거두어들일 수 있다고

---

245) 악마의 증명(devil's proof)은 본래 고대로마법에서 소유권귀속의 증명이 극히 곤란하다는 사실을 비유적으로 표현한 용어이나, 현재는 널리 증명이 곤란하거나 불가능한 경우를 비유하는 표현으로 사용되고 있다.

잘못 믿고, 과실을 수취하는 즉시 소비한다. 후에 본권자로부터 원물의 반환을 청구당하는 경우에 그 과실을 전부 반환하게 한다면 점유자에게, 특히 선의의 점유자에게는 너무 가혹하다고 하지 않을 수 없다. 그러므로 민법 제201조는 점유자에게 점유물로부터의 과실취득을 인정하고 있다. 물론 악의의 점유자에게까지 과실취득권을 인정할 수는 없다.

(iii) 점유물이 점유자의 책임 있는 사유로 인하여 멸실 또는 훼손된 때에는 「점유자의 회복자에 대한 책임」이 문제된다. 악의의 점유자는 그 손해의 전부를 배상하여야 하고, 선의의 점유자는 이익이 현존하는 한도에서 배상하면 된다(§202).

(iv) 점유자가 점유물에 대하여 비용을 지출한 때에는 「점유자의 비용상환청구권」이 문제된다. 민법 제203조는 점유자가 지출한 비용이 필요비인가, 유익비인가를 구별하여 규율하고 있다.

(v) 점유 그 자체를 보호하기 위하여 인정되는 일종의 물권적 청구권으로서 「점유보호청구권」이 인정된다. 민법상의 점유보호청구권은 로마법의 포쎄시오에 바탕을 둔 이른바 「점유소권」에서 유래하는 제도이다.

2. 권리적법의 추정

(1) 추정의 범위

1) 적법성의 추정

점유자가 점유물에 대하여 행사하는 권리는 적법하게 보유한 경우로 추정한다(§200). 예를 들어 소유자로서 점유하는 자는 정당한 소유자이고, 질권자로서 점유하는 자는 적법한 질권을 가지고 있다고 추정된다. 어떤 본권이 추정되는가는 점유의 태양에 의하여 정한다. 그리고 권리적법의 추정은 점유라고 하는 외관에 부여된 효력으로 비록 하자 있는 점유라고 하더라도 추정적 효력이 인정된다.

2) 추정되는 권리

점유자가 「점유물에 대하여 행사하는 권리」란 물권뿐만 아니라 점유권한을 포함하는 모든 권리(예컨대 임차인·수치인의 권리)를 의미한다고 해석된다.

3) 추정력이 미치는 목적물

추정력은 동산이나 부동산에 모두 미친다. 부동산의 점유에도 같은 추정력이 인정되지만, 등기된 부동산에 대하여는 권리의 외형으로서 보다 강력한 등기의 추정력이 우선하고, 민법 제200조는 적용되지 아니한다(다수설).

4) 계속성의 추정

현재 점유하고 있는 점유자는 지금 적법한 권리를 가지고 있다고 추정될 뿐만 아니라, 이전에도 점유한 경우에는 그 사이에서도 점유에 의하여 추정되는 권리를 적법하게 보유한 경우로 추정된다.

(2) 추정의 효과

1) 추정과 민사소송

예를 들어 점유물의 진정한 소유자라고 칭하는 A가 점유자 B에 대하여 소유권에 기한 반환를 구하는 소송을 제기한 경우에 B가 그 점유를 증명하면 점유를 정당화하는 권리가 있다고 하는 추정이 성립한다. 그러므로 원고인 A는 피고인 점유자 B에게 본권이 없다는 사실을 증명하여야 한다. 만일 A가 추정을 깨는 반증을 들지 못하는 한 패소한다.

2) 당사자 사이의 기능

예를 들어 AB가 매매계약의 당사자인 경우에 매수인 B가 자기의 점유의 추정력에 의하여 소유권이전등기를 청구할 수 있는가 하는 문제가 있으나, 부정적으로 해석된다.

3) 추정기능의 양면성

권리추정은 점유자 개인의 권리보호를 위하여 봉사할 뿐만 아니라, 거래의 안전에도 봉사한다. 그러므로 권리추정은 점유자가 그 이익을 위하여 본권을 주장하는 경우뿐만 아니라, 반대로 제3자가 점유자에게 불이익을 가하기 위하여 본권을 주장하는 경우에도 적용된다.

4) 제3자에 의한 원용

권리추정은 점유자 자신뿐만 아니라, 점유자가 권리를 가지고 있다고 하는 사실에 이해관계를 가진 제3자(예컨대 토지의 점유자가 그 토지 위에 소유하고 있는 건물의 임차인)도 원용할 수 있다.

5) 공격적 기능

권리추정에 기하여 적극적으로 소유권의 확인을 구할 수는 없다. 그러나 권리추정이 반드시 물권적 반환청구권의 소에서 피고로서 방어적으로 권리추정을 원용할 수 있다고 하는 의미는 아니고, 예컨대 미등기부동산의 점유자가 불법점거자에 대하여 방해배제나 방해예방을 청구하는 경우와 같이 권리추정이 공격적으로 이용될 수도 있다.

2. 점유자의 과실취득과 반환

(1) 선의점유자에 의한 과실의 취득

1) 서 설

선의점유자에게는 과실취득권이 인정된다. 민법 제201조 제1항은 분명히 "선의의 점유자는 점유물의 과실을 취득한다"고 규정하고 있다. 왜 선의점유자에게 과실취득권이 인정되는가? 선의점유자가 수취할 수 있다고 잘못 믿고 수취한 과실을 이미 소비한 후에 본권자로부터의 청구에 의하여 그 과실을 전부 반환하게 한다면 너무 가혹하므로, 선의점유자는 그대로 과실을 취득할 권리가 있다고 인정된다.

2) 과실취득의 요건

점유자가 「선의」이어야 한다. 민법 제201조 제1항에 의하여 과실취득권이 인정되는 선의점유자란 과실취득권을 포함하는 본권을 가지고 있다고 오신한 점유자를 말하고, 그 오신에는 오신할 만한 정당한 근거가 있어야 한다.246) 과실취득권을 포함하는 본권, 예컨대 소유권·전세권·임차권·지상권을 가지고 있다고 오신하는 점유자가 선의의 점유자이다. 질권·유치권과 같이 과실취득권을 포함하지 않는 본권이 있다고 오신한 점유자는 선의의 점유자가 아니다. 그리고 점유자의 무과실은 과실취득권의 요건이 아니므로, 과실의 유무는 묻지 않는다.

선의이냐 아니냐는 언제를 기준으로 판단하는가? 점유자의 선의 여부는 과실에 대하여 독립한 소유권이 성립하는 시점에서 판단한다. 천연과실에 관하여는 원물로부터 분리되는 때에 선의이면 충분하고, 법정과실에 대하여는 선의에 해당한 日을 가지고 日割計算하게 된다.

선의점유자라도 본권의 소에서 패소한 때에는 소제기시로부터 악의로 본다(§197 II). 패소하면 비록 점유자의 확신이 움직이지 않고 확고하다고 하더라도 선의의 점유로 취급될 수 없다. 비록 선의이더라도 폭력 또는 은비에 의한 점유자는 과실의 취득에 관하여 악의의 점유자와 마찬가지로 취급된다(§201 III).

2) 과실취득의 효과

(i) 선의점유자는 과실(천연과실이든 법정과실이든 묻지 않는다)을 취득한다. 물건의 이용에 의한 이익도 역시 과실과 같이 취급된다.

> A는 B 소유의 갑건물을 자기가 적법한 매수자라 믿고 2005.5.1.부터 점유·사용하여 왔다. 그런데 B가 갑건물의 소유자는 자기라고 주장하며 A에 대하여 갑건물의 명도를 청구하는 동시에, 2005.5.1.부터 명도일까지 차임 상당액의 부당이득반환을 청구하였다. A는 갑건물의 사용이득을 부당이득으로 반환하여야 하는가?

선의의 점유자라고 하더라도 점유물의 점유·사용으로 얻은 이득을 반환하여야 하는가? 민법 제201조 제1항에 의하면 선의의 점유자는 점유물의 과실을 취득한다고 규정하고 있고, 건물을 사용함으로써 얻는 이득은 그 건물의 과실과 동시할 수 있다고 본다. 그러므로 선의의 점유자는 비록 법률상 원인 없이 타인의 건물을 점유·사용하고 이로 말미암아 그에게 손해를 입혔다고 하더라도 그 점유·사용으로 인한 이득을 반환할 의무는 없다.247)

사례에서 A는 선의의 점유자로 인정될 여지도 있다. 우선 A가 갑건물에 대한 점유를 개시하게 된 경위 등을 살펴서 과연 A가 선의의 점유자인지 악의의 점유자인지, 또는 언

246) 대법원 1995.8.25. 선고 94다27069 판결.
247) 대법원 1996.1.26. 선고 95다44290 판결.

제부터 악의의 점유자가 되었는지를 알아보고 그에 따른 점유자로서의 책임을 물어야 한다. 만약 A가 선의의 점유자라고 하면 갑건물의 점유·사용으로 인한 이득을 B에게 반환할 의무는 없다. 물론 A가 악의의 점유자로 판단된다면 건물의 차임 상당액을 부당이득으로 반환하여야 한다.

(ii) 민법 제201조 제1항은 선의점유자에게 적극적으로 과실취득권을 인정하는가, 혹은 소극적으로 이미 소비한 과실에 대한 반환의무만을 면제하는가? 학설상 다수설은 민법 제201조 제1항이 적극적으로 과실취득권, 즉 이미 소비한 과실은 반환의무를 면하고 아직 소비하지 않은 과실도 거두어들일 수 있는 권리를 인정한다고 본다. 그러나 소수설로 민법 제201조 제1항을 단지 선의점유자에게 이미 소비한 과실에 대한 반환의무를 면제한 규정이라고 이해하는 견해(소비하지 않고 그대로 가지고 있는 과실은 반환하여야 한다)도 있다.

판례의 태도는 어떤가? 판례는 적극설에 따라서 선의점유자의 과실취득은 부당이득이 되지 않고, 아직 소비하지 않은 과실에 대하여도 반환의무가 없다고 본다.[248] 판례나 적극설의 입장이 타당하다. 선의점유자는 거두어들여 이미 소비한 과실은 물론, 소비하지 않아 그대로 남아 있는 과실도 반환할 필요 없이 취득할 수 있다고 해석하여야 한다.

(iii) 민법 제201조 제1항과 불법행위에 의한 손해배상책임과의 관계에 관하여는 양자가 경합적으로 적용된다고 본다(역시 판례의 입장이다[249]). 그러므로 과실취득권이 있는 선의점유자라고 하더라도, 선의점유자는 선의만 요구할 뿐 무과실을 요구하지는 않으므로, 그 선의점유자에게 과실이 있어서 진정한 소유자에 대하여 불법행위를 구성하는 때에는 민법 제201조 제1항을 원용하여 손해배상책임을 면하지는 못한다(과실취득권은 인정하면서 불법행위책임을 지우는 태도는 민법 제201조 제1항의 규정취지에 맞지 않는다고 보는 이견이 있다).

A는 법령의 부지로 상속인이 될 수 없는 B를 상속인이라고 생각하여 B로부터 갑토지를 빌려 점유하며 농작물을 경작하였는데, 사실은 갑토지의 소유자는 진정한 상속인 C였다. C는 A에 대하여 불법행위로 인한 손해배상책임을 물을 수 있는가?

사례에서 A는 법령의 부지로 상속인이 될 수 없는 사람을 상속인이라고 생각하여 그 사람으로부터 갑토지를 빌려 점유하였으므로, 선의의 점유로 볼 수 있다. A는 선의의 점유자로 그 과실을 취득할 권리가 있어 경작한 농작물의 소유권을 취득할 수 있다. 다만 A에게 과실이 있다고 아니할 수 없어서 A의 갑토지의 점유는 진정한 소유자 C에 대하여 불법행위를 구성한다고 하지 않을 수 없다. 그러므로 A에게는 불법행위로 인한 손해배상의 책임이 있다. 비록 A가 선의의 점유자로서 과실취득권이 있다고 하여도 불법행위로 인한 손해배상책임이 배제되지는 않는다.

248) 대법원 1981.9.22. 선고 81다233 판결.
249) 대법원 1966.7.19. 선고 66다994 판결.

(2) 악의점유자에 의한 과실의 반환

1) 반환의 범위

악의점유자는 당연히 현존하는 과실을 반환하여야 한다. 그리고 악의점유자는 수취하여 소비한 과실, 선의의 제3자에게 양도한 과실, 과실로 훼손한 과실, 수취를 태만한 과실에 대하여는 대가의 상환의무를 부담한다(§201 II).[250] 악의점유자라고 하더라도 불가항력에 의하여 훼손된 과실, 수취할 수 없는 과실에 한하여는 면책된다.

폭력·은비의 점유는 악의의 점유와 마찬가지로 취급된다(§201 III). 그러므로 폭력·은비의 점유자도－악의의 점유자와 같이－수취한 과실을 반환하여야 하는 의무를 부담한다. 그리고 선의의 점유자라도 본권에 관한 소에 패소한 때에는 그 소가 제기된 때로부터 악의의 점유자로 보므로(§197 II), 본권에 관하여 패소한 선의의 점유자도 과실반환의무를 부담한다.

2) 불법행위에 대한 관계

민법 제201조 제2항은 불법행위에 관한 민법 제750조를 배제하는 취지인가? 민법 제201조 제2항이 일반불법행위의 규정을 배제한다는 취지는 아니므로, 악의점유자의 과실반환 및 대가상환과는 별개로 불법행위책임이 성립할 수 있다. 예컨대 소유자는 점유자에 대하여 선택에 의하여 민법 제201조 제2항의 반환 또는 보상을 구하거나, 민법 제750조에 의한 손해배상을 구할 수 있다.

3) 민법 제587조에 대한 관계

민법 제587조는 매매목적물의 과실은 인도시까지는 매도인에게 속한다고 규정하고 있다. 그러므로 민법 제587조가 적용되는 한 민법 제201조 제2항은 적용되지 아니한다.

3. 점유자의 회복자에 대한 책임

(1) 서 설

본권을 가지지 않는 점유자는 본권자가 본권에 기한 물권적 반환청구권을 행사하면 결국 점유물을 본권자에게 반환하여야 한다. 다만 점유자가 점유중에 점유물을 멸실·훼손시킨 경우가 있을 수 있다. 점유물이 점유자의 책임 있는 사유로 인하여 멸실·훼손된 때에 점유자는 어떤 책임을 지는가? 민법 제202조에 의하여 점유자가 선의인 때와 악의인 때에 따라서 다르고, 소유의 의사 여부에 따라서 역시 차이가 있다.

---

250) 민법 제201조 제2항은 "악의의 점유자는 수취한 과실을 반환하여야 하며 소비하였거나 과실로 인하여 훼손 또는 수취하지 못한 경우에는 그 과실의 대가를 보상하여야 한다"고 규정하고 있다. 민법 제201조 제2항의 문장상 '또는' 앞에는 '훼손'이라는 명사가 있고, 그 뒤에는 '수취하지 못한 경우'라는 표현이 나오지만, '훼손'과 '수취하다'는 대등한 자격이 아니어서 문법적으로 문제가 있다. 그리고 '못한 경우'라고 하는 부정의 범위가 '수취'에만 걸리지 아니하고 '훼손'에도 걸릴 가능성이 크므로, 해석의 오해를 막기 위하여 '훼손하였거나 수취하지 못한'으로 표현할 필요가 있다.

(2) 요 건

민법 제202조는 점유물이 멸실·훼손된 경우에 적용된다. 민법 제202조에서 말하는 「멸실」이란 반드시 물건의 물리적인 멸실만을 의미하지는 않고, 제3자에게 양도하여 반환이 불가능하게 된 경우까지를 포함한다.

민법 제202조가 적용되기 위하여는 점유자의 「책임 있는 사유」가 필요하다. 점유자의 「책임 있는 사유」란 고의 또는 과실을 가리킨다. 다만 점유자의 고의·과실은 물건의 멸실·훼손 자체에 대한 고의·과실을 가리키며, 본권을 가지지 않은 점유에 관한 고의·과실이 아니다.

점유자의 책임 있는 사유는 어떤 주의의무를 기준으로 판단하는가? 점유자의 책임 있는 사유에 의한 경우인지 아닌지 여부는 선관주의의무를 기준으로 하지 아니하고, 자기재산에 대한 경우와 동일한 정도의 주의(혹은 고유재산에 대하는 경우와 동일한 주의)를 기준으로 판단한다.

(3) 내 용

1) 선의점유이면서 자주점유인 경우(책임경감)

점유할 본권을 가지고 있다고 오신하고, 또한 소유의 의사를 가지고 점유를 한 선의의 자주점유자인 경우에는 귀책사유로 점유물이 멸실·훼손되더라도 책임이 경감된다. 선의의 자주점유자는 멸실·훼손에 의하여 생긴 이익이 현존하는 한도에서만 손해배상의무를 부담한다(§202 전단). 선의의 자주점유자가 지는 손해배상의무의 범위는 부당이득에서의 선의수익자의 반환의무의 범위(§748 I)와 같고, 과실에 대하여 반환의무를 전면적으로 면제하는 민법 제201조 제1항은 민법 제748조 제1항의 특칙이 된다.

2) 악의점유이거나 선의의 타주점유인 경우

악의(폭력·은비의 경우에도 마찬가지이다)의 점유자는 귀책사유에 의한 점유물의 멸실·훼손에 대하여 손해의 전부를 배상하여야 한다. 목적물을 소유자를 위하여 보존할 의무를 부담하는 임차인·질권자·수치인과 같은 타주점유자는 선의이더라도 민법 제202조의 적용에 관한 한, 악의점유자와 마찬가지로 모든 손해를 배상하여야 한다. 왜 타주점유자의 책임은 무거운가? 타주점유자는 비록 선의라고 하더라도 처음부터 타인의 물건으로 점유하므로, 점유물의 멸실·훼손에 대한 책임이 무거워진다.

(3) 민법 제202조의 책임과 불법행위책임과의 관계

민법 제202조의 책임과 불법행위책임은 병존하는가? 민법 제202조는 점유자의 손해배상책임에 관한 특칙으로 이해하여 불법행위로 인한 손해배상책임까지를 함께 규정하고 있으므로, 두 책임이 병존하지 아니하고, 민법 제202조의 책임만이 성립한다고 보는 견해가 있다. 그러나 민법 제202조는 점유물 자체에 관하여 생긴 손해만을 커버할 뿐이므로, 불법행위책임이 병존적으로 인정되어야 한다고 본다.

4. 점유자의 비용상환청구권

(1) 서 설

점유자가 점유물에 비용을 지출하는 경우가 있다. 점유자가 비용을 들여 점유물을 보존하거나 그 가격을 증가케 한 경우에 만약 후에 회복자(소유자)로부터 점유물의 반환을 청구받거나, 점유자가 회복자에게 점유물을 반환하게 되면 점유자가 회복자로부터 지출한 비용의 상환을 받아야 형평의 원칙에 합치한다.

어떤 방법으로 점유자는 비용을 상환받을 수 있는가? 민법상 점유자가 비용을 상환받을 수 있는 방법은 여러 가지이다. 만약 본권(예컨대 전세권)이 있으면 그 본권적 법률관계나 본권에 관한 규정(예컨대 민법 제310조)에 의하여 해결된다. 본권이 없더라도 사무관리 등의 특별규정이 적용될 수 있는 경우에는 그 규정에 의하여 비용상환청구권의 유무나 범위 등이 결정될 수 있다. 또한 본권이 없고, 특별규정도 적용될 수 없는 때에는 부당이득의 일반규정으로 돌아가 해결을 꾀할 수 있다. 다만 특별히 민법 제203조는 점유자의 비용상환청구권에 관하여 특칙을 두어서 필요비와 유익비의 상환청구를 인정하고 있다. 점유자가 점유물에 사치비(물건의 보존이나 개량에는 아무런 소용이 없는 비용)를 쏟을 수도 있으나, 마땅히 사치비의 상환청구는 인정되지 않는다.

(2) 비용상환청구권의 내용

1) 필요비의 경우

ⓐ 의 의

필요비란 점유물의 보존을 위하여 지출한 비용을 가리킨다. 필요비는 물체의 원상을 유지하고 그 물건의 멸실·훼손을 방지하기 위하여 불가결한 비용으로서 물건의 보관비용, 보존등기의 비용, 공조공과(국가나 지방자치단체가 국민에게 부과하는 세금 기타 공법상의 부담을 가리킨다) 혹은 일상적인 소수선의 비용[251)]이나 사육비가 필요비에 해당한다.

ⓑ 필요비상환청구의 내용

점유자가 점유물을 반환할 때에는 회복자에 대하여 점유물을 보존하기 위하여 지출한 필요비의 상환을 청구할 수 있다(§203 I). 점유자의 선의·악의나 소유의 의사 유무를 불문하고, 점유자는 지출한 필요비 전액의 상환을 청구할 수 있다. 다만 점유자가 과실을 취득한 경우에는 필요비 중 목적물의 평상의 보존을 위한 통상의 필요비는 청구할 수 없다. 점유자가 과실을 취득하면 임시 또는 특별의 필요비만의 상환을 청구할 수 있을 뿐이다.

A는 점유자로서 공장에 설치된 조정팔파기 등 B 소유의 물건(기계)을 점유·사용하고 있었는데, 그 물건을 보존하기 위하여 수리를 하거나 핸드밸브 등 부품을 교체

251) 기계장치를 점유·사용한 자가 지출한 수리비 등이 통상의 필요비에 해당한다고 본 판례가 있다(대법원 1996.7.12. 선고 95다41161, 41178 판결).

> 하고 그 수리비나 부품대 등으로 합계 1,200만원 상당의 비용을 지출하였다. A는 B에 대하여 그 비용의 상환을 청구할 수 있는가? B가 기계의 반환을 청구하는 경우에 A는 필요비상환채무와의 동시이행을 주장할 수 있는가?

수리비 등은 A가 물건을 계속 사용하여 온 사실에 비추어 A가 물건을 사용함에 따라서 마모되거나 손상된 부품을 교체하거나 수리하는 데에 소요된 비용이다. 결국 A가 지출한 수리비 등은 통상의 필요비에 해당한다. 통상의 필요비는 점유자가 과실을 취득하면 회복자로부터 그 상환을 구할 수 없다.

사례에서 A가 과실을 취득한 일은 없다. 다만 A는 기계를 가동하여 사용이득을 얻은 사정을 인정할 수 있다(물론 기계를 실제로 가동하지 아니하여 공장으로서의 용도에 따른 실질적 이득을 얻고 있다고 할 수 없다면 문제가 다르다). 그러므로 과실취득이 아니라 「물건을 이용한 경우」에도 통상의 필요비를 상환청구하지 못하는가 하는 문제가 제기된다. 학설이나 판례는 사용이득도 과실로 본다는 굳건한 태도를 취하고 있다. 판례의 입장에 의하면 공장의 라인을 이루는 기계를 사용한 경우라고 하면 A로서는 B에게 수리비 등의 상환을 청구할 수 없다.[252] 결국 A는 B에게 필요비상환채무가 있다고 하는 사실을 전제로 기계에 대한 유치권 내지 동시이행의 항변권을 주장할 수 없다.

2) 유익비의 경우

(a) 의 의

> (i) A는 B 소유의 임야를 사설묘지로 사용하기 위하여 석축을 쌓고 나무를 심고 잔디를 입히는 등 그 시설에 비용을 지출하였다. A는 B에 대하여 비용의 상환을 청구할 수 있는가?
>
> (ii) A는 갑토지를 전답으로 경작하기 위하여 당시 소유자이던 B로부터 그 생산물의 반분 내지는 기타 약간의 임료를 주기로 하고 갑토지를 임차하여 경작하면서 더욱 많은 생산고를 올리기 위하여 갑토지에 적지 않은 퇴비 기타 비료를 넣고, 또한 배토 등을 하여 완전한 숙전으로 만들었다. A는 B에 대하여 비용의 상환을 청구할 수 있는가?

(i) 점유물을 개량하여 그 가액을 증가시키기 위하여 지출한 비용을 「유익비」라고 한다. 사례에서 A가 임야를 사설묘지로 조성하기 위하여 들인 비용은 A의 사업에는 필요한 비용이라 할 수 있으나, 임야의 소유자가 임야를 보존하는데 필요한 비용은 아니다. 또한 A가 지출한 시설비가 사설묘지설치를 허가하지 아니한 임야의 소유자 B에 대하여는 임야의 가치를 증가시킨 유익비라고 할 수 없다.[253]

(ii) 다른 케이스에서 A가 점유하고 있는 토지를 숙전으로 만들기 위하여 지출한 비용은 농작물의 생산을 위하여, 다시 말하면 토지를 경제적 용법에 따라서 사용수익하기 위

252) 대법원 1996.7.12. 선고 95다41161, 41178 판결.
253) 대법원 1978.7.25. 선고 78다417 판결.

한 통상의 비용으로서 일종의 필요비에 속한다(A가 과실(농작물)을 취득한 경우이므로, A는 B에게 대하여 통상의 필요비를 청구할 수 없다).[254] A가 지출한 비용이 갑토지의 객관적 가격을 높이기 위한 유익비라고 할 수 없다. 그러므로 A가 지출한 비용은 당사자의 특약이 없을 경우라도 관습상 토지임차인이 부담함이 원칙이고, 토지소유자에게 비용상환청구를 할 수는 없다.

(b) 유익비상환청구의 내용

점유자는 유익비에 관하여는 그 가액의 증가가 현존한 경우에 한하여 회복자의 선택에 좇아 그 지출금액이나 증가액의 상환을 청구할 수 있다(§203 II). 우선 점유자는 목적물의 가액의 증가가 현존하는 경우에 한하여만 유익비의 상환을 청구할 수 있다. 그리고 상환의무자(점유회복자)는 지출한 비용액이나 현존하는 증가액의 어느 금액을 자기의 선택에 의하여 상환하면 된다. 그러므로 유익비의 상환에서는 점유자에게 상환의무자인 점유회복자를 선택권자로 하는 선택채권이 성립한다(채무자에게 선택권이 있다). 그리고 유익비상환청구를 하는 경우에는 점유자는 스스로 유익비상환의무자인 회복자의 선택권행사를 위하여 실제로 지출한 비용과 현존하는 증가액을 모두 산정하여야 한다.[255]

(c) 상환기간의 허락

점유자가 유익비의 상환을 청구하는 경우에 점유회복자는 법원에 대하여 상당한 상환기간의 허락을 청구할 수 있다(§203 III).

(3) 비용상환청구의 당사자

1) 상환청구권자

비용상환을 청구할 수 있는 자는 현재의 점유자이다. 점유가 승계된 경우에 누가 비용상환청구권을 가지는가? 학설상으로는 점유가 이전될 때에 점유승계의 대가에는 현재의 점유자가 회복자에 대하여 가지는 비용상환청구권이 고려되므로, 전점유자의 비용상환청구권을 현재의 점유자가 행사할 수 있다는 견해가 있다. 그러나 구체적인 경우에 따라서 달리 판단하여야 한다고 본다. 예컨대 점유의 포괄승계가 이루어진 경우에는 현재의 점유자가 전점유자의 비용상환청구권까지도 승계하므로, 전점유자가 지출한 비용의 상환을 청구할 수 있다. 다만 오로지 점유승계만이 행하여진 경우에는 전점유자의 비용상환청구권을 현재의 점유자가 행사할 수는 없다고 본다.

2) 상환의무자

누가 비용상환의무를 지는가? 본래 비용상환청구권은 점유자가 계약관계 등 적법하게 점유할 권리를 가지지 않아 소유자의 소유물반환청구에 응하여야 할 의무가 있는 경우에 성립된다. 그러므로 점유자는 그 비용을 지출할 당시의 소유자가 누구인지에 관계없이 점유회복 당시의 소유자, 즉 회복자에 대하여 비용상환청구권을 행사할 수 있다.

---

254) 대법원 1966.12.20. 선고 66다1857 판결.
255) 대법원 2002.11.22. 선고 2001다40381 판결.

점유자가 유익비를 지출할 당시 계약관계와 같은 적법한 점유의 권원을 가진 경우에는 어떤가? 계약관계에 있는 점유자가 지출한 비용의 상환에 관하여는 그 계약관계를 규율하는 규정이나 법리가 적용되어야 하므로, 점유자는 그 계약관계의 상대방에 대하여 해당되는 규정이나 법리에 따른 비용상환청구권을 행사할 수 있을 뿐이고 계약관계의 상대방이 아닌 점유회복 당시의 소유자에 대하여 민법 제203조에 따른 비용의 상환을 구할 수는 없다.256)

(4) 비용상환청구권이 발생하는 시기

점유자의 필요비상환청구권 또는 유익비상환청구권은 점유자가 회복자로부터 점유물의 반환을 청구받거나, 회복자에게 점유물을 반환한 때에 비로소 회복자에 대하여 행사할 수 있다.257)

(5) 유치권에 의한 보호

점유자의 비용상환청구권은 점유물에 관하여 생긴 채권이므로 유치권에 의하여 담보된다(§320 I). 물론 점유가 불법행위에 의하여 개시된 경우에는 점유자에게 비용상환청구권에 기한 유치권이 인정되지 않지만(§320 II), 악의의 점유에 불과한 때에는 유치권의 성립이 방해되지 아니한다. 점유자가 유익비상환청구권에 기하여 유치권을 주장하는 경우에 점유회복자는 법원에 대하여 유예기간의 허락을 청구할 수 있고(§203 III), 유예기간의 허락을 통하여 변제기는 미도래로 되므로 유치권이 소멸된다.

5. 점유보호청구권

(1) 서 설

1) 소권인가 청구권인가

민법 제204조 내지 제208조가 정한 제도는 원래 로마법의 포쎄시오에 바탕을 둔 「점유소권」에서 유래한다. 특히 민법 제208조는 아직도 「점유의 소」라고 하는 표현을 직접 사용하고 있으나, 점유보호제도와 관련하여 訴(訴權)라고 하는 표현이 사용되는 이유는 오로지 연혁에 그 원인이 있을 뿐이고, 실제로는 실체법상의 청구권(물권적 청구권의 한 형태이다)에 불과하다. 그러므로 전통적인 점유소권보다는 즐겨 「점유보호청구권」이라고 하는 표현을 사용하는 학자가 많다.

2) 점유보호청구권이란?

점유를 침탈당하거나 점유의 방해 혹은 방해염려가 있는 경우에 점유자에게 점유물의 반환이나 방해제거·방해예방을 구할 수 있는 권리를 인정할 필요가 있다. 바로 점유자가

---

256) 대법원 2003.7.25. 선고 2001다64752 판결.
257) 대법원 1994.9.9. 선고 94다4592 판결.

점유를 침해한 자 또는 방해상태를 야기하거나 야기할 염려가 있는 자에 대하여 점유내용의 유지·회복을 위하여 가지는 권리를 「점유보호청구권」이라고 한다. 점유보호청구권은 소유권에 기한 물권적 청구권과 유사하다. 다만 점유보호청구권은 사실적 지배상태 혹은 물건의 현실적 지배 그 자체를 보호하는 제도라는 측면에서 통상의 물권적 청구권과는 차이가 있다. 점유자의 점유가 비록 불법점유라고 하더라도 점유보호청구권은 인정되고, 그 점유보호청구권이 본권에 관한 이유로 배척될 수 없다.[258)]

민법이 규정하고 있는 점유보호청구권에는 소유권에 기한 물권적 청구권과 마찬가지로 아래와 같이 세 가지가 있다.

① 점유침탈에 대하여 「점유의 회수」를 위한 점유물반환청구권
② 점유방해에 대하여 「점유의 보유」를 위한 점유물방해제거청구권
③ 점유방해의 염려에 대하여 「점유의 보전」을 위한 점유물방해예방청구권

구분	조항	요 건	목적물	청구내용	행사기간
점유의 회수	§204	점유자가 점유를 침탈당한 경우	동산·부동산	물건의 반환 손해배상	침탈시로부터 1년내
점유의 보유	§205	점유자가 점유의 방해를 받는 경우	부동산	방해의 제거 손해배상	방해종료후 1년내 공사착수후 1년내 혹은 공사완성전
점유의 보전	§206	점유자가 점유의 방해를 받을 염려가 있는 경우	부동산	방해의 예방 손해배상의 담보	방해위험의 존재시 공사착수 후 1년내 혹은 공사완성전

3) 왜 점유보호청구권이 필요한가

(a) 사회질서의 유지

점유보호청구권을 통하여 교란된 질서를 회복하고, 사회질서의 유지를 꾀한다고 본다(평화설의 입장이다). 점유보호청구권이 간이·신속하게 행하여진다고 하면 사회평화를 유지하는 기능도 가질 수 있으나, 현실적으로 절차상 항상 간이·신속하게 행하여진다는 보장이 없고, 본권에 기한 반소가 제기되면 사실상 패소하게 된다. 또한 간이·신속하다고 하는 측면에서는 가처분제도도 있다. 특히 사회질서의 유지는 원래 형법에 부과된 임무이고, 점유보호청구권이 비록 사회질서유지의 기능을 한다고 할지라도 민사재판은 사인이 소송을 제기하지 않으면 개시될 수 없으므로, 그다지 큰 기대를 할 수는 없다.

(b) 본권보호

점유보호청구권의 존재이유로 본권보호를 드는 견해가 있다. 소유권 등의 본권은 증명이 곤란하므로, 증명이 쉬운 점유에 기한 소송에 기하여 본권의 보호에 봉사한다고 본다. 그러나 점유나 등기에는 본권추정기능이 있으므로, 본권의 증명은 그다지 곤란하지는 않

258) 대법원 1965.3.30. 선고 64다1556 판결.

다. 그러므로 본권보호가 점유보호청구권의 독자적 기능이라고 하기는 어렵다.

(c) 채권적 이용자의 보호

임차인과 같은 채권적 이용자의 보호에 점유보호청구권의 존재이유가 있다는 견해도 있다. 그러나 채권적 이용자가 반드시 점유보호청구권이 없으면 보호되지 아니한다고 볼 수는 없고, 점유보호청구권도 전적으로 채권적 이용자의 보호라고 하는 장면에서만 기능을 한다고 할 수는 없다. 채권적 이용자의 보호를 점유보호청구권의 일반적 존재이유라고 할 수는 없다.

(d) 자력구제의 금지

점유보호청구권이 가지는 현대의 의의로서는 결국 자력구제의 금지를 들 수밖에 없다고 본다. 물론 도둑이나 불법점거자를 보호할 필요가 있는가 하는 의문도 있다. 예컨대 임대차계약이 종료된 경우라고 하더라도 임대인은 임차인의 점유를 자력으로 탈환하지 못한다고 하는 사실에서 현대사회에서의 점유보호청구권의 의의를 찾을 수 있다고 본다.

(2) 점유보호청구권의 요건과 내용

1) 점유물반환청구권

(a) 서 언

점유자가 자기의 의사와 관계없이 점유를 잃게 되는 경우가 있다. 다른 사람에게 점유가 넘어가 종래의 점유자가 점유를 잃게 되고, 다른 사람에게 이미 새로운 점유가 확립되어 버렸다면 여하튼 현실의 사실적 지배관계를 보호한다고 하는 점유제도의 취지에서 볼 때 당연히 새로운 점유자가 보호를 받는다. 그러나 현점유자의 점유가 구점유자의 점유를 침탈하여 성립한 경우에 관하여도 현재의 점유를 보호하여야 한다고 하는 이론을 그대로 관철한다고 하면 침탈이라고 하는 반사회적 행위까지를 점유제도가 시인하고 보호하는 경우로 되어 절대로 타당하지 않다. 그러므로 민법 제204조는 점유를 침탈당한 구점유자에 대하여 점유물반환청구권을 인정하여 보호하고 있다. 물론 침탈에 의하여 점유를 확보한 현재의 점유자는 구점유자 이외의 제3자에 대한 관계에서는 점유자로서의 보호를 받는다.

(b) 요건과 내용

a) 요 건

민법 제204조 제1항을 보면 점유물반환청구권의 요건으로 「점유의 침탈을 당한 때」를 들고 있다. 점유물반환청구권의 가장 중요한 요건은 점유의 「침탈」이다. 「침탈」의 의미는 소유권에 기한 물권적 청구권의 경우와는 다르다. 점유자가 자신의 의사에 기하지 않고 사실적 지배를 빼앗긴 경우가 「침탈」이다(소유권에 기한 물권적 청구권에는 그 제한이 없다). 예컨대 타인에게 사취를 당하여 속아서 점유물을 빼앗긴 경우에는 임의로 인도한 경우가 되어 「침탈」의 요건이 구비되지 못한다. 역시 잃어버린 시계가 타인에 의하여 습득된 경우, 태풍에 의하여 나무가 타인의 토지에 쓰러진 경우, 축구공이 이웃집 마당으로 넘어간 경우에도 침탈에 해당하지 아니한다. 또한 임대차계약이 종료된 후 임차인이 목적물을 반환하지 않는 경우도 침탈에 들어가지 않으므로, 점유물반환청구권이 인정되지 않는다. 다만 위법한 강제집행에 의하여 목적물의 인도를 받은 채권자는 공권력을 빌려서 채무자의 점유를 침탈한 경우로 해석할 수 있다.[259)]

민법 제204조 제2항에 의하여 점유물반환청구권은 침탈자의 특별승계인이 선의인 때에는 행사하지 못한다. 다시 설명하면 점유물반환청구권의 상대방은「침탈자」및 그 포괄승계인(상속인)과 악의의「특별승계인」에 한한다(소유권에 기한 물권적 청구권의 상대방은 선의이냐 악의이냐를 묻지 않는다). 민법 제204조 제2항은 본래 점유물반환청구권은 남의 물건을 빼앗는 침탈이라고 하는 반사회적 행위에 대한 제재로써 인정되므로, 반사회성에 전혀 가담하지 아니한 선의의 특별승계인에 대하여까지는 점유물반환청구권이 미치지 아니한다고 보아야 타당하다는 취지에서 둔 규정이다.

b) 내 용

점유자는 점유를 침탈, 즉 빼앗긴 경우에 점유물반환청구권에 의하여 우선 물건의 반환을 청구할 수 있다(§204). 점유자가 목적물을 반환받을 때 물건이 환가처분에 의하여 금전으로 변한 경우에는 그 환가금의 반환을 청구할 수 있는가? 다수설은 환가금의 반환을 청구할 수 있다고 긍정한다. 그러나 점유물반환청구권에 의하여는 그 물건 자체의 반환을 청구할 수 있을 뿐이고, 물건이 파괴된 경우에 점유물의 환가가치의 반환을 청구할 수는 없다고 본다.

민법 제204조는 점유물반환청구권의 내용으로 손해배상의 청구를 할 수 있다고 규정하고 있다. 그러나 손해배상은 이론상 불법행위에 기하여 인정되는 제도이고, 고의·과실의 요건이 필요하다. 또한 본권을 수반하지 아니하는 점유(사실적 지배)의 침해만으로는 손해가 생기지 않는다고 보아야 하지 않을까 하는 생각도 할 수 있다. 그러나 일반적으로 점유를 침탈당하면 사용이익을 상실하므로, 점유자에게 귀속되어야 할 사용이익의 침해가 손해배상의 대상이 된다고 해석할 수 있다. 그리고 본권과는 별개로 점유의 침해에 따른 손해배상이 문제되는 경우로는 예컨대 민법 제201조 제1항에서 선의의 점유자가 과실의 취득을 침해당한 경우를 들 수 있다.

(c) 당사자

a) 점유물반환청구권자

점유물반환청구권자는 점유자이다. 점유자는 직접점유자이든 간접점유자이든, 본권이 있든 없든 묻지 않는다. 심지어 도둑도 점유물반환청구권을 가진다.

간접점유자가 점유물반환청구권을 행사하는 경우에는 침탈자에 대하여 직접점유자에게 반환하기를 청구할 수 있을 뿐이고, 직접 자기에게 반환하기를 청구할 수는 없다. 다만 직접점유자가 반환을 받을 수 없거나, 받기를 원하지 않는 경우에 한하여 간접점유자가 자기에게 반환하기를 청구할 수 있다(§207 II).

259) 대법원 1963.5.21. 선고 62다919 판결.

점유보조자도 점유물반환청구권을 가지는가? 점유보조자는 점유권을 가지지 아니하므로, 점유물반환청구권자가 될 수 없다.

b) 점유물반환청구권의 상대방

점유물반환청구권의 상대방은 점유의 침탈자 및 그 포괄승계인, 악의의 특별승계인(특별승계인이 선의인 때에는 상대방이 되지 않는다)이다. 상대방에게 고의·과실이 있느냐 아니냐는 묻지 아니하고, 예컨대 진정한 소유자라고 하더라도 상대방이 될 수 있다.

> A가 B로부터 자전거를 훔쳤는데, 그 후 어떤 사유로 자전거에 대한 점유가 C에게 넘어갔다. B는 C에 대하여 점유물반환청구권을 행사할 수 있는가?

우선 A가 훔친 자전거를 계속 점유하고 있다고 하면 B는 A에 대하여 점유보호청구권을 행사할 수 있다. 그러나 자전거의 점유가 A로부터 C에게로 넘어갔으므로, B는 C에 대하여 점유보호청구권을 행사할 수 있는가가 문제된다. 어떤 사유로 C가 점유를 취득한 경우인가에 따라서 다르다.

만약 C가 침탈자 A를 상속하였다고 하면 C는 포괄승계인이므로, A가 도둑질을 한 사정을 알았느냐 몰랐느냐를 묻지 않고 점유보호청구권의 상대방이 된다. A가 자전거를 C에게 빌려주거나 보관을 맡긴 때에는 C는 특별승계인이 된다. 특별승계인의 경우에는 악의인 때에만 점유물반환청구권의 상대방이 되므로, C가 선의이냐 악의이냐에 따라서 다르다. 특별승계인 C가 훔친 물건이라는 사실을 안 때에 한하여 점유물반환청구권의 상대방이 되고, C가 훔친 물건이라는 사실을 알지 못한 선의의 특별승계인인 때에는 점유물반환청구권의 상대방이 되지 않는다. 그리고 A가 훔친 자전거를 C에게 빌려주거나 보관을 맡겨 간접점유를 가지는 경우에는 직접점유자는 점유의 특별승계인 C가 되나(C는 특별승계인으로서 민법 제204조 제2항의 적용을 받아 악의인 때에만 상대방이 된다), A는 간접점유자로서 여전히 점유를 가지므로, 점유물반환청구권의 상대방이 될 수 있다

만약 선의의 C가 악의의 특별승계인 D에게 점유를 다시 이전하면 어떤가? 자전거가 일단 선의의 특별승계인 C의 점유로 되어 버린 후에 다시 악의의 D에게 점유가 특별승계되더라도 D에 대하여는 점유물반환청구권을 행사하지 못한다.

(d) 권리행사기간

점유물반환청구권은 점유의 침탈시로부터 1년 내에 한하여 행사할 수 있다(§204 III). 점유물반환청구권의 행사기간은 제척기간이다.

2) 점유물방해제거청구권

(a) 서 언

점유자가 점유의 방해를 받는 경우는 아주 흔하다. 점유의 방해를 받은 점유자는 점유물방해제거청구권을 가진다. 점유자는 점유물방해제거청구권으로 방해의 제거 및 손해의 배상을 청구할 수 있다.

(b) 요건과 내용

a) 요 건

민법 제205조 제1항에 의하면 점유물방해제거청구권의 요건은 점유의 방해이다. 「점유의 방해」란 물건 자체에 대한 사실상의 지배상태를 점유침탈 이외의 방법으로 침해하는 경우를 말한다.

b) 내 용

점유자는 점유를 방해받는 경우에 점유물방해제거청구권에 의하여 그 방해의 제거 및 손해배상을 청구할 수 있다(§205 I). 점유자는 「방해제거」 및 「손해배상」을 청구할 수 있지만, 방해는 있어도 손해가 없거나, 손해는 있어도 방해상태가 종료된 경우에는 방해제거나 손해배상 어느 하나만을 청구할 수 있을 뿐이다. 본질적으로 물권적 청구권인 점유물방해제거청구권에서는 방해행위에 대한 과실의 유무를 묻지 않고, 반드시 방해자의 의사에 기한 방해일 필요도 없다. 다만 점유의 방해를 이유로 손해배상청구를 하는 경우에는 일반불법행위의 원칙에 따라서 고의·과실이 있어야 한다.

> A수리조합은 2000.4.27.경 B로부터 갑토지를 매수하여 그 대금을 모두 지급하고 그 당시 갑토지의 인도를 받아 지하에 수로용 잠관시설을 하여 점유하고 있었다. 그런데 B는 2003년경부터 현재까지 아무런 권원 없이 그 지면을 정지하여 농지로 사용하였다. A수리조합은 B에 대하여 어떤 청구를 할 수 있는가?

사례에서 매수인 A수리조합이 매도인 B로부터 갑토지를 매수하여 인도를 받아 그 지하에 잠관시설(수로가 도로 따위를 건너 흐르도록 하기 위하여 땅속에 묻는 관)을 하여 점유하고 있던 중 B가 아무런 권원 없이 그 지면을 정지하여 농지로 사용하고 있다면 A수리조합이 점유의 방해를 받는 경우로 보아야 한다. A수리조합의 점유는 계속 유지되고 있다고 보아야 되므로(수로용 잠관시설을 만들어 점유하고 있기 때문이다), A수리조합은 민법 제205조가 규율하는 점유의 방해를 받는 경우로 보아야 하고, 점유의 침탈을 당한 경우로는 볼 수 없다. 그러므로 A수리조합은 B에게 더 이상 농지로 사용하지 않도록 방해제거를 청구할 수 있다. 또한 B가 2003년경부터 아무런 권원 없이 그 지면을 정지하여 농지로 사용함으로써 A수리조합의 점유권을 침해하여 손해를 가하였으므로, A수리조합은 손해배상을 청구할 수 있다.

(c) 권리행사기간

점유물방해제거청구권은 방해종료시로부터 1년 내에 행사하여야 한다(§205 II). 점유물방해제거청구권의 행사에 관한 1년의 제척기간은 방해가 종료한 후에는 방해제거가 문제되지 아니하므로, 단지 손해배상청구에 대하여만 적용된다. 그리고 공사로 인하여 점유방해를 받은 때에는 공사착수후 1년이 경과하거나 그 공사가 완성한 때에는 방해제거를 청구할 수 없고(§205 III), 손해배상만이 가능하다.

3) 점유물방해예방청구권

(a) 서 언

점유자가 현실적으로 방해를 받고 있지는 않지만, 장차 점유의 방해를 받을 염려나 위험성이 있는 상황에 놓일 때도 있다. 점유자는 점유의 방해가 현실화될 때까지 기다려야 할 필요는 없고, 점유물방해예방청구권을 행사할 수 있다(§206).

(b) 요건과 내용

a) 요 건

점유물방해예방청구권은 점유의 방해를 받을 염려가 있는 때에 인정된다. 점유를 방해할 염려나 위험성이 있는지 여부는 구체적인 사정 아래 사회통념 내지는 일반의 경험법칙에 따라서 객관적으로 결정된다.[260] 점유자에게 단순히 위해를 가할 생각을 품고 있다는 사정만으로는 충분하지 않고, 일반적으로 보아서 방해를 생기게 할 객관적 가능성이 존재하는 때에 「점유의 방해를 받을 염려가 있는 때」가 된다.

b) 내 용

A 소유의 토지에 큰 고목이 한 그루 서 있었는데, 얼마 전 태풍으로 인하여 언덕에 있는 흙이 대량 유실된 결과로 인하여 그 고목이 B가 점유하고 있는 이웃토지로 곧 넘어질 듯한 위험이 생겼다. B는 A에 대하여 어떤 청구를 할 수 있는가?

점유를 방해받을 염려가 있는 경우에 점유자는 점유물방해예방청구권에 의하여 그 「방해의 예방」 또는 「손해배상의 담보」를 청구할 수 있다(§206). 그러므로 B는 A에게 방해예방의 수단을 강구하게 하거나, 혹은 일어날 수 있는 손해의 배상을 위한 인적·물적 담보를 제공하기를 청구할 수 있다. 「방해예방」의 청구는 방해의 염려가 생기는 원인을 제거하여 장래의 방해를 미연에 방지하기 위한 조치를 청구하는 경우를 가리킨다. 그리고 B가 손해배상의 「담보」(보증을 세우도록 하는 경우뿐만 아니라, 금전의 공탁이나 담보물권의 설정도 상관없다)를 청구하는 경우에는 장래의 손해발생에 대비하여 미리 제공토록 하는 경우이므로, 일단 방해의 염려가 생긴 사정에 대하여 A에게 과실이 있느냐 없느냐를 묻지 아니하고 청구할 수 있다. 다만 A로서는 방해의 예방 「또는」 손해배상의 담보를 단지 택일적으로만 청구할 수 있다. 장래에 손해가 현실화되어 B가 A에 대하여 손해배상책임을 물을 때에는 A의 고의·과실을 필요로 한다.

(c) 권리행사기간

점유물방해예방청구권은 방해의 위험이 존재하는 한 언제나 청구할 수 있다. 다만 공사로 인하여 점유물에 방해가 생길 염려가 있는 경우에는 민법 제205조 제3항이 준용되어 공사착수후 1년을 경과하거나 그 공사가 완성한 때에는 방해예방을 청구하지 못한다.

---

260) 대법원 1987.6.9. 선고, 86다카2942 판결.

(3) 점유의 소와 본권의 소

1) 양소의 관계(무영향)

> A가 운영하는 금은방에 어느 날 밤 도둑이 들어 목걸이와 반지 등 진열대에 있던 귀금속을 털어 달아났다. 얼마 후 도둑이 잡혔는데, 이웃에 거주하는 B로 밝혀졌다. A는 B에 대하여 어떤 청구를 할 수 있는가?

소유권·지상권·질권과 같은 본권에 기한 소를 「본권의 소」라고 한다. 물건의 사실상의 지배를 기초로 하는 점유소권과 본권의 소와는 그 기초가 전혀 다르므로, 양소는 원칙적으로 서로 방해를 받지 않는다(§208 I). 어떤 물건의 점유를 침탈당한 소유자는 소유권에 기한 반환청구를 할 수도 있고, 점유의 소를 제기할 수도 있다. 사례에서 A는 B에 대하여 점유의 소를 제기할 수 있으나, 다른 한편 소유권에 기한 반환청구권을 행사할 수도 있다. A는 점유의 소와 본권의 소를 동시에 행사할 수도 있고, 별개로 행사할 수도 있다. 만약 A가 하나의 소에서 패소하더라도 판결의 기판력이 다른 소에 미치지 않으므로, 그 후 다른 소를 제기할 수도 있다. 또한 어느 하나의 소권이 소멸하여도 다른 소권에는 아무런 영향이 없다. 다만 두 가지의 소권이 병존한다고 하더라도 그다지 실익은 없다. A로서는 아직 본권의 소의 증거까지는 준비하지 못한 경우에 바로 점유의 소에 의존할 수 있다고 하는 정도의 실익이 있을 뿐이다.

2) 본권에 기한 항변금지

> A는 B로부터 농지를 양수(대물변제로서 취득)하고, 그 인도를 받아서 경작을 하고 있었다. 그런데 B는 농지의 둘레에 철제울타리를 설치하는 등 A의 전답경작에 지장을 주는 방해행위를 하였다. A가 B에 대하여 자기의 경작을 방해하지 말라는 점유물방해제거청구의 소를 제기한 경우에 B는 아직 자기에게 소유권이 있다고 항변할 수 있는가?

점유권에 기인한 소는 본권에 관한 이유로 재판하지 못한다(§208 II). 본래 점유의 소와 본권의 소는 전혀 별개의 소로서 다루어야 하므로, 민법 제208조 제2항은 점유의 소가 옳은지 아닌지를 판단할 때에 본권적 이유를 내놓지 못하도록 한 취지이다. 그러므로 점유물방해제거청구의 소에 있어서 상대방이 소유권, 그 밖의 본권을 가지고 있다고 하더라도, 방어방법으로 본권의 주장을 하지 못하고, 본권을 이유로 점유물방해제거청구를 부인하지 못한다(만약 점유의 소에 대한 방어방법으로서 본권의 주장을 인정한다고 하면 사실상 점유권에 대하여 본권자의 자력구제를 인정하는 결과가 되기 때문이다). 사례에서 B는 A가 제기한 점유의 소에 대하여 자기에게 소유권이 있다고 항변할 수 없다. 그러므로 법원은 A가 농지를 매수한 사실을 증명할 수 없다고 하더라도, A의 점유권이 인정되는 한, B에게 소유권이 있다는 이유로 A의 점유권에 의한 청구를 기각할 수 없다.

3) 본권에 기한 반소

A는 2000.10.경부터 갑토지를 B로부터 인도받아 묘포를 조성하여 상묘를 육성하며 점유하고 있었는데, B가 A의 점유를 방해하므로 방해의 제거를 구하는 소를 제기하였다. B는 적어도 2000년, 2001년의 두 해에 한하여 A에게 갑토지를 경작케 하였으나, 2002년 이후에는 경작권을 주지 않았고, 한편 B가 갑토지에 대하여 2002.9.3. 국가로부터 분배를 받아 상환을 완료하고 그 후 소유권이전등기를 받았다. B는 A의 점유물방해제거청구의 소에 대하여 반소로 소유권을 주장하며 농작물의 제거 및 갑토지의 명도를 주장할 수 있는가?

점유의 소에 대하여는 점유 이외의 본권에 관한 이유로 재판하지 못하나, 민법 제208조 제2항이 별소로 본권의 소를 제기할 수 없다고 봉쇄하자는 취지는 결코 아니다. 다만 별소가 아닌 반소로서 점유의 소에 대한 항변을 하는 경우에는 어떤가 하는 문제가 있다. 「반소」도 민법 208조 제2항의 「본권에 관한 이유」에 해당하는가, 아니면 「본권에 의한 반소」는 민법 제208조 제2항의 본권에 관한 이유로 보지 아니하여 재판할 수 있는가?

반소란 소송계속중에 같은 소송절차 내에서 피고가 원고를 상대방으로 하여 제기하는 소송이다. 반소의 제기가 인정되면 원칙적으로 본소와 동시에 심리하고, 또한 판결이 내려진다(반소가 인정되기 위한 요건에 관하여는 민사소송법 제269조가 정하고 있다). 점유의 소는 본권에 관한 이유로 재판할 수 없다는 민법 제208조 제2항의 의미는 본권상의 이유를 공격 또는 방어방법으로 주장할 수 없다는 취지이다. 반소는 분명히 본소인 점유의 소에 대한 방어방법이 아니고, 독립의 공격(청구)에 해당한다. 그러므로 점유의 소에 대하여 본권상 이유로 반소를 제기하더라도 아무런 지장이 없다고 본다(역시 판례도 긍정한다[261]).

케이스에서는 점유자 A로부터의 점유물방해제거청구의 소(갑토지의 사용에 대한 방해의 제거)에 대하여 B가 소유권에 기하여 농작물의 제거 및 토지명도의 반소를 청구할 수 있는가가 문제된다. 반소가 인정되면 점유의 소도 본권의 소도 원고와 반소원고가 각각 승소한다. 점유의 소와 토지명도청구가 모두 인용되므로, 본권자의 자력구제를 방지하고 법적 절차에 따라서 갑토지를 명도하여야 한다고 하는 결과를 실현할 수 있다. 예컨대 B가 본권을 가지고 있다고 할지라도 적어도 점유자 A가 이용하고 있는 갑토지를 실력으로 짓밟아 뭉개는 사태는 저지할 수 있으므로, 점유보호청구권의 목적은 꾀할 수 있다.

6. 자력구제

(1) 자력구제란?

자력구제란 사인이 자기의 권리를 보호하거나 실현하기 위하여 국가의 힘을 빌리지 않고 사적 실력을 행사하여 스스로 권리의 보호를 꾀하거나 권리를 실현하는 경우를 말한

261) 대법원 1957.11.14. 선고 4290민상454, 455 판결.

다. 사법절차가 제대로 확립되지 아니한 고대사회에서와 같이 자력구제가 권리내용의 실현방법으로 널리 인정된 적도 있으나, 현대사회에서는 원칙적으로 자력구제를 인정하지 않는다. 예를 들어 물권이 침해된 경우에 사회의 평화와 질서를 유지하기 위하여 오로지 국가기관의 개입에 의하여 사인간의 분쟁을 해결하여야 하고, 아무리 본권자라고 할지라도 사력에 의하여 권리의 실현을 꾀할 수는 없다.

자력구제를 절대적으로 허용하지 않는다면 적시에 공권력에 의하여 권리를 보호받을 수가 없는 경우도 있을 수 있다. 그러므로 후에 공권력에 의하여는 권리를 실현하기가 불가능하거나 극히 곤란할 긴급한 사정이 있는 경우에는 예외적으로 자력구제를 허용하여야 할 필요가 있다. 민법은 일정한 요건을 갖춘 경우에 예외적으로 자력구제를 허용하고 있다.

(2) 내 용

1) 자력구제권자

누가 자력구제를 할 수 있는가? 점유자뿐만 아니라, 점유보조자에 대하여도 자력구제권이 인정된다고 해석되고 있다. 다만 민법 제209조 제1항은 점유자는 점유를 부정히 침탈 또는 방해하는 행위를 자력으로 방위할 수 있다고 규정할 뿐이고, 점유자란 직접점유자만을 가리키는가, 간접점유자도 포함되는가를 분명히 하고 있지 않다. 학설상으로는 간접점유자의 자력구제권 여부에 관하여 긍정설과 부정설이 대립한다. 간접점유자가 비록 물건을 직접 지배하고 있지 않더라도 방해자의 행위를 눈 앞에 보고도 자력구제를 하지 못하고 수수방관하여 직접점유자의 점유가 침해되면 점유의 침해로 인한 손해는 결국 간접점유자에게로 귀속하므로, 간접점유자에게도 자력구제권을 인정하는 태도가 타당하다고 본다.

2) 자력구제의 상대방

누구에게 자력구제를 할 수 있는가? 자력구제는 점유를 침탈·방해하는 자뿐만 아니라, 그 승계인에 대하여도 행사할 수 있다.

3) 상당성의 원칙

자력구제는 필요한 한계를 넘지 않아야 한다. 자력구제가 필요한 한계를 일탈하면 불법행위가 되어 자력구제권자는 불법행위로 인한 손해배상책임을 부담하여야 한다.

(3) 종 류

자력구제의 종류에는 아래와 같이 자력방위(권)와 자력탈환(권) 두 가지가 있다.

① 자력방위권　　점유자는 그 점유를 부정히 침탈 또는 방해하는 행위에 대하여 자력으로써 방위할 수 있다(§209 I). 점유자는 점유를 침탈·방해하려는 불법한 사력에 의한 침해가 아직 끝나지 않고, 또한 침탈로 점유를 빼앗기지 않은 한 불법한 사력을 실력으로 방위할 수 있는 자력방위권이 있다.

점유자는 방해행위는 종료되고 아직 방해상태가 존속하는 경우에도 자력방위권을 행사할 수 있는가? 학설상으로 방해행위가 종료한 경우라고 하더라도 아직 방해상태가 계속하는 때에는 자력방위를 할 수 있다고 보는 견해가 있다. 그러나 점유를 침탈·방해하려는 침해행위가 아직 완료되지 않고 현재 침해행위가 진행중인 단계에서만 자력방위가 인정되고, 이미 방해행위가 완료된 경우에는 점유의 침탈 혹은 방해로 상대방의 점유가 확립되기 전이라도 자력방위를 할 수 없다고 보아야 한다(다수설).

② 자력탈환권 점유자는 불법한 사력에 의하여 점유가 침탈된 경우에 실력으로 점유를 탈환할 수 있는 자력탈환권이 있다. 점유물이 침탈되었을 경우에 점유자는 부동산일 때에는 침탈후 직시(直時) 가해자를 배제하여 탈환할 수 있고, 동산일 때에는 현장에서 또는 추적하여 가해자로부터 탈환할 수 있다(§209 II). 민법 제209조 제2항은 점유가 침탈된 경우에 시간적으로 좁게 제한된 범위 내에서 자력으로 점유를 회복할 수 있다는 의미에서 「직시성」을 자력탈환권의 요건으로 요구하고 있다. 「직시」란 「객관적으로 가능한 한 신속히」 또는 「사회관념상 가해자를 배제하여 점유를 회복하는 데 필요하다고 인정되는 범위 안에서 되도록 속히」라는 뜻으로 해석할 수 있다.[262] 점유자가 침탈의 사실을 알고 모르고와는 관계없이 침탈을 당한 후 상당한 시간이 흐른 경우라고 하면 더 이상 자력탈환권을 행사할 수 없다.

> 갑건물은 A의 소유인데, B는 A로부터 갑건물을 임대차기간 12개월로 정하여 임차한 후 약국을 경영하여 오면서 임대차계약이 여러 차례 묵시적으로 갱신되어 왔다. 그런데 후에 B가 발행한 어음이 부도가 되는 등 많은 부채를 지게 되자 그 처남으로서 약국을 관리하던 C에게 사업자등록과 임차인 명의를 신탁하여 그의 명의로 약국의 사업자등록과 갑건물의 임대차계약을 각 변경한 다음, D에 대한 8,642,500원의 대여금채무의 담보목적으로 건물에 대한 임차권 및 약국에 비치된 상품 일체를 양도하기로 하는 내용의 계약을 C의 이름으로 D와 체결하였다. 한편 A는 B측에서 차임의 지급을 연체하므로, 차임연체를 이유로 임대차계약을 해지하고 갑건물의 명도를 요구하였다. 그러나 B측에서 갑건물의 명도에 불응하여 그 명도를 받지 못한 상태에서 A는 갑건물을 E에게 임대하였다. E는 갑건물의 임차에도 불구하고 B측에서 약국경영에 관련된 권리금 등을 내세워 계속 명도를 불응하므로, 갑건물을 명도받지 못하고 있던 중 B측과의 사이에 E가 B의 채권자인 F에게 갑건물에 대한 권리금 등의 명목으로 40,000,000원을 대위변제키로 약정함으로써 권리금문제가 타결되자 B측은 A에게 갑건물을 명도하기에 이르렀고, E는 바로 A로부터 갑건물을 명도받아 약국을 경영하게 되었다. 그런데 D는 양수임차권을 피보전권리 내지 소송물로 하는 가처분결정과 판결에 기하여 집행관을 통하여 갑건물에 대하여 명도집행을 단행

262) 직시(直時)는 한글사전에도 나오지 않는 단어이며(북한에서는 즉시라는 의미로 사용된다고 한다), 「즉시」라고 하는 표현이 더 적당하다고 생각된다.

하고 E를 퇴거시킨 다음, 덧문에 열쇠를 채웠다. 그리고 E는 D가 갑건물에 열쇠를 잠그고 잠시 자리를 비운 틈에 명도집행이 일응 종료한 후 불과 2시간 내인 당일 16:00경 열쇠를 풀고 갑건물에 들어가서 전과 다름없이 약국을 경영하였다. D는 E에 대하여 점유물반환청구권에 기하여 갑건물의 반환을 청구할 수 있는가? [대법원 1987.6.9. 선고 86다카1683 판결]

사례를 보면 D가 갑건물의 임차인이던 C를 상대로 양수임차권을 피보전권리로 하여 갑건물에 대한 점유이전금지가처분결정과 건물명도판결을 받아, 집달관에게 위임하여 E가 점유중이던 갑건물에 대하여 명도집행을 하여 갑건물을 명도받은 후, 명도집행 후 2시간이 겨우 경과한 무렵 D가 잠깐 자리를 비운 사이에 E가 갑건물의 덧문에 채운 열쇠장치를 풀고 침입하여 다시 갑건물을 점유하고 있다. 그러므로 D가 E에게 점유물반환청구권에 기하여 갑건물의 명도를 청구할 수 있는가가 문제된다.

사례에서 E는 갑건물의 소유자인 A와의 사이에 임대차계약을 체결하고, A로부터 갑건물을 인도받아 점유하고 있으므로, C로부터 그 점유를 승계받은 경우가 아니다. 그러므로 E에게는 D가 받은 가처분결정이나 판결의 효력이 미칠 수 없고, 그 판결에 기하여 D가 점유하고 있던 갑건물에 대한 명도집행을 단행한 행위는 E에 대한 관계에서는 명백히 위법하다고 하지 않을 수 없다. 그리고 D가 위법한 강제집행에 의하여 갑건물의 명도를 받은 행위는 단지 공권력을 빌려서 E의 점유를 침탈한 경우라고 볼 수 있다.

사례에서 E는 갑건물의 점유자로서 민법 제209조 제2항에 의하여 점유물이 침탈된 경우에 「부동산일 때에는 점유자는 침탈 후 직시 가해자를 배제」하여 그 부동산을 탈환할 수 있으므로, D에 대하여 자력구제권(엄밀한 의미에서는 자력탈환권)을 행사하여 갑건물의 점유를 스스로 회복시킬 수 있다. 다만 E의 자력구제는 「침탈 후 직시」, 즉 사회관념상 회복이 필요하고 상당하다고 인정되는 시간의 범위 내에서만 인정될 뿐이다. 「직시성」이라고 하는 시간적 범위를 넘어서면 자력구제를 통하여 오히려 현존하는 외적 평화를 교란시키게 되므로, 점유자가 침탈의 사실을 알고 모르고와 관계없이 침탈 후 상당한 시간이 흘러버리면 더 이상 자력구제가 허용되지 아니한다.[263]

사례를 보면 E는 위법한 강제집행이 일응 종료한 후 불과 2시간 이내에 자력으로 그 점유를 탈환한 경우이므로, 민법상의 「직시성」이라고 하는 요건을 충족시키고 있다고 볼 수 있다. 그러므로 E가 갑건물의 덧문에 채워진 열쇠를 풀고 갑건물에 들어가서 전과 다름없이 약국을 경영하여 오고 있다고 하면 점유자의 자력구제권의 행사에 해당한다.

일단 자력구제에 의하여 E가 다시 갑건물에 대하여 점유를 회복한 상황에서 D는 명도집행에 의하여 취득한 점유권에 기하여 E에게 갑건물의 반환을 청구할 수 있는가 하는 문제가 있다. 사례를 보면 D가 명도집행에 의하여 보호받을 만한 점유를 취득하고 있다고 보기도 어려울 뿐만 아니라, 명도집행 직후에 E의 자력구제에 의하여 점유를 탈환당하

263) 대법원 1993.3.26. 선고 91다14116 판결.

여 그 점유마저 상실하고 있다. 점유를 탈환당한 D에게 또 다시 점유물반환청구권이 허용될 수는 없다고 보아야 한다.

[더 생각할 과제 - 상호침탈]

> A는 B로부터 소형의 배(船)를 장기간 임대하여 가끔 낚시를 나갈 때에 이용하곤 하였는데, 어느 날 C가 그 배를 절취하였다. C는 절취한 배를 자기가 사는 인근의 해안에 철쇄로 묶어 정박시켜 놓았다. 얼마 후 도난당한 배를 찾아 헤매던 A는 우연히 해안에 묶여져 있는 자기의 배를 발견하였고, 철쇄를 끊어버리고 배를 스스로 탈환한 후 자기가 사는 인근의 해안으로 되찾아 왔다. C는 A에 대하여 배의 인도를 청구할 수 있는가?

점유를 침탈당하였을 경우에는 침탈시로부터 1년 내에 한하여 그 물건의 반환을 청구할 수 있다(§204 III). 그러나 최초의 점유자(피침탈자)가 점유물반환청구에 의하지 아니하고 사력을 행사하여 침탈자로부터 점유를 다시 탈환하여 스스로 회복을 꾀하는 경우가 흔히 있다. 최초의 점유자가 강제로 점유를 탈환한 경우에는 당초의 침탈자가 금번에는 점유를 침탈당한 경우가 된다. 이른바 「상호침탈」(相互侵奪)이 일어난다. 과연 당초의 침탈자는 침탈에 의하여 점유를 회복한 최초의 점유자에 대하여 점유물반환청구를 할 수 있는가? 본질적으로는 각자가 스스로의 권리를 지키도록 하기 위하여 자력구제를 보다 널리 인정하여야 하는가, 법치주의를 굳건히 지키기 위하여 자력구제금지를 강조하는가 하는 문제이고, 학설상으로는 부정설과 긍정설이 대립한다.

① 긍정설 긍정설은 침탈자의 점유물반환청구권의 행사를 부정하면 결과적으로 본권이 있는 자는 실력행사에 의하여 그 점유를 탈환하더라도 결국 적법하게 되어 민법 제209조 제2항과 민법 제208조 제2항에 정면으로 배치되므로, 비록 침탈자라고 할지라도 다른 침탈행위에 대한 점유보호청구권을 행사할 수 있다고 보아야 한다고 본다.

② 부정설 부정설(다수설)은 스스로 침탈에 의하여 점유를 취득한 침탈자는 최초의 점유자가 나타나서 그 점유를 다시 강제로 탈환하더라도 최초의 점유자에 대하여 점유물반환청구권을 행사할 수 없다고 본다. 부정설이 타당하다고 보며, 그 논거로서는 (i) 피침탈자의 최초의 점유상태가 아직 계속한다고 보아야 하므로, 침탈시로부터 1년 이내라고 하면 침탈자의 점유는 아직 교란상태에 있고, 그 탈환은 질서의 회복이라고 볼 수도 있고, (ii) 두 사람의 점유물반환청구권이 서로 반복될 수 있다고 한다면 소송경제상 대단히 부당하다고 하는 이유를 내세울 수 있다. 또한 최초의 침탈자가 최초의 점유자로부터 침탈당한 물건을 되찾아 오더라도 최초의 점유자의 점유권(또는 소유권)에 기하여 곧 반환하여야 하므로, 최초의 침탈자가 최초의 점유자를 상대로 점유보호청구권을 행사한다면 민법 제2조의 신의성실의 원칙에서 파생하는 이른바 「크린 핸즈(Clean hands)의 원칙」에 반하여 최초의 침탈자의 점유물반환청구는 인정되지 아니한다고 보아야 한다.

사례에서 A의 탈환이 C의 침탈 후 1년 내라고 하면 C로부터의 점유물반환청구의 소를 인용하더라도, A도 또한 C에 대하여 점유물반환청구의 소를 제기할 수 있으므로, 결국 C를 승소시키더라도 무의미하게 되며, 소송상 비경제적이다. 또한 A의 탈환은 잃어버린 배에 대한 자기의 점유상태가 아직 계속하여 그 질서의 회복이라고 보아야 하고, 두 사람의 자력구제를 서로 반복할 수 있다고 하면 사회의 질서나 평화가 심히 해쳐져 부당하다고 하지 않을 수 없다. 그러므로 스스로 침탈에 의하여 배의 점유를 취득한 C는 최초의 점유자 A가 나타나서 그 점유를 강제로 탈환하더라도 최초의 침탈시로부터 1년 이내의 자력구제에 대하여는 점유물반환청구를 할 수 없다고 보는 태도가 타당하다. 물론 최초의 점유자의 자력구제를 인정하는 견해에 대하여는 비판도 있으나, 어쩔 수 없다고 생각한다.

Ⅵ. 준점유

1. 준점유의 의의

준점유(권리점유)란 재산권에 대한 사실상의 행사를 가리킨다. 점유는 본래 물건의 지배에 대하여 인정된 제도이지만, 사회의 평화와 질서를 유지하려는 점유제도의 목적을 물건 이외의 재산권에 대하여도 확장하여 「재산권에 대한 사실상의 행사」를 준점유라고 하여 점유에 관한 규정을 준용하고 있다.

2. 준점유의 요건

(1) 준점유의 객체

준점유의 객체는 재산권이다. 물건에 대한 사실상의 지배(점유)를 수반하는 재산권(소유권·지상권·전세권·질권·임차권)은 준점유가 성립할 여지가 없다. 다만 점유를 수반하지 않는 권리(채권·지식재산권)만이 준점유의 객체가 된다. 준점유는 재산권에만 인정되며 신분권에는 준점유가 인정되지 않는다.

(2) 사실상의 재산권행사

준점유는 재산권을 「사실상 행사」하여야 성립한다.

3. 준점유의 효력

(1) 점유규정의 준용

준점유에는 점유의 규정이 준용된다(§210). 준점유의 효력은 점유의 효력과 동일하여 권리의 추정, 과실의 취득, 비용상환청구권, 점유보호청구권과 같은 점유의 효력이 준점유에서도 발생한다. 다만 각 제도의 취지로부터 생각할 때 동산의 선의취득에 관한 민법 제249조는 준점유에 적용될 수 없다. 민법 제249조는 권리취득자가 승계한 점유에 관련된 규정이 아니고, 전점유자의 권리의 표상인 점유에 대하여 신뢰를 보호하는 규정으로 만일 준점유에 대하여 민법 제249조의 준용을 인정하면 채권의 거래 일반에 대하여 공신의 원칙이 적용되는 결과가 된다.

(2) 채권의 준점유자에 대한 변제와 민법 제210조

민법 제470조는 채권의 준점유자에 대한 변제는 변제자가 선의이며 무과실인 때에는 효력이 있다고 규정하고 있다. 그러나 민법 제470조는 채권의 준점유자의 상대방의 신뢰를 보호할 목적으로 변제의 효과를 정한 규정이고, 준점유의 효과를 정한 규정이라고 볼 수 없다.

제2절 소유권

Ⅰ. 소유권의 의의와 성질

1. 소유권의 의의

소유권은 소유자가 소유하는 물건을 법률의 범위 내에서 자유로 사용·수익·처분할 수 있는 권리이다(§211). 소유물의 「사용·수익」이란 물건이 가지는 사용가치의 파악을 통한 자신 또는 타인에 의한 물건의 이용이나 과실의 수취를 말한다. 그리고 소유물의 「처분」이란 물건이 가지는 교환가치의 파악을 통한 물건의 양도나 소비·개조·파괴, 양도담보권의 설정·포기를 의미한다.

소유권은 어디에 성립하는가? 소유권의 객체는 물건에 한하고, 채권과 같은 권리에 대하여는 소유권이 성립할 수 없다. 그리고 소유권의 객체인 물건에는 유체물 이외에 전기 기타 관리할 수 있는 자연력도 포함된다(§98).

[더 생각할 과제 - 공물의 인접주민이 공물에 대한 고양된 일반사용권을 가지는지 여부]

> 부산에 소재한 중앙시장(재래시장)의 도로 좌·우측에는 좌판이 빈틈이 거의 없을 정도로 연이어 설치되어 있었는데(대부분이 이른바 점포와 별개로 운영되는 「순수노점상」이다), A는 1974년경부터 B로부터 중앙시장 내에 있는 점포를 임차하여 사용하면서 점포 앞 도로상에 좌판을 차려놓고 채소 등을 판매하였다. 그 후 AB는 2000년 초에 임대차계약을 합의해지하였다. 그런데 A는 점포에 대한 점유는 B에게 넘겨 주었으나, 좌판을 이용한 노점영업은 계속하였다. B는 임대차계약의 종료를 원인으로 한 원상회복으로서 A에게 좌판을 취거하도록 청구하였으나, A가 응하지 않았다. B는 A의 좌판으로 인한 소유권침해를 이유로 A에 대하여 손해배상을 청구할 수 있는가? [대법원 2006.12.22. 선고 2004다68311, 68328 판결]

사례에서 A가 좌판을 설치하고 있는 장소는 B의 점포 앞이지만, 국가의 소유인 도로(공물)이다. 점포의 소유자인 B는 자기의 점포 앞에 있는 국가소유인 도로상에 좌판을 설치하여 이용할 배타적 권리를 가지는가? 공물의 인접주민은 다른 일반인보다 그 인접공물의 일반사용에 있어서 특별한 이해관계를 가지는 경우가 있다. 그러므로 공물의 인접주민에게는 다른 사람에게 인정되지 아니하는 이른바 「고양된 일반사용권」이 보장될 수 있다. 그리고 고양된 일반사용권이 침해된 경우에 다른 개인과의 관계에서 민법상으로도 보호될 수 있으나, 그 권리도 공물의 일반사용의 범위 안에서 인정될 수 있다.

어떤 특정인에게 어느 범위에서 이른바 「고양된 일반사용권」으로서의 권리가 인정될 수 있는지의 여부는 그 공물의 목적과 효용, 일반사용관계, 고양된 일반사용권을 주장하는 자의 법률상의 지위와 그 공물의 사용관계의 인접성, 특수성 등을 종합적으로 고려하여 판단하여야 한다. 다만 구체적으로 어떤 공물을 사용하지 않고 있는 이상, 그 공물의 인접주민이라는 사정만으로는 권리관계가 인정될 수는 없다. 사례에서와 같이, 건물의 점포와 도로 위의 좌판노점으로 이루어진 자연발생적인 재래시장에서 점포소유자의 소유권에 고양된 종된 권리로서 점포 앞 도로에 좌판을 설치하여 이용할 권리가 있다고 보기는 어렵다. 결국 B가 자기의 점포 앞 도로에 대하여 일반사용을 넘어 특별한 이해관계가 인정될 만한 사용을 하고 있다는 사정을 전혀 찾아볼 수 없는 이상, 공물의 이용관계에 관한 법리에 비추어 B가 점포를 소유하고 있다는 사정만으로 그 앞 도로에 좌판을 설치·이용할 권리가 있다고 할 수는 없다.

B는 A에 대하여 좌판으로 인한 점포의 사용·수익의 방해를 이유로 손해배상을 청구할 수 있는가? 만약 좌판이 점포 앞에 존재함으로 인하여 점포의 상품이 도로에서 잘 보이지 않을 뿐 아니라, 고객의 통행이나 점포로의 출입이 쉽지 아니하고, 도로 쪽으로부터의 접근이 막혀 점포에 물건을 들여올 수 없어서 점포에 대하여 매매 또는 임대차가 이루어지지 아니하여 B가 점포를 사용·수익하지 못할 정도로 방해행위가 된다고 하면 A는 B가 좌판으로 인하여 점포를 임대하지 못함으로써 발생한 임료 상당의 손해를 배상할 의무를 부담할 수도 있다. 그러므로 A의 좌판으로 인하여 점포의 사용·수익이 불가능할 정도로 소유권이 침해된 경우인가가 문제된다.

사례를 보면 중앙시장의 도로의 양측으로 좌판이 빈틈이 거의 없을 정도로 연이어 설치되어 있고, 또한 중앙시장의 좌판노점상은 배후의 점포와 별개로 운영되는 순수노점상(점포와 노점을 겸하는 경우는 「점포노점상」이라 한다)이 대다수인 사정을 알 수 있다. 그러므로 중앙시장 내 좌판의 운영실태나 점포와의 관계 등에 비추어 보면, 점포 앞에 A의 좌판이 존재한다는 사실만으로 B의 점포에 대한 사용·수익이 불가능할 정도로 방해된다고 보기는 어렵다. 결국 B는 A에 대하여 좌판으로 인하여 점포를 임대하지 못함으로써 발생한 임료 상당의 손해에 대한 배상을 청구할 수 없다.

2. 소유권의 법적 성질

소유권의 법적 성질에는 아래와 같이 전면성, 혼일성, 탄력성, 항구성, 절대성, 관념성 등이 있다.

① 전면성　　소유권은 목적물을 전면적으로 지배하는 물권이다. 바로 소유권은 전면적 지배권이다. 소유권 이외의 다른 물권에서는—용익물권이든 담보물권이든—소유권의 존재를 전제로 소유권이 가지는 권능의 일부를 타인이 향수할 뿐이다. 그리고 소유권의 전면성에 의하여 동일한 물건 위에 수개의 소유권이 성립할 수 없을 뿐만 아니라, 각 권능만을 목적으로 수개의 소유권이 병존할 수도 없다.

> 갑토지는 원래 A의 소유이었는데, 그가 2006년에 사망하여 B가 갑토지를 단독으로 상속하였다. 그런데 A가 1982년경에 C시에 대하여 C시가 갑토지 위에 농촌지도소 사무실로 쓸 건물을 신축하여 그 부지로 토지를 사용하도록 승낙하였다(현재에 와서는 농촌지도소로 사용하지 않고 있다). 그리고 갑토지가 소재하는 면의 면민이 1982년에 각 부락별로 일부 금원을 갹출하여 그 건물을 신축하였다. 한편 C시는 1982년경부터 2003년경까지 갑토지의 소유자에 대하여 세금을 전혀 부과하지 아니하였고, 소를 제기할 때까지 A나 B가 C시의 토지사용에 대하여 이의를 제기하거나 임료 상당

> 의 부당이득을 청구한 사실이 없었다. B는 C시에 대하여 건물철거 및 갑토지의 인도를 청구할 수 있는가? [대법원 2009.3.26. 선고 2009다228, 235 판결]

우선 A가 갑토지를 건물의 신축을 위한 부지로 사용하도록 승낙하였으므로, 토지에 대한 소유권이 가지는 권능으로서의 사용·수익권을 포기한 경우인가가 문제된다. 소유권은 외계물자의 배타적 지배를 규율하는 기본적 법질서에서 그 기초를 이루는 권리로서 대세적 효력이 있다. 그러므로 소유권에 관한 법률관계는 이해당사자가 쉽사리 인식할 수 있도록 명확하게 정하여져야 한다. 그러나 소유권의 핵심적 권능에 속하는 사용·수익의 권능이 소유자에 의하여 대세적으로 유효하게 포기될 수 있다고 하면, 결국 처분권능만이 남는 민법이 알지 못하는 새로운 유형의 소유권을 창출하는 경우로서, 객체에 대한 전면적 지배권인 소유권을 핵심으로 하여 구축된 물권법의 체계를 현저히 교란하게 된다.264) 그러므로 A가 갑토지에 대한 배타적 사용수익권을 포기한 경우라고 볼 수 없고, 그 이유로 B로부터의 그 소유권에 기한 건물의 철거 및 갑토지의 인도에 대한 청구를 배척할 수 없다.

만약 A가 갑토지에 대한 사용수익권을 채권적으로 '포기'한 경우라 하면 어떤가? 만약 사용수익권의 채권적 포기가 일시적이지 아니하고, 영구적이라면 B의 청구가 배척될 수 있다. 그러나 사례에서 건물의 신축비용을 누가 부담하였는가는 토지에 관한 법률관계에 일반적으로 영향이 없고, 나아가 C시가 갑토지에 관한 세금을 2003년까지만 부과하지 않고, 그 이후에는 부과한 사정은 오히려 그 포기가 영구적이 아님을 시사한다. 또한 B가 소를 제기할 때까지 C시의 토지사용에 대하여 이의를 제기하거나 차임 상당의 부당이득을 청구한 사실이 있다고 보이지 아니한다고 하여도, 그 권리불행사만으로 갑토지에 대한 사용수익권 자체의 영구적 포기라고 볼 수는 없다.

결국 A는 C시의 사용·수익을 일시적으로 인정한 경우로 보아야 한다. A와 C시 사이의 법률관계는 사용대차의 계약관계와 다르지 않다. 그렇다면 사용대주인 B는 계약관계의 해지 기타 그 종료를 내세워 갑토지의 반환 및 원상회복으로서의 건물의 철거(§615 참조)를 청구할 수 있다. 다만 사용대차에서 반환시기의 약정이 없는 경우에는 민법 제613조 제2항에 따라서 「계약 또는 목적물의 성질에 의한 사용수익이 종료」한 때에 차주는 차용물을 반환하여야 하고, 또는 「사용수익에 족한 기간이 경과」한 때에는 대주는 언제든지 사용대차를 해지할 수 있다. 사례를 보면 C시가 더 이상 갑토지를 사용하고 있지 않으므로, 사용수익이 종료되거나 사용수익에 족한 기간이 경과한 경우라고 할 수 있다. 그리고 반환시기를 약정한 사정이 보이지 않으므로, 결국 B는 소유권에 기하여 건물철거 및 갑토지의 인도를 청구할 수 있다.

② 혼일성(渾一性) 소유권은 물건의 사용권·수익권·처분권과 같은 여러 권능의 단순한 집합에 불과하지 않고, 혼연일체의 지배권이다. 소유자 아래에서는 각 권능이 서로

---

264) 대법원 2009.3.26. 선고 2009다228, 235 판결.

분해되지 아니한다. 소유권에 기한 제한물권의 설정도 권능의 양여에 불과하므로, 어느 때이든 제한물권이 소유자에게 귀속하면 혼동에 의하여 바로 제한물권이 소멸하고, 본래의 혼연일체의 지배권으로 되돌아간다.

③ 탄력성　소유자는 소유권의 권능의 일부를 타인에게 부여할 수 있다. 소유권에 터잡아 용익물권이나 담보물권이 설정될 수 있다. 예를 들어 소유물 위에 타인의 제한물권(예컨대 지상권이나 저당권 등)이 설정되면 그 소유권은 사용·수익이나 처분을 중심으로 한 현실적 지배의 권능이 제외된 관념적 지위인 「허유권」(虛有權)에 불과하다. 그러나 소유권에 설정된 제한물권이 영구무한하지는 않고, 언젠가 소멸하며, 제한물권의 소멸을 통하여 소유권은 고무풍선과 같이 다시 본래의 모습대로 팽창한다. 소유권의 전면적 지배권능이 당연히 탄력적으로 회복된다. 바로 소유권에는 「탄력성」이다.

④ 항구성　소유권은 항구성이 있다. 그러므로 소유권은 시효로 소멸하지 아니한다. 또한 소유권은 목적물이 소멸하거나 권리 자체가 포기된 경우 이외에는 타인에 의하여 취득되지 않는 한 항구적으로 존속한다.

⑤ 절대성　근대민법전의 대원칙의 하나로 흔히 「소유권의 절대성」을 든다. 소유권은 모든 사람에 대하여, 즉 누구에게나 그 효력이 있다. 소유권의 절대성은 연혁적으로 소유권은 절대주의적 국가권력으로부터 불가침의 권리라고 하는 근대자연법사상에서 유래한다. 그러므로 절대성에 의하여 보호되는 소유권자의 자유는 본래 정치권력으로부터의 자유를 의미하며 역사적 슬로건일 뿐이지, 소유권자는 절대적으로 제멋대로 할 수 있다거나, 소유권의 사회적 의무까지를 마음대로 거부할 수 있다는 의미는 아니다.

「소유권의 절대성」이라고 하더라도 현실적으로는 모든 일체의 구속으로부터 자유로운 소유권은 과거에는 물론, 또한 현재도 존재하지 않는다. 소유권은 우선 헌법 제23조 제2항에 공공복리에 의한 한계가 정하여져 있고, 그 제한의 구체적인 표현으로서 민법 제211조는 「법률의 범위 내에서」라고 하는 한정을 두고 있다. 실제로 소유권의 제한이 인정되는 경우가 적지 않다. 또한 소유권을 행사할 때에는 민법 제2조 제2항의 권리남용법리에 의하여도 제한을 받는다.

⑥ 관념성　소유권은 물건에 대한 현실적 지배와 직접 관계없이 성립할 수 있는 관념적인 권리이다. 누가 어떤 물건의 소유자라고 하기 위하여 반드시 그 물건을 현실적으로 지배하여야 할 필요는 없고, 그 물건을 점유하지 않고도 소유권을 향유할 수 있다.

Ⅱ. 소유권의 내용과 제한

1. 소유권의 내용

(1) 소유권의 자유

"소유자는 법률의 범위 내에서 그 소유물을 사용, 수익, 처분할 권리가 있다"(§211). 그러므로 소유자는 법률의 제한에 반하지 않는 한, 타인의 간섭을 받지 않고 자유로 소유물을 사용·수익·처분할 권리가 있다.

「使用·收益」이란 물건이 가지는 사용가치의 실현을 의미한다. 특히 「사용」은 예컨대 자기의 가옥에서 스스로 거주하거나, 자기가 산 자동차를 스스로 타고 다니는 경우와 같이 물질적으로 물건을 이용하는 경우를 말하고, 「수익」은 물건으로부터 생기는 과실(천연과실·법정과실)을 취득하는 경우를 가리킨다. 그리고 「處分」이란 물건이 가지는 교환가치의 실현으로 물건을 물리적으로 처분하는 경우(예컨대 소비·개조·훼멸·포기 등)와 법률적 처분(양도·용익물권이나 담보물권의 설정)를 가리킨다.

[더 생각할 과제 - 소유자가 제3자에게 처분권한을 수여한 경우에 소유권의 내용]

소유자가 제3자에게 처분권한을 수여하면 그 후에 소유자는 처분권능이 없는 소유권만을 가지는가? 본래 소유자가 제3자에 대하여 목적물의 소유권을 이전하기로 하는 매매·증여·교환 기타의 채권계약을 체결한 사정만에 의하여서는 자신의 소유권에 어떤 물권적 제한을 받지 아니하여서, 그는 다른 특별한 사정이 없는 한 자신의 소유물을 여전히 유효하게 달리 처분할 수 있고, 또한 소유권에 기하여 소유물에 대한 방해 등을 배제할 수 있는 민법 제213조, 제214조의 물권적 청구권을 가진다. 그런데 소유자에게 소유권의 핵심적 내용에 속하는 처분권능이 없다고 하면(§211 참조), 그 처분권능이 없는 소유권의 인정은 결국 민법이 알지 못하는 새로운 유형의 소유권 내지 물권을 창출하는 경우와 다르지 않으므로, 객체에 대한 전면적 지배권인 소유권을 핵심으로 하여 구축되어 있고 또한 물권의 존재 및 내용에 관하여 일정한 공시수단을 요구하는 물권법의 체계를 현저히 교란하게 된다. 물론 소유자는 자신의 소유물을 처분할 수 있는 권한을 제3자에게 유효하게 수여할 수 있다. 다만 소유자가 제3자에게 이른바 「처분수권」을 한 경우에도 그 처분수권에 기하여 행하여진 제3자의 처분행위(부동산의 경우에 처분행위가 유효하게 성립하려면 단지 양도 기타의 처분을 한다는 의사표시만으로는 부족하고, 처분의 상대방 앞으로 그 권리취득에 관한 등기가 있어야 한다)가 대세적으로 효력을 가지게 되고, 그로 말미암아 소유자가 소유권을 상실하거나 제한받게 될 수는 있다고 하더라도, 그 제3자의 처분이 실제로 유효하게 행하여지지 아니하고 있는 동안에는 소유자는 처분수권이 제3자에게 행하여진 사정만으로 그가 원래 가지는 처분권능에 제한을 받지 아니한다. 그러므로 소유자는 처분권한을 수여받은 제3자와의 관계에서 처분수권의 원인이 된 채권적 계약관계 등에 기하여 채권적인 책임을 져야 하는 문제는 별론으로 하고, 자신의 소유물을 여전히 유효하게 처분할 수 있고, 또한 소유권에 기하여 소유물에 대한 방해 등을 배제할 수 있는 민법 제213조, 제214조의 물권적 청구권을 가진다.[265)]

---

265) 대법원 2014.3.13. 선고 2009다105215 판결.

2. 소유권의 제한

(1) 소유권제한의 요구

1) 근대적 소유권의 절대성

근대적 소유권은 봉건적인 신분구속적 소유권에서 탈피한 절대적·무제약적이고 신성불가침한 권리로서 인정된다. 근대민법의 기본원칙의 하나가 소유권절대의 원칙으로 표현되고 있다시피, 근대적 소유권은 무제한적인 절대적 소유권으로서 각국의 근대민법에 반영되어 있다.[266)]

2) 소유권제한의 필요성

근대적 소유권절대의 원칙은 20세기의 전후를 통하여 자본주의의 발전으로 드러난 모순과 더불어 그 수정이 불가피하게 된다. 특히 자본주의의 발전에 의하여 자본·기업의 대규모화에 따른 독점자본의 사회적 영향이 현저하게 되고 재산의 개인적·사적 지배에 의하여 야기되는 폐단이 나타난 결과로 개인재산을 사회공공적 측면에서 조절하여야 할 필요성이 강력하게 대두되고 있다. 특히 현대헌법을 통하여 소유권의 사회성·공공성이 일반적으로 인정된 이후로(1919년의 바이마르헌법 이후부터이다[267)]) 소유권의 사회적·공공적 측면에서 소유권의 사회적 구속성, 즉 소유권의 제한이 일반적으로 시인되고 있다.

(2) 소유권제한의 유형

1) 제한방법에 의한 분류

① 법률에 의한 제한　　헌법 제23조 제1항 단서나 민법 제211조는 법률에 의한 소유권의 제한을 규정하고 있다. 법률에 의한 소유권제한의 주된 이유로는 사회복지정책·경제정책·토지정책·주택정책의 실현이나 국토개발·도시문제·공해문제의 해결을 들 수 있다. 다만 명령으로는 소유권의 내용을 제한할 수 없다.

② 법해석에 의한 제한　　권리남용금지의 법리·신의성실의 원칙에 의하여 소유권의 행사가 소극적으로 제한되거나 공공복리(일본민법 제1조 제1항은 공공복리에 의한 한계를 명시적으로 정하고 있다)에 의하여 적극적으로 소유권행사의 자유가 제한될 수 있다.

2) 제한내용에 의한 분류

① 인용의무　　타인의 침해행위에 대한 인용의무를 부담하는 경우에는 비록 소유권

---

266) 프랑스인권선언(1789년) 제17조는 「소유권은 불가침이며 신성한 권리」라고 천명하고 있고, 프랑스민법(1804년)에서는 「소유권은 물건을 자유로 사용·수익·처분할 수 있는 권리」라고 소유권절대성의 내용이 구체화되어 있다. 독일민법 제1초안(1888년)은 「소유권은 자의로 물건을 이용할 수 있는 권리」라고 규정하고 있다.

267) 근대헌법상 처음으로 소유권의 의무성(사회성)과 재산권행사의 공공복리적합성을 규정한 헌법이 바이마르헌법(1919년)이다(바이마르헌법 제153조는 "모든 소유권은 의무를 수반한다(Eigentum verpflichtet). 소유권의 행사는 동시에 공공복리에 이바지하여야 한다"고 규정하고 있다).

을 침해당하더라도 그 침해를 배제할 수 없으므로, 결과적으로 소유권이 제한된다. 인용의무에 의하여 소유권이 제한되는 예는 민법상의 상린관계에 많이 있고, 역시 특별법상으로도 인용의무에 의하여 소유권이 제한되는 경우가 있다.

② 부작위의무 　소유자가 권능을 행사하지 않을 의무를 부담하여 권리행사상 일정한 행위가 제한·금지되는 경우에도 소유권의 제한이 된다. 가령 민법상의 상린관계 중 경계선부근의 건축(§242)이나 토지의 심굴(深掘)금지(§241)가 부작위의무에 의한 소유권제한에 해당하고, 역시 특별법상으로도 부작위의무가 부여되는 많은 규정이 있다.

③ 적극적 행위의무 　건축물의 유지보전의무, 식재의무, 손해예방의무와 같이 소유자가 적극적으로 일정한 권능을 행사하여야 하는 의무를 부담하는 경우도 소유권의 제한이 된다.

3) 제한되는 권능에 의한 분류

① 사용권능·처분권능에 대한 제한 　사용권능·처분권능이 모두 박탈되는 경우로 토지수용이 있다.

② 처분권능, 사용권능, 수익권능에 대한 제한 　처분권능만이 제한되는 경우로는 토지거래허가신고·농지매매의 증명·학교재산의 처분시 주무관청의 허가를 들 수 있다. 그리고 사용권능만이 제한되는 경우로는 공용제한·공용환지가 있고, 수익권능이 제한되는 경우로는 개발이익의 환수·개발부담금의 부과·양도소득세의 부과·토지초과이득세의 부과가 있다.

(3) 소유권제한의 한계

소유권은 절대불가침의 권리가 아니며 사회공익을 위하여 제한될 수 있다. 물론 소유권의 제한에는 한계가 있다. 소유권의 제한이 인정된다고 하더라도 소유권의 본질적 내용은 침해할 수 없다. 소유권의 제한을 통하여 사유재산제의 설정근거인 인간의 인격의 자유로운 전개를 침해하거나, 자기책임적 생활을 영위할 수 없을 정도로 재산적 기초가 상실된다면 소유권의 본질적 내용을 침해하는 경우에 해당한다. 특히 공공필요에 의한 소유권의 제한은 법률로 하여야 하고(명령으로는 안된다), 정당한 보상을 지급하여야 한다(헌법 §23 III).

3. 토지소유권이 미치는 범위

(1) 토지소유권의 상하범위

토지소유권의 범위를 정한 일반규정인 민법 제212조는 토지의 소유권은 정당한 이익있는 범위 내에서 「토지의 상하」에 미친다고 정하고 있다. 그러므로 토지소유권은 원칙적으로 단순한 지표의 지배권에 불과하지 않고, 공중이나 지하의 소유권을 포함하는 지배권이다. 예를 들어 타인의 토지 위로 송전선을 가설하거나 지주에 떠받혀 토지의 상부공간에 건물을 세우는 경우, 지하에 터널을 굴착하는 경우에는 토지소유자의 승낙을 필요로 하고, 토지소유자의 승낙을 받지 않은 송전선의 가설이나 토지의 상부공간 위에 지주로 떠받혀 있는 건물의 건축, 지하터널의 굴착은 위법한 침해로 된다.

토지의 「상하」라고 하더라도 어디까지나 무한대로 토지소유권이 미친다는 의미는 아니고, 당연히 상당한 범위 내로 한정된다. 상공에 대하여는 상식적으로 판단될 수 있으나(예컨대 비행기의 상공통과는 토지소유권의 침해가 되지 않는다), 지하에 대하여는 약간 문제가 없다고 할 수는 없다.

현대사회에서는 지하의 이용관계가 날로 증대되어 가고 있다. 지축까지 소유권이 미친다는 주장이 비현실적이라고 하는 사실은 너무나 분명하나, 고도한 기술을 적용하면 개발이 가능한 지하에 대하여 무조건 소유권이 미치지 않는다고 단정하기도 곤란하다. 물론 지하의 이용관계를 규율하는 특별법이 있는 때에는 그 법률을 통하여 규율된다. 그러나 굳이 특별법이 없더라도 민법 제211조는 소유자의 이익을 침해하지 않는 지하에서의 타인의 이용까지를 금지하고, 허용하지 않는다는 취지는 아니다.

물론 타인에 의한 지하의 이용에 의하여 토지소유자에게 손해를 가한 때에는 불법행위로 되고, 손해배상책임이 문제될 수 있다. 그러나 예컨대 지하 50m를 초과하는 깊은 지하부분(大深度地下)에 대하여는 공공성이 높은 용도로 이용한다고 하면 대가 없이 이용케 하는 구상도 가능하다고 본다. 아주 깊은 지하에 대하여까지 소유권이 미친다고 하더라도, 만약 소유자에게 사실상 손실이 발생하지 아니한다고 하면 간이한 수용의 절차를 통하여 필요한 용도로 사용케 하는 방법도 현실적이라고 본다.

(2) 지상소유권, 하부소유권, 상부소유권

1) 지상소유권

토지소유권은 당연히 지상에 미친다. 다만 아래와 같이 토지소유권이 암석, 해면에도 미치는가에 관하여는 논의가 있을 수 있다.

① 암석　　예를 들어 토지 위에 암석이 있는 경우에 토지소유권은 그 암석에 미치므로, 토지소유자는 그 암석을 채취할 권리를 가진다.[268] 토지소유자는 제3자에게 채석권을 부여할 수 있고, 보통 채석권의 대가로 채석료가 토지소유자에게 지급된다.

② 해면(海面)

> 갑임야는 현재 A 명의의 소유권이전등기가 되어 있기는 하지만, B건설회사가 간척사업을 하기 전에는 대부분이 해발 4m 이하인 해면과 인접해 있던 곳으로서, 썰물때에는 갯벌을 드러낸 곳도 있었으나 밀물 때에는 그 대부분이 조수에 잠겼고(갑임야 일대의 대조평균만조위(大潮平均滿潮位)는 3.488m이다), 더구나 밀물이 클 때에는 갑임야 전부가 조수에 잠겼다(갑임야 일대의 약최고만조위(略最高滿潮位)는 4.014m이다). B건설

268) 판례는 임야에 있는 자연석을 조각하여 만든 석불은 임야의 일부분이라고 할 수 없고, 임야와는 독립한 소유권의 대상이 된다고 본다(대법원 1970.9.22. 선고 70다1494 판결).

> 회사가 1979년 8월경부터 갑임야 일대에서 공유수면매립허가를 얻어 간척사업을 시행하면서, 여러 차례에 걸쳐 항공사진을 촬영하고 지적을 판독하며 조수의 흐름을 판독한 후, 갑임야를 포함하여 밀물일 때에 조수에 모두 잠기는 지역을 그 대상지로 선정하고 1985년 4월경 방조제공사를 마친 결과, 종전의 갑임야가 비로소 성토되었다. A는 갑임야에 대한 소유권을 주장할 수 있는가?

해면은 사소유권의 객체가 되지 않는다. 다만 해면은 밀물(바닷물이 바닷가로 밀려 오는 현상)인가 썰물(바닷물이 바닷가에서 빠져 나가는 현상)인가에 따라서 높아지기도 하고, 낮아지기도 한다. 그러므로 토지가 해면에 접하는 경우에는 토지와 해면의 경계는 어디를 기준으로 결정하는가 하는 문제가 생긴다.

해면은 조수의 간만으로 인하여 예컨대 소조(조금)평균만조위,[269] 대조(한사리)평균만조위,[270] 약최고만조위[271] 등이 일어난다. 판례는 토지와 해면의 경계선은 그 토지 일대의 약최고만조위를 기준으로 삼아야 한다고 본다.[272] 그러므로 소조평균만조위를 토지와 해면의 경계선으로 삼아야 한다거나, 토지가 항상 해면 아래에 있어야만 포락을 인정할 수 있다고는 할 수 없다. 역시 법령상으로도 「토지가 해면 또는 수면에 접하는 경우: 최대만조위 또는 최대만수위가 되는 선」이 지상경계를 결정하는 기준이 된다고 정하고 있다(측량·수로조사 및 지적에 관한 법률 시행령 §55 I iv).

바다나 하천에 인접한 토지가 바닷물이나 적용하천의 물에 개먹어 무너져 바다나 적용하천에 떨어져 그 원상복구가 불가능한 상태가 되어 버린 경우를 「포락」(浦落)이라고 한다. 포락이 일어나면 토지에 대한 소유권이 소멸한다. 사례에서 갑임야는 이미 포락된 경우로 볼 수 있다. 포락이 되어 토지로서의 효용을 상실하면 종전의 소유권이 소멸되므로, A의 소유권은 소멸한 경우로 보아야 한다.

만약 포락된 토지가 다시 성토되면 어떤가? 한번 포락되어 해면 아래에 잠김으로써 복구가 심히 곤란하여 토지로서의 효용을 상실하면 종전의 소유권이 영구히 소멸된다. 그 후 포락된 토지가 다시 성토되어도 종전의 소유자가 다시 소유권을 취득할 수는 없다.[273] 그러므로 종전의 소유자 A가 포락된 후에 다시 성토된 갑임야에 대한 소유권을 가질 수는 없다.

2) 하부소유권

토지소유권은 분명히 토지 밑에까지 미친다. 토지 밑에 대한 소유권을 하부소유권이라고 칭할 수 있다. 다만 토지소유자가 가지는 하부소유권의 효력범위에 관하여는 특별히

---

269) 소조(조금)평균만조위란 상현(上弦, 매달 음력 7~8일경)이나 하현(下弦, 매달 음력 22~23일경) 무렵의 조차가 극히 적은 경우를 말한다.

270) 대조(한사리)평균만조위란 삭(朔, 해와 지구 사이에 달이 들어가서 일직선으로 되는 때) 또는 망(望, 지구를 중심으로 해와 달의 위치가 일직선이 되는 시기로 음력 보름) 후의 조차가 큰 경우를 말한다.

271) 약최고만조위란 해면이 가장 많이 올라간 상태를 가리킨다.

272) 대법원 1992.9.25. 선고 92다24677 판결.

273) 대법원 1980.2.26. 선고 79다2094 판결 등 참조.

광물, 지하수, 온천수와 관련하여 아래와 같이 문제가 있다.

① 광물 지중의 광물 중 광업권의 객체가 되는 미채굴의 광물의 법적 성질에 대하여는 견해가 대립한다. 토지소유권의 효력이 미치지 않고 국유에 속하는 부동산이라고 보는 견해가 있다. 그러나 국가는 채굴(採掘)되지 아니한 광물에 대하여 채굴하고 취득할 권리를 부여할 권능을 가질 뿐이므로(광업법 §2), 국가가 타인의 토지 밑에 있는 광물에 대한 소유권까지 가진다고 보기는 어렵다. 광물도 토지의 구성부분으로 토지소유자의 소유에 속하지만 국가의 배타적 채굴취득허가권의 범위 내에서 토지소유권의 행사가 제한된다고 볼 필요가 있다(다수설).

광업권은 등록을 한 일정한 토지의 구역(광구)에서 등록된 광물을 지중으로부터 채굴·취득하는 권리로서 물권(정확하게는 준물권이다)의 일종이다. 광업권을 취득하면 어디까지나 지중의 광물을 독점적이고도 배타적으로 채굴·취득할 수 있는 권리를 가지게 된다. 그러므로 미채굴의 광물의 법적 성질에 대하여는 광업권의 성립 전후로 구분하여 파악할 필요가 있다고 본다. 비록 광업권의 객체가 되는 광물이라고 하더라도 누구를 위한 광업권이 성립하기 전에는 분명히 토지소유권의 효력이 미친다. 다만 비록 자신의 토지에 광물이 매장되어 있더라도 토지소유자가 마음대로 채굴할 수 없다. 그러나 광업권이 발생한 한, 그 미채굴의 광물에 대하여는 토지소유자의 소유권이 광업권에 의하여 제한되는 상태라고 보아야 한다.

② 지하수 지하수란 지하의 지층(地層)이나 암석 사이의 빈틈을 채우고 있거나 흐르는 물을 말한다(지하수법 §2). 토지소유권이 지하수에도 미치므로, 지하수나 지상의 용수를 그 토지로부터 사용하는 용수권은 토지소유자에게 귀속한다. 다만 남는 물, 즉 餘水를 자연으로 유출하고 그 하류에서 인근의 토지소유자가 유수를 이용하는 관행이 존재하는 경우에는 독립한 관행상의 물권, 즉 유수이용권이 인정될 수 있다. 인근의 토지소유자가 가지는 유수이용권은 수원지·유수지의 토지소유권과는 별개로 병존하는 권리가 된다.[274)]

③ 온천수

A는 OO시 온천동 55의 20에 소재하는 토지의 지하에서 온천을 발견하여 온천법에 따라 온천발견자로 신고하여 수리된 후 온천을 운영하고 있었는데, B가 OO시 온천동 내 소재의 자기 소유의 토지를 굴착하여 온천양탕설비를 하였다. A는 자기가 가지는 온천권에 기하여 B에 대하여 온천양탕설비의 제거를 청구할 수 있는가?

온천[275)]에 관한 권리가 관습상의 물권이나 준물권이라 할 수 있는가? 온수를 온천의 용출지로부터 인탕하여 사용하는 온천권에 대하여 온천지의 소유권과는 별개로 독립하여

274) 토지소유자의 새로운 원천의 개발 및 지하수이용으로 인하여 기존의 원천에서 나오는 지하수를 이용하고 있던 인근의 토지소유자의 생활용수에 장해가 생긴다면, 그 생활방해가 사회통념상 일반적으로 수인할 정도를 넘어서지 않는다고 볼 만한 특별한 사정이 없는 한 그 생활방해는 위법하다(대법원 1998.4.28. 선고 97다48913 판결).

275) 온천법 제2조는 온천을 「지하로부터 용출되는 섭씨 25도 이상의 온수로서 그 성분이 인체에 해롭지 아니한 경우」라고 정의하고 있다.

존재하는 관습법상의 물권으로 보호를 하여야 한다는 견해도 강하다. 그러나 판례는 온천권은 관습상의 물권 내지 준물권이라고 할 수 없다고 분명히 밝히고 있다.[276] 민법 제185조는 "물권은 법률 또는 관습법에 의하는 외에는 임의로 창설하지 못한다"고 규정하여 이른바 물권법정주의를 선언하고 있고, 물권법은 강행법규성을 중핵으로 하고 있으므로, 법(성문법이든 관습법이든)이 인정하지 않는 새로운 종류의 물권의 창설은 허용되지 아니한다고 보아야 한다. 그러므로 온천권이 토지소유권으로부터 독립되는 물권이나 준물권으로 볼만한 관습이 있다고 인정할 만한 증거가 없고, 아직 판례도 온천권을 물권 내지 준물권으로 보지 않으므로, 온천권을 물권이나 준물권으로 보기는 어렵다. 결국 A는 온천권에 기하여 B에게 온천양탕설비의 제거를 청구할 수 없다.

온천수가 민법 제235조, 제236조 소정의 공용수 또는 생활상 필요한 용수에 해당하는가가 문제된다. 민법 제235조는 "상린자는 그 공용에 속하는 원천을 각 수요의 정도에 응하여 타인의 용수를 방해하지 아니하는 범위 내에서 각각 용수할 권리가 있다"고 규정하고 있고, 다른 한편 민법 제236조에 의하면 필요한 용도나 수익이 있는 원천이 타인의 건축 기타 공사로 인하여 단수, 감수, 그 밖의 용도에 장해가 생긴 때에는 용수권자는 손해배상을 청구할 수 있고, 그 공사로 인하여 음료수, 그 밖의 생활상 필요한 용수에 장해가 있을 때에는 원상회복을 청구할 수 있다. 만약 온천수가 민법 제235조나 제236조에 규정된 「공용수」 또는 「생활상 필요한 용수」라고 볼 수 있다면 A는 B에 대하여 자기가 운영하는 온천에 대한 방해의 제거(원상회복)나 예방을 청구할 수 있고, 손해배상을 청구할 수 있다. 그러나 판례는 원천을 굴착하여 지하에서 용출하는 온천수를 가리켜 민법 제235조나 제236조 소정의 「공용수」 또는 「생활상 필요한 용수」라고 볼 수 없다고 본다. 그러므로 A는 상린관계에 관한 민법 제235조나 제236조를 들어 B에 대하여 방해제거를 청구할 수도 없다.[277]

3) 상부소유권

토지소유권은 토지 위에도 미친다. 토지 위에 대한 소유권을 상부소유권이라고 칭할 수 있다. 이론상으로는 상부소유권의 범위가 '달까지' 미칠 수 있다. 그러나 실질적으로는 상부소유권이 토지 위의 무한대까지 미친다고 보기는 어렵고, 정당한 이익이 있는 범위 내에서만 토지소유권의 효력이 미친다. 물론 몇 미터 상공까지가 정당한 이익이 미치는 범위 내인지를 일률적으로 정할 수는 없다.

예를 들어 항공법 제2조에 의하여 항공기의 항행에 적합한 지구의 표면상에 표시한 공간의 길인 항공로를 지정할 수 있고, 항공교통의 안전을 위하여 지표면 또는 수면으로부터 200미터 이상 높이의 공역에 관제구를 지정할 수 있다. 만약 어떤 토지 위가 항공로나 관제로로 지정되면 그 만큼 토지소유권의 효력범위는 제한된다.

---

276) 대법원 1970.5.26. 선고 69다1239 판결; 대법원 1972.8.29. 선고 72다1243 판결.

277) 대법원 1972.8.29. 선고 72다1243 판결.

Ⅲ. 상린관계

1. 상린관계의 의의 및 구조

(1) 상린관계란

토지는 원칙적으로 다른 토지와 인접하고 있다. 그리고 어떤 토지의 이용은 불가피하게 인근의 다른 토지의 이용과 밀접한 관계가 있다. 민법은 인접한 토지소유권 상호간의 이용을 조정하기 위하여 상린관계에 관한 상세한 규정을 두고 있다. 상린관계의 규정은 인접하는 부동산 상호간의 이용조정을 목적으로 하므로 지상권과 전세권에도 준용된다(§§290·319).

민법상의 상린관계의 규정(§§216-244)은 임의규정인가, 강행규정인가? 학설상 임의규정설과 강행규정설로 대립한다.

임의규정설은 상린관계규정이란 토지의 이용을 조절하기 위하여 토지소유권의 내용인 물권적 청구권을 축소하거나 확장하는 규정에 불과하여 이웃거주자가 민법의 규정과 다른 특약을 한 경우에는 그 특약이 우선한다고 본다. 반면에 강행규정설은 상린관계에 관한 민법규정의 성격은 원칙적으로 강행규정이라고 이해한다. 구체적으로 민법상의 상린관계의 규정과 다른 특약의 유효성을 인정하여야 할 경우도 없지 않다고 보나, 성질상 원칙적으로 강행규정이라고 하여야 한다고 본다. 판례는 상린관계규정의 성격에 관한 태도를 일반적으로 밝히고 있지는 않다. 다만 지하시설을 하는 경우에 있어서 경계로부터 두어야 할 거리에 관한 사항 등을 규정한 민법 제244조는 강행규정이라고는 볼 수 없으므로, 다른 내용의 당사자간의 특약을 무효라고 할 수 없다고 본 경우가 있다.[278)]

(2) 상린관계의 구조

민법 제216조 내지 제244조가 이른바 「상린관계」에 관한 규정이다. 상린관계의 규정은 이웃하는 토지소유자 상호간의 관계(상린관계라고 한다)를 조정하기 위한 규정이라고 할 수 있다. 상린관계에 관한 규정은 한편으로는 자기의 토지를 위하여 이웃의 토지를 이용할 수 있다고 하는 의미에서 토지소유권의 확장이라고 할 수 있고, 다른 한편 상대방인 토지소유자의 입장에서 보면 이웃의 토지를 위하여 자기의 토지의 이용이 제한되므로, 소유권의 제한으로서의 의미를 지닌다. 상린관계에 의한 제한은 소유권에 태생적으로 내재하는 제약이라고 이해할 수 있다.

상린관계에 관한 규정은 민법 제216조부터 제244조까지 모두 28개의 조항에 달하나, 내용에 따라서 정리하면 아래와 같이 여섯 가지로 구분할 수 있다. 구체적인 내용에 관하여는 각 규정을 꼼꼼하게 읽으면 쉽게 알 수 있다(다만 어려운 한자용어가 많이 나온다).

---

278) 대법원 1982.10.26. 선고 80다1634 판결. 역시 민법 제242조도 임의규정으로 본다(대법원 1962.11.1. 선고 62다567판결).

① 생활방해의 금지
② 이웃토지사용에 관한 상린관계
③ 물(水)에 관한 상린관계
④ 경계에 관한 상린관계
⑤ 나뭇가지(樹技) 또는 나무뿌리(木根)의 침입에 관한 상린관계
⑥ 경계선 부근의 공작물설치에 관한 상린관계

2. 생활방해의 금지

(1) 생활방해의 의의

어떤 토지의 이용으로 인하여 이웃하는 다른 토지의 소유자에게 피해를 주는 경우가 흔히 있다. 예컨대 어떤 토지(혹은 예컨대 건물, 공장, 유흥시설과 같은 공작물)로부터 밖으로 나와 발산되는 매연, 열기체, 액체, 음향, 진동 등으로 이웃토지의 사용을 방해하거나 이웃거주자의 생활에 고통을 줄 수 있다. 어떤 토지에서 밖으로 흘러나온 매연·가스·음향·진동 등이 이웃의 다른 토지에 유입·침입하여 이웃토지의 이용을 방해하거나 이웃거주자의 생활에 고통을 주는 현상을 「생활방해」[279]라고 한다.

(2) 생활방해의 금지와 인용

1) 일정한 「생활방해」는 금지된다

생활방해 또는 「임미시온」은 금지된다. 민법 제217조 제1항은 금지되는 대상으로서 대표적으로 매연, 열기체, 액체, 음향, 진동을 예시하고 있다. 토지의 소유자는 자기의 토지로부터 생기는 매연, 열기체, 액체, 음향, 진동으로 인한 생활방해를 하지 않을 「적당한 조처를 할 의무」(생활방해방지조처의무)를 부담한다. 민법 제217조 제1항은 「액체」를 들고 있으나, 액체의 의미에 대하여 약간 견해가 나뉜다. 지표 위나 지중을 흐르는 물이나 오수는 흘러 들어오더라도 물권적 청구권에 의하여 보호되므로, 오직 공중에 분무되는 액체를 가리킨다고 새겨야 한다(지중에 스며드는 액체를 말한다고 보는 이견이 있다).

민법 제217조 제1항이 열거한 매연·열기체·액체·음향·진동은 하나의 예시에 불과하고, 「기타 유사한 현상」에 의하여 생활방해가 야기되는 경우에도 토지의 소유자는 생활방해방지조처의무를 부담한다. 예컨대 가스·증기·취기·소음·먼지·재(灰)·강렬한 광선의 반사·전류·불꽃·연기와 같은 경우를 더 들 수 있다. 예컨대 인근에 있는 공장에서 생활방해물질인 악취, 매연, 먼지, 검댕 등이 배출되어 주민에게 건강상의 장해 및 직접적인 생활방해를 야기하는 경우라면, 주민이 수인(受忍)하여야 할 범위 내라고 할 수 없으므로, 그 공장은 생활방해물질의 발생 및 확산을 방지 내지는 감소시키는 조치를 취할 의무가 있다.

---

279) 국내에서는 영미법의 표현대로 생활방해(nuisance)라고 하는 용어를 즐겨 사용하나, 독일에서는 「임미시온」(Immission), 일본에서는 「공해」라고 표현한다.

생활방해는 어떤 토지로부터의 해롭거나 성가신 방해현상이 「적극적으로」 공중 또는 대기 속에 발산되거나 분무되어 일어나야 한다. 만약 소극적인 방해현상, 예컨대 토지로 유입되는 광선이나 공기, 물 등을 벽, 그 밖의 장애물로 차단하는 경우에는 민법 제217조가 적용되지 않는다.

민법 제217조 제1항이 적용되기 위하여는 방해현상이 어떤 토지로부터 공중 또는 대기 속으로 풀어 헤쳐져 이웃의 다른 토지로 침입함으로써 생활방해를 야기하여야 한다. 채석장으로부터 돌조각이 날아오는 경우, 군부대 사격장으로부터 탄환이 인근에 사는 주민의 마당으로 날아오는 경우, 이웃에서 키우는 동물(돼지·닭 등)이 침입하는 경우는 공중에 방산되지 않는 고체의 침입이므로, 민법 제217조에 포함되지 아니한다. 그러나 동물이라고 하더라도 파리·모기나 벌, 쥐, 비둘기 등과 같이, 비교적 작은 동물로서 그 성질상 이웃토지에의 침입을 완전히 막을 수 없는 경우에는 민법 제217조의 적용이 있다고 보아야 한다. 예컨대 축사로부터 끊임없이 파리나 모기나 날아와 위생이나 건강에 악영향을 미친다든지, 인근에 있는 토지에 양봉을 하는 사람이 있어서 벌떼가 날아와 늘 벌에 쏘일까 불안하게 한다든지, 폐가를 관리하지 않고 방치하여 쥐가 들끓게 되고 수시로 이웃토지로 침입하여 피해를 준다든지, 비둘기사육장이 인근에 있어서 배설물과 날아 다니는 깃털로 인해 피해가 생긴다든지 하는 경우에는 민법 제217조가 적용될 수 있다.

유흥시설이나 영안실(혹은 시체실)은 어떤가? 물론 사창가 등 유흥시설이나 영안실이 이웃에 있다는 사실 자체가 이웃토지의 소유자에게 단순히 정신적·관념적인 영향을 준다는 사실 자체만으로는 생활방해라고 할 수 없다(물권적 청구권이나 불법행위 등에 의하여 보호될 수는 있다). 다만 판례를 보면 시체실에 대하여 일반시민이 직접 보기를 꺼려하는 시체의 운구를 빈번이 보게 됨으로 인하여 죽음에 대한 공포와 생(生)에 대한 불안감 기타 신경의 긴장을 일으켜 정신위생상 유해한 결과를 낳고 또 생활환경상의 안정이 심히 저해받게 된다고 하여 이웃사람에 대한 정신적인 영향을 생활방해에 대한 판단에 함께 고려한 경우가 있다.[280] 물론 유흥시설로부터 흘러나오는 소음이나 레온사인, 현란한 전광불빛 등을 통하여는 생활방해가 야기될 수 있다. 또한 시체실 마당 또는 골목길에서 유족 또는 조객이 대성통곡을 하거나 시끄럽게 떠들어 소음이 발생한다든지, 여름철에 특히 시체에서 나는 악취가 이웃토지의 집안에까지 스며들고 있다든지 하는 경우에는 생활방해가 될 수 있다.

2) 인용의무

이웃거주자는 생활방해의 상태가 방해당하는 토지의 통상의 용도에 비추어 사회관념상 참고 받아들여야 할 정도인 때에는 생활방해를 그대로 인용하여야 할 의무를 부담한다(§217 II). 현대의 사회생활에서는 외부로부터 어느 정도의 생활방해 내지 임미시온은 피할 수 없고, 상당한 정도를 넘어서지 않는 한 참고 받아들일 수밖에 없다. 이웃집으로부터 예를 들어 된장찌개 등 조리를 할 때에 나는 냄새, 피아노 등 악기의 연주에 따른 소리, 유

280) 대법원 1974.12.24. 선고 68다1489 판결.

아의 울음소리나 어린이가 떠드는 소리, TV나 오디오의 음향, 세탁기나 진공청소기의 소음이나 잔디를 깎을 때에 내는 소음, 부부싸움이나 자녀에 대한 질책 등 가정 내에서의 불화에 따른 소리, 주택 내부를 약간 수선하는 때에 생기는 소음 등이 흘려 들어오는 경우에는 대부분 참고 받아 들여야 한다.

이웃거주자로서 어느 정도의 생활방해를 참고 견디어야 하는가? 생활방해로 인한 피해가 사회통념상 일반적으로 참고 받아들여야 하는 정도인지 수인한도를 넘어서는지 여부를 어느 한 가지 기준으로 판단하기는 어렵다. 예를 들어 피해의 성질 및 정도, 피해이익의 공공성, 가해행위의 태양, 가해행위의 공공성, 가해자(평균인을 표준으로 한다)의 방지조치 또는 손해회피의 가능성, 인가·허가관계 등 공법상 기준에의 적합 여부, 지역성, 토지이용의 선후관계 등 모든 사정을 종합적으로 고려하여 이웃거주자가 참고 받아들여야 하는가를 판단하여야 한다. 공업단지이냐 주택단지이냐에 따라서 차이가 있으므로, 공업단지에서는 주택단지나 별장지에서보다는 큰 소음이나 매연 등을 참고 받아들여야 한다. 그리고 소음 등을 포함한 생활방해 등의 위험지역(예컨대 김포공항)으로 이주하여 들어가서 거주하는 경우와 같이 위험의 존재를 인식하면서 그로 인한 피해를 용인하며 접근한 경우로 볼 수 있는 때에는 직접 생명이나 신체에 관련된 피해가 아니라 정신적 고통이나 생활방해의 정도에 그치고 그 침해행위에 고도의 공공성이 인정되는 때에는 그 소음 등이 수인한도의 범위 내에 포함된다.[281)]

> A도로공사는 고속도로를 개통하였는데, 고속도로를 이용하는 차량의 통행량이 늘어나면서, 소음이 증가하기 시작하여 인근에 위치한 빌라의 주민이 소음피해를 입게 되었다. 빌라의 주민은 A도로공사에 대하여 방음벽과 소음방지장치를 설치하여 고속도로의 소음이 유입되지 않도록 하기를 청구할 수 있는가?

사례에서 빌라주민은 고속도로의 소음에 대하여 인용의무가 있는가? 법령상 도로변지역에 있는 일반주거지역의 소음환경기준은 낮에 65dB, 밤에 55dB을 초과하지 않도록 규정하고 있다(환경정책기본법 시행령 §2). 고속도로에서 유입되는 소음으로 인하여 입은 생활방해를 이유로 일정한도를 초과하는 소음이 유입되지 않도록 하라는 내용의 청구를 하는 경우에 방해현상이 사회통념상 일반적으로 수인할 정도를 넘어서는지의 여부도 일단 그 기준으로 판단할 필요가 있다. 만약 고속도로부터 어느 정도 이격거리가 있어서 빌라 각 세대의 1일 평균 소음도가 낮에 65dB, 밤에 55dB를 초과하지 않는다면 주민은 고속도로의 소음을 참고 받아들여야 한다. 그러나 주민이 고속도로의 소음으로 인하여 정온하고 쾌적한 일상생활을 영유할 수 있는 생활이익이 침해되고 그 침해가 사회통념상 수인한도를 넘어서는 경우(예컨대 1일 평균 소음도가 66dB에서 78dB까지 나타나는 경우)에는 주민은 소음피해의 제거나 예방을 위한 청구를 할 수 있다.

---

281) 대법원 2005.1.27. 선고 2003다49566 판결.

(3) 생활방해금지의무위반의 효과

1) 서 언

민법 제217조를 둔 의의는 매우 크다. 본래 일본민법에는 없는 규정이나(일본에서는 권리남용의 법리에 비추어 참고 받아들여야 할 정도를 넘는 생활방해는 흔히 「공해」라는 이름으로 불법행위의 성립을 인정한다), 독일민법 제906조를 본받아 도입한 규정이다. 그러나 민법 제217조는 너무 간단하게 토지소유자의 생활방해조처의무만을 규정하고 있을 뿐이지, 이웃거주자가 생활방해를 받는 경우에 어떤 권리를 가지는가에 관하여 아무런 언급이 없다. 만약 생활방해가 수인한도를 넘는 경우에는 피해자인 이웃거주자는 소유권 기타 물권에 의한 물권적 청구권을 행사하여 방해의 중지 내지 금지를 청구하거나 방해의 예방을 위한 적당한 조처를 청구할 수 있다. 또한 생활방해로 인하여 손해가 생긴 때에는 불법행위에 기한 손해배상책임을 물을 수 있다.

2) 방해배제 · 예방청구

> A의 집과 B병원의 구시체실은 담장 하나를 두고 인접하여 있었고, 신시체실은 구시체실을 사이에 두고 15미터 정도 떨어져 있으며 A의 집이나 시체실로 통하는 통로는 폭 5미터 정도에 불과한 막다른 골목밖에 없었다. 그리고 B병원에서는 매월 시체실에 시체를 둔 채 장례를 치루는 경우가 약 10구, 옮겨가는 시체와 연고 없이 상당기간 안치되는 시체도 상당한 정도가 되며, 시체실과 A의 집과의 거리관계상 여름철에는 특히 시체에서 나는 악취가 A의 집에까지 스며들었다. 특히 시체실로 통하는 통로와 시체실의 출입문이 좁아서 그 통로에서 차량이 회전할 수도 없고, 시체실까지 차량이 들어갈 수도 없게 되어 있는 관계로 영구차를 문전통로에 대기시켜 놓고 시체실로부터 시체를 운반하여 차량에 싣고 있었으므로 그 통로를 출입하는 A와 그의 가족은 시체를 운반하는 광경을 보지 않을 수 없었으며, 장례를 할 때에 골목에 화환과 차량이 세워짐은 물론 골목에 천막 등을 쳐서 통행에 불편을 줄 뿐만 아니라 유족 또는 조객이 시체실의 마당 또는 골목길에서 대성통곡을 하는 관계로 A의 집에까지 곡성이 들려오기도 하였다. A는 B병원에 대하여 어떤 청구를 할 수 있는가?
> [대법원 1974.12.24. 선고 68다1489 판결]

B병원과 같은 종합병원의 경우에 시체실의 설치는 필요불가결하다. 또한 시체실을 둔 B병원의 인접지에 살고 있는 거주자인 A가 그로 인하여 불쾌감 등 고통을 받게 될지라도 그 정도가 사회관념상 일반적으로 수인하여야 할 정도의 고통인 때에는 A로서는 수인함으로써, 종합병원의 사회적인 기능과 일반시민의 보건생활에 지장이 없도록 하여야 한다.

만일 A가 입는 고통이 수인의 한도를 초과할 때에는 어떤가? 사례를 보면 B병원이 시체로부터 발산하는 악취의 확산방지나 제거를 위한 조치, 유족이나 조객의 곡성이 외곽에 전파되지 않도록 하는 조치, 시체봉구시의 시체의 일반인에의 노출방지조치 등 적절한 조치를 취하지 않고 시체실을 계속 사용한다면, A와 그의 가족은 시체에서 발산하는 악취,

유족이나 조객의 곡성 및 일반시민이 직접 보기를 꺼려하는 시체의 운구를 빈번이 보게 됨으로 인하여 죽음에 대한 공포와 생(生)에 대한 불안감, 그 밖에 신경의 긴장을 일으켜 정신위생상 유해한 결과를 낳을 수 있다고 하지 않을 수 없다. 결국 A가 받게 되는 피해와 고통은 사회관념상 일반적으로 요구되는 수인의 정도를 초과한다고 판단할 수 있다. 그러므로 B병원에게 그 방해사유의 제거 내지 예방을 위하여 적당한 조치를 할 의무가 있다는 사실은 민법 제217조에 비추어 분명하다. B병원이 운영하는 시체실로부터의 생활방해가 수인한도를 초과하므로, A는 오히려 그 방해사유의 제거 내지 예방을 B병원에 대하여 청구할 수 있다.

2) 손해배상청구

수인한도를 넘는 생활방해가 되는 경우에는 위법한 행위로서 불법행위가 되어 피해자는 가해자에 대하여 민법 제750조에 의한 손해배상을 청구할 수 있다. 역시 정신적 고통에 대하여는 민법 제751조에 의하여 위자료청구를 할 수 있다.

생활방해를 이유로 손해배상을 물을 때에는 일반불법행위책임의 요건으로서의 가해자의 고의·과실 여부를 굳이 따질 필요가 없다(특히 환경정책기본법 제31조는 환경오염 또는 환경훼손으로 인하여 발생한 피해에 대하여는 무과실책임을 인정한다). 민법 제217조가 요구하는 생활방해방지조처의무의 위반 자체를 과실로 보아서 손해배상청구의 근거로 삼을 수 있다고 새겨야 한다. 그러므로 토지소유자가 적정한 수인한도를 넘는 생활방해를 막아야 할 의무의 위반을 통하여 생활방해물질을 풀어 헤쳐서 이웃거주자에게 피해를 생기게 한 때에는 바로 손해배상책임이 인정된다.

생활방해에 의한 피해라는 인과관계의 증명은 누가 하여야 하는가? 생활방해로 인한 손해배상청구소송에 있어서는 가해행위와 손해발생 사이의 인과관계의 고리를 모두 자연과학적으로 증명하기가 곤란 내지 불가능한 경우가 많다. 예컨대 소음이나 진동 등과 같이 생활방해가 직접적인 경우에는 어느 정도 인과관계의 증명이 가능할 수 있다. 그러나 유해가스나 분진, 오수(汚水)와 같이 자연의 매개물을 통하여 간접적으로 피해가 야기되거나, 여러 원인이 경합하거나 모여 쌓여서 피해가 비로소 일어나는 생활방해에 있어서는 그 인과관계를 증명하기가 쉽지 않다.

일반적으로 불법행위로 인한 손해배상청구에 있어서 가해행위와 손해발생 사이의 인과관계의 증명책임은 피해자가 부담한다. 그러나 생활방해로 인한 손해배상을 청구하는 소송에 있어서는 가해자가 배출한 원인물질을 통하여 간접적으로 손해를 끼치는 수가 많고, 현재의 과학수준으로도 해명할 수 없는 분야까지 있으므로, 가해행위와 손해의 발생 사이의 인과관계를 구성하는 하나하나의 고리를 자연과학적으로 모두 증명하기는 극히 곤란하거나 불가능한 경우가 대부분이다. 그러므로 피해자에게 사실적인 인과관계의 존재에 관하여 과학적으로 엄밀한 증명을 요구한다고 하면 생활방해로 인한 사법적 구제를 사실상 거부하는 결과가 될 우려가 있다. 결국 피해자의 구제라는 견지에서, 또한 가해자는 기술적·경제적으로 피해자보다 훨씬 원인조사가 용이한 경우가 많으므로, 가해자측에서 생활방해가 무해하다는 사실을 증명하지 못하는 한 책임을 면할 수 없다고 보아야 사회형평의 관념에 적합하고, 손해배상제도의 이상에 맞는다고 하지 않을 수 없다(증명책임이 전환된다).

> A학교법인은 교사(校舍)를 건축하였는데, B 소유의 대지의 경계선과는 한치의 거리도 두지 아니하고, 더우기 그 교사의 2층에서 6층까지의 난간의 끝부분은 B 소유의 대지를 일부 침범하여 건축되었다. 그리고 A학교법인의 교사의 난간에서 떨어지는 빗물과 학교에서 버리는 휴지, 칠판지우개, 잉크병, 유리조각, 나무토막, 그 밖에 청소시에 생기는 각종 오물이 B의 지붕과 마당에 떨어지게 되어 지붕의 기와와 장독대가 깨어지는 일이 일어나고 떨어진 오물이 언제나 지붕 위에 지저분하게 널려 있을 뿐 아니라, 학생이 B의 지붕에 올라가거나, B의 주택을 내려다 보고 부녀자에게 야유와 희롱을 하는 일이 허다하며 심지어는 불이 붙은 담배꽁초를 집어던지는 일까지 있었다. 특히 A학교법인이 경영하는 학교가 야간학교를 겸하고 있는지라 그 생활방해는 낮부터 밤 9시까지 계속되었으므로, B는 밤낮 없이 소음과 불안 속에서 생활하고 있었다. B는 A학교법인에 대하여 손해배상을 청구할 수 있는가?

케이스에서 B 소유의 부동산에 대한 방해의 정도가 이웃토지로서의 통상의 용도에 적당하다고 보기 어렵다. 그러므로 A학교법인측의 계속되는 소유물방해와 소음 및 불안상태의 조성은 이른바 수인한도를 넘는 불법이라고 할 수 있다.

우선 A학교법인이 B에 대하여 토지사용을 방해한 행위는 재산권의 침해에 해당한다. 그러므로 B는 A학교법인에 대하여 재산권의 침해에 따른 손해배상을 청구할 수 있다. 그리고 사람이 그의 독점적 지배하에 있는 주택내부에서 사생활을 함에 있어서 외부로부터 차단되어 공개되지 아니하고 자유롭게 기거하거나 처신할 수 있음은 인간의 자유권에 속하는 침해되지 아니할 하나의 법익이라고 할 수 있다. A학교법인의 생활방해는 B가 누리는 인간의 자유권에 속하는 법익을 침해하는 경우로 되고, 바로 그 법익의 침해는 민법 제751조 소정의 타인의 자유를 해하는 경우에 해당한다고 해석된다. 특히 B에 대한 A학교법인측의 계속되는 소유물방해와 소음 및 불안상태의 조성으로 인하여 B가 정신적 고통을 입는다는 사실을 경험칙상 쉽게 짐작할 수 있다. 결국 A학교법인은 재산 이외의 손해에 대하여서도 위자료의 배상책임을 면할 수 없다.

3. 이웃토지의 사용에 관한 상린관계

(1) 이웃토지사용청구권

토지소유자는 경계나 그 근방에서 담 또는 건물을 축조하거나 수선하기 위하여 필요한 범위 내에서 이웃토지의 사용을 청구할 수 있다(§216 I 본문). 다만 이웃사람(토지의 소유자·지상권자·전세권자·임차인 등이 될 수 있다)에 대한 일방적 통고로 충분하지 않고, 이웃토지의 사용을 청구하여 그 승낙을 얻고 이웃토지를 사용하여야 한다. 만일 이웃토지의 소유자가 승낙하지 않으면 법원에 승낙에 갈음하는 판결(§389 II)을 구하여야 한다.

이웃사람의 승낙이 없으면 그 주거에는 들어가지 못한다(§216 I 단서). 이웃토지의 건물에는 반드시 이웃사람(역시 건물의 소유자에 한하지 않고, 현재 건물에 거주하고 있는 자, 예컨대 전세권자, 임차인 등을 포함한다)의 승낙을 얻어야 들어갈 수 있고(§216 I 단서), 판결로 건물 점유자의 승낙을 갈음할 수 없다.

역시 담·건물 이외의 공작물의 축조나 수선에 대하여도 마찬가지로 이웃토지(인지)사용청구권이 인정된다고 해석된다. 그리고 토지·건물을 사용하는 때에는 어느 경우에나 이웃사람에게 생긴 손해를 배상할 의무를 부담한다(§216 II).

(2) 주위토지통행권

1) 주위토지통행권의 의의

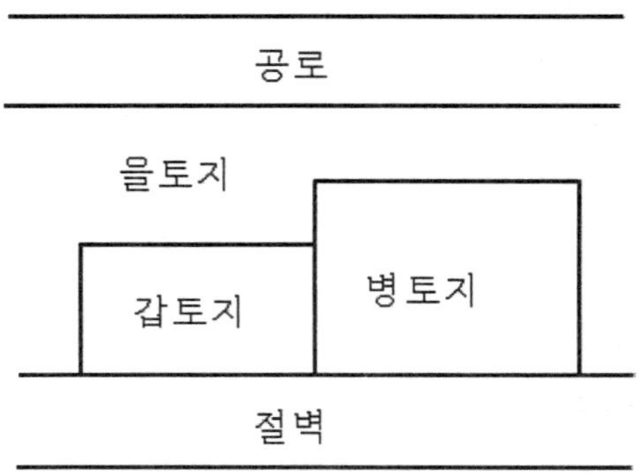

어느 토지와 공로 사이에 그 토지의 용도에 필요한 통로가 없는 경우가 많다(주위의 토지에 둘러쌓여 도로(통로)가 없는 토지를 흔히 「맹지」라고 부른다). 주위의 다른 토지로 둘러쌓인 토지는 어떤 방법으로 공로로 통할 수 있는가?

민법 제219조 제1항은 토지소유자가 주위의 토지를 통행 또는 통로로 하지 아니하면 공로에 출입할 수 없거나 과다한 비용을 요하는 때에는 그 주위의 토지를 통행할 수 있고, 필요한 경우에는 통로를 개설할 수 있다고 규정하고 있다. 이른바 「주위토지통행권」이 인정된다. 그러므로 타인의 토지에 둘러싸여 공로에 통할 수 없는 토지에는 주위토지통행권이 따른다. 역시 연못·하천·해양에 의하지 않고는 외부로 나갈 수 없는 경우나 낭떠러지로 인하여 토지와 공로가 현저한 고저를 이루고 있는 토지에 대하여도 주위토지통행권이 인정된다(주위토지통행권을 필요로 하는 토지인지 여부는 사회통념에 의하여 결정된다).

주위토지통행권은 인접한 토지의 상호이용의 조절에 기한 권리이다. 그러므로 주위토지통행권은 토지의 소유자뿐만 아니라, 지역권자, 전세권자와 같이 토지사용권을 가진 자에게도 인정된다(종래의 판례에 따르면 명의신탁자에게는 주위토지통행권이 인정되지 아니한다[282]). 그러나 토지의 불법점유자는 그 토지를 사용할 정당한 권원이 없는 자로서 토지소유권의 상린관계에 기하여 주위토지통행권을 취득할 수 없다.[283]

282) 대법원 2008.5.8. 선고 2007다22767 판결.

283) 대법원 1976.10.29. 선고 76다1694 판결.

2) 주위토지통행권의 내용

(a) 통로의 개설

토지소유자는 공로로 통하기 위하여 주위토지를 통행할 권리를 가질 뿐만 아니라(§219 I 본문), 필요하면 통로를 개설할 수도 있다. 다만 토지를 통행하거나 통로를 개설할 때에는 통행지 혹은 통로개설지에 손해가 가장 적은 장소와 방법을 선택하여야 한다(§219 I 단서). 만일 통로의 개설로 인하여 통행지 혹은 통로개설지에 손해가 생긴 경우에는 그 손해를 보상하여야 한다(§219 II).

주위토지통행권자가 민법 제219조 제1항 본문에 따라서 통로를 개설하는 경우에 통행지소유자는 원칙적으로 통행권자의 통행을 수인할 소극적 의무를 부담할 뿐, 통로개설 등 적극적인 작위의무를 부담하지는 아니한다. 주위토지통행권자는 스스로 통로의 개설이나 유지를 위한 비용을 부담하여야 한다.

공로에 통하는 기존의 통로가 있는 경우에는 주위토지통행권이 인정될 수 없는가? 주위토지통행권은 어느 토지가 타인 소유의 토지에 둘러싸여 공로에 통할 수 없는 경우뿐만 아니라, 이미 기존의 통로가 있더라도 그 통로가 좁아서 토지의 이용에 부적합하여 실제로 통로로서의 충분한 기능을 하지 못하고 있는 경우에도 인정된다.[284] 다만 어떤 토지에 이미 용도에 필요한 통로가 있는 경우에는 그 통로를 사용하는 경우보다 더 편리하다는 이유만으로 다른 장소로 통행할 권리를 인정할 수 없다.[285]

자동차의 통행은 어떤가? 사람만이 통과하는 도로가 있더라도 토지의 통상적 이용을 위하여 자동차의 출입이 필요하면 자동차를 위한 주위토지통행권이 인정된다. 그러나 단지 생활상의 편의를 위하여 다소 필요한 상태라고 여겨지는 정도에 그치는 경우까지 자동차의 통행이 허용되지는 않는다.[286]

(b) 통행로의 노폭

> 당초 A 소유의 갑토지는 채소밭으로 이용되어 왔으나, A가 그 지상에 건물을 건축하려고 계획을 세우고 있었는데, 갑토지는 주위가 B를 비롯한 타인 소유의 토지에 둘러싸여 공로로 나가기 위하여는 B 소유의 을토지 내에 개설되어 있는 통행로를 사용할 수밖에 없었다. 한편 A가 건물을 건축하려고 하면서도 A측에서 통행로부분의 토지를 매수하려는 움직임을 보이지 아니하자, B는 아예 통행로의 입구쪽과 갑토지와 면한 부분에 담장을 설치하여 통행로를 봉쇄하기에 이르렀다. A는 갑토지의 이용을 위하여 B 소유의 을토지에 대한 주위토지통행권을 가지고, 그 통행로의 노폭은 갑토지 위에 건축허가를 받는 데 필요한 2m가 되어야 한다고 주장할 수 있는가?

주위토지통행권은 어느 범위까지 인정되는가? 구체적인 사안에서 사회통념에 따라서

284) 대법원 2003.8.19. 선고 2002다53469 판결.
285) 대법원 1995.6.13. 선고 95다1088 판결.
286) 대법원 2006.6.2. 선고 2005다70144 판결; 대법원 1994.10.21. 선고 94다16076 판결.

토지 양쪽의 지형적·위치적 형상 및 이용관계, 부근의 지리상황, 이웃토지이용자의 이해득실 기타 제반사정을 기초로 판단하여야 한다.[287] 다만 누구에게든 주거는 사람의 사적인 생활공간이자 평온한 휴식처로서 인간생활에서 가장 중요한 장소라고 아니할 수 없어 헌법도 주거의 자유를 보장하고 있으므로, 주위토지통행권의 행사를 통하여도 타인이 가지는 주거의 자유와 평온 및 안전을 침해하여서는 아니된다. 그러므로 통행로의 폭이나 위치 등을 정할 때에는 피통행지의 소유자에게 가장 손해가 적게 되는 방법이 고려되어야 한다.

건축법상 「건축물의 대지는 2m 이상 도로에 접하여야 한다」(건축법 §44). 사례에서 A는 갑토지에 건물을 건축하려고 하므로, 건축법상의 규정에 따라서 주위토지통행권의 통행로의 노폭과 면적도 역시 최소한 2m에 부합시켜야 하는가가 문제된다. 건축법에 건축과 관련하여 도로에 관한 폭 등의 제한규정이 있다 하더라도 그 규정은 건물신축이나 증축·개축의 허가시 그와 같은 범위의 도로가 필요하다는 행정법규에 불과할 뿐 그 규정만으로 당연히 포위된 토지의 소유자에게 그 반사적 이익으로서 건축법에서 정하는 도로의 폭이나 면적 등과 일치하는 주위토지통행권이 바로 생긴다고 할 수는 없다. 물론 법령상의 규제내용도 참작사유로 삼아 A가 계획하고 있는 건물의 건축을 위한 통행로의 필요도와 그 주위토지소유자 B가 입게 되는 손해의 정도를 비교형량하여 주위토지통행권의 적정한 범위를 결정하여야 한다(다만 주위토지통행권의 범위는 현재의 토지의 용법에 따른 이용의 범위에서 인정할 수 있을 뿐, 장래의 이용상황까지 미리 대비하여 정할 수는 없다).

사례에서 A는 갑토지를 건축물의 부지로 사용하려면 건축법 제44조 제1항의 규정에 의하여 갑토지가 2m 이상 도로에 접하여야 건축허가를 받을 수 있으므로, A로서는 노폭 2m의 통행로를 확보하여야 할 필요성이 절실하다. 그러므로 통행로의 노폭이 건축허가에 필요한 요건을 충족하느냐의 여부는 A의 주위토지통행권의 범위를 결정함에 있어서 중요한 참작요소가 된다고 보아야 한다. 결국 AB 소유의 토지 및 통행로의 위치와 면적, 현재의 토지이용상황을 덧붙여 보면 갑토지에 필요한 통행로의 노폭을 2m로 인정할 수 있다.[288]

(c) 통행지 위에 있는 시설물의 철거

다른 사람 소유의 토지에 대하여 상린관계로 인한 주위토지통행권을 가지고 있는 사람은 그 범위 내에서 토지를 사용할 수 있을 뿐이고, 그 통행지에 대한 소유자의 점유를 배제할 권능까지 가지고 있지는 않다. 오히려 통행지소유자는 그 통행지를 전적으로 점유하고 있는 주위토지통행권자에 대하여 그 통행지의 인도를 구할 수 있다. 다만 주위토지통행권자는 필요한 경우에는 통행지상에 통로를 개설할 수 있으므로, 모래를 깔거나, 돌계단을 조성하거나, 장해가 되는 나무를 제거하는 등의 방법으로 통로를 개설할 수 있고, 통

---

287) 대법원 2009.6.11. 선고 2008다75300, 75317, 75324 판결.

288) 대법원 1996.5.14. 선고 96다10171 판결. 판례를 보면 폭 1.3m 내지 1.5m 정도의 통로가 위요지의 이용을 위하여 필요한 범위 내라고 본 경우(대법원 1992.3.31. 선고 92다1025 판결) 혹은 150cm 내외 정도의 노폭은 필요하다고 한 경우(대법원 1989.7.25. 선고 88다카9364 판결)가 있다.

행지소유자의 이익을 해하지 않는다면 통로를 포장하는 경우도 허용된다. 그러므로 주위토지통행권의 본래적 기능발휘를 위해서는 그 통행에 방해가 되는 담장과 같은 축조물도 주위토지통행권의 행사에 의하여 철거될 수 있다.[289]

3) 토지의 분할·일부양도와 주위토지통행권

분할이나 일부양도로 인하여 공로에 통행하지 못하는 토지가 있는 때에는 그 토지소유자는 공로에 출입하기 위하여 다른 분할자의 토지를 통행할 수 있다(§220). 특히 토지의 분할이나 일부양도로 생긴 포위된 토지를 위한 주위토지통행권은 무상주위토지통행권이다. 토지의 분할·일부양도에 의하여 공로에 통할 수 없는 토지를 소유하게 된 자를 위하여 통행권을 당연히 배려하여야 한다는 차원에서 무상의 주위토지통행권이 인정된다.

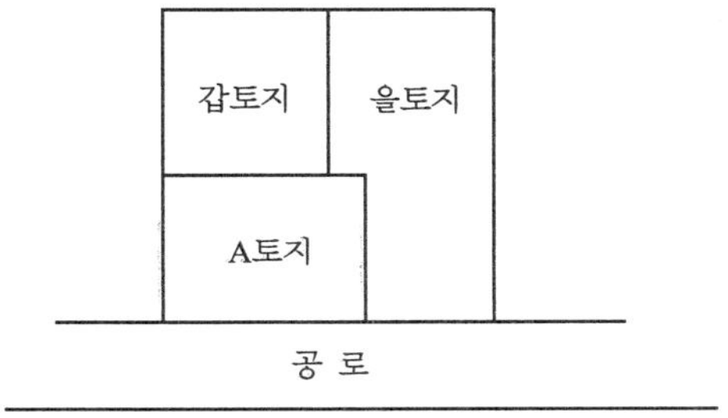

어느 토지가 갑토지와 을토지로 분할되었고, 갑토지가 다른 토지를 통하지 않고는 공로로 통할 수 없는 포위된 토지로 되었다. 그런데 갑토지가 먼저 양도된 후에, 을토지도 갑토지를 위한 통로가 개설되지 아니한 채 양도되었다. 그리고 을토지의 매수인은 성토하여 갑토지와의 경계에 돌담을 쌓았고, 을토지 위에 건물을 건축하였다. 갑토지의 소유자는 A토지의 소유자에 대하여 민법 제219조의 주위토지통행권을 주장할 수 있는가?

만약 을토지가 본래의 소유자에게 남아 있다고 하면 갑토지의 양도를 받은 토지소유자는 당연히 을토지만에 주위토지통행권을 취득하게 된다. 특히 갑토지의 소유자가 취득하는 주위토지통행권은 무상이므로, 보상의 의무가 없다.

케이스는 을토지에 갑토지의 소유자를 위한 통로가 개설되지 아니한 채 을토지가 양도된 경우이다. A토지의 소유자는 을토지가 양도된 사실만을 이유로 주위토지통행권의 부담을 떠맡게 되는가? 혹은 을토지의 소유자는 애써 만든 돌담을 무너뜨리고 무상으로 주위토지통행권을 내주어야 하는가? 판례는 무상의 주위토지통행권은 토지의 직접분할자 또는 일부양도의 당사자 사이에만 적용되고, 포위된 토지 또는 피통행지의 특별승계인에게는 적용되지 않는다고 보는 확고한 태도를 보이고 있다.[290] 그러므로 판례에 의하면 포위된 토지 또는 피통행지의 특정승계인의 경우에는 주위토지통행권에 관한 일반원칙으로 돌아가야 하므로,[291] 갑토지의 소유자는 A토지의 소유자에 대하여도 민법 제219조의 주위토지통행권을 주장할 수 있다.

---

289) 대법원 2006.6.2. 선고 2005다70144 판결.

290) 대법원 2002.5.31. 선고 2002다9202 판결. 특히 분할자 또는 일부양도의 당사자가 무상주위토지통행권에 기하여 이미 통로를 개설해 놓은 다음 특정승계가 이루어진 경우라 하더라도 마찬가지로 무상주위토지통행권에 관한 민법 제220조가 적용되지 않는다고 한다.

291) 대법원 1996.11.29. 선고 96다33433, 33440 판결.

판례의 태도는 타당하지 않다. 민법 제220조의 무상주위토지통행권은 포위된 갑토지에 부착된 물권적 권리이고, 분할이나 일부양도로 인하여 갑토지의 공로에의 접근을 막은 을토지 자체에 부과된 물권적 부담이라고 이해할 수 있으므로, 을토지의 양수인과의 관계에서도 민법 제220조가 적용되어야 한다고 본다. 만약 을토지가 양도된 결과로 무상주위토지통행권이 소멸한다고 하면 포위된 갑토지의 소유자는 자기가 전혀 알지 못하는 사이에 우연한 사정에 의하여 그 법적 보호를 박탈당한다고 하는 불합리한 결과를 받게 되고, 다른 한편 을토지 이외의 다른 토지, 즉 A토지를 통행할 수 있다고 하면 A토지의 소유자에게 불측의 불이익이 미친다고 할 수 있다. 그러므로 갑토지의 소유자는 을토지의 소유자에게만 민법 제220조에 의한 무상주위토지통행권을 주장할 수 있다고 보아야 한다.

4) 주위토지통행권의 소멸

주위토지통행권이 발생한 후 그 토지에 접하는 공로가 개설되면 주위토지통행권은 소멸하는가? 일단 주위토지통행권이 발생한 경우라고 하더라도 나중에 그 토지에 접하는 공로가 개설됨으로써 주위토지통행권을 인정할 필요성이 없어진 때에는 그 주위토지통행권은 소멸한다.[292)]

(3) 수도 등의 시설권

토지소유자는 타인의 토지를 통과하지 않고는 필요한 수도·소수관·가스관·전선을 시설할 수 없는 경우 혹은 시설에 과다비용이 필요한 경우에는 타인의 토지를 통과하여 시설할 수 있다(§218 I 본문). 현대의 도시생활에서는 수도·소수관·가스관·전선과 같은 시설이 반드시 필요하고, 없어서는 안된다. 그러나 개인이 수도·소수관·가스관·전선을 시설하는 경우는 별로 많지 않으므로, 민법 제218조가 적용되는 예는 적다(주로 수도법, 전기사업법, 도시가스업법 등 특별법의 규율을 받는다).

타인의 토지를 통과하여 수도·소수관·가스관 ·전선의 시설을 하는 때에는 손해가 가장 적은 장소와 방법을 선택하여야 하고, 시설통과지의 소유자에게 손해를 준 경우에는 손해를 보상하여야 한다(§218 I 단서). 손해가 가장 적은 장소와 방법이 선택된 경우인지의 여부는 사회통념에 비추어 부근의 지리상황, 이웃토지이용자의 이해득실 기타 제반사정을 참작한 뒤 구체적 사례에 응하여 판단하여야 한다.

시설을 한 후 사정의 변경이 있는 때에는 시설통과지의 소유자는 시설자에 대하여 그 시설의 변경을 청구할 수 있다(§218 II 전단). 시설변경의 비용은 시설통과지의 소유자가 부담한다(§218 II 후단).

---

292) 대법원 1998.3.10. 선고 97다47118 판결.

4. 물에 관한 상린관계

(1) 배수(排水)에 관한 상린관계

1) 자연유수의 승수의무와 권리

물이 높은 곳에서 낮은 곳으로 흐른다는 이치는 불변의 자연법칙이다. 그러므로 낮은 곳의 토지소유자는 자연히 흘러오는 물의 흐름을 막아서는 안되고, 수인하여야 할 의무(承水義務라고 부른다)를 부담한다(§221 I). 민법 제221조 제1항에서 말하는 「자연히 흘러오는 물」에는 인공에 의하여 지상에 떨어지거나 지상으로 분출되는 물이 아닌 빗물도 포함된다.[293] 만약 낮은 곳의 토지소유자가 자신의 토지에 성토하여 지반고를 높이거나 제방을 쌓아서 종전에 높은 곳으로부터 자연히 흘러오는 빗물(雨水)의 흐름을 막게 되면 민법 제221조 제1항 소정의 승수의무를 위반한 경우가 된다. 물론 옆의 토지소유자가 그 토지에 특히 가공을 함으로써, 예컨대 이웃토지에서 땅을 높인 결과로 비로소 흐르게 되는 물에 대하여는 승수의 의무가 없다.

자연유수의 승수의무란 낮은 곳의 토지소유자는 오로지 소극적으로 이웃하는 높은 곳의 토지로부터 자연히 흘러오는 물을 막지 못한다는 의미일 뿐이지, 적극적으로 그 자연유수의 소통을 유지할 의무까지 토지소유자로 하여금 부담케 하지는 아니한다.[294] 그러나 자연의 수류가 낮은 곳에서 막힌 경우에는 높은 곳의 토지소유자는 자비로 소통에 필요한 공사를 할 수 있고(§222), 비용부담에 관하여는 특별한 관습이 있는 경우에는 그 관습에 의한다(§224).

높은 곳의 토지소유자는 자연히 흘러내리는 물이 이웃하는 낮은 곳의 토지에서 필요한 경우에는 자기의 정당한 사용범위를 넘어서 물을 막지 못한다(§221 II).

2) 인공적 배수

인공적 배수를 위하여 인접하는 타인의 토지를 사용하는 권리는 원칙적으로 인정되지 아니한다. 예컨대 갑토지에 물을 저장하고[貯水], 빼고[排水], 끌어오기[引水] 위하여 설치한 공작물이 파손되거나 막혀서 을토지에 손해를 주거나 줄 염려가 있는 때에는 을토지의 소유자는 갑토지의 소유자에 대하여 그 공작물의 보수, 폐색의 소통 또는 예방에 필요한 청구를 할 수 있다(§223, 다만 비용부담에 대한 특별한 관습이 있으면 그 관습에 의한다). 또한 토지소유자는 처마물(또는 낙숫물)이 인접하는 타인의 토지에 직접 떨어지지 않도록 적당한 시설을 하여야 한다(§225).

인공적 배수가 인정되는 예외적인 경우도 있다. 높은 곳의 토지소유자는 침수지를 말리기 위하여 또는 가용·농공업용의 여수(남는 물)를 소통하기 위하여 공로·공류·하수도에 달하기까지 낮은 곳에 물을 흘러 내려 보내어 통과하게 할 수 있는 「여수소통권」이 있

---

293) 대법원 1995.10.13. 선고 94다31488 판결.

294) 대법원 1977.11.22. 선고 77다1588 판결.

다(§226 I). 다만 낮은 곳의 토지에 손해가 가장 적은 장소·방법을 선택하고, 낮은 곳의 토지에 입힌 손해는 보상하여야 한다(§226 II). 토지소유자는 물을 흘러 가도록 하기 위하여 이웃토지의 소유자가 시설한 공작물을 사용할 수 있는 「통수용공작물사용권」(通水用工作物使用權)이 있고, 이웃토지의 소유자가 시설한 공작물을 사용하는 자는 그 이익을 받은 비율로 공작물의 설치·보존의 비용을 분담하여야 한다(§227).

(2) 여수(餘水)에 관한 상린관계

자기의 토지로부터 흘러 나오는 물이 사용하고도 남는다고 하면 당연히 물을 필요로 하는 다른 토지소유자에게 나누어 주어야 한다. 이웃토지의 소유자가 물이 부족하여 심한 곤란을 겪고 있는 데도 불구하고, 남는 물을 이웃에게 나누어 줄 생각을 하지 않고, 쓸데없이 버린다고 하면 사회공동생활에 있어서의 협동정신에 어긋난다. 바로 민법 제228조는 토지소유자는 과다한 노력이나 비용을 요하지 아니하고는 가용이나 토지이용에 필요한 물을 얻기 곤란한 때에는 이웃토지의 소유자에게 보상을 하고, 여수(남는 물)의 급여를 청구할 수 있다고 규정하여 이웃토지의 소유자가 남는 물을 사용할 수 있는 권리, 즉 「여수급여청구권」을 인정하고 있다.

여수급여청구에도 불구하고 토지소유자가 남는 물을 급여하지 않으면 권리남용이 된다. 다만 여수, 즉 남는 물만이 대상이 되므로, 토지소유자가 자기의 사용에도 부족한 경우, 혹은 오로지 자기의 사용에 필요한 만큼의 양만을 가지고 있는 경우에는 여수급여의무가 없다. 남는 물이 있는지 없는지는 사회통념에 따라서 객관적으로 결정되어야 한다.

(3) 유수(流水)에 관한 상린관계

1) 서 언

흐르는 물, 즉 유수의 이용은 인간의 일상생활과 매우 밀접한 관계가 있다. 그러므로 흐르는 물의 이용에 관하여 토지소유자가 어떤 권리를 가지는가를 규율하는 유수의 상린관계에 관한 규정은 대단히 중요한 의미를 가진다. 특히 물에 의존하여 농사를 짓는 농촌사회에서는 유수이용의 문제가 대단히 중요하다. 민법은 유수의 이용에 관한 상린관계를 (i) 수류지의 소유권이 사인에게 속하는 경우, (ii) 공유하천의 유수를 이용하는 경우로 나누어 규정하고 있다.

2) 수류지가 사유인 유수의 이용관계

(a) 수류변경권

구거(溝渠, 개골창으로 된 도랑을 말한다), 그 밖의 수류지(河床·敷地 등 물이 흐르는 땅을 말한다)의 소유자는 대안(건너편 기슭을 말한다)의 토지가 타인의 소유인 때에는 그 수로나 수류의 폭을 변경하지 못한다(§229 I). 아무리 도랑 등 수류지의 소유자라고 하더라도 대안의 토지소유자의 유수이용권을 해치거나 대안에 영향을 주는 행위를 마음대로 하지 못한다.

양안(양쪽 기슭을 말한다)의 토지가 수류지소유자의 소유인 때에는 수로나 수류의 폭을 변경할 수 있다. 그러나 수류지소유자의 수류변경권은 하류가 자연의 수로와 일치하도록 행사하여야 한다(§229 II).

(b) 둑의 설치·이용권

수류지의 소유자는 언(堰, 둑 또는 뚝을 말한다)을 설치할 필요가 있는 때에는 그 둑을 대안(건너편 기슭)에 붙여서 설치할 수 있으나, 생긴 손해에 대하여는 보상하여야 한다(§230 I). 그러므로 대안의 토지만을 소유하고 수류지의 일부를 소유하지 않는 자는 둑을 자기의 토지에 붙여서 설치하게 하고, 그로 인한 손해를 보상받을 뿐이다.

대안의 토지소유자는 수류지의 일부가 자기의 소유에 속하는 경우에 다른 수류지의 소유자가 설치한 둑을 사용할 수 있고, 이익을 받은 비율로 그 설치·보존의 비용을 분담하여야 한다(§230 II). 그러므로 대안의 토지소유자도 유수이용권을 가지는 때에는 수류지소유자의 사용을 방해하지 않는 한도에서 그 둑을 사용할 수 있다.

3) 공유하천에 관한 상린관계

(a) 공유하천용수권이란

하천은 사천과 공천(공유하천)으로 구분할 수 있다. 사천(私川)이란 특정의 사인에게 흐르는 물의 배타적 지배를 허용하여도 공공의 이해에 영향이 없는 하천을 말한다. 반면에 공천이란 공공의 이해와 관련이 있는 하천을 가리킨다(수류지의 소유권이 개인이냐 국가이냐, 하천법의 적용을 받는냐 아니냐와 관계가 없다).

공천(公川), 즉 공유하천으로부터 흐르는 물을 끌어다 사용할 수 있는가? 공유하천으로부터의 하천수의 사용에 대하여는 하천법이 규율하는 부분과 민법이 규율하는 부분이 있다. 바로 민법 제213조가 공유하천의 사용에 관한 민법상의 권리로서 공유하천용수권을 인정하고 있다. 공유하천용수권이란 공유하천의 연안에서 농업이나 공업을 경영하는 자가 하천수를 끌어들여 사용할 수 있는 권리이다(하천수의 인수를 위하여 필요한 공작물을 설치할 수도 있다).

공유하천용수권의 법적 성질은 물권인가? 종래의 판례가 용수권을 관습법상 성립하는 독립의 물권이라고 본 태도를 답습하여 민법 제213조의 공유하천용수권을 일종의 물권이라고 보는 견해가 있다. 그러나 공유하천용수권이 특정소유자에게만 인정되지 아니하고, 하천의 연안에서 농업이나 공업을 하는 자에게 모두 인정되며, 민법 제213조는 그 상호간의 용수관계를 조절하기 위한 규정이다. 그러므로 공유하천용수권은 특별한 물권으로 볼 필요는 없고, 일종의 상린관계에 관한 권리라고 보는 견해가 타당하다.

(b) 공유하천용수권의 내용

(i) 공유하천용수권은 공유하천의 연안에서 농업이나 공업을 경영하는 자이면 누구에게나 인정되는 권리이다. 공업은 수차를 이용한 재래적 소규모의 공업, 전통적 염색업이나 한지공업(예컨대 소규모의 한지제조공업) 등을 상정한 경우이나, 그 공업방식이 거의 사라져 현대사회에서는 공업을 위한 하천수의 이용은 별로 의미가 없다. 공유하천용수권는 주로 농업수리와 관련하여 문제가 된다.

(ii) 물론 공유하천의 상류에서의 용수로 하류에서의 용수를 방해하지 못한다(평등사용의

원칙). 그러나 특별한 사유가 없는 한 유수의 원리상 예컨대 A의 보(洑)는 B 등의 보보다 약 200미터 상류에 위치하고 있는 때에는 A가 먼저 사용하여야 하며, 한발이 심하여 수량이 부족한 상태에서도 A의 보 및 도랑설치 자체만으로는 B 등이 당연히 사용할 수 있는 유수를 가로채어 B 등의 공유하천용수권을 침해한 경우라고 할 수 없다. 또한 상류에서 종전의 관례에 따라서 물을 사용하던 자의 인수(引水)로 인하여 그 하류에서 물을 사용하는 자의 관개용수에 부족이 생기더라도 하류인수자의 공유하천용수권을 침해한다고 할 수 없다(상류우선의 원칙).[295] 다만 상류의 용수권자의 인수나 공작물로 인하여 하류연안의 용수권을 방해하는 때에는 하류의 용수권자는 방해의 제거 및 손해의 배상을 청구할 수 있다(§232).

(iii) 공유하천용수권은 오랜 세월 동안 관습적으로 형성되어 판례에 의하여 인정되어 온 용수권을 민법전에 받아들여 민법상의 권리로 규정한 제도이다. 그러나 관습상의 물권의 일종이라 할 수 있는 용수권의 내용이 모두 성문화되어 있지는 않으므로, 많은 부분은 민법 제234조에 의하여 관습에 의하여 규율된다. 예컨대 공유하천에 보(둑을 쌓아 흐르는 냇물을 막아 그 물을 담아 두는 곳)를 설치하여 그 지역의 경작자가 보로부터 인수하여 논(畓)을 경작하여 온 관행이 있다면 그 농지의 소유자는 농지의 관개에 필요한 한도 내에서 공유하천용수권이 있다.[296]

(4) 지하수

1) 서 언

본래 지하수는 토지의 구성부분에 속한다. 토지의 소유권은 정당한 이익이 있는 범위 내에서 토지의 상하에 미치므로(§212) 토지소유권은 법률의 제한범위 내에서 토지의 지표면 아래에 있는 지하수에도 미친다. 그러므로 자연히 용출하는 지하수는 그 용출하는 토지의 소유자가 자유로 사용할 수 있고, 아무런 제한을 받지 않는다. 또한 자기의 토지에 우물을 파는 경우와 같이 인공적으로 지하수를 솟아나게 하는 방법으로 이용할 수도 있다.

2) 지하수이용의 보호

지하수를 서로 이웃하고 있는 토지의 소유자가 함께 공용으로 이용하는 경우(공용수라고 한다)가 있다. 지하수를 공용으로 이용하는 관계는 토지소유자와의 계약에 의하여 성립할 수도 있고, 또한 관습상의 사용권으로 성립하는 경우도 있다. 토지소유자 각자는 공용에 속하는 원천(源泉)이나 수도(水道)를 각 수요의 정도에 따라서 타인의 용수를 방해하지 않는 범위 내에서 각각 용수할 권리, 즉 지하수용수권이 있다(§235). 그리고 자연히 솟아 나온 지하수가 계속하여 이웃토지로 흘러 들어가 그 지하수에 대하여 이웃토지의 소유자가 관습상의 사용권을 취득한 경우에는 토지의 소유자라 하여도 그 권리를 침해

295) 대법원 1977.11.8. 선고 77다1064 판결.

296) 대법원 1977.7.12. 선고 76다527 판결.

할 수 없다.

필요한 용도나 수익이 있는 원천이나 수도가 타인의 건축 기타 공사로 인하여 단수, 감수 기타 용도에 장해가 생긴 때에는 용수권자는 손해배상을 청구할 수 있고(§236 I), 공사로 인하여 음료수 기타 생활상 필요한 용수에 장해가 있을 때에는 원상회복을 청구할 수 있다(§236 II). 예컨대 어느 토지소유자가 새로이 지하수를 개발하여 설치한 취수공 등을 통하여 지하수를 취수함으로 말미암아 그 이전부터 이웃하는 토지 내의 원천에서 나오는 지하수를 이용하고 있는 이웃토지소유자의 음료수 기타 생활상 필요한 용수에 장해가 생기거나 그 장해의 염려가 있는 때에는 생활용수방해를 정당화하는 사유가 없는 한 이웃토지소유자는 그 생활용수방해의 제거(원상회복)나 예방을 청구할 수 있다.[297]

3) 지하수용수권의 법적 성질

지상으로 솟아 나온 물이나 수도를 여러 사람이 사용할 때에 그 지하수용수권은 어떤 법적 성질을 가지는가? 지하수용수권의 법적 성질을 일종의 인역권이라고 보는 견해가 있다. 인역권설은 지하수용수권을 토지소유권과는 별개의 독립한 권리, 즉 원천·수도사용권이라는 권리로 파악하고, 원천·수도사용권은 원천·수도가 소재한 토지가 원천·수도사용권자를 위하여 편익을 공여할 부담을 지는 인역권이라고 본다. 그러나 지하수는 토지의 구성부분을 이룰 뿐이므로, 그 이용은 토지소유권의 한 권능에 불과하다. 지하수용수권을 토지소유권과는 별개의 독립한 권리로 보기는 어렵다. 그러므로 지하수용수권을 인역권의 일종으로 보는 태도는 타당하지 않다.

[더 생각할 과제 - 온천수]

온천수도 지하수의 일종이므로, 온천수는 용출되는 토지의 구성부분에 불과하다. 그러므로 온천수는 토지와는 별개의 독립한 물권의 객체가 되지 못하여 온천권(광천권 내지 온천수이용권)이라고 하는 관습법상의 물권 내지 준물권이 성립할 수 없다. 또한 온천수의 용출 및 인수에 관한 시설은 민법 제99조 제1항에 의하여 토지의 정착물로서 독립한 부동산으로서의 성질을 가지지 아니하는 한, 토지와 운명을 같이 하는 종물로서 그 토지의 소유권을 취득한 자는 온천수는 물론, 그 용출 및 인수를 위한 시설에 관한 소유권도 아울러 취득한다.

5. 경계에 관한 상린관계

(1) 경계표나 담의 설치권

1) 서 언

인접하여 토지를 소유한 자는 공동비용으로 통상의 경계표나 담을 설치할 수 있다(§237 I). 양 당사자의 합의 없이는 경계선을 중심으로 공동비용으로 경계표나 담장을 설치할 의무가 있다고 할 수 없는가? 어느 한쪽 토지의 소유자는 인접한 토지의 소유자에 대하여 공동비용으로 통상의 경계표나 담을 설치하는 데에 협력하도록 요구할 수 있고, 인접한

297) 대법원 1998.4.28. 선고 97다48913 판결.

토지의 소유자는 그에 협력할 의무가 있다고 보아야 한다.[298] 어느 한쪽 토지의 소유자로부터의 청구가 있으면 인접한 토지의 소유자는 각 토지의 이용상황, 그 소재지역의 일반적인 관행, 설치비용 등을 고려하여 새로 설치할 경계표나 담장의 위치(특별한 사정이 없는 한 원칙적으로 새로 설치할 경계표나 담장의 중심 또는 중심선이 두 토지의 경계선상에 위치하도록 하여야 한다), 재질, 모양, 크기 등 필요한 사항을 고려하여 통상의 경계표나 담의 설치에 협력하여야 한다.

누가 비용을 부담하는가? 경계표나 담의 설치에 관한 비용은 절반하여 부담하고, 측량비용은 토지의 면적에 따라서 부담한다(§237 II). 다만 경계표나 담의 설치나 그 비용부담에 관한 다른 관습이 있으면 그 관습에 의한다(§237 III).

2) 경계표나 담의 특수시설권

경계표나 담의 형식이나 재료는 협의나 관습에 의하여 정한다. 다만 어느 한쪽 이웃토지의 소유자는 자기의 비용으로 담의 재료를 통상보다 양호한 재료로 할 수 있고, 그 높이를 통상보다 높게 하거나 방화벽 기타 특수시설을 할 수 있다(§238).

3) 경계표나 담의 설치의 효력

경계표나 담은 실제로 경계에 대하여 다툼이 없는 경우나 측량에 의하여 경계를 확인한 후에 설치하여야 한다. 다만 비록 분쟁 없이 혹은 측량에 의하여 경계를 설치한 경우라고 하더라도 경계표나 담의 설치 자체가 경계를 객관적으로 결정하는 효력을 갖지는 아니한다.

(2) 경계선상의 공작물의 귀속

경계선상의 공작물, 즉 경계에 설치된 경계표·담·도랑은 이웃토지의 소유자의 공유에 속한다고 추정한다(§239 본문). 다만 예외적으로 (i) 경계표·담·도랑이 이웃토지의 소유자 중 어느 한쪽의 단독비용으로 설치된 때에는 그 비용부담자의 단독소유가 되고, (ii) 담이 건물의 일부인 때에는 그 담은 건물의 일부로 건물소유자의 소유에 속한다(§239 단서). 그리고 경계선상의 공작물이 공유로 추정되는 경우에도 성질상 분할청구가 허용되지 아니한다(§268 III).

6. 경계를 넘은 나뭇가지·나무뿌리의 제거권

(1) 나뭇가지의 침입

인접한 토지의 나뭇가지(樹枝)가 경계를 넘은 때에는 수목의 소유자에 대하여 토지소유자는 가지의 제거를 청구할 수 있다(§240 I). 나무의 소유자가 응하지 아니하면 토지소유자는 자력구제로 나뭇가지를 제거할 수 있다(§240 II). 그러나 나뭇가지가 경계를 넘고 있더라도 이웃토지의 소유자에게 아무런 해를 미치지 않는 데도 불구하고 제거를 청구하거나,

---

298) 대법원 1997.8.26. 선고 97다6063 판결.

자력구제로 제거하여 버리면 권리남용이 될 수 있다.

(2) 나무뿌리의 침입

인접한 토지의 나무뿌리(木根)가 경계를 넘어 침입한 때에는 토지소유자는 나무뿌리를 임의로 제거할 수 있다(§240 III). 다만 이웃토지의 소유자가 나무뿌리를 임의로 제거한 경우에 침입에 의한 손해와 나무에 미치는 영향이 균형을 상실한 경우, 특히 아무런 특별한 이익 없이 제거한 때에는 권리남용이 된다.

(3) 제거한 가지와 뿌리의 귀속

> A 소유의 갑토지에 아주 커다란 오동나무가 서 있었는데, 그 나뭇가지와 나무뿌리가 이웃하고 있는 B 소유의 을토지로 넘어가 자라고 있었다. B는 A에 대하여 수차례에 걸쳐 나뭇가지와 나무뿌리를 제거하기를 청구하였으나, A는 응하지 않았다. 결국 B는 스스로 나뭇가지와 나무뿌리를 제거하였는데, 제거한 나뭇가지와 나무뿌리는 누구의 소유권에 속하는가?

이웃토지의 소유자가 경계를 넘는 인접한 토지의 나뭇가지와 나무뿌리를 제거한 경우에 그 소유권은 누구에게 귀속하는가? 학설상으로는 소유자귀속설과 제거자귀속설이 대립한다.

소유자귀속설은 제거한 나뭇가지나 나무뿌리는 원물주의의 원칙(§102 I)에 따라서 나무의 소유자에게 귀속되어야 한다고 본다. 그러나 입법례로서 스위스민법은 제거자귀속설에 따라서 제거한 나뭇가지와 나무뿌리의 소유권은 제거한 자에게 속한다고 명문으로 규정하고 있다(§687 I ZGB). 제거자귀속설이 다수설이고 타당하다고 보며, 제거한 나뭇가지나 나무뿌리는 나무의 소유자가 제거하면 그 소유자에게 귀속하지만, 이웃토지의 소유자가 제거하면 그에게 귀속된다고 보아야 한다.

(4) 이웃토지에 떨어진 과실의 귀속

> A 소유의 갑토지에 서 있는 감나무의 가지가 이웃하고 있는 B 소유의 을토지로 넘어가 있었는데, 어느 날 강풍이 불어 감이 몽땅 을토지 위로 떨어졌다. 감의 소유권은 누구에게 귀속하는가?

독일민법 제911조는 경계를 넘은 수목으로부터 과실이 이웃토지에 자연히 떨어진 경우에 그 과실은 이웃토지의 소유자에게 귀속한다고 규정하고 있다. 민법에는 명문규정이 없어서 학설이 대립한다. 떨어진 과실은 수목의 소유자에게 귀속한다고 해석하는 태도가 타당하고, 사회관념에도 합치된다는 견해가 있다. 그러나 나뭇가지가 경계를 넘은 때에 이웃토지의 소유자가 그 제거를 청구하지 아니한 사실에 대응하여 그에게 과실의 소유권을 귀속시키는 태도가 공평하다고 본다. 사례에서 감의 소유권은 B에게 귀속한다고 보아야 하므로, A는 B에 대하여 감의 반환을 청구하지 못한다.

7. 경계선 부근의 공작물설치에 관한 상린관계

(1) 건축의 제한

건물을 축조하는 경우에는 특별한 관습이 없는 한 경계로부터 0.5미터 이상의 거리를 두어야 한다(§242 I, 이웃간의 건물은 적어도 1미터 이상의 사이가 있다). 만약 0.5미터 내의 법정거리를 두지 않고 건축을 시작한 경우에 이웃토지의 소유자는 건축의 변경 혹은 철거를 청구할 수 있으나, 건축착수로부터 1년이 경과한 때 혹은 건물이 완공된 경우에는 건물의 변경·철거를 청구할 수 없고 손해배상만을 청구할 수 있다(§242 II). 그러므로 건물이 민법 제242조 소정의 확보거리 0.5미터를 다주지 못하고 이웃대지로 부터 30센치미터를 두고 세워져 있어 건물의 각층마다 1.2평씩만이 법정거리 안에 들어 있고, 건물이 건축된 지 수년이 지난 지금 법정거리 안에 있는 건물부분을 철거하는 경우가 이웃대지의 소유자에게 거의 어떤 이익도 가져오지 못하고 오히려 사회, 경제적으로 보나 상린관계의 취지에서 보나 철거가 적절하지 아니하다고 하면 건물부분의 철거청구는 권리의 사회성에 비추어 권리남용에 해당한다.

민법 제242조는 임의규정으로 보아야 한다(판례도 같은 입장이다[299]). 그러므로 민법 제242조가 서로 인접하는 토지의 소유자의 합의에 의하여 법정거리를 두지 않게 하는 경우를 금지하지는 않는다고 해석하여야 한다. 만약 당사자 사이의 합의가 있다면 명시 또는 묵시라 하더라도 인접하는 토지에 건물을 축조하는 자는 법정거리를 두지 않아도 된다.

민법 제242조의 적용이 배제되는 예외가 있다. 건축법 제59조에 의하여 도시미관 등을 위하여 둘 이상의 건축물의 벽을 맞벽(대지경계선으로부터 50센티미터 이내인 경우를 말한다)으로 하여 건축할 수 있다. 그러므로 건축법상 맞벽건축이 허용되는 경우에는 민법 제242조의 적용이 배제된다.

(2) 관망시설의 제한

경계선으로부터 최근거리로 2미터 이내의 거리에서 타인의 주택내부를 들여다볼 수 있는 창·마루를 설치하는 경우에는 적당한 차면시설(앞가림시설을 말한다)을 하여야 한다(§243). 경계선으로부터 2미터의 거리는 창·마루의 이웃토지에 가장 가까운 장소로부터 직선으로 경계선까지를 측정한다.

(3) 지하시설의 제한

우물이나 용수·하수·오물의 지하시설은 경계로부터 2미터 이상의 거리를 두어야 하고, 저수지·도랑·지하실공사는 경계로부터 그 깊이의 반 이상의 거리를 두고 하여야 한다(§244 I). 지하시설의 공사를 하는 경우에는 토사가 붕괴하거나 하수·오액이 이웃에 흐르지 아니하도록 적당한 조치를 하여야 한다(§244 II).

---

299) 대법원 1962.11.1. 선고 62다567 판결.

(4) 토지심굴의 제한

토지소유자는 인접하는 토지의 지반이 붕괴할 정도로 자기의 토지를 깊게 파지 못한다(§241 본문). 다만 충분한 방어공사를 한 때에는 자기의 토지를 깊게 파더라도 상관없다(§241 단서). 만일 이웃토지의 소유자가 토지를 깊게 파서 지반이 붕괴하면 토지소유자는 물권적 방해제거청구권을 가지며 또한 손해배상을 청구할 수 있고, 토지의 심굴, 즉 깊게 파기로 지반이 붕괴할 우려가 있는 때에는 방해예방청구권 혹은 손해배상의 담보를 청구할 수 있다.

Ⅳ. 소유권의 취득

1. 소유권의 취득원인

(1) 서 설

소유권은 여러 원인에 의하여 취득할 수 있다. 소유권의 취득원인으로 가장 중요한 경우는 법률행위이다. 역시 상속·토지수용에 의하여도 소유권은 취득된다. 그리고 민법은 취득시효, 선의취득, 선점, 습득, 발견, 부합, 혼화, 가공을 특수한 소유권의 취득원인으로 규정하고 있다.

(2) 신축건물의 소유권의 귀속관계

1) 신축건물은 언제부터 독립한 부동산으로 되는가

민법상 건물은 토지와는 독립된 부동산으로 취급된다. 그러나 건물은 공사의 진행단계에 따라서 처음에는 토지의 일부(아직 건물로서의 성질을 취득하지 아니한 상태에서는 부합의 법리에 의하여 토지의 구성부분에 불과하다)에 지나지 아니하다가 사회통념상 건물로 인정할 수 있게 되면 토지로부터 독립된 부동산이 된다.

어느 정도의 구조를 갖추어야 신축건물이 독립한 부동산으로 인정되는가? 독립된 부동산으로서의 건물이라고 하기 위하여는 최소한의 기둥과 지붕 그리고 주벽이 이루어져야 한다.[300] 예컨대 지하 1, 2층 및 지상 1층까지의 콘크리트 골조 및 기둥, 천장(슬라브)의 공사가 완료되어 있고, 지상 1층의 전면(남쪽)에서 보아 좌측(서쪽) 벽과 뒷면(북쪽) 벽 그리고 내부 엘리베이터 벽체가 완성된 사실을 인정할 수 있다고 하면, 최소한의 지붕과 기둥 그리고 주벽(主壁)이 이루어져 있으므로, 미완성상태의 독립된 건물(원래 지상 7층 건물로 설계되어 있으나, 지상 1층만으로도 구분소유권의 대상이 될 수 있는 구조인 경우)로서의 요건을 갖추고 있다고 볼 수 있다.[301]

---

300) 대법원 2003.5.30. 선고 2002다21592, 21608 판결.

301) 대법원 2001.1.16. 선고 2000다51872 판결.

2) 신축건물의 소유권귀속은 누구에게 귀속하는가

(a) 서 언

건물의 신축은 법률의 규정에 의한 소유권의 취득으로서 등기를 요하지 아니하므로, 실제 어떤 신축건물이 과연 독립한 부동산으로 취급되는지, 누가 건물소유권을 원시적으로 취득하는지를 판단하기 어려운 경우가 많다. 물론 건축허가를 받은 자가 자기의 비용과 노력을 들여 건물을 건축하는 경우에는 건물의 소유권이 건축허가를 받아 신축한 자에 속한다고 쉽게 인정할 수 있다. 그러나 건축허가명의자(혹은 도급인)와 실제 비용과 노력을 들여 건물을 건축한 자가 서로 다른 경우가 많으므로, 그 소유자가 누구로 되는가를 판단하여야 하는 어려운 문제가 제기된다.

(b) 도급계약상 신축건물의 소유권을 도급인에게 귀속시키기로 합의한 경우

건물신축도급계약에서 수급인이 자기의 노력과 재료를 들여 건물을 완성하더라도 도급인과 수급인 사이에 완성된 건물의 소유권을 원시적으로 도급인에게 귀속시키기로 합의하는 경우가 있다. 도급계약에서 신축건물의 소유권귀속에 관하여 당사자 사이의 합의가 있으면 그 특약에 따라서 소유권의 귀속관계가 결정된다고 보는 견해에 이견이 없다.302) 그러므로 비록 수급인의 노력과 재료로 건물이 완성된 경우에도 신축건물의 소유권을 도급인에게 귀속시키기로 합의한 때에는 도급인이 소유권을 취득한다.

(c) 도급인이 재료의 전부 또는 주요부분을 공급하여 건물을 완성한 경우

도급인이 재료의 전부 또는 주요부분을 공급하는 때에는 완성건물의 소유권이 원시적으로 도급인에게 속한다는 견해에는 학설이 일치한다.

(d) 수급인의 노력과 출재로 건축중이거나 완성한 건물소유권의 귀속

A건설회사가 도급인 B의 토지 위에 B와의 도급계약을 통하여 주택을 건축하였다. A건설회사와 B 사이에 아무런 특약이 없는 경우에 주택의 소유권은 누구에게 귀속하는가?

수급인이 재료의 전부 혹은 주요부분을 제공한 경우에 누구에게 원시적으로 신축건물의 소유권이 귀속하는가? 학설상 수급인귀속설과 도급인귀속설이 대립한다.

① 수급인귀속설　　수급인귀속설은 재료의 전부 혹은 주요부분을 수급인이 제공한 때에는 신축건물의 소유권은 원시적으로 수급인에게 속한다고 해석하는 견해이다. 수급인귀속설에 의하면 수급인이 신축건물의 소유권을 원시취득하고, 수급인이 소유권이전등기를 넘겨 주어야 비로소 소유권이 수급인으로부터 도급인에게 이전한다.

판례의 태도는 어떤가? 판례는 도급계약에 있어서는 수급인이 자기의 노력과 재료를 들여 건물을 완성하면 그 소유권이 원시적으로 수급인에게 귀속한다고 보아 수급인귀속설을 취하고 있다.303)

302) 대법원 2005.11.25. 선고 2004다36352 판결.

② 도급인귀속설 도급인귀속설은 비록 수급인이 자기의 재료로 건축한 경우라고 하더라도 특별한 사정이 없는 한 건물에 대한 소유권은 원시적으로 도급인에게 속한다고 보는 견해이다. 아래와 같은 이유로 도급인귀속설이 타당하다고 본다.

(i) 거래관념에 의하여도 완성된 건물은 도급인의 소유라고 보는 태도가 일반적이다.

(ii) 건물이 완성되면 바로 도급인 앞으로 보존등기를 하는 경우가 현재의 거래의 실정이며, 수급인이 우선 보존등기를 한 후에 이어서 도급인에게 이전등기를 하는 경우는 이례에 속한다.

(iii) 수급인의 보수청구권을 확보하려는 목적은 유치권·동시이행의 항변권·저당권에 의하여 달성하면 충분하며, 반드시 수급인이 소유권을 먼저 취득한다고 구성하여야 할 필요가 없다.

(iv) 비록 수급인이 건물소유권을 취득한다고 하여도 수급인에게는 대지의 이용권이 없는 결과 그 건물을 도급인의 대지 위에 존립하게 할 수 있는 근거는 없다.

(e) 미완성건물을 인도받아 완공한 경우에 그 소유권의 원시취득

A는 자기의 비용과 노력을 들여 지하 1층, 지상 5층 규모의 상가건물을 건축하고 있었는데, A의 사정으로 건축공사가 중단되고 말았다. 그 후 B는 건축공사가 중단된 미완성의 상가건물을 인도받아 나머지 공사를 마쳐 완공하였다. 상가건물의 소유권은 누가 원시취득하는가?

미완성의 상가건물이 건축공사가 중단된 시점에서 이미 사회통념상 독립한 건물이라고 볼 수 있는 형태와 구조를 갖추고 있느냐, 아니냐가 문제된다.[304] 아직 사회통념상 독립한 건물이라고 볼 수 있는 형태와 구조를 갖추고 있지 않다면(A로부터 B에게로 넘어갈 때까지의 구조물은 토지의 부합물에 불과하다) 미완성의 상가건물을 인도받아 나머지 공사를 마쳐 독립한 부동산으로서의 건물의 요건을 완성한 B에게 그 소유권이 원시취득된다. 그러나 이미 독립한 부동산으로서의 건물의 요건을 갖추고 있다면 원래의 건축주 A가 완공된 상가건물의 소유권까지를 원시취득한다(법논리적으로 생각하면 A가 B에게 미완성의 건물을 넘겨줄 때에 이미 독립한 건물로서의 성질을 지니고 있다고 하면 그 후 B가 그 건물에 추가공사를 하여 완공시킨 부분은 민법 제256조에 의한 부합의 법리가 적용되어 부동산(건물)의 소유자 A가 그 부동산에 부합한 물건(추가공사부분)의 소유권을 취득하게 된다).

사회통념상 독립된 건물이라고 하기 위하여는 「최소한의 기둥과 지붕 그리고 주벽」이 이루어져야 한다.[305] 사례에서 지하는 물론 지상 5층까지 전체 골조 및 주벽, 지붕공사를 완료한 상태이면 독립한 건물이라고 볼 수 있는 형태와 구조를 갖춘 경우라고 볼 수 있으므로, 원래의 건축주 A가 상가건물을 원시취득한다고 보아야 한다.

만약 지하와 지상 1, 2층까지는 기둥과 주벽, 지붕이 완성되고, 3층부터 5층까지는 벽

303) 대법원 1999.2.9. 선고 98두16675 판결 등 참조.

304) 대법원 2001.1.16. 선고 2000다51872 판결; 대법원 2003.5.30. 선고 2002다21592 판결.

305) 대법원 2002.4.26. 선고 2000다16350 판결.

및 지붕공정 등이 완성되지 않은 상태라고 하면 어떤가? 판례는 건축허가를 받은 구조와 형태대로 축조된 전체의 건물 중에서 건축공사가 중단될 당시까지 기둥과 지붕 그리고 벽이 완성되어 있던 층만을 분리해 내어 그 부분만의 소유권을 종전의 건축주가 원시취득한다고 볼 수는 없다고 본다.[306] 그러나 원래 지상 5층 건물로 설계되어 있으나, 지하층의 부분만으로도, 또는 1, 2층의 부분만으로도 구분소유권의 대상이 될 수 있는 구조라면 전체적으로 보아서는 상가건물이 미완성상태라고 하더라도 사회통념상 독립한 건물로 볼 수 있는 부분, 즉 지하층이나 지상 1, 2층에 대하여는 구분소유권이 성립할 수 있다. 그러므로 기둥과 주벽, 지붕이 완성된 지하층과 지상 1,2층까지에 대하여는 원래의 건축주 A가 해당하는 건물부분의 구분소유권을 원시취득한다고 보아야 옳다고 생각된다(종전의 판례의 태도이다[307]).

(f) 건축허가명의를 타인으로 하여 건축한 건물의 소유권귀속

a) 건물소유권의 취득관계에서 건축허가의 의미

도급인의 명의로 건축허가를 받아 수급인이 자기의 노력과 비용을 들여 건물을 완성한 경우에 신축건물의 소유권이 누구에게 원시적으로 귀속하는가? 건축허가는 행정처분일 뿐 수허가자에게 어떤 새로운 권리나 능력을 부여하지는 아니하고, 건축허가서는 허가된 건물에 관한 실체적 권리의 득실변경의 공시방법이 아니며 추정력도 없다.[308] 그러므로 건축허가서에 건축주로 기재된 자가 당연히 건물의 소유권을 취득하지는 아니한다고 본다.

편의상 타인의 명의로 건축허가를 받은 사실만 가지고 건축허가명의자에게 신축건물의 소유권이 귀속한다고 볼 근거는 없다. 건축허가명의자가 누구인지는 소유권귀속과는 무관하다. 그러나 건축허가명의를 가진 타인이 적어도 도급인이라고 하면 도급인의 명의로 건축허가를 받은 사정이 수급인과 도급인 사이에 수급인이 자기의 비용과 노력으로 신축한 건물의 소유권을 도급인에게 원시적으로 귀속시키기로 하는 합의를 묵시적으로 한 경우로 인정할 수 있지 않을까? 판례는 수급인귀속설을 취하므로, 자기의 비용과 노력으로 건물을 신축한 수급인이 비록 건축허가가 도급인의 명의로 된 여부에 관계없이 소유권을 원시취득한다고 본다. 판례가 취하는 수급인귀속설의 입장과 달리, 도급인귀속설이 타당하다고 볼 때 건축허가가 도급인의 명의로 된 경우라면 더욱 묵시적 합의까지 인정될 수 있으므로, 특별한 사정이 없는 한 건축허가명의자인 도급인에게 소유권이 원시적으로 귀속한다고 보는 태도가 옳다고 본다.[309]

---

306) 대법원 2006.11.9. 선고 2004다67691 판결.

307) 대법원 2003.5.30. 선고 2002다21592, 21608 판결.

308) 대법원 2002.4.26. 선고 2000다16350 판결.

309) 판례는 단순히 도급인의 명의로 건축허가를 받은 경우에 그치지 아니하고, 도급인과 수급인 사이에 도급인의 명의로 건축허가를 받아 소유권보존등기까지 하기로 한 경우에는 완성된 건물의 소유권을 도급인에게 귀속시키기로 합의한 경우라고 볼 수 있으므로, 완성된 건물의 소유권이 도급인에게 원시적으로 귀속된다고 해석하여도 무방하다고 본다(대법원 2003.12.18. 선고 98다43601 전원합의체 판결).

A건설회사는 B와의 사이에서 B의 소유인 토지 위에 건물(지하 1층, 지상 5층 규모의 상가 및 아파트 16세대)을 1,142,400,000원에 신축하기로 하는 내용의 공사도급계약을 체결하였다. 계약 당시 A건설회사와 B는 B가 토지를 제공하고, 그 토지 위에 A건설회사가 자신의 자금과 노력으로 건물을 신축하면서 B는 그 부지대금으로 1층 상가 전부(142평) 및 지하 일부(106평)를 갖고, 시공자인 A건설회사는 나머지 아파트 16세대를 B의 이름으로 분양하여 공사대금에 충당하기로 약정하였다. 그리고 약정에 따라서 A건설회사는 토지소유자인 B의 명의로 건축허가를 받은 다음 공사를 진행하여 아파트의 준공검사를 받고, 아파트에 관하여 B 명의로 소유권보존등기를 마쳤다. 그 후 아파트에 관하여 B 명의로 소유권보존등기가 되었다가 C건설회사 앞으로 소유권이전등기가 되었는데, B는 C건설회사로부터 아파트를 임차하여 점유·사용하고 있었다. A건설회사는 B에 대하여 아파트의 명도를 청구하고, 명도완료일까지 아파트를 사용·수익하여 얻은 이득의 반환을 청구할 수 있는가?

사례를 보면 A건설회사가 토지소유자인 B 명의로 건축허가를 받은 다음 공사를 진행하여 아파트의 준공검사를 받아 아파트에 관하여 B 명의로 소유권보존등기를 마친 후, 다시 B 명의로부터 C건설회사 앞으로 소유권이전등기가 되고, B는 C건설회사로부터 아파트를 임차하여 점유·사용하고 있다. 그리고 A건설회사는 B에 대하여 아파트의 명도를 청구하고, 명도완료일까지 아파트를 사용·점유하여 얻은 이득의 반환을 청구하고 있으므로, 아파트에 대한 소유권이 원시적으로 누구에게 귀속하는가가 문제된다.

판례는 수급인귀속설을 취하여 우선 완성된 건물의 소유권은 원칙적으로 아파트신축공사의 수급인 A건설회사에 원시적으로 귀속한다고 본다. 다만 사례에서는 B 명의로 건축허가를 받은 사정이 인정되므로, B 명의로 건축허가를 받은 사실이 어떤 의미로 해석되는가가 문제된다. 만약 A건설회사와 B 사이에 B 명의로 건축허가를 받아 소유권보전등기를 하기로 하는 합의가 있다고 해석될 때에는 완성된 아파트의 소유권을 원시적으로 B에게 귀속시키기로 A건설회사와 B가 합의를 한 경우로 볼 수 있으므로, 완성된 아파트의 소유권을 원시적으로 B에게 귀속시킬 수 있다. 그러나 사례를 보면 A건설회사는 B로부터 토지를 제공받는 대가로 건물완공시 1층 상가 142평 전부와 지하층 중 일부 106평을 제공된 토지의 매매대금조로 대물변제하기로 하고, 대물변제의 이행을 담보하기 위하여 건물의 건축허가명의를 B로 한 경우에 불과하다. 그러므로 B 명의로 건축허가를 받은 사실이 아파트가 완공되면 B 명의의 소유권보존등기를 하여 완공된 아파트의 소유권을 원시적으로 B에게 귀속시키기로 합의한 경우라고 해석할 수는 없다고 여겨진다.

판례는 단순히 건축허가를 B 명의로 받은 사실만으로는 완성된 아파트의 소유권을 B에게 귀속시키기로 합의한 경우라고 볼 수 없다고 본다. 결국 아파트에 대한 소유권은 자기의 노력과 비용을 들여 아파트를 건축한 A건설회사가 원시적으로 취득한다고 보아야 한다. 아파트의 소유권을 A건설회사가 원시적으로 취득하는 한, 비록 B 명의의 소유권보존등기가 되어 있다고 하더라도 B는 아파트에 대한 소유권을 취득할 수 없다.

판례에 의하면 아파트에 대한 소유권이 원시적으로 A건설회사에 귀속되는 한, B 명의로 마쳐진 아파트에 대한 소유권보존등기가 원인무효로 되므로, B로부터 소유권이전등기를 받은 C건설회사는 아파트에 대한 소유권을 주장할 수 없다. 결국 A건설회사는 아파트에 대한 소유권을 가지지 아니한 C건설회사로부터 아파트를 임차한 B를 상대로 건물명도청구와 부당이득반환청구를 할 수 있다고 보아야 한다.

만약 도급인귀속설을 취하면 어떤가? 도급인귀속설에 의하면 건물의 소유권이 원시적으로 B에게 귀속한다. 그러므로 아파트에 관하여 B 명의로 마쳐진 소유권보존등기는 유효하고, 역시 B로부터 C건설회사로의 소유권이전도 유효하다. 결국 C건설회사는 얼마든지 아파트를 B에게 임대할 수 있고(C건설회사와 B 사이의 임대차계약이 유효하다), A건설회사는 아파트에 대하여 아무런 권리도 가지지 못하므로, A건설회사는 B에 대하여 아파트의 명도와 부당이득반환을 청구할 수 없다.

b) 채무담보를 위하여 건축허가명의를 채권자명의로 한 경우

채무의 담보를 위하여 채무자가 자기 비용과 노력으로 신축하는 건물의 건축허가명의를 채권자명의로 한 경우라고 하면 그 취지는 완성될 건물을 담보로 제공하기로 하는 합의로서 법률행위에 의한 담보물권의 설정과 다르지 않다. 그러므로 판례는 완성된 건물의 소유권은 일단 건물을 건축한 채무자가 원시적으로 취득한 후, 채권자명의로 소유권보존등기를 마침으로써 담보목적의 범위 내에서 그 소유권이 채권자에게 이전된다고 본다.[310)]

2. 취득시효

(1) 서 설

1) 취득시효의 의의

취득시효란 권리행사의 외관인 점유상태가 일정한 기간 동안 계속한 경우에 그 상태가 진실한 권리관계에 부합하는지의 여부를 묻지 않고 그 점유상태를 그대로 존중하여 권리취득의 효과를 인정하는 제도를 말한다. 민법이 인정하는 취득시효의 유형으로는 부동산소유권의 취득시효(§245), 동산소유권의 취득시효(§246) 및 소유권 이외의 재산권의 취득시효 세 가지 종류가 있다.

취득시효의 종류와 각 취득시효의 요건을 우선 도표를 통하여 살펴보면 아래와 같다.

---

310) 대법원 1997.5.30. 선고 97다8601 판결.

구 분	소 유 권				기타의 재산권
	부 동 산		동 산		
	점유취득시효	등기부취득시효	일반취득시효	선의취득시효	
소유의 의사	○	○	○	○	민법 제245조·제246조에 따른다
평 온	○	○	○	○	
공 연	○	○	○	○	
선 의		○		○	
무 과 실		○		○	
시효기간	20년	10년	10년	5년	
등 기	후등기	선등기			
조 항	§245 I	§245 II	§246 I	§246 II	

2) 취득시효의 존재이유

(a) 문제의 제기

> A는 마이 홈을 짓기 위하여 B로부터 갑토지를 매수하여 소유권이전등기까지 받아 완전히 자기의 토지라고 믿고 건물을 건축하여 10년간 거주하였다. 그런데 C가 느닷없이 나타나 실은 갑토지는 자기의 소유라고 주장하며 A에게 무권리자라고 주장하였다. A는 건물을 철거하고 토지를 명도하여야 하는가?

만약 C가 자기의 소유권의 증명에 성공하면 A는 민법 제108조 제2항의 유추적용 등에 의한 권리주장이 인정되지 않는 한, 애써 건축한 마이 홈을 부수고 갑토지를 명도하여야 한다. 그러나 취득시효제도의 덕분에 A는 20년 혹은 등기한 채 10년간 일정한 형태로 갑토지의 점유를 계속한 때에는 소유권의 취득을 주장할 수 있다. 취득시효는 점유나 등기를 계속한 사실에 의하여 타인의 물건의 소유권을 취득하므로, 굉장히 중요한 제도이다.

생각하면 무권리자로부터 갑토지를 매수하여 마이 홈을 건축하여 살고 있는 A에게는 취득시효는 엄청 반갑고 고마운 제도이다. 그러나 진정한 소유자인 C에게는 자기의 토지가 일정한 기간 방치된 사실만으로 바로 타인의 물건이 되어 버리므로(소유권은 소멸시효에 걸리지 않으나, 타인의 수중에서 취득시효가 완성되면 결국 소유권을 잃는다), 대단히 가혹하다. 왜 취득시효는 필요한가?

(b) 취득시효가 기능하는 국면

소멸시효에 관한 설명에서와 같이, 취득시효의 존재이유에 대하여도 장기간 계속된 사실상태의 존중이나 과거의 사실에 대한 증명곤란의 구제 등과 같은 이유를 든다. 그러나 소멸시효와 취득시효는 각각 기능을 하는 국면이 전혀 다르다. 그러므로 취득시효의 존재이유는 소멸시효와 동일하게 생각할 수는 없다.

취득시효는 어떤 국면에서 기능을 하는가? 취득시효가 문제되는 경우를 분석하면 아래와 같이 세 가지 국면을 생각할 수 있다.

(i) 부동산을 매수하여 인도까지 받아 점유를 계속하고 있으나, 등기를 이전받지 아니한 때에 본래의 매도인이 제3자에게 이중양도하고 먼저 등기를 이전한 상황에서 처음의 매수인이 취득시효의 완성을 주장하는 경우가 있다(「미등기형」이라고 부를 수 있고, 점유취득시효의 전형적인 예의 하나이다).

(ii) 부동산을 취득하는 원인(예컨대 매매계약 등)이 부존재하거나, 무효·취소되거나 해제된 상태에서 여전히 등기를 가지고 점유를 계속하여 취득시효가 완성되는 경우가 있다(「원인행위실효형」이라고 부를 수 있고, 등기부취득시효의 예이다).

(iii) 장기간 소유하고 있는 토지와 인접한 토지와의 경계선이 분명하지 아니하여 이웃 토지의 경계를 약간 침범한 채 오랜 기간 동안 점유하여 취득시효가 완성되는 경우가 있다(「경계침범형」이라고 부를 수 있고, 점유취득시효의 전형적인 예의 하나이다).

(c) 각 국면에 대응하는 존재이유

우선 미등기형의 경우에 있어서 취득시효의 주장은 「증명의 곤란을 구제하고, 진정한 권리자를 보호한다」고 하는 근거는 주장될 수 없다. 매수인이 부동산에 대한 등기를 받지 아니한 경우에 있어서는 먼저 등기를 취득한 쪽이 이긴다고 하는 물권법의 대원칙에 따라서 매수인이 진정한 권리자라고 할 수 없다. 그러므로 미등기형의 취득시효에 대하여는 권리의 추정이라고 하는 이유보다는 영속한 사실상태의 존중을 이유로 삼는다는 설명이 적합하다고 본다(20년이라면 어느 정도 「영속」이라고 볼 수 있지 않을까).

일정한 사실상태(예컨대 등기와 점유)가 장기간 경과한 후 어느 날 갑자기 그 사실상태를 깨뜨려 정당한 권리관계를 회복시키게 되면 이미 그 사실상태를 기초로 쌓아올려진 법률관계가 모두 무너지게 되어 거래의 안전을 심하게 해치게 된다. 그러므로 취득시효를 통하여 오랜 동안 계속된 사실상태를 그대로 법률관계로 인정하여, 즉 취득원인의 하자를 메워서 거래의 안전을 유지케 할 필요가 있다. 바로 10년의 등기부취득시효는 동산의 선의취득에 대응하는 거래안전을 위한 제도로 이해할 수 있다(민법 제245조 제2항과 제249조를 비교하면 문언도 서로 유사하다).

어떤 사실상태가 오랜 동안 계속되면 정당한 권리관계에 관한 증거가 소멸한다. 그러므로 증거보전의 곤란을 구제하기 위하여 취득시효를 통하여 사실상태를 정당한 권리관계로 끌어올릴 필요도 있다. 인접한 토지의 경계를 알 수 없는 때에 그 결말을 끌어내는 수단으로서 취득시효를 적용하는 경우에는 바로 증거보전의 곤란을 구제하고 권리를 추정한다고 하는 관점에서 그 존재이유를 설명할 수 있다.

(2) 취득시효의 대상

1) 취득시효의 대상이 되는 권리

소유권, 지상권, 계속되고 표현된 지역권(§294), 질권, 광업권, 어업권, 지식재산권, 사원권적 재산권,[311] 분묘기지권은 취득시효에 걸린다.

2) 취득시효의 대상이 될 수 없는 권리

점유를 수반하지 않는 물권(저당권), 신분관계를 기초로 하는 재산적 권리(부양청구권), 법률의 규정에 의하여 성립하는 권리(점유권·유치권), 1회의 행사로 소멸하는 권리(형성권), 불계속·불표현의 지역권(§294)은 취득시효에 걸리지 아니한다.

(3) 부동산소유권의 취득시효

1) 서 언

부동산소유권의 취득시효에 관하여 민법 제245조는 아래와 같이 두 종류의 취득시효에 대하여 요건을 정하고 있다.

(i) 민법 제245조 제1항은 20년간 점유를 계속하면 소유권을 취득하는 이른바 「점유취득시효」에 대하여 규정하고 있다. 점유취득시효에 의한 소유권취득의 요건으로는 20년간의 점유, 「소유의 의사」를 가지고 점유를 한 사실, 공연하고도 평온한 점유, 등기(취득시효의 요건이 충족된 후에 하는 등기라는 의미에서 「후등기」라고 부를 수 있다)를 들 수 있다.

(ii) 민법 제245조 제2항은 10년간의 등기와 점유계속으로 소유권를 취득하는 이른바 「등기부취득시효」에 대하여 규정하고 있다. 등기부취득시효가 되기 위하여는 (i) 소유자로 미리 등기가 되어 있어야 하고(「선등기」라고 부를 수 있다), (ii) 10년간의 점유, (iii) 「소유의 의사」를 가지고 점유를 한 사실, (iv) 평온하고도 공연한 점유, (v) 점유를 개시한 때에 선의이며 과실이 없다는 요건이 필요하다.

부동산의 점유취득시효와 등기부취득시효를 알기 쉽게 비교하여 도표로 정리하면 아래와 같다.

<table>
<tr><th>요 건</th><th>점유취득시효</th><th>등기부취득시효</th></tr>
<tr><td>점 유</td><td colspan="2">• 점유는 자주점유, 평온·공연한 점유이어야 한다
• 반드시 타인의 물건에 대한 점유일 필요가 없다
• 점유는 반드시 물건의 전부에 미칠 필요가 없다</td></tr>
<tr><td>일정기간의 점유</td><td>20년간의 점유를 요한다</td><td>점유가 10년간 계속되어야 한다</td></tr>
<tr><td>등 기</td><td>뒤에 등기를 하여야 한다</td><td>먼저 등기되어 있어야 한다</td></tr>
<tr><td>점유자의 선의·무과실</td><td>요구되지 아니한다</td><td>요구된다</td></tr>
</table>

2) 점유취득시효

(a) 점유취득시효의 의의

점유취득시효란 20년간 소유의 의사로 평온·공연하게 부동산을 점유하는 자가 등기함으로써 그 소유권을 취득하는 경우를 말한다(§245 I). 「부동산을 점유하는 자」란 소유권이전등기청구권이나 민법상 제3자에게 대항할 수 없는 소유권에 기하여 점유하는 자는 물

311) 대법원 1965.1.19. 선고 64다1437 판결.

론, 타인의 부동산을 아무런 권리 없이 점유하는 자를 포함한다.

(b) 점유취득시효의 대상

a) 자기의 소유물에 대한 취득시효

(가) 서언

점유취득시효가 되기 위하여는 점유가 「타인의 물건」에 대한 점유이어야만 하는가? 학설은 취득시효가 원시취득일 뿐만 아니라(타인의 소유권을 승계취득하는 경우가 아니다), 본래 취득시효는 누구의 소유인가를 묻지 않고 사실상태를 권리관계로 인정하는 제도로서 취득시효의 객체가 반드시 타인의 물건이어야 할 필요는 없다고 본다. 판례도 역시 시효취득의 목적물은 타인의 물건임을 요구하지 아니하여 자기의 소유물이라고 할지라도 시효취득의 목적물이 될 수 있다고 본다.[312] 예컨대 점유자가 자기의 소유라는 사실을 증명하기 어려운 때에는 자기의 물건에 대한 취득시효를 주장할 수 있다.

(나) 명의신탁의 경우

> A는 1977.1.19. B은행으로부터 갑토지를 매수하였는데, 여동생인 C와 갑토지에 관하여 C 명의로 명의신탁하기로 하였다. A는 1977.12.8. 명의신탁약정이 된 사실을 알지 못하는 B은행과의 사이에 매수인의 명의를 A로부터 C로 변경하는 경개계약을 체결하였다. 그 후 A는 B은행에게 매매대금을 지급하고 그 무렵부터 갑토지를 인도받아 자신이 점유·사용하여 왔다. 그리고 1978.8.11. 경개계약에 따라 갑토지에 관하여 C 명의로 소유권이전등기가 마쳐졌다. A는 C에 대하여 1997.12.9. 취득시효의 완성을 원인으로 한 소유권이전등기절차의 이행을 청구할 수 있는가?

사례에서 A의 점유는 자기 소유의 부동산에 대한 점유인가, 타인의 물건에 대한 점유인가? 명의신탁된 부동산의 소유권은 대외적으로 명의수탁자에게 귀속되므로, 갑토지에 관하여 C 명의의 소유권이전등기가 마쳐진 날로부터 부동산실명법의 시행(1995년 7월 1일)으로 무효로 되기 전까지의 기간 동안 A의 점유가 자기 소유의 부동산의 점유라고는 볼 수 없다는 견해가 있다. 그러나 종래의 명의신탁이론에 의하면 명의수탁자에 대한 관계에서는 명의신탁자가 소유자라고 보아야 하므로, 사례에서 A의 점유는 자기 소유의 부동산에 대한 점유라고 보아야 한다.

A의 점유가 자기 소유의 부동산에 대한 점유라고 하면 자기 소유의 부동산에 대한 점유로도 취득시효가 완성되는가? 취득시효는 부동산을 오랫동안 계속하여 점유한다는 사실상태를 일정한 경우에 권리관계로 높이려고 하는 데에 그 존재이유가 있다는 측면에 비추어 보면, 시효취득의 목적물은 타인의 부동산임을 요하지 않고 자기 소유의 부동산이라도 시효취득의 목적물이 될 수 있다고 새겨야 한다. 특히 취득시효를 규정한 민법 제245조가 「타인의 물건」이라고 하는 요건을 규정에서 빼놓은 이유도 같은 취지에서라고

312) 대법원 1973.7.24. 선고 73다559 판결; 대법원 1973.8.31. 선고 73다387 판결; 대법원 1992.2.25. 선고 91다9312 판결; 대법원 2001.7.13. 선고 2001다17572 판결 등 참조.

할 수 있다(일본민법 제162조는 「타인의 물건」라고 하는 문언을 분명히 사용하고 있으나, 판례는 자기의 물건에 대한 취득시효가 인정된다고 본다). 결국 A는 소유의 의사로 평온·공연하게 점유한 경우로 추정되므로, A의 점유개시일로부터 20년이 경과한 1997년 12월 9일 갑토지에 관한 취득시효가 완성되었다고 보아야 한다. B는 A에게 갑토지에 관하여 취득시효의 완성을 원인으로 한 소유권이전등기절차를 이행할 의무가 있다.

(다) 구분소유적 공유의 경우

A는 1977.5.17. 갑토지에서 일정한 부분(을부분)을 제외한 특정부분을 B에게 매도하면서 갑토지의 2분의 1 지분에 관하여 소유권이전등기를 마쳐 주었다. 그리고 A는 갑토지의 을부분를 점유하였는데, 1995.10.1. 공유물분할에 의하여 갑토지의 을부분에 대한 소유권까지 B에게 이전되었으나, 그 갑토지의 을부분은 여전히 A가 계속 점유하였다. A는 1977.5.17.부터 20년이 경과한 1997.5.17. 갑토지의 을부분을 시효로 취득하였다고 주장할 수 있는가?

공유자가 토지의 전체면적 중 각 점유부분을 구분소유하게 된다고 믿고서 그 각 점유부분의 대략적인 면적에 해당하는 만큼의 지분에 관하여 소유권이전등기를 마친 경우에는 등기기록상 토지의 공유자로 되어 있다고 하더라도 각자 자기 소유의 토지를 점유할 뿐 자신과 타인이 공유하는 토지를 점유하는 경우는 아니다. 그러므로 사례에서 AB는 갑토지에 관하여 구분소유적 공유(어떤 토지에 관하여 그 위치와 면적을 특정하여 여러 사람이 구분소유하는 공유를 말한다)로 한 경우가 되고, A는 갑토지의 을부분, B는 을부분을 제외한 부분에 대하여 각각 자기 소유의 갑토지를 점유하고 있는 경우로 된다.

사례에서 A는 자기 소유의 부동산을 점유하고 있는 상태에서 다른 사람의 명의로 소유권이전등기가 된 경우에 자기 소유의 부동산에 대한 점유(1977년 5월 17일부터 1995년 10월 1일까지)는 취득시효의 기초로서의 점유라고 할 수 없다. 판례도 분명히 A는 자기 소유의 토지를 점유하는 경우이어서 적어도 그 소유권이전의 시점인 1995년 10월 1일까지는 A의 점유를 취득시효의 기초가 되는 점유에 포함시킬 수 없다고 본다.[313] 그러므로 A가 1977년 5월 17일부터 갑토지의 을부분을 소유의 의사로 점유하여 왔다고 보고, 그때부터 20년이 경과한 1997년 5월 17일 시효취득하였다고 인정할 수 없다. A로부터 C에게로 소유권의 변동이 있는 때(1995년 10월 1일)에는 그때로부터 비로소 취득시효의 기초로서의 점유가 개시되므로, 취득시효의 기산점은 소유권의 변동일, 즉 소유권이전등기가 마쳐진 날이 된다. 그러나 소유권이전등기가 마쳐진 때, 즉 1995년 10월 1일부터 취득시효의 기초가 되는 A의 점유가 개시되었으나, 아직 취득시효가 완성되지는 못한다.

(라) 환지예정지의 경우

갑토지는 환지예정지에 속하였다가 환지처분시에 인접토지인 을토지에 대한 환지로서 A 소유에 속하게 되었다. 그런데 환지예정지에 대한 종전의 토지소유자로서 그

313) 대법원 2001.4.13. 선고 99다62036, 62043 판결.

지상에 건물을 신축하여 소유함으로써 오래 전부터 갑토지를 점유하고 있던 B로부터 C는 환지처분이 확정된 2004.10.13. 후부터 건물을 매수하여 갑토지를 점유하여 왔다. C는 A에 대하여 B의 점유시를 기준으로 갑토지에 대한 취득시효를 주장할 수 있는가?

환지예정지의 지정 이후 B의 점유가 타인 소유의 부동산에 대한 점유로 되는가가 문제의 핵심이다. B의 점유가 타인의 물건에 대한 점유라고 하면 B의 점유시로부터 20년이 경과한 때를 잡아서 C는 점유취득시효를 주장할 수 있다. 그러나 토지구획정리사업의 시행으로 환지예정지의 지정이 있는 경우에 종전의 토지소유자는 환지예정지로 지정된 토지에 관하여 사용·수익권을 취득하게 되고, 그 사용·수익권은 종전의 토지에 대한 소유권에 기한 경우가 된다. 그러므로 종전의 토지소유자의 환지예정지에 대한 점유는 자기 소유의 종전의 토지에 대한 점유와 그 성질이 같다. 결국 종전의 토지소유자가 환지예정지로 지정되어 있던 동안 종전의 토지를 점유한 경우는 취득시효의 기초로서의 점유라고 볼 수 없다.

사례에서 B의 점유는 취득시효의 기초로서의 점유라고 볼 수 없다. C는 갑토지에 대한 점유취득시효의 기산점을 종전의 토지소유자인 B의 점유시로 삼을 수 없다. 점유취득시효의 기산점은 갑토지가 A의 소유로 되는 환지처분이 확정된 다음 날인 2004년 10월 14일로 보아야 하고, 그로부터 20년이 경과되어야 취득시효가 완성된다.

b) 부동산의 일부

(가) 서언

부동산의 일부에 관한 취득시효가 인정되는가? 토지에 관하여는 1필의 토지의 일부에 관하여도 점유취득시효가 인정된다고 본다. 다만 1필의 토지의 일부에 대한 취득시효를 인정하기 위하여는 그 부분이 다른 부분과 구분되어 시효취득자의 점유에 속한다는 사실을 인식하기에 족한 객관적 징표가 계속하여 존재하여야 한다.[314)] 토지의 일부에 관한 점유취득시효에서는 먼저 취득시효가 완성된 부분의 분필절차를 밟아 분할등기를 한 후에 시효취득의 등기를 하여야 한다. 역시 건물의 일부에 관한 취득시효도 이론상으로는 생각할 수 있다.

(나) 공유지분의 시효취득

공유지분의 시효취득도 인정되는가? 공유지분만을 시효취득할 수도 있다. 다만 A가 전체의 토지 중 특정부분을 점유하여 시효취득한 사실을 주장하기 위하여는(토지 전체에 대한 점유가 아니라, 일부만을 점유한 경우이다) 그 특정지역이 자기의 점유에 속한다고 인식하기에 충분한 객관적 증표가 계속 존재하여야 한다. 그러나 A가 하나의 토지를 그 2분의 1 지분에 대하여는 자주점유로, 나머지 2분의 1 지분에 대하여는 타주점유로 전체의 토지를 점유한 경우에 자기가 자주점유한 2분의 1 지분에 대하여만 시효취득을 주장하는 때

---

314) 대법원 1997.3.11. 선고 96다37428 판결.

에는 객관적 증표가 계속 존재할 필요는 없다.[315)]

(다) 구분소유적 공유관계에 있는 토지에 대한 시효취득

> A는 500㎡의 갑토지 1필지에서 특정한 을토지부분 200㎡를 B에게 매도하면서 분할등기를 하지 않고, B에게 면적비율에 상응하는 공유지분등기를 마쳤다. 그 후 1985.5.1.부터 C는 B가 독점적으로 소유하고 있는 을토지부분을 20년 이상 점유하여 현재에 이르렀다. C는 을토지부분에 대하여 시효취득할 수 있는가?

구분소유적 공유란 어떤 토지에 관하여 그 위치와 면적을 특정하여 여러 사람이 구분소유하기로 하는 약정이 있는 공유관계를 말한다(특정한 부분을 각자 단독소유하면서 등기는 공유지분등기로 되어 있다). 바로 케이스에서 AB 사이의 관계는 구분소유적 공유관계이다. 구분소유적 공유관계에 있는 토지에 대한 시효취득도 가능하다.

사례에서 C는 B가 독점적으로 소유하고 있는 을토지부분을 점유하여 그 부분에 대하여만 취득시효를 완성시킬 수 있다. 다만 구분소유적 공유토지에 대하여 취득시효가 완성되면 AB 사이에 구분소유적 공유관계가 형성되어 있다 하더라도, 구분소유적 공유관계로써 제3자인 시효취득자 C에게 대항할 수는 없으므로(판례에 의하면 구분소유적 공유관계는 대외적 관계에서는 공유로 보므로, 시효취득자 C와의 관계는 대외적 관계로 AB는 단순한 공유자에 불과하다), B만이 취득시효의 완성에 따른 등기의무를 부담하지 아니하고, 을토지부분과 무관한 다른 공유자 A도 을토지부분에 관한 각각의 공유지분(구분소유적 공유관계에서 AB는 각자의 지분만큼 상호명의신탁관계에 있으므로, 을토지부분에 대하여 A도 자기의 공유지분을 가지고 있다)에 대하여 취득시효완성을 원인으로 한 소유권이전등기절차를 이행할 의무가 있다.[316)] 사례에서 500㎡의 토지 중 B가 특정하여 점유한 을토지부분 200㎡에 대하여 AB가 각각 500분의 300, 500분의 200의 비율로, 즉 A는 500분의 120, B는 500분의 80의 지분에 대하여 C에게 공유지분이전등기를 할 의무를 부담한다.

(라) 공유건물의 부지에 대한 시효취득

예컨대 갑건물이 ABC 3인의 공유에 속하는 경우에 현실적으로 A만이 갑건물을 점유하고 있다고 하면(A만이 거주하고 있다) 갑건물의 부지에 대한 점유는 A에게만 인정되는가? 사회통념상 건물은 그 부지를 떠나서는 존재할 수 없다. 그러므로 건물의 부지가 된 토지는 그 건물의 소유자가 점유하는 경우로 되고, 건물의 소유자가 현실적으로 건물이나 그 부지를 점거하고 있지 아니하더라도 그 건물의 소유를 위하여 그 부지를 점유한다고 보아야 한다. 역시 공유자 중 일부만이 건물을 점유하고 있는 경우라도 그 건물의 부지는 건물의 소유를 위하여 공유명의자 전원이 공동으로 점유하고 있다고 보아야 한다.[317)] 사례에서 ABC가 건물부지를 공동점유한 경우로 되므로, ABC는 건물부지에 대한 소유권을 시효취득할 수 있고, 취득시효의 완성을 원인으로 한 소유권이전등기청구권은 갑건물의

315) 대법원 1975.6.24. 선고 74다1877 판결.

316) 대법원 1997.6.13. 선고 97다1730 판결.

317) 대법원 2003.11.13. 선고 2002다57935 판결.

공유지분비율과 같은 비율로 ABC에게 귀속된다.

c) 국유재산

(가) 행정재산

가) 서언

공용물이나 공공용물 등과 같이 국가기관이 행정목적으로 사용하는 재산이 행정재산이다. 국유재산은 그 용도에 따라서 행정재산과 일반재산으로 구분하므로, 국유재산에서 일반재산을 제외한 재산이 행정재산이다(공용재산, 공공용 재산, 기업용 재산, 보존용 재산으로 구분된다). 행정재산은 공용이 폐지되지 아니하는 한(공용폐지는 묵시적으로도 가능하다), 시효취득의 대상이 되지 않는다. 국유재산법 제7조 제2항은 행정재산은 민법 제245조에도 불구하고 시효취득의 대상이 되지 아니한다고 명문으로 규정하고 있다.

나) 공용재산·공공용 재산

예를 들어 국립공원으로 지정·고시된 국유토지는 설사 사인이 점유하여 사용중이라고 하더라도 공용재산으로 된다고 보아야 하므로, 시효취득의 대상이 되지 아니한다.[318] 역시 하천부지는 공공용 재산으로서,[319] 지하에 대형하수관이 매설되어 그 일대의 공공하수도로 사용되고 있는 토지는 공용재산인 하수도가 설치되어 있는 국유재산으로서 행정재산으로 볼 여지가 있으므로[320] 시효취득의 대상에서 제외된다.

다) 보존용 재산

법령이나 그 밖의 필요에 따라서 국가가 보존하는 재산을 보존용 재산이라고 한다. 역시 보존용 재산도 시효취득의 대상이 아니다. 예를 들어 문화재보호구역 내의 국유토지는 보존용 재산에 해당하므로 시효취득이 불가능하다.[321]

라) 그 밖의 경우

(ㄱ) 국가가 압류한 부동산

국가가 압류한 부동산이라도 민법 제245조 제1항 소정의 점유로 인한 부동산소유권의 시효취득의 대상이 될 수 있다.

(ㄴ) 귀속재산

8·15해방 당시 일본이 우리 나라에서 떠날 때 두고 간 각종의 재산(일명 적산(敵産)이라고도 한다)이 미군정법령으로 미군정에 귀속되고, 단기 4281년 9월 11일 대한민국정부와 미국정부간에 체결된 재정 및 재산에 관한 최초협정 제5조의 규정에 의하여 대한민국정부에 이양된 일체의 재산을 지칭하여 「귀속재산」이라고 한다. 귀속재산에 대한 시효취득도 허용되는가?

귀속재산에 관한 점유는 그 권원의 성질상 타주점유에 해당한다고 보아야 하므로, 취득시효가 성립할 수 없다. 다만 귀속재산처리에 관한 특별조치법(현재는 실효)에 의하면

318) 대법원 1996.7.30. 선고 95다21280 판결.
319) 대법원 1969.1.22. 선고 68다2164 판결.
320) 대법원 1995.6.16. 선고 94다42655 판결.
321) 대법원 1994.5.10. 선고 93다23442 판결.

1964년 12월 말일까지 매매계약이 체결되지 아니한 귀속재산은 무상으로 국유로 한다고 규정되어 있으므로, 그 날까지 매각되지 아니한 귀속재산은 1965년 1월 1일부터 국유재산이 되어 그 이후에는 소유의 의사로 하는 점유가 가능하다. 다만 귀속재산이 법률에 의해 국유재산으로 변경된 사정만으로 당연히 그 점유가 그때부터 자주점유로 전환되지는 않는다. 귀속재산을 자주점유한 경우인지 여부는 점유개시 당시의 점유취득의 원인이 된 권원의 성질이나 점유와 관계가 있는 모든 사정에 의하여 외형적·객관적으로 판단하여야 한다. 예컨대 1964년 12월 31일까지 매각되지 아니한 귀속재산을 그 전부터 매수하여 점유해 온 경우에는 1965년 1월 1일부터 자주점유로 추정되고,[322] 농지분배를 받는 등 새로운 권원에 의하여 자주점유를 개시한 때에는 자주점유의 추정을 받는다(농지분배를 받지 않은 귀속농지에 대한 점유의 성질은 타주점유이다).[323]

(나) 자연공물

가) 서언

자연의 상태 그대로 공공용에 제공될 수 있는 실체를 갖추고 있는 물건을 이른바 「자연공물」(自然公物)이라고 한다. 예컨대 갯벌, 바닷가(만조수위선으로부터 지적공부에 등록된 지역까지의 사이를 가리킨다), 유지(溜地, 소류지 혹은 늪지를 가리킨다), 지소(池沼, 못과 늪을 가리킨다) 등이 자연공물이다. 자연공물은 자연력에 의한 현상변경으로 공공용에 제공될 수 없게 되고 그 회복이 사회통념상 불가능하게 되지 아니하는 이상, 공물로서의 성질이 상실되지 않고, 따라서 시효취득의 대상이 되지 않는다.

나) 늪지·바닷가·갯벌의 경우

원래 늪지(溜地라고 부른다)인 토지가 점유자가 점유할 당시 습지로서 황무지상태라고 하거나, 점유자가 임의로 논으로 개간하였다고 하여 공물로서의 성질을 상실한다고 할 수 없으므로, 여전히 자연공물인 늪지로서 시효취득의 대상이 될 수 없다.[324] 또한 바닷가(濱地라고 부른다)가 간척에 의하여 사실상 바닷가로서의 성질을 상실한 경우에도 용도폐지를 하지 않은 이상, 시효취득의 대상인 일반재산으로 되지는 않는다.[325] 역시 간척에 의하여 사실상 갯벌로서의 성질을 상실하였더라도 당연히 일반재산으로 된다고는 할 수는 없으므로 시효취득의 대상이 되지는 않는다.[326]

다) 수리조합이 축조한 저수지·도수로의 경우

원래 자연상태에서는 밭(田)이나 논(畓)에 불과하던 토지를 수리조합이 그 위에 저수지 또는 도수로를 축조한 경우에는 그 시설은 자연공물이라고는 할 수 없을 뿐만 아니라, 국가가 직접 공공목적에 제공한 경우가 아니므로 국유재산법상의 행정재산에 해당하지 아니하여 취득시효의 대상이 된다.[327]

322) 대법원 1997.3.28. 선고 96다51875 판결.

323) 대법원 1996.11.29. 선고 95다54204 판결.

324) 대법원 1983.6.14. 선고 83다카181 판결.

325) 대법원 1996.3.22. 선고 96다3890 판결.

326) 대법원 1995.11.14. 선고 94다42877 판결.

(다) 일반재산

일반재산(종전의 「잡종재산」을 가리킨다)은 행정재산 이외의 국유재산을 말한다. 일반재산은 매각이나 교환, 대부, 양여 등의 대상이 되는 재산이므로, 일반재산에 대하여는 시효취득이 가능하다(취득시효기간 동안 계속하여 시효취득의 대상이 될 수 있는 일반재산이어야 한다). 국유재산법 제7조 제2항은 분명히 행정재산만이 시효취득에 걸리지 않는다고 규정하고 있을 뿐이므로, 국유재산 중 일반재산은 시효취득의 대상이 된다고 하는 의미로 해석된다. 일반재산은 사경제적 거래의 대상으로서 사적 자치의 원칙의 지배를 받고 있으므로, 취득시효제도의 적용에 있어서도 분명 동일하게 보아야 한다.[328]

행정재산이 기능을 상실하여 본래의 용도에 제공되지 않는 상태에 있다는 사정만으로는 당연히 취득시효의 대상인 일반재산이 되지는 않는다. 관계법령에 의하여 공용폐지가 되어야 비로소 일반재산이 되어 취득시효의 대상이 된다. 공용폐지의 의사표시는 묵시적인 방법으로도 가능하나, 본래의 용도에 제공되지 않는 상태에 있다는 사정만으로는 묵시적인 공용폐지의 의사표시가 있다고 볼 수 없다.[329] 또한 공용폐지의 의사표시는 적법하여야 하므로(착오로 행정재산을 다른 재산과 교환하더라도 그 사정만으로 적법한 공용폐지의 의사표시가 있다고 볼 수 없다), 행정재산은 공용폐지가 되지 아니한 상태에서는 사법상 거래의 대상이 될 수 없다.

d) 성명불상자의 소유물

시효취득은 타인의 소유권을 승계취득하는 경우가 아니어서(시효로 인한 부동산소유권의 취득은 원시취득이다) 시효취득의 대상이 반드시 타인의 소유물이어야 하거나, 그 타인이 특정되어 있어야만 하지는 않는다. 그러므로 성명불상자의 소유물에 대하여도 시효취득을 인정할 수 있다.[330]

(c) 점유취득시효의 요건

a) 점 유

(가) 자주점유, 평온·공연점유

취득시효를 위한 점유는 소유의 의사를 가지고 하는 「자주점유」이어야 하고, 「평온하고도 공연한 점유」이어야 한다(§245 I). 평온·공연점유란 어떤 의미인가? 「평온」은 점유를 취득 또는 보유하는 데에 법이 허용하지 않는 강폭행위를 쓰지 않은 경우를 가리킨다. 그리고 「공연점유」라 함은 은비(隱秘), 즉 감추고 숨긴 점유가 아닌 점유를 말한다. 점유가 불법이라고 주장하는 자로부터 이의를 받거나 점유물의 소유권에 관한 분쟁이 존재한 사

327) 대법원 1999.3.9. 선고 98다41759 판결.

328) 헌법재판소 1991.5.13. 89헌가97 전원재판부.

329) 예컨대 오랫동안 도로로서 사용되지 않는 토지가 일부에 건물이 세워져 있고, 그 주위에 담이 둘러져 있어 사실상 대지화되어 있다고 하더라도 그 이웃토지의 소유자가 임의로 토지를 봉쇄하고 독점적으로 사용해 온 경우라면 묵시적으로 토지의 도로로서의 용도를 폐지한 경우라고 볼 수는 없다(대법원 1994.9.13. 선고 94다12579 판결).

330) 대법원 1992.2.25. 선고 91다9312 판결.

실만으로 점유의 평온·공연성이 상실된다고 할 수 없다.[331)]

20년이라는 장기간, 소유의 의사를 가지고 평온하고도 공연하게 점유한 사실은 어떤 방법으로 증명하면 되는가? 취득시효의 요건의 증명은 쉽지 않다. 민법은 증명의 곤란을 돕는 규정을 두고 있다. 민법 제197조 제1항은 점유자는 소유의 의사로 평온·공연하게 점유한 경우로 추정된다고 규정하고 있다. 그러므로 상대방이 취득시효의 완성을 저지하기 위하여는 추정을 깨뜨려야 하고, 「소유의 의사」가 없다는 사실, 강폭행위로 점유를 취득·보유한 사실이나 은비사실을 스스로 증명하여야 한다(증명책임의 전환이 일어난다).

점유자의 점유가 소유의 의사 있는 자주점유인지 아니면 소유의 의사 없는 타주점유인지의 여부는 점유자의 내심의 의사에 의하여 결정되지 아니하고, 점유취득의 원인이 된 권원의 성질이나 점유와 관계가 있는 모든 사정에 의하여 외형적·객관적으로 결정되어야 한다. 만약 점유자가 성질상 소유의 의사가 없는 경우로 보이는 권원에 바탕을 두고 점유를 취득한 사실이 증명되거나, 점유자가 타인의 소유권을 배제하여 자기의 소유물처럼 배타적 지배를 행사하는 의사를 가지고 점유하는 경우로 볼 수 없는 객관적 사정이 증명된 때에는 자주점유의 추정이 깨어진다. 예를 들어 점유자가 진정한 소유자라면 통상 취하지 아니할 태도를 나타내거나, 소유자라면 당연히 취할 행동을 취하지 아니한 경우 등 외형적·객관적으로 보아 점유자가 타인의 소유권을 배척하고 점유할 의사를 갖고 있지 아니한 경우라고 볼 만한 사정이 증명된 때에 자주점유의 추정은 깨어진다.

(나) 무단점유는 자주점유의 추정을 깨는가

> A는 1965.11.8. 갑토지를 매수하여 그 무렵 그의 명의로 소유권이전등기를 마치고 점유하여 왔다. 그 후 A는 1971.8.12.경 갑토지 위에 건축되어 있던 기존의 구가옥을 철거하고 지하 1층, 지상 2층 규모의 주택을 신축하면서 갑토지에 인접한 B 소유의 을토지와의 사이에 담장 및 대문을 설치하고, 그 안쪽에 있는 B 소유의 을토지를 침범하여 그 위에 1층 차고와 물치장을 각 축조하고, 그 외에도 B 소유의 을토지 중 일부분을 주택의 마당으로 사용하여 왔다. 한편 C는 1991.3.18. A로부터 갑토지와 그 지상의 주택을 매수한 이래, B 소유의 을토지 중 A가 점유하였던 부분을 계속 차고, 물치장 및 주택의 마당 등으로 점유·사용하여 오고 있었다. C는 1993년에 A의 점유를 승계하여 B 소유의 을토지의 점유부분에 대해 취득시효의 완성을 이유로 B에게 소유권이전등기를 청구할 수 있는가? [대법원 1997.8.21. 선고 95다28625 전원합의체 판결]

무단점유의 경우에 자주점유의 추정은 깨어지는가? 점유자가 점유 개시 당시 소유권취득의 원인이 될 수 있는 법률행위 기타 법률요건 없이 그와 같은 법률요건이 없다는 사실을 알면서 타인 소유의 부동산을 무단점유한 경우임이 증명된 때에는 자주점유의 추정이 깨어진다고 보는 견해가 다수설이다. 다만 다수설에는 무단점유의 경우에 자주점유가 깨어진다고 보아야 하는 이유와 관련하여 다시 여러 가지 견해가 있고, 무단점유의 경우에

331) 대법원 1982.9.28. 선고 81사9 전원합의체 판결.

도 자주점유의 추정이 깨어지지 아니한다는 견해도 있다.

(i) 타인 소유의 부동산을 무단점유한 경우임이 증명된 경우에는 특별한 사정이 없는 한 점유자는 타인의 소유권을 배척하고 점유할 의사를 갖고 있지 않다고 보아야 하므로, 소유의 의사가 있는 점유라는 추정은 깨어진다고 보는 견해가 있다(판례에서 다수의견의 입장이다). 판례의 다수의견은 아마도 소유권취득의 원인이 될 수 있는 법률요건이 없음을 뻔히 알면서도 무단점유한 자에게 권리관념에 맞지 않는 횡재를 하게 함은 원소유자에게 가혹한 결과를 주어 부당하다는 정책적 고려를 바탕으로 하고 있다고 여겨진다. 그러나 점유의 개시 당시에 소유권취득의 원인이 될 수 있는 법률행위 기타 법률요건이 없다는 사실을 잘 알면서 타인 소유의 부동산을 무단점유한 사실이 증명된다고 하여 그 점유가 권원의 객관적 성질상 반드시 소유의 의사가 없는 점유라고 단정할 수는 없다고 생각된다. 또한 점유취득시효에 있어서는 점유자가 선의임을 그 요건으로 삼지 않고 있어서 악의의 점유자도 자주점유라면 시효취득을 할 수 있으므로, 법률요건이 없다는 사실을 잘 알면서 점유한 경우는 그 점유가 악의의 점유라는 의미일 수는 있어도 그 점유가 자주점유이냐 타주점유이냐 여부와는 직접적인 관련이 없다. 그러므로 법률요건이 없음을 알면서도 무단점유한 사정만으로 자주점유의 추정을 깨뜨리는 사정이 증명된 경우로 볼 수는 없다. 더구나 법률요건이 없음을 알면서 무단점유한 경우에 특별한 사정이 없는 한 자주점유의 추정이 깨어진다고 한다면 악의의 무단점유를 타주점유로 사실상 추정하여 자주점유로 볼 특별한 사정의 증명책임을 점유자에게 전환시키는 취지로 해석되어, 결국 민법 제197조 제1항의 법률상 추정을 외면하는 결과가 되므로 부당하다.

(ii) 법률요건이 없다는 사실을 알면서 타인 소유의 부동산을 무단점유한 경우에 그 점유자가 정상적인 사고와 행동을 하는 평균인이라면, 동산과는 달리 은닉하여 소유권자의 추급을 회피할 수도 없는 부동산을 점유의 개시 당시부터 진정한 소유자의 소유권을 배척하고 점유할 의사를 갖고 있다고 볼 수는 없고, 오히려 진정한 소유자가 그 반환을 구하는 경우에 언제든지 반환하지만 그 동안 일시적으로 사용한다는 의사나 장차 그 소유권자로부터 본권을 취득할 의사로 점유를 개시한다고 보는 태도가 사회통념과 생활경험에 합치하며, 바로 평균인의 보편적 도의관념이라고 할 수 있으므로, 타인 소유의 부동산을 무단점유한 경우임이 증명된 때에는 그 점유자의 소유의사의 추정이 깨어진다고 봄이 마땅하다고 보는 견해가 있다(판례에서의 보충의견의 하나이다). 그러나 어떤 사람이 물건을 점유하여 권리를 행사한다고 하면 다른 사람을 위하여 점유한다기 보다는 자기를 위하여 점유하는 경우가 보통이고, 특히 자주점유의 대표적인 예로 도둑의 점유를 드는 경우를 보아도 명백하다시피, 무단점유자가 반드시 일시적으로 사용할 의사를 가지고 있다거나, 장차 그 소유권자로부터 본권을 취득할 의사로 점유를 한다고 보기는 어렵다. 더욱이 사례에서 같이 A가 경계를 침범하여 B의 을토지를 자기 소유의 건축물의 부지로 계속 점유하고 있는 경우에는 진정한 소유자를 배제하고서 자신이 소유자인양 배타적이고도 공연하게 점유하는 외양이 뚜렷하므로, 외형적·객관적인 점유형태로 볼 때에 오히려 자주점유로 인정될 여지가 더 크다고 보지 않을 수 없다.

(iii) 점유를 점유권원(점유취득의 원인이 된 사실관계)과의 관계에서 고찰하여 볼 때, 권원이 없음이 밝혀진 경우와 권원의 존부가 불분명한 경우 및 권원이 있음이 밝혀진 경우로 나누어 볼 수 있고, 권원이 있음이 밝혀진 경우도 그 권원의 성질이 불분명한 경우와 분명한 경우로 나눌 수 있다고 보고, 자주점유의 추정이 깨어지지 아니하는 경우는 권원의 존부가 불분명한 경우와 권원이 있어도 그 성질이 불분명한 경우에 한하며, 반면 권원의 성질이 분명한 경우에는 그 성질에 따라서 자주점유 여부가 결정되므로 점유의 추정은 유지될 필요가 없고, 권원 그 자체가 없는 점유(무단점유가 해당한다고 본다)는 권원의 성질의 불분명 여부는 생각할 수 없으므로 권원 그 자체가 없음이 밝혀진 경우에 자주점유의 추정은 깨어진다고 보는 견해가 있다(판례에서의 보충의견의 하나이다). 판례에서의 보충의견은 사례에서 A의 점유는 점유취득의 원인이 된 사실관계가 없는 무단점유로써 권원 자체가 없다고 보고, 권원이 없음이 밝혀진 경우에는 자주점유의 추정이 깨어진다고 본다. 그러나 소유의사의 유무를 객관적으로 정하는 권원이라 함은 적법한 점유권원을 뜻하지 아니하고 점유취득의 원인이 된 사실관계로 이해하는 견해가 학설과 판례의 입장으로 보인다. 그러므로 무단점유의 경우도 적법한 권원이 존재하지 않을 뿐이고, 권원 자체가 없는 경우라고 보아야 하지는 않는다.

(iv) 일반적으로 타인 소유의 토지를 일시적으로 사용하도록 소유자가 용인한다고 기대하고 하는 태양의 무단점유는 소유의사의 요건을 충족하지 못하지만, 동산절도는 물론 부동산의 경우에도 소유의사가 객관적으로 표출된 무단점유의 경우에는 소유의사를 인정하여야 하며 그 성질이 불분명한 경우에는 소유의사를 추정하여야 한다고 보는 견해가 있다(판례에서의 별개의견이다). 사례에서와 같이 타인 소유의 지상의 주택만이 매도되는 경우에는 특별한 사정이 없는 한 C는 그 주택의 부지에 대하여 점용권만을 매수한 경우로 보아야 하므로, 그 토지의 점유는 소유자를 배제하여 자기의 소유물처럼 배타적 지배를 행사하려는 경우가 아니고 권원의 성질상 타인의 소유임을 용인한 타주점유로 봄이 상당하다고 본다. 그러나 C가 A로부터 갑토지와 그 지상의 주택을 매수한 경우라고 하여 A가 점유하여 오던 B의 을토지의 일부에 대하여는 그 점용권만을 매수한 경우라고 보아야 할지는 의문이다. 오히려 C가 주택과 갑토지를 매수하였다는 사실은 갑토지가 차고, 물치장 및 마당으로 사용되는 을토지의 일부까지 포함한다고 여기고 그 전부를 양수인으로서 점유한다고 봄이 상당하다고 보아야 한다.

(v) 무단점유한 경우에도 자주점유의 추정이 깨어지지 않는다는 견해도 있다. 법률요건이 없다는 사실을 알면서 타인 소유의 부동산을 무단점유한 경우에는 악의의 점유로 볼 수는 있어도 민법 제197조 제1항이 적용되어 자주점유의 추정이 깨어진다고 단정할 수는 없다는 입장이 타당하다고 본다. 판례에서의 다수의견이나 다수설의 태도와 같이 해석한다면 실질적으로는 민법 제245조의 법문에도 없는 점유자의 선의(善意)나 정권원(正權原), 즉 적법한 권원의 존재를 점유취득시효의 요건으로 삼는 경우로 되어 부당하다.

우선 점유의 개시 당시에 소유권취득의 원인이 될 수 있는 법률행위 기타 법률요건이 없이 그와 같은 법률요건이 없다는 사실을 잘 알면서 타인 소유의 부동산을 무단점유한 사실이 증명된다고 하더라도 그 증명이 있다는 사실만으로 A의 점유가 권원의 객관적 성질상 소유의 의사가 없는 점유라고 단정할 수는 없다. 또한 다른 부가적 사정 없이 단순히 A가 점유의 개시 당시에 소유권취득의 원인이 될 수 있는 법률행위 기타 법률요건이 없이 그와 같은 법률요건이 없다는 사실을 잘 알면서 타인 소유의 부동산을 무단점유한 사정만으로 외형적·객관적으로 보아 점유자가 진정한 소유자라면 통상 취하지 아니할 태도를 나타내거나 소유자라면 당연히 취할 행동을 취하지 아니한 경우에 해당된다고 볼 수도 없다. 점유취득시효에 있어서는 점유자가 선의임을 그 요건으로 삼지 아니하여 악의의 점유자도 자주점유라면 시효취득을 할 수 있으므로, 그 법률요건이 없다는 사실을 잘 알면서 점유하는 경우에는 그 점유가 악의의 점유라는 사실을 의미할 수는 있어도 그 점유가 자주점유이냐 타주점유이냐 여부와는 직접적인 관련이 없으므로, 그 사정만으로 자주점유의 추정을 깨뜨리는 사정이 증명된 경우로 볼 수는 없다.

사례에서 A는 경계를 침범하여 B의 을토지를 자기 소유의 건물의 부지로 계속 점유하여 오고 있어서 진정한 소유자를 배제하고서 자신이 소유자인 양 배타적이고도 공연하게 점유하는 특성이 뚜렷하므로, 오히려 자주점유로 인정될 여지가 더 크다. A의 점유가 계속 자주점유의 추정을 받는다고 하면 A의 점유를 승계한 C의 시효취득은 인정되어야 한다. 본래 취득시효제도의 존재이유가 진정한 권리자의 권리증명을 절약하여 오래된 사실에 대한 증명의 곤란으로부터 구제하는 데에 그치지 아니하고, 사실상태가 장기간 계속된 경우에 그 상태가 진실한 권리관계에 합치되는지 여부를 묻지 않고 영속된 사실상태를 권리관계로 끌어올려 보호함으로써 법질서의 안정을 기하려고 하는 데에 중점을 두고 있다. 그러므로 A가 비록 진정한 권리자가 아니라고 하더라도 민법상 취득시효에 관한 규정이 정하는 일정한 요건을 충족한 경우에는 그 보호를 당연히 받게 되고, 그 결과 자기의 권리를 장기간 행사하지 않고 권리 위에 잠자고 있던 B가 권리를 잃게 되는 경우가 생기게 되더라도 어쩔 수 없는 일이 아닐까?

(다) 직접점유·간접점유

점유취득시효에 필요한 점유는 직접점유에 한하지 않고 간접점유도 포함된다. 다만 점유보조자는 점유가 인정되지 아니하여 시효취득도 할 수 없다. 그리고 농지법이 농민이 아닌 사람의 농지의 취득을 전면적으로 금지하고 있지는 아니할 뿐더러 농민이 아닌 사람의 점유로 인한 농지소유권의 시효취득을 금지하고 있지 않으므로 그도 농지를 시효취득할 수 있다.[332)]

b) 20년간의 점유가 필요하다

(가) 서언

점유취득시효에서는 점유가 20년 동안 계속되어야 한다(§245 I). 20년의 점유에 관하여는 점유의 승계가 인정된다. 점유가 여러 사람에게 순차로 승계된 경우에 점유의 승계인은 자기만의 점유를 주장하여 취득시효를 완성시킬 수도 있고, 자기의 점유와 전점유자의

332) 대법원 1992.11.24. 선고 92다29825 판결.

점유를 아울러 주장하여 취득시효를 완성시킬 수도 있다(§199). 또한 점유의 승계인이 전점유자의 점유를 아울러 주장하는 경우에는 어느 단계의 점유자의 점유까지를 아울러 주장하는가를 선택할 수 있다.[333] 그리고 취득시효의 이익을 받으려는 자는 자기의 점유개시일을 기산점으로 하는가, 전점유자의 점유개시일을 기산점으로 하는가를 임의로 선택할 수 있다.[334]

점유가 계속된 사실의 증명에 관하여 민법 제198조는 전후 양시(兩時)에 점유한 사실이 있는 때에는 일시 점유를 상실하더라도 그 점유는 계속한 경우로 추정된다고 규정하고 있다. 예컨대 1990년 1월 1일부터 2010년 1월 1일까지의 점유의 사실을 증명하면 20년간의 점유의 계속이 추정된다. 민법 제198조에 의한 점유계속의 추정은 동일인이 전후 양시에 점유한 사실이 증명된 때뿐만 아니라, 전후 양시의 점유자가 다른 경우에도 점유의 승계가 증명되는 한 점유의 계속은 추정된다.[335]

(나) 점유개시의 기산점

가) 점유기간의 기산점에 관한 학설

점유취득시효가 완성하려면 20년의 점유기간을 채워야 하고, 그 당연한 전제로서 점유기간의 기산점이 문제된다. 점유기간의 기산점은 취득시효의 완성시점, 즉 소유권이전등기청구권의 발생시점을 결정하고, 시효의 요건인 소유의 의사에 의한 평온, 공연한 점유인지 여부에 대한 판단의 기준시점이 된다. 또한 점유기간의 기산점은 시효기간의 진행중에 소유권변동이 있는 경우에 취득시효완성자와 제3취득자 사이의 소유권귀속의 문제와도 관련되어 그 기산점을 어느 시점으로 삼아야 하는지는 매우 중요하다.

취득시효에서 점유기간의 기산점을 어느 때로 하여야 하는가? 학설이 대립한다. 학설상 역산설과 고정시설이 있다.

① 역산설　　역산설은 점유자가 점유의 기산점을 임의로 선택하더라도 시효이익의 완성을 주장하는 때로부터 거슬러 올라가 20년 이상 점유한 사실만 증명하면 점유취득시효의 완성을 인정할 수 있다고 본다.

② 고정시설　　고정시설은 점유자가 점유기간의 기산점을 임의로 선택할 수 없고 현실적으로 처음 점유를 개시한 시점을 확정하여 그때로부터 20년의 기간을 기산하여야 한다고 본다. 고정시설에 의하면 시효기간의 기산점을 당사자가 임의로 선택할 수 있게 되면 당사자는 시효완성 후에 등기명의를 취득한 자를 시효완성 당시의 취득자로 할 수 있게 되어 결국 시효의 완성을 주장하는 자는 등기 없이 언제나 제3취득자에 대하여 시효의 완성을 주장할 수 있고, 등기의 청구와 같은 취득시효의 완성에 상응하는 권리관계를 주장할 수 있게 되는 결과가 되어 등기제도의 기능을 몹시 약화시키고 부동산에 관한 거래의 안전을 해할 우려가 있을 뿐만 아니라, 그 결과는 등기를 부동산시효취득의 요건으로 하고 있는 현행민법의 취지에서 보더라도 결코 합리적이라고는 할 수 없다고 한다.

---

333) 대법원 1991.10.22. 선고 91다26577 판결.

334) 대법원 1981.3.24. 선고 80다2226 판결.

335) 대법원 1996.9.20. 선고 96다24279, 24286 판결.

판례의 태도는 어떤가? 판례는 점유취득시효의 기산일에 관하여 원칙적으로 고정시설의 입장에 있고, 예외적인 경우에 역산설을 적용하고 있다(등기부상 등기명의자의 변동이 있느냐 아니냐에 따라서 달리 취급한다). 점유기간 중에 부동산의 소유권자에 변동이 있는 경우에는 고정시설에 따라서 취득시효를 주장하는 자가 임의로 기산점을 선택하거나 소급하여 20년 이상 점유한 사실만 내세워 시효완성을 주장할 수 없다고 한다.[336] 다만 시효기간 중 계속하여 등기명의자가 동일하고 그 사이에 소유권자의 변동이 없는 경우에는 취득시효를 주장하는 날로부터 역산하여 20년 이상의 점유사실이 인정되면 충분하므로, 역산설을 취하여도 상관없다고 본다.

역산설과 고정시설 중 어느 견해가 타당한가? 취득시효완성을 주장하고자 하는 특정시점으로부터 소급하여 일정기간 동안 평온하게 자주점유를 해 온 자는 그 시점 당시의 진정한 권리자에 대하여 취득시효완성을 주장할 수 있다는 이른바 역산설의 논리가 취득시효제도의 본질에 가장 부합한다고 볼 수 있다. 그러나 판례와 다수설이 이른바 고정시설을 취하고 있고, 고정시설의 원칙이 오랜 동안 받아들여져 정착된 지금에 와서 취득시효의 근본법리로서의 고정시설을 갑자기 바꾸게 되면 커다란 혼란 등이 야기될 우려가 있으므로, 역산설로의 법리변경은 어렵다고 보아야 하지 않을까? 그러므로 현실적으로 판례와 같이 고정시설을 원칙으로 하지 않을 수 없다.

나) 등기부상 등기명의자가 동일한 경우

(i) 취득시효기간 중 계속해서 등기명의자가 동일한 경우에는 그 기산점을 어디에 두든지간에 취득시효의 완성을 주장할 수 있는 시점에서 보아 20년의 점유기간이 경과한 사실만 확정되면 충분하므로, 임의의 시점을 기산점으로 삼아 취득시효의 완성을 주장하여도 상관없다(역산설이 적용된다). 취득시효기간 중 등기명의자가 처음부터 끝까지 똑같은 때에는 취득시효의 기산점을 언제로 인정하느냐가 관계당사자의 이해관계에 영향을 미치지 아니하여 구태여 오랜 시일의 경과로 인하여 사실상 그 인정이 어려운 실제로 점유한 시점을 확정할 필요가 없고, 취득시효의 기산점을 임의로 선택할 수 있게 하여도 상관없다.

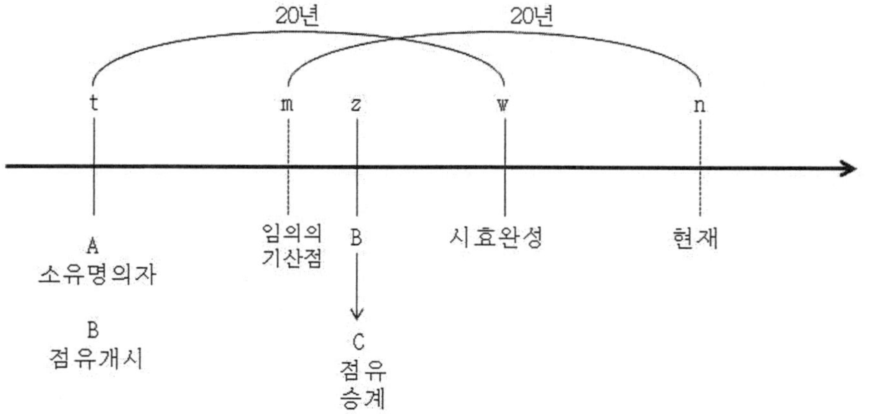

336) 대법원 1998.5.12. 선고 97다8496 판결.

그림에서 B가 t에서 점유를 개시하여 20년의 점유기간을 채운 w의 시점에서 취득시효가 완성되어 A에 대하여 점유취득시효의 완성에 따른 등기청구권을 가진다. 그러나 만약 취득시효를 위한 점유기간 내내 등기명의자가 A로 변동이 없는 경우라면 B는 현재의 시점인 n으로부터 역산하여 20년이 되는 m의 시점을 임의로 선택하여 취득시효의 완성을 주장하여도 상관없다.

만약 B의 점유를 z의 시점에서 C가 승계한 때에는 어떤가? C가 전점유자 B의 점유를 승계하여 자신의 점유기간과 통산하여 20년이 경과한 경우에도 등기명의자가 A로 줄곧 동일하면 B도 역시 n의 시점으로부터 역산하여 임의의 시점 m을 그 기산점으로 삼아 취득시효의 완성을 주장할 수 있게 하여도 상관없다.337)

만약 B가 취득시효를 완성시킨 후에 C가 B의 점유를 승계한 경우, 즉 w의 시점 이후에 승계한 경우에도 임의의 기산점을 잡아 취득시효의 완성을 주장할 수 있는가? 판례는 취득시효가 완성된 이후에 점유의 승계가 이루어진 경우에도 그 취득시효기간 중 등기명의자가 동일한 이상 그 완성 이전에 점유의 승계가 이루어진 경우와 마찬가지로 역산에 의하여 전점유자의 점유기간 중 임의의 시점을 그 취득시효의 기산점으로 선택할 수 있다고 본다. 그러므로 취득시효를 주장할 수 있는 시점으로부터 역산하여 20년간 소유자가 동일하면 그 기간 동안의 점유의 승계가 있건 없건, 그 점유의 승계가 취득시효의 완성 이전이건 후이건 관계없이 관계당사자의 이해관계에 영향을 미치지 아니한다고 보아 모두 그 역산을 허용하는 취지로 이해된다.

갑토지는 원래 A의 소유였는데 B가 갑토지를 매수하여 1945.1.17. 그 명의로 소유권이전등기를 마쳤다. 갑토지상에는 주택이 건립되어 있었는데, C가 1935.12.경 A로부터 주택과 갑토지를 매수하여 그때부터 점유·사용하여 오다가, C가 1949.2.18. 사망함에 따라 그의 상속인인 D가 그 점유를 승계하여 점유·사용하였다. 그리고 E는 1977.4.8. D로부터 갑토지를 매수하여 현재에 이르기까지 점유·사용하고 있다. B는 1989년경 E를 상대로 주택의 철거와 갑토지에 대한 임료 상당의 부당이득을 구하였다. E는 D와 자기의 점유를 합한 기간이 20년을 초과하고, 그 기간 중 갑토지에 대한 소유자의 변동이 없으므로, 1969.5.17.부터 기산하여 20년이 경과한 1989.5.17. 그 취득시효가 완성된 사실을 이유로 B에게 소유권이전등기절차를 이행할 의무가 있다고 주장할 수 있는가? [대법원 1998.5.12. 선고 97다8496, 8502 판결]

갑토지는 C가 종전의 점유자인 A로부터 점유를 이전받아 점유·사용하여 오던 중 그 소유자가 A로부터 B로 변동이 된 1945년 1월 17일 이후에도 C가 계속 점유·사용하다가 1949년 2월 18일에 D가 그 점유를 승계하고, 이어서 1977년 4월 8일에 E가 그 점유를 승계하여 현재 E가 점유·사용하고 있다. 그러므로 E가 D의 점유까지를 합하여 취득시효의 완성을 주장하는 때에는 이미 D의 점유 아래에서 취득시효가 완성되고, 그 후에 D로부터

337) 대법원 1993.1.15. 선고 92다12377 판결.

점유를 승계한 경우되므로, E는 스스로의 점유와 현재의 시점인 1989년 5월 17일로부터 거꾸로 계산하여 20년의 점유가 되는 1969년 5월 17일을 임의의 기산점으로 삼아 자기의 취득시효완성을 주장할 수 있는가 하는 문제가 생긴다. 본래 점유가 순차로 여러 사람에게 승계된 경우에 점유의 이익을 주장하는 사람은 자기의 점유만을 주장하거나 자기의 점유와 그 전점유자의 점유를 아울러 주장할 수 있고, 전점유자의 점유를 주장하는 경우에도 바로 직전의 점유자의 점유를 주장하거나 그 이전의 점유자의 점유를 아울러 주장할 수 있다. 그러므로 E도 스스로 전점유자인 D의 점유까지를 합하여 자기의 취득시효를 주장할 수 있다고 보아야 한다. 그리고 갑토지에 관하여는 1945년 1월 17일에 소유권변동이 있다고 하더라도 그 이후부터 E가 취득시효의 완성을 주장하는 1989년 5월 17일까지 44년 남짓 동안 등기명의자가 동일한 이상, E는 전점유자인 D가 점유를 개시한 이후로서 E가 주장하는 1969년 5월 17일을 임의의 기산점으로 삼아 취득시효의 완성을 주장할 수 있으므로, E는 B에 대하여 소유권이전등기절차의 이행을 청구할 수 있다.

다) 등기부상 등기명의자의 변동이 있는 경우

취득시효의 기초가 되는 점유가 20년 이상 계속되고, 그 사이에 등기명의자의 변동이 생기는 경우가 있다(그림과 같다). B는 임의기산일을 선택하여 취득시효를 주장할 수 있는가?

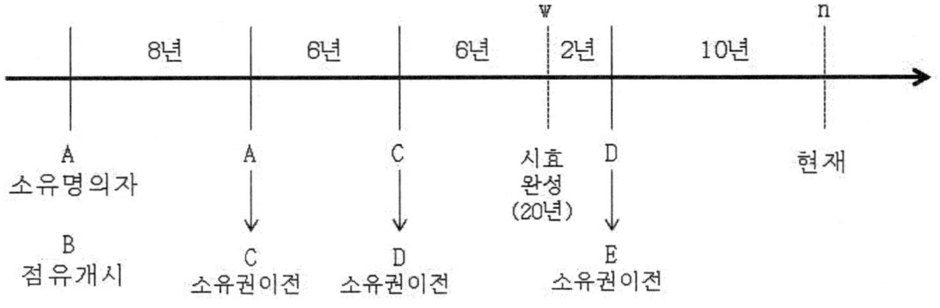

등기부상 등기명의자가 A→C, C→D, D→E로 변동되어 있으므로, B는 자기가 처음 31년 전에 점유가 개시된 때를 기산점으로 하여야 하고, 취득시효를 주장하는 B가 임의로 어느 기산일을 선택할 수 없다(처음 점유를 개시한 때를 기산점으로 삼으면 취득시효의 완성 당시 등기부상 등기명의자는 D이고 E가 아니다).[338] 만약 등기명의자가 변동된 경우에 기산점을 임의로 정하게 되면 취득시효의 완성으로 인한 소유권이전등기청구권의 상대방이 시효기간완성 당시의 등기명의자가 되므로, 다시 말하면 예컨대 n의 시점으로부터 역산하여 20년이 되는 시점을 기산점으로 삼을 수 있다고 하면 E가 취득시효의 완성 당시의 등기명의자로서 소유권이전등기의무를 부담하므로, 등기명의자로부터 권리를 취득한 제3자를 해하게 된다.

라) 점유의 승계가 있는 경우

점유가 순서대로 차례 차례 승계된 경우에 취득시효의 완성을 주장하는 자는 자기의

---

338) 대법원 1991.10.22. 선고 91다26577 판결.

점유만을 주장하거나 또는 자기의 점유와 전점유자의 점유를 아울러 주장할 수 있는 선택권이 있다. 또한 전점유자의 점유를 아울러 주장하는 경우에는 어느 단계의 점유자의 점유까지를 아울러 주장하는가, 즉 원용단계에 대한 선택권까지도 취득시효의 완성을 주장하는 자에게 있다.

전점유자의 점유를 아울러 주장하는 경우에 전점유자의 점유기간 중의 임의시점을 선택할 수 있는가? 점유의 개시시기를 전점유자의 점유기간 중의 임의의 시점으로 선택할 수는 없고,[339] 반드시 소유자의 변동이 없는 경우에만 그 원칙이 적용되지는 아니하고, 소유자의 변동이 없더라도 역시 점유의 개시시기를 전점유자의 점유기간에서 임의로 정할 수는 없다.

마) 자기 소유의 부동산이 다른 사람 명의로 변동된 경우

자기 소유의 부동산을 점유하고 있는 상태에서 다른 사람의 명의로 소유권이전등기가 된 경우에 자기 소유의 부동산을 점유한 동안은 취득시효의 기초로서의 점유라고 할 수 없다. 소유권의 변동이 있는 경우에 비로소 취득시효의 기초로서의 점유가 개시되어 취득시효의 기산점은 소유권의 변동일, 즉 소유권이전등기가 마쳐진 날이 된다.[340]

c) 등 기

(가) 서언

부동산점유취득시효로 인하여 부동산의 소유권을 확정적으로 취득하기 위하여는 등기를 하여야 한다(§245 I). 본래 취득시효는 법률의 규정에 의한 물권변동으로 민법 제187조가 적용되므로, 등기 없이 소유권취득의 효과가 발생하여야 하나, 취득시효의 경우에는 상속이나 판결, 경매의 경우와는 달리 소유권이전의 시기가 명확하지 아니하고 진정한 권리자를 해하는 일이 있을 수 있으므로, 당사자 사이의 이해조절을 위하여 민법 제245조 제1항이 등기를 요구하고 있다고 할 수 있다.

미등기부동산의 시효취득의 경우에는 어떤가? 민법 제245조 제1항의 취득시효기간의 완성만으로는 소유권취득의 효력이 바로 생기지는 않고, 다만 취득시효를 원인으로 하여 소유권취득을 위한 등기청구권이 발생할 뿐이다. 그러므로 미등기부동산의 경우라고 하여 취득시효기간의 완성만으로 등기 없이도 점유자가 소유권을 취득한다고 볼 수 없다.[341] 미등기부동산을 시효취득한 경우에는 시효취득자가 원래의 소유자를 대위하여 보존등기를 한 후 다시 시효취득자의 명의로 소유권이전등기를 하여야 한다.

> A가 B 소유의 갑토지 위에 자기의 건물을 건축하여 소유의 의사로 평온, 공연하게 20년간 갑토지를 점유하여 취득시효가 완성되었는데, 아직 A 앞으로 등기가 마쳐지지는 않았다. B는 A에 대하여 갑토지 위의 건물의 철거와 갑토지의 인도를 청구할 수 있는가?

---

339) 대법원 1998.4.10. 선고 97다56822 판결.
340) 대법원 1997.3.14. 선고 96다55860 판결.
341) 대법원 2006.9.28. 선고 2006다22074, 22081 판결.

부동산에 관한 점유시효취득은 20년간의 점유기간이 완성되어도 그 등기를 갖추지 아니하는 한 그 소유권을 취득할 수 없고, 「등기함으로써 그 소유권을 취득한다」(§245 I). 그러므로 등기 없이는 점유로 인한 부동산소유권의 시효취득기간이 경과한 사유만으로 소유권이 인정되지 않으므로, 그 확인을 구할 이익조차 없다.[342] 다만 취득시효의 완성 당시의 소유자와의 관계에서는 등기를 하지 않은 상태에서도 시효취득의 효력을 주장할 수 있다.

원래 취득시효제도는 일정한 기간 점유를 계속한 자를 보호하여 그에게 실체법상의 권리를 부여하는 제도이므로, A가 B에게 소유권이전등기절차의 이행을 청구할 수 있는 권리가 있다. B는 소유권이전등기절차에 응할 의무가 있다. 그러므로 A가 갑토지에 관하여 소유권이전등기를 마치지 못한 상태에 있다고 해서 B가 A에 대하여 갑토지에 대한 불법점유임을 이유로 그 지상건물의 철거와 갑토지의 인도를 청구할 수는 없다.

사례에서 B는 A에 대하여 점유로 인한 부당이득반환이나 불법점유를 이유로 한 손해배상을 청구할 수 있는가? A가 그 명의로 소유권이전등기를 마치지 아니하여 아직 소유권을 취득하지 못하였다고 하더라도, B는 소유권이전등기절차를 이행하여 점유를 개시한 때에 소급하여 소유권을 취득케 할 의무가 있으므로 B는 A에 대하여 점유로 인한 부당이득반환청구를 할 수 없다.[343] 역시 B는 A에 대하여 갑토지의 불법점유를 이유로 손해의 배상을 청구할 수도 없다.[344]

(나) 어떤 유형의 등기를 하는가

부동산점유취득시효의 완성으로 인한 소유권취득의 법적 성질은 원시취득인가 승계취득인가? 판례는 분명히 부동산소유권의 시효취득은 원시취득이라고 본다.[345] 그러므로 특별한 사정이 없는 한 원소유자의 소유권에 가하여진 각종의 제한에 의하여 영향을 받지 아니하는 완전한 내용의 소유권을 취득하게 된다. 그리고 소유권취득의 반사적 효과로서 그 부동산에 관한 매매계약이 취득시효기간의 진행중에 체결되어 소유권이전등기청구권이 가등기에 의하여 보전되어 있더라도 그 매매계약상의 매수인의 지위는 소멸된다. 물론 취득시효의 기간이 완성되었다고 하더라도 점유자 앞으로 등기를 마치지 아니한 이상 전소유권에 붙어 있는 부담은 소멸되지 아니한다.

점유취득시효로 인한 등기는 보존등기를 하여야 하는가? 학설상 취득시효로 인한 소유권의 취득이 원시취득이라고 하는 이유로 보존등기를 하여야 한다는 견해가 있으나, 판례나 학설은 취득시효의 완성을 원인으로 한 소유권이전등기를 하여야 한다고 본다. 특히 판례는 취득시효의 완성으로 토지의 소유권을 취득하기 위하여는 그로 인하여 소유권을 상실하게 되는 시효완성 당시의 소유자를 상대로 소유권이전등기청구를 하는 방법에 의

---

342) 대법원 1991.5.28. 선고 91다5716 판결.

343) 대법원 1993.5.25. 선고 92다51280 판결.

344) 대법원 1966.2.15. 선고 65다2189 판결.

345) 대법원 1991.10.22. 선고 90다16283 판결; 대법원 1993.10.12. 선고 93다1886 판결; 대법원 2004.9.24. 선고 2004다31463 판결 등 참조.

하여야 한다고 본다.[346] 실무상으로 시효취득으로 인한 등기는 등기의무자인 현재의 등기명의인과 등기권리자인 시효취득자의 공동신청에 의한 「취득시효를 등기원인으로 한 소유권이전등기」를 하는 방식이 이용되고 있다.

(다) 시효취득에 의한 등기청구권의 성질

가) 채권적 청구권이다

취득시효완성자는 취득시효완성 당시의 등기명의인에 대하여 등기청구권을 가진다. 점유취득시효에 의한 등기청구권의 법적 성질은 채권적 청구권이라고 본다(다수설). 판례도 취득시효에 의한 등기청구권을 채권적 청구권으로 이해한다.[347] 다만 소수설로서 취득시효가 완성하면 부동산의 점유자는 마치 물권적 합의가 있는 취득자와 마찬가지로 물권적 기대권을 취득한다고 하여 취득시효에 의한 등기청구권을 물권적 청구권으로 이해하는 견해도 있다.

나) 취득시효의 완성에 의한 등기청구권의 소멸시효

> A는 1935.12.경부터 B 소유의 갑토지를 점유하여 사용해 왔는데, 1955.12.31. 갑토지에 관한 취득시효가 완성되었다. 그 후 1977.4.8. A는 갑토지를 C에게 인도함으로써 점유를 상실하였다. A가 가지는 취득시효의 완성으로 인한 소유권이전등기청구권은 1987.4.8. 소멸시효로 소멸하는가?

부동산에 대한 점유취득시효의 완성을 원인으로 하는 소유권이전등기청구권은 소멸시효에 걸리는가? 취득시효의 완성으로 인한 소유권이전등기청구권은 점유가 계속되는 한 시효로 소멸하지 않는다.

만약 취득시효가 완성된 점유자가 점유를 상실한 경우에는 어떤가? 판례는 점유자가 취득시효기간의 만료로 일단 소유권이전등기청구권을 취득한 이상, 그 후 점유를 상실하더라도 시효이익의 포기로 볼 수 있는 경우가 아닌 한, 이미 취득한 소유권이전등기청구권은 소멸되지 아니한다고 본다. 다만 판례는 취득시효기간의 만료로 소유권이전등기청구권을 취득한 후 점유를 상실하더라도 전점유자의 소유권이전등기청구권이 소멸되지 않는다고 하나(바로 뒤에 자세하게 설명하는 비소멸설의 입장이다), 취득시효가 완성된 점유자가 점유를 상실한 경우에 취득시효의 완성으로 인한 소유권이전등기청구권의 소멸시효는 그와 별개의 문제로서, 그 점유자가 점유를 상실한 때로부터 10년간 등기청구권을 행사하지 아니하면 소멸시효가 완성된다고 해석한다.[348] 그러므로 판례에 의하면 A의 취득시효완성으로 인한 소유권이전등기청구권은 A가 점유를 상실한 1977년 4월 8일부터 10년이 경과함으로써 시효소멸한다.

취득시효의 완성으로 취득한 소유권이전등기청구권은 점유를 상실하면 소멸시효가 진행한다는 태도는 옳은가? 주지하다시피 판례는 부동산매수인이 부동산을 인도받아 사

346) 대법원1997.4.25. 선고 96다53420 판결.

347) 대법원 1995.12.5. 선고 95다24241 판결.

348) 대법원 1996.3.8. 선고 95다34866, 34873 판결.

용·수익하다가 제3자에게 그 부동산을 처분하고 점유를 승계하여 준 경우에 소유권이전등기청구권의 소멸시효가 진행하지 않는다고 보므로,349) 부동산매수인의 소유권이전등기청구권에 대한 소멸시효와의 균형을 생각하면 취득시효를 완성시킨 A가 C에게 그 점유를 이전하여 준 때에도 취득시효완성으로 인한 소유권이전등기청구권의 소멸시효는 진행하지 않는다고 보는 태도가 타당하다. 점유가 계속되는 한 취득시효의 완성으로 인한 소유권이전등기청구권이 시효로 소멸하지 않는다는 입장이 판례의 태도이나, 판례의 견해가 갑토지에 관하여 점유만에 대하여서라도 권리를 행사하는 A는 전체적으로 보아 갑토지에 관하여 권리 위에 잠자는 자라고 할 수 없어서 소멸시효에 걸리지 않는다는 취지라고 하면 A가 갑토지를 점유하며 사용·수익하다가 갑토지에 대한 보다 적극적인 권리행사의 일환으로 C에게 갑토지를 처분하고 그 점유를 승계하여 준 경우에도 시효취득으로 인한 소유권이전등기청구권의 행사 여부에 관하여 그가 그 부동산을 스스로 계속 사용·수익만 하고 있는 경우와 특별히 다를 바 없다고 보아야 하지 않을까? 그러므로 비록 비소멸설을 취한다고 하더라도 두 어느 경우에나 소유권이전등기의 소멸시효는 마찬가지로 진행되지 않는다고 보아야 타당하다.

점유자가 취득시효기간의 만료로 소유권이전등기청구권을 취득한 후 점유를 상실한 경우에 그 소유권이전등기청구권이 소멸한다는 견해가 있다(소멸설이라고 한다). 이른바 소멸설에 의하면 A의 소유권이전등기청구권은 이미 점유상실을 통하여 소멸하므로, 소멸시효가 문제될 여지가 없다. 취득시효를 완성한 점유자가 가지는 소유권이전등기청구권은 점유상실로 인하여 자동적으로 소멸한다고 보는 견해가 타당하다고 보므로, 원칙적으로 점유상실(특히 점유가 타인에게 동질성을 유지하며 승계된 경우)로 인한 취득시효의 완성에 기한 소유권이전등기청구권의 소멸시효에 대한 논의는 불필요하다고 보아야 한다.

(라) 취득시효를 완성한 점유자의 목적물상실과 취득시효의 주장

> 원래 A의 소유였던 갑임야는 1964.5.7. B의 명의로, 1967.11.6. C지방자치단체의 명의로 소유권이전등기가 마쳐졌다. 그런데 D교회는 1956.11.8. A로부터 갑임야를 매수하여 갑임야 위의 가옥을 교회로 사용하는 등 갑임야를 점유해 오던 중 1986.2.16. E에게 갑임야 및 그 지상건물을 매각하여, E가 갑임야를 인도받아 점유해 오고 있다. E는 D교회의 갑임야에 대한 1976.11.8. 취득시효완성을 원인으로 한 소유권이전등기청구권을 대위하여 C지방자치단체에게 소유권이전등기청구권을 행사할 수 있는가?

점유자가 목적물을 상실하면 취득시효기간의 완성으로 인한 소유권이전등기청구권이 소멸하는가? 전점유자의 취득시효기간의 완성으로 인한 소유권이전등기청구권이 목적물의 점유상실에 의하여 소멸하느냐 아니냐 하는 문제에 관하여는 학설이 대립한다.

① 비소멸설 우선 점유자가 취득시효기간의 만료로 일단 소유권이전등기청구권을

349) 대법원 1999.3.18. 선고 98다32175 전원합의체 판결.

취득한 이상, 그 후 점유를 상실하더라도 시효이익의 포기로 볼 수 있는 경우가 아닌 한, 이미 취득한 소유권이전등기청구권은 소멸되지 아니한다고 보는 견해(「비소멸설」이라고 부르고자 한다)가 있다(판례의 다수의견이다).[350] 비소멸설은 전점유자의 점유를 승계한 자는 그 점유 자체와 하자만을 승계할 뿐이지, 그 점유로 인한 법률효과까지 승계하지는 않으므로, 부동산을 취득시효기간의 만료 당시의 점유자로부터 양수하여 점유를 승계한 현점유자는 자신의 전점유자에 대한 소유권이전등기청구권을 보전하기 위하여 전점유자의 소유자에 대한 소유권이전등기청구권을 대위행사할 수 있을 뿐, 전점유자의 취득시효완성의 효과를 주장하여 직접 자기에게 소유권이전등기를 청구할 권원은 없다고 본다. 비소멸설에 의하면 갑임야에 대한 취득시효가 완성될 당시 점유자인 D교회가 E에게 갑임야를 매도하여 인도함으로써 갑임야에 대한 점유를 상실한 경우라고 하더라도 D교회의 소유권이전등기청구권은 소멸하지 아니하고, E는 D교회의 C지방자치단체에 대한 소유권이전등기청구권을 대위행사할 수 있을 뿐이다. 그러나 비소멸설은 아래와 같이 취득시효제도의 근본취지와 상충되는 문제가 있다.

(i) 비소멸설과 같이 취득시효의 완성으로 인한 소유권이전등기청구권을 점유와 분리하여 행사할 수 있다고 하면, 취득시효의 완성 당시의 점유자는 타인에게 부동산을 양도하여 점유를 이전한 후에도 그 새로운 현점유자를 제쳐 놓고 소유자와 야합하여 시효이익을 포기할 수도 있고, 또한 현점유자 이외의 제3자에게 부동산을 이중으로 양도하여 그 사람이 등기를 마쳐 버리면 현점유자는 소유권을 취득할 수 없게 되어 부동산에 대한 현실적 지배를 보호하려는 취득시효제도의 취지에 반하는 결과가 된다.

(ii) 비소멸설과 같이 취득시효의 만료 당시의 점유자로부터 점유를 승계한 현점유자는 전점유자의 소유자에 대한 소유권이전등기청구권을 대위행사할 수 있을 뿐이고, 직접 자기에게 시효취득을 원인으로 한 소유권이전등기를 청구할 권원이 없다고 한다면, 전점유자의 점유를 승계한 현점유자로부터 민법 제199조에 터잡은 점유승계의 주장과 효과를 아무런 근거 없이 박탈하는 결과가 된다.

(iii) 비소멸설이 취득시효의 완성으로 인한 등기청구권의 법적 성질을 채권적 청구권으로 파악하는 취지라고 하면 그 등기청구권은 점유를 이전한 후 10년을 경과함으로써 소멸시효가 완성되고, 만약 소유자측에서 그 등기청구권의 소멸시효를 주장하면 현점유자로서는 속수무책이 되고 만다.

② 소멸설　　점유취득시효기간이 만료된 이후 부동산에 대한 점유를 상실한 사람은 그 상실원인이 무엇이든지 간에 등기부상 소유자를 상대로 시효취득을 주장하여 소유권이전등기를 청구할 수 없다는 견해(「소멸설」로 부르고자 한다)가 보다 일관성있고 체계적인 해석이라고 판단된다(종전 판례의 입장이고,[351] 새로운 판례에서의 반대의견이다[352]). 사례에서

350) 대법원 1989.4.25. 선고 88다카3618 판결; 대법원 1990.11.13. 선고 90다카25352 판결; 대법원 1992.11.13. 선고 92다14083 판결 등 참조.

351) 대법원 1991.12.10. 선고 91다32428 판결.

352) 대법원 1995.3.28. 선고 93다47745 전원합의체 판결.

점유를 승계한 현점유자 E는 민법 제199조 제1항에 의하여 자기의 점유와 전점유자의 점유를 아울러 주장할 수 있으므로, 승계한 점유의 시초부터 현재까지 자기가 점유를 계속한 경우와 동일하게 전점유자 D를 대위할 필요 없이, 등기부상 소유자에 대하여 직접 취득시효완성을 원인으로 한 소유권이전등기를 청구할 수 있다고 보아야 타당하므로, 점유를 상실하면 D교회의 소유권이전등기청구권이 소멸된다는 소멸설이 옳다. 소멸설을 취하는 이유는 다음과 같다.

(i) 부동산을 현실적으로 점유하고 있는 자에 한하여 점유취득시효를 주장할 수 있다고 해석하는 태도가 취득시효제도의 존재이유에 부합하므로, 사례에서 E에게 점유를 이전하여 D교회가 점유를 상실하면 일단 D교회의 소유권이전등기청구권은 소멸한다고 보아야 한다. 원래 부동산에 대한 취득시효제도는 부동산을 점유, 즉 사실상 지배하는 상태가 오랜 동안 계속된 경우에 권리자로서의 외형을 지닌 사실적 지배상태를 존중하여, 그 사실적 지배가 실제의 권리관계를 반영하고 있는지를 묻지 아니하고, 그 외형에 맞는 권리를 인정하여 줌으로써 사회질서의 안정을 도모하는 한편, 영속된 사실상태는 진실한 권리관계와 일치될 개연성이 높다는 고려에서 권리관계에 관한 분쟁이 생긴 경우에 점유자의 증명곤란을 구제하기 위하여 마련된 제도라고 할 수 있다. 그러므로 취득시효제도의 존재이유에 비추어 본다면, 시효기간의 만료를 원인으로 시효취득을 주장할 수 있는 권리자는 목적부동산을 현실적으로 점유하고 있어 권리자의 외형을 보유하고 있는 자에 한정하고, 과거에 부동산을 장기간 점유하던 자라도 점유를 상실하여 권리자의 외형을 갖추지 못하고 있는 자는 시효취득의 주장을 할 수 없다고 하는 태도가 취득시효제도의 본래의 취지에 비추어 당연하다고 생각된다.

(ii) 민법 제245조 제1항은 20년간 소유의 의사로 평온·공연하게 부동산을 점유하는 자는 등기함으로써 소유권을 취득한다고 규정하고 있다. 민법 제245조 제1항의 문리상 현재 부동산을 점유하고 있는 자만이 점유취득시효의 주장을 할 수 있다고 규정하고 있는 사실이 분명하다.

일본민법 아래에서는 취득시효의 완성 당시의 점유자가 점유부동산의 소유권을 취득하게 되므로(일본민법 §162 I), 그 후 점유가 타인에게 이전되더라도 취득시효의 완성 당시의 점유자는 여전히 소유권에 기한 등기청구권 또는 소유권의 변동과정과 일치시키기 위한 등기청구권을 갖는다고 해석할 수 있다. 그러나 형식주의를 취한 현행민법 아래에서는 부동산을 소유의 의사로 평온·공연하게 20년간 점유한 사실만으로는 소유권을 취득할 수 없고 등기하여야만 비로소 소유권을 취득하게 되므로, 의사주의를 취하는 일본민법 아래에서의 취득시효완성으로 인한 등기청구권과는 그 본질이 다르다고 아니할 수 없다. 그리고 그 취지는 민법부칙 제10조 제3항의 규정에 비추어 보더라도 의문의 여지가 없다.

현행민법 아래에서는 소유의 의사로 평온·공연하게 20년간 계속된 점유권 자체의 권능으로서 현재의 점유자만이 소유자에 대하여 취득시효의 완성으로 인한 소유권이전등기청구를 할 수 있다고 보아야 한다. 결국 취득시효를 완성시킨 전점유자가 점유를 잃으면 그 등기청구권도 없게 된다고 보는 입장이 민법 제245조 제1항에 충실한 해석이라고 본다.

(iii) 취득시효와 관련한 소송의 절차적인 측면에 비추어 보아도 취득시효를 완성시킨 전점유자가 점유를 상실하면 취득시효의 완성에 기한 소유전이전등기청구권이 소멸한다는 소멸설이 이미 취득한 소유권이전등기청구권은 소멸되지 아니한다는 비소멸설에 비하여 보다 합리성이 있다. 예컨대 취득시효기간이 만료된 후 부동산에 대한 점유가 전전 이전된 경우에 비소멸설에 따른다면 최후의 점유자가 취득시효의 완성을 원인으로 한 소유권이전등기를 소송으로 청구하자면 (i) 소유자뿐 아니라 취득시효기간의 만료 당시 및 그 후의 전점유자도 피고로 삼아야 하고, (ii) 부동산을 20년간 점유한 사실 외에 취득시효기간의 만료 후에 전전 이전된 점유자 사이의 법률관계를 하나하나 밝혀서 순차적으로 채권자대위를 가능하게 하는 법률관계임을 주장·증명하여야만 하므로 대단히 복잡하다. 취득시효를 주장하는 자가 장기간에 걸쳐 순차 이어지는 점유승계의 원인된 법률관계가 무엇인지를 밝히고, 특히 채권자대위의 근거로 삼을 수 있는 소유권이전의 합의가 있었다는 사실을 증명하기는 결코 용이한 일이라고 할 수 없다(더구나 부동산소유자로 등기된 자가 따로 있고, 그 이외의 사람 사이에 점유승계가 순차 이루어진 통상의 경우에 있어서 점유자 사이에 부동산에 대한 점유의 승계에 관한 합의 이외에 목적부동산의 소유권이전에 관한 합의까지 하였다고 볼 수 있는 경우는 많지 않다. 왜냐하면 자기가 가지고 있는 권리 이상을 남에게 넘겨주는 경우는 이례적인 일이기 때문이다). 만약 증명부족으로 인하여 시효취득의 주장이 배척된다면 그 결과는 영속된 사실상태를 권리관계로 끌어올려 보호하는 한편, 분쟁이 생긴 경우에 점유자의 증명곤란을 구제하기 위하여 마련된 취득시효제도 본래의 취지에 반한다고 하지 않을 수 없다. 그러나 현점유자가 소유자를 상대로 직접 청구가 가능하다는 견해를 취할 경우에는 현재의 점유자는 (i) 소유자만을 피고로 하면 되고, (ii) 증명사항도 목적부동산의 점유관계만 증명하면 된다고 할 수 있으므로, 소송절차적인 측면을 비교하여 보더라도 비소멸설은 소송경제적인 측면에서도 불합리할 뿐 아니라, 취득시효제도에 걸맞지 아니한 견해임을 쉽게 알 수 있다.

소멸설에 따르면 사례의 결과는 어떤가? D교회가 1956년 11월 8일부터 갑임야를 점유하기 시작하여 그로부터 20년이 경과한 1976년 11월 8일 그 취득시효가 완성됨으로써 갑임야에 대한 소유권이전등기청구권을 취득하였다고 하더라도, 1986년 2월 16일 E에게 갑임야를 매도하고 그 점유를 이전한 이상, 갑임야에 대한 등기부상 소유자인 C지방자치단체에 대하여 소유권이전등기를 청구할 수 없다. 그러므로 E는 D교회에 대한 소유권이전등기청구권을 보전하기 위하여 D교회의 C지방자치단체에 대한 소유권이전등기청구권을 대위행사할 수 없다. 다만 E는 D교회의 점유와 자기의 점유를 합하여 자기의 취득시효완성을 주장하면 된다.

③ 절충설 절충설의 입장으로서 전점유자의 소유권이전등기청구권이 점유상실에도 불구하고 소멸하지 아니한다고 보는 입장 아래 다시 E의 소제기시로부터 소급하여 20년간 소유권에 변동이 없으므로, E는 민법 제199조 제1항에 의하여 전점유자인 D교회의 점유와 자기의 점유를 아울러 주장하여 자신이 점유하는 동안에 취득시효가 완성된 사실을 원인으로 하여 C지방자치단체에 대하여 직접 소유권이전등기청구를 구할 수도 있다고

보는 견해가 있다. 그러나 전점유자와 현점유자가 모두 자신의 취득시효완성을 원인으로 하여 소유명의자에 대하여 직접 소유권이전등기청구를 할 수 있다고 하면 전점유자의 소유권이전등기청구권이 그 시효로 인하여 소멸하지 않는 한, 동일한 부동산에 대하여 점유시효취득자가 2명이 생기는 셈이 되어 부당하다.

(마) 양수인의 점유취득시효의 주장

취득시효의 완성 후에 점유자로부터 목적물을 양도받아 그 점유를 승계한 자는 시효완성 당시의 등기부상 소유자에 대하여 어떤 권리를 가지는가? 시효취득이 완성된 부동산을 승계한 신점유자가 어떤 지위를 가지는가 하는 과제는 취득시효의 완성 후에 점유를 상실한 전점유자의 소유권이전등기청구권이 소멸하느냐 존속하느냐 하는 문제의 이면이라고 할 수 있다.

만약 점유자가 취득시효기간의 만료로 일단 소유권이전등기청구권을 취득한 이상, 그 후 점유를 상실하더라도 시효이익의 포기로 볼 수 있는 경우가 아닌 한, 이미 취득한 소유권이전등기청구권은 소멸되지 아니한다고 하는 견해(비소멸설)에 의하면 신점유자는 전점유자의 소유권이전등기청구권을 대위하여 행사할 수 있다. 이른바 비소멸설에 의하면 우선 부동산의 취득시효를 완성시킨 전점유자로부터 부동산을 양수한 신점유자는 자신의 전점유자에 대한 소유권이전등기청구권을 보전하기 위하여 전점유자의 등기명의자에 대한 취득시효에 기한 소유권이전등기청구권을 대위행사할 수 있다고 본다. 그러나 신점유자에게 인도하여 점유를 상실한 이상 전점유자는 등기부상의 소유자에 대하여 취득시효의 완성을 주장하여 소유권이전등기를 청구할 수 없다고 하는 견해(소멸설)를 따르면 취득시효기간의 만료 후 부동산에 대한 점유승계가 이루어진 경우에는 점유를 승계한 신점유자는 민법 제199조 제1항에 의하여 자기의 점유와 전점유자의 점유를 아울러 주장할 수 있을 뿐이다. 그러므로 소멸설에 의하면 신점유자는 전점유자를 승계하여 그 점유의 시초부터 현재까지 자기가 점유를 계속한 경우와 동일하게 전점유자를 대위할 필요 없이, 등기부상 소유자에 대하여 직접 취득시효완성을 원인으로 한 소유권이전등기를 청구할 수 있다고 본다. 신점유자는 승계한 점유의 시초부터 현재까지 자기가 점유를 계속한 경우와 동일하게, 등기부상 소유자에 대하여 직접 취득시효완성을 원인으로 한 소유권이전등기를 청구할 수 있다고 보는 태도(소멸설을 따른 입장이다)가 타당하다.

(d) 취득시효기간완성의 효과

a) 서언 – 판례이론의 정리

점유취득시효에는 어떤 과제가 있는가? 점유취득시효가 완성된 사실만으로는 당연히 그 부동산의 소유권을 취득할 수 없고 '등기함으로써' 비로소 그 소유권을 취득한다. 그러므로 우선 소유권의 완전한 취득을 위하여 점유취득시효의 기간이 완성된 당시의 등기부상 소유자에 대하여 등기청구권을 가진다고 볼 수밖에 없는 불완전한 권리자인 점유취득시효를 완성시킨 자의 지위 내지 이익이 적절히 보호되도록 하여야 한다. 다른 한편 취득시효를 완성시킨 자의 지위나 이익만을 보호한다고 하면 부동산에 관한 물권의 득실변경에 관한 이른바 형식주의의 대원칙과 그에 따른 공신력이 훼손되고, 거래의 안전이 위협받을 우려가 크므로, 거래안전의 침해가 최소화하도록 유의할 필요가 있다.

판례는 서로 대립되는 두 가지 요청 사이의 적절한 접점과 조화점을 찾으려 노력한 끝에, 부동산의 점유취득시효와 관련하여 몇 가지 원칙과 기준을 정립하여 적용하고 있다. 예컨대 A 소유의 갑토지를 B가 소유의 의사로 공연·평온하게 20년간 점유하여 취득시효를 완성시킨 경우에 관하여 판례이론의 원칙을 정리하면 아래와 같이 설명할 수 있다.

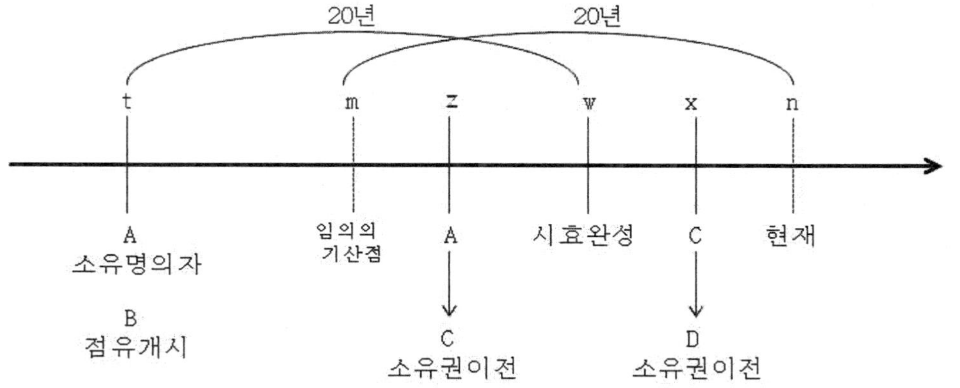

(i) 부동산에 대한 점유취득시효기간이 완성된 경우에 그 부동산의 원소유자는 권리변동의 당사자이므로 점유자는 원소유자에 대하여 등기 없이도 그 부동산의 시효취득을 주장하여 대항할 수 있는 반면에 원소유자는 점유자에 대한 이전등기의무자로서 소유권에 기한 권능을 행사할 수 없다(이른바 「제1원칙」이라고 부른다). B는 w의 시점에서 곧바로 소유권을 취득하지는 아니하고, B 명의로 등기함으로써 소유권을 취득하게 되므로(민법이 성립요건주의를 취한 당연한 결과이고, 대항요건주의를 취하는 일본민법에서는 취득시효의 완성으로 소유권을 취득하고, 제3자에게 대항하기 위하여만 등기가 필요하다), 등기가 아직 행하여지지 아니한 한 등기청구권만을 가진다. B의 소유권취득은 원시취득에 해당하므로, 특별한 사정이 없는 한 A의 소유권에 가하여진 각종의 제한에 의하여 영향을 받지 아니하는 완전한 내용의 소유권을 취득하게 된다.

(ii) 점유취득시효기간이 완성되기 전, 그 진행 중에 등기부상의 소유자가 변경된 경우에 있어서는, 그 소유권의 변동은 점유자의 종래의 사실상태의 계속을 파괴한 경우로 볼 수 없어 시효중단사유가 될 수 없고, 점유취득시효완성 당시의 등기부상의 소유자가 권리변동의 당사자가 되므로 점유자는 그 자에 대하여 등기 없이도 취득시효완성의 효과를 주장할 수 있다(이른바 「제2원칙」이다). 시효완성 전에 A로부터 갑토지를 양수한 C와의 관계에서는 B는 C에 대하여 취득시효의 완성을 주장하여 소유권이전등기를 넘겨받을 수 있다.

(iii) 점유취득시효가 완성되더라도 그에 따른 등기를 하지 않고 있는 사이에 제3자가 그 부동산에 관한 소유권이전등기를 마친 경우에는 그 제3자는 점유취득시효완성으로

인한 권리변동의 당사자가 아니므로, 점유자는 그 제3자에 대하여 취득시효완성의 효과를 주장하여 대항할 수 없다(이른바 「제3원칙」이다). 시효완성 후에 나타난 D와의 관계에서는 마치 A로부터 B, D가 갑토지를 이중으로 양도한 경우와 같은 관계가 되고, 누가 소유권을 취득하는가는 등기의 선후에 의하여 결정된다. 먼저 D가 등기를 갖추고 있는 때에는 B는 D에 대하여는 취득시효의 완성을 주장할 수 없다. 물론 아직 D에게 소유권이전등기가 마쳐지지 아니한 상태에서 B가 먼저 A로부터 소유권이전등기를 넘겨받으면 A가 이긴다.

(iv) 점유취득시효가 언제 완성되는지에 따라서 점유자와 제3자의 우열 및 대항력이 달라지게 되므로 점유자는 실제로 점유를 개시한 때를 점유취득시효의 기산점으로 삼아야 하고 그 기산점을 임의로 선택할 수 없다(이른바 「제4원칙」이다). 예컨대 시효완성 후에 D가 나타나고, D 앞으로 소유권이전등기까지 마쳐진 경우에 B는 현재의 시점 n으로부터 20년을 역산하여 점유개시시기를 m으로 삼아 취득시효의 완성을 주장할 수 없다.

b) 제3자에 대한 취득시효완성의 효과

(가) 서언

소유자가 목적물을 제3자에게 처분한 경우에 시효취득자는 제3자를 상대로 취득시효를 원인으로 하는 소유권이전등기를 청구할 수 있는가? 제3자에 대한 취득시효완성의 효과는 제3자가 등기명의를 취득시효의 완성 전에 넘겨받는가, 취득시효가 완성된 후에 넘겨받는가에 따라서 다르다.

(나) 취득시효의 완성 전에 소유자가 변경된 경우

제3자가 취득시효기간이 만료되기 전에 등기명의를 넘겨받고 그 이후 취득시효기간이 완성되는 경우가 있다. 시효취득자는 그 취득시효기간의 완성 당시의 등기명의자에 대하여 취득시효에 의한 소유권취득을 주장할 수 있으므로, 취득시효의 완성 전에 등기명의를 넘겨받은 제3자에 대하여 취득시효의 완성을 주장할 수 있다.[353)]

(다) 취득시효의 완성 후에 소유자가 변경된 경우

가) 원칙

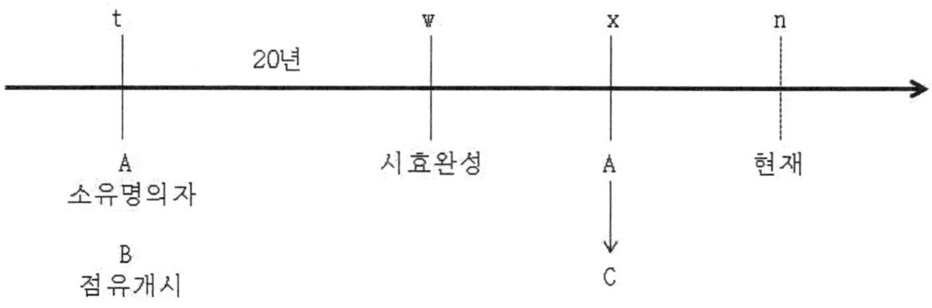

353) 대법원 1977.8.23. 선고 77다785 판결.

(i) 부동산의 점유로 인한 시효취득자는 등기를 하여야만 그 소유권을 취득하고, 그 전에는 취득시효의 완성 당시의 소유명의자 A에 대하여 소유권이전등기청구권을 가질 뿐이다. 만약 시효취득자 B 앞으로 등기가 행하여지기 전에 먼저 소유명의자 A로부터 C에게로 소유권이전등기가 행하여지면 이중양도에서와 마찬가지로, B로서는 C에 대하여 취득시효에 의한 소유권취득을 주장할 수 없다.354) 물론 이중양도의 법리가 적용되기 위하여는 C 명의의 등기가 적법·유효하여야 하며, C 명의의 등기가 원인무효라면 B는 C에게 대항할 수 있다. 만약 C 명의의 등기가 원인무효이면 B는 취득시효의 완성 당시의 소유자 A에 대하여 가지는 소유권이전등기청구권으로서 A를 대위하여 C 앞으로 마쳐진 원인무효인 등기의 말소를 구하고 아울러 A에게 취득시효의 완성을 원인으로 한 소유권이전등기를 구할 수 있다.355)

학설상으로는 이견도 있다. 점유취득시효의 완성 후에 제3자 앞으로 등기가 행하여진 경우의 사정은 이중양도의 경우와는 전혀 다르다고 하는 이유로, 시효완성 후의 제3자의 경우에는 보호할 필요가 별로 없다고 보고, 취득시효의 완성 이후에 등기명의를 이전받은 제3자에 대하여도 취득시효의 완성에 따른 효력을 주장할 수 있다고 보아야 한다는 견해(소수설)도 있다. 특히 취득시효의 기산점에 관하여 역산설을 취하면 현재로부터 거꾸로 계산하여 20년이 된 때를 취득시효의 기산점으로 삼아 현재에 점유취득시효가 완성된다고 보므로, 항상 당시의 등기기록상 등기명의자에 대하여 취득시효의 완성을 주장할 수 있게 된다.

(ii) 취득시효의 완성 후 그 등기 전에 제3자에게 소유권이전등기가 마쳐졌다가 그 후 다시 취득시효완성 당시의 소유자에게로 소유권이 회복되면 어떤가? 사례에서 B가 C에게는 그 시효취득으로 대항할 수 없으나, 그로 인하여 B가 취득시효의 완성 당시의 소유자인 A에 대한 시효취득으로 인한 소유권이전등기청구권을 상실하지는 아니하고, 단지 A의 B에 대한 소유권이전등기의무가 이행불능으로 될 뿐이다. 그러므로 그 후 어떤 사유로 취득시효의 완성 당시의 소유자 A에게로 소유권이 다시 회복되었다면 B는 A에게 시효취득의 효과를 주장할 수 있다.356)

나) 소유자가 변동된 후의 새로운 2차의 취득시효완성

취득시효의 완성 후에 소유자가 제3자로 변동되고, 등기명의가 그 제3자에게로 변동된 후에도 당초의 점유자가 취득시효의 목적물을 계속 점유하고 있는 경우도 있다. 만약 소유자가 제3자로 변경된 시점을 새로운 취득시효의 기산일로 삼아 다시 2차의 취득시효가 완성된 때에는 당초의 점유자가 취득시효의 완성을 주장할 수 있는가?

단순히 취득시효기간의 완성 당시를 기준으로 그 이전에 명의를 이전받은 제3자에 대하여는 시효취득을 주장할 수 있고, 그 후에 등기명의를 이전받은 제3자에 대하여는 시효취득을 주장할 수 없다고 하는 판례이론을 그대로 고집하면 점유취득시효가 완성된 후 취득

354) 대법원 1980.9.24. 선고 79다2129 판결.
355) 대법원 1986.8.19. 선고 85다카2306 판결.
356) 대법원 1994.2.8. 선고 93다42016 판결.

시효에 기한 소유권이전등기를 하기 전에 등기명의자로부터 등기명의를 이전받은 제3자에 대하여는 항상 시효취득을 주장할 수 없다는 결과가 된다. 그러나 소유권의 등기명의가 제3자로 변동된 이후에도 시효취득자가 점유를 계속하여 그 소유권변동시를 새로운 기산점으로 삼아도 다시 취득시효의 점유기간인 20년을 채워서 2차의 취득시효가 완성된 경우에는 취득시효의 완성 후 등기명의를 이전받기 전에 등기명의가 제3자로 변경되면 더 이상 시효취득을 주장할 수 없다고 하는 종래의 판례이론을 직접 적용할 수 없다고 보아야 한다. 그러므로 최근 판례는 종래의 태도를 바꾸어 부동산에 대한 점유취득시효가 완성된 후 취득시효의 완성을 원인으로 한 소유권이전등기를 하지 않고 있는 사이에 그 부동산에 관하여 제3자 명의의 소유권이전등기가 마쳐진 경우라 하더라도 당초의 점유자가 계속 점유하고 있고 소유자가 변동된 시점을 새로운 기산점으로 삼아도 다시 취득시효의 점유기간(20년)이 경과한 경우에는 점유자로서는 제3자 앞으로의 소유권변동시를 새로운 점유취득시효의 기산점으로 삼아 2차의 취득시효의 완성을 주장할 수 있다고 본다.[357)]

만일 당초의 점유자가 제3자로 등기명의가 변경된 후에도 계속 점유하여 다시 취득시효기간이 완성된 경우에는 다시 시효취득할 수 없다고 한다면 일단 취득시효기간이 경과한 후 제3자 명의로 이전등기된 부동산은 새로운 권원에 의한 점유가 없는 한 영구히 시효취득의 대상이 되지 아니한다. 그러므로 취득시효기간이 경과한 후의 제3자는 시효취득의 대상이 되지 아니하는 부동산을 소유하게 되어 보통의 소유자보다도 더 강력한 보호를 받게 된다. 그러나 취득시효가 완성된 부동산이 그 후 제3자 명의로 이전된 경우에는 당초의 점유자에 의한 취득시효가 인정되지 아니한다고 하면 사실상 취득시효제도가 부인되는 결과가 초래되어 부당하다. 비록 부동산에 대한 점유취득시효가 완성된 후 취득시효의 완성을 원인으로 한 소유권이전등기를 하지 않고 있는 사이에 그 부동산에 관하여 제3자 명의의 소유권이전등기가 마쳐진 경우라 하더라도 당초의 점유자가 계속 점유하고 있고 소유자가 변동된 시점을 기산점으로 삼아도 다시 2차의 취득시효의 점유기간이 경과한 경우에는 점유자로서는 제3자 앞으로의 소유권변동시를 새로운 점유취득시효의 기산점으로 삼아 2차의 취득시효의 완성을 주장할 수 있다고 보는 판례의 변경된 태도가 옳다고 본다.

취득시효의 완성 후 토지소유자에 변동이 있는 경우에 그 소유권변동시를 새로운 취득시효의 기산점으로 삼아 2차의 취득시효의 완성을 주장할 수 없다고 보는 견해(부정설이라고 부르고자 한다)도 있다. 부정설이 판례의 태도를 반대하는 논거는 아래와 같다.

(i) 부정설은 등기부상 소유자가 변경된 사실을 잘 알면서도 점유를 개시한 경우라고 하면 그 점유는 타주점유에 해당한다고 보아야 하고, 만약 등기부상 소유자의 변경사실을 알지 못한 채 점유를 계속한 경우라고 하더라도 그 등기부상 소유자가 변경된 시점을 새로운 점유의 기산점으로 보아야 할 이유가 없다고 반박한다. 과연 등기부상 소유자의 변경을 안 사실만으로 타주점유로 된다고 보아야 할까? 자주점유의 추정 및 타주점유의 증

---

357) 대법원 2009.7.16. 선고 2007다15172, 15189 전원합의체 판결.

명에 관한 법리에 비추어 보면, 2차취득시효의 개시 당시 및 그 진행 도중에 점유자가 제3자 명의의 소유권이전등기 후에 종전과 달리 외형적·객관적으로 보아 제3자의 소유권을 배척하고 점유할 의사를 갖고 있지 않다고 볼 만한 사정이 새로이 나타나지 아니하는 한, 제3자 명의로 소유권이전등기가 행하여진 사실을 점유자가 알고 있다는 내심의 의사에 관한 사유만으로는 외형적·객관적으로 파악되는 자주점유의 성질상 그 점유의 태양이 변경된다거나 자주점유의 추정이 깨어진다고 할 수 없다. 2차의 취득시효는 1차의 취득시효 완성의 효과를 뒤집는 제3자의 소유권이전등기가 이루어진 사실에 의하여 개시되므로, 점유자의 의사나 등기사실에 대한 점유자의 인식 여부는 2차취득시효의 개시에 아무런 영향을 주지 못한다고 보아야 한다(물론 악의점유로 평가될 수는 있으나, 악의점유가 2차취득시효의 진행에 영향을 미치지는 않는다).

(ii) 부정설은 무릇 점유취득시효제도란 권리 위에 잠자는 자를 배제하고 점유사용의 현실적 상황을 존중하자는 제도이기는 하지만, 극히 예외적인 상황하에서만 인정되어야 하고, 지나치게 넓게 인정하면 타인의 재산권을 부당히 침해할 요소가 크고, 진정한 재산권을 보호하지 못하는 결과가 되어 온당치 않다고 보여지므로, 결국 그 취득요건은 극히 엄격히 해석하여 가능한 한 시효취득을 제한하여야 한다고 본다. 그러나 부정설은 취득시효를 억제한다는 기본입장에 치중한 나머지, 취득시효제도의 기본취지에 반하는 해석을 하거나, 1차취득시효의 진행과 2차취득시효의 진행 사이에 합리적 이유 없는 차이를 두면서까지 시효취득을 제한하려는 시도에 이르게 되고, 장기간의 점유를 보호한다는 취득시효제도의 취지에 비추어 점유를 더 오래한 자가 더욱 보호되어야 함에도 오히려 점유기간의 장단에 따라서 보호의 정도가 역전되는 결과마저 생기게 된다는 측면에서 부정설에는 찬성할 수 없다.

(iii) 부정설은 1차의 취득시효완성 후 시효완성으로 인한 이전등기를 게을리 한 점유자는 권리 위에 잠자는 자로서 보호할 필요가 없지만, 1차의 시효완성 후 권리를 취득한 제3자가 2차의 시효기간이 다 지나도록 객체에 대한 권리행사는 물론 타인에 처분하는 등으로 권리를 행사하지 않았을 때에는 그 역시 권리 위에 잠자는 자로서, 그 경우에 한하여 점유자를 더 보호하더라도 그다지 불합리하지 않다는 정책적 측면에서 판례가 예외를 인정하고 있다고 판례의 입장을 설명한다. 그러나 2차의 취득시효기간이 다 지나도록 권리 위에 잠을 잔 자보다는 이전등기를 게을리 한 점유자를 보호한다고 하는 취지라고 하면 1차의 취득시효에 기한 소유권이전등기청구권이 문제되어야 하나, 판례는 제3자 앞으로의 소유권이전등기시를 기산점으로 삼아 새로운 취득시효의 법률관계가 형성되어 1차 취득시효의 진행과 2차취득시효의 진행과는 전혀 별개라는 취지이므로, 정책적 고려가 판례의 입장에 대한 근본적 근거라고 볼 수는 없다.

(iv) 부정설은 2차의 취득시효를 인정하는 태도는 민법상 점유취득시효제도의 장래에 있어서의 궁극적인 모습에 비추어 타당하지 않다고 본다. 부정설에 의하면 비록 현재까지도 미등기부동산이 남아 있고 등기에 공신력이 온전히 인정되지는 않고 있지만, 민법전의 시행후 현재까지 반세기에 걸쳐 등기제도를 완비하고 등기에 공신력이 인정되도록 하기

위하여 부단한 노력을 기울여 왔으므로, 장래에 등기에도 공신력이 인정되는 시점에 이르게 된다면, 물권변동에 관하여 이른바 형식주의를 취하고 있는 외국의 입법례에서 보듯이, 미등기부동산이거나 소유자불명의 부동산 등과 같이 극히 제한된 범위의 부동산에 한하여 점유취득시효가 인정되는 방향으로 정리될 전망이므로, 2차의 시효취득을 인정하는 입장은 점유취득시효의 장차의 궁극적인 모습에 역행한다고 본다. 그러나 취득시효제도가 갖고 있는 긍정적 의미를 생각해 보면, 부동산에 대한 점유취득시효제도를 입법으로 채택하고 있는 현행민법 아래에서 그 제도가 갖고 있는 본래의 기능이 훼손될 정도로 억제하거나 과도하게 요건을 강화하는 태도는 타당하지 않다.

B초등학교는 1929.6.20. 개교한 이래 늦어도 1946.3.경부터 A 소유의 갑토지를 학교의 교장·교사의 관사대지 및 원예실습장으로 사용하는 방법으로 소유의 의사를 가지고 점유하여 부동산점유취득시효의 완성을 원인으로 하는 소유권이전등기청구권을 취득하였다. 한편 C는 A로부터 1970.7.12. 갑토지에 관한 소유권이전등기를 넘겨받았는데, B초등학교는 C가 A로부터 갑토지에 관한 소유권이전등기를 마친 후에도 그 점유태양의 변동 없이 여전히 갑토지를 계속 점유하여 왔다. 그런데 갑자기 C가 나타나 소유권에 터잡아 B초등학교에 대하여 갑토지의 점유·사용에 따른 차임 상당의 부당이득반환을 청구하였다. B초등학교는 C가 갑토지의 소유권을 취득한 1970.7.12.부터 기산하더라도 1990.7.12.로 점유취득시효가 완성된 사실을 주장할 수 있는가?

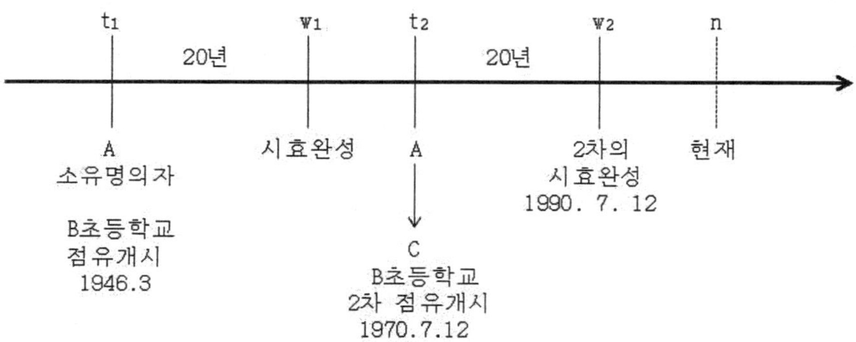

점유취득시효가 완성되려면 그 점유기간이 20년에 달하여야 하고, 다만 점유기간의 기산점이 문제된다. 점유기간의 기산점에 관하여는 역산설과 고정시설 두 가지 견해가 있다. 역산설은 점유자가 기산점을 임의로 선택하여도 현재로부터 거슬러 올라가 20년 이상 점유한 사실만 증명하면 취득시효의 완성을 인정할 수 있다는 견해이다. 그리고 고정시설은 점유자가 임의로 기산점을 선택할 수는 없고 현실적으로 점유를 처음 개시한 시점을 확정하여 그때로부터 20년의 기간을 기산하여야 한다는 견해이다.

점유기간의 기산점과 관련하여 역산설인가, 고정시설인가 하는 문제는 20년의 취득시효기간이 완성된 후 점유자가 아직 등기를 마치지 않고 있는 사이에 부동산이 제3자에게 양도되어 그 앞으로 등기가 행하여진 경우에 점유자가 제3자에게 취득시효를 주장할 수 있는가 하는 점유자의 법적 지위와 관련하여 제3자와 사이에서의 우열문제와의 표리관계에 있다고 할 수 있다. 본래 판례는 고정시설을 취하여 시효취득을 주장하는 자는 원칙적으로 임의로 기산일을 선택할 수 없다고 본다.[358] 그러나 판례가 시효취득을 주장하는 자는 임의로 그 기산점을 선택하지 못한다고 하는 취지는 시효취득을 주장하는 자가 임의로 그 기산점을 선택하게 한다면 시효완성을 주장하는 당사자는 등기를 하지 않고도 언제나 제3자에 대하여 시효완성으로 인한 등기청구를 할 수 있게 되어 등기제도의 기능을 몹시 약화시키고 부동산에 관한 거래의 안전을 해할 우려가 있으므로 그 방지를 꾀하고자 하는 데 있다.

취득시효가 완성된 후 제3자가 취득시효완성 당시의 등기명의자로부터 소유권이전등기를 취득하고도 점유자가 등기후 현재까지 소유자의 변동 없이 20년간 자주점유를 하여 다시 2차의 취득시효가 완성된 때에는 취득시효의 기산점을 제3자의 이전등기시로 한다고 하더라도 등기제도의 기능을 약화시키거나 부동산거래의 안전을 해할 우려는 없다고 보아야 한다. 등기명의가 제3자로 변동된 시점을 새로운 기산점으로 삼아도 다시 취득시효의 점유기간이 완성되는 경우에는 2차의 취득시효가 완성된다고 보는 태도가 오히려 장기간의 사실상태를 존중하여 권리관계로까지 높인다는 본래의 취득시효제도의 취지에 부합된다고 보아야 한다.

사례를 보면 B초등학교가 1946년 3월경부터 갑토지를 점유한 경우이므로, 본래 그 20년 후인 1966년 3월경에 갑토지에 대한 취득시효가 완성된다. 그러나 B초등학교가 취득시효의 완성에도 불구하고 소유권이전등기를 마치지 아니하고, 그 사이에 갑토지에 대한 등기명의가 1970년 7월 12일에 A로부터 C에게 변경된 결과, B초등학교는 일단 C에 대하여 취득시효의 완성에 따른 소유권이전등기청구권을 행사할 수 없게 된다. 다만 B초등학교가 C가 A로부터 갑토지에 관한 소유권이전등기를 옮겨 받은 후에도 그 점유태양의 변동 없이 여전히 갑토지를 계속 점유하고 있었으므로, B초등학교는 C가 갑토지의 소유권을 취득한 1970년 7월 12일부터 기산하더라도 1990년 7월 12일로 다시 2차의 점유취득시효가 완성된 사실을 주장하여 C에 대하여 취득시효의 완성에 따른 소유권이전등기청구권을 가지는가가 문제된다.

본래 역산설에 따르게 되면 1차취득시효의 완성 후에 이루어진 C의 등기와 관계없이 항상 현재의 소유자를 상대로 취득시효를 주장할 수 있게 되므로, 1차의 시효완성 후 2차의 취득시효기간의 진행을 논할 필요 자체가 없어지게 된다. 그러나 고정시설을 따르게 되면 1차시효완성 후 등기를 먼저 마친 C(제3취득자)와의 관계를 정리하기 위하여 부득이 2차취득시효의 진행을 고려할 수밖에 없다.

판례는 취득시효가 완성된 후 갑토지의 소유자가 A로부터 C에게로 변동된 경우라고 하더라도 당초의 점유자인 B초등학교가 계속하여 갑토지를 점유하고 있을 뿐만 아니라,

358) 대법원 1998.4.10. 선고 97다56822 판결

갑토지의 소유자가 C로 변동된 시점을 새로운 취득시효의 기산점으로 삼아도 또 다시 취득시효기간이 완성되어 B초등학교는 A에 대하여 취득시효의 완성을 주장할 수 있다고 본다. 그러므로 판례의 태도는 고정시설의 입장을 다소 완화하여 예외적으로 소유자변동시를 기산점으로 하는 2차의 취득시효의 완성을 인정하고 있다고 해석할 수 있다. 2차취득시효의 진행을 인정하기 위하여는 일정시점을 그 기산점으로 잡을 수밖에 없는데, 1차 취득시효를 완성시킨 B초등학교의 입장에서는 당초부터 아무런 변동 없이 점유를 계속하고 있을 뿐이지만, 진정한 권리관계의 측면에서 변동이 생겨 C가 생기게 된 시점부터는 점유자와 진정한 권리자 사이에 새로운 이해관계조정의 필요가 생기게 되므로, 적어도 그 때로부터 새로운 취득시효기간의 진행을 인정할 필요가 있다. 결국 B초등학교는 C에게로 등기명의가 변경된 1970년 7월 12일을 기산점으로 하여 20년이 경과된 1990년 7월 12일에 2차의 취득시효완성을 원인으로 갑토지의 소유권이전등기청구권을 취득하고, 그 효과는 점유시에 소급하므로 C는 B초등학교에 대하여 취득시효기간중의 갑토지에 대한 점유·사용으로 인한 부당이득을 구할 수 없게 된다.

다) 2차의 취득시효가 개시된 후 시효완성 전에 소유명의자가 변경된 경우

> A는 1961.1.경 자기의 대지와 연접한 토지를 B로부터 매수하면서 사실은 C 소유의 갑토지의 점유를 승계하여 텃밭으로 점유·사용하여 왔다. A는 최초의 점유일로부터 기산하여 갑토지에 관한 취득시효가 1981.1.31. 갑토지에 관한 1차의 취득시효가 완성되었으나, 그 후 등기하지 않고 있는 사이에 갑토지에 관하여 1982.5.5. D 앞으로의 소유권이전등기가 이루어졌다. 그러나 D 명의의 소유권이전등기가 이루어진 후에도 A는 갑토지를 계속 점유하고 있었는데, D 앞으로의 소유권변동시로부터 2차의 취득시효기간이 경과하기 전인 1988.9.10. 다시 등기부상 소유명의가 D로부터 E에게 이전되었다. A는 E 앞으로의 소유권변동 이후에도 계속 갑토지를 점유하여 2차의 취득시효기간이 경과한 경우에 E에 대하여 시효취득을 주장할 수 있는가?

취득시효의 완성 후에 제3자 명의의 소유권이전등기가 마쳐진 경우에는 그 소유권변동시를 새로운 기산점으로 삼아 2차의 취득시효가 완성될 수 있다고 보는 태도가 타당하다(앞에서 자세하게 살펴본 바와 같다). 만약 새로이 2차의 점유취득시효가 개시되어 그 취득시효기간이 경과하기 전에 등기부상 소유명의자가 변경된 경우라고 하더라도 그 취득시효의 완성 당시의 등기부상 소유명의자에게 시효취득을 주장할 수 있는가?

물론 소유권변동시를 새로운 기산점으로 삼아 2차의 취득시효의 완성을 주장할 수 없다고 보는 견해(소수설)에 따르면 전혀 문제가 될 수 없다(A는 D나 E에 대한 관계에서 시효취득의 완성을 주장할 수 없다). 그러나 제3자 앞으로의 소유권변동시를 새로운 점유취득시효의 기산점으로 삼아 2차의 취득시효의 완성을 주장할 수 있다는 최근의 판례의 태도와 취득시효기간이 경과하기 전에 등기부상의 소유명의자가 변경된다고 하더라도 그 사유만으로는 점유자의 종래의 사실상태의 계속을 파괴한다고 볼 수 없어 취득시효를 중단할 사유가 되지 못하므로, 새로운 소유명의자는 취득시효의 완성 당시 권리의무변동의 당사자

로서 취득시효의 완성으로 인한 불이익을 받게 되어 취득시효를 완성시킨 자는 새로운 소유명의자에게 시효취득을 주장할 수 있다고 보는 판례이론을 종합하면 새로이 2차의 취득시효가 개시되어 그 취득시효기간이 경과하기 전에 등기부상의 소유명의자가 다시 변경된 경우에도 마찬가지로 2차취득시효의 완성 당시의 등기부상 소유명의자에게 시효취득을 주장할 수 있다고 보아야 한다.[359] 결국 1982년 5월 5일부터 A의 계속된 점유로 인하여 새로이 2차의 취득시효가 개시되고, 그 취득시효기간이 경과하기 전인 1988년 9월 10일 등기부상의 소유명의자가 다시 D로부터 E에게로 변경된 경우라고 하더라도 1982년 5월 5일을 기산점으로 삼아 20년의 취득시효기간이 경과한 2002년 5월 5일이 된 때에 2차 취득시효의 완성 당시의 등기부상 소유명의자 E에게 시효취득을 주장할 수 있다.

c) 등기명의자의 부동산처분행위와 불법행위

A는 B 소유의 갑토지를 점유하여 1980.12.31. 취득시효가 완성되었고, 소송상 B는 A에게 갑토지에 관하여 취득시효완성을 원인으로 한 소유권이전등기절차를 이행할 의무가 있다고 판단되었다. 그런데 B는 점유취득시효의 완성일 이후인 1992.3.31. 갑토지를 자기와 함께 거주하는 장손인 C에게 증여하고 C 앞으로 소유권이전등기를 넘겨주었다. A는 B에 대하여 불법행위책임을 물을 수 있는가?

(i) 소유자가 등기부상의 소유명의가 자신에게 있음을 기화로 취득시효가 완성된 부동산을 처분하면 시효취득자에 대하여 불법행위가 되는가? 취득시효가 완성된 부동산에 관한 처분행위가 불법행위가 되기 위하여는 소유자가 시효취득된 사실을 알았거나 알 수 있었어야 한다. 부동산에 관한 시효취득이 완성된 후에 그 시효취득을 주장하거나 그로 인한 소유권이전등기청구를 하기 이전에는 그 등기명의인인 부동산소유자로서는 특별한 사정이 없는 한 그 시효취득의 사실을 알 수 없다고 보아야 하므로, 부동산을 제3자에게 처분하더라도 불법행위가 성립하지 않는다.[360]

예를 들어 시효취득을 주장하는 권리자가 취득시효를 주장하면서 소유권이전등기청구소송을 제기하여 그에 관한 증명까지 마친 경우에는 어떤가? 취득시효를 원인으로 하는 소유권이전등기청구의 소송까지 제기한 경우라고 하면 부동산소유자로서는 시효취득의 사실을 알 수 있다고 보아야 한다. 부동산소유자가 부동산을 제3자에게 처분하고 먼저 그 제3자 앞으로 소유권이전등기를 행하여 취득시효완성을 원인으로 한 소유권이전등기의무가 이행불능에 빠진 결과로 시효취득을 주장하는 자가 손해를 입은 때에는 불법행위를 구성한다.[361] 사례에서 A가 B를 상대로 취득시효완성을 원인으로 한 소유권이전등기소송을 제기하여 그 증명까지 마친 상태에서 갑토지를 자기와 함께 거주하는 장손인 C에게 증여하고 그에 관한 소유권이전등기를 넘겨 준 경우라고 하면 B의 행위는 충분히 A에 대

359) 대법원 2009.7.16. 선고 2007다15172, 15189 전원합의체 판결.

360) 대법원 1994.4.12. 선고 93다60779 판결.

361) 대법원 1993.2.9. 선고 92다47892 판결.

하여 불법행위를 구성한다고 할 수 있다. 그러므로 A는 B에 대하여 불법행위책임을 물을 수 있다.

(ii) BC 사이의 증여가 무효로 될 수는 없는가? C가 갑토지에 대한 취득시효가 완성된 사정을 잘 알면서 갑토지를 증여받았다 하더라도 그 사정만으로는 그 증여가 사회질서에 반한다고 할 수는 없다. 다만 C의 행위가 A에 대하여 배임행위를 구성한다고 하면, 즉 갑토지를 취득한 C가 B의 배임행위에 적극 가담한 때에는 그 행위는 이중양도의 경우와 마찬가지로 사회질서에 반하는 행위로서 무효라고 할 수 있다.[362)]

만약 BC 사이의 증여가 민법 제103조에 의하여 무효로 된 경우에 A는 갑토지에 대한 소유권이전등기를 받기 위하여 어떤 조치를 취할 수 있는가? 우선 B의 C에 대한 반공서양속적 증여에 기하여 소유권이전등기가 마쳐진 경우에는 불법원인급여에 해당하므로, B가 그 반환청구를 하지 못하게 되는가 하는 문제가 제기된다. 일반적으로 BC 사이의 증여가 반공서양속적 행위로서 무효라고 하면 B의 배임행위에 대한 C의 적극 가담이 요구되므로, 민법 제746조 단서에 의한 불법원인이 수익자에게만 있는 경우, 또는 적어도 수익자의 불법성이 훨씬 큰 경우에 해당하여 민법 제746조 본문이 적용되지 않는다고 볼 수 있다. 그러므로 BC 사이의 증여가 무효인 때에는 C에 대한 소유권이전등기가 원인무효의 등기가 되어 소유권이전등기의 말소등기를 청구할 수 있다.

C에 대한 소유권이전등기의 말소등기는 누가 청구할 수 있는가 하는 문제가 있다. A는 B에 대하여 단지 등기청구권만을 가지고 있을 뿐이며, 아직 소유권을 가지고 있지는 않다. 그러므로 소유권을 가지지 않는 A로서는 직접 C에 대하여 말소등기청구권을 가지지 않고, B만이 C에 대하여 말소등기를 청구할 수 있다. 그러나 정황상 B가 C에게 말소등기청구권을 행사하기를 기대하기는 어렵다. B가 말소등기청구권을 행사하지 않는 때에는 A는 B의 말소등기청구권을 대위하여 행사할 수 있다.[363)] 그리고 C 명의의 등기가 말소되면 A는 B에게 취득시효의 완성에 기하여 소유권이전등기를 청구할 수 있다.

(iii) B가 갑토지를 처분한 행위는 A에 대한 관계에서 채무불이행이 되는가? 점유자 A에게 시효취득으로 인한 소유권이전등기청구권이 있다. 그러나 취득시효의 완성으로 인하여 부동산소유자와 시효취득자 사이에 계약상의 채권·채무관계가 성립하지는 아니하므로, 갑토지를 처분한 소유자 B에게 채무불이행책임이 생기지는 않는다고 새겨야 한다(판례의 입장도 같다[364)]). 다만 학설상 법정의 등기청구권도 일반채권과 동일하게 다루어 이행불능으로서의 채무불이행책임을 물을 수 있다는 견해도 있다.

---

362) 예컨대 이중매매의 경우에 양수인이 양도인의 배임행위를 유인, 교사하거나 배임행위에 협력하는 등 적극 가담하면 이중매매는 사회질서에 반하는 법률행위로서 무효가 된다(대법원 2009.9.10. 선고 2009다34481 판결).

363) 역시 판례도 매도인의 매수인에 대한 배임행위에 적극 가담하여 증여를 받아 소유권이전등기를 넘겨받은 수증자에 대하여 매수인은 직접 등기의 말소를 청구할 수는 없으나, 매도인을 대위하여 등기의 말소를 청구할 수는 있다고 판시하고 있다(대법원 1983.4.26. 선고 83다카57 판결).

364) 대법원 1995.7.11. 선고 94다4509 판결.

d) 토지수용과 취득시효완성자의 대상청구권

A는 B 소유로 보존등기가 되어 있는 갑토지를 점유하여 왔는데, 1989년경 갑토지에 대하여 점유로 인한 시효취득기간이 완료되어 시효취득하였다. 그런데 갑토지에 관하여 1993.2.1. B와 C지방자치단체 사이에 협의매수가 이루어져, 그 무렵 C지방자치단체 앞으로 소유권이전등기가 마쳐졌고, B는 보상금을 수령하였다. A는 B에 대하여 보상금의 반환을 청구할 수 있는가?

급부가 후발적으로 불능으로 된 때에 급부를 불능하게 하는 사정의 결과로 채무자가 채권의 목적물에 관하여 「대신하는 이익」을 취득하게 되는 경우가 있다. 채무자가 「대신하는 이익」, 즉 대상을 취득하면 채권자가 채무자에 대하여 그 대상의 반환을 청구할 수 있는 권리를 이른바 대상청구권(代償請求權)이라고 한다. 민법상 이행불능의 효과로서 채권자의 전보배상청구권과 계약해제권 외에 별도로 대상청구권을 규정하고 있지는 않으나 해석상 대상청구권을 부정할 이유는 없다(판례나 학설 모두 긍정한다).

취득시효가 완성된 토지에 대한 등기를 하기 전에 그 토지가 수용되어 취득시효를 원인으로 하는 소유권이전등기의무가 이행불능이 된 경우에 시효취득자는 토지의 소유자에 대하여 대상청구권을 행사할 수 있는가? 사례에서 협의매수 당시에는 어디까지나 B가 법률상 소유자이고, 그에 의한 보상금의 수령이 부당이득이라 할 수 없으므로, 취득시효로 인한 소유권이전등기청구권이 보상금반환청구권으로 바뀐다고 볼 수 없다고 생각할 수도 있다. 그러나 본래 갑토지의 협의매수에 따른 보상금이라고 하는 이익은 B에게 귀속할 이익이 아니라, 점유하여 취득시효를 완성시킨 A에게 귀속하여야 할 이익이므로, 이익을 보유시켜야 할 곳에 이익을 귀속시키기 위하여는 A에게 이른바 대상청구권을 인정하여야 할 필요가 있다. 결국 취득시효가 완성된 토지의 수용(혹은 협의매수)으로 인하여 취득시효완성을 원인으로 하는 소유권이전등기의무가 이행불능이 되면 소유권이전등기청구권을 가지는 자는 대상청구권의 행사로서 토지의 소유자가 토지의 대가로서 지급받은 수용보상금의 반환을 청구할 수 있다고 본다.[365] 다만 사례에서는 협의매수가 문제가 되고 있고, 협의매수는 사법상의 매매라고 보므로, 협의매수상의 보상금은 일종의 매매대금에 해당한다. 보통 대상청구권은 강제수용으로 인한 수용보상금에 관하여 문제가 되나, 소유자가 제3자에게 목적물을 매도한 경우에 매매대금에 관하여도 대상청구를 할 수 있는가가 문제될 수 있으므로, 그 보상금도 실질은 매매대금에 불과하여 대상청구권에 있어서의 대상(代償)으로 볼 수 있는지가 문제될 수 있다. 대상청구권에 관하여 명문의 규정이 없으므로, 논의가 있을 수 있으나, 대체적으로 매매대금도 대상으로 인정한다.

취득시효기간의 만료를 원인으로 한 등기청구권의 이행불능을 이유로 대상청구권을 행사하기 위하여는 어떤 요건이 필요한가? 판례는 이행불능 전에 취득시효완성자가 등기명의자에 대하여 점유로 인한 부동산소유권의 취득시효기간이 만료된 사실을 이유로

365) 대법원 1994.12.9. 선고 94다25025 판결.

그 권리를 주장하였거나, 그 취득시효기간의 만료를 원인으로 한 등기청구권을 행사하였어야 한다고 본다.[366] 비록 A가 갑토지에 대하여 점유로 인한 취득시효기간이 만료되어 소유권이전등기청구권을 취득하였다고 할지라도, C지방자치단체 명의로 갑토지에 대한 소유권이전등기가 행하여짐으로써 A가 취득한 등기청구권이 이행불능으로 되기 전에 A가 등기명의자인 B에 대하여 점유로 인한 취득시효기간이 만료되었음을 근거로 그 권리를 주장하였다거나 그 취득시효기간의 만료를 원인으로 한 등기청구권을 행사하였다고 볼 증거가 없다면 A로서는 갑토지의 보상금에 대하여 대상청구권을 행사하여 그 반환을 청구할 수 없다.

e) 점유취득시효의 상대방

취득시효완성자는 시효취득의 완성 당시의 소유자에 대하여 소유권이전등기청구권을 가질 뿐이다. 시효취득에 기한 등기청구권은 채권적 청구권으로서의 성질을 가지므로, 시효취득기간을 완성한 후 등기를 하기 전에 그 부동산소유권을 취득한 제3자에 대하여는 시효취득을 주장할 수 없다. 그러므로 취득시효기간의 완성 당시를 기준으로 하여 그 이전에 등기명의를 이전받은 제3자에 대하여는 시효취득을 주장할 수 있고, 그 이후에 등기명의를 이전받은 제3자에게는 시효취득을 주장할 수 없다.

부부 AB 사이에서 남편 A가 부인 B에게 명의신탁한 갑토지를 C가 20년간 소유의 의사로 평온, 공연하게 점유함으로써 점유취득시효를 완성시켰다. 그 얼마 후 명의신탁의 해지를 원인으로 갑토지에 대한 소유권이전등기가 B로부터 A에게로 변동되었다. C는 A에 대하여 시효취득을 주장할 수 있는가?

명의신탁된 부동산에 대한 취득시효가 완성된 후 그로 인한 소유권이전등기가 마쳐지기 전에 명의신탁(부동산실명법 제8조 제2호에 의하여 부부간의 명의신탁은 조세포탈, 강제집행의 면탈 또는 법령상 제한의 회피를 목적으로 하지 않는 한, 유효하다)이 해지되어 등기명의가 명의신탁자에게 이전된 경우에 그에 대하여 취득시효의 완성을 주장할 수 없는가? 판례는 명의신탁이 해지된 경우에 부동산에 대한 내부적인 소유권의 변동은 없으나, 대외적으로는 그 소유권에 변동이 있을 뿐 아니라 그 등기명의에도 변동이 있다고 하는 이유로 명의신탁자는 취득시효완성 후에 소유권을 취득한 제3자에 해당하므로, 그에 대하여 취득시효를 주장할 수 없다고 본다.[367] 그러므로 판례에 따르면 C는 A에 대하여 시효취득을 주장할 수 없다. 다만 부동산의 점유취득시효가 완성된 후 그 부동산의 명의수탁자가 명의신탁자로부터 그 부동산을 매수한 경우에는 대외적으로는 그 소유권이나 등기명의에 아무런 변동이 없는 만큼 시효취득자로서는 소유자를 상대로 취득시효완성을 원인으로 한 소유권이전등기절차의 이행을 청구할 수 있다.[368]

366) 대법원 1996.12.10. 선고 94다43825 판결.
367) 대법원 1995.12.8. 선고 95다38493 판결.
368) 대법원 1989.10.27. 선고 88다카23506 판결.

3) 등기부취득시효

(a) 등기부취득시효의 의의

등기부취득시효란 부동산의 소유자로 등기한 자가 10년간 소유의 의사로 평온·공연하게 선의이며 과실 없이 그 부동산을 점유한 때에 소유권을 취득하는 경우를 말한다(§245 II). 등기부취득시효는 부동산에 대한 등기명의가 이미 점유자의 소유로 등기되어 있는 경우에 인정된다. 취득시효기간이 10년의 단기이므로, 「단기취득시효」라고도 불린다.

(b) 등기부취득시효의 요건

a) 점 유

등기부취득시효에서는 점유가 평온·공연하고 선의이며 무과실이어야 한다. 선의의 점유란 점유물에 대한 소유권이 있다고 믿은 경우를 가리키며, 선의는 추정된다.

취득시효를 주장하는 점유자의 무과실도 추정되는가? 판례는 무과실은 추정되지 않고 그 증명책임을 시효취득을 주장하는 자가 진다고 본다.[369]

선의·무과실은 등기에 관한 선의·무과실이 아니라, 점유의 취득에 관한 선의·무과실을 가리킨다. 예컨대 부동산을 매수하는 자는 특별한 사정이 없는 한 매도인에게 그 부동산을 처분할 권한이 있는지 여부를 조사하여 보아야 하고, 그 조사를 한 경우라면 매도인에게 처분권이 없음을 알 수 있는데도 조사를 하지 않고 매수한 때에는 점유자에게 점유에 관하여 과실이 있다고 보아야 한다.[370] 다만 매도인이 등기부상의 소유명의자와 동일인인 경우에는 등기부나 다른 사정에 의하여 매도인의 소유권을 의심할 수 있는 여지가 엿보인다면 몰라도, 특별한 사정이 없는 한 등기부의 기재가 유효하다고 믿고 매수한 사람에게 과실이 있다고 할 수 없다.[371] 그리고 선의·무과실은 시효취득기간 동안 내내 계속되어야 하지는 않고, 그 점유의 개시시에 선의이거나 과실이 없으면 된다는 취지이다.[372]

b) 등 기

(가) 등기의 적법·유효

가) 서언

등기부취득시효에서 말하는 「등기」는 유효한 등기만을 의미하는가, 혹은 무효의 등기라도 상관없는가? 유효한 등기에 기하여만 등기부취득시효가 성립할 수 있다고 하는 견해도 있을 수 있다. 그러나 일반적으로 등기부취득시효의 요건으로서의 「소유자로 등기한 자」라 함은 적법·유효한 등기를 마친 자일 필요는 없고, 무효의 등기를 마친 자라도 상관없다고 본다. 다만 외관상 부적법한 등기, 예컨대 관할위반의 등기, 측량·수로조사 및 지적에 관한 법률상의 분필절차를 거치지 않은 채 이루어진 분할등기[373] 등의 경우에

369) 대법원 1983.10.11. 선고 83다카531 판결.
370) 대법원 1993.9.28. 선고 93다16369 판결.
371) 대법원 1994.6.28. 선고 94다7829 판결.
372) 대법원 1993.11.23. 선고 93다21132 판결.
373) 대법원 1995.6.16. 선고 94다4615 판결.

는 등기부취득시효가 부정된다.

나) 중복등기의 후등기에 기한 등기부취득시효

무효등기에 기한 등기부취득시효가 인정된다고 하면, 역시 무효의 중복등기에 기하여도 등기부취득시효가 인정되는가? 학설상으로는 무효인 중복등기에 기하여도 등기부취득시효가 인정되어야 한다고 보는 견해와 등기부취득시효의 요건으로서의 등기는 적법·유효한 등기일 필요는 없고 무효의 등기라도 상관없으나, 무효의 중복등기에 기하여는 등기부취득시효가 인정되지 아니한다는 견해가 대립한다.

판례는 민법 제245조 제2항에서 말하는 「등기」는 부동산등기법 제15조가 규정한 1부동산 1등기용지주의(현재는 부동산등기부의 전산화로 인하여 「1부동산 1등기기록주의」라고 하는 표현이 적당하다)에 위배되지 아니한 등기를 말하므로, 어느 부동산에 관하여 등기명의인을 달리하여 소유권보존등기가 이중으로 이루어진 경우에 먼저 행하여진 소유권보존등기가 원인무효가 아니어서 뒤에 된 소유권보존등기가 무효로 되는 때에는 뒤에 된 소유권보존등기나 그에 터잡은 소유권이전등기를 근거로 하여서는 등기부취득시효의 완성을 주장할 수 없다고 본다.[374] 그러나 등기부취득시효의 요건으로서의 등기는 유효의 등기이든 무효의 등기이든 상관없고, 또한 그 취지는 무효의 중복등기에 기한 부동산취득시효에 대하여도 그대로 적용되어 무효의 중복등기에 기하여도 등기부취득시효가 가능하다고 보는 태도가 타당하다고 본다. 판례는 등기명의인을 달리하는 중복등기가 마쳐진 경우에 뒤에 된 등기는 먼저 이루어진 등기가 원인무효가 아닌 한, 비록 실체관계에 부합하더라도 무효라고 보고, 그 무효등기에 터잡은 등기부취득시효도 주장할 수 없다고 보나, 실체관계에 부합하는 등기에 기한 등기부취득시효를 인정하지 아니한다는 태도는 심지어 다른 무효의 등기에 기한 등기부취득시효를 인정하는 입장과 비교할 때에 받아들이기 곤란하다.

> 갑토지는 수복지구인 북위 38도 이북에 위치한 토지로서, 본래 1937.12.1. 완공된 원산-양양간의 동해북부선의 선로용지이었다. 그런데 갑토지는 해방 후 북한이 점거한 관계로 등기부가 모두 멸실되었고, 6.25사변으로 인하여 동해북부선의 운행이 중단됨으로써 선로용지로서 사용되지 못하게 되었다. 그 후 갑토지에 대하여 1956.10.15. A 명의로 멸실회복의 소유권이전등기가 마쳐졌다. A의 멸실회복등기신청시에는 멸실등기신청에 필요한 등기필증을 제출하지 못하고, 속초읍장 발행의 농지매매증명서에 기초하여 이루어졌으며, 따라서 멸실회복의 소유권이전등기의 전등기의 접수일자, 접수번호 및 원인일자 등은 불명으로 기재되어 있었다. 그리고 멸실회복등기에는 갑토지의 지목은 '답'(畓)으로 기재되어 있었다. 한편 1964.9.1. 갑토지의 지적소관청인 속초시에 의하여 지적복구가 이루어지면서, 속초시가 갑토지의 지적복구와 동시에 갑토지에 지번을 부여하고, 지목은 철도용지로 등재하였다. 그 후 갑토지에 대하여 1983.4.4. 국가는 국가 명의로 소유권보존등기를 마쳤으며, 등기부상 지목

374) 대법원 1996.10.17. 선고 96다12511 판결.

은 철도용지로 등재되었다. 그리고 갑토지에 관하여 영주지방철도청은 1976년부터 B에게 사용, 수익허가를 하는 방법으로 점유·관리를 계속하여 왔는데, 갑토지는 공부상의 지목과는 달리 현실적으로는 농지로서 이용되고 있으며, 경작은 B에 의하여 이루어져 왔다. 국가는 A에 대하여 갑토지에 대한 소유권을 주장할 수 있는가? [대법원 1996.10.17. 선고 96다12511 전원합의체 판결]

사례를 보면 갑토지에 대하여 1956년 10월 15일 A 명의로 멸실회복의 소유권이전등기가 행하여지고, 다른 한편 같은 갑토지에 대하여 1983년 4월 4일 국가의 소유권보존등기가 이루어져 등기명의인을 달리하는 중복등기가 되어 있다. 판례는 우선 어느 부동산에 관하여 등기명의인을 달리하는 중복등기가 행하여진 경우에 먼저 이루어진 등기가 원인무효가 되지 아니하는 한, 뒤에 된 등기는 실체권리관계에 부합되는지의 여부를 따질 필요도 없이 무효라는 태도(절차법설에 기운 절충설)를 취하고 있다. 그러므로 판례에 의하면 A 명의의 소유권이전등기가 비록 접수번호 및 원인일자 등이 '불명'으로 기재된 멸실회복등기라 하더라도 특별한 사정이 없는 한, 먼저 된 등기이고 적법하게 처리한 경우로 추정되므로, 국가 앞으로 마쳐진 후차의 소유권보존등기는 무효로 된다.

중복등기의 효력을 실체법설에 따라서 판단하여야 한다고 볼 때에는 갑토지는 본래 동해북부선이 건설·운행되던 토지로서, 그 당시에 이미 국유토지이고, A 명의로 마쳐진 멸실회복의 소유권이전등기는 6.25사변 이후의 행정력이 미비한 상태에서 이루어진 등기로서 실체관계에 부합한 등기로 보기 어렵다고 하는 사정을 생각하면 국가 앞으로 마쳐진 소유권보존등기가 실체관계에 부합하고, 실체관계에 부합하는 국가 명의의 후등기가 유효로 된다고 해석될 수 있다. 그리고 실체법설에 의하면 국가는 갑토지에 대한 소유권을 주장할 수 있다.

만일 판례와 같이 A 명의의 등기가 원인무효가 아니어서 국가 명의의 등기가 뒤에 된 후등기로서 무효라고 하면 국가가 무효인 후등기에 기하여 등기부취득시효에 기한 소유권의 취득을 주장할 수 있는가 하는 문제가 있다. 사례에서는 갑토지에 관하여 국가를 대리하는 영주지방철도청이 1976년부터 B에게 사용, 수익을 허가하는 방법으로 점유를 계속한 사정이 인정되므로, 만약 중복등기에서의 무효인 후등기에 기하여도 등기부취득시효가 인정된다고 하면 국가는 등기부취득시효의 완성을 주장할 수 있다.

판례는 중복등기 중 무효인 후등기에 기하여는 등기부취득시효의 완성을 주장할 수 없다고 본다. 그러므로 판례에 의하면 국가 명의의 소유권보존등기가 중복등기로서 무효인 이상, 국가는 그 무효인 등기를 근거로 하는 등기부취득시효에 의한 소유권의 취득을 주장할 수 없다.

본래 등기부취득시효의 기초가 되는 등기는 유효한 등기이든, 무효인 등기이든 구분할 필요가 없다. 그리고 중복등기에서도 무효인 중복등기의 명의자가 10년 이상 그 부동산을 점유하고, 유효한 중복등기의 명의자는 10년 이상 점유하지 아니한 이상, 사실상태의 권리상태로의 승격이라고 하는 취득시효제도의 취지에 비추어 볼 때에 무효인 등기 중에서 유독 1부동산 1등기용지(기록)주의에 반하는 등기에 의하여는 등기부취득시효가 인정되지 아니한다고 보아야 할 이유는 없다고 본다.

판례의 태도와 달리, 비록 뒤에 된 후등기가 중복등기로서 무효라고 할지라도 그 무효인 후등기에 근거한 등기부취득시효도 긍정하여야 한다고 본다. 중복등기에서의 무효인 후등기에 기한 등기부취득시효가 인정된다고 하면 국가가 소유권이전등기를 마친 때가 1983년 4월 4일이므로, 등기부취득시효에 의하여 국가는 1993년 4월 4일 적법하게 소유권을 취득한다고 보아야 한다. 그러므로 국가는 A에 대하여 갑토지에 대한 소유권을 주장할 수 있다.

(나) 등기의 승계

민법 제245조 제2항은 등기부취득시효의 요건으로서 10년간 소유자로 등기되어 있어야 한다고 규정하고 있다. 등기부취득시효에서 10년간 등기가 계속되어야 한다는 의미는 소유자로 등기된 기간과 점유기간이 때를 같이 하여 다같이 10년임을 요하는가, 혹은 점유의 승계(§199)와 마찬가지로 등기의 승계가 인정되는가? 학설상으로는 등기승계부정설과 등기승계인정설이 강하게 대립한다.

① 등기승계부정설　　등기승계부정설은 소유자로 등기된 기간과 점유기간이 때를 같이 하여 다같이 10년이 되어야 한다고 하는 견해이다.

A가 B로부터 사실은 C 소유에 속한 갑토지를 포함한 을토지를 매수하고 소유자로 등기하여 m년간 점유하였는데, B가 A의 점유개시 이전에 갑토지를 n년간 등기하여 점유하였다. A는 C에 대하여 어느 경우에 취득시효를 주장할 수 있는가?

우선 점유의 승계가 인정되므로, A는 선택적으로 자기의 점유만을 주장하여 B의 점유의 하자를 거부하거나 또는 B의 점유의 하자를 승계하면서 자기의 점유에 B의 점유를 합하여 주장할 수 있다(§199). 그러나 등기승계부정설에 의하면 A가 등기부취득시효를 주장하는 때에는 오로지 자기가 소유자로 등기된 기간과 점유기간이 때를 같이 하여 10년이 되어야 한다.

(i) $m+n \geqq 20$년이고 $m<10$년인 때에는 A는 「자기점유+B의 점유」에 의한 점유취득시효만을 주장할 수 있다.

(ii) $m+n<20$년이고 $m \geqq 10$년인 때에는 A는 자기점유만에 의한 등기부취득시효를 주장할 수 있다.

(iii) $m+n \geqq 20$년이고 $m \geqq 10$년인 때에는 A는 자기점유+B의 점유에 의한 점유취득시효와 자기점유만에 의한 등기부취득시효 어느 경우나 주장할 수 있다.

(iv) $m+n<20$년이고 $m<10$년인 때에는 어느 경우에 의하든 취득시효가 성립하지 아니한다.

② 등기승계인정설　　등기승계인정설은 등기기간의 승계합산을 인정하여 등기부취득시효에 의하여 소유권을 취득하는 자는 10년간 반드시 자기 명의로 등기되어 있어야

하지는 않고, 전주(前主)의 등기까지 합하여 10년간 부동산의 소유자로 등기되어 있으면 된다고 보는 견해이다(예컨대 사례에서 m+n≧10년이고 m<10년인 때에도 B의 등기까지 합하여 10년이 되므로, 등기부취득시효가 완성된다).

민법의 해석으로는 민법 제245조 제2항의 「소유자로 등기한 자」를 소유자로 등기되어 있는 「바로 그 자」로 볼 수도 있고(등기승계부정설), 여하튼 10년간 등기되어 있으면 된다는 의미로 볼 수도 있다(등기승계설). 어느 견해를 취하여야 하는가 하는 문제는 결국 정적 안전인가 동적 안전인가, 혹은 진실한 권리자의 보호인가 거래안전의 보호인가에 귀착한다고 할 수 있다.

흔히 부동산등기부취득시효에서 등기승계를 인정하지 않는 등기승계부정설은 그 근거로서 (i) 민법 제245조 제1항의 경우에 한하여 점유에 대하여 부동산의 소유권에 관한 등기를 깨뜨리는 강력한 효과를 인정하고 있을 뿐이지, 물권에 관한 공시방법으로서는 물론이고 다른 어떤 경우에도 점유를 등기와 동등하게 보고 있지 않고, (ii) 민법상 부동산등기는 물권의 공시방법으로 물권변동의 효력요건에 불과할 뿐 그 자체가 재산적 가치를 가지지 아니하여 물권으로서의 점유의 승계성(상속·이전)을 긍정하는 민법 제199조가 등기에 관하여 승계를 인정하여야 할 근거가 될 수 없고(민법 제199조와 제245조 제2항과는 거리가 있어 유추적용하기 어렵다), (iii) 물권법정주의와 물권법의 강행규정성, 특히 진정한 권리자의 희생 위에서 취득시효에 의하여 점유자가 소유권자로 고양된다고 하는 사실을 생각할 때 취득시효의 규정은 엄격하게 해석하여야 하며 진실한 권리의 보호를 무시하여서는 안되고. (iv) 민법상의 등기부취득시효의 기간은 외국에 비하여 상당히 짧아 등기의 합산을 허용하면 소유권을 잃는 자가 속출할 위험이 있고, (v) 민법 제245조 제2항의 문언을 보더라도 등기명의의 합산을 인정하기 어렵고, (vi) 등기의 승계를 인정하면 등기에 공신력을 인정하지 않는 민법의 근본적 결단을 우회하는 결과가 되고, (vii) 현실적으로 부동산등기에 관하여 허위의 위조문서가 적지 않다고 하는 사정을 든다. 그러나 취득시효에서 등기와 점유는 다같이 권리외관으로 작용하므로 점유의 승계를 인정하는 경우(§199)와 마찬가지로 등기의 승계를 인정하는 태도, 즉 등기승계인정설이 타당하다고 보아야 한다.

민법 제245조 제2항이 「부동산의 소유자로 등기한 자」라는 문언을 사용하고 있다고 하여 반드시 그 앞 사람의 등기를 거기에서 배제하는 취지라고 해석되지는 아니한다. 등기의 공신력을 인정하지 아니하는 현행민법 아래에서 등기를 믿고 거래한 선의의 제3자를 보호하여야 할 필요가 크며, 등기부상의 전명의인과 후명의인 사이의 지위의 승계를 인정하면 공신력이 없는 등기제도를 보완하고 선의의 제3자를 보호할 수 있게 된다. 또한 등기승계를 인정하는 경우가 10년의 단기로서 법률관계를 안정시키려는 등기부취득시효의 원래의 입법취지에 부합하고, 입법례로서도 독일민법과 스위스민법은 점유의 승계에 관한 규정만을 갖고 있을 뿐이나 등기기간의 합산을 인정하고 있다. 그러므로 민법 제245조 제2항은 소유자로 등기되어 있는 상태에 중점을 둔 규정이라고 하기 보다는 장기간 소유자와 같은 점유가 있다고 하는 상태에 중점을 두고 있는 규정이라고 이해하여야 하며, 등기부취득시효의 요건으로서의 등기기간을 바로 자기의 이름으로 등기되어 있었던 기간이 반드시 10년이 되어야 한다고 하는 의미라고 고집할 필요가 없다고 본다.

판례의 태도는 어떤가? 판례는 종래 민법 제245조 제2항에서 말하는 10년을 「부동산의 소유자로 등기된 기간과 점유기간이 때를 같이 하여 다같이 10년임을 요한다」는 의미라고 이해하여 등기의 승계를 부정한 태도를 취한 경우가 있다.[375] 그러나 현재는 10년간 반드시 그 명의로 등기되어 있어야 하지는 않고, 앞 사람의 등기까지 아울러 그 기간 동안 부동산의 소유자로 등기되어 있으면 된다고 하여 등기의 승계를 인정하고 있다.[376] 특히 상속인은 상속의 개시, 즉 피상속인의 사망이라는 법률요건의 성립에 의하여 피상속인의 재산에 관한 포괄적 권리의무를 승계하고, 권리의 득실변경에 등기를 요건으로 하는 경우에도 상속인은 등기를 하지 않고도 상속에 의하여 곧바로 그 권리를 취득하여 부동산에 관하여 피상속인 명의로 소유권이전등기가 10년 이상 기록되어 있는 이상, 상속인은 부동산등기부취득시효의 요건인 「부동산의 소유자로 등기한 자」에 해당한다고 볼 수 있고, 결국 피상속인과 상속인의 점유기간을 합산하여 10년을 넘을 때에는 등기부취득시효기간이 완성된다고 본다.[377]

> 갑토지에 관하여 일본인이 매매에 의하여 소유권을 취득한 후 1930.3.15. 그 명의로 소유권이전등기를 하였는데, 일본인은 갑토지를 A회사에 매각하고 1945.8.9. A회사의 명의로 소유권이전등기를 마쳤다. 그 후 A회사는 갑토지를 B에게 매각하고 B는 1961.9.8. 그 명의로 소유권이전등기를 하였으나, 후에 순차매매가 이루어져 1961.10.5. C의 명의로, 1965.12.3. D의 명의로, 1974.12.26. E의 명의로 소유권이전등기가 각 마쳐졌다. 한편 일본인의 명의로 등기된 갑토지에 대하여는 미군정령 제2호·제33호에 의하여 1945.8.9. 이후부터는 그 처분이 금지되었으며, 1945.9.25.부터 미군정청에 귀속케 되었다. 미군정이 끝나고 대한민국정부가 수립되어 대한민국정부·미국정부간의 재정 및 재산에 관한 최초협정에 따라서 미군정청 소유의 갑토지는 대한민국정부의 소유로 이전되게 되었다. 대한민국정부의 소유로 이양된 갑토지는 귀속재산처리에 관한 특별조치법에 따라서 1964.12.말까지 매매계약이 체결되지 아니한 귀속재산으로서 무상으로 1965.1.1. 국유화조치가 되었다. 국가가 1983.4.30. 갑토지는 귀속재산으로서 1945.8.9. 행하여진 A회사 명의의 소유권이전등기는 무효라고 주장하고 A회사 및 BCDE에 대하여 각 행하여진 소유권이전등기의 말소를 청구한 경우에 E는 국가에 대하여 소유권을 주장할 수 있는가? [대법원 1989.12.26. 선고 87다카2176 전원합의체 판결]

사례를 보면 미군정령에 의하여 일본인의 명의로 등기된 갑토지에 대하여는 1945년 8월 9일부터는 그 처분이 금지되어 있으나, 일본인은 갑토지를 A회사에 매각하고 A회사 명의로의 소유권이전등기가 바로 1945년 8월 9일에 마쳐져 있다. 그러므로 미군정령에 의

375) 대법원 1985.1.29. 선고 83다카1730 판결.

376) 대법원 1990.1.25. 선고 88다카22763 판결.

377) 대법원 1989.12.26. 선고 89다카6140 판결.

하여 일본인 소유의 재산에 대한 처분이 금지된 1945년 8월 9일에 A회사 앞으로 행하여진 등기가 유효한가가 문제되고, 만일 A회사의 등기가 원인무효의 등기라고 하면 그 무효등기나 그에 터잡은 등기에 기초하여 등기부취득시효가 가능한가 하는 문제가 제기된다. 그리고 만약 무효등기나 그에 터잡은 등기에 근거한 등기부취득시효도 인정된다고 하면 케이스에서 E의 등기만으로는 등기부취득시효에 필요한 10년간의 점유가 되지 아니할 때에 전점유자의 등기기간을 합하여 등기부취득시효의 완성을 주장할 수 있는가 하는 문제가 있다.

우선 미군정령에 의하여 일본인 소유의 재산에 대한 처분이 금지된 「1945년 8월 9일 이후」라는 문언은 「1945년 8월 9일 00:00부터」라고 해석되고, 비록 1945년 8월 9일 00:00 전에 A회사가 일본인으로부터 부동산을 매수하여 1945년 8월 9일 바로 그날에 그 명의로 소유권이전등기를 마친 경우라고 하더라도 1945년 8월 9일 00:00 후에 일본인의 명의로 아직 그 소유권을 표상하는 등기가 되어 있는 이상 미군정청에 그 소유권이 귀속되어 결국 A회사 앞으로의 소유권이전등기는 원인무효로 된다. 또한 A회사의 명의의 등기를 전제로 B, C, D, E 앞으로 이루어진 등기도 모두 원인무효의 등기라고 할 수 있다.

민법 제245조 제2항은 등기부취득시효를 위하여는 「부동산의 소유자로 등기한 자가 10년간」 부동산을 점유하여야 한다고 규정하고 있으므로, 「소유자로 등기한 자」란 적법·유효한 등기를 마친 자일 필요가 있는가가 문제된다. 판례는 「소유자로 등기한 자」는 무효의 등기를 마친 자라도 상관없다고 보므로(판례는 예외적으로 무효인 중복등기에 기한 등기부취득시효를 부정한다),[378] A회사의 등기나 그에 터잡은 등기를 근거로 하여도 등기부취득시효의 완성을 주장할 수 있다.

사례를 보면 E의 명의로 등기된 때는 1974년 12월 26일이고, 국가가 A회사 및 B, C, D, E에 대하여 각 소유권이전등기의 말소를 청구한 때는 1983년 4월 30일이므로, E의 등기기간만으로는 등기부취득시효의 완성에 필요한 10년의 점유가 충족되지 아니한다. 그러므로 앞 사람(사례에서 D, C, B 및 A회사)의 등기까지 합하여 등기부취득시효를 주장할 수 있는가 하는 문제가 제기된다.

판례는 종래 소유자로 등기된 기간과 점유기간이 때를 같이 하여 다같이 10년이어야 한다고 하여 등기승계부정설을 따른 경우가 있다.[379] 그러나 현재의 판례는 10년간 반드시 그 명의로 등기되어 있어야 하지는 않고, 앞 사람의 등기까지 아울러 그 기간 동안 부동산의 소유자로 등기되어 있으면 된다고 하여 종전의 견해를 버리고 등기승계긍정설을 따르고 있다.

등기부취득시효에서의 등기와 점유는 권리의 외관을 표상하는 방법에서 동등한 가치를 가지므로 등기에 관하여서도 점유의 승계에 관한 민법 제199조를 유추적용하는 태도가 타당할 뿐만 아니라, 민법 제245조 제2항이 「부동산의 소유자로 등기한 자」라는 문언을 사용하고 있다고 하여 반드시 그 앞 사람의 등기를 배제하여야 한다고 볼 수는 없다. 그

378) 대법원 1994.2.8. 선고 93다23367 판결.

379) 대법원 1985.1.29. 선고 83다카1730 판결.

러므로 판례가 등기승계긍정설을 취한 태도는 타당하다고 본다. 결국 갑토지는 적어도 귀속재산처리에 관한 특별조치법에 의하여 국유재산이 된 때인 1965년 1월 1일부터는 점유도 자주점유로 환원되어 그 등기와 함께 평온, 공연, 선의, 무과실로 점유가 승계된 한 그로부터 10년이 되는 1975년 1월 1일에는 그 당시의 점유자이며 등기명의인인 E가 등기부취득시효로 인하여 갑토지의 소유권을 적법하게 취득한다고 새겨야 한다. 그러므로 국가는 E에 대하여 소유권이전등기의 말소를 청구할 수 없다.

(다) 등기부분과 점유부분의 일치에 관한 문제

가) 서언

등기부취득시효에 있어서는 등기와 점유가 부합하여야 한다. 그러므로 공유로 등기되어 있는 경우 혹은 부동산의 일부에 대하여도 등기부취득시효가 성립되는가 하는 문제가 생긴다.

나) 부동산의 일부에 대한 등기부취득시효

부동산의 일부에 대하여도 등기부취득시효가 가능한가? 부동산의 일부에 대한 점유취득시효가 인정된다는 견해에는 이론이 없다. 그러나 등기부취득시효에서는 등기에 부합하는 점유가 10년 동안 있어야 한다고 새겨야 하나, 부동산의 일부에 대한 점유는 등기와 일치한다고 볼 수 없으므로, 부동산의 일부에 대한 등기부취득시효는 부정된다.

다) 공유지분등기를 한 경우

1필의 토지를 AB 2인이 공유로 등기한 때에 A가 공유지분에 대하여 시효취득하기 위하여는 토지 전부를 점유하여야 하고, 비록 토지 전부를 10년 이상 점유하더라도 공유지분에 대하여만 시효취득한다. 그러나 1필지의 토지를 AB 2인이 공동매수하여 공동명의로 등기한 뒤 공유물의 관리방법으로 구분점유하고 있다면 AB가 토지 전체를 등기부시효취득한다고 보아야 한다.380)

라) 공유지분에 해당하는 특정부분만을 점유한 경우

본래 A의 소유에 속한 임야 443평 중 특정된 352평에 대하여 A로부터 B 앞으로 443분의 352 지분에 관한 소유권이전등기가 마쳐져 있었으나, B는 A로부터 갑임야를 매수한 사실이 전혀 없었다. B는 임야 443평 중 352평에 관하여 1971.7.13. 지분소유권이전등기를 마친 이래 지금까지 때를 같이하여 10년 이상 소유의 의사로 과실없이 평온, 공연하게 임야 내에 있는 고조모의 분묘를 관리하며 묘사를 행하는 등 점유관리하였다. B는 임야에 대한 등기부취득시효의 완성을 주장할 수 있는가?

공유자의 1인이 공유지분등기를 마치고 특정부분을 점유한 경우에 등기부취득시효의 완성범위는 어디까지인가? 공유자의 1인이 공유부동산 중 특정부분만을 점유하여 왔다면 그 특정부분에 대한 공유지분의 범위 내에서만 민법 제245조 제2항에서 말하는 「부동산의 소유자로 등기한 자」와 「부동산을 점유한 때」라는 등기부취득시효의 요건을 구비한

380) 대법원 1994.4.26. 선고 93다16765 판결.

경우에 해당될 뿐이고 그 나머지 부분은 해당하지 않는다.[381] 사례에서 AB는 공유자이고, B 앞으로 443분의 352 지분에 대한 등기가 마쳐지고, 그 만큼의 특정부분에 대한 점유가 이루어진 경우이므로, B는 임야 전체 중 443분의 352 지분에서 443분의 352에 해당하는 443분의 316 지분을 소유권이전등기를 마친 날로부터 10년이 지난 1981년 7월 13일 등기부시효취득한다. 그러나 임야의 나머지 부분에 대하여는 부동산의 점유라는 요건이 흠결되어 있으므로, B는 임야 전체에 대한 공유지분을 등기부시효취득한다고 볼 수는 없다. 또한 B가 점유하는 특정부분에 대하여는 B 앞으로 공유지분이전등기만 마쳐져 있어서 「부동산의 소유자로 등기한 자」라는 요건을 충족하지 못하여 역시 그 특정부분을 등기부시효취득한다고 볼 수도 없다.[382]

(4) 동산소유권의 취득시효

1) 일반취득시효

일반취득시효란 10년간 소유의 의사로 평온·공연하게 동산을 점유한 자가 그 소유권을 취득하는 동산소유권의 취득시효를 가리킨다(§246 I).

> 1956.3.31. 탑골공원에 세운 이승만 전대통령의 동상이 1960.4.26. 하야성명을 낸 직후 시민에 의하여 끌어 내려졌는데, A는 1963년 고물상으로부터 그 동상을 구입하였다. 그런데 이승만 전대통령의 동상은 B의 주택에 50년 이상 방치되어 있었는데, 최근 A는 1992년 캐나다로 이민을 가면서 그 동상을 세들어 살던 집의 주인이던 B에게 맡겨 두었다고 주장하며 B에 대하여 그 반환을 청구하였다. B는 자기가 점유하고 있는 이승만 전대통령의 동산에 대한 시효취득을 주장할 수 있는가?

동산에 관하여는 선의취득이 인정되므로, 동산의 취득시효가 인정될 수 있는 경우는 많지 않다. 그러므로 동산의 취득시효의 실제적인 의의는 별로 크지 않고, 동산의 취득시효에 관한 판례를 찾아 볼 수도 없다. 다만 선의취득이 배제되는 도품이나 유실물의 경우에 제한적으로 동산의 취득시효가 인정될 여지가 있다. 사례에서는 B가 10년 이상 평온·공연하게 이승만 전대통령의 동상을 점유한 사실은 쉽게 인정할 수 있다. 다만 소유의 의사에 의한 점유, 즉 자주점유인지가 문제된다. 민법 제197조 제1항에 의하여 점유권원이 분명하지 아니한 때에는 일단 B가 소유의 의사로 점유한 경우로 추정되므로, B가 스스로 자주점유임을 증명할 책임은 없고, A가 B의 점유가 소유의 의사 없는 타주점유임을 주장하여야 한다. 그러므로 A가 이승만 전대통령의 동상을 고물상으로부터 구입하여 1992년 캐나다로 이민을 갈 때에 B에게 맡겨둔 사실을 증명하여 자주점유의 추정을 번복시킬 수 있는가 하는 문제가 관건이 된다.

---

381) 대법원 1993.8.27. 선고 93다4250 판결.

382) 대법원 1986.5.27. 선고 86다카280 판결.

2) 선의취득시효

선의취득시효란 동산에 대한 점유가 선의·무과실로 개시된 경우에 5년이 경과하여 그 소유권을 취득하는 동산소유권의 취득시효를 가리킨다(§246 II).

(5) 소유권 이외의 재산권의 취득시효

1) 의 의

소유권 이외의 재산권의 취득시효에 대하여는 소유권의 취득시효에 관한 규정(§§245-247)이 준용된다(§248). 점유를 수반하는 권리에서는 점유가 요건이고, 점유를 수반하지 않는 권리에서는 준점유가 요건이다. 재산권의 목적물이 부동산인가 동산인가에 따라서 시효기간은 각각 20년, 10년, 5년이 된다.

2) 주요대상

(a) 지상권

건물을 소유하기 위하여 그 건물의 부지를 평온하고도 공연하게 20년간 점유하면 그 건물부지에 대한 지상권을 시효취득한다.[383] 다만 타인의 토지에 관하여 공작물의 소유를 위한 지상권의 점유취득시효가 인정되려면 그 토지의 점유사실 외에 그 점유가 임대차나 사용대차관계에 기한 경우가 아니라 지상권자로서의 점유에 해당한다고 하는 사실이 객관적으로 표시되어 계속되어야 하고, 그 증명책임은 시효취득을 주장하는 자에게 있다.[384] 그리고 지상권의 시효취득을 위한 요건이 존재하는가 여부는 개별사건에서 문제된 점유개시와 공작물의 설치경위, 대가관계, 공작물의 종류와 구조, 그 후의 당사자간의 관계, 토지의 이용상태와 같은 사정을 종합하여 그 점유가 지상권자로서의 점유에 해당한다고 볼 만한 실질이 있는지 여부에 의하여 판단하여야 한다.

(b) 지역권

지역권은 계속되고 표현된 경우에 한하여 취득시효의 대상이 된다(§294). 그러므로 점유로 인한 지역권취득기간의 만료로 통행지역권을 취득하려면 요역지의 소유자가 타인의 소유인 승역지 위에 통로를 개설하여 그 통로를 사용하는 상태가 민법 제245조에 규정된 기간 동안 계속되어야 한다.[385] 통로의 개설이 없이 일정한 장소를 오랜 시일 통행한 사실이 있다거나 또는 토지의 소유자가 단지 이웃하여 사는 교분으로 통행을 묵인하여 온 사실이 있다고 하더라도 그 사실만으로서는 지역권을 시효취득할 수 없다.[386]

토지의 불법점유자도 그 지상에 건물을 가지고 있는 경우에 지역권을 시효취득할 수 있는가? 지역권은 서로 인접한 토지의 상호이용의 조절에 기한 권리로서 토지의 소유자 또는 지상권자, 전세권자 등 토지사용권을 가진 자에게 인정되는 권리이다. 만약 토지의

---

383) 대법원 1994.10.14. 선고 94다9849 판결.
384) 대법원 1996.12.23. 선고 96다7984 판결.
385) 대법원 1993.5.11. 선고 91다46861 판결.
386) 대법원 1966.9.6. 선고 65다2305, 2306 판결.

소유자도 아니고, 그 토지에 대한 지상권자 또는 전세권자도 아니고, 결국 토지의 불법점유자라고 하면 비록 그 토지상에 자기 소유의 건물을 가지고 있다고 하더라도 토지를 사용할 정당한 권원없는 자에 해당하므로, 토지소유권의 상린관계로서 통행지역권을 시효취득할 수 없다.[387]

(c) 분묘기지권

타인 소유의 토지에 소유자의 승낙 없이 분묘를 설치한 경우에는 20년간 평온·공연하게 그 분묘의 기지를 점유하면 지상권 유사의 관습상의 물권인 분묘기지권을 시효로 취득한다.[388] 다만 분묘기지권의 취득시효는 봉분 등 외부에서 분묘의 존재를 인식할 수 있는 형태를 갖추고 있는 경우에 한하여 인정되며, 평장되어 있거나 암장되어 있어 객관적으로 인식할 수 있는 외형을 갖추고 있지 아니한 경우에는 인정되지 않는다.[389] 특성상 분묘기지권은 등기 없이 취득한다.

(d) 사원권적 재산권

판례는 10년 이상 주주로서 주주권(재산권과 유사한 사원권적 지위)을 항상 행사한 경우에는 10년의 취득시효로 인하여 사원권적 재산권을 취득한다고 본다.[390]

(6) 취득시효의 효과

1) 확정적 권리취득

민법은 명문으로 취득시효에 관하여 「소유권을 취득한다」(§§245·246)라고 규정하고 있다. 그러므로 취득시효의 요건이 구비되면 권리취득의 효력이 확정적으로 발생한다. 물론 부동산에 대한 점유취득시효의 경우에는 등기를 하여야 소유권을 취득한다.

취득시효의 완성 후에 원소유자는 어떤 지위에 있는가? 취득시효를 완성시킨 자가 원소유자에 대하여 점유로 인한 취득시효기간의 만료를 원인으로 소유권이전등기청구를 하는 등 그 권리행사를 하거나, 원소유자가 취득시효완성의 사실을 알고 점유자의 권리취득을 방해하려고 하는 등의 특별한 사정이 없는 한, 원소유자는 취득시효를 완성시킨 자 명의로 소유권이전등기가 마쳐지기까지는 소유자로서 그 토지에 관한 적법한 권리를 행사할 수 있다.[391]

2) 원시취득

부동산의 점유로 인한 소유권의 시효취득은 법률의 규정에 의한 물권의 취득으로서 이른바 원시취득에 속한다고 본다. 그러므로 원소유자의 권리 위에 존재하던 모든 제한은 원칙적으로 취득시효의 완성과 더불어 소멸한다. 다만 취득시효의 기초가 된 점유가 이미

---

387) 대법원 1976.10.29. 선고 76다1694 판결.
388) 대법원 1995.2.28. 선고 94다37912 판결.
389) 대법원 1996.6.14. 선고 96다14036 판결.
390) 대법원 1965.1.19. 선고 64다1437 판결.
391) 대법원 2006.5.12. 선고 2005다75910 판결.

타인의 권리(예컨대 지역권)를 용인하고 있는 경우에는 그 권리의 제한이 있는 소유권을 취득한다.

점유취득시효로 인한 부동산소유권의 취득은 원시취득으로서 취득시효의 요건을 갖추면 곧 등기청구권을 취득한다. 또한 타인의 소유권을 승계취득하는 경우가 아니어서 시효취득의 대상이 반드시 타인의 소유물이어야 하거나, 그 타인이 지정되어 있어야만 하지는 않고 성명불상자의 소유물에 대하여도 시효취득을 할 수 있다.[392] 그리고 시효취득에는 농지법상의 소유제한에 관한 규정이 적용되지 않는다.[393]

3) 소급효가 있다

취득시효에 의한 소유권취득의 효과는 점유를 개시한 때에 소급한다(§247 I). 물론 취득시효의 소급효는 단지 상대적으로 취득시효제도의 존재이유의 범위 내에서만 인정되며, 모든 법률관계에서 절대적으로 취득시효의 효력이 소급하지는 않는다. 예컨대 판례는 이미 점유취득시효기간이 경과된 체납자 소유의 부동산에 대한 국세징수법에 의한 압류 후에 취득시효완성으로 인한 소유권이전등기를 한 경우에는 비록 그 취득시효로 인한 권리취득의 효력이 점유를 개시한 때에 소급한다고 하더라도 제3자인 압류채권자와의 관계에서까지 그 소급효가 인정되지는 아니한다고 본다.[394] 그러나 취득시효가 완성되기까지는 목적물에 대한 처분권이 어디까지나 원소유자에게 있다고 할 수 있으므로, 원소유자가 시효기간 동안에 이미 목적물에 관하여 임대 기타 처분행위를 한 경우에는 향후 취득시효가 완성되더라도 그 법률행위에는 영향이 없다(비소급효). 그리고 원소유자가 시효기간 동안 목적물로부터 얻은 과실 기타의 이익이나 제3자의 불법행위에 기하여 받은 손해배상도 부당이득으로 되지 아니하고, 그대로 유효하여 시효취득자에게 반환할 의무가 없다.

(7) 취득시효의 중단·정지 및 시효이익의 포기

1) 취득시효의 중단

(a) 서 언

취득시효에도 소멸시효의 중단에 관한 규정이 준용되므로(§247 II), 취득시효중단의 사유와 효력은 소멸시효에서와 같다. 점유로 인한 부동산소유권의 시효취득에서 취득시효의 중단사유는 종래의 점유상태의 계속을 파괴하는 경우로 인정될 수 있는 사유라야 한다. 부동산의 소유자가 소유권취득기간의 진행을 막기 위해서는 단순히 소유권을 주장하거나, 다른 사람이 주장하는 소유권을 방어하는 사실만으로 충분하지 않고, 점유자의 점유를 배제하거나 그 점유의 태양을 변경시켜야 하고, 혹은 그 시효의 진행을 중단시켜야 한다. 그러나 취득시효기간의 완성 전에 등기부상의 소유명의가 변경된다고 하더라도 등기부상의 소유명의의 변경에 의하여 종래의 점유상태의 계속이 파괴된다고 할 수 없으므

---

392) 대법원 1992.2.25. 선고 91다9312 판결.

393) 대법원 1993.10.12. 선고 93다1886 판결.

394) 대법원 1991.2.26. 선고 90누5375 판결.

로 취득시효의 중단사유가 될 수 없다.[395] 역시 소유자가 토지의 지목을 변경하더라도 그 사실만으로는 특별한 사정이 없는 그 토지에 대한 점유자의 점유를 배제하고 스스로 소유권을 행사한 경우로 볼 수 없으므로, 시효중단의 효력이 생기지 않는다.[396]

(b) 취득시효의 중단사유

a) 승 인

취득시효의 완성 전에 시효이익포기의 의사표시를 한 경우에는 취득시효의 중단사유인 승인으로 볼 여지가 있다.[397] 그러나 소유자의 토지인도 또는 매수요구에 대하여 그때마다 점유자가 경제적 사정이 여의치 못하여 살 수 없으니 잘 보아 달라고 말한 사실만으로는 취득시효의 진행에 대한 중단사유인 승인으로 볼 수 없다.[398]

b) 최 고

예를 들어 토지소유자가 토지의 일부를 점유하고 있는 자에게 경계의 재측량을 요구하고, 그 재측량결과에 따른 경계선 위에 돌담을 쌓아올리는 조치를 점유자가 제지한 행위가 시비가 되어 토지소유자의 아버지가 점유자를 상대로 상해·재물손괴죄 등으로 고소를 한 경우에 경계시비는 취득시효중단의 효력이 있는 최고라고 볼 수 있고, 그 경계시비시로부터 6개월 이내에 소가 제기되면 경계시비시에 취득시효가 중단된다.[399]

c) 재판상 청구

취득시효의 중단사유가 되는 재판상 청구에는 시효취득의 대상인 목적물의 인도 내지는 소유권존부확인이나 소유권에 관한 등기청구소송은 말할 필요도 없고, 소유권침해의 경우에 그 소유권을 기초로 하는 방해배제 및 손해배상 혹은 부당이득반환청구의 소송도 포함된다. 또한 취득시효를 주장하는 자가 원고가 되어 소를 제기한 데 대하여 권리자가 피고로서 응소하고 그 소송에서 적극적으로 권리를 주장하여 그 주장이 받아들여진 경우에는 민법 제247조 제2항에 의하여 취득시효기간에 준용되는 민법 제168조 제1호, 제170조 제1항에서 시효중단사유의 하나로 규정하고 있는 재판상 청구에 포함된다.[400]

(c) 증명책임

취득시효중단사유의 주장·증명책임은 시효완성을 다투는 당사자가 진다. 증명책임의 정도는 취득시효가 중단된 사실에 대한 명시적인 주장을 필요로 하지는 않고, 중단사유에 속하는 사실만 주장하면 증명책임을 다한 경우로 보아야 한다.[401]

---

395) 대법원 1997.4.25. 선고 97다6186 판결.
396) 대법원 1981.6.9. 선고 80다3034 판결.
397) 대법원 1997.6.27. 선고 96다49735, 49742 판결.
398) 대법원 1972.7.25. 선고 72다987, 988 판결.
399) 대법원 1989.11.28. 선고 87다273, 274 판결.
400) 대법원 2003.6.13. 선고 2003다17927, 17934 판결.
401) 대법원 1997.4.25. 선고 96다46484 판결.

(d) 취득시효중단의 효력

취득시효중단의 효력은 당사자 및 그 승계인간에만 미친다. 취득시효중단의 효력이 미치는 「당사자」란 중단행위에 관여한 당사자를 가리키고, 시효의 대상인 권리 또는 청구권의 당사자는 아니다. 그리고 「승계인」이란 취득시효중단에 관여한 당사자로부터 중단의 효과를 받는 권리를 그 중단효과의 발생 이후에 승계한 자를 뜻하고, 포괄승계인은 물론 특정승계인도 포함된다.[402)]

> A는 B지방자치단체가 소유하고 있는 토지(상수원보호구역에 위치)를 논밭으로 만들어 개간지로 점유하고 있었다. 그런데 B지방자치단체는 여러 차례에 걸쳐 A에게 사용료를 납부하라는 통지를 하였고, A의 무상불하신청을 거부하는 등 개간지의 점유를 둘러싸고 분쟁이 있었다. A는 개간지에 대하여 시효취득을 주장할 수 있는가?

우선 개간지가 B지방자치단체의 소유에 속하므로, 취득시효의 대상이 되는가가 문제된다. 개간지가 시효취득의 대상이 되지 아니하는 행정재산이라고 하면 A는 시효취득할 수 없다. 그러나 개간지가 상수원보호구역에 위치하고 있다고 하여 바로 행정재산이라고 할 수 없으며 개간지가 비록 B지방자치단체의 소유라고 하더라도 이른바 일반재산이라고 하면 A는 시효취득할 수 있다.

개간지가 시효취득의 대상이 되는 일반재산이라고 하면 A가 시효취득을 하기 위하여는 개간지를 소유의 의사로 평온·공연하게 점유하여 온 사실이 인정되어야 한다. 민법 제245조에 규정된 평온한 점유라 함은 점유자가 점유를 취득 또는 보유하는 데 있어서 법률상 용인될 수 없는 강폭행위를 쓰지 아니하는 점유이고, 공연한 점유라 함은 은비의 점유가 아닌 점유를 말한다. 그러므로 B지방자치단체가 여러 차례에 걸쳐 B에게 사용료를 납부하라는 통지를 하고, B의 무상불하신청을 거부하는 등 토지의 점유를 둘러싸고 분쟁이 있었다고 하더라도 그 사정만으로는 그 점유의 평온·공연성이 상실된다고 할 수 없다. 또한 그 사유만으로는 B의 개간지에 대한 점유가 타주점유라고 할 수도 없다.

B지방자치단체가 공유토지의 점유자에 대하여 그 사용료를 부과·고지하면 B의 점유취득시효가 중단되는가? 국가나 지방자치단체가 국유·공유의 토지의 점유자에 대하여 그 사용료를 부과·고지하는 사실만으로는 바로 점유자의 점유취득시효가 중단된다고 할 수 없다.[403)] 그러므로 B지방자치단체가 A에 대하여 사용료를 부과·고지하였다고 하더라도 점유취득시효의 중단의 효력이 생기지 않는다.

만약 A의 아들이 개간지에 대하여 공유재산대부신청을 하거나 A지방자치단체가 부과한 변상금을 납부하면 취득시효이익의 포기로 되는가? 취득시효이익의 포기는 시효취득자가 하여야 그 효력이 발생한다. A의 아들은 개간지의 시효취득자나 점유자가 아니므로, 만약 B의 아들이 B지방자치단체의 동의를 얻어 개간지에 대한 공유재산대부신청을 하거

402) 대법원 1997.4.25. 선고 96다46484 판결.

403) 대법원 1995.11.7. 선고 95다33948 판결.

나 B지방자치단체가 개간지를 무단점유한 사실을 이유로 부과된 변상금을 납부하더라도 그 사정만으로는 A가 시효이익을 포기한 경우로 볼 수 없다.

2) 취득시효의 정지

소멸시효의 정지에 관한 규정이 취득시효에 준용되는가에 관하여는 민법상 명문규정이 없다. 그러나 통설은 시효정지제도의 취지에 비추어 소멸시효의 정지에 관한 규정은 취득시효에도 유추적용하여야 한다고 본다.

3) 시효이익의 포기

(a) 서 언

민법은 소멸시효의 이익은 미리 포기하지 못하나 소멸시효가 완성된 후에는 포기할 수 있다고 규정하고 있으나(§184 I), 취득시효이익의 포기에 관하여 명문규정을 두고 있지는 않다. 그러나 역시 취득시효에서도 취득시효기간이 만료한 후에는 그 시효이익을 포기할 수 있다고 본다. 다만 취득시효이익의 포기는 달리 특별한 사정이 없는 한 시효취득자가 취득시효완성 당시의 진정한 소유자에 대하여 하여야 그 효력이 발생하며, 예컨대 원인무효인 등기의 등기부상 소유명의자에게 시효이익포기의 의사를 표시한다고 하더라도 그 효력이 발생하지는 않는다.[404]

취득시효이익의 포기는 점유자가 취득시효완성의 사실을 알고 하여야 한다. 그러므로 점유자가 취득시효기간의 완성 후 토지에 대한 점유사실이나 토지의 존재조차 모른 채 다른 토지를 매매하는 기회에 그 토지에 대한 점유까지 이전하여 준 경우에는 취득시효완성으로 인한 소유권이전등기청구권의 행사를 포기한 경우라고 볼 수 없다.[405] 다만 취득시효완성 후에 그 사실을 모르고 해당하는 토지에 관하여 어떤 권리도 주장하지 않기로 하고서 그 후 그에 반하는 시효주장을 하는 경우에는 특별한 사정이 없는 한 신의칙상 허용되지 않는다.[406]

(b) 국유토지에 대한 대부계약과 시효이익의 포기

국유 혹은 공유인 토지에 관하여 취득시효가 완성된 후에 대부계약을 체결하면 시효이익의 포기로 되는가? 학설상으로는 국유재산대부계약의 체결을 시효이익의 포기로 보는 긍정설과 시효이익의 포기로 보지 않는 부정설이 대립한다. 긍정설은 토지에 대한 대부계약을 체결하는 경우에는 점유자가 상대방의 소유권을 인정하고 그 토지를 앞으로는 임차인의 지위에서 타주점유한다고 하는 태도 속에는 그 동안의 취득시효완성의 이익을 더 이상 향유하지 아니한다고 하는 의사가 포함되어 있다고 보아야 한다고 본다. 긍정설에 의하면 대부계약의 체결을 시효이익의 포기로 보지 않는 태도는 시효이익의 포기는 명시적으로뿐만 아니라 묵시적으로도 가능하여 마치 명시적·적극적으로 시효이익을 포기한다는 의사표시가 없으면 시효이익의 포기로 인정하지 않으려는 경우처럼 보여 납득하기

---

404) 대법원 1994.12.23. 선고 94다40734 판결.

405) 대법원 1991.11.13. 선고 92다14083 판결.

406) 대법원 1998.5.22. 선고 96다24101 판결.

어렵고, 시효완성 후 채무를 승인한 때에는 시효완성의 사실을 알고 그 이익을 포기한 경우라고 추정할 수 있다고 보는 판례[407]의 태도와도 일치하지 않는다고 본다. 부정설은 취득시효기간이 이미 경과한 경우에도 점유자는 소유자와의 분쟁을 간편하게 해결하기 위하여 흔히 매수를 시도한다고 하는 사실에 비추어 점유자가 매수제의를 한 사실만 가지고 시효이익의 포기로 볼 수 없다고 하는 견해를 국공유재산에 대한 대부계약에 준용하여 시효취득자가 국가와 취득시효가 완성된 토지에 관하여 대부계약을 체결하더라도 시효이익의 포기로 볼 수 없다고 본다.

판례는 기본적으로 대부계약을 체결한 사실만 가지고는 시효이익의 포기로 볼 수 없다고 한다. 예를 들어 취득시효가 완성된 후 대부계약을 체결하고 나아가 그 매수를 제의한 경우,[408] 대부계약을 체결하고 소정의 대부료를 지급한 경우[409]라고 하더라도 점유자가 달리 취득시효의 완성에 따른 등기청구권을 포기한다는 등의 적극적인 의사표시를 하지 않은 한, 그 사실만으로는 토지에 대한 점유자의 점유가 타주점유로 전환되거나 점유자가 그 시효이익을 포기한 경우라고 볼 수 없다고 본다.

대부계약의 체결을 시효이익의 포기로 보지 아니하는 판례는 그 논거로서 국가나 지방자치단체의 명의로 되어 있는 토지에 관하여 시효취득과 관련하여 분쟁이 있을 경우에 점유자는 그 분쟁을 해결하기 위한 방편으로 일단 국가나 지방자치단체와의 사이에 계쟁토지에 관하여 대부계약을 체결하여 이른바 「연고권」을 확보한 다음 그 토지를 염가로 불하받으려고 시도하는 경우가 많고, 국가나 지방자치단체가 만약의 경우에 대비하여 강요 또는 회유에 의하여 대부계약을 체결할 가능성이 농후하여 대부계약을 당사자의 순수한 의사로 보기 어렵다고 지적한다. 또한 흔히 점유자는 담당공무원의 권유나 회유에 응하여 대부계약신청서나 변상금납부유예신청서를 작성하고 대부계약을 체결한다고 하는 사정을 고려할 때, 성실하게 대부계약을 체결한 점유자가 대부계약을 체결하지 아니한 점유자보다 불리하게 되는 결과를 막기 위하여는 대부계약의 체결을 취득시효이익의 포기라고 보아서는 안된다고 본다. 그러나 단순한 매수제의(「매수제의」는 만일 조건에 맞게 매도해 준다면 그때까지의 시효이익을 포기할 용의가 있다는 하나의 의사타진에 불과하여, 그 조건에 맞지 않으면 언제든지 그 제의를 번복할 수 있는 유동적인 심리상태의 표출이라고 할 수 있다)라면 모르되, 실제로 매수 혹은 대부계약이 체결된 경우에까지 매수제의와 같이 시효이익의 포기라고 볼 수 없다고 하는 입장은 받아들이기 어렵다고 본다. 비록 국가나 지방자치단체와의 분쟁을 해결하기 위한 방편으로 일단 대부계약을 체결하는 경우가 많다고 하더라도, 자신의 소유로 알고 있는 토지에 대하여 국가와 대부계약을 체결하고 그에 따른 대부료를 납부한다는 사실은 이례적인 경우로서 적어도 국가에 대하여 그 토지가 자신의 토지가 아님을 승인하는 경우로 의사해석을 하지 않을 수 없다.[410]

---

407) 대법원 1992.5.22. 선고 92다4796 판결.

408) 대법원 1994.9.27. 선고 94다22309 판결.

409) 대법원 1993.11.26. 선고 93다30013 판결.

410) 예컨대 자신의 소유로 알고 있는 토지에 대하여 대부계약에 따른 대부료를 낸다는 사실은 이례에 속하여 국유재산의 점유자가 취득시효가 완성된 후 체결한 국유재산대부계약이 단 1회도 아니고 8회에 걸쳐 매년

그러므로 점유자가 대부계약을 체결할 용의가 있다는 사실을 표시하는 데 그치지 않고 실제로 국가와의 사이에 대부계약을 체결한 경우라고 하면 그 대부계약의 구체적인 내용에 따라서 당사자의 의사를 합리적으로 해석하여 취득시효이익의 포기로 인정할 수 있는지를 판단하여야 할 필요가 있다.

> 갑토지는 본래 귀속재산이었는데, 1964년 말까지 매각되지 않음으로써 귀속재산처리에 관한 특별조치법(폐지)에 의하여 국가의 명의로 소유권이전등기가 마쳐진 국유재산이다. A의 피상속인인 B의 선대인 C가 국가로부터 갑토지와 인접하고 있는 을토지, 병토지를 불하받고, 병토지상에 주택을 건축하여 거주하면서 갑토지 중 일부에 배추, 무 등의 채소를 경작하면서 점유하였다. C가 1950.7.2. 사망하자 B가 병토지상의 주택에 거주하면서 1972.8.12. 전입신고를 하고 갑토지의 일부를 점유하다가 1993.11.11. 사망하였으며, A는 B의 상속인이다. A는 1994.5.12. 갑토지의 일부에 관하여 국유재산대부신청을 하였다. A의 국유재산대부신청에 대하여 국가는 그 동안 갑토지의 일부를 무단으로 점유사용한 사실에 따른 변상금을 납부하고 국유재산대부계약을 체결하라는 통보를 하였다. 그리고 A는 1994.5.28. 국가와 사이에 그 토지부분에 대하여 대부기간을 1994.5.1.부터 1995.4.30.까지, 대부료는 연 107,760원으로 정하여 국유재산대부계약을 체결하였다. 그런데 A는 피상속인인 B가 적어도 병토지상의 주택에 전입신고를 한 1972.8.12. 무렵부터 사망에 이르기까지 20년 이상 그 토지부분을 점유함으로써 갑토지의 일부에 관하여 1992.8.12. 취득시효가 완성되었다고 주장할 수 있는가?

사례를 보면 선대인 B와 C의 점유 당시에 이미 취득시효가 완성되었으나, 그 사망 후 상속인인 A가 국유재산대부신청을 하여 국유재산대부계약을 체결하고, 변상금은 납부하지 않은 상태에서 선대의 점유취득시효완성을 원인으로 한 소유권이전등기를 청구하고 있는 사실이 인정된다. A의 국유재산대부계약의 체결은 취득시효완성의 이익을 포기한 경우로 되는가?

판례는 만약 어떤 사람이 20년이 넘도록 평온·공연하게 국가 소유의 토지를 점유하여 온 경우라고 하면 그 점유는 자주점유로 추정되고, 취득시효가 완성된 후 그 점유자가 국가와 국유재산대부계약을 체결한다고 하더라도 그 사실만으로는 그 기간 중의 점유가 타주점유라거나 점유자가 취득시효완성의 이익을 포기하는 적극적인 의사표시를 한 경우로 보기는 어렵다고 본다. 그러므로 판례에 따르면 특히 A가 적극적으로 변상금을 납부하거

이루어진 경우라면 시효취득자가 그 토지에 대하여 시효완성의 이익을 주장하지 않는다는 의사를 분명히 한 경우라고 본다(대법원 1994.10.25. 선고 94다35398 판결). 또한 대부계약이 아무런 하자 없이 여러 차례에 걸쳐 체결되거나 단순히 대부계약의 체결에 그치지 않고 그 계약 전에 밀린 점용료를 변상금이란 명목으로 납부하기까지 한 경우(대법원 1996.11.12. 선고 96다32959 판결) 혹은 취득시효완성 후 시효취득자가 점유자의 연고권을 인정하지 아니한다는 특약을 부가하여 국유재산대부계약을 체결하고 그간의 점유에 대한 변상금 및 대부료를 납부한 경우(대법원 1994.10.25. 선고 94다30966 판결)라면 취득시효완성의 이익을 포기한다는 적극적인 의사표시를 한 경우로 본다.

나 변상금납부기한의 유예를 받으려고 하는 등의 사정이 없는 이상, 해당되는 토지부분은 적어도 A의 선대인 B가 점유하던 중인 1992년 8월 12일 이전에 취득시효가 완성된 사실이 명백하므로, 그 기간 중의 점유자가 아닌 A가 취득시효완성으로부터 2년 가까이 지난 1994년 5월 28일에 소유자인 국가와 대부계약을 체결한 경우라고 하더라도 그 대부계약의 체결을 취득시효이익의 포기 여부를 판단하는 자료로 삼을 수는 없다. 다만 취득시효완성 후의 국유재산대부계약의 체결이나 점용료납부가 시효이익포기의 의사표시로 볼 수 있는 경우도 있다. 예컨대 국유재산대부계약이 아무런 하자 없이 여러 차례에 걸쳐 체결되거나, 단순히 국유재산대부계약의 체결에 그치지 않고 그 계약 전에 밀린 점용료를 변상금이란 명목으로 납부하는 데까지 나아가면 그 국유재산대부계약의 체결이나 변상금납부는 국가의 소유권을 인정하고 취득시효완성의 이익을 포기한다는 적극적인 의사표시를 한 경우로 볼 수 있다.[411)]

3. 선점·습득·발견

(1) 서 언

무주물선점·유실물습득·매장물발견은 모두 소유권취득의 원인이다. 우선 무주물선점·유실물습득·매장물발견의 내용을 간단하게 도표로 정리하면 아래와 같다.

취득원인	목적물	취득자	비 고
무주물선점	무주의 동산	소유의 의사로 점유한 선점자	무주의 부동산은 선점이 불가능
유실물습득	유실물(점유자의 의사에 의하지 않고 그 점유를 떠난 물건)	습득자, 단 법률이 정한 바에 의하여 공고한 후 1년내에 그 소유자가 권리를 주장하지 않는 경우	
매장물발견	매장물(토지 기타 물건에 포장되어 누구에게 속하는지 판별할 수 없는 물건)	발견자(발견자와 포장물의 소유자가 다른 경우에는 양자가 절반), 단 법률이 정한 바에 의하여 공고한 후 1년내에 그 소유자가 권리를 주장하지 않는 경우	* 공고한 후 1년내에 그 소유자가 권리를 주장하지 않으면 습득자·발견자가 소유권을 취득한다 * 유실물·매장물이 학술·기예·고고의 중요한 자료이면 국유가 된다

(2) 무주물선점

1) 의 의

민법 제252조에 의하여 무주의 동산을 소유의 의사로 점유한 자는 그 소유권을 취득한

411) 대법원 2007.4.13. 선고 2006다62546 판결; 대법원 1994.11.22. 선고 94다32511 판결; 대법원 1998.3.10. 선고 97다53304 판결 등 참조.

다. 예컨대 냇물에서 사는 물고기, 산에서 나서 자라는 토끼나 멧돼지 등은 무주물이므로, 소유의 의사를 가지고 선점하면 소유권을 취득한다. 그러나 무주의 부동산은 국유로 한다 (§252 II).

2) 요 건

(a) 무주물

무주물에는 (i) 누구의 소유에도 속하지 않는 물건, (ii) 어떤 소유자가 포기한 물건이 해당한다. 그리고 야생동물은 무주물로 보고, 집에서 잡아 키우던 야생동물도 야생상태로 돌아가면 무주물로 된다(§252 III). 과거에 누구인가의 소유에 속하고 있던 물건(예컨대 고대 인류의 유물)이라도 현재까지 그 소유가 계속되고 있다고 볼 수 없는 물건은 무주물이다. 지번이 부여되지 않은 미등록의 토지는 특별한 사정이 없는 한 무주의 토지라고 본다.[412)]

다른 물건에 매몰되어 있고, 또한 사회통념상 소유자가 현존한다고 생각할 수 없는 물건은 매장물이라고 하여 무주물과 구분된다. 역시 점유자의 의사에 의하지 않고 그 점유가 이탈된 물건은 유실물이며, 무주물과 다르다.

(b) 소유의 의사에 의한 선점

소유의 의사를 가지고 목적물을 점유하여야 무주물선점이 된다. 다만 직접점유자 혹은 점유보조자에 의한 점유를 하더라도 상관없다. 또한 선점은 사실행위이므로, 선점자에게 소유의 의사가 있으면 충분하고 행위능력을 갖추어야 할 필요는 없다.

3) 효 과

(a) 무주의 동산

무주의 동산을 선점하면 당연히 그 소유권을 취득한다(§252 I). 무주물선점에 의한 소유권의 취득은 원시취득에 해당한다.

> 초등학교에 다니는 A는 어느 날 집 근처에 있는 공원에 놀러 갔는데, 하늘로부터 공원에 떨어진 커다란 운석을 주었다. 익일 지방신문에 A가 운석을 주운 사연이 크게 보도되자 공원을 관리·소유하는 B시가 A에게 운석의 반환을 청구하였다. 누가 운석의 소유권을 취득하는가?

지난 2014년 3월 경남 진주 근방에 운석이 떨어져 전국에서 운석을 주으려는 사람이 몰려드는 소동이 벌어진 일이 있는데, 사례는 실제로 미국에서 일어난 사건이다. 만약 B시가 공원을 꾸미기 위하여 인위적으로 설치한 돌을 A가 무단히 가져온 경우라고 하면 B시는 당연히 소유권에 기하여 돌의 반환을 청구할 수 있다. 그러나 운석은 비록 B시가 관리·소유하는 공원에 놓여 있더라도 우주에서 떨어져 누구의 소유에도 속하지 않는 무주물이다. 그리고 운석은 무주의 동산이므로, 선점에 의하여 소유권을 취득한다. 사례에서 A가 아직 미성년자라고 하더라도 선점에 의하여 운석의 소유권을 취득할 수 있다.

---

412) 대법원 1997.11.28. 선고 96다30199 판결.

> A는 B골프장측이 1-2개월에 1회씩 일괄 수거하는 이유로 평소에 미처 수거하지 않은 일명 로스트볼(골프경기자가 골프를 치다가 분실한 골프공을 말한다)이 B골프장 인근 숲과 개울 등에 많이 남아있다는 사실을 알게 되었다. 그리고 A는 끌개와 연결대 등 도구를 지참하고 몇 차례에 걸쳐 B골프장 인근 숲과 개울 등에서 흙과 낙엽에 묻혀 있던 로스트볼 2,000여개(시가 40만원 정도)를 수거하여 미리 준비한 배낭에 담은 뒤 자동차로 싣고 가는 방법으로 가져갔다. B골프장측은 A에 대하여 가져간 로스트볼의 반환을 청구할 수 있는가?

로스트볼이란 골프경기를 하던 도중 골프경기자가 친 골프공이 골프코스를 벗어나 숲이나 개울 등에 떨어져 찾다가 단념한 골프공을 가리킨다. 우선 로스트볼이 여전히 골프경기자의 소유에 속하는가, 그 소유권을 포기한 경우로 보아야 하는가가 문제된다. 로스트볼의 가액 등을 고려하여 볼 때에 통상 골프경기자가 골프경기를 하던 도중 골프공이 골프코스를 벗어나 숲속이나 언덕 아래, 개울에 떨어진 경우에 오로지 그 골프공에 대한 점유를 회복하기 위해서는 골프경기를 중단하거나, 혹은 숲속 및 개울·워터헤저드에 들어가거나 언덕 아래로 내려가는 수고를 감수하여야 하지만, 통상 골프경기자에게 그 의사가 있다고 보기는 어렵다. 골프경기자가 다른 의사를 표시하지 아니하는 이상, 골프경기 중 골프코스를 벗어난 곳에 떨어진 골프공에 대한 점유회복을 단념하는 시점에서 그 골프공에 대한 소유권을 포기한다는 묵시적인 의사를 표시한 경우로 보아야 한다. 그러므로 골프경기자가 소유권을 유보한다는 등의 의사표시를 한 특단의 사정이 엿보이지 않는 한, 로스트볼은 골프경기자가 소유권을 포기하여 무주물로 된다.

사례에서 골프경기자가 소유권을 포기하여 무주물로 된 로스트볼을 B골프장측이 선점하여 배타적 점유를 개시한 경우로 되는가? 만약 B골프장측이 이미 로스트볼을 선점한 경우라고 하면 로스트볼은 B골프장측의 소유물이 되므로, B골프장측은 A에 대하여 가져간 로스트볼의 반환을 청구할 수 있다. 그러나 골프경기자가 골프경기 중 발생한 로스트볼의 소유권을 단념하는 대신 그 소유권을 B골프장측에 양도한다는 의사를 따로 표시하는 등의 사정이 드러나지 아니하는 한, 골프경기자가 로스트볼을 찾기를 단념하고 그에 대한 소유권을 포기하는 순간 B골프장측이 로스트볼에 대한 배타적 점유를 개시한다고 볼 수 없다. 그러므로 골프경기자가 묵시적으로 소유권을 포기함으로써 무주물이 된 로스트볼을 B골프장측이 자동적으로 선점하여 소유권을 취득한 경우로 보기 어렵다.

사례에서 B골프장 인근 숲과 개울 등에서 흙과 낙엽에 묻혀 있던 로스트볼은 무주물로 보아야 한다. 로스트볼이 무주물인 한, 민법 제252조 제1항에 의하여 소유의 의사로 점유, 즉 선점하면 그 소유권을 취득한다. 결국 A는 로스트볼의 선점에 의하여 로스트볼에 대한 소유권을 취득하므로(형법상으로는 로스트볼을 가져간 A의 행위가 절도나 점유이탈물횡령에 해당하지 아니한다), B골프장측은 A에게 가져간 로스트볼의 반환을 청구할 수 없다.

(b) 무주의 부동산

무주의 부동산을 선점하더라도 그 소유권을 취득할 수 없고, 국유로 된다(§252 II). 예를 들어 지번이 부여되지 않은 미등록의 토지는 무주의 토지로서 선점하더라도 국유로 된다.

> E대학교는 총면적 1,216㎡(370평, 시가로 100억원)에 달하는 갑토지를 정문, 세계적인 건축가 도미니크 페로가 디자인한 캠퍼스복합단지(ECC), 종합과학관, 도로, 정원 등으로 사용하고 있는데, 갑토지가 1910-1920년대 실시된 토지조사에서 누락된 후 100여년간 토지대장에조차 등록되지 않은 채 주소 없이 존재해 온 사실이 최근 밝혀짐으로써 국가는 무주의 토지로 보아 2009.12.10. 국가를 소유자로 하여 토지대장에 등재한 후, 2010.10.1. 소유권보존등기를 마쳤다. E대학교는 갑토지에 대한 소유권을 주장할 수 있는가?

소유자가 없는 땅은 국가의 소유이므로, 일단 E대학교가 점유하고 있는 갑토지는 무주의 부동산이라고 하면 국가가 소유권을 가진다. 갑토지가 일제강점기인 1910-1920년에 걸쳐 실시된 토지조사에서 누락된 뒤 1970-1980년대 토지재등록에서도 빠져 토지대장이 없다고 하면 갑토지는 지번이 부여되지 아니한 미등록토지는 무주토지로 본다는 판례에 따라서 무주의 부동산으로 보아야 한다. 그리고 민법 제252조 제2항에 의하여 무주의 부동산은 국유로 되므로, 갑토지는 일단 국가에 귀속한다(국가는 국유재산법을 근거로 E대학교에 대하여 무단사용에 따른 변상금을 부과할 수 있다).

E대학교측으로서는 학교부지를 확장하는 과정에서 타인으로부터 갑토지를 오래 전에 매수하여 그 후 20년 이상 공연·평온하게 점유한 사정을 들어 점유취득시효를 주장할 수 있는가? E대학교측이 점유취득시효를 주장할 수 있는 여지는 있다. 다만 E대학교가 갑토지에 대한 점유취득시효를 주장하는 경우에는 갑토지가 취득시효의 대상이 되는지, E대학교의 점유가 자주점유인지(갑토지를 포함한 인근토지를 매수하여 학교부지로 점유하여 온 경우라고 하면 자주점유를 인정할 수 있다) 하는 문제를 비롯하여, 특히 갑토지가 무주물이므로, 무주물에 대하여도 점유취득시효가 인정되는가 하는 문제가 있다. 또한 무주물에 대한 점유취득시효가 인정된다고 하면 갑토지가 무주물로서 민법 제252조 제2항에 의하여 당연히 국유재산으로 되므로, 그 재산적 성질이 행정재산이냐 일반재산이냐에 따라서 점유취득시효가 인정되는가 여부가 다르다. 다른 한편 행정재산이라고 하면 공용이 폐지되지 않는 한 사법상 거래의 대상이 될 수 없어서 취득시효의 대상이 되지 않으므로, 공용폐지된 경우로 볼 수 있는가 하는 문제가 다시 제기된다.

공용폐지의 의사표시는 명시적이든 묵시적이든 상관없다. 실제로 소송에서 법원은 갑토지가 행정재산이기는 하지만, 묵시적인 공용폐지의 의사표시가 인정되고, E대학교의 갑토지에 대한 점유는 소유의 의사로 공연·평온하게 한 경우로 추정되므로, E대학교가 점유한 경우로 보이는 1973년 3월 24일부터 20년이 경과한 1993년 3월 24일 취득시효의 완성되어(취득시효기간 중 계속해서 등기명의자가 동일한 경우에는 그 기산점을 어디에 두든지 간에 취득시효의 완성을 주장하는 시점에서 보아 그 기간이 확정된 사실만 확정되면 충분하다) 국가는 E대학교에 대하여 소유권이전등기절차를 이행하여야 한다고 판시하고 있다.[413]

413) 대법원 2013.3.14. 선고 2012다56740 판결.

(c) 학술·기예 또는 고고의 중요한 자료가 되는 물건

학술·기예 또는 고고의 중요한 자료가 되는 물건, 즉 문화재에 관하여는 사인의 점유에 의한 소유권의 취득을 인정하지 않고, 언제나 국유가 된다(§255 I). 문화재를 선점한 자에게 국가에 대한 보상청구권이 인정되는가? 민법상 유실물습득자와 매장물발견자에 관하여만 보상청구권을 규정하고 있지만(§255 II), 역시 무주물인 문화재의 선점자에 대하여도 민법 제255조 제2항을 유추적용하여 보상청구권이 인정된다.

(d) 어업권·수렵권의 대상물

야생동물과 같이 법에 의하여 그 포획이나 어획이 금지되어 있는 경우에도 포획·어획하면 금지위반에 대한 제재는 받더라도 일단 사법상의 효과로서 선점은 성립한다.

(2) 유실물습득

1) 의 의

민법 제253조에 의하여 유실물은 유실물법에 정한 바에 의하여 공고한 후 1년 내에 그 소유자가 권리를 주장하지 아니한 때에 습득자가 그 소유권을 취득한다.

2) 요 건

(a) 유실물

「유실물」이란 점유자의 의사에 의하지 않고 그 점유를 떠난 물건을 가리킨다. 유실물법에 의하면 「착오로 인하여 점유한 물건」, 「타인이 놓고 간 물건」, 「일실한 가축」은 준유실물로서 유실물에 준하여 취급한다(유실물법 §12). 그리고 해상 또는 하천에서 선박·항공기 및 수상레저기구 등의 침몰·좌초·전복·충돌·화재·기관고장·추락 등으로 인한 표류물(점유를 이탈하여 해상 또는 하천에 떠 있거나 떠내려가고 있는 물건), 침몰품(점유를 이탈하여 해양 또는 하천에 가라앉은 물건)에 대하여는 수난구호법에 특별규정이 있다(수난구호법 §35 III).

(b) 습 득

「습득」은 유실물에 대한 점유의 취득을 의미하며, 선점과 달리 소유의 의사를 필요로 하지 아니한다. 또한 습득자가 유실물이라는 사실을 알고 있을 필요도 없고, 객관적으로 유실물이면 된다.

3) 효 과

습득자는 유실물을 신속하게 유실자 또는 소유자, 그 밖에 회복청구권자에게 반환하거나 경찰서에 제출하여야 한다(유실물법 §1 I). 유실물법은 유실물의 반환을 받은 자가 습득자에게 주어야 할 사례의 액에 대하여도 정하고 있다(유실물법 §4 본문, 물건가격의 5-20%이다). 다만 관리자가 있는 선박, 차량이나 건축물, 그 밖에 일반인의 통행을 금지한 구내에서 타인의 물건을 습득한 경우에는 보상금은 그 점유자와 습득자가 절반하여야 한다(유실물법 §10 III).

유실물법이 정한 바에 따라서 공고한 후 6월 내에 그 소유자가 권리를 주장하지 않으

면 당연히 습득자가 그 소유권을 취득한다(§253).[414] 습득한 유실물이 학술·기예 또는 고고의 중요한 자료가 되는 물건, 즉 문화재인 때에는 습득자가 소유권을 취득하지 못하고 국유가 되며(§255 I), 습득자는 국가에 적당한 보상을 청구할 수 있다(§255 II).

(3) 매장물발견

1) 서 언

민법 제254조에 의하여 매장물은 법률에 정한 바에 의하여 공고한 후 1년 내에 그 소유자가 권리를 주장하지 아니하면 발견자가 그 소유권을 취득한다. 그러나 타인의 토지 기타 물건으로부터 발견한 매장물은 그 토지, 그 밖의 물건의 소유자와 발견자가 절반하여 취득한다(§254 단서).

2) 요 건

(a) 매장물

매장물이란 토지, 그 밖의 물건(예컨대 건물의 구조부분, 강물이나 바다 밑(水低), 각종의 물품) 속에 매장되어 소유자가 누구인지를 알 수 없는 물건을 가리킨다. 그러므로 매장물은 과거에 누군가의 소유에 속하고 현재도 상속과 같은 방법으로 누구인가에 속하고 있을 가능성이 있지만 그 소유권이 누구에게 속하는지를 알 수 없다고 하는 측면에서 무주물과 다르다. 포장물은 토지이고 매장물은 동산인 경우가 많지만, 포장물이 건물이나 동산이더라도 상관없고 매장물도 동산에 한하지 아니한다. 매장물은 유실물법의 규정에 의하여 공고한 후 1년 내에 소유자가 나타나지 않는 때에는 발견자가 소유권을 취득한다(§254). 다만 매장문화재에 관하여는 정당한 소유자가 없는 경우에 국가에서 직접 보존할 필요가 있으면 「민법」 제253조 및 제254조에도 불구하고 국가에 귀속한다(매장문화재 보호 및 조사에 관한 법률 §20).

(b) 발 견

매장물발견에 의한 소유권취득은 점유의 취득을 필요로 하지 않고, 존재의 인식만으로 충분하다. 피용자 혹은 수급인이 작업중 매장물을 발견한 경우에는 매장물발굴을 목적으로 하는 때에는 사용자·도급인이 발견자, 즉 소유권취득자가 되지만, 다른 일을 위하여 고용된 피용자나 수급인이 우연히 매장물을 발견한 때에는 현실적으로 발견한 자, 즉 피용자·수급인이 발견자가 된다.

---

414) 본래 유실물에 대하여 공고 후 1년 내에 소유자가 권리를 주장하지 아니하면 습득자가 소유권을 가진다고 규정하고 있었으나, 20년 전 최초로 유실물규정이 제정된 때와는 달리 현재는 교통·통신망의 발달로 유실물이 소유자에게 반환되는 기간이 현저히 단축되어 있고(통계를 보면 실제로 2011년 한 해 동안 습득물이 원소유주에게 6개월 이내에 반환된 비율이 약 99%에 달한다), 유실물 중 고가의 전자기기 등은 시간이 지날수록 가치가 하락하므로 습득자의 권리를 보다 빨리 인정할 필요성도 커지고 있는 사정을 고려하여 지난 2013년 4월 5일의 민법개정을 통하여 현재 유실물의 소유권이 습득자에게 귀속되는 기간이 1년에서 6개월로 단축되어 있다(일본민법에서는 습득자의 권리취득기간이 3개월이고, 독일민법상으로는 6개월이다).

3) 효 과

> A 소유의 대지를 빌려 건물을 소유하고 있는 B가 대지의 일부를 굴착하던 중 지중에서 보물상자를 발견하였다. 누가 보물상자의 소유권을 가지는가?

매장물은 법률(유실물법)에 의하여 공고한 후 1년 내에 그 소유자가 권리를 주장하지 않는 때에는 발견자가 당연히 소유권을 취득한다(§254 본문). 그러나 예컨대 타인의 토지속에서 소유자불명의 매장물을 발견하는 경우도 있다. 타인의 물건 중에서 발견한 매장물은 발견자와 물건(포장물이라고 한다)의 소유자가 절반하여 소유권을 취득한다(§254 단서). 사례에서는 발견자(B)와 포장물의 소유자(A)가 다르므로, 보물상자의 소유권은 AB의 공유로 된다.

발견한 매장물이 학술·기예 또는 고고의 중요한 자료가 되는 물건, 즉 문화재인 때에는 발견자가 소유권을 취득하지 못하고 국유가 된다(§255 I). 다만 발견자는 국가에 대하여 적당한 보상을 청구할 수 있다(§255 II).

> 일본선박인 시마마루호(253톤)는 태평양전쟁의 말기인 1945.7.2. 금화, 은화를 비롯하여 금괴 등을 싣고, 중국을 출발하여 일본으로 항해하던 중 군산 앞바다에서 미공군기의 폭격을 받아 침몰하였다. 얼마 전 해저보물선의 탐사를 전문으로 하는 A탐사업체는 군산 앞바다에서 시마마루호를 건져 올렸는데, 65여년만에 지상으로 올라온 배안에는 10톤 이상의 금괴(현재 시가로 5,000억원에 달한다) 등이 가득 실려 있었다. A탐사업체가 찾아낸 보물에 대한 소유권은 누가 가지는가?

국제법상으로는 보물이 발견된 해역이 영해이냐 공해이냐에 따라서 문제가 다르다. 보물의 발견장소가 공해상인 때에는 문제가 복잡하다. 사례와 같이 영해에서 보물이 발견된 경우에는 민법상으로는 민법 제254조 단서에 의하여 영해의 소유자로서 국가와 발견자인 A탐사업체가 절반씩 소유권을 취득할 수 있다(보통 국제관행에 따라서는 발굴업체에 80%가 돌아가고, 국가가 20%를 소유한다고 한다). 그러나 매장문화재 보호 및 조사에 관한 법률 제20조에 의하면 매장문화재의 소유자임을 주장하는 자가 있는 경우에는 소유자에게 반환하고, 정당한 소유자가 없는 경우에는 국가에서 직접 보존할 필요가 있는 매장문화재이면 민법 제253조, 제254조에도 불구하고 국가에 귀속한다.

사례에서 일본이나 중국이 소유권을 주장할 가능성은 없는가?[415] 일본이 보물에 대한 소유권을 주장할 수 있는가 여부는 시마마루호가 군함인가 상선인가에 따라서, 상선이라고 하면 소유자가 존재하느냐 아니냐에 따라서 다르다. 만약 시마마루호가 군함이고, 일본이 군함에 실린 보물에 대하여 한번도 소유권을 포기한 적이 없다고 주장하면 보물에 대한 소유권이 일본에 넘어갈 수도 있다. 시마마루호가 상선이라고 하면 보물에 대한 소

415) 언론보도에 의하면 실제로 미국의 심해탐사기업 「오디세이 마린 엑스폴로레이션」(OME)이 200여년 전에 영국군의 폭격으로 침몰당한 스페인선박을 인양하여 찾은 보물(시가로 5억달러로 추정)에 대하여 스페인정부가 소유권을 주장하여 소송으로 비화된 경우가 있다.

유권이 누구에게 있는가, 소유자라는 사실을 증명할 수 있는가 하는 문제가 있다. 만약 중국에서 보물을 매집하여 배에 실은 일본인이 있다면 그의 소유권을 인정하지 않을 수 없다고 생각된다. 또한 중국측으로서는 만약 배에 실린 보물이 노략질당한 물건이라고 하면 약탈당한 사실 혹은 아직 대금을 지급받지 아니한 사실 등을 주장하여 보물에 대한 소유권이 아직 일본으로 넘어가지 아니하고, 중국에 있다고 주장하는 경우도 상상할 수 있다.

4. 첨 부

(1) 첨부의 의의

소유권에 고유한 취득원인으로서 부합(附合), 혼화(混和), 가공(加工) 세 가지를 합하여 첨부라고 한다. 민법 제256조 내지 제261조가 「첨부」라고 총칭되는 소유권취득원인에 대한 규정을 두고 있다.

왜 첨부라고 하는 소유권취득원인이 필요한가? 소유자가 다른 2개의 물건이 서로 뚜렷하게 구분될 수 있는 경우, 예컨대 자기의 책에 친구의 북커버를 씌운 경우에는 그 사정만으로 소유권이 이전하지 않는다. 친구의 북커버는 여전히 친구의 물건이다. 그러나 자기의 양복지에 친구의 실을 사용하여 양복을 만든 경우 혹은 자기의 책상에 친구의 페인트를 칠한 경우라면 어떤가? 실이나 페인트를 여전히 친구의 물건이라고 할 수는 없지 않을까? 실이나 페인트가 여전히 친구의 소유물이라고 하면 친구로부터의 반환청구를 인정하지 않으면 안된다고 보아야 하나, 어딘지 불합리하다고 하지 않을 수 없다. 또한 A가 가지고 있는 아주 좋은 대리석을 유명한 조각가인 친구가 제멋대로 가지고 가서, 그 대리석으로 훌륭한 조각작품을 만든 경우에도 A는 대리석이 어디까지나 자기의 물건이므로, 조각작품도 자기의 소유물이라고 무조건 주장할 수 있는가도 역시 문제가 될 여지가 있다.

소유자가 서로 다른 물건이 결합하여 하나의 물건으로 된 때, 또는 타인의 물건에 가공을 가한 때에 그 사실이 새로운 소유권의 취득원인이 되는가, 어떤 요건이 필요한가, 소유권을 잃은 사람은 어떤 보상을 받는가를 규율하는 제도가 바로 「첨부」이다. 첨부로 총칭되는 부합·혼화·가공 세 가지는 소유권취득의 원인이 되는 이유와 법률효과가 서로 공통적이다. 즉 소유자를 달리하는 2개 이상의 물건이 결합하여 사회적·경제적으로 1개의 물건으로 볼 수 있는 관계에 이른 경우에 그 원상회복에 따른 불이익을 회피하기 위하여 첨부에 의하여 누구에게 소유권을 귀속시킨다고 하는 공통점이 있다. 바로 첨부에 의하여는 아래와 같은 공통적 효과가 생긴다.

(i) 신물건(합성물·혼화물·가공물)은 1개의 물건으로 단일의 소유권의 객체가 되고, 그 일부가 된 물건의 소유권은 소멸한다.

(ii) 신물건의 소유권은 원칙적으로 주된 물건의 소유자에게 귀속한다.

(iii) 주된 물건의 소유자가 일방적으로 첨부에 의한 이익을 얻을 이유가 없으므로, 소멸한 물건의 구소유자는 부당이득의 규정에 의한 보상을 청구할 수 있다(§261).

(iv) 첨부에 의하여 물건의 소유권이 소멸하면 그 물건 위에 존재하는 다른 권리(제3자

의 임차권·담보물권)도 역시 소멸한다(§260 I). 다만 물건의 소유자가 신물건의 단독소유자나 공유자가 된 때에는 다른 권리는 신물건 또는 공유지분 위에 존속한다(§260 II).

> A 소유의 갑물건이 B 소유의 을물건에 첨부되어 새로운 병물건이 되었다. 갑물건에 대한 A의 소유권이나 갑물건을 목적으로 한 다른 권리는 소멸하는가?

첨부의 결과로 어떤 물건의 소유권이 소멸한 때에는 그 물건에 대한 소유권은 물론, 그 물건 위에 존재한 다른 권리도 소멸한다(§260 I). 그러므로 갑물건의 소유권이 소멸하고, 당연히 갑물건 위에 존재한 제3자의 권리도 소멸한다(물권법의 원칙이다).

> A가 소유하는 서로 이웃하고 있는 갑건물과 을건물이 장벽의 제거 등으로 합체되어 1동의 병건물이 되었다. 갑건물 또는 을건물 위에 저당권이 존재한 경우에 그 저당권은 소멸하는가?

민법 제260조 제2항에 의하면 구물건의 소유자 A가 신물건의 단독소유권을 취득한 때에는 구물건 위에 존재한 제3자의 권리는 법률상 당연히 신물건 위에 존속한다고 규정하고 있다(구물건의 소유자 A가 신물건의 공유자가 된 때에는 제3자의 권리는 그 공유지분 위에 존속한다). 그러므로 사례에 대하여도 민법 제260조 제2항을 유추적용할 수 있다. 본래의 갑건물 또는 을건물 위에 존재한 저당권이 소멸하지 아니하고, 그 저당권은 병건물 중 갑건물 또는 을건물의 가격에 상당하는 지분 위에 존속한다.

만약 구물건의 소유자가 신물건의 소유권을 취득하지 못한 경우에는 어떤가? 사례에서 갑건물이나 을건물의 소유자 A가 병건물의 소유자로 되지 못한 때에는 구건물의 소유자 A가 민법 제261조에 의하여 보상금을 받으므로, 저당권자는 구건물의 소유자 A가 받는 보상금 위에 물상대위의 규정(§342)에 의하여 권리를 행사할 수 있다.

(2) 부 합

1) 부합의 의의

부합이란 여러 개의 물건이 자연적 혹은 인위적으로 부착되거나 합체하여 그 어느 물건을 훼손하거나 과다한 비용을 지출하지 않고는 분리할 수 없는 상태가 된 경우, 혹은 분리하면 경제적 가치를 심히 감소케 하는 경우를 가리킨다. 부합에는 동산의 부합과 부동산부합 두 종류가 있다.

부합은 물건과 물건의 물리적 결합을 필요로 한다. 예컨대 주유소의 지하에 매설된 유류저장탱크를 토지로부터 분리하기 위하여 과다한 비용이 들고, 유류저장탱크를 분리하여 발굴할 경우에 그 경제적 가치가 현저히 감소하므로 유류저장탱크는 토지에 부합된다고 볼 수 있다.[416] 다만 부합의 성부에 관한 판단은 단지 물리적으로 분리불가능한가 여부에 의하여 결정되지는 않고, 사회통념에 따라서 결정된다.

---

416) 대법원 1995.6.29. 선고 94다6345 판결.

2) 부동산의 부합

(a) 부합제도의 취지

민법이 소유권의 취득원인으로 부합에 관한 규정을 두고 있는 근본이유는 결합한 물건의 분리가 사회경제상 불이익이 된다고 하는 사정에 있다. 그러므로 분리에 의하여 부합물이 훼손되는 경우는 물론이고, 훼손하지 않고 분리가 가능한 경우라고 하더라도 분리에 과다한 비용이 필요한 때에도 부동산의 부합으로 취급된다.

(b) 부동산부합의 요건

a) 피부합물·부합물

부동산부합에서 부합되는 물건(피부합물이라고 한다)은 부동산이어야 한다. 부동산이면 토지이든 건물이든 상관없다.

부동산에 부합하는 물건(부합물이라고 한다)은 동산에 한하는가 혹은 부동산도 포함되는가? 학설상으로는 부합하는 물건은 동산에 한한다는 견해와 부동산도 부합하는 물건에 포함된다는 견해가 있다. 판례는 부합하는 물건은 동산에 한하지 않고 부동산도 포함된다고 해석하고 있다.[417)]

건물이 토지에 부합할 수도 있는가? 유럽에서는 「지상물은 토지에 따른다」고 하는 로마법상의 전통에 의하여 건물이 토지에 부합한다고 본다. 그러나 민법상으로는 토지와 그 지상물이 각각 별개의 부동산으로 취급되므로, 건물이 토지에 부합한다고 하는 문제가 생기지 않는다. 국내에서 실제로 부동산부합이 문제되는 경우로는 타인의 토지 위에 농작물을 재배한 경우, 건물의 증개축부분, 빌딩 내에 설치된 엘리베이터 등 부속시설의 부합 등이 있다.

b) 부합의 정도

부동산부합이 되려면 어느 정도의 결합이 필요한가? 부동산부합을 위하여 어느 정도의 부착이 필요한가에 대하여 학설상 논의가 있다. 민법 제257조는 동산과 동산이 부합하여 '훼손하지 아니하면 분리할 수 없거나 그 분리에 과다한 비용을 요할 경우'에는 주된 동산의 소유자가 그 합성물의 소유권을 취득한다고 규정하고 있으나, 민법 제256조는 문언상 '그 부동산에 부합한 물건'의 소유권을 취득한다고만 규정하고 있다. 그러므로 부동산부합과 동산간의 부합 사이에 부합을 인정할 수 있는 결합 정도를 동일하게 해석할 수 없고, 부동산부합의 경우에는 동산의 부합보다 그 요건이 완화되어 있다고 볼 필요가 있다는 견해가 있다. 그러나 분리가 용이한 경우에 대하여까지 부합이라고 하는 강한 효과를 인정할 수는 없으므로, 민법 제257조에 명문화된 동산의 부합에 대한 기준과 마찬가지로 해석하여야 한다고 본다. 즉 분리가 불가능하거나(예컨대 주택의 벽에 타인의 페인트를 칠한 경우), 또는 분리에 의하여 부동산 자체나 부착된 물건이 현저하게 훼손되거나, 분리에 과다한 비용이 들어서 분리가 상당하지 않은 경우에 부동산부합으로 인정된다.

---

417) 대법원 1962.1.31. 선고 4294민상445 판결.

부동산부합을 「강한 부합」과 「약한 부합」으로 구분하는 견해가 있다(강한 부합에 대하여는 민법 제256조 단서의 적용을 배제한다). 그러나 굳이 구별한 필요가 없다고 본다.

(c) 부동산부합의 효과

a) 부동산의 소유자에 의한 소유권취득

부동산부합에서는 부동산의 소유자가 원칙적으로 부합한 동산의 소유권을 원시적으로 취득한다(§256 본문). 부합된 부분의 소유권은 부동산의 소유권에 흡수되어 1개의 소유권이 된다고 해석된다. 예를 들어 타인의 임야에 권원 없이 심은 입목의 소유권은 임야의 소유자에게 귀속한다.418) 그러므로 A 소유의 갑동산(부합물)이 B 소유의 을부동산(피부합물)에 부합한 경우에는 B 소유의 을부동산만이 존재하고, AB 사이의 실질적 이익조정은 부당이득의 규정에 의하여 처리된다.

물론 부합하는 동산의 가격이 부동산의 가격을 초과하더라도 부동산의 소유자에게 동산의 소유권까지 귀속된다. 다만 부동산과 부동산간의 부합에서의 소유권귀속에 관하여는 규정이 없으나, 동산간의 부합(§257)에 준하여 우선 주된 부동산의 소유자에게 속하고, 만일 주종을 구별할 수 없는 때에는 가액의 비율로 공유한다고 본다.

b) 권원에 의하여 부속시킨 물건

(가) 민법 제256조 단서의 해석

부동산부합에서 흔히 문제가 되는 경우가 민법 제256조 단서의 해석이다. 민법 제256조 단서에 의하여 타인이 권원에 의하여 부속시킨 물건은 부합이 되지 아니한다.

민법 제256조 단서에서 말하는 「권원」이란 어떤 의미인가? 권원(title)이란 부합하는 물건의 소유권을 유보하는 법률상의 근거를 가리킨다. 다만 부동산의 점유나 이용권한 일반을 지칭하지 않고, 타인의 부동산에 다른 물건을 부속시켜서 그 부동산을 이용할 수 있는 권리가 민법 제256조 단서에서 칭하는 권원이다. 예를 들어 지상권·전세권·임차권 등이 해당하나, 소유권을 유보한다는 뜻의 합의로도 충분하다.419) 역시 공법상의 면허도 권원이 될 수 있다. 예컨대 공유수면의 매립을 위하여 투입한 토사는 준공인가에 의하여 매립권자가 매립지의 소유권을 취득하기 이전까지는 지반에 부합하지 않고 동산으로 매립권자에게 귀속한다.

> 건물소유자 A로부터 건물을 임차하여 사용하고 있는 임차인 B가 임차건물을 증개축하였다. 증개축부분의 소유권은 누구에게 속하는가?

	독립성 없다	독립성 있다
권원 없다	ⓐ	ⓑ
권원 있다	ⓒ	ⓓ

임차인에 의한 건물의 증개축과 부합의 문제는 (i) 증개축한 임차인의 권원의 유무, (ii) 증개축부분의 독립성의 정도를 고려하여 판단된다. 우선 건물의 임차권은 보통 증개축의 권능까지를 수반한다고 볼

418) 대법원 1970.11.30. 선고 68다1995 판결.

419) 대법원 1989.7.11. 선고 88다카9067 판결.

수 없다. 그러므로 원칙적으로 B에게 권원이 있다고 할 수 없다. 권원이 없는 때에는 독립성이 있건 없건(ⓐ, ⓑ) 증개축부분은 부합(§256)에 의하여 건물소유자 A의 소유권에 귀속한다.

A의 승낙이 있는 경우에는 그 승낙을 권원으로 해석할 수 있다. B가 A의 승낙을 얻어 증개축한 때에는 민법 제256조 단서의「권원에 의하여 부속된」경우로서 그 증개축부분은 임차인의 소유가 될 수 있다. 다만 증개축부분이 독립성이 없는 때(ⓒ)에도 부동산에의 부합이 배제되는가 하는 문제가 있다. 판례는 임대인의 승낙을 얻고 증개축한 경우에도 그 증개축부분이 구조상·거래상 독립성이 없어서 종전의 건물과 일체로서만 거래의 대상이 되는 상태에 있는 때(ⓒ)에는 민법 제256조 단서가 적용되지 않고 부합이 성립한다고 본다.[420] 그러므로 권원 없는 경우(ⓐⓑ), 권원에 의하여 증개축하고 그 증개축부분이 물리적 구조나 사회적, 경제적으로 볼 때 독립성이 없는 경우(ⓒ)에는 부합에 의하여 A의 소유권이 인정되고, 한편 권원이 있고, 역시 독립성이 있는 경우(ⓓ)에 한하여 민법 제256조 단서가 적용되어 증개축부분에 대한 B의 소유권이 성립한다.

(나) 부동산의 구성부분이 된 경우

권원에 의한 부속물이라고 하더라도 부동산의 구성부분화하여 소유권의 목적이 될 수 없는 물건에 대하여는 민법 제256조 단서가 적용되지 아니한다. 그러므로 부동산에 부합된 물건이 사실상 분리복구가 불가능하여 거래상 독립한 권리의 객체성을 상실하고 그 부동산과 일체를 이루는 부동산의 구성부분이 된 경우에는 타인이 권원에 의하여 부합시킨 경우에도 그 소유권은 부동산의 소유자에게 귀속된다.[421]

본래 A가 갑건물의 소유자였는데, A는 1993.3.18. 렌탈회사인 한국렌탈과 렌탈목적물(발전기설비, FLOOR DUCT설비, 소방설비, 패널공사, 전화설비, 변전실설비 등)을 임차하되 렌탈료를 60회에 걸쳐 지급하고 렌탈기간의 만료 후에는 렌탈목적물을 한국렌탈에게 반환하거나 매수하기로 하는 계약을 체결하였다. 당초부터 갑건물은 렌탈목적물과 같은 시설을 수용하는 구조로 건축되어 있었는데, 렌탈계약에 따라서 한국렌탈이 갑건물에 렌탈목적물을 설치하였다. 그리고 한국렌탈이 설치한 렌탈목적물은 갑건물에 고착되어 냉난방, 위생, 전기, 소방, 승강기 등 각종시설의 일부를 이루고 있어서 과다한 노력이나 비용을 들이지 아니하고는 분리할 수 없고 분리하더라도 그 경제적 가치를 현저히 손상하는 물건이거나 또는 건물의 경제적 효용에 직접 이바지하는 물건에 해당하였다. 한편 B는 1994.12.30. A로부터 갑건물을 매수하여 그 소유권을 이전받은 후, 1996.1.10. 한국렌탈과 렌탈계약에 관하여 임차인의 명의를 A에서

420) 대법원 1981.12.8. 선고 80다2821 판결.

421) 대법원 198512.24. 선고 84다카2428 판결. 예컨대 판례를 보면 건물의 내부벽에 붙인 은파석이나 그 내부천정에 부착한 합판은 사회관념상 건물의 일부구성부분을 이루고 있고, 기존건물과 분리하여 경제상 독립물로서 효용을 갖지 못한다고 볼 수 있으므로 비록 건물의 임차인이 권원에 의하여 부착시킨 경우라고 하더라도 은파석이나 합판은 부착과 동시에 건물에 부합되어 건물소유자의 소유에 귀속된다고 본 경우가 있다(대법원 1985.4.23. 선고 84도1549 판결).

> B로 변경하고 렌탈료를 조정하기로 하는 렌탈변경계약을 체결하였다. 그 후 갑건물은 C, D에게 순차로 소유권이전되었다가, 을은행의 신청으로 개시된 임의경매절차에서 E가 매각허가결정을 받고 2005.6.24. 매각대금을 완납함으로써 그 소유권을 취득하였다. 그런데 B는 그 후 2006년 4월 13일 한국렌탈로부터 렌탈목적 물을 40,000,000원에 매수한다는 내용의 매매계약을 체결하였다. 갑건물을 매각받은 E는 B에 대하여 렌탈목적물에 대한 소유권을 주장할 수 있는가?

사례를 보면 E가 임의경매절차에서 렌탈목적물(발전기설비, FLOOR DUCT설비, 소방설비, 패널공사, 전화설비, 변전실설비 등)이 부속된 갑건물을 매각받고, 한편 B는 갑건물에 부속된 렌탈목적물을 렌탈회사인 한국렌탈로부터 매수한 사실이 인정되므로, 렌탈목적물에 대한 소유권이 누구에게 귀속되는가 하는 문제가 발생한다. 렌탈목적물의 소유권이 누구에게 귀속하는가는 렌탈계약에 의하여 한국렌탈이 갑건물에 부속시킨 렌탈목적물이 갑건물에 부합된 물건으로서 독립한 권리의 객체성을 상실하고 갑건물의 구성부분이 된 경우인가, 부합이 인정되지 아니하는 물건인가에 따라서 다르다.

우선 렌탈목적물은 렌탈회사인 한국렌탈이 렌탈계약에 기한 권원에 의하여 부속시킨 물건이다. 그러나 타인이 권원에 의하여 부동산에 부합시킨 물건이 독립한 권리의 객체성을 상실하고 부동산의 구성부분이 된 경우에는 비록 타인의 권원에 기하여 부속된 경우라고 하더라도 민법 제256조 단서가 적용되지 아니하여 그 물건의 소유권은 부동산의 소유자에게 귀속된다. 그러므로 사례에서 렌탈계약에 기하여 한국렌탈이 부속시킨 렌탈목적물 중 독립한 권리의 객체성을 상실하고 갑건물의 구성부분이 되어 부합으로 인정되는 물건의 경우에는 저당권의 실행으로 갑건물이 경매된 경우에－저당권의 효력은 법률에 특별한 규정이 있거나 설정행위에 다른 약정이 있는 경우를 제외하고는 저당부동산에 부합된 물건에도 미치므로(§358)－그 부동산에 부합된 물건은 부합될 당시에 누구의 소유인가를 가릴 필요 없이 갑건물을 매수한 E가 소유권을 취득한다.

렌탈목적물 중 부합이 인정되지 아니하는 물건의 경우에는 그 물건이 갑건물의 종물에 해당하는가 여부에 따라서 결과가 다르다. 만약 렌탈목적물 중 부합되지 않은 물건의 성격이 종물이라고 하면 역시 저당권의 효력이 저당목적물의 종물에도 미치므로(§358), 원물인 갑건물을 매수한 E는 부합이 되지 아니하고, 종물에 불과한 렌탈목적물의 소유권까지 취득한다. 그러나 종물이 아니라고 하면 부합하지 않은 렌탈목적물에 대하여는 E가 소유권을 취득할 수 없다.

종물인지 여부를 따질 때에는 렌탈목적물은 주물인 갑건물의 소유자가 아닌 타인, 즉 한국렌탈이 부속시킨 물건이므로, 주물의 소유자가 아닌 자가 부속시킨 물건도 종물이 될 수 있는가 하는 문제가 있다. 만일 제3자의 소유에 속한 물건도 종물이 될 수 있다고 하면, 사례에서 부합하지 않은 렌탈목적물은 저당부동산의 종물로 저당권의 효력이 미치므로, E의 소유에 귀속할 수 있다. 그러나 판례와 같이 종물은 물건의 소유자가 그 물건의 상용에 공하기 위하여 자기 소유인 다른 물건을 부속하게 한 경우(§100 I)를 가리켜 주물과 다른 사람의 소유에 속하는 물건은 종물이 될 수 없다고 하면 부합하지 않는 렌탈목적물은 여전히 한국렌탈의 소유에 속하고, 한국렌탈로부터 매수한 B가 소유권을 가지므로, E는 소유권을 주장할 수 없다.

렌탈목적물은 E가 그 점유를 평온·공연하게 선의로 취득한 경우로 추정되고 과실이 없으므로 E는 선의취득한 사실을 주장할 수 있는가? 선의취득은 동산거래의 안전을 보호하기 위한 제도로서 당연히 거래행위가 존재하여야 한다. 물론 경매도 선의취득에 필요한 거래행위로 인정된다. 다만 렌탈목적물에 대한 선의취득이 인정되기 위하여는 렌탈목적물에 대한 거래행위, 즉 렌탈목적물이 경매의 대상이 된 사실이 밝혀져야 한다. 그러나 사례에서는 렌탈목적물이 경매의 목적물이 되고, 경매를 통하여 매수한 사실이 인정되기 어려우므로, E가 렌탈목적물을 현재 점유하고 있다는 사실만으로는 선의취득의 요건을 구비한 경우로 볼 수는 없다.

(다) 권원의 제3자에 대한 대항

> A는 넓은 정원을 가진 주택을 소유하고 있었는데, 그 정원에 커다란 향나무가 한 그루 있었다. B가 오래 전에 향나무를 권원에 의하여 심은 관계로 AB는 합의로 향나무의 소유권은 B에게 유보하기로 하였다. 그런데 A는 향나무에 대하여 특별히 유보를 하지 아니한 채 주택을 C에게 양도하고 소유권이전등기까지 마쳤다. C는 향나무의 소유권을 취득하는가?

향나무는 A의 토지에 부합되어 있지만, 소유권이 B에게 유보되어 있다. 그러므로 B는 민법 제256조 단서에 의하여 권원을 가진다. 사례의 핵심적인 과제는 민법 제256조 단서의 권원을 가지고 제3자에게 대항할 수 있는가 하는 문제로 포착할 수 있다. B가 제3자에게 대항하려면 소유권을 취득하기 위한 요건을 갖추고 있어야 하는가 하는 논의가 있을 수 있으나, 소유권의 취득을 위한 요건이 필요하다고 본다(명인방법이 필요하다).

사례의 문제는 예컨대 C가 A로부터 매수한 가구류에 우연히 B의 소파가 포함되어 있는 경우에 대한 처리와 동일한 상황이고, 같은 물건이 A로부터 B와 C에게 이중으로 양도된 경우에 생기는 대항문제와는 그 성질이 다르다. 바꾸어 표현하면 A가 타인의 물건을 C에게 판 경우와 다르지 않다. 그러므로 민법 제256조 단서에서 말하는 권원의 대항문제가 아니라, 물권변동 일반의 문제로 처리되어야 한다. 만약 향나무에 대하여 명인방법이 인정된다고 하면 C의 선의취득이 인정되지 않는 한, B는 C에 대하여 향나무의 소유권을 주장할 수 있다. 명인방법을 취한 수목에 관하여 선의취득이 인정되는가 하는 문제가 있으나, 부정설이 통설이므로, C가 선의취득하는 경우는 원칙적으로 일어나지 않는다.

(라) 종물과의 구별

부합과 유사한 개념으로 종물이 있다. 종물과 부합 사이에 어떤 차이가 있는가? 우선 종물은 주물의 소유자의 소유물이다(타인의 물건도 종물이 될 수 있다는 견해도 있다). 그리고 종물이 주물에 부속되는 목적은 주물의 계속적인 경제적 효용을 높이는 데에 있다(부합은 어떤 목적에 한정되지 않는다). 종물은 부합의 정도에까지 이르지 않더라도 상관없다.

(d) 부동산부합에 관한 구체적인 예

a) 건물과 건물의 부합

임차인이 건물의 임차권을 가지고 있다고 하더라도 일반적으로 증개축의 권리까지 가지고 있지는 않다. 그리고 증축에 대하여 집주인이 승낙을 한 때에도 보통 그 부분을 임차인의 소유물로 한다는 의미, 즉 부합을 막는다는 의미까지 가지고 있다고 볼 수는 없다. 그러므로 증개축부분은 원칙적으로 건물에 부합한다. 만약 민법 제256조 단서가 적용될 수 있는 권원이 임차인에게 부여되어 있는 경우라고 할지라도 임차인의 소유권의 객체로 되기 위하여는 부합한 채로도 「거래상의 독립성」이 필요하므로, 증개축부분이 후술하는 「구분소유권」의 대상이 될 정도로 독립성을 가지고 있어야 한다. 그리고 기존건물에 붙여 지은 증개축부분이 부합된 건물부분으로 보는가, 아니면 독립된 건물로 보는가는 증개축부분이 기존건물에 부착된 물리적 구조뿐만 아니라, 그 용도와 기능의 면에서 기존건물과 독립된 경제적 효용을 가지고 거래상 별개의 소유권의 객체가 될 수 있는지의 여부를 가려서 판단된다.[422]

① 판례가 부합으로 보는 경우 판례를 보면 예를 들어 주택 21평 8홉에 부엌 3개와 방 4개 합계 건평 18평 9홉을 기존건물의 외곽에 덧붙여 증축한 경우,[423] 기존 2층주택 위에 3층으로 증축되어 방 1개, 거실 1개 및 욕실로 사용되고 있으나, 증축부분에는 화장실과 부엌의 하수관이 없고, 밖으로 나가기 위하여는 기존건물 2층으로 내려오는 옥내계단을 통하는 외의 다른 출입방법이 없는 경우,[424] 4층 다세대주택을 완공하여 준공검사까지 마친 후 4층 천장부분과 돔형의 지붕 사이의 빈 공간에 허가 없이 무단으로 증축한 부분으로, 그 층 높이와 전용면적이 낮고 협소한데다가 천장이 경사진 상태로서 다락방의 구조를 갖추고 있고, 비록 후에 제거된 곳도 있기는 하나 원래 바닥에 아래층인 4층부분과 연결되는 통로를 설치한 경우,[425] 임차인이 임차한 기존건물에 덧붙여 기존건물의 반 정도의 규모로 방 한 칸과 부엌 일부를 증축하여 기존건물과 일체로서 점유·사용하여 온 경우[426]에는 부합을 긍정한다.

② 판례가 부합으로 보지 않는 경우 예를 들어 단층건물에 2층을 지어올려 증축된 2층에는 방과 부엌이 달려있고, 증축부분 중 8평을 타인에게 전세주어 그 등기까지 한 경우,[427] 증축된 2층건물은 축조 당시 3층건물과 접한 벽을 터서 하나로 연결하여 1층은 당구장, 2층은 공장으로 사용한 후에 소유자가 2층건물과 3층건물의 1층 사이에 벽을 설치하여 점포로 개조하고 타인에게 임대하여 1층은 본건물과 독립한 경제적 이용성을 갖추게 되고, 한편 소유자는 3층건물을 매도할 때에 증축된 2층건물은 매매대상에서 제외한

422) 대법원 1992.10.27. 선고 92다33541 판결.
423) 대법원 1981.7.7. 선고 80다2643 판결.
424) 대법원 1992.12.8. 선고 92다26772 판결.
425) 대법원 2001.4.10. 선고 99다43158 판결.
426) 대법원 1983.11.8. 선고 83도2411 판결.
427) 대법원 1977.5.24. 선고 76다464 판결.

경우,[428] 기존건물에 인접하여 같은 대지 위에 신축건물을 건립하고, 두 건물은 밖으로 통하기 위한 대문을 공동으로 하고 있고, 그 1층 지붕 일부씩(2층 베란다부분)이 사용상 편의를 위하여 서로 연결되어 있고, 2층에 출입하기 위한 층계를 공동으로 하고 있기는 하나, 그 1, 2층 모두 몸체가 별도의 벽으로 이루어져 간격을 두고 서로 떨어져 있고, 기존건물은 대부분이 물치장으로 되어 있는 반면, 신축건물은 대부분이 방과 마루 및 부엌으로 되어 있어 그 자체만으로도 주거용으로 쓰일 수 있는 구조를 갖추고 있는 경우[429]에는 부합으로 보지 아니한다.

> A는 지하 1층, 지상 7층의 주상복합건물을 신축하면서 불법으로 건물 중 주택부분인 7층의 복층으로 상층(8층)을 건축하였다. 그런데 B는 A에 대한 대여금채권을 담보하기 위하여 건물 7층부분에 대하여 저당권설정등기를 받았고, 그 후 저당권에 기하여 건물 7층부분에 대하여 법원에 부동산임의경매를 신청하여 그 경매절차에서 건물 7층부분을 낙찰받아 B 명의로 소유권이전등기를 마쳤다. 한편 건물 7층부분은 상·하층 복층구조로서 상층은 독립된 외부통로가 없이 하층 내부에 설치된 계단을 통해서만 출입이 가능하고, 별도의 주방시설도 없이 방과 거실로만 이루어져 있으며, 그 사정으로 인하여 상·하층 전체가 단일한 목적물로 임대되어 사용되던 중이었다. 그런데 A는 B가 건물 7층부분을 낙찰받은 이후에 상층부분의 출입을 위해 사용하던 그 하층 내부의 계단설치부분을 임의로 막고, 무단으로 건물 외벽 쪽으로 철제통로 및 상층부분을 위한 독립된 출입문을 축조하였다. B는 건물 7층부분과 내부계단으로 연결되어 복층으로 사용되는 상층(8층)부분의 소유권을 주장할 수 있는가?

사례를 보면 A는 지하 1층, 지상 7층의 주상복합건물을 신축하면서 불법으로 건물 중 주택부분인 7층의 복층으로 상층(8층)을 건축하고, B의 대여금채권을 담보하기 위하여 건물 7층부분에 대하여 저당권이 설정된 사정이 인정된다. 그리고 후에 B의 저당권이 실행되어 B가 스스로 매각허가결정을 받아 저당목적물인 건물 7층부분에 대한 소유권을 취득하게 되나, B가 7층의 복층으로 건축된 상층(8층)에 대하여도 소유권을 취득하는가가 문제된다.

건물의 증축부분이 기존건물에 부합하여 기존건물과 분리하여서는 별개의 독립물로서의 효용을 갖지 못하는 때에는 기존건물에 대한 저당권은 민법 제358조에 의하여 부합된 증축부분에도 효력이 미친다. 그러므로 B가 상층(8층)에 대한 소유권을 취득하는가 여부는 상층(8층)이 건물 7층부분의 부합물인가 아닌가에 따라서 다르다.

사례에서 상층(8층)부분이 7층부분과 같은 면적이고 상당한 경제적 가치가 있다는 사실과 복층으로 사용되던 7층부분과 상층부분에 대한 분리공사가 진행되어 현재는 다소간 독립성을 갖추고 있다는 사정을 생각하면 부합 여부를 판단하기가 간단하지 않다고 할

428) 대법원 1982.1.26. 선고 81다519 판결.

429) 대법원 1988.2.23. 선고 87다카600 판결.

수 있다. 그러나 상층의 축조경위, 구조 및 사용관계 등에 비추어 보면 증축된 8층부분은 7층부분의 구성부분에 불과하다고 볼 수 있다. 건물 7층부분의 상층은 하층과 분리하여서는 경제상 독립물로서의 효용을 갖지 못하여 독립하여 소유권의 객체가 될 수 없고, 증축부분인 상층은 하층에 부합된 경우로 보아야 한다. 그러므로 B는 건물 7층부분의 복층으로 사용되는 상층(8층)부분의 소유권을 주장할 수 있다.

b) 토지와 건물의 부합

아무런 권원 없이 타인의 토지 위에 건물이 세워진 경우에 건물이 토지에 부합하는가? 본래 토지와 건물은 각각 별개의 부동산이다. 그러므로 양자 사이에서는 부합이 생기지 않는다. 그러나 토지와 건물간의 부합을 인정치 않는 통설의 입장은 부당하며, 아무런 권원 없이 타인의 토지 위에 건물이 축조된 경우에 있어서는 건물을 철거하여 다른 곳에서 다시 옮겨 짓기가 불가능한 한 부합이 인정된다고 보는 이견이 있다(토지는 영속적인 존재인 반면 건물은 유한한 존재라는 측면에서 항상 토지가 주된 물건이라고 여겨지므로, 언제나 토지소유자가 건물에 대한 소유권까지 취득하게 된다고 본다).

c) 토지와 토지의 부합

A는 한강에 위치한 「밤섬」이라고 불리는 섬을 소유하고 있는데, 밤섬에는 상류에서 떠내려 온 토사가 계속 쌓여 해마다 평균 4,295㎡, 약 1,300평의 땅이 새로 생겨나고 있다. 밤섬에 새로 생기는 땅은 누구의 소유에 속하는가?

하구나 강 가운데 위치한 토지에 토사가 계속 쌓여 새로운 땅이 생겨난 경우에는 흘러내려온 토사를 하나하나 동산으로 보아야 하므로, 부동산과 동산의 부합에 불과하다. 그러므로 밤섬에 토사가 지속적으로 부합한다고 보면 당연히 밤섬의 원래의 토지소유자 A에게 토사가 계속 부합하여 생겨난 땅의 소유권이 귀속하게 된다.

토사의 퇴적에 의하여 일정 기간 만들어진 토지, 예컨대 매년 새로 생겨나는 약 1,300평의 땅을 1개의 토지로 본다면 기존의 토지인 밤섬과 새로 생겨난 땅의 부합, 즉 부동산과 부동산의 부합이 문제가 될 수 있다. 그러나 매년 새로 조성되는 약 1,300평의 땅을 새로운 1개의 토지로 본다면 토사가 계속 쌓여 독립한 부동산으로서의 성질을 가지게 되는 순간, 무주의 부동산으로서 국유로 되므로(§252 II), 각각의 소유권이 존재하게 되고, 결국 A의 소유에 속하는 밤섬과 국유에 속하는 새로 생겨난 땅이 별개로 존재하게 되어 부합이 문제될 여지가 없다.

d) 수목의 부합

A가 그 소유의 갑토지를 B에게 임대하였는데, C가 토지임차인 B의 승낙만을 받아 갑토지 위에 편백나무 100그루를 심었다. C는 그 소유권을 가지는가?

수목이 권원 없이 타인 소유의 토지에 식재된 때에는 부합이 일어나 토지소유자의 소유에 속한다고 본다.[430] 물론 타인의 토지에 임차권과 같은 권원에 의하여 수목을 부속하게 한 때에는 민법 제256조 단서에 따라서 임차인이 그 부속한 수목의 소유권을 보유한다.

사례에서 만약 C가 A의 승낙을 얻어 편백나무를 심었다면 갑토지에 부합하지 않으므로, C는 편백나무의 소유권을 취득할 수 있다. 그러나 임차인은 임대인의 동의 없이는 타인에게 임차물을 전대할 수 없으므로(§629 I), C가 A 소유의 갑토지에 임차인 B의 승낙만을 얻어 나무를 심은 때에는 권원에 의하여 부속시킨 경우로 볼 수 없다. 그러므로 편백나무 100그루는 A 소유의 갑토지에 부합하여 A가 소유권을 가진다. 다만 C가 A에 대하여 부당이득반환을 청구할 수 있는가 하는 문제는 남는다.

> A가 그 소유의 갑토지를 B에게 임대하였는데, C가 A로부터 승낙을 받음이 없이 갑토지를 임차한 B의 승낙만을 받아 그 위에 사철나무를 심었다. 그 후 A로부터 갑토지를 매수한 D가 사철나무를 벌채하였다. 사철나무를 벌채한 D에게 그로 인한 불법행위책임이 있는가?

C가 심은 사철나무가 갑토지에 부합하느냐 아니냐가 우선 문제가 된다. 만약 C가 권원에 의하여 A 소유의 갑토지 위에 사철나무를 심은 경우라고 하면 민법 제256조 단서에 의하여 갑토지에 부합하지 않으므로, C가 사철나무에 대한 소유권을 가진다. 다만 민법 제256조 단서에서 말하는 「권원」이라 함은 지상권, 전세권, 임차권 등과 같이 타인의 부동산에 자기의 동산을 부속시켜서 그 부동산을 이용할 수 있는 권리를 뜻한다.

사례에서 C가 토지소유자의 승낙을 받음이 없이 그 임차인 B의 승낙만을 받아 그 부동산 위에 사철나무를 심은 경우라고 하면 특별한 사정이 없는 한 권원이 있다고 할 수 없다. 결국 C는 토지소유자 A에 대하여 사철나무의 소유권을 주장할 수 없다. 그리고 사철나무의 소유권은 A로부터 갑토지를 매수하여 그 소유권을 취득한 D에게 귀속하므로, 갑토지의 소유권을 취득하여 사철나무를 벌채한 D에게 그로 인한 불법행위책임이 있다고 할 수 없다.

e) 농작물의 부합

민법 제256조 단서는 예전부터 남의 땅을 빌려 농사를 짓는 소작과의 관계에서 의미를 가진다. 민법 제256조 단서에 의하여 소작인이 종자를 뿌려 가꾼 농작물이 지주의 소유권에 귀속하지 아니하고(토지에 부합하지 않는다), 소작인의 소유권에 머문다. 그러나 농작물은 토지에 부합한다고 하는 전제에 서서 소작인의 임차권이 민법 제256조 단서에 해당한다고 하는 해석을 하면 무권원으로 타인의 토지에 농작물을 가꾼 자(예컨대 임대차계약이 종료된 후의 소작이나 무단으로 농지를 전차한 소작인)에게는 대단히 불리하다. 타인의 토지 위에 무권원으로 건물을 건축한 경우와 마찬가지로, 지주로부터의 수거청구가 인정된다고 하면 익기 전의 농작물이라고 하더라도 뽑아 제거하지 않으면 안된다. 그러나 다 자란 농작물을 권원이 없다는 이유로 무조건 뽑아 버려야 할 필요가 있는가? 국내에서는 보통 토지에서 경작되고 있는 농작물도 독립한 거래의 대상으로 취급되고 있으므로, 관습상 농작물은 토지에 부합하지 아니하여 무권원으로 농작물을 식재한 자의 이익을 보호할 필요

430) 대법원 1971.12.28. 선고 71다2313 판결.

가 있다고 볼 필요가 있다.

만일 아무런 권원 없이 타인의 토지에서 농작물을 경작·재배하면 그 농작물의 소유권은 누구에게 귀속하는가? 학설상으로는 경작자소유설과 토지소유자귀속설이 대립한다.

① 경작자소유설 경작자소유설은 아무런 권원 없이 타인의 토지에서 농작물을 경작·재배한 경우에도 그 소유권은 언제나 경작자에게 있다고 보는 견해이다. 경작자소유설은 그 근거로 아래와 같은 내용을 든다.

(i) 아무런 권원 없는 경작·재배는 보통 토지소유자가 스스로 토지를 이용하지 않는 경우에 생기며 경작자로서는 놀고 있는 땅을 이용한 경우가 되므로, 경작자에게 소유권을 귀속시켜도 토지소유자에게 해가 되지 않는다. 만약 토지소유자가 손해를 받은 때에는 민법 제261조의 구상권을 행사하여 보상을 받을 수 있다.

(ii) 농작물은 파종으로부터 수확까지 불과 몇 개월밖에 소요되지 아니하여 경작자에게 그 소유권을 인정한다고 하더라도 토지소유자의 이익을 중대하게 침해하지는 않는다.

(iii) 농지법의 근본정신으로부터 도출되는 경자유전의 원칙상 농작물은 경작지에 부합되지 않는다.

(iv) 도시주변의 유휴농지에 인근주민이 농작물을 경작한 경우에 부합의 법리를 그대로 적용한다면 유휴농지의 소유자 내지 부재지주만을 보호하는 결과를 초래하므로, 농지소유 내지 이용의 현실에 비추어 보아 부합을 인정하지 않아야 한다.

② 토지소유자귀속설 토지소유자귀속설은 아무런 권원 없이 타인의 토지에서 경작·재배한 농작물은 토지와는 별개의 부동산으로 다룰 수 없고, 독립성이 없는 단순한 정착물로 부합(§256 본문)에 의하여 토지소유자에게 귀속한다고 본다. 다만 토지소유자귀속설도 예외적으로 임차권·지상권과 같은 '권원'에 의하여 농작물을 경작·재배한 경우에는 민법 제256조 단서에 의하여 임차인·지상권자가 농작물의 소유권을 취득한다고 본다(농작물의 소유를 목적으로 지상권이 성립하는가에 대하여는 의견대립이 있다).

판례의 입장은 어떤가? 판례는 아무런 권원 없이 타인의 토지에서 농작물을 경작·재배한 경우에 그 농작물의 소유권은 언제나 그 경작자에게 있다고 본다.[431] 심지어 토지소유자가 경작자에게 방해배제청구권을 행사하였는데도 불구하고 경작자가 응하지 않고 계속하여 경작한 경우와 같이 비록 경작자가 위법하게 토지소유자나 점유자를 배제하고 농작물을 경작한 때라고 하더라도 농작물의 소유권은 경작자에게 있다고 한다.[432]

판례는 농작물이 토지에 부합하지 않는 이유로서 농작물재배의 경우에는 파종시부터 수확까지 불과 수개월밖에 걸리지 않고, 경작자의 부단한 관리가 필요하며 그 점유의 귀속이 비교적 명백하다는 사실을 들고 있다.[433] 그러므로 판례가 취하는 경작자소유설은 농작물의 경작자를 보호하기 위한 정책적 고려가 담긴 입장이라고 할 수 있고, 단지 농작물에 대하여만 인정될 수 있다. 예를 들어 타인의 임야에 수목을 심은 경우에는 민법 제

431) 대법원 1965.7.20. 선고 65다874 판결; 대법원 1967.7.11. 선고 67다893 판결.
432) 대법원 1969.2.18. 선고 68다906 판결.
433) 대법원 1970.11.30. 선고 68다1995 판결.

256조 본문에 의하여 임야소유자에게 그 소유권이 귀속된다.[434)]

> A는 갑토지 중 도로에 면하고 있는 일부분을 대지로 만들어 가옥을 건축하여 대지로서 점유하고, 나머지 토지는 농지로서 경작을 하였다. 그리고 농지개혁법(현행 농지법) 시행 후에도 농지분배를 받은 바 없이 A가 갑토지를 계속 경작을 하여 오다가 6.25사변 당시 가옥이 소실된 관계로 대지부분의 토지를 1951년도부터 논으로 개답하여 농지로 경작을 하였다. 또한 A는 갑토지 전부를 경작하여 오던 중 갑토지를 자기의 소유라 하여 B에게 매도하고 B는 적법하게 매수한 후 계속 갑토지를 경작하였다. 그런데 농지개혁법 시행 전에 X, Y, Z 3인 공동소유였던 갑토지를 C가 매수하여 1965.6.3. 소유권이전등기를 하였다. 그리고 C는 1965.6.3. 소유권이전등기를 한 후 갑토지를 자기의 소유라면서 B가 경작하고 있는 갑토지에 침입하여 '드문 드문' 모를 심어놓자, B는 다시 모를 제대로 심었고, BC는 서로 경작을 방해하면서 서로 김을 매고 시비를 하며 갑토지를 경작하였다. 그리고 B는 1965년 가을 갑토지에서 경작된 벼 33두를 자기의 소유라 하여 수확하여 갔다. C는 B에 대하여 수확된 벼의 반환을 청구할 수 있는가?

사례를 보면 갑토지에 관하여 C 앞으로 소유권이전등기가 마쳐져 있으나, 갑토지에서 B와 C가 서로 경작을 방해하면서 모를 심어 김을 매고 시비를 하며 입도(立稻)를 경작한 사정이 인정된다. 그리고 B는 1965년 가을 갑토지에서 경작된 벼 33두를 자기의 소유라 하며 수확하여 간 경우이므로, 수확된 벼 33두가 누구의 소유인가가 문제된다.

만일 농작물이 토지에 부합한다고 하면 갑토지에서 경작된 벼에 대한 소유권은 갑토지의 소유자에게 귀속된다. 그러나 농작물재배의 경우에는 파종시부터 수확까지 불과 수개월밖에 걸리지 않고, 경작자의 부단한 관리가 필요하며 그 점유의 귀속이 비교적 명백하고, 경작자는 농작물을 토지소유자의 조력 없이도 얼마든지 수거할 수 있다. 또한 농작물의 소유권을 토지소유자에게 귀속시키고, 그 대신 경작자로 하여금 부당이득반환청구권을 행사하게 하여 그 농작물을 반환받도록 하는 방법보다는 오히려 타인의 토지에서 경작·재배한 농작물에 대하여 토지에의 부합을 인정하지 않고 직접 경작자에게 농작물의 소유권이 귀속된다고 처리하는 방법이 간단하다.

판례가 농작물의 토지에의 부합을 인정하지 않고, 경작자에게 농작물의 소유권이 귀속한다고 본 태도는 타당하다고 본다. 물론 농작물의 소유권이 경작자에게 귀속하는 반면에, 토지소유자는 불법경작자에게 방해배제청구권(§241), 부당이득반환청구권 또는 불법행위에 기한 손해배상청구권을 행사할 수 있다.

사례에서 B와 C는 서로 자기에게 경작권이 있다고 하며 갑토지를 함께 경작하여 결국 동일한 갑토지를 공동경작한 경우로 된다. 그러므로 수확한 벼 33두에 대한 소유권은 공동경작자인 BC의 공유에 속하게 된다.

---

434) 대법원 1970.11.30. 선고 68다1995 판결.

결국 B가 수확하여 간 벼 33두는 BC의 공유로 되므로, C는 B에 대하여 수확된 벼 33두 전부에 대한 반환청구를 할 수는 없다. 다만 C는 B에 대하여 자기의 지분에 따른 벼의 반환을 청구할 수 있고, 각자의 지분은 특별한 사정이 없으면 절반씩으로 된다. 그러므로 C는 B에 대하여 수확하여 간 벼 33두의 절반만을 반환청구할 수 있다. 다만 C가 토지소유자라고 하면 B의 무단경작도 불법행위가 되거나, 무단경작에 의한 이득이 부당이득이 될 수 있다. C는 B에 대하여 갑토지의 무단사용에 의하여 얻은 이익의 반환으로서 차임 상당액의 부당이득반환을 청구할 수 있고, B의 무단경작이 토지소유자인 C에 대한 관계에서 불법행위가 된다고 하면 불법행위에 기한 손해배상청구를 할 수 있다.

3) 동산의 부합

(a) 의 의

동산과 동산이 부합하여 훼손하지 아니하면 분리할 수 없거나 그 분리에 과다한 비용을 요하는 경우를 동산부합이라고 한다. 동산부합의 경우에 소유권은 누구에게 귀속하는가? 부합한 동산 사이에 주종의 구별이 가능하냐 아니냐에 따라서 다르다.

주종의 구별이 가능한 때에는 소유권은 주된 동산의 소유자에게 귀속한다(§257 전단). 주종의 구별은 가액의 대소에 의하여 결정하지 않고, 사회통념에 의하여 결정한다. 부합한 수개의 동산 사이에서 주종의 구별이 불가능한 때에는 각 동산의 소유자가 부합 당시의 가액의 비율로 공유한다(§257 후단).

(b) 동산부합의 구체적인 예

> A는 조각품에 보석장식을 하여 보석전시회에 출품하고자 B로부터 조각품을 빌린 후에 보석장식을 부착하여 그 조각품을 보석전시회에 내놓았다. 누가 보석장식이 부착된 조각품의 소유권을 취득하는가?

부합이 되는가 아닌가에 따라서 다르다. 만약 조각품과 보석장식이 서로 훼손하지 아니하면 분리할 수 없거나 그 분리에 과다한 비용을 요하는 경우에는 부합이 된다. 물론 물리적으로 분리할 수 있더라도 독립한 거래객체가 될 수 없거나 독립한 거래객체가 될 수 있더라도 분리하면 현저히 감가되는 경우에는 분리불가능으로 보아 부합을 인정할 수 있다. 만약 부합이 되면 어느 물건이 주된 동산인지 종된 동산인지를 따져 보아야 한다. 일반적으로 조각품이 주된 동산이라고 인정할 수 있다고 하면 B가 소유권을 가진다.

> A는 B로부터 선박을 잠간 빌려 사용하면서 나침반과 쌍안경을 구입하여 선박에 비치하였다. 그 후 선박에 대한 소유권이 B로부터 C에게 넘어갔는데, C는 나침반과 쌍안경에 대한 소유권을 주장할 수 있는가?

선박소유자 아닌 자가 구입하여 선박에 비치한 나침반과 쌍안경은 선박으로부터 분리하는 경우에 훼손되지 않을 뿐만 아니라, 비용을 요하지 아니한다. 그러므로 민법상의 부합법리에 따라서 그 소유권이 선박소유자에게 귀속된다고 할 수 없다.[435] A는 C에 대하여 나침반과 쌍안경의 반환을 청구할 수 있다.

(3) 혼 화

1) 의 의

혼화란 별도의 소유권의 목적인 특정물이 타인에 속하는 특정물과 섞여서 각 소유자에게 속하는 물건이 식별불가능하거나 그 분리에 과다한 비용을 요하게 된 경우를 가리킨다. 혼화와 관련하여 민법 제258조는 동산과 동산이 서로 섞여서 식별할 수 없는 경우에는 동산부합에 관한 규정인 제257조를 준용한다고만 할 뿐, 더 이상 구체적인 내용을 규정하고 있지 않다.

2) 혼화의 요건

우선 민법 제258조가 말하는 「식별할 수 없는 경우」라는 혼화의 성립기준이 문제될 수 있다. 혼화는 섞이는 물건의 성질상 그 부착·합체가 부합에 비하여 쉽게 이루어진다는 측면에서 부합과 차이가 있을 뿐 본질적으로는 동산부합의 일종이다. 그러므로 혼화의 성립기준도 역시 민법 제257조의 부합의 성립기준에 준한다고 보아야 한다. 혼화가 되기 위하여는 별개의 소유권에 속한 두 동산이 서로 섞여서 물적 귀속의 식별이 불가능하거나 분리를 위하여 과다한 비용이 필요하다.

3) 혼화의 효과

혼화는 고형물(예컨대 곡물·금전과 같은 고체의 혼화)의 혼화와 유동물(예컨대 술·기름과 같은 기체나 액체의 혼화)의 혼화를 총칭하지만, 양자 사이에 차이는 없다. 혼화가 성립하면—혼화의 성질은 일종의 동산간의 부합으로 볼 수 있으므로—동산의 부합(§257)에 준하여 소유권의 귀속을 결정한다(§258). 서로 섞인 물건 중 주된 물건의 소유자에게 소유권이 귀속한다(물론 주종의 구별이 없는 때에는 공유로 된다).

섞이는 물건은 반드시 동종물일 필요는 없고, 반대로 동종동질의 물건이더라도 상관없다. 민법 제258조가 동종물간의 혼화와 이종물간의 혼화를 구별하여 규정하고 있지는 않다. 그러나 동종물간의 혼화의 경우에는 어느 한쪽에 양적인 우위가 인정되더라도 굳이 그 소유자의 물건을 주된 동산이라 할 수 없고, 그 물건의 소유자를 우대하여야 할 실질적인 필요성도 존재하지 않는다. 그러므로 법률효과와 관련하여 동종물간의 혼화의 경우에는 어떤 특수성을 인정하여야만 하지 않을까? 동종물간의 혼화에 대하여는 단독소유가 아니라, 항상 공유로 보는 태도가 오히려 타당하다. 예컨대 A 소유의 참기름 10리터(20만원)와 B 소유의 참기름 5리터(10만원)가 실수로 혼합된 경우에 굳이 주종을 따질 필요가 없다. AB가 혼합된 참기름 15리터를 2 : 1의 비율로, 즉 A가 3분의 2의 지분을, B가 3분의 1의 지분을 가지고 공유한다고 새기면 충분하다.

---

435) 대법원 1980.3.25. 선고 79도3139 판결.

동종물간의 혼화, 특히 금전의 혼화의 경우에는 분할과 관련하여 특수성이 문제될 수 있다. 만약 혼화에 의하여 공유가 성립하면 그 공유물의 분할은 민법 제269조에 의하여 원칙적으로 당사자간의 협의나 재판을 통하여 이루어진다. 동종물간의 혼화가 공유인 경우에도 반드시 민법 제269조의 절차를 거치도록 하여야 타당하냐는 의문이다. 민법 제269조의 절차를 거치지 않더라도 어느 한 공유자의 이익이 침해될 우려가 없을 뿐 아니라, 만약 공유자가 여러 명인 경우에 민법 제269조의 절차를 반드시 거쳐야 한다면 매우 번거롭다. 그러므로 동종물간의 물건끼리 혼화하여 공유가 성립한 때에는 물건을 점유하고 있는 공유자에게 일방적인 분리권을 부여하여도 무방하다고 생각된다.

(4) 가 공

1) 의 의

어떤 물건에 공작을 가하여 새로운 물건을 만드는 경우가 있다. 만일 타인의 물건을 가공하여 새로운 물건이 탄생한 경우에 그 소유권은 누구에게 귀속하는가에 관하여 입법례는 크게 가공주의(대표적으로 독일민법이 속한다)와 재료주의(일본민법이나 프랑스민법이 취한다)로 나뉜다. 민법 제269조는 가공으로 인한 가액의 증가가 원재료의 가액보다 현저히 다액인 경우를 제외하고는 원칙적으로 원재료의 소유자에게 가공물의 소유권을 귀속시키는 재료주의의 입장을 취하고 있다.

민법 제256조는 동산의 가공에 대하여만 규정하고 있다. 부동산가공도 인정되는가? 부동산에 대하여 민법 제259조를 유추적용할 수 있다는 견해가 있다. 그러나 민법 제256조가 부동산과 동산간의 부합에 있어서 그 가액관계를 묻지 않고 언제나 부동산소유자에게 동산에 대한 소유권까지 귀속시키는 사실을 감안하면, 노동으로 인한 부동산가액의 증가가 현저하다는 이유로 노동을 투여하여 가공한 자에게 토지소유권을 귀속시킬 수는 없다고 보아야 하지 않을까? 그러므로 민법 제259조를 부동산의 경우에 유추적용할 수는 없다고 생각한다.

2) 가공의 요건

민법 제259조가 말하는 「가공」이란 어떤 의미인가? 가공이란 일반적으로 어떤 물건(재료)에 노동력을 가하여 새로운 물건을 만들어 내는 작업이라고 정의할 수 있다. 가공행위의 법적 성질이 문제되나, 가공행위는 이른바 사실행위로서 가공자에게 행위능력이 요구되지는 않는다. 가공행위는 일단 인간의 행위이어야 하지만, 반드시 직접 인간의 노동력이 사용되어야 하지는 않고 동물을 도구로 사용하는 경우(예컨대 암탉을 이용하여 계란을 부화하는 경우)도 무방하다.

민법 제259조는 가공자의 선의, 악의를 문제삼지 않고 있다. 물건을 훔친 악의의 불법점유자가 가공을 한 경우에는 어떤가? 본래 가공이란 물건의 객관적 성질의 변경에 따라서 소유권의 귀속을 결정하는 제도라는 사실을 감안하면, 가공자의 주관을 문제삼아 악의의 불법가공자라고 하여 예외를 인정할 필요는 없다는 견해가 있다. 그러나 훔친 물건이라도 가공하기만 하면 자기의 물건으로 된다고 하는 법리를 인정하기는 어렵다고 생각된다. 악의의 불법가공자는 가공물의 소유권을 취득할 수 없다고 보는 견해가 타당하다.

가공에 의하여 본래의 재료와는 다른 새로운 물건이 생겨야 하는가? 반드시 새로운 물건이 생겨야 하지 않으므로, 예를 들어 타인의 동산에 대수선을 가하는 경우에도 가공으로 보는 이견이 있다. 그러나 당연히 어떤 공작의 결과로 새로운 물건이 성립하여야만 가공이 된다고 본다. 본래 가공이란 물건의 객관적 성질이 변경되어서 새로운 물건의 성립이 인정될 때에 그 새로운 물건의 소유권귀속을 정하는 제도이며, 가액의 증가가 현저하냐 아니냐는 새로운 물건의 성립을 전제로 하여 재료주의의 예외로 되는가를 판단하는 하나의 기준에 불과하다. 그러므로 대수선의 경우에는 새로운 물건의 성립이라고 하는 전제가 충족되지 아니하므로, 아무리 가액의 증가가 크더라도 가공의 문제로는 볼 수 없다.

> A는 자신이 개발한 고가의 컴퓨터프로그램을 실수로 B 소유의 USB에 저장하였다. A가 USB의 소유권을 취득하는가?

가공에 의하여 새로운 물건이 성립한 경우인지 아닌지 여부를 판단하기가 쉽지 않은 경우도 많다. 일응 경제상의 작용이나 명칭의 동일성, 외양의 변경 여부가 기준이 될 수 있다. 그러나 궁극적으로는 거래관념에 따라서 판단될 수밖에 없다. 독일민법 제950조는 필경(筆耕), 기호(디자인), 그림,[436] 인쇄, 조각 기타 유사한 표면상의 작업도 가공으로 간주된다고 규정하고 있다.

오디오 테이프나 비디오 테이프 또는 디스켓 등 각종 전자저장장치에 정보를 저장한 경우를 가공으로 볼 수 있는가? 최근 과학기술발전의 결과로 등장하게 되는 문제이다. 전자저장장치에의 저장은 그 내용을 지우거나 다른 저장장치로 옮기기가 아주 용이하므로, 그 저장을 통하여 가공이 성립한 경우로 보기는 곤란하다고 생각된다. 사례에서 실수로 A가 개발한 고가의 컴퓨터프로그램이 B의 USB에 저장된 경우라고 하더라도 USB를 손상하지 않고도 얼마든지 컴퓨터프로그램의 분리가 가능하다. 그러므로 사례에는 가공의 법리가 적용될 여지가 없다. 결국 여전히 B가 USB의 소유권을 가진다.

3) 가공의 효과

타인의 동산을 가공하여 다른 종류의 물건을 제작한 경우에 가공물은 원재료의 소유자에게 귀속한다(§259 I 본문). 다만 가공에 의한 증가가 현저하여 재료의 가액을 초과하는 경우 혹은 그 증가분과 가공자가 제공한 재료의 일부의 가액의 합계가 타인의 재료의 가액을 초과하는 경우에는 가공자가 소유권을 취득한다(§259 I 단서·II).

---

436) 예를 들어 A가 유명한 B화가로 하여금 자기 소유의 화판 위에 자신의 초상화를 그리게 한 경우에 그 초상화가 누구의 소유로 되는가는 이미 로마법상의 법학제요에서부터 다투어진 문제이나, 화판이 없으면 초상화도 있을 수 없다고 하는 이유로 화판의 소유자 A에게 초상화의 소유권까지도 귀속된다는 견해도 있으나, 초상화의 가치를 고려할 때 A 소유의 화판 위에 그려진 초상화의 소유권은 그 초상화를 그린 B화가에 귀속한다고 볼 필요가 있다.

> A가 산에서 암석을 가져다가 석등을 만들었는데, 후에 그 암석의 소유자가 B라는 사실이 밝혀졌다. 석등에 대하여 누가 소유권을 가지는가?

가공물은 원칙적으로 재료의 소유자에게 귀속하므로, 일단 B에게 석등의 소유권이 귀속된다. 그러나 가공에 의한 가액의 증가가 재료의 가액보다 현저히 다액인 경우에는 가공자의 소유권이 된다. 그러므로 석등의 제작에 의한 가액의 증가를 따져 보아야 한다. 예컨대 암석은 10만원의 가치를 가지는 반면에, 석등은 100만원의 가치를 가진다고 하면 가공자인 A가 소유권을 취득할 수 있다.

4) 가공과 부합

> A가 B로부터 건물의 건축을 도급받았는데, 어느 정도까지 공사를 마쳤으나, 아직 「부동산」에는 이르지 않은 단계에서 보수에 관한 트러블이 생겨 결국 AB의 도급이 합의해제되었다. B는 나머지 공사를 C에게 맡겨 C가 건물의 건축공사를 완성하였다. BC의 도급계약의 특약에 의하면 완성된 건물의 소유권은 도급인 B에게 원시적으로 귀속시키기로 하였다. 그런데 A는 건물의 소유권이 자기에게 있다고 하며 B에 대하여 건물명도 등을 구하는 소송을 제기하였다. A는 자기가 공사한 건물이 아직 부동산이 아니라고 하더라도 그 후 C의 추가적인 공사로 인하여 독립한 부동산이 된 시점까지 민법 제257조를 적용하면 주된 부분을 자기의 공작물로 하여 C가 추가적 공사를 할 때마다 동산부합이 일어나므로, 전체가 자기 소유의 물건이 되어 어느 순간 부동산으로서의 성질을 가지게 되고, 그 후 완성될 때까지 C가 행한 건축부분은 다시 민법 제256조에 의하여 자기 소유의 부동산에 부합한 경우가 되어 결국 전체적으로 건물은 자기의 소유가 된다고 주장할 수 있는가?

동산의 가공과 부동산부합이라고 하는 서로 이질적인 제도의 적용영역이 교차하는 흥미깊은 케이스이다. 건축중의 건물에 제3자가 공사를 더하여 건물을 완성시킨 경우에 그 소유권귀속은 민법 제257조에 의하는가, 혹은 민법 제259조에 의하는가?

사례에서 A의 주장은 상당히 교묘하다. 처음 AB 사이에 신축건물의 소유권귀속에 관한 약정이 없었으므로, 판례에 따르면 재료와 노력을 제공한 수급인 A에게 신축건물의 소유권이 원시적으로 귀속하게 된다(이른바 수급인귀속설의 입장이다). 그러므로 아직 부동산에까지 이르지 않은 경우라고 하더라도 그 공작물의 소유권은 A에게 있다고 볼 수 있다(물론 A가 공사한 부분이 토지에 부합된 경우라고 하면 토지의 소유권에 속하게 된다). 공작물의 소유권이 A에게 있다고 하면 A의 주장과 같이 부합의 법리를 적용할 때에는 건물 전체에 대한 소유권이 A에게 귀속할 수 있다.

사례는 하나의 건물을 2인의 도급인이 각각 재료를 제공하여 완성시킨 경우로 이해하여야 한다. 그러므로 동산의 부합에 관한 민법 제257조의 문제가 아니라, 가공에 관한 민법 제259조를 적용하여 해결하여야 한다. 민법 제259조 제2항에 따르면 가공자가 재료의 일부를 제공한 때에는 그 재료가액을 가공으로 인한 가액의 증가액에 더하고, 그 가액의 증가액이 원재료의 가액보다 현저히 다액인 때에는 그 가공자가 소유권을 취득한다. 사례에서는 C가 제공한 재료비에 C의 공사에 의하여 생긴 건물의 가치를 더한 가액을 A가 완성한 공작물의 가격과 비교하여야 한다. 아무래도 전자가 크다고 볼 수 있으므로, 소유권이 B에게 귀속하여야 한다고 판단된다.

만약 A가 건축한 공작물이 부동산의 단계에까지 이른 경우라고 하면 어떤 해결이 가능한가? 민법 제256조를 적용하면 완성된 건물은 A의 소유물이 된다. 민법 제256조는 물건이 부동산인가 아닌가, 또한 그 주종에 대하여만 착안하고 있을 뿐이고, 가치의 대소를 고려하지 않는다. 그러므로 A가 가치가 적은 공작물을 건축하고도 완성된 건물의 소유권을 취득할 가능성도 있다. 가치가 적은 공작물을 건축하고도 건물의 완전한 소유권을 취득하는 불합리한 결과를 막기 위하여는 가치의 대소를 고려하는 민법 제259조를 유추적용할 필요가 있다고 생각된다.

사례의 본질적인 쟁점은 소유권의 귀속이 아니라, A의 공사대금의 회수라고 할 수 있다. 사례에서 A가 패소하더라도 A에게는 자기가 완성한 공작물의 가치에 대하여는 부당이득반환청구권이 있다.[437] 그리고 A로서는 도급계약이 해제된 직후 유치권을 주장하여 보수를 지급받을 때까지는 문제가 되는 공작물을 인도할 수 없다고 주장할 수 있다.

Ⅴ. 소유권에 기한 물권적 청구권

1. 서 설

사람이 자연상태를 버리고 법의 지배 아래 들어간 이유의 하나는 바로 법을 통하여 각자가 자기의 신체나 재산의 안전을 지킬 수 있다는 사실에 있다. 과연 소유권은 법에 의하여 어떤 보호를 받고 있는가?

소유권이 침해된 때에 인정되는 법적 보호로서는 우선 불법행위법에 의한 보호가 있다. 불법행위법의 핵심적 내용은 원칙적으로 가해자로부터의 손해배상이다(금전배상이 원칙이다). 그러나 소유권자로서는 금전적인 배상에 그치지 아니하고, 소유물을 직접 되돌려 받거나, 소유권의 침해를 배제하고자 하는 경우도 있다. 바로 민법은 소유권을 근거로 소유물을 되돌려 받고, 소유물에 대한 침해를 배제하거나 예방을 청구할 수 있는 이른바 「물권적 청구권」을 인정하고 있다.

소유권에 기한 물권적 청구권은 침해의 태양에 따라서 아래와 같이 세 가지 종류가 있다.

---

437) 건물의 신축공사가 진행되다가 독립한 부동산인 건물로서의 요건을 아직 갖추지 못한 단계에서 중지되고, 제3자가 이어받아 공사를 계속 진행함으로써 별개의 부동산인 건물로 성립되어 그 소유권을 원시취득한 경우에 그로써 애초의 신축중의 건물에 대한 소유권을 상실한 사람은 민법 제261조, 제257조, 제259조를 준용하여 건물의 원시취득자에 대하여 부당이득에 관한 규정에 기하여 그 소유권의 상실에 관한 보상을 청구할 수 있다(대법원 2010.2.25. 선고 2009다83933 판결).

① 소유물반환청구권(레이 빈디카치오(rei vindicatio)라고 불린다)
② 소유물방제거청구권
③ 소유물방해예방청구권

민법 제213조는 소유물반환청구권, 민법 제214조는 소유물방해제거·방해예방청구권을 규정하고 있다. 물권적 청구권이 인정되지 않으면 소유권이 있더라도 아무런 의미도 없으므로, 물권적 청구권의 존재는 소유권의 당연한 전제라고 할 수 있다. 그리고 물권적 청구권은 전형적으로 소유권을 근거로 하여 인정되지만, 소유권의 권능의 일부분을 내용으로 하는 제한물권에 대하여도 정도의 차이는 있지만 물권적 청구권이 인정된다.

물권적 청구권은 권리의 원만한 실현이 방해를 받은 사실만으로 당연히 발생한다. 불법행위에 기한 손해배상청구권과 달리, 물권적 청구권에는 상대방의 고의나 과실이 요구되지 않는다.

소유권에 기한 물권적 청구권을 먼저 도표를 통하여 알기 쉽게 정리하면 아래와 같다.

구 분	요 건	청구의 내용	조 항
소유물반환청구권 (rei vindicatio)	소유자의 점유상실	소유물의 반환(목적물의 점유의 이전)	민법 제213조
소유물방해제거청구권 (actio negatoria)	점유침탈 이외의 방법에 의한 소유권의 방해	방해의 제거	민법 제214조 전단
소유물방해예방청구권	장차 소유권을 방해할 염려가 있는 행위	방해를 야기할 염려가 있는 원인의 제거	민법 제214조 후단

2. 소유물반환청구권

(1) 의 의

소유자는 그 소유에 속한 물건을 점유한 자에 대하여 반환을 청구할 수 있다. 소유자에게 이른바 「소유물반환청구권」이 인정된다. 소유자가 그 소유에 속한 물건에 대한 점유를 빼앗긴 경우에 현재 그 물건을 점유하여 소유자의 점유를 방해하고 있는 자에 대하여 소유물의 반환, 즉 목적물의 점유의 이전을 청구할 수 있는 물권적 청구권이 소유물반환청구권이다.

물론 점유자가 그 물건을 점유할 권리가 있는 때에는 반환을 거부할 수 있다(§213). 예컨대 지상권·전세권·임차권·질권·유치권·동시이행의 항변권과 같이, 점유자가 점유를 정당하게 하는 권리를 가지고 있는 경우에는 소유물반환청구권이 성립하지 아니한다.

신의칙상 소유물반환청구권이 부인되는 경우도 있다. 예를 들어 학교의 부지로 사용되는 사정을 알면서 토지를 양수한 후 20년 가까이 인도청구를 하지 않은 경우에는 신의성실의 원칙상 토지 자체의 인도청구가 허용되지 아니한다.438)

438) 대법원 1992.11.10. 선고 92다20170 판결.

(2) 요 건

1) 소유권자가 점유를 빼앗겨야 한다

소유물반환청구권이 성립하려면 소유권자가 점유를 빼앗겨야 한다고 하는 요건이 충족되어야 한다. 다만 반드시 물리적인 침탈을 당하여야 할 필요는 없다. 본래 있어야 할 점유가 없다고 하는 사실만으로 충분하고, 그 원인은 불문한다. 소유자가 스스로 타인에게 책을 빌려준 후에 상대방이 기한을 훨씬 넘기고도 되돌려 주지 않는 때에도 그 요건이 충족된다.

2) 당사자

(a) 누가 청구권자인가

a) 소유자

소유물반환청구권의 주체는 점유를 잃은 소유자이다. 소유자 여부는 사실심의 구두변론종결시를 기준으로 결정하며, 소유물반환청구의 제소 후 사실심변론종결 전에 소유자로 등기되면 소유물반환청구권을 행사할 수 있는 주체가 된다. 그러나 소유물반환청구의 제소 후 타인에게 소유권을 이전하면 소유물반환청구권을 상실한다.[439)]

법적 의미에서의 소유자이기만 하면 충분하고 이전에 목적물에 대한 점유를 취득하여야 할 필요가 없다. 그러므로 소유물반환청구권이 일단 취득한 점유를 상실한 경우에 한정하여 인정되지도 않는다. 예를 들어 A가 B로부터 부동산을 양수하여 그 소유명의를 넘겨받은 한, 아직 점유를 이전받지 못하고 있는 상태에서도 C가 불법점유를 하고 있는 경우에 A는 법적 의미에서의 소유자로서 불법점유자 C에 대하여 소유권에 기한 소유물반환청구를 할 수 있다.

b) 미등기건물의 매수인

> A는 미등기상태인 갑건물을 그 원시취득자인 B로부터 매수하였는데, 갑건물이 미등기 무허가건물인 관계로 아직 그 소유권이전등기를 넘겨받지 못하고 그 대지에 관하여만 소유권이전등기를 마쳤다. 한편 갑건물은 C가 불법으로 점유·사용하고 있었다. A는 C에 대하여 갑건물의 명도를 청구할 수 있는가?

미등기 무허가건물의 양수인이라 할지라도 소유권이전등기를 이전받지 않는 한 그 건물에 대한 소유권을 취득할 수 없다. 또한 미등기상태의 건물의 양수인에게는 소유권에 준하는 관습상의 물권이 있다고 볼 수도 없으므로,[440)] 현행법상 사실상의 소유권이라거나 소유권에 준하는 사용·수익·처분권이라는 어떤 포괄적인 권리 또는 법률상의 지위를 인정하기도 어렵다.[441)] 그러므로 갑건물을 신축하여 그 소유권을 원시취득한 B로부터 갑

---

439) 대법원 1979.9.25. 선고 79다1028 판결.

440) 대법원 1996.6.14. 선고 94다53006 판결; 대법원 2006.10.27. 선고 2006다49000 판결 등 참조.

441) 대법원 2008.7.10. 선고 2005다41153 판결.

건물을 매수하였으나 아직 소유권이전등기를 갖추지 못한 A는 그 건물의 불법점거자 C에 대하여 직접 자신의 소유권 등에 기하여는 명도를 청구할 수 없다.442)

A가 C에게 갑건물의 명도를 청구할 수 있는 방법은 없는가? 매도인이 소유자라면 매수인은 매도인를 대위하여 매도인의 물권적 청구권을 대위행사하여 불법점거자에 대하여 명도청구를 할 수 있다. 그러므로 A는 채권자대위권에 기하여 C에 대하여 갑건물의 명도청구를 할 수 있다. 특히 A는 B의 물권적 청구권을 대위행사하는 방법으로도 C에 대하여 갑건물을 직접 자기에게 명도하기를 청구할 수도 있다.443) 물론 A가 C에게 갑건물을 직접 자기에게 명도하라고 청구한다고 하더라도 A는 채권자로서 채권자대위권에 기하여 B의 물권적 청구권을 대위행사할 뿐이고, A가 직접 물권적 청구권자가 되지는 아니한다.

A는 대지에 대한 소유권이전등기를 마쳤으므로, 대지에 관한 한 소유자이다. A는 대지의 소유권이 자기에게 있다는 이유로 C에 대하여 갑건물의 반환청구를 할 수 있는가? 불법건축이 아닌 건물의 불법점유자에 대하여는 건물의 소유자가 명도청구를 할 수 있고, 대지의 등기명의자는 그 대지가 자기 소유라 하여 건물의 명도를 청구할 수는 없다.444) 그러므로 A는 대지의 소유권만에 기하여는 C에 대하여 갑건물의 명도를 청구할 수 없다.

A는 B에 대하여 갑건물에 대한 사용·수익·처분권이 자기에게 있다는 확인을 구할 수 있는가? 본래 확인의 소는 원고의 법적 지위가 불안·위험하고, 그 불안·위험을 제거하기 위해서는 확인판결을 받는 경우가 가장 유효·적절한 수단인 때에 인정된다. 바로 이행을 청구하는 소를 제기할 수 있는데도 불구하고 확인의 소를 제기하는 경우는 분쟁의 종국적인 해결방법이 아니어서 확인의 이익이 없다.445) 그러므로 A가 B에 대하여 그 이행을 소구하지 아니한 채 갑건물에 대한 사용·수익·처분권이 자기에게 있다는 확인을 구한다고 하면 현행법상 허용될 수 없는 권리의 확인을 구하는 경우로 되고, 또한 A의 권리 또는 법률상의 지위에 현존하는 불안·위험을 제거하는 유효·적절한 수단이 될 수 없다. 결국 A는 B에 대하여 갑건물에 대한 사용·수익·처분권이 자기에게 있다는 확인만을 구할 수는 없다.

c) 배타적 사용권을 포기한 소유자

> A는 갑토지를 소유하고 있었는데, B지방자치단체가 인근에 시장부지를 조성하면서 갑토지가 자연발생적으로 또는 도로예정지로 편입되어 사실상 일반 공중의 통행로로 사용되었다. 그 후 A 소유의 갑토지는 더 이상 주민이 통행하는 도로가 아니라 C 등이 점유하여 개인의 건물, 점포부지, 좌판대로 사용되고 있었다. A는 C 등에 대하여 갑토지 위에 축조한 건물의 철거·퇴거, 갑토지의 인도와 그 점유부분에 설치한 좌판대의 수거 및 점유기간 동안 차임 상당의 부당이득반환을 청구할 수 있는가?

---

442) 대법원 1969.10.14. 선고 69다1485 판결; 대법원 1973.7.24. 선고 73다114 판결; 대법원 2007.6.15. 선고 2007다11347 판결 등 참조

443) 대법원 1980.7.8. 선고 79다1928 판결.

444) 대법원 1976.3.9. 선고 75다1950 판결.

445) 대법원 1995.12.22. 선고 95다5622 판결; 대법원 2006.3.9. 선고 2005다60239 판결 등 참조.

갑토지의 소유권이 여전히 A에게 있으므로, A는 갑토지를 불법점거하고 있는 C 등에 대하여 소유권에 기하여 갑토지의 반환을 청구할 수 있다. 또한 갑토지를 C 등이 불법점유하여 그로 인하여 A에게 어떤 손실이 발생하였다고 하면 C 등의 점유로 인한 부당이득의 반환을 구할 수 있다. 원칙적으로 A에게 물권적 청구권과 부당이득반환청구권이 모두 인정될 수 있다.

만약 종전부터 자연발생적으로 또는 도로예정지로 편입되어 사실상 일반 공중의 통행로로 사용되어 온 토지의 소유자가 그 독점적이고 배타적인 사용수익권을 포기한 경우로 볼 수 있는 경우에는 어떤가? 사례에서는 A가 어떤 내용으로 독점적이고 배태적인 사용수익권을 포기한 경우인지를 먼저 따져 보아야 한다. 비록 A가 일반 공중의 통행을 위하여 갑토지에 대한 배타적 사용수익권을 포기한 경우라고 하더라도 일반 공중의 통행을 방해하지 않는 범위 내에서는 토지소유자로서 그 토지를 처분하거나 사용수익할 권능을 상실하지 않는다고 새겨야 하므로, 갑토지를 불법점유하고 있는 C 등에 대하여 물권적 청구권을 행사하여 갑토지의 반환 내지 방해제거, 예방을 청구할 수 있다. 그러므로 A가 비록 일반 공중의 통행을 위하여 독점적이고 배타적인 사용수익권을 포기한 경우에도 C 등에 대하여 건물의 철거, 퇴거 및 토지의 인도와 설치한 좌판대의 수거를 청구할 수 있다.

A는 C 등에 대하여 부당이득반환도 청구할 수 있는가? A가 부당이득반환청구를 하려면 A가 갑토지를 독점적, 배타적으로 사용·수익할 수 있어야 한다. 그러나 특별한 사정이 없는 한 A는 배타적 사용수익권의 포기 이후에는 토지를 독점적, 배타적으로 사용·수익할 수는 없다고 보아야 한다. 그러므로 C 등이 갑토지를 불법점유하고 있다고 하더라도 그로 인하여 A에게 어떤 손실이 생긴다고 할 수 없어서 C 등의 점유로 인한 부당이득의 반환을 청구할 수는 없다.[446)]

d) 부동산양도담보의 경우

> A(채무자)가 B(채권자)를 위하여 갑토지를 양도담보로 제공하고 B 앞으로 소유권이전등기를 마쳤다. A도 B도 갑토지에 대한 관리를 소홀히 한 관계로 C가 무단히 갑토지를 점유하여 텃밭 등으로 사용하고 있었다. 누가 C에 대하여 방해배제 및 갑토지의 명도를 청구할 수 있는가?

양도담보권설정자는 부동산의 불법점유자인 제3자에 대하여 그 실질적 소유자임을 주장하여 물권적 청구권을 행사할 수 있는가? 양도담보가 가등기담보 등에 관한 법률(이하 가등기담보법이라고 칭한다)의 적용을 받느냐 아니냐에 따라서 달리 판단할 수 있다.

우선 양도담보라고 하여 모두 가등기담보법의 적용을 받지는 않는다. 동산양도담보는 물론, 부동산양도담보라도 가등기담보법의 적용을 받지 않는 경우도 있다. 소비대차에 기한 채권을 담보하기 위한 경우가 아닌 때, 예컨대 매매대금의 지급을 담보하기 위하여 부동산의 소유권을 이전하는 때에는 가등기담보법이 적용되지 않는다.[447)] 가등기담보법의

446) 대법원 2001.4.13. 선고 2001다8493 판결.

적용을 받지 않는 경우에는 양도담보의 법적 성질이 일종의 신탁행위라고 본다. 양도담보에 의하여 양도담보권자(채권자)에게 신탁적으로 소유권이 이전하고, 양도담보권자는 양도담보권설정자를 제외한 제3자에 대한 관계에 있어서는 자신이 그 소유자임을 주장하여 권리를 행사할 수 있다(가등기담보법이 제정되기 이전에 판례·통설이 취한 신탁적 소유권이전설의 입장이다). 그러므로 가등기담보법이 적용되지 않는 양도담보라고 하면 양도담보권자 B가 C에 대하여 방해배제 및 갑토지의 명도를 청구할 수 있다.

가등기담보법의 적용을 받는 경우에는 어떤가? 가등기담보법의 적용을 받는 양도담보의 법적 성질에 대하여는 신탁적 소유권이전설과 담보물권설로 견해가 나뉜다. 판례는 가등기담보법의 제정 이후에도 신탁적 소유권이전설을 그대로 고수한 경우도 있고,[448] 양도담보권자에게 소유권이 이전되지 아니한다고 하는 전제에 입각하여 담보물권설을 취한 경우[449]도 있어서 일관되어 있지 않다. 가등기담보법 제4조 제2항에 의하면 양도담보권자에게 소유권이전등기가 되어 있다고 할지라도 청산금을 지급하여야 비로소 담보부동산에 대한 소유권을 취득한다고 규정하고 있으므로, 가등기담보법의 규율을 받는 양도담보는 더 이상 신탁적 소유권이전설에 의하여 설명할 수 없고, 일종의 담보물권이라고 하지 않을 수 없다(담보물권설이 타당하다). 결국 사례가 가등기담보법의 적용을 받는 경우라고 하면 여전히 A가 소유자이므로, 소유물반환청구권의 주체도 A가 된다. 판례도 양도담보권설정자는 부동산의 등기명의가 양도담보권자 앞으로 되어 있다 할지라도 그 부동산의 불법점유자인 제3자에 대하여는 실질적 소유자임을 주장하여 불법점유상태의 배제권을 행사할 수 있다고 본다(판례가 양도담보의 본질에 대하여 담보물권설을 취하고 있다고 평가된다).[450]

e) 명의신탁의 경우

> A는 자신의 소유에 속한 갑토지에 대하여 B를 명의수탁자로 하여 명의신탁하였다. 만약 C가 갑토지를 불법으로 점거하고 있다고 하면 누가 C에 대하여 방해배제청구를 할 수 있는가?

명의신탁의 경우에는 누가 물권적 청구권자인가? 명의신탁이 부동산실명법에 비추어 유효하냐 아니냐에 따라서 다르다.

만약 부동산실명법에 위반한 명의신탁의 경우에는 명의신탁이 무효로 된다. 사례에서 A가 자신의 채권자로부터의 강제집행을 피하기 위하여 갑토지를 B에게 명의신탁한 경우라고 하면 비록 A가 종중이라고 하더라도, 혹은 AB가 부부라고 하더라도 명의신탁은 무효이다. 명의신탁이 무효인 때에는 명의수탁자 B는 소유권에 기한 물권적 청구권을 가질 수 없다.

---

447) 대법원 2001.1.5. 선고 2000다47682 판결.

448) 대법원 1995.7.25. 선고 94다46428 판결.

449) 대법원 1991.11.8. 선고 91다21770 판결.

450) 대법원 1988.4.25. 선고 87다카2696, 2697 판결. 가등기담보법이 제정되기 이전에 같은 내용의 판시를 내린 판례가 있다(대법원 1976.2.24. 선고 75다1608 판결).

명의신탁이 유효한 경우에는 처리가 다르다. 예컨대 A가 종중이거나, AB가 부부인 때에는 조세포탈, 강제집행의 면탈 또는 법령상 제한의 회피를 목적으로 하지 아니하는 한, 명의신탁이 유효하다. 유효인 명의신탁에서는 대외적으로 명의수탁자가 소유자이다. 명의신탁재산에 대한 방해배제를 구하는 청구는 대외적 소유권자인 명의수탁자만이 가능하다. 명의신탁자는 명의수탁자를 대위하여 그 침해에 대한 배제를 구할 수 있을 뿐이다. 또한 명의신탁한 사실이 인정된다고 할지라도 명의신탁자는 제3자에 대하여 진정한 등기명의의 회복을 원인으로 한 소유권이전등기청구를 할 수 있는 진정한 소유자의 지위에 있다고 볼 수 없다.[451]

(b) 상대방

소유물반환청구권의 상대방은 침해자, 즉 현재 물건을 점유하여 소유자의 점유를 침해하고 있는 자이다. 소유물반환청구권의 상대방은 현재의 점유자만이 해당된다.

간접점유자도 소유물반환청구권의 상대방이 되는가? 판례는 불법점유를 이유로 한 반환청구이냐 아니냐에 따라서 다른 판단을 하고 있다. 불법점유를 이유로 하여 그 명도 또는 인도를 청구하려면 현실적으로 그 목적물을 점유하고 있는 자를 상대로 하여야 하고, 처음 불법점유한 자라 하여도 그 물건을 다른 사람에게 인도하여 현실적으로 점유를 하고 있지 않은 이상, 그 자를 상대로 한 인도 또는 명도의 청구는 부당하다고 본다.[452] 그러나 불법점유를 이유로 하는 반환청구가 아닌 경우, 예컨대 임대인이 임대차계약의 종료로 인한 원상회복으로서 임차물의 반환을 구하는 경우에 있어서는 임차인이 임차목적물을 직접 점유하지 않는다는 이유로 그 반환을 거부할 수 없으므로, 임차인이 간접점유를 하고 있더라도 상대방이 된다.

> A가 갑건물을 신축하여 그 소유권을 원시취득하여 동거가족과 함께 갑건물에 거주하였는데, 얼마 후 A는 갑건물을 B에게 매도하고 퇴거하였다. 그런데 동거가족은 갑건물이 A의 소유가 아니라고 주장하면서 A의 의사에 반하여 갑건물을 점유하고 있었다. B는 동거가족에 대하여 갑건물의 명도를 청구할 수 있는가?

점유보조자도 소유물반환청구권의 상대방인가? 점유보조자를 통하여 어떤 물건을 불법점유하고 있더라도, 본인(점유주)에 대하여만 소유물의 반환을 청구할 수 있고, 점유보조자에 대하여는 할 수 없다.

본래 갑건물을 원시취득한 A의 동거가족은 점유보조자에 불과하다. 동거가족이 점유보조자에 불과하다면 본래 갑건물에 대한 명도청구의 상대방이 될 수 없다. 그러나 사례의 경우와 같이 A가 갑건물을 매도하고 퇴거하였는데도 불구하고, 그 동거가족이 A의 의사에 반하여 갑건물을 점유하고 있는 경우라고 하면 결국 동거가족에게 있어서는 그 점유

451) 대법원 2001.8.21. 선고 2000다36484 판결.

452) 대법원 1983.5.10. 선고 81다187 판결; 대법원 1970.9.29. 선고 70다1508 판결; 대법원 1969.2.4. 선고 68다1594 판결 등 참조.

에 대한 적법한 권원이 있다고 할 수 없다. 그러므로 갑건물의 새로운 소유자인 B에 대한 관계에 있어서 동가가족은 스스로 불법점유자가 된다. 또한 비록 B가 아직 갑건물에 대한 소유권이전등기를 넘겨받지 못하여 소유자가 아니라 하더라도, 불법점유자인 동거가족에게 매도인인 A를 대위하여 명도청구를 할 수 있다. B는 대위청구를 하는 경우에도 동거가족에 대하여 직접 자기에게 명도하기를 청구할 수도 있다.

(c) 점유할 권리의 부존재

상대방에게 점유할 권리가 없어야 한다(§213 단서). 점유자에게 소유자의 물건을 점유할 권리가 있는 때에는 반환을 거부할 수 있다.

어느 경우에 점유할 권리가 인정되는가? 지상권, 전세권, 유치권, 질권과 같은 물권은 점유를 수반하는 물권으로서 누구에 대하여나 대항할 수 있으므로, 소유자에 대하여도 당연히 그를 가지고 대항할 수 있다. 또한 임차권, 임치나 도급 등 점유를 수반하는 채권이나 그 채권에 기한 동시이행의 항변권도 점유할 권리에 포함된다(소유자에 대한 채권이어야 한다). 물론 대항력 있는 임차권의 경우에는 임대인이 아닌 제3자에 대하여도 대항할 수 있다.

> A는 B에게 갑토지를 매도하고 인도까지 하였으나, 아직 등기까지 마치지는 않았다. A는 자기가 현재 등기부상의 소유자임을 내세워 B에 대하여 소유물반환청구권을 행사할 수 있는가?

매도인이 부동산을 인도받고 등기를 마치지 않은 매수인에 대하여 소유권에 기한 물권적 반환청구권을 행사할 수 있는가? 본래 소유자라면 권원 없이 타인의 점유 아래 놓여있는 자기의 소유물을 되찾을 수 있는 소유물반환청구권을 가진다. 그러나 매수인은 등기부상 아직 소유자로서의 등기명의가 없다 하더라도 그 권리의 범위 내에서는 점유중인 부동산에 대하여 법률상 또는 사실상 점유하고 처분할 권한이 있으므로, 매수인 B의 점유를 불법점유라 할 수는 없다.[453] 오직 등기명의를 넘겨 줄 의무만 지고 있는 매도인 A로서는 등기명의가 자기에게 남아 있다는 사실만으로 B에게 소유권에 기한 물권적 반환청구권을 행사할 수 없다.

사례에서 B가 매매계약의 이행으로서 인도받은 갑토지 위에 건물을 건축하고, 그 건물을 C에게 매도하여 C가 건물에 대한 소유권을 취득한 경우에 A는 C에 대하여 토지소유권에 기한 물권적 반환청구권을 행사할 수 있는가? 토지의 매수인이 아직 소유권이전등기를 넘겨받지 아니한 경우라고 하여도 매매계약의 이행으로 그 토지를 인도받은 때에는 매매계약의 효력으로서 토지를 점유·사용할 권리가 생긴다고 보아야 한다. 그러므로 B가 갑토지 위에 건축한 건물을 취득한 C는 갑토지에 대한 B의 점유사용권까지 아울러 취득한 경우로 볼 필요가 있다. 결국 A는 매매계약의 이행으로서 인도한 갑토지 위에 B가 건축한 건물을 취득한 C에 대하여도 토지소유권에 기한 물권적 청구권을 행사할 수 없다.

453) 대법원 1977.3.8. 선고 76다2461 판결.

[더 생각할 과제 - 신의칙상의 거부권]

> 본래 A 소유의 갑토지가 을초등학교의 학교부지, 학교운동장 등으로 사용되고 있었는데, B는 A의 처남으로서 A에게 채권이 있었으나 A가 다른 재산이 없자 갑토지 위에 이미 학교가 설립되어 있는 사실을 알고 있으면서도 학교부지인 갑토지라도 그 변제에 갈음하여 양도받기로 하고는 1971.12.22. B 명의의 소유권이전등기를 마쳤다. B는 소유권의 취득 당시는 물론 그 이후에도 별다른 권리행사를 하여 오지 않다가 1989.12.19.경에야 비로소 갑토지 자체의 명도를 청구하는 소송을 제기하기에 이르렀다. B의 소유물반환청구는 인정되는가?

소유자의 소유물반환청구가 신의칙에 위반하는 경우가 있을 수 있다. 사례에서 B의 소유물반환청구가 신의칙에 위반하여 허용되지 아니한다고 여겨지면 그 반사적 효과로서 을초등학교는 반환을 거부할 수 있는 권리를 가지게 된다.

을초등학교는 갑토지에 대한 소유권이전등기를 마친 B에게 그 소유권을 주장할 수는 없다. 그러나 B가 갑토지를 취득하게 된 경위를 보면 A의 처남이며 소유권이전등기의 원인이 대물변제라고 하는 사실, B 명의의 소유권이전등기가 통정한 허위의 의사표시로 인한 경우이라거나, B가 A의 배임행위에 적극 가담하여 한 반사회질서의 법률행위에 해당한다고 인정할 수는 없다고 하더라도 B는 갑토지가 을초등학교의 교사부지, 학교운동장 등으로 사용되고 있는 사정을 잘 알면서 양수받은 사실, 그로부터 20년 가까이 인도를 청구하지 아니한 사정에 비추어 보면 다른 특별한 사정이 없는 한 B는 갑토지가 을초등학교의 교사부지 등으로 사용됨을 용인하는 의사를 가지고 그 소유권을 취득한 경우로 보아야 한다. 그러므로 B의 부당이득반환청구는 몰라도 토지 자체의 인도청구는 신의성실의 원칙상 허용될 수 없다.

(d) 상대방의 귀책사유

> A의 소유에 속한 뒷산에서 커다란 바위가 폭우로 굴러 B의 마당에 떨어져 놓여 있다. A는 B에 대하여 소유물반환청구로서 바위의 반환을 청구할 수 있는가?

소유물반환청구권의 상대방에게 귀책사유(고의·과실)가 요구되는가? 소유물반환청구권의 성립을 위해서는 점유의 취득에 대한 상대방의 귀책사유가 요구되지 아니한다. 상대방의 점유취득이 타인의 행위에 의한 경우, 예컨대 도둑이 훔친 물건을 상대방의 집에 놓고 간 때에도 소유물반환청구가 긍정된다.

점유취득이 오로지 자연현상에 의하여 야기된 때에는 어떤가? 예컨대 빨래가 바람에 날려 상대방의 마당에 떨어진 때와 같이 자연력에 의한 경우에도 소유물반환청구권이 성립한다. 그러므로 사례에서 A는 B에 대하여 소유권에 기하여 바위의 반환을 청구할 수 있다.

(3) 효 과

소유자는 소유물반환청구권을 행사하여 소유물의 반환, 즉 목적물의 점유의 이전을 청구할 수 있다. 소유물반환청구권은 적극적 작위청구권으로 상대방의 책임의 유무를 묻지 않고 언제나 상대방의 비용으로 소유물의 반환을 청구할 수 있는 권리라고 이해한다.

소유물반환청구권에 기하여 소유물을 반환하는 경우에 제기되는 점유침탈자인 상대방의 과실취득, 목적물의 멸실·훼손에 대한 손해배상책임, 비용상환에 관하여는 점유에 관한 규정(§§210-203)과 불법행위·부당이득에 관한 규정에 의하여 해결한다.

[더 생각할 과제 - 소유권에 기한 물권적 청구권의 소멸시효]

소유권에 기한 물권적 청구권이 소멸시효에 걸리는가? 소유권에 기한 물권적 청구권의 법적 성질에 대한 이해의 태도에 따라서 다르다. 물권적 청구권은 「물권의 작용」이지 독립한 권리가 아니라고 보는 물권작용설에 의하면 물권적 청구권은 소멸시효에 걸리지 아니한다. 그러나 물권적 청구권을 순수한 채권으로 이해하는 순채권설에 의하면 물권적 청구권도 소멸시효에 걸린다고 본다. 학설상으로는 소유권에 기한 물권적 청구권도 소멸시효에 걸린다고 보는 적극설(소유권에 기한 물권적 청구권은 민법 제162조 제2항이 규정하는 「채권 및 소유권 이외의 재산권」에 해당하여 20년의 소멸시효에 걸린다고 본다)과 소유권이 소멸시효에 걸리지 아니하다시피 소유권에 기한 물권적 청구권은 소멸시효에 걸리지 않는다고 보는 소극설이 있다. 소극설은 특히 민법 제162조 제2항의 해석상 소유권은 소멸시효에 걸리지 않는 반면에, 소유권에 기한 물권적 청구권만이 소멸시효에 걸린다면 소유권은 있어도 물건의 반환을 청구할 수 없고, 점유자는 소유권을 가지고 있지 않으나 반환할 필요가 없다고 하는 부당한 결과가 생기고, 또한 제3자가 소유권을 양수하려고 하더라도—소유권에 기한 물권적 청구권이 소멸시효에 걸린 때에는—소유자나 점유자의 누구에게도 양도를 청구하지 못하는 모순이 생긴다고 주장한다.

> A가 1926.12.24. B로부터 임야를 매수하였는데, A는 먼저 소유권이전등기를 마쳐주면 나중에 매매대금을 지급하겠다고 하고서 등기만을 넘겨받았다. 그 후 A는 대금을 전혀 지급하지 아니하다가 1927년 무렵 B의 독촉을 받고는 대금을 지급할 수 없으니 임야를 도로 가져가라고 B에게 요구하였고, B도 A의 요구에 동의함으로써 매매계약을 합의해제하였다. 그리고 B는 현재까지 임야를 관리해 왔으나 등기명의를 회복하지 않고 있다가 1970.6.25.경에야 B 앞으로 임야에 관한 소유권이전등기를 마쳤다. A는 매매계약의 합의해제에 따른 원상회복청구권의 소멸시효가 완성된 사실을 이유로 B에 대하여 1970.6.25. B 앞으로 마쳐진 소유권이전등기의 말소를 청구할 수 있는가? [대법원 1982.7.27. 선고 80다2968 판결]

판례는 합의해제에 따른 B의 원상회복청구권은 소유권에 기한 물권적 청구권에 해당하고, 소유권에 기한 물권적 청구권은 소멸시효의 대상이 되지 아니한다고 판시하고 있다. 판례454)가 취하는 해제의 효과에 관한 물권적 효과설에 따르면 해제를 한 경우에는 일단 이전한 물권이 당연히 복귀하므로, 해제로 인하여 B가 소유권을 회복하게 되고, B는 A에 대하여 소유권에 기한 물권적 청구권을 가진다.

사례를 보면 1927년 무렵에 매매계약을 해제하여 B가 소유권에 기한 물권적 청구권을 취득한 후에 1970년 6월 25일 B 명의로 소유권이전등기를 마칠 때까지 약 43년간 권리를 행사하지 아니한 사실이 인정된다. 만약 B의 소유권에 기한 물권적 청구권이 소멸시효에 걸린다고 하면 B 명의의 소유권이전등기가 실체관계에 부합하지 아니하는 등기로 될 수도 있으나, 지배권인 물권에 실효성을 주기 위하여 존재하는 물권적 청구권이 독립하여 소멸시효에 걸린다고 하면 물권적 청구권을 인정하는 본래의 취지에 반한다고 하지 않을 수 없다. 또한 물권적 청구권은 물권의 침해상태가 계속되는 한 물권으로부터 끊임없이 발생하여 장기간의 불행사로 소멸된다는 문제를 생각할 수 없다. 그러므로 소유권에 기한 경우이든 제한물권에 기한 경우이든 물권적 청구권은 소멸시효에 걸리지 않는다고 보는 태도가 타당하다고 보아야 한다.

---

454) 대법원 1977.5.24. 선고 75다1394 판결.

사례에서 B가 물권적 청구권으로서의 합의해제에 따른 원상회복청구권을 행사하지 않고 약 43년간을 방치한 경우라고 하더라도 그 동안 방해행위가 계속된 한 B는 A에 대하여 물권적 청구권으로서의 원상회복청구권을 행사하여 등기명의를 찾아올 수 있다. 그러므로 B 앞으로 행하여진 등기는 실체관계에 부합하여 유효하고, A는 원상회복청구권의 소멸시효의 완성을 이유로 B 명의로 마쳐진 소유권이전등기의 말소를 청구할 수 없다.

2. 소유물방해제거청구권·소유물방해예방청구권

(1) 소유물방해제거청구권

1) 의 의

소유자는 소유권을 방해하는 자에 대하여 방해의 제거를 청구할 수 있는 이른바 소유물방해제거청구권이 있다(§214). 점유상실 이외의 방법으로 소유권의 내용의 실현을 방해받고 있는 자가 현재 방해상태를 일으켜 놓고 있는 자에 대하여 방해의 제거를 청구할 수 있는 권리가 「소유물방해제거청구권」(actio negatoria)이다. 예컨대 타인 소유의 건물의 일부분에 시설물을 부착·고정시켜 설치하여 소유하는 때에는 그 건물의 소유와 보존·관리 기타 사용에 직접적인 방해를 가하고 있는 경우가 되어 방해의 배제를 청구할 수 있다.

2) 요 건

(a) 소유권이 방해당하여야 한다

a) 방해의 의미

민법 제214조는 「소유권을 방해하는 자에 대하여」 방해제거청구를 할 수 있다고 규정하고 있다. 소유물방해제거청구권이 인정되려면 소유권의 행사가 권한 없이 방해당하여야 한다고 하는 요건이 충족되어야 한다.

민법 제214조의 「방해」란 어떤 의미인가? 점유침탈 이외의 방법에 의하여 소유권을 침해받고 있는 상태가 바로 「방해」이다(점유침탈은 소유물반환청구권의 대상이 된다). 소유권에 대한 방해는 성질상 동산에 관하여 생기는 경우는 드물고, 대부분 부동산에 관하여 생긴다.

방해의 존재가 인정되기 위하여는 우선 방해받는 물건이 있어야 하고, 그 물건에 관한 소유권이 현존하고 있어야 한다. 예컨대 소유물이 멸실된 때에는 더 이상 방해제거청구권도 인정되지 않는다. 또한 소유자가 소유권을 행사할 수 있는 한도에서 방해제거청구권이 생기므로, 소유권이 있더라도 그 행사가 제한되고 있다면 그 제한된 범위 내에서는 비록 방해가 있더라도 방해제거청구권이 생기지 않는다.

b) 방해와 손해의 구별

> A가 이웃토지에 다량의 건설폐자재 등 쓰레기를 쌓아 놓았는데, 태풍으로 인하여 쓰레기가 B 소유의 토지로 무너져 내렸다. B는 자기의 토지에 널려있는 쓰레기 및 그로부터 나온 오염물질 등으로 인하여 토지를 본래의 이용목적에 따라서 사용하지 못하게 되었다. B는 A에 대하여 어떤 청구를 할 수 있는가?

민법 제214조에서 말하는 「방해」라 함은 현재에도 지속되고 있는 침해를 의미한다. 방해는 법익침해가 과거에 일어나서 이미 종결된 경우에 해당하는 「손해」의 개념과는 다르다. 그러므로 소유물방해제거청구권은 방해결과의 제거를 내용으로 하는 경우가 되어서는 안되며(손해배상의 영역에 해당한다), 현재 계속되고 있는 방해의 원인을 제거하는 경우를 내용으로 한다.

사례에서 흘러내린 쓰레기의 제거는 분명히 소유물방해제거청구권에 의하여 해결된다. 그리고 쓰레기로 말미암아 B의 토지이용이 방해받아 생긴 손해에 대하여는 불법행위에 기한 손해배상청구권이 적용된다(금전배상이 원칙이다). B는 토지이용의 방해로 인한 손해에 대하여도 소유물방해제거청구권에 의하여 함께 배상받을 수는 없는가? 민법 제214조는 점유보호청구권에 관한 민법 제205조와는 달리, 손해배상을 소유물방해제거청구권의 내용으로 규정하고 있지 않다. 그러므로 B는 소유물방해제거청구 속에 손해배상을 함께 청구하지 못한다.

c) 방해의 모습

소유권에 대한 방해는 매우 다양한 모습으로 나타날 수 있다. 방해의 모습은 주로 아래와 같이 나누어 살펴볼 수 있다.

(i) 이웃에 있는 건물이나 건물의 신축으로 인하여 일조방해, 사생활침해, 조망침해, 시야차단으로 인한 압박감, 소음, 분진, 진동 등과 같은 방해가 야기될 수 있다. 건물에 의한 방해가 야기되는 경우에 소유권에 기하여 건물의 철거청구 또는 신축중의 건물의 건축중지청구 등이 가능하다.

(ii) 이웃에서 유흥주점이나 사창(私娼), 시체실, 장례식장 등을 운영하는 때에는 이른바 정신적 침해가 야기될 수 있다. 정신적 침해도 소유물방해제거청구권의 대상이 되는가? 인격권침해나 사법적 상린권침해에 관하여도 널리 소유물방해제거청구권이 적용되므로, 정신적 침해를 받는 경우에도 소유권에 기하여 방해제거청구를 할 수 있다고 본다.

(iii) 이웃토지의 사용으로 인하여 어떤 토지가 이익을 박탈당하게 되는 경우를 이른바 「소극적 침해」라고 한다. 예컨대 이웃에 공작물이 설치된 결과로 뒤에 있는 토지의 조망이나 채광을 방해받는 경우가 소극적 침해이고, 역시 소유물방해제거청구권의 대상이 된다.

(iv) 매연, 열기체, 액체, 음향, 진동, 악취, 그 밖의 생활방해에 관하여는 민법 제217조가 규율한다. 민법 제217조에서는 별도로 소유물방해제거청구권이 문제될 여지없다. 다만 생활방해를 토지소유권의 침해와 동일시하여 민법 제214조의 요건이 충족되는 한 토지소유권에 터잡아 소유물방해제거청구권이 적용될 수 있다.

특히 최근에는 일조방해나 조망침해, 소음 등의 생활방해(독일의 임미시온(Immission), 미국의 뉴산스(nuisance)에 해당한다)에 대하여 소유권에 기한 방해배제청구권이 행사되는 경우가 많다. 판례상 인용되는 사례도 많이 나오고 있다. 예컨대 생활방해나 일조방해·조망침해 등을 이유로 건축공사의 금지나 설계의 일부변경을 구하는 사례가 많다. 종합병원이나 시체실이 인근에 거주하는 주민에게 끼친 생활방해가 사회통념상 요구되는 수인한도를 넘어서 인근주민의 생활방해를 방지하거나 감소시키기 위한 조치를 취하여야 한다고 본 예가 있다. 그리고 근래에는 임미시온 내지 공해의 사례를 인격권침해로 다투는 경우도 많다. 또한 생활방해를 환경에 대한 법익의 침해라는 관점으로부터 파악하여 환경권이라고 하는 권리가 주장되고도 있다. 다만 환경권의 권리내용이 아직 분명히 확정되어 있다고 볼 수는 없어서 판례는 아직까지는 환경권을 독립한 사법상의 권리로 인정하고 있지는 않다.

> A건설회사는 B대학교와 인접한 토지 위에 지상 24층의 아파트의 건축에 관한 사업시행승인을 받고, 그 무렵 건축공사에 착수하여 현재 기초공사가 완료되고 17층부분의 골조공사가 진행중에 있었다. B대학교는 교육환경의 저해 등을 이유로 24층 아파트의 건축공사에 대한 금지를 청구할 수 있는가? [대법원 1995.9.15. 선고 95다23378 판결]

사례에서 B대학교는 지상 24층 아파트의 건축으로 인하여 교육환경이 침해받거나 침해를 받을 우려가 있다. 그러므로 B대학교로서는 아파트의 건축으로 인한 침해행위의 제거 또는 예방을 구할 필요가 있다. B대학교의 금지청구권은 인정되는가, 만약 인정된다면 그 법적 근거와 요건은 어떤가?

(i) 우선 B대학교가 토지 등의 소유권침해에 대한 물권적 청구권으로서 방해의 제거나 예방을 청구할 수 있는가 하는 문제가 있다. 토지소유자는 소음, 진동, 매연 등으로서 이웃토지의 사용을 방해하거나 이웃거주자의 생활에 고통을 주지 아니하도록 적당한 조치를 할 의무가 있다(§217). 만약 토지 그 자체의 지배 내지 이용과는 별도로 그 토지 위에서 영위되는 인간의 건강하고 쾌적한 생활이익이 소음, 진동, 매연 등으로 인하여 적극적으로 침해되면 그 침해행위가 사회관념상 일반적으로 수인할 정도를 넘어선다고 인정되는 한, 그 침해행위가 민법 제217조 제1항 소정의 매연, 열기체, 액체, 음향, 진동, 그 밖의 유사한 경우에 해당하는지 여부를 떠나 그 침해행위를 토지소유권의 침해와 동일시하여 토지소유권에 터잡아 그 침해행위에 대한 방해배제청구권을 인정할 수 있다. 사례를 보면 A건설회사가 건설중인 24층 높이의 아파트가 완공되는 경우에는 B대학교의 교육 및 연구활동에 커다란 지장이 초래되고, 교내에 설치된 교육장비 등의 본래의 기능 및 활용성이 극도로 저하되거나 대학교로서의 경관·조망이 훼손되고 조용하고 쾌적한 교육환경이 저해되며, 소음의 증가 등으로 교육 및 연구활동이 방해를 받게 될 수 있다. 결국 B대학교측으로서는 그 방해가 사회통념상 일반적으로 수인할 정도를 넘어선다고 인정되는 한, 토지소유권에 터잡아 대학교로서의 생활이익의 침해행위에 대한 방해배제청구권을 행사할 수 있다(판례는 건축공사금지의 범위를 최소화하면서도 B대학교가 입게 되는 침해를 상당히 감소시킬 수 있는 범위에서 아파트건축공사 중 18층을 초과하는 부분에 대한 공사를 금지시킬 수 있다고 본다[455]).

455) 대법원 1995.9.15. 선고 95다23378 판결.

(ii) B대학교는 쾌적한 생활이익의 침해를 받지 않을 인격권에 기한 방해배제청구권을 가지는가? 매연, 소음, 진동 등에 의한 생활방해나 일조, 통풍, 정온, 조망 등 주거환경의 침해는 토지소유권의 침해의 범주에 넣어 볼 수 있지만, 그 주된 피해법익은 인간의 건강하고 쾌적한 생활이익이라고 할 수 있다. 그리고 토지소유자가 가지는 주거환경의 이익은 그 법익의 법적 성격으로 보아 종래의 생명·신체·자유·명예·정조에 대한 권리, 초상권·신용권 등과 같이 인격권의 일종에 속한다. 인격권에는 그 지배권 내지 절대권적 성격으로부터 물권적 청구권에 준하는 방해배제청구권이 인정되고 있다.[456] A건설회사의 고층아파트의 건축에 의한 생활방해나 주거환경의 침해는 실질적으로는 신체적 자유 내지 정신적 자유의 침해에 속하므로, 일정한 한도를 초과하는 침해에 대하여는 인격권의 침해를 이유로 인격권에 터잡아 방해배제 또는 방해예방의 청구권을 행사할 수 있는가 하는 문제가 있다. 특히 인격권에 기한 방해배제나 방해예방의 청구권은 토지소유권 기타 물권을 가지고 있지 않는 자(예컨대 B대학교의 교직원이나 학생)에게도 막바로 인정될 수 있다. 그러나 판례는 인격권에 기한 방해배제청구권을 피보전권리의 하나로 들고 있는 데에는 잘못이 있다고 본다.[457]

(iii) B대학교는 환경권에 기하여 직접 24층 아파트의 건축공사를 금지하는 방해배제청구권을 행사할 수 있는가? 헌법 제35조는 환경권을 규정하고 있다. 그러나 판례는 환경권에 관한 헌법 제35조의 규정이 개개의 국민에게 직접으로 구체적인 사법상의 권리를 부여한다고 보기는 어렵다고 본다.[458] 사법상의 권리로서의 환경권이 인정되려면 그에 관한 명문의 법률규정이 있거나 관계법령의 규정취지 및 조리에 비추어 권리의 주체, 대상, 내용, 행사방법 등이 구체적으로 정립될 수 있어야 한다. 헌법 제35조의 규정이 구체적인 사법상의 권리를 부여한 경우도 아니고, 달리 사법상의 권리로서의 환경권을 인정하는 명문의 법률규정도 없으므로 환경권에 기한 방해배제청구권을 직접 인정하기는 아직 어렵다. B대학교가 환경권에 기하여 이른바 「환경이익의 부당침해방지권」을 가진다고 볼 수는 없다.

(iv) 사례에서 불법행위의 효과로서 B대학교가 A건설회사에 대하여 사전적 조처로서 24층 아파트의 건축공사중지를 청구할 수 있는가 하는 문제가 생긴다. 판례는 불법행위를 아파트건축공사의 금지청구를 위한 피보전권리의 하나로 들고 있는 데에는 잘못이 있다고 판시하고 있으므로, 불법행위에 기한 아파트건축공사의 중지에 대한 청구는 인정될 수 없다.

d) 방해의 야기

A는 B가 소유하는 갑토지의 인근에서 벽돌공장을 운영하고 있었는데, 벽돌공장에 사용할 모래를 운반하는 도중에 갑토지 위에 모래가 조금씩 떨어졌거나, A 소유의

456) 대법원 1997.10.24. 선고 96다17851 판결.

457) 원심인 부산고등법원 1995.5.18. 선고 95카합5 판결은 인격권의 침해를 이유로 인격권에 터잡아 방해배제 또는 방해예방청구권을 행사할 수 있다고 본다.

458) 대법원 1995.5.23. 자 94마2218 결정 등 참조.

> 토지 위에 모래를 장기간 쌓아둠으로써 그 모래가 부분적으로 흩어지므로 인하여 B 소유의 갑토지 중 일부에 깊이 약 3센치미터 내지 20센치미터 정도로 모래와 잡토가 산발적으로 원래의 토양과 혼합되게 되었다. B는 A에 대하여 모래 및 잡토 등의 제거 및 갑토지의 인도를 청구할 수 있는가?

먼저 A가 과연 갑토지를 배타적으로 점유하고 있는가가 문제된다. 사례에서는 모래와 잡토가 산발적으로 원래의 토양(갑토지)과 혼합되어 있는 사실만이 인정될 수 있을 뿐이다. 생각건대 갑토지 위에 모래와 자갈을 쌓아 놓아 불법점유하고 있는 경우와는 달리, 모래가 흩어져 원래의 토양에 혼입된 사실만을 가지고서는 A가 갑토지를 점유하고 있다고 볼 수 없다. A가 갑토지를 배타적으로 점유하고 있다고 볼 수 없으므로, B는 A에게 갑토지의 인도를 구할 수는 없다.

A가 B의 갑토지에 대한 소유권행사를 방해하고 있다고 볼 수 있는가? 사례를 보면 모래와 잡토가 산발적으로 원래의 토양과 혼합되어 있는 사실만을 인정할 수 있을 뿐이므로, 그 사실만을 가지고서는 역시 B의 갑토지에 대한 소유권행사를 방해하고 있다고 보기는 심히 어렵다. 모래와 잡토의 혼입으로 인하여 갑토지의 형질이 완전히 바뀌어 진다거나 경작이 불가능한 토지로 변하는 등의 특별한 사정이 엿보이지 않는 한, 사례에서와 같은 모래와 잡토의 혼입은 그야말로 원래의 토지 그 자체와 일체를 이루게 된 경우라고 하지 않을 수 없다(현실적으로도 모래와 잡토를 원래의 토양으로부터 완전히 분리하여 제거하기는 물리적으로 전혀 불가능하다). 그러므로 갑토지 위에 모래와 잡토가 산발적으로 혼합되어 있다고 하더라도, B는 A에게 모래 등의 산적으로 인하여 생긴 모래 및 잡토 등의 제거를 청구할 수는 없다.

(b) 당사자

a) 청구권자

소유물방해제거청구권의 주체는 점유의 상실 이외의 방법으로 소유권의 내용의 실현을 방해받고 있는 소유자이다. 소유권을 상실한 자는 소유권에 기한 물권적 청구권으로서의 방해배제를 청구할 수 없다.

> 본래 A의 소유에 속한 갑토지를 B가 불법으로 점거하여 갑토지 위에 공장건물과 창고건물을 축조하였다. A는 소유권에 기하여 B를 상대로 건물의 철거를 구하는 소송을 제기하였는데, 소송계속중 A는 갑토지를 C에게 매도하고 소유권이전등기를 해 주었다. A는 매수인 C에 대한 토지의 인도의무를 이행하기 위하여 소송상 원고로서 계속 소유물방해제거청구권을 주장할 수 있는가?

물권적 청구권이 없는 지배권으로서의 소유권이란 의미가 없다. 그러므로 소유권을 양도할 때에 소유권에 의하여 발생되는 물권적 청구권을 소유권과 분리하여 소유권 없는 전소유자에게 유보하여 제3자에 대하여 물권적 청구권을 행사케 할 수 없다. 판례도 소유권이 절대적 권리인 점에 비추어 소유권 없는 전소유자에 대한 물권적 청구권의 유보는 허용될 수 없다고 본다.459) 그러므로 이미 소유권을 상실한 A는 더 이상 토지의 매도인으로서 토지상에 있는 B 소유의 건물을 철거하여 매수인에게 인도할 의무가 있다는 이유만으로 B에게 불법점유에 의한 방해배제를 청구할 수 없다.

b) 상대방

소유물방해제거청구권의 상대방은 소유권을 방해하는 사정을 지배하는 자이다. 그리고 과거에 방해상태를 일으킨 자라도 현재 방해상태를 지배하는 지위에 있지 않는 자는 소유물방해제거청구권의 상대방에 해당되지 아니한다. 예컨대 토지 위에 타인이 무권한으로 건물을 건축한 경우에 소유물방해제거청구권의 상대방은 현실적으로 건물을 소유하는 소유자이다. 불법건축한 건물을 타인에게 양도하고 인도한 경우라고 하더라도 여전히 건물소유권의 등기명의를 가지고 있는 한 건물철거와 토지명도의 의무를 면할 수 없다. 또한 허위표시에 의한 등기명의인과 같이, 건물소유권의 등기를 가지고 있더라도 실제로 건물소유권을 취득하지 않은 자는 불법점거자가 아니므로, 소유물방해제거청구권의 상대방이 아니다.

> 건물의 소유자이던 A는 그 건물의 대지인 토지가 임의경매절차를 통하여 B에게 매각되는 바람에 토지에 대한 소유권을 상실하면서 건물의 소유를 위한 법정지상권을 취득하게 되었다. 그러나 A는 B가 여러 차례 걸쳐 제기한 지료청구소송에서 판결로써 확정된 지료의 지급을 24개월 이상 연체한 결과 그 법정지상권이 소멸되었다. 결국 B는 A에 대한 소송에서 건물의 철거와 그 대지의 인도를 명하는 확정판결을 얻었다. 한편 C는 B가 대지에 대한 소유권을 취득하기 이전에 A와 임대차계약을 체결하고 주택임대차보호법에 정한 임차권의 대항력요건을 갖추고 있었다. B가 C에 대하여 건물로부터의 퇴거를 청구하는 경우에 C는 자신의 점유는 적법하므로 A의 패소판결에 불구하고 적법한 임차인으로서 자신의 권리를 B에게 대항할 수 있다고 주장할 수 있는가? [대법원 2010.8.19. 선고 2010다43801 판결]

건물이 그 존립을 위한 토지사용권을 갖추지 못하여 토지소유자가 건물의 소유자에 대하여 건물의 철거 및 그 대지의 인도를 청구할 수 있는 경우라고 하더라도 건물소유자가 아닌 사람이 건물을 점유하고 있다면 토지소유자는 그 건물의 점유를 제거하지 아니하는 한 건물철거 등을 실행할 수 없다. 그 경우 토지소유권은 건물의 점유에 의하여 그 원만한 실현을 방해당하고 있다고 할 수 있다. 그러므로 토지소유자는 자신의 소유권에 기한 방해배제로서 건물점유자에 대하여 건물로부터의 퇴출을 청구할 수 있다. 그리고 건물점유자가 건물소유자로부터의 임차인으로서 그 건물임차권이 이른바 대항력을 가진다고 해서 달라지지 아니한다. 건물임차권의 대항력은 기본적으로 건물에 관한 효력이고 토지를 목적으로 하는 효력이 아니므로, 그 대항력으로써 토지소유권을 제약할 수 없고, 토지에

---

459) 대법원 1969.5.27. 선고 68다725 판결.

있는 건물에 대하여 대항력 있는 임차권이 존재한다고 하여도 토지소유자에 대하여 대항할 수 있는 토지사용권이라고 할 수는 없다. 바꾸어 표현하면 건물에 관한 임차권이 대항력을 갖춘 후에 그 대지의 소유권을 취득한 사람은 민법 제622조 제1항이나 주택임대차보호법 제3조 제1항 등에서 그 임차권의 대항을 받는 사람으로 정하여진 「제3자」에 해당한다고 할 수 없다.

사례에서 건물의 소유자인 A가 건물의 부지를 점유할 적법한 권원을 상실한 경우에는 그 부지 상당의 토지부분에 대하여는 건물의 소유 자체로써 불법점유가 될 수밖에 없다. 또한 A로부터 점유사용권을 취득한 임차인 C의 점유도 토지의 소유자에 대한 관계에서는 점유의 불법성을 원초적으로 공유한다고 볼 수밖에 없다. 결국 A가 그 건물의 존립을 위하여 토지소유자인 B에게 대항할 수 있는 토지사용권을 가지지 못하는 이상 A로부터 건물을 임차한 C는 그 임차권이 대항력요건을 갖추고 있다고 하더라도 그 임차권을 들어 B의 퇴거청구에 대항할 수 없다(A가 원래 가지던 법정지상권이 그 지료의 지급을 2년 이상 지체한 결과 C의 동의 없이 소멸하기에 이른 경우라고 하여도 달라지지 아니한다).

3) 효 과

소유권을 방해받는 경우에 소유자는 방해의 제거를 청구할 수 있다. 방해의 제거란 방해결과의 제거가 아니라, 예를 들어 불법건물의 철거청구나 등기의 말소청구와 같이 현재 계속되고 있는 방해원인의 제거를 내용으로 한다.

(2) 소유물방해예방청구권

1) 의 의

소유자는 소유권을 방해할 염려가 있는 행위를 하는 자에 대하여 그 예방이나 손해배상의 담보를 청구할 수 있는 이른바 소유물방해예방청구권이 있다(§214). 소유자가 소유권을 방해할 염려가 있는 행위를 하는 자에 대하여 방해를 미연에 방지하는 조처(예방)나 손해배상의 담보를 청구할 수 있는 물권적 청구권이 소유물방해예방청구권이다.

2) 요 건

(a) 방해의 염려가 있어야 한다

소유물방해예방청구권의 행사를 위해서는 방해의 염려가 있으면 충분하다. 「방해의 염려」란 방해가 아직 현존하지는 않지만, 장래 방해가 발생할 개연성이 있는 경우를 의미한다. 예컨대 이웃토지로부터의 붕괴위험, 이웃공장으로부터의 화재위험이나 폭발위험 등을 들 수 있다.

(b) 당사자

소유물방해예방청구권의 주체는 방해될 염려가 있는 소유물에 대한 소유권의 보유자이다. 소유물방해예방청구권의 상대방은 소유권을 방해하는 행위를 할 염려가 있는 자이다. 방해의 염려가 반드시 상대방의 행위로부터 생겨야 할 필요는 없다. 예컨대 토지의 전소유자가 행한 공사가 원인이 되어 위험이 생긴 경우에도 현재의 소유자는 방해예방에 대한 책임을 부담한다.

3) 효 과

(a) 방해예방의 청구

소유권이 방해를 받을 염려가 있는 경우에 소유자는 우선 방해의 예방을 청구할 수 있다. 방해의 예방청구는 방해를 일으킬 염려가 있는 공사의 중지와 같이 부작위를 청구하는 경우가 많으나, 예컨대 붕괴를 막기 위한 축대의 공사와 같이 적극적인 작위를 청구하는 경우도 있다.

(b) 손해배상담보의 청구

소유권의 방해가 야기될 염려가 있는 경우에는 소유자는 장래 손해가 발생할 경우에 대비하여 미리 손해배상의 담보를 청구할 수 있다. 다만 소유자는 방해의 예방청구 또는 손해배상의 담보청구 중 어느 하나만을 선택적으로 청구할 수 있다.

Ⅳ. 공동소유

1. 공동소유의 형태

하나의 물건을 2인 이상의 여러 사람이 공동으로 소유하는 경우가 있다. 하나의 물건을 여러 사람이 공동으로 소유하는 경우의 법률관계를 이른바 「공동소유」라고 한다. 공동소유는 소유자의 자유가 공동관계에 의하여 어느 정도 제약된다고 하는 의미에서 단독소유에 대한 예외에 해당하는 소유형태이다. 공동소유는 각자의 권리가 내부관계에서도, 제3자에 대한 관계에서도 단독소유로서의 소유권과 다른 성질을 가지고 있다.

공동소유의 형태에는 공동관계에 의한 제약의 내용이나 정도에 따라서 아래와 같이 세 가지가 있다.

(i) 하나의 물건을 여러 사람이 소유하는 경우의 법률관계는 원칙적으로 「공유」이다. 공유는 아주 개인주의적인 공동소유의 형태이며, 각자 자기의 몫(「지분」이라고 한다)을 자유로 처분할 수 있고 언제나 자유로 분할청구를 하여 공동소유관계를 해소시킬 수 있다. 공유는 로마사회의 전형적인 공동소유형태이다.

(ii) 「합유」가 있다. 합유는 공유와 총유의 중간적 공동소유의 형태이다. 각 합유자는 「공동의 목적」이라고 하는 단체적 구속에 복종하여야 하지만, 각자는 합유재산에 대하여 지분을 가지고, 「공동의 목적」이 종료되면 지분의 양도나 분할청구도 할 수 있다.

(iii) 단체적 구속이 강하여 구성원의 개별적인 지분을 인정하기가 곤란하고, 전체로서 하나의 물건을 소유하지만, 개개의 구성원에게는 사용수익의 권능밖에 인정되지 않는 공동소유가 있다. 바로 「총유」라고 한다. 총유는 게르만사회의 전형적인 공동소유형태이다.

공동소유의 세 형태인 공유, 합유, 총유의 내용을 간단하게 정리하면 아래 도표와 같다.

구 분	공 유	합 유	총 유
인적 결합관계	X	O	O
지분의 유무	O	O	X
지분처분의 자유	자유	금지	
분할청구권	가능	제한	금지
사용·수익	각자가 공유물의 전부를 지분의 비율로 사용·수익		정관 기타의 규약에 좇아 각자가 사용·수익
처분	전원의 동의	전원의 동의	
관리	지분의 과반수	조합원의 과반수	사원총회의 결의
보존	각자	각자	사원총회의 결의

2. 공 유

(1) 공유의 의의·성질

1) 의 의

물건이 지분에 의하여 여러 사람의 소유로 된 공동소유가 있다. 바로 공유이다(§262 I). 공유란 여러 사람이 같은 물건을 지분에 의하여 각각 소유자로서 지배하는 공동소유관계를 가리킨다. 예를 들어 ABC가 돈을 출연하여 1대의 컴퓨터를 구입하거나, ABC가 함께 협력하여 산에서 1마리의 멧돼지를 잡거나, ABC가 공동으로 갑토지를 상속하면 ABC 사이에 공유가 성립한다. 판례는 여러 사람에 대하여 부동산을 명의신탁한 경우에는 특약이 없는 한 여러 사람의 명의수탁자의 그 부동산에 대한 외부적 관계는 단순한 공유관계에 불과하다고 본다.460)

2) 법률적 성질

공유의 법률적 성질에 대하여는 복수소유권설(다수소유권경합설)과 양적 분할설이 대립한다. 다만 양적 분할설과 복수소유권설은 공유관계의 시각의 강조에서 이론상 차이가 있을 뿐이고, 구체적인 내용에서 공유자의 권리와 의무에 차이가 존재하지 아니하여 논의의 실익이 없다.

① 복수소유권설　　복수소유권설은 공유란 각 공유자가 개개의 소유권을 가지고, 각 소유권이 일정한 비율에 따라서 서로 제한되며, 그 내용의 총합이 1개의 소유권의 내용과 같은 상태라고 보는 견해이다. 복수소유권설에 따르면 예컨대 ABC 3인이 갑토지를 공유할 때에는 각자에 대하여 1개씩 모두 3개의 소유권이 성립한다.

460) 대법원 1967.10.25. 선고 66다2333 판결.

복수소유권설에 의하면 공유자의 일방에서 보면 타방의 소유권은 자기의 소유권을 제한하는 제한물권과 같고, 타방의 소유권이 소멸하면 완전한 소유권으로 당연히 복귀하여 공유의 탄력성을 용이하게 설명할 수 있는 장점이 있다. 그러나 복수소유권설은 물권의 배타성이나 일물일권주의에 저촉된다. 본래 사람의 물건에 대한 관계(물권관계)에는 하나의 물건 위에는 같은 내용의 물권이 하나밖에 성립할 수 없다는 원칙, 이른바 일물일권주의가 적용된다는 원칙에 비추어 공유자의 수만큼 복수의 소유권이 성립한다고 보기는 곤란하다고 여겨진다.

② 양적 분할설 양적 분할설(다수설)은 공유란 하나의 소유권을 여러 사람이 양적으로 나누어 가지는 상태라고 보는 견해이다. 양적 분할설에 의하면 본래 한 사람의 소유라면 그 1인에게 귀속하여야 할 하나의 소유권이 공유자 ABC 3인에게 서로 나누어 귀속하게 되며, 예를 들어 지분이 평등하다고 하면 하나의 소유권을 각각 3분의 1씩 가진다고 본다. 예컨대 공유란 하나의 용기(소유권) 안에 3개의 고무풍선(지분)이 들어있는 상태라고 생각할 수 있다.

판례의 태도는 어떤가? 공유의 법률적 성질에 대하여 판례는 양적 분할설을 취한 경우도 있고, 복수소유권설을 취한 경우도 있다. 예컨대 공유를「1개의 부동산을 구분하여 소유하는 경우와는 달리 1개의 소유권이 분량적으로 분할되어 수인에게 속하고, 각 공유자는 공유물 전부를 지분의 비율로 사용·수익할 수 있는 경우」라고 한 판례[461]는 양적 분할설을 취한 예이다. 반면에「공유에 있어서는 각 공유자가 각기 하나의 소유권을 가지고 단지 각 공유자가 가지는 각 소유권이 일정한 비율에 의하여 제한될 뿐」이라고 하여 복수소유권설을 취한 예도 있다.[462]

어느 견해가 타당한가? 공유자가 공유물 전부에 대하여 소유권을 행사할 수 있다는 사실에 있어서 실질적으로 양설은 별다른 차이가 없다. 다만 복수소유권설이 분명히 일물일권주의에 반한다고 하는 측면에서 일단 양적 분할설이 타당하다고 본다.

3) 공유지분의 법적 성질

공유자 각자가 목적물(예컨대 자동차나 토지)에 대하여 가지는 권리를 지분(권)이라고 한다. 민법상으로「지분」이라고 하는 용어는 공유자로서의 법적 지위, 즉 지분권이라는 의미로 사용하는 경우도 있고, 지분권의 양적 비율을 의미하는 지분의 비율로 사용되기도 한다.

지분의 법적 성질에 관하여는 지분을 소유권의 양적 일부라고 보는 견해와 다른 공유자의 소유권(지분)에 의하여 제한되는 그 자체가 하나의 소유권이라고 보는 견해가 있다. 양적 분할설은 지분을 하나의 소유권의 양적 일부를 의미한다고 보고, 여하튼 소유권으로서 사용·수익·처분을 할 수 있지만 양적 일부에 불과하여 지분만으로는 완전한 소유권과 동일한 사용·수익·처분은 할 수 없다고 본다. 복수소유권설은 지분 그 자체도 소유권 자체가 되고, 단지 다른 공유자에게 있는 지분에 의하여 완전한 소유자와 같은 사용·수

461) 대법원 1964.12.15. 선고 64다824 판결; 대법원 1991.11.12. 선고 91다27228 판결.
462) 대법원 1965.11.9. 선고 65다1646 판결.

익·처분을 할 수 없을 뿐이라고 본다.

4) 공유의 탄력성

예를 들어 ABC가 공유하는 토지에서 A의 지분이 소멸한 경우에 그 토지의 소유관계는 어떤가? 공유는 타인의 지분에 의한 제한을 받으면서 서로 공동소유하는 상태이므로 하나의 지분이 소멸하면 다른 지분은 그 범위에서 그가 받고 있던 제한으로부터 벗어나 본래의 단독소유권의 모습에 접근하게 되는 「탄력성」을 가지고 있다. 예컨대 하나의 용기(소유권)를 꽉 채우고 있는 3개의 고무풍선(지분) 중 하나가 터지면 다른 2개의 고무풍선이 팽창하여 용기(소유권)를 100%가 되도록 채우는 경우와 같다. 민법은 "공유자가 그 지분을 포기하거나 또는 상속인 없이 사망한 때에는 그 지분은 다른 공유자에게 각 지분의 비율로 귀속한다"(§267)고 하여 공유의 탄력성을 인정하고 있다.

공유의 법적 성질에 관하여 복수소유권설을 취하면 공유의 탄력성을 바로 논리적으로 설명할 수 있으나, 양적 분할설에 의하면 논리적인 설명이 곤란하다. 그러나 공유의 탄력성은 그 자체가 공유에 수반하는 논리필연적 결과는 아니며 정책적 고려의 결과라고 평가할 수 있으므로, 민법 제267조가 정책적 규정에 불과하다고 하면 양적 분할설에 의하여도 설명이 가능하다.

공유자 ABC 중 A가 상속인 없이 사망하였는데, A에게는 오랜 동안 헌신적으로 요양간호를 맡았던 특별연고자 D가 있었다. A의 지분은 공유의 탄력성에 의하여 BC에게 귀속하는가, D에게 분여되는가?

민법 제267조는 공유자의 한 사람이 지분을 포기한 때 혹은 상속인 없이 사망한 때에는 그 지분이 다른 공유자에게 귀속한다고 규정하고 있다. 그러나 상속법상으로는 상속권을 주장하는 자가 없는 때에는 민법 제1057조의2에 의하여 법원은 피상속인과 생계를 같이 하고 있던 자, 피상속인의 요양간호를 한 자, 기타 피상속인과 특별한 연고가 있던 자의 청구에 의하여 상속재산을 분여할 수 있고(특별연고자제도라고 불린다), 그 후에도 남는 재산이 있으면 국고에 귀속한다(§1058).

물론 공유자의 한 사람이 지분을 포기한 때에는 민법 제267조에 따른다. 다만 공유자의 한 사람이 상속인 없이 사망한 때에는 특별연고자의 상속재산에 대한 기대를 어디까지 법적으로 보호하는가, 또는 공유의 탄력성을 공유자간의 연대성에서 유래하는 제도로 보는가 단순한 편의로 보는가에 관한 판단이 필요하다. 다시 표현하면 민법 제267조와 민법 제1057조의2 사이에서 어느 규정이 우선하느냐가 문제된다.

만약 제267조가 우선한다고 새기면 상속인의 부존재가 확정된 때에는 다른 공유지분의 확장이 당연히 생기고, 그 공유지분은 특별연고자에 대한 분여의 대상이 되지 않는다. 그러나 공유자가 특별연고자보다 우선적으로 보호되어야 한다고 보아야 할 합리적인 이유는 찾아보기 어렵다. 오히려 상속재산으로 다른 재산권과 공유지분권이 있는 경우에는 모두 분여의 대상이 된다고 보는 태도가 합리적이며, 다른 재산권은 분여의 대상이 되고, 공유지분권만은 분여하지 못한다고 하는 태도는 불합리하다고 하지 않을 수 없다.

결국 공유의 탄력성의 이론은 사례와 같은 경우에 관하여는 별로 유용하지 않다고 보아야 한다. 특별연고자제도가 우선적으로 적용되어 특별연고자가 있는 한 A의 지분은 먼저 특별연고자 D에게 분여되어야 한다. 물론 민법 제1057조의2의 해석상 법원은 「상당하다고 인정할 때」에 한하여 분여할 수 있다고 새겨야 하므로, 특별연고자보다 다른 공유자를 더 보호할 이유가 있는 경우에는 특별연고자에 대한 분여를 「상당성」을 이유로 부인할 수 있다. 만약 법원이 분여를 거절하면 공유지분은 탄력성의 이론에 의하여 다른 공유자 BC에게 각 지분의 비율로 귀속한다.

(2) 공유의 성립

1) 의사표시에 의한 성립

공유는 하나의 물건을 수인이 공동으로 소유하기로 하는 공유자의 의사에 기하여 성립한다. 예를 들어 ABC가 공동으로 자금을 출연하여 물건을 구입하는 경우에는 의사표시에 의하여 공유가 성립한다. 또한 ABC가 재료를 함께 제공하여 어떤 물건을 제작하는 경우에도 부합의 적용을 배제하고 공유로 하려는 당사자의 합의에 의하여 공유가 성립할 수 있다.

2) 법률행위에 의한 공유의 특수형태 – 구분소유적 공유

(a) 의 의

여러 사람이 1필의 토지에 위치와 면적을 특정하여 그 일부씩 매수하여 구분소유하기로 하고, 편의상 소유권이전등기를 공유지분등기로 하는 경우가 있다(물론 1필의 토지의 특정한 일부 외에 하나의 건물의 특정한 일부에 대하여도 성립할 수 있다. 예컨대 1동의 건물 중 위치 및 면적이 특정되고 구조상 및 이용상 독립성이 있는 일부분씩을 2인 이상이 구분소유하기로 하는 약정을 하고 편의상 등기만을 각 구분소유의 면적에 해당하는 비율로 하여 놓은 경우에는 건물의 구분소유적 공유관계가 된다). 바로 1필의 토지의 특정부분을 소유하면서 등기는 전체의 토지에 대하여 단순히 공유지분등기를 한 경우를 이른바 「구분소유적 공유」라고 한다. 1필의 토지 중 위치와 평수가 특정된 일부를 매매하여 공유지분등기를 한 때에는 공유의 외형만을 지니고 있을 뿐이지, 당사자의 실제 의도는 공유와는 전혀 다른 특정부분에 대한 배타적 소유이고 그 특정부분에 대하여 공유자로서가 아닌 소유자로서 행세하므로, 일반적인 공유와는 다른 새로운 이론의 정립이 요구된다.

> AB가 C로부터 100평 1필의 토지 중 갑토지부분 30평, 을토지부분 70평을 각각 특정하여 매수하였는데, A는 100분의 30, B는 100분의 70 공유지분이전등기를 각 마쳤다. AB 사이에 어떤 법률관계가 성립하는가?

구분소유적 공유관계는 일반의 공유와는 다른 특수한 법률관계라고 할 수 있다. 구분소유적 공유관계의 경우에 그 실질적 내용은 특정부분에 대한 단독소유권인데도 등기의 형식은 1필지의 토지 전체에 대한 공유지분등기로 되어 있어 등기의 형식이 소유권의 실질을 공시하지 못하는 괴리현상이 생긴다. 판례는 실질적인 소유관계에 중점을 두어 각각 자기의 특정부분에 대하여 배타적인 단독소유권을 인정하면서, 다른 한편 각자의 단독소유권에 일치하지 않는 등기의 형식에 대하여는 명의신탁의 이론을 적용하여 어느 당사자의 특정부분에 대한 다른 당사자의 지분등기는 상호명의신탁관계에 있다는 이론구성을 하고 있다(부동산실명법 제2조에 의하여 상호명의신탁에는 부동산실명법이 적용되지 않는다).[463] 사례에서 A는 갑토지부분에 대하여는 100분의 30만 자기 명의로 등기하고 그 초과지분에 관하여는 B에게 100분의 70 지분을 명의신탁하는 동시에, 을토지부분에 대하여는 아무런 지분도 갖지 않으면서 100분의 30 지분을 B로부터 명의신탁받은 경우로 본다.

(b) 구분소유적 공유관계의 성립

구분소유적 공유관계는 어떤 토지에 관하여 그 위치와 면적을 특정하여 여러 사람이 구분소유하기로 하는 약정이 있어야만 적법하게 성립할 수 있다. 공유자 사이에 그 공유물을 분할하기로 약정하고 그때부터 각자의 소유로 분할된 부분을 특정하여 각자 점유·사용하여 온 경우에도 구분소유적 공유관계가 성립할 수 있지만, 공유자 사이에서 특정부분을 각각의 공유자에게 배타적으로 귀속시키려는 의사의 합치가 이루어지지 아니한 경우에는 구분소유적 공유관계가 성립할 여지가 없다.[464]

(c) 구분소유적 공유관계의 효력

a) 대내관계

구분소유적 공유에서는 대내적으로 각자가 특정부분을 단독으로 소유한다. 예컨대 ABC 3인이 1필의 토지를 각각 일부분씩 특정하여 매수하고 편의상 공유지분이전등기를 한 경우에 각자 그 특정부분에 대하여 소유권을 취득하고, 자기의 특정부분만을 독점적, 배타적으로 사용하고 나머지 부분에 대하여는 사용·수익권이 없다.

b) 대외관계

구분소유적 공유는 대외적으로는 공유이다. 비록 ABC 3인이 각각 1필의 토지의 특정부분을 매수한 경우라고 하더라도 분할등기를 하지 않고, 공유지분등기를 한 이상 대외관계에서는 공유자로서 갑토지 전부를 공유한다.

AB가 1필의 갑토지 중 각각 일부씩을 특정하여 매수하였는데, 다만 소유권이전등기는 그 필지 전체에 관하여 공유지분이전등기를 하였다. 갑토지에 대한 방해행위가 있는 경우에 A는 방해행위에 대한 배제를 청구할 수 있는가?

사례는 1필의 갑토지 중 일부를 특정하여 매수하고, 다만 소유권이전등기는 그 갑토지 전체에 관하여 공유지분권이전등기를 한 경우이므로, AB 사이의 관계는 구분소유적 공유관계이다. 그리고 누가 갑토지에 대한 방해행위를 하는가에 따라서 A가 할 수 있는 방해

463) 대법원 1980.12.9. 선고 79다634 판결.
464) 대법원 2009.3.26. 선고 2008다44313 판결.

배제의 내용이 다르다.

구분소유적 공유에서 내부관계에 있어서는 AB가 각자 특정부분에 한하여 단독소유권을 가지고 배타적으로 사용, 수익할 수 있으므로, 만약 A가 단독소유권을 가지는 특정부분에 대하여 B의 방해행위가 있다고 하면 A는 소유권에 터잡아 그 배제를 구할 수 있다. 그러나 외부관계에 있어서는 1필의 토지 전체에 관하여 공유관계가 성립되고 공유자로서의 권리만을 주장할 수 있으므로, 제3자의 방해행위가 있는 경우에는 A는 자기의 구분소유부분뿐 아니라 토지 전체에 대하여 공유물의 보존행위로서 그 배제를 구할 수 있다.

> A 소유에 속한 1필의 갑토지 500㎡ 중 을토지부분 300㎡를 B가 매수하고 병토지부분 200㎡를 C가 각각 구분하여 매수하였는데, BC는 갑토지 전체에 대하여 B에게 500분의 300, C에게 500분의 200 지분에 관하여 공유지분이전등기를 마쳤다. 그런데 D는 B가 특정하여 구분소유하는 을토지부분을 아무런 권원 없이 도로로 점유함으로써 법률상 원인 없이 그 임료 상당의 이익을 얻었다. B는 D에 대하여 임료 상당의 부당이득반환을 청구할 수 있는가?

물론 D가 을토지부분을 권원 없이 점유함으로써 법률상 원인 없이 그 임료 상당의 이익을 얻고 그로 인하여 B에게 그 만큼의 손해를 입혔으므로, D는 부당이득을 반환할 의무가 있다. 다만 B가 토지 전체를 구분 특정하여 소유하고 있다고 하더라도 공유지분이전등기가 마쳐져 있는 이상, 특별한 사정이 없는 한 다른 구분소유자 외의 제3자에 대한 관계에 있어서는 그 지분의 범위 내에서만 토지에 대한 권리를 행사할 수 있을 뿐이다. 그러므로 B는 D에 대하여 을토지부분 전부에 대한 부당이득의 반환을 구할 수는 없다.

사례에서 B가 을토지부분 300㎡를 구분 특정하여 소유하고 있더라도 을토지부분의 500분의 300 지분에 관하여 공유지분등기가 되어 있고, 나머지 500분의 200 지분에 관하여는 C에게 소유명의를 신탁하고 있는 관계가 된다(반대로 C가 구분 특정하여 소유하는 병토지부분에 관하여는 C가 병토지부분의 500분의 200 지분에 관하여 자기 명의의 공유지분등기가 되고, 나머지 500분의 300 지분에 관하여는 B에게 명의신탁하여 상호명의신탁관계가 된다). 결국 명의신탁자의 지위에 있는 B로서는 을토지부분의 명의신탁한 지분(을토지부분 300㎡의 500분의 200 지분)에 관하여는 제3자인 D에 대하여 직접 소유권 및 그에 따른 점유사용권을 주장할 수 없으므로, B의 부당이득반환청구는 을토지부분 전부가 아니라, 자기의 지분비율의 범위 내에서만 인정된다. 또한 B는 D가 법률상 원인 없이 을토지부분을 점유함으로 인한 부당이득반환청구권을 명의수탁자인 C를 대위하여서도 주장할 수 없다.

> ABC가 갑토지를 을토지부분, 병토지부분, 정토지부분으로 나누어 각자 3분의 1 지분씩 소유하기로 하면서 공유지분등기를 하고 있었다. 그런데 A가 독점적으로 소유하고 있는 갑토지의 을토지부분을 D가 20년 이상 소유의 의사로 평온·공연하게 점유하였다. D는 갑토지의 을토지부분에 대하여 시효취득하는가?

구분소유적 공유관계로 소유하고 있는 토지 중 어느 구분소유자의 특정부분을 제3자가 점유하여 점유취득시효를 완성시킬 수 있다. 다만 ABC 사이에 사례와 같이 구분소유적 공유관계가 형성되어 있다 하더라도, A가 갑토지 중 을토지부분을 독점적으로 점유하고 있는 사실로써 BC는 제3자인 시효취득자 D에게 대항할 수는 없다. 구분소유적 공유관계라고 하더라도 대외적 관계에서는 공유로 보므로, 갑토지의 을토지부분과 무관한 다른 구분소유자 BC도 그 을토지부분에 관한 각각의 공유지분(BC는 을토지부분에 대하여 각각 3분의 1씩의 지분을 가진다)에 대하여 취득시효완성을 원인으로 한 소유권이전등기절차를 이행할 의무가 있다.

(d) 구분소유적 공유관계의 해소

AB는 갑부동산의 특정부분을 각 증여받아 공동명의로 공유지분이전등기를 마쳤다. A는 증여받은 특정부분에 대한 소유권을 찾기 위하여 공유물분할청구를 할 수 있는가?

공유물분할청구는 공유자의 일방이 그 공유지분권에 터잡아서 할 수 있다. 그러나 사례에서 AB 사이의 관계는 구분소유적 공유관계이므로, AB는 각 소유하는 특정부분에 대하여 각자 앞으로 등기된 지분을 초과하는 지분에 관하여는 서로 공유지분등기명의를 신탁하고 있는 이른바 상호명의신탁관계가 된다. 그러므로 공유지분권을 주장하지 아니하고 목적물의 특정부분을 소유한다고 주장하는 A로서는 자기가 소유하는 특정부분에 대하여 신탁적으로 공유지분등기를 가지고 있는 B를 상대로 하여 그 특정부분에 대한 명의신탁해지를 원인으로 한 지분이전등기절차의 이행을 구하면 된다. A는 갑부동산에 대한 공유지분권자의 지위에서 B에게 공유물분할청구를 할 수는 없다고 보아야 한다.[465)]

3) 법률의 규정에 의한 성립

민법을 보면 법률상 공유의 성립을 인정하는 경우가 많다. 민법의 규정에 의하여 공유로 되는 경우로는 아래와 같은 예가 있다.

(i) 타인의 토지, 그 밖의 물건으로부터 발견한 매장물은 그 토지, 그 밖의 물건의 소유자와 발견자가 절반하여 공유한다(§254 단서).

(ii) 동산과 동산이 부합하여 훼손하지 아니하면 분리할 수 없거나 그 분리에 과다한 비용을 요할 경우에는 주종을 구별할 수 없는 때에는 동산의 소유자는 부합 당시의 가액의 비율로 합성물을 공유한다(§257).

(iii) 동산과 동산이 혼화하여 식별할 수 없는 경우에 주종을 구별할 수 없는 때에는 동산의 소유자는 혼화 당시의 가액의 비율로 혼화물을 공유한다(§258).

(iv) 공유물로부터 과실을 수취하는 경우에는 각 공유자가 과실을 공유한다(§102). 예컨대 경작권이 피차 자기에게 있다 하여 같은 농지를 공동경작한 경우에 그 입도에 대한 소유권은 공동경작자의 공유에 속한다.

---

465) 대법원 1996.2.23. 선고 95다8430 판결; 대법원 1989.9.12. 선고 88다카10517 판결 참조.

(v) 여러 사람이 한 채의 건물을 구분하여 각각 그 일부분을 소유한 때에는 건물과 그 부속물 중 공용하는 부분은 그의 공유로 추정한다(§215 I).

(vi) 경계에 설치된 경계표, 담, 구거(도랑을 말한다) 등은 이웃토지소유자의 공유로 추정한다(§239). 물론 경계표, 담, 구거 등이 이웃토지소유자 한쪽의 단독비용으로 설치되거나 담이 건물의 일부인 경우에는 공유로 추정되지 않는다.

(vii) 민법은 부부별산제를 채용하고 있으나, 부부 누구에게 속하는 재산인지 불분명한 경우에는 부부의 공유로 추정한다(§830 II). 현대사회에서 아내의 경제적 지위에 비추어 지극히 타당한 규정이라고 보며, 혼인중 배우자 한쪽의 명의로 취득한 재산(예컨대 부동산, 예금, 주식 등)도 단순히 명의만으로 판단하기 보다는 실질적으로 공유라고 보아야 할 때에는 부부의 공유로 추정하여야 할 필요가 있다.

(viii) 민법 제1006조는 상속재산분할절차에 의하여 분할할 때까지는 상속재산을 공유로 본다(포괄적 수증자도 재산상속인과 동일하므로, 공동포괄수증재산도 마찬가지이다). 다만 상속재산의 공유관계는 물권법에서 말하는 통상의 공유이냐, 아니면 합유이냐에 관하여는 학설상 다툼이 있다. 공유설은 개개의 재산 및 상속인의 권리의무의 독립성을 중시하는 견해이며(다수설이다), 연혁적으로 로마법에서 유래한다. 반면에 합유설은 포괄재산으로서의 상속재산의 특수성 및 공동상속인이라고 하는 특수한 인적 관계를 중시하는 견해이며, 게르만법에 그 뿌리가 있다. 이론상 우열을 가리기 힘들고, 실질적으로 별 의의도 없으나, 현행민법의 해석상 공유설이 타당하다고 본다. 판례도 역시 상속재산을 일괄하여 「공유」로 해석한다.

(3) 공유의 내부관계

1) 지분·지분권의 의의

공유에서 하나의 소유권을 여러 사람의 공유자에게 분할하는 비율이 「지분」이다. 그리고 지분에 기하여 공유자 각자가 공유물(예컨대 자동차나 토지)에 대하여 가지는 권리가 「지분권」이다.

지분권의 양적 비율이 지분의 비율이다. 지분의 비율은 법률의 규정 또는 당사자의 의사표시에 의하여 결정된다. 지분의 비율이 분명하지 않은 경우에는 각 공유자가 균등한 지분을 가진다고 추정한다(§262 II). 부동산의 공유에 대하여는 등기부에 공유자별 지분을 기록하여야 한다(부동산등기법 §48 IV). 만일 공유자 사이에 공유지분의 비율에 관한 약정을 하고 그 등기를 하지 않은 경우에 약정한 지분비율을 가지고 제3자에게 대항할 수 있는가 하는 문제가 있으나, 지분을 등기하지 않는 한 공유자는 약정한 실제의 지분비율을 가지고 제3자에게 대항하지 못한다.

2) 공유물의 이용관계

(a) 공유물의 사용·수익

공유자는 그 지분을 처분할 수 있고 공유물 전부를 지분의 비율로 사용, 수익할 수 있다(§263). 예를 들어 동시에 여러 사람의 공유자가 공유토지를 사용한다고 하면 그 지분에 따라서 범위를 구획하여 각자 그 지분만큼 토지를 사용할 수 있다. 반면에 ABC 3인이 자금을 공동으로 출연하여 자동차를 산 경우에는 범위를 정하여 자동차의 3분의 1의 부분만을 사용할 수 있다고 할 수는 없다. A는 BC와 공동으로 산 자동차의 전부를 지분에 따라서 시간을 정하여 사용할 수 있다. 예컨대 ABC의 지분이 3:2:2라고 하면 1주일을 A가 3일 사용하고, BC가 각 2일씩 순번을 정하여 사용하는 방법 등으로 자동차를 이용할 수 있다.

공유물의 사용·수익방법에 관하여는 협의에 의하여 정한다. 구체적으로 협의가 되지 않는 때에는 결국 공유물의 관리에 관한 사항의 하나로서 공유자의 지분의 과반수로서 정하여야 한다(§265 본문). 그러므로 공유자 사이의 특별한 약정이 없는 한 공유자는 그 공유의 일부분이라고 하더라도 자의적·배타적으로 사용·수익할 수 없고, 한 사람의 공유자가 배타적인 사용·수익을 하고 있는 때에는 나머지 공유자는 공유물보존행위로서 그 배타적 사용의 배제를 구할 수 있다.[466] 그리고 공유자의 지분의 과반수로 정한 공유물의 사용·수익방법에 불복하는 공유자는 공유물의 분할청구를 할 수밖에 없다.

(b) 공유물의 관리·보존행위

a) 서 설

공유물의 관리에 관한 사항은 공유자의 지분의 과반수로써 결정한다(§265). 그러나 보존행위는 각자가 할 수 있다(§265).

b) 공유물의 관리행위

공유물의 관리에 관하여는 공유자의 지분의 과반수로 결정한다(§265 본문). 관리행위란 공유물을 이용·개량하는 행위로서 공유물의 처분·변경에까지 이르지 않은 행위를 가리킨다. A가 BC와 공동으로 구입한 자동차를 1주일씩 순번을 정하여 타기로 하는 경우는 목적물의「관리」에 관한 사항이므로, 민법 제265조 본문에 의하여 지분의 비율에 의한 과반수로 정한다. 관리행위에는 공유자의 다수결이 아니고 지분의 과반수가 필요하므로, 한 사람만으로 지분의 과반수가 되는 때에는 달리 몇 명의 공유자가 있더라도 단독으로 관리행위를 결정할 수 있다.

> 갑토지는 원래 X의 소유였으나, X가 사망한 후 ABC가 상속하였다. 그 후 C의 지분이 경매에 회부되자 D가 매수하였다. AB는 D가 매수한 지분을 D로부터 다시 매수하려고 시도하였으나, D는 갑토지 중 자신의 지분(17분의 3)에 해당하는 부분을 분할하여 그 지상에 건물을 지을 계획이 있어서 AB의 제안을 거절하였다. 한편 과반수지분(17분의 12)의 소유자가 된 A는 D와는 전혀 협의를 하지 아니하고 임의로 갑토지 전체를 E에게, 그 지상에 건물을 소유할 수 있도록 5년의 기간으로 임대하였다. 그리고 E는 갑토지상에 조립식건물을 축조하고 그 건물에 거주하면서 갑토지 전체

466) 대법원 1992.6.13. 자 92마290 결정.

> 를 사용하였다. D는 자신의 건축계획을 포기하고 자신의 지분을 타인에 매도하려고 도 해보았으나, 갑토지상에 있는 E의 조립식건물로 인하여 D의 지분을 매수하려는 사람이 거의 없고, AB는 지나치게 저가(低價)로만 매수하려고 하였다. D는 AE 사이의 임대차계약을 해지할 수 있는가?

공유물의 임대행위는 관리행위인가? 판례는 공유자의 공유물에 대한 임대행위는 관리행위에 해당하여 지분의 과반수를 가지고 있는 공유자가 단독으로 할 수 있다고 본다.[467] 만약 공유물의 임대를 관리행위로 보면 과반수지분권자 A의 임대행위는 적법하고, 소수지분권자 B 및 D는 과반수지분권자인 A의 결정에 따를 수밖에 없다. 그러나 공유물의 임대행위에 대하여 무조건 과반수의 원칙을 적용하면, 과반수지분권자가 공유물을 어떤 방법으로 누가 관리하고 누가 어느 정도 사용·수익할지, 만약 임대를 한다면 차임을 얼마나 받을지, 임대기간은 얼마로 할지, 만료된 임대기간을 갱신해 줄지 하는 문제를 몽땅 홀로 결정하게 된다. 사례에서 소수지분권자에 불과한 D로서는 A의 임대행위에 대하여 어떤 이의도 할 수 없다. 특히 D로서는 공유물분할을 청구하려고 하여도 현물분할이 거의 가능하지도 않을 뿐만 아니라, 만약 매각분할을 하게 되면 E의 조립식건물이 있는 관계로 저가(低價)로 매각될 가능성이 있어 공유물분할을 청구할 상황도 아니다. 그러므로 공유물의 임대행위는 관리행위로서 과반수지분권자가 마음대로 결정할 수 있다고 하는 태도는 문제가 있다고 하지 않을 수 없다.

만약 A의 임대행위가 무효라면 비교적 간명하게 해결될 여지가 있다. E는 D에게 임차인으로서의 권리를 주장할 수 없으므로, D는 공유물의 보존행위로서 임대차계약을 해지하고, A의 도움 없이도 언제라도 E를 상대로 건물철거 및 토지명도의 소를 제기하여 권리를 행사할 수 있다. 그러나 과반수지분권자에 의한 임대행위를 무조건 무효라고 보는 태도는 현재까지의 판례나 통설에 반할 뿐만 아니라, 또한 E에게 불측의 손해를 줄 가능성이 있다

물론 A가 체결한 임대차계약이 유효하다고 하면 D는 A에게 부당이득반환청구권을 행사할 수 있다. 그러나 D에게 부당이득으로만 만족하라고 하게 되면 소유권과 같은 지분권을 단순한 차임수취권으로 약화시킨다는 비판을 받을 수 있다. 그리고 임대차계약의 임대기간이 만료된 경우에 E가 갑토지상에 건축되어 있는 조립식건물을 철거하지 않고 그대로 계속 거주하고 있어서 E를 상대로 건물철거 및 토지명도를 청구하는 때에 E가 민법 제645조에 따라 지상물매수청구권을 행사하여 만약 E의 지상물매수청구가 인용된다면 직접 임대차계약의 당사자(임대인)로서 계약을 체결한 A만이 그 매수의무자인가, 아니면 임대차계약에 전혀 관여하지 않은 다른 공유자인 D도 그 매수의무자가 되어 전혀 쓸모도 없는 조립식건물 등 지상물을 비싼 대금을 지급하고 매수하여야 하는가 하는 문제가 제기된다.

---

467) 대법원 1966.10.25. 선고 66다1388 판결. 상가건물임대차보호법이 적용되는 상가건물의 공유자인 임대인이 임차인에게 갱신거절의 통지를 하는 경우도 공유물의 관리행위에 해당한다(대법원 2010.9.9. 선고 2010다37905 판결).

결국 공유물의 임대행위에 대하여 과반수의 원칙을 적용하여 과반수지분권자가 임의로 공유물을 임대할 수 있다고 하면 다른 공유자에게 불측의 불이익이 생길 수 있다. 공유물이 공유자의 어느 한 사람이든 제3자이든 누구에겐가 임대되면, 필연적으로 공유자의 공유물에 대한 사용·수익권은 완전히 배제된다. 그러므로 공유물을 이용한다는 측면에만 착안하여 공유물의 임대행위를 항상 관리행위로 보아야 하는지 하는 의문을 제기하지 않을 수 없다(판례는 공유물의 임대행위를 관리행위로 본다468)). 과반수지분권자의 일방적 결정으로 다른 공유자의 사용·수익권을 전적으로 배제한다면 공평하지 못하다. 그러나 다른 한편 공유물의 임대행위만으로 항상 공평성을 결하게 된다고 단정할 수도 없으므로, 과반수지분권자의 일방적인 임대행위를 관리행위로 허용하는 한편, 예외적으로 제한되는 경우를 생각하지 않을 수 없다.

본래 공유물의 관리행위는 공유물의 처분이나 변경에 이르지 아니할 정도로 공유물을 이용·개량하는 행위를 말한다. 그리고 공유물의 이용은 공유물을 그 자체의 경제적 용도에 따라 활용하는 경우를 가리키고, 공유물의 개량은 공유물의 사용가치 내지 교환가치를 증대시키는 경우를 의미한다. 그러므로 관리행위로서의 공유물의 임대행위는 그 사용·수익의 내용이 공유물의 기존의 모습에 본질적 변화를 일으켜 「관리」가 아닌 「처분」이나 「변경」의 정도에 이르러서는 안된다. 예컨대 과반수지분권자라 하여 공유토지를 임대하여 나대지(건물이 없는 빈 대지)에 새로이 건물을 건축하게 한다든지 하는 경우는 분명히 「관리」의 범위를 넘는다.469)

어느 경우에 과반수지분권자의 일방적인 임대행위가 제한되는가? 과반수지분권자의 임대행위에 관하여 관리행위의 한계를 결정짓는데 있어서는 대체로 (i) 다른 공유자에 대하여 지나친 비용을 부담하게 할 가능성이 있는가, (ii) 공유물에 물리적·본질적인 변경(eine wesentliche Änderung)을 가하는가, (iii) 과반수지분권자의 임대행위로 말미암아 지나치게 장기간 사용·수익이 이루어지는가, (iv) 공유물의 본래의 이용목적에 부합하는가 등을 그 기준으로 작용시킬 수 있다.

(i) 사례에서 E가 임대차기간의 만료시 지상물매수청구권(§§643·283·644), 부속물매수청구권(§§646·647)을 행사하는 경우가 생길 수 있다. 만약 E가 지상물매수청구권(혹은 부속물매수청구권)을 행사하면 어떤가? 우선 E에 대하여 지상물매수의무를 직접 부담하는 자는 실제의 「임대인」으로서 갑토지를 임대한 과반수지분권자 A가 되어야 한다. 그리고 지상물에 대한 소유권이전등기청구권을 취득하는 자도 역시 직접 임대를 한 A라고 보아야 한다. 다만 A의 임대행위를 관리행위로 보면, 지상물매수청구권의 행사로 인한 매수비용도 관리비용으로 보아야 하고, 관리비용은 공유자가 그 지분의 비율로 부담하게 되어 있으므로(§266), 임대에 관여하지 않은 D도 직접 임대를 한 A에 대하여 구상의무를 부담한다. 임대에 관여하지 않은 D는 지상물에 대한 소유권이전등기도 받지 못하고, 그 지상물에 대

468) 대법원 1962.4.4. 선고 62다1 판결; 대법원 1966.2.28. 선고 65다2348 판결; 대법원 1966.10.25. 선고 66다1388 판결 등 참고.

469) 대법원 2001.11.27. 선고 2000다33638, 33645 판결.

한 매수비용만 부담하게 되는 결과에 이른다. 결국 공유물의 임대행위에 관여하지 않은 다른 공유자 D에게 지나치게 불리하다. 추후 임대차기간의 만료시에 지상물매수청구 등으로 임대인 아닌 다른 공유자에게도 예기치 못한 매수를 사실상 강제당하거나 비용을 지출하는 등을 강요당할 가능성이 있는 공유물의 임대차계약은 단순한 관리행위로만 보기에는 무리가 있다.

(ii) 본래 공유물에 본질적인 변경을 가하는 행위는 지분의 과반수로 결정할 수 없으므로(민법 제264조에 의하여 다른 공유자 전원의 동의가 필요하다), 임대행위가 공유물의 물리적, 본질적인 변경을 일으킨다면 관리행위로 보기 어렵다. 판례는 공유자의 한 사람이 공유물인 나대지에 건물을 축조하는 경우를 공유물에 본질적인 변경을 가하는 행위로 보고 있다.[470] 사례는 임대행위를 통하여 공유물인 갑토지에 E로 하여금 조립식건물을 건축하게 한 경우이나, 공유자의 한 사람이 공유토지상에 건물을 축조한 경우보다 그 건물철거가 더욱 어려우므로, 오히려 그 변경의 정도는 더 심하다고 할 수 있다.

(iii) 너무나 지나치게 긴 기간을 정한 임대차는 그 자체로 사실상 공유물의 처분에 가까운 효과를 초래하므로, 공유자 전원의 동의를 받아야 한다. 어느 정도의 임대차기간이 다른 공유자에 의한 사용·수익에 영향을 끼치는가를 판단할 때에 민법 제619조가 중요한 기준이 될 수 있다. 사례에서 임대기간 5년은 민법 제619조 제2호의 기간 등을 고려하여 볼 때 지나치게 길다고 할 수는 없으나, D의 사용·수익에 영향을 미치기에 충분한 기간이라고 할 수도 있다.

(iv) 당초 차임의 취득을 목적으로 하지 않던 공유물을 과반수지분권자가 임대하는 행위는 관리행위의 한계를 넘는 행위가 될 가능성이 많다. 사례에서 갑토지가 본래 차임취득을 목적으로 하는 토지인지는 분명하지 않다. 그러나 최소한 D가 임대수입을 올리기 위하여 갑토지의 지분을 취득하지 아니한 사실만큼은 확실하다. D는 갑토지 중 자신의 지분에 해당하는 부분을 분할하여 그 지상에 건물을 지을 계획을 가지고 있었으나, A의 임대행위로 인하여 갑토지에 대한 이용목적이 완전히 박탈된 경우로 보아야 하므로, 당초의 공유목적에 배치된다고 판단할 수 있다.

사례에서 A의 임대행위는 어느 모로 보나 관리행위의 한계를 넘는다. 그러므로 과반수지분권자에 불과한 A가 단독으로 한 임대차는 효력이 없다(공유물의 처분·변경에는 공유자 전원의 동의가 필요하다). 그렇다면 D는 AE의 임대차계약이 무효라는 사정을 내세워 E에 대하여 단독으로 공유물(갑토지) 전부의 인도를 청구할 수 있는가? 판례나 학설은 각 공유자는 단독으로 갑토지의 인도를 청구할 수 있고, 인도를 구할 수 있는 범위는 갑토지 전체가 된다고 본다.[471] 다만 D가 단독으로 갑토지의 인도를 청구할 수 있는 근거에 관하여는 몇 가지 논의가 있다. 학설상으로는 각 공유자의 반환청구권은 그 지분에 기하여 당연히 생기므로 보존행위와는 상관이 없고, 불가분채권에 관한 규정을 유추적용하여야 한다

470) 대법원 2001.11.27. 선고 2000다33638, 33645 판결. 예컨대 독일판례는 공유의 자갈길을 포장하거나 바닥을 까는 행위조차 공유물에 본질적인 변화를 초래하는 행위라고 본다.

471) 대법원 1969.3.4. 선고 69다21 판결; 대법원 1968.1.23. 선고 67다2033 판결.

는 견해(불가분채권설이라고 부르며, 공유자의 방해배제청구권 내지 인도청구권은 수인의 채권자가 있는 불가분채권이므로, 각 공유자는 모든 공유자를 위하여 단독으로 청구할 수 있다는 견해이다)와 각 공유지분권자는 지분권에 기하여 단독으로 공유물 전체의 인도청구를 할 수 있다는 견해(지분권설이라고 부르며, 지분권은 1개 독립의 소유권인 성질을 가지고, 각 공유자는 지분에 응하여 공유물의 전부를 사용·수익할 권능을 가지고 있으므로, 공유물에 대하여 사용·수익할 권능이 침해된 때에는 각 공유자는 지분권에 기하여 침해행위 전부의 금지를 청구할 수 있다는 견해이다)가 있다. 그러나 판례는 D가 단독으로 건물철거를 구할 수 있는 권원을 보존행위에서 찾고 있다. 판례와 같이 보존행위설이 타당하다고 보며, D는 「보존행위로서」 공유물을 불법으로 점유하고 있는 E에 대하여 갑토지 전체의 인도를 청구할 수 있다고 해석된다.

D는 E에 대하여 부당이득반환을 청구할 수 있는가? 만약 A의 임대행위가 관리행위로서 유효하다면, E의 점유는 유효한 임대행위에 터잡은 적법한 점유이므로, D에 대하여 법률상 원인 없이 이득을 얻고 있다고 볼 수 없다. 그러나 사례에서 A의 임대행위는 무효이므로, D는 단독으로도 E에게 갑토지의 사용으로 인한 차임 상당의 부당이득액의 반환을 청구할 수 있다. 물론 D는 자신의 지분범위 내에서만 부당이득반환을 구할 수 있다.

c) 공유물의 보존행위

(가) 서언

공유물의 보존행위는 각자가 할 수 있다(§265 단서). 보존행위란 공유물의 멸실·훼손을 방지하고 그 현상을 유지하기 위하여 하는 사실적·법률적 행위로서 공유자 모두를 위하여 이익이 되는 행위를 말한다. 공유물이 자동차라면 고장의 수리나 정기점검 등이 해당한다. 그리고 공유에 속한 과수원의 사과나무에 벌레가 있는 경우에 그 소독작업을 각 공유자가 단독으로 할 수 있다. 그러나 어느 공유자가 보존행위를 하는 때에 그 행사의 결과가 다른 공유자의 이해와 충돌될 때에는 보존행위로 될 수 없다.

(나) 판례에 나타난 구체적인 예

판례를 보면 공유물에 대한 보존행위로 인정한 예로 아래와 같은 경우가 있다.

(i) 공유지분권자는 공유물 전부에 대하여 보존행위로서 방해배제청구를 할 수 있다.[472] 예컨대 공유자 중 한 사람은 단독으로 공유인 토지를 보존하기 위하여 그 토지 위에 있는 불법건물의 철거를 청구할 수 있다.

(ii) 부동산공유자의 한 사람은 부동산에 관하여 제3자 명의로 원인무효의 소유권이전등기가 마쳐져 있는 경우에 공유물에 관한 보존행위로서 제3자에 대하여 그 등기 전부의 말소를 구할 수 있다.[473]

(iii) 부동산공유자의 한 사람은 보존행위로서 그 공유물에 관한 원인무효등기 전부의 말소를 구할 수 있다.[474] 부동산공유자 중 한 사람이 공유물에 행한 원인무효의 등기에 관하여 각 공유자에게 해당하는 지분별로 진정명의회복을 원인으로 한 소유권이전등기를

472) 대법원 1968.9.17. 선고 68다1142, 68다1143 판결.
473) 대법원 1993.5.11. 선고 92다52870 판결.
474) 대법원 2005.9.29. 선고 2003다65140 판결.

이행하라고 단독으로 청구할 수 있는가? 진정명의회복을 원인으로 한 소유권이전등기청구권과 무효등기의 말소청구권은 어느 경우에나 진정한 소유자의 등기명의를 회복하기 위한 권리로서 실질적으로 그 목적이 동일하고 두 청구권 모두 소유권에 기한 방해배제청구권으로서 그 법적 근거와 성질이 동일하다. 그러므로 공유자 중 한 사람은 단독으로 공유물에 마쳐진 원인무효의 등기에 관하여 진정명의회복을 원인으로 한 소유권이전등기를 각 공유자에게 지분별로 이행하기를 청구할 수 있다.[475)]

(iii) 공유자가 다른 공유자의 지분권을 대외적으로 주장하는 경우에는 공유물의 멸실·훼손을 방지하고 공유물의 현상을 유지하는 사실적·법률적 행위인 공유물의 보존행위에 속한다고 할 수 없다.[476)]

A는 ABC 3인이 함께 구입한 자동차를 혼자서 독점하고는 자기의 여자친구와 타고 돌아 다녔다. BC는 A에 대하여 지분권에 기하여 자동차의 인도를 청구할 수 있는가?

공유자간에 공유물을 사용·수익할 구체적 방법을 정하는 경우는 공유물의 관리에 관한 사항이므로, 공유자는 지분과반수의 결의에 의하지 않은 이상 자의로 배타적인 사용을 할 수 없다. 사례에서 자동차의 사용방법은 공유물의 관리에 관한 사항으로서 공유자의 지분의 과반수로 결정하여야 한다. A가 혼자서 자동차를 독점하고 있는 행위는 공유물의 관리에 관한 합의에 따른 경우가 아니므로, 다른 공유자의 지분권에 대한 침해가 된다. 그러나 개개의 공유자는 원래 자신의 지분의 범위 내에서는 공유물 전체를 사용할 권리를 가진다. 그러므로 BC는 지분권을 침해당하고 있다고 하더라도, A에 대하여 당연히 공유물 전체의 인도를 청구할 수는 없다고 보아야 한다(예컨대 BC의 지분이 12분의 11에 달한다고 하더라도 마찬가지이다). BC로서는 지분권의 침해를 이유로 하는 손해배상의 청구를 하거나, A의 지분비율을 초과하는 사용·수익에 대한 부당이득반환청구 등 금전적인 청구권의 실현에 의하여 만족을 받거나, 또는 공유물의 관리에 관한 협의를 공유자간에 행하거나 방해배제청구의 방법으로 자신의 지분의 범위 내에서 다른 소수지분권자가 점유중인 공유물을 공동으로 사용하기를 청구할 수밖에 없다. 만약 어떤 방법으로도 수습이 되지 않는 때에는 결국 공유물분할로 해결하여야 하지 않을까? 예컨대 BC는 A에 대하여 각자의 지분에 해당하는 가격의 배상을 청구하여 공유관계로부터 탈퇴할 수 있다.

판례의 입장은 다르다. 우선 판례는 공유자의 한 사람은 다른 공유자와의 협의 없이는 공유물을 배타적으로 점유하여 사용·수익할 수 없다고 본다.[477)] 그러므로 예컨대 공유물의 2분의 1 지분권자가 나머지 2분의 1 지분권자와 협의 없이 공유물을 배타적으로 독점사용하는 경우에 나머지 지분권자가 배타적 사용의 배제를 청구할 수 있다고 인정한다(공

475) 대법원 2005.9.29. 선고 2003다40651 판결.

476) 대법원 1994.11.11. 선고 94다35008 판결.

477) 대법원 1994.3.22. 선고 93다9392, 9408 판결.

유물의 보존행위라고 본다[478]). 심지어 공유지분이 과반수에 미달하는 공유자도 공유물의 보존행위로서 다른 공유자와의 협의 없이 공유물을 배타적으로 점유·사용하고 있는 다른 공유자에 대하여 공유물의 인도나 명도를 구할 수 있다고 본다.[479]) 판례에 의하면 사례에서 BC는 각자 A에 대하여 배타적 사용의 배제와 자동차의 인도를 청구할 수 있다(물론 BC는 A의 단독사용에 따른 이익 중 각자의 지분에 해당하는 이익에 대하여 부당이득반환청구를 할 수도 있다).

다) 공유물의 처분·변경

공유자는 공유물을 처분하거나 변경할 때에는 다른 공유자의 동의를 얻어야 한다(§264). 공유물의 처분·변경행위란 보존행위나 관리행위를 넘어 물건이나 권리의 성질을 변하게 하는 행위를 말한다. 예컨대 토지의 형질을 바꾸어 농지를 대지나 주차장으로 바꾸거나(공유물인 토지가 도로보다 낮아 높이는 공사를 하는 때에는 관리행위이다), 나대지에 새로이 건물을 건축하거나,[480]) 컴퓨터(데스크 탑)를 팔고 노트북을 구입하는 경우가 공유물의 처분·변경에 해당한다. 역시 공유물에 대한 지상권이나 전세권과 같은 용익물권의 설정도 처분행위로서의 성질을 가진다.

> AB가 각 2분의 1의 비율로 공유하는 갑토지가 있었는데, A가 단독으로 갑토지 전부를 C에게 매도하고 C 앞으로 소유권이전등기를 마쳤다. C의 소유권이전등기는 유효한가?

A가 갑토지를 매도하는 행위가 공유물의 처분행위에 해당하는가? 만약 공유물의 처분행위라고 하면 다른 공유자인 B의 동의를 얻어야 한다. 그러나 사례를 보면 A가 갑토지 전부를 매도하고 소유권이전등기를 마친 경우라고 하더라도 C가 갑토지 전부에 대한 소유권을 취득할 수 없다(A는 단지 자기의 공유지분의 범위 내에서만 권리를 가지고, 나머지 지분에 대하여는 비권리자이므로, 당연히 비권리자로부터는 부동산물권이 이전될 수 없기 때문이다). 그리고 어차피 C가 갑토지 전부에 대한 소유권을 취득하지 못하는 한, 사례는 A가 민법 제263조에 의하여 자기의 지분을 처분한 경우로 볼 수 있다(한편 B의 지분부분에 대하여는 타인의 권리에 대한 매매가 되므로, A는 민법 제569조에 의한 의무를 부담하고, C는 A에 대하여 민법 제572조에 의한 담보책임을 물을 수 있다). 그러므로 A의 처분행위에 의하여 갑토지에 BC의 공유관계가 새롭게 성립한다고 볼 수 있을 뿐이지, C의 소유권이전등기가 전부 무효라고 볼 수는 없다. 결국 C의 소유권이전등기는 A의 공유지분의 범위 내에서는 실체관계에 합치하는 유효한 등기라고 보아야 한다.[481]) B는 단지 자기의 지분에 대하여만 말소를 청구할 수 있을 뿐이고, 공유물의 보존행위로서 C 명의의 소유권이전등기 전부에 관한 말소를 구할 수 없다.

---

478) 대법원 2003.11.13. 선고 2002다57935 판결.

479) 대법원 1996.12.23. 선고 95다48308 판결.

480) 대법원 2001.11.27. 선고 2000다33638, 33645 판결.

481) 대법원 2008.4.24. 선고 2008다5073 판결.

만약 공유물이 동산이라면 어떤가? C는 A의 공유지분의 범위 내에서는 유효하게 소유권을 취득하고, B의 지분부분에 대하여는 선의취득을 할 수 있다.

라) 공유물의 부담

공유자는 그 지분의 비율로 공유물의 관리비용, 그 밖의 의무를 부담한다(§266 I). 예를 들어 공유하는 토지의 재산세, 공유하는 공작물의 하자로 인하여 제3자가 입은 손해에 대하여 민법 제758조의 책임을 공유자가 부담하는 경우에 그 손해배상액, 공유하는 토지의 불법점유자를 배제하기 위하여 필요한 비용을 각 공유자는 그 지분에 따라서 부담하여야 한다. 만약 공유자가 1년 이상 관리비용, 그 밖의 의무의 이행을 지체한 때에는 다른 공유자는 상당한 가액으로 그 공유자의 지분을 매수할 수 있다(§266 II).

3) 내부관계에서 지분권의 주장

지분권은 대내관계에서는 보통의 소유권과 동일한 효력이 있다. 각 공유자는 단독으로 다른 공유자에 대하여 자기의 지분을 주장하거나 자기의 지분을 다투는 공유자만을 피고로 하여 자기의 지분권의 확인을 구할 수 있다. 가령 AB가 공유하는 토지를 B가 단독으로 등기한 경우에 A는 지분에 기한 물권적 청구권을 행사하여 단독명의를 공유명의로 고쳐서 자기의 지분을 표시하는 등기를 하도록 청구할 수 있다. 다른 공유자가 자기의 비율에 따르는 공유물의 사용을 방해하는 경우에 지분의 비율에 따른 물권적 청구권을 행사할 수 있다.

4) 지분권의 양도

각 공유자는 그 지분권을 자유로 양도할 수 있다(§263). 하나의 부동산을 여러 사람이 공유하는 경우에 각 공유자는 그 소유의 지분을 자유롭게 처분할 수 있다. 또한 지분권을 담보로 제공하거나 포기할 수 있다.

> ABC 3인이 갑토지를 각 3분의 1 지분을 가지고 공유하고 있었는데, ABC 전원이 갑토지에 대한 각 그 소유지분 전부를 형식상 하나의 매매계약에 의하여 동일한 매수인 D에게 매도하였다(ABC와 D는 매매대금을 2억원으로 정하고, D는 갑토지 위에 건물을 건축할 목적으로 갑토지를 매수하였다). 그런데 D가 AB에 대하여는 매매대금 중 그 공유지분에 상응하는 대금 전액을 지급하였으나, C에 대하여는 그 매매대금 중 일부를 지급하지 않았다. C는 혼자서 D의 매매대금의 미지급을 이유로 그 공유지분에 대한 매매계약을 해제할 수 있는가?

하나의 부동산을 여러 사람이 공유하는 경우에 각 공유자는 각 그 소유의 지분을 자유로이 처분할 수 있다. 다만 공유자 전원이 공유물에 대한 그 소유지분 전부를 매도하는 계약을 형식상 하나의 매매계약으로 맺는 경우가 있고, 그 경우에는 그 매매계약의 성질이 문제된다. 특별한 사정이 없는 한, 실질상 각 공유지분별로 별개의 매매계약이 성립한 경우로 새길 수 있다. ABC 각자에게 별개로 매매계약이 체결된 경우라고 하면 일부의 공유자가 매수인의 매매대금지급의무의 불이행을 원인으로 하여 그 공유지분에 대한 매매계약을 해제할 수 있으므로, C는 단독으로 그 공유지분에 상응하는 매매계약을 해제할 수 있다. 그러나 ABC와 D의 의사표시에 의하여 각 지분에 관한 소유권이전의무, 대금지급의무를 불가분으로 하는 특별한 사정이 인정되는 경우라면 하나의 매매계약으로 이해하여야 하는 경우도 있다. 만약 하나의 매매계약이라고 하면 C가 혼자서 자기의 공유지분에 상응하는 매매계약의 부분만을 해제할 수는 없다.

사례를 자세하게 살펴보면 매매대금을 매도인별로 특정하지 아니한 채 공유물 전체에 관하여 하나의 금액으로 결정된 사정, D가 갑토지 위에 건물을 신축하려고 갑토지를 매수한 경우로 매수목적상 갑토지에 대한 각 공유지분이 불가분의 관계에 있다는 사정이 인정된다. 그러므로 ABC와 D 사이의 매매계약은 당사자의 의사표시에 의하여 각 지분에 관한 소유권이전의무, 대금지급의무를 불가분으로 하는 실질상으로도 하나의 매매계약이라고 할 수 있다. 결국 ABC 중 한 사람이 그의 지분비율에 상응하는 매매대금 중 일부를 매수인으로부터 지급받지 못하였다 할지라도 그 이유로 자신의 지분에 관한 매매계약의 부분만을 해제할 수는 없다. 매매계약 전체에 대한 해제의 의사표시는 ABC 전원이 하여야 한다(해제의 불가분성이다).

(3) 공유의 외부관계

1) 지분권의 대외적 주장

지분권은 공유자 이외의 자에 대한 관계에서도 보통의 소유권과 동일한 효력이 있다. 공유자는 제3자가 자기의 지분을 부인하는 경우에 그 제3자에 대하여 단독으로 지분권의 확인을 구할 수 있다. 또한 AB가 공유하는 토지의 점유를 제3자 C가 방해하는 경우에 A는 단독으로 C에 대하여 공유물 전부에 대한 방해의 제거를 청구할 수 있다. 점유침탈의 경우에도 공유자의 1인인 점유자는 단독으로 자기에게 공유물 전부의 인도를 청구할 수 있다고 본다. 예컨대 AB가 공유하는 그림을 C가 훔쳐서 점유하고 있는 경우에 A는 단독으로 C에 대하여 자기에게의 목적물의 반환을 청구할 수 있다. 다만 공유자의 1인에 의한 반환청구권의 인정근거에 대하여는 불가분채권설, 보존행위설, 지분권설이 대립한다. 학설상으로는 불가분채권에 관한 규정을 유추적용하려는 견해가 통설이다. 다만 판례는 대부분 보존행위에서 그 근거를 구하고 있다.[482)]

2) 공유관계의 대외적 주장

공유자가 단독으로 공유자 전원을 위하여 취득시효를 중단하거나 소유권의 확인을 구하거나 등기를 청구할 수 있다면 실제로 대단히 편리한 경우가 많다. 그러나 통설은 공유관계의 시효중단·확인청구·등기청구를 공유자 전원이 공동으로 하여야 한다고 본다. 또한 공유물의 점유를 침탈당하거나 방해를 당한 경우에 공유자가 전체로서 가지는 공유관계에 기하여 반환·방해제거를 청구하는 때에는 언제나 공유자 전원의 공동을 필요로 한

---

482) 대법원 1966.4.19. 선고 65다2033 판결.

다고 본다.[483)]

(4) 공유물의 분할

1) 분할청구의 자유

(a) 의 의

각 공유자는 원칙적으로 언제나 공유물의 분할을 청구할 수 있다(§268 I). 예컨대 ABC는 공유하는 토지를 셋으로 분필하여 단독의 소유로 할 수 있다. 다만 건물을 구분소유하는 경우의 공용부분(§215), 경계선상의 경계표(§239)에 관하여는 공유자의 일방적 청구에 의한 분할이 인정되지 아니한다(§268 III).

분할청구의 자유는 지분권의 자유양도성과 함께 물권법상 공유가 가지는 커다란 특색이다. 왜 공유에는 분할의 자유가 인정되는가? 본래 공유에 있어서 공유자는 서로 경제적으로 보아 불이익한 상태에 놓이게 된다. 보통 각 공유자는 다른 공유자와 의견이 합치하지 않으면 목적물을 충분히 이용·개량할 수 없고, 자기의 단독소유만큼 그 물건에 대하여 애착을 느끼지 못하여 그 이용·개량에 열정을 가지지 않는 경우가 많다. 그러므로 공유는 될 수 있는 한 조기에 단독소유로 바꿀 필요가 생기므로, 언제든지 단독소유로 할 수 있는 분할의 자유가 인정된다.

(b) 분할금지계약

물론 공유자는 분할금지의 특약을 할 수 있으나, 그 기간이 5년 내로 제한된다(§268 I 단서). 다만 분할금지계약의 갱신은 가능하고, 갱신한 날로부터 5년을 초과할 수 없다(§268 II). 분할금지계약의 효력은 지분권의 승계인도 구속하나, 부동산의 경우에는 분할금지계약의 등기를 요한다[484)]

2) 분할의 방법

(a) 서 언

공유자가 공유물의 분할을 청구한 경우에는 공유자 사이에 구체적으로 분할을 실현하는 법률관계가 야기된다. 각 공유자는 분할의 협의를 하여야 할 의무를 부담하고, 협의가 성립하지 않을 경우에 분할청구를 하는 공유자는 법원에 그 분할의 실현을 청구할 수 있다. 그리고 분할방법에는 대표적으로 현물분할, 대가분할, 가격배상 등이 있다.

(b) 협의분할

협의가 성립한 경우에는 분할의 방법에 제한이 없다. 예를 들어 현물분할(공유물을 그대로 분량적으로 나누는 방법으로 공유물분할방법의 원칙이다), 대가분할(공유물을 매각한 대금을 분할하는 방법이다), 가격배상(공유자의 1인이 단독소유권을 취득하고 다른 공유자에게 가격을 지불하는 방법이다), 혼합방법이 가능하다.

---

483) 대법원 1961.12.7. 선고 4293민상306, 307 판결.

484) 부기등기로 하여야 한다(부동산등기법 §67 I 후단·52).

(c) 재판상 분할

> 갑부동산에 관하여 A가 10분의 5, B가 10분의 3, C가 10분의 2의 각 비율로 공유하고 있었다. ABC는 갑부동산의 분할에 관한 협의를 진행하였으나, 합의에 이르지 못하여 결국 법원에 그 분할을 청구하였다. 법원은 갑부동산에 대하여 어떤 분할방법을 선택하여야 하는가?

공유물의 분할에 관한 협의가 성립하지 않는 경우에는 그 분할을 법원에 청구할 수 있다(§269 I). 재판상의 분할에서는 현물분할이 원칙이다. 물론 각 공유자의 지분에 따른 합리적인 분할을 할 수 있는 한 원칙적으로 현물분할을 하여야 한다. 현물분할이란 각 공유자의 지분비율(원칙적으로 지분에 따른 가액(교환가치)의 비율을 말한다)에 따라서 공유물을 현물 그대로 여러 개의 물건으로 분할하고, 분할된 물건에 대하여 각 공유자의 단독소유권을 인정하는 방법이다. 물론 토지를 현물분할하는 경우에는 원칙적으로는 각 공유자가 취득하는 토지의 면적이 그 공유지분의 비율과 같도록 하여야 한다. 그러나 현물분할의 방법에 대하여는 비교적 유연한 대응이 인정된다(심지어 법원은 공유물분할을 청구하는 자가 구하는 방법에 구애받지 아니하고 자유로운 재량에 따라 합리적인 분할을 하면 된다). 토지의 면적이 반드시 지분비율과 일치하는 방법으로만 분할하여야 하지는 아니하고, 토지의 형상이나 위치, 그 이용상황이나 경제적 가치가 균등하지 아니할 때에는 제반사정을 고려하여 경제적 가치가 지분비율에 상응하도록 합리적인 분할을 하는 경우도 허용된다.

분할된 현물의 가격에 과부족이 생긴 때에는 금전지급에 의한 조정도 인정된다. 역시 공유물이 여러 개의 부동산으로 구성된 경우에는 각 부분을 단독소유로 하고, 과부족이 생긴 때에는 금전으로 조정할 수 있다. 또한 여럿의 공유자의 1인이 분할을 청구한 때에는 분할청구를 하는 자의 지분의 한도에서 현물을 분할하고, 나머지는 다른 공유자의 공유로 남겨두어도 상관없다.

공유물을 공유자의 1인의 단독소유(여러 사람의 공유로 할 수도 있다)로 하되 현물을 소유하게 되는 공유자로 하여금 다른 공유자에 대하여 그 지분의 적정하고도 합리적인 가격을 배상시키는 방법에 의한 분할, 즉 「전면적 가격배상」도 현물분할의 하나로 허용된다.[485] 다만 전면적 가격배상을 하기 위해서는 (i) 제반사정(예컨대 공유관계의 발생원인과 공유지분의 비율 및 분할된 경우의 경제적 가치, 분할방법에 관한 공유자의 희망 등이 포함된다)을 종합적으로 고려하여 특정의 공유자에게 단독소유를 취득시켜야 상당하다고 인정되고, (ii) 지분가격의 배상으로도 공유자간의 실질적인 공평을 해치지 않는다(가격이 적정하게 평가되어야 하고, 공유물을 취득하는 자에게 지급능력이 있어야 한다)고 인정되는 특별한 사정이 있어야 한다. 예컨대 공유자의 한 사람이 장기간 거주하여 분할불능한 주택이 공유물분할의 대상이 되는 경우에는 전면적 가격배상이 인정되어야 할 필요성이 크다.

현물분할이 물리적으로 불가능하거나, 현물분할을 하게 되면 현저하게 그 가격을 손상

485) 대법원 2004.10.14. 선고 2004다30583 판결.

할 염려가 생겨서 현물분할을 할 수 없는 경우도 있다. 현물분할을 할 수 없는 때에는 법원은 대금분할을 할 수 있다. 다만 대금분할을 하기 위하여 「현물로 분할할 수 없다」는 요건은 물리적으로 엄격하게 해석할 필요는 없고, 역시 비교적 유연한 대응이 허용된다. 예컨대 공유물의 성질, 위치나 면적, 이용상황, 분할 후의 사용가치 등에 비추어 보아 현물분할이 곤란하거나 부적당한 경우에도 대금분할이 인정된다. 또한 「현물로 분할을 하게 되면 현저히 그 가액이 감손될 염려가 있는 경우」라는 요건에서도 공유자의 한 사람이라도 현물분할에 의하여 단독으로 소유하게 될 부분의 가액이 분할 전의 소유지분의 가액보다 현저하게 감손될 염려가 있는 경우도 포함한다.

3) 분할의 효과

(a) 공유관계의 소멸

공유물분할에 의하여 공유관계는 소멸한다. 공유물분할의 법률적 성질은 지분의 교환·매매에 해당한다. 공유물의 현물분할은 각 공유자가 종래 가지고 있던 지분을 교환한 경우가 되고, 가격배상에 의한 분할은 지분의 매매가 된다.

(b) 비소급의 원칙

공유물분할의 효과는 소급하지 아니하고, 유산분할에 대하여만 소급효가 있다(§1015).

(c) 각 공유자의 담보책임

각 공유자는 다른 공유자가 분할에 의하여 취득한 물건에 대하여 지분의 비율로 매도인과 같은 담보책임을 부담한다(§270). 각 공유자는 협의분할의 경우이든 재판상 분할의 경우이든 대금감액·손해배상에 관한 담보책임을 부담하지만, 해제(재분할)는 협의에 의한 분할의 경우에만 가능하고 재판상의 분할의 경우에는 허용되지 아니한다(통설).

(d) 공유지분 위에 설정된 저당권의 운명

> ABC 3인의 공유인 갑토지에 관하여 A의 지분 위에 D의 저당권이 설정되었다. 만일 공유토지가 분할되면 저당권자 D는 어떤 지위를 가지는가?

A가 공유물의 전부를 취득하고, BC에게 가격을 배상한 경우에는 A의 지분은 혼동에 의하여 소멸하지 않고 담보물권의 객체로서 존재하여 D의 저당권은 당연히 A가 가지고 있는 지분권의 범위에서 존속한다. 만약 ABC 3인이 각자 현물로 토지를 분할한 경우에는 A의 공유지분 위에 성립한 D의 저당권은 A에게 할당된 토지 위에 집중되는가? 판례는 공유지분 위에 설정된 저당권은 특단의 합의가 없는 한 공유물분할이 된 뒤에도 종전의 지분비율대로 공유물 전부 위에 그대로 존속하고 저당권설정자인 A 앞으로 분할된 부분에 당연히 집중되지는 않는다고 본다(이른바 「집중부정설」을 취한다).[486] 그러므로 D의 저당권은 토지가 현물분할된 후에도 종전의 지분비율대로 토지 전부의 위에, 즉 ABC가 분할받은 각 토지의 3분의 1 지분 위에 그대로 존속한다. 그리고 공유물의 분할에 의하여 저

486) 대법원 1989.8.8. 선고 88다카24868 판결.

당토지를 A 이외의 제3자가 취득하고 A는 지분권의 가격을 취득한 경우에는 저당권자 D는 물상대위(목적물의 멸실·훼손·공용징수로 인하여 그 목적물에 갈음하는 금전 기타의 물건이 목적물소유자에게 귀속하게 된 경우에 제한물권이 목적물에 갈음하는 금전 기타의 물건 위에 존속하는 성질을 말한다)의 규정(§§342·370)에 의하여 그 가격 위에 권리를 행사할 수 있다.

3. 합 유

(1) 합유의 의의

여러 사람이 「합수적 조합」[487]으로서 1개의 물건을 공동으로 소유하는 경우가 있다. 민법 제271조 제1항은 "법률의 규정 또는 계약에 의하여 여러 사람이 조합체로서 물건을 소유하는 때에는 합유로 한다"고 규정하고 있다. 합유도 공동소유의 한 형태이다.

조합이란 여러 사람이 동일목적을 위하여 결합되어 있는 결합체이나, 아직 단일한 활동체로서의 단체의 체제를 갖추지 못한 여러 사람의 인적 결합체를 가리킨다. 조합은 단체로서의 독립성보다는 그 구성원의 개성이 전면에 나타난다는 측면에서 단체로서의 독립성이 강조되는 권리능력 없는 사단과 구별된다. 그러므로 조합의 소유형태는 「합유」로 권리능력 없는 사단의 총유와 다르다. 또한 합유는 물건을 지분에 의하여 소유한다고 하는 측면에서 공유와 같지만, 원칙적으로 합유지분의 처분의 자유가 인정되지 아니하고, 합유물의 분할이 금지된다는 측면에서 공유와 다르다.

(2) 합유에 해당하는 경우

1) 조합재산

> ABC 3인이 공동으로 D로부터 갑부동산을 매수하였다. 갑부동산에 대하여 ABC 사이에 어떤 법률관계가 성립하는가?

여러 사람이 부동산을 공동으로 매수한 경우에 매수인 사이의 법률관계는 우선 공유관계로 될 수 있다. 만약 ABC가 단순한 공동매수인에 불과하다면 그 법률관계는 공유관계가 되므로, 매도인은 매수인 여러 사람에게 그 지분에 대한 소유권이전등기의무를 부담한다.

부동산을 매수한 후 다른 사람에게 전매하여 그 이익금을 출자비율에 따라 분배하기로 하는 내용의 동업계약을 체결한 후 여러 사람의 매수인이 매도인으로부터 부동산을 매수하는 경우도 있다. 만약 ABC 3인이 동업계약에 따라서 조합을 구성한 후 갑부동산을 공동으로 매수하고 소유권이전등기를 마친 경우라고 하면 그 여러 사람을 조합원으로 하는 조합체에서 매수한 경우로 된다. ABC가 조합체로서 매수한 때에는 D는 소유권 전부의

487) 「合手的 組合」이란 동일한 목적 밑에 결합되어 아직 단일적 활동체로서 단체의 체제를 갖추지 못한 수인의 결합체를 의미한다. 「合手的」(zur gesamten Hand)이라는 말은 게르만법상의 상징적 부동산양도행위에 기인한다. 부동산양도에 있어서 지배권의 상징으로써 지푸라기(festuca)를 주고 받는 방식이 있었는데, 지푸라기를 주고받을 때에 전원의 손이 그 지푸라기를 잡고 받아야 한다는 의미에서 「合手的」이라고 일컫는다.

이전의무를 그 조합체에 대하여 부담한다. ABC 3인이 상호출자하여 공동사업을 경영할 목적으로 하는 조합이 조합재산으로서 부동산의 소유권을 취득하면 민법 제271조 제1항의 규정에 의하여 그 부동산은 당연히 그 조합원의 합유로 된다.

사례에서 ABC 3인이 동업계약을 체결하여 갑부동산을 매수한 후에 갑부동산을 조합원의 합유로 등기하지 않고 조합원 중의 1인인 A의 명의로 소유권이전등기하면 어떤가? ABC로 구성된 조합체가 그 조합원에게 명의신탁한 경우로 보아야 한다. A 명의의 소유권이전등기는 부동산실명법에 위반되어 무효이므로, 결국 A는 자기 명의의 소유권이전등기를 말소할 의무가 있다.

2) 수인을 수탁자로 하는 신탁재산

신탁법상 수탁자가 여럿인 경우에 그 신탁재산은 합유가 된다(신탁법 §50 I). 그러나 신탁법상의 신탁이 아닌 명의신탁에서는 수탁자가 여럿이 있더라도 합유가 아니라 공유라고 본다.[488)]

(3) 합유지분의 처분과 합유물의 분할금지

1) 합유지분의 처분

합유지분이란 합유물에 대한 합유자의 권리를 가리킨다. 합유지분의 비율은 조합계약으로 정하고, 조합계약에 의한 약정이 없는 때에는 출자가액에 비례하여 정한다(§711 I).

합유자는 전원의 동의 없이 합유물에 대한 지분을 처분하지 못한다(§273 I). 합유자는 전원의 동의가 없는 이상 지분매매도 할 수 없다. 전원의 동의가 있으면 합유지분을 처분할 수 있는가? 학설상으로는 합유지분의 처분은 합유의 성질에 위배되어 전원의 동의가 있더라도 합유지분을 처분할 수 없다고 보고, 민법 제273조 제1항은 입법상의 잘못으로 이해하는 견해가 있다. 그러나 판례는 합유자 전원의 동의가 있으면 합유지분의 처분이 가능하다고 해석하고 있다.[489)]

2) 합유물의 분할금지

합유자는 합유물의 분할을 청구하지 못한다(§273 II). 그러므로 합유자는 합유재산의 분할은 물론, 개개의 합유물의 분할을 통하여 합유관계를 종료하게 할 수 없다. 다만 합유물의 분할금지를 규정하고 있는 민법 제273조 제2항은 임의규정이므로, 합유자는 합유물을 분할할 수 있게 하는 특약을 할 수 있다.

(4) 합유물의 관리행위

1) 합유물의 처분·변경

(a) 서 언

합유물의 처분·변경에는 합유자 전원의 동의가 있어야 한다(§272 본문). 예컨대 AB로

---

488) 대법원 1967.1.31. 선고 66다2334 판결.

489) 대법원 1970.12.29. 선고 69다22 판결.

구성된 조합이 건물에 관한 공유지분을 B에게 명의신탁한 경우에 명의신탁을 해지하는 행위는 조합재산의 관리방법의 변경에 해당되는 행위로서 단순한 보존행위라고 볼 수 없으므로, 조합원의 한 사람에 불과한 A로서는 단독으로 명의신탁을 해지할 수 없다.[490]

(b) 민법 제272조와 민법 제706조 제2항의 관계

조합재산의 처분·변경에 관하여 민법 제706조 제2항은 조합원 또는 업무집행자의 과반수로 결정한다고 규정하고 있으나, 민법 제272조는 합유물의 처분·변경은 합유자 전원의 동의가 있어야 한다고 규정하고 있다. 민법 제706조 제2항에 의하면 조합의 업무집행은 조합원의 과반수로 결정하고, 업무집행자가 여러 사람인 때에는 그 과반수로 결정한다고 규정하고 있으므로, 조합의 업무집행에 해당하는 조합재산의 처분·변경은 조합원 혹은 업무집행자의 과반수로 결정할 수 있다. 그러나 민법 제272조를 적용하면 조합원의 합유에 속하는 합유물인 조합재산의 처분·변경은 합유자인 조합원 전원의 동의가 있어야 한다.

민법 제272조와 민법 제706조 제2항 두 조문 사이의 충돌 내지 모순을 어떤 방법으로 풀 수 있을까? 물권편에서 규정하고 있는 민법 제272조와 채권편에서 규정하고 있는 민법 제706조 제2항과의 관계에 관하여는 여러 가지 견해가 있다. 대표적인 학설을 소개하면 아래와 같은 견해가 있다.

(i) 민법 제706조 제2항은 조합재산에 속한 물건의 처분이 조합의 업무집행에 속하는 경우에 관한 특별규정으로 보고, 조합재산의 처분이 조합의 업무집행에 해당하지 않는 때에는 민법 제272조에 의하여 조합원 전원의 합의가 필요하다고 보는 견해가 있다.

(ii) 업무집행조합원이 있는 때에는 민법 제706조 제2항 후단이 적용되며, 업무집행조합원이 없는 경우에 조합의 합유물을 처분 또는 변경함에는 민법 제272조가 적용되고 합유물의 처분·변경을 제외한 특별사무(보존과 같은 통상사무는 민법 제706조 제3항이나 민법 제272조 단서에 의하여 규율된다)에 관하여는 민법 제706조 제2항 전단이 적용된다고 두 조항의 관계를 새긴다면 민법 제272조와 민법 제706조 제2항, 제3항 사이의 모순이나 충돌이 모두 사라진다는 견해가 있다. 요컨대 업무집행조합원이 따로 없는 때에는 합유물의 처분이나 변경에 대하여는 민법 제272조(합유자 전원의 동의가 있어야 한다), 기타의 조합업무에 관하여는 민법 제706조 제2항 전단(조합원의 과반수로써 결정할 수 있다), 특별히 보존행위에 관하여는 민법 제706조 제3항(민법 제272조 단서도 같은 내용이며, 단독으로 할 수 있다)이 적용되게 된다.

2) 합유물의 보존행위

합유물의 보존행위는 합유자 각자가 할 수 있다(§272 단서). 예컨대 합유물에 관하여 마쳐진 원인무효의 소유권이전등기의 말소를 구하는 소송은 합유물에 관한 보존행위로서 합유자 각자가 할 수 있다.[491] 또한 공동명의로 받은 공유수면매립면허의 취소처분의 취

---

490) 대법원 1997.5.30. 선고 95다4957 판결.

491) 대법원 1997.9.9. 선고 96다16896 판결.

소청구는 합유권리인 그 면허권에 대한 보존행위로서 공동명의자 각자가 단독으로도 청구할 수 있다.[492] 그리고 합유자는 합유지분의 확인, 방해의 제거, 합유물의 반환청구를 보존행위로서 각자 단독으로 할 수 있다.

(5) 합유관계의 소멸

1) 조합의 해산

조합이 해산하면 당연히 합유관계도 종료한다(§274 I). 조합은 조합원 전원의 합의가 있으면 언제든지 해산할 수 있고, 전원의 합의가 없더라도 부득이한 사유(예컨대 조합원 사이의 심한 반목·불화)가 있는 때에는 각 조합원은 조합의 해산을 청구할 수 있다고 본다.

> 본래 A가 갑주점을 인수하여 영업을 하고 있던 중 미성년자출입으로 적발되어 2개월간의 영업정지처분을 받게 되었는데, A는 종전에 호텔주방에서 근무를 같이 한 B를 만나 갑주점을 개수하여 공동으로 운영하기로 하는 동업약정을 맺었다. AB는 갑주점의 내부시설을 개수하고, B 명의의 사업자등록을 한 후 영업을 재개하되, 시설개수에 소요되는 비용 중 B가 약 40%에 상당한 금원을 출자하고, A는 주점경영으로 발생되는 이익 중 40%에 해당하는 금원을 B에게 배당하여 주기로 하였다. 그 후 B는 갑주점의 시설보수비 등으로 4천만원을, A는 5천만원을 각 지출하였고, A는 주점영업을 재개하였다. 그런데 시설보수공사가 진행되던 중에 B가 출자하기로 한 금액에 관한 이견으로 다툼이 발생하여 AB 사이의 동업관계는 주점영업이 개시되기도 전에 사실상 결렬되고, A가 그 명의로 영업을 하면서 B의 이익배당요구를 거절할 뿐 아니라 영업장부의 열람조차 방해하자, B는 AB 사이의 동업계약을 해제하였다. B는 A에 대하여 원상회복으로서 그 출자금의 반환을 구할 수 있는가?

우선 AB 사이의 법률관계는 2인 이상이 상호출자하여 공동사업을 경영하기로 하여 성립한 조합(조합이란 용어는 「조합계약」을 의미하기도 하고, 한편 조합계약에 의하여 만들어진 「단체」를 뜻하기도 한다)에 해당한다. 특히 단체의 구성원인 조합원이 2인인 2인조합이다. 2인조합은 2인의 의사합치만으로 쉽게 동업관계가 형성되어 설립되므로, 현실적으로 2인조합이 많다.

2인조합에서 조합원 1인이 탈퇴하면 조합은 해산하는가? 두 조합원 사이의 내분으로 인하여 1인이 탈퇴하면 조합관계가 종료될 뿐만 아니라, 조합은 그 정의상 「2인 이상」(성립요건인 동시에 존속요건이다)이 공동사업을 경영하는 경우이므로, 조합원이 1명으로 되는 조합은 있을 수 없다고 보아야 하여 2인조합에서 조합원 1인이 탈퇴하면 조합이 해산된다는 사실은 너무나 당연하다는 견해가 있다(조합해산설이라고 부른다). 그러나 판례는 이른바 조합유지설을 취하고 있다. 판례에 의하면 2인으로 된 조합관계에서 1인이 탈퇴하면 조합관계는 종료되지만 특별한 사정이 없는 한 조합은 해산되지 않고, 조합원의 합유에

492) 대법원 1972.5.23. 선고 72누9 판결.

속한 조합재산은 남은 조합원의 단독소유에 속하게 되어 기존의 공동사업은 청산절차를 거치지 않고 잔존조합원이 계속 유지할 수 있다고 본다.[493] 판례는 2인조합에서 1인이 탈퇴하면 「공동」이라고 하는 조합의 성립이나 존속의 요건이 소멸되므로 조합관계는 종료된다고 하지 않을 수 없으나, 이미 이루어진 사업만은 그대로 존속시키는 태도가 국가적, 경제적 관점에서나 당사자의 의사에도 부합한다고 하는 측면에서 조합을 해산시키지 아니하고 유지시키는 견해를 취하고 있다고 생각된다. 2인조합에서 1인이 탈퇴한 경우에 조합을 해체하여 청산을 한 다음 잔여재산을 분배하여 해산하는 대신에, 공동사업을 해체하지 아니하고 탈퇴조합원과 잔존조합원간의 정산은 지분환급에 의하여 계산하도록 하여 이미 시작된 공동사업의 계속성을 유지할 수 있도록 하는 태도가 타당하다고 볼 때에 판례의 입장이 옳다고 본다.

사례에서 AB 사이에 탈퇴로 인한 계산은 어떤 방법으로 하는가? 특단의 사정이 없는 한 민법 제719조 제1항, 제2항의 규정에 따라서 「탈퇴 당시의 조합재산상태」를 기준으로 평가한 조합재산 중 B의 지분에 해당하는 금액을 금전으로 반환하여야 한다. 그리고 B의 탈퇴로 인한 계산은 사업의 계속을 전제로 하는 경우이므로, 조합재산의 가액은 단순한 매매가격이 아닌 「영업권의 가치를 포함하는 영업가격」에 의하여 평가하되, B의 지분비율은 원칙적으로 조합청산의 경우에 실제 출자한 자산가액의 비율에 의하는 경우와는 달리 「조합 내부의 손익분배비율」을 기준으로 계산하여야 한다.[494]

2) 합유물의 양도

합유물의 양도로 합유재산이 없게 되는 때에는 합유관계가 종료한다(§274 I). 물론 합유물이 여러 개인 때에는 하나의 합유물을 양도하면 그 물건에 대한 합유관계는 종료하지만, 남은 합유물에 대한 합유관계는 그대로 존속한다.

3) 합유지분의 상속성

> 갑토지는 1931.6.25. A로부터 BC 2인의 소유로 이전등기가 되었으나, 1971.12.15. 임야소유권이전등기 등에 관한 특별조치법에 의하여 을종중의 명의로 등기가 되었다. 그 후 갑토지는 1978.1.28. 을종중의 명의에서 소유권회복의 방법으로 BC 2인의 명의로 합유의 이전등기를 하였으나, 합유자 2인 중 B가 사망하여 갑토지에 대하여는 사망한 B의 상속인 XY와 함께 3인의 합유로 등기되었다. XY는 갑토지에 대하여 합의지분을 취득하는가?

부동산의 합유자 중 일부가 사망한 경우에는 사망한 합유자의 상속인은 합유자로서의 지위를 승계하는가? 판례는 합유자 사이에 특별한 약정이 없는 한(합유자 사이에 다른 특약이 있는 경우에는 그 특약의 효과로서 합유자의 지위가 상속될 수 있다), 사망한 합유자의 상속인은 합유자로서의 지위를 승계하지 못하므로, 해당하는 부동산은 잔존합유자가 2인 이

493) 대법원 1997.10.14. 선고 95다22511, 22528 판결; 대법원 2006.3.9. 선고 2004다49693, 49709 판결 등 참조.
494) 대법원 2006.3.9. 선고 2004다49693, 49709 판결.

상일 경우에는 잔존합유자의 합유로 귀속되고, 잔존합유자가 1인인 경우에는 잔존합유자의 단독소유로 귀속된다고 본다.495) 판례는 합유지분의 상속성을 부인하고 있으므로, 사례에서는 갑토지에 관하여 C의 단독소유로 된다.

과연 합유지분의 상속은 부인되어야 마땅한가? 계약에 의하여 합유관계가 성립하는 경우를 보면 아래와 같이 두 가지로 나누어 살펴보아야 한다.

(i) 공동사업을 위하여 상호출자한 순수한 조합이 재산을 소유하는 때에는 합유가 성립한다. 합유에 관한 민법규정은 순수한 조합의 공동소유만을 예정하고 있다. 판례도 합유는 근본적으로 조합체의 소유형태이므로, 합유등기가 이루어지면 합유자 상호간에는 조합체가 형성되고, 결국 합유자의 지위는 조합원으로서의 지위이므로 조합원의 지위는 공익권적 성질이 강하여 상속이 인정될 수 없다는 의미에서 합유자의 지위도 상속될 수 없다고 본다. 물론 조합원으로서의 합유자가 사망하면 조합에서의 탈퇴사유가 되고(§717), 상속인으로서는 민법의 규정에 따른 조합에서의 탈퇴로 인한 지분계산 또는 조합의 해산으로 인한 청산절차를 밟을 수밖에 없다.

(ii) 현실적으로 공동사업도 상호출자도 없이 단순히 등기나 등록명의만을 합유로 하는 약정, 즉 합유등기약정을 하고, 합유등기를 하는 경우도 있다. 바로 사례에서는 합유자로 등기된 BC 사이에 상호출자나 공동사업의 경영이라는 관계는 전혀 찾아볼 수 없다. BC 사이에는 공동사업의 경영 및 상호출자라는 조합의 실체를 갖추고 있지 않으며, 그 인적 결합의 정도는 오히려 공유에 가깝다. BC가 굳이 합유의 등기를 한 까닭은 아마도 갑토지에 대한 서로의 결합관계를 어느 정도 강하게 하여 그 처분이나 분할을 불가능하게 함으로써 갑토지를 유지, 존속시키려고 하는 데에 그 이유가 있다고 추측할 수 있다.

단순한 합유등기약정에 의한 합유의 경우에는 합유자 상호간에 조합관계의 실체가 존재하지 아니하므로, 합유자의 지위는 합유지분에 대한 재산적 성질밖에는 인정될 수 없다. 단순한 합유등기약정에 의한 합유의 경우에는 이른바 「합수성」의 강도가 조합의 경우와는 현저히 다르므로, 합유에 관한 법적 규율도 차이를 두지 않으면 안된다. 합유등기가 행하여져 있다고 하여 무조건 조합에 관한 법리에 따라서 합유자의 지위는 조합원으로서의 지위이므로 상속이 인정될 수 없다고 판단할 수는 없다. 민법상 조합에서의 조합원의 지위는 상속이 되지 아니한다고 하더라도, 단순한 합유등기약정에 의한 합유의 경우에서의 합유자의 지위, 즉 합유지분은 오로지 재산권적 성질밖에는 없으므로 상속이 된다고 하여야 한다. 사례에서는 BC 2인간의 실체적 관계를 밝혀 민법상 조합체로 인정할 수 있느냐, 단순한 합유등기약정에 기한 합유등기에 불과하느냐를 먼저 판단하여야 한다. 만약 BC 사이에 전혀 상호출자나 공동사업의 경영을 찾아 볼 수 없다고 하면 BC의 합유자로서의 지위의 내용은 순수한 재산권으로서의 성질을 가질 뿐이므로, 상속이 인정되어야 한다.

---

495) 대법원 1994.2.25. 선고 93다39225 판결; 대법원 1996.12.10. 선고 96다23238 판결;

4. 총 유

(1) 총유의 의의

민법 제275조에 의하여 법인 아닌 사단의 사원이 집합체로서 물건을 소유할 때에는 총유로 한다. 그러므로 총유란 법인 아닌 사단의 사원이 집합체로서 물건을 소유하는 공동소유형태라고 정의할 수 있다. 총유에서는 소유권의 내용이 관리·처분의 권능과 사용·수익의 권능으로 구분되고, 전자는 구성원의 총체(사원총회)에 속하며 후자는 각 구성원에게 분속되어 있다(§276).

(2) 총유의 내용

1) 종중의 재산

(a) 서 언

> ABCDE 5형제가 갑임야를 종산으로 구입하여 부모의 묘소를 쓰기로 합의하고, 형편이 어려운 E를 제외한 나머지 ABCD 4형제가 돈을 모아 갑임야를 매수하여 맏형 A의 명의로 소유권이전등기를 마쳤다. 그 후 부모가 사망하여 갑임야 위에 부모의 묘소를 설치하였다. 갑임야에 대한 ABCDE의 소유관계는 어떤가?

사례에서는 갑임야에 관하여 A가 단독으로 소유권을 가지는가, 갑임야에 대한 ABCD 4형제의 공유가 성립하고 BCD는 각자의 공유지분을 A에게 명의신탁하여 A의 단독명의로 소유권이전등기가 된 경우인가, 아니면 ABCDE의 총유로 볼 수 있는가 하는 문제가 생긴다. 본래 ABCDE 5형제가 종산을 구입하여 부모의 묘소를 쓰기로 합의하고 갑임야를 구입한 사정이 인정되므로, 자력이 있는 4형제가 갑임야를 지분으로 소유하다가 그 지분을 처분할 수도 있는 공유형태로 소유하려고 매수한 경우라고 볼 수는 없다. 또한 A의 단독소유나 명의신탁관계를 인정할 수도 없다. 갑임야는 아버지[父]를 중시조로 하는 종중의 종산으로 보존하기 위하여 매수한 경우로서 ABCDE 5형제의 총유라고 보아야 한다.

(b) 종중재산의 처분

> A종중의 명의로 등기된 갑토지가 있었는데, A종중의 대표자인 B가 종중총회의 결의를 거치지 아니한 채 C에게 갑토지를 매도하고 소유권이전등기를 마쳤다. C는 갑토지에 대한 소유권을 취득하는가?

종중은 공동선조의 분묘수호와 제사, 그리고 종원 상호간의 친목도모 등을 목적으로 자연발생적으로 성립한 종족집단체를 가리킨다(공동선조와 성과 본을 같이 하는 후손은 성별의 구별 없이 성년이 되면 당연히 그 구성원이 된다). 종중의 법적 성질은 권리능력 없는 사단이며, 종중 소유의 재산은 종원의 총유에 속한다.

A종중의 대표자 B가 한 갑토지의 처분은 유효한가? 종중재산은 종중원의 총유에 속하

므로 그 관리 및 처분에 관하여 먼저 종중규약에 정하는 바가 있으면 그에 따라야 한다(§275 II). 만약 종중규약이 없으면 종중총회의 결의에 의하여야 한다(§276 I). 그러므로 비록 A종중의 대표자에 의한 종중재산의 처분이라고 하더라도 절차를 거치지 아니한 채 한 행위는 무효라고 보아야 한다. 사례에서 B는 아무리 A종중의 대표자라고 하더라도 총유물인 종중재산의 처분에 관하여 종중총회의 결의를 거치지 아니하고는 재산처분을 대표하여 행할 권한이 없다. 그리고 B가 권한 없이 행한 종중재산의 처분행위에 대하여는 민법 제126조의 표현대리에 관한 규정도 준용되지 아니한다. 결국 C는 갑토지에 대한 소유권을 취득할 수 없다.

(c) 종중재산의 분배

> A종중은 종중토지에 대한 수용보상금 137억원을 수령하였다. 그리고 A종중은 종원총회를 소집하여 수용보상금을 세대주에게 각 3,800만원, 비세대주인 성인 및 출가외인에게 각 1,500만원, 미망인이나 배우자, 종중발전기여자, 장애우, 취학미성년자에게 각 700만원, 미취학미성년자에게 각 400만원을 분배하기로 결의를 하였다. 여성종원 B는 종중재산의 분배에 관한 종중총회의 결의내용이 현저하게 불공정하여 무효라고 주장하고, A종중을 상대로 하여 스스로 공정하다고 주장하는 분배금의 지급을 구할 수 있는가? [대법원 2010.9.30. 선고 2007다74775 판결]

비법인사단인 A종중의 토지에 대한 수용보상금은 종원의 총유에 속하고, 그 수용보상금의 분배는 총유물의 처분에 해당하므로,496) 정관 기타 규약에 달리 정함이 없는 한 종중총회의 결의에 의하여 그 수용보상금을 분배할 수 있고, 그 분배의 비율, 방법, 내용 역시 사원총회의 결의에 의하여 자율적으로 결정할 수 있다. 그러나 종중재산의 분배에 관한 종중총회의 결의내용이 현저하게 불공정하거나 선량한 풍속 기타 사회질서에 반하는 경우 또는 종원의 고유하고 기본적인 권리의 본질적인 내용을 침해하는 경우에는 사원총회의 결의는 무효라고 하여야 한다.497) 종중재산의 분배에 관한 종중총회의 결의내용이 현저하게 불공정한지 여부는 종중재산의 조성경위, 종중재산의 유지·관리에 대한 기여도, 종중행사에 대한 참여도를 포함한 종중에 대한 기여도, 종중재산의 분배경위, 전체 종원의 수와 구성, 분배비율과 그 차등의 정도, 과거의 재산분배선례 등 제반사정을 고려하여 판단하여야 한다. 공동선조와 성과 본을 같이하는 후손은 남녀의 구별 없이 성년이 되면 당연히 종원이 되므로,498) 종중재산을 분배할 때에 단순히 남녀성별의 구분에 따라서 그 분배의 비율, 방법, 내용에 차이를 두는 경우에는 개인의 존엄과 양성의 평등을 기초로 한 가족생활을 보장하고, 가족 내의 실질적인 권리와 의무에 있어서 남녀의 차별을 두지 아니하며, 정치·경제·사회·문화 등 모든 영역에서 여성에 대한 차별을 철폐하고 남녀평등을 실현하기를 요구하는 전체 법질서에 부합하지 아니하여 정당성과 합

496) 대법원 1994.4.26. 선고 93다32446 판결 참조.

497) 대법원 2010.9.30. 선고 2007다74775 판결.

498) 대법원 2005.7.21. 선고 2002다13850 전원합의체 판결 참조.

리성이 없어 무효라고 할 수 있다. 사례에서 종중총회의 결의에 의하여 남자종원의 경우는 혼인 여부에 관계없이 주민등록표상 세대주이면 1인세대주라도 비세대주인 종원에 비하여 많은 금액을 분배받을 수 있도록 하면서도 여자종원의 경우에는 세대주인 종원이 아닌 비세대주인 종원으로서만 분배받을 수 있도록 한 결의는 남녀종원 사이의 성별에 따라서 차별을 두고 있으므로, 그 종중총회의 결의는 내용이 현저하게 불공정하여 무효라고 판단할 수 있다.

사례에서 종중재산의 분배에 관한 종중총회의 결의내용이 현저하게 불공정하여 무효라고 하면 여성종원 B는 곧바로 A종중을 상대로 하여 스스로 공정하다고 주장하는 분배금의 지급을 구할 수 있는가? 총유물인 종중토지에 대한 수용보상금의 분배는 정관 기타 규약에 달리 정함이 없는 한 종중총회의 결의에 의하여만 처분할 수 있고, 그 분배결의가 없으면 종원이 종중에 대하여 직접 분배청구를 할 수 없다.[499] 그러므로 종중토지에 대한 수용보상금의 분배에 관한 종중총회의 결의가 무효인 경우에 종원은 그 결의의 무효확인 등을 소구하여 승소판결을 받은 후 새로운 종중총회에서 공정한 내용으로 다시 결의하도록 함으로써 그 권리를 구제받을 수 있을 뿐이다. 결국 여성종원 B는 새로운 종중총회의 결의도 거치지 아니한 채 종전의 종중총회결의가 무효라는 사정만으로 곧바로 A종중을 상대로 하여 스스로 공정하다고 주장하는 분배금의 지급을 구할 수는 없다.

2) 교회의 재산

(a) 의 의

판례는 교회재산의 소유형태를 합유로 본 경우도 있다.[500] 그러나 교회는 권리능력 없는 사단으로 보는 견해에 이견이 없으므로, 교회의 재산은 교인의 총유에 속한다. 그러므로 교회의 재산에 관한 권리의무는 교회의 교인으로서의 지위를 취득하는 동시에 취득하고 그 지위를 상실하는 동시에 상실된다고 본다.[501]

(b) 교회의 분열에 따른 문제

a) 교회의 분열은 인정되는가

> A목사는 대한예수교장로회 통합측 부산노회에 소속된 대한예수교장로회 갑교회 목사로 시무하여 오던 중 B를 양녀로 입양하였는데, B의 입양을 둘러싸고 자신을 지지하는 신도와 반대하는 신도의 대립이 격화되자 자신을 지지하는 신도와 함께 대한예수교장로회 통합측 부산노회로부터의 탈퇴를 선언하였다. 그 후 타협의 기미가 보여 일시 대한예수교장로회 통합측 부산노회에 복귀하기도 하였으나 A목사의 대우문제로 다시 분규가 재연되자 갑교회의 신도 중 A목사를 지지하는 교인 1,250명은 대한예수교장로회 통합파 총회와 그 산하 부산노회를 탈퇴하기로 결의하고 세례교인

499) 대법원 1994.4.26. 선고 93다32446 판결 등 참조.
500) 대법원 1970.2.10. 선고 67다2892, 2893 판결.
501) 대법원 1988.3.22. 선고 86다카1197 판결.

1,095명(반대파의 세례교인은 589명)을 포함한 1,498명의 교인이 서명한 탈퇴서에 의거하여 교단을 탈퇴하고 대한예수교장로회 합동정통파 교단의 경남노회에 가입하였다. 갑교회는 2개의 교회로 분열되었는가?

교회는 기본적으로 교인의 집결체로서 신앙단체라는 사실을 고려하면 그 사회단체적 측면의 성격은 권리능력 없는 사단의 성질을 가진다. 권리능력 없는 사단으로서의 교회의 분열을 인정할 수 있는가가 문제된다. 학설상 교회분열의 인정 여부에 관하여는 긍정설과 부정설이 대립한다.

① 긍정설 긍정설은 일반적으로 교회는 사단적 측면뿐만 아니라 종교의 자유를 기초로 한 신앙단체로서의 기본성격도 가지고 있다고 하는 사실을 강조하여 현실적으로 발생하는 교회의 분열현상을 전면적으로 부정할 수 없다고 본다. 긍정설은 한 교회에 속한 교인이 교리와 예배형식 등 신앙노선을 달리하는 2개의 집단으로 나뉘어 그 신앙공동체로서의 기초가 상실되는 정도에 이르거나, 다른 사유에 기한 분쟁이라 하더라도 최소한 일부교인이 집단을 이루어 소속교단을 변경하기로 하는 결의를 한 후 다른 교단에 가입하고 다른 교인은 종전교단에 그대로 남아 있기로 하는 정도가 된 경우에는 한 교회가 2개의 교회로 분열된다고 본다. 긍정설은 종래의 판례가 취한 입장이다.

② 부정설 부정설은 민법이 사단법인에서 구성원의 탈퇴나 해산은 인정하지만 사단법인의 구성원이 2개의 법인으로 나뉘어 각각 독립한 법인으로 존속하면서 종전 사단법인에게 귀속되던 재산을 소유하는 방식의 사단법인의 분열은 인정하지 아니하므로 (민법이 사단법인의 분열을 특별히 금지하지도 아니하고 또 사단법인의 분열을 금지하여야 할 특별한 이유도 보이지 않으므로 사단법인의 분열은 민법 아래에서도 허용된다고 보는 견해도 있다), 역시 법인 아닌 사단에 대하여도 동일하게 법인 아닌 사단의 구성원의 집단적 탈퇴로써 사단이 2개로 분열되고 분열되기 전 사단의 재산이 분열된 각 사단의 구성원에게 각각 총유적으로 귀속되는 결과를 초래하는 형태의 법인 아닌 사단의 분열은 허용되지 않는다고 본다.

판례의 태도는 어떤가? 종래의 판례는 동일교단에 소속되어 있던 교회의 일부교인이 종전의 소속교단에 계속 남아 있기로 하는 데 반하여, 나머지 교인이 교회의 소속교단을 변경하기로 결의하여 새로운 교단에 가입한 경우에 종전교회는 새로운 교단에 소속된 교회와 잔류교인으로 이루어진 종전교단에 소속된 교회의 2개로 분열된다고 본 경우가 있다.502) 그러나 현재는 판례가 종래의 태도를 변경하여 법인 아닌 사단으로서의 성질을 가지는 교회가 2개로 분열될 수는 없다고 본다. 예컨대 교인이 집단적으로 교회를 탈퇴한 경우에 법인 아닌 사단인 교회가 2개로 분열되고 분열되기 전 교회의 재산이 분열된 각 교회의 구성원에게 각각 총유적으로 귀속되는 형태의 「교회의 분열」은 인정할 수 없다고 본다.503)

502) 대법원 1993.1.19. 선고 91다1226 전원합의체 판결(대법원 2006.4.20. 선고 2004다37775 판결에 의하여 변경).

교회는 법인 아닌 사단으로서 성립·존속하게 된다고 하는 사실은 분명하다. 사례에서 갑교회는 법인 아닌 사단에 해당한다. A목사를 중심으로 한 지지교인이 소속교단으로부터 탈퇴하여 독립교회가 되기로 결의한 결과로 종전의 갑교회가 법적으로 분열되는가 하는 문제가 제기된다. 민법이 사단법인에서 그 사원의 탈퇴나 해산은 인정하지만 사단법인이 2개로 나뉘어 각각 독립한 사단법인으로 존속하면서 종전의 사단법인에게 귀속되던 재산을 소유하는 방식의 사단법인의 분열은 인정하지 아니한다. 그러므로 법인 아닌 사단의 분열도 인정하지 않는 태도가 타당하다고 본다. 결국 사례에서와 같이 A목사를 지지하는 다수의 교인이 종전의 갑교회에서 탈퇴하더라도 종전의 갑교회가 탈퇴한 교인으로 구성된 교회와 남아 있는 교인으로 구성된 교회로 나누어져 2개의 법인 아닌 사단인 교회로 분열된 경우라고 볼 수는 없다.

b) 일부의 교인이 교회를 탈퇴한 경우의 재산귀속

일부의 교인이 교회를 탈퇴하는 경우를 막을 수 없다. 만약 교인의 일부가 탈퇴하면 종전교회에 속한 재산은 어느 교회에 귀속되는가? 일부의 교인이 탈퇴한 경우의 교회재산의 귀속에 관하여는 학설상 공유설, 총유설, 동일성설이 대립한다.

① 공유설　　공유설은 교회의 분열을 인정하는 전제 하에서 교회분쟁을 설명하는 법리가 타당하다고 보고, 종전교회에 속한 권리의무가 분열된 각 교회에 공유적 형태로 분리하여 포괄승계되며(채무는 분열된 각 교회가 부진정연대의 관계로 부담한다), 각 교회의 공유지분비율은 분열 당시 분열된 각 교회의 등록된 세례교인의 수에 의하여 결정되어야 합리적이라고 보는 견해이다. 공유설에는 다시 분열 당시의 교인의 수로 공유지분의 비율을 나누어야 한다는 견해가 다수의견이나, 교인의 수로 결정하기가 쉽지 아니하므로 교회가 분열하면 그 지분은 각각 2분의 1씩 공유한다고 보는 견해도 있다. 그러나 공유설은 우선 교회의 법적 분열을 긍정하는 견해 아래에서만 타당할 수 있으므로, 변경된 판례의 태도와 조화될 수 없다. 또한 설령 교회의 현실적인 분할을 인정한다고 하더라도 분할된 교회가 협의에 의하여 분할하지 않는 한 재산분할상의 곤란이 있고, 신앙을 위한 재산적 기초인 교회재산의 분할이나 처분은 신앙 본래의 취지에 반한다고 하는 비판을 공유설은 받지 않을 수 없으므로, 타당하지 않다.

② 총유설　　총유설은 우선 교회가 본질적으로 같은 기독교신앙을 기초로 하는 교인의 모임인 신앙단체로서 교인이 신앙노선의 차이에서 별도로 예배주관자를 두고 그의 인도하에 종교활동을 하거나 소속교단을 달리하는 집단으로 나누어진 경우에는 더 이상 신앙단체로서의 본질적 기초를 같이 할 수 없으므로 교회의 분열을 인정할 수밖에 없다고 본다. 그리고 총유설은 교회재산은 대체로 소속하는 교인의 헌금을 기초로 형성되므로 설령 일부교인이 종전교회를 탈퇴한다고 할지라도 탈퇴한 교인이 종전교회의 재산형성에 기여한 이상 그 재산에 대한 총유권자로서의 지위, 즉 사용·수익권을 보장해 주어야 한다는 측면에서 볼 때 하나의 교회가 2개의 교회로 분열된 경우에 종전교회의 재산은 그대로

503) 대법원 2006.4.20. 선고 2004다37775 전원합의체 판결.

분열 당시 교인의 총유에 속한다고 보아야 한다고 설명한다.

종래의 판례가 취한 총유설에 의하면 일부교인은 종전교단에 계속 남아 있는 반면 나머지 교인이 소속교단의 변경을 결의하여 새로운 교단에 가입한 경우에는 교회의 분열이 인정된다고 보고, 교회의 장정 등에 교회분열시의 재산귀속에 관한 정함이 없는 경우에는 종전교회의 재산의 귀속관계는 분열 당시 교인의 총유로 되므로, 잔류교인으로 이루어진 한쪽 교회가 다른 교회에 대하여 교회건물의 명도를 구할 수 없다고 본다.[504] 그러나 총유설은 아래와 같은 비난을 면할 수 없으므로, 역시 타당하지 않다고 본다.

(i) 교회의 분열은 하나의 교회가 2개의 교회로 분열하여 종전교회는 소멸하여 존재하지 않게 된다는 의미이다. 그러나 교회의 분열을 인정하면서도 종전교회의 총유단체로서의 지위가 여전히 남아 교회분열시의 교회재산이 종전교회에 소속된 교인의 총유에 속한다는 논리는 전후가 모순된다.

(ii) 교회 내의 분쟁으로 인한 대립으로 하나의 교회로서의 존속이 불가능하게 되어 2개의 교회로 분열된 마당에, 분열 당시 종전교회의 구성원인 각 교회에 속한 교인이 다시 한 자리에 모여 교인총회를 구성하고 교회재산처리에 관한 공동결의를 하는 경우란 도저히 기대하기 어렵다. 결국 교회재산이 그대로 분열 당시의 교인의 총유에 속한다고 보는 견해는 사실상 분열 후의 교회재산의 처리에 대한 분쟁의 해결을 포기하고 분열 당시의 상태대로 방치해 두자는 의미밖에 되지 않는다.

③ 동질성설 동질성설은 교회의 법적인 분열을 부정하는 입장에서 교인의 일부가 종전교회를 떠나 다른 교회를 이룬 경우에 종전교회의 재산은 오직 종전교회와의 동일성이 유지되는 교회에 귀속시켜야 한다는 견해이다. 동질성설이 교회분열시의 재산처리방법으로 가장 적절하고 총유의 이론에도 부합한다고 생각되나, 분열된 교회 중 어느 교회가 종전교회와의 동일성이 유지되는 교회로 되는가 하는 문제가 있다. 예를 들어 교회의 분열원인, 분열과정, 소유물의 등기관계, 교인의 수와 같은 제반사정을 고려하여 어느 교회가 동일성을 유지하는가를 판단하여야 한다고 본다.

> 종전교회(갑교회)는 기독교대한성결교회(성결교회는 기독교대한성결교회(기성)와 예수교대한성결교회(예성)로 나누어져 있다) 소속의 지교회인데, A목사는 종전교회를 개척하여 목사로 재직하던 중 2000.1.30. 개최된 당회에서 시무장로인 B에 대한 인사문제로 여러 장로와 의견대립이 발생하게 되자, 기획위원회라는 조직을 만들어 교회업무를 수행하는 등 장로와 갈등을 빚어 왔다. 그런데 A목사는 그 일로 소속교단의 징계재판을 받을 지경에 이르자 지지교인을 모아 소속교단을 탈퇴하여 독립교회가 되기로 결의하고 그 독립교회의 명칭을 을교회로 하기로 하였다. 그 후 소속교단인 기독교대한성결교회 XX지방회는 2001.10.11. A목사에 대하여 면직판결을 하고 2001.10.27. 후임 당회장으로 C목사를 파송하였다. 을교회는 2001.11.21. 종전교회 명의의 교

504) 대법원 2006.4.20. 선고 2004다37775 전원합의체 판결.

> 회건물에 관하여 2001.11.5. 매매를 원인으로 한 소유권이전등기를 마쳤으나, 그 등기는 실제로 종전교회로부터 교회건물을 매수하지 아니하였음에도 종전교회의 당회원이 매도결의를 한 경우처럼 임의로 관련서류를 작성·첨부하여 하였다(A목사는 그로 인하여 공정증서원본불실기재죄, 불실기재공정증서원본행사죄 및 횡령죄로 유죄확정판결을 받았다). 한편 분쟁의 초기에는 기독교대한성결교회 갑교회와 을교회 양측이 교회건물의 일부씩을 점유하고 예배를 보다가 2001.10.30. 을교회측에서 교회건물를 점거하고 갑교회측 신도의 진입을 물리력으로 차단하였다. 그러나 갑교회가 제기한 가처분신청사건에서 법원이 방해물제거, 통행방해금지, 예배방해금지의 가처분신청을 인용함에 따라서 양측은 교회건물의 각각의 장소에서 각각의 목사의 인도하에 예배를 보았다. 갑교회는 A목사가 종전교회의 대표자로 등록되어 있던 점을 기회로 갑교회의 사무총회의 결의 없이 임의로 을교회의 명의로 소유권이전등기를 마쳤으므로, 원인무효라는 사실을 들어 교회건물에 대한 말소등기청구를 할 수 있는가? [대법원 2006.4.20. 선고 2004다37775 전원합의체 판결]

하나의 교회가 2개의 교회로 분열된 경우에 종전교회의 재산은 분열 당시 교인의 총유에 속하고, 교인은 각 교회활동의 목적범위 내에서 총유권의 대상인 교회재산을 사용·수익할 수 있다고 하는 이른바 총유설이 종래의 판례가 취한 견해이다.[505] 그러나 교회가 분열된 후에도 종전교회의 교회재산이 분열 전과 마찬가지로 분열교회의 교인의 총유에 속한다고 하면 갈라진 교회가 다시 하나로 결합하지 않는 한, 실제로는 교회재산의 정리가 이루어질 수 없다. 교회의 분열 후에도 분열 전의 교회교인의 총유라는 의미는 교회분열시 교회재산의 처리에 관하여 법원이 개입하지 아니한다는 취지나 다름없다. 또한 공유설도 이론적 근거가 박약할 뿐더러 현실적으로도 분쟁해결기능을 발휘하지 못한다. 그러므로 총유설이나 공유설은 분열된 교회의 재산처리에 소극적이라고 하는 비판을 면할 수 없다.

최근 판례는 종래의 태도를 변경하여 일부의 교인이 교회를 탈퇴하여 그 교회의 교인으로서의 지위를 상실한 경우에는 종전의 교회재산은 그 교회가 동일성을 유지하는 한 잔존교인의 총유로 귀속된다고 본다.[506] 변경된 판례의 태도는 동질성설로 이해할 수 있다.

교회가 분열되면 교회재산이 정리되어야 하고 교회가 자치적으로 해결할 수 없는 때에는 법원이 적극적으로 해결하여야 할 필요가 있다고 하는 측면에서 판례가 종전의 총유설을 버리고 동질성설을 취한 태도는 타당하다고 본다. 물론 동일성의 판단이 어려운 문제이기는 하나, 전혀 불가능하다고 생각되지는 않는다. 그러므로 교회가 서로 나누어지게 되면 종전교회와 동일성을 유지하는 교회만이 교회재산을 총유의 형태로 소유한다고 보며, 또한 교회의 분열을 허용하지 아니한다고 볼 때 사례에서 교회건물 등 종전교회(갑교회)의 재산은 그 동일성을 유지하며 존속하는 갑교회에 전부 귀속한다고 새겨야 한다.

---

505) 대법원 1993.1.19. 선고 91다1226 판결.

506) 대법원 2006.4.20. 선고 2004다37775 전원합의체 판결.

일부의 교인이 결의요건을 갖추어 소속교단을 탈퇴하거나 다른 교단으로 변경한 경우에는 어떤가? 소속교단에서의 탈퇴 내지 소속교단의 변경은 사단법인의 정관변경에 준하여 의결권을 가진 교인 3분의 2 이상의 찬성에 의한 결의를 필요로 한다. 만약 결의요건을 갖추어 소속교단을 탈퇴하거나 다른 교단으로 변경하여 을교회로 된 경우에는 종전교회의 실체는 교단을 탈퇴한 을교회로서 존속하고, 종전의 교회재산은 탈퇴한 을교회 소속의 교인의 총유로 귀속된다.507)

3) 사찰재산

(a) 사찰이란

사찰이란 불교교의를 선포하고 불교의식을 행하기 위한 시설을 갖춘 승려, 신도의 조직인 단체를 가리킨다. 독립한 사찰로서의 실체를 가지고 있다고 하기 위하여는 물적 요소인 불당 등의 사찰재산이 있고, 인적 요소인 주지(사찰의 대표자로서 사찰을 운영하고 그 재산을 관리하는 승려)를 비롯한 승려와 상당수의 신도가 존재하여야 한다.508) 그리고 사찰이 독립한 실체로서 단체로서의 규약을 가지고, 그 자체 생명력을 가지고 사회적 활동을 하는 경우에는 법인 아닌 사단 또는 재단으로 분류되고, 독립된 단체를 이루지 못한 사찰을 통상 「개인사찰」이라 하여 구분한다(전통사찰보존법에 의하면 사찰은 전통사찰과 일반사찰로 구분한다). 독립한 사찰로서의 실체를 갖추어 권리능력 없는 재단으로 인정되는 사찰인 경우에는 사찰명의로 등기된 재산은 독립한 권리주체인 사찰의 소유이며, 사찰의 창건 또는 재산관리에 신도가 기여한 경우라고 할지라도 재산이 신도와 승려의 총유에 속한다고 볼 수는 없다.509)

개인사찰은 승려나 신도 등 개인에 의하여 창건된 사설사찰, 즉 사암(寺庵)으로서 개인이 관리·운영하는 사찰을 말한다. 개인사찰은 개인 소유의 불교목적시설에 불과할 뿐이고, 그 자체가 독립된 권리의 귀속주체가 될 수 없다. 물론 개인의 출연에 의하여 건립된 소규모의 암자 등과 같이 단체성이 희박한 사찰이 개인사찰에 해당한다는 사실에 대하여는 의문이 없다. 그러나 경우에 따라서는 개인사찰과 독립한 실체를 갖춘 사찰과의 구분이 어렵고, 또한 언제 개인사찰이 독립된 단체로서의 사찰로 발전하는가에 관한 법적 이론구성은 간단하지 않다.

(b) 개인사찰이 단체성을 취득하는 시기

개인사찰로 존속되어 개인이 관리·운영하여 온 사찰은 개인 소유의 불교목적시설에 불과할 뿐이나, 개인사찰로 관리·운영되어 오던 사찰도 단체성을 취득하면 법인 아닌 사단이나 재단으로서의 독립된 권리능력과 소송상의 당사자능력을 가질 수 있다. 다만 어느 시점에서 개인사찰이 단체성을 취득하여 독립한 사찰로 발전하는가를 단언하여 확정하기가 매우 어렵다.

507) 대법원 2006.4.20. 선고 2004다37775 전원합의체 판결.
508) 대법원 2004.10.28. 선고 2004다32206, 32213 판결.
509) 대법원 1991.6.14. 선고 91다9336 판결.

개인사찰이 단체로서의 성격을 가지는가 여부는 단체설립의 실질적 요건에 따라서 판단된다고 보는 견해와 불교종단의 규율에 따라서 결정된다는 견해가 대립한다. 단체설립의 실질적 요건을 강조하는 견해에 의하면 물적, 인적, 조직적, 행위적 요소를 갖춘 경우, 즉 물적 요소인 불당 등의 사찰재산이 있고, 인적 요소인 주지를 비롯한 승려와 상당수의 신도가 존재하며, 조직적·행위적 요소로서 단체로서의 규약을 가지고 사찰이 그 자체 생명력을 가지고 사회적 활동을 하면 사찰이 단순한 개인사찰 또는 불교목적시설을 넘어서 단체성을 부여받는다고 본다. 한편 불교종단의 규율에 따른다는 견해에 의하면 단순히 불교목적을 위한 물적 시설에 불과하여 사찰로서의 실체를 갖추지 못하고 있던 개인사찰도 소유자에 의하여 특정종단 소속의 불교단체로 등록되고(예컨대 대한불교조계종의 경우에는 사설사암의 재산은 등록과 동시에 그 사암의 명의로 등기하여 사찰로서 영구히 보존하고 창건주에게 재산처분권을 인정하지 않으므로 종단등록을 마치면 독립한 사찰이 된다), 그 소유자의 증여에 의하여 사찰재산이 등록된 사찰 자체의 명의로 귀속되게 되면, 그 사찰은 그때부터 사찰로서의 실체를 갖추어 독립한 권리·의무의 귀속주체가 된다고 본다. 개인사찰이 법인 아닌 단체로서의 지위를 취득하기 위하여는 우선 실질적으로 물적, 인적, 조직적, 행위적 요소 네 가지를 갖추어야 하며, 다만 형식적으로 종전의 개인사찰에 단체성이 부여되는 기준시점은 개인사찰의 창건자가 그 사찰을 특정종단 소속으로 등록하고 사찰재산을 사찰의 명의로 등기한 때로 삼을 수 있다고 본다.

(c) 단체로서의 사찰의 법적 성격

사찰의 법적 성질에 대하여는 여러 견해가 있다. 법인 아닌 사단으로 보는 견해, 법인 아닌 재단으로 보는 견해, 대체로 법인 아닌 재단 예외적으로 법인 아닌 사단으로 보는 견해, 법인 아닌 사단 또는 재단이나 특수한 법인 아닌 단체로 보는 견해가 대립한다.

우선 법인 아닌 사단으로 보는 견해는 사찰은 그 사찰에 거주하는 주지를 포함한 승려와 신도(승려만이 구성원이고 신도는 구성원이 아니라고 보는 견해도 있다)로 구성된 권리능력 없는 사단이라고 보며, 판례도 신도와 승려가 조계종에 소속될 새로운 사찰의 건립이라는 공동목적으로 사찰의 대표, 신도회장 등 체계적인 조직을 만들고 그 출재와 노력에 의하여 토지를 매수하여 그 지상에 불당을 완공한 경우, 불당의 완공 당시 그 단체는 명칭이나 특정종단의 귀속 여부에 불구하고 독립된 사찰로서의 실체를 갖추게 되어 그 실질은 권리능력 없는 사단이라고 본다.[510]

사찰은 법당을 위시하여 승려의 기거, 수양을 위한 건물 및 공작물 등 물적 시설을 그 불가결의 요소로 하고 있는 측면에서 법인 아닌 재단이라고 보는 견해가 있다. 판례를 보면 종래부터 존재하여 오던 사찰의 재산을 기초로 불교단체등록을 한 사찰은 권리능력 없는 재단으로서의 성격을 가진다고 본 경우도 있다.[511] 특히 전통사찰로 등록되어 있고 독립한 사찰로서의 실체도 갖추어 권리능력 없는 재단으로 인정되는 사찰의 경우에 그

510) 대법원 1997.12.9. 선고 94다41249 판결.
511) 대법원 1999.9.3. 선고 98다13600 판결.

사찰 명의로 등기된 재산은 독립한 권리주체인 사찰의 소유가 된다.

사찰의 법적 성격은 사찰의 창립과정, 사찰의 의사결정방법, 사찰의 운영 및 재산관리권의 소재, 주지임명권의 소재 및 주지의 선출방법, 재산소유형태, 신도회의 조직과 사찰운영에의 참여 정도 등을 종합적으로 고려하여 개별적으로 결정하여야 한다. 대체로 전통사찰은 비법인재단, 일반사찰의 경우에는 구체적 사정에 따라서 법인 아닌 사단 또는 재단으로 보지만 조계종단에 속한 오래된 사찰은 재단에 가깝다고 본다. 그러나 최근의 판례나 다수의견은 사찰이 법당, 경내지 등 불교목적을 위하여 출연된 사찰재산을 그 존립의 필수적 요소로 하는데 사찰의 물적 요소는 사단의 재산과 같이 단지 단체의 목적수행을 위한 수단에 불과하지 아니하다고 하는 측면에서 사단이라고 할 수 없고, 다른 한편으로는 사찰이 불교의 전법, 포교, 법요집행 및 신자의 교화육성 등을 고유목적으로 하는 이상 그 종교활동의 수단으로서의 승려와 그 대상인 신도 등의 인적 요소를 필요로 하고, 승려와 신도는 단지 재단의 관리기관으로서의 이사나 단순한 수익자의 지위에 그치지 아니한다는 측면에서 재단으로만 볼 수도 없으므로, 사찰은 법인 아닌 사단 또는 재단이거나, 혹은 특수한 법인 아닌 단체로 보아야 한다고 본다. 특히 판례가 「일반적으로 사설사찰이 아닌 불교종단에 등록을 마친 사찰은 독자적인 권리능력과 당사자능력을 가진 법인격 없는 사단이나 재단」이라고 하는 태도는 사찰은 법인 아닌 사단과 재단의 성격을 동시에 가지고 있다는 의미로 해석된다.

(d) 사찰·신도회의 분열에 따른 재산의 귀속

a) 사찰 또는 신도회의 분열

> 갑사찰의 스님이던 A와 그를 따르던 60여명의 신도는 갑사찰을 이탈하여 독립된 사찰의 건립을 모색하면서 을사찰을 건축하여 A 명의로 소유권보존등기를 마쳤다(을사찰의 신축에 소요된 비용은 신도의 시주금, 불상판매수입금, A가 별개의 토지를 매각한 대금, 금융기관으로부터의 대출금, 차용금, A가 각종의 법회, 기도회 등 불사를 주관하여 받은 헌금 등으로 충당하였다). A와 그를 따르는 신도는 을사찰의 건립을 추진할 때부터 조계종에 가입하려고 하였으나, A가 을사찰의 완공 후에 내연의 아내인 B와의 혼인신고를 함으로써 대처승을 허용하지 아니하는 조계종에 소속하여서는 승려의 신분을 유지할 수 없게 되자 조계종에의 사찰등록을 미루게 되었다. 결국 다수의 신도가 반발하여 A에게 을사찰을 조계종에 등록하거나 을사찰의 소유명의를 이전하기를 요구하게 되어 A 및 그를 따르는 소수의 신도와의 사이에 분쟁이 야기되었는데, 그 후 분쟁이 심화되고 A는 사찰을 대처승을 허용하는 종단에 등록하고 조계종과의 결별을 선언하였다. 을사찰은 분열된 경우로 보아야 하는가?

우선 사례에서 을사찰이 권리능력 없는 사단으로서의 성격을 취득하는가가 문제된다. 기존의 사찰에서 이탈한 신도와 승려가 조계종에 소속될 새로운 사찰의 건립이라는 공동목적으로 사찰의 대표, 신도회장 등 체계적인 조직을 만들고, 출재와 노력에 의하여 토지를 매수하여 그 지상에 불당을 완공한 경우에는 일단 불당의 완공 당시 그 명칭이나 특정종단의 귀속 여부에 불구하고 독립된 사찰로서의 실체를 갖추게 되어 그 실질은 이미 권리능력 없는 사단이라고 볼 수 있다.

권리능력 없는 사단으로서의 사찰이 분열될 수 있는가? 사찰은 신도가 사찰의 운영이나 재산의 관리·처분에 관여하는 정도에 의하여 재단 또는 사단인 사찰로 구분되기는 하지만, 일반의 재단 또는 사단과는 다르다. 사찰은 이념적 요소로서의 불교교의, 행위적 요소로서의 법요집행, 조직적 요소로서의 승려와 신도, 물적 요소로서의 토지, 불당 등 시설이 결합되어 성립한다. 그러므로 일단 사찰이 성립한 이상 그 분열은 인정되지 않는다고 본다.[512] 비록 일부의 승려나 신도가 사찰이 내세우는 종지(宗旨) 또는 사찰의 운영에 반대하여 탈종한다고 하더라도 그를 가리켜 사찰의 분열이라고 할 수는 없다.

을사찰에 대한 A의 지위는 어떤가? 사례를 보면 을사찰의 대표자이던 A는 사찰의 완공 후에 내연의 아내인 B와의 혼인신고를 함으로써 대처승을 허용하지 아니하는 조계종에 소속하여서는 승려의 신분을 유지할 수 없게 되자, 조계종에 사찰등록을 미루다가 대처승을 허용하는 다른 종단에 사찰등록을 한 사정이 인정된다. 그렇다면 A가 조계종을 종지로 하는 을사찰에 대하여 탈퇴의 의사표시를 한 경우로 못 볼 바 아니다. 결국 A는 을사찰에 대한 권리·의무를 상실한 경우라 할 수 있다. 후에 A가 을사찰을 다른 종단에 등록하더라도 이미 을사찰에 대한 권리·의무를 상실한 A의 등록행위가 을사찰에 어떤 영향을 미칠 수는 없고, 오로지 을사찰과는 무관한 별도의 종교단체인 사찰을 창설하는 효력밖에 없다.

신도회의 분열은 어떤가? 특히 비법인사단인 사찰의 신도회는 사단 내에서 사원총회의 기능을 담당하게 되므로, 그 본질적 구성요소가 된다. 그러므로 사찰의 요소의 하나인 신도회도 분열될 수 없다. 사례에서 A를 따르는 일부나 소수의 신도가 사찰이 내세우는 종지 또는 사찰의 운영에 반대하여 신도회에서 탈퇴하더라도 그를 가리켜 신도회의 분열로 볼 수 없다. 다만 판례를 보면 불교회의 신도 사이에 서로 의견이 대립되어 그 대표자가 주축이 된 파가 그 불교회의 정통성을 부정하면서 새로운 명칭 아래 상당수의 신도만의 결의로 새로이 회칙을 개정하는 등으로 새로운 사단을 조직하고 종전의 불교회로부터 이탈하면 불교회는 2개로 분열된다고 본 경우도 있다.[513]

b) 사찰재산의 소유권귀속관계

> 원래 대처승 집안의 며느리인 A는 불사를 일으키기 위하여 1953년 무렵 갑토지에 목조 함석지붕 단층사찰 15평을 건립하여 법당 겸 주택으로 사용하면서 「성암사」라고 명명하였다. 그리고 갑토지에 관하여는 1962.11.6. A 외 4인의 명의로 소유권이전등기가 마쳐졌고, 사찰건물에 관하여는 1964.11.17. 성암사 명의로 소유권보존등기가 마쳐졌다. 그리고 A는 사찰건물을 건립할 무렵 B를 사찰의 관리승으로 초빙하여 B스님을 통하여 사찰을 관리·운영하였는데, B스님은 지병으로 인하여 사찰에

512) 대법원 1997.12.9. 선고 94다41249 판결.
513) 대법원 1987.10.26. 선고 85다카1320 판결.

> 대한 관리를 소홀히 하였다. 한편 B스님은 1981.7.3. 갑토지에 관하여 부동산소유권 이전등기 등에 관한 특별조치법에 의하여 자신 명의로 소유권이전등기를 마쳤다가 A가 제기한 말소등기청구의 소에서 패소하여 그 이전등기가 말소되었다. 1982년 무렵 사찰건물은 화재로 멸실되었고, 현재 갑토지상에는 요사체로 사용되는 주택, 법당(대웅전), 산신각과 함께 사무실·창고건물이 건립되어 있는데, 각 건물은 모두 1966년 무렵부터 1984년 무렵까지 신도의 시주를 주된 재원(특히 신도를 중심으로 건립기금을 마련하기 위하여 조직된 칠성계는 주로 재력이 있는 A가 그 재원을 부담)으로 건립되었다. A는 갑토지상의 건물의 소유자로서 B스님에 대하여 각 건물의 명도를 청구할 수 있는가?

사례를 보면 개인사찰의 창건주인 A가 개인적인 사정으로 사찰의 관리에서 멀어지고 그 와중에 B스님이 주지로서 사찰운영을 전담한 사실이 인정되나, A측에서 계속 사찰과의 관련성을 갖고 있는 마당에 그 사찰이 A의 개인사찰에서 벗어났다고 볼 수는 없다. 또한 비록 성암사가 B스님을 주지로 하여 불교종단 소속 사찰로 등록한 사실이 있더라도 사찰의 창건자인 A가 자신의 의사로 사찰을 특정종단 소속 사찰로 등록하지 아니하였을 뿐만 아니라, 재산적 가치가 높은 사찰부지를 사찰의 소유로 귀속시키지 아니하고 그대로 개인의 소유로 보유하고 있는 이상, 사찰은 A의 개인사찰에 불과하고 법인 아닌 재단으로서의 단체성을 취득하지 못한 경우라고 보아야 한다.

사례에서 산신각은 1966년 무렵, 법당은 1973년 무렵에 각 건립되고 주택은 1984년 무렵에 주지인 B스님의 주도로 건립된 사실이 인정된다고 하더라도, A가 사찰을 적극적으로 관리·운영하던 초기에 사찰의 신도가 칠성계를 조직하여 돈을 추렴하고 그 돈이 이후 산신각의 건립에 보태어진 경우라고 보아야 한다. 그리고 당시 칠성계의 재정은 사실상 재력이 있는 A가 주로 부담하고, A는 그 후 지병을 치료하기 위하여 타처로 이주하지만 A의 가족이 계속 사찰을 찾아 불공을 드리는 한편 물질적으로도 사찰운영을 지원해 온 사실이나 건물 중 주택은 본래의 사찰건물이 A의 과실 없이 소실된 후 같은 장소에 구건물보다 넓은 면적으로 건립되어 구건물과 동일한 용도로 사용되어 온 사실이 인정된다. 그러므로 A가 건립한 본래의 사찰건물이 멸실된 후 같은 용도의 현건물이 건립된 경위, A가 일정기간 칠성계를 통하여 사찰의 재정에 공헌하고 역시 타처로 이주한 후에도 사찰을 계속적으로 후원해 온 사실 등 여러 사정을 종합할 때 비록 건물이 직접 창건주인 A에 의하여 건립되지 아니하고 B스님의 주도로 신도의 시주를 주된 재원으로 하여 건립된 경우라고 할지라도 건물은 역시 창건주인 A의 소유로 귀속된다. 그러므로 A는 B스님에 대하여 갑토지상의 건물의 소유자로서 각 건물의 명도를 청구할 수 있다.

4) 동·리의 재산

> 갑임야가 임야조사령에 의하여 A리(里)의 명의로 사정되었다. 그런데 토지에 대한 사정 당시 X마을, Y마을이 함께 A리라는 행정구역으로 합하여져 있었지만, 그 2개

> 의 자연부락은 별개의 주민공동체로서의 의식을 가지고 별개로 존재하여 왔고, X마을이 갑임야로부터 지리상 가까운 위치에 있었고, 갑임야가 주로 X마을 구성원의 공동묘지로 사용되고 관리되어 왔다. X마을은 갑임야에 대하여 X마을과 Y마을을 포함하는 듯한 A리의 명의로 사정이 이루어졌지만 사정명의인 A리가 그 실체에 있어서는 X마을과 동일한 단체라고 주장할 수 있는가?

동·리(혹은 자연부락)가 그 주민을 구성원으로 하여 고유목적을 가지고 마을회의라는 의사결정기관과 이장이라는 집행기관으로서의 대표자를 두어 독자적인 활동을 하는 사회조직체라면 법인 아닌 사단으로 된다. 그리고 동·리의 행정구역 내에 거주하는 주민이 주민의 공동편익과 공동복지를 위하여 주민 전부를 구성원으로 한 공동체를 구성하고 그 명칭을 사용하면서 일정한 재산을 공부상 그 이름으로 소유하는 경우에 그 재산은 주민 전체의 총유에 속한다. 예컨대 동·리의 주민이 집합체로서 마을공동묘지, 성황당, 제의용 위토 등을 소유하면 주민의 총유가 된다. 다만 동·리의 각 주민은 공동체의 재산에 대한 지분권을 주장할 수 없음은 물론, 입거자(入居者)는 그와 동시에 당연히 권리를 취득하고 이주자는 그와 동시에 당연히 권리를 상실한다.

어떤 임야가 임야조사령에 의하여 동·리의 명의로 사정(査定)된 경우라고 하면 달리 특별한 사정이 없는 한 그 동·리는 단순한 행정구역을 가리키지 아니하고 그 행정구역 내에 거주하는 주민으로 구성된 법인 아닌 사단으로서 행정구역과 같은 명칭을 사용하는 주민공동체를 가리킨다고 보아야 한다.[514] 그러므로 특별한 사정이 없는 한 사례에서 갑임야의 사정명의인 A리도 단순히 행정구역인 A리가 아니라, 갑임야에 관한 사정 당시를 기준으로 A리 내에 거주하는 주민에 의하여 구성된 법인 아닌 사단으로서 행정구역과 같은 명칭을 사용하는 주민공동체를 가리킨다.

물론 갑임야의 사정명의인[515] A리가 행정구역인 A리 내에 거주하는 전체 주민을 구성원으로 하는 주민공동체가 아니라, A리의 일부에 불과한 X마을 내에 거주하는 주민을 구성원으로 하는 자연부락과 동일한 단체라고 전혀 인정될 수 없지는 않다. 다만 사정명의인 A리가 X마을 내에 거주하는 주민만을 구성원으로 하는 자연부락이라고 보기 위하여는 갑임야에 대한 사정 당시 X마을이 어느 정도 유기적인 조직을 갖추어 권리능력이 없는 비법인사단으로서 존재한 사실과 사정 이전에 갑임야가 X마을의 소유로 된 과정이나 내용이 증명되어야 할 뿐만 아니라, 동·리 산하의 일부 주민의 공동체인 자연부락도 행정구역인 동·리의 명의로 토지를 사정받을 수 있는지와 그 사정을 받은 이유 등이 인정되어야 한다. 그러므로 2개의 마을이 별개의 자연부락이라는 사실 등만으로 곧바로 사정명의인 A리가 실체에 있어서는 X마을과 동일한 단체라고 판단할 수는 없다.

---

514) 대법원 2008.1.31. 선고 2005다60871 판결 등 참조.

515) 일제강점기에 토지조사령·임야조사령에 기하여 행하여진 토지조사사업·임야조사사업을 통하여 만들어진 토지조사부나 임야조사부에 의하여 토지나 임야의 소유자 및 강계를 확정한 행정처분을 「사정」이라고 하며, 토지조사부·임야조사부상 토지나 임야의 소유자로 사정받은 자를 「사정명의인」이라고 한다.

만약 갑임야가 X마을과 Y마을을 포함한 A리의 명의로 사정이 이루어져 그 주민의 총유라고 하면 주민공동체인 A리가 A1리(X마을의 후신이다) 및 A2리(Y마을)라는 두 개의 주민공동체로 분할되어 갑임야의 2분의 1 지분에 대한 소유권이 각각 A1리와 A2리에 귀속할 수 있는가? 우선 총유재산이 각 분열된 법인 아닌 사단에 귀속하는 형태의 법인 아닌 사단의 분열이 허용되는가가 문제이다. 민법은 사단법인에 있어서 구성원의 탈퇴나 해산은 인정하지만, 사단법인의 구성원이 2개의 법인으로 나뉘어 각각 독립한 법인으로 존속하면서 종전의 사단법인에게 귀속되었던 재산을 소유하는 방식의 사단법인의 분열은 인정하지 않는다. 역시 법인 아닌 사단에 대하여도 동일하게 적용된다. 그러므로 법인 아닌 사단에 속한 구성원의 집단적 탈퇴로써 법인 아닌 사단이 2개로 분열되고, 분열되기 전의 법인 아닌 사단의 재산이 분열된 법인 아닌 사단의 구성원에게 각각 총유적으로 귀속되는 결과를 초래하는 형태의 법인 아닌 사단의 분열은 허용되지 않는다.[516]

법인 아닌 사단이 2개로 분열되고 분열 전의 법인 아닌 사단의 재산이 각 분열된 법인 아닌 사단의 구성원에게 총유적으로 귀속되는 형태의 분열은 허용되지 아니하지만, 법인 아닌 사단의 구성원 중 일부가 탈퇴하여 새로운 법인 아닌 사단을 설립하는 경우는 가능하다. 그리고 종전의 법인 아닌 사단에 남아 있는 구성원이 자신이 총유의 형태로 소유하고 있는 재산을 새로이 설립된 법인 아닌 사단의 구성원에게 양도할 수 있다. 또한 법인 아닌 사단이 해산한 후 그 구성원이 나뉘어 여러 개의 법인 아닌 사단을 설립하는 경우에 해산되기 전의 법인 아닌 사단의 구성원은 자신이 총유의 형태로 소유하고 있던 재산을 새로이 설립된 법인 아닌 사단의 구성원에게 양도할 수도 있다.[517]

(3) 총유의 지분

총유에도 지분이 인정되는가? 학설상으로는 총유지분을 인정하는 지분인정설과 총유에는 지분이란 있을 수 없다고 보는 지분부정설이 대립한다. 지분인정설에 의하면 「법인이 아닌 사단의 사원이 총유물에 관하여 가지는 권리와 의무의 총체」, 즉 사원이 총유물에 대하여 가지는 사용·수익의 권능 및 사원이 사원의 총체에 속하는 관리·처분에 참여할 수 있는 권능, 총유물에 관하여 사원이 부담하는 의무까지를 포함하여 총유지분으로 이해한다. 그러나 법인이 아닌 사단에서는 구성원의 개성이 단체에 흡수되어 총유지분을 인정할 수 없다고 새겨야 옳다고 본다(지분부정설).

(4) 총유관계

1) 총유물의 보존행위

> 갑종중의 대표자였던 A는 갑종중을 대표하여, B에게 갑종중 소유의 을토지를 매도하고 공공용지협의취득을 원인으로 하여 B 명의의 소유권이전등기를 마쳤다. 그런데 갑종중의 규약에는 종중재산의 매도에 관한 사항은 총회의 의결을 거치도록 규

516) 대법원 2006.4.20. 선고 2004다37775 전원합의체 판결 등 참조.

517) 대법원 2008.1.31. 선고 2005다60871 판결.

정하고 있었는데, A는 을토지의 매도를 위한 총회결의를 함에 있어 600여명 종원에게 아무런 소집통지도 아니한 채 자신과 잘 아는 XYZ 등 약 10여명의 종원을 자신의 집에 모아 놓고 을토지에 대한 토지보상금과 제반사항의 처리에 관한 일체를 A에게 위임한다는 결의를 하고, 참석하지도 않은 C 등의 종원이 참여한 양 총회의결을 하였다. 그러나 갑종중의 종원 중 D 등이 주축이 되어 A의 재산처분에 반발하고, 종중총회를 개최하여 D를 새로운 종중대표자로 선임하는 한편, A가 처분한 을토지 등 종중재산을 환수하기로 결의하였다. A가 적법한 종중총회의 결의를 거치지 않고 을토지를 매도하였으므로, B 명의의 소유권이전등기는 원인무효라고 주장하며 D는 갑종중의 종원으로서 종중총회의 결의를 받아 보존행위로서 B 명의의 소유권이전등기의 말소를 청구할 수 있는가?

총유물의 멸실·훼손을 방지하고 그 현상을 유지하기 위하여 하는 사실적·법률적 행위를 총유물의 보존행위라고 한다. 총유물의 보존행위는 누가 어떤 절차를 거쳐 행할 수 있는가?

공유나 합유의 경우에는 보존행위를 그 구성원 각자가 할 수 있다고 하는 규정을 두고 있으나(§§265 단서, 272 단서), 총유에 관하여는 아무런 규정을 두고 있지 않다. 총유에 관하여는 민법 제276조 제1항이 "총유물의 관리 및 처분은 사원총회의 결의에 의한다", 혹은 민법 제276조 제2항이 "각 사원은 정관 기타의 규약에 좇아 총유물을 사용·수익할 수 있다"라고 규정하고 있을 뿐이다. 그러나 법인 아닌 사단의 소유형태인 총유가 공유나 합유에 비하여 단체성이 강하고, 구성원 개인의 총유재산에 대한 지분권이 인정되지 아니하므로, 총유에서는 공유나 합유의 경우처럼 보존행위를 그 구성원 각자가 할 수 있다고 보기는 어렵다. 학설상으로는 총유물의 보존행위에 관하여 공유물의 보존행위에 관한 민법 제265조가 적용될 수 없으나, 각 구성원은 특별한 사정이 없는 한 민법 제276조 제1항에 의한 구성원 총회의 결의를 거쳐 보존행위를 할 수 있다고 본다(종래의 판례의 태도이다).

판례는 종래 각 사원이 민법 제276조 제1항에 의하여 사원총회의 결의를 거쳐 총유물의 보존행위를 할 수 있다고 하는 태도를 취한 경우가 있으나,[518] 최근에는 태도를 바꾸어 사원총회의 결의가 있다고 하더라도 법인 아닌 사단의 대표자 개인 또는 구성원 일부가 총유물의 보존행위로서 무효인 소유권이전등기의 말소를 청구하는 소송을 제기할 수는 없다고 본다.[519] 그러므로 사례에서 총유재산에 관한 소송은 갑종중이 그 명의로 사원총회의 결의를 거쳐 하거나, 또는 그 구성원 전원이 당사자가 되어 필수적 공동소송(민사소송법 §§67-69)의 형태로 할 수 있을 뿐, 갑종중의 구성원은 설령 그가 대표자라거나 사원총회의 결의를 거친 경우라고 하더라도 그 소송의 당사자가 될 수 없다. 역시 총유재산의 보존행위로서 갑종중의 구성원이 총유물에 관한 타인 명의의 소유권이전등기가 원인무효라고 주장하면서 그 말소등기를 구하거나, 갑종중의 소유임의 확인을 구하는 소송을 제기

518) 대법원 1980.12.9. 선고 80다2045, 2046 판결.
519) 대법원 2005.9.15. 선고 2004다44971 전원합의체 판결.

하는 경우에도 마찬가지이다. 결국 D는 갑종중의 종원 혹은 대표자로서 비록 종중회의의 결의가 유효하다고 하더라도 보존행위로서 B 명의의 소유권이전등기의 말소를 청구하는 소송을 제기할 수는 없다.

2) 총유물의 관리·처분

(a) 서 언

민법 제276조에 의하여 총유물의 관리 및 처분은 사원총회의 결의에 의하여야 한다. 그러므로 총유물의 관리 및 처분에 관하여는 정관이나 규약에 정한 바가 있으면 그에 따라야 하고, 그에 관한 정관이나 규약이 없으면 사원총회의 결의에 의하여야 한다. 비법인사단의 정관이나 규약에 정함이 없는 이상, 사원총회의 결의를 거치지 않은 총유물의 관리 및 처분행위는 무효이다.

총유물의 관리 및 처분행위란 어떤 의미인가? 총유물의 관리와 총유물의 처분행위로 나누어 검토하면 아래와 같이 정의할 수 있다.

(i) 총유물의 관리란 「총유물의 처분이나 변경에 이르지 아니할 정도로 총유물을 이용·개량하는 행위」를 말한다. 더 구체적으로 설명하면 총유물의 이용은 「총유물을 그 자체의 경제적 용도에 따라서 활용하는 행위」이고, 총유물의 개량은 「총유물의 사용가치 내지 교환가치를 증대시키는 행위」이다.

(ii) 총유물의 처분은 「총유물을 양도하거나 그 위에 물권을 설정하는 등의 행위」를 말한다.

(b) 총유물의 관리·처분행위에 해당하는 경우

① 총유물 그 자체의 처분행위 비법인사단이 총유물에 관한 매매계약을 체결하는 행위는 총유물 그 자체의 처분이 따르는 채무부담행위로서 총유물의 처분행위에 해당한다.

② 총유재산에 담보권을 설정하는 행위

③ 총유물인 임야에 대한 분묘설치행위 종중원의 한 사람으로서 총유물인 임야를 사용수익할 수 있다 하여도 그 임야에 대한 분묘설치행위는 단순한 사용수익에 불과하지 아니하고 관습에 의한 지상권 유사의 물권을 취득하게 되는 처분행위에 해당된다.[520)]

(c) 총유물의 처분행위인지가 다투어지는 경우

a) 새로운 권리의 취득도 총유물의 관리·처분인가

새로운 권리의 취득을 총유물의 관리·처분으로 볼 수 있는가? 총유는 이미 취득한 재산과 관련한 개념이라고 보아야 하므로, 새롭게 권리를 취득하는 경우를 관리·처분에 포함시키기는 어려워 새로운 권리의 취득에 관하여는 민법 제276조가 적용되지 않는다고 새겨야 한다.

---

520) 대법원 2007.6.28. 선고 2007다16885 판결.

b) 변제의 경우

새로운 권리의 취득 이외에도 「변제」를 독립한 총유물의 관리·처분으로 볼 수 있는가 하는 문제가 있다. 변제는 채무자가 채무의 내용인 급부를 실행하는 행위를 의미하므로 이미 채무부담을 전제로 하고, 채무부담을 초래하는 선행행위가 유효하게 존재하는 이상 그 변제도 역시 유효하다고 보아야 한다. 그러므로 변제의 경우에는 민법 제276조가 적용되지 않는다고 해석된다.

c) 채무부담행위의 경우

채무부담행위도 총유물의 관리·처분에 해당하는가? 「채무부담행위」라는 표현이 전통적 의미의 법률용어가 아니므로, 다의적인 의미를 가질 수 있다. 그러므로 우선 어떤 의미의 채무부담행위이냐가 문제된다. 예컨대 비법인사단이 총유물을 매각하거나 분양하는 유상·쌍무계약을 통하여 채권을 취득하는 동시에 채무도 함께 부담한다는 의미에서의 채무부담행위는 전형적인 총유물의 처분행위에 해당한다. 그러나 총유물 그 자체에 대한 관리 및 처분행위라고 볼 수 없는 단순한 채무부담행위, 즉 채무보증, 채무인수, 담보제공약정과 같이 오로지 채무부담만을 목적으로 하는 행위, 혹은 예컨대 법인 아닌 사단인 재건축조합이 재건축사업의 시행을 위하여 설계용역계약을 체결하는 경우에도 총유물의 관리·처분행위로 볼 수 있는가에 관하여는 견해가 대립한다. 판례는 채무보증 등과 같은 총유물 그 자체의 관리·처분이 따르지 아니하는 단순한 채무부담행위는 민법 제276조에 포섭되지 않는다고 본다.521)

> 비법인사단인 A재건축조합은 B건설회사에 재건축아파트의 신축공사를 도급주었고, C건설회사는 B건설회사로부터 아파트신축공사 중 토목공사(철거, 흙막이, 기초파일 등 공사)를 하도급받았다. B건설회사가 C건설회사에게 하도급공사대금을 제때에 지급하지 아니하여 하도급공사에 차질을 빚게 되자, C건설회사와 A재건축조합, B건설회사 사이에서 B건설회사는 2주일 내로 토목공사기성금 중 1억원을 C건설회사에게 지급하고, 이후 기성금은 월별로 지급하며, A재건축조합이 B건설회사의 하도급공사대금채무를 보증하기로 하였다. 그리고 A재건축조합의 조합장 D는 조합대표자로서 B건설회사의 C건설회사에 대한 하도급대금채무를 A재건축조합이 보증하기로 하는 보증계약을 맺었다. 그런데 A재건축조합의 조합규약 제21조는 「예산으로 정한 사항 외에 조합원의 부담이 될 계약 등에 관한 사항은 임원회의의 결의를 거쳐야 한다」라고 규정하고 있었으나, D는 A재건축조합의 조합장 겸 임원회의의 의장으로서 보증계약체결 전에 임원회의의 결의를 거치지 아니하였고, 다른 임원과 사전에 상의하거나 사후에 보고한 바 없었다. 그 후 B건설회사가 부도가 나 공사대금채무를 이행할 수 없게 된 경우에 C건설회사는 A재건축조합에 대하여 공사대금채무의 이행을 청구할 수 있는가?

---

521) 대법원 2003.7.22. 선고 2002다64780 판결; 대법원 2007.4.19. 선고 2004다60072, 60089 전원합의체 판결 등 참조.

케이스에서 비법인사단인 A재건축조합의 조합장 D의 채무보증행위는 민법 제276조에서 말하는 총유물의 관리 및 처분에 해당하는가? 채무보증행위가 민법 제276조에 포섭되는가에 관하여는 소극설과 적극설이 대립한다.

① 소극설　　소극설은 채무보증과 같이 총유물 그 자체의 관리·처분을 수반하지 아니하는 단순한 채무부담행위는 총유물 및 재산권의 관리·처분에 해당하지 아니한다고 해석한다. 민법 제275조, 제276조 제1항에서 말하는 총유물의 관리 및 처분이라 함은 총유물 그 자체에 관한 이용·개량행위나 법률적·사실적 처분행위를 의미하므로, 비법인사단이 타인간의 금전채무를 보증하는 행위는 총유물 그 자체의 관리·처분이 따르지 아니하는 단순한 채무부담행위에 불과하여 총유물의 관리·처분이라고 볼 수는 없다고 본다.

② 적극설　　적극설은 법인 아닌 사단의 보증채무부담행위는 결국 장래의 총유물의 처분행위와 같으므로, 총유물의 관리·처분에 관한 법리가 적용되어야 한다는 견해이다. 적극설은 비법인사단이 부담하는 보증채무가 자연채무가 아닌 한, 그 보증채무부담행위는 그 채무의 변제를 위한 책임재산과 별도로 생각할 수 없고, 채무의 변제기가 도래한 때에 주채무자가 채무를 이행하지 않으면 비법인사단은 자신이 보유하고 있는 현금이나 총유물을 처분하여 그 채무를 만족시켜야 하므로 결국 보증채무부담행위는 비법인사단의 총유물의 처분으로 연결될 수밖에 없어서 비법인사단의 보증채무부담행위는 장래의 총유물의 처분행위와 같다고 보아야만 한다고 본다. 적극설에 따르면 비법인사단의 대표자가 그 사단의 이름으로 채무를 보증하는 계약을 체결하는 경우에도 총유물의 관리·처분에 관한 법리가 적용된다고 하여야 하므로, 케이스에서 D가 보증계약을 체결할 때에 조합규약에서 정한 임원회의의 결의를 거치지 아니하면 그 보증계약은 효력이 없다.

판례는 채무보증행위는 단순한 채무부담행위에 불과하므로, 총유물 그 자체에 대한 관리 및 처분행위라고 볼 수 없다고 하여 소극설을 취하고 있다.[522] 아래와 같은 이유로 판례의 태도와 소극설을 지지한다.

(i) 민법 제276조 제1항에서 말하는 「총유물」은 물권의 객체로서 동산과 부동산을 포함하는 물건을 의미한다고 보아야 한다. 그리고 민법 제278조는 준공동소유에 관하여 "본절의 규정은 소유권 이외의 재산권에 준용한다"고 규정하고 있으나, 그 「재산권」에는 권리만 포함하고 채무는 포함하지 아니한다고 해석하여야 한다. 그러므로 민법 제276조 제1항과 민법 제278조에 비추어 보증채무부담행위(총유물 그 자체 또는 재산권 그 자체에 해당하지 않는다)와 같은 새로운 권리·의무의 취득까지 관리·처분에 포함된다고 해석하기 어렵다. 비법인사단의 보증채무부담행위는 결국은 자신이 보유하고 있는 현금이나 총유물을 처분하여 그 채무를 만족시켜야 하므로 장래의 총유물의 처분행위와 같다고 보아야만 한다고 해석하는 태도는 두 조항의 문언적 의미를 지나치게 확대하여 부당하다.

(ii) 본래 채무부담행위는 법률상의 용어가 아니고 다의적인 의미를 가진 일상용어이므로, 보증채무부담 등의 채무부담행위를 총유물의 관리·처분행위로 볼 경우에 아주 다양

522) 대법원 2007.4.19. 선고 2004다60072, 60089 전원합의체 판결.

한 채무부담행위의 유형 중 어디까지를 총유물의 관리·처분으로 보는가 하는 어려운 문제를 야기한다. 또한 모든 채무부담행위를 총유물의 관리·처분으로 보게 되면 결국은 비법인사단의 모든 법률행위에 관하여 민법 제276조 제1항에 따라서 사원총회의 결의를 요한다고까지 확대될 수 있다. 그러므로 총유물의 관리·처분에 관하여 사원총회의 결의를 절대적인 유효요건으로 하는 민법 제276조 제1항은 미리 제한적으로 해석할 필요가 있다.

(iii) 민법 제276조 제1항이 정한 총유물의 관리·처분의 범위를 채무부담행위로까지 확대할 경우에 민법상 사단법인과의 관계에서도 균형이 어긋난다. 민법 제60조에 의하면 비록 이사의 대표권의 제한이 정관에 기재되어 있다고 하더라도 등기하여야만 제3자에게 대항할 수 있다(이른바 무제한설에 의하여 등기되어 있지 않다면 선의이냐 악의이냐에 관계없이 대표권의 제한에 반하는 법률행위는 유효하다[523]). 그러나 비법인사단의 경우에는 민법 제276조 제1항에 위반한 이유로 채무부담행위와 같은 비법인사단에 불리한 계약을 사후적으로 무효화할 수 있게 된다고 하면 결국 비법인사단이 법인인 사단에 비하여 오히려 두터운 보호를 받게 되므로, 사단법인과의 균형상으로 보더라도 민법 제276조 제1항을 제한적으로 해석하여 적어도 채무부담행위는 비법인사단에 그대로 유효하다고 이해하여야 한다.

(iv) 민법은 사원총회의 결의를 비법인사단에 속한 총유물의 관리·처분행위의 유효요건으로 보고 있다. 그러나 민법 제276조 제1항이 말하는 총유물의 관리·처분의 범위를 제한하더라도, 비법인사단의 채무부담행위 등 중요한 사항에 대하여는 정관에서 대표자의 권한을 제한하는 규정을 둘 경우에 대표권제한의 법리에 따라서 악의 또는 과실 있는 상대방에 대하여 대항할 수 있게 되어 비법인사단의 보호방법이 전혀 없지는 않다. 그러므로 총유물의 관리·처분에 관하여 사원총회의 결의를 절대적인 유효요건으로 하는 민법 제276조 1항은 비교법상으로 매우 이례적이므로, 너무 지나치게 엄격하게 해석할 필요는 없다.

결국 판례의 태도나 소극설에 서서 비법인사단인 A재건축조합의 조합장 D가 채무보증계약을 체결하면서 조합규약에서 정한 임원회의의 결의를 거치지 아니하거나 조합원 총회의 결의를 거치지 않은 경우라고 하더라도 그 사실만으로 바로 보증계약이 무효라고 할 수는 없다고 본다. 다만 임원회의의 결의 등을 거치도록 한 조합규약은 D의 대표권을 제한하는 규정에 해당하므로, C건설회사가 그 대표권의 제한 및 그 위반사실을 알았거나 과실로 인하여 알지 못한 때에는 그 거래행위가 무효로 된다고 봄이 상당하다. 그리고 C건설회사가 대표권의 제한 및 그 위반사실을 알았거나 알지 못한 데에 과실이 있다는 사정은 그 거래의 무효를 주장하는 측, 즉 A재건축조합이 주장·증명하여야 한다.

d) 소멸시효의 중단사유로서의 승인의 경우

매매계약에 의하여 부담하고 있는 채무의 존재를 인식하고 있다는 뜻을 표시하는 데 불과한 소멸시효의 중단사유로서의 승인은 총유물 그 자체의 관리·처분이 따르는 행위가 아니어서 총유물의 관리·처분행위라고 볼 수 없다.[524]

523) 대법원 1992.2.14. 선고 91다24564 판결.

524) 대법원 2009.11.26. 선고 2009다64383 판결.

3) 총유물에 관한 권리·의무의 취득상실

총유물에 관한 사원의 권리·의무는 사원의 지위를 취득·상실하면 당연히 취득·상실된다(§277). 예를 들어 어느 교회의 교인이 되면 자동적으로 교회재산에 대하여 권리·의무를 가지고, 그 교회의 교인으로서의 자격을 상실하면 권리·의무도 상실된다.

5. 준공동소유

여러 사람이 소유권 이외의 재산권을 공동으로 소유하는 법률관계를 「준공동소유」라고 한다. 준공동소유에는 준공유·준합유·준총유 세 종류가 있다. 다른 법률에 특별한 규정이 있는 경우를 제외하고, 준공동소유에 대하여 「공동소유」에 관한 규정이 준용된다(§278).

준공동소유가 인정되는 소유권 이외의 재산권으로는 지상권·전세권·지역권·저당권과 같은 민법상의 물권, 주식, 광업권·저작권·특허권·상표권·어업권 등이 있다. 판례는 상표권의 공유에 대하여는 상표법의 다른 규정이나 그 본질에 반하지 아니하는 범위 내에서는 민법상의 공유의 규정이 적용될 수 있다고 본다.[525] 또한 이주자택지의 공급대상자로 확정된 자가 사망하여 공동상속인이 청약권을 상속하면 공동상속인은 그 상속지분비율에 따라서 청약권을 준공유하게 된다.[526]

채권이나 채무에 대하여도 준공동소유가 성립하는가? 채권이나 채무를 준공동소유하는 경우에는 하나의 채권 또는 채무가 일체를 이루어 복수의 주체에게 공동으로 귀속되고, 공동소유에 관한 규정이 준용된다. 그러나 다수당사자의 채권채무관계에 관한 규정(§§408 이하)은 공동소유에 관한 규정(§§262 이하)의 특칙으로 이해하여야 한다. 그러므로 여러 사람에게 채권 또는 채무가 발생한 경우에는 당사자 사이에 공동소유관계로 한다는 특약이 없는 한, 채권총칙에서 규정하고 있는 다수당사자의 채권채무관계의 문제로 처리할 필요가 있다고 본다.

Ⅶ. 건물의 구분소유

1. 구분소유란 어떤 제도인가

원래 건물은 1동을 1개의 물건으로 하고, 1동의 건물 위에 1개의 소유권이 성립한다(일물일권주의). 건물의 구분소유란 공유와는 달리 하나하나에 단독의 소유권을 가지나, 그 대상이 건물의 일부분이고, 건물 전체로서는 하나의 건물을 여러 사람이 소유하는 관계이다. 현대의 도시생활에서 필요불가결하게 된 연립주택이나 다세대주택·아파트·오피스텔·콘도미니엄 등이 그 전형적인 예이다. 1동의 건물을 구조상 여러 개의 부분으로 구분하여

525) 대법원 2004.12.9. 선고 2002후567 판결.

526) 대법원 2003.12.26. 선고 2003다11738 판결.

여러 사람이 소유하는 경우에 개개의 구분된 부분에 대한 소유권을 구분소유권이라고 부르고, 그 소유자는 구분소유자, 구분소유권의 대상이 되는 각 부분을 「전유부분」이라고 일컫는다. 또한 분양아파트를 생각하면 쉽게 생각할 수 있다시피, 전유부분 이외에 외벽이나 계단, 복도, 엘리베이터, 로비, 공동의 문(門)과 같이 누구나 사용하는 부분이나 관리인실·기계실 등 전체의 편의를 위하여 설치한 부분도 있다. 바로 「공유부분」이다.

2. 구분소유에 대한 규율

구분소유를 규율하는 법률에는 민법 제215조와 「집합건물의 소유 및 관리에 관한 법률」이 있다. 민법은 일찍부터 구분소유에 관한 규정을 두어 규율하고 있다. 다만 민법 제215조 달랑 1개의 조문을 두고, 민법 제268조에서 공유물의 분할청구에 대한 예외로서 구분소유를 규정하고 있을 뿐이다. 그리고 민법 제215조가 놓여 있는 위치로부터 분명하다시피, 구분소유에 관한 민법의 규정은 순수한 상린관계적 차원을 넘어서지 못하고 있다고 보여진다. 여하튼 민법 제215조는 아래와 같이 규정하고 있다.

(i) 여러 사람이 한채의 건물을 구분하여 각각 그 일부분을 소유한 때에는 건물과 그 부속물 중 공용하는 부분은 그의 공유로 추정한다.

(ii) 공용부분의 보존에 관한 비용 기타의 부담은 각자의 소유부분의 가액에 비례하여 분담한다.

민법 제215조는 구분소유의 규율에 관하여 극히 간단하고 매우 불충분하다. 원래 민법 제215조는 아파트나 오피스텔 등과 같은 건물의 고층화를 알지 못하던 시대에 한채의 長屋建物(지붕·마루를 길게 지은 집)을 대상으로 하여 건물의 높이가 아니라 옆으로, 즉 종적으로 구분하는 경우를 염두에 두고 규정한 조항에 불과하다. 그러므로 새로운 건물형태인 중고층의 집합건물(예컨대 아파트)의 구분소유에 있어서는 민법 제215조의 규정만으로 규율하기 어려운 경우가 많다.

1960년대 후반 이후의 경제발전과 인구의 도시집중으로 인하여 서울 등 대도시에 연립주택, 다세대주택을 비롯하여 아파트, 오피스텔 등 공동주택이 급격히 증가하여 현재는 전국 주택총호수의 70% 이상을 차지하고 있다. 그러나 공동주택의 소유와 이용의 형태는 종래와는 달라서 한채의 건물에 수십 내지 수백의 구분소유와 공동이용이 성립하는 새로운 형태의 소유관계를 필요로 하나, 민법 및 부동산등기법 등 종래의 여러 규정만으로는 그 소유관계를 규율하기가 충분하지 않다. 그러므로 공동주택에 따른 문제를 합리적으로 규율하기 위한 어떤 새로운 조치가 필요하게 되고, 고층건물 기타 집합건물 내에서의 공동생활을 합리적으로 규율하기 위하여 새롭게 제정된 법률이 바로 「집합건물의 소유 및 관리에 관한 법률」(이하에서 '집합건물법'이라 칭한다)이다.

3. 건물의 일부분이 구분소유권의 객체가 되기 위한 요건

1) 1동의 건물

구분소유가 성립하기 위하여는 객관적·물리적인 측면에서 1동의 건물이 존재하여야 한다.

2) 구조상·기능상 독립성

1동의 건물의 일부분이 구분소유권의 객체가 될 수 있으려면 그 부분이 구조상으로나 이용상으로 다른 부분과 구분되는 독립성이 있어야 한다.[527] 물론 건물의 이용상황 내지 이용형태에 따라서 구조상의 독립성에 관한 판단의 엄격성에 차이가 있을 수 있으나, 구조상의 독립성은 주로 소유권의 목적이 되는 객체에 대한 물적 지배의 범위를 명확히 할 필요성 때문에 요구되므로 구조상의 구분에 의하여 구분소유권의 객체범위를 확정할 수 없는 경우에는 구조상의 독립성이 있다고 할 수 없다.[528]

3) 구분행위

구분소유가 성립하려면 1동의 건물 중 물리적으로 구획된 건물부분을 각각 구분소유권의 객체로 하려는 구분행위가 있어야 한다. 구분행위는 건물의 물리적 형질에 변경을 가함이 없이 법률관념상 건물의 특정부분을 구분하여 별개의 소유권의 객체로 하려는 일종의 법률행위로서, 그 시기나 방식에 특별한 제한이 있지는 않고, 구분의사가 객관적으로 외부에 표시되면 인정된다. 그러므로 구분건물이 물리적으로 완성되기 전에도 건축허가 신청이나 분양계약 등을 통하여 장래 신축되는 건물을 구분건물로 한다는 구분의사가 객관적으로 표시되면 구분행위의 존재를 인정할 수 있다.[529]

A는 증축 전의 2층건물을 5층으로 증축하면서 증축된 3, 4, 5층은 각 층별로 독립된 기초 위에 주요구조부를 철골콘크리트조로, 지붕 및 처마를 평슬래브로, 벽체를 판넬로 설치하여 각 경계벽을 구축하였다. 한편 1층에서 5층까지의 각 층을 순차로 연결하는 비상계단을 설치하였는데, 그 계단의 폭은 성인 2명이 나란히 옆으로 서서 통행이 가능한 정도의 넓이이고, 증축된 각 층에서 계단으로 통하는 출입문이 설치되어 있고, 3, 4, 5층으로의 출입은 주로 서쪽편 출입구에 연결되는 엘리베이터 또는 계단을 통하여 이루어지도록 설계되어 있어 3, 4, 5층의 출입을 위하여는 증축 전의 1, 2층을 통과할 필요가 없을 뿐 아니라 3, 4, 5층에는 별도의 화장실과 수도시설이 설치되어 있었다. 증축된 3, 4, 5층부분은 구분소유권의 대상이 되는 구분건물이 되

527) 집합건물법 제1조는 '1동의 건물 중 구조상 구분된 여러 개의 부분이 독립한 건물로서 사용될 수 있을 때'에 그 각 부분은 구분소유권의 목적으로 할 수 있다고 규정하고 있다.

528) 대법원 1999.11.9. 선고 99다46096 판결.

529) 대법원 2013.1.17. 선고 2010다71578 전원합의체 판결.

는가? 만약 A가 증축 전의 2층건물에 대하여 B에 대한 채무의 담보로 저당권을 설정해 주었는데, 증축된 5층건물 중 3, 4, 5층부분을 구분등기를 하지 않고 1동의 건물로 하여 기존의 등기에 대하여 건물표시변경등기를 한 경우에 B는 저당권에 기하여 5층건물 전체에 대한 경매를 신청할 수 있는가?

1동의 건물 중 구분된 각 부분이 구조상, 이용상 독립성을 가지고 있는 경우에 그 각 부분을 1개의 구분건물로 할 수도 있고, 그 1동의 건물 전체를 1개의 건물로 할 수도 있다. 사례에서 증축된 5층건물을 1개의 건물로 할지 구분소유권으로 할지 여부는 특별한 사정이 없는 한 소유자의 의사에 의하여 결정된다. 물론 구분소유권이 되기 위하여는 객관적, 물리적인 측면에서 구분건물이 구조상, 이용상의 독립성을 갖추어야 한다. 그러나 소유자가 기존건물에 증축을 한 경우에 증축부분이 구조상, 이용상의 독립성을 갖추었다는 사유만으로 당연히 구분소유권이 성립된다고 할 수는 없다. 구분소유권이 성립하려면 건물을 구분소유권의 객체로 하려는 의사표시, 즉 구분행위가 있어야 한다.

케이스를 보면 증축된 3, 4, 5층부분은 그 물리적 구조와 이용상황, 경제적 가치 등을 종합해 볼 때 증축 전의 건물부분과는 그 범위가 뚜렷이 구분되고 구조상, 이용상의 독립성을 갖추고 있어서 구분소유의 목적이 충분히 될 수 있다고 본다. 다만 소유자의 구분행위가 있어야 비로소 구분소유권이 성립되므로, A의 구분행위가 있는가가 문제된다. A가 기존건물에 마쳐진 등기를 증축한 건물의 현황과 맞추어 1동의 건물로서 증축으로 인한 건물표시변경등기를 마친 때에는 증축된 건물을 구분소유권의 건물로 하지 않고, 그 전체를 1동의 건물로 하려는 의사였다고 봄이 상당하다. 만약 증축된 3, 4, 5층부분에 대하여 당연히 구분소유권이 인정된다고 하면 B는 2층부분까지만 경매를 신청할 수 있으나, 사례에서와 같이 A의 구분행위가 인정되지 않는 한 증축된 3, 4, 5층부분이 본래의 기존건물에 부합하여 저당권의 효력이 5층건물 전체에 미친다고 보아야 하므로, B는 5층건물 전체에 대하여 저당권의 실행으로서 경매를 신청할 수 있다.

4) 집합건축물대장의 등록이나 구분건물의 표시에 관한 등기?

구분소유의 성립을 인정하기 위하여 반드시 집합건축물대장의 등록이나 구분건물의 표시에 관한 등기가 필요하지는 않다. 1동의 건물 및 그 구분행위에 상응하는 구분건물이 객관적·물리적으로 완성되면 아직 그 건물이 집합건축물대장에 등록되거나 구분건물로서 등기부에 등기되지 않은 경우라고 하더라도 그 시점에서 구분소유가 성립한다.[530)]

530) 대법원 2013.1.17. 선고 2010다71578 전원합의체 판결(구분소유권은 물권의 기본적 성격인 배타성과 대세적 효력이 있으므로 그에 관한 법률관계는 이해당사자가 쉽게 인식할 수 있도록 명확하게 정하여져야 하므로, 법률관계의 명확성과 안정성을 담보하기 위하여는 부동산소유권의 내용을 변경시키는 법적 행위로서 구분행위가 부동산물권변동에서 요구되는 공시방법인 등기에 준할 정도로 명료한 공시기능을 반드시 갖출 필요가 있다고 보는 반대의견이 있다).

4. 집합건물법의 내용

(1) 구분소유건물의 소유관계

1) 전유부분과 공용부분

구분소유건물에 있어서 소유관계의 대상은 「전유부분」(專有部分)과 「공용부분」 두 가지로 구분된다. 집합건물의 어느 부분이 전유부분인지 공용부분인지 여부는 소유자간에 특단의 합의가 없는 한 그 건물의 구조에 따른 객관적인 용도에 의하여 결정되어야 한다.

집합건물의 어느 부분이 전유부분이냐 공용부분이냐 여부를 판단하는 기준시점은 구분소유가 성립한 시점(원칙적으로 건물 전체가 완성되어 당해 건물에 관한 건축물대장에 구분건물로 등록된 시점을 가리킨다)이 된다. 그 후의 건물개조나 이용상황의 변화 등은 전유부분인지 공용부분인지 여부에 영향을 미칠 수 없다.

① 전유부분 전유부분이란 '구분소유권의 목적인 건물부분'(집합건물법 §2 iii)으로 1동의 건물의 일부이지만 구조상·이용상 독립성이 인정되는 부분건물을 가리킨다. 전유부분은 그 자체 1개의 독립한 건물로서 구분소유자는 양도나 저당권·임차권의 설정에 대하여 보통의 건물소유자와 동일하게 취급된다.

② 공용부분 공용부분이란 (i) 구조상 전유부분 외의 건물부분(예컨대 지붕, 계단, 복도, 엘리베이터실, 아파트의 지하실), (ii) 전유부분에 속하지 아니하는 건물의 부속물(예컨대 수도, 가스, 전기설비), (iii) 전유부분이지만 규약으로써 혹은 공정증서로써 공용부분으로 된 건물부분·부속의 건물(예컨대 창고, 차고, 관리사무실)을 가리킨다(집합건물법 §§2 iv·3). 여러 개의 전유부분으로 통하는 복도, 계단, 그 밖에 구조상 구분소유자의 전원 또는 그 일부의 공용에 제공되는 건물부분은 전유부분이 될 수 없고, 반드시 공용부분에 속한다.

공용부분은 원칙적으로 구분소유자 전원의 공유에 속한다. 다만 명백히 일부의 구분소유자만의 이용에 제공되는 일부공용부분은 공용부분을 공용하는 구분소유자만의 공유가 된다(집합건물법 §10 I). 다만 공용부분에 대한 구분소유자의 공유는 아래와 같은 측면에서 민법상의 공유와 다르다.

(i) 민법상의 공유에서는 각 공유자가 공유물 전부를 지분비율로 사용할 수 있으나(§263), 각 구분소유자는 공용부분을 그 용도에 따라 사용할 수 있다(집합건물법 §11).

(ii) 각 공유자의 지분은 균등하다고 추정되나(§262 II), 각 구분소유자의 지분은 그가 가지는 전유부분의 면적비율에 의한다(집합건물법 §12).

(iii) 공유자는 그 지분을 자유로 처분할 수 있으나(§263), 구분소유자는 그가 가지는 전유부분과 분리하여 공용부분에 대한 지분을 처분할 수 없다(집합건물법 §13).

(iv) 공용부분의 변경·관리에 관한 사항은 다른 구분소유자의 동의나 그 지분의 과반수가 아니라, 집회결의로써 결정한다(집합건물법 §§15·16).

2) 대지 · 대지사용권

대지란 전유부분이 속하는 1동의 건물이 소재하는 토지(당연대지) 및 규약으로써 건물의 대지로 된 토지(규약상 대지)를 말한다(집합건물법 §§2 v·4). 예컨대 통로, 주차장, 정원(혹은 어린이놀이터), 부속건물의 대지, 그 밖에 전유부분이 속하는 1동의 건물 및 그 건물이 있는 토지와 하나로 관리되거나 사용되는 토지 등을 규약상 대지로 할 수 있다.

구분소유자가 전유부분을 소유하기 위하여 건물의 대지에 대하여 가지는 권리를 「대지사용권」이라고 한다(집합건물법 §2 vi). 구분소유자는 누구나(상층을 소유하는 자도 마찬가지이다) 대지 전체를 이용할 권리, 즉 대지사용권을 가지고 있다(대지사용권은 구분소유자가 전유부분을 소유하기 위하여 건물의 대지에 대하여 가지는 권리로서, 그 성립을 위하여는 집합건물의 존재와 구분소유자가 전유부분의 소유를 위하여 당해 대지를 사용할 수 있는 권리를 보유하는 사실 이외에 다른 특별한 요건이 필요하지 않다[531]). 예컨대 대지를 목적으로 하는 소유권·지상권·전세권·임차권 등이 대지사용권이다. 구분소유자는 대지소유권을 공유하고, 각 구분소유자는 전유부분의 면적비례에 따라 공유지분을 갖는다(집합건물법 §12).

대지사용권은 전유부분과 일체성을 이룬다. 그러므로 구분소유자의 대지사용권은 그가 가지는 전유부분의 처분에 따른다(집합건물법 §20 I). 대지사용권은 전유부분에 대한 종속성이 매우 강하여 서로 일체로 처분되는 거래상의 실정을 고려하고, 또한 양자가 분리처분될 경우에 복잡한 법적 분쟁이 생길 소지가 많으므로, 집합건물법 제20조 제2항은 명문으로 구분소유자는 규약으로 달리 정하지 않는 한 전유부분과 분리하여 대지사용권을 처분할 수 없다고 규정하고 있다.[532] 그리고 집합건물법 제20조 제2항 본문의 분리처분금지는 그 취지를 등기하지 아니하면 선의로 물권을 취득한 제3자('선의'의 제3자라 함은 원칙적으로 집합건물의 대지로 되어 있는 사정을 모른 채 대지사용권의 목적이 되는 토지를 취득한 제3자를 의미한다)에게 대항하지 못한다(집합건물법 §20 III).

전유부분만에 대하여 설정된 저당권의 효력은 대지사용권에 미치는가? 대지사용권의 분리처분이 가능하도록 규약으로 정하는 등의 특별한 사정이 없는 한 전유부분에 설정된 저당권의 효력은 대지사용권에도 미치고, 전유부분의 소유자가 사후에라도 대지사용권을 취득함으로써 전유부분과 대지권이 같은 소유자의 소유에 속하게 되면 그 대지사용권(대지사용권에는 지상권 등 용익권 이외에 대지소유권도 포함된다)에까지 미친다.[533]

[더 생각할 과제 - 대지권]

대지사용권이 등기되어 있는 경우를 「대지권」이라고 부른다. 대지권이 소유권인 경우에는 1동 건물의 등기기록의 표제부에 대지권의 목적인 토지의 표시에 관한 사항을 기록하고, 전유부분의

531) 대법원 2013.1.17. 선고 2010다71578 전원합의체 판결.

532) 집합건물법 제20조의 취지는 집합건물의 전유부분과 대지사용권이 분리되는 경우를 최대한 억제하여 대지사용권이 없는 구분소유권의 발생을 방지함으로써 집합건물에 관한 법률관계의 안정과 합리적 규율을 도모하려는 데 있으므로, 전유부분과 대지사용권의 일체성에 반하는 대지의 처분행위는 효력이 없다(대법원 2013.1.17. 선고 2010다71578 전원합의체 판결).

533) 대법원 2001.2.9. 선고 2000다62179 판결.

등기기록의 표제부에 그 전유부분에 속하는 대지권의 표시에 관한 사항을 기록한다(부동산등기법 §40 III). 그리고 대지권등기를 할 때에는 직권으로 대지권의 목적인 토지의 등기기록에 소유권, 지상권, 전세권 또는 임차권이 대지권이라는 뜻을 기록하여야 한다(부동산등기법 §40 IV).

(2) 관리단

구분소유자 상호간의 관계는 공유자 사이의 상호관계보다는 훨씬 밀접·복잡하고, 또한 구분소유자의 수도 수십 내지 수백에 이를 정도로 다수인 경우가 많으므로, 구분소유관계에서는 어떤 단체적 관리나 통제가 불가피하다. 바로 구분소유자 전원에 의하여 건물, 대지, 부속시설 등을 관리하는 단체로서 이른바 「관리단」이 필요하다. 집합건물법 제23조 제1항은 건물에 대하여 구분소유관계가 성립되면 구분소유자 전원을 구성원으로 하여 건물과 그 대지 및 부속시설의 관리에 관한 사업의 시행을 목적으로 하는 「관리단」이 설립된다고 규정하고 있다. 그러므로 관리단은 어떤 조직행위를 거쳐야 비로소 성립되는 단체가 아니라, 구분소유관계가 성립하는 건물이 있는 경우에는 당연히 그 구분소유자 전원을 구성원으로 하여 성립되는 단체이다(당연설립주의이다).[534] 구분소유자로 구성되어 있는 단체로서 집합건물법 제23조 제1항의 취지에 부합하면 그 존립의 형식이나 명칭에 불구하고 관리단으로서의 역할을 수행할 수 있다. 그리고 구분소유자와 구분소유자가 아닌 자로 구성된 단체라 하더라도 구분소유자만으로 구성된 관리단의 성격을 겸유할 수도 있다.[535]

관리단으로는 구분소유자 전원으로 구성되는 전원관리단뿐만 아니라, 「일부관리단」 또는 「단지관리단」을 구성할 수도 있다. 건물의 구분소유자 중의 일부의 구분소유자만의 공용에 제공되는 공용부분이 있는 경우에 그 일부의 구분소유자가 그 일부공용부분의 관리에 관한 사업의 시행을 목적으로 구성하는 관리단이 이른바 「일부관리단」이다(집합건물법 §23 II). 그리고 한 단지 내에 여러 동의 건물이 있고 그 단지 내의 토지 또는 부속시설이 그 건물의 소유자(전유부분이 있는 건물에 있어서는 구분소유자)의 공동소유에 속하는 경우에는 단지 내의 토지 또는 부속시설의 관리를 위한 단체로 이른바 「단지관리단」을 구성할 수 있다(집합건물법 §51).

관리단의 법적 성격은 어떤가? 관리단은 일종의 조합이라고 말할 수 있다고 보는 견해가 있다. 그러나 관리단의 법적 성격을 구분소유자 전원이 사원인 법인 아닌 사단으로 평가하는 태도가 옳다고 본다(판례는 공동주택의 입주자대표회의는 동별세대수에 비례하여 선출되는 동별대표자를 구성원으로 하는 법인 아닌 사단이라고 본다[536]).

관리단의 조직으로는 관리단집회·규약 및 관리인, 관리위원회가 있다.

① 관리단집회　관리단집회는 법인 아닌 사단에 있어서의 구성원 총회(혹은 조합에 있어서의 조합원 총회)에 상당하는 조직으로서 관리단의 최고의사결정기관이다. 집합건물

---

534) 대법원 1995.3.10. 선고 94다49687, 49694 판결.

535) 대법원 1996.8.23. 선고 94다27199 판결.

536) 대법원 2007.6.15. 선고 2007다6291 판결.

법은 관리단집회의 종류(정기관리단집회와 임시관리단집회로 구분된다), 권한, 소집, 결의방법, 의사록 등에 대하여 자세한 규정을 두고 있다(집합건물법 §§31 이하).

② 규약 건물과 대지 또는 부속시설의 관리 또는 사용에 관한 구분소유자 상호간의 사항 중 집합건물법에서 규정하지 아니한 사항은 규약으로써 정할 수 있다(집합건물법 §28).

③ 관리인 관리인은 관리단집회의 결의로 선임되거나 해임되고, 관리단을 대표하는 대표권을 가진다(집합건물법 §§24·25). 또한 관리인은 매년 1회 이상 구분소유자에게 그 사무에 관한 보고를 하여야 할 의무를 부담한다(집합건물법 §26). 구분소유자가 10인 미만인 때에는 관리인의 선임이 강제되지 않으나, 구분소유자가 10인 이상일 때에는 관리인을 반드시 선임하여야 한다(집합건물법 §24 I). 관리인은 구분소유자일 필요가 없다(집합건물법 §24 II).

④ 관리위원회 관리단에는 규약으로 정하여 관리위원회를 둘 수 있다(집합건물법 §26의2 I). 관리위원회는 필수적 기관이 아니라 단지 임의적 기관에 불과하며, 관리인의 사무집행을 감독한다. 관리위원회의 위원은 구분소유자 중에서 규약으로 달리 정한 경우가 아닌 한 관리단집회의 결의에 의하여 선출한다(집합건물법 §26의3 I).

A는 2009.12.11. B아파트입주자대표회의가 관리하는 갑아파트를 경매를 통하여 매수하고 매각대금을 납부하였는데, 갑아파트의 전소유자인 C가 2009.1.부터 12.까지의 관리비와 그 연체료로 합계 300만원을 체납하였다. B아파트입주자대표회의는 B아파트의 공동주택관리규약에 아래와 같은 규정이 있다고 하는 근거로 A에 대하여 관리비 및 그 연체료의 지급을 청구할 수 있는가?

[공동주택관리규약]
제6조「관리규약은 입주자의 지위를 승계한 자에 대하여도 그 효력이 있다」.
제13조 제1항「관리주체는 관리비, 사용료 및 특별수선충당금에 대한 채권을 입주자의 지위를 승계한 자에 대하여도 행사할 수 있다」.

케이스를 보면 B아파트의 공동주택관리규약에서 체납관리비채권 전체에 대하여 입주자의 지위를 승계한 자에 대하여도 행사할 수 있도록 규정하고 있으므로, 과연 체납관리비가 A에게 승계되는가가 문제된다. 아래와 같이 (i) 건물의 공용부분에 관한 체납관리비만 승계된다는 견해(판례에서의 다수의견이다), (ii) 어떤 체납관리비이든 승계되지 않는다는 견해(반대의견), (iii) 체납관리비 전부가 승계된다는 견해(별개의견) 세 가지 견해로 구분하여 살펴볼 수 있다.

(i) 집합건물법 제28조 제3항에 의하면 규약으로써 구분소유자 외의 자의 권리를 해하지 못한다고 규정하고 있다. 그러므로 B아파트의 공동주택관리규약 제6조 및 제13조 제1항이 집합건물법 제28조 제3항에 위반하는가 여부가 문제된다. 집합건물법 제28조 제3항

에 비추어 볼 때에 관리규약으로 전입주자의 체납관리비를 양수인에게 승계시키도록 하는 규정은 입주자 외의 자와 사이의 권리·의무에 관련된 사항으로서 입주자의 자치규범인 관리규약제정의 한계를 벗어나고, 개인의 기본권을 침해하는 사항은 법률로 특별히 정하지 않는 한 사적 자치의 원칙에 반한다는 사정 등을 고려하면, 특별승계인이 그 관리규약을 명시적, 묵시적으로 승인하지 않는 이상 그 효력이 없다고 보아야 한다는 견해가 있다(판례의 입장이며,[537] 「다수의견」이라 부르고자 한다). 그리고 집합건물법 제42조 제1항은 규약이 구분소유자의 특별승계인에 대하여도 효력이 있다고 하는 취지로 규정하고 있으나, 다수의견은 공동주택의 입주자가 공동주택의 관리·사용 등의 사항에 관하여 관리규약으로 정한 내용은 승계 이전에 제정된 규약이라고 하더라도 승계인에 대하여 효력이 있다는 뜻으로서, 관리비와 관련하여서는 승계인도 입주자로서 관리규약에 따른 관리비를 납부하여야 한다는 의미일 뿐, 그 규정으로 인하여 승계인이 전입주자의 체납관리비까지 승계하게 된다는 의미로 해석할 수는 없다고 본다.[538]

건물의 공용부분에 관한 체납관리비는 어떤가? 집합건물법 제18조가 공유자 전체의 이익에 공여되는 집합건물의 공용부분에 대하여는 공동으로 유지·관리하여야 하고, 그에 대한 적정한 유지·관리를 도모하기 위하여 소요되는 경비에 대한 공유자간의 채권은 특히 보장할 필요가 있어서 공유자의 특별승계인에게 그 승계의사의 유무에 관계없이 청구할 수 있도록 특별규정을 두고 있다. 그러므로 다수의견은 B아파트의 공동주택관리규약 중 공용부분의 관리비에 관한 부분은 집합건물법 제18조에 터잡은 규정으로서 유효하다고 하여야 하므로, 아파트의 특별승계인은 전입주자의 체납관리비 중 공용부분에 관하여는 당연히 승계하여야 한다고 본다.

다수의견에 따라서 전입주자의 체납관리비 중 공용부분에 해당하는 관리비에 한하여 승계된다고 할 때에 공용부분에 대한 관리비의 연체료도 승계되는가? 다수의견은 관리비 납부를 연체할 경우에 부과되는 연체료는 위약벌의 일종이고, 전구분소유자의 특별승계인이 체납된 공용부분의 관리비를 승계한다고 하여 전구분소유자가 관리비납부를 연체함으로 인하여 이미 발생하게 된 법률효과까지 그대로 승계하지는 않으므로, 비록 공용부분의 관리비에 대한 연체료라고 하더라도 특별승계인에게 승계되는 공용부분의 관리비에 포함되지 않는다고 본다.[539]

(ii) 집합건물법 제18조가 구분소유자의 특별승계인의 채무부담을 근거지우는 규정이라고 보는 태도는 입법취지에 맞지 않는 해석이라고 주장하는 견해가 있다(「반대의견」이라

537) 대법원 2001.9.20. 선고 2001다8677 전원합의체 판결.

538) 판례는 집합건물의 전(前)구분소유자의 특정승계인에게 승계되는 공용부분의 관리비에는 집합건물의 공용부분 그 자체의 직접적인 유지·관리를 위하여 지출되는 비용뿐만 아니라, 전유부분을 포함한 집합건물 전체의 유지·관리를 위해 지출되는 비용 가운데에서도 입주자 전체의 공동의 이익을 위하여 집합건물을 통일적으로 유지·관리해야 할 필요가 있어서 일률적으로 지출하지 않으면 안되는 성격의 비용은 입주자 각자의 개별적인 이익을 위하여 현실적·구체적으로 귀속되는 부분에 사용되는 비용으로 명확히 구분될 수 있는 비용이 아니라면, 모두 포함된다고 본다(대법원 2006.6.29. 선고 2004다3598, 3604 판결).

539) 대법원 2006.6.29. 선고 2004다3598, 3604 판결.

부르고자 한다). 반대의견은 집합건물법 제27조 제1항에서 관리단이 그의 재산으로 채무를 완제할 수 없는 때에는 구분소유자는 지분비율에 따라서 관리단의 채무를 변제할 책임을 진다는 취지를 규정하고, 집합건물법 제27조 제2항에서 구분소유자의 특별승계인은 승계 전에 발생한 관리단의 채무에 관하여도 책임을 진다는 취지를 규정하고 있는 사정에 비추어 볼 때, 집합건물법은 승계 전의 구분소유자의 미납관리비를 공용부분이든지 전유부분이든지 묻지 않고 그의 특별승계인에게 개별적으로 채무부담을 지우지 아니하되, 관리단의 재산으로 변제불능의 결과가 야기될 때에야 구분소유자 전원에게 분할변제책임을 지우는 제도를 택하고 있다고 해석하여야 한다고 본다.

(iii) 아파트관리규약은 자치법규로서 집합건물법 제42조 제1항 및 공동주택관리령 제9조 제4항에 따라서 구분소유자는 물론 그 특별승계인에게도 효력이 미친다고 보는 견해가 있다(「별개의견」이라 부르고자 한다). 별개의견에 의하면 집합건물은 다수의 사람이 공동으로 소유·사용하는 건물이므로, 헌법이나 다른 법령의 규정에 어긋나지 아니하는 한, 아파트관리규약을 통하여 구분소유자나 그 특별승계인의 권리에 일정한 제한을 가하는 경우가 허용된다고 본다. 특히 별개의견은 규약으로 「구분소유자 이외의 자」의 권리를 해하지 못하도록 한 집합건물법 제28조 제3항의 규정에서 말하는 「구분소유자」에는 아파트관리규약의 제정 당시의 구분소유자뿐만 아니라, 아파트관리규약이 제정된 뒤 구분소유자가 된 사람도 포함되므로, 아파트관리규약으로 구분소유자의 특별승계인의 권리를 제한하더라도 집합건물법 제28조 제3항에 어긋나지 않는다고 본다. 별개의견에 의하면 집합건물법 제18조는 특별승계인으로 하여금 전유부분에 관한 관리비를 승계하도록 할 수 없다는 근거규정이 될 수 없고, 다수의견과 같이 전입주자의 체납관리비 중 공유부분에 관한 관리비만 특별승계인에게 승계된다고 보는 경우에는 공유부분과 전유부분에 관한 관리비의 명확한 구분이 어려워 또 다른 분쟁을 일으킬 수 있고, 전소유자로부터 전유부분에 관한 체납관리비의 징수가 사실상 불가능하여 그 부담이 관리비의 상승 등을 통하여 당해 전유부분과 아무런 관련이 없는 다른 구분소유자에게 전가된다는 현실적인 문제도 발생하므로, 아파트의 전입주자가 체납한 관리비는 공유부분과 전유부분을 구분하지 아니하고 전부 그 특별승계인에게 승계된다고 해석하여야 한다고 본다.

어떤 견해가 타당한가? 전소유자의 체납관리비를 구분소유권의 특별승계인에게 승계시킨다고 하면 마땅한 반대급부의 이익 없이 의무만 부담시키는 경우로서 특별승계인의 재산권을 현저히 침해한다고 하지 않을 수 없다. 그러므로 명확한 근거규정이 없는 한 체납관리비의 승계를 인정할 수 없다고 새겨야 하며, 현행 집합건물법의 규정만으로는 공동주택의 특별승계인에게 체납관리비를 승계시킬 수 없다. 체납관리비는 모두 특별승계인에게 승계되지 않는다는 반대의견이 타당하다고 생각한다.

(3) 구분소유건물의 관리관계

1) 전유부분의 관리

구분소유자(혹은 전세권자·임차인과 같이 전유부분의 점유자로서 구분소유자가 아닌 자도 마찬가지이다) 상호간에는 일종의 상린관계라고 할 수 있는 일정한 권리의무가 생긴다. 구분소유자는 건물의 보존에 해로운 행위나 그 밖에 건물의 관리 및 사용에 관하여 구분소유자 공동의 이익에 어긋나는 행위를 할 수 없다(집합건물법 §5 I). 또한 전유부분이 주거의 용도로 분양된 경우에는 구분소유자는 정당한 사유 없이 그 부분을 주거 외의 용도로 사용하거나, 그 내부벽을 철거하거나 파손하여 증축·개축하는 행위를 하여서는 아니된다(집합건물법 §5 II). 그리고 구분소유자는 그 전유부분을 보존하거나 개량하기 위하여 필요한 범위에서 다른 구분소유자의 전유부분 또는 자기의 공유(共有)에 속하지 아니하는 공용부분의 사용을 청구할 수 있으나, 다른 구분소유자가 손해를 입은 때에는 보상하여야 한다(집합건물법 §5 III).

2) 공용부분의 관리

구분소유자는 공용부분의 공유자로서 (i) 각 공유자는 공용부분을 그 용도에 따라 사용할 수 있고, (ii) 보존행위는 각 공유자가 할 수 있지만(집합건물법 §16 I 단서) 공용부분의 변경은 관리단집회에서 구분소유자의 4분의 3 및 의결권의 4분의 3 이상의 결의로써 결정하고(집합건물법 §15 I), (iii) 각 공유자는 규약에 달리 정하지 않는 한 그 지분의 비율에 따라 공용부분의 관리비용과 그 밖의 의무를 부담하고 공용부분에서 생기는 이익을 취득한다(집합건물법 §17).

(4) 집합건물에 관한 담보책임

> A건설회사는 갑아파트(13개동 1,835세대)를 신축·분양하여 준공하였고, 그 무렵 수분양자가 입주하였다. 그런데 A건설회사는 갑아파트를 신축함에 있어 당초의 설계도면과 다르게 부실시공과 미시공 및 변경시공 등을 하여 전유부분 중 거실, 방, 주방, 욕실, 발코니 등의 내벽과 천정부분에 세대별로 대략 0.6m에서 5.5m까지 균열이 생겼다. B 등 입주자(당초 A건설회사와 아파트분양계약을 체결한 수분양자이거나 상속 등의 원인에 의한 포괄승계인뿐만 아니라, 수분양자로부터 매매, 증여 등을 원인으로 한 특정승계인 또는 그로부터의 전전양수인 등도 포함되어 있다)는 수차례에 걸쳐 A건설회사에게 하자 등의 보수를 요구하였으나, A건설회사가 이에 응하지 않았다. B 등 입주자는 A건설회사에 대하여 아파트의 하자 등을 직접 보수하거나 재시공하기 위하여 소요될 비용에 대한 손해배상을 청구할 수 있는가?

집합건물을 지어 분양하는 자나 분양자와의 계약에 따라 건물을 건축한 자(시공자)는 분양계약의 내용에 따라 아무런 하자가 없는 건물을 지어 수분양자에게 인도하여야 함은 너무도 당연하다. 그러나 현실적으로는 아무런 하자가 없는 집합건물을 건축하거나 분양하기는 아마도 사실상 불가능하다고 하지 않을 수 없고, 실제로는 건축·분양된 집합건물을 보면 크고 작은 하자가 발생하는 경우가 많다.

집합건물법 제9조는 분양자 혹은 시공자로 하여금 견고한 건물을 짓도록 유도하고 부실하게 건축·분양된 집합건물의 구분소유자를 두텁게 보호하기 위하여 집합건물의 분양자·시공자의 담보책임에 관하여 민법상 도급인의 담보책임에 관한 민법 제667조 및 제668조를 준용하도록 하고 있다.540) 집합건물법 제9조는 집합건물을 건축하여 분양한 분양자나 시공자의 담보책임의 내용을 명확히 하는 한편, 분양자 및 시공자의 담보책임을 강행규정화한 규정으로 이해할 수 있다.

사례를 보면 아파트의 하자 등에 따른 손해배상청구를 하는 B 등 입주자에 당초 A건설회사와 아파트분양계약을 체결한 수분양자(혹은 상속인)뿐만 아니라, 수분양자로부터 매매, 증여 등을 원인으로 한 특정승계인 등이 포함되어 있다. 그러므로 집합건물의 수분양자로부터 집합건물을 양수한 양수인도 분양자에 대하여 하자보수 또는 그에 갈음하는 손해배상을 청구할 수 있는가가 문제된다. 해석상 양수인도 분양자에 대하여 직접 하자담보책임을 추급할 수 있느냐에 대하여는 부정하는 견해와 긍정하는 견해가 대립할 수 있다.

① 부정설 집합건물법 제9조에 따라서 분양계약의 당사자인 분양자와 수분양자 사이에는 담보책임에 관한 한 도급계약의 당사자인 수급인과 도급인 사이와 유사한 관계가 성립한다. 그리고 도급인으로부터 목적물을 양수한 제3자가 그 물건의 하자로 인하여 손해를 입은 때에는 원칙적으로 자신의 계약상대방인 양도인(도급인)을 상대로 양도의 원인된 계약(매매·증여·교환 등)에 기한 하자담보책임을 물을 수 있을 뿐이지, 아무런 계약관계도 없는 수급인을 상대로 담보책임을 묻지 못한다. 그러므로 부정설은 분양자의 하자보수에 갈음한 손해배상책임은 오로지 수분양자(혹은 포괄승계인)에 대하여만 집합건물법에 의하여 준용되는 민법규정에 따라서 수급인과 동일하게 부담할 뿐이므로, B 등 입주자가 아파트 중 각 해당하는 세대를 양수받을 당시 전소유자와의 사이에 하자보수 또는 손해배상청구권도 또한 함께 이전하기로 하는 약정 내지 의사가 있다거나, 분양자가 수분양자와의 분양계약시 수분양자뿐만 아니라 그 특정승계인에 대하여도 수분양자에 대한 경우와 동일한 하자담보책임을 지기로 약정을 하거나 그 의사가 있다고 볼 아무런 증거가 없는 한, 수분양자(혹은 포괄승계인)가 아닌 B 등 입주자는 하자담보추급권이 없다고 본다.

② 긍정설 긍정설은 집합건물법 제9조는 분양자가 부담하는 책임의 내용이 민법상의 수급인의 담보책임이라는 취지이지, 그 책임이 분양계약에 기한 책임이라는 의미는 아니므로, 집합건물법 제9조의 담보책임에 따른 권리가 반드시 분양계약을 직접 체결한 수분양자에게 속한다고 하여야 하지는 않고, 수분양자 등 전소유자로부터 집합건물을 양수한 특정승계인에게도 귀속한다고 본다. 판례는 긍정설에 따라서 집합건물이 양도된 경우에 집합건물법 제9조의 하자담보추급권은 현재의 집합건물의 구분소유자에게 귀속한다고 본다.541)

---

540) 시공자의 담보책임에 관하여는 시공자가 분양자에게 부담하는 담보책임에 관하여 다른 법률에 특별한 규정이 있으면 시공자는 그 법률에서 정하는 담보책임의 범위에서 구분소유자에게 담보책임을 지고(집합건물법 §9 II), 시공자의 담보책임 중 민법 제667조 제2항에 따른 손해배상책임은 분양자에게 회생절차개시의 신청, 파산신청, 해산, 무자력(無資力) 또는 그 밖에 그에 준하는 사유가 있는 경우에만 지며, 시공자가 이미 분양자에게 손해배상을 한 경우에는 그 범위에서 구분소유자에 대한 책임을 면한다(집합건물법 §9 III)고 하는 제한이 있다.

541) 대법원 2003.2.11. 선고 2001다47733 판결.

어떤 견해가 타당한가? 부정설의 입장에서 집합건물법 제9조를 해석하면 집합건물의 수분양자로부터 소유권이 제3자에게 양도된 후 목적물의 하자가 발견되더라도 당초의 수분양자가 분양자에게 하자담보책임을 추급할 권한을 가질 뿐, 양수인은 전혀 담보책임을 추급할 권한을 가질 수 없다는 결론에 도달하게 되고, 그 해석의 태도는 「계약의 상대성」이라고 하는 종래의 전통적인 계약이론에는 충실할지 몰라도 집합건물의 소유자를 두텁게 보호하려는 집합건물법의 입법취지, 거래의 실정, 분쟁의 현실적이고도 효율적인 해결 등에 반한다고 하지 않을 수 없다. 그러므로 원칙적으로 집합건물의 양수인이 집합건물법 제9조에 의한 하자담보추급권을 갖는다는 긍정설 내지 판례의 입장을 아래와 같은 근거로 지지한다.

(i) 집합건물법은 집합건물의 구분소유관계와 그 관리에 관한 법률관계를 규정한 법률로서, 집합건물의 관리에 관한 권리·의무는 주로 구분소유자에게 귀속한다고 하는 전제로 규정되어 있다. 그러므로 집합건물의 관리에 관한 권리 중의 하나인 하자담보추급권도 현재의 구분소유자에게 귀속한다고 보아야 하지 않을까?

(ii) 집합건물의 하자보수에 관한 행위는 집합건물의 보존행위에 해당한다. 집합건물법 제16조 제1항 단서에 의하면 보존행위는 각 공유자가 할 수 있으므로, 현재의 구분소유자는 당연히 보존행위의 일환으로 하자보수청구를 할 수 있어야 한다.

(iii) 집합건물법 제25조에 의하여 관리인이 공용부분의 보존을 위한 행위로서 분양자에게 담보책임을 물을 수 있다시피, 현재의 구분소유자도 전유부분의 보존을 위하여 담보책임을 물을 수 있고, 그 내용은 어느 경우나 집합건물법 제9조에 따라서 정하여진다.

Ⅶ. 명의신탁

1. 명의신탁의 의의

> A는 B와 사이에 B 소유의 갑부동산을 매수하기로 하는 매매계약을 체결하였다. 그런데 A는 공직자로서 부동산의 소유가 부담이 되어서 그 사정을 잘 알고 있는 C와 갑부동산에 관하여 C 명의로 등기하기로 합의하였다. 그리고 A는 B에게 부탁하여 C 명의로 소유권이전등기를 하기 위하여 C를 매수인으로 하는 매매계약서를 작성하였다. 그 후 A는 B에게 매매대금을 완납하였고, B는 C 명의로 소유권이전등기를 마쳤다. AC 사이에 어떤 법률관계가 성립하는가?

당사자간의 약정에 의하여 소유자가 실질적으로 그의 소유에 속하는 부동산의 등기명의를 다른 사람에게 이전하여 두는 경우가 있다. 명의를 맡긴 자(명의신탁자라고 한다)와 명의를 맡은 자(명의수탁자) 사이의 대내적 관계에서는 명의신탁자가 소유권을 보유하여 목적물을 관리·수익·처분하고, 공부상의 소유명의만을 명의수탁자로 하는 제도를 이른바 「명의신탁」(名義信託)이라고 한다.

케이스를 보면 A가 공직자로서 부동산의 소유가 부담이 되어서 매매계약서의 매수인을 C로 하고 있을 뿐, A가 매매대금을 지급하는 등 매매계약의 모든 과정에서 매수인으로서의 역할을 한 사실이 인정되고, C도 역시 그 사정을 잘 알고 있었으므로, 매매계약의 당사자는 AB가 된다고 보아야 한다(C가 매매계약서에 매수인으로 기재된 사정이 매매계약의 당사자를 판단하는 결정적 기준이 되지 않는다). 한편 A가 C에게 부탁하여 갑부동산의 등기명의를 C 앞으로 하기로 하고, C 명의로 소유권이전등기를 마친 경우이므로, AC 사이의 법률관계는 명의신탁이 된다.

명의신탁은 명의신탁자와 명의수탁자 사이의 명의신탁관계의 설정을 위한 합의, 즉 명의신탁약정에 의하여 성립하고, 명의신탁약정은 명시적으로 뿐만 아니라 묵시적으로도 가능하다. 예를 들어 명의신탁자라고 주장하는 사람이 등기권리증과 같은 권리관계를 증명하는 서류를 소지하고 있는 사실은 명의신탁을 뒷받침하는 유력한 자료가 된다. 그러나 일반적으로 부동산의 소유명의만을 다른 사람에게 신탁한 경우에 등기권리증과 같이 권리관계를 증명하는 서류는 실질적인 소유자인 명의신탁자가 소지하는 경우가 상례이기는 하지만, 반대로 명의수탁자로 지칭되는 자가 등기권리증과 같은 권리관계서류를 소지하고 있다고 해서 반드시 명의신탁이 아니라고 단정하여야 하지는 아니한다.[542)]

2. 명의신탁에 관한 종래의 판례이론

(1) 명의신탁의 유효성에 관한 학설·판례

> A는 갑토지를 오래 전부터 소유하고 있었는데, 채권자로부터의 강제집행을 피하기 위하여 자기의 친구인 B에게 명의를 신탁하기로 하고 B 앞으로 소유권이전등기를 마쳤다. 종래의 판례에 의할 때에 AB 사이의 명의신탁은 유효한가?

명의신탁이란 당사자간의 신탁에 관한 채권계약에 의하여 신탁자가 실질적으로는 그의 소유에 속하는 부동산의 등기명의를 실체적인 거래관계가 없는 수탁자에게 매매 등의 형식으로 이전하여 두는 경우를 일컫는다. 명의신탁은 신탁행위가 적용되는 범주, 예컨대 양도담보·추심을 위한 채권양도를 넘는 통정허위표시(§108)로서 무효라고 보는 견해도 있다. 만약 명의신탁이 통정허위표시로서 무효라고 하면 AB 사이의 명의신탁은 무효가 되므로 대내적으로나 대외적으로나 A가 소유자가 된다. 다만 무효설에 의하더라도 대외적 관계에서 선의의 제3자에 대하여는 허위표시의 무효를 가지고 대항할 수 없으므로(§108 II), B로부터 부동산을 양수한 제3자는 그가 선의인 경우에 한하여 민법 제108조 제2항에 의하여 보호를 받을 수 있다.

유효설은 명의신탁은 모든 신탁행위의 기본형으로 일정한 경제상의 목적이 있는 이상 양도담보와 차이를 둘 이유가 없고, 사적 자치의 원칙상 그 내용이 강행규정이나 사회질

542) 대법원 2001.3.9. 선고 2001다1478 판결.

서에 위반하는 경우가 아닌 한 유효하다고 본다. 종래의 판례도 유효설을 취하여 명의신탁의 효력을 인정한다.[543] 종래의 판례이론은 명의신탁이 흔히 공법적 규제를 회피하기 위한 수단으로 악용되기도 하나, 양도소득세를 회피하기 위한 방법으로 부동산을 명의신탁한 경우라고 하더라도 그 이유로 인하여 민법 제103조의 반사회적 법률행위로서 명의신탁이 무효라고 할 수는 없다고 본다.[544] 유효설 내지 종래의 판례이론에 의하면 명의신탁에서 신탁자는 수탁자에 대한 관계에서는 등기 없이 그 부동산에 대한 실질적인 소유권을 내세울 수 있고, 대외관계에서는 수탁자를 완전한 소유자로 보아 수탁자로부터 부동산을 양수한 제3자는 원칙적으로 선의이냐 악의이냐를 묻지 않고 적법하게 소유권을 취득한다고 본다.

(2) 명의신탁의 대내적 관계

1) 소유권의 유보

명의신탁에 의하여 수탁자 명의로 소유권이전등기가 마쳐진 경우에도 내부적으로는 명의신탁자가 여전히 소유권을 보유하고, 명의신탁자는 명의신탁재산을 관리·수익하며 명의수탁자의 동의 없이 제3자에게 명의신탁재산을 처분할 수 있다. 만약 명의신탁자가 소유자로서 제3자에게 명의신탁재산을 처분하면 명의신탁자로부터 명의신탁재산을 취득한 제3자는 명의수탁자에게 직접 소유권이전등기를 청구할 수 없고, 명의신탁자를 대위하여 명의신탁계약을 해지하고 명의수탁자에게 소유권이전등기를 청구하여야 한다. 그리고 명의신탁자는 명의신탁재산을 제3자에게 임대차하여 제3자로 하여금 점유하게 할 수 있다.

2) 명의수탁자의 지위

> A는 B로부터 갑토지를 매수하였으나, 농지취득자격증명을 받을 수 없었다. 그러므로 A는 자기의 오빠인 C에게 명의를 신탁하기로 하여 C 앞으로 소유권이전등기를 마쳤다. 종래의 판례에 의할 때에 C는 A에 대한 관계에서 어떤 법적 지위를 가지는가?

명의신탁의 케이스이다. 우선 AC 사이의 대내적 관계에서 C는 A에 대하여 어떤 지위에 있는가가 문제된다.

명의신탁에서 명의신탁자는 명의수탁자에 대한 관계에서는 등기 없이 그 부동산에 대한 실질적 소유권을 내세울 수 있다. 그러므로 A는 언제나 C에 대하여 소유권을 주장할 수 있고, 자신의 소유권을 다투는 C를 상대로 소유권확인을 구할 수도 있다. 그러나 C는 A에 대하여 갑토지의 소유권이 자기에게 있음을 주장할 수 없다.[545] 그리고 명의수탁자의 점유는 성질상 자주점유가 될 수 없으므로, C는 갑토지의 소유권을 시효취득할 수 없다. 또한 명의수탁자 C는 갑토지의 명의신탁이 되어 있던 기간에도 명의신탁자 A와의 대

543) 대법원 1993.11.9. 선고 92다31699 판결.

544) 대법원 1991.9.23. 선고 91다16334 판결.

545) 대법원 1997.7.25. 선고 96다47494, 47500 판결.

내적 관계에서는 갑토지가 자신의 소유라고 할 수 없으므로, 명의신탁된 갑토지 위에 C가 건물을 지어 소유하고 있다가 명의신탁이 해지된 경우에 관습법상의 법정지상권을 취득할 수 없다.546)

3) 명의신탁관계의 승계

당사자 한쪽이 사망하여도 명의신탁관계가 당연히 소멸하지 않고, 명의신탁관계는 상속인과의 사이에서 그대로 존속한다.547)

(3) 명의신탁의 대외적 관계

1) 명의수탁자의 지위

(a) 명의수탁자의 소유권취득

대외적으로 제3자에 대한 관계에서는 등기명의인인 명의수탁자만이 소유권을 가진다. 그러므로 명의수탁자의 일반채권자는 명의수탁자의 명의로 되어 있는 명의신탁재산에 대하여 강제집행을 할 수 있고, 등기명의인이 아닌 명의신탁자는 명의신탁을 이유로 명의수탁자의 일반채권자에 대하여 자기의 소유권을 주장할 수 없다.

예외적으로 명의신탁의 대외관계에서도 명의신탁자가 소유자로 취급되는 경우도 있다. 판례를 보면 명의신탁된 건물에 관한 공작물책임이 문제된 케이스에서 명의신탁의 대외관계에서 명의수탁자를 소유자로 취급하는 이유는 선의의 제3자를 보호하고자 하는 취지에 있으므로, 모든 제3자에 대한 관계에서 명의수탁자만을 소유자로 확정하여야 하지는 않는다고 보고, 건물의 명의신탁자도 소유자로서 민법 제758조 제1항에 의한 공작물책임을 면할 수 없다고 본다.548)

(b) 명의신탁재산의 처분

> A는 자기의 소유에 속한 갑토지를 채권자로부터의 강제집행을 피하기 위하여 자기의 친구인 B에게 명의를 신탁하기로 하고 B 앞으로 소유권이전등기를 넘겨주었다. 그런데 B가 갑토지를 제3자 C에게 처분하고 소유권이전등기까지 마쳤다. 종래의 판례에 의할 때에 C는 갑토지에 대한 소유권을 취득하는가?

종래의 명의신탁이론(판례)에 의하면 명의수탁자가 명의신탁자의 동의 없이 신탁재산을 제3자에게 처분한 때에는 제3자는 선의·악의를 묻지 않고 적법하게 소유권을 취득한다.549) 사례에서 C는 명의신탁관계에 관하여 선의이냐 악의이냐를 불문하고 원칙적으로 그 소유권을 유효하게 취득한다.

명의수탁자로부터 신탁재산을 매수한 제3자가 명의수탁자의 명의신탁자에 대한 배신

546) 대법원 1986.5.27. 선고 86다카62 판결.
547) 대법원 1981.6.23. 선고 80다2809 판결.
548) 대법원 1977.8.23. 선고 77다246 판결.
549) 대법원 1963.9.19. 선고 63다388 판결.

행위에 적극 가담하여 매매계약이 이루어진 경우에 그 효력은 어떤가? 일반적으로 명의수탁자는 신탁재산을 유효하게 제3자에게 처분할 수 있고, 제3자가 명의신탁사실에 대하여 악의라고 하더라도 그의 소유권취득에 영향이 없기는 하다. 그러나 특별한 사정이 있는 경우, 즉 C가 B의 배임행위에 적극 가담하여 갑토지를 매수하여 소유권을 취득한 경우에 대해서까지 BC 사이의 매매계약을 유효로 볼 수는 없다. B의 배임행위에 대한 C의 적극 가담이 있다면 BC 사이의 매매계약은 반사회적인 법률행위로서 무효라고 보아야 하지 않을까? 그리고 BC 사이의 매매계약이 반사회적인 법률행위로서 무효라고 한다면 그 무효는 제3자와 명의신탁자 사이에서만 상대적으로 무효로 된다고 할 수 없고, 제3자와 명의수탁자 사이에서도 무효로 보아야 한다.

2) 명의신탁자의 지위

등기명의자가 아닌 부동산의 명의신탁자는 제3자에게 대하여 소유권을 주장할 수 없다.[550] 명의신탁자의 일반채권자는 명의신탁재산에 대하여 강제집행을 할 수 없고, 다만 명의신탁자를 대위하여 명의신탁을 해지한 후에 명의신탁재산을 명의신탁자의 명의로 환원시킬 수 있을 뿐이다. 물론 명의신탁계약의 해지로 명의신탁재산이 명의신탁자 명의로 환원된 때에는 강제집행할 수 있다.

3) 명의신탁재산의 침해에 대한 물권적 청구권

> A가 B에게 갑임야를 명의신탁하였는데, C가 불법으로 갑임야를 점거하고 그 지상에 컨테이너 하우스를 설치하였다. A는 C에 대하여 직접 침해의 배제를 청구할 수 있는가?

명의신탁의 경우에 대외적으로는 명의수탁자만이 소유권자로 취급된다. 그러므로 제3자가 명의신탁재산을 불법점거하거나 방해하는 경우에 명의수탁자는 소유권에 기한 물권적 청구권을 행사할 수 있다. 사례에서 B는 당연히 소유권자로서 소유권에 기하여 C에 대하여 컨테이너 하우스의 철거 및 갑임야의 인도를 청구할 수 있다.

명의신탁재산에 대한 제3자의 침해가 있는 경우에 명의신탁자가 그 제3자를 상대로 침해배제를 구할 수 있는가? 물론 명의신탁자는 신탁계약에 의한 채권자대위권에 의하여 명의수탁자를 대위하여 물권적 청구권을 행사할 수 있다.[551] 사례에서 B가 직접 소유권에 기한 물권적 청구권을 행사하지 않더라도 A는 B를 대위하여 C에 대하여 침해의 배제를 청구할 수 있다.

명의신탁자가 명의수탁자를 대위하지 않고 제3자에 대하여 직접 신탁재산에 대한 침해의 배제를 구할 수는 없는가? 종래의 판례는 명의신탁자는 명의수탁자를 대위하지 않고도 직접 신탁부동산에 관한 침해의 배제를 청구할 수 있다고 하는 적극적 견해에 입각하고 있고, 그 이론적 근거로 명의신탁자도 불법점유자에 대하여 실질적으로 자기의 소유임

---

550) 대법원 1974.6.25. 선고 74다423 판결.

551) 대법원 1979.9.25. 선고 77다1079 판결.

을 주장하여 실질적 소유자로서의 보존행위로서 침해의 배제가 인정된다고 본다.[552] 그러나 신탁행위의 법률적 효과를 대외적 관계에 있어서는 신탁재산의 소유권이 명의수탁자에게 이전된다고 이해하는 이상 실질적 소유자라는 개념은 명의신탁자와 명의수탁자간의 내부적 관계에 있어서는 몰라도 제3자에 대한 관계에서는 명의신탁자가 신탁재산의 소유권을 주장할 수 없으므로, 제3자에 대한 관계에 있어서 명의신탁자의 직접적인 보존행위는 이론상 불가능하다고 본다. 또한 실제로 명의신탁자의 경우에는 대위에 의한 권리구제만으로도 충분하다. 그러므로 명의신탁자에게 직접적인 소유권에 기한 침해배제청구권까지 인정할 필요성이 있는가 의문시되고, 만약 명의신탁자에게 대위에 의한 침해배제의 청구와 직접적인 청구 양자를 인정하면 명의수탁자가 제소하여 패소확정된 후에도 그 기판력에 저촉되지 않고 명의신탁자가 똑같은 내용으로 다시 청구할 수 있게 되는 등 법률관계를 복잡하게 만들어 부당하다. 사례에서 A의 C에 대한 직접적인 침해배제청구권은 부정되어야 한다.

(3) 명의신탁의 해지

특별한 사정이 없는 한 명의신탁자는 일방적 의사표시로 언제든지 명의신탁의 원인이 된 신탁계약관계를 해지할 수 있다. 다만 명의신탁의 해지는 채권적 효력만이 있으므로, 명의신탁자에게 등기명의가 반환 또는 이전되기까지는 외부적 소유권이 명의수탁자에게 있으므로, 명의수탁자로부터 부동산을 양수받아 등기한 제3자는 유효하게 소유권을 취득한다. 그리고 명의신탁자는 명의수탁자에 대하여 신탁해지를 하고 신탁관계의 종료 그 사실만을 이유로 하여 소유권이전등기절차의 이행을 청구할 수 있음은 물론, 신탁해지를 원인으로 한 소유권에 기하여도 소유권이전등기를 청구할 수 있다(양자의 청구는 청구원인을 달리하는 별개의 소송이 된다).

4. 부동산실명법과 명의신탁

(1) 부동산실명법의 의의와 적용범위

1) 의 의

부동산실명법은 부동산에 관한 소유권과 그 밖의 물권을 실체적 권리관계에 부합하도록 실권리자 명의로 등기(가등기를 포함한다)하여 부동산등기제도를 악용한 투기·탈세·탈법행위와 같은 반사회적 행위를 방지하고 부동산거래의 정상화와 부동산가격의 안정을 도모할 목적으로 제정된 법률이다.

2) 적용범위

(a) 원 칙

부동산실명법은 부동산에 관한 소유권과 그 밖의 물권, 즉 「부동산에 관한 물권」에 적

---

552) 대법원 1963.3.28 선고 63다76 판결.

용된다(부동산실명법 §2 i). 그러므로 부동산실명법은 부동산소유권뿐만 아니라 모든 부동산물권(용익물권·저당권)에 대하여 적용된다.

(b) 예 외

부동산실명법 제2조 제1호 단서에 의하여 아래와 같은 경우에는 예외적으로 명의신탁이 허용된다.

① 채무의 변제를 담보하기 위하여 채권자가 부동산에 관한 물권을 이전받거나 가등기하는 경우(예컨대 부동산의 양도담보와 가등기담보)

② 부동산의 위치와 면적을 특정하여 2인 이상이 구분소유하기로 하는 약정을 하고, 그 구분소유자의 공유로 등기하는 경우(상호명의신탁이라고 부른다)

③ 신탁법 또는 「자본시장과 금융투자업에 관한 법률」에 따른 신탁재산인 사실을 등기한 경우

(2) 부동산실명법에 의한 명의신탁약정의 의의·효력

명의신탁약정이란 부동산에 관한 소유권과 그 밖의 물권을 보유한 자 또는 사실상 취득하거나 취득하려고 하는 자(명의신탁자)가 타인(명의수탁자)과의 사이에서 대내적으로는 실권리자가 부동산에 관한 물권을 보유하거나 보유하기로 하고 그에 관한 등기는 그 타인의 명의로 하기로 하는 약정(위임·위탁매매의 형식에 의하거나 추인에 의한 경우를 포함한다)을 말한다. 명의신탁약정은 무효로 된다(부동산실명법 §4 I). 또한 명의신탁약정에 따른 등기로 이루어진 부동산에 관한 물권변동은 무효로 한다(부동산실명법 §4 II 본문).

명의신탁약정이나 그로 인한 명의신탁등기의 무효는 제3자에게 대항하지 못한다(부동산실명법 §4 III). 다만 부동산실명법 제4조 제3항에서 말하는 「제3자」란 명의수탁자가 물권자임을 기초로 그와의 사이에 새로운 이해관계를 맺은 사람을 말한다(소유권이나 저당권 등 물권을 취득한 자뿐만 아니라, 압류 또는 가압류채권자도 포함되고, 제3자의 선의·악의를 묻지 않는다[553]). 그러나 오로지 명의신탁자와 부동산에 관한 물권을 취득하기 위한 계약을 맺고, 단지 등기명의만을 명의수탁자로부터 넘겨받은 경우와 같은 외관을 갖춘 자는 부동산실명법 제4조 제3항의 제3자에 해당되지 아니한다(부동산실명법 제4조 제3항의 규정을 들어 무효인 명의신탁등기에 터잡아 이루어진 자신의 등기의 유효를 주장할 수는 없다).[554]

(3) 부동산실명법에 의한 명의신탁의 효력

1) 양자간 명의신탁

A는 B와 명의신탁약정을 맺고, 본래 자기의 명의로 되어 있는 갑토지를 B에게 위장으로 매매하거나 증여하는 방식으로 명의신탁등기를 하였다. AB 사이의 법률관계는 어떤가?

553) 대법원 2000.3.28. 선고 99다56529 판결 등 참조.

554) 대법원 2009.7.9 선고 2009다20581, 20598, 20604 판결.

AB 사이의 관계는 바로 양자간 명의신탁이다. 양자간의 명의신탁에서는 등기명의는 B이지만 실제의 소유자는 여전히 A이다. 위장의 매매나 증여를 할 때에 양도소득세 또는 증여세를 납부하여야 하므로, 현실적으로 양자간의 명의신탁이 성립하는 경우는 드물다.

부동산실명법 아래에서는 양자간 명의신탁의 경우에 명의신탁약정과 명의수탁자 명의의 등기가 모두 무효가 되므로(부동산실명법 §4 I, II 본문), 법적 소유권은 원래의 주인인 A에게 돌아간다. 그러므로 양자간 명의신탁이 된 경우에 명의신탁자 A는 명의수탁자 B를 상대로 B 명의의 등기의 말소등기를 청구하거나, 진정명의회복을 원인으로 하는 소유권이전등기를 청구할 수 있다. 그러나 AB 사이의 계약관계가 무효이므로, A가 B에 대하여 해지에 기한 소유권이전등기를 청구할 수는 없다.[555)]

> A가 자신 소유의 잡종지 41,185㎡를 자신의 지인인 B에게 명의신탁한 상태에서 사망하자, A의 장남 C가 그 잡종지에 관하여 매매를 원인으로 하여 자신 명의로 소유권이전등기를 마쳤다. 그 후 C는 A의 아내인 D에게 잡종지 중 2분의 1 지분이 D의 소유라는 내용의 확인서를 작성·교부하여 주었다. 부동산실명법상의 유예기간 내에 실명등기를 하지 아니한 경우에 D는 C에 대하여 잡종지 중 2분의 1 지분에 대하여 소유권이전등기절차의 이행을 청구할 수 있는가?

우선 CD 사이에 어떤 법률관계가 성립하는가가 문제된다. 판례는 부동산의 소유자가 그 소유하는 부동산의 전부 또는 일부의 지분에 관하여 제3자를 위하여 '대외적으로만' 보유하는 관계에 관한 약정을 하는 경우에도 부동산실명법이 정하는 「명의신탁관계」가 성립할 수 있다고 본다.[556)] 명의신탁관계가 성립하기 위하여 반드시 명의수탁자 앞으로 새로운 소유권이전등기가 행하여져야 할 필요는 없다. 그러므로 C가 D와의 사이에서 자기의 소유인 잡종지(여러 가지 종류의 용도로 사용할 수 있는 토지) 중 2분의 1 지분을 D를 위하여 '대외적으로만' 보유하는 관계에 관한 약정을 맺음으로써 CD 사이에 잡종지 중 2분의 1 지분에 관하여 C를 명의수탁자, D를 명의신탁자로 하는 이른바 「2자간 등기명의신탁관계」가 성립된다고 보아야 한다.

사례에서 부동산실명법의 시행일인 1995년 7월 1일부터 1년의 유예기간 이내에 잡종지 중 2분의 1 지분에 관하여 실명등기(부동산실명법의 시행 전에 명의신탁약정에 따라서 명의수탁자의 명의로 등기된 부동산에 관한 물권을 명의신탁자의 명의로 하는 등기)를 하지 아니하여 명의신탁약정은 무효로 되고, 명의수탁자 C가 잡종지에 관한 완전한 소유권을 취득하게 된다. 다만 유예기간이 경과하기 전까지는 C는 명의신탁약정에 따라서 잡종지 중 2분의 1 지분에 관한 소유명의를 취득하고, 명의신탁자 D로서는 언제라도 명의신탁약정을 해지하고 잡종지 중 2분의 1 지분에 관한 소유권을 취득할 수 있다. 그러므로 C는 부동산실명법의 시행에 따라서 잡종지에 관한 완전한 소유권을 취득함으로써 잡종지

555) 대법원 1999.1.26. 선고 98다1027 판결.
556) 대법원 2010.2.11. 선고 2008다16899 판결.

2분의 1 지분 자체를 부당이득한 경우로 보아야 한다. 그리고 부동산실명법 제3조 및 제4조가 명의신탁자에게 소유권이 귀속되는 경우를 막는 취지의 규정은 아니므로, 명의수탁자 C는 자신이 취득한 잡종지 중 2분의 1 지분을 명의신탁자 D에게 부당이득으로 반환할 의무가 있다.[557)]

> A는 1998.5.16. 갑토지 중 자기 명의로 등기된 지분을 B에게 명의신탁하여 B 명의로 소유권이전등기를 마쳤다. 그런데 B는 1998.6.23. 그 지분을 C에게 매도한 후 C 명의로 소유권이전등기를 마쳤고, C는 2000.2.11. 그 지분을 다시 D에게 매도한 후 D 명의로 소유권이전등기를 마쳤다. 그 후 B는 갑토지에 대하여 진행된 임의경매절차에서 그 지분을 매수하여 그 소유권을 다시 취득하였다. A는 B에 대하여 소유권에 기한 물권적 청구권, 즉 말소등기청구권이나 진정명의회복을 원인으로 한 이전등기청구권을 가지는가? [대법원 2013.2.28. 선고 2010다89814 판결]

부동산실명법 제4조 제2항 본문에 "명의신탁약정에 따른 등기로 이루어진 부동산에 관한 물권변동은 무효로 한다"라고 규정하고 있으므로, 이른바 양자간 등기명의신탁에 있어서 명의신탁자는 신탁부동산의 소유자로서 명의수탁자를 상대로 원인무효를 이유로 소유권이전등기의 말소를 구할 수 있을 뿐 아니라 진정한 등기명의의 회복을 원인으로 한 소유권이전등기절차의 이행을 구할 수 있다.[558)] 사례에서 갑토지의 지분에 관한 B 명의의 소유권이전등기는 이른바 양자간 등기명의신탁약정에 기한 경우로 부동산실명법 제4조 제2항 본문에 의하여 무효이고, 결국 A는 B를 상대로 소유권에 기한 물권적 청구권으로서 진정한 등기명의의 회복을 원인으로 한 소유권이전등기절차의 이행을 청구할 수 있다. 그러나 부동산실명법 제4조 제3항이 명의신탁약정에 따른 부동산물권변동의 무효는 제3자에게 대항하지 못한다고 규정하고 있으므로, 무효인 명의신탁등기의 명의자, 즉 명의수탁자가 명의신탁된 부동산을 임의로 처분한 경우에는 특별한 사정이 없는 한 그 제3취득자는 유효하게 소유권을 취득하게 되고, 그로써 명의신탁자는 신탁부동산에 대한 소유권을 상실한다.[559)] 또한 소유자가 자신의 소유권에 기하여 실체관계에 부합하지 아니하는 등기의 명의인을 상대로 그 등기말소나 진정명의회복 등을 청구하는 경우에 그 권리는 물권적 청구권으로서의 방해배제청구권(§214)의 성질을 가지는데, 그 등기말소청구권 등의 물권적 청구권은 그 권리자인 소유자가 소유권을 상실하면 이제 그 발생의 기반이 없게 되어 더 이상 그 존재 자체가 인정되지 아니한다.[560)] 그러므로 양자간 등기명의신탁에서 명의수탁자가 신탁부동산을 처분하여 제3취득자가 유효하게 소유권을 취득하고 그로써 명의신탁자가 신탁부동산에 대한 소유권을 상실하면 명의신탁자의 소유권에 기한 물권적 청구권, 즉 말소등기청구권이나 진정명의회복을 원인으로 한 이전등기청구권도 더

557) 대법원 2002.12.26. 선고 2000다21123 판결 등 참조.

558) 대법원 2002.9.6. 선고 2002다35157 판결.

559) 대법원 2003.5.16. 선고 2002다69556 판결.

560) 대법원 2012.5.17. 선고 2010다28604 전원합의체 판결.

이상 그 존재 자체가 인정되지 않는다. 사례에서 B가 그 지분을 C에게 매도하고 C는 다시 D에게 매도하여 각 소유권이전등기를 마침으로써 C와 D는 순차로 유효하게 소유권을 취득하고 그로써 A는 그 지분에 관한 소유권을 상실하므로, A는 B를 상대로 불법행위를 이유로 소유권상실로 인한 손해배상을 청구할 수 있음은 별론으로 하고, 더 이상 소유권에 기한 물권적 청구권으로서 진정명의회복을 원인으로 한 이전등기청구권을 주장할 수 없다. 그 후 B가 우연히 갑토지의 지분에 대한 소유권을 다시 취득한다고 하더라도 A가 명의신탁한 부동산의 소유권을 상실한 사실에는 변함이 없으므로, 여전히 물권적 청구권은 그 존재 자체가 인정되지 않는다.

2) 3자간 명의신탁

> A 소유에 속한 부동산을 B가 매수하였는데, 부동산이 농지인 관계로 B는 C에게 명의신탁하기로 하였다. 그리고 명의신탁약정에 따라서 A로부터 C 명의로 소유권이전등기를 마쳤다. BC 사이의 법률관계는 어떤가?

명의신탁자가 명의수탁자와 명의신탁약정을 맺고 명의신탁자가 매매계약의 당사자가 되어 매도인과 매매계약을 체결하되, 다만 등기를 매도인으로부터 명의수탁자 앞으로 직접 이전하는 경우를 이른바 「3자간 명의신탁」이라고 한다(「중간생략등기형 명의신탁」이라고도 부른다). 3자간의 명의신탁에서는 명의신탁자와 명의수탁자 사이에 서면 또는 구두로 명의신탁약정이 맺어지게 되는데, 등기명의신탁은 대부분 3자간 명의신탁에 해당된다.

3자간 명의신탁의 경우에는 부동산실명법에 의하여 명의신탁약정과 그에 기한 C 명의의 등기가 무효로 되므로, C는 소유권을 취득하지 못한다. 다만 B가 바로 부동산에 대한 소유권을 취득하지는 않는다. 형식주의의 원칙상 B 명의로 소유권이전등기가 되어야 비로소 B가 소유권을 취득한다. 명의신탁된 부동산은 매도인 A의 소유로 복귀하므로, A는 명의수탁자 C에게 무효인 그 명의의 등기의 말소를 구할 수 있게 된다.

B는 어떤 방법으로 소유권이전등기를 옮겨 받는가? 부동산실명법은 매도인과 매수인(명의신탁자) 사이의 매매계약의 효력을 부정하는 규정을 두고 있지 않다. 그러므로 AB 사이의 매매계약은 여전히 그대로 유효하다. B는 매매계약에 따라서 A에 대하여 소유권이전등기를 청구할 수 있다. B는 매매계약에 기한 매도인 A에 대한 소유권이전등기청구권을 보전하기 위하여 A를 대위하여 명의수탁자 C에게 무효인 C 명의의 등기의 말소를 구할 수 있거나 진정명의회복을 원인으로 하는 소유권이전등기를 청구할 수 있다. 다만 A가 소유권이전등기의 이행을 거부하면 채무불이행책임의 문제가 되나, 매도인이 매수인의 요구에 따라서 명의수탁자 앞으로 등기명의를 이전하여 준 경우에 매도인에게 매매계약의 체결이나 그 이행에 관하여 어떤 귀책사유가 있다고 보기 어려우므로, 자신의 편의를 위하여 명의수탁자 앞으로의 등기이전을 요구한 매수인이 부동산실명법에 의하여 명의수탁자 명의의 등기가 무효라고 하여 자기 앞으로 재차 소유권이전등기를 옮겨주기를 요구한다고 하면 신의칙상 허용되지 않는다고 보아야 할 경우도 있다.[561]

3) 계약명의신탁

(a) 등기명의신탁과 계약명의신탁의 구별

명의신탁이란 대내적으로 명의신탁자가 소유권을 보유하여 부동산을 관리·수익하면서 공부상의 소유명의만을 명의수탁자 앞으로 해 두는 경우를 가리킨다. 부동산에 대한 명의신탁은 등기명의신탁과 계약명의신탁의 두 유형으로 나누어진다.

① 등기명의신탁　　등기명의신탁은 명의신탁자가 단지 명의수탁자의 명의를 빌어 부동산에 관한 등기를 하는 경우를 가리킨다. 등기명의신탁에는 (i) 명의신탁자가 소유하던 부동산을 명의수탁자의 명의로 가장의 매매·증여를 하여 등기를 이전하는 경우(양자간의 명의신탁), (ii) 명의신탁자가 원소유자(매도인)로부터 부동산을 매수하면서 자기 명의의 등기를 마치지 않은 채 바로 명의수탁자의 명의를 빌어 등기하는 경우(3자간의 명의신탁)로 구분할 수 있다.

② 계약명의신탁　　계약명의신탁이란 부동산을 매수하려는 자(명의신탁자)가 다른 사람(명의수탁자)에게 부탁하여 명의수탁자가 계약당사자로서 원소유자로부터 부동산을 매수한 경우로 꾸며 명의수탁자 앞으로 등기를 마친 경우를 말한다. 계약명의신탁에서는 부동산에 관한 물권을 취득하기 위한 계약에서 명의수탁자가 그 당사자 한쪽이 되어 계약을 체결한다(그러나 등기명의신탁에서는 부동산의 등기명의만이 명의수탁자에게 이전될 뿐이고 명의수탁자가 부동산취득의 원인관계에 관여하지 아니한다).

> A 소유에 속한 부동산을 B가 매수하기로 하였는데, 부동산이 농지인 관계로 B는 C에게 부탁하여 C 명의로 명의신탁하기로 하였다. 그리고 AC 사이에 매매계약이 체결된 경우로 하기 위하여 C 명의로 매매계약서를 작성하고, 그 명의로 소유권이전등기를 마쳤다. BC 사이의 법률관계는 어떤가?

케이스는 명의신탁자가 매매계약의 당사자가 되어 매도인과 매매계약을 체결한 후 명의수탁자 앞으로 등기를 직접 이전한 계약명의신탁의 예이다. 계약명의신탁에서는 매도인이 선의이냐 악의이냐에 따라서 그 효력이 다르다.

(b) 계약명의신탁의 효력

a) 명의신탁약정의 존재에 대하여 매도인이 선의인 경우

① 명의수탁자와 명의신탁자간의 법률관계

> 국세를 체납하고 있던 A가 부동산경매절차에서 육촌형수인 B의 명의로 갑부동산을 매수하여 스스로 그 매수대금을 모두 납입하고 B 앞으로 소유권이전등기를 마쳤

561) 판례는 특히 부동산실명법이 시행되기 이전에 매도인이 명의신탁자의 요구에 따라서 명의수탁자 앞으로 등기명의를 이전하여 준 경우에 매도인에게 매매계약의 체결이나 그 이행에 관하여 어떤 귀책사유가 있다고 보기 어려우므로, 자신의 편의를 위하여 명의수탁자 앞으로의 등기이전을 요구한 명의신탁자가 자신의 귀책사유로 부동산실명법에서 정한 유예기간이 지나도록 실명등기를 하지 아니한 사정에 기인하여 매도인에 대하여 매매대금의 반환을 구하거나, 명의신탁자 앞으로 재차 소유권이전등기를 행하기를 요구하는 경우는 신의칙상 허용되지 아니한다고 본다(대법원 2002.3.15. 선고 2001다61654 판결).

다. 그 후 A는 자기의 동서(同壻)인 C와의 사이에 갑부동산을 다시 C에게 명의신탁하기로 약정한 다음, B로부터 갑부동산의 처분에 관한 일체의 권한을 위임받아 C 명의로 갑부동산에 관한 소유권이전등기청구권가등기를 마쳤다. 그리고 A가 C 명의로 B를 상대로 하여 제기한 소유권이전등기청구소송에서 가등기에 기한 본등기절차의 이행을 명하는 판결이 선고되어 확정됨에 따라 갑부동산에 관하여 C 명의로 소유권이전등기가 마쳐졌다. 갑부동산에 대한 소유권은 누구에게 있는가? [대법원 2009.9.10. 선고 2006다73102 판결]

부동산경매절차에서 부동산을 매수하려는 사람이 다른 사람과의 명의신탁약정 아래 그 다른 사람의 명의로 매각허가결정을 받아 자신의 부담으로 매수대금을 완납한 경우에 경매목적부동산의 소유권은 매수대금의 부담 여부와는 관계없이 그 명의인이 취득하게 된다. 그러므로 매수대금을 부담한 명의신탁자와 명의를 빌려 준 명의수탁자 사이의 명의신탁약정은 부동산실명법 제4조 제1항에 의하여 무효이지만, 그 명의수탁자는 당해 부동산의 완전한 소유권을 취득하게 되며(부동산실명법 §4 I, II 참조), 반면 명의신탁자는 애초부터 당해 부동산의 소유권을 취득할 수 없고, 다만 그가 명의수탁자에게 제공한 매수자금이 무효의 명의신탁약정에 의한 법률상 원인 없는 경우로 되는 관계로 명의수탁자에 대하여 동액 상당의 부당이득반환청구권을 가질 수 있다.[562] 사례에서 우선 경매절차에서 갑부동산의 매수대금을 누가 부담하였는지 여부와 관계없이 그 명의인인 B가 갑부동산의 소유권을 취득한다. 그리고 AB 사이의 명의신탁약정이 무효로 되므로, A는 B에 대하여 매수대금에 상당하는 금액의 부당이득반환청구권을 가진다.

명의신탁자와 명의수탁자 및 제3자 사이의 새로운 명의신탁약정에 의하여 명의수탁자가 다시 명의신탁자가 지정하는 제3자 앞으로 소유권이전등기를 마쳐 주었다면 제3자 명의의 소유권이전등기는 유효한가? 제3자 명의의 소유권이전등기는 부동산실명법 제4조 제2항에 의하여 무효이다. 사례에서 C 명의로 소유권이전등기가 마쳐졌다 하더라도 C 명의의 소유권이전등기는 AB 사이의 무효인 명의신탁약정에 기초한 경우일 뿐만 아니라, C를 포함한 3자간의 새로운 명의신탁약정에 기한 경우라 할지라도 무효로 된다. 그리고 C 명의로 소유권이전등기를 마치게 된 연유가 C가 B를 상대로 제기한 소유권이전등기청구소송의 확정판결에 의한 경우라고 하더라도, 소유권이전등기절차의 이행을 명한 확정판결의 기판력은 소송물인 소유권이전등기청구권의 존부에만 미치고 소송물로 되어 있지 아니한 소유권의 귀속 자체에까지 미치지는 않으므로,[563] 명의수탁자인 B가 여전히 그 부동산의 소유자임은 마찬가지이다. 그러므로 C는 갑부동산의 소유권을 취득하지 못하고, 결국 소유권이전등기에 의하여 갑부동산의 매수대금 상당의 부당이득을 얻었다고 할 수 없으므로, A는 C에 대하여는 갑부동산의 매수대금 상당의 부당이득의 반환을 청구할 수 없다.

---

562) 대법원 2005.1.28. 선고 2002다66922 판결; 대법원 2009.3.26. 선고 2008다34828 판결 등 참조.

563) 대법원 1987.3.24. 선고 86다카1958 판결; 대법원 1999.10.12. 선고 98다32441 판결 등 참조.

② 명의수탁자와 매도인간의 법률관계　　부동산실명법 제4조 제2항 단서에 의하면 부동산에 관한 물권을 취득하기 위한 계약에서 명의수탁자가 그 당사자 한쪽(매매계약에서 매수인)이 되고, 그 상대방(매도인)이 선의인 때에는 명의신탁약정에 따라 행하여진 등기에 의한 부동산에 관한 물권변동은 무효로 되지 않는다. 그러므로 부동산실명법 제4조 제2항 단서가 적용되는 한 매매계약의 당사자는 매도인과 명의수탁자라고 하여야 하며, 매매계약이 그대로 적용된다. 명의수탁자는 매도인에 대한 관계에서(명의신탁자에 대한 관계에서도 마찬가지이다) 유효하게 부동산의 소유권을 취득한다.

③ 명의신탁자와 매도인과의 관계　　명의신탁자는 매매계약과 소유권이전등기의 과정에 전혀 등장하지 않으므로, 명의신탁자와 매도인과의 사이에는 아무런 법률관계가 없다.

b) 명의신탁약정의 존재에 대하여 매도인이 악의인 경우

① 명의수탁자와 매도인과의 관계　　부동산실명법 제4조 제2항에 의하여 매도인의 명의수탁자에 대한 재산권이전의무가 이행될 수 없는 경우이므로, 명의수탁자 명의로 마쳐진 소유권이전등기는 원시적으로 무효라고 해석된다. 결국 명의수탁자 명의로 마쳐진 소유권이전등기는 무효가 되어 매도인이 다시 소유권을 회복하게 되고, 매도인은 수령한 매매대금을 부당이득으로 반환하여야 한다.

② 명의수탁자와 명의신탁자간의 법률관계　　매도인이 악의인 경우에도 명의신탁자와 명의수탁자 사이의 명의신탁약정이 무효이므로, 명의수탁자가 명의신탁자로부터 받은 매매대금은 명의신탁자에게 부당이득으로 반환하여야 한다.

③ 명의신탁자와 매도인과의 법률관계　　명의수탁자가 매수인의 지위에 있고 명의신탁자는 매도인과는 직접적으로 아무런 관계가 존속하지 아니하므로, 명의신탁자가 매도인을 상대로 부당이득으로서 매매대금의 반환을 구할 수는 없다.

> A는 자기의 아버지 B의 권유에 따라서 C로부터 갑토지를 매수하면서 갑토지가 농지인 관계로 농지취득이 가능한 B에게 그 매수인 명의 및 소유권이전등기명의를 신탁하기로 하였다. 그리고 부동산매매계약서를 작성하면서 아버지 B를 매수인으로, A 자신을 B의 대리인으로 각 기재하여 매매계약을 체결하였고, 갑토지에 관하여 명의수탁자인 B의 명의로 소유권이전등기를 마쳤다. 그런데 부동산실명법의 시행에도 불구하고 그 유예기간 내에 A 앞으로 실명등기를 하지 아니하였다. 그 후 명의수탁자인 B가 사망하여 갑토지를 A와 D가 공동상속하여 상속을 원인으로 소유권이전등기를 마쳤다. A는 D에 대하여 소유권이전등기의 말소등기절차의 이행을 청구할 수 있는가? [대법원 2003.9.5. 선고 2001다32120 판결]

사례를 보면 A는 갑토지를 C로부터 매수하면서 B에게 매수인 명의 및 소유권이전등기 명의를 신탁하고 부동산실명법의 시행에도 불구하고 그 유예기간 내에 실명등기를 하지 아니한 상태에서 후에 B가 사망하여 갑토지를 A와 D가 공동상속하게 된 사실이 인정된다. 그러므로 A가 D 앞으로 상속을 원인으로 이루어진 소유권이전등기의 말소를 청구할

수 있는가가 문제된다.

우선 부동산매매계약서를 작성하면서 어버지[父] B를 매수인으로, A 자신을 B의 대리인으로 각 기재하여 매매계약을 체결하였으므로, 과연 누가 갑토지에 대한 매매계약의 당사자인가가 문제된다. 행위자가 타인의 이름으로 계약을 체결한 경우에는 행위자 또는 명의인 중 누구를 계약의 당사자로 보는가는 행위자와 상대방의 의사가 일치한 경우에는 그 일치한 의사대로 행위자 또는 명의인을 계약의 당사자로 확정하여야 한다. 다만 행위자와 상대방의 의사가 일치하지 않는 경우에는 그 계약의 성질·내용·목적·체결경위와 같은 계약체결 전후의 구체적인 제반사정을 토대로 상대방이 합리적인 사람이라면 행위자와 명의자 중 누구를 계약당사자로 이해하는가에 의하여 당사자를 결정하여야 한다.

어떤 사람이 타인을 통하여 부동산을 매수하면서 매수인 명의 및 소유권이전등기명의를 타인의 명의로 하기로 한 경우이므로, 그 매수인 명의나 등기명의의 신탁관계는 내부적인 관계에 불과하고 특별한 사정이 없는 한 대외적으로는 그 타인을 매매의 당사자로 보아야 한다. 사례에서 갑토지를 매수할 때에 매수인 명의 및 소유권이전등기명의를 B의 명의로 하기로 하고 그 이름으로 매매계약을 체결한 경우이므로, 특별한 사정이 없는 한 B가 매매의 당사자가 되고, 매매계약상의 매수인의 지위가 매수를 의뢰한 A에게 귀속하게 되지는 아니한다. 다만 AB의 내부적인 관계에서는 명의신탁, 즉 이른바 「계약명의신탁」이 된다.

어떤 사람이 타인을 통하여 부동산을 매수할 때에 매수인 명의 및 소유권이전등기명의를 타인의 명의로 하기로 약정하는 「계약명의신탁」의 경우에는 그 효력이 부동산실명법 제4조 제2항 단서에 따라서 결정된다. 만약 계약상대방인 매도인 C가 계약명의신탁이 있다는 사실을 알지 못한 경우에는 명의신탁약정에 따라서 행하여진 등기에 의한 부동산에 관한 물권변동이 유효로 되므로(부동산실명법 §4 II 단서), B 앞으로 마쳐진 등기가 완전히 유효하게 되어 A는 D에 대하여 소유권이전등기의 말소등기절차의 이행을 청구할 수 없다. 그러나 사례에서는 C가 명의신탁약정의 존재를 안 경우에 해당하므로, 매매계약이 부동산실명법 제4조에 의하여 무효로 된다. 계약의 상대방인 매도인 C가 명의신탁의 관계를 알고 있어서 명의신탁약정이 부동산실명법 제4조 제1항에 의하여 무효로 되고, 또한 부동산실명법 제4조 제2항 단서의 반대해석에 의하여 매매계약이 무효로 되어 B 앞으로 행하여진 소유권이전등기도 무효가 된다.

사례를 보면 A가 D에 대하여 갑토지에 대한 소유권이전등기의 말소를 청구하고 있으나, A가 직접 D에게 소유권이전등기의 말소를 청구할 수 있는 근거는 없다(C가 B에 대하여 소유권이전등기의 말소를 청구할 수 있다). A가 직접 D에게 소유권이전등기의 말소를 청구할 수 없다고 하면 A는 C를 대위하여서는 D에게 소유권이전등기의 말소를 청구할 수 있는가? 매매계약이 부동산실명법 제4조 제1항에 의하여 무효로 되는 경우에 매매계약상의 매수인의 지위가 당연히 명의신탁자 A에게 귀속되는가가 문제된다. 본래 BC 사이의 매매계약이 무효로 된다고 하더라도 매매계약상의 매수인의 지위가 명의신탁자 A에게 자동적으로 귀속되지는 않으므로, A가 매매계약의 매수인으로서 매도인 C에 대하여 소유권이전등기청구권을 가질 수 없다. A가 C에 대한 소유권이전등기청구권을 갖지 못하는 한, A는 C에 대한 소유권이전등기청구권을 피보전채권으로 삼아 C를 대위하여 D에 대하여 소유권이전등기의 말소를 구할 수도 없다.

물론 매매계약이 부동산실명법 제4조 제1항에 의하여 무효로 된다고 하여 매매계약상의 매수인의 지위가 당연히 명의신탁자 A에게 귀속되지는 않다. 그러나 무효사실이 밝혀진 후에 계약상대방인 매도인 C가 본래의 계약명의자인 B 대신 A가 그 계약의 매수인으로 되는 경우에 대하여 동의 내지 승낙하여 갑토지를 A에게 양도할 의사를 표시한 때에는 명의신탁약정이 무효로 되어 매수인으로서의 지위를 상실한 B의 의사에 관계없이 AC 사이에는 종전의 매매계약과 같은 내용의 양도약정이 따로 체결된 경우로 볼 수 있다. 그리고 AC 사이에서 종전의 매매계약과 같은 내용의 양도약정이 따로 체결된 경우로 볼 때에는 비록 A가 당초의 매수인은 아니라고 하더라도 C에 대하여 별도의 양도약정을 원인으로 하는 소유권이전등기청구를 할 수 있다. 또한 A가 별도로 C에 대하여 소유권이전등기청구권을 가지는 때에는 A는 그 소유권이전등기청구권을 피보전채권으로 삼아 C를 대위하여 D에 대하여 소유권이전등기의 말소를 구할 수 있다.

(4) 부동산실명법의 주요내용

1) 실권리자명의의 등기의무

부동산에 관한 물권은 명의신탁약정에 의하여 명의수탁자의 명의로 등기할 수 없고, 반드시 실권리자의 명의로 등기하여야 한다(부동산실명법 §3 I). 실권리자 명의의 등기의무를 위반하면 명의신탁자에 대하여는 과징금·이행강제금과 형사처벌이 부과되고, 명의수탁자에게도 형사처벌이 부과된다(부동산실명법 §§5-7).

2) 기존명의신탁약정에 의한 등기의 실명화

(a) 서 언

부동산실명법의 시행 이전에 명의신탁이 된 경우에 기존의 명의신탁자는 1년의 유예기간 이내에 실명등기를 하거나 매각처분하여야 한다(부동산실명법 §11 I). 다른 법률에 의하여 실명등기를 할 수 없는 사유가 있는 때에는 그 사유가 소멸한 후 1년 이내에 실명등기를 하거나 매각처분하면 된다(부동산실명법 §11 III). 예를 들면 아파트의 전매금지기간에 아파트를 사 놓고 전매금지기간에 묶여 등기이전을 할 수 없는 경우에는 전매금지기간 동안은 명의신탁으로 보지 않으므로, 전매금지기간이 지나고 1년 이내에 이전등기를 하면 된다. 부동산등기의 실명화의무를 위반하면 과징금·이행강제금이 부과되고(부동산실명법 §12), 명의신탁약정이 무효로 되어 명의신탁재산의 안정을 보장받을 수 없다. 예외적으로 (i) 공용징수·판결·경매 또는 그 밖에 법률의 규정에 의하여 명의수탁자로부터 제3자에게 부동산물권이 이전된 경우(상속은 제외), (ii) 종교단체·향교가 조세포탈이나 강제집행면탈의 목적 없이 명의신탁을 한 경우에는 실명등기로 전환하지 않아도 된다(부동산실명법 §11 I 단서).

(b) 양자간 등기명의신탁의 경우

> 갑부동산에 관하여 1966.4.1. A 명의의 소유권이전등기가 마쳐졌다. 그런데 1968년경부터 미국에 거주하던 A는 그의 형 내외인 BC와 사이에 갑부동산의 관리를 위해 그 소유 명의를 BC 앞으로 이전하기로 하되, 다만 BC의 사정상 B의 처남인 D 앞으로 소유권이전등기를 마쳐 주기로 약정하였다. 그리고 갑부동산에 관하여 1979.7.24. D 명의의 소유권이전등기가 행하여졌다. 한편 BC는 부동산실명법이 시행되자 갑부동산에 관한 소유 명의를 D로부터 BC 앞으로 변경하기로 하여, 1996.4.13. 명의신탁의 해지를 원인으로 각 2분의 1 지분에 관하여 BC 명의의 소유권이전등기를 마쳤다(미국에 오랫동안 거주하던 A는 BC에게 갑부동산에 대한 관리비의 명목으로 계속하여 비용을 송금하였다). A와 BC 사이의 법률관계는 어떤가?

명의신탁약정에 의하여 부동산에 관한 물권을 명의수탁자의 명의로 등기하거나, 등기하도록 한 명의신탁자는 부동산실명법의 시행일로부터 1년의 기간 이내에 실명등기를 하여야 한다(부동산실명법 §11 I). 만약 부동산실명법 제11조가 정한 유예기간 이내에 실명등기 또는 매각처분 등을 하지 아니하면 그 이후에는 명의신탁약정은 무효가 되고, 명의신탁약정에 따라서 행하여진 등기에 의한 부동산의 물권변동도 무효가 된다(부동산실명법 §12 I).

사례에서 갑부동산에 관한 BC 명의의 소유권이전등기는 부동산실명법 소정의 유예기간이 경과한 1996년 7월 1일 이후에는 원인무효로서 말소되어야 할 운명에 있다. 유예기간의 경과 후에는 원칙적으로 A는 BC를 상대로 원인무효를 이유로 그 등기의 말소를 구하여야 한다. 그러나 소유자에게 자기 명의로 소유권을 표상하는 등기가 되어 있었거나, 법률에 의하여 소유권을 취득한 진정한 소유자는 그 등기명의를 회복하기 위한 방법으로 그 소유권에 기하여 현재의 원인무효인 등기명의인을 상대로 진정한 등기명의의 회복을 원인으로 한 소유권이전등기절차의 이행을 구할 수도 있다. 그러므로 갑부동산에 관하여 자기 명의로 소유권이전등기를 가진 적이 있던 A로서는 BC를 상대로 진정명의회복을 원인으로 한 소유권이전등기를 구할 수도 있다. 결국 부동산실명법 소정의 유예기간 내에 실명등기 등을 하지 아니한 경우에는 종전의 명의신탁약정에 따라서 행하여진 등기가 원인무효로서 말소되어야 하므로, A는 BC를 상대로 원인무효를 이유로 등기의 말소를 구하거나, 진정명의회복을 원인으로 한 소유권이전등기를 구할 수도 있다.

(c) 3자간 등기명의신탁의 경우

> 갑토지의 소유자 A로부터 갑토지를 양도받기로 한 B는 C와의 사이에 명의신탁약정을 맺고는 A로부터 바로 C에게로 소유권이전등기를 하였다. 그 후 부동산실명법이 시행되게 되었는데, 부동산실명법 소정의 유예기간(1996.7.1.)의 경과로 무효가 된 뒤에 C 명의의 소유권이전등기가 A 명의로의 복귀절차를 밟지 않은 채 C로부터 바로 B에게로 소유권이전등기가 마쳐졌다. B 명의의 소유권이전등기는 유효한가?

사례는 이른바 3자간 등기명의신탁이다. 3자간 등기명의신탁의 경우에 부동산실명법에서 정한 유예기간의 경과 후에는 명의신탁관계가 무효로 되므로, 사례에서는 매도인 A 명의로 등기가 회복되어야 한다. 그러나 사례는 A 명의로의 회복절차를 거치지 아니하고 명의수탁자 C가 자의로 명의신탁자 B에게 바로 소유권이전등기를 넘겨준 경우이므로, B 명의의 등기는 유효한가가 문제된다.

부동산실명법에서 정한 유예기간의 경과로 기존의 명의신탁약정과 그에 의한 명의수탁자 명의의 등기가 모두 무효로 되고, 명의신탁자는 명의신탁약정의 당사자로서 부동산실명법 제4조 제3항의 제3자(명의신탁약정의 무효로 대항할 수 없는 제3자를 가리킨다)에 해당하지 아니하므로, 명의수탁자로부터 명의신탁자 명의로 되돌아온 소유권이전등기도 무효가 되어야 한다. 사례에서 B 명의의 소유권이전등기는 매도인 A 명의로의 복귀절차를 밟지 않은 채(유예기간의 경과로 C 명의의 등기가 무효로 되므로, A 명의로 소유권이전등기가 복귀되어야 한다) C로부터 바로 B에게로 소유권이전등기가 마쳐진 경우로서 일응 무효이다.

한편 부동산실명법은 매도인과 본래의 매수인(명의신탁자) 사이의 매매계약의 효력을 부정하는 규정을 두고 있지 아니하여 유예기간의 경과 후로도 AB 사이의 매매계약은 여전히 유효하다. B는 A에 대하여 매매계약에 기한 소유권이전등기를 청구할 수 있고, 그 소유권이전등기청구권을 보전하기 위하여 A를 대위하여 명의수탁자 C에게 무효인 그 명의등기의 말소를 구할 수도 있다. 그러므로 C가 B 앞으로 바로 넘겨준 소유권이전등기라 할지라도 B 명의의 소유권이전등기는 결국 실체관계에 부합하는 등기가 되므로, 유효하다고 새겨야 한다.[564] B 명의의 소유권이전등기는 실체관계에 부합하는 유효한 등기가 된다고 보면 A에게는 갑토지에 대한 소유권이 없으므로, A는 B에게 그 말소등기를 청구할 수 없고, 명의수탁자인 C에게도 말소등기를 청구할 수 있는 지위에 있지 않다.

> A가 B로부터 갑토지를 매수하면서 당사자간의 명의신탁약정에 따라서 갑토지에 관하여 그 명의를 C로 하여 매매계약을 체결하고 등기를 C 앞으로 하였다. B가 C 명의로 등기된 갑토지가 A 소유임을 알지 못한 매도인 선의의 계약명의신탁에 해당하였는데, 부동산실명법 제11조에서 정한 유예기간(1996.7.1.)의 경과에도 불구하고 A 앞으로 실명등기를 하지 않았다. AC 사이에 어떤 법률관계가 생기는가?

부동산실명법의 시행 전에 명의수탁자가 명의신탁약정에 따라서 부동산에 관한 소유명의를 취득한 경우에는 부동산실명법 제11조의 유예기간이 경과하기 전까지 명의신탁자는 언제라도 명의신탁약정을 해지하고 당해 부동산에 관한 소유권을 취득할 수 있다. 그러나 사례와 같이 매도인 선의의 계약명의신탁의 경우에 실명화 등의 조치 없이 유예기간이 경과함으로써 부동산실명법 제12조 제1항, 제4조에 의하여 명의신탁약정은 무효로 되는 한편, 명의수탁자가 당해 부동산에 관한 완전한 소유권을 취득하게 된다. 다만 부동산실명법 제3조 및 제4조가 명의신탁자에게 소유권이 귀속되는 경우를 막는 취지의 규정은

564) 대법원 2004.6.25. 선고 2004다6764 판결.

아니다. 그러므로 명의수탁자는 명의신탁자에게 자신이 취득한 당해 부동산을 부당이득으로 반환할 의무가 있다.[565] 다시 표현하면 명의신탁자는 당해 부동산의 회복을 위하여 명의수탁자에 대하여 소유권이전등기청구권을 가진다.

사례에서 부동산실명법 제11조의 유예기간이 경과한 후에도 실명화 등의 조치를 취하지 아니한 A는 C에 대하여 부당이득의 법리에 따라서 소유권이전등기청구권을 가진다. A의 소유권이전등기청구권은 그 성질상 법률의 규정에 의한 부당이득반환청구권으로서 민법 제162조 제1항에 따라서 10년의 기간이 경과함으로써 시효로 소멸한다. 10년의 소멸시효기간은 1996년 7월 1일부터 개시되므로(사례는 B가 C 명의로 등기된 갑토지가 A 소유임을 알지 못한 매도인 선의의 계약명의신탁에 해당하여 부동산실명법 제11조에서 정한 유예기간이 경과함에 따라 C가 1996년 7월 1일자로 갑토지에 관한 완전한 소유권을 취득하게 되고, A는 그 일자로 C에 대하여 부당이득반환청구권을 가지게 된다), 만약 A가 C에 대하여 10년의 소멸시효기간이 지난 2006년 10월 12일에야 부당이득반환청구권으로서 소유권이전등기청구권을 행사한 경우라고 하면 A의 청구는 허용되지 않는다.

명의신탁자가 명의신탁부동산을 계속 점유·사용하여 온 경우에는 명의수탁자에 대한 부당이득반환청구권에 기한 등기청구권의 소멸시효가 진행하지 않는가? 판례는 부동산을 매수한 자가 그 목적물을 인도받은 경우에는 그 매수인의 등기청구권은 다른 채권과는 달리 소멸시효에 걸리지 않는다고 본다.[566] 그러나 명의신탁계약 및 그에 기한 등기를 무효로 하고 그 위반행위에 대하여 형사처벌까지 규정한 부동산실명법의 시행에 따라서 그 권리를 상실하게 된 부동산실명법의 시행 이전의 명의신탁자가 그 대신에 부당이득의 법리에 의하여 법률상 취득하게 된 명의신탁부동산에 대한 부당이득반환청구권의 경우에 무효로 된 명의신탁약정에 기하여 처음부터 명의신탁자가 그 부동산의 점유 및 사용 등 권리를 행사하고 있다 하여 부당이득반환청구권 자체의 실질적 행사가 있다고 볼 수 없을 뿐만 아니라, 만약 명의신탁자가 그 부동산을 점유·사용하여 온 경우에는 명의신탁자의 명의수탁자에 대한 부당이득반환청구권에 기한 등기청구권의 소멸시효가 진행되지 않는다고 보아야 한다면, 명의신탁자가 부동산실명법의 유예기간 및 시효기간의 경과 후 여전히 실명전환을 하지 않아 부동산실명법을 위반한 경우임에도 그 권리를 보호하여 주는 결과로 되어 부동산거래의 실정 및 명의신탁으로 인한 탈법행위 및 위법행위를 방지한다는 부동산실명법 등 관련법률의 취지에도 맞지 않는다.[567] 그러므로 A가 갑토지를 계속 점유·사용하여 온 경우라고 하더라도 C에 대한 부당이득반환청구권에 기한 등기청구권의 소멸시효는 진행한다고 새겨야 한다.

---

565) 대법원 2010.2.11. 선고 2008다16899 판결.

566) 판례는 시효제도의 존재이유에 비추어 보아 매매목적물을 인도받아 점유·사용하고 있는 매수인을 권리 위에 잠자는 자로 볼 수 없을 뿐만 아니라, 매도인의 명의로 등기가 남아있는 상태와 매수인이 인도받아 매매목적물을 사용수익하고 있는 상태를 비교할 때 후자의 상태가 더욱 보호되어야 하며, 부동산거래의 현실에 비추어 보아도 보다 합리적이라는 사실을 감안하여 부동산을 매수한 자가 그 목적물을 인도받은 경우에는 매수인의 등기청구권이 소멸시효에 걸리지 않는다고 본다(대법원 1976.11.6. 선고 76다148 전원합의체 판결; 대법원 1999.3.18. 선고 98다32175 전원합의체 판결 등 참조).

567) 대법원 2009.7.9. 선고 2009다23313 판결.

[더 생각할 과제 - 타인명의로 매각허가결정을 받은 경우의 법률관계]

> A는 B와 사이에 갑부동산에 대하여 경매를 위한 매수대금 및 제세공과금을 공동으로 부담하여 A 명의로 매각허가결정(낙찰)을 받고 추후에 A가 B에게 2분의 1 지분을 이전해 주기로 약정하였다. A는 약정에 따라서 자기 명의로 갑부동산을 매각허가결정을 받아 소유권이전등기를 마쳤다. B는 A에 대하여 갑부동산의 2분의 1 지분에 관하여 소유권이전등기절차의 이행을 청구할 수 있는가?

우선 부동산경매절차에서 부동산을 매수하려는 사람이 매수대금을 자신이 부담하면서 다른 사람의 명의로 매각허가결정을 받기로 약정하여 그에 따라 매각허가가 이루어진 경우에 누가 경매목적인 부동산의 소유권을 가지느냐가 문제된다. 판례는 경매절차에서 매수인의 지위에 서게 되는 사람은 어디까지나 그 명의인이므로, 경매목적인 부동산의 소유권은 매수대금을 실질적으로 부담한 사람이 누구인가와 상관없이 그 명의인이 취득한다고 본다.[568] 사례에서 갑부동산의 소유권은 대외적으로나 대내적으로 모두 매수인 A가 취득한다.

케이스에서 B가 A에 대하여 갑부동산의 2분의 1 지분에 관하여 소유권이전등기절차의 이행을 청구할 수 있는가는 AB 사이의 약정이 유효한가에 달려있다. 그리고 AB 사이의 약정이 유효한가는 AB 사이에 갑부동산에 관한 명의신탁이 존재하는가 하는 문제와 직결된다.

만약 AB 사이에 갑부동산에 관한 명의신탁관계가 존재할 수 없다고 하면 B는 갑부동산의 2분의 1 지분에 관하여 A와의 약정을 원인으로 한 소유권이전등기절차의 이행을 청구할 수 있다. 그러나 타인명의로 경매부동산을 매수한 경우에 매수대금을 부담한 사람과 이름을 빌려 준 사람 사이에는 명의신탁관계가 성립한다고 새겨야 한다.[569] 사례에서 AB가 매수대금 및 제세공과금을 반씩 부담하여 갑부동산을 A의 명의로 매각허가결정을 받아 일단 A의 명의로 등기하되 추후 편리한 시기에 A가 B에게 갑부동산에 대한 2분의 1 지분을 이전등기하여 주기로 약정한 경우라면 AB 사이의 약정이야말로 갑부동산의 2분의 1 지분에 관한 명의신탁의 합의라고 보아야 한다. 결국 AB 사이의 명의신탁약정은 부동산실명법 제4조 제1항에 의하여 무효이므로, B는 A에 대하여 갑부동산의 2분의 1 지분에 관하여 소유권이전등기절차의 이행을 청구할 수 없다.

만약 A가 후에 B의 청구에 따라서 갑부동산의 2분의 1 지분을 이전하거나 그 처분대금을 반환하기로 약정한 경우에는 어떤가? AB 사이에 명의신탁관계가 성립한 경우에는 후에 AB사이에 매수대금의 실질적 부담자 B의 청구에 따라서 부동산의 소유 명의를 이전하거나 그 처분대금을 반환하기로 약정하더라도, 그 약정은 부동산실명법에 의하여 무효인 명의신탁약정을 전제로 명의신탁부동산 자체 또는 그 처분대금의 반환을 구하는 범주에 속하여서 역시 무효라고 본다.[570]

(5) 벌칙 및 과징금, 이행강제금

1) 장기미등기자에 대한 제재

소유권이전등기를 신청할 수 있는 때로부터 3년 이내에 소유권이전등기를 신청하지 아니한 등기권리자, 즉 「장기미등기자」에게는 과징금과 이행강제금이 부과된다. 먼저 장기미등기자에게는 부동산평가액의 30%의 범위에서 과징금(부동산등기특별조치법에 따른 과태

568) 대법원 2005.4.29. 선고 2005다664 판결; 대법원 2008.11.27. 선고 2008다62687 판결.

569) 대법원 2002.9.10. 선고 2002두5351 판결, 2004.12.23. 선고 2004도6908 판결; 대법원 2005.4.29. 선고 2005다664 판결 등 참조.

570) 대법원 2006.11.9. 선고 2006다35117 판결.

료가 이미 부과된 경우에는 그 과태료에 상응하는 금액을 뺀 금액을 말한다)을 부과한다(부동산실명법 §10). 그리고 장기미등기자가 과징금을 부과받고도 소유권이전등기를 신청하지 아니하면 1년이 지난 때에 부동산평가액의 10%에 해당하는 금액을, 다시 1년이 지난 때에 부동산평가액의 20%에 해당하는 금액을 각각 이행강제금으로 부과한다(부동산실명법 §§10 IV·6 II).

2) 실권리자명의등기의무의 위반에 따른 과징금

실권리자 명의의 등기의무를 위반한 명의신탁자, 양도담보에서의 채권자 또는 채무변제를 위한 담보라는 뜻이 적힌 서면에 채무자를 거짓으로 적어 제출하게 한 실채무자(實債務者)에 대하여는 부동산가액의 30%에 해당하는 금액의 범위에서 과징금을 부과한다(부동산실명법 §5 I). 부동산실명법 제5조 제1항에 의한 명의신탁자에 대한 과징금부과처분의 법적 성질은 기속행위라고 본다.[571] 그러므로 명의신탁이 조세를 포탈하거나 법령에 의한 제한을 회피할 목적이 아닌 경우에 한하여 그 과징금을 일정한 범위 내에서 감경할 수 있을 뿐이지 그에 대하여 과징금부과처분을 하지 않거나, 과징금을 전액 감면할 수는 없다. 그리고 부동산실명법 제5조 제1항에 따른 과징금부과의 제척기간은 5년이고, 그 기산일은 명의신탁의 등기가 해소된 때이다.[572]

3) 실권리자명의등기의무의 위반에 대한 벌칙

부동산실명법 제3조 제1항을 위반한 명의신탁자, 부동산실명법 제3조 제2항을 위반한 채권자 또는 실채무자에 대하여는 5년 이하의 징역 또는 2억원 이하의 벌금에 처한다(부동산실명법 §7 I). 그리고 부동산실명법 제3조 제2항을 위반한 명의수탁자에 대하여는 3년 이하의 징역 또는 1억원 이하의 벌금에 처한다(부동산실명법 §7 II).

4) 실권리자명의등기의무의 위반에 따른 이행강제금

명의신탁자가 부동산실명법 제5조 제1항 제1호에 의하여 과징금을 부과받은 때에는 지체 없이 부동산에 관한 물권을 자신의 명의로 등기하여야 한다(부동산실명법 §6 I 본문). 다만 부동산실명법 제4조 제2항 단서에 해당하는 경우에는 예외적으로 자신의 명의로 등기할 필요가 없고, 자신의 명의로 등기할 수 없는 정당한 사유가 있는 경우에는 그 사유가 소멸된 후 지체 없이 자신의 명의로 등기하여야 한다(부동산실명법 §6 I 단서). 만약 과징금을 부과받은 명의신탁자가 과징금부과일(혹은 등기할 수 없는 사유가 소멸한 때)부터 1년이 지난 때에 부동산평가액의 10%에 해당하는 금액을, 다시 1년이 지난 때에 부동산평가액의 20%에 해당하는 금액을 각각 이행강제금으로 부과한다(부동산실명법 §6 II).

---

571) 대법원 2007.7.12. 선고 2005두17287 판결.

572) 대법원 2006.1.13. 선고 2004두2776 판결.

(6) 종중 및 배우자에 대한 특례

1) 서 언

종중재산의 명의신탁이나 부부간의 명의신탁에 대하여는 조세포탈, 강제집행의 면탈 또는 법령상의 제한의 회피를 목적으로 하지 않는 한 명의신탁약정의 무효·과징금·이행강제금·벌칙·기존명의신탁약정에 의한 등기의 실명화에 관한 규정이 적용되지 아니한다(부동산실명법 §8). 부동산실명법이 적용되지 않는 한, 종중재산이나 부부간의 명의신탁에 관하여는 종래의 판례이론이 그대로 적용된다.

2) 종중재산의 명의신탁

> A종중은 종중재산인 갑토지를 종원의 한 사람인 B에게 명의신탁하여 두었는데, B가 갑토지를 무단히 C에게 양도하고 C 앞으로 소유권이전등기를 넘겨주었다. C는 갑토지에 대한 소유권을 취득하는가?

종중이 보유한 부동산에 관한 물권을 종중 이외의 자의 명의로 등기한 경우에 조세포탈, 강제집행의 면탈 또는 법령상 제한의 회피를 목적으로 하지 아니하는 한 부동산실명법 제4조 내지 제7조 및 제12조 제1항·제2항의 규정을 적용하지 아니한다(부동산실명법 §8 i). 종중이 부동산실명법의 시행 전에 명의신탁한 부동산에 관하여 부동산실명법 제11조 소정의 유예기간 이내에 실명등기 또는 매각처분을 하지 아니한 경우에도 그 명의신탁약정은 여전히 그 효력을 유지한다.

부동산실명법 제8조 제1호에서 말하는 「종중」이란 어떤 의미인가? 판례는 고유의 의미의 종중만을 가리키고, 종중 유사의 단체(비법인사단)는 포함하지 않는다고 본다.[573] 부동산실명법의 제정목적, 종중에 대한 특례의 인정취지, 다른 비법인사단과의 형평성 등을 고려할 때 종중 유사의 단체는 부동산실명법 제8조 제1호의 적용범위에 포함되지 않는다고 보는 태도가 타당하다.

사례에서 A종중과 등기명의인인 B 사이에 갑토지에 관한 명의신탁 여부가 다투어지는 경우에 종중의 명의신탁으로 인정되기 위해서는 어떤 사실이 증명되어야 하는가? 일단 갑토지에 관하여 등기명의인 앞으로 등기가 마쳐진 당시 어느 정도의 유기적 조직을 가진 고유의 의미의 종중이 존재한 사실이 증명되어야 한다(종중 유사의 단체로는 안된다). 그리고 갑토지가 종중의 소유로 된 과정이나 내용이 직접 증명된 경우는 물론, 등기명의인과 종중과의 관계, 등기명의인이 여럿이라면 그 상호간의 관계, 등기명의인 앞으로 등기가 이루어진 경위, 시조(始祖)를 중심으로 한 종중분묘의 설치상태, 분묘수호와 봉제사의 실태, 그 토지의 규모와 관리상태, 그 토지에 대한 수익의 수령·지출관계, 제세공과금의 납부관계, 등기필증의 소지관계 등 여러 정황에 미루어 그 토지가 종중의 소유라고 볼 수 밖에 없는 상당한 자료가 있는 경우라면, 그 토지가 종중의 소유로서 등기명의인 앞으로

573) 대법원 2007.10.25. 선고 2006다14165 판결.

명의신탁된 경우라고 인정될 수 있다.[574)]

종중재산의 명의신탁에 관하여는 원칙적으로 종래의 판례이론이 그대로 적용된다. 종중이 부동산을 명의신탁한 경우에는 소유권이 대외적으로 명의수탁자에게 귀속하므로, 명의신탁자는 명의신탁을 이유로 제3자에 대하여 그 소유권을 주장할 수 없다. 사례에서 대외적으로 갑토지의 소유권은 B에게 귀속하므로, B가 갑토지를 C에게 양도한 경우에 C는 명의신탁관계에 관하여 선의이냐 악의이냐를 불문하고 원칙적으로 그 소유권을 유효하게 취득한다.

종중의 명의신탁에서 명의수탁자로부터 신탁재산을 매수한 제3자가 명의수탁자의 명의신탁자에 대한 배임행위에 적극 가담한 경우에는 어떤가? 사례에서 C가 B의 A종중에 대한 배임행위에 적극 가담하여 갑토지에 관한 매매계약이 이루어진 경우에는 BC 사이의 계약은 반사회적인 법률행위로서 무효라고 보아야 한다. 물론 어떤 경우에 제3자가 명의수탁자의 배임행위에 적극 가담한 행위로 인정되는가가 문제되나, 제3자가 명의수탁자의 배임행위에 적극 가담하는 행위란 명의수탁자가 단순히 등기명의만 수탁받았을 뿐 그 부동산을 처분할 권한이 없는 줄을 잘 알면서 명의수탁자에게 실질소유자인 종중 몰래 종중재산을 불법처분하도록 적극적으로 요청하거나 유도하는 등의 행위를 의미한다.[575)] 그러므로 C가 B의 A종중에 대한 배임행위에 적극 가담한 경우라고 하면 B가 C에게 명의신탁재산인 갑토지를 처분한 행위는 반사회적 법률행위로서 무효가 되고, A종중은 먼저 B와의 신탁관계를 해지한 후에 소유권에 기하여 C 명의의 등기에 대하여 말소를 청구하거나, 진정명의회복을 원인으로 한 소유권이전등기를 구할 수도 있다.

3) 부부간의 명의신탁

(a) 서 언

일반적으로 부부 사이에서는 그 수입이 혼재되어 사용되고 있고, 맞벌이 부부가 많아지면서 부부 사이의 재산관계를 명확히 파악하기가 더욱 힘들어져, 부부 사이에서 일방의 명의로 부동산을 등기하는 경우는 자연스러운 관행으로 행하여져 오고 있다. 그러므로 현실적으로 배우자 명의의 명의신탁을 인정하여 줄 필요가 있을 뿐만 아니라, 기존의 수많은 명의신탁을 해소시키려 한다면 그 과정에서 부부 사이의 분란과 사회적 혼란이 초래할 염려가 있어 명의신탁을 그대로 인정하는 방법이 오히려 바람직하다고 볼 수 있다. 특히 혼인이 파탄되어 해소되는 경우에도 재산분할제도가 마련되어 있어 명의신탁을 따지지 않고 전체적인 재산형성과정과 기여도를 참작하여 재산을 분할하면 되므로 부부 사이에서의 명의신탁을 반드시 해소시켜야 할 필요성도 크지 않다. 그러므로 배우자 명의로 부동산에 관한 물권을 등기한 경우에 조세포탈, 강제집행의 면탈 또는 법령상 제한의 회피를 목적으로 하지 아니하는 한 부동산실명법 제4조 내지 제7조 및 제12조 제1항·제2항의 규정을 적용하지 아니한다(부동산실명법 §8 ii).

---

574) 대법원 2000.7.6. 선고 99다11397 판결.

575) 대법원 2008.3.27. 선고 2007다82875 판결.

(b) 사실혼관계에도 적용되는가

사실혼관계에 있는 배우자도 부동산실명법 제8조 제2호에서 말하는 「배우자」에 포함되는가? 사실혼관계에 대하여서도 특례를 인정한다면 사실혼을 가장한 탈법행위를 막기 어려우므로, 예외사유를 엄격히 해석하여 법률상의 혼인만이 해당한다고 보아야 한다.

(c) 명의신탁한 후 배우자가 된 경우의 효력

A(女)와 B(男)가 동거하던 중 1995.6.30. A 앞으로 등기되어 있던 갑부동산을 B 앞으로 명의신탁하고 소유권이전등기를 마쳤다. 그 후 1996.8.16. AB는 혼인신고를 하였다. AB 사이의 명의신탁은 유효한가?

사례를 보면 사실혼관계에 있으면서 명의신탁을 하였으므로, 사실혼관계로는 부동산실명법 제8조 제2호의 특례에 해당된다는 주장을 할 수 없다. 그러므로 명의신탁등기를 한 후 나중에 법률상 혼인을 한 경우에 특례에 해당하는지 여부만이 문제될 뿐이다.

부동산실명법의 시행 이전에 행하여진 명의신탁약정 및 등기는 1년의 유예기간 내인 1996년 6월 30일까지 실명등기를 하지 않으면 무효로 된다(부동산실명법 §§12 I, 4). 물론 배우자의 명의신탁으로서는 조세포탈, 강제집행의 면탈 또는 법령상 제한의 회피를 목적으로 하지 아니하는 때에는 부동산실명법 제12조의 적용이 배제되므로 명의신탁등기는 무효로 되지 않고, 과징금이나 벌칙 등도 부과되지 않는다(부동산실명법 §8). 다만 사례와 같이 명의신탁등기가 부동산실명법 소정의 유예기간의 경과로 무효가 된 후 명의신탁자와 명의수탁자가 혼인하여 그 등기명의자가 배우자로 된 경우에는 부동산실명법 제8조 제2호의 특례가 적용되는가 하는 문제가 있고, 아래와 같이 무효설, 무효등기유용설 두 가지를 생각할 수 있다.

① 무효설　　무효설은 부동산실명법에 의하여 일단 무효의 등기로 된 이상 그 후 혼인하더라도 유효한 등기로 되지는 않는다고 본다. 무효설은 부동산실명법 제8조 제2항의 문언상으로도 '배우자 명의로 등기되어 있는 경우'라고 하지 않고 '배우자 명의로 등기한 경우'라고 하고 있으므로, 등기의 시점에서 배우자이어야 함을 규정한 경우로 해석되어야 하고, 해석상 명의신탁등기 당시 배우자가 아닌 경우에는 특례조항이 적용될 수 없다고 본다. 그러나 무효설에 따르면 후에 혼인한 배우자가 명의신탁을 계속하려면 등기명의를 환원한 후에 다시 명의신탁등기를 하여야 한다는 결론에 이르게 되나(실명등기의무의 위반에 따른 과징금도 부여받게 된다), 현실적인 측면에서 불편과 낭비만을 초래하게 되어 부당하다.

② 무효등기유용설　　무효등기유용설은 명의신탁등기는 부동산실명법에 정한 유예기간의 경과로 인하여 무효가 되지만, 무효등기유용의 법리에 의하여 후에 혼인을 하면 그때부터 부동산실명법 제8조 제2항의 특례가 적용되어 유효로 된다고 본다. 그러나 무효등기의 유용을 인정하려면 무효인 명의신탁등기에 대한 새로운 실체적 권리관계의 성립과 유용의 합의, 즉 배우자관계가 성립함으로써 유효한 명의신탁이 가능해진 상태에서 새

로운 명의신탁약정과 종래의 등기를 그대로 이용한다는 합의가 있어야 한다. 누가 혼인을 하면서 무효가 된 명의신탁등기의 유용에 대한 합의를 할까? 아마도 명시적인 유용합의에 한정한다고 하면 무효등기유용설은 거의 무의미하게 된다. 그러므로 AB가 혼인한 사실로 인하여 어느 정도 무효인 명의신탁등기의 유용에 대한 합의를 추정해 줄 필요가 있다. 다만 무효인 명의신탁등기의 유용에 대한 AB의 의사를 어느 한도에서 추정하는가에 관하여는 견해가 예외적 인정설과 원칙적 인정설로 다시 나뉠 수 있다.

ⓐ 예외적 인정설 예외적 인정설은 혼인사실 이외에 무효등기를 유용하려는 의사를 추단할 만한 새로운 사실이 있어야 무효등기의 유용의 요건이 충족된다고 보는 견해이다.

ⓑ 원칙적 인정설 원칙적 인정설은 혼인 무렵 특별히 명의신탁관계를 해소하려는 의사가 나타나는 등의 특단의 사정이 없는 한, 혼인한 경우에는 새로운 명의신탁약정과 등기유용의 합의가 있다고 보아 원칙적으로 무효인 명의신탁등기의 유용을 인정하여야 한다는 견해이다. 일반적으로 기존의 명의신탁자와 명의수탁자가 혼인한 경우에는 특별한 사정이 없는 한 기존에 명의신탁한 부동산을 그 상태대로, 즉 명의신탁관계를 그대로 유지하려고 한다고 보는 태도가 당사자의 의사에 합치되고, 그 의사를 존중하여야 한다고 보므로, 원칙적 인정설이 타당하다.

판례의 태도는 어떤가? 판례는 명의신탁약정 및 명의신탁등기를 한 때에 명의신탁자와 명의수탁자가 배우자관계에 있지 않더라도 그 후 혼인을 하여 배우자관계가 성립하면 혼인시부터 부동산실명법 제8조 제2호의 특례가 적용된다고 본다.[576] 다만 판례가 명의신탁관계에 있는 당사자가 후에 혼인하게 되면 명의신탁이 유효로 되는 근거를 정확하게 제시하지 않고 있으나, 이른바 무효등기유용의 법리를 그 근거로 삼을 수 있다고 본다. 부부가 아닌 자 사이의 명의신탁 후에 당사자가 혼인하면 부동산실명법 제8조 제2호의 특례가 적용된다는 판례의 태도는 부동산실명법에서 배우자에 대한 특례를 둔 취지를 살리는 한편, 배우자가 된 이후 명의신탁을 되풀이하여야 유효한 명의신탁이 될 수 있다는 형식적 논리를 배척하고 현실적인 법률상태를 반영하고 있다는 측면에서 그 의의가 크다고 판단된다.

배우자 명의로 명의신탁등기를 한 후에 부부가 이혼하면 그때부터 부동산실명법 제8조 제2호의 특례의 적용을 받지 않게 되는가? 만약 배우자간의 명의신탁을 이혼시부터 무효로 본다고 하면 일단 유효하던 명의신탁이 무효로 되는 이상 부동산실명법의 시행 전의 명의신탁등기와 같이 일정한 유예기간을 주어 실명등기의무를 부여하고, 그 위반에 대하여는 과징금을 부과하여야 타당하나, 아직 아무런 입법적 조치가 없는 상태에서 섣불리 부동산실명법 제8조 제2호의 특례를 배제하기는 무리가 아닐까? 명의신탁관계에 있는 부부가 이혼하더라도 명의신탁약정 및 그에 따른 부동산물권변동은 그대로 효력이 인정된다고 보아야 한다.[577]

576) 대법원 2002.10.25. 선고 2002다23840 판결.

577) 대법원 2002.9.27. 선고 2001다42592 판결(판례는 부부가 부동산실명법 제11조의 유예기간 이내에 재판상

(d) 명의신탁 후에 부부 한쪽이 사망한 경우

> A는 자신의 아내인 B에게 갑부동산을 명의신탁하였다. 그런데 A가 B를 고의를 살해하여 B가 사망하였다. B에게는 이혼한 전남편과의 사이에서 낳은 아들 C가 있었는데, C가 B의 권리의무를 단독으로 상속하였다(A는 고의로 B를 살해하여 민법 제1004조 제1호에 의하여 그 상속인이 될 수 없다). A와 C와의 관계에서도 갑부동산에 관한 명의신탁약정이 여전히 유효한가? [대법원 2013.1.24. 선고 2011다99498 판결]

부동산실명법 제8조 제2호는 '배우자 명의로 부동산에 관한 물권을 등기한 경우'로서 조세포탈, 강제집행의 면탈 또는 법령상 제한의 회피를 목적으로 하지 아니하는 경우에는 그 명의신탁약정과 그 약정에 기하여 행하여진 물권변동을 무효로 부동산실명법 제4조 등을 적용하지 아니한다고 규정하고 있다. 부동산실명법 제8조 제2호의 문언상 명의신탁약정에 따른 명의신탁등기의 성립시점에 부부관계의 존재를 요구하고 있을 뿐, 부부관계의 존속을 그 효력요건으로 삼고 있지 않다. 또한 부동산실명법상 제8조 제2호에 따라서 일단 유효한 명의신탁으로 인정된 부부간 명의신탁에 대하여 그 후 배우자 한쪽의 사망 등으로 부부관계가 해소된 사실을 이유로 부부간 명의신탁을 다시 무효화하는 별도의 규정이 존재하지 아니하고, 부부간 명의신탁이라 하더라도 조세포탈 등 목적이 없는 경우에 한하여 부동산실명법 제8조 제2호가 적용되므로 부부관계가 해소된 이후에 명의신탁관계를 그대로 유효로 인정하더라도 새삼 부동산실명법의 입법취지가 훼손될 위험성은 크지 않다. 그러므로 부동산실명법 제8조 제2호에 따라서 부부간 명의신탁이 일단 유효한 경우로 인정되면 그 후 배우자 한쪽의 사망으로 부부관계가 해소되더라도 그 명의신탁약정은 사망한 배우자의 다른 상속인과의 관계에서도 여전히 유효하게 존속한다고 보아야 한다. 결국 A와 B 사이의 명의신탁약정이 부동산실명법 제8조 제2호가 정한 부부간 명의신탁에 해당하여 유효라고 인정하는 한, B의 사망에 의하여 A와 B 사이의 갑부동산에 관한 명의신탁약정은 B의 명의수탁자로서의 지위를 포괄적으로 승계한 C와의 사이에서도 그대로 유효하다.

이혼을 하고, 명의신탁자의 명의로 실명등기를 하지 않더라도 명의수탁자와 사이의 명의신탁약정 및 그에 따른 부동산물권변동은 유효하다고 본다).

제 4 장

용익물권

제4장 용익물권

제1절 지 상 권

Ⅰ. 총 설

1. 지상권의 의의

지상권이란 타인의 토지 위에서 건물 기타 공작물이나 수목을 소유하기 위하여 그 토지를 사용할 수 있는 물권이다. 지상권은 민법이 토지와 그 지상의 건물을 별개의 부동산으로 보고(§99 I), 토지소유권이 지상물에 미치지 아니한다고 하는 사실에 의하여 인정된다. 지상물은 토지에 종속한다고 하는 원칙을 취하는 입법례(예컨대 독일민법 제94조는 토지만을 부동산으로 보고, 건물은 토지의 본질적 구성부분에 해당한다고 본다)에서는 연혁적으로 지상권은 토지를 사용할 권리가 아니고, 타인의 토지 위에서 그 토지에 부합된 물건을 소유하는 권리, 즉 지상물권으로 이해한다.

타인의 토지의 사용을 목적으로 하는 권리는 법률상 물권으로도 채권으로도 구성할 수 있다. 바로 토지의 임차권·사용대차권이 있다. 토지의 임차권·사용대차권은 토지소유자를 채무자로 하여 토지의 계속적 제공이라고 하는 토지소유자의 행위를 통하여 토지의 사용을 실현하는 채권적 이용권에 불과하다.

2. 지상권의 종류

(1) 일반지상권과 구분지상권

① 일반지상권 　일반지상권이란 일정한 토지 위에 성립하고 그 범위는 토지의 상하에 미치는 지상권을 가리킨다. 일반지상권은 건물 기타 공작물 또는 수목을 소유하기 위하여 설정되고, 지상권자와 토지소유자(지상권설정자)의 물권적 합의와 등기에 의하여 성립한다.

② 구분지상권 구분지상권이란 지하나 공중의 일정한 공간에 한정되는 지상권을 가리킨다. 구분지상권은 건물 기타 공작물의 소유를 위하여만 설정될 수 있을 뿐 수목의 소유는 그 내용이 될 수 없고, 기존용익권자가 있는 경우에는 그 승낙이 성립요건으로 부가된다.

(2) 지중지상권과 공중지상권

① 지중지상권 지중지상권이란 구분지상권의 객체인 구분층이 지하의 일정공간에 해당하는 경우를 가리킨다. 예컨대 지하시설(가스관, 송유관, 지하도, 지하철, 지하호, 터널 등)을 매립하기 위하여 100평인 1필의 토지의 지하부분 중 50평을 이용하는 구분지상권이 지중지상권이다.

② 공중지상권 공중지상권이란 구분지상권의 객체인 구분층이 공중의 일정공간에 해당하는 경우를 가리킨다. 예컨대 모노레일이나 육교 등을 설치하기 위하여 '지표 위 30m부터 50m 사이의 공간'을 이용하는 구분지상권이 공중지상권이다.

(3) 약정지상권과 법정지상권

① 약정지상권 약정지상권이란 토지소유자와 지상권자 사이의 물권적 합의에 의하여 성립하는 지상권을 가리킨다.

② 법정지상권 법정지상권이란 법률의 규정 또는 관습법에 의하여 당연히 성립하는 지상권을 가리킨다.

3. 지상권의 성질

(1) 지상권 =「타인의 토지」에 대한 권리

지상권의 객체인 토지는 1필의 토지를 원칙으로 하지만, 1필의 토지의 일부도 상관없다. 그리고 「지상」권이라고 표현하지만 지표 혹은 지상에 한하지 않고, 토지의 지하·공중의 사용을 내용으로 할 수도 있다.

(2) 지상권 =「건물 기타 공작물이나 수목」을 소유하기 위한 권리

1) 건물 기타 공작물

지상권의 목적이 되는 대상은 건물 기타 공작물이다. 건물뿐만 아니라, 교량·수로·연못·도로·동상·기념비·전신주·각종의 탑(예컨대 광고탑이나 TV탑)·담과 같은 지상공작물, 터널·우물·지하철·지하호와 같은 지하공작물을 소유하기 위하여도 지상권이 설정될 수 있다.

건물 기타 공작물과 같은 지상물의 소유권자와 지상권자가 반드시 일치하여야 하는가? 지상권자는 지상권을 유보한 채 지상물의 소유권만을 양도할 수도 있고, 지상물의 소유권을 유보한 채 지상권만을 양도할 수도 있다. 그러므로 지상권자와 그 지상물의 소유권자가 반드시 일치하여야 하지는 않는다.[578]

2) 수 목

「수목」도 지상권의 목적이 될 수 있다. 판례는 수목의 소유를 목적으로 하는 지상권을 취득한 자는 특별한 사정이 없는 한 지상권설정 당시 임야에 현존하는 입목의 소유권도 취득한다고 추정한다.579)

지상권의 목적이 되는 「수목」은 식림(植林)의 대상이 되는 식물만을 말하는가, 혹은 경작의 대상이 되는 식물(예컨대 벼·보리·야채·과수·뽕나무)까지도 포함하는가? 학설상으로는 수목의 종류에는 아무런 제한이 없고 식림 또는 경작의 목적이 되는 모든 식물을 포함한다고 보는 견해와 뽕나무나 과수와 같이 그 식재를 경작으로 보아야 하는 식물은 지상권의 대상이 되는 수목이 될 수 없다는 견해가 대립한다. 경작의 대상이 되는 식물을 위해서까지 지상권을 인정한다면 결과적으로 소작행위와 부재지주를 배제하고자 하는 농지법의 근본정신에 위배될 뿐만 아니라, 농지법 제23조가 농지의 임대차 또는 사용대차를 금지하는 취지에 반하여 부당하다. 또한 민법상 농지의 전세권설정을 금지하는 규정(§303 II)에 비추어 보더라고 경작의 대상이 되는 식물의 소유를 위하여 지상권을 설정하는 경우는 허용되지 않는다. 그러므로 지상권의 목적이 되는 「수목」은 식림의 대상이 되는 식물만을 의미한다고 본다.

(3) 지상권 = 타인의 「토지를 사용」하는 권리

지상권은 토지를 사용하는 권리로 지상물이 없더라도 유효하게 성립하여 존속할 수 있고, 후에 건물 기타 공작물이나 수목이 멸실되더라도 지상권은 그대로 존속할 수 있다. 지상권은 토지를 사용하는 권리로서 당연히 토지를 점유할 수 있는 권리를 포함한다.

(4) 지상권 = 객체인 토지를 지배하는 권리

지상권은 토지소유자에 대한 권리가 아니고, 직접 그 객체인 토지를 지배하는 물권이다.

Ⅱ. 지상권의 취득

1. 법률행위에 의한 취득

(1) 지상권설정계약

지상권은 지상권설정을 목적으로 하는 낙성·무방식의 지상권설정계약에 의하여 취득된다.

(2) 유언 및 지상권양도

토지소유자의 단독행위인 유언, 양도자와 양수인 사이의 지상권이전을 목적으로 하는

578) 대법원 2006.6.15. 선고 2006다6126, 6133 판결.

579) 대법원 1972.10.25. 선고 72다1389 판결.

물권적 합의와 등기를 통하여 지상권을 취득할 수 있다.

2. 법률의 규정에 의한 취득

(1) 상속·공용징수·판결·경매·취득시효와 그 밖에 법률의 규정에 의한 취득

상속·공용징수·판결·경매와 그 밖에 법률의 규정에 의하여 지상권을 취득하는 경우에는 등기를 요하지 않는다(§187). 그러나 점유취득시효로 지상권을 시효취득하는 경우에는 등기를 하여야 취득한다. 그리고 타인의 토지에 관하여 공작물의 소유를 위한 지상권의 점유취득시효가 인정되려면 그 토지의 점유사실 외에도 그 점유가 임대차나 사용대차관계에 기한 경우가 아니라 지상권자로서의 점유에 해당한다고 하는 사실이 객관적으로 표시되어 계속되어야 한다.[580]

(2) 법정지상권

지상권은 본래 당사자 사이의 약정에 의하여 성립하나(원칙적으로 약정물권이다), 법률의 규정에 의하여 당연히 성립하는 경우도 있다. 바로 「법정지상권」이 인정되는 경우도 있다. 법률상 법정지상권이 당연히 성립하는 예로는 아래와 같은 경우가 있다.

① 전세건물의 보호를 위한 법정지상권 대지와 건물이 동일한 소유자에 속한 경우에 건물에 전세권을 설정한 때에는 그 대지소유권의 특별승계인은 전세권설정자에 대하여 법정지상권을 설정한 경우로 본다(§305 I 본문).

② 저당부동산의 경매로 인한 법정지상권 저당부동산의 경매로 인하여 토지와 그 지상건물이 다른 소유자에 속하게 되는 경우가 있다. 민법 제366조 제1항 본문은 건물의 소유자를 위하여 「저당부동산의 경매로 인한 법정지상권」을 규정하고 있다.

③ 입목저당권의 실행에 의한 법정저장권 입목의 경매나 그 밖의 사유로 인하여 토지와 그 입목이 각각 다른 소유자에게 속하게 되는 경우도 있다. 역시 토지소유자는 입목소유자에 대하여 법정지상권을 설정한 경우로 본다(입목법 §6 I).

④ 가등기담보권의 실행에 의한 법정지상권 토지 및 그 지상의 건물이 동일한 소유자에게 속하는 경우에 그 토지 또는 건물에 대하여 가등기담보법 제4조 제2항의 규정에 의한 소유권을 취득하거나 담보가등기에 기한 본등기가 행하여진 경우에는 그 건물의 소유를 목적으로 그 토지 위에 법정지상권이 설정된 경우로 본다(가등기담보법 §10 본문).

3. 관습법에 의한 취득

(1) 서 설

관습법에 의하여 취득되는 지상권도 있다. 예컨대 관습법상의 법정지상권과 분묘기지

---

580) 대법원 1996.12.23. 선고 96다7984 판결.

권 두 가지가 인정된다.

(2) 관습법상의 법정지상권

동일인의 소유이던 토지와 그 지상건물이 매매나 그 밖의 적법한 원인행위로 인하여 각각 그 소유자를 달리하는 경우가 있다. 토지와 지상건물의 소유자가 다르게 되면 지상건물을 철거하여야 하나, 건물의 소유자가 그 건물을 소유하기 위하여 토지를 사용할 수 있는 관습법상의 법정지상권을 가진다.

(3) 분묘기지권

타인 소유의 토지 위에 그 소유자의 승낙 없이 무단히 분묘를 설치할 수는 없다(토지소유자는 소유권에 기한 물권적 청구권에 기하여 무단히 설치된 분묘의 철거를 청구할 수 있다). 그러나 현실적으로 타인의 토지 위에 자기 선조의 분묘를 설치하여 소유·관리하고 있는 경우가 흔하다. 만약 타인의 토지 위에 무권원으로 분묘를 설치한 후에 20년간 평온, 공연하게 그 분묘의 기지를 점유하면 지상권 유사의 관습법상의 물권인 분묘기지권을 시효로 취득한다.[581] 다만 분묘기지권은 봉분 등 외부에서 분묘의 존재를 인식할 수 있는 형태를 갖추고 있는 경우에 한하여 인정되고, 평장되어 있거나 암장되어 있어 객관적으로 인식할 수 있는 외형을 갖추고 있지 아니한 경우에는 인정되지 않으므로, 특성상 분묘기지권은 등기 없이 취득한다.[582]

Ⅲ. 지상권의 존속기간

1. 설정행위로 기간을 정하는 경우

(1) 최단기간

1) 서 언

당사자는 계약에 의하여 지상권의 존속기간을 정할 수 있다. 당사자가 지상권의 존속기간을 정하면 그 존속기간에 의한다. 다만 계약으로 지상권의 존속기간을 정하는 경우에 그 기간은 석조, 석회조, 연와조와 그 밖의 유사하게 견고한 건물이나 수목의 소유를 목적으로 하는 때에는 30년, 그 밖의 건물의 소유를 목적으로 하는 때에는 15년, 건물 이외의 공작물의 소유를 목적으로 하는 때에는 5년보다 단축하지 못한다(§280 I). 그리고 만일 계약으로 지상권의 존속기간을 최단기간보다 단축한 기간으로 정한 때에는 민법 제280조 제1항이 정한 최단기간까지 연장된다(§280 II).

581) 장사 등에 관한 법률 제27조 제3항은 토지소유자의 승낙 없이 설치한 분묘의 연고자는 토지소유자에게 토지 사용권이나 그 밖에 분묘의 보존을 위한 권리를 주장할 수 없다고 규정하여 향후 분묘기지권을 인정하지 아니하고 있다.

582) 대법원 1996.6.14. 선고 96다14036 판결.

2) 「견고한 건물」인지 여부의 판단기준

민법 제280조 제1항 제1호가 정한 「견고한 건물」이냐 아니냐 여부는 어떤 기준으로 판단하는가? 어떤 건물이 갖는 물리적·화학적 외력, 화재에 대한 저항력 또는 건물해체의 난이도를 종합하여 30년의 존속기간이 보장되는 견고건물인지를 판단한다.583)

3) 법정최단기간의 적용범위

지상권의 최단존속기간에 관한 규정은 지상권자가 그 소유의 건물을 건축하거나 수목을 식재하여 토지를 이용할 목적으로 지상권을 설정하는 경우에만 적용이 있다. 기존건물의 사용을 목적으로 지상권이 설정된 경우에는 지상권의 최단존속기간이 적용되지 않는다.584)

(2) 최장기간

> A는 B 소유의 갑토지 위에 물류창고를 건축하기 위하여 B로부터 지상권설정을 받았는데, 지상권의 존속기간을 영구무한으로 정하였다. A는 영구무한으로 B에 대하여 지상권을 주장할 수 있는가?

민법은 지상권의 존속기간에 대하여 최단기간만을 규정하고, 최장기간에 대하여는 아무런 언급이 없다. 영구무한(永久無限)으로 존속기간을 정하여 지상권을 설정하는 지상권설정계약도 유효한가? 학설은 긍정설과 부정설로 대립한다.

① 긍정설　　긍정설은 지상권의 존속기간을 영구무한으로도 할 수 있다고 본다. 생각건대 (i) 오늘날 소유권은 영구의 지대징수권화하는 경향이 있고, (ii) 몇 백년 몇 천년의 기간이라도 기간이 있으면 되고, 다만 영구무한은 안된다고 하는 주장은 공론이며, (iii) 지료액을 물가의 변동에 따라서 증감할 수 있도록 약정한다면 영구무한의 지상권을 인정하여도 지상권자에게 특별히 부당하지 않다고 볼 수 있으므로, 영구무한으로 존속기간을 정한 지상권을 인정하더라도 상관없다고 생각된다.

② 부정설　　부정설은 영구무한으로 존속기간을 정한 지상권은 허용되지 아니한다고 본다. 부정설은 영구무한의 존속기간을 정한 지상권을 부정하는 이유로서 (i) 지상권의 존속기간이 영구무한하다는 상태는 소유권의 전면적 지배성·탄력성과 제한물권의 일면적 지배성을 인정하는 근대민법의 이론체계에 위반되고, (ii) 지료액의 증감에 관하여 당사자가 특약을 하여도 토지소유자가 만족할 만하게 되기를 기대하기 곤란하며, (iii) 실제로 영구무한의 지상권을 부정하여도 지상권설정자에게 크게 불리하지 않다는 내용을 들고 있다.

판례의 태도는 어떤가? 판례는 존속기간이 영구인 지상권을 인정할 실제의 필요성도 있고, 영구무한의 지상권을 인정한다고 하더라도 지상권의 제한이 없는 토지의 소유권을

583) 대법원 1995.7.28. 선고 95다9075 판결.

584) 대법원 1996.3.22. 선고 95다49318 판결.

회복할 방법이 있을 뿐만 아니라, 특히 구분지상권의 경우에는 존속기간이 영구라고 할지라도 대지의 소유권을 전면적으로 제한하지 아니한다는 사정에 비추어 보면, 지상권의 존속기간을 영구로 약정하여도 무방하다고 본다.[585)]

2. 설정행위로 기간을 정하지 않은 경우

계약으로 지상권의 존속기간을 정하지 않은 경우에는 (i) 지상물의 구조와 종류에 따라서 민법 제280조에 정한 최단존속기간을 지상권의 존속기간으로 하고, (ii) 지상권설정 당시에 공작물의 종류와 구조를 정하지 않은 때에는 그 지상권의 존속기간은 15년이 된다. 민법 제281조 제2항은 「공작물」(工作物)이라고 규정하고 「수목」(樹木)을 포함하지 않고 있으므로, 지상물이 수목인 경우에는 그 지상권의 존속기간은 언제나 30년이 된다.

3. 지상권설정계약의 갱신과 존속기간

(1) 지상권자의 갱신청구권

1) 서 언

지상권이 소멸한 경우에 건물 기타 공작물이나 수목이 현존한 때에는 지상권자는 계약의 갱신을 청구할 수 있다(§283 I). 그러므로 지상권이 존속기간의 만료로 인하여 소멸한 경우에 계약자유의 원칙상 당사자의 계약으로 전의 지상권설정계약을 갱신할 수 있다. 그리고 당사자가 지상권설정계약을 갱신하는 계약을 체결하지 않는 경우에도 일정한 요건 아래 지상권자가 일방적으로 계약의 갱신을 청구할 수 있다.

2) 갱신청구권의 성립요건

(a) 존속기간의 만료에 의한 지상권의 소멸

갱신청구권은 지상권의 존속기간의 만료로 인하여 지상권이 소멸한 경우에 한하여 인정된다. 토지의 멸실·혼동·소멸시효의 완성·지상권에 우선하는 저당권의 실행·토지수용·지상권설정자의 소멸청구(§287)·포기·약정된 소멸사유의 발생에 의한 지상권의 소멸에는 갱신청구권이 적용되지 아니한다.

(b) 건물 기타 공작물이나 수목의 현존

갱신청구권은 지상권이 존속기간의 만료로 소멸한 경우에 「건물 기타 공작물이나 수목이 현존」하고 있는 경우에 한하여 허용된다(§283 I).

3) 갱신청구권의 행사

(a) 행사시기

갱신청구권은 지상권이 존속기간의 만료로 소멸한 후에 지체없이 행사하여야 한다. 만

---

585) 대법원 2001.5.29. 선고 99다66410 판결.

약 지체 없이 행사하지 아니하면 갱신청구권이 소멸한다.

(b) 행사의 당사자

존속기간이 만료된 지상권자가 갱신청구권을 행사할 수 있고, 그 상대방은 행사 당시의 토지소유자이다.

4) 갱신청구권행사의 효과

지상권설정자는 지상권자의 계약갱신청구에 응할 수도 있고 거절할 수도 있다. 그러므로 지상권자의 계약갱신청구로 인하여 곧바로 계약이 갱신되지는 않고, 지상권설정자가 계약갱신청구에 응하여 갱신계약을 맺어야 비로소 갱신이 된다. 지상권설정자가 지상권자의 계약갱신청구를 거절하는 경우에 지상권자는 상당한 가격으로 지상물의 매수를 청구할 수 있다(§283 II).

(3) 계약갱신에 의한 지상권의 존속기간

당사자가 계약을 갱신하는 경우에는 지상권의 존속기간은 갱신한 날로부터 민법 제280조의 최단존속기간보다 단축하지 못한다(§284 본문). 그러나 당사자는 최단존속기간보다 장기의 기간을 정할 수는 있다(§284 단서). 만약 갱신계약으로 민법 제280조 제1항의 최단존속기간보다 단기로 존속기간을 정한 때에는 존속기간이 민법 제280조 제1항의 존속기간까지 연장된다(§280 II 참조).

Ⅳ. 지상권의 효력

1. 지상권자의 토지사용권

(1) 토지사용권의 내용

지상권자는 타인의 토지에 건물이나 그 밖의 공작물이나 수목을 소유하기 위하여 그 토지를 사용하는 권리가 있다(§279). 지상권자는 설정행위에 의하여 정한 목적의 범위 내에서 그 토지를 배타적으로 사용할 수 있다. 지상권의 효력은 구분지상권을 제외하고는 원칙적으로 목적토지의 상하에 미친다.

(2) 지상권에 기한 물권적 청구권

지상권의 내용의 실현이 제3자에 의하여 방해되는 경우에는 지상권자가 지상권에 기하여 물권적 청구권을 가지는가가 문제된다. 민법 제290조에 의하여 소유권에 기한 물권적 청구권에 관한 민법 제213조, 제214조가 준용되므로, 지상권자는 소유자와 마찬가지로 반환청구, 방해제거, 방해예방과 같은 세 가지 형태의 지상권에 기한 물권적 청구권을 가진다(§290).

> A은행은 갑토지의 소유자인 B에게 대출을 하면서 채권최고액 26억원으로 된 근저당권설정계약 및 존속기간 30년으로 된 지상권설정계약을 체결하고, 바로 갑토지에 근저당권설정등기 및 지상권설정등기를 마쳤다. 그 후 C가 B로부터 갑토지를 건물의 건축을 위하여 임대차한 후 갑토지 위에 지하 1층, 지상 9층 규모의 건물을 건축하고 있는 경우에 A은행은 C에 대하여 갑토지 위에 건물을 축조하는 공사를 중지하도록 구할 수 있는가?

사례를 보면 A은행이 갑토지에 관하여 저당권을 취득함과 아울러 그 저당권의 담보가치를 확보하기 위하여 지상권을 취득한 경우이다. 특별한 사정이 없는 한 A은행이 가지는 지상권은 저당권이 실행될 때까지 제3자가 용익권을 취득하거나 갑토지의 담보가치를 하락시키는 침해행위를 하는 경우를 배제함으로써 저당부동산의 담보가치를 확보하는 데에 그 목적이 있다. 그러므로 제3자인 C가 지상권의 목적인 갑토지 위에 건물을 신축하는 경우에는 C가 지상권자에게 대항할 수 있는 권원을 가지고 있다는 등의 특별한 사정이 없는 한, 지상권자 A은행은 그 방해배제청구로서 신축중인 건물의 중지 및 그 철거와 대지의 인도 등을 구할 수 있다.[586)]

사례에서 C가 B로부터 취득한 권리는 건물신축공사를 위하여 갑토지를 점유·사용할 수 있는 채권적 권리에 지나지 않는다. 그러나 지상권설정등기가 이루어지면 그 지상권은 등기된 내용과 범위에 따라서 대세적인 효력이 발생한다. 그러므로 C가 지상권설정자 B에 대하여 갑토지를 사용·수익할 수 있는 채권적 권리를 가지고 있다고 하더라도 그 사정만으로 지상권자인 A은행에 대항할 수는 없다.

(3) 지상권과 상린관계

지상권은 토지를 사용하는 권리이므로, 상린관계규정은 당연히 지상권자 사이 또는 지상권자와 인접소유자 사이에 준용된다(§290).

2. 지상권의 처분 – 투하자본의 회수

(1) 지상권의 양도·임대

1) 서 언

지상권자는 타인에게 그 권리를 양도하거나 그 권리의 존속기간 내에서 그 토지를 임대할 수 있다(§282). 그러므로 지상권자는 그 토지를 제3자에게 임대할 수 있고, 임차권과 같은 양도·전대에 관한 제한이 없다. 그리고 지상권의 양도 또는 그 토지의 임대를 금지하는 특약은 지상권자에게 불리한 약정으로 효력이 없다(§289).

---

586) 대법원 2004.3.29. 자 2003마1753 결정; 대법원 2008.2.15. 선고 2005다47205 판결.

2) 지상권의 양도와 지상물의 수반

> A는 B에게 갑임야 위의 수목 중 성장한 낙엽송을 제외한 나머지 수목을 대금 860만원에 매도하되, B는 계약일부터 1차로 5년, 2차로 2년 도합 7년 내에 수목을 벌채하고, 만약 수목의 벌채를 완료하지 못하여 잔여수목이 있을 경우에는 잔여수목을 A의 소유로 하는 내용의 계약을 체결하였다. 다만 A가 B에게 갑임야 위의 수목을 매도하면서 B로부터 갑임야 중 서치재에서 방화실재까지 사이의 부분만 조림·관리·벌채한다는 별도의 각서를 받아서 실제 매매의 대상으로 삼은 수목을 그 범위 내로 한정하였는데, A가 B 앞으로 갑임야에 관한 지상권을 설정하여 줄 때에 지상권의 범위를 갑임야의 전부, 존속기간을 30년으로 하는 지상권설정등기가 이루어져 매매의 대상인 지상물의 범위와 지상권이 미치는 토지의 범위가 달라지게 되었다. 그 후 갑임야에 대하여 B가 가지는 지상권이 B로부터 C에게로, 다시 C로부터 D에게 순차로 이전되었는데, D가 갑임야 위의 수목 전부를 벌채하였다. A는 D에 대하여 손해배상을 청구할 수 있는가?

지상권자는 지상권을 타인에게 양도할 수 있다. 다만 지상권자가 지상권을 양도한 때에 지상물도 당연히 수반되어 이전하는가 하는 문제가 있다. 학설상으로는 긍정설과 부정설이 대립한다.

① 긍정설　　긍정설은 지상권과 지상물은 결합하여서만 경제적 효용을 발휘한다고 하는 이유로 지상권의 양도는 지상물의 양도를 당연히 수반한다고 본다. 긍정설은 그 근거로서 지상물의 수반을 긍정하여야 지상권자의 투하자본의 회수를 확실히 할 수 있다고 한다.

② 부정설　　부정설(다수설)은 지상권이 양도된 경우에도 지상물의 양도가 당연히 수반하지는 아니한다고 본다. 부정설에 의하면 의사주의 아래에서는 몰라도 형식주의 아래에서는 지상권의 양도만으로 지상물양도의 효력이 당연히 생긴다고 보는 태도는 부당하고, 다만 입법론으로는 지상권과 지상물의 결합을 꾀하는 제도를 확립할 필요가 있다고 본다.

판례는 지상권자는 지상권을 유보한 채 지상물소유권만을 양도할 수도 있고 지상물소유권을 유보한 채 지상권만을 양도할 수도 있다고 보므로,[587] 지상권의 양도가 당연히 지상물의 양도를 수반하지는 않는다고 보고 있다고 해석된다. 판례에 의하면 지상권자와 그 지상물의 소유권자가 반드시 일치하여야 하지는 아니하며, 또한 지상권의 설정시에 그 지상권이 미치는 토지의 범위와 그 설정 당시 매매되는 지상물의 범위를 다르게 하는 경우도 가능하다고 본다.

사례를 보면 처음 B의 지상권은 갑임야 전부 위에 설정되고, 다만 AB는 단지 갑임야 중 서치재에서 방화실재까지 사이의 부분에 있는 수목만을 매매의 대상으로 하여 B는 그

---

587) 대법원 2006.6.15. 선고 2006다6126, 6133 판결.

수목에 대하여만 소유권을 가지므로, B 앞으로 이루어진 지상권등기가 미치는 토지의 범위와 지상물의 범위가 일치하지 아니한다. 그러나 다수설이나 판례의 태도와 같이 지상권이 미치는 토지의 범위와 지상물의 범위가 다르게 되어도 상관없으므로, 지상권자 B로서는 갑임야 전부 위에 지상권을 가지고 있다고 하더라도 그 지상권의 범위에 일치하지 않는 지상물을 소유할 수 있다. 그리고 B는 A로부터 갑임야 지상의 수목 중 서치재부터 방화실재까지 사이의 수목만을 매수하여 소유하다가 C에게 지상권의 양도와 함께 그 수목만을 양도한 경우로 보아야 하므로, 비록 D가 다시 C로부터 갑임야에 관하여 그 범위와 존속기간 등에 있어서 아무런 제한이 없는 지상권을 취득하게 된 경우라고 하더라도, 그와는 별개로 수목에 관하여는 당초 B가 A로부터 매수하여 취득한 서치재부터 방화실재까지 사이의 수목에 대한 소유권만을 D가 적법하게 취득한다고 볼 수 있다. 결국 D가 갑임야 중 서치재부터 방화실재까지 사이에 있지 않는 다른 수목까지 벌채한 경우라고 하면 그 부분의 벌채에 관하여는 A에게 손해배상책임이 있다.

(2) 지상권의 담보제공

지상권자는 지상권 위에 저당권을 설정할 수 있다(§371 I). 그러므로 지상권자는 지상권설정자의 동의 없이 지상권을 담보로 제공하여 투하자본을 회수할 수 있다.

당사자가 지상권 위의 저당권설정을 금지하는 약정을 한 경우에 그 담보공여금지(擔保供與禁止)의 특약은 유효한가? 학설상으로는 지상권 위의 저당권설정을 금지하는 특약은 유효하다고 보는 유효설도 있다. 그러나 지상권의 담보제공금지의 특약을 유효로 한다면 민법이 지상권자의 투하자본회수의 수단을 확보하려는 근본취지에 어긋난다. 또한 민법상 명문으로 지상권의 양도·임대에 관한 규정을 강행규정으로 정하여 그에 위반하는 계약을 무효로 하고 있는 취지에 비추어 보아도 담보금지특약은 효력이 없다고 해석된다. 그러므로 지상권을 담보로 제공하는 경우를 금지하는 특약을 하더라도 그 담보금지특약은 무효라고 보는 무효설(다수설)이 타당하다.

(3) 지상권소멸시의 투하자본의 회수

1) 수 거

지상권자는 지상권소멸시 건물 기타 공작물이나 수목을 수거할 수 있고, 지상물을 수거할 때에는 토지의 원상회복의무가 발생한다(§285 I).

2) 지상물매수청구권

지상권소멸시 지상권설정자는 지상물매수청구권이 있다(§285 II). 또한 지상권설정자가 계약갱신을 원하지 않는 때에는 지상권자는 상당한 가액에 의한 지상물매수청구권을 가진다(§283 II).

3) 비용상환청구권

지상권자가 임대차에서의 필요비·유익비에 상당하는 출연을 한 경우에 지상권소멸시 그 상환을 청구할 수 있는가에 대한 명문규정이 없지만 인정된다고 본다. 다만 지상권설정자에게는 임대인과 달리 「목적물의 사용·수익에 필요한 상태를 유지할 의무」가 없으므로, 민법 제626조를 지상권에 유추적용하여 지상권설정자에게 필요비상환의무를 인정할 수는 없다고 보는 견해가 있다.

3. 지　료

(1) 지료지급의무

1) 서　언

지료는 지상권의 요소가 아니다. 그러므로 지료지급의무는 당사자 사이에 지료의 지급을 약정한 경우에 한하여 발생하고, 지료의 약정이 없는 때에는 지료의 지급을 청구할 수 없다.[588] 지료지급의무를 약정한 경우에 지료지급의무는 단순히 채권적 특약에 불과하지 아니하고 지료지급의무를 수반하는 지상권으로 성립한다고 해석된다.

2) 토지소유권의 양도와 지료지급의무

지료지급의무를 제3자에게 대항하기 위해서는 등기가 필요하다(부동산등기법 §69). 그러므로 지료에 관하여 지료액 또는 그 지급시기 등의 약정은 등기하여야만 그 뒤에 토지소유권을 양수한 사람 등 제3자에게 대항할 수 있고, 지료에 관하여 등기되지 않은 경우에는 신소유자에 대한 관계에서는 무상의 지상권으로서 신소유자의 지료증액청구권도 발생할 수 없다. 그리고 지료불인상특약과 같이 지상권자와 전소유자 사이에 특약이 있는 때에도 그 사유가 등기된 경우에만 신소유자에게 대항할 수 있다.

3) 지상권의 양도와 지료지급의무

지료에 관하여 지료액 또는 그 지급시기 등의 약정은 등기하여야만 그 뒤에 지상권을 양수한 사람 등 제3자에게 대항할 수 있다. 그리고 지상권이 양도되면 지료지급채무도 신(新)지상권자에게 이전한다고 해석되나, 다만 등기가 없으면 전(前)지상권자가 지료를 체납한 경우에 그 지료체납의 효과를 신지상권자에게 대항할 수 없다.[589] 지상권이 양도되더라도 만약 지료나 그 지급시기에 관한 약정이 등기되어 있으면 그 약정을 가지고 신지상권자는 물론 제3자에 대하여 대항할 수 있다(부동산등기법 §69).

(2) 지료증감청구권

1) 서　언

일단 합의된 지료라고 하더라도 그 지료가 토지에 관한 조세 기타 부담의 증감이나 지가의 변동으로 인하여 상당하지 않게 되면 당사자는 지료의 증액·감액을 청구할 수 있다(§286). 지료증감청구권을 규정하고 있는 민법 제286조는 신의칙에서 파생하는 사정변경

588) 대법원 1999.9.3. 선고 99다24878 판결.

589) 대법원 1996.4.26. 선고 95다52864 판결.

의 원칙을 입법화한 경우라고 볼 수 있다.

2) 지료증감청구권의 법적 성질

지료증감청구권의 법적 성질은 청구권이 아니라 형성권이라는 견해에 이설이 없다. 만약 토지소유자가 지료의 증액을 청구하면 바로 그 사실만에 의하여 지상권자는 증액된 지료를 지급하여야 할 의무를 부담한다. 물론 지상권자가 지료의 증액을 다투는 때에는 법원이 최종적으로 지료를 결정하며, 지상권자는 증액청구시에 소급하여 법원이 결정한 지료를 지급하여야 한다.

3) 지료증감청구를 배제하는 특약의 효력

지상권설정자와 지상권자 사이에서 지료증감청구를 배제하는 특약이 성립한 경우에 그 특약이 유효한가 하는 문제가 있다. 지료증감청구권을 규정하고 있는 민법 제286조는 편면적 강행규정에 해당한다. 그러므로 지상권설정자가 지료의 증액을 하지 아니한다고 하는 불증액(不增額)의 특약은 유효하지만, 지상권자가 감액청구를 할 수 없다고 하는 불감액(不減額)의 특약은 무효라고 보아야 한다.

(3) 지료체납의 효과

지상권자가 2년 이상의 지료를 지급하지 않을 때에는 지상권설정자는 지상권의 소멸을 청구할 수 있다(§287).

Ⅴ. 지상권의 소멸

1. 지상권의 소멸원인

(1) 물권 일반의 소멸원인

지상권도 역시 물권으로 물권 일반에 적용되는 소멸원인에 의하여 소멸한다. 지상권의 소멸원인으로 인정되는 물권 일반의 소멸원인에는 (i) 존속기간의 만료, (ii) 소멸시효의 완성, (iii) 혼동, (vi) 지상권에 우선하는 저당권의 실행으로 인한 경매, (v) 토지수용이 있다. 그러나 입목에 대한 벌채권의 확보를 위하여 지상권을 설정한 경우라고 할지라도 지상권에는 부종성이 인정되지 아니하므로, 벌채권이 소멸하더라도 지상권마저 소멸하지는 아니한다.[590]

(2) 지상권에만 특유한 소멸원인

1) 지상권설정자의 소멸청구

지료지급을 정한 지상권에 대하여는 지상권자가 2년 이상의 지료를 지급하지 아니하면

---

590) 대법원 1991.11.8. 선고 90다15716 판결.

지상권설정자는 지상권의 소멸청구를 할 수 있다(§287). 지상권설정자의 소멸청구권의 법적 성질에 관하여는 형성권의 성질을 가진다는 견해와 채권적 청구권으로서의 성질을 가진다는 견해가 대립한다. 다수설은 형성권으로 이해하며, 지상권자에 대한 일방적 의사표시로 충분하고 반드시 소의 제기에 의할 필요도 없다고 본다. 다만 소수설로서 지상권소멸청구권은 보통의 채권적 청구권이라고 이해하여 그 행사로 인하여 당연히 지상권이 소멸하지 않고 등기까지 하여야 비로소 지상권이 소멸한다고 보는 견해가 있다.

지상권이 설정된 토지가 제3자에게 양도된 경우에 토지의 양수인이 지상권자의 지료지급이 2년 이상 연체된 사실을 이유로 지상권소멸청구를 할 때에는 종전의 소유자에 대한 연체기간의 합산을 주장할 수 없다.[591] 그리고 법정지상권에 관한 지료가 결정되지 않은 경우에는 법정지상권자가 지료를 지급하지 않더라도 지료지급을 지체한 경우로는 볼 수 없으므로, 지료지급이 2년 이상 연체된 사실을 이유로 지상권소멸청구를 할 수 없다.[592]

지상권이 저당권의 목적인 때 또는 그 토지에 있는 건물, 수목이 저당권의 목적이 된 때에는 지상권의 소멸청구를 저당권자에게 통지한 후 상당한 기간이 경과하여야 그 효력이 생긴다(§288).

2) 지상권의 포기

물권의 포기는 원칙적으로 물권자의 자유이다. 다만 지상권에 대하여 지료의 특약이 존재하는 경우에 지상권의 포기로 인하여 토지소유자에게 손해가 생길 때에는 그 손해를 배상하여야 하는 일정한 제한에 복종한다. 그리고 지상권이 다른 권리, 특히 저당권의 목적이 된 경우에는 저당권자의 동의 없이는 지상권을 소멸하게 하는 행위를 하지 못한다(§371 II).

3) 지상권소멸에 관한 약정사유의 발생

지상권소멸청구권의 존재는 지료미지급 이외의 사유에 의한 지상권설정계약의 해제에 관한 특약의 효력을 부정하지 아니한다. 지상권의 소멸청구의 요건을 완화하여 가령 1년간의 지료미지급에 의하여 소멸청구를 할 수 있다고 하는 특약은 연속 2년간의 지료미지급에 의하여 비로소 소멸청구권을 인정하는 민법 제287조의 취지에 비추어 무효라고 해석된다.

2. 지상권소멸의 효과

(1) 서 설

지상권이 소멸하면 지상권자는 토지를 원상으로 회복하여 지상권설정자에게 반환하여야 한다. 그러므로 지상권자는 지상권의 존속중에 토지에 설치하거나 식재한 지상물, 예컨대 건물 기타 공작물이나 수목을 수거하여야 한다. 그러나 지상물을 반드시 수거를 하

591) 대법원 2001.3.13. 선고 99다17142 판결.

592) 대법원 1994.12.2. 선고 93다52297 판결.

여야 한다면 그 가치가 감소하므로, 지상권자에게 불리할 뿐만 아니라 사회경제적으로 보더라도 바람직하지 않다. 그러므로 민법은 지상권이 소멸한 경우에 지상권자 또는 지상권설정자에게 지상물매수청구권을 인정하고 있다.

(2) 지상물수거권

지상권이 소멸한 때에는 지상권자는 건물 기타 공작물이나 수목을 수거하여 토지를 원상에 회복하여야 한다(§285 I). 바로 지상권자에게 「지상물수거권」이 있다. 지상권자가 가지는 지상물수거권은 지상권의 존속기간 동안 지상권자가 토지에 투하한 자본을 회수하는 전형적인 방법이라고 할 수 있다. 지상권자에게는 지상물(건물 기타 공작물, 수목)의 수거와 원상회복이 권리인 동시에 의무에 해당한다.

(3) 지상물매수청구권

1) 지상권설정자의 지상물매수청구권

지상권이 소멸한 경우에 지상권설정자가 상당한 가액을 제공하여 그 공작물이나 수목의 매수를 청구한 때에는 지상권자는 정당한 이유없이 거절하지 못한다(§285 II). 지상권설정자에게 「지상물매수청구권」이 인정된다. 지상권설정자는 지상물매수청구권을 지상권이 어떤 소멸사유로 소멸하든 언제든지 행사할 수 있다.

지상권설정자의 지상물매수청구권은 형성권이라는 견해와 채권적 청구권이라는 견해가 대립하나, 채권적 청구권으로 이해하는 견해가 타당하다. 민법 제285조 제2항에서 말하는 "정당한 이유없이 거절하지 못한다"는 의미에 비추어 형성권으로 보아야 한다는 견해도 있으나, 채권적 청구권으로 해석하고 다만 지상권자는 정당한 이유 없이 거절하지 못하므로, 민법 제285조 제2항에 의하여 계약의 체결이 강제된다고 보아야 한다.

지상권설정자가 지상물매수청구권을 행사할 때에는 상당한 가액을 제공하여야 한다. 그리고 민법 제285조 제2항에서 말하는 「상당한 가액」이란 지상물매수청구권의 행사 당시의 시가 상당액을 의미한다.

2) 지상권자의 지상물매수청구권

지상권이 소멸한 경우에 건물 기타 공작물이나 수목이 현존한 때에는 지상권자는 계약의 갱신을 청구할 수 있고, 만약 지상권설정자가 계약의 갱신을 원하지 아니하는 때에는 지상권자는 상당한 가액으로 공작물이나 수목의 매수를 청구할 수 있다(§283). 다만 민법 제283조 제2항 소정의 지상물매수청구권은 지상권이 존속기간의 만료로 인하여 소멸하는 때에 지상권자가 계약갱신청구를 하고, 지상권설정자가 계약갱신을 원하지 아니할 경우에 행사할 수 있는 권리이므로, 지상권자의 지료연체를 이유로 토지소유자가 그 지상권소멸청구를 하여 그에 터잡아 지상권이 소멸된 경우에는 지상물매수청구권이 인정되지 않는다.[593)]

---

593) 대법원 1993.6.29. 선고 93다10781 판결.

지상권자의 지상물매수청구권의 법적 성질에 관하여는 형성권으로 보는 견해가 통설이다. 그러므로 지상권자가 지상물매수청구권을 행사하면 바로 매매계약이 성립한다.[594] 그리고 민법 제283조 제2항에서 말하는 「상당한 가액」은 지상물매수청구권을 행사하여 매매계약이 성립하는 때의 시가를 의미한다.[595]

(4) 비용상환청구권

민법은 임대차에서와는 달리 지상권의 경우에는 비용상환청구권에 관하여 아무런 규정을 두고 있지 않다. 본래 지상권설정자는 임대차에서의 임대인과 달리 지상물의 「사용·수익에 필요한 상태를 유지할 의무」(§623)를 부담하지 아니하고, 단지 소극적으로 지상권자의 토지사용을 인용할 의무만을 부담한다. 그리고 임차인의 필요비상환청구권은 임대인이 부담하는 「사용·수익에 필요한 상태를 유지할 의무」에 대응하여 인정되므로, 지상권자에게는 필요비상환청구권이 인정될 수 없다. 그러나 유익비상환청구권은 본래 부당이득반환청구권의 실질을 가지므로, 임차인의 유익비상환청구권에 관한 규정을 지상권의 경우에 유추적용하여 지상권자에게도 유익비상환청구권이 인정된다고 본다.

Ⅵ. 특수지상권

1. 구분지상권

(1) 구분지상권의 의의

지상권은 보통 타인의 토지를 전면적으로 사용하는 권리이지만, 타인의 토지의 상하를 한정하여 토지의 지하·공중의 일부만을 사용하기 위하여 설정될 수도 있다. 예컨대 타인 소유의 토지의 지하에 지하철·지하도를 건설하는 경우, 공중에 모노레일·케이블카를 가설하는 경우 또는 토지 위로 지나가는 송전선을 설치하는 경우에는 그 목적에 필요한 범위 내에서만 토지사용권을 확보하면 충분하여 토지를 전면적으로 사용하는 지상권(일반지상권)을 설정할 필요 없이 필요한 지하·공중만을 사용하는 구분지상권을 설정하면 된다.

지하 또는 지상의 공간은 상하의 범위를 정하여 건물 기타 공작물을 소유하기 위한 지상권을 「구분지상권」이라고 한다(§289의2 I 전단). 민법에 규정되어 있는 구분지상권(부분지상권·제한지상권)은 도시화와 건설기술의 진전에 따른 입체적 토지이용의 필요에 대처하기 위하여 1984년의 민법개정에 의하여 신설된 제도이다.

594) 대법원 1967.12.18. 선고 67다2355 판결.
595) 대법원 1967.12.18. 선고 67다2355 판결.

(2) 구분지상권의 성립

1) 설정행위

구분지상권의 성립을 위하여는 당사자 사이에 구분지상권설정에 관한 합의와 등기가 있어야 한다. 등기는 구분지상권의 객체를 특정하기 위하여 토지의 상하의 범위를 정하여 하여야 한다.

2) 지하 또는 지상의 공간

일반지상권은 토지의 전체·전층을 대상으로 하지만, 구분지상권은 목적토지의 「어떤 층」(구분층)에 한정된다. 그리고 구분지상권은 건물 기타 공작물을 소유하기 위하여만 인정되고, 일반지상권과 달리 수목을 소유하기 위해서는 인정되지 아니한다.

3) 이용권자의 승낙

구분지상권은 제3자가 토지를 사용·수익할 권리(지상권·지역권·전세권·등기된 임차권)를 가지고 있는 경우에는 그 권리를 가진 제3자 및 그 권리를 목적으로 하는 권리(지상권·전세권을 목적으로 하는 저당권)를 가진 자 전원의 승낙을 얻어야 설정할 수 있다(§289의2 II).

(3) 구분지상권의 효력

구분지상권자는 설정행위에서 정한 범위에서만 토지를 사용할 권리를 가지고, 구분지상권이 미치지 못하는 나머지 토지부분에 대하여는 토지소유자 혹은 용익권자가 토지사용권을 가진다.

구분지상권의 지료는 당사자 사이의 합의 또는 법원에 의하여 결정된다. 다만 도시철도의 건설을 위하여 타인 토지의 지하부분을 사용하고자 할 때에는 그 토지의 이용가치, 지하의 깊이 및 토지이용이 방해되는 정도 등을 참작하여 보상하여야 한다(도시철도법 §9).

2. 분묘기지권

(1) 의 의

분묘란 그 내부에 사람의 유골, 유해, 유발 등 시신을 매장하여 사자를 안장하는 장소를 말한다(장래의 묘소로서 설치하는 등 그 내부에 시신이 안장되어 있지 않은 경우에는 분묘라고 할 수 없다). 그리고 타인의 토지에서 분묘라는 특수한 공작물을 설치한 자가 그 분묘를 소유하기 위하여 타인의 소유에 해당하는 분묘의 기지부분의 토지를 사용할 수 있는 권리를 이른바 「분묘기지권」(일명 「묘자리권」이라고 부를 수 있다)이라고 한다. 분묘기지권은 지상권에 유사한 성질을 갖는 일종의 관습법상의 물권이다. 특성상 분묘기지권은 등기 없이 취득한다.

분묘기지권이 미치는 토지부분에 대하여는 토지소유자의 소유권의 행사가 제한된다. 토지소유자는 스스로 분묘기지권이 성립한 토지를 사용할 수 없다. 예를 들어 토지소유자라고 하더라도 그 토지 위에 적법하게 존재하는 타인의 묘지주변을 침범하여 공작물을 설치할 수 없다. 다만 토지소유자는 분묘기지권을 가진 분묘소유자의 토지사용을 방해하여서는 안되는 소극적 인용의무를 부담할 뿐이며, 토지를 이용에 적합한 상태로 둘 적극적 의무 혹은 분묘를 보수하거나 관리할 의무까지 부담하지는 아니한다.

(2) 취득요건

판례에 의하면 아래와 같이 세 가지 경우에 분묘기지권이 성립한다.

① 소유자의 승낙에 의한 경우

> A문중 소유에 속하는 임야 내에는 A문중의 6대조 분묘와 B의 4대조모의 분묘가 설치되어 있는데, B의 4대조모의 분묘는 1986.8.20. B가 A문중으로부터 분묘기지로 약 80평을 입수하여 설치하였다. 그리고 B는 자기의 4대조모의 분묘를 위하여 상석·망주석을 설치하게 되었는데, 그로 인하여 A문중의 6대조의 분묘의 용미를 침범하게 되었다. A문중은 B에 대하여 묘석 등의 설치금지를 청구할 수 있는가?

분묘의 기지인 토지가 분묘소유자 아닌 다른 사람의 소유인데, 그 토지소유자가 분묘소유자에 대하여 분묘의 설치를 승낙한 경우에 그 분묘의 기지에 대하여 분묘소유자를 위한 분묘기지권이 설정된다.[596] 물론 토지소유자의 승낙을 얻어 그 토지 위에 분묘를 설치한 경우에 한하여 인정되며, 토지소유자의 의사에 반하여 설치된 분묘는 보호를 받지 못한다. 토지소유자의 승낙이란 자기의 토지 위에 타인의 분묘를 설치하여도 좋다고 하는 내용을 가진 합의, 즉 토지소유자와 분묘설치자 사이의 계약이 있다고 하는 의미로 해석된다.

판례는 토지소유자의 승낙을 얻는다는 의미를 '합법적으로' 분묘를 설치한 경우를 가리킨다고 보며, 사례는 B가 A문중으로부터 '분묘기지로 약 80평을 입수하여' 분묘를 설치한 경우이므로 분묘기지권이 인정된다.[597] 물론 토지소유자와 분묘소유자(분묘설치자)가 분묘의 설치를 위하여 다른 용익권, 즉 지상권·전세권·임차권·사용차권과 같은 용익권을 발생시키는 계약을 체결할 수도 있으나, 이미 계약을 통하여 용익권이 성립한 경우에는 분묘기지권이 문제되지 않고 그 용익권에 기하여 분묘를 설치·소유할 수 있다. 그러므로 분묘기지권은 토지소유자와 분묘소유자 사이에 분묘의 설치에 관한 단순한 청약과 승낙이 있을 뿐이고, 그 합의가 구체적으로 어떤 내용을 가진 계약인지 분명하지 않은 경우에 성립한다. 토지소유자와 분묘소유자 사이에서 구체적으로 계약의 내용에 관한 약정이 없는 경우, 즉 지상권 혹은 전세권의 설정인지, 임대차 또는 사용대차인지가 분명하지 않은 경우라고 하더라도 해석을 통하여 구체적인 계약내용을 확정할 필요 없이 관습법상의 물권으로서 분묘기지권이 성립한다고 본다.

---

596) 대법원 2000.9.26. 선고 99다14006 판결.

597) 판례는 타인의 토지에 합법적으로 분묘를 설치한 자는 관습상 그 토지 위에 지상권에 유사한 일종의 물권을 취득한다고 본다(대법원 1962.4.26. 선고 61다1451 판결).

B는 A문중의 토지에 합법적으로 분묘를 설치한 경우이므로, 관습상 그 토지 위에 지상권에 유사한 일종의 물권으로서 분묘기지권을 취득한다. 그리고 B가 가지는 분묘기지권의 범위는 분묘의 기저부분과 분묘수호에 필요불가결한 주위의 공지까지 포함한다. 그러므로 B는 그 분묘부분이 침해당할 때에는 그 침해의 배제를 청구할 수 있는 동시에, 그 수호를 이유로 그 분묘에 인접한 타인의 분묘를 침범하는 행위를 할 수 없다. 사례에서 B가 자기의 4대조모의 분묘를 위하여 상석·망주석을 설치하여 A문중의 6대조의 분묘의 용미를 침범하는 경우에 A문중은 B에 대하여 상석·망주석의 설치행위를 금지할 수 있다.

② 자기 소유의 토지 위에 분묘를 설치하고 토지만을 타인에게 양도한 경우

A는 자기 소유의 임야에 분묘를 설치하였는데, 그 임야를 B에게 팔았다. 그런데 AB는 임야의 양도시에 임야에 있는 A의 분묘의 이장에 관하여 아무런 약정도 하지 않았다. B는 A에 대하여 분묘의 소유는 불법이라고 주장하여 분묘의 발굴을 청구하고, 그 기지 내에 있는 소나무의 벌채에 대하여 손해배상을 청구할 수 있는가?

토지와는 별도로 분묘만을 소유권의 목적으로 할 수 있고, 얼마든지 분묘의 소유권을 유보하고 선조의 분묘가 존재하는 임야를 타인에게 양도할 수 있다. 분묘의 소유권을 유보한 경우에는 분묘소유자가 분묘의 기지부분에 해당하는 토지를 이용할 수 있다. 그러나 묘지부분을 제외한다는 의사표시를 하지 않거나, 분묘의 토지사용에 관하여 별도의 약정을 하지 않은 경우에는 문제가 된다.

판례는 분명히 자기 소유의 토지에 분묘를 설치하고 그 토지를 타인에 양도한 경우에는 그 분묘가 평장되어 외부에서 인식할 수 없는 경우를 제외하고는 당사자간에 특별한 의사표시가 없으면 판 사람은 분묘소유를 위하여 산 사람의 토지에 대하여 지상권 유사의 물권으로서 분묘기지권을 취득한다고 본다.[598] 사례에서 A는 임야를 산 B의 토지에 대하여 지상권 유사의 물권, 즉 분묘기지권을 취득한다고 해석함이 타당하다. A가 다른 장소로 분묘를 이장한다는 약정을 하지 않은 이상, B는 A에 대하여 분묘의 소유가 불법이라고 하여 분묘의 발굴을 청구하거나, 그 기지 내의 소나무를 벌채한 행위로 인한 손해를 배상하라고 청구할 수 없다.

③ 취득시효에 의한 경우

A의 4대조인 B가 1880.2.5. 사망하자 그 무렵 후손이 B의 분묘를 C의 토지 위에 설치하고 봉분을 만들어 그 이래 평온, 공연하게 묘지의 부분을 점유하여 왔다. 그리고 A는 B의 분묘를 수호관리하던 선대가 사망하자 현재 B의 분묘를 수호관리하고 있으며, A는 1983.2.11. B의 분묘에 상석을 설치하여 분묘와 상석을 각 소유하면서 C

598) 대법원 1967.10.12. 선고 67다1920 판결. 역시 자기 소유의 토지 위에 분묘를 설치하고 그 후 그 토지가 강제경매에 의하여 소유자를 달리하게 된 경우에도 특히 그 분묘를 파 옮긴다는 조건이 없는 한 분묘소유자는 토지상에 그 분묘의 소유를 위한 지상권 유사의 물권, 즉 분묘기지권을 취득한다(대법원 1976.10.26. 선고 76다1359, 1360 판결).

의 토지 합계 14평방미터를 점유하고 있다. C는 A에게 토지의 점유에 적법한 점유권원이 없음을 전제로 분묘의 발굴과 상석의 철거 및 토지 14평방미터의 인도를 구할 수 있는가?

타인 소유의 토지에 소유자의 승낙 없이 분묘를 설치한 경우에는 20년간 평온, 공연하게 그 분묘의 기지를 점유함으로써 분묘기지권을 시효로 취득한다.599) 사례에서 A는 B 소유의 토지에 소유자의 승낙 없이 분묘를 설치한 경우인지 아닌지는 알 수 없으나, 비록 B의 승낙 없이 분묘를 설치한 경우라고 하더라도 충분히 20년 이상 분묘의 기지를 점유한 사정이 인정되므로(취득시효기간의 기산점은 당연히 분묘설치시라 보아야 하므로, 비록 C가 후에 토지의 소유권을 취득하고, 소유권을 취득한 날로부터 20년이 경과하지 않은 경우라고 하더라도 취득시효가 완성된다), 지상권 유사의 관습상의 물권인 분묘기지권을 시효로 취득한다.

물론 A가 분묘기지권을 취득하기 위해서는 우선 평온점유가 인정되어야 한다. 평온점유란 점유자가 점유를 취득 또는 보유하는데 있어서 법률상 용인될 수 없는 강포행위를 쓰지 아니하는 점유를 가리킨다. 예컨대 C가 분묘 앞에 세운 경고판을 A가 넘어뜨리거나 무단히 철거하고, A가 자신의 소재를 들어내지 않은 경우라고 하더라도 A의 점유를 평온점유가 아니라고 할 수 없다. 그리고 A는 공연점유를 하여야 한다. 공연점유란 은비의 점유가 아닌 점유를 말한다. 그러므로 B의 분묘가 평장되어 있거나 암장되어 있어서 객관적으로 인식할 수 있는 외형을 갖추고 있지 아니한 경우에는 분묘기지권이 인정되지 않는다(역시 현재 시신이 안장되어 있지 아니한 장래의 묘소(가묘)로서 외형상 분묘의 형태만 갖추고 있을 뿐인 경우에도 실제 분묘라 할 수 없어서 분묘기지권이 인정될 수 없다600)). 그러나 B의 분묘가 외부에서 분묘의 존재를 인식할 수 있는 봉분을 갖추고 있으므로, A의 분묘기지권이 인정되기에 충분하다.601)

(3) 내 용

1) 효력이 미치는 범위

A는 자기의 어머니 B의 분묘를 C의 임야 위에 설치하였는데, A가 20년간 평온, 공연하게 그 분묘의 기지를 점유함으로써 분묘기지권을 시효로 취득하였다. 그런데 B의 분묘에는 바깥쪽으로 사성이 2단계로 조성되어 있었다. A의 분묘기지권은 사성부분을 포함한 지역에까지 미치는가?

분묘기지권은 분묘의 수호와 제사를 위하여 필요하고도 상당한 범위 내에 그 효력이 미친다. 분묘기지권의 확실한 범위는 각 구체적인 경우에 개별적으로 정하여야 하지만, 분묘기지권은 분묘가 설치된 기지 자체, 즉 봉분의 기저부분뿐만 아니라, 그 주위의 공지

599) 대법원 1995.2.28. 선고 94다37912 판결.

600) 대법원 1976.10.26. 선고 76다1359, 1360 판결.

601) 대법원 1991.10.25. 선고 91다18040 판결; 대법원 1996.6.14. 선고 96다14036 판결.

를 포함한 지역에까지 미칠 수 있다.[602] 그러므로 법률상 분묘의 점유면적을 1기당 20㎡로 제한하고 있더라도 분묘의 점유면적이란 분묘의 기지면적만을 가리키며, 분묘기지 외에 분묘의 수호 및 제사에 필요한 그 주위의 공지까지 포함한 묘지면적을 가리키지는 아니하므로, 분묘기지권의 범위가 반드시 법률이 규정한 제한면적의 범위 내로 한정되지는 아니한다.[603]

분묘에 사성[604]이 설치되어 있는 경우에 분묘기지권은 무조건 사성부분에까지 미치는가? 사성이 분묘의 수호와 제사를 위하여 필요하고도 상당한 범위 내이냐 아니냐에 따라서 판단하여야 하고, 구체적으로는 지방적 관습, 경제능력, 개인적 분묘설치방볍, 분묘의 규모 및 법의식과 같은 사정을 고려하여 개별적으로 판단되어야 한다. 다만 사성이 조성되어 있다고 하여 반드시 그 사성부분을 포함한 지역에까지 분묘기지권이 미친다고 볼 수는 없다.[605] 물론 분묘의 보호 및 제사에 필요불가결한 사성 내의 지역, 사성 없는 분묘에서는 사성에 준하는 지역은 분묘기지권의 효력범위에 포함된다.[606]

> A는 자기의 4대조인 B의 분묘에 대하여 C 소유의 임야 위에 분묘기지권을 가지고 있는데, A가 임야소유자인 C의 승낙을 받지 아니하고 종래의 분묘를 현재와 같이 확장하여 그 주위에 상석, 비석, 춫대석(망두석)과 석축 등을 설치하는 공사를 진행하였다. C는 A에 대하여 상석, 비석, 춫대석(망두석)과 석축 등의 공사에 대한 금지를 청구할 수 있는가?

분묘기지권의 효력이 미치는 범위 내에서는 분묘소유자가 분묘를 확장하고, 그 주위에 상석, 비석, 춫대석(무덤 앞의 양쪽에 세우는 돌기둥)과 석축 등을 축조하더라도 상관없다. 그러므로 A가 행한 분묘의 확장과 상석, 비석, 춫대석과 석축 등의 설치가 분묘기지권의 효력범위 내이냐, 선대분묘를 수호하고 봉사하는 목적을 달성하는데 반드시 필요한 범위 내이냐에 따라서 다르다. 그러나 분묘에 경사가 별로 없고 비교적 평탄하여 석축을 쌓지 않더라도 분묘의 수호·보존에 아무런 지장이 없다고 인정될 때에는 석축공사를 시행하는 행위가 선대의 분묘를 수호하고 봉사하는 목적을 달성하기 위하여 반드시 필요한 범위 내라고 단정할 수 없다.[607]

분묘의 부속시설인 비석 등을 설치·관리할 권한은 누가 가지는가? 분묘에 시설물을 설치·관리할 권한은—그 시설물의 규모나 범위가 분묘기지권의 허용범위를 넘지 아니하는 한—분묘의 수호·관리권에 포함되므로, 원칙적으로 제사주재자에게 있다.[608] 만일 제사

602) 대법원 1986.3.25. 선고 85다카2496 판결; 대법원 1997.3.28. 선고 97다3651 판결; 대법원 1997.5.23. 선고 95다29086 판결 등 참조.

603) 대법원 1994.12.23. 선고 94다15530 판결; 대법원 1994.8.26. 선고 94다28970 판결.

604) 사성(莎城)이란 무덤 뒤를 반달형으로 둘러쌓은 둔덕, 즉 토성(土城)을 가리킨다.

605) 대법원 1997.5.23. 선고 95다29086 판결.

606) 대법원 1959.10.8. 선고 4292민상78 판결.

607) 대법원 1993.7.16. 선고 93다210 판결.

608) 대법원 2000.9.26. 선고 99다14006 판결.

주재자 아닌 다른 후손이 비석 등을 설치하면 어떤가 하는 문제가 있으나, 시설물의 설치가 제사주재자의 의사에 반하는 경우라고 하더라도, 제사주재자가 분묘의 수호·관리권에 기하여 철거를 구하지 않는 경우에는 그 시설물의 규모나 범위가 분묘기지권의 허용범위를 넘지 아니하는 한, 분묘가 위치한 토지의 소유권자가 토지소유권에 기하여 방해배제청구로서 그 철거를 구할 수 없다.

> A는 20 수년전인 1980년에 망부(亡父)의 묘를 B의 임야상에 설치하고 평온·공연하게 그 기지를 점유하여 오던 중 2005년에 어머니가 사망하자 망부의 묘지에 망모의 분묘를 쌍분으로 설치하였다. B는 A에 대하여 망모의 분묘의 철거를 청구할 수 있는가?

A가 망부의 묘지에 관하여 이미 분묘기지권을 취득한 경우이므로, 그 기지 내에 쌍분으로 설치된 망모의 분묘도 역시 망부의 묘와 운명을 같이 할 법률상의 지위에 있다고 볼 수 있는가 하는 문제가 있다. 분묘기지권은 언제나 「이미 설치되어 있는 분묘」에 한하여 성립한다. 분묘기지권에는 기존의 묘지에다가 새로이 분묘를 신설할 권능이 포함되지 않는다.[609] 그러므로 부부 중 한쪽이 먼저 사망하여 이미 그 분묘가 설치되고, 그 분묘기지권이 미치는 범위 내에서 그 후에 사망한 다른 한쪽의 합장을 위하여 쌍분의 형태로 분묘를 설치하는 경우는 허용되지 아니한다.[610]

2) 분묘기지권의 보호

> A는 B문중 소유의 임야에 자기의 망부의 분묘를 설치하여 분묘기지권을 취득하였는데, 저수지공사를 위하여 C조합이 망부의 분묘가 위치한 임야를 그 소유자인 B문중으로부터 매수하였다. 그 후 C조합은 A에게 여러 차례 분묘이장통고를 하였으나, A가 계속 불응하자 저수지공사를 위하여 필요한 토사를 채취하고, 토사채취에 필요한 도로를 만들기 위하여 분묘로부터 바로 불과 2.5m 앞에 높이 2.5m, 길이 17m로 거의 수직에 가까울 정도로 흙을 파내어 A가 낭떠러지에 떨어질 각오를 하지 아니하면 그 분묘 앞에 제사를 지내기 위하여 음식을 차리거나 그 앞에 서서 절을 할 수 없게 되고, 비가 오거나 해빙기가 되면 분묘의 축대가 무너질 위험이 있게 되었다. A는 C조합에 대하여 손해배상을 청구할 수 있는가?

분묘기지권은 「지상권 유사의 관습법상의 물권」이다. 분묘기지권을 가지는 분묘소유자는 분묘기지권에 기하여 분묘를 불법으로 점유하는 자에게 그 반환을 청구할 수 있고, 분묘기지권을 방해하는 자에 대하여는 방해의 제거나 손해배상을, 방해할 염려가 있는 자에 대하여는 그 예방이나 손해배상의 담보를 청구할 수 있다. 그리고 분묘기지권이 있는 경우에 임야의 소유자라 하더라도 분묘기지권을 가지는 묘지주변을 침범하여 공작물을 설

609) 대법원 1958.6.12. 선고 4290민상771 판결.
610) 대법원 1997.5.23. 선고 95다29086 판결.

치할 수 없고, 만약 분묘기지권을 침해한 때에는 분묘소유자는 그 침해의 배제를 청구하거나 손해배상을 청구할 수 있다.

사례에서 분묘가 소재하는 임야의 소유권을 취득한 C조합이 그 임야의 공사를 시행하는 경우에는 공사를 시행하기에 앞서 과연 분묘가 소재하는 임야소유권을 취득한 외에 분묘에 관하여 지상권 유사의 물권을 가진 분묘소유자에 대항할 수 있는 정당한 권원을 취득한 경우인가 여부를 확인할 주의의무가 있다. 만일 C조합이 분묘의 축대 옆까지 흙을 파냄으로써 그 분묘의 축대가 무너질 위험이 있게 되면 분묘소유자에게는 그 자체로서 이미 그 위험방지에 필요한 축대설치 등에 소요되는 비용 상당의 손해가 발생한다. 그러므로 A는 C조합에 대하여 손해배상을 청구할 수 있다.

3) 존속기간

(a) 존속기간을 약정한 경우

분묘기지권의 존속기간에 관하여 당사자 사이에 약정이 있으면 그에 따른다. 다만 당사자가 약정한 존속기간이 지나치게 짧은 기간이어서 분묘기지권의 의의를 살릴 수 없는 때에는 지상권의 최단존속기간을 정한 민법 제280조의 정신에 따라서 분묘기지권의 존속기간을 합리적인 범위까지 연장하여야 할 필요가 생긴다고 본다.

(b) 존속기간을 약정하지 않은 경우

분묘기지권의 존속기간에 관한 약정이 없다고 하더라도 민법상의 지상권에 관한 규정이 적용되지 아니한다. 민법상의 지상권에 관한 규정(§§280, 281)에 의하면 분묘는 「건물 이외의 공작물」에 해당하여 분묘기지권의 존속기간이 5년으로 되어야 하나, 5년은 너무 단기이고 5년이 경과하면 분묘기지권이 갱신되지 않는 한 소멸하게 되어 다른 장소로 분묘를 이장하여야 하므로, 분묘기지권의 존속기간으로서는 적당하지 않다. 그러므로 당사자가 존속기간을 약정하지 않은 때에는 분묘기지권자가 분묘의 수호와 봉사를 계속하며 그 분묘가 존재하고 있는 동안은 분묘기지권이 존속한다고 본다.[611] 물론 분묘기지권자가 상당한 기간 동안 분묘의 수호와 조상의 제사를 받들어 모시는 봉사(奉祀)를 저버리고 있다면 토지소유자는 분묘의 이전을 청구할 수 있다.

4) 지 료

(a) 지료에 관한 약정이 있는 경우

당사자가 분묘기지의 사용대가로서 지료에 관한 약정을 한 경우에는 그에 따르게 된다. 그러나 본래 지상권에서는 지료의 지급이 그 요소가 아니므로, 당사자 사이에 지료에 관한 약정이 없는 한 무상으로 보아야 한다.

(b) 지료에 관한 약정이 없는 경우

자기의 토지 위에 분묘를 가지고 있던 자가 그 토지를 양도하여 분묘기지권을 취득한 경우에는 관습법상의 법정지상권에 관한 판례이론[612]을 유추적용하여, 지료의 지급을 청

---

611) 대법원 1982.1.26.선고 81다1220 판결; 대법원 1994.8.26. 선고 94다28970 판결.

구할 수 있다. 다만 분묘기지권자가 지료지급의무를 부담하는 경우에 지료의 액수는 당사자 사이의 협의로 정하나, 지료에 관한 협의가 이루어지지 않으면 민법 제366조 단서를 준용하여 당사자의 청구에 의하여 법원이 지료를 결정한다.

취득시효로 분묘기지권이 성립한 경우에 분묘기지의 사용대가인 지료를 지급하여야 하는가에 관하여는 견해가 대립한다. 학설상 지료를 지급하지 아니한다는 명시적(혹은 묵시적) 약정이 없는 이상 모든 경우에 민법 제366조 단서를 적용하여 지료의 지급을 인정하는 태도가 타당하다고 보는 유상설이 있다. 그러나 유상으로 본다고 하면 소유권의 취득시효와의 관계에서 서로 균형이 맞지 않을 뿐만 아니라, 20년간 권리 위에 잠을 잔 토지 소유자를 보호하는 결과가 되어 취득시효제도의 취지에 반한다. 또한 취득시효기간 동안 분묘소유자가 전혀 지료를 지급하지 아니한 사실을 생각할 때, 취득시효의 완성으로 인하여 바로 분묘기지권에 대한 지료를 지급하여야 한다고 하면 형평에도 맞지 아니한다. 본래 취득시효가 20년간 소유의 의사에 의한 공연·평온한 점유를 통하여 「무상으로」 그 소유권을 취득하는 제도라고 하는 취지를 생각하면 20년간 평온·공연하게 그 분묘의 기지를 점유하여 분묘기지권을 시효로 취득한 경우에도 역시 「무상으로」 분묘의 수호와 제사를 위하여 필요한 범위에서 분묘의 기지 및 그 주위의 토지를 사용할 수 있는 「사용권」을 취득한다(무상설)고 보아야 한다. 판례는 지료에 관한 약정이 없는 이상, 분묘기지권을 시효취득하는 경우에도 지료를 지급할 필요가 없다고 본다.[613]

5) 공시방법

부동산물권의 득실변경을 위해서는 물권변동에 관한 일반원칙에 따르면 「등기」가 요구되고, 또한 민법상 취득시효에 의한 소유권의 취득을 위하여는 「등기」를 갖추어야 한다(§245). 그러므로 일종의 부동산물권인 분묘기지권을 취득하는 경우에도 등기가 필요한가 하는 문제가 있다.

학설이나 판례[614]는 이견 없이 분묘기지권은 등기 없이도 제3자에게 대항할 수 있다고 본다. 판례는 분묘기지권은 봉분 등 외부에서 분묘의 존재를 인식할 수 있는 형태를 갖추고 있는 경우에 한하여 인정되고, 평장되어 있거나 암장되어 있어서 객관적으로 인식할 수 있는 외형을 갖추고 있지 아니한 경우에는 인정되지 않으므로, 그 특성상 분묘기지권은 등기 없이 취득한다[615]고 하여 분묘기지권에서는 묘의 모양이 바로 공시방법으로서의 구실을 한다는 견해를 취하고 있다. 그러나 봉분 등 외부에서 분묘의 존재를 인식할 수 있는 형태를 갖추어야 한다고 하는 사실은 공시방법이라기 보다는 분묘기지권의 성립요건으로서 평장, 암장, 밀장과 같이 객관적으로 인식할 수 있는 외형을 갖추고 있지 아니한 경우에는 분묘기지권이 성립할 수 없다고 하는 의미일 뿐이다. 또한 아무리 외부에서 분

612) 대법원 1964.9.30. 선고 64다528 판결.

613) 대법원 1995.2.28. 선고 94다37912 판결.

614) 대법원 1996.6.14. 선고 96다14036 판결; 대법원 1963.7.25. 선고 63다157 판결; 대법원 1957.10.31. 선고 4290민상539 판결.

615) 대법원 1996.6.14. 선고 96다14036 판결.

묘로서의 존재를 인식할 수 있는 형태를 갖추고 있더라도 장래의 묘소, 즉 「예묘」(豫墓) 혹은 「가묘」(假墓)로서 설치하는 경우와 같이 그 내부에 시신이 안장되어 있지 않은 경우에는 분묘기지권이 성립할 수 없다. 그러므로 분묘기지권은 관습법이라고 하는 법률의 규정에 의한 물권취득에 해당하므로, 민법 제187조에 의하여 등기라고 하는 공시방법 없이도 성립된다고 보는 태도가 타당하다.[616)]

(4) 분묘기지권의 소멸

1) 소멸사유

분묘기지권은 물권의 일종으로서 (i) 존속기간의 만료, (ii) 토지의 멸실, (iii) 혼동과 같은 물권 일반의 소멸원인에 의하여 소멸한다. 또한 분묘를 다른 장소로 이장한다든지 폐묘를 한 경우와 같이 분묘가 멸실된 때에도 분묘기지권은 소멸하며, 그 자리에 새로이 분묘를 설치한다고 하더라도 기존의 분묘기지권이 존속되거나 회복되지 아니한다. 분묘기지권은 오직 분묘의 수호와 봉사를 위하여만 인정되므로, 분묘기지권자가 실묘(失墓) 혹은 행방불명으로 인하여 더 이상 분묘의 수호와 봉사를 계속할 수 없는 경우에는 분묘기지권이 소멸한다고 보아야 한다.

분묘에 대하여 정기의 지료를 지급하여야 하는 분묘기지권자가 2년 이상 지료를 지급하지 않는 때에는—지상권에 관한 민법 제287조를 유추적용하여—토지소유자가 분묘기지권의 소멸을 청구할 수 있다고 해석된다. 토지소유자의 소멸청구권은 형성권으로서 토지소유자가 지료지급의 연체를 이유로 소멸청구권을 행사하면 그 행사로 당연히 분묘기지권은 소멸한다.

분묘기지권은 분묘기지권자의 일방적인 포기를 통하여도 소멸한다. 지료를 지급하지 않는 무상의 분묘기지권은 존속기간의 약정 유무를 불문하고 분묘기지권자가 언제든지 자유로 포기할 수 있다. 다만 정기적으로 지료를 지급하는 경우에는 포기에 의하여 토지소유자에게 손해가 생기면 그 손해를 배상하여야 한다. 포기에 의한 분묘기지권의 소멸은 포기의 의사표시와 분묘의 이전, 즉 무덤을 파서 옮기는 이른바 굴이(掘移)와 같은 공시방법을 갖추는 때에 그 효력이 발생한다고 보아야 한다.

2) 소멸의 효과

분묘기지권이 소멸하면 분묘기지권자는 분묘를 수거하고 그 토지를 원상에 회복하여야 한다(§285 I 참조). 분묘의 수거는 지상권의 소멸 후 지체 없이 하여야 하나, 수거를 위하여 필요한 기간 동안은 토지의 사용을 계속할 수 있다고 본다.

---

616) 예컨대 관습법상의 법정지상권에서도 등기가 요구되지 아니한다고 보지만(대법원 1988.9.27. 선고 87다카279 판결), 그 이유가 토지 위에 건물이 서 있다고 하는 사실이 공시방법으로서의 역할을 하므로 등기가 요구되지 아니한다고 볼 수는 없고, 관습법상의 법정지상권은 문자 그대로 관습법에 의하여 당연히 성립하는 물권에 해당하므로 민법 제187조에 의하여 등기가 필요하지 않다고 보아야 한다.

3. 관습법상의 법정지상권

(1) 의 의

관습법상의 법정지상권이란 동일인의 소유에 속한 토지와 건물이 각각 그 소유자를 달리하게 된 경우에 민법 기타 특별법이 정한 법정지상권의 요건을 구비하지 아니한 때에도 그 건물을 철거한다는 특약이 없는 한 건물소유자에게 그 건물소유를 위하여 법률상 당연히 인정되는 지상권을 의미한다.[617]

(2) 성립요건

1) 동일인의 소유에 속한 토지와 건물의 존재

(a) 동일인의 소유

관습법상의 법정지상권이 성립하기 위하여는 우선 토지와 건물이 동일인에게 속하여야 한다. 그러므로 본래 토지와 건물의 소유자가 각각 다른 때에는 건물소유자를 위하여 관습법상의 법정지상권이 성립될 여지가 없다. 다만 토지와 건물이 원시적으로 동일인의 소유에 속하여야 할 필요는 없고, 처분될 당시에 동일인의 소유에 속하면 충분하다.

> 본래 갑토지와 그 지상의 을건물이 A의 소유에 속하였는데, A는 갑토지와 을건물을 B에게 매도하였다. 그런데 갑토지에 관하여는 B 앞으로 소유권이전등기를 마치고, 을건물이 미등기건물인 관계로 을건물에 관하여는 아직 소유권이전등기를 하지 못하였다. 그 결과 을건물의 소유권이 A에게 남아 있게 되어 형식적으로 갑토지와 을건물이 그 소유자를 달리하게 되었다. A는 관습법상의 법정지상권을 취득하는가? 혹은 B가 갑토지에 대하여 저당권을 설정한 후 저당권이 실행되면 민법 제366조 소정의 법정지상권이 성립하는가?

우선 미등기건물을 대지와 함께 매도한 후에 대지에 관하여만 매수인 앞으로 소유권이전등기가 마쳐진 경우에 매도인에게 관습상의 법정지상권이 성립하는지가 문제된다. 본래 관습상의 법정지상권은 동일인의 소유이던 토지와 그 지상건물이 매매나 그 밖의 원인으로 인하여 각각 소유자를 달리하게 되고도 그 건물을 철거한다는 등의 특약이 없으면 건물소유자로 하여금 토지를 계속 사용하게 하려는 의사가 당사자에게 있다고 보아 인정된다. 그러므로 토지의 점유·사용에 관하여 당사자 사이에 약정이 있다고 볼 수 있거나, 토지소유자가 건물의 처분권까지 함께 취득한 경우에는 굳이 관습상의 법정지상권을 인정할 까닭이 없다. 사례와 같이 B가 미등기건물을 그 대지와 함께 매수하였다면 비록 B 앞으로 그 대지에 관하여만 소유권이전등기가 옮겨지고 건물에 관하여는 등기가 이루어지지 아니하여 형식적으로 대지와 건물이 소유자를 달리하게 된다고 하더라도 대지와

---

617) 대법원 1988.9.27. 선고 87다카279 판결.

건물의 점유·사용에 관한 문제는 매매계약의 당사자 사이의 계약에 따라서 해결할 수 있으므로, AB 사이에 있어서는 관습법상의 법정지상권을 인정할 이유가 없다.618)

민법 제366조의 법정지상권은 저당권의 설정 당시에 동일인의 소유에 속하는 토지와 건물이 저당권의 실행에 의한 경매로 인하여 각기 다른 사람의 소유에 속하게 된 경우에 건물의 소유를 위하여 인정된다. 그러나 사례는 미등기건물을 그 대지와 함께 매수한 B가 그 대지에 관하여만 소유권이전등기를 넘겨받고 건물에 대하여는 그 등기를 이전 받지 못하고 있다가 대지에 대하여 저당권을 설정하고 그 저당권의 실행으로 대지가 경매되어 다른 사람의 소유로 된 경우이다. 이미 저당권의 설정 당시에 갑토지는 A, 을건물은 B로 각각 다른 사람의 소유에 속하고 있었으므로, 법정지상권이 성립될 여지가 없다.619)

(b) 건물의 존재

판례를 보면 동일인의 소유에 속한 토지 위에 건물이 존재하는 경우인지가 아래와 같은 경우에 문제가 된다.

(i) 토지공유자의 1인이 다른 공유자의 지분과반수의 동의를 얻어 건물을 건축한 후 건물이 양도되어 토지와 건물의 소유자가 달라진 경우에는 관습법상의 법정지상권이 성립하지 않는다.620) 왜냐하면 관습상의 법정지상권이 성립된다고 보게 되면 토지공유자의 1인으로 하여금 자신의 지분을 제외한 다른 공유자의 지분에 대해서까지 지상권설정의 처분행위를 허용하는 셈이 되어 부당하기 때문이다.

(ii) 예컨대 건물을 그 부지인 토지와 함께 A가 양수한 경우라고 하더라도 토지에 대하여만 소유권이전등기를 마치고 건물은 등기를 하지 아니한 경우라고 하면 A는 건물에 대하여 소유권을 취득하였다고 할 수 없어서 토지에 대한 소유권을 A로부터 전전하여 양수한 B에 대하여는 관습법상의 법정지상권을 주장할 수 없다. 건물이 무허가건물로서 원래 미등기건물이라고 하더라도 마찬가지이다.621)

(iii) 토지의 소유자가 건물을 건축할 당시 이미 토지를 타인에 매도하여 소유권을 이전하여 줄 의무를 부담하고 있다면 그 건물을 위한 관습상의 법정지상권은 생기지 않는다.622) 왜냐하면 토지의 매수인이 그 건축행위를 승낙하지 않는 이상 그 건물은 장차 철거되어야 하는 운명에 처하게 되고, 토지의 소유자가 철거를 예상하면서도 건물을 건축한 경우이기 때문이다.

2) 토지소유자와 건물소유자의 분리

관습법상의 법정지상권은 토지와 건물 중의 하나에 대한 매매 기타 원인으로 인하여

---

618) 대법원 2002.6.20. 선고 2002다9660 전원합의체 판결. 역시 대법원 1987.7.7. 선고 87다카634 판결; 대법원 1992.4.10. 선고 91다40610 판결; 대법원 1998.4.24. 선고 98다4798 판결 등 참조.

619) 대법원 2002.6.20. 선고 2002다9660 전원합의체 판결. 역시 대법원 1987.12.8. 선고 87다카869 판결; 대법원 1989.2.14. 선고 88다카2592 판결; 대법원 1991.8.27. 선고 91다16730 판결 등 참조.

620) 대법원 1993.4.13. 선고 92다55756 판결.

621) 대법원 1987.7.7. 선고 87다카634 판결.

622) 대법원 1994.12.22. 선고 94다41072, 41089 판결.

토지소유자와 건물소유자가 각각 다르게 되어야 성립한다. 토지와 건물의 소유자가 각각 다르게 되는 원인으로는 매매, 증여, 대물변제, 강제경매, 국세체납처분에 의한 공매, 공유물의 분할과 같은 경우를 들 수 있다. 그러나 환지처분으로 인하여 토지와 그 지상건물의 소유자가 달라진 경우에는 관습법상의 법정지상권이 성립되지 않는다.623)

> A는 채권의 담보를 위하여 채무자 B로부터 나대지상에 가등기를 받았는데, 그 뒤 대지소유자 B가 그 지상에 건물을 신축하였다. 그 후 A 앞으로 가등기에 기한 본등기가 행하여져 대지와 건물의 소유자가 달라졌다. B는 관습법상의 법정지상권을 주장할 수 있는가?

채권담보를 위하여 나대지상에 A를 위하여 가등기가 행하여지고, 그 뒤 대지소유자 B가 그 지상에 건물을 신축한 후 그 가등기에 기한 본등기가 이루어져 대지와 건물의 소유자가 달라진 경우(대지의 소유자는 A, 건물의 소유자는 B)에는 특별한 사정이 없는 한 건물을 위한 관습상 법정지상권이 성립할 수 없다.624) 왜냐하면 B의 관습법상의 법정지상권을 인정하면 애초에 대지에 채권담보를 위하여 가등기를 한 A의 이익을 크게 해하게 되기 때문이다.

3) 건물철거특약의 부존재

당사자 사이에 건물을 철거한다는 특약이 없어야 관습법상의 법정지상권이 성립한다. 건물을 철거하기로 하는 합의가 있다고 하는 특별한 사정의 존재에 관한 주장·증명책임은 그 사정의 존재를 주장하는 쪽에 있다.625) 매수인이 자기의 의사에 따라서 건물만을 매수한 경우에도 그 건물을 철거한다는 조건이 없는 이상 건물을 위한 관습법상의 법정지상권이 인정된다.626) 동일인의 소유에 속한 토지와 그 토지상에 건립되어 있는 건물 중 어느 하나만을 타인에 처분하면서 건물소유자가 토지소유자와 사이에 건물의 소유를 목적으로 하는 토지임대차계약을 체결한 경우에는 관습법상의 법정지상권을 포기한 경우로 본다.627)

> 대지와 건물은 원래 A의 소유였는데, A는 그 중 대지만을 자기의 아들인 B에게 증여하여, 대지에 관하여 B 명의로 소유권이전등기가 마쳐졌다. 그런데 A는 대지의 증여 이전에 대지상의 구건물을 철거하고 새 건물을 건축하려고 계획하고 있었는데, B와도 새 건물의 건축을 위하여 구건물을 철거하기로 합의하였다. 그 후 A는 관할 관청으로부터 자신을 건축주로 하는 새 건물에 대한 건축허가를 받아 구건물을 철

623) 대판 2001.5.8. 선고 2001다4101 판결.
624) 대법원 1994.11.22. 선고 94다5458 판결.
625) 대법원 1988.9.27. 선고 87다카279 판결.
626) 대법원 1997.1.21. 선고 96다40080 판결.
627) 대법원 1992.10.27. 선고 92다3984 판결.

> 거하고 새 건물을 건축하는 건축공사에 착수하고자 하였으나, 사정이 생겨 구건물을 철거하지 못하고 새 건물의 건축공사도 진행시키지 못하고 있었다. 결국 A는 구건물을 C에게 매도하여 C가 소유권을 취득하게 되었다. B는 C에 대하여 구건물의 철거를 청구할 수 있는가?

건물철거의 합의가 있으면 건물소유자는 토지소유자에 대하여 그 건물을 위한 관습법상의 법정지상권을 취득할 수 없다. 왜 건물철거의 합의는 관습법상의 법정지상권의 발생을 배제하는가? 본래 관습법상의 법정지상권을 인정하는 취지는 건물소유자로 하여금 토지를 계속 사용하게 하려는 당사자의 의사가 있다고 보는 데 있으나, 건물철거의 합의가 있으면 토지의 계속 사용에 대한 묵시적 합의를 깨뜨리므로, 관습법상의 법정지상권이 부정된다고 해석된다. 결국 건물철거의 합의가 없을 때라야 토지와 건물의 소유자가 달라진 후에도 건물소유자로 하여금 그 건물의 소유를 위하여 토지를 계속 사용케 하려는 당사자의 의사 내지 묵시적 합의가 있다고 볼 수 있으므로, 건물철거의 합의가 있으면 관습법상의 법정지상권이 배제된다.

본래 관습법상의 법정지상권은 타인의 토지 위에서의 건물의 소유를 본질적 내용으로 하는 권리가 아니라, 건물의 소유를 위하여 타인의 토지를 사용한다는 사실을 본질적 내용으로 하는 권리이므로, 그 「묵시적 합의」라는 당사자의 추정의사는 건물의 소유를 위하여 '토지를 계속 사용한다'는 데에 중점이 있는 의사라고 할 수 있다. 그러므로 건물철거의 합의에 묵시적 합의를 깨뜨리는 효력, 즉 관습법상의 법정지상권의 발생을 배제하는 효력을 인정할 수 있기 위해서는, 단지 형식적으로 건물을 철거한다는 내용만이 아니라 건물을 철거함으로써 토지의 계속 사용을 그만두고자 하는 당사자의 의사가 그 건물철거의 합의에 의하여 인정될 수 있어야 한다. 예컨대 사례에서와 같이 토지와 건물의 소유자 A가 토지만을 자기의 아들 B에게 증여한 후 구건물을 철거하되 그 지상에 자신의 이름으로 건물을 다시 신축하기로 합의한 경우에는 그 건물철거의 합의는 A가 토지의 계속 사용을 그만두고자 하는 내용의 합의로 볼 수 없으므로, 관습법상의 법정지상권의 발생을 배제하는 효력을 인정하기는 어렵다.[628]

사례를 자세하게 보면 A는 구건물을 철거함으로써 토지의 계속 사용을 그만두고자 했던 경우가 아니라, 건물을 철거하기는 하되 그 지상에 자신의 이름으로 건물을 다시 신축하기로 한 사정을 알아 볼 수 있다. 그러므로 AB 사이에 구건물을 철거하기로 하는 합의가 있었다 하더라도, 그 합의는 어디까지나 A가 토지를 계속 사용한다는 사실을 전제로 하는 건물철거의 합의에 지나지 아니할 뿐, 토지의 계속 사용을 그만두고자 하는 내용의 합의로는 볼 수 없다. 결국 AB 사이의 합의에 관습법상의 법정지상권의 발생을 배제하는 효력이 인정되지는 아니한다.

사례에서 A가 관습법상의 법정지상권이 성립된 건물을 그 지상권등기를 마치기 전에

---

628) 대법원 1999.12.10. 선고 98다58467 판결.

양도한 경우이므로, 건물의 양수인 C와 대지소유자 B간의 법률관계가 문제된다. 만약 A에게 관습법상의 법정지상권이 인정된다면 관습법상의 법정지상권이 붙은 건물의 양수인 C는 건물의 소유권을 취득한 사실만으로 관습법상의 법정지상권을 취득하는가? 관습법상의 법정지상권(법정지상권도 마찬가지이다)이 건물의 이전과 불가분의 관계에서 당연히 이전되고, 이전된 관습법상의 법정지상권이 그에 대한 등기가 없이도 그 토지의 소유자나 그 후의 토지의 양수인에 대하여 효력이 있다고 볼 수는 없다.[629] 그러므로 C는 아직 관습법상의 법정지상권을 취득하지 못한다.

사례에서 C는 대지소유자 B에게 관습법상의 법정지상권을 주장할 수 없고, 관습법상의 법정지상권은 여전히 당초의 관습법상의 법정지상권자 A에게 유보되어 있다고 보아야 한다. 다만 관습법상의 법정지상권을 가지는 사람이 건물을 제3자에게 양도하는 경우에는 특별한 사정이 없는 한 건물과 함께 관습법상의 법정지상권도 양도하기로 하는 채권적 계약이 있다고 할 수 있다. 그러므로 B는 여전히 본래의 관습법상의 법정지상권자 A에 대하여 관습법상의 법정지상권의 부담을 용인하고 그 지상권설정등기절차를 이행할 의무가 있다. 또한 C는 A를 순차 대위하여 토지소유자 B 및 건물의 전소유자 A에 대하여 관습법상의 법정지상권의 설정등기 및 그 이전등기절차의 이행을 구할 수 있으므로, 관습법상의 법정지상권이 붙은 건물의 양수인 C는 그 관습법상의 법정지상권에 대한 등기를 하지 않은 경우라고 하더라도 토지소유자 B에 대한 관계에서 적법하게 토지를 점유사용하고 있는 자라 보아야 한다. 만일 B가 관습법상의 법정지상권을 취득할 지위에 있는 건물양수인 C에 대하여 건물의 철거를 구한다고 하면 지상권의 부담을 용인하고 지상권설정등기절차를 이행할 의무가 있는 자가 그 권리자를 상대로 한 권리주장으로서 신의성실의 원칙상 허용될 수 없다.[630] 결국 B는 C에 대하여 건물의 철거를 청구할 수 없다.

4) 등 기

관습법상의 법정지상권은 관습법에 의한 부동산에 관한 물권의 취득이므로 등기를 필요로 하지 아니하고 지상권취득의 효력이 발생한다. 그리고 물권으로서의 효력에 의하여 관습법상의 법정지상권을 취득할 당시의 토지소유자나 그로부터 소유권을 전득한 제3자에 대하여도 관습법상의 법정지상권을 등기 없이 주장할 수 있다.[631] 다만 관습법상의 법정지상권을 제3자에게 처분하려면 그 등기를 하여야 한다(§187 단서).

(3) 내 용

1) 범 위

관습법상의 법정지상권자의 토지사용권의 범위는 건물의 부지와 아울러 건물의 유지 및 사용에 필요한 범위 내라고 인정되는 대지에 대하여 미친다. 예컨대 지상건물이 창고

---

629) 대법원 1995.4.11. 선고 94다39925 판결.

630) 대법원 1996.3.26. 선고 95다45545 판결.

631) 대법원 1984.9.11. 선고 83다카2245 판결.

인 경우에는 그 본래의 용도인 창고로서 사용하는데 일반적으로 필요한 그 둘레의 기지에까지 관습법상의 법정지상권이 미친다.[632] 또한 지상건물이 법정지상권이 성립한 이후에 증축되더라도 그 건물이 관습법상의 법정지상권이 성립하여 법정지상권자에게 점유·사용할 권한이 있는 토지 위에 있는 이상 철거할 의무는 없다.[633]

본래 갑대지와 을건물이 A의 소유에 속하였는데, A는 갑대지만을 B에게 매매하여 갑건물을 위하여 관습법상의 법정지상권이 성립하였다. 그런데 갑건물이 멸실되거나 철거된 후 A는 구건물과 동일성이 없는 새로운 건물을 재축·신축하였다. A는 재축·신축된 새로운 건물에 대하여 관습법상의 법정지상권을 주장할 수 있는가?

관습법상의 법정지상권이 성립한 후에 건물의 개축·증축 또는 재축·신축되더라도 관습법상의 법정지상권의 효력이 미치는가? 관습법상의 법정지상권의 취득 당시의 건물이 멸실되어 다시 신축되거나, 건물의 독립성을 인정할 수 없을 정도로 훼멸된 상태에서 새로운 독립된 건물로 개축하여 두 건물이 동일성을 상실한 경우에는 건물의 소유를 위한 관습법상의 법정지상권은 소멸하나, 기왕의 건물의 일부를 증축하거나 개축하여 그 면적에 다소의 증감이 있을 뿐이거나 지붕이나 구조에 일부 변동이 있는 사실만으로는 건물의 동일성을 상실한다고 볼 수 없으므로 그 건물의 소유를 위한 관습법상의 법정지상권은 여전히 존속한다고 보아야 한다는 견해가 있다. 그러나 관습법상의 법정지상권(역시 민법 제366조 소정의 법정지상권도 마찬가지이다)이 성립한 후에 건물을 개축 또는 증축하는 경우는 물론, 건물이 멸실되거나 철거된 후에 신축·재축하는 경우에도 관습법상의 법정지상권은 그대로 존속한다고 보는 견해가 타당하다. 다만 관습법상의 법정지상권의 내용인 존속기간은 물론, 범위 등은 구건물을 기준으로 하여 그 유지 또는 사용을 위하여 일반적으로 필요한 범위 내의 대지부분에 한정하면 된다고 생각된다.[634]

사례에서 A는 재축·신축된 새로운 건물에 관하여도 관습법상의 법정지상권을 가진다. 다만 A의 관습법상의 법정지상권의 인정범위에 관하여는 처음 관습법상의 법정지상권의 성립 당시에 존재하고 있던 기존건물 이외에 그 이후 증축·신축된 건물에까지 확장된다고 볼 수는 없다. 결국 A의 관습법상의 법정지상권은 여전히 기존건물의 유지 및 사용에 필요한 범위의 부지만으로 한정하여 존속하고, 그 이상에 대하여는 미치지 아니한다.

2) 존속기간

관습법상의 법정지상권에 대하여는 다른 특별한 사정이 없는 한 민법의 지상권에 관한 규정을 준용하여야 한다. 관습법상의 법정지상권은 존속기간을 약정하지 않은 지상권으로 보며, 민법 제280조 및 제281조에 의하여 그 존속기간이 결정된다.

---

632) 대법원 1977.7.26. 선고 77다921 판결.
633) 대법원 1995.7.28. 선고 95다9075, 9082 판결.
634) 대법원 1997.1.21. 선고 96다40080 판결.

3) 지 료

관습법상의 법정지상권에서 지료는 당사자간의 합의나 법정에 의하여 결정된다. 관습법상의 법정지상권이 성립한 경우에 바로 토지의 소유자는 지료를 확정하는 재판이 있기 전에도 지료의 지급을 소구할 수 있고, 법원에서 상당한 지료를 결정한다고 하는 전제 아래 바로 그 급부를 구하는 청구를 할 수 있다.[635] 그리고 2년분 이상의 지료를 지급하지 아니하면 관습법상의 법정지상권도 민법 제287조에 따른 지상권소멸청구의 의사표시에 의하여 소멸한다.[636]

제2절 지역권

Ⅰ. 총 설

1. 지역권의 의의

> A는 갑토지를 매수하였는데, 갑토지에는 공로로 이르는 폭 1.5m의 우회도로가 있었으나, 노폭이 좁고 공로까지는 상당히 먼 거리를 우회하여야 하므로 매우 불편하였다. A는 공로로의 통행을 위하여 인근에 있는 B 소유의 을토지를 이용할 수 있는가?

일정한 목적을 위하여, 예컨대 자기의 토지로 들어가기 위하여, 자기의 토지에 물을 끌어대기 위하여 타인의 토지를 자기 토지의 편익에 이용하는 경우가 있다. 일정한 목적을 위하여 자기 토지의 편익에 타인의 토지를 이용하기 위하여는 용익물권이 필요하다. 바로 타인의 토지(승역지)를 자기 토지(요역지)의 편익에 이용하는 부동산용익물권이 「지역권」이다. 예컨대 A는 자기 소유의 갑토지의 이용가치를 증대시키기 위하여 인접하는 B 소유의 을토지에 통행을 위한 지역권을 설정하여 을토지를 이용할 수 있다. 통행을 위한 지역권의 설정에 의하여 요역지인 A 소유의 갑토지의 이용가치는 증가하고, 승역지인 B 소유의 을토지의 이용가치는 그 만큼 제한을 받는다.

2. 지역권과 다른 제도와의 관계

(1) 지상권·전세권과의 구별

지역권은 토지의 이용관계를 내용으로 한다고 하는 측면에서 지상권이나 전세권과 유

---

635) 대법원 2003.12.26. 선고 2002다61934 판결.

636) 대법원 1993.6.29. 선고 93다10781 판결.

사하다. 다만 지역권은 토지와 관계되는 권리이고 토지의 이용목적에 아무런 제한이 없으나, 지상권과 전세권은 사람과 관계되는 권리이며 토지의 이용목적이 한정되어 있다.

(2) 토지임차권과의 구별

토지임차권이나 지역권은 모두 토지의 이용관계를 내용으로 한다고 하는 측면에서 유사하다. 그러나 토지임차권은 채권이며 지역권은 물권이라고 하는 본질적인 차이가 있다. 그리고 임차인이 토지임차권을 취득하면 해당하는 토지를 점유하여 전면적으로 토지에 대한 사용권을 가지나, 지역권에서는 승역지의 점유가 지역권자에게 이전하지는 아니하며 승역지의 소유자가 직접 점유하며 용익할 수 있다.

(3) 상린관계

상린관계는 법률의 규정에 의하여 이웃토지 사이의 토지사용을 규율하나, 지역권은 당사자의 합의에 의하여 성립하며 멀리 떨어져 있는 토지 사이에서도 성립할 수 있다.

3. 지역권의 법적 성질

(1) 지역권 = 승역지를 요역지의 편익에 이용하는 권리

지역권은 반드시 두 토지의 존재를 전제로 한다. 지역권을 위한 두 토지 중 편익을 제공받는 토지를 「요역지」라고 하고, 편익을 제공하는 토지를 「승역지」라고 한다. 그리고 「자기 토지의 편익에 이용한다」는 의미는 토지를 사용한다는 의미보다 넓은 개념으로서 적극적으로 토지를 사용·수익하는 경우뿐만 아니라, 소극적으로 토지를 사용·수익하지 않는 경우도 포함하는 개념이다.

요역지는 1필의 토지이어야 한다. 토지의 일부를 위하여 지역권을 설정할 수 없다. 그러나 승역지는 1필의 토지이어야 할 필요가 없으므로, 토지의 일부 위에도 지역권이 성립될 수 있다. 다만 승역지의 일부에 지역권설정의 등기를 할 때에는 그 부분을 표시한 도면의 번호를 기록하여야 한다(부동산등기법 §70 v).

(2) 지역권≠인역권

> TV방송국에 근무하는 카메라기자 A는 3000.1.1. 아침을 밝히는 해돋이장면을 카메라에 담기 위하여 일출장면이 가장 잘 보이는 정동진 모처의 장소를 그 소유자인 B로부터 미리 빌리고자 한다. A는 그 장소에 관하여 지역권을 취득할 수 있는가?

지역권에 의하여 편익을 받는 대상은 토지(요역지)에 한정된다. 사람의 개인적 이익, 예컨대 동물학자나 식물학자가 타인의 토지에 들어가 곤충이나 식물을 채집하기 위하여, 낚시꾼이 다른 사람의 저수지에서 낚시를 하거나 사냥꾼이 다른 사람의 산림에서 사냥을 하기 위하여, 화가가 경치가 좋은 타인의 토지에 들어나 그림을 그리기 위하여는 지역권을 설정하지 못한다. 역시 사진작가나 카메라기자가 해돋이장면을 촬영하기 위하여도 지역권은 설정될 수 없다.

물론 사례에서 A는 B의 토지를 임대차와 같은 채권관계를 통하여 점유·이용할 수 있다. 그러나 A가 B에 대하여 단순한 임차권만을 가지는 경우에는 예컨대 B가 그 토지를 다른 TV방송국의 카메라기자 C에게도 임대차하면 C도 A와 똑같은 지위에서 그 토지를 점유·사용할 권리를 가지고 A가 배타적 권리를 가지지 못하므로, AC 사이에 복잡한 법률관계가 야기될 우려가 있다.

본래 지역권은 로마법의 이른바 「役權」(servitus)에서 유래하는 제도이다. 로마법에서는 역권을 사람의 개인적 편익을 위하여 타인의 토지를 이용하는 「인역권」과 특정의 토지의 편익을 위하여 타인의 토지를 이용하는 「지역권」 두 가지로 구분한다. 그리고 근대민법은 대부분 역권으로서 인역권과 지역권 두 가지를 모두 인정하고 있다.[637] 그러나 민법은 지역권만을 인정할 뿐이고, 인역권은 인정하지 아니한다(일본민법에도 인역권이 없다). 현대사회에서는 개인의 편익을 위하여 타인의 토지를 이용하는 경우도 늘어나고 있다. 타인의 토지에 대한 이용관계에 관한 법적 수요를 만족시키기 위해서는 입법론으로서 인역권제도의 도입이 바람직하다고 생각된다.

(3) 부종성

지역권은 「토지」를 위하여 존재하는 권리라는 측면에서 타인의 토지를 사용하는 '사람'에게 귀속되는 지상권과 다르다. 그러므로 지상권은 누구도 취득할 수 있지만 지역권은 적어도 요역지에 아무런 권한을 갖지 않는 자는 취득할 수 없다. 다만 요역지가 분필되어 그 부분의 소유권이 타인에게 이전된 경우라고 하더라도 요역지의 소유자가 아직 지역권설정등기를 이행받지 못하고 있는 이상, 타인의 소유로 된 대지부분까지를 요역지로 하여 지역권설정등기의 이행을 청구할 수 있다.[638]

지역권은 요역지의 소유권으로부터 독립한 권리이지만, 요역지와 승역지의 존재를 전제로 하는 권리이다. 그러므로 지역권을 요역지로부터 분리한다든지, 다른 권리의 목적으로 한다든지 할 수 없다(§292 II). 만일 요역지의 소유권이 양도되거나 요역지에 대한 소유권 이외의 다른 권리의 목적이 된 경우에는 지역권도 법률적 운명을 함께 한다(§292 I). 바로 요역지소유권의 처분이 지역권의 처분을 수반시키는 특징을 지역권의 「부종성」이라고 한다. 다만 지역권의 부종성은 당사자 사이의 다른 약정에 의하여 배제할 수 있고(§292 I 단서), 그 약정을 등기하면 제3자에게 대항할 수 있다(부동산등기법 §70 iv).

(4) 불가분성

1) 서 언

토지가 공유인 경우에 공유자의 1인이 시효취득을 한 때, 공유자의 1인에 의하여 소멸

637) 예컨대 독일민법은 지역권(§§1018 이하 BGB)은 물론, 일반적 인역권으로서의 용익권(§§1030 이하 BGB)과 제한적 인역권(§§1090 이하 BGB)을 인정하고 있다.

638) 대법원 1971.4.6. 선고 71다249 판결.

시효가 중단·정지된 때, 토지가 분할·양도된 때, 공유자의 1인이 소멸청구를 한 때에 지역권의 운명에 관한 문제를 지역권의 「불가분성」이라고 한다.

2) 공유자의 1인에 의한 소멸청구의 경우

요역지의 공유자의 1인은 그 지분에 관하여 그 토지를 위하여 존재하는 지역권을 소멸하게 하지 못하고, 승역지의 공유자의 1인은 그 지분에 관하여 그 토지가 부담하는 지역권을 소멸하게 하지 못한다(§293 I).

3) 분할·일부양도의 경우

토지(요역지·승역지)의 분할·일부양도의 경우에는 지역권이 요역지의 각 부분을 위하여 또는 승역지의 각 부분에 존속한다(§293 II).

4) 공유자 1인에 의한 시효취득의 경우

> 공유자 ABC 중 A만이 인접토지 위에 도로를 설치하여 20년간 소유의 의사로 공연, 평온하게 점유하여 통행지역권을 시효취득하였다. 다른 공유자 BC도 역시 지역권을 시효취득하는가?

공유자 1인을 위하여 지역권의 취득시효가 완성되면 공유자 전원을 위하여 그 효력이 발생한다(§295 I). 그러므로 A가 인접토지에 대한 통행지역권을 시효취득한 경우에는 공유자 ABC 모두가 그 지역권을 취득한다. 그리고 취득시효의 중단은 모든 공유자에 대하여 하여야 그 효력이 발생하고, 공유자의 1인에게 취득시효의 정지사유가 존재하여도 그 효력은 다른 공유자에게 미치지 아니한다(§295 II).

5) 소멸시효의 중단·정지의 경우

요역지의 공유자의 1인을 위한 소멸시효의 중단·정지는 모든 공유자에 대하여 효력이 발생한다(§296).

[더 생각할 과제 - 토지의 이용권자의 지역권]

지역권은 요역지소유자와 승역지소유자 사이에서 성립할 뿐만 아니라, 지역권설정 후의 요역지의 이용권자(지상권자·전세권자·임차인)도 지역권을 행사할 수 있고, 승역지의 이용권자는 당연히 지역권에 의한 제한을 받는다. 그리고 요역지·승역지의 이용권자가 지역권설정의 당사자가 될 수 있는가 하는 문제가 있으나, 지역권은 토지이용의 조절을 목적으로 하는 제도로 토지의 이용권자도 이용하는 토지를 위하여 혹은 그 토지 위에 지역권을 설정할 수 있다.

4. 지역권의 존속기간

민법은 지역권의 존속기간에 대하여 아무런 규정을 두고 있지 않다. 지역권의 설정행위에 의하여 자유로 지역권의 존속기간은 결정될 수 있다. 지역권의 존속기간을 영구무한으로 정할 수 있는가? 영구무한의 지역권설정도 (i) 지역권이 특정한 토지 상호간의 객관적인 이용조절을 목적으로 한다고 하는 사실, (ii) 승역지의 부담이 지상권에 비하여 경미하다는 사실을 들어 긍정하는 견해가 통설이다.

지역권의 존속기간은 제3자에게 대항하기 위하여 등기를 할 수 있는가? 지역권에 대한 존속기간의 제한은 등기가 가능하고, 그 등기를 가지고 요역지의 특별승계인에게 대항할 수 있다고 본다.

5. 지역권의 종류

(1) 지역권의 행사형태에 의한 분류

1) 작위지역권과 부작위지역권

① 작위지역권　작위지역권은 지역권자가 일정한 행위를 할 수 있고, 승역지이용자가 인용하여야 할 의무를 부담하는 지역권을 가리킨다.

② 부작위지역권　부작위지역권은 승역지이용자가 일정한 이용을 하지 않을 의무를 부담하는 지역권을 가리킨다.

2) 계속지역권과 불계속지역권

① 계속지역권　계속지역권은 지역권의 행사가 시간적으로 끊임없이 계속되는 지역권을 가리킨다. 일반적으로 통로가 개설된 통행지역권이나 수로가 개통된 용수지역권(혹은 인수지역권)은 계속지역권에 해당한다. 취득시효로 지역권을 취득하려면 계속지역권이어야 한다.

② 불계속지역권　불계속지역권은 지역권의 내용을 실현할 때마다 지역권자의 행위를 요하는 지역권을 가리킨다. 통로가 개설되지 않거나 수로를 파지 않은 지역권은 불계속지역권이다.

3) 표현지역권과 불표현지역권

① 표현지역권　표현지역권은 지역권의 행사가 문, 창, 도로, 수로와 같이 외부의 제3자로부터 인식될 수 있는 외형적 사실을 수반하는 지역권을 가리킨다. 예를 들어 승역지 위에 도로를 설치하여 승역지를 사용하는 객관적 상태가 있는 통행지역권, 노출된 도관에 의하여 물을 인수하는 용수지역권이 표현지역권에 해당한다. 표현지역권만이 시효취득의 대상이 된다.

② 불표현지역권　불표현지역권은 외부의 제3자로부터 인식될 수 있는 외형적 사실을 수반하지 않는 지역권을 가리킨다. 예컨대 어떤 토지에 건물을 건축할 수 없다고 하거나 일정한 높이의 건물밖에 건축할 수 없다고 하는 부작위지역권 혹은 지하를 통하여 물을 끌어오는 용수지역권이 불표현지역권에 해당한다.

(2) 편익의 목적에 의한 분류

① 통행지역권 통행지역권은 요역지의 소유자가 타인의 토지를 통행하기 위하여 설정하는 지역권을 가리킨다. 예컨대 갑토지로부터 공로로 통행하기 위하여 인접하고 있는 을토지에 도로를 개설하여 을토지를 이용하는 지역권이 통행지역권이다.

② 용수지역권

> A는 인접하는 유지(溜池)를 20년간 평온, 공연, 계속, 표현되게 점유관리하면서 자신의 간척답을 위하여 그 유지로부터 무상으로 물을 받아 사용하여 받아 왔다. A는 용수지역권을 시효취득하는가?

용익물권으로서의 용수지역권은 용수권과 어떤 차이가 있는가? 용수지역권은 인수·배수를 목적으로 하거나, 구거·송수관을 부설하기 위하여 설정하는 지역권을 가리킨다. 반면에 용수권이란 공용에 속하는 원천이나 수도를 각 수요의 정도에 응하여 타인의 용수를 방해하지 않는 범위 안에서 각각 용수할 권리를 말한다(§235).

케이스에서는 A가 과연 물 자체에 대한 권리로서의 용수권을 가지는지, 아니면 용익물권으로서의 용수지역권을 가지는지가 문제된다. 물론 A는 오랜 동안 자기의 간척답(바다나 호수에 제방을 쌓아 그 안의 물을 빼내 경작지로 만든 논을 말한다)의 배수를 받아온 인접하는 유지의 물 자체를 사용할 권리를 용수권으로 주장할 수 있다.

A는 유지의 물 자체를 사용할 권리를 용수지역권으로 주장할 수는 없는가? 지역권은 엄격히 말하면 요역지의 편익을 위하여 승역지, 즉「토지」를 이용하는 권리로서 요역지와 승역지 사이의 관계이다. 그러나 사례에서와 같이 유지가 A가 소유하는 간척답의 경계에 직접 인접하고 있는 경우에는 인수(引水)를 위하여 별도로 토지를 이용할 필요가 없다. 그러므로 유지 자체가 승역지로 될 수 있는가 하는 문제가 생긴다. A는 물을 인수하면서 유지를 점용한 경우이므로, 인수에 의하여 물 자체는 물론, 유지의 밑바닥을 간접적으로 점유·지배한 경우로 된다. 그러므로 A는 자기의 간척답의 용수를 위하여 유지의 물 및 그 아래에 있는 밑바닥의 토지를 이용한 경우라고 할 수 있다. 결국 A에게 용수지역권을 인정한다고 하더라도 요역지와 승역지의 관계라는 지역권의 성질에 반한다고 보기는 어렵다.

③ 전선로부설지역권 전선로부설지역권은 전기사업자가 타인의 토지에 전선로를 부설하기 위하여 설정하는 지역권을 가리킨다.

④ 불건축·조망·일조지역권 불건축·조망·일조지역권은 승역지에 건물을 건축하지 않거나 요역지의 조망·일조를 방해하지 아니한다는 내용을 가진 부작위지역권을 가리킨다.

⑤ 불영업지역권 불영업지역권은 승역지에서 일정한 영업을 경영하지 아니한다는 내용을 가진 부작위지역권을 가리킨다.

⑥ 상린권불행사지역권 　상린권불행사지역권은 승역지소유자가 요역지소유자에 대하여 상린권의 전부나 일부를 행사하지 아니한다는 내용을 가진 부작위지역권을 가리킨다.

⑦ 특수지역권 　특수지역권은 어느 지역의 주민이 집합체의 관계로 각자가 타인의 토지에서 초목, 야생물 및 토사의 채취·방목 기타의 수익을 하는 지역권을 가리킨다(§302).

Ⅱ. 지역권의 취득

1. 일반적인 지역권의 취득

지역권은 보통 지역권설정계약과 등기에 의하여 취득된다. 예를 들어 A가 그 소유의 토지를 교환계약에 의하여 B에게 넘겨주고, B의 토지사용을 위한 통행을 위하여 인접한 A 소유의 다른 토지 위에 도로를 개설하여 B로 하여금 영구히 사용하게 한다고 약정하고 금원을 지급받기로 하면 A의 B에 대한 도로개설에 관한 약정은 지역권설정에 관한 합의라고 볼 수 있어서 B는 A에 대하여 지역권설정등기를 청구할 수 있다.[639] 그리고 유언·양도·상속에 의하여 지역권이 취득될 수도 있다. 또한 지역권의 부종성에 의하여 요역지의 소유권·사용권의 이전에 수반하여 지역권이 이전적으로 취득되는 경우도 있다.

2. 시효에 의한 지역권의 취득

A는 갑토지의 지상에 건축되어 있는 건물을 1981.10.21.경에 매수하였는데, 그때부터 B 소유의 을토지의 일부를 건물의 안채에서 공로로 통하는 통행로로 배타적으로 사용하였다. A는 B 소유의 을토지부분에 대하여 통행지역권을 시효취득하는가?

민법 제294조에 의하면 지역권의 시효취득은 그 점유가 「계속되고 표현」된 경우에 한하여 민법 제245조의 규정을 준용하도록 되어 있다. 그러므로 「계속되고 표현」된 지역권에 한하여 시효취득이 가능하고, 불계속·불표현의 지역권에 대하여는 취득시효가 인정되지 아니한다. 취득시효로 지역권을 취득하려면 타인의 토지를 자기 토지의 편익에 이용할 의사로 20년간 평온·공연하게 점유하여야 하는 요건에 더하여 그 점유가 「계속되고 표현」된 경우라는 요건을 갖추어야 한다. 지역권자로서의 토지이용은 그 승역지에 대한 점유 여부가 객관적으로 불분명한 경우가 많으므로, 승역지의 소유자가 알지 못하는 사이에 점유로 인한 지역권의 시효취득이 문제되어 분쟁이 발생하는 경우를 막으려는 취지라고 할 수 있다.

특히 통행지역권의 시효취득에 필요한 「계속되고 표현」이라고 하는 요건은 요역지의

---

639) 대법원 1980.1.29. 선고 79다1704 판결.

소유자에 의하여 승역지 위에 통로를 개설하여야만 충족된다는 입장이 종래부터 판례가 취하여 온 태도이다.640) 통행지역권은 요역지소유자와 승역지소유자 사이의 토지이용의 조절이라는 목적에서 나온 제도이므로, 판례는 승역지상의 통로의 「개설」이라고 하는 요건을 통하여 통행지역권에 대한 시효취득의 성립을 엄격하게 제한하고 있다.

사례에서 A가 통행지역권을 시효취득하기 위하여 B 소유의 을토지부분에 통로를 개설하여 통로를 사용하는 상태가 민법 제245조에 규정된 기간 계속된 사정이 먼저 밝혀져야 한다. 만약 A가 공로로 통하는 통행로로 B 소유의 을토지부분을 배타적으로 사용한 사실만이 인정될 뿐이고, 통로를 개설한 사실이 인정되지 않는다고 하면 A의 시효취득은 인정될 수 없다.

통행지역권을 시효취득하기 위하여는 승역지상의 통로의 「개설」이 반드시 요역지의 소유자에 의하여 행하여져야 하는가? 통로의 개설이 제3자에 의하여 이루어진 경우에 그 통로를 개설한 자가 아닌 다른 인근토지의 소유자가 통로를 간헐적으로 통행하거나 통로를 관리한 사정만으로 지역권자로서의 점유상태가 객관적으로 분명하게 드러난다고 볼 수 없는 경우가 많다. 그러므로 통행지역권의 요건을 엄격히 해석하여 요역지의 소유자에 의하여 승역지상의 통로가 개설되어야 한다고 본다.

통행지역권을 시효취득할 수 있는 자는 반드시 요역지의 「소유자」에 한하는가? 통행지역권은 인접한 토지의 상호이용의 조절을 위한 권리로서 토지의 소유자 또는 지상권자, 전세권자 등 물권적인 토지사용권을 가진 자에게 인정될 수 있다. 예를 들어 요역지의 지상권자가 통로를 개설하여 계속 점유한 경우에도 통행지역권의 시효취득을 부정할 이유는 없다고 본다.

지역권의 설정을 위하여 요역지와 승역지가 인접하여 있어야 하는가? 요역지와 승역지가 반드시 인접하여 있어야 할 필요는 없다. 그러나 승역지가 요역지의 편익에 이용된다는 요건은 충족되어야 하므로, 통행지역권의 시효취득에서도 같은 요건을 갖추어야 한다.

A지방자치단체는 1934.3.30. B의 소유이던 갑토지와 을토지, C의 소유이던 병토지, 일본인 D의 소유이던 정토지에 대하여 그 지목을 밭[田]에서 도로로 변경하고 그 지상에 도로를 개설하였다. 그 후 A지방자치단체는 1985년경 B와 C를 상대로 갑토지, 을토지, 병토지에 대한 소유권이전등기청구소송을 각각 제기하였다. 그리고 갑토지에 대하여는 패소하여 확정되었으나, 을토지, 병토지에 대하여는 20년의 취득시효기간이 경과되어 1954.3.30. 취득시효가 완성되었다는 이유로 승소판결을 받아 확정되었고, 정토지는 해방 후 귀속재산으로서 국가의 소유가 되었다. 그런데 각 토지의 위치와 현황을 살펴보면, 갑토지의 동쪽에 정토지가, 정토지의 동쪽에 을토지가, 을토지의 동쪽에 병토지가 각각 인접하여 있고, 정토지의 남쪽과 북쪽으로도 각각 도로가 개설되어 있어서 을토지, 병토지로부터는 갑토지까지 갈 필요없이 정토지를

640) 대법원 1995.1.20. 선고 94다42525 판결.

> 통하여 주위토지를 통행할 수 있게 되어 있었다. A지방자치단체는 갑토지가 을토지, 병토지, 정토지를 통행하기 위한 승역지인데, 갑토지를 계속 점유, 사용하여 1954.3. 30. 갑토지에 대한 통행지역권을 시효취득한 이유로 B에 대하여 지역권설정등기절차의 이행을 구할 수 있는가?

사례를 보면 A지방자치단체는 갑토지 위에 도로가 개설될 당시 요역지라고 주장하는 을토지, 병토지, 정토지에 대하여 소유의 의사로 점유를 개시한 사정만 인정될 뿐, 아직 그 소유자는 아니다가 그 후 시효기간의 만료로 을토지, 병토지의 소유권을 시효취득한 사실이 인정된다. 그러므로 도로개설 당시에 A지방자치단체에게 을토지, 병토지, 정토지의 자주점유자로서의 지위가 인정될 뿐이다.

사례에서와 같이 요역지의 자주점유자가 요역지의 점유개시 당시부터 승역지에 도로를 개설하고, 그 도로를 점유하여 오다가 그 후 요역지의 소유권을 취득한 때에는 도로의 개설이 요역지의 소유자에 의하여 이루어진 경우로 취급되는가 하는 문제가 있다(요역지의 소유자가 승역지 위에 도로를 개설하여야 통행지역권이 인정된다). 취득시효의 완성에 의한 효과는 점유를 개시한 때에 소급하고, 통행지역권의 시효취득에서도 소급효가 인정되므로, 먼저 도로를 개설하고 그 후에 요역지의 소유권을 취득하더라도 요역지의 소유자로서 승역지에 대한 점유를 한 경우로 취급할 수 있다. 다만 정토지는 도로가 개설될 당시 일본인의 소유로 있다가 그 후 귀속재산으로서 국유로 되어 있는 결과, A지방자치단체가 요역지인 정토지의 소유자로서 갑토지 위에 도로를 개설하고 갑토지를 점유한 경우라고는 볼 수 없다. 그러므로 A지방자치단체가 정토지를 요역지로 한 갑토지에 관한 통행지역권을 취득한다고 인정될 수 없다.

사례를 보면 A지방자치단체가 요역지라고 주장하는 토지 중 을토지, 병토지는 승역지인 갑토지와 인접하여 있지 않을 뿐만 아니라(다만 인접성이 통행지역권의 시효취득을 위한 요건은 아니다), 각 토지의 위치와 주변의 토지현황에 비추어 볼 때 을토지, 병토지로부터는 갑토지까지 갈 필요 없이 정토지를 통하여 주위토지를 통행할 수 있게 되어 있다. 갑토지의 인근에 있는 을토지, 병토지에 관하여는 갑토지가 아니더라도 정토지를 통하여 그 남쪽과 북쪽으로 주위의 토지를 통행할 수 있으므로, 갑토지의 도로로의 이용이 직접적으로 을토지, 병토지의 편익을 위한 경우라고는 단정하기 어려워 을토지, 병토지를 갑토지의 요역지라고 볼 수 없다. 갑토지, 을토지, 병토지의 각 토지가 모두 동일한 도로의 부지로 편입되어 있다는 사정만으로는 을토지, 병토지를 요역지라고 할 수 없다. 그러므로 갑토지의 도로로의 이용이 직접적으로 을토지, 병토지의 편익을 위한 경우가 아닌 이상, 갑토지에 대한 통행지역권이 성립할 수 없다.

Ⅲ. 지역권의 효력

1. 지역권자의 권능

(1) 용수지역권

용수지역권의 승역지에서 물이 요역지·승역지의 수요를 위하여 부족한 경우에는 각지의 수요에 따라서 먼저 가용에 공급하고, 그 잔여를 다른 용도에 공급하여야 한다(§297 I). 다만 지역권설정행위로 사용방법이나 사용량을 변경할 수 있다(§297 I 단서). 물론 동일한 승역지 위에 여러 개의 용수지역권을 설정한 경우에는 후에 성립한 용수지역권은 먼저 성립한 용수지역권의 행사를 방해할 수 없다(§297 II).

(2) 공작물의 공동사용

승역지소유자는 지역권의 행사를 방해하지 아니하는 범위 내에서 지역권자가 승역지에 설치한 공작물을 공동사용할 수 있다(§300 I). 승역지소유자가 공작물을 공동사용하는 때에는 승역지소유자는 수익의 비율로 공작물의 설치비·보존비를 분담하여야 한다(§300 II).

2. 승역지소유자의 의무와 권리

승역지소유자의 의무는 원칙적으로 부작위의무 혹은 인용의무이지만, 지역권설정행위 혹은 그 후의 특별계약에 의하여 자기의 비용으로 지역권의 행사를 위하여 공작물의 설치·수선을 하여야 할 적극적 의무를 정할 수도 있다. 만일 승역지소유자가 계약에 의하여 공작물의 설치·수선에 대한 적극적 의무를 부담하는 때에는 승역지의 특별승계인에게도 그 효력이 있다(§298).

공작물의 설치·수선에 관한 부담은 승역지소유자의 단순한 채무가 아니고, 승역지 자체의 물권적 구속이다. 그러므로 승역지소유자가 확정적으로 공작물의 설치·수선에 관한 의무를 면하기 위하여는 필요한 부분의 토지소유권을 지역권자에게 위기(委棄)하여야 한다(§299). 승역지소유자의 「위기」는 일방적 의사표시로 행하는 소유권이전행위이며 무상이다.

3. 지역권에 의한 물권적 청구권

지역권은 일정한 범위에서 승역지를 지배하는 물권으로 지역권자는 그 지배가 방해되거나 방해될 염려가 있는 경우에 물권적 청구권을 가진다. 다만 지역권은 승역지를 점유할 권원까지는 포함하지 아니하여 지역권자는 승역지반환청구권은 없고, 단지 승역지방해제거청구권·승역지방해예방청구권을 가질 뿐이다(§301).

Ⅳ. 지역권의 소멸

1. 일반적 소멸사유

지역권은 요역지 또는 승역지의 소멸, 지역권자에 의한 포기, 승역지소유자에 의한 위기 기타 사유에 의한 혼동(§§299·191), 존속기간의 만료, 약정소멸사유의 발생, 승역지의 수용(공익사업을 위한 토지 등의 취득 및 보상에 관한 법률 §19)으로 인하여 소멸한다. 그러나 지료지급의무를 수반하는 지역권에서 그 미지급을 이유로 지역권의 소멸청구를 인정하는 특별규정이 존재하지 아니한다.

2. 승역지의 시효취득에 의한 소멸

승역지의 점유자가 취득시효의 요건을 구비한 경우에 지역권은 시효취득에 의하여 소멸한다. 다만 (i) 제3자가 지역권의 부담이 있는 상태로 승역지를 점유하면 지역권의 부담이 있는 소유권을 취득하여 지역권은 소멸하지 아니하고, (ii) 승역지의 점유자가 취득시효가 진행하고 있는 동안에 지역권자가 지역권을 행사하면 승역지가 시효취득되어도 지역권은 소멸하지 아니한다.

3. 지역권의 시효소멸

지역권은 소멸시효에 걸리는 권리(채권 또는 소유권이 아닌 재산권)로서 20년간 행사하지 아니하면 시효로 소멸한다(§162 II). 시효기간의 기산점에 대하여는 불계속지역권은 최후의 행사시로부터 시효기간을 기산하고, 계속지역권은 그 행사를 방해하는 사실이 생긴 때로부터 시효기간을 기산한다고 본다(일본민법 §291 참조).

요역지가 공유인 경우에는 소멸시효는 전공유자에 대하여 완성된 때에만 효력이 생긴다(§296). 그리고 지역권자가 지역권의 내용의 일부만을 행사하는 경우에는 그 불행사의 부분만이 시효로 소멸한다. 예컨대 4미터의 통로를 개설하기로 하는 통행지역권을 설정하고도 2미터의 통로만을 개설하여 이용한 경우에는 불행사한 2미터의 부분에 대하여만 소멸시효가 완성된다.

V. 특수지역권

1. 특수지역권의 의의

어느 지역의 주민이 집합체의 관계로 각자가 타인의 토지에서 초목, 야생물 및 토사의 채취, 방목 기타의 수익을 하는 권리가 있는 경우에는 관습에 의하는 외에 민법상의 지역권의 규정을 준용한다(§302). 바로 어느 지역의 주민이 집합체의 관계로 각자가 타인의 토지에서 초목, 야생물 및 토사의 채취, 방목 기타의 수익을 하는 권리를 「특수지역권」이라고 한다. 민법은 규정상으로는 특수지역권이라고 표현하고 있지만, 달리 「토지수익권의 준총유」, 「총유적 토지수익권」, 「입회권」이라고 불리기도 한다.

2. 특수지역권의 성질

(1) 특수지역권은 「인역권」(人役權)이다

특수지역권은 지역권과 달리 타인의 토지로부터 편익을 받는 대상이 토지가 아니라 일정한 지역주민이다. 특수지역권에서는 일정한 지역주민이 타인의 토지를 자기의 이익을 위하여 이용하므로 특수지역권은 인역권의 성질을 가지고 있다.

(2) 특수지역권는 토지수익권의 준총유이다

특수지역권은 일정한 지역주민이 집합체로서 타인의 토지를 이용하는 권리로서 특수지역권의 주체는 언제나 「법인 아닌 사단」이 된다. 특수지역권은 지역주민이 집합체의 관계로서 타인의 토지에 대하여 토지소유권 이외의 권리인 수익권을 가지며, 결국 토지수익권의 준총유(準總有)에 해당한다.

(3) 특수지역권의 비양도성·비상속성

물권은 본래 양도성·상속성을 그 본체로 하지만, 특수지역권은 인역권의 성질을 가지고 있으므로 양도성·상속성이 없다.

(4) 특수지역권=관습상의 권리

특수지역권은 각 지역의 관습에 의하여 성립할 뿐만 아니라 토지수익의 내용·방법·비율·시기가 대부분 관습에 의하여 정하여지고, 민법의 규정과 다른 관습이 있으면 관습이 우선한다(§§302·275 II).

3. 특수지역권의 효력

특수지역권에 의하여 지역주민은 공동으로 목초·야생물 및 토사의 채취·방목을 위하여 목적토지를 수익할 수 있는 토지수익권을 갖는다. 그리고 제3자가 특수지역권을 침해한 경우에는 주민단체도 침해행위의 배제를 청구할 수 있고, 침해를 받은 주민도 독립하여 침해행위의 배제를 청구할 수 있다.

4. 특수지역권의 취득과 소멸

(1) 특수지역권의 취득

특수지역권은 관습 또는 계약에 의하여 취득된다. 대부분 특수지역권은 관습에 의하여 성립하지만, 계약에 의한 특수지역권의 취득은 등기하여야 효력이 발생한다(§186).

(2) 특수지역권의 소멸

특수지역권은 목적토지가 멸실되거나 목적토지로부터의 수익이 불능인 경우에 소멸한다. 또한 지역주민 전체의 의사나 목적토지소유자와의 협의에 의하여 특수지역권이 소멸될 수도 있다. 지역주민의 집합체(예컨대 리·동)는 「법인 아닌 사단」에 해당하고, 어떤 주민이 그 구성원의 지위를 얻거나 상실하면 특수지역권도 당연히 취득·상실된다.

제 3 절 전세권

Ⅰ. 총 설

1. 전세권의 의의

전세권이란 전세금을 지급하고 타인의 부동산을 점유하여 그 부동산의 용도에 좇아 사용·수익하며 전세권의 소멸시에 목적부동산으로부터 전세금을 우선변제받을 수 있는 특수한 용익물권이다.641) 민법 제303조 제1항에 의하여 전세권자는 전세금을 지급하고 타인의 부동산을 점유하여 그 용도에 좇아 사용·수익하며, 그 부동산 전부에 대하여 후순위권리자 기타 채권자보다 전세금의 우선변제를 받을 권리가 있다.

일정한 목적을 위하여 타인의 부동산을 이용하는 수단으로는 임대차도 있다. 전세권과

641) 전세권은 외국의 입법례에서는 볼 수 없는 민법의 특유한 제도로서 구민법 당시 관행으로 실시된 채권적 전세에 물권적 효력을 부여하기 위하여 민법을 제정할 때에 신설한 제도이다.

임대차와는 어떤 차이가 있는가? 우선 전세권은 물권이다(전세금을 지급하고 타인의 부동산을 점유하여 그 부동산의 용도에 좇아 사용·수익한다는 측면에서 용익물권적 성격을 지니고, 그 부동산 전부에 대하여 후순위권리자 기타 채권자보다 전세금의 우선변제를 받을 권리를 가진다는 측면에서 담보물권적 성격도 있다). 그러나 임대차는 당사자 한쪽이 상대방에게 목적물을 사용·수익하게 하기로 약정하고, 상대방이 그에 대하여 차임을 지급하기로 약정함으로써 그 효력이 발생하는 채권계약이다(역시 주택임차인이나 상가건물임차인이 각 주택임대차보호법 제3조 제1항과 상가건물임대차보호법 제3조 제1항의 대항요건을 갖추거나, 민법 제621조의 규정에 의한 임대차등기를 마치더라도 채권계약이라는 기본적인 성질에 변함이 없다). 그러므로 임차인은 임대인에게 목적물을 사용·수익하게 하기를 청구할 수 있는 권리(채권)를 가지는 데 불과하므로, 물권으로서의 전세권을 가지는 자, 즉 전세권자에 비하여 임차인의 지위는 상당히 열악하다.

> A는 갑주택에 관하여 1천7백만원에 2002.9.27.부터 24월간 전세를 얻어 입주하면서 2002.10.29. 그 주소로 전입하였다가, 2002.11.4. 전세권설정등기를 마쳤다. 그 후 A는 2003.4.21. B로부터 전세금을 돌려받지 않은 채 우선 다른 주소로 전출하였다. 한편 C은행은 2002.8.3. 갑주택에 관하여 채권최고액 6천만원으로 하는 근저당권을 설정받았는데, 2004.2.27. 그 근저당권에 기하여 부동산임의경매절차가 개시되었다. A는 주택임대차보호법 소정 소액임차인으로서의 우선변제권을 주장할 수 있는가?

케이스를 보면 A가 주택임차인으로서의 지위를 강화하고자 별도로 전세권설정등기를 한 사정이 인정된다. 주택임차인이 별도로 전세권설정등기를 마친 경우에 주택임차인이 주택임대차보호법상의 대항요건을 상실하더라도 이미 취득한 주택임대차보호법상의 대항력 및 우선변제권은 상실되지 않는가?

본래 임대차가 끝난 후 보증금을 돌려받지 못한 주택임차인이 이사를 가 주민등록을 옮기게 되면 대항력을 상실하고 우선변제권도 잃게 된다. 다만 보증금을 아직 반환받지 못한 주택임차인이 주택임대차보호법 제3조의3의 임차권등기를 갖추게 되면 주거를 이전하더라도 대항력과 우선변제력을 그대로 유지한다. 그리고 주택임대차보호법 제3조의4 제1항은 임차권등기명령에 의한 임차권등기의 효력을 민법 제621조에 의한 주택임대차등기의 효력에 관하여도 준용한다고 규정하고 있다. 그러므로 임차권등기명령의 집행에 따른 임차권등기를 마치면 주택임차인은 대항력과 우선변제권을 취득한다고 하는 효력이 전세권설정등기에 관하여도 준용될 수 있는가 하는 문제가 생긴다. 만약 전세권설정등기에 관하여도 민법 제621조에 따른 주택임대차등기와 마찬가지로 주택임대차보호법 제3조의3 제5항의 규정이 준용된다고 하면 A는 여전히 대항력과 우선변제권을 주장할 수 있다.

주택임차인이 그 지위를 강화하고자 별도로 전세권설정등기를 마치더라도 주택임대차보호법상 주택임차인으로서의 우선변제를 받을 수 있는 권리와 전세권자로서 우선변제를 받을 수 있는 권리는 근거규정 및 성립요건을 달리하는 별개의 권리라고 하지 않을 수 없다(전세권은 목적물에 대한 배타적 용익 및 그 전세금의 우선변제를 내용으로 하는 물권으로, 전세권자는 존속기간의 만료에 따라 그 동안의 점유 여하를 불문하고 목적물의 환가대금에서 전세금을 우선변제받을 권리를 보유하는 반면, 임차권은 목적물을 용익할 수 있는 채권에 불과하여, 임차권자는 원칙적으로 임차기간의 만료에 따라 임대인을 상대로 그 보증금의 반환을 구할 수 있을 따름이다).[642] 그리고 주택임대차보호법 제3조의3 제1항에서 규정한 임차권등기명령에 의한 임차권등기와 주택임대차보호법 제3조의4 제2항에서 규정한 주택임대차등기는 공통적으로 주택임대차보호법상의 대항요건인「주민등록일자」,「점유개시일자」및「확정일자」를 등기사항으로 기재하여 공시하지만, 전세권설정등기에는 그 대항요건을 공시하는 기능이 전혀 없는 차이가 있다. 또한 주택임대차보호법 제3조의4 제1항에서 임차권등기명령에 의한 임차권등기의 효력에 관한 주택임대차보호법 제3조의3 제5항의 규정은 민법 제621조에 의한 주택임대차등기의 효력에 관하여 준용한다고 규정하고 있을 뿐, 주택임대차보호법 제3조의3 제5항의 규정을 전세권설정등기의 효력에 관하여 준용할 법적 근거는 찾아볼 수 없다. 그러므로 케이스와 같이 전세권설정등기를 한 경우라고 할지라도 이미 그 주민등록을 이전한 A는 그 전세권설정등기로 타인에 대하여 주민등록 및 입주일 등이 공시될 뿐더러 이후 계속적인 점유를 요하지 아니하는 주택임대차등기 또는 임차권등기명령의 집행에 의한 임차권등기를 마친 주택임차인과 같이 볼 수는 없는 만큼, 주택임대차보호법상의 대항요건을 상실한 전세권자의 경우에 그 대항력 또는 우선변제권이 계속 유지된다고 할 수는 없다. 결국 A가 그 지위를 강화하고자 별도로 전세권설정등기를 마친 경우라고 하더라도 주택임대차보호법 제3조 제1항의 대항요건을 상실하면 이미 취득한 주택임대차보호법상의 대항력 및 우선변제권을 상실한다고 보는 태도가 타당하므로, A는 주택임대차보호법 소정의 소액임차인으로서의 우선변제를 받을 수 없다.

2. 전세권의 법적 성질

전세권의 법적 성질은 용익물권인가, 담보물권인가가 문제된다. 전세권의 법적 성질에 관하여는 여러 가지 견해가 대립한다. 전세권을 순수한 용익물권으로 보는 견해, 순수한 담보물권으로 보는 견해, 용익물권인 동시에 담보물권이라는 견해, 특수용익물권이라는 견해로 구분할 수 있다.

① 용익물권설　　용익물권설은 전세권의 법적 성질을 순수한 용익물권으로 이해하는 견해이다. 전세권에 우선변제권을 인정한 민법개정(1984년)을 통하여 현재는 더 이상 전세권을 순수한 용익물권으로 이해하는 학설은 주장되지 않고 있다.

② 담보물권설　　담보물권설은 전세권을 용익물권이 아니라 순수한 담보물권이라고 이해하는 견해이다. 담보물권설은 그 논거로서 전세권자는 전세목적물에 대한 경매청구권과 우선변제권을 가지고 있으므로, 전세권의 객체인 건물의 사용가치보다 교환가치, 즉 담보가치를 파악하고 있고, 동일소유자에게 속하는 토지와 건물 중 건물에만 전세권을 설정

642) 대법원 1993.12.24. 선고 93다39676 판결.

한 후 토지소유자가 변경된 경우에는 법정지상권(§305 I)이 인정된다는 사실을 들고 있다.

③ 용익물권·담보물권설 용익물권·담보물권설은 민법이 전세권자에게 우선변제권을 인정하고 있는 이상 전세권은 용익물권인 동시에 담보물권이기도 하다고 보는 견해이다. 용익물권·담보물권설은 전세권은 용익물권성과 담보물권성 두 가지 성질을 동등한 비중으로 가지며 주종의 관계에 있지 않고, 담보물권의 통유성이 전세권에도 전적으로 인정된다고 본다.

[더 생각할 과제 - 전세권보호의 강화]

민법개정(1984년)을 통하여 전세권에 대한 상당한 부분이 보완되어 현재는 전세권의 보호가 강화되어 있다. 전세권에 대하여 개정·보완된 구체적 내용을 살펴보면 아래와 같다.

(i) 전세권자에게 전세금의 우선변제권을 인정한다(§303 I).

(ii) 건물전세권에 1년의 최단존속기간을 규정하고 있다(§312 II).

(iii) 건물전세권에 법정갱신제도를 도입하고 있다(§312 IV).

(iv) 전세권자와 전세권설정자에게 전세금증감청구권을 인정한다(§312의2).

④ 특수용익물권설 특수용익물권설(다수설)은 용익물권성과 담보물권성을 겸유하지만 그 주된 성격은 용익물권이고, 전세금의 확보를 위하여 필요한 범위 내에서 담보물권의 요소를 가지는 특수한 용익물권으로 이해하는 견해이다.

판례의 입장은 어떤가? 판례를 보면 전세권의 법적 성질에 관하여 전세권이 담보물권적 성격도 가지는 이상 부종성과 수반성도 있다고 판시하여 간접적으로 전세권의 담보물권성을 강조한 경우도 있다.[643] 그러나 판례는 전세권설정등기를 마친 민법상의 전세권은 그 성질상 용익물권적 성격과 담보물권적 성격을 겸비하고 있다고 본 경우가 많다.[644]

3. 전세권의 내용

(1) 전세권의 목적물

전세권은 타인의 부동산에 대한 제한물권이다. 민법상 전세권의 목적물은 건물에 한하지 않고, 부동산이면 건물·토지[645] 모두 전세권의 목적물이 될 수 있다. 전세권의 목적물인 토지·건물은 반드시 1필의 토지 혹은 1동의 건물이어야 할 필요는 없다. 1필의 토지의 일부 또는 1동의 건물의 일부에도 전세권이 설정될 수 있다. 다만 토지·건물의 일부를 전세권의 목적물로 하는 경우에는 전세권을 등기할 때에 그 도면의 번호를 기록하여야 한다(부동산등기법 §72 vi).

(2) 사용·수익권

전세권은 목적부동산을 「점유하여 그 부동산의 용도에 좇아 사용·수익」하는 용익물권

643) 대법원 1999.2.5. 선고 97다33997 판결.

644) 대법원 2005.3.25. 선고 2003다35659 판결.

645) 토지 중 농경지만은 전세권의 목적물로 할 수 없다(§303 II).

이며, 목적부동산을 점유할 수 있는 권리(Recht zum Besitz)를 포함한다. 토지전세권과 지상권을 비교하면 모두 타인의 토지에 대한 사용권을 실체로 한다는 측면에서 유사하다. 그러나 전세권에서는 토지를 용도에 좇아 사용·수익하여야 하고, 지상권은 「건물 기타 공작물이나 수목의 소유」를 목적으로 한다. 「건물 기타 공작물이나 수목의 소유」를 위하여 지상권을 설정하지 않고 전세권을 설정할 수 있는가 하는 문제가 있으나, 학설은 긍정설이 다수설이다. 그러나 당사자가 지상권과 전세권 중 어느 하나를 자유로 선택할 수 있다고 하면 민법이 지상권을 인정한 취지가 말살되므로, 「건물 기타 공작물이나 수목의 소유」를 위한 전세권은 부정되어야 한다고 생각된다.

> A는 B건설회사로부터 갑건물(미등기)을 임차하고 3천만원을 보증금으로 지급하였는데, 임대차보증금반환채권을 담보하기 위하여 B건설회사로부터 당시 분양되거나 임대되지 않은 채 비어 있던 을오피스텔 103호에 관하여 전세권을 설정받았다. 한편 그 후 C는 B건설회사로부터 을오피스텔 103호에 관하여 채권최고액 2천만원의 저당권을 설정받았는데, 을오피스텔 103호에 대한 경매절차가 개시되어 실제 배당할 금액 5천만원 중 1순위 및 2순위 저당권자에게 배당한 후 3순위인 전세권자인 A에게 2천5백만원을 배당하고, 4순위 저당권자인 C에게는 한푼도 배당되지 않았다. C는 A에 대한 배당금 중 2천만원에 대하여 배당이의를 주장할 수 있는가?

케이스를 보면 A는 채권담보의 목적으로 전세권을 설정하고, 그 전세권설정과 동시에 목적물인 을오피스텔 103호를 인도받지 아니한 사정이 인정된다. 그러므로 오로지 채권담보의 목적으로 목적물의 인도 없이 설정한 전세권도 유효한가 하는 문제가 제기된다.

전세권이 용익물권적 성격과 담보물권적 성격을 겸비하고 있는 사실, 목적물의 인도는 전세권의 성립요건이 아닌 사실 등에 비추어 볼 때 당사자가 주로 채권담보의 목적으로 전세권을 설정하고, 그 전세권설정과 동시에 목적물을 인도하지 아니한 경우라 하더라도, 전세권이 설정될 수 있다. 다만 판례는 전세권의 효력이 인정되기 위하여는 장차 전세권자가 목적물을 사용·수익하는 경우를 완전히 배제하지 않아야 한다고 본다.[646]

사례에서는 우선 을오피스텔 103호에 대한 전세권설정 당시 A와 B건설회사 사이에서 A가 목적물인 을오피스텔 103호에 대한 사용·수익을 완전히 배제한 경우인가 아닌가가 문제된다. 전세권의 설정 무렵과 그 이후 을오피스텔이 분양되거나 임대되지 않은 채 비어 있는 상태라고 하면 A의 사용·수익이 완전히 배제된 경우라고 보기는 어렵다.

본래 전세금의 지급이 전세권성립의 요소가 되지만, 전세금의 지급이 반드시 현실적으로 수수되어야만 하지는 않고, 기존의 채권으로 전세금의 지급에 갈음할 수도 있다.[647] 그리고 A가 B건설회사에 대한 갑건물의 임대차보증금반환채권을 담보하기 위하여 B건설회사로부터 을오피스텔 103호에 대하여 전세권을 설정받은 사실이 인정되므로,

646) 대법원 2009.1.30. 선고 2008다67217 판결.

647) 대법원 1995.2.10. 선고 94다18508 판결.

기존의 채권인 임대차보증금반환채권으로 을오피스텔 103호에 대한 전세금의 지급에 갈음한 경우로 볼 수 있다. 그러므로 A의 전세권의 효력을 부인할 수는 없다. A는 전세권설정등기 이후에 저당권을 취득한 C보다 우선하여 변제받을 권리가 있으므로, C의 주장은 이유 없다.

(3) 전세금

1) 전세금은 전세권의 요소인가

민법 제303조는 전세권을「전세금을 지급하고 타인의 부동산을 점유」하는 권리라고 규정하고 있다. 다만 학설상으로는 전세금의 지급이 전세권의 요소인가에 대하여 견해가 대립하고 있다.

① 긍정설 긍정설은 전세금은 전세권성립의 요소로서 반드시 전세금을 지급하여야 하고, 전세금을 지급하지 아니한다는 특약이 있으면 전세권이 성립하지 아니한다고 보는 견해이다. 긍정설(다수설)은 전세권설정계약에서 전세금을 지급하지 아니한다는 특약을 하고 전세금을 지급하지 않으면 전세권으로는 무효이지만「무효인 법률행위의 전환이론」에 따라서 전세권 대신에 지상권 혹은 채권관계인 사용대차의 성립을 인정할 수 있다고 본다.

② 부정설 부정설은 전세금의 지급은 전세권의 요소가 아니고, 전세권설정의 합의와 등기가 있으면 아직 전세금을 지급하지 않은 경우라고 하더라도 전세권이 성립한다고 보는 견해이다. 부정설은 전세금의 지급을 전세권의 요소로 보는 때에는 당사자가 무상으로 부동산을 빌리기로 합의하는 경우에 그 유효성을 인정하기 어렵다고 주장한다.

판례의 태도는 어떤가? 판례는 전세금의 지급은 전세권의 성립요소가 되고, 다만 전세금의 지급이 반드시 현실적으로 수수되어야만 하지는 않는다고 본다.648)

2) 전세금의 성질

전세금은 전세권자가 전세권설정자에게 교부하는 금전이고 전세권이 소멸하는 때에는 다시 반환을 받는다. 전세금의 액은 당사자 사이의 합의에 의하여 자유로 결정할 수 있다. 그리고 전세금은 등기하여야 하고(부동산등기법 §72 i), 등기된 액에 한하여 제3자에게 대항할 수 있다.

전세금은 어떤 성질을 가지는가? 전세금은 아래와 같이 (i) 목적부동산의 사용대가(차임·지료)의 성질, (ii) 보증금의 성질, (iii) 신용수수수단의 성질을 갖는다.

① 사용대가의 성질 전세금은 목적부동산의 사용대가로서 임대차에서의 차임이나 지상권에서의 지료와 유사한 성질을 가진다. 다만 차임이나 지료는 통상 주기적으로 일정액이 지급되는데 비하여 전세금은 일시에 전액이 지급되고 전세권설정자는 전세금의 이자로써 목적부동산의 대가에 갈음할 뿐이다.

---

648) 예컨대 기존의 채권으로 전세금의 지급에 갈음할 수도 있다(대법원 1995.2.10. 선고 94다18508 판결).

② 보증금의 성질 민법 제315조는 전세권의 목적물의 전부 또는 일부가 전세권자에게 책임 있는 사유로 인하여 멸실된 때에는 전세권설정자는 전세권이 소멸된 후 전세금으로써 그 손해의 배상에 충당할 수 있다고 규정하고 있다. 그러므로 전세금은 전세권 존속기간 중에 전세권자가 부담하는 채무에 대한 보증적 기능을 수행한다.

③ 신용수수수단으로서의 성질 전세권은 실질적으로 부동산질권과 유사한 기능을 수행하는 측면이 있다. 그러므로 전세금은 부동산소유자가 목적물의 사용가치를 담보로 하여 전세권자로부터 얻은 금융으로서의 성질을 가지게 된다.

(4) 전세권=용익물권

전세권은 타인의 부동산의 사용·수익을 본체로 하므로, 그 주된 성질은 용익물권이라고 할 수 있다. 전세권은 구민법 당시 관행적으로 인정된 채권적 전세와 달리 부동산소유자에 대한 권리가 아니라 직접 그 객체인 토지·건물을 지배하는 권리이다.

[더 생각할 과제 - 전세권과 인역권]

전세권을 일종의 인역권으로 이해하는 견해가 있다. 그러나 인역권은 (i) 원칙적으로 일신전속적 권리로서 양도성·상속성이 없지만 전세권은 처분의 자유가 있고, (ii) 인역권은 무상이 원칙이지만 전세권은 반드시 전세금을 지급하여야 하는 유상인 사정을 고려할 때 전세권을 인역권으로 볼 수 없다는 견해가 타당하다.

(5) 전세권=담보물권성

1) 전세권=담보물권성이 부가된 특수한 물권

전세권자는 전세금에 대하여 우선변제권을 갖는다. 전세권자는 부동산 전부에 대하여 후순위권리자 기타 채권자보다 전세금의 우선변제를 받을 권리가 있다(§303 I). 그리고 전세권설정자가 전세금의 반환을 지체한 때에는 전세권자는 전세권의 목적물을 경매청구할 수 있다(§318). 그러므로 전세권은 용익물권이지만 전세권에 인정되는 우선변제권의 범위 내에서 부가적으로 담보물권의 성질을 가진다.

2) 전세권에 적용되는 담보물권의 통유성

① 부종성 전세권은 전세금채권에 부종한다. 전세금채권이 존재하지 않으면 전세권이 존재할 수 없고, 전세금채권이 소멸하면 전세권도 소멸한다.

② 수반성 전세권은 전세금채권에 수반하므로 전세금에 대한 권리가 양도·상속으로 이전하면 전세권도 승계된다. 다만 전세권을 담보하는 전세금반환채권과 분리하여 양도하는 경우는 허용되지 않으나, 전세금반환채권을 전세권과는 별개로 처분할 수 있는가에 관하여는 논란이 있다. 판례는 전세금반환채권의 처분이 있음에도 불구하고 전세권의 처분이 따르지 않는 특별한 사정이 있는 경우에는 그 양수인은 전세권이 없는 무담보의 채권을 양수한 경우가 되고 전세금반환채권의 처분에 따르지 않은 전세권은 소멸한다고 본다.[649)]

③ 물상대위성 전세권은 본래의 목적물뿐만 아니라 그 대체물 위에도 효력을 미친다.

④ 불가분성 전세권은 피담보채권인 전세금채권의 전액에 대하여 목적물 전부 위에 효력을 미친다.

Ⅱ. 전세권의 취득과 존속기간

1. 전세권의 취득

(1) 취득사유

전세권은 전세권자와 전세권설정자 사이의 설정계약과 등기, 전세금의 지급에 의하여 취득된다. 전세권은 물권으로 당연히 양도나 상속에 의하여도 승계취득될 수 있다.

전세권을 취득시효에 의하여도 취득할 수 있는가 하는 문제가 있으나, 학설은 대립하고 있다. 긍정설은 전세권등기와 전세금의 지급이 동시에 이루어져서 취득시효기간인 10년의 만기와 전세금반환채권의 소멸시효기간인 10년의 만기가 일치하는 때에는 전세권의 등기부취득시효가 가능하다고 본다. 그러나 부정설(다수설)은 실제로 전세권의 등기부취득시효가 성립하는 경우가 생길 가능성이 거의 존재하지 아니하므로, 전세권의 시효취득을 논의할 실익이 없다고 본다.

(2) 전세권설정계약에 의한 취득

전세권은 전세권설정에 관한 물권적 합의·등기와 전세금의 지급에 의하여 취득된다. 전세권설정계약은 전세금의 수수를 요건으로 하는 요물계약으로 전세권은 당사자 사이의 합의와 등기 이외에 약정된 전세금의 수수가 있는 때에 비로소 성립하고 취득된다(다수설). 다만 전세권의 취득을 위한 요건인 물권행위, 전세금의 지급, 등기의 상호관계에 대하여는 세 가지의 요건을 동일한 가치를 갖는 전세권의 성립요건으로 이해하는 견해와 전세권설정계약은 전세권설정에 관한 합의와 전세금의 지급을 성립요건으로 하고, 등기는 전세권의 효력발생요건이라고 하여 전세권설정계약을 요물계약이 아니라고 이해하는 견해(다수설)가 대립하고 있다. 그리고 소수설로는 전세금의 지급을 전세권설정계약의 성립요건으로 보지 않고, 단지 물권행위와 등기가 동등한 가치를 가지는 전세권설정계약의 성립요건이라고 하여 전세권설정계약을 요물계약이 아니라고 보는 견해가 있다.

전세권은 목적부동산을 점유할 권리를 포함하지만, 목적부동산의 인도가 전세권의 성립요건은 아니다. 그러므로 전세권설정과 동시에 목적물을 인도하지 아니한 경우라고 하더라도 장차 전세권자에 의한 목적물의 사용·수익을 완전히 배제한 경우가 아니라면 그 전세권은 효력이 있다.[650]

---

649) 대법원 1999.2.5. 선고 97다33997 판결.

2. 전세권의 존속기간

(1) 설정행위로 존속기간을 정한 경우

당사자가 설정행위로 전세권의 존속기간을 정한 경우에 토지전세권에는 최장기간(10년)의 제한이 있고, 건물전세권에는 최장기간(10년)과 최단기간(1년)의 제한이 있다(§312 I).

(2) 설정행위로 존속기간을 정하지 않은 경우

설정행위로 전세권의 존속기간을 정하지 않은 경우라면 당사자는 언제든지 상대방에 대하여 전세권의 소멸을 통고할 수 있는 소멸통고권이 인정되고, 상대방이 소멸통고를 받은 날로부터 6월이 경과하면 전세권은 소멸한다(§313). 전세권의 소멸통고에 의하여 전세권이 바로 소멸하는가, 말소등기를 하여야 비로소 소멸하는가 하는 문제가 있다. 학설상 다수설은 소멸통고로부터 6개월이 경과하면 말소등기청구권이 생기고, 말소등기를 하여야만 전세권이 소멸한다고 본다. 소수설은 말소등기를 하지 않아도 6개월이 경과하면 전세권이 당연히 소멸한다고 본다.

민법 제312조 제2항은 건물전세권의 최단존속기간 1년을 보장하고 있다. 그러므로 존속기간을 정하지 않은 건물전세권에 대하여는 1년의 최단존속기간을 보장하려는 민법의 취지에 비추어 소멸통고를 하더라도 최소한 1년까지는 그 존속이 보장된다.

3. 전세권의 갱신

(1) 갱신청구와 그 기간

전세권이 존속기간의 만료로 소멸하는 때에는 당사자는 그 갱신을 청구할 수 있고, 그 기간은 갱신한 날로부터 10년을 넘지 못한다(§312 III).

(2) 법정갱신

건물전세권에 대하여는 법정갱신이 인정된다. 건물전세권설정자가 존속기간의 만료전 6월부터 1월까지 사이에 전세권자에 대하여 갱신거절의 통지나 조건을 변경하지 않고는 갱신하지 아니한다는 사실을 통지하지 아니하면 그 기간이 만료된 때에 전전세권과 동일한 조건으로 다시 전세권을 설정한 경우로 본다(§312 IV). 법정갱신을 통하여 성립하는 건물전세권의 존속기간은 존속기간을 정하지 않은 경우와 동일하게 취급한다. 건물전세권의 법정갱신은 법률의 규정에 의한 부동산에 관한 물권의 변동이므로 전세권갱신에 관한 등기를 필요로 하지 아니하고 전세권자는 그 등기 없이도 전세권설정자나 그 목적물을 취득한 제3자에 대하여 그 권리를 주장할 수 있다.[651]

---

650) 대법원 1995.2.10. 선고 94다18508 판결.

651) 대법원 1989.7.11. 선고 88다카2109 판결.

Ⅲ. 전세권의 효력

1. 전세권의 효력범위

(1) 건물전세권과 지상권·임차권

"타인의 토지에 있는 건물에 전세권을 설정한 때에는 전세권의 효력은 그 건물의 소유를 목적으로 한 지상권 또는 임차권에 미친다"(§304 I). 그러므로 지상권이나 임차권이 있는 타인의 토지 위에 있는 건물에 전세권을 설정한 때에는 전세권자가 마치 자기가 지상권자·임차인인 경우와 같이 그 토지를 사용할 수 있다. 그리고 전세권의 효력이 그 건물의 소유를 목적으로 하는 지상권이나 임차권에 미치므로 전세권설정자는 전세권자의 동의 없이 지상권 또는 임차권을 소멸하게 하는 행위를 할 수 없다(§304 II).

민법 제304조 제1항에서 말하는「전세권의 효력은 지상권 또는 임차권에 미친다」는 의미에 관하여는 전세권자가 그 지상권 또는 임차권 자체에 대하여도 법률상 당연히 전세권을 취득한다고 하는 의미로 이해하는 견해와 전세권자는 지상권자 혹은 임차인과 같이 그 토지를 이용할 수 있다고 보는 견해(다수설)가 있다. 전세권의 목적은 어디까지나 부동산에 한하여 인정되며 부동산물권을 포함하지 아니하여 전세권의 효력이 지상권 또는 임차권에「미친다」고 하는 의미를 전세권자가 지상권 또는 임차권에 대하여 전세권을 취득한다고 해석할 수는 없고, 단지 지상권자나 임차인과 같이 전세권자도 그 토지를 이용할 수 있다고 하는 내용으로 이해된다.

> 건물의 소유자이던 A는 그 건물의 대지인 토지가 임의경매절차를 통하여 B에게 매각되는 바람에 토지에 대한 소유권을 상실하면서 건물의 소유를 위한 법정지상권을 취득하게 되었다. 그 후 A는 건물을 C에게 빌려주고 건물에 관한 전세권을 설정하였는데, B가 여러 차례 걸쳐 제기한 지료청구소송에서 판결로써 확정된 지료의 지급을 24개월 이상 연체한 결과 A는 그 법정지상권의 소멸청구를 하여 법정지상권이 소멸되었다. 그리고 B는 C에 대하여 건물로부터의 퇴거를 청구하였다. C는 민법 제304조 제2항을 들어 법정지상권의 소멸은 자기의 동의가 없으므로 그 효력이 없다고 주장할 수 있는가?

민법 제304조 제2항은 타인의 토지에 있는 건물에 전세권이 설정된 경우에 전세권설정자는 전세권자의 동의 없이 전세권의 목적이 된 건물의 소유를 목적으로 한 지상권 또는 임차권을 소멸하게 하는 행위를 하지 못한다고 정하고 있다. 그러나 민법 제304조 제2항은 전세권을 설정하는 건물소유자가 건물의 존립에 필요한 지상권 또는 임차권과 같은 토지사용권을 가지고 있는 경우에 관한 규정으로서, 그 경우에 건물전세권자로 하여금 토지소유자에 대하여 건물소유자, 즉 전세권설정자의 그 토지사용권을 원용할 수 있도록 함으로써 토지소유자 기타 토지에 대하여 권리를 가지는 사람에 대한 관계에서 건물전세권자를 보다 안전한 지위에 놓으려는 취지를 가지고 있다. 또한 지상권을 가지는 건물소유자가 그 건물에 전세권을 설정하고도 그가 2년 이상의 지료를 지급하지 아니한 이유로 지상권설정자, 즉 토지소유자의 청구로 지상권이 소멸하는 경우(§287 참조)는 전세권설정자가 전세권자의 동의 없이는 할 수 없는 민법 제304조 제2항이 정한 「지상권 또는 임차권을 소멸하게 하는 행위」에 해당하지 아니한다. 민법 제304조 제2항이 제한하려는 경우는 포기, 기간단축약정과 같이 지상권 등을 소멸하게 하거나 제한하여 건물전세권자의 지위에 불이익을 미치는 전세권설정자의 임의적인 행위라고 보아야 한다. 민법 제304조 제2항은 지상권자의 지료미지급 그 자체를 막으려고 한다거나 또는 지상권설정자가 취득하는 지상권소멸청구권이 그의 일방적 의사표시로 행사됨으로 인하여 지상권이 소멸되는 효과를 제한하려고 하는 경우라고 할 수 없다.

사례에서 A는 건물의 존립을 위한 토지사용권을 가지지 못하여 그가 토지소유자의 건물철거 등 청구에 대항할 수 없다. 그러므로 C는 민법 제304조 제2항 등을 들어 전세권자로서 토지소유자 B의 권리행사에 대항할 수 없음은 물론이다. 또한 건물에 대하여 전세권을 설정하여 준 A(지상권자)가 그 지료를 지급하지 아니함을 이유로 B(토지소유자)가 한 지상권소멸청구가 그에 대한 C(전세권자)의 동의가 없이 행하여진 경우라고 하더라도 민법 제304조 제2항에 의하여 그 효과가 제한된다고 할 수 없다.

(2) 법정지상권

대지와 건물이 동일소유자에 속한 경우에 건물에 전세권을 설정한 때에는 대지소유권의 특별승계인에 대하여 건물소유자(전세권설정자)는 법정지상권을 취득하므로(§305 I 본문), 그 건물의 전세권의 효력이 법정지상권에 미치게 된다. 그리고 전세권설정자에 대하여 법정지상권이 성립하는 경우에 지료는 당사자의 청구에 의하여 법원이 정한다(§305 I 단서).

법정지상권이 성립하는 경우에 대지소유자는 타인에게 그 대지를 임대하거나 그 대지를 목적으로 한 지상권 또는 전세권을 설정할 수 없다(§305 II).

2. 전세권과 상린관계

전세권은 필요한 범위 내에서 토지를 이용하는 권리로 인접토지 사이의 이용조절을 도모하는 상린관계의 규정(§§216-244)은 당연히 전세권자와 이웃토지전세권자간, 전세권자와 이웃토지소유자·지상권자간에 준용된다(§319). 다만 경계선상의 경계표·담·구거에 관한 공유추정규정(§239)은 전세권설정후 전세권자가 설치한 경우에 한하여 준용되고, 전세권설정 이전이나 그 이후에 전세권설정자가 설치한 경우에는 준용되지 아니한다. 또한 민법 제231조 내지 제236조는 전세권에 준용될 여지가 없다.

3. 전세권자의 점유권·물권적 청구권

전세권은 토지를 점유할 권리를 포함한다. 그러므로 전세권의 내용의 실현이 방해된 때에는 전세권자에게 물권적 청구권(반환청구권·방해제거청구권·방해예방청구권)이 인정된다.

4. 전세금증감청구권

(1) 서 설

"전세금이 목적부동산에 관한 조세, 공과금 기타 부담의 증감이나 경제사정의 변동으로 인하여 상당하지 아니하게 된 때에는 당사자는 장래에 대하여 그 증감을 청구할 수 있다. 그러나 증액의 경우에는 대통령령이 정하는 기준에 따른 비율을 초과하지 못한다"(§312의2). 그러므로 사정변경의 원칙을 고려하여 전세금의 증감이 인정되고, 다만 전세금의 증액은 대통령령이 정하는 기준에 따른 비율[652]을 초과할 수 없다(§312의2 단서).

(2) 전세금증감청구권의 성질

전세금증감청구권의 법적 성질은 형성권인가 청구권인가? 학설상 형성권설과 청구권설이 대립한다.

① 형성권설 형성권설은 당사자의 증감청구권의 행사에 의하여 전세금의 증감의 효과가 발생하고, 다툼이 있을 때에는 법원이 정한다고 보는 견해이다. 형성권설은 그 근거로서 (i) 전세권은 지상권에 비하여 그 존속기간이 단기이지만 민법 제286조와 그 해석을 특히 달리할 이유가 없고, (ii) 당사자간에 증감된 전세금을 지급할 의무가 증감청구시로부터 발생한다고 하는 사실을 들고 있고, 형성권설이 타당하다.

② 청구권설 청구권설은 당사자 한쪽의 청구에 의하여 당연히 전세금증감의 효과가 생기지 않고, 언제나 당사자의 합의가 있어야 증감의 효과가 발생하며, 합의가 되지 않는 때에는 법원이 정한다고 보는 견해이다.

5. 전세권자의 권리와 의무

(1) 전세권자의 사용·수익권

전세권자는 목적부동산을 점유하여 그 부동산의 용도에 좇아 사용·수익할 권리가 있다(§303 I). 민법 제303조 제1항에서 「용도에 좇아」라는 표현은 「경제적 효능에 따라서」 부

---

652) 전세금의 증액을 청구하는 경우에 그 증액청구의 기준에 관한 사항을 정할 목적으로 제정된 「민법 제312조의2 단서의 시행에 관한 규정」이 있고, 현재 전세금의 증액청구의 비율은 약정한 전세금의 20분의 1을 초과하지 못하고, 전세금의 증액청구는 전세권설정계약이 있은 날 또는 약정한 전세금의 증액이 있은 날로부터 1년 이내에는 하지 못한다.

동산을 사용·수익한다는 의미이고, 구체적으로 부동산의 용도는 전세권설정계약에 의하여 결정되지만 만일 전세권설정계약에서 정하지 않은 경우에는 그 부동산의 성질에 의하여 결정된다(§311 I 참조).

[더 생각할 과제 - 건물전세권자의 사용·수익권]

건물전세권자가 건물을 용도에 좇아 사용·수익하려면 대지를 비롯하여 필요한 범위에서 부근의 토지도 사용하여야만 한다. 그러므로 비록 전세권설정계약에 의하여 건물만이 전세권의 목적으로 되어 있고 토지는 제외되어 있다고 하더라도 건물전세권자는 필요한 범위에서 토지도 사용·수익할 수 있다고 해석된다.

(2) 전세권자의 현상유지·수선의무

"전세권자는 목적물의 현상을 유지하고 그 통상의 관리에 속한 수선을 하여야 한다"(§309). 전세권설정자는 소극적인 인용의무만을 부담할 뿐이며 목적부동산을 사용·수익에 적합한 상태에 두어야 하는 적극적 의무를 부담하지 않고, 전세권자가 「현상의 유지」와 「통상의 관리에 속한 수선」에 대한 의무를 부담한다. 그러므로 전세권자는 목적부동산에 대하여 필요비를 지출한 경우에도-「현상의 유지」와 「통상의 관리에 속한 수선」에 대한 의무를 부담하여-필요비상환청구권을 행사할 수 없고, 다만 유익비의 상환청구는 가능하다.

(3) 전세권자의 보관의무

> A는 B로부터 그 소유의 가옥에 대하여 전세권을 설정받았다. 전세권자 A는 전세목적물인 가옥을 그 용도에 좇아 사용하고 있었는데, 어느 날 화재로 가옥을 소실케 하였다. 전세권설정자 B는 A에 대하여 손해배상책임을 물을 수 있는가?

전세권자는 전세물인 가옥을 선량한 관리자의 주의로써 보관할 의무가 있다. 그리고 전세권이 소멸하면 전세권자는 전세물을 반환하여야 하는 채무를 지게 되므로, 전세권자의 실화로 인하여 가옥을 소실케 하여 그 반환의무를 이행할 수 없게 된 때에는 한편으로는 과실로 인하여 전세물에 대한 소유권을 침해한 경우로서 불법행위가 되는 동시에, 다른 한편으로는 과실로 인하여 채무를 이행할 수 없게 됨으로써 채무불이행이 된다.

케이스에서 우선 A는 불법행위책임을 부담할 수 있다. 불법행위의 경우에는 A의 과실이 있어야 하지만, A가 화재로 가옥을 소실케 한 경우이므로, 「실화책임에 관한 법률」(이하 실화책임법이라고 부른다)을 고려하여야 한다. 실화책임법에 의하면 실화(失火)의 특수성을 고려하여 A에게 중대한 과실이 없는 때에는 그 손해배상액의 경감에 관한 민법 제765조의 특례가 인정되므로, A는 화재가 실화이고, 그 실화가 중대한 과실로 인한 경우가 아닌 한 법원에 손해배상액의 경감을 청구할 수 있다.

사례에서 A는 가옥의 전세권자로서 가옥을 명도하기까지 선량한 관리자의 주의로써 보존할 의무를 부담하므로, 전세권설정계약상의 선관주의의무를 위반하여 화재로 가옥을 소실시킨 경우라고 하면 A는 손해배상청구의 근거를 채무불이행책임으로 할 수 있다. B가 A의 책임이 불법행위로 인한 손해배상의무가 아닌 채무불이행책임으로서의 손해배상책임을 물을 때에는 실화에 대한 A의 과실의 경중은 문제되지 않는다.

만약 전세목적물인 가옥에 대한 실화가 A의 피용자인 C의 과실에 기인하는 경우에는 어떤가? 불법행위의 경우에는 민법 제756조에 의하여 피용자가 그 사무집행에 관하여 과실이 있어서 사용자로서의 책임이 있는 경우에 A가 사용자책임으로서 손해배상책임을 진다. 물론 피용자 C의 실화와 관련하여 실화책임법의 적용이 문제된다. 그리고 A의 사용자책임을 묻는 경우에는 민법 제756조 제1항 단서가 정한 면책사유에 해당하는 경우, 즉 A가 사용자로서 피용자인 C의 선임 및 그 사무감독에 상당한 주의를 한 때 또는 상당한 주의를 하여도 손해가 있을 경우에는 A에게 손해배상책임이 인정되지 아니한다. 그러나 채무불이행의 경우에는 민법 제391조에 의하여 피용자의 고의나 과실은 즉 채무자의 고의나 과실로 보므로, A의 면책이 인정될 수 없고, 항상 C의 실화에 대하여 A는 채무불이행책임으로서 손해배상책임을 부담하여야 한다.

6. 전세권의 처분

(1) 전세권처분의 자유

전세권은 물권으로 전세권자에게 처분의 자유가 인정된다. 전세권자는 전세권을 타인에게 양도 또는 담보로 제공할 수 있고 그 존속기간 내에서 그 목적물을 타인에게 전전세 또는 임대할 수 있다(§306 본문). 전세권의 양도·담보제공 또는 전전세·임대를 통하여 전세권자는 투하자본인 전세금을 회수할 수 있다. 전세권의 처분은 원칙적으로 자유이지만, 당사자가 특약으로 전세권의 처분을 금지하여 전세권의 처분자유를 제한할 수 있다(§306 단서). 다만 처분금지의 특약은 등기하여야 제3자에게 대항할 수 있다(부동산등기법 §72 v).

(2) 전세권의 양도

1) 서 언

전세권자는 설정행위에 의한 금지가 없는 한 전세권설정자의 동의와 관계없이 전세권을 양도할 수 있다. 전세권의 양도는 전세권양도의 합의와 등기에 의하여 그 효력이 생기고, 전세권설정자에 대한 통지나 승낙을 필요로 하지 아니한다. 다만 전세권은 담보물권적 성격도 가지는 이상 부종성과 수반성이 있으므로, 전세권을 그 담보하는 전세금반환채권과 분리하여 양도할 수 없다.

2) 전세금반환청구권의 양도

A는 B와의 사이에 갑가옥에 관하여 2009.9.1. 전세금 2억원, 전세기간 2011.8.31.까지로 하는 전세권설정계약을 맺고 전세권설정등기를 한 후 갑가옥에 입주하여 살고 있던 중 A는 2010.7.30. B에 대한 전세금반환청구권을 C에게 양도하였다. 그리고 A

> 는 2010.8.1. 확정일자 있는 증서로 채권양도의 사실을 B에게 통지하였다. 한편 A의 채권자 X는 2010.12.1. A의 B에 대한 전세금반환채권에 관하여 채권압류 및 전부명령을 받았다. 채권압류 및 전부명령이 2010.12.6. B에게 송달된 후 X는 B를 상대로 전부금청구소송을 제기하여 승소판결을 받았고, B는 X에게 전세금을 지급하였다. C는 B에 대하여 전세금의 반환을 청구할 수 있는가?

케이스에서 C가 B에 대하여 전세금의 반환을 청구할 수 있느냐 아니냐는 전세권의 존속중에 전세권과 분리하여 전세금반환채권을 양도할 수 있는가 여부에 따라서 다르다. 전세권자가 전세금을 지급하고 전세권을 취득한 후 전세권의 존속중에 제3자에게 전세금반환청구권을 전세권과 분리하여 양도할 수 있는가? 학설상으로는 양도허용설, 양도부정설, 절충설이 대립한다.

① 양도허용설 양도허용설은 전세금반환청구권을 양도하더라도 전세권설정자에게 아무런 불이익도 주지 아니하므로, 그 양도성을 부인할 이유가 없다고 본다. 양도허용설에 따르면 C가 유효하게 전세금반환채권을 양수한 경우가 되므로, 비록 A의 채권자 X가 전세금반환채권의 압류 및 전부명령을 받더라도 그 채권압류 및 전부명령은 이미 존재하지 않는 A의 B에 대한 전세금반환채권을 압류 및 전부명령한 경우로서 무효라 아니할 수 없다.[653] 결국 B가 판결에 의하여 X에 대하여 전세금을 지급한 경우라고 하더라도 C에게는 대항할 수 없다. 결국 C는 전세권설정자 B에 대하여 전세금의 반환을 청구할 수 있다.

② 양도부정설 양도부정설은 전세권에 담보물권적 성질이 인정된 이상 그 효력의 하나인 수반성과의 관계에서 전세금반환채권만의 양도는 부정되어야 한다고 본다. 전세권이 존속하는 동안에는 전세금반환채권을 양도할 수 없다고 하는 양도부정설에 의하면 A가 C에게 전세금반환청구권인 채권을 양도하더라도 효력이 없으므로, 전세권자 A의 채권자 X로부터 전세금반환채권의 압류 및 전부명령을 받고 전세금을 지급한 전세권설정자 B는 전세금반환채권의 양수인 C에게 X에 대한 전세금의 지급을 대항할 수 있다.

③ 절충설 절충설은 전세금반환청구권의 양도는 그 채권양도에 참가한 당사자 사이에서는 채권적 효력을 가지나, 제3자에 대한 관계에서는 채권양도로서의 효력이 없다고 본다.

판례의 견해는 어떤가? 종래 전세권이 존속하는 한 전세권과 분리하여 전세금반환청구권만을 양도하여도 전세금반환청구권은 이전되지 않는다고 본 경우도 있고,[654] 전세금반환채권은 전세목적물의 명도 이전에 전세계약 자체와 분리하여 양도할 수 있다고 한 경우도 있다.[655] 그러나 최근에는 판례가 피담보채권의 처분이 있음에도 불구하고 담보물

653) 피압류채권이 존재하지 않으면 전부명령은 무효이다(대법원 2007.4.12. 선고 2005다1407 판결).
654) 대법원 1966.9.6. 선고 66다769 판결.
655) 대법원 1969.12.23. 선고 69다1745 판결.

권의 처분이 따르지 않는 특별한 사정이 있는 경우에는 채권양수인은 담보물권이 없는 무담보의 채권을 양수한 경우로 되고 피담보채권의 처분에 따르지 않은 담보물권은 소멸한다고 보므로,[656] 전세금반환채권의 처분에도 불구하고 전세권의 처분이 따르지 않는 특별한 사정이 있는 경우에는 전세금반환채권의 양수인은 전세권이 없는 무담보의 채권을 양수한 경우로 되어 전세권은 소멸하고, 다만 전세권이 존속하는 동안은 전세권을 존속시키기로 하면서 전세금반환채권만을 전세권과 분리하여 확정적으로 양도할 수 없고, 전세권의 존속중에는 장래에 그 전세권이 소멸하는 경우에 전세금반환채권이 발생한다는 조건으로 그 장래의 조건부채권을 양도할 수 있을 뿐이라고 본다(이른바 한정적극설이라고 부를 수 있다).[657]

담보물권은 그 특징의 하나로 수반성이 있다. 전세권은 담보물권적 성격도 가지는 이상 수반성이 있으므로, 전세권과 그 담보하는 전세금반환채권을 각각 분리하여 양도하는 경우는 허용되지 않는다. 한편 담보물권 혹은 전세권의 수반성이란 피담보채권의 처분이 있으면 언제나 담보물권도 함께 처분된다는 의미가 아니라, 채권담보라고 하는 담보물권 제도의 존재목적에 비추어 볼 때 특별한 사정이 없는 한 피담보채권의 처분에는 담보물권의 처분도 포함된다는 의미일 뿐이다. 그러므로 전세권이 존속기간의 만료로 소멸한 경우 또는 전세권설정계약이 합의해지된 경우에 당사자간의 특약에 의하여 전세금반환채권의 처분에도 불구하고 전세권의 처분이 따르지 않기로 한 때에는 양수인이 유효하게 전세금반환채권을 양수할 수 있다. 다만 당사자간의 약정에 의하여 전세권의 처분이 따르지 않는 전세금반환채권만의 분리양도가 이루어진 경우에는 양수인은 유효하게 전세금반환채권을 양수하는 한편, 그로 인하여 전세금반환채권을 담보하는 물권으로서의 전세권은 소멸하게 된다.[658]

사례를 살펴보면 전제권의 존속기간이 2011년 8월 31일로 되어 있고, B가 C에게 전세금반환채권을 양도할 당시 A와의 사이에 전세권설정계약을 합의해지하거나 전세권을 소멸시키기로 합의한 경우로 볼 아무런 증거가 없다. 또한 장차 전세권이 소멸하는 경우에 전세금반환채권이 발생한다는 조건으로 그 장래의 조건부채권을 양도한 경우라고 볼 수도 없다. 그러므로 B가 전세권이 존속하는 동안에 전세권을 존속시키기로 하면서 전세금반환채권만을 전세권과 분리하여 양도한 경우로서 무효라고 보아야 한다. 결국 판례가 취하는 한정적극설에 비추어 C가 유효하게 전세금반환채권을 양수한 경우로 볼 수 없다. 그러므로 C는 B에 대하여 전세금의 반환을 청구할 수 없다.

3) 존속기간종료 후의 전세권의 양도

A는 2000.2.16. B와 사이에 갑부동산에 관하여 전세금 5억원, 전세기간 2000.2.16.부터 2001.2.15.까지, 전세권자를 B로 하는 전세권설정계약을 체결하고 2000.2.22. 전

656) 대법원 1999.2.5. 선고 97다33997 판결.
657) 대법원 2002.8.23. 선고 2001다69122 판결.
658) 대법원 2004.4.28. 선고 2003다61542 판결; 대법원 1999.2.5. 선고 97다33997 판결.

세권설정등기를 마쳤다. 그 후 A는 2000.12.1.경 B와의 전세계약을 합의해지하였는데, B는 A의 승인하에 C와 사이에 전세권에 관한 양도계약을 체결하고, 2001.7.6. 전세권설정등기의 명의를 C로 바꾸는 전세권이전의 부기등기를 마쳤다. 한편 2001.7.9. B의 채권자 X는 B의 A에 대한 전세금반환채권 5억원을 압류하고 X에게 전부하는 내용의 채권압류 및 전부명령을 받았는데, 그 무렵 A에게 송달되어 2001.7.28. 확정되었다. C는 전세금반환채권의 양수를 가지고 X에게 대항할 수 있는가?

우선 전세권설정등기를 마친 민법상의 전세권을 존속기간의 만료 후에 양도할 수 있는가 하는 문제가 제기된다. 전세권의 존속기간이 만료되면 전세권의 용익물권적 권능은 전세권설정등기의 말소 없이도 당연히 소멸한다. 그러나 전세금반환채권을 담보하는 담보물권적 권능의 범위 내에서 전세권의 존속기간이 만료되더라도 전세금의 반환시까지 그 전세권설정등기의 효력이 그대로 존속한다. 그러므로 전세권의 존속기간의 경과로 인하여 본래의 용익물권적 권능이 소멸하고 담보물권적 권능만 남은 전세권에 대하여도 그 피담보채권인 전세금반환채권과 함께 전세권을 제3자에게 양도할 수 있다.[659] 사례에서 BC 사이의 전세권양도계약의 체결 및 전세권이전의 부기등기로써 전세금반환채권이 전세권의 담보물권적 권능과 함께 C에게 유효하게 양도된 경우로 보아야 한다.

사례를 보면 C가 전세금반환채권을 양수받은 후에 전세금반환채권의 압류·전부채권자 X가 나타나 있으므로, 누가 우선하는가, 다시 말하면 C가 X에게 전세금반환채권의 양도 사실로써 대항할 수 있는가 하는 문제가 있다. 전세금반환채권의 양도를 채무자 이외의 제3자에게 대항하기 위하여는 확정일자 있는 증서에 의한 통지나 승낙이 요구되고(§450 II), 전세권양도계약 및 전세권이전의 부기등기가 이루어진 사실만으로는 충분하지 않다. 결국 민법 제450조 제2항 소정의 확정일자 있는 증서에 의한 채권양도절차를 거치지 않는 한, C는 전세금반환채권의 압류·전부채권자 X 등 제3자에게 전세금반환채권을 양수할 사실을 가지고 대항하지 못한다.

(3) 전세권의 담보제공

전세권자는 전세권을 타인에게 담보로 제공할 수 있다(§306). 다만 전세권의 담보제공은 전세권에 저당권을 설정하는 경우를 가리킨다(§371).

(4) 전세권의 임대

전세권자는 설정행위로 금지하지 않는 한「전세권의 존속기간 내에서」전세권을 임대할 수 있다. 전세권의 임대에 관한 요건 및 효과는 모두 임대차에 준한다. 다만 전세권의 임대에 대하여는 전세권설정자의 승낙을 요하지 않으므로, 전세권의 임대로 인한 모든 책임은 전세권자가 부담한다.

---

659) 대법원 2005.3.25. 선고 2003다35659 판결.

(5) 전전세

1) 의 의

> A는 B와 사이에 2010.5.1. 갑주택에 관하여 전세금 2억원, 전세기간 2010.6.1.부터 2012.5.31.까지로 하는 전세권설정계약을 체결하고 2010.6.10. 전세권설정등기를 마쳤다. 그런데 A는 갑자기 2010.12.1. 해외지사로 파견근무를 떠나게 되었다. A는 B의 동의를 얻지 아니하고 갑주택에 대하여 다시 C와 사이에 전전세권설정계약을 맺고 전전세권설정등기를 마칠 수 있는가?

전전세의 이해를 위한 워밍업 케이스이다. 전세권자가 전세권을 그대로 유지하는 한편, 타인을 위하여 그 전세부동산의 용도에 좇은 사용·수익을 목적으로 하는 전세권을 다시 설정하는 경우를 「전전세」라고 한다. 전세권자는 설정행위로 금지되어 있지 않는 한 전세권의 존속기간 내에서 전세권을 전전세할 수 있다. 사례에서 A는 B와 전세권설정계약을 체결하고, 전세권설정등기를 마친 경우이므로, 전세권을 유효하게 취득한다. 그리고 A가 취득한 전세권은 물권이므로, 그 존속기간 내에 전세권설정자(B)의 동의가 없더라도 전세목적물을 얼마든지 타인(C)에게 전전세할 수 있다(§306). 다만 C의 전전세권은 등기하여야 물권으로서 보호를 받는다.

전세권자가 전전세권을 설정하는 경우에 전전세권의 목적이 무엇인가? 학설상 전세권설과 전세부동산설이 대립한다. 전세권설은 전전세권이란 전세권자의 전세권을 기초로 하여 그 전세권을 목적으로 다시 설정된 전세권을 가리킨다고 보는 견해이다. 반면에 전세부동산설은 전전세권은 원전세권을 기초로 하여 설정하는 전세권이기는 하지만 원전세권을 목적으로 하는 전세권이 아니라 전세부동산을 목적으로 하여 설정된 새로운 전세권이라고 보는 견해이다. 전전세란 전세권자의 전세권을 기초로 하여 그 전세권을 목적으로 하는 전세권을 다시 설정하는 경우이므로, 전세권설이 타당하다.

2) 요 건

(a) 전전세권설정행위

전전세권의 설정을 위하여는 부동산물권변동의 일반원칙에 따라서 물권적 합의와 등기를 하여야 한다. 전전세권설정등기는 원전세권에 대한 부기등기로 한다. 만약 전전세권자 앞으로 전전세권이 등기되지 않으면 채권으로서의 효력이 인정될 뿐이다(이른바 채권적 전전세권을 취득한다).

(b) 전전세권의 당사자

전전세권설정행위의 당사자는 원전세권자(전전세권설정자)와 전전세권자이고, 원전세권설정자는 당사자가 아니다.

(c) 전전세권의 존속기간

전전세권의 존속기간은 원전세권의 존속기간 내에서 하여야 하고, 전전세권의 존속기간이 원전세권의 존속기간을 초과하지 못한다. 전세권설정자의 승낙이 있으면 전전세권의 존속기간을 원전세권의 존속기간을 넘는 기간으로도 약정할 수 있는가? 학설상 다수설은 전세권설정자의 승낙이 있더라도 전전세권의 존속기간이 원전세권의 존속기간을 초과하지 못한다고 본다. 다만 소수설로서 전세권설정자의 승낙이 있으면 원전세권의 존속기간과 관계없이 전전세권의 존속기간을 정할 수 있다고 보는 견해도 있다.

(d) 전전세금의 액

전전세금의 액은 원전세금의 범위 내이어야 하는가, 아니면 원전세금의 액을 초과할 수 있는가? 학설상 전전세금은 원전세금의 금액을 한도로 한다는 견해가 다수설이다. 다만 소수설로서 전전세금의 액을 원전세금의 액과 상관없이 결정할 수 있다는 견해가 있다.

(e) 전전세권의 범위

전전세권은 원전세권의 범위 내에서 유효하므로, 원전세권의 일부를 목적으로 하는 전전세권도 유효하다(부동산등기법 §72 vi).

3) 효 과

전전세권자는 전세권자와 동일한 권리의무를 가지며 전전세권설정자도 전세권설정자와 동일한 권리의무를 가진다. 다만 원전세권자는 전전세권에 의하여 제한되는 한도에서는 목적물을 스스로 사용·수익하지 못하고, 전전세권자는 원전세권설정자에 대하여는 아무런 권리·의무를 가지지 아니한다.

전전세권은 원전세권을 기초로 하므로 원전세권이 소멸하면 전전세권도 소멸한다. 전전세권이 존속하는 동안에 전세권자는 전전세권을 해하지 않는 범위 내에서 처분행위는 가능하지만, 원전세권을 소멸시키는 행위를 하지는 못한다. 전전세권이 소멸한 때에는 전전세권자는 원전세권자에게 목적부동산의 인도, 전전세권설정등기의 말소등기에 필요한 서류의 교부와 동시에 전세금의 반환을 청구할 수 있다(§317).

전세권자는 전전세권을 설정하지 않은 경우라고 하면 면할 수 있는 불가항력으로 인한 손해에 대하여도 그 책임을 부담한다(§308).

7. 전세권자의 우선변제권

전세권자는 전세금의 반환에 관하여 후순위권리자 기타 채권자보다 우선변제권을 가진다(§303 I). 전세권자는 대항력이 없는 일반채권자보다는 항상 우선하고, 대항력 있는 채권, 예컨대 등기 있는 임차권(§621), 주택임대차보호법에 의한 대항력을 갖춘 주택임차권이 경합하는 경우에는 순위에 의하여 해결된다.

Ⅳ. 전세권의 소멸

1. 전세권의 소멸사유

(1) 물권 일반의 소멸원인

전세권은 물권 일반의 소멸사유인 (i) 목적부동산의 멸실, (ii) 존속기간의 만료, (iii) 혼동, (iv) 소멸시효, (v) 전세권에 우선하는 저당권의 실행에 의한 경매, (vi) 토지수용에 의하여 소멸한다.

(2) 전세권설정자의 소멸청구

1) 전세권소멸청구권의 성립

전세권자는 전세권설정계약 또는 그 목적물의 성질에 의하여 정하여진 용법으로 전세목적물을 사용, 수익하여야 한다. 만약 전세권자가 설정행위에 의하여 정한 전세권의 양도·담보제공 및 전전세·임대의 금지를 위반하여 전세권을 처분하거나, 목적물의 현상유지 및 관리·수선의무를 위반하는 경우에는 전세권설정자는 전세권의 소멸을 청구할 수 있다(§311 I).

2) 전세권소멸청구권의 법적 성질

전세권설정자의 전세권소멸청구권의 성질에 대하여는 형성권설·물권적 단독행위설·채권적 청구권설이 대립한다. 형성권설에 의하면 전세권설정등기의 말소등기를 하지 않더라도 전세권소멸청구에 의하여 전세권은 당연히 소멸한다(형성권설이 다수설이고, 타당하다). 그러나 물권적 단독행위설·채권적 청구권설에 의하면 전세권설정등기의 말소등기를 하여야 전세권이 소멸하고, 특히 채권적 청구권은 전세권소멸청구권의 행사로 전세권소멸의 효력이 단지 장래를 향하여만 생긴다고 본다.

3) 원상회복청구권 혹은 손해배상청구권

전세권자의 용법에 위반하는 사용·수익으로 목적부동산에 변경이 생기거나 손해가 발생한 때에는 전세권소멸청구와 동시에 전세권설정자는 전세권자에 대하여 원상회복 또는 손해배상을 청구할 수 있다(§311 II).

(3) 전세권의 소멸통고

1) 의 의

전세권은 전세권자나 전세권설정자의 소멸통고에 의하여 소멸될 수 있다. 전세권의 존속기간을 약정하지 아니한 때에는 각 당사자는 언제든지 상대방에 대하여 전세권의 소멸을 통고할 수 있고, 상대방이 통고를 받은 날로부터 6월이 경과하면 전세권은 소멸한다(§313).

2) 전세권소멸통고의 법적 성질

전세권소멸통고의 성질을 이해하는 태도에 따라서 전세권소멸통고에 의한 전세권의 소멸에 등기가 필요하냐 아니냐 하는 차이가 생긴다. 전세권소멸통고는 전세권의 소멸을 목적으로 하는 단독의 물권행위이며, 민법 제186조가 적용되어 등기하여야 비로소 전세권 소멸의 효과가 생긴다고 보는 물권적 단독행위설이 다수설이다. 그러나 소수설로서 전세권의 소멸통고는 형성권의 행사이며, 소멸통고후 6개월이 경과하면 자동적으로 전세권은 소멸한다고 보는 형성권설이 있다.

생각건대 민법 제313조에서 「6월이 경과하면 전세권은 소멸한다」고 하는 규정은 6개월이 경과하면 등기 없이 전세권이 소멸한다고 하는 의미가 아니다. 단지 6개월이 경과하면 등기말소청구권이 생길 뿐이며 전세권은 전세권설정등기의 말소등기를 한 때에 비로소 소멸한다고 해석되어야 하므로, 전세권의 소멸통고는 물권적 단독행위라고 보는 태도가 타당하다.

(4) 목적부동산이 멸실된 경우

1) 목적부동산이 전부멸실된 경우

(a) 불가항력에 의한 전부멸실

전세권의 목적물 전부가 불가항력으로 인하여 멸실된 때에는 전세권은 소멸한다(§314 I). 목적부동산이 불가항력에 의하여 전부멸실된 때에는 전세권자에게 손해배상책임이 생기지 않고, 다만 전세권설정자의 전세금반환의무만이 남는다.

(b) 귀책사유에 의한 전부멸실

목적부동산이 전세권자의 귀책사유에 의하여 전부멸실된 때에도 전세권은 소멸한다. 다만 전세권자는 손해배상책임을 지고, 전세권설정자는 전세금으로 손해배상에 충당한 후 잉여가 있으면 반환하고 부족하면 그 부족액을 청구할 수 있다.

2) 목적부동산이 일부멸실된 경우

(a) 불가항력에 의한 일부멸실

전세권의 목적물의 일부가 불가항력으로 인하여 멸실된 때에는 그 멸실된 부분의 전세권은 소멸한다(§314 I). 그리고 목적부동산이 불가항력에 의하여 일부멸실된 경우에도 불구하고 목적달성이 가능하면 나머지 부분에 전세권이 존속하고, 목적달성이 불능이면 전세권자는 전세권설정자에게 전세권 전부를 소멸청구하고 전세금반환을 청구할 수 있다(§314 II).

(b) 귀책사유에 의한 일부멸실

목적부동산이 전세권자의 귀책사유에 의하여 일부멸실된 때에는 목적달성이 가능하면 나머지 부분에 전세권이 존속한다. 그러나 목적물의 일부멸실로 인하여 목적달성이 불능이면 전세권자는 전세권설정자에게 전세권 전부를 소멸청구할 수 있으나,[660] 전세권설정자가 입은 손해를 배상하여야 한다. 물론 전세권자의 귀책사유에 의한 일부멸실로 전세권의 목적을 달성할 수 없으면 전세권설정자는 전세권 전부에 대하여 소멸청구를 할 수 있다.

(5) 전세권의 포기

1) 의 의

전세권이 제3자의 권리의 목적인 때를 제외하고는(§371 II) 비록 전세권의 존속기간을 약정하고 있더라도 전세권자는 자유로 전세권을 포기할 수 있다. 전세권의 포기는 물권적 단독행위로서 포기에 의한 전세권의 소멸은 포기의 의사표시와 전세권설정등기의 말소등기를 하여야 소멸의 효과가 발생한다는 견해가 다수설이다. 다만 소수설로 포기에 의한 전세권의 소멸은 전세권설정등기의 말소등기 없이 그 효력이 발생한다는 견해도 있다.

2) 전세권의 포기와 전세금반환청구권

전세권자가 전세권을 포기한 경우에 전세금반환청구권도 소멸하는가 하는 문제가 있다. 학설상으로는 포함설, 불포함설, 의사해석설이 대립한다.

① 포함설 포함설은 전세권을 포기하면 전세금반환청구권의 포기도 포함한다고 보는 견해이다. 포함설은 만일 전세권자가 사용·수익권을 포기하고 전세금의 반환을 청구하는 경우에는 전세권의 포기가 아니라 전세권의 소멸통고가 되고, 그 요건을 갖춘 때에만 허용된다고 본다.

② 불포함설 불포함설은 전세권을 포기하면 전세권만이 소멸하고 전세금반환청구는 할 수 있다고 보는 견해이다. 불포함설은 전세권의 포기로 역시 전세금반환청구권까지를 포기한 경우라고 인정할 만한 특별한 사정이 없는 한 보통 전세권의 포기로 전세권만이 소멸하며 전세금의 반환은 청구할 수 있고, 전세권의 포기로 인하여 전세금반환청구권은 우선변제권이 없는 일반채권으로 존속한다고 본다.

③ 의사해석설 의사해석설은 전세권의 포기가 전면적인 경우, 즉 사용·수익권과 전세금반환청구권 양자를 포함하는 경우가 아닌 한 전세금반환청구권에 관한 문제는 당사자의 의사해석으로 판단하여야 한다고 보는 견해이다. 의사해석설은 전세권의 포기를 내용상으로 목적물의 사용·수익권의 포기와 전세금반환청구권의 포기로 구분하고, 전자에서는 전세권은 당연히 소멸하게 되며 전세금반환청구권에 관한 문제는 일반적인 채권·채무로 변질되고, 후자에서는 전세권의 존속요건이 결여되어 전세금반환청구권을 포함한 전세권 전체의 포기를 초래하게 된다고 본다.

---

660) 전세권의 존속기간이 전세금에 대한 금융의 사용기간이라고 하는 의미도 가지므로, 전세권 전부의 소멸통고를 인정하는 해석에 대하여는 의문이 없지 않다고 보는 견해가 있다.

2. 전세권소멸의 효과

(1) 전세금반환의무

1) 동시이행

전세권이 소멸한 때에는 전세권설정자는 전세권자로부터 목적물의 인도 및 전세권설정등기의 말소등기에 필요한 서류의 교부를 받는 동시에 전세금을 반환하여야 한다(§317). 그러므로 전세권이 소멸하면 전세권설정자의 전세금반환과 전세권자의 목적물인도 및 전세권설정등기의 말소등기에 필요한 서류교부는 서로 동시이행관계가 된다.

2) 전세목적물의 소유권을 이전받은 신소유자의 전세금반환의무

전세목적물은 양도가 가능한가? 전세권은 용익물권적 성격과 담보물권적 성격을 아울러 가지고 있으므로, 용익물권적 측면과 담보물권적 측면에서 전세목적물의 양도가 가능한가를 살펴볼 필요가 있다.

먼저 담보물권적 측면에서 살펴보면 본래 담보물권은 그 발생 및 소멸에 관하여 피담보채권에 부종하나, 피담보채무가 없으면 담보물권이 성립할 수 없다는 부종성의 원칙은 반드시 채무자만이 담보물권을 설정할 수 있다는 의미가 아니고, 단지 채무가 전혀 존재하지 않는 때에는 담보물권이 독립하여 존재한다고 할 수 없다는 의미일 뿐이다. 그러므로 채무자가 아닌 자가 자기의 물건 위에 타인의 채무를 위하여 질권이나 저당권과 같은 담보물권을 설정하는 경우가 가능할 뿐 아니라, 더 나아가 자신의 부동산에 담보물권을 설정한 채무자가 담보목적물을 제3자에게 양도하더라도 무방하다.

용익물권적 성격에서는 어떤가? 전세권은 물권이므로, 전세목적물이 양도되더라도 전세권자는 전세권에 기하여 그 양수인에게 목적물의 사용·수익권이 있다고 주장할 수 있을 뿐 아니라, 경매·우선변제권을 행사할 수 있다. 전세목적물이 양도되더라도 전세권자가 계속 전세목적물을 사용·수익하는 데는 아무런 지장이 없다. 그러므로 전세권설정자가 전세목적물을 제3자에게 양도하더라도 무방하다.

> A는 B가 소유하고 있던 갑아파트에 관하여 전세금 1억원, 전세기간 2년으로 하는 내용의 전세계약을 체결하였다. 그리고 갑아파트에 관하여 전세금 1억원, 존속기간 1992.6.21.부터 1994.6.20.까지, 변제기 1994.6.20., 전세권자를 A로 하는 전세권설정등기를 마쳤다. 그 후 B는 C에게 갑아파트를 2억원에 매도하면서 갑아파트에 설정된 근저당권의 피담보채무인 을은행에 대한 채무 3천만원, A에 대한 전세금반환채무 1억원을 갑아파트의 양수인인 C가 인수하기로 하여, B는 C로부터 매매대금에서 인수한 채무합계금을 공제한 나머지 7천만원만을 지급받았고, C는 갑아파트에 관하여 자신의 명의로 소유권이전등기를 마쳤다. A는 B와 C 중 누구에 대하여 전세금의 반환을 청구할 수 있는가?

전세권의 존속중에 전세목적물이 양도된 경우에 양수인이 전세권설정자의 지위를 승계하는가? 전세권이 성립한 후 목적물의 소유권이 이전되는 경우에 전세권관계가 전세권자와 전세권설정자인 종전의 소유자와 사이에 계속 존속되는지, 아니면 전세권자와 목적물의 소유권을 취득한 신소유자와 사이에 동일한 내용으로 존속되는지에 관하여 민법에 명시적인 규정은 없다(주택임대차보호법 제3조 제2항에는 임차주택의 양수인이 임대인의 지위를 승계한다는 규정이 있다). 학설상 전세목적물의 양수인이 전세권설정자로서의 지위까지를 승계하는가에 관하여 대립이 있다.

① 승계부정설 승계부정설은 전세건물의 양수인은 그 전세기간 동안 전세권자가 그 주택에서 거주하도록 용인하여야 할 소극적 의무가 있을 뿐이고, 전세권자의 거주에 필요한 상태를 유지하게 할 의무나 전세금을 반환할 의무는 없다고 본다. 물론 승계부정설에 의하더라도 전세권자는 그 건물을 경매할 수 있으므로(§318), 전세금반환에 관하여는 전세권설정자(구소유자)가 전세금을 반환하지 않을 경우에 양수인은 흡사 전세권설정자의 전세금반환채무에 대하여 물상보증인이 된 경우와 같은 모양이 된다고 본다. 승계부정설에 의하면 전세목적물인 갑아파트의 소유권이 B로부터 C에게로 변동되더라도 전세권에 관한 권리의무관계가 신소유자 C에게 당연히 승계되지는 않으므로, 구소유자 B가 여전히 전세권설정자로서의 지위에서 전세금반환의무를 진다.

② 승계긍정설 승계긍정설은 전세권의 목적부동산의 소유권이 이전되면 그와 함께 전세권설정자의 지위도 이전되고, 전세권설정자라도 그 목적물의 소유권을 잃으면 전세권설정자로서의 권리의무관계에서 이탈한다고 새긴다. 판례는 전세권은 전세권자와 목적물의 소유권을 취득한 신소유자 사이에서 계속 동일한 내용으로 존속하게 된다고 보아 승계긍정설을 취한다.[661] 승계긍정설이나 판례의 태도가 아래와 같은 이유로 타당하다고 본다.

(i) 전세권에 관한 민법규정을 보더라도 유익비상환청구권(§310), 전세권의 소멸청구 및 소멸통고(§§311·313), 전세금증감청구권(§213 II), 부속물매수청구권(§316) 등은 모두 권리행사 당시의 전세권자와 목적물의 소유자간의 관계에서 의미를 가지는 규정임이 분명하므로, 각 규정에서 법률관계의 당사자로 정하고 있는 전세권설정자 또는 소유자는 모두 목적물의 소유권을 취득한 신소유자로 새길 수밖에 없다.

(ii) 전세권은 전세금이 존재하지 않으면 독립하여 존재할 수 없는 용익물권으로서 전세금은 전세권과 분리될 수 없는 요소이다.

(iii) 신소유자가 전세금반환채무를 이행하지 못하면 전세목적물로 책임을 지므로, 신소유자가 전세권설정자로서의 지위를 승계하더라도 결코 전세권자에게 불리하다고 할 수 없다. 양수인이 무력자이고 전세목적물로부터 완전한 변제를 받지 못할 경우에 전세권자를 해친다고 보나, 그 위험은 전소유자가 여전히 전세권설정자로 남는 경우에도 마찬가지로 생길 수 있다.

---

661) 대법원 2006.5.11. 선고 2006다6072 판결; 대법원 2000.6.9. 선고 99다15122 판결.

(iv) 전세목적물을 양도하면서 특약에 의하여 양수인이 매매대금으로부터 전세금에 상당하는 금액을 공제한 잔액만을 매도인(전세권설정자)에게 지급하고, 전세금반환채무를 스스로 인수하는 예가 실제거래에 있어서도 흔하다. 그러므로 전세목적물의 양수인이 전세권설정자의 지위를 승계하고 본래의 전세권설정자를 면책시킨다고 보는 태도가 구소유자, 신소유자와 전세권자 사이의 법률관계를 간명하게 한다.

사례에서 C는 AB 사이에 성립한 전세권의 내용에 따른 권리의무의 직접적인 당사자가 되어 전세권이 소멸하는 때에 A에 대하여 전세권설정자의 지위에서 전세금반환의무를 부담하게 된다. 그리고 B는 전세권설정자의 지위를 상실하여 전세금반환의무를 면하게 된다. 결국 A는 전세목적물의 신소유자인 C에 대하여만 전세금의 반환을 청구할 수 있다.

만약 전세권의 존속기간이 만료된 뒤에 전세목적물의 양도가 이루어진 경우라면 어떤가? 전세권의 존속기간이 끝나서 전세권소멸원인이 발생하게 되면 용익물권으로서의 전세권은 소멸하고, 전세권자가 전세금의 반환을 받을 때까지 담보물권으로서의 전세권만이 존속한다. 담보물권으로서의 전세권이 존속하는 동안에는 전세목적물이 양도된다고 하더라도 양수인이 전세금반환의무를 포함한 전세권설정자의 모든 지위를 면책적으로 승계한다고 보기는 무리이다(양수인도 전세권이 완전히 소멸된 경우로 생각하고 오히려 전세금반환의무에는 전혀 신경을 쓰지 않고 매수하는 경우가 많다). 그러므로 이미 전세권의 존속기간이 종료된 후 그 전세목적물을 양수하는 경우에는 전소유자, 즉 전세목적물의 매도인이 여전히 전세금반환의무를 부담한다고 새겨야 한다.

(2) 전세권자의 경매청구권·우선변제권

1) 경매청구권

(a) 의 의

전세권설정자가 전세금의 반환을 지체하는 때에는 전세권자는 민사집행법에 의하여 전세권의 목적물의 경매를 청구할 수 있는 경매청구권이 있다(§318).

(b) 토지나 건물의 일부에 설정된 전세권과 경매신청

A는 B로부터 갑건물의 일부에 관하여 전세권을 설정받아 전세권설정등기를 마쳤다. 전세권자 A는 갑건물 전부에 관하여 경매를 신청할 수 있는가?

건물의 일부에 전세권이 설정되는 경우가 있다(토지의 일부에 대하여도 마찬가지이다). 부동산의 일부에 대하여 전세권이 설정되어 있는 경우에 그 전세권자는 민법 제303조 제1항·제318조의 규정에 의하여 그 부동산 전부에 대하여 후순위권리자 기타 채권자보다 전세금의 우선변제를 받을 권리가 있다. 그리고 전세권설정자가 전세금의 반환을 지체한 때에는 전세권자는 전세권의 목적물의 경매를 청구할 수 있다. 다만 어떤 토지나 건물의 일부에만 전세권이 설정된 경우에 전세권자는 경매신청을 그 일부에 대하여만 할 수 있는가, 아니면 부동산 전부에 대하여 일괄경매를 할 수 있는가 하는 문제가 생긴다. 학설상으

로는 일부경매설, 일괄경매설, 절충설이 대립한다.

① 일부경매설 일부경매설은 1필의 토지의 일부나 1동의 건물의 일부에 전세권이 설정된 경우에는 전세권자는 전세권의 목적으로 되어 있는 부동산의 일부 혹은 특정부분에 대한 분필·분할등기를 한 후 전세권의 목적인 일부에 대하여만 경매신청을 할 수 있다고 본다.

② 일괄경매설 일괄경매설은 부동산의 일부를 전세목적물로 한 경우라도 경매신청은 그 부동산 전부에 대하여 할 수 있다고 새긴다. 일괄경매설은 그 근거로서 (i) 일부경매신청을 허용하면 가액의 산정곤란과 같은 사정으로 경매절차가 지연되어 전세권자에게 일방적으로 불리하고, (ii) 전세권설정자는 언제라도 전세금을 반환하면 경매를 막을 수 있어서 부동산 전부에 대한 경매신청을 허용한다고 하더라도 전세권설정자의 보호에 그리 미흡하지 않고, (iii) 부동산의 일부를 전세목적물로 하더라도 그 부동산 전부에 대하여 우선변제를 받을 수 있다고 한 민법 제303조 제1항은 일괄경매까지를 인정하는 취지라고 볼 수 있다고 한다.

③ 절충설 절충설은 건물의 일부가 전세권의 목적인 경우에 1동의 건물을「구분소유권」으로 구분할 수 있으면 건물의 일부에 대한 경매가 인정될 수 있으나, 1동의 건물을 구분소유권으로 구분할 수 없으면 전세권설정자에게 과도한 불이익을 주게 되더라도 부득이 담보물권의 불가분성에 의하여 건물 전체의 경매청구를 할 수 있다고 새기는 수밖에 없다고 본다.

판례는 건물의 일부에 전세권이 설정된 경우에 전세권자는 전세권의 목적물이 아닌 나머지 건물부분에 대하여는 우선변제권은 별론으로 하고, 경매신청권은 없으므로 전세권의 목적이 된 부분을 초과하여 건물 전부의 경매를 청구할 수 없다고 하여 일부경매설을 취하고 있다.[662] 특히 판례는 전세권의 목적이 된 건물의 일부가 구조상 또는 이용상 독립성이 없어 독립한 소유권의 객체로 분할할 수 없고, 그 부분만의 경매신청이 불가능하다고 하여 달리 볼 이유가 없으므로 나머지 건물부분에 대하여는 경매신청할 수 없다고 본다.

만일 부동산의 일부에 대한 전세권자에 불과한 자가 그 부동산 전부에 대하여 경매를 신청할 수 있다고 하게 되면 전세권설정자에게 너무 큰 불이익을 강요하는 결과가 되고, 전세권자보호의 한계를 넘는다. 예컨대 고층건물의 한 부분에 전세권이 설정된 경우에 그 고층건물 전부에 대한 경매청구권을 인정한다면 전세권설정자에게 지나친 불이익을 강요하게 되어 부당하다고 하지 않을 수 없다. 그리고 주택임대차보호법에 의한 주택임대차보증금반환채권처럼 우선변제권이 인정되면서도 경매청구권이 인정되지 아니하는 권리가 있는가 하며, 유치권처럼 경매청구권은 인정되면서도 우선변제청구권은 인정되지 아니하는 권리가 있다시피 1984년의 민법개정시에 민법이 부동산의 일부에 대한 전세권자에게 부동산 전부로부터의 우선변제권을 인정하는 규정을 두고 있다고 하여 반드시 부동산 전

662) 대법원 1992.3.10. 선고 91마256, 257 판결; 대법원 2001.7.2. 자 2001마212 결정.

부에 대한 경매청구권을 인정하여야 할 논리적 필요성은 없다. 또한 굳이 전세권자에게 부동산 전부에 대한 경매청구권을 인정하지 않더라도 저당권자 등 다른 채권자가 그 부동산에 대하여 경매를 신청하여 매각대금을 채권자에게 배당할 때에 전세권자가 그 부동산 전부의 매각대금으로부터 우선변제를 받는다 하더라도 전세권설정자에게 불이익이 되지 아니할 뿐만 아니라(또한 다른 채권자와의 관계에서는 상호간의 우선순위에 의하여 변제받으므로 특정의 채권자가 순위에 반하여 특히 불이익을 받는 일은 없다), 경매기술상으로도 전세권의 목적이 된 부분에 한정하여 그 부분의 경매대금으로부터만 우선변제받으라고 할 경우에는 그 부분의 가액을 따로 특정하여야 하는 어려움이 따르게 된다. 그러므로 두 조항의 취지를 종합하면 부동산의 일부에 대한 전세권자가 스스로 경매를 청구할 경우에는 전세권의 목적이 된 부분에 한정하여 신청할 수 있을 뿐이고(나머지 부분에 대하여는 신청할 수 없다), 다만 저당권자나 다른 채권자의 신청에 의하여 진행된 경매절차에서는 그 부동산 전부로부터 우선변제를 받을 수 있다는 의미로 해석된다. 민법 제303조 제1항이「전세권자는 그 부동산 전부에 대하여 우선변제를 받을 권리가 있다」고 한 의미를 어떤 부동산의 일부에 대하여 전세권이 설정된 경우에도 부동산 전부의 경매를 신청하고, 그 부동산 전부의 매각대금으로부터 전세금의 우선변제를 받을 수 있다는 뜻으로 새기는 견해는 전세권설정자에게 너무 지나치게 불이익을 강요하여 부당하다. 결국 민법 제303조 제1항 후단이 전세권자는「부동산 전부」로부터 우선변제를 받을 수 있다고 규정하고 있기는 하나, 전세권자의 경매청구권을 규정한 민법 제318조는 예나 지금이나 경매목적물을「전세권의 목적물」로 규정하고 있으므로, 1개의 부동산의 일부에 대한 전세권자가 스스로 경매를 청구하는 경우에는 전세권의 목적이 된 부분에 한정하여 할 수 있을 뿐이라고 새겨야 한다(일부경매설이 타당하다).

구체적으로 경매방법은 토지의 일부에 대한 전세권이냐, 건물의 일부에 대한 전세권이냐에 따라서 다르다. 우선 1필의 토지 위에 설정된 전세권의 경우에도 토지 전부에 대하여 경매를 신청하기는 불가능하므로, 먼저 토지 중 전세권의 목적이 된 부분을 분할하여 분할등기를 한 후에 비로소 그 분할된 토지부분에 한하여 경매를 청구하는 수밖에 없다(분할등기는 전세권설정자가 하여야 하고, 만일 전세권설정자가 분할등기를 하지 아니하면 전세권자가 전세권설정자에 대위하여 분할등기를 신청할 수 있다(부동산등기법 §28)). 토지의 일부가 전세권의 목적으로 되어 있는 경우에는 그 토지부분의 분할에 별 어려움이 없으므로 분할등기를 한 후에 경매신청을 하면 된다. 그러나 케이스에서와 같이 1동의 건물의 일부가 전세권의 목적으로 되어 있는 경우에는 복잡한 문제가 제기될 수 있다. 물론 전세권이 설정된 갑건물의 일부가 이른바「구분소유권」으로 구분할 수 있으면 역시 문제는 없다. 그러나 갑건물의 일부를 구분소유권으로 구분할 수 없는 경우에는 어떤 처리를 하여야 하는가 하는 문제가 제기되나, 정면으로 다룬 판례는 아직 없다. 다만 학설상으로는 전세권의 목적이 된 갑건물의 일부의 분할이 불가능한 경우에는 현재로서는 담보물권의 불가분성에 비추어 갑건물 전부에 대한 경매청구가 가능하다고 볼 수밖에 없다는 견해가 강하다. 그러나 부동산의 일부에 대한 전세권이 설정된 경우에는 원칙적으로 그 부동산의 일부에 대한 경매신청만이 가능하고, 나머지 부분에 대한 경매는 할 수 없다고 하는 입장(일부경매설)에 설 경우에 전세권의 목적이 된 갑건물의 일부의 분할이 불가능한 때에는 갑건물 전부에 대한 경매신청이 허용될 수 없다고 본다.

만약 전세권이 설정된 갑건물의 일부가 「구분소유권」의 대상이 될 수 없어서 전세권자의 경매청구권이 아예 부정된다고 하면 갑건물의 일부에 대한 전세권자 A는 어떤 방법으로 전세금을 회수할 수 있는가? A는 전세권설정자 B로부터 전세금을 반환받기 위하여 전세금반환청구권 자체에 기하여 소송을 제기하여 집행권원을 부여받을 수 있다. 그리고 A가 집행권원을 부여받게 되면 그 집행권원에 기하여 갑건물 전부에 대한 강제경매를 할 수 있다.

2) 우선변제권

(a) 의 의

전세권자는 후순위권리자 기타 채권자보다 전세금의 우선변제를 받을 수 있는 우선변제권이 있다(§303 I). 그러므로 전세권자는 전세금반환청구권에 관하여는 후순위인 대항력 있는 채권(예컨대 등기 있는 임차권, 주택임대차보호법상의 대항력을 갖춘 주택임차권)에 대하여 우선적 지위에 있다. 다만 전세권과 저당권이 경합하는 경우에 어느 권리가 우선하는가가 문제되나, 어느 권리가 먼저 설정된 경우인가에 따라서 다르다. 전세권이 저당권보다 먼저 설정된 경우에는 전세권자가 경매를 신청하면 양자는 모두 소멸하고, 배당순위는 각 설정등기의 선후에 의하며, 후에 설정된 저당권자가 경매를 신청한 경우에는 전세권은 소멸하지 않는다. 그러나 저당권이 전세권보다 먼저 설정된 경우에는 저당권자가 경매를 신청하든 전세권자가 경매를 신청하든 저당권이나 전세권이 모두 소멸하고 배당순위는 설정등기의 선후에 의한다.

전세권자가 우선변제권을 행사하여 매각대금으로부터 변제를 받고도 그 배당으로부터 완전히 변제를 받지 못한 경우에는 그 잔액은 무담보의 채권이 된다. 그러므로 전세권자는 일반채권자로서 채무명의를 얻어 전세권설정자의 일반재산에 대하여 스스로 강제집행을 하거나 타인이 강제집행을 하는 경우에 그 배당에 참가할 수 있다.

> A는 주택의 소유자로서 1986.4.24. 주민등록전입신고를 하고 거주하여 오다가 B에게 주택을 매도하면서 1990.11.27. B와 사이에 주택 1층에 관하여 전세계약을 체결하고 계속 그 주택에 거주하였다. 그리고 A는 1991.7.6. 그 주택에 대하여 전세권설정등기를 마쳤다. 그런데 A가 전세권설정등기를 하기 전인 1991.4.13. B는 C를 위하여 그 주택에 근저당권을 설정하였다. C의 임의경매신청으로 D가 1991.12.19. 그 주택을 매수하였다. A는 어떤 법적 지위를 가지는가? [대법원 1993.11.23. 선고 93다10552 판결]

근저당권이 먼저 설정되고 후에 전세권이 설정된 경우에 근저당권자가 경매를 신청하면 전세권이 소멸하고, 그 배당순위는 각 설정등기의 선후에 따른다(근저당권이 우선한다).

그러므로 선순위근저당권자 C의 경매로 인하여 A의 전세권은 소멸하여 A는 더 이상 전세권을 주장할 수 없고, 역시 C가 우선적으로 배당을 받는다.

전세계약을 체결하여 주택임대차보호법상의 대항력을 갖춘 임차인이 그 후 전세권설정등기까지 마친 경우에 선순위근저당권의 실행으로 전세권이 소멸하면 주택임대차보호법상의 대항력도 상실되는가? 케이스에서 A는 주택임대차보호법상의 임차인의 대항력을 갖추고도 그 지위를 강화시키기 위하여 전세권설정등기를 한 사정이 인정된다. A 명의의 전세권설정등기가 선순위의 근저당권의 실행에 따른 경매로 인하여 말소된다고 하더라도 그로 인하여 A가 전세권설정등기 전에 건물소유자와 전세계약을 맺고 주민등록을 하여 주택임대차보호법 제12조, 제3조 제1항에 의하여 확보한 대항력마저 상실하게 되지는 않는다. 또한 주택임대차보호법 제12조가 미등기전세에의 준용을 규정하고 있는 취지는 주택임대차보호법을 전세권설정등기하지 아니한 전세계약에 확장적용한다는 의미일 뿐이지, 건물소유자와 전세계약을 맺은 후 주민등록을 옮겨 거주하여 주택임대차보호법에 의한 대항력을 갖춘 경우라도 그 후 전세권설정등기를 하기만 하면 주택임대차보호법의 보호대상에서 배제한다는 의미는 아니다. 결국 A가 전세권설정등기를 하더라도 그 전세권설정등기 전에 새로운 건물소유자가 된 B와 전세계약을 맺고 계속 그 건물에서 주민등록을 가지고 거주하여 확보된 주택임대차보호법상의 대항력마저 상실하게 되지는 않는다. A는 전세권을 주장할 수는 없으나, 대항력을 갖춘 주택임차권을 주장할 수 있는 법적 지위에는 있다고 새겨야 한다.

(b) 전세권설정자의 일반재산에 대한 강제집행

전세권자가 우선변제권을 행사하지 않고 전세권설정자의 일반재산에 대하여 일반채권자로서 집행권원을 얻어 강제집행할 수 있는가 하는 문제가 있다. 민법상 아무런 규정도 두고 있지 않지만, 질권과 저당권에 관하여는 목적물로부터 변제를 받지 못한 부분의 채권에 한하여 채무자의 다른 재산으로부터의 변제를 허용하고 있다(§§340·370)는 사정을 고려할 때 역시 전세권에도 민법 제340조가 준용되어 전세권자도 목적부동산에 의하여 변제를 받지 못한 채권에 한하여 전세권자의 일반재산에 대하여 강제집행할 수 있다고 본다.

(c) 임의환가의 특약의 유효성

전세권의 목적부동산을 경매가 아닌 임의의 방법으로 처분하여 청산하기로 하는 「任意換價의 特約」도 유효한가 하는 문제가 있다. 임의환가의 특약을 하더라도 전세권설정자를 특히 불리하게 하지는 아니하여 그 특약도 유효하다고 본다.

(3) 부속물수거의무·부속물매수청구권

1) 전세권자의 부속물수거의무

전세권이 존속기간의 만료로 인하여 소멸한 때에는 전세권자는 그 목적물을 원상에 회복하여야 하며, 그 목적물에 부속시킨 물건은 수거하여야 한다(§316 I).

2) 전세권자의 부속물매수청구권

전세권이 존속기간의 만료로 인하여 소멸한 때에는 전세권자는 (i) 부속물을 전세권설정자의 동의를 얻어 부속시킨 경우, (ii) 부속물을 전세권설정자로부터 매수한 경우에는 전세권설정자에 대하여 부속물매수청구권을 가진다(§316 II).

3) 전세권설정자의 부속물매수청구권

전세권설정자가 그 부속물의 매수를 청구한 때에는 전세권자는 정당한 이유 없이 거절하지 못한다(§316 I 단서). 그러므로 전세권설정자가 부속물매수청구권을 행사한 때에는 전세권자의 부속물수거의무는 소멸한다.

(4) 유익비상환청구권

전세권자는 스스로 목적물의 현상을 유지하고 그 통상의 관리에 속한 수선을 하여야 할 유지·수선의무를 부담하여야 하므로(§309), 전세권설정자에 대하여 필요비의 상환을 청구할 수는 없다. 그러나 전세권자는 목적물의 개량을 위하여 지출한 금액 기타 유익비에 대하여는 그 가액의 증가가 현존한 경우에 한하여 전세권설정자(채무자)의 선택에 따라서 그 지출액이나 증가액의 상환을 청구할 수 있는 선택채권이 성립한다(§310 I). 전세권자가 유익비상환을 청구하는 때에는 법원은 전세권설정자의 청구에 의하여 상당한 상환기간을 허여할 수 있다(§310 II).

제 5 장

담보물권

제 1 절 담보물권 서설

제 2 절 유치권

제 3 절 질 권

제 4 절 저당권

제 5 절 비전형담보

제 5 장 담보물권

제 1 절 담보물권 서설

Ⅰ. 담보물권의 의의

1. 담보의 의의

채권자가 금전채권의 일반적 효력에 만족하지 않고, 금전채권의 일반적 효력을 더 보강하여 채권의 실현을 확보하기 위한 수단을 「담보」라고 한다. 담보를 가지고 있지 않은 채권자는 채무자가 이행기를 도과하여 변제를 하지 않는 경우에 금전채권의 효력에 의하여 채무자의 일반재산에 대하여 강제집행을 하고, 그 결과에 의하여만 금전채권의 만족을 얻을 수 있을 뿐이다.

담보가 없는 채권자라고 하더라도 채무자가 가진 환가할 수 있는 재산이 충분한 경우에는 채권의 만족을 얻을 수 있다. 그러나 채무자의 재산이 불충분하면 채권자평등의 원칙에 의하여 모든 채권자가 안분비례하여 채권의 변제를 받을 수 있을 뿐이다. 또한 채무자가 재산의 증감변동에 의하여 어느 날 무자력이 된 경우에는 채권을 회수할 수 없다.

> 회사원 A가 주택구입을 위한 자기의 자금이 충분하지 아니하여 부족한 자금 4,000만원을 B은행으로부터 융자를 받았다. A는 융자금 4,000만원 중 2,000만원을 변제기의 도래 후에도 상환하지 않았다. B은행은 A로부터 어떤 방법으로 변제를 받을 수 있는가?

우선 B은행은 A를 상대로 소송을 제기하여 채권액의 지급을 명하는 판결을 얻어 판결에 기하여 A의 일반재산(채무자의 전재산이 대상이 된다)을 압류하여 경매를 하고, 그 매각대금으로부터 채권액의 지급을 받을 수 있다. 다만 채권자 상호간에는 우열 없이 모두 평등하게 취급되는 채권자평등의 원칙에 의하여 다른 채권자가 나타나면 각 채권자의 채권액에 따라서 매각대금이 분배된다. A의 전재산이 부담하는 전채무액보다 적은 경우에는 B은행은 완전한 변제를 받을 수 없다.

만약 B은행이 융자금을 확실하게 회수하기 위하여 A가 구입한 주택을 담보로 제공받은 경우에는 어떤가? 예컨대 주택에 대하여 저당권과 같은 담보물권을 설정받은 경우에는 B은행은 채권자평등의 원칙을 배척하고 담보목적물인 주택으로부터 우선적으로 채권의 변제를 받을 수 있다.

2. 인적 담보·물적 담보

(1) 인적 담보

인적 담보란 채무자의 일반재산 이외에 제3자의 일반재산을 책임재산으로 추가하여 금전채권의 실현을 확보하는 담보제도이다. 채권법에서 취급하는 보증채무·연대채무가 인적 담보제도에 해당한다.

(2) 물적 담보

물적 담보란 채무자·제3자의 일정한 재산에 대하여 담보권자(채권자)가 채권자평등의 원칙을 배척하여 다른 채권자보다 우선적으로 변제를 받을 수 있는 담보제도이다. 물적 담보제도로서는 유치권·질권·저당권과 같은 전형담보물권과 가등기담보·양도담보와 같은 비전형담보물권이 있다.

Ⅱ. 물적 담보제도

1. 제한물권의 법리에 의한 담보제도

(1) 법정담보물권

① 유치권 유치권(§§320-328)은 민법이 정한 법정담보물권이다. 타인의 물건이나 유가증권의 점유자는 그 물건에 관하여 생긴 채권을 가진 경우에는 그 채권의 변제를 받을 때까지 그 물건 또는 유가증권을 유치할 수 있는 유치권이 당연히 성립한다.

② 법정질권 질권은 원칙적으로 약정담보물권이나, 법정질권(§650)이 성립하는 경우도 있다. 토지임대인이 임차인에 관한 채권에 의하여 임차지의 부속물·과실을 압류한 때 또는 건축물의 임대인이 임대차에 관한 채권에 의하여 임대건축물의 부속물을 압류한 때에는 법정질권이 성립한다(§650).

③ 법정저당권 법정저당권(§649)도 있다. 토지임대인이 변제기를 경과한 최후 2년의 차임채권에 의하여 임차인 소유의 건물을 압류한 때에는 법정저당권이 당연히 성립한다.

④ 우선특권 우선특권은 목적물을 유치하지 않고 등기하지 않더라도 채무자의 일반재산·특정재산으로부터 우선변제권이 인정되는 담보물권이다. 현재 민법상 인정되는 우선특권은 없다(일본민법 제303조는 유치권과 마찬가지로 법률상 당연히 발생하는 법정담보물권으로서 이른바 「선취특권」을 인정한다). 다만 특별법상 인정되는 우선특권은 많다.

(2) 약정담보물권

① 질권 질권(§329-355)은 약정담보물권이다. 질권은 채권의 담보로서 채무자·제3자로부터 인도받은 물건을 점유하고 채무불이행시 그 물건을 환가하여 다른 채권자에 우선하여 자기의 채권을 변제받을 수 있는 담보물권이며, 질권자와 질권설정자(채무자·제3자) 사이의 질권설정계약에 의하여 성립한다.

② 저당권 저당권(§§356-372)도 약정담보물권이다. 저당권은 채무자·제3자가 점유를 이전하지 아니하고 채무의 담보로서 제공한 부동산에 관하여 다른 채권자에 우선하여 자기의 채권의 변제를 받을 수 있는 담보물권이며, 저당권자와 저당권설정자(채무자·제3자) 사이의 저당권설정계약과 저당권설정등기에 의하여 성립한다.

③ 전세권 전세권(§§303-319)은 본래 약정용익물권이나, 담보물권으로서의 성질도 가진다. 전세권은 전세권자는 전세금을 지급하고 타인의 부동산을 점유하여 그 부동산의 용도에 좇아 사용·수익하는 한편, 그 부동산 전부에 대하여 후순위권리자 기타 채권자보다 전세금의 우선변제를 받을 수 있는 담보물권으로서의 성질을 가지며, 전세권자와 전세권설정자 사이의 전세권설정계약과 전세권설정등기에 의하여 성립한다.

2. 소유권이전의 법리에 의한 담보제도

① 양도담보 양도담보는 담보에 제공하려는 물건의 소유자가 채권자에게 목적물을 양도하는 형식에 의하여 담보의 목적을 달성하려는 담보제도이다.

② 매도담보－환매·재매매의 예약 민법의 채권편에 의하여 규율되는 환매(§§590-595), 재매매의 예약은 본래 한번 매매한 물건을 다시 매수하기 위한 목적을 가진 제도에 해당이지만 「매도담보」로서 담보목적을 달성할 수도 있다.

③ 대물변제의 예약 대물변제의 예약은 대물변제(§466)와 예약(§564)이 결합한 제도로서 소비대차의 당사자 사이에서 채무자 소유의 특정재산에 대하여 대물변제의 예약을 하면 금전대차상의 채권을 담보하는 목적을 달성할 수 있다.

④ 매매의 예약 매매의 예약은 실질상 대물변제의 예약과 동일하여 역시 매매의 예약도 담보의 작용을 할 수 있다.

⑤ 소유권유보부 매매 상품의 매도인이 대금지급이 완료될 때까지 매각한 상품의 소유권을 자기에게 유보하고 매수인에게 이전하지 않는 소유권유보부 매매도 대금채권의 변제를 위한 담보방법으로 활용될 수 있다.

3. 전형적 담보제도와 변칙적 담보제도

① 전형적 담보제도 민법이 물권편에서 규정하고 있는 물적 담보제도인 담보물권은 원칙적·전형적 담보제도라고 부른다. 민법상 전형적 담보제도로는 유치권·질권·저당권이 있다.

전형적 담보제도에 속하는 유치권, 질권, 저당권의 내용을 간단하게 비교하여 살펴보면 아래 도표와 같다.

구 분	유치권	질 권	저당권
성 립	일정한 요건을 갖춘 때에 당연성립(§320 I)	당사자의 약정 + 인도·양도(§§330·346)	당사자의 약정 + 등기(§186)
성 질	법정담보물권	약정담보물권	약정담보물권
목적물	물건(동산·부동산) 유가증권(§320 I)	동산(§329) 권리(§345)	부동산(§356)
본질적 효력	유치적 효력	유치적 효력 + 우선변제적 효력	우선변제적 효력
경매권	있다(§322 I)	있다(§338 I)	있다(§363)

② 변칙적 담보제도 전형적 담보제도에 대한 불만과 불편을 해소하기 위한 거래계의 요청에 의하여 인정되는 변칙적·비전형적 담보제도도 있다. 비전형적 담보제도로는 양도담보, 대물변제의 예약, 환매, 재매매의 예약, 매매의 예약, 소유권유보부 매매가 있다.

4. 특별법에 의한 담보제도

① 유치권·질권과 관계되는 담보 유치권과 관계되는 담보제도로 상사유치권(상법 §58)이 있고, 질권과 관계되는 담보제도로 상사질권(상법 §59)이 있다.

② 우선특권과 관계되는 담보 우선특권과 관계되는 담보제도로는 주택임차인의 최우선특권·우선특권(주택임대차보호법 §§8·12·3의2), 상가건물임차인의 우선특권(상거건물임대차보호법 §§5 II·14), 근로자의 임금우선특권(근로기준법 §38, 근로자퇴직급여보장법 §11), 국가·공공단체의 조세 기타 공과금의 우선특권(국세기본법 §35 I, 지방세법 §31, 관세법 §20), 선박우선특권(상법 §§777 이하), 우편요금체납금액에 대한 우편관서의 우선특권(우편법 §24 III) 등이 있다.

③ 저당권과 관계되는 담보 저당권과 관계되는 담보제도로 입목저당(입목법 §§3 이하), 선박저당(상법 §787), 광업권의 저당(광업법 §11), 공장재단저당 및 광업재단저당(공장

및 광업재단 저당법), 특정동산저당(자동차 등 특정동산 저당법)이 있다.

Ⅲ. 담보물권의 본질

1. 담보물권=가치권성

용익물권은 목적물의 실체를 이용하여 목적물이 가지는 이용가치를 취득하는 이용권인 반면에, 담보물권은 목적물의 실체의 이용을 목적으로 하지 않고 주로 목적물이 가지는 교환가치의 취득을 목적으로 하는 「가치권」이다. 담보물권 중 저당권은 가장 순수한 가치권이라고 할 수 있지만, 유치권은 물건이 가지는 교환가치를 파악하는 담보형식과 약간 거리가 멀어 가치권성이 미약하다고 할 수 있다.

2. 담보물권=물권성

담보물권은 물건이 가지는 교환가치를 직접 지배하는 물권으로서의 성질을 갖는다. 저당권은 저당권자가 물건을 직접적으로 지배하지 아니한다. 그러나 저당권도 법률상으로는 물건을 지배한다고 볼 수 있고 물건으로부터 직접 가치를 취득하며, 물권이 일반적으로 갖는 배타성과 우선적 효력을 가진다고 하는 측면을 고려하면 다른 담보물권과 차이가 없다.

Ⅳ. 담보물권의 특성

1. 부종성

담보물권은 일반적으로 특정의 채권을 담보하기 위하여 설정되며 그 채권이 발생하지 아니하면 담보물권도 발생하지 아니하고,[663] 그 채권이 소멸하면 담보물권도 소멸한다.[664] 예컨대 부종성으로 인하여 "저당권으로 담보한 채권이 시효의 완성 기타 사유로 인하여 소멸한 때에는 저당권도 소멸한다"(§369).

담보물권의 부종성은 유치권 기타 법정담보물권에서는 엄격하게 적용된다. 그러나 질권·저당권과 같은 약정담보물권에서는 예를 들어 장래의 채권의 담보를 위하여도 그 설정이 인정된다고 하는 측면에서 그 적용이 다소 완화되고, 특히 증감변동하는 불특정의 채권을 담보하는 근저당권에서는 부종성의 원칙이 인정되지 아니한다.

---

663) 성립상의 부종성이라고 한다.
664) 소멸상의 부종성이라고 한다.

2. 수반성

담보물권은 피담보채권이 제3자에게 이전하면 피담보채권의 이전에 수반하여 담보물권도 이전한다. 예를 들어 수반성에 의하여 "저당권은 그 담보한 채권과 분리하여 타인에게 양도하거나 다른 채권의 담보로 하지 못한다"(§361).

담보물권과 피담보채권의 밀접한 관계를 나타내는 담보물권의 수반성은 부종성의 일종이라고 볼 수도 있지만 보통 「수반성」이라고 부른다. 다만 부종성과 수반성을 합하여 「부수성」이라고 하거나, 양자를 구별하지 않고 부종성 하나로 통일하여 설명하여야 타당하다고 보는 견해도 있다.

3. 물상대위성

담보물권의 목적물이 멸실·훼손·공용징수된 후에 그 목적물에 갈음하는 금전 기타의 물건이 그 목적물의 소유자에게 귀속하게 되는 경우가 있다. 바로 멸실·훼손·공용징수된 담보물권의 목적물에 갈음하는 금전 기타의 물건 위에 담보물권이 존속하는 특성을 「물상대위성」이라고 한다. 예를 들어 A가 자기 소유의 건물에 저당권을 설정하고 B로부터 5,000만원을 빌린 경우에 건물이 제3자 C의 방화로 소실되더라도 저당권은 목적물의 교환가치를 대표하는 변형물 위에 존속하므로, 저당권자 B는 저당권설정자 A의 C에 대한 손해배상청구권을 물상대위할 수 있다.

물상대위성은 질권과 저당권에만 인정되고 유치권에는 인정되지 않는다. 민법은 질권에 관하여 "질권은 질물의 멸실·훼손 또는 공용징수로 인하여 질권설정자가 받을 금전 기타 물건에 대하여도 이를 행사할 수 있다"(§342)고 규정하여 물상대위성을 명문으로 인정하고 있고, 질권의 물상대위에 관한 민법 제342조를 저당권에 준용하고 있다(§370). 다만 유치권은 목적물을 유치하여 변제를 간접적으로 촉구할 뿐이며, 우선변제권이 부여되지 아니하므로, 물상대위성이 없다.

4. 불가분성

담보물권은 피담보채권의 전부에 대한 변제가 있을 때까지 목적물의 전부 위에 그 효력이 미친다. 예를 들어 A가 시가 100만원의 금반지에 질권을 설정하고 B로부터 90만원을 빌린 경우에 A가 80만원을 변제하여도 질권은 아직 소멸하지 아니하고 A가 전채무를 변제하여야 비로소 질권은 소멸한다. 불가분성은 유치권과 질권·저당권에 모두 인정된다. 민법은 유치권에 관하여 "유치권자는 채권 전부의 변제를 받을 때까지 유치물 전부에 대하여 그 권리를 행사할 수 있다"(§321)고 하여 불가분성을 명문으로 인정하고, 질권과 저당권에 유치권의 불가분성에 관한 민법 제321조를 준용하고 있다(§§343·370).

V. 담보물권의 효력

1. 우선변제적 효력

채권자가 담보목적물의 교환가치를 파악하는 효력을 담보물권의 우선변제적 효력이라고 한다. 우선변제적 효력은 담보물권의 본질적 효력이라고 할 수 있다. 질권·저당권과 같은 담보물권에는 채무자로부터 피담보채권의 변제를 받지 못하는 때에는 담보목적물이 가진 가치로부터 다른 채권자보다 우선적으로 변제를 받는 우선변제적 효력이 있다. 다만 유치권은 우선변제적 효력이 없다.

2. 유치적 효력

담보물권설정자로부터 목적물의 점유를 빼앗아 채무자로 하여금 채무를 변제하도록 심리적 압박을 가하는 담보물권의 효력을 유치적 효력이라고 한다. 담보물권 중 유치권은 유치적 효력만을 가지고, 질권에는 유치적 효력 이외에 우선변제적 효력도 있다. 그러나 저당권과 같이 목적물의 점유를 요소로 하지 않는 담보물권에서는 유치적 효력이 문제가 되지 아니한다.

3. 수익적 효력

구 분	부종성	수반성	불가분성	물상대위성	유치적 효력	우선변제적 효력
유치권	O	O	O	X	O	X
질 권	O	O	O	O	O	O
저당권	O	O	O	O	X	O

담보물권자가 담보의 목적물로부터 수익을 얻고, 수익을 변제에 충당하는 효력을 담보물권의 수익적 효력이라고 한다. 민법이 인정하는 담보물권으로서 수익적 효력을 갖는 경우는 없고, 전세권을 용익물권인 동시에 담보물권의 성질도 가지고 있다고 이해할 때에는 전세권을 수익적 효력이 있는 담보물권이라고 볼 수 있다.

제2절 유치권

Ⅰ. 유치권의 의의와 성질

1. 담보로서의 효력

> A시계점은 B로부터 의뢰를 받아 B의 시계를 수리하였다. A시계점이 시계의 수리를 마쳤는데, 수리대금이 10만원이 되었다. 그런데 B가 수리대금 10만원을 지급하지 않은 채 소유권에 기하여 시계의 반환을 구하였다. A시계점은 B의 청구에 응하지 않으면 안되는가?

민법 제320조 제1항은 "타인의 물건 또는 유가증권을 점유한 자가 그 물건이나 유가증권에 관하여 생긴 채권이 변제기에 있는 경우에는 변제를 받을 때까지 그 물건 또는 유가증권을 유치할 권리가 있다"고 하여 유치권을 규정하고 있다(§320 I). 유치권은 법률상 당연히 발생한다(유치권은 법정담보물권이다). 예컨대 임차인은 임차물에 관하여 지출한 비용의 상환을 받을 때까지 임대인에 대하여 그 임차물의 반환을 거절하고 임차물을 유치할 수 있는 유치권이 있고, 유가증권의 수치인은 임치에 관한 보수를 받을 때까지 유가증권의 교부를 거절하고 유가증권을 유치할 수 있는 유치권이 있다.

사례에서 A시계점은 수리대금을 지급받지 않는 한 시계를 반환할 수 없다고 주장할 수 있다. 바로 A시계점에 「유치권」이 인정되기 때문이다. A시계점에게 시계의 수리를 의뢰한 B가 수리를 마친 시계에 대하여 수리대금을 지급하지 않고 인도를 청구하는 경우에 A시계점은 B에게 수리대금의 변제를 받을 때까지 시계를 유치하는 방법에 의하여 B에게 채무의 변제를 간접적으로 강제할 수 있다.

[더 생각할 과제 - 상사유치권]

상법에서는 상인간의 상행위로 인한 채권이 변제기에 있는 때에 다른 약정이 없으면 채권자는 자기채권의 변제를 받을 때까지 그 채무자에 대한 상행위로 인하여 자기가 점유하는 채무자 소유의 물건·유가증권을 유치할 수 있는 상사유치권을 인정하고 있다(상법 §58). 상사유치권은 민법상의 유치권과는 다른 몇 가지 특징이 있다. 우선 상사유치권은 민법상의 유치권과는 달리 채권과 물건 사이의 견련관계를 요건으로 하지 않고, 채권의 성립과 물건의 점유취득이 상행위인 행위로부터 생긴 경우이면 충분하다. 그리고 상사유치권에서는 그 물건이 채무자의 소유에 속하는 물건이어야 한다.

2. 유치권의 법적 성질

(1) 본질적 성질 – 유치적 효력

유치권은 타인의 물건·유가증권의 점유자가 그 물건·유가증권의 인도를 거절할 수 있는 유치적 효력을 본질적 효력으로 하는 담보물권이다. 다만 유치권은 단순한 인도거절권에 불과하지 아니하고 독립한 물권으로서 (i) 채권의 완전한 변제를 받을 때까지 누구(채무자뿐만 아니라 그 양수인·경매에서의 매수인)에 대하여도 그 인도를 거절할 수 있고, (ii) 동산·유가증권은 물론 부동산에 대하여도 유치권이 성립하고, (iii) 점유를 상실하면 유치권도 소멸하는 성질이 있다.

(2) 담보물권의 통유성

유치권은 타물권으로 담보물권의 통유성과 관련하여 부종성이 강하며 수반성이 있고, 불가분성이 있다.

① 부종성·수반성 채권이 발생하지 않거나, 또는 소멸한 때에는 유치권도 성립하지 않거나 소멸한다(부종성). 그리고 채권의 이전이 있으면 유치권도 당연히 함께 이전한다(수반성).

② 불가분성 유치권은 담보물권으로서 「불가분성」이 있다. 유치권자는 채권 전부의 변제를 받을 때까지 목적물 전부를 유치할 수 있다(§321). 또한 목적물의 일부를 채무자에게 인도한 경우에도 유치물은 그 각 부분으로써 피담보채권의 전부를 담보하므로, 특별한 사정이 없는 한 나머지 부분이 채권의 전부를 담보한다(피담보채권이 감축되지 않는다). 그리고 유치권의 불가분성은 그 목적물이 분할 가능하거나 수개의 물건인 경우에도 적용된다.

(3) 사실상의 우선변제권

유치권은 담보물권이기는 하지만, 질권이나 저당권과 같이 목적물을 환가하여 우선변제를 받을 권리는 없다. 그러나 유치적 효력에 의하여 사실상 우선변제를 받을 수 있다. 채무자·제3자가 목적물의 인도를 받으려면 유치권자에게 먼저 변제를 하여야 하므로, 실제상으로는 우선변제권이 인정되는 경우와 같은 효력이 있다.

동산의 경우에는 다른 채권자가 동산을 경매하더라도 유치권을 행사하여 인도를 거절하면 절차가 진행되지 못한다(민사집행법 §191). 부동산에 대하여는 다른 채권자의 압류·경매의 절차는 진행되지만, 경매에 의하여 유치권은 소멸하지 않고, 매각허가결정 후에 매수인은 유치권자에게 유치권으로 담보하는 채권을 변제할 책임이 있으므로(민사집행법 §91 V), 사실상 우선변제권이 있는 경우와 같다.

[더 생각할 과제 - 사실상 최우선순위담보권인 유치권의 제도적 취지와 한계]

> 채무자 A 소유의 건물 등에 관하여 B은행 명의로 채권최고액 2억원의 1순위근저당권이 설정되어 있었는데, C가 채권최고액 3억원으로 된 2순위근저당권을 설정받았다. 그 후 C는 A와의 임대차계약이 체결되어 건물 일부를 점유하고 있으면서 A와의 협의를 통하여 직접 건물에 대한 대대적인 수선을 하고 A로부터 공사대금으로 2억원을 받기로 하였다. C가 A와 건물에 관하여 임대차계약을 체결하고 건물을 점유하고 있던 중 B은행의 신청에 의하여 경매절차가 개시되었는데, C는 유치권신고를 하였다. 그런데 건물 등에 관한 근저당권의 설정경과, A와 C의 임대차계약체결의 경위와 내용 및 체결 후의 정황, 경매에 이르기까지의 사정 등을 종합하여 보면, C는 선순위근저당권자인 B은행의 신청에 의하여 건물 등에 관한 경매절차가 곧 개시되리라는 사정을 충분히 인식하면서 임대차계약을 체결하고, 그에 따라 건물을 이전받은 후에 수선공사를 통하여 채권을 취득한 사정이 인정되었다. C는 선순위근저당권자 B은행의 신청에 의하여 개시된 경매절차에서 유치권을 주장할 수 있는가?

민법에서 유치권제도는 무엇보다도 유치권자에게 그 목적인 물건을 유치하여 계속 점유할 수 있는 대세적 권능을 인정한다(§320 I, 민사집행법 §91 V 등 참조). 그러므로 소유권 등에 기하여 목적물을 인도받고자 하는 사람(물건의 점유는 대부분의 경우에 그 사용수익가치를 실현하는 전제가 된다)은 유치권자가 가지는 그 피담보채권을 만족시키는 등으로 유치권이 소멸하지 아니하는 한 그 인도를 받을 수 없으므로 실제로는 그 변제를 강요당하는 셈이 된다. 결국 유치권을 통하여 유치권자의 그 채권의 만족이 간접적으로 확보된다. 그런데 저당권 등의 부동산담보권은 이른바 비점유담보로서 그 권리자가 목적물을 점유함이 없이 설정되고 유지될 수 있고, 실제로도 저당권자 등이 목적물을 점유하는 일은 매우 드물어 어떠한 부동산에 저당권 또는 근저당권과 같이 담보권이 설정된 경우에도 그 설정 후에 제3자가 그 목적물을 점유함으로써 그 위에 유치권을 취득하게 될 수 있다.

저당권 등의 설정 후에 유치권이 성립한 경우에도 마찬가지로 유치권자는 그 저당권의 실행절차에서 목적물을 매수한 사람을 포함하여 목적물의 소유자 기타 권리자에 대하여 대세적인 인도거절권능을 행사할 수 있다. 그러므로 부동산유치권은 대부분의 경우에 사실상 최우선순위의 담보권으로서 작용하여, 유치권자는 자신의 채권을 목적물의 교환가치로부터 일반채권자는 물론 저당권자 등에 대하여도 그 성립의 선후를 불문하여 우선적으로 자기 채권의 만족을 얻을 수 있게 된다. 만약 유치권자가 우선적으로 채권의 만족을 얻게 되면 유치권의 성립 전에 저당권 등 담보를 설정받고 신용을 제공한 사람으로서는 목적물의 담보가치가 자신이 애초 예상·계산한 경우와는 달리 현저히 하락하는 경우가 발생할 수 있다. 결국 유치권은 「시간에서 앞선 사람은 권리에서도 앞선다」는 일반적 법원칙의 예외로 인정되는 제도로서, 특히 부동산담보거래에 일정한 부담을 주는 경우를 감수하면서 마련된 제도이다. 유치권은 목적물의 소유자와 채권자와의 사이의 계약에 의하여 설정되지 아니하고 민법이 정하는 일정한 객관적 요건(§320 I)을 갖춤으로써 발생하는 이른바 법정담보물권이다. 민법이 유치권제도를 마련하여 부동산담보거래상의 부담을 감수하는 이유는 유치권에 의하여 우선적으로 만족을 확보하여 주려는 그 피담보채권에 특별한 보호가치가 있다는 사실에 바탕을 두고 있고, 그 보호가치는 예를 들어 객관적으로 점유자의 채권과 그 목적물 사이에 특수한 관계(민법 제320조 제1항의 문언에 의하면 "그 물건에 관한 생긴 채권", 즉 이른바 「물건과 채권과의 견련관계」)가 있다는 사실에서 인정된다. 그러나 유치권제도와 관련하여서는 거래당사자가 유치권을 자신의 이익을 위하여 고의적으로 작출함으로써 유치권의 최우선순위담보권으로서의 지위를 부당하게 이용하고 전체 담보권질서에 관한 구상을 왜곡할 위험이 내재하므로, 신의성실의 원칙에 반한다고 평가되는 유치권의 행사는 유치권제도의 남용으로서 허용하여서는 아니된다.

사례에서 A 소유의 건물에 관하여 B은행 명의의 1순위근저당권이 설정되고, 2순위 근저당권자인 C가 A와 건물에 관하여 임대차계약을 체결하여 점유하고 있던 중 그 건물의 수선에 따른 공사대금채권을 취득한 후에 B은행의 신청에 의하여 개시된 경매절차에서 유치권신고를 한 경우이므로, 원칙적으로 A는 유치권자로서 A에 대한 공사대금채권의 변제를 받을 때까지 유치목적물인 건물을 점유할 권리가 있다. 그러나 건물 등에 관한 저당권설정의 경과, A와 C의 임대차계약체결의 경위와 내용 및 체결 후의 정황, 경매에 이르기까지의 사정 등을 종합하여 볼 때에 C는 선순위근저당권자인 B은행의 신청에 의하여 건물 등에 관한 경매절차가 곧 개시되리라는 사정을 충분히 인식하면서 임대차계약을 체결하고 그 후에 건물에 대하여 일부러 대대적인 수선을 하여 공사대금채권을 취득한 경우라고 볼 수 있으므로, C가 선순위근저당권자 B은행의 신청에 의하여 개시된 경매절차에서 유치권을 주장한다고 하면 그 유치권의 주장은 신의칙상 허용될 수 없다.[665]

(4) 물상대위성

유치권은 물건의 교환가치로부터 우선변제를 받을 수 있는 권리가 아니므로, 물상대위성이 인정되지 않는다.

3. 유치권과 동시이행의 항변권의 비교

(1) 서 언

동시이행의 항변권은 유치권과 유사한 기능을 가지고 있다. 물론 동시이행의 항변권이나 유치권은 서로 공통점도 있고, 또한 차이도 있다. 우선 동시이행의 항변권이든 유치권이든 모두 공평의 원칙으로부터 인정된다. 그러나 동시이행의 항변권과 유치권 사이에는 발생원인, 행사할 수 있는 상대방, 거절할 수 있는 급부의 내용, 대세적 효력 혹은 대담보의 제공을 통한 소멸과 같은 문제에 관하여 차이가 있다.

(2) 동시이행의 항변권과 유치권의 공통점

1) 공평의 원리

동시이행의 항변권·유치권은 모두 공평의 원리에 기초를 두고 있다고 하는 측면에서 공통한다. 엄격하게 생각하면 유치권은 유치권자의 채권담보를 목적으로 하고, 동시이행의 항변권은 당사자 한쪽만이 선이행을 강요당하게 되는 경우를 방지하기 위한 목적을 가지고 있는 차이가 있다. 대담보의 제공에 의한 소멸이 유치권에서는 인정되나, 동시이행의 항변권에서는 인정되지 아니하는 이유도 목적의 차이에 기인한다. 그러나 동시이행의 항변권과 유치권이 모두 「공평」이라고 하는 일반원칙 아래 널리 확대되어 적용되는 결과 그 적용영역의 차이가 불명확하고, 양자가 경합하는 경우가 많다.

---

665) 대법원 2011.12.22. 선고 2011다84298 판결 참조.

2) 급부거절권능

동시이행의 항변권이나 유치권은 모두 급부거절권능을 가진다고 하는 측면에서 공통한다. 그리고 급부거절권능에 기하여 소송상 동시이행의 항변권을 주장하는 경우이건 유치권을 주장하는 경우이건 법원은 상환급부판결(혹은 일부승소판결)을 내려야 한다고 본다. 본래 동시이행의 항변권에서는 상환급부판결이 본질적으로 요구된다고 볼 수 있으나, 학설·판례는 공평을 이유로 유치권에도 상환급부판결을 내려야 한다고 본다. 유치권을 주장하는 경우에도 상환급부판결을 내리는 태도는 동시이행의 항변권이 추구하는 의미에서의 공평의 관념이 유치권에도 도입된 결과라고 볼 수 있다(저당권의 경우에는 채무자가 변제를 하지 않고 저당권설정등기의 말소등기를 구하면 변제와의 상환급부판결이 아니라 바로 기각된다. 또한 질권에서도 마찬가지로 채무를 변제하지 아니하면 질물의 반환청구가 기각된다). 그리고 동시이행의 항변권·유치권을 주장하는 사이에는—상대방이 채무의 이행 혹은 그 제공을 하지 않는 한—자기의 채무의 이행 혹은 유치물의 반환이나 그 제공을 하지 않더라도 이행지체에 빠지지 아니한다.

동시이행의 항변권은 쌍무계약의 당사자 양쪽에 각각 귀속하므로, 상환급부판결이나 이행지체의 면책과 같은 효력은 어느 당사자가 원고가 되는 경우이든 차이 없이 인정된다. 그러나 유치권은 단지 일방적이며, 당사자 한쪽만이 가진다. 물론 채무자가 제기한 유치물반환청구소송에서 채권자가 자기의 유치권을 주장하면 당연히 상환급부판결을 내릴 수 있으나, 채권자가 제기한 변제청구소송에서 채무자가 상대방(채권자)의 유치권을 원용하는 때에도 「채무자는 채권자의 유치물반환과 상환으로 변제하라」고 하는 판결을 내려야 하는가 하는 문제가 있다. 채무자가 반소로 유치물의 반환을 청구하면 상환급부판결을 내리고, 항변으로 주장하는 경우에는 인정되지 아니한다고 보는 태도는 무익하게 절차를 복잡하게 할 뿐이고, 상환급부판결이 법률관계의 신속한 결제, 소송경제에 이바지한다고 하는 사실을 고려하면 상환급부판결을 긍정하는 입장이 타당하다고 본다.

(3) 동시이행의 항변권과 유치권의 차이점

1) 채권과 물권의 차이

동시이행의 항변권과 유치권의 가장 중요한 차이는 민법이 동시이행의 항변권은 채권으로, 유치권은 물권으로 규정하고 있다고 하는 사실이다. 유치권은 물권으로서 유치권자는 목적물을 직접적으로 지배할 권능을 갖는다.

2) 채권의 발생원인

유치권에 의하여 담보되는 채권은 유치물에 관하여 생긴 경우이면 되고, 계약에 기한 경우이든 불법행위 기타 원인에 기한 경우이든 묻지 아니한다. 그러나 동시이행의 항변권에 의하여 간접적으로 보호되는 채권은 원칙적으로 쌍무계약에 기한 반대채권에 한한다.

유치권의 성립요건으로서의 물건과 채권과의 견련관계는 공평의 견지로부터 완화되어 이해되고 있다. 채권이 목적물 자체로부터 생긴 경우뿐만 아니라, 채권이 목적물의 반환청구권과 동일한 법률관계 혹은 사실관계로부터 생긴 경우에도 유치권의 성립을 위한 견련관계가 인정된다고 본다. 또한 동시이행의 항변권의 요건인 쌍무계약성도 완화되어 「양 채무가 동일한 법률요건으로부터 생겨서 공평의 관점에서 보아 견련적으로 이행」시킬 필요가 있는 경우에는 비쌍무계약에서도 동시이행의 항변권이 인정된다고 본다.[666)]

유치권에서의 견련성은 물건과 채권과의 견련, 즉 물적 견련이며, 당사자의 의사로부터 독립한 객관적 견련으로서의 성질을 가진다. 그러므로 유치권은 계약관계의 존부와 관계없이 발생하고, 당사자의 변경에 의하여 영향을 받지 아니한다. 그러나 동시이행의 항변권에서의 견련성은 계약관계에 의하여 생긴 채권 상호간의 인적 견련이고, 쌍무계약이라고 하는 법률관계에 고유한 법적 견련이다. 동시이행의 항변권의 견련관계는 당사자의 의사에 기한 채무의 상호성의 법적 표현에 불구하고, 각 급부의 견련관계는 개별적으로 구체적인 계약마다 다르다. 계약자유의 원칙이 적용되는 한 동시이행의 항변권에서의 견련성의 내용은 아주 다양할 수 있고, 일의적·객관적으로 결정될 수 없다.

3) 적용범위

유치권은 물권이므로 물권법정주의(§185)에 기하여 그 적용범위를 임의로 확대·축소할 수 없다. 그러나 동시이행의 항변권은 쌍무계약에 기한 상환채무에 한정되지 아니하고, 사회관념상 동시이행의 조건을 인정할 필요가 있는 경우에 두루 유추적용될 수 있다. 예를 들어 임대차가 종료된 경우에 보증금을 임대인으로부터 반환받지 못한 임차인은 동시이행의 항변권을 행사하여 임차물의 반환을 거절할 수 있다.[667)]

4) 거절되는 급부의 내용

유치권에서는 물건, 즉 유체물을 유치할 수 있을 뿐이고, 그 물건은 타인의 물건에 한한다. 그러나 동시이행의 항변권에서는 급부의 내용을 묻지 아니하고 이행을 거절할 수 있고, 급부가 물건에 관한 경우에도 그 물건이 타인의 물건이 아니고 자기 소유의 물건이더라도 상관없다. 그러므로 쌍무계약의 당사자에게는 유치권이 인정되는 경우에는 모두 동시이행의 항변권이 성립하고, 결국 동시이행의 항변권의 의의가 더 넓다고 볼 수 있다.

5) 거절되는 급부의 범위

유치권에는 피담보채권의 전액을 변제할 때까지 목적물의 전부에 대하여 유치할 수 있는 불가분성이 인정된다(§321). 불가분성은 유치권의 담보물권성으로부터 인정되는 고유의 성질이며, 동시이행의 항변권에는 인정되지 아니한다. 동시이행의 항변권의 경우에는 채무가 가분인 때에는 원칙적으로 상대방이 아직 이행하지 않은 부분 혹은 이행이 불완전한 부분에 상당하는 채무의 이행을 거절할 수 있는 대응적 급부거절이 인정될 뿐이다. 다만 학설로서는 동시이행의 항변권에 대하여도 불가분성을 긍정하는 견해도 있고, 당사자의 공평이라고 하는 관점에서 보면 유치권·동시이행의 항변권 양자에 모두 불가분성을

666) 대법원 2000.10.27. 선고 2000다36118 판결.
667) 대법원 2002.2.26. 선고 2001다77697 판결.

인정하지 아니하는 태도가 타당하다고 보는 견해도 있다.

6) 대세적 효력

민법상 유치권은 물권으로 구성되어 있고, 유치권자는 채권의 변제를 받을 때까지는 누구로부터의 반환청구에도 응할 필요가 없다. 그러나 동시이행의 항변권은 1개의 쌍무계약에 기한 상대방의 채권의 작용을 저지할 뿐이며, 상대방 이외의 자에 대하여는 동시이행의 항변권을 주장할 수 없다. 예를 들어 물건이 A→B→C로 순차양도된 경우에 C가 A에 대하여 물건의 인도를 청구하면 A는 C에 대하여 동시이행의 항변권을 주장할 수 없고, 단지 유치권만을 주장할 수 있다. 다만 동시이행의 항변권을 생기게 한 쌍무계약의 동일성이 상실되지 않는 한, 변경된 당사자에 대하여도 동시이행의 항변권을 주장할 수 있다.

유치권의 장점은 물권이라는 사실, 즉 언제나 제3자와의 관계에서도 유치권을 주장할 수 있다고 하는 사실에 있다. 그러나 효력 자체로서는 동시이행의 항변권이 전체적으로 볼 때 그 범위가 넓다고 할 수 있다.

7) 대담보의 가부

유치권에 대하여는 채무자가 상당한 담보를 제공하고 그 소멸을 청구할 수 있다(§327). 그러나 동시이행의 항변권에서는 대담보(代擔保)의 제공에 의한 소멸원인이 인정되지 아니한다. 동시이행의 항변권은 대담보의 제공에 의하여 소멸하지 아니한다고 하는 측면에서 효과와 관련하여 유치권보다 우월하다고 할 수 있다.

담보물권으로서의 유치권은 여하튼 채권담보를 목적으로 하므로, 대담보가 있으면 유치권을 소멸시키더라도 채권자에게 불리하지 아니하다. 그러나 동시이행의 항변권은 상대방보다 먼저 이행하는 경우에 생기는 불공평을 피하기 위한 수단으로서의 의미를 가진다. 그러므로 동시이행의 항변권은 대담보로 소멸시킬 수 없고, 상대방에 의한 적어도 채무의 이행의 제공이 없는 한 소멸하지 아니한다.

실제적으로도 유치권의 경우에는 대가보다 큰 물건을 유치하는 경우에 생기는 불공평을 시정하기 위하여 대담보에 의한 소멸을 인정할 필요가 강하다. 다만 동시이행의 항변권에서는 당사자 양쪽의 유치가 원칙적으로 대가관계에 있으므로, 대담보에 의한 소멸을 인정할 필요가 없다. 그러므로 동시이행의 항변권이 비대가적 채무 사이에 유추적용되는 경우에는 대담보에 의한 소멸을 인정할 필요가 있다고 하는 견해도 있다.

8) 과실수취권, 유치물이용권, 비용상환청구권

과실수취권, 유치물이용권, 유치권자의 비용상환청구권도 유치권에 대하여만 인정된다(§§323·324 II·325). 동시이행의 항변권에 기하여 유치물로부터 수취한 이익은 민법 제587조와 같이 반대채무의 억류이익과 상계된 경우로 보므로, 동시이행의 항변권에서는 원칙적으로 유치권에서와 같은 과실수취권, 유치물이용권, 비용상환청구권과 같은 문제가 생기지 아니한다. 다만 비대가적 채무 사이에 동시이행의 항변권이 유추적용되는 경우에는 유치물로부터의 부당이득이 문제될 여지가 생길 수 있다.

9) 경매권

유치권에서는 경매권이 인정된다(§322). 그러나 물권에 해당하지 아니하는 동시이행의 항변권에는 경매권이 인정되지 아니한다. 유치권은 경매권을 통하여 동시이행의 항변권보다 효력상 우월한 지위를 가지게 되고, 경매권은 동시이행의 항변권 이외에 유치권을 경합적으로 인정하는 실익의 하나가 된다. 다만 실제상 경매대금은 시가보다 저렴하고, 또한 다른 채권자의 배당요구에도 응하여야 한다.

(4) 동시이행의 항변권과 유치권과의 경합

> AB 사이에 체결된 건물매매계약이 취소되어 A가 B에 대하여 건물명도를 청구하였다. B는 이미 지급한 매매대금반환청구권에 기하여 건물에 대한 유치권을 주장하는 동시에 동시이행의 항변권을 주장하여 건물명도를 거절할 수 있는가?

물건의 인도를 목적으로 하는 쌍무계약에서 물건의 인도채무를 부담하는 채무자는 형식적으로 동시이행의 항변권과 유치권 양자의 요건을 모두 충족시킬 수 있다. 동시이행의 항변권과 유치권의 요건이 모두 충족되는 경우에는 어느 권리를 행사할 수 있는가? 학설상으로 동시이행의 항변권과 유치권의 경합을 인정하는 경합설, 타당영역을 구분하여 동시이행의 항변권을 적용할지 유치권을 적용할지를 판단하여야 한다고 보는 비경합설이 대립한다.

① 경합설 경합설은 동시이행의 항변권과 유치권과의 경합을 무조건 인정하는 견해이다. 동시이행의 항변권과 유치권은 병존할 수 있다고 보는 견해가 국내의 다수설이다. 경합설은 그 논거로서 동시이행의 항변권과 유치권의 적용영역에 대하여 충분한 근거를 가지고 경계를 확정하기는 대단히 어렵다고 주장한다. 유치권은 채권이 변제되지 않는 한 소멸하지 아니하여 동시이행의 항변권이 존재하는 동시에 유치권도 존재할 수 있다고 볼 필요가 있다. 다만 유치권을 행사하면 상대방은 선이행의무를 지게 되므로, 동시이행의 항변권의 존재는 무의미하게 된다.

사례에서 B에게 유치권과 동시이행의 항변권이 동시에 서로 병존하여 인정된다. B의 A에 대한 부당이득에 의한 매매대금의 반환청구권과 목적물의 반환의무는 매매계약의 취소라는 동일한 법률관계에서 생긴 경우에 해당한다. 그러므로 목적물의 반환의무와 매매대금의 반환청구권은 서로 견련관계가 성립하여 B(매매대금반환청구권자)는 매매대금의 반환청구권을 위하여 목적물 위에 유치권을 취득한다. 그리고 민법 제536조의 유추적용에 의하여 AB 사이에 매매대금반환채무와 건물명도채무에 대한 동시이행의 항변권을 인정할 수 있다. 만일 B가 건물을 A의 승낙 없이 제3자에게 임대한 경우에 A가 유치권의 소멸청구를 하면 유치권은 소멸하지만, B에게 동시이행의 항변권은 인정된다.

② 비경합설 소수설로서 유치권의 성립요건으로서의 채권과 목적물의 「견련성」을

개념적으로 좁게 해석하여 법적 견련관계를 제외하고 물적 견련관계만을 가리킨다고 한정하는 입장에서 동시이행의 항변권이 성립하는 경우에는 유치권은 성립하지 아니한다고 보는 견해도 있다. 바로 비경합설이며, 비경합설은 동시이행의 항변권과 유치권의 적용영역을 구분하여, 각 적용영역에 대하여 동시이행의 항변권 혹은 유치권의 어느 하나를 적용하여야 한다고 본다. 비경합설에는 다시 계약관계여부설, 부분적 경합설과 전면적 비경합설이 대립한다.

ⓐ 계약관계여부설 계약관계여부설은 동시이행의 항변권은 계약관계에 있는 당사자에게 적용되고, 유치권은 계약관계가 없는 당사자에게 귀속된다고 보는 견해이다. 예를 들어 시계수리점과 수선의뢰자와의 관계는 도급계약상의 동시이행의 관계에 준하는 관계가 된다. 다만 본래는 계약당사자 사이의 문제가 후에 계약관계 없는 자 사이의 문제로 이행된 경우, 예를 들어 시계의 수선의뢰자가 시계를 제3자에게 양도하여 그 제3자가 반환을 구하는 경우에는 유치권을 인정한다. 그러므로 계약관계여부설은 동시이행의 항변권과 유치권을 전면적인 배척관계에 있다고 보지는 아니하고, 단지 요건의 측면에서의 경합을 인정하고 있다고 볼 수 있다.

ⓑ 부분적 경합설 부분적 경합설은 각 채무가 엄격하게 대가성을 가지는 경우(예컨대 매매계약)에는 동시이행의 항변권만을 인정하고, 시계의 수선계약에서와 같이 수급인의 보수채권이 다른 한편 점유자가 물건에 가한 비용의 상환청구권으로 평가될 수 있는 경우, 즉 법적 견련관계와 동시에 물적 견련관계까지 있는 경우에는 유치권을 경합적으로 인정하는 견해이다. 그리고 부분적 경합설에 의하여 동시이행의 항변권과 유치권의 경합이 인정되는 경우에는 보수채권이나 이행의 조건은 계약에 따라서 다양할 수 있으나, 비용은 객관적 시가에 의하고, 또한 변제기도 일률적으로 반환청구시에 도래한다고 보므로, 동시이행의 항변권을 행사하는 경우와 유치권을 행사하는 경우 사이에는 차이가 생길 수 있다.

ⓒ 전면적 비경합설 전면적 비경합설은 동시이행의 항변권과 유치권은 그 기능하는 영역이 전혀 다르다고 보고, 효과의 측면에서 뿐만 아니라 요건의 측면에서도 양자의 경합은 인정될 수 없다고 보는 견해이다. 결국 전면적 비경합설에 의하면 동시이행의 항변권이 인정되는 경우에는 유치권이 전면적으로 배제된다. 전면적 비경합설은 그 논거로서 현상적으로는 물건에 대한 비용투하로 보는 경우에도 만일 비용투하가 대가취득을 목적으로 하는 때에는 비용이 아니라 급부이고, 견련관계는 주관적 견련에 해당한다고 본다. 그리고 전면적 비경합설에 의하면 동시이행의 항변권과 유치권의 경합을 인정하는 때에는 과실수취권이나 대담보공여와의 충돌을 피할 수 없게 된다고 한다. 그러나 전면적 비경합설에 대하여는 동시이행의 항변권과 유치권과의 경합을 인정하더라도 어떤 적극적 폐해가 야기되지 아니하고, 오히려 경합을 인정하는 태도가 법원에게도, 소송당사자에게도 편리하다고 하는 비판이 있다.

Ⅱ. 유치권의 성립

1. 서 설

유치권은 법정담보물권으로 법정요건을 갖추면 당연히 발생한다(§320). 당사자의 합의에 의하여는 유치권을 성립시킬 수 없다. 다만 당사자가 유치권의 발생을 배제하는 특약을 한 경우에 그 특약은 유효하다. 예컨대 건물의 임차인이 임대차관계의 종료시에는 건물을 원상으로 복구하여 임대인에게 명도하기로 약정하면 임차인은 건물에 지출한 각종 유익비 또는 필요비의 상환청구권을 행사하여 유치권을 주장할 수 없다.[668)]

2. 유치권의 성립요건

유치권의 성립요건으로는 아래와 같이 네 가지가 필요하다.

(i) 「타인의 물건 또는 유가증권」을 점유하고 있어야 한다.

(ii) 「그 물건이나 유가증권에 관하여 생긴 채권」을 가지고 있어야 한다(목적물과 채권과의 견련성이라고 부른다).

(iii) 채권이 변제기에 있어야 한다.

(iv) 점유가 불법행위로 인한 경우가 아니어야 한다.

3. 타인의 물건·유가증권의 점유

(1) 서 언

유치권자는 타인의 물건 또는 유가증권의 점유자이어야 한다. 타인의 물건이나 유가증권으로서 유치권이 성립하는가가 문제되는 대표적인 사례로 아래와 같은 경우가 있다.

(i) 판례는 이른바 수급인귀속설을 취하므로, 유치권이 타물권인 사실에 비추어 볼 때 수급인의 재료와 노력으로 건축되고 독립한 건물에 해당되는 기성부분은 수급인의 소유에 해당하여 수급인은 공사대금을 지급받을 때까지 그 기성부분에 대하여 유치권을 가질 수 없다고 본다.[669)]

(ii) A로부터 건물을 증여받은 B가 소유권이전등기를 받은 후에 제3자 C를 위하여 저당권을 설정하여 주고, 그 후 C가 그 건물을 경매절차를 통하여 매수한 경우에 B는 경매신청 전에 건물을 수리하기 위하여 비용을 지출한 때에도 자기 소유의 건물에 지출한 수리비로는 유치권을 행사할 수 없다.[670)]

---

668) 대법원 1975.4.22. 선고 73다2010 판결.

669) 대법원 1993.3.26. 선고 91다14116 판결.

670) 대법원 1959.5.14. 선고 4291민상302 판결.

(iii) A 명의로 등기되어 있는 부동산에 B가 가등기를 하고, 그 이후 A가 부동산에 유익비를 투입한 후에 B가 가등기에 기하여 본등기를 하면 A는 결과적으로 타인의 물건에 대하여 비용을 들인 경우가 되어 A의 유익비상환청구권에 기한 유치권이 인정된다.[671)]

(2) 유치권의 목적물

유치권의 목적물은 물건(동산·부동산) 또는 유가증권이다. 유치권은 법률의 규정에 의하여 성립하는 물권으로 부동산유치권의 경우에도 등기를 필요로 하지 않는다. 또한 유가증권을 목적으로 하는 경우에는 배서를 필요로 하지 아니하며, 유치 자체가 공시수단이 된다.

(3) 점유의 계속

유치권자의 점유는 유치권의 성립요건인 동시에, 존속요건이다. 점유는 계속되어야 하고, 유치권자가 점유를 잃으면 유치권이 당연히 소멸한다(§328). 점유를 상실하면 곧 유치권도 소멸하므로, 예컨대 A가 유치권을 가지고 있는 B로부터 그 점유를 승계한 사실이 있더라도 A는 B를 대위하여 유치권을 주장할 수 없다.[672)]

유치권의 성립요건이자 존속요건인 점유는 물건이 사회통념상 그 사람의 사실적 지배에 속한다고 보여지는 객관적 관계에 있는 경우를 말하고, 사실상의 지배가 있다고 하기 위하여는 반드시 물건을 물리적, 현실적으로 지배하는 경우만을 의미하지는 아니하고 물건과 사람과의 시간적, 공간적 관계와 본권관계, 타인지배의 배제가능성 등을 고려하여 사회관념에 따라 합목적적으로 판단하여야 한다.[673)] 그리고 민법 제320조의 점유에는 직접점유뿐만 아니라, 간접점유도 포함된다. 그러나 채무자를 직접점유자로 하여 채권자가 간접점유하는 경우에는 유치권의 요건으로서의 점유에 해당하지 않는다.[674)]

> A건설회사는 B로부터 호텔의 신축공사를 수급하였는데, C건설회사 등에게 그 중 토목공사 및 내부공사를 대금 11억원에 하도급을 주었다. C건설회사 등은 하수급공사를 완료함으로써 일부 수령한 공사대금을 뺀 9억원 상당의 하수급공사대금채권을 가지게 되었다. 호텔의 완공 후 B는 호텔을 인도받아 소유권이전등기를 마치고 숙박영업을 시작하였으나, A건설회사에 공사대금을 지급하지 못하였고, A건설회사 역시 C건설회사 등 하수급업체에 공사대금을 지급하지 못하였다. 그리하여 하수급업체 C건설회사 등을 대표하여 K가 B로부터 호텔의 매매와 영업에 관한 권한 일체를 위임받게 되었는데, K는 L관광개발회사에게 호텔의 영업을 맡겼다가 현재는 영업을 중단하고 외부인의 출입을 통제하며 호텔을 점유하고 있다. C건설회사는 호텔에 관하여 공사대금채권을 피담보채권으로 하는 유치권을 주장할 수 있는가?

유치권의 성립요건이자 존속요건인 점유에는 직접점유는 물론 간접점유도 해당된다.

---

671) 대법원 1976.10.26. 선고 76다2079 판결.

672) 대법원 1972.5.30. 선고 72다548 판결.

673) 대법원 2013.10.24. 선고 2011다44788 판결.

674) 대법원 2008.4.11. 선고 2007다27236 판결.

사례에서 C건설회사는 A건설회사에 대한 하수급채권자로 구성된 채권단의 일원으로서 소유자인 B로부터 호텔의 점유를 이전받은 후 현재까지 채권단의 대표 K 또는 K가 영업을 맡긴 L관광개발회사를 통하여 호텔을 간접점유하고 있다고 볼 수 있다. 그러므로 C건설회사는 소유자 B로부터 호텔의 점유·사용·처분 등에 관한 일체의 권리를 위임받은 후 K 등을 통하여 호텔을 간접점유함으로써 유치권의 성립요건을 충족시키므로 유치권을 주장할 수 있다.

(4) 타인의 물건 또는 유가증권에서 「타인」의 의미

「타인의 물건 또는 유가증권」이라고 할 때에 「타인」은 채무자만을 의미하는가, 채무자에 한하지 않고 제3자도 포함하는가? 통설은 「타인」이란 채무자만을 의미하지 않고 제3자도 포함된다고 본다. 예컨대 A가 B의 시계에 대한 수선을 C에게 부탁하고, A가 수선대금을 지급하지 않는 경우에 그 시계가 A의 소유가 아니고 B라고 하더라도 C는 유치권을 획득한다. 판례도 역시 유치권자의 점유 아래 있는 유치물의 소유자가 변동되더라도 유치권자의 점유는 유치물에 대한 보존행위로서 적법하고, 소유자의 변동 후 유치권자가 유치물에 관하여 새로이 유익비를 지급하여 그 가격의 증가가 현존하는 경우에는 그 유익비에 대하여도 유치권을 행사할 수 있다[675]고 하여 「타인」에 제3자를 포함시키고 있다.

4. 피담보채권과 목적물의 견련관계

(1) 서 설

유치권을 성립시키는 채권은 물건이나 유가증권과 같은 목적물에 '관하여 생긴' 채권이어야 하므로(§320 I), 채권과 목적물 사이에 견련관계가 있어야 한다. 통설(이른바 二元說이라고 부른다)은 채권과 목적물 사이의 견련관계가 인정되는 경우로 (i) 채권이 목적물 자체로부터 생긴 경우(예컨대 비용상환청구권), (ii) 채권이 목적물의 반환의무와 동일한 법률관계·사실관계로부터 생긴 경우(예컨대 수리계약상의 수리대금채권, 운송계약상의 운송료채권) 두 가지를 든다.

(2) 채권이 목적물 자체로부터 생긴 경우

1) 부동산임대차의 경우

흔히 문제가 되는 경우로 부동산임대차를 들 수 있다. 물론 채권은 목적물을 원인으로 하여 발생하여야 하므로, 예컨대 임차물을 사용·수익하는 임차인의 임차권과 같이 채권이 목적물 자체를 목적으로 하는 경우에는 목적물과의 견련관계가 인정되지 아니한다. 구체적으로 부동산임대차와 관련하여 문제가 되는 대표적인 사례로는 아래와 같은 경우가 있다.

(i) 건물의 임차인이 임대차관계종료시에는 건물을 원상으로 복구하여 임대인에게 명도하기로 약정한 경우에는 건물에 지출한 각종 유익비 또는 필요비의 상환청구권을 미리

---

675) 대법원 1972.1.31. 선고 71다2414 판결.

포기하기로 한 취지의 특약이라고 볼 수 있으므로, 임차인은 유치권을 주장할 수 없다.676)

(ii) 임대인과 임차인 사이에 건물명도시 권리금을 반환하기로 하는 약정이 있다고 하더라도 그 권리금반환청구권은 건물에 관하여 생긴 채권이라고 할 수 없으므로 권리금반환청구권을 가지고 건물에 대한 유치권을 행사할 수 없다.677) 또한 건물의 임대차에서 임차인이 임대인에게 지급한 임차보증금의 반환에 대한 청구권이나 임대인이 건물시설을 제대로 하지 아니하여 건물을 임차목적대로 사용하지 못하여 임차인에게 발생한 손해배상청구권은 모두 그 건물에 관하여 생긴 채권이 아니므로 그 채권을 가지고 건물에 대한 유치권을 행사할 수 없다.678)

(iii) 민법 제646조의 부속물매수청구권에 기하여 임대차목적물을 유치할 수 없고, 또한 임차토지 위의 건물임차인이 필요비를 지출하더라도 토지임대차계약이 적법하게 해지되면 건물임차인은 대지에 대하여 유치권을 주장할 수 없다.

예컨대 임차인이 임대차목적물에 대하여 비용을 지출한 경우에 인정되는 비용상환청구권(§626)은 문자 그대로 「그 물건에 관하여 생긴 채권」에 해당하므로, 임대차목적물 전체에 대하여 유치권을 주장할 수 있다. 유치권을 행사한 임차인은 건물에 그대로 거주할 수 있는가? 유치권자는 유치물을 사용·수익할 권리가 없으나(§324 II), 임차인이 거주를 계속하는 행위는 「유치물의 보존에 필요한 사용」으로서 허용된다(§324 II 단서). 물론 건물을 이용한 이익(차임 상당액)은 반환하여야 한다. 마찬가지로 토지임차인은 건물매수청구권을 담보하기 위하여 건물을 유치할 수 있으나, 대지의 점유권원이 없으므로, 점유에 의한 이득을 반환하여야 한다.

2) 건물공사도급의 경우

건물공사도급에서 유치권이 문제되는 경우도 많다. 건물의 신축공사를 한 수급인이 그 건물을 점유하고 있고 또 그 건물에 관하여 생긴 공사금채권이 있다면 수급인은 그 채권을 변제받을 때까지 건물을 유치할 권리가 있다.679) 수급인의 재료와 노력으로 건축된 건물에 대하여 수급인은 공사대금을 지급받을 때까지 유치권을 가지는가? 신축건물의 소유권귀속과 관련하여 어느 입장을 취하는가에 따라서 다르다. 이른바 수급인귀속설(혹은 재료설이라고 한다)을 취하는 판례는 유치권은 타물권인 사실에 비추어 볼 때 수급인의 재료와 노력으로 건축된 독립한 건물은 수급인의 소유라 하여야 하므로, 수급인은 공사대금을 지급받을 때까지 건물에 대하여 유치권을 가질 수 없다고 본다.680) 그러나 수급인귀속설에 의하지 않고, 이른바 도급인귀속설을 취하여 수급인의 재료와 노력으로 건축된 건물의 소유권이 원시적으로 도급인에게 귀속한다면 수급인의 유치권을 인정할 수 있다. 판례와 달리 신축건물의 소유권을 원시적으로 도급인에게 귀속시키고, 수급인의 공사대금채권은

676) 대법원 1975.4.22. 선고 73다2010 판결.

677) 대법원 1994.10.14. 선고 93다62119 판결.

678) 대법원 1976.5.11. 선고 75다1305 판결.

679) 대법원 1995.9.15. 선고 95다16202, 16219 판결 등 참조.

680) 대법원 1993.3.26. 선고 91다14116 판결.

유치권(혹은 동시이행의 항변권 등)으로 확보하게 하는 방법이 타당하다고 본다.[681]

건물의 신축공사를 도급받은 수급인이 사회통념상 독립한 건물이라고 볼 수 없는 정착물을 토지에 설치한 상태에서 공사가 중단된 경우라면 어떤가? 사회통념상 독립한 건물이 되지 못한 정착물은 토지의 부합물에 불과하다. 그러므로 단순한 정착물에 대하여 유치권을 행사할 수 없다. 또한 공사중단시까지 발생한 공사금채권은 토지에 관하여 생긴 채권이 아니므로 공사금채권에 기하여 토지에 대하여 유치권을 행사할 수도 없다.[682]

> A건설회사는 B로부터 호텔의 신축공사를 수급하여 다시 C 등에게 하도급을 주었는데, C에게는 그 중 호텔공사의 외부간판에 대한 설치공사를 대금 5천만원에 하수급을 주었다. C는 하수급공사를 완료함으로써 5천만원 상당의 하수급공사대금채권을 가지게 되었다. 호텔의 완공 후 B는 호텔을 인도받아 소유권이전등기를 마치고 숙박영업을 시작하였으나, A건설회사에 공사대금을 지급하지 못하였고, A건설회사 역시 C 등 하수급업체에 공사대금을 지급하지 못하였다. 그리하여 하수급업체 C 등을 대표하여 K가 B로부터 호텔의 매매와 영업에 관한 권한 일체를 위임받게 되었는데, K는 L관광개발회사에게 호텔의 영업을 맡겼다가 현재는 영업을 중단하고 외부인의 출입을 통제하며 호텔을 점유하고 있다. C는 호텔에 관하여 공사대금채권을 피담보채권으로 하는 유치권을 주장할 수 있는가?

민법 제320조 제1항은 "타인의 물건 또는 유가증권을 점유한 자는 그 물건이나 유가증권에 관하여 생긴 채권이 변제기에 있는 경우에는 변제를 받을 때까지 그 물건 또는 유가증권을 유치할 권리가 있다"고 규정하고 있으므로, 유치권의 피담보채권은 「그 물건에 관하여 생긴 채권」이어야 한다. 사례에서 C가 주장하는 유치권의 피담보채권은 A건설회사와의 하도급계약에 따라 호텔의 외부간판 등의 설치공사를 완료함으로써 발생한 채권임을 알 수 있다. 그런데 건물의 옥탑, 외벽 등에 설치된 간판의 경우에는 일반적으로 건물의 일부가 아니라 독립된 물건으로 남아 있으면서 과다한 비용을 들이지 않고 건물로부터 분리할 수 있는 경우가 충분히 있을 수 있고, 그 경우에는 특별한 사정이 없는 한 간판설치에 대한 공사대금채권을 그 건물 자체에 관하여 생긴 채권이라고 할 수 없다. 그러므로 C의 공사대금채권이 호텔에 관한 유치권의 피담보채권이 될 수 있는지 여부를 판단하기 위해서는 C가 설치한 간판의 종류와 형태, 간판설치공사의 내용 등을 심리하여 그 간판이 호텔의 일부인지 아니면 별도의 독립한 물건인지 등을 명확히 하여야 한다.[683] 만약 C가 설치한 외부간판이 호텔과는 별개의 독립한 물건이라고 하면 C의 간판설치공사에 따른 대금채권이 호텔에 관하여 생긴 채권으로서 유치권의 피담보채권이 될 수 있다고 보기는 어려우므로, C는 유치권을 주장할 수 없다.

---

681) 판례도 수급인이 그 건물을 점유하고 있고, 또 그 건물에 관하여 생긴 공사금채권이 있다면 수급인은 그 채권을 변제받을 때까지 건물을 유치할 권리가 있다고 본다(대법원 1995.9.15. 선고 95다16202 판결).

682) 대법원 2008.5.30. 자 2007마98 결정.

683) 대법원 2013.10.24. 선고 2011다44788 판결.

3) 이중매매의 경우

> A로부터 갑부동산을 B, C가 이중으로 양도하였는데, B가 먼저 인도를 받았으나, C가 먼저 등기를 얻었다. C가 B에 대하여 갑부동산의 명도청구를 한 경우에 B는 A에 대한 손해배상청구권을 이유로 C에 대하여 유치권을 주장할 수 있는가?

추상적으로는 B의 채권과 목적물과의 사이에 견련성이 있는 경우처럼 보인다. 그러나 케이스와 같이 채무자(A)와 유치권에 의한 인도거절의 상대방(C)이 다른 사람인 경우에는 B의 채권을 채무자가 아닌 다른 사람, 즉 소유자 C의 희생을 통하여 보호하여야 할 이유가 없을 뿐만 아니라, 유치권의 본래의 취지와도 맞지 않는다. 그러므로 소유자, 즉 갑부동산의 반환청구권을 가지는 C와 채무자(A)가 동일하지 않으면 유치권은 성립하지 않는다고 새겨야 한다.

약간 다른 사례로 예컨대 A가 C로부터 빌린 시계를 B에게 수리를 맡긴 경우에 C로부터의 반환청구에 대하여 B가 수리대금채권을 담보하기 위하여 유치권을 주장하는 경우에는 어떤가? 당연히 A와의 관계에서는 B에게 수리대금채권을 담보하기 위한 유치권이 성립한다. 그리고 일단 요건이 충족되어 유치권이 성립하면 제3자에 대하여도 그 유치권을 가지고 대항할 수 있다(물론 점유가 계속되어야 한다). A가 B에게 수리를 맡긴 시계를 그 상태에서 C에게 양도한 사례에서도 마찬가지이다. B는 A에 대하여든 C에 대하여든 유치권을 주장할 수 있다.

본래의 케이스에서는 A에게 B에 대한 반환청구권이 없다. 그러므로 채무자 A와의 관계에서는 B의 유치권이 문제될 여지가 없다. B의 유치권이 처음부터 성립하지 않으므로, B가 A에 대하여 유치권을 주장할 수는 없고, 결국 B는 C에 대하여도 유치권을 주장할 수 없다.

(3) 채권이 목적물의 반환의무와 동일한 법률관계·사실관계로부터 생긴 경우

1) 동일한 법률관계로부터 생긴 경우

물건·유가증권의 매매계약이 취소된 경우에 부당이득에 의한 매매대금의 반환청구권과 목적물의 반환의무는 매매계약의 취소라는 동일한 법률관계에 기인하므로 견련관계가 인정되고, 대금반환청구권자는 그 청구권을 위하여 목적물 위에 유치권을 취득한다. 그리고 수급인의 공사잔금채권이나 그 지연손해금청구권과 도급인의 건물인도청구권은 모두 건물신축도급계약이라고 하는 동일한 법률관계로부터 생기므로 손해배상채권과 건물과의 사이에도 견련관계가 있다.684)

계약명의신탁에서 명의신탁자가 명의수탁자에 대하여 가지는 매매대금 상당의 부당이득반환청구권에 기하여 유치권을 행사할 수 있는가? 명의신탁자와 명의수탁자가 이른바 계약명의신탁약정을 맺고 명의수탁자가 당사자가 되어 명의신탁약정이 있다는 사실을 알지 못하는 소유자와 사이에 부동산에 관한 매매계약을 체결한 뒤 수탁자 명의로 소유권

---

684) 대법원 1976.9.28. 선고 76다582 판결.

이전등기를 마친 경우(이른바 매도인 선의의 계약명의신탁)에는 명의신탁자와 명의수탁자 사이의 명의신탁약정은 무효이지만 그 명의수탁자는 완전한 소유권을 취득하게 되고(부동산실명법 §4 I, II 참조), 반면 명의신탁자는 애초부터 소유권을 취득할 수 없고 다만 그가 명의수탁자에게 제공한 부동산의 매수자금이 무효의 명의신탁약정에 의한 법률상 원인 없는 경우로 되므로, 명의수탁자에 대하여 그 매수대금 상당의 부당이득반환청구권을 가질 수 있을 뿐이다. 다만 명의신탁자의 부당이득반환청구권은 부동산 자체로부터 발생한 채권이 아닐 뿐만 아니라 명의수탁자의 소유권 등에 기한 부동산반환청구권과 동일한 법률관계나 사실관계로부터 발생한 채권이라고 보기도 어려우므로, 결국 유치권의 성립요건으로서의 목적물과 채권 사이의 견련관계를 인정할 수 없다.[685)]

2) 동일한 사실관계로부터 생긴 경우

어떤 모임에서 우연히 구두를 바꾸어 신거나 우산을 서로 잘못 가지고 간 경우와 같이 동일한 사실관계로부터 생긴 상호간의 반환청구권 사이에도 유치권의 성립요건에 필요한 견련관계가 인정된다.

(4) 채권과 목적물의 점유 사이의 견련관계

유치권이 성립하기 위해서는 채권은 목적물의 점유중 혹은 점유와 동시에 발생하여야 하는가 하는 문제가 있다. 다수설·판례[686)]는 채권과 목적물의 점유 사이의 견련관계는 요구되지 아니한다고 본다. 그러므로 목적물의 점유 이전에 채권이 발생하고 그 후 어떤 사정으로 인하여 목적물의 점유를 취득한 경우에도 유치권이 인정된다. 다만 소수설로서 채권이 목적물의 점유중 혹은 적어도 점유와 동시에 생겨야 하고, 채권발생 후에 어떤 사유로 그 목적물을 점유하게 되더라도 유치권은 발생하지 않는다고 보는 견해도 있다.

건물소유자 A가 B에게 건물을 양도하여 인도한 후 아직 소유권이전등기를 하지 않고 있었는데, 그 사이에 A는 다시 그 건물을 C에게 양도(2중양도)한 후 바로 소유권이전등기를 마쳤다. 만일 C가 건물을 점유하고 있는 B에게 인도청구를 한다면 B는 매매계약의 불이행에 의하여 성립한 A에 대한 손해배상청구권을 가지고 유치권을 주장할 수 있는가?

유치권의 성립요건으로 요구되는 견련관계가 인정되기 위하여는 「유치권을 취득하게 되는 자와 상대방 사이에」 물건의 점유자가 그 물건의 가치를 증대시키거나 그 물건으로부터 손해를 입은 결과로 그 물건의 반환을 청구하는 자에 대하여 이득의 반환 또는 손해의 배상을 받을 때까지 인도를 거절하여 간접적으로 변제를 촉구하는 관계가 성립하여야 한다. 그러나 사례에서 B는 건물에 의하여 손해를 입은 경우가 아니라, A의 배신행위로 손해를 받고 있다고 할 수 있다. 또한 A는 건물을 C에게 양도한 때에 B에 대하여 건물의 반환을 청구할 수 있는 관계에 있지 아니하므로, BC 사이에는 건물의 반환을 거절하여

685) 대법원 2009.3.26. 선고 2008다34828 판결.
686) 대법원 1965.3.30. 선고 65다258 판결.

손해배상채무의 이행을 간접적으로 강제한다는 관계가 성립하지 않는다. 그러므로 BC 사이에는 유치권을 성립시킬 만한 견련관계가 존재한다고 볼 수 없다.

5. 변제기에 있는 채권

유치권은 채권이 변제기에 있는 경우에 한하여 인정되고, 변제기 이전에는 유치권이 성립하지 아니한다. 만일 변제기도래 이전에 유치권의 성립을 인정하면 변제기 전의 채무이행을 간접적으로 강제하는 경우가 되어 불합리하다. 그러므로 법원이 유익비상환청구에 대하여 상당한 상환기간을 허여한 때에는 유익비상환청구권에 기한 유치권은 소멸한다(§§203 Ⅲ·310 Ⅱ·626 Ⅱ 후단).

6. 적법한 점유

유치권이 공평의 원칙에 기한 제도라는 사실을 고려할 때 당연히 불법행위에 의하여 점유를 취득한 자는 유치권을 취득할 수 없다(§320 Ⅱ). 그러므로 타인의 물건을 절취하거나 횡령한 자가 그 물건을 수선하여도 그 수선비채권에 관하여 유치권은 성립하지 아니한다. 그리고 건물의 점유자가 건물의 원시취득자에게 그 건물에 관한 유치권이 있다고 하더라도 그 건물의 존재와 점유가 토지소유자에게 불법행위가 되고 있다면 그 유치권으로 토지소유자에게 대항할 수 없다.[687]

점유가 「불법행위로 인한 경우」란 점유의 취득이 점유의 침탈이나 사기·강박에 의한 경우뿐만 아니라, 채무자에게 대항할 수 있는 점유권한 없이 혹은 악의·과실로 점유권한이 없다는 사실을 알지 못하고 점유를 시작한 경우도 포함된다.[688] 그러므로 건물임차인이 임대차계약의 해제·해지 후에도 건물을 점유하여 필요비·유익비를 지출한 경우에는 그 비용상환청구권에 관하여 유치권이 성립하지 아니한다. 역시 매매계약의 해제 후 비용을 지출하거나 저당목적물을 취득한 제3자가 저당권실행 후에 비용을 지출한 때에도 마찬가지로 비용상환청구권에 관하여 유치권이 인정되지 아니한다.

Ⅲ. 유치권의 효력

1. 유치권자의 권리

(1) 목적물의 유치

1) 목적물의 점유계속과 인도거절

유치권에는 채권의 변제를 받을 때까지 목적물을 유치할 수 있는 유치적 효력이 있다.

687) 대법원 1989.2.14. 선고 87다카3073 판결.
688) 대법원 1955.12.15. 선고 4288민상136 판결.

「유치한다」는 의미는 목적물의 점유를 계속하고 인도를 거절한다는 사실을 가리킨다.

2) 유치적 효력이 미치는 범위

유치권은 물권이므로, 유치권자는 채무자에 대하여 뿐만 아니라 누구에 대하여도 유치권을 행사할 수 있다. 만일 유치권의 목적물이 채무자 이외의 제3자의 소유에 들어간 경우에 유치권자는 채무자에 대하여만 채무의 변제를 청구할 수 있지만 유치권은 제3자에 대하여도 행사할 수 있다.

[더 생각할 과제 - 저당권의 설정 후에 성립한 유치권의 효력]

유치권의 취득시기가 저당권설정 후라거나 유치권의 취득 전에 설정된 저당권에 기하여 경매절차가 개시된 경우라고 할지라도 유치권으로 경매절차의 매수인에게 대항할 수 있으므로, 부동산경매절차에서의 매수인은 유치권자에게 그 유치권으로 담보하는 채권을 변제할 책임이 있다. 다만 채무자 소유의 부동산에 경매개시결정의 기입등기가 마쳐져 압류의 효력이 발생한 후에 채무자가 그 부동산에 관한 채권자에게 그 점유를 이전함으로써 그로 하여금 유치권을 취득하게 한 경우에 그 점유의 이전은 목적물의 교환가치를 감소시킬 우려가 있는 처분행위에 해당하여 압류의 처분금지효(민사집행법 §§92 I·83 IV)에 저촉되므로 점유자로서는 유치권을 내세워 그 부동산에 관한 경매절차의 매수인에게 대항할 수 없다.[689] 역시 경매개시결정의 기입등기가 마쳐진 사실을 과실 없이 알지 못한 경우에도 경매개시결정의 기입등기가 마쳐져 압류의 효력이 발생한 후에 부동산의 점유를 이전받아 유치권을 취득한 채권자는 그 유치권으로 경매절차의 매수인에게 대항할 수 없다.

3) 유치권행사의 소송상의 효력

목적물반환청구의 소에서 피고가 유치권을 행사하는 경우에 어떤 판결을 하여야 하는가 하는 문제가 있다. 학설상으로는 請求棄却判決說과 相換給付判決說(다수설)이 대립하고 있다. 판례는 다수설인 상환급부판결설에 따라서 상환적 급부판결을 하고 있다.[690]

(2) 경매권·간이변제충당권

1) 경매권

본래 유치권에는 우선변제권이 없으나, 일정한 경우에 경매의 권리가 인정된다(§222 I, 민사집행법 §274). 유치권에 의한 경매는 장기간에 걸쳐 언제까지나 유치하지 않으면 안된다고 하는 불편으로부터 유치권자를 해방시키기 위하여 인정되고 환가할 수 있는 권리에 불과하다. 유치권자는 환가금을 소유자에게 반환하여야 한다. 다만 소유자가 즉 채무자인 때에는 채권과 상계하여 사실상 우선변제를 받을 수 있다. 그러나 소유자가 채무자가 아닌 때에는 소유자에게 환가금을 반환하여야 하여 결국 담보를 잃게 된다.

---

689) 대법원 2009.1.15. 선고 2008다70763 판결.

690) 대법원 1974.6.25. 선고 73다1642 판결.

2) 간이변제충당권

(a) 의 의

유치권자가 채권의 변제를 받기 위하여 반드시 경매를 하여야 한다고 하면 비용이 많이 들고 그 절차가 복잡하여 부적당한 경우가 적지 않다. 그러므로 민법 제322조 제2항은 일정한 요건 아래 유치권자에게 유치물로 직접 변제에 충당할 수 있는 「간이변제충당」을 인정하고 있다.

(b) 요 건

(i) 정당한 이유가 있어야 한다. 유치물의 처분에 관하여 이해관계를 달리하는 다수의 권리자가 존재하거나 유치물의 공정한 가격을 쉽게 알 수 없는 등의 경우에는 정당한 이유가 있다고 할 수 없다.691)

(ii) 감정인의 평가를 받아야 한다.

(iii) 법원에 청구하여야 한다.

(iv) 유치권자는 미리 채무자에게 사전통지를 하여야 한다.

(c) 효 과

간이변제충당권을 행사하면 유치권자는 유치물의 소유권을 바로 취득한다. 유치물이 부동산인 경우에도 법률의 규정에 의한 물권변동으로 등기를 요하지 않는다. 다만 유치권자는 평가액과 채권액의 차액이 있으면 그 차액을 채무자(소유자와 다르면 소유자)에게 반환하여야 한다.

3) 별제권

유치권에 관하여 별제권(파산재단에 딸린 특정재산에 대하여 다른 채권자에 우선하여 변제를 받을 수 있는 권리)이 인정된다(채무자회생 및 파산에 관한 법률 §411). 그러므로 채무자가 파산선고를 받은 경우에는 유치권자는 별제권을 행사할 수 있다.

(3) 과실로부터의 채권회수

1) 의 의

유치권자는 유치물의 과실(천연과실·법정과실)을 수취하여 다른 채권자보다 먼저 그 채권의 변제에 충당할 수 있다(§323 I 본문). 그러므로 유치권자에게는 유치물로부터의 과실을 수취할 수 있는 권리, 즉 과실수취권이 인정된다. 역시 유치물의 자기사용에 의한 이득에 대하여도 과실에 준하여 채권에 충당할 수 있다. 유치권에는 우선변제권이 없어 유치물과 마찬가지로, 과실에 대하여도 그 교환가치에 효력이 미치지 않으나, 과실은 소액인 경우가 많으므로, 일일이 반환하여야 하는 노력이나 수고를 덜고 간편하게 변제에 충당할 수 있도록 인정하고 있다.

---

691) 대법원 2000.10.30. 자 2000마4002 결정.

2) 요 건

유치권자가 수취하는 과실에는 천연과실·법정과실을 포함한다. 그리고 유치권자가 목적물을 스스로 사용하는 경우에 부당이득으로 반환하여야 할 사용이익도 과실에 준하여 변제에 우선적으로 충당할 수 있다고 해석한다.

민법 제323조 제1항 단서는 유치권자가 수취한 과실이 금전이 아닌 때에는 경매하여야 한다고 규정하고 있다. 그러나 금전이 아닌 과실이라고 하여 반드시 경매를 하여야 하지는 않고, 유치물 자체에 대한 간이변제충당이 인정되는 사정에 비추어 당사자의 합의에 의한 평가 또는 유치권자의 판단에 따른 상당한 대가의 매각도 허용된다고 본다.

3) 효 과

선의점유자의 과실취득권에서는 점유물의 과실에 대하여 소유권을 취득하는 반면에, 유치권자의 과실수취권은 과실을 수취하여 다른 채권자보다 먼저 자기의 변제에 충당할 수 있을 뿐이다. 유치권자가 수취한 과실은 먼저 채권의 이자에 충당하고, 그 잉여가 있으면 원본에 충당한다(§323 II).

(4) 유치물사용권

1) 서 언

유치권은 단지 채권담보를 위하여 목적물을 점유하는 권리이다. 그러므로 원칙적으로 유치권자는 유치물을 사용·수익할 수 없다. 다만 예외적으로 유치권자가 유치물을 사용할 수 있는 경우가 있다.

> A는 B로부터 공사대금 6억원에 빌라의 공사를 도급받아 빌라를 완공하였다. 그런데 B가 공사대금 2억원을 지급하지 아니하여 A는 빌라에 대하여 유치권을 행사하게 되었는데, 빌라 중 202호, 302호, 401호 및 402호를 제3자 C 등에게 각 전세주고 전세금을 수령하였다. A는 B에게 어떤 범위에서 부당이득을 반환하여야 하는가?

유치권자는 유치물소유자의 승낙 없이 유치물을 보존에 필요한 범위를 넘어 사용·수익할 수 없다. 만약 유치권자가 유치물을 사용·수익한 경우에는 그로 인한 이익을 부당이득으로 소유자에게 반환하여야 한다. 유치권자가 유치물의 사용·수익에 의한 이익을 부당이득으로 반환하는 경우에 부당이득반환의무의 구체적인 내용은 다른 부당이득반환청구에서와 마찬가지로 부당이득반환의무자가 실제로 어떤 구체적 이익을 얻는지에 좇아 정하여진다.

사례에서 A가 빌라에 관하여 제3자 C 등과의 사이에 전세계약을 체결하여 전세금을 수령한 사실이 인정된다. 다만 C 등으로부터 수령한 전세금은 종국에는 C 등에게 반환되어야 하므로, 다른 특별한 사정이 없는 한 A가 얻은 구체적 이익은 전세금 자체가 아니라, 그가 전세금으로 수령한 금전의 이용가능성이라고 보아야 한다. A가 전세금의 이용을 통하여 구체적으로 얻은 이익과 관계없이 추상적으로 산정된 차임 상당액을 부당이득으로 반환하여야 한다고 할 수 없다. 그리고 전세금의 이용가능성은 그 자체 현물로 반환될 수 없는 성질의 경우이므로 그 「가액」을 산정하여 반환을 명하여야 하고, 그 가액은 결국 전세금에 대한 법정이자 상당액이다.[692)]

2) 유치물의 보존에 필요한 사용

유치권자는 보존에 필요한 범위 내에서 채무자의 승낙 없이 유치물을 사용할 수 있다(§324 II 단서). 그러므로 유치권자가 유치물에 대한 보존행위로서 하는 목적물의 사용은 적법행위에 해당하여 불법점유로 인한 손해배상책임이 없다.[693)] 구체적으로 유치물의 보존에 필요한 사용인지 여부는 개개의 경우에 개별적으로 판단하여야 한다. 예를 들어 건물에 대하여 유치권을 가지는 자가 그 건물의 일부인 큰 홀을 약 40일간 타인에게 대여하여 그 곳에서 영화를 상영케 한 경우는 보존에 필요한 행위로 볼 수 있다.[694)] 그리고 유치물의 보존에 필요한 사용에 의하여 얻은 이익은 유치물에서 생긴 과실과 같이 취급하여 민법 제323조가 적용된다.

건물임대차계약의 해제 후 임차인이 비용상환청구권에 의하여 유치권을 행사하는 경우에 종전대로 건물을 사용할 수 있는가 하는 문제가 있다. 학설은 종래 거주하여 온 건물을 비워서 빈집으로 하거나 특별한 보관조치를 하여야 한다고 하면 너무나 실정에 맞지 아니하므로, 유치권자가 종전의 사용상태를 원칙적으로 계속할 수 있고, 다만 그 동안의 이득은 부당이득으로 반환하여야 한다고 본다.[695)] 판례도 건물의 점유자가 그 건물의 점유중 그 건물에 지출한 비용을 상환받기 위하여 유치권을 행사하는 경우에는 계속 그 건물을 점유사용하더라도 불법행위가 되지는 않으나, 그 점유사용으로 인한 실질적인 이익은 그로 인하여 건물소유자에게 손해가 있는 한 상환하여야 한다고 본다.[696)]

3) 승낙에 의한 사용

채무자(소유자와 다르면 소유자)의 승낙이 있으면 유치권자는 유치물을 사용·수익할 수 있다. 그리고 유치권자가 유치물의 사용·수익에 의하여 얻은 이익은 우선적으로 채권의 변제에 충당된다.

(5) 비용상환청구권

1) 서 언

유치권자가 유치물에 대하여 필요비와 유익비를 지출할 수 있다. 유치권자가 유치물에 대하여 비용을 지출한 경우에는 소유자에 대하여 그 상환을 청구할 수 있다.

---

692) 대법원 2009.12.24. 선고 2009다32324 판결.

693) 대법원 1972.1.31. 선고 71다2414 판결.

694) 대법원 1965.3.9. 선고 64다1797 판결.

695) 부당이득으로 반환하는 경우보다는 민법 제323조에 의하여 채권의 변제에 우선적으로 충당된다고 보는 견해가 있다.

696) 대법원 1977.1.25. 선고 76다2096 판결.

2) 종 류

(a) 필요비상환청구권

필요비란 유치물의 보존을 위하여 지출한 비용을 말한다. 예컨대 보존비, 수선비, 사용비 등이 필요비이다. 유치권자가 유치물에 관하여 필요비를 지출한 때에는 소유자에게 그 상환을 청구할 수 있다(§325 I).

(b) 유익비상환청구권

유치물을 개량하여 그 가액을 증가시키기 위하여 지출한 비용을 유익비라고 한다. 유치권자가 유치물에 관하여 유익비를 지출한 때에는 그 가액의 증가가 현존한 경우에 한하여 소유자의 선택에 좇아 그 지출한 금액이나 증가액의 상환을 청구할 수 있다(§325 II 본문). 그러나 법원은 소유자의 청구에 의하여 유익비의 상환에 대하여 상당한 상환기간을 허여할 수 있다(§325 II 단서). 상당한 기간이 허여된 때에는 피담보채권이 변제기에 있어야 한다고 하는 요건이 충족되지 않으므로, 유익비상환청구권 자체에 기한 유치권은 성립하지 않는다.

3) 당사자

비용상환청구권자는 유치권자에 한한다. 그리고 민법 제325조 제1항은 「소유자에게 그 상황을 청구할 수 있다」고 하여 비용상환청구권의 상대방을 소유자로 규정하고 있다. 그러나 유치물은 반드시 채무자의 소유일 필요가 없고, 채무자와 소유자가 다른 경우에도 얼마든지 유치권이 성립할 수 있을 뿐만 아니라, 소유자가 아닌 채무자도 유치권자의 비용지출에 의하여 이익을 얻는 경우가 있으므로, 비용상환청구권의 상대방이 반드시 소유자에 한한다고 볼 필요는 없다.

2. 유치권자의 의무

(1) 의무의 내용

1) 선관주의의무

유치권자는 유치물의 보관에 관하여 선량한 관리자의 주의의무, 즉 이른바 선관주의의무를 부담한다(§324 I). 유치권자가 선관주의의무에 위반하여 채무자 또는 소유자에게 손해를 입힌 경우에는 채무불이행으로 인한 손해배상책임을 부담한다(§390).

2) 무단사용·대여·담보제공의 금지의무

유치권자는 채무자의 승낙 없이 유치물을 사용한다든지, 대여·담보제공을 한다든지 할 수 없다(§324 II 본문). 다만 유치물의 보존에 필요한 사용만은 유치권자가 채무자의 승낙 없이 할 수 있다(§324 II).

(2) 의무위반의 효과

유치권자가 선관주의를 위반하거나, 무단으로 유치물의 사용·대여·담보제공을 하면 채무자는 유치권의 소멸을 청구할 수 있다(§324 III). 채무자의 소멸청구권은 형성권에 해당하므로, 유치권자의 승낙을 기다리지 않고 유치권자에 대한 일방적인 의사표시에 의하여 유치권소멸의 효과가 생긴다(유치권자의 소멸청구는 성질상 물권적 단독행위이지만, 유치물이 부동산인 경우에도 유치권설정등기가 불가능하므로, 등기 없이 유치권이 소멸한다).

민법 제324조 제3항은 소멸청구의 주체를 「채무자」로 규정하고 있으나, 채무자로부터 유치물을 양수한 신소유자도 소멸청구할 수 있다. 물론 채무자로부터 사용 등의 승낙을 얻은 때에는 그 효과를 신소유자에 대하여도 대항할 수 있다.

Ⅳ. 유치권의 소멸

1. 일반적 소멸사유

유치권은 물권의 일반적인 소멸원인 및 담보물권의 일반적인 소멸원인에 의하여 소멸한다. 예컨대 목적물의 멸실, 혼동, 포기, 토지수용, 몰수 등이 물권의 일반적인 소멸사유로서의 유치권의 소멸원인이다. 피담보채권의 시효소멸은 담보물권에 공통하는 소멸사유인 유치권의 소멸원인의 예이나, 유치권의 행사는 소멸시효의 진행을 방해하지 아니한다(§326). 피담보채권의 소멸시효를 중단시키기 위한 조치는 별도로 행할 필요가 있다.

2. 특유한 소멸사유

유치권에 특유한 소멸사유로서 민법은 아래와 같이 세 가지를 규정하고 있다.

① 채무자의 소멸청구　　유치권자가 선관의무를 위반한 경우, 무단히 사용·대여 또는 담보제공을 한 경우에는 채무자가 유치권의 소멸을 청구할 수 있다. 채무자의 일방적 의사표시에 의한 소멸청구를 통하여 유치권은 소멸한다(§324 참조).

② 채무자에 의한 상당한 담보의 제공　　채무자가 상당한 담보를 제공하여 유치권의 소멸청구를 한 때에는 유치권이 소멸한다(§327). 피담보채권액에 비하여 과다한 가치의 물건이 유치되어 있는 경우에 실익이 있다. 담보는 물적 담보도 상관없고, 인적 담보도 상관없다. 유치권자가 상당한 담보의 제공에 의한 유치권의 소멸에 응하지 않으면 유치권자의 승낙에 갈음하는 판결을 얻어 소멸청구를 할 수 있다.

민법 제327조에 의하여 제공하는 담보가 상당한가의 여부는 그 담보의 가치가 채권의 담보로서 상당한가, 담보의 종류에 있어서 유치물에 의하던 담보력을 저하시키지는 아니한가 하는 측면을 종합하여 판단하여야 한다.[697] 유치물의 가격이 채권액에 비하여 과다한 경우에는 채권액 상당의 가치가 있는 담보를 제공하면 족하다.

③ 점유의 상실　　유치권은 점유의 상실로 인하여 소멸한다(§328). 그러므로 유치권자가 목적물의 점유를 상실한 때에는 유치권은 소멸한다. 다만 유치권자가 채무자의 승낙을 얻어 목적물을 임대하거나 입질한 때에는 간접점유가 성립하므로, 점유상실이 되지 아니한다. 물론 목적물의 임대나 입질은 채무자의 승낙을 얻지 않고 행하면 채무자는 민법 제324조의 소멸청구를 할 수 있다. 또한 점유를 침탈당한 경우에 유치권자가 민법 제204조에 의한 점유회수의 소를 제기하면 점유의 계속이 의제되는 경우(§192 II 단서)와 마찬가지로 되므로, 유치권이 소멸하지 아니한다.

제 3 절 질 권

I. 질권의 의의와 성질

1. 질권의 의의

A는 B에게 50만원을 빌려주게 되었는데, 그 기회에 B로부터 고가인 카메라를 담보로 받았다. A는 카메라에 대하여 어떤 권리를 가지는가?

질권의 기초적인 이해를 위한 워밍업 사례이다. 채권자가 채권의 담보로 채무자(혹은 제3자)로부터 받은 물건(혹은 재산권)을 채무의 변제가 있을 때까지 유치하여 채무의 변제를 간접적으로 강제하는 동시에, 변제가 없는 때에는 그 물건으로부터 우선적으로 변제를 받는 권리를 질권이라고 한다. 사례에서 A는 카메라에 대하여 질권을 가진다. A는 질권자로서 채권의 담보로 질권설정자 B로부터 받은 카메라를 채권의 변제를 받을 때까지 유치할 수 있고, 만약 B가 변제를 하지 않는 경우에는 다른 채권자에 우선하여 그 카메라로부터 변제를 받을 수 있다.

질권은 저당권과 마찬가지로 약정담보물권이다. 다만 질권은 저당권과 달리, 점유의 이전을 요건으로 한다는 특징이 있다. 동산에 대하여는 질권만이 설정될 수 있으므로, 동산의 비점유담보물권을 구하는 실무상의 요청에 따라서 후술하는 비전형적인 동산담보물권이 다양하게 이용되고 있다.

질권과 저당권의 차이를 알기 쉽게 도표를 통하여 정리하면 아래와 같다.

697) 대법원 2001.12.11. 선고 2001다59866 판결.

구 분	질 권	저당권
본 질	목적물의 점유가 질권자에게 이전된다(§329)	목적물의 점유가 저당권설정자에게 존속한다(§356)
기 능	서민의 금융수단	서민금융 혹은 투자의 수단
성 립	① 설정계약 + 목적물의 인도 ② 선의취득에 의한 성립이 가능하다(§343→§249 이하) ③ 같은 물건 위에 수개의 성립이 원칙적으로 불가능하다	① 설정계약 → 점유이전 불요 ② 선의취득에 의한 성립이 불가능하다 ③ 같은 물건 위에 수개의 성립이 가능하다(선후순위가 있다)
공시방법	인도	등기
목적물	원칙적으로 동산(§329)에 한한다	원칙적으로 부동산(§356)
효 력	① 유치적 효력, 우선변제적 효력이 있다 ② 보존에 필요한 범위 내에서 사용이 가능하다(§343→§324 II 단서) ③ 과실에 효력이 미친다(§343→§323)	① 유치적 효력이 없고, 우선변제적 효력이 있다 ② 사용·수익권이 없다 ③ 원칙적으로 과실에 효력이 미치지 아니한다(§359 참조)
소 멸	목적물의 반환·질권설정자의 질권의 반환(§343→§324)과 같은 특유한 소멸사유가 있다	특유한 소멸사유가 없다

2. 질권의 종류

(1) 목적물에 의한 질권의 분류

1) 동산질권·권리질권

질권은 그 목적물에 따라서 (i) 동산을 목적으로 하는 동산질권, (ii) 채권 기타의 재산권을 목적으로 하는 권리질권으로 구분된다.

2) 부동산질권?

일본민법은 부동산에 관하여도 질권을 인정한다(일본민법 §356). 일본민법 제356조에 의하면 부동산질권의 질권자는 목적물을 사용수익할 수 있다. 그러나 민법은 일본민법이 인정하고 있는 부동산을 목적으로 하는 부동산질권을 규정하고 있지 않다. 부동산질권도 필요한가, 혹은 민법이 부동산질권을 폐지한 태도는 타당한가?

민법이 부동산질권을 인정하지 않는 태도는 그 타당성이 의심스럽다고 보는 견해가 있다. 필요설은 건물을 독립한 부동산으로 보고 있는 민법 아래에서는 부동산질권이 반드시 무의미한 제도라고는 볼 수 없다고 설명한다. 그러나 민법이 부동산질권을 폐지한 태도는 사회·경제적 관점에 비추어 타당하다고 생각된다. 부동산질권제도의 폐지가 타당하다는 논거로는 아래 같은 내용을 들 수 있다.

(i) 담보로서 저당권제도가 확립되어 많이 이용하고 있고, 부동산의 수익까지 하는 불편한 부동산질권제도를 이용하는 사례가 희소하므로 굳이 부동산질권제도를 둘 필요가 없다.

(ii) 부동산질권제도는 순수한 수익질로 구성되어 부동산질권자에게 우선변제권이 인정되지 아니하여 그 기능의 범위가 부동산유치권을 넘지 않으므로, 부동산유치권제도가 인정되는 이상 별도로 부동산질권을 인정할 아무런 실익이 없다.

(iii) 양도담보는 양도담보권설정자에 대하여 수익권을 부여하는 동시에 양도담보권에 대하여 우선변제권을 인정하고 있으므로, 부동산질권제도를 인정하더라도 현재 광범하게 행하여지고 있는 양도담보나 가등기담보에 그 기능을 빼앗길 수밖에 없다.

(iv) 민법개정(1984년)에 의하여 민법이 전세권자에게 우선변제권을 부여하고 있으므로, 전세권이 과거의 부동산질권의 기능을 그대로 흡수하고 있다고 평가할 수 있다.

(v) 비교법적으로 살펴보더라도 독일민법과 스위스민법이 부동산질권을 인정하지 않고 있는 사정을 고려할 때에 부동산질권이 반드시 필요하다고 볼 수는 없다.

(2) 적용법규에 의한 분류

1) 민사질

직접 민법의 규정이 적용되는 질권을 민사질이라고 한다. 민사질은 점유질이고, 원칙적으로 약정질권이다.

2) 상사질

상행위에 의하여 생긴 채권을 담보하기 위하여 설정되는 질권을 상사질이라고 한다. 상사질에는 민법상의 유질계약금지(§339)에 관한 규정이 적용되지 아니한다(상법 §59).

(3) 내용에 의한 분류

1) 점유질

점유질은 질권자가 단순히 질물을 점유할 권리만을 가질 뿐이고, 원칙적으로 질물을 사용·수익하지 못하는 질권이다. 민법상의 질권은 점유질이다.

2) 수익질

수익질은 질권자가 점유권뿐만 아니라 질물의 사용·수익권도 가지는 질권으로 다시 이질(利質)과 쇄각질(銷却質)로 구분된다. 일본민법상의 부동산질이 이질에 해당한다.

(4) 기타의 분류

1) 약정질권

당사자의 설정행위에 의하여 발생하는 질권을 약정질권이라고 한다. 민법상의 질권은 원칙적으로 약정질권이다.

2) 법정질권

법률의 규정에 의하여 당연히 발생하는 질권을 법정질권이라고 한다. 민법 제650조에 의하여 건물 기타 공작물의 임대인이 임대차에 관한 채권에 의하여 그 건물 기타 공작물에 부속한 임차인 소유의 동산을 압류한 때에 법정질권이 성립한다.

3. 질권의 사회적 작용

질권은 우선변제적 효력은 있지만, 동시에 목적물의 점유를 이전하여 그 유치적 효력에 의하여 변제를 간접적으로 강제하는 제도로 질권설정자는 목적물을 사용·수익할 수 없는 불편이 있다. 그러므로 우선변제적 효력을 가지는 동시에 목적물의 사용·수익을 물권설정자에게 남겨두는 물권을 활용할 수 있는 목적물이 있는 경우, 즉 저당권이 설정될 수 있는 부동산이 있는 경우에는 질권이 별로 활용되지 아니하고 있다.

질권은 생산신용을 위한 생산용구의 담보방법으로는 부적절하고, 동산 중 특히 질권이 크게 활용되는 분야는 일상생활에 사용되는 동산이다. 그리고 생산자나 상인이 소유하는 상품을 표상하는 증권(창고증권·화물상환증·선하증권)에 의한 상품의 입질제도도 이용되고 있다(상법 §§132·133·157·820). 또한 민법은 동산질권 이외에도 재산권(유가증권화된 채권·사채·주식·지식재산권)을 목적으로 하는 질권을 인정하고 있다.

4. 질권의 법률적 성질

(1) 질권=제한물권=담보물권=약정담보물권

질권은 목적물의 교환가치를 직접적·배타적으로 지배하는 담보물권(제한물권)이다. 그리고 질권은 채권자와 질권설정자 사이의 계약에 의하여 설정되는 약정담보물권이라는 측면에서 저당권과 같고, 법정담보물권인 유치권과 다르다.

(2) 유치적 효력

질권은 채권의 담보로서 채무자 또는 제3자로부터 인도받은 물건을 점유하는 물권이다. 상식적으로 생각하더라도 시계를 입질시키고 금전을 빌린 경우에 변제를 하지 않으면 시계를 사용하지 못하게 되고, 경우에 따라서는 소유권을 잃게 되므로, 채무자로서는 여하튼 변제를 하고자 한다. 바로 질권에 인정되는 「유치적 효력」이다. 질권의 유치적 효력은 채무자에게 심리적 압박을 가하여 간접적으로 채무의 변제를 강제하는 작용을 불러온다.

(3) 우선변제권

질권은 질권자가 질물을 경매에 붙여 환가하고, 그 환가대금으로부터 우선변제를 받을 목적으로 설정된다(저당권과 동일하다). 그러므로 질권에는 우선변제권이 있다. 질권자는 질물을 경매하여 우선변제를 받을 수 있다. 그리고 유질이 인정되는 경우에는 목적물을 가지고 바로 변제에 충당할 수 있고(§339), 채권질에서는 객체인 채권을 추심하여 변제에 충당할 수 있다(§353).

질권자의 우선변제권이 제한되는 경우도 있다. 질권보다 우선권이 있는 선순위의 질권자(§333), 우선특권을 갖는 선박채권자(상법 §§872·861 이하), 질권자에 우선하는 조세채권을 갖는 국가(국세징수법 §5)가 있는 경우에는 우선변제권이 제한된다.

(4) 담보물권의 통유성

1) 타물권

질권은 목적물을 담보목적으로 취득하지 아니하고 타인의 물건·권리 위에 성립하는 제한적인 물권으로 구성된다.

2) 부종성

질권은 그 성립·존속·내용에서 피담보채권에 부종한다. 질권은 피담보채권을 전제로 하여 성립하고, 그 존속중 피담보채권과 분리하여 처분할 수 없다. 피담보채권이 소멸하면 질권도 소멸한다.

3) 수반성

피담보채권이 양도되는 때에는 질권도 피담보채권에 수반하여 이전한다.

4) 불가분성

질권은 피담보채권이 완제될 때까지 효력을 가지며, 질권자는 피담보채권의 완제까지 목적물의 전부에 대하여 질권을 행사할 수 있다.

5) 물상대위성

질권은 목적물이 훼손·멸실·공용징수된 경우에 그 목적물에 갈음하는 금전 기타의 물건에 그 효력이 미칠 수 있다.

Ⅱ. 동산질권

1. 서 설

동산질권은 소액의 채권을 담보하기에 적당하다. 그러나 채무자가 이용하고 있는 기계나 기구에 질권을 설정하면 생산활동을 할 수 없게 되므로(예컨대 인쇄업자가 인쇄기계에 질권을 설정하면 인쇄작업을 할 수 없게 된다), 질권의 한계가 있다. 바로 동산양도담보제도가 탄생한 원인이다.

2. 동산질권의 성립

(1) 동산질권설정계약

1) 당사자

질권은 질권자와 질권설정자 사이의 계약, 즉 질권설정계약에 의하여 설정된다. 질권자는 채권자에 한한다. 그러나 질권설정자는 채무자가 보통이지만 채무자에 한하지 않고, 제3자(예컨대 친구·친척)라도 무방한다.

타인의 채무를 위하여 자기의 재산 위에 질권을 설정하는 제3자를 「物上保證人」이라고 한다. 물상보증인은 담보로 제공한 동산을 한도로 책임을 지지만 채무를 부담하지는 않는다. 그러므로 질권자가 직접 물상보증인에 대하여 이행의 소를 제기하거나 물상보증인의 일반재산에 집행하지는 못한다. 물상보증인은 보증인과 다르나, 타인의 채무를 위하여 자기의 재산 위에 물적 담보를 부담하는 자로서 채무자에 대한 지위는 보증인과 비슷하다. 그러므로 민법은 "타인의 채무를 담보하기 위한 질권설정자가 그 채무를 변제하거나 질권의 실행으로 인하여 질물의 소유권을 잃은 때에는 보증채무에 관한 규정에 의하여 채무자에 대한 구상권이 있다"(§341)고 하여 보증인의 구상권에 관한 민법 제441조 내지 제447조 및 민법 제481조 내지 제485조를 물상보증인에 대하여 준용한다.

2) 법적 성질

질권설정계약은 어떤 성질을 가지는가? 물권계약이냐 채권계약이냐에 대한 대립이 있다.

① 채권계약설 채권계약설은 물권행위의 독자성을 부정하는 입장에서 질권설정계약을 채권계약과 질권설정 그 자체를 목적으로 하는 물권적 합의가 결합된 법률행위로 이해하는 견해이다. 채권계약설은 보통 채권계약에서 질권설정의 합의도 함께 한다고 본다.

② 물권계약설 물권계약설은 질권설정계약을 물권계약으로 보는 견해이다. 물권계약설은 당사자 사이에 질권의 설정을 목적으로 하는 물권적 합의와 인도가 있어야 하고, 기타 모두 동산물권의 양도에 준하여 생각하면 된다고 본다.

(2) 목적물의 이전

1) 민법 제330조의 의미

질권의 설정은 질권자에게 목적물을 인도함으로써 그 효력이 생긴다(§330). 민법 제330조는 어떤 취지의 규정인가? 민법 제330조는 질권설정계약이 요물계약이라는 취지를 정한 규정이라는 견해와 민법 제330조가 질권설정계약의 유물계약성을 정한 규정은 아니라고 보는 견해가 있다.

① 요물계약설 요물계약설은 민법 제330조가 질권설정계약을 물권적 합의 이외에 인도를 요건으로 하는 요물계약이라는 사실을 선언하는 규정이라고 이해하는 견해이다. 요물계약설은 아래와 같은 논거를 든다.

(i) 민법 제330조는 민법 제188조를 질권에 관하여 구체화한 규정이다. 논리적으로도 민법 제188조 제1항이 「동산에 관한 물권의 양도」라고만 하고, 「양도 및 설정」이라고 하지 아니하여 민법 제330조는 동산질권설정에 관하여 반드시 필요한 규정이다.

(ii) 민법이 동산질권의 「요물계약성」을 명언하고 있는 이상 요물계약이라는 사실을 정면으로 부정하기는 불가능하다.

(iii) 민법 제330조와 민법 제332조의 「인도」는 민법 제188조 제1항의 「인도」와 달리 점유개정을 제외한 인도이며, 일단 인도에 의하여 질권이 설립한 후라도 질물을 반환하면 질권이 소멸한다고 하는 사실을 선언하는 의미를 갖고 있다.

② 요물계약부정설 요물계약부정설은 물권변동에 관하여 대항요건주의(의사주의)를 취한 일본민법에서는 질권설정계약을 요물계약으로 새길 수 있으나, 성립요건주의(형식주의)를 취한 현행민법 아래에서는 질권설정계약을 요물계약이라고 설명하는 견해가 무의미하다고 보는 견해이다. 요물계약부정설의 논거나 민법 제330조에 대한 비판은 아래와 같다.

(i) 인도하여야 효력이 생긴다는 내용은 성립요건주의를 취하는 현행민법 아래에서는 법률행위로 인한 물권변동에 공통되는 대원칙이며, 질권설정에서만 특이하다고 할 수는 없다.

(ii) 민법 제330조는 현행민법이 물권변동에 관하여 대항요건주의를 버리고 성립요건주의로 전환한 사실을 망각하고 일본민법의 규정을 그대로 옮겨 놓은 규정으로 입법상의 과오이며 마땅히 삭제되어야 한다.

생각건대 민법 제330조는 목적물의 인도를 질권의 효력요건으로 요구하는 규정으로 이해된다. 정확하게 표현하면 질권설정계약 그 자체는 합의만으로 성립하고, 물권으로서의 질권의 효력은 인도가 있어야 생긴다는 의미로 해석된다. 동산물권변동에 관하여 성립요건주의를 표방하고 있는 민법 제188조 제1항에 의하여 질권이라고 하는 동산물권의 설정을 위하여는 이미 「인도」가 요구되므로, 민법 제330조에 특별한 의미를 부여할 여지는 없다.

2) 점유개정의 금지

동산질권의 설정에는 인도가 필요하다. 동산질권의 설정을 위한 인도는 현실의 인도, 간이인도, 점유개정, 반환청구권의 양도가 모두 가능한가? 현실의 인도나 간이인도는 문제가 없다. 그러나 질권자는 질권설정자로 하여금 질물의 점유를 하게 하지 못하므로(§332), 동산물권변동의 효력요건인 인도(§§188 · 189 · 190)와는 달리 동산질권의 효력요건인 인도로서는 점유개정이 제외된다.

왜 민법 제332조는 동산질권의 설정에 관하여 점유개정을 금지하는가? 점유개정을 인정하지 않는 근거로는 두 가지를 생각할 수 있다. 우선 질권설정에 점유개정을 금지하는 이유를 공시의 원칙을 강화하여 거래의 안전을 꾀하려는 취지라고 설명하는 견해가 있다(거래안전설이라고 부른다). 거래안전설은 질권설정에 대하여 점유개정을 금지하게 된 연혁이 질권공시의 이상을 관철하고자 하는 목적에 있고, 질권설정자로 하여금 목적물을 계속하여 점유하게 한다면 질권설정의 사실을 알지 못한 제3자가 불측의 손해를 입을 염려가 있으므로 질권에서는 점유개정이 금지된다고 본다. 물론 점유개정을 인정하면 확실히 동산질권의 공시가 곤란한 문제가 있으나, 질권보다도 훨씬 강력한 물권인 소유권의 이전에서조차 점유개정을 허용하면서 하물며 질권에 대하여만 거래의 안전을 꾀하기 위하여 점유개정을 엄격히 금지한다는 입장은 그다지 설득력이 없다. 질권이 「유치적 효력」을 본질로 하는 담보물권이라는 사실을 고려할 때 질권설정에 대한 점유개정금지의 주된 이유는 질권설정자로부터 목적물의 점유를 빼앗아서 질권설정자의 사용·수익을 금지하려고 하는 「유치적 효력」의 확보에 있다고 보아야 한다(이른바 유치적 효력설을 지지한다).

> 질권자 A는 질권설정자 B로부터 노트북에 관하여 질권을 설정받았다. 그런데 B가 로스쿨의 레포트를 작성하기 위하여 필요하다고 통사정을 하며 질권이 설정된 노트북을 잠깐 돌려주기를 간청하므로, 일시적으로 그 노트북을 B에게 반환하였다. A의 질권은 그대로 유효한가?

질권이 일단 성립한 후에 질권설정자에게 목적물을 반환하면 그 질권은 소멸하는가? 학설상 질권이 소멸한다고 보는 질권소멸설과 더 이상 질권을 가지고 제3자에게 대항할 수 없는 효력만이 생긴다고 보는 대항력상실설이 대립한다.

① 질권소멸설　　질권소멸설은 민법 제332조를 질권의 효력요건인 동시에 질권의 존속요건에 해당한다고 이해하여 질권자가 질물의 점유를 상실하거나 질물을 질권설정자에게 반환하면 질권은 소멸한다고 해석하는 견해이다(학설상 다수설이다). 입법례로 질권소멸설을 취하고 있는 경우가 많다. 예컨대 프랑스민법은 채권자에 의한 점유의 계속을 질권의 존속요건으로 하고 있고(§2076 Code civil), 독일민법(§1253 I BGB)과 스위스민법(§888 II ZGB)은 질권성립 후에 질물을 질권설정자에게 반환하면 질권의 소멸을 가져온다고 규정하고 있다. 민법 제332조가 점유개정을 금지하는 취지가 그 유치적 효력의 확보에 있다고 해석하는 이상 질권자가 스스로 그 유치적 효력을 포기하고 질물을 반환한 때에는 질권이 소멸한다고 보는 질권소멸설이 타당한 견해라고 생각된다.

② 대항력상실설　　대항력상실설은 민법 제332조를 오로지 질권의 효력발생요건에 대한 규정으로 이해하여야 하므로, 일단 질권의 효력이 발생한 후에는 질권자가 점유를 잃더라도 질권은 소멸하지 않고, 다만 제3자에게 질권을 가지고 대항할 수 없을 뿐이라고 보는 견해이다. 그러나 현행민법은 일본민법 제352조와 같은 "계속하여 질물을 점유하지 않으면 그 질권을 가지고 제3자에게 대항할 수 없다"(점유의 계속을 단순한 대항요건이라고 본다)고 하는 규정을 두고 있지 않으므로, 민법 제332조에 질권의 성립요건과 효력요건이 일원화되어 있다고 새겨야 하고, 점유상실을 단순한 대항력상실로만 이해하기는 곤란하다.

3) 질권의 이중설정

민법 제333조는 동산질권이 이중으로 설정된 경우에는 질권설정의 선후에 의하여 순위가 결정된다고 정하고 있다. 물론 이중의 질권설정계약이 체결되더라도 인도가 없으면 효력이 생기지 않는다. 그러므로 이중의 질권설정에 관하여 민법 제333조의 적용이 문제되는 경우는 동일한 직접점유자를 통하여 목적물반환청구권의 양도에 의한 점유이전에 의하여 복수의 질권이 설정되는 때에 한한다. 목적물반환청구권의 양도의 의사표시의 순서에 의하여 질권의 순위가 결정된다.

(3) 동산질권의 목적물 - 질물

1) 양도성 없는 물건

"질권은 양도할 수 없는 물건을 목적으로 하지 못한다"(§331). 그러므로 질권은 양도성 있는 물건에만 설정될 수 있고, 금제품(예컨대 위조통화·아편·국보)과 같이 양도할 수 없는 물건은 질권의 목적물(질물)이 될 수 없다.

2) 수목의 집단

수목의 집단은 질권의 목적물이 될 수 없다. 명인방법을 갖춘 개개의 수목이나 입도·뽕나무입·엽연초·미분리과실도 부동산으로 취급하여 질권을 설정할 수 없다고 해석한다.

3) 등기·등록에 의하여 공시되는 동산

등기선박, 자동차, 항공기, 건설기계와 같이 등기·등록에 의하여 공시되는 동산은 저당권의 목적물로만 할 수 있고 질권의 목적물이 되지 아니한다.

(4) 동산질권의 피담보채권

1) 채권 일반

동산질권을 설정할 수 있는 채권(피담보채권)의 종류는 제한이 없다. 보통 금전채권이 동산질권의 피담보채권이 된다. 그러나 물건의 급부나 일정한 행위를 내용으로 하는 채권, 금전으로 평가할 수 없는 채권(§373)도 동산질권의 피담보채권이 될 수 있다.

2) 장래의 채권

동산질권으로 담보될 수 있는 채권은 현재 존재하는 채권에 한하지 않는다. 조건부 채권·기한부 채권과 같은 장래의 채권을 피담보채권으로 질권을 설정할 수 있다.

[더 생각할 과제 - 근질]

질권은 일정한 계속적인 거래관계로부터 생기는 과거·현재의 채권뿐만 아니라 장래 발생하게 될 다수의 불특정채권을 담보하기 위하여 설정될 수 있다. 바로 일정한 계속적 거래관계로부터 장차 생기게 될 다수의 불특정채권을 담보하기 위하여 설정되는 질권을 「근질」이라고 한다(근질은 근저당, 근보증과 함께 근담보의 일종이다). 민법상 근저당(根抵當)을 인정하는 명문규정은 두고 있으나(§357), 근질(根質)에 대하여는 명문규정이 없다. 그러나 학설은 이론 없이 질권에서도 장래의 불특정의 채권을 담보하는 근질의 유효성을 인정하고 있다.

(5) 법정질권

1) 법정질권의 의의

법정질권은 법률의 규정에 의하여 당연히 성립하는 질권을 가리킨다. 민법상 질권은 원칙적으로 약정질권이고, 다만 예외적으로 법정질권이 인정된다. 민법 제648조와 제650

조가 임차지의 부속물, 과실 등에 대한 법정질권과 임차건물 등의 부속물에 대한 법정질권 두 가지의 법정질권을 규정하고 있다.

2) 법정질권의 종류

(a) 임차지의 부속물, 과실 등에 대한 법정질권

토지임대인이 임대차에 관한 채권에 의하여 임차지에 부속 또는 그 사용의 편익에 공용한 임차인 소유의 동산 및 그 토지의 과실을 압류한 때에 법정질권이 성립한다(§648).

(b) 임차건물 등의 부속물에 대한 법정질권

건물 기타 공작물의 임대인이 임대차에 관한 채권에 의하여 그 건물 기타 공작물에 부속한 임차인 소유의 동산을 압류한 때에 법정질권이 성립한다(§650).

3) 법정질권의 요건

(a) 피담보채권

법정질권의 피담보채권은 임대인의「임대차에 관한」채권이다. 피담보채권은 임대인의 임대차에 관한 채권으로 차임 이외에 위약금·수도요금·보험료·불법행위에 기한 손해배상채권도 포함된다.

(b) 법정질권의 목적물

법정질권의 목적물은「임차인 소유의 동산·과실」이다. 임차인이 타인 소유의 동산을 임차지 혹은 건물 기타 공작물에 부속시킨 경우에도 임대인이 압류하면 법정질권이 성립하는가? 이른바 법정질권의 선의취득에 관한 문제이며, 학설상 적극설과 소극설이 대립하고 있다. 적극설은 일반동산질권의 선의취득에 관한 규정(§§329·343)이 법정질권에도 준용되어 임차인이 타인 소유의 동산을 임차부동산에 부속시킨 경우에 임대인이 그 동산을 압류하면 법정질권이 성립한다고 본다. 그러나 다수설(소극설)은 법정질권에 관하여는 선의취득이 인정되지 아니하여 임차인이 임차지나 건물에 부속시킨 타인 소유의 동산을 임대인이 압류하더라도 법정질권이 성립하지 않는다고 본다. 민법의 규정이「임차인 소유의 동산」이라고 분명하게 규정하고 있고, 압류는 점유의 승계취득이 아니므로, 소극설이 타당하다.

(c) 목적물의 압류

법정질권의 성립을 위하여는 임대인(채권자)이 목적물을「압류」하여야 한다.

4) 법정질권의 효력

법정질권에 관하여도 동산질권에 관한 규정이 준용된다(통설). 어떤 근거로 법정질권에 동산질권규정이 준용되는가? 법정질권에 관한 민법 제648조와 제650조가 "질권과 동일한 효력이 있다"고 규정하고 있으므로, 법정질권의 내용과 효력에 대하여는 민법 제329조 이하가 준용된다고 새길 수 있다.

3. 동산질권의 효력

(1) 서 설

동산질권은 유치적 효력과 우선변제적 효력을 가진다. 그러므로 동산질권의 유치적 효력에 의하여 채무자에게 심리적 압박을 가하여 간접적으로 채무의 변제를 강제하고, 만일 채무자의 채무불이행이 있으면 우선변제적 효력을 통하여 질물의 매각대금으로부터 우선변제를 받을 수 있다.

(2) 동산질권의 효력이 미치는 범위

1) 피담보채권의 범위

질권의 피담보채권의 범위는 광범하다. 동산질권은 원본·이자·위약금·질권실행의 비용·질물보존의 비용·채무불이행 또는 질물의 하자로 인한 손해배상의 채권을 담보한다(§334 본문). 질권의 경우에는 후순위권리자가 나타날 가능성이 적으므로, 후순위권리자에 대하여 배려할 필요가 없다. 그러므로 저당권에 관한 민법 제360조 단서와 같은 제한이 없다.

물론 당사자는 피담보채권의 범위에 관한 다른 특약을 할 수 있다(§334 단서). 다만 그 특약을 공시하는 방법은 없다.

2) 효력이 미치는 목적물의 범위

(a) 종물·과실

동산질권은 설정계약에 의하여 질권의 목적물로 되어 인도된 물건 전부에 효력이 미친다. 역시 종물도 인도한 경우에 한하여 질권의 효력이 미친다. 주물을 입질하여도 종물을 인도하지 아니한 경우에는 종물에 질권의 효력이 미치지 아니한다.

과실은 어떤가? 동산질권은 질권설정자의 승낙을 얻어 수익하는 경우는 별개로 하고, 과실에는 미치지 않는다. 다만 우선변제를 얻는 하나의 방법으로 과실을 수취하여 다른 채권자보다 먼저 변제에 충당할 수 있다(민법 제343조에 의하여 민법 제323조를 준용한다).

(b) 물상대위

질권에는 물상대위가 인정된다(본래 질권은 목적물 자체가 아니라 그 교환가치를 우선적으로 파악하는 권리이므로, 질권의 물상대위성은 당연하다). 그러므로 질권은 질물의 멸실, 훼손 또는 공용징수로 인하여 질권설정자가 받을 금전 기타 물건에 대하여도 행사될 수 있다(§342 전단). 예컨대 질물의 멸실·훼손의 경우에는 보험금청구권이나 손해배상청구권에 대하여, 질물이 공용징수된 경우에 보상금청구권에 대하여 질권이 존속한다. 다만 질권에 기한 물상대위를 하는 경우에는 그 지급 또는 인도 전에 압류하여야 한다(§342 후단).

(3) 동산질권의 유치적 효력

1) 유치적 효력의 의미

질권자는 채권의 변제를 받을 때까지 질물을 유치할 수 있다(§335 본문). 바로 질권의 「유치적 효력」이라고 한다. 동산질권의 경우에 유치적 효력에 의하여 간접적으로 채무의 이행이 강제되고, 질권자보다 우선권이 없는 다른 채권자는 압류를 할 수 없으므로, 결과적으로 우선변제를 얻을 수 있다. 그러나 질권에 기한 유치적 권한은 유치권과 달리 질권에 우선하는 채권자에 대항할 수 없다(§335 단서). 그러므로 선순위의 담보권이 실행된 때에는 경매를 위한 인도청구를 거절할 수 없고, 순위에 따라서 배당을 받을 수 있을 뿐이다.

질권에 의하여 담보되는 피담보채권을 소멸시키지 아니하고 채무자로부터 목적물의 반환을 구하는 소송이 제기된 때에는 청구기각판결이 된다. 유치권에서 상환급부판결을 내리는 경우와 다르다.

2) 유치중의 권리의무

질권자는 목적물을 유치하고 있는 동안에 보관에 대하여 선관주의의무를 부담한다(민법 제343조에 의하여 민법 제324조 제1항이 준용된다). 질권자는 과실로부터 채권회수가 가능하지만, 질권설정자의 승낙 없이 목적물을 사용, 대여 또는 담보제공을 할 수 없다(§343·324). 다만 보존에 필요한 사용은 별개이다.

만약 질권자가 선관주의의무를 위반하거나, 승낙 없이 사용, 대여 또는 담보제공을 하면 질권설정자·채무자는 질권의 소멸청구를 할 수 있다(§343·324). 질권의 소멸청구권은 형성권이다. 그리고 질권자는 필요비·유익비에 대하여는 상환청구를 할 수 있다(§343·324).

(4) 동산질권의 우선변제적 효력

1) 동산질권의 순위

질권자는 채권의 담보로 채무자 또는 제3자가 제공한 동산을 점유하고 그 동산에 대하여 다른 채권자보다 자기채권의 우선변제를 받을 권리가 있다(§329). 그리고 수개의 채권을 담보하기 위하여 동일한 동산에 수개의 질권을 설정한 때에는 그 순위는 설정의 선후에 의한다(§333). 예컨대 동일인을 직접점유자로 하여 소유물반환청구권의 양도에 의한 점유이전을 통하여 순차로 수개의 질권을 수개의 채권을 담보하기 위하여 동일한 동산에 설정할 수 있고, 그 수개의 질권의 순위는 질권설정의 선후에 의하여 결정한다.

A가 보관하고 있는 동산에 대하여 소유자 B가 먼저 C의 채권(700만원)을 위하여 질권을 설정하여 목적물반환청구권의 양도에 의한 인도를 하였다. 그리고 B가 그 동산에 다시 D의 채권(500만원)을 위하여 질권을 설정하고 역시 목적물반환청구권의 양도에 의한 인도를 하였다. B가 채무를 변제하지 아니하자 C가 경매를 통하여

> 질물을 매각대금 1,000만원에 매각하면 질권자 CD가 변제를 받을 수 있는 금액은 얼마인가?

민법은 질권의 순위에 대하여 후에 성립한 질권이 우선하는 주의를 채택하지 아니하고 먼저 설정된 질권이 우선하는 주의를 채택하고 있다(§333). 그러므로 C의 질권이 D의 질권에 우선하여 매각대금 1,000만원은 우선 C의 700만원의 채권에 충당하고, 나머지 300만원을 D의 500만원의 채권에 충당한다. 결국 D의 200만원의 채권은 무담보의 채권으로 된다.

2) 우선변제권의 행사

(a) 경 매

질권자는 채권의 변제를 받기 위하여 질물을 경매할 수 있다(§338 I). 원칙적으로 질권자는 민사집행법이 정하는 절차에 따라서 질물을 경매에 붙여서 그 매각대금으로부터 권리순위에 따라서 우선변제를 받고, 그 잔액이 있으면 질권설정자에게 반환하여야 한다.

(b) 채무자의 다른 재산으로부터의 변제

a) 서 언

질권자는 질물에 의하여 변제를 받지 못한 부분의 채권에 한하여 채무자의 다른 재산으로부터 변제를 받을 수 있다(§340 I). 질권자는 질물로부터 얻은 금액이 채권의 총액에 부족한 때에는 그 부족액을 채무자의 다른 재산으로부터 받을 수 있다.

b) 채무자의 일반재산에 대한 선집행

질권자는 질권을 실행하지 않고 처음부터 채무자의 일반재산에 대하여 먼저 집행할 수 있는가? 채무자의 일반재산에 대한 선집행이 인정되느냐 하는 문제는 민법 제340조 제1항이 오로지 일반채권자를 보호하기 위한 규정인가, 일반채권자뿐만 아니라 채무자의 보호도 그 목적으로 하는가에 달려있다. 학설상 긍정설과 부정설이 대립한다.

① 긍정설 　긍정설은 민법 제340조 제1항은 오직 일반채권자를 보호하기 위한 규정이라고 보고, 일반채권자는 이의를 제기할 수 있지만 채무자는 일반재산에 대하여 먼저 집행하려는 질권자에 대하여 아무런 이의를 제기할 수 없다고 본다.

② 부정설 　부정설은 민법 제340조 제1항의 취지는 일반채권자뿐만 아니라 채무자의 보호도 그 목적으로 한다고 보고, 질권자가 질권을 실행하지 않고 먼저 채무자의 일반재산에 대하여 강제집행을 하는 때에는 채무자도 이의를 제기할 수 있다고 본다. 부정설은 (i) 질권자에게 처음부터 질물에 대한 실행과 일반재산에 대한 집행이라는 택일적 기회를 부여한다면 일반적으로는 경제적 약자인 채무자의 보호를 지나치게 무시하는 해석이 되고, (ii) 민법 제340조 제1항이 「질물에 의하여 변제를 받지 못한 부분의 채권에 한하여」 일반재산에 대한 집행을 허용한다는 취지를 명시하고 있는 이상 민법 제340조 제1항에 위반하여 질권자가 먼저 채무자의 일반재산에 대하여 집행하는 경우를 허용할 수는 없다고 설명한다.

다수설인 긍정설이 타당하다고 본다. 긍정설이 타당한 근거로는 아래와 같은 사항을 지적할 수 있다.

(i) 민법 제340조 제1항과 제2항 본문을 대비하여 보면 민법의 문언으로부터도 민법 제340조 제1항이 일반채권자와 질권자의 관계를 조절하려는 목적이 있을 뿐이고 채무자의 보호는 그 목적이 아니라는 사실을 알 수 있다.

(ii) 채무자에 대하여 일반채권자가 전혀 없거나 질물의 가액이 피담보채권액에 명백히 부족할 때에는 채무자의 일반재산에 대하여 먼저 집행을 허용하여도 채무자나 일반채권자를 해하지 않는다.

(iii) 채무자의 일반재산은 모든 채권자의 공동담보이며 질권자도 채무자의 일반재산에 대하여는 일반채권자의 지위에 있다고 볼 때에 일반재산에 대하여 먼저 민사집행법에 따라서 집행권원을 취득하여 얼마든지 강제집행을 할 수 있다고 보아야 한다.

c) 일반재산에 대한 배당참가

질물보다 먼저 다른 재산에 관한 배당을 실시하는 경우에는 민법 제340조 제1항이 적용되지 아니하고(§340 II 본문), 질권자는 채권 전액을 가지고 배당에 참가할 수 있다. 다만 질권자가 채권 전액을 가지고 배당에 참가하는 경우에 다른 채권자의 청구가 있는 때에는 질권자는 그 배당금액을 공탁하여야 한다(§340 II 단서).

(c) 간이변제충당

정당한 이유가 있으면 예외적으로 법원에 청구하여 법원이 선임한 감정인의 평가에 따라서 질물로 직접 변제에 충당하는 간이변제충당이 인정된다(§338 II 본문). 간이변제충단은 법원에 청구하여야 하나, 압류나 경매의 절차는 필요하지 않다. 다만 간이변제충당을 할 때에 질권자는 미리 채무자 및 질권설정자에게 통지하여야 한다(§338 II 단서).

3) 유질계약의 금지

(a) 의 의

질권설정계약 혹은 변제기 전의 특약으로 질권설정자가 질권자에게 변제에 대신하여 질물의 소유권을 취득하게 하거나 질물을 처분하게 하는 경우를 「유질계약」이라고 한다. 민법상 유질계약은 원칙적으로 금지된다. 민법 제339조가 "질권설정자는 채무변제기전의 계약으로 질권자에게 변제에 가름하여[698] 질물의 소유권을 취득하게 하거나 법률에 정한 방법에 의하지 아니하고 질물을 처분할 것을 약정하지 못한다"고 하여 유질계약을 명문으로 금지하고 있다.

민법상 유질계약을 금지하고 있는 태도가 타당한가? 유질계약금지는 궁박한 사정 아래에 있는 채무자가 일시적인 금융의 수요에 쪼들려서 전후의 생각 없이 고가품을 근소한

---

698) 민법 제339조에는 '가름'이라고 하는 단어가 사용되고 있으나(민법 제389조, 제395조, 제466조, 제606조, 제607조, 제657조, 제667조, 제682조, 제688조, 제756조, 제759조, 제764조, 제1001조 및 제1010조도 마찬가지이다), 가름이라고 하는 단어는 '대체', '대신'이라고 하는 의미로, 어문규범상 '갈음'이라고 써야하는 잘못된 표현이다. 그러므로 민법전에 나오는 '가름하여', '가름할', '가름한', '가름하거나' 등과 같이 '가름'이라고 하는 표현은 국민의 언어생활이나 한글 맞춤법에 맞도록 '갈음'으로 바로 잡아야 한다.

금액을 위하여 입질하고, 그 후 불이행으로 그 고가품이 유질되어 채무자에 대한 질권자의 부당한 착취를 허용하는 결과가 되는 경우를 막기 위하여 둔 강행규정으로서 나름대로 의의가 있다는 견해도 있다.[699] 그러나 유질계약금지의 실효성에 대하여 의문을 제기하는 견해가 강하다. 양도담보의 유효성을 시인하는 이상 유질계약금지는 그 의의를 거의 상실하고 있고, 현실적으로 궁박한 채무자는 유질계약의 금지를 위반하면서까지 융자를 받고자 하는 경우가 적지 않다고 하는 실정을 생각하면 유질계약금지의 강행은 경우에 따라서 채무자 자신을 위하여 시급히 필요한 금융의 길을 막아버리는 결과가 된다. 그러므로 오히려 유질계약을 허용하고 채권자로 하여금 목적물의 가액과 채권액의 차액을 채무자에게 반환하게 하는 이른바 「청산」이라는 형식으로 채무자를 보호하는 태도가 타당하지 않을까? 물론 유질계약이 인정되더라도 폭리행위까지 허용하자는 취지는 아니므로, 폭리행위(§104)에 의한 무효를 통하여도 상당하지 않은 유질계약은 어느 정도 콘트롤할 수 있다고 생각된다. 상행위에 의하여 생긴 채권을 담보하기 위하여 설정된 이른바 상사질권의 경우에는 상인간의 자유거래를 존중하는 취지로부터 유질계약이 허용된다(상법 §59).

(b) 요 건

민법 제339조가 금지하고 있는 유질계약으로 되기 위하여는 (i) 유질계약이 「변제기전」에 체결되어야 하고, (ii) 변제에 갈음하여 질권자에게 질물의 소유권을 취득하게 하거나 법률에 정한 방법에 의하지 않고 질물을 처분하는 약정을 하여야 한다.

(c) 효 과

유질계약을 금지하는 민법 제339조는 강행규정이다. 그러므로 민법 제339조에 위반하는 유질계약은 무효이다. 다만 유질계약의 무효에 관하여는 아래와 같이 몇 가지 문제가 있다.

(i) 질권설정자가 질권자에게 변제에 갈음하여 질물의 소유권을 취득하게 하는 유질계약(§339 전단)은 실제상 「차용물의 반환에 관하여 차주가 차용물에 갈음하여 다른 재산권을 이전」하기로 예약하는 대물변제의 예약(§607)과 그 존재의의가 같다. 그러므로 유질계약도 민법 제607조, 제608조와의 균형상 피담보채권액을 넘는 때에 한하여 무효라고 보는 태도가 타당하지 않을까?

(ii) 유질계약이 무효이면 질권설정계약 자체도 무효로 되는가? 견해의 대립이 있으나, 유질계약이 무효라고 하더라도 질권설정계약 자체는 여전히 유효하다고 새겨야 타당하다(다수설). 그러므로 「법률에 정한 방법에 의하지 아니하고 질물을 처분」하는 유질계약(§339 후단)이 무효라고 하더라도 통상의 질권으로서는 효력을 지속한다.

유질계약이 항상 무효로 되지는 아니한다. 예외적으로 아래와 같이 유질계약이 유효로 되는 경우도 있다.

(i) 상행위에 의하여 생긴 채권을 담보하기 위하여 설정된 상사질권의 경우에는 유질계

---

699) 입법례로 로마법 이래 프랑스민법(§2078 Code civil), 독일민법(§1229 BGB), 스위스민법(§894 ZGB)과 같은 대부분의 민법이 유질계약금지를 규정하고 있다.

약이 허용된다(상법 §59). 상행위에서는 당사자의 자율성을 보장한다는 취지이다. 다만 상법상 유질계약이 허용된다고 하여 모든 상사질권설정계약이 당연히 유질계약에 해당한다고 할 수는 없고, 유질계약의 성립을 인정하기 위하여서는 그에 관하여 별도의 명시적 또는 묵시적인 약정이 있어야 한다.[700)]

(ii) 채무의 변제기 후에는 질권자가 질물을 임의로 처분하기로 하는 유질계약을 체결하더라도 그 유질계약은 일종의 대물변제로서 유효하다.

(iii) 금전채권의 입질에서는 피담보채권의 범위 내에서 유질계약이 이루어지더라도 채무자의 궁박을 이용한다는 사정이 없으므로, 유질계약이 유효하다.

(iv) 예컨대 법정절차에 의하여 질물을 현금화하게 되면 매각대금이 시가에 못미치게 되는 경우와 같이 유질계약이 반드시 질권설정자에게 불이익으로만 작용하지 않는 때에는 예외적으로 유질계약의 유효를 인정할 필요가 있다.

(5) 질물의 재이용(轉質)

1) 서 설

(a) 전질의 의의

A는 B에게 300만원을 융자하고 그 담보로서 다이아몬드반지를 받았다. 그 후 A는 C로부터 200만원을 융자받고자 하는데, 마땅한 담보물이 없어 B로부터 받은 질물인 다이아몬드반지를 다시 자기채무의 담보를 위하여 C에게 입질해 주고자 한다. A는 다이몬드반지에 C를 위한 질권을 설정할 수 있는가?

사례와 같이 질권자가 다시 질물을 입질하는 경우를 「전질」이라고 한다. 물론 전질에서도 인도가 요건이다. A는 C에 대한 채무를 담보하기 위하여 질물인 다이아몬드반지에 C를 위한 질권을 설정할 수 있다. 다만 C에게 다이아몬드반지를 전질하기 위하여는 그 다이아몬드반지를 C에게로 인도하여야 한다.

왜 전질이 인정되는가? 질권자는 전질을 통하여 질물에 고정화된 가치를 다시 유동화할 수 있다. 그러므로 전질은 질물에 고정된 질권자의 자금을 피담보채권의 변제 이전에 질권자로 하여금 다시 유동케 하기 위하여 인정된다.

(b) 민법 제336조와 제324조의 관계

민법 제336조는 "질권자는 그 권리의 범위 내에 자기의 책임으로 질물을 전질할 수 있다"고 규정하고 있고, 다른 한편 민법 제343조에 의하여 민법 제324조가 질권에 준용되므로 질권자는 채무자의 승낙 없이 질물을 담보에 제공하지 못한다. 그러므로 민법 제336조와 질권자에 의한 질물의 담보제공을 금지하는 민법 제324조는 서로 정면으로 충돌한다고 할 수 있다.

민법 제336조와 제324조 제2항의 관계는 어떤가? 학설은 민법 제336조와 제324조 제2항

---

700) 대법원 2008.3.14. 선고 2007다11996 판결.

이 중첩적으로 적용되지는 않고, 각 규정은 별개의 전질에 대한 근거규정이라고 새긴다. 현재 통설은 민법 제336조는 책임전질을 규정하고, 민법 제343조에 의하여 질권에 준용되는 민법 제324조 제2항은 승낙전질을 규정한 경우로 해석하여 전질에는 두 종류가 있다고 본다. 그리고 책임전질을 인정하는 민법 제336조는 민법 제343조가 준용하는 유치권의 민법 제324조 제2항(무단으로 담보제공을 하지 못한다)에 대한 특별규정이라고 할 수 있다.

2) 책임전질

(a) 책임전질의 의의와 성질

a) 의 의

A는 B에게 빌려준 100만원의 대금채권에 대한 담보로 B 소유의 그림을 입질받아 소지하고 있었다. 그 후 A는 B의 승낙을 받지 아니한 채 A의 C에 대한 50만원의 채무에 대한 담보로 그 그림을 다시 C에게 입질하였다. C는 그 그림에 대한 질권을 실행하여 50만원의 변제를 받을 수 있는가?

질권자는 그 권리의 범위 내에서 자기의 책임으로 질물을 전질할 수 있다(§336 전단). 질권자가 질권설정자의 승낙 없이 오직 자기만의 책임으로 전질을 한다는 의미에서 「책임전질」이라고 부른다. 사례에서 A의 전질은 책임전질이 된다. 그러므로 C는 그 그림에 대하여 질권을 가지며, 그 그림으로부터 우선하여 변제를 받을 수 있다.

b) 책임전질의 법률구성

책임전질의 성질에 대하여는 견해가 대립한다. 학설상 해제조건부 질권양도설, 질권입질설, 채권 · 질권공동입질설(다수설), 질물재입질설이 있다. 그러나 어느 학설이든 난점은 있다.

① 해제조건부 질권양도설 　해제조건부 질권양도설은 질권자가 자기의 채무를 변제하는 경우에는 다시 질권을 취득한다고 하는 조건 아래 질권만을 자신의 채권자에게 양도하는 경우가 전질이라고 본다.[701] 그러나 전질의 피담보채권이 소멸하면 원질권이 파악한 담보가치는 전질의 구속을 벗어나 당연히 원질권자 곁으로 복귀하므로, 굳이 해제조건부의 질권양도라고 하는 쓸데없는 기교를 부릴 필요가 없다고 생각된다.

② 질권입질설 　질권입질설은 전질을 원질권자가 갖는 질권 자체 위에 다시 질권을 설정하는 경우라고 본다. 그러나 전질을 질권의 입질이라고 보는 구성은 민법 제336조가 「질물을 전질할 수 있다」고 한 규정에 적합하지 않고, 또한 전질권의 실행시에는 질권만을 매각하는 부당한 결과를 낳게 되어 부당하다.

③ 질물재입질설 　질물재입질설(신질권설정설)은 전질이란 질권자가 자기의 채권의 담보를 위하여 원질물을 전질권자에게 다시 입질하여 신질권을 설정하는 경우를 가리킨다고 본다. 질물재입질은 타인의 물건인 질물을 마음대로 자기의 물건으로 입질한다는 구

701) 해제조건부 질권양도설은 독일보통법에서 주장된 이래 독일의 유력설이고 프랑스에서도 유력한 학설이다.

성은 횡령이 아닌가 하는 문제가 있다.

④ 채권·질권공동입질설 채권·질권공동입질설은 전질이란 원질권자의 피담보채권을 원질권과 함께 입질하는 경우를 가리킨다고 본다. 채권·질권공동입질설도 민법 제336조의 문언(「질물을 전질할 수 있다」)에 반한다고 하는 문제가 있다. 그러나 민법 제337조 제1항이 전질의 대항요건으로서 권리질권설정과 같은 대항요건(전질의 통지 또는 채무자의 승낙)을 요구하는 태도는 전질에는 피담보채권의 입질이 당연히 포함된다는 사실을 전제로 하고 있다고 보아야 한다. 그리고 저당권은 피담보채권과 함께만 다른 채권의 담보가 될 수 있다고 하는 민법 제361조의 취지에 비추어 보더라도 질권에 관하여만 그 부종성을 완화하여 피담보채권과 분리하여 질물을 처분할 수 있다고 하는 입장은 저당권과 질권 사이의 균형을 잃은 주장이라고 할 수 있다. 그러므로 저당권보다 부종성이 더 강하여야 할 질권에서는 당연히 채권·질권이 함께 전질의 목적이 된다고 새겨야 하며, 결국 채권·질권공동입질설이 가장 타당하다(현재의 통설이다).

(b) 책임전질의 요건

a) 피담보채권의 액

전질권의 피담보채권은 원질권의 피담보채권을 초과할 수 없다. 전질권의 피담보채권이 원질권의 피담보채권을 초과하는 경우에는 원질권의 피담보채권의 한도에서 전질권이 성립한다.

b) 존속기간

전질권의 존속기간은 원질권의 존속기간 내에서만 가능하다. 역시 원질권의 존속기간을 초과한 전질권은 원질권의 존속기간 내에서만 효력을 발생한다.

c) 일반적 요건의 충족

책임전질이 성립하기 위하여는 원질권자(전질권설정자)와 전질권자 사이에 물권적 합의와 질물의 인도가 있어야 한다. 다수설인 채권·질권공동입질설에 의하여 전질은 피담보채권의 입질을 포함하므로 권리질권설정의 요건을 갖추어야 한다.

(c) 책임전질의 효과

a) 전질권설정자(원질권자)의 책임과 의무

(가) 전질권설정자의 책임가중

전질권자 아래에서 질물이 멸실·훼손된 경우에 책임전질을 한 원질권자는 어떤 책임을 지는가 하는 문제가 있다. 책임전질은 질권설정자의 승낙이 없는 이상, 원질권자는 전질을 하지 아니하면 생기지 아니할 손해에 대하여는 불가항력에 의한 경우에도 손해배상책임을 부담한다(§336 후단). 다만 전질을 하지 아니한 경우라고 하더라도 불가항력에 의하여 마찬가지의 손해가 발생한 경우에는 일반원칙에 따라서 면책된다.

(나) 원질권에 대한 구속

원질권자(전질권설정자)는 원질권을 소멸하게 하는 처분행위를 하지 못한다. 그러므로 원질권자는 원질권의 실행·포기는 물론, 채권의 면제·상계를 할 수 없다.

b) 전질권자의 지위

(가) 인도거절권

전질권도 역시 유치적 효력을 가지므로, 전질권자는 자기의 피담보채권의 변제를 받을 때까지 전질물을 유치할 수 있다(§335 본문). 물론 전질권자보다 우선권이 있는 채권자에게는 대항하지 못한다(§335 단서).

(나) 변제수령

전질권자는 원질권자로부터의 피담보채권의 변제를 수령할 수 있다. 만약 전질권자가 변제를 수령하면 동시에 전질물을 원질권자에게 반환하여야 한다.

(다) 경매권 및 간이변제충당권

전질권자는 전질물에 대하여 경매권 및 간이변제충당권을 가진다(§338).

(라) 우선변제권

전질권자는 전질물의 환가대금으로부터 원질권자에 우선하여 변제를 받을 수 있는 우선변제권을 가진다. 전질물의 환가대금으로부터의 변제는 전질권자의 채권, 원질권자의 채권, 일반채권자의 채권의 순서로 충당된다.

c) 원질권설정자의 지위

원질권설정자(채무자)는 원질권자에게 변제하여 채권을 소멸시킬 수 없다. 그러므로 원질권설정자는 전질의 사실을 통지받은 후에는 전질권자의 동의 없이 원질권자에게 채무를 변제하여도 전질권자에게 대항하지 못한다(§337 II).

d) 전질권의 부종성

전질권은 전질의 피담보채권의 소멸에 의하여 소멸한다. 또한 전질권은 원질권에 기하여 성립하므로, 원질권의 소멸에 의하여 전질권도 소멸한다.

3) 승낙전질

(a) 승낙전질의 의의와 성질

승낙전질은 책임전질과 구별된다. 질권자가 질권설정자의 승낙을 얻고 자기의 제3자에 대한 채무를 담보하기 위하여 그 질물 위에 질권을 설정하는 경우를 승낙전질이라고 한다. 승낙전질은 질권자가 질물소유자의 승낙을 얻어 그 질물 위에 다시 질권을 설정하는 전질로서 그 성질에 대하여는 질물입질설이 통설이다.

(b) 승낙전질의 요건

승낙전질은 책임전질과 달리 (i) 질물소유자의 승낙을 필요로 하고, (ii) 원질권의 피담보채권액·존속기간 이상으로 전질하여도 유효하고, (iii) 원질권자(전질권설정자)의 채무자에 대한 통지를 필요로 하지 아니한다.

(c) 승낙전질의 효과

승낙전질에서는 책임전질과 달리 (i) 불가항력에 의한 손해배상의무를 부담하지 않고,

(ii) 승낙전질은 원질권과 무관한 전질로서 원질권설정자는 자기의 채무를 원질권자에게 변제하여 질권을 소멸시킬 수 있다.

(6) 동산질권의 침해에 대한 효력

1) 점유보호청구권

동산질권은 물권으로 질물을 점유할 권리를 포함한다. 그러므로 동산질권에 대한 침해가 있는 경우에는 점유보호청구권(§§204-206)에 의하여 보호되고, 동산질권의 침해로 인하여 손해가 발생한 경우에는 손해배상청구권(§350)이 인정된다.

2) 물권적 청구권

> A는 B 소유의 노트북에 대하여 질권을 가지고 있는데, C가 A로부터 노트북을 절취하였다. A는 질권에 기하여 C에게 노트북의 반환을 청구할 수 있는가?

동산질권은 물권이며 질물을 점유할 권리를 포함하므로, 동산질권에 대한 침해가 있는 경우에는 당연히 점유보호청구권(§§204-206)에 의하여 보호된다. 한편 민법은 예컨대 점유를 수반하는 지상권이나 전세권과 같은 물권에 대하여는 소유권에 기한 물권적 청구권에 관한 규정(§§213 · 214)을 준용하는 규정을 두고 있지만(지역권 · 저당권에 대하여는 민법 제214조만이 준용된다, §370), 질권에 관하여만은 아무런 규정을 두고 있지 않다. 질권 자체에 기한 물권적 청구권도 인정되는가? 학설상으로는 긍정설과 부정설이 대립하고 있다.

① 부정설 부정설은 질권에 기한 물권적 청구권을 인정할 수 없다고 본다. 부정설은 질권자가 점유를 상실하면 동산질권은 소멸되므로, 동산질권에 반환청구권을 인정하면 다른 채권자를 해할 염려가 있고, 질권에 기한 방해예방이나 방해제거를 인정하더라도 별로 실익이 없다고 주장한다(특히 점유보호청구권만으로도 질권자를 보호하기에 충분하다고 본다).

② 긍정설 긍정설은 점유보호청구권 이외에 질권에 기한 물권적 청구권을 인정하는 해석이 타당하다고 본다. 긍정설이 타당하다고 보며, 그 논거로 아래와 같은 내용을 들 수 있다.

(i) 질권도 하나의 물권으로 그 내용의 실현이 방해당하고 있는 때에는 질권에 기하여 그 방해를 배제하여 물권내용을 실현할 수 있도록 하여야 하며, 질권에 대하여만 물권적 청구권을 부인하여 질권의 물권성을 약화시킬 필요가 없다.

(ii) 일본민법 제353조("동산질권자가 질물의 점유를 침탈당한 때에는 점유회수의 소에 의하여서만 그 질물을 회수할 수 있다"고 규정하고 있다)는 질권 자체에 기한 물권적 청구권을 인정하지 않고, 점유권에 기한 물권적 청구권만을 인정하는 명문규정은 두고 있다. 그러나 민법은 일본민법 제353조와 같은 규정을 두고 있지 않으므로, 질권에 기한 물권적 청구권을 인정한다는 취지로 해석하여도 무방하다.

(iii) 예컨대 질권자가 질물을 유실하거나 제3자의 사기에 의하여 질물을 인도한 경우에

는 점유물반환청구권을 행사할 수 없다. 그러므로 점유보호청구권만으로 충분하지 않고, 점유보호청구권 이외에 본권인 질권에 기한 물권적 청구권을 인정할 필요가 있다.

(iv) 각국의 입법례(예컨대 독일민법 제1227조)나 해석론을 보더라도 대체로 질권에 기한 물권적 청구권을 점유보호청구권과 병행하여 인정하고 있다. 또한 연혁적으로도 이미 로마법에서부터 근대민법전에 이르기까지 질권은 하나의 물권으로 확립되어 점유를 상실한 질권자는 본권의 소나 점유의 소 중 어느 경우로도 질물회수가 가능하다고 보는 사실에 비추어 보더라도 질권 자체에 기한 물권적 청구권을 인정하는 태도가 타당하다.

3) 질물훼손의 법률효과

질권을 침해한 자가 질권설정자인 경우에는 기한의 이익을 상실하여(§388 i) 질권자는 바로 잔존물이 있으면 질권을 실행할 수 있다. 제3자가 훼손한 때에는 질권자에게 불법행위를 원인으로 한 손해배상청구권이 발생한다.

(7) 동산질권자의 의무

1) 보관의무

질권자는 선관주의의무를 가지고 질물을 보관하여야 할 의무를 부담한다. 특히 질권자는 질권설정자의 승낙 없이 질물을 사용·임대하거나, 전질 이외의 방법으로 담보에 제공할 수 없다(§§343, 324 I·II, 336). 만약 질권자가 보관의무를 위반하면 질권설정자는 질권의 소멸청구를 할 수 있고(§§343·324 III), 손해가 생긴 때에는 손해배상을 청구할 수 있다(§390).

2) 질물반환의무

질권자는 질권이 소멸한 때에는 질물을 질권설정자에게 반환하여야 한다. 피담보채권이 소멸하지 아니하고 있는 동안에 질권설정자가 질물의 반환을 청구하는 소를 제기하면 원고패소의 판결을 하여야 한다(통설).

4. 동산질권의 소멸

동산질권의 소멸원인으로는 물권 일반에 공통된 소멸원인(예컨대 목적물의 멸실·몰수·첨부·취득시효·포기·혼동)과 담보물권에 공통된 소멸원인(예컨대 피담보채권의 소멸, 채권의 실행, 질권에 우선하는 다른 채권자의 경매) 이외에 질권에 특유한 소멸원인이 있다. 질권에 특유한 소멸원인으로는 (i) 질권설정자에게 질물의 반환, (ii) 질권자의 의무위반을 이유로 한 소멸청구가 있다.

Ⅲ. 권리질권

1. 서 설

(1) 권리질권의 의의

"질권은 재산권을 그 목적으로 할 수 있다"(§345). 채권·주식·지식재산권과 같은 재산권을 목적으로 하는 질권을 권리질권이라고 한다.

(2) 권리질권의 성질

질권은 본래 유체물에 관하여 발달한 제도로서 권리질권이 과연 순수한 질권이라고 할 수 있는가 하는 문제가 있다. 학설상 권리질권의 성질에 관하여는 권리양도설과 권리목적설이 있다.

① 권리양도설　　권리양도설은 질권은 유체물만을 목적으로 할 수 있을 뿐이고, 권리를 질권의 담보로 하는 경우는 권리의 조건부 양도에 불과하다고 본다. 권리양도설은 독일보통법에서의 지배적 견해이나, 현재 국내에서는 권리양도설을 취하는 견해가 없다.

② 권리목적설　　권리목적설은 권리양도설을 배척하고 권리질권은 권리의 양도가 아니라 권리 자체를 목적으로 하는 질권이라고 본다. 현재 권리목적설이 통설이며, 아래와 같은 근거로 권리목적설이 타당하다.

(i) 가치권으로 순화된 담보물권은 목적물의 실체에 대한 지배와 관계 없이 목적물이 가지는 교환가치의 취득을 목적으로 하므로, 거래에서 교환가치를 가지는 재산권이라면 상품으로 거래되는 동시에 질권과 같은 담보물권의 목적이 될 수 있다.

(ii) 양도성을 가진 모든 재산권이 상품화된 현대에서는 양도성·교환가치를 가지는 권리가 신용거래에서 질권의 목적이 될 수 있다는 사실은 당연하므로, 질권의 목적은 유체물에 한한다는 주장은 더 이상 통용될 수 없다.

(iii) 현실적으로 신용거래의 실무에서도 유가증권으로 표상되는 재산권이 증가하여 그 유가증권을 입질하여 신용을 얻는 방법이 담보방법으로 더욱 간편하므로, 권리질권이 동산질권보다 더 중요한 위치를 차지하고 있다.

(3) 권리질권의 목적과 설정

1) 권리질권의 목적

권리질권의 목적은 양도성을 가지는 재산권(대표적으로 채권, 주식 및 지식재산권)만이 될 수 있고, 인격권·친족권·상속권과 같이 양도성이 없는 권리는 될 수 없다. 그리고 부동산의 사용·수익을 목적으로 하는 권리(지상권·전세권·부동산임차권), 성질상 권리질권의 목적이 될 수 없는 소유권·지역권·점유권, 특별법에 의하여 질권의 설정이 금지되는 어업권·광업권·공장재단은 권리질권의 목적이 될 수 없다.

2) 권리질권의 설정

권리질권의 설정은 법률에 다른 규정이 없으면 그 권리의 양도에 관한 방법에 의하여야 한다(§346).

2. 채권질권

(1) 채권질권의 설정

1) 채권질권의 목적

양도가능한 채권은 질권의 대상이 된다. 채권은 일반적으로 양도가능하여 질권의 대상이 될 수 있고, 역시 채권자 자신에 대한 채권이나 장래의 채권·조건부 채권·선택채권도 채권질권의 목적이 될 수 있다.

성질상 양도할 수 없는 채권 혹은 법률에 의하여 양도가 금지되는 채권은 질권의 대상이 될 수 없다. 양도에 일정인의 동의가 요구되는 채권은 그 동의를 얻어야 질권을 설정할 수 있다. 역시 공무원·군인의 연금청구권, 부양청구권도 질권의 대상이 되지 아니한다.

2) 채권질권의 설정방법

(a) 요물성?

채권을 질권의 목적으로 하는 경우에 채권증서[702]가 있는 때에는 질권의 설정은 그 증서를 질권자에게 교부함으로써 그 효력이 생긴다(§347). 그러므로 채권질권설정계약은 합의(물권적 합의) 이외에 채권증서가 있는 때에는 그 채권증서를 교부하여야 질권의 효력이 생긴다.

과연 채권증서가 있는 경우에 채권질권설정계약은 요물계약인가? 민법이 채권질권설정계약의 효력발생요건으로 채권증서를 질권자에게 교부하게 한 의미는 채권질권설정계약의 요물성을 관철하려는 취지라고 보아야 한다는 견해(요물계약설)도 있다. 그러나 민법 제347조는 동산질권에 관한 민법 제330조에 대응하는 규정으로, 민법 제330조의 해석에서와 마찬가지로 채권증서가 있더라도 채권질권설정계약은 요물계약이라고 할 수 없어 채권질권설정계약은 합의만으로 성립하고 물권으로서의 채권질권의 효력이 채권증서의 교부에 의하여 생긴다는 견해가 타당하다.

702) 채권증서란 채권의 존재를 증명하기 위하여 채권자에게 제공된 문서로서 어떤 이름이나 형식을 따라야 하지는 아니하지만, 장차 변제 등으로 채권이 소멸하는 경우에는 민법 제475조에 따라 채무자가 채권자에게 그 반환을 청구할 수 있는 문서이어야 한다. 예컨대 예금증서·예금통장·보험증권·차용증서가 채권증서에 해당하며, 임대차계약서와 같이 계약당사자 양쪽의 권리의무관계의 내용을 정한 서면은 그 계약에 의한 권리의 존속을 표상하기 위한 문서라고 할 수는 없으므로 채권증서에 해당하지 않는다(대법원 2013.8.22. 선고 2013다32574 판결).

(b) 지명채권의 경우

지명채권의 입질은 채권증서에 배서하여 질권자에게 교부하여야 효력이 생긴다(채권증서가 없는 때에는 합의만으로도 질권은 성립한다). 지명채권을 목적으로 하는 질권을 설정하는 경우에 채권증서의 교부는 점유개정에 의하더라도 무방한가, 혹은 질권자가 채권증서를 반환하더라도 질권이 소멸하지 않는가? 채권질권에서는 채권증서의 인도만으로는 질권설정자로부터 채권의 이용, 즉 처분을 박탈하는 결과로는 되지 않고, 공시방법으로 따로 대항방법이 규정되어 있으므로(§349), 동산질권에 관한 민법 제332조(점유개정금지)는 채권질권에 준용할 만한 실질적인 이유가 없다. 그러므로 지명채권의 입질에서는 채권증서의 교부를 점유개정에 의하여 하더라도 무방하고, 질권자가 그 증서를 반환하더라도 그 사실만으로 채권질권이 곧바로 소멸하지는 아니한다고 새겨야 한다. 그러나 민법 제347조가 채권증서의 교부를 효력요건으로 규정하고 있고, 또한 동산질권설정계약의 「요물성」(§330)에 대응하는 규정으로서 채권증서의 교부는 현실의 교부에 한하고 점유개정은 허용되지 아니한다고 보는 견해(소수설)도 있다.

[더 생각할 과제 - 예금채권의 담보화]

최근 주목을 받는 테마가 금액이 변동하는 보통예금채권에 질권을 설정하여 담보화할 수 있는가 하는 문제이다(정기예금채권의 경우에는 원본액이 일정하므로, 질권설정에 이론적으로 문제가 없다). 보통예금의 경우에는 담보권의 실행까지는 예금자가 자유로 출금을 할 수 있으므로, 예금잔고가 경우에 따라서는 제로(0)로 될 수도 있다. 그러나 예금도 거래상 일정한 잔액이 예정되어 있는 경우에는 충분히 담보가치가 있는 재산이라고 보아도 좋다.

보통예금채권의 담보화가 인정된다고 하더라도 이론적으로 문제는 있다. 질권의 대상이 변동하는 금전을 일체로 하는 채권인가, 금전이 변동할 때마다 새로운 채권이 되어 그 채권이 질권의 대상이 되는가 하는 법적 구성의 문제가 있다. 어느 경우이든 가능하다고 생각되지만, 모두 당사자의 의사와는 차이가 있다. 경제적인 실질로부터 보면 질권의 대상이 특정의 채권 또는 채권군이라고 하기 보다는 예금계좌 그 자체에 질권을 설정한다고 보는 태도가 오히려 당사자의 의사와 합치한다. 물론 예금계좌라고 하는 재산권을 인정할 수 있는가 하는 문제가 있으나, 예금계약상의 예금자의 지위(예금구좌)를 재산권으로 취급하여 질권의 대상으로 볼 여지도 있다고 본다(대항요건이나 담보권의 실행은 채권질권에 준하여 취급한다).

(c) 지시채권 · 무기명채권의 경우

지시채권의 입질은 합의 및 증서의 배서와 증권의 교부에 의하여 그 효력이 발생한다(§§350 · 508). 무기명채권에 대한 질권의 설정은 증서를 질권자에게 교부하여야 효력이 생긴다(§§351 · 523).

3) 공시방법

"저당권으로 담보한 채권을 질권의 목적으로 한 때에는 그 저당권등기에 질권의 부기등기를 하여야 그 효력이 저당권에 미친다"(§348). 그리고 지명채권의 입질의 대항요건은 지명채권양도의 대항요건과 동일하여 질권설정의 사실을 제3채무자에게 통지하거나 제3채무자의 승낙을 받아야 제3채무자 기타 제3자에게 대항할 수 있다(§349 I).

(2) 채권질권의 효력

1) 효력의 범위

피담보채권의 범위는 동산질권과 같고(§§355 · 334) 역시 불가분성도 인정된다(§§355 · 350 · 321). 채권질권은 입질된 원본채권, 이자채권, 원본채권과 이자채권에 관한 인적 · 물적 담보에 모두 미친다. 특히 무기명채권에 관하여 권리질권을 설정한 경우에 피담보채권액이 입질채권액보다 적은 때에도 채권자는 피담보채권의 내용과는 관계없이 그 액면 전액을 청구할 수 있다.[703)]

2) 유치적 효력

채권질권에 관하여도 동산질권의 유치적 효력의 규정이 유추적용된다(§§355 · 335). 그러므로 채권질권자는 교부받은 채권증서를 점유하고 피담보채권의 전부를 변제받을 때까지 유치할 수 있다.

3) 우선변제적 효력

(a) 서 설

채권질권자는 유치적 권능 이외에 입질채권의 과실, 즉 이자를 수취하여 우선변제에 충당할 수 있는 우선변제권이 있다(§§355 · 343 · 323). 그러나 채권질권자가 우선변제를 받는 중심적 수단은 어디까지나 질권의 목적이 된 채권 자체로부터의 우선변제이다. 입질채권의 실행방법으로는 채권의 직접청구(§353)와 민사집행법이 정하는 집행방법(§354)이 있다.

(b) 채권의 직접청구

a) 서 언

질권자는 질권의 목적이 된 채권을 직접 청구할 수 있다(§353 I). 「직접」이란 어떤 의미인가? 「직접」은 질권설정자의 위임을 요하지 않고, 또한 재판상 청구하여야 할 필요도 없이 질권자가 자기의 이름으로 청구를 할 수 있다는 의미이다. 다만 질권자에 의한 직접청구의 효과는 그 채권의 채권자에게 귀속하며, 당연히 질권자의 채권에 충당되지는 않는다.

b) 목적물이 금전인 경우

채권의 목적물이 금전인 때에는 질권자는 자기의 채권액에 대한 부분에 한하여 직접 청구하고, 바로 변제에 충당할 수 있다(§353 II). 채권질권의 효력은 질권의 목적이 된 채권의 지연손해금 등과 같은 부대채권에도 미치므로, 채권질권자가 직접 청구할 수 있는 자기의 채권액에 대한 부분에는 질권의 목적이 된 채권과 그에 대한 지연손해금채권을 포함한다.[704)]

피담보채권과 입질채권이 모두 변제기에 있는 때에는 질권자는 바로 자기의 이름으로

703) 대법원 1972.12.26. 선고 72다1941 판결.
704) 대법원 2005.2.25. 선고 2003다40668 판결.

채권을 추심할 수 있다. 그러나 입질채권의 변제기보다 피담보채권의 변제기가 먼저 도래한 때에는 아직 질권자는 직접 청구를 할 수 없고, 단지 제3채무자에 대하여 그 변제금액의 공탁만을 청구할 수 있다(§353 III 전단). 그리고 질권자가 제3채무자로 하여금 변제금액을 공탁하게 한 때에는 질권은 그 후 그 공탁금에 존재한다(§353 III 후단).

c) 목적물이 금전 이외의 물건인 경우

채권의 목적물이 금전 이외의 물건인 때에는 질권자는 추심한 물건에 의하여 직접 변제에 충당할 수는 없고, 그 변제를 받은 물건에 대하여 질권을 행사할 수 있다(§353 IV). 그러므로 질권자가 금전 이외의 물건이 목적물인 채권(예컨대 동산인도청구권)을 직접청구하여 변제를 받으면 채권질권은 그 후 동산질권으로 존속하고, 그 실행방법도 동산질권의 실행방법에 따른다. 그리고 민법이 부동산질권을 폐지하고 있다는 사정을 고려할 때 부동산의 급부를 목적으로 하는 채권은 처음부터 채권질권의 목적이 될 수 없다고 본다.

d) 동산 이외의 급부인 경우

채권의 목적이 동산의 급부 이외의 급부인 때에는 민법 제353조가 적용되는가 하는 문제가 있다. 질권자는 그 채권을 직접청구하여 그 급부의 가치의 잔액을 질권설정자에게 반환하여야 하고, 급부로 유체물을 얻은 때에는 질권이 그 후 그 유체물에 존재한다고 본다.

(c) 민사집행법이 정하는 집행방법

질권자는 채권의 직접청구에 의하여 질권의 목적이 된 채권을 실행하는 외에 민사집행법에 정한 집행방법에 의하여 질권을 실행할 수 있다(§354). 민사집행법이 정하는 집행방법은 채권의 직접청구를 할 수 없는 경우, 예컨대 주식에 대한 질권의 실행에서 그 실익이 있다.

민사집행법이 정하는 집행방법으로는 채권의 추심, 전부 및 현금화 세 가지 수단이 있다(민사집행법 §§273, 223 이하). 어느 수단이든 질권의 실행으로서 하는 집행으로 판결이나 그 밖의 집행권원을 필요로 하지 않고, 질권의 존재를 증명하는 서류의 제출만으로 실행은 개시된다(민사집행법 §273 I).

4) 유 질

권리질권에 관하여도 유질계약금지의 규정이 준용된다. 다만 금전채권의 입질에서는 피담보채권의 한도 내에서 변제에 갈음하여 입질채권을 채권자에게 이전시킨다고 하는 약정은 무방하다고 본다(통설).

5) 질권자·질권설정자의 권리의무

질권자는 채권 자체 혹은 교부받은 채권증서를 물권적으로 지배하므로, 채권질권이 침해되면 물권적 청구권·손해배상청구권을 행사할 수 있다. 그리고 질권자는 교부받은 채권증서를 선량한 관리자의 주의로 보관하고, 피담보채권이 소멸한 때에는 채권증서를 반환하여야 하는 의무를 부담한다.

질권설정자는 질권자의 동의 없이 질권의 목적인 된 권리를 소멸하게 하거나 질권자의 이익을 해하는 변경을 할 수 없다(§352). 그러나 질권의 목적인 채권의 양도행위는 질권자의 이익을 해하는 변경에 해당되지 않으므로 질권자의 동의를 요하지 아니한다.[705)]

3. 기타의 권리질권

(1) 주식질권

주식도 양도성이 있고 입질할 수 있다. 주식질권은 일종의 권리질권으로 대단히 빈번하게 이용되고 있다.

무기명주식의 입질은 무기명채권의 입질과 같이 주권을 질권자에게 교부하면 그 효력이 발생한다. 그리고 기명주식의 입질에 대하여는 주권을 질권자에게 교부하여 성립하는 「略式質」과 회사가 질권설정자의 청구에 의하여 질권자의 성명·주소를 주주명부에 부기하고 그 성명을 주권에 기재하여 성립하는 「登錄質」이 있다.

(2) 지식재산권 위의 질권

질권은 특허권·실용신안권·의장권·저작재산권·상표권과 같은 지식재산권 위에도 설정할 수 있다. 특허권·실용신안권·의장권·상표권의 입질은 등록하여야 효력이 발생하므로 등록이 효력발생요건이나, 저작재산권의 입질에 대하여는 등록이 대항요건에 불과하다(저작권법 §54).

제 4 절 저당권

Ⅰ. 저당권의 의의·성질

1. 저당권의 의의

저당권은 대표적인 물적 담보이다. 민법 제356조는 “저당권자는 채무자 또는 제3자가 점유를 이전하지 아니하고 채무의 담보로 제공한 부동산에 대하여 다른 채권자보다 자기 채권의 우선변제를 받을 권리가 있다”고 규정하고 있다. 채무자 또는 제3자(물상보증인)가 채무의 담보로 제공한 부동산의 점유를 채권자에게 이전하지 않고, 그 부동산을 관념상으로만 지배하여 채무의 변제가 없는 경우에 그 부동산으로부터 우선변제를 받을 수 있는 담보물권이 바로 「저당권」이다.

---

705) 대법원 2005.12.22. 선고 2003다55059 판결.

저당권은 질권과 마찬가지로 원칙적으로 당사자 사이의 계약으로 성립하는 약정담보물권이다. 역시 저당권은 우선변제를 받는 권리라는 측면에서 질권과 공통의 성질을 가진다. 그러나 저당권에서는 저당권설정자가 목적물을 계속 점유하고, 저당권자는 단지 그 목적물에 대한 교환가치만을 파악한다고 하는 측면에서 유치적 효력까지도 가지는 질권과 근본적으로 차이가 있다.

2. 저당권의 특질

(1) 서 설

저당권은 재화가 가지는 교환가치를 중심으로 구성되어 있다. 저당권은 인적 신용으로부터 분리된 확실한 교환가치를 파악하여 투자의 객체로서 금융시장에 유통하게 하기 위하여 (i) 공시의 원칙, (ii) 특정의 원칙, (iii) 순위의 원칙, (iv) 독립의 원칙, (v) 유동성의 원칙과 같은 특질을 가진다.

(2) 공시의 원칙

저당권은 비점유담보물권이므로, 어떤 부동산에 저당권이 설정된 사실이 점유의 소재에 의하여 대외적으로 공시되지 못한다. 그러나 저당권의 존재가 외부적으로 공시되지 아니하면 저당권의 존재를 알지 못하고 부동산을 취득한 제3자의 권리를 해칠 우려가 있다. 그러므로 거래의 안전을 위하여는 등기나 등록에 의하여 저당권을 공시할 필요가 있다. 저당권에는 그 존재를 반드시 등기에 의하여 대외적으로 공시하여야 한다는 이른바 「공시의 원칙」이 적용된다.

법정저당권(§649)에 대하여는 등기가 필요 없고, 부동산을 압류한 때에 저당권과 동일한 효력이 생긴다. 그리고 조세우선특권(국세기본법 §35; 지방세기본법 §99), 주택임차인의 우선특권(주택임대차보호법 §§8 · 3의2), 상가건물임차인의 우선특권(상가건물임대차보호법 §14)과 같이 민법 이외의 법률에서 우선특권을 인정하여 공시방법 없이 저당권에 우선하는 경우가 있다.

(3) 특정의 원칙

특정의 원칙은 저당권이 1개 혹은 여러 개의 현존하는 특정의 물건 위에만 성립할 수 있다는 원칙이다. 다만 법정저당권(§649)이나 조세우선특권에서는 특정의 원칙이 적용되지 아니한다.

(4) 순위확정의 원칙 v. 순위승진의 원칙

저당권은 동일한 부동산 위에 복수로 성립할 수 있다. 그러나 물권의 일반원칙의 하나인 일물일권주의에 의하여 복수의 저당권이 같은 내용을 가질 수는 없다. 각각에게 순위가 부여되고, 후순위저당권자는 선순위저당권자와 저촉되지 않는 범위에서만 효력(특히 우선변제력)을 가질 수 있다. 그리고 여러 저당권의 우선순위는 등기의 선후에 의하여 결정된다.

예컨대 A에 대하여 5,000만원의 대금채권을 가지고 있는 B은행이 A 소유의 갑건물에 대하여 저당권을 설정받은 경우에 만약 갑건물의 가치가 B은행의 저당권의 피담보채권액 5,000만원을 커버하고도 남는다면 A는 갑건물에 다시 저당권을 설정하고 대출을 받을 수 있다. 만약 C은행으로부터 2,000만원을 빌리면서 갑건물에 저당권을 다시 설정하면 C은행은 2번저당권을 취득한다. 후에 갑건물을 환가할 때에 C은행은 B은행보다 후순위로 우선변제를 받을 수 있다.

B은행이 1번저당권자, C은행이 2번저당권자인 경우에 만약 A가 B은행에 대하여 5,000만원을 변제하면 어떤가? 일단 먼저 등기된 저당권이 있으면 후에 설정된 저당권이 선순위의 저당권으로 올라갈 수 없다고 보는 원칙이 있다. 이른바 「순위확정의 원칙」이라고 한다. 순위확정의 원칙은 같은 부동산 위에 설정된 여러 개의 저당권은 각각 확정된 순위를 항상 보유하고 서로 침해하지 못한다고 하는 원칙이다. 순위확정의 원칙은 (i) 저당권의 순위는 등기의 선후에 의하여 결정되고 먼저 등기된 저당권은 후에 등기된 저당권에 의하여 후순위로 강등되지 아니하고, (ii) 일단 확정된 저당권의 순위는 비록 선순위의 저당권이 소멸하여도 그 순위가 상승하지 아니한다는 두 가지 의미가 있다. 그러나 민법은 두 가지 의미의 순위확정의 원칙을 모두 적용하고 있지 않다.

민법은 오히려 순위승진의 원칙을 채용하고 있다. 1번저당권이 소멸하면 그 반사적 효과로서 2번저당권이 1번저당권으로 상승한다. 만약 A가 B은행에 대하여 5,000만원을 변제하면 B은행의 저당권은 피담보채권이 소멸하므로, 그에 수반하여 저당권도 소멸한다(부종성이 있다, §369). B은행이 가지는 1번저당권자로서의 지위가 소멸하므로, 당연히 C은행의 2번저당권이 1번저당권으로 격상된다.

(5) 독립의 원칙

1) 서 언

독립의 원칙은 저당권이 오로지 재화의 특정한 교환가치를 파악하여 금융거래의 객체로 되게 하는 제도로서 독자적 지위를 갖는다는 원칙이다. 독립의 원칙은 (i) 부종성을 부인하는 추상화의 원칙, (ii) 투자자의 지위의 보전, (iii) 일반재산에 대한 집행제한, (iv) 이용권으로부터의 독립과 같은 내용을 포함한다.

2) 추상화의 원칙

독립의 원칙의 가장 중요한 내용은 저당권을 피담보채권으로부터 독립한 추상적 존재로 인정하는 부종성의 배제라고 할 수 있다. 그러나 민법은 저당권을 피담보채권과 분리하여 타인에게 양도하거나 다른 채권의 담보로 제공할 수 없도록 하고(§361), 피담보채권의 소멸로 저당권도 당연히 소멸하도록 하는 강한 부종성을 인정하므로, 추상화의 원칙을 채용하지 않고 있다.

3) 투자자의 지위의 보전

독립의 원칙은 선순위저당권자가 후순위저당권의 실행에 의하여 그 피담보채권의 변제를 강요당하지 않고 투자자의 지위를 계속하여 유지할 수 있다는 내용을 포함한다. 그러나 민사집행법은 후순위저당권자의 경매신청에 의하여 매각이 실현되면 선순위저당권도 소멸한다고 규정하여(민사집행법 §91 II) 후순위저당권으로부터 선순위저당권의 독립적 지위를 보장하는 원칙을 채용하지 않고 있다.

4) 일반재산에 대한 집행제한

독립의 원칙은 특정목적물의 교환가치를 우선적으로 파악하고 채무자의 일반재산에 대한 집행을 금지하는 내용을 포함한다. 민법은 저당권자가 담보목적물에 의하여 변제를 받지 못한 부분의 채권에 한하여 채무자의 다른 재산으로부터 변제를 받을 수 있다(§§340 I·370)고 규정하여 독립의 원칙을 부분적으로 채택하고 있다.

5) 이용권으로부터의 독립

독립의 원칙은 저당권이 목적물을 용익하는 자로부터 불측의 위협을 받지 않는 지위의 보장을 그 내용으로 한다.

(6) 유통성의 원칙

저당권을 다시 유통시켜 신용창조의 수단으로 활용하는 경우를 저당권의 유동화라 한다. 다시 말하면 저당권을 상품화하는 경우가 저당권의 유동화이며, 저당권의 유동화는 크게 두 가지가 있다. 우선 저당권 그 자체를 피담보채권과 분리한 후 그 저당권을 증권화하여 유통시키는 방법이 있고, 또한 저당권과 함께 그 피담보채권을 담보로 하여, 즉 저당권부 채권을 담보로 하여 새로운 증권을 발행하여 유통시키는 방법이 있다. 일반적으로 전자의 방법보다는 후자의 방법이 더 널리 이용되고 있다. 전자에 의한 저당권 그 자체의 유통을 저당권의 유통이라 하고, 전자의 방법과 후자의 방법, 즉 저당권부 채권을 담보로 새로운 증권을 발행하는 방법을 합하여 저당권의 유동화라 한다.

3. 저당권의 법률적 성질

(1) 저당권=교환가치지배권

저당권은 목적물이 가지는 교환가치를 직접적·배타적으로 지배하는 교환가치지배권이다. 저당권은 교환가치지배권으로서 그 성질이 질권과 같다.

(2) 저당권=약정담보물권

저당권은 당사자의 합의와 등기에 의하여 성립하는 약정담보물권이다. 저당권은 약정담보물권으로서 그 성질이 질권과 같고, 법률상 당연히 성립하는 유치권과 같은 법정담보물권과 차이가 있다.

(3) 저당권=비점유담보물권

저당권은 비점유담보물권이다. 저당권은 목적물의 점유를 이전하지 아니하는 비점유담보물권이라는 사실에 특색이 있다. 민법상 다른 하나의 약적담보물권이 질권이나, 질권에서는 목적물의 점유를 질권자에게 이전하여야 한다는 특징이 저당권과는 대조적이다. 그러므로 저당권은 목적물의 점유를 저당권설정자로부터 박탈하지 아니하고(자기가 살고 있는 집이나 영업을 하고 있는 점포도 거주나 영업을 계속하는 상태에서 저당권의 목적이 될 수 있다), 다만 공부상의 표상(민법상의 저당권에서는 등기)에 의하여 그 존재를 공시하는 물권이다. 저당권은 등기나 등록에 의하여 공시가 가능한 물건에 한하여 인정되고, 전형적인 경우가 부동산이다.

(4) 담보물권으로서의 통유성

저당권은 담보물권의 통유성에 해당하는 타물권성, 부종성, 수반성, 불가분성, 물상대위성과 같은 특성을 가진다.

① 타물권성 저당권은 타인 소유의 부동산을 목적으로 하다. 다만 혼동의 예외로서 자기 소유의 부동산 위에 저당권이 성립할 수 있다(§191). 예컨대 A 소유의 갑토지에 대하여 B가 1번저당권, C가 2번저당권을 가지고 있는 경우에 후에 B가 A로부터 갑토지의 소유권을 취득하여도 B의 1번저당권은 소멸하지 아니한다. 만약 B의 1번저당권이 혼동으로 소멸한다고 하면 후위의 권리를 가지는 C가 혼동의 결과로 부당하게 유리한 지위를 차지하여 B의 이익을 해하게 되므로, 부당하다. B는 자기 소유의 토지 위에 저당권을 가지는 상태가 된다.

② 부종성 피담보채권이 무효이거나 취소가 되면 저당권도 무효가 되거나 소급적으로 효력을 상실한다(성립상의 부종성이라고 한다). 또한 피담보채권이 변제·포기·혼동·면제 기타의 사유로 소멸하면 저당권도 소멸한다(소멸상의 부종성이라고 한다, §369). 그리고 저당권은 피담보채권과 분리하여 처분하지 못한다(§361). 그러나 부종성이 수정 내지 부정되는 형태의 저당권도 존재한다(예컨대 확정 전의 근저당권이 해당한다).

③ 수반성 피담보채권이 상속·양도에 의하여 그 동일성을 유지한 채 이전되면 저당권도 승계된다. 부종성과 마찬가지로, 예컨대 근저당권과 같이 수반성에 대하여도 수정 내지 부정되는 형태의 저당권이 존재한다(예컨대 확정 전의 근저당권).

④ 불가분성 예컨대 저당권자 A가 5,000만원의 채권에 대하여 2,000만원의 임의변제를 받아 피담보채권이 3분의 1로 감축된 경우라고 하더라도 A는 당연히 목적물 전체에 대하여 저당권을 실행할 수 있다. 저당권은 피담보채권이 존재하는 한, 목적물 전체에 존속하는 특징이 있다. 바로 「불가분성」이라고 한다. 불가분성은 모든 담보물권에 공통하는 성질이고, 유치권에 관하여 민법 제321조에서 규정하여 다른 담보물권에 준용하고 있다(저당권에 대하여는 민법 제370조, 질권에 대하여는 민법 제343조). 다만 공동저당에서 중대한 예외가 인정된다(§368).

⑤ 물상대위성

A 소유의 갑건물 위에 B를 위한 저당권이 설정되었는데, 저당권의 목적인 갑건물이 화재로 소실되었다. 그런데 A는 화재보험금 5천만원을 받았다. B는 화재보험금에 대하여 어떤 권리를 가지는가?

저당권에는 물상대위성이 있다. 목적물의 멸실(또는 훼손·공용징수)로 인하여 저당권설정자가 받을 금전 기타 물건에 대하여도 저당권이 미칠 수 있다(민법 제370조에 의하여 민법 제342조가 준용된다). 사례에서 저당권의 목적인 갑건물이 화재로 소실된 경우에 저당권의 목적물이 없어져 저당권도 소멸한다. 다만 목적물에 갈음하는 가치, 즉 화재보험금이 존재하는 경우에는 그 위에 저당권이 미칠 수 있다.

⑥ 우선변제력　　저당권이 담보물권인 이상, 당연히 목적물로부터 우선적으로 채권을 회수할 수 있는 효력을 가진다. 저당권의 경우에는 목적물을 매각한 대금으로부터 우선변제를 받을 수 있다. 저당권의 우선변제적 효력(유치권 이외의 담보물권에 모두 인정된다)으로부터 저당권자의 우선변제권이 인정된다.

⑦ 보충성이 없다　　보통의 보증에는 보증인에게 최고·검색의 항변권이 인정되므로, 보충성이 있다. 그러나 저당권에는 보충성이 없다. 가령 채무자의 채무를 담보하기 위하여 자기의 부동산 위에 저당권을 설정한 물상보증인에게는 저당권을 실행하는 채권자에 대하여 최고·검색의 항변권이 인정되지 아니한다.

Ⅱ. 저당권의 성립

1. 저당권설정계약

(1) 저당권설정계약의 성질

저당권은 저당권설정자(부동산의 소유자)와 저당권자와의 사이의 저당권설정계약과 등기에 의하여 성립한다(§186). 저당권설정계약에는 보통 서면을 작성하지만, 저당권설정계약은 그 성립요건으로 반드시 일정한 형식이 요구되지는 않는 무방식계약이다. 또한 저당권설정계약은 피담보채권 혹은 피담보채권을 생기게 한 법률관계를 전제로 성립하는 「종된 계약」이다.

저당권설정계약은 어떤 법적 성질을 가지는가? 저당권설정계약은 채권계약과 물권계약의 두 성격을 갖는가, 저당권설정계약을 채권계약으로부터 분리된 물권계약으로만 보아야 하는가 하는 논의가 있다. 물권행위의 독자성 인정 유무에 따라서 저당권설정계약의 성질을 보는 태도가 다르다.

① 채권계약·물권계약결합설　　채권계약·물권계약결합설은 저당권설정계약은 채

권계약과 물권계약의 두 성격을 갖는다고 본다. 채권계약·물권계약결합설은 비록 저당권의 설정을 약정하는 채권계약과 저당권설정 그 자체를 목적으로 하는 순수한 물권계약이 분리되어 각각 행하여지는 경우가 있으나, 특별한 사정이 없으면 양자가 하나의 행위로 합체되어 함께 행하여지고, 특히 많은 경우에 저당권설정계약은 그 저당권에 의하여 담보되는 채권(피담보채권)을 발생하게 하는 계약(예컨대 금전소비대차계약) 속에 포함되어 행하여진다고 본다. 그러나 저당권설정계약은 금전소비대차계약과는 엄연히 별개의 계약으로 보아야 하며, 피담보채권의 발생을 위한 금전소비대차계약 속에 저당권설정을 위한 채권계약과 물권계약이 포함되어 있다고 보면 모두 3개의 계약이 하나의 행위로 행하여지는 이상한 결과가 발생하므로, 타당하지 않다고 생각된다.

② 물권계약설　　물권계약설은 물권행위의 독자성을 인정하는 입장에서 저당권설정계약은 저당권의 설정 자체를 목적으로 하는 계약이며, 그 성질은 물권계약이라고 본다. 저당권설정계약을 세밀하게 관찰해 보면 당사자간에 담보될 채무를 발생시키는 채권계약(예컨대 소비대차계약)을 체결하면서 아울러 저당권의 설정을 약정하고, 그 약정에 기하여 저당권설정계약을 체결하는 경우에 소비대차계약은 물론, 저당권을 설정시키기로 하는 계약은 단지 채권계약에 불과하나, 저당권을 설정시키기로 한 채권계약에 기하여 저당권을 설정하는 계약만을 분리하여 물권계약인 저당권설정계약이라고 보아야 한다. 물론 실제로는 두 계약이 하나의 행위로 합체되어 함께 행하여지는 경우가 많지만, 반드시 동시에 하나의 계약으로 성립된다고 할 수 없을 뿐만 아니라, 두 계약의 성립원인·요건·효과는 현저하게 차이가 있으므로, 저당권설정계약은 물권계약으로만 보는 태도가 타당하다.

(2) 계약의 당사자

저당권설정계약의 당사자는 저당권자와 저당권설정자이다. 피담보채권과 그를 담보하는 저당권은 담보물권의 부수성에 의하여 그 주체를 달리할 수 없으므로 저당권자는 원칙적으로 피담보채권의 채권자만이 될 수 있다. 예컨대 A에 대하여 3억원의 대금채권을 가지는 B은행이 그 담보로 A 소유의 부동산에 대하여 저당권을 설정받는 경우가 저당권설정계약의 전형적인 케이스이다(저당권의 목적이 된 부동산을 저당부동산이라고 한다). 그러나 저당권설정자는 반드시 채무자 자신이어야 할 필요가 없다(채무자 이외에 제3자라도 무방하다). A의 친구 C가 자기의 부동산 위에 B를 위한 저당권을 설정하여 A의 채무를 담보하더라도 상관없다. C 자신은 채무를 부담하지 않고, 단지 책임만을 부담하며 실질은 보증인과 마찬가지의 지위에 선다. C를 「물상보증인」이라고 부른다. 만약 C의 부동산 위의 저당권이 실행되어 그로부터 B은행이 변제를 받으면 C는 A에 대하여 보증의 경우와 마찬가지로 구상채권을 취득한다.

[더 생각할 과제 - 채권자 아닌 제3자 명의의 저당권설정등기의 효력]

A가 B로부터 갑토지를 2억원에 매수하면서 아직 소유권이전등기를 마치지 아니한 상태에서 매매대금채권 2억원의 지급확보를 위하여 매도인 B와 제3자 C 사이에 아무런 금전대차관

계가 없음에도 불구하고 형식상 C로부터 금전을 차용한다는 내용의 차용증서를 작성하고, 갑 토지를 C에 담보로 제공하면서 AB 사이의 합의로 편의상 매수인 A 대신 등기부상 소유자인 매도인 B를 채무자, 제3자 C를 채권자로 하여 피담보채권을 2억원으로 하는 저당권설정등기를 마쳤다. 실제의 채권자인 B가 아닌 제3자 C 명의의 저당권이 채무자인 매수인 A의 저당권자 C에 대한 채무를 담보하는 저당권으로서 유효한가? [대법원 2011.1.13. 선고 2010다69940 판결]

저당권은 채권담보를 위한 담보물권이므로 원칙적으로 채권자와 저당권자는 동일인이 되어야 한다. 채권자 아닌 제3자 명의의 저당권설정등기는 효력이 없는가? 학설상 한정유효설과 무효설 두 가지가 대립한다.

① 한정유효설　　한정유효설은 제3자 명의로 저당권을 설정하는 경우에 그 사실에 대하여 채권자와 채무자 및 제3자 사이에 합의가 있고, 예컨대 채권양도, 제3자를 위한 계약, 불가분적 채권관계의 형성 등 방법으로 채권이 그 제3자에게 실질적으로 귀속되어 있다고 볼 수 있는 특별한 사정이 있는 경우에는 제3자 명의의 저당권설정등기도 유효하다고 본다.

② 무효설　　무효설은 저당권설정등기에 '본래 채권자라고 되어야 할 소유자인 자가 채무자로 되는 경우'를 허용하게 되면 마치 민법이 채택하지 않은 독일민법상의 유통저당권이나 토지채무제도를 승인하는 경우와 같은 결과로 되므로, 그 경우에는 부종성의 관점에서 그 저당권을 무효라고 보아야 하고, 그 저당권을 유효로 하는 때에는 비록 당사자간의 의사의 합치가 있다 하더라도 그에 의한 새로운 제도의 창설을 금지하는 물권법의 대원칙인 물권법정주의에 반하게 되어 허용될 수 없다고 본다. 특히 무효설은 한정유효설이 채권자 아닌 제3자 명의로 하여 저당권을 설정하는 경우에 그 사실에 대하여 채권자와 채무자 및 제3자 사이에 합의가 있고, 채권이 제3자에게 이전 또는 실질적으로 귀속된 경우로 볼 수 있는 특별한 사정이 있으면 제3자 명의의 저당권설정등기도 유효하다고 보는 입장은 부동산실명법이 규정한 부동산물권에 관한 명의신탁 금지를 잠탈하는 경우에 해당하여 허용되기 어렵다고 비판한다.

판례는 한정유효설을 취한다.706) 판례가 취하는 한정유효설에 의하면 사례에서 C 명의의 저당권설정등기에 대하여 ABC 사이에 합의가 있고, 채권양도, 제3자를 위한 계약, 불가분적 채권관계의 형성 등 방법으로 채권이 C에게 실질적으로 귀속된 경우로 볼 수 있는 특별한 사정이 있는 때에는 C 명의의 저당권설정등기도 유효하다. 그러므로 사례에서는 채권자인 B와 저당권자인 C 사이에 어떤 법률관계가 형성된 경우인지를 판단하여야 하는 문제가 있다. 그리고 채권자 아닌 제3자 명의의 저당권설정등기를 한 경우에 만약 당사자의 일련의 행위가 가지는 법률적 의미가 분명하지 아니하다면 채권자와 저당권자 사이에 형성된 법률관계의 실체를 밝히는 과정은 단순한 사실인정의 문제가 아니라 의사표시해석의 영역에 속하는 문제일 수밖에 없고, 결국 당사자의 일련의 행위의 법률적 의미는 채권자와 저당권자의 관계, 저당권설정의 동기 및 경위, 당사자의 진정한 의사와 목적 등을 종합적으로 고찰하여 논리와 경험칙에 따라서 합리적으로 해석하여야 한다.

사례에서 C의 저당권설정등기가 유효하다고 하면 C가 채권양도를 한 경우인지, 혹은 BC 사이에 불가분적 채권관계를 형성한 경우라고 볼 여지가 있는지가 문제될 수 있다. 만약 B의 매매대금채권이 C에게 양도되고, C가 양수한 매매대금채권의 지급을 담보하기 위하여 A가 C에게 저당권설정등기를 마쳐준 경우라고 하면 A가 매매대금을 B에게 변제하더라도 그 변제의 효과는 채권양수인인 C에게 미치지 않는다는 취지로 판단할 수 있다. 그러나 채권자인 B와 저당권자인 C

706) 대법원 2001.3.15. 선고 99다48948 전원합의체 판결; 대법원 2011.1.13. 선고 2010다69940 판결.

의 관계, 저당권설정의 동기 및 경위 등에 비추어, C가 B로부터 매매대금채권을 양도받은 경우가 아니라, 저당권의 피담보채권을 원래의 채권자인 B뿐만 아니라 저당권자인 C에게도 귀속시키기로 합의함으로써 BC가 불가분적 채권관계를 형성한 경우라고 볼 여지도 충분하다. 만약 BC가 불가분적 채권관계를 형성한 경우라고 보면 채권자의 1인에 대하여 한 변제는 다른 채권자에 대하여도 절대적 효력이 생기므로, A가 매매대금을 B에게 변제하면 그 변제의 효력이 C에 대하여도 생긴다.

2. 저당권설정등기

(1) 의 의

1) 저당권의 우열관계와 등기

저당권설정등기는 저당권의 성립요건이다(§186). 저당권설정등기가 없으면 저당권은 성립하지 아니한다(대항요건주의를 취하는 일본민법 아래에서는 저당권을 제3자에게 대항하기 위하여 저당권설정등기가 필요하다). 같은 목적물 위에 성립한 저당권과 다른 물권의 우열관계 혹은 같은 목적물 위의 복수의 저당권 사이의 우열관계는 등기의 선후에 의하여 결정한다.

2) 저당권설정등기의 내용

저당권설정등기는 저당권의 존재와 그 효력이 미치는 범위를 공시한다. 저당권설정등기의 사항으로는 채권자, 채무자 또는 물상보증인, 채권액, 변제기, 이자 및 그 발생시기 또는 지급시기, 원본 또는 이자의 지급장소, 채무불이행에 기한 손해배상에 관한 약정, 저당권의 효력이 미치는 범위에 관한 특약을 한 경우(§358 단서)에 그 약정, 채권이 조건부인 경우에 그 조건의 내용이 해당된다(부동산등기법 §75).

(2) 무효등기의 유용

A가 B은행으로부터 5,000만원을 차용하고 채권을 담보하기 위하여 A 소유의 부동산에 저당권을 설정하고 등기하였다. 그런데 피담보채권의 변제 후에 아직 저당권등기를 말소하지 않고 방치하고 있었다. 다시 A가 C은행으로부터 5,000만원을 차용하면서 당사자 사이의 합의로 아직 말소가 되지 않고 남아 있는 무효가 된 저당권등기를 유용하였다. 그 후 저당부동산을 D가 양수하였다. D는 C은행의 저당권실행에 대하여 유용한 저당권설정등기의 무효를 주장할 수 있는가?

저당권설정등기가 행하여진 후에 피담보채권이 불성립하거나 소멸하게 되면 저당권도 당연히 소멸하게 된다(§369). 그리고 저당권이 소멸된 경우에 그 저당권설정등기도 또한 효력을 상실하여 말소되어야 한다.

피담보채권이 소멸하여 이미 그 효력을 잃고 무효가 된 저당권의 등기가 말소되지 않고 남아 있는 경우가 있다. 당사자 사이의 계약으로 무효가 된 후에 말소되지 않고 남아 있는 저당권등기를 다른 채권의 담보를 위한 유효한 저당권설정등기로 이용할 수 있는가? 바로 무효인 저당권등기의 유용문제가 있다. 無效登記의 流用問題에 대하여 종래 학설이 긍정설, 부정설 및 절충설로 대립한다.

① 긍정설 긍정설은 무효인 갑채권을 위한 저당권등기가 그대로 존재하거나 갑채권의 변제에도 불구하고 저당권설정등기가 말소되지 않고 그대로 존재하는 경우에 그 저당권설정등기를 을채권을 담보하기 위한 저당권의 등기로 유용할 수 있다고 본다. 그러나 긍정설과 같이 무효인 저당권등기의 유용을 언제나 유효하다고 보면 거래안전을 해칠 우려가 있다.

② 부정설 부정설은 저당권의 부종성과 순위승진성을 근거로 하여 저당권등기유용의 유효성을 부정한다. 그러나 만일 무효로 된 저당권등기의 유용을 인정하지 아니한다고 하면 당사자는 기존의 저당권등기를 말소하고 동일한 내용의 채권을 위하여 새로이 저당권등기를 하여야 하여 비경제적·비실제적으로 되므로, 부정설은 옳지 않다고 본다.

③ 절충설 절충설(다수설)은 저당권등기가 무효로 된 후에 그 부동산에 대하여 새로운 이해관계를 가지게 된 제3자가 등기부상 나타나지 않은 때에는 무효등기의 유용이 유효하다고 본다. 「등기경제와 거래안전을 위하여 부종성원리를 완화하여」 무효등기를 유용할 수 있고, 다만 등기부상 이미 제3자가 새로운 이해관계를 가지게 된 때에는 더 이상 저당권등기의 유용을 할 수 없다고 보는 절충설이 타당하다고 본다.707)

판례는 무효인 저당권등기의 유용에 관하여 어떤 태도를 취하는가? 판례는 실질관계의 소멸로 무효로 된 저당권등기의 유용은 그 등기를 유용하기로 하는 합의가 이루어지기 전에 등기상 이해관계가 있는 제3자가 생기지 않은 경우에는 허용된다고 본다.708) 사례와 같이 부동산소유자인 A가 새로운 제3의 채권자 C은행으로부터 금원을 차용할 때에 그 C은행과 사이에 새로운 차용금채무를 담보하기 위하여 잔존하는 종전의 채권자인 B은행 명의의 저당권설정등기를 이용하여 그에 터잡아 새로운 제3의 채권자 C은행에게 저당권 이전의 부기등기를 마치기로 하는 내용의 저당권등기유용의 합의를 하고, 실제로 그 부기등기를 마치면, 그 저당권이전등기를 받은 C은행으로서는 언제든지 부동산소유자 D에 대하여 저당권설정등기의 말소청구나 무효주장에 대항할 수 있다. 다만 C은행 앞으로의 저당권이전의 부기등기 이전에 등기부상 이해관계를 가지게 된 자에 대하여는 등기유용의 합의사실을 들어 저당권설정등기 및 그 저당권이전의 부기등기의 유효를 주장할 수는 없다. 그러므로 D가 먼저 소유권이전등기를 받은 경우에 D는 C은행의 저당권실행에 대하여 유용한 저당권등기의 무효를 주장할 수 있다.

사례에서 A(채무자인 부동산소유자)와 C은행(새로운 제3의 채권자)과 사이에 저당권등기유용의 합의를 한 후에 아직 B은행(종전의 채권자 겸 저당권자)의 협력을 받지 못하여 저당권 이전의 부기등기를 마치지 못한 상태에서는 A와 B은행 사이에서는 저당권설정등기는 여

---

707) 등기부상의 제3자뿐만 아니라 유용 전에 대항력을 갖춘 주택임차인이나 상가건물임차인의 경우도 이해관계 있는 제3자의 범위에 포함된다고 본다.

708) 대법원 2002.12.6. 선고 2001다2846 판결.

전히 등기원인이 소멸한 무효의 등기라고 할 수 있으므로, A는 B은행에 대하여 그 저당권설정등기의 말소를 구할 수 있다. 그러나 A와 B은행, 그리고 새로운 제3의 채권자인 C은행 등 3자가 합의하여 저당권설정등기를 유용하기로 합의한 경우라면 B은행은 A의 저당권설정등기말소청구에 대하여 그 3자 사이의 등기유용의 합의사실을 들어 대항할 수 있다. 또한 D가 A로부터 그 부동산을 양도받기로 한 후에 아직 소유권이전등기를 받지 아니하여 그 소유자 A를 대위하여 저당권설정등기의 말소를 구할 수밖에 없는 경우에도 마찬가지로 B은행은 3자 사이의 등기유용의 합의사실을 들어 D에게 대항할 수 있다.

(3) 저당권등기의 불법말소와 유탈

> A 소유의 갑부동산 위에 B의 저당권이 설정되어 있었다. 부동산소유자 A가 저당권자 B의 인감을 위조하여 저당권등기의 말소등기를 신청하고 등기관이 그 허위를 알지 못하고 말소하여 저당권등기가 불법말소되었다. B는 말소된 저당권등기의 회복등기를 구할 수 있는가? 만약 등기사무상 다른 등기기록에 갑부동산에 관한 등기를 옮길 때 등기관의 고의·과실로 B의 저당권등기가 유탈된 경우에는 어떤가?

저당권등기의 사고말소에 관한 문제이다. 등기부에 유효하게 기록된 저당권등기가 불법으로 말소되거나 유탈된 경우에 저당권은 소멸하는가, 아니면 말소된 저당권등기의 회복등기를 인정할 수 있는가?

① 말소회복등기부정설 말소회복등기부정설은 등기의 사고말소 후 그 목적물에 관하여 제3자가 이해관계를 가지는 경우에는 말소회복등기가 인정되지 아니한다고 본다. 말소회복등기부정설은 등기는 부동산물권변동의 효력발생요건인 동시에 그 존속요건에 해당하여 등기가 말소되거나 등기관이 등기를 유탈한 이상 등기의 부존재가 되어 비록 불법으로 말소되거나 후발적으로 유탈한 경우라고 하더라도 말소회복등기를 할 수 없어 부동산물권이 그대로 소멸한다고 본다. 그러나 등기는 부동산물권변동의 효력발생요건인 동시에 존속요건이라는 사실은 적법한 원인에 의하여 등기가 말소된 경우에만 타당할 뿐이고, 불법말소된 경우에까지 타당하다고 볼 수는 없지 않을까? 그리고 등기가 부동산물권변동의 효력발생요건이자 존속요건이라는 사실을 예외 없이 엄격하게 관철하여 저당권등기의 사고말소에 있어서도 저당권이 소멸한다고 하면 원래의 저당권자에게 불측의 손해를 줄 뿐만 아니라, 악용을 조장하여 물권법질서의 혼란을 초래할 위험까지 있다. 그러므로 저당권등기의 사고말소에 대하여까지 저당권이 소멸한다는 태도는 옳지 않다고 본다.

② 말소회복등기인정설 말소회복등기인정설은 등기가 사고말소된 후 담보목적물인 부동산에 관하여 이해관계 있는 제3자가 존재하는가 여부를 묻지 않고 말소회복등기를 인정하여야 한다고 본다(학설상 다수설이다). 현행민법에서는 등기에 공신력이 인정되지 아니하여 진정한 권리자를 거래의 상대방보다 더 보호하여야 하므로, 비록 제3자가 불법으로 말소된 등기를 신뢰하고 이해관계를 가진 경우라고 하더라도 제3자의 불측의 손해

는 스스로 받아들일 수밖에 없다고 본다.

판례는 말소회복등기인정설에 따라서 저당권등기가 불법말소된 경우에 그 말소등기는 실체관계에 부합하지 아니하여 무효이고, 결국 저당권자는 저당권을 상실하지 않고 그 말소된 저당권등기의 회복등기를 할 수 있다고 본다.[709] 다만 저당권등기가 원인 없이 말소된 이후에 저당목적물인 부동산에 관하여 다른 저당권자 등 권리자의 신청에 따라서 경매절차가 진행되어 매각허가결정이 확정되고 매수인이 매각대금을 완납하면 원인 없이 말소된 저당권은 소멸한다.[710]

3. 저당권의 객체

(1) 부동산, 지상권·전세권

민법은 부동산(토지·건물)과 부동산물권(지상권·전세권)이 저당권의 객체가 될 수 있다고 규정하고 있다(§§356·371). 지상권 또는 전세권을 목적으로 저당권을 설정한 자는 저당권자의 동의 없이 지상권 또는 전세권을 소멸하게 하는 행위를 하지 못한다(§371 II).

(2) 여러 필의 토지의 집합 또는 1필의 토지의 일부

1필의 토지가 1개의 저당권의 목적이 된다. 여러 필의 토지의 집합 위에 1개의 저당권을 설정할 수 없고, 1필의 토지의 일부 위에 저당권을 설정할 수 없다. 1필의 토지로서 등기되어 있는 토지의 일부에 저당권을 설정하기 위하여는 먼저 분필등기를 하여야 한다.

(3) 1동의 건물의 일부

저당권은 1동의 건물에 설정할 수 있고, 1동의 건물의 일부에는 원칙적으로 저당권을 설정할 수 없다. 다만 1동의 건물의 일부라 하더라도 구분소유권의 목적이 되는 경우에는 저당권을 설정할 수 있다.

(4) 부속건물

부속건물은 주된 건물과 함께 1개의 건물로 등기된다(부동산등기법 §40). 그러므로 먼저 분할등기가 되어야 부속건물에 대하여 독립하여 저당권을 설정할 수 있다.

(5) 공유지분

> AB가 갑부동산을 공유하고 있는데, A는 C은행으로부터 5,000만원을 융자받는 기회에 갑부동산에 대한 자기의 공유지분 위에 저당권을 설정하고자 한다. A의 지분 위에 저당권이 설정될 수 있는가? 만약 A의 공유지분 위에 저당권이 설정된 후에 갑부동산이 공유물분할에 의하여 분할되면 저당권에 어떤 영향을 미치는가?

---

709) 대법원 1968.8.30. 선고 68다1187 판결; 대법원 1982.9.14. 선고 81다카923 판결.

710) 대법원 1998.1.23. 선고 97다43406 판결.

공유지분을 목적으로 하는 저당권도 가능하다. 다만 공유지분 위의 저당권이 실행되려면 분할절차를 밟아야 한다.

만약 A의 공유지분 위에 저당권이 설정된 후에 토지와 공장용지로 구성된 갑부동산을 토지는 A, 공장용지는 B의 단독소유로 하는 공유물분할을 하면 C은행의 저당권이 A에게 분할된 토지부분에 집중되는가? 공유자의 1인의 지분 위에 성립하고 있는 저당권이 공유물분할에 의하여 어떤 영향을 받느냐에 관하여 아무런 규정도 두고 있지 않다. 공유지분 위에 존재한 저당권이 공유물분할에 의하여 어떤 영향을 받느냐는 현물분할, 대금분할, 가격보상의 경우에 따라서 다르다.

① 현물분할의 경우　　현물분할의 경우에 대하여는 두 가지 견해가 있다. 우선 현물분할로 인하여 각 공유자가 취득하는 부분은 대체로 지분의 비율에 따른 가치를 가지고 있으므로, 저당권의 대상인 지분을 가진 자가 취득하는 부분에 대하여만 저당권이 집중된다는 견해가 있다(이른바 집중설이라고 부른다). 그러나 저당권은 그 불가분성으로 인하여 목적물의 전부에 효력이 미치므로, 현물분할로 인하여 수개의 물건으로 분리된 때에도 공유지분 위의 저당권은 분할된 각각의 물건 위에 그 지분의 비율에 따라서 존속한다고 보아야 한다(이른바 「전사설」이라고 부르며, 판례의 태도도 같다[711]). 그러므로 특단의 합의가 없는 한 공유물분할이 된 뒤에도 종전의 지분비율대로 공유물 전부 위에 그대로 저당권이 존속하고, 저당권설정자인 A 앞으로 분할된 토지부분에 당연히 집중되지는 아니한다. 사례에서 A가 3분의 1, B가 3분의 2 지분을 가진 경우라고 하면 C은행의 저당권은 A가 분할받은 토지와 B가 분할받은 공장용지의 각 3분의 1의 지분 위에 존속한다. 결국 B는 분할받은 공장용지의 3분의 1 지분에 대하여 채무자 A를 위한 물상보증인이 된다.

만약 A와 저당권자 C은행 사이에 공유물분할로 A의 단독소유로 된 토지부분 중 원래의 B의 지분부분을 저당권의 목적물에 포함시키기로 합의한 경우에는 어떤가? 판례는 A와 C은행 사이의 합의가 B의 단독소유로 된 공장용지부분 중 A의 지분부분에 대한 피담보채권을 소멸시키기로 하는 합의까지 내포한다고 볼 수는 없으므로, B가 분할받은 공장용지의 3분의 1의 지분에 대한 C은행의 저당권은 그대로 유효하다고 본다.

② 대금분할의 경우　　대금분할의 경우에는 어떤가? 대금분할에 의하여 갑부동산을 AB 이외의 제3자가 취득한 경우에 A의 공유지분 위에 설정된 C은행의 저당권은 어떤 영향을 받느냐에 관하여는 두 가지 견해가 있다. 갑부동산이 제3자에게 귀속하면 공유지분을 가진 자인 A는 대금을 취득하게 되므로, 물상대위의 규정(민법 제370조에 의하여 민법 제342조를 준용)에 따라서 공유지분 위의 저당권자인 C은행은 그 대금 위에 자기의 권리를 행사할 수 있게 된다고 보는 견해가 있다(물상대위성립설이라고 부른다). 물상대위가 성립한다는 견해에 따르면 공유지분 위의 저당권자인 C은행은 대금분할에 의하여 제3자가 취득한 갑부동산에 관하여 저당권의 실행을 위한 경매신청도 할 수 없고, 다른 채권자에 의하여 경매된 경우에도 배당에 참가할 수도 없게 되는 결과가 된다. C은행은 A가 지급받을

---

711) 대법원 1989.8.8. 선고 88다카24868 판결.

대금을 지급 또는 인도되기 전에 채권압류함으로써 물상대위에 의하여 투하자본을 회수할 수밖에 없다. 그러나 물상대위는 저당권자가 저당목적물에 추급할 수 없는 경우에 한하여 인정되고, 목적물의 교환가치가 구체화된 경우라도 저당목적물에 추급할 수 있는 때, 예컨대 매매의 경우에는 매각대금 등에 대하여는 물상대위가 인정되지 않는 사정을 생각한다면 대금분할의 경우에 물상대위의 성립은 부정되어야 한다. 특히 민법 제342조는 목적물의 멸실, 훼손 또는 공용징수로 인한 경우에 한하여 물상대위를 인정하고 있고, 매매 또는 임대의 경우에 대하여는 물상대위를 인정하고 있지 않다(일본민법 제304조는 매매, 임대의 경우에 대하여도 물상대위를 인정한다). 그러므로 본래의 갑부동산은 그대로의 형태로 존속하므로, 갑부동산이 누구의 소유로 돌아가든지 묻지 않고 그 지분 위에 존재한 저당권은 그 지분의 비율에 응하여 그 물건 위에 그대로 존속한다고 보는 태도가 타당하다고 생각된다(저당권존속설이라고 부른다).

③ 가격보상의 경우　　가격보상의 경우에는 어떤가? 가격보상에 의하여 A가 갑부동산 전부를 취득하고 A가 B에게 가격을 보상해야 할 경우에는 대금분할의 경우와 마찬가지의 결론에 의하면 C은행의 저당권은 A가 취득한 갑부동산 위에 존속한다. 다만 갑부동산 전부 위에 저당권이 미치지는 아니하고, C은행의 저당권은 당초 A가 가지고 있는 지분권의 범위에 의하여 한정된다.

(6) 건축중의 건물

미완성의 건축중의 건물은 저당권의 목적이 될 수 없다. 독립한 부동산이라고 할 수 있는 상태에 달한 단계에서 비로소 저당권의 목적이 될 수 있다. 언제 건축중의 건물이 독립한 부동산으로 되느냐에 관하여 판례는 최소한의 기둥과 지붕 그리고 주벽이 이루어지면 독립된 부동산으로서의 건물이라고 본다.[712] 그러므로 최소한의 기둥과 지붕 그리고 주벽이 이루어지면 건축중의 건물도 저당권의 객체가 될 수 있다.

(7) 민법 이외의 법률에서 인정되는 저당권의 객체

특별법상 저당권의 객체로 되는 경우도 많다. 예컨대 등기된 선박(상법 §871), 입목등기가 된 입목(입목법 §4), 공장저당·광업재단(공장 및 광업재단 저당법), 건설기계·소형선박·자동차·항공기(자동차 등 특정동산 저당법)도 저당권의 객체가 될 수 있다.

4. 저당권의 피담보채권

(1) 피담보채권의 종류

저당권은 어떤 채권을 어느 범위에서 담보할 수 있는가? 저당권은 목적물의 매각대금으로부터 우선변제를 받을 수 있는 권리이므로, 피담보채권이 되는 채권은 통상 금전채권이다. 그러나 저당권의 피담보채권은 금전채권이 보통이지만, 금전채권에 한하지 않고 금

---

712) 대법원 2003.5.30. 선고 2002다21592, 21608 판결.

전의 지급 이외의 급부를 목적으로 하는 채권도 저당권에 의하여 담보될 수 있다(다만 부동산등기법 제140조는 저당권설정등기를 신청하는 경우에 채권액의 기재를 요구한다).

(2) 여러 개의 채권 또는 채권의 일부

채무자가 여러 개의 채권(예컨대 1,000만원과 800만원의 대금채권)을 합하여 하나의 피담보채권으로 저당권을 설정할 수 있다. 물상보증인은 채무자가 각각 다른 여러 개의 채권(예컨대 A은행에 대한 B의 채무와 C의 채무)에 대하여 1개의 저당권을 설정할 수도 있다. 그리고 채권의 일부(예컨대 1,500만원의 대금채권 중 1,000만원)만을 저당권의 피담보채권으로 할 수도 있다. 채권자가 각각 다른 여러 개의 채권을 1개의 저당권으로 담보하는 경우, 예컨대 A은행과 B은행이 각각 1,000만원과 500만원을 채무자 C에게 융자를 하고 전체의 채권인 1,500만원을 1개의 저당권으로 담보를 하는 때에는 A은행과 B은행이 저당권을 준공유한다.

(3) 채권의 존재시기

장래의 채권을 위하여 현재 저당권을 설정할 수 있는가? 저당권은 성립상의 부종성의 원칙에 의하여 피담보채권이 없으면 성립할 수 없다. 그러나 저당권의 부종성을 완화하여 피담보채권은 저당권설정의 시점에 반드시 존재할 필요는 없고, 장래에 채권이 발생할 가능성이 있거나 적어도 저당권실행시에 채권이 현존하고 확정될 수 있으면 충분하다. 장래의 채권이나 조건부 채권도 피담보채권이 될 수 있다. 예컨대 보증인이 장차 주채무자에 대하여 취득할 구상채권을 담보하기 위한 저당권도 가능하다.

5. 법정저당권과 저당권설정청구권

(1) 토지임대인의 법정저당권

"토지임대인이 변제기를 경과한 최후 2년의 차임채권에 의하여 그 지상에 있는 임차인 소유의 건물을 압류한 때는 저당권과 동일한 효력이 있다"(§649). 법정저당권의 성립시기는 압류결정의 기입등기가 된 때 또는 압류결정이 임차인에게 송달된 때 중 앞선 시기이다(민사집행법 §83 iv). 그리고 법정저당권의 효력은 약정저당권의 효력과 다르지 않다.

(2) 부동산공사수급인의 저당권설정청구권

부동산공사를 완료하면 도급인은 보수를 지급하여야 하고(§665), 부동산공사수급인은 보수에 관한 채권을 담보하기 위하여 그 부동산을 목적으로 하는 저당권의 설정을 청구할 수 있다(§666). 부동산공사수급인의 저당권설정청구권에 의하여 성립하는 저당권은 약정저당권인가 혹은 법정저당권인가 하는 문제가 있다.

부동산공사수급인의 저당권설정청구권의 행사가 있으면 도급인의 동의나 등기가 없이도 이른바 법정저당권이 성립한다고 보는 견해가 있다(이른바 법정저당권설은 부동산공사수급인의 저당권설정청구권의 성질을 형성권이라고 보고, 학설상 소수설이다). 그러나 부동산공사수급인이 저당권설정청구권을 행사하면 도급인의 동의나 등기 없이 법률상 당연히 저당권이 성립하지는 않고, 도급인이 부동산공사수급인의 청구에 응하여 등기를 하여야 비로소 저당권이 성립한다고 보아야 하므로, 보통의 약정저당권에 해당한다고 새겨야 한다(이른바 약정저당권설이 다수설이다). 약정저당권설은 부동산공사수급인이 보수채권을 담보하기 위하여 갖는 저당권설정청구권의 성질을 채권적 청구권이라고 본다.

Ⅲ. 저당권의 효력

1. 저당권의 효력이 미치는 범위

(1) 피담보채권의 범위

저당권에 의하여 담보되는 피담보채권의 범위는 어디까지인가? 민법 제360조는 저당권은 원본, 이자, 위약금, 채무불이행으로 인한 손해배상 및 저당권의 실행비용을 담보하고, 다만 지연배상에 대하여는 원본의 이행기일을 경과한 후의 1년분에 한하여 저당권을 행사할 수 있다고 규정하고 있다.

① 원본 원본은 전액담보가 보통이지만, 원본의 일부만을 피담보채권으로 할 수도 있다. 저당권에 의하여 담보되는 원본의 액·변제기·지급장소는 등기사항이다(부동산등기법 §75 I). 일정한 금액을 목적으로 하지 아니한 채권을 금전으로 평가하여 그 평가액을 등기한 경우에는 채권자는 제3자에 대한 관계에서 그 등기된 평가액의 한도에서만 저당권의 효력을 주장할 수 있다.[713)]

② 이자 이자채권은 「무제한으로」 저당권에 의하여 담보되고 저당부동산의 매각대금으로부터 우선변제를 받을 수 있다. 일본민법 제374조 제1항은 이자의 범위를 「만기가 된 최후의 2년분」으로 제한하고 있다. 이자채권을 무제한으로 담보하도록 한 현행민법의 태도가 타당한가에 관하여 약간의 논의가 있다.

무제한적으로 저당권에 의하여 이자채권이 담보되는 때에는 피담보채권의 변제기가 도래하여 저당권을 실행할 수 있는 상태에서 저당권의 실행을 태만히 한 저당권자를 너무 두텁게 보호하게 될 수도 있다. 그러므로 시간의 경과로 그 액이 증가하는 이자를 무제한으로 원본채권과 동순위에서 변제를 받게 하면 후순위저당권자를 불안하게 하고 일반채권자에게도 불측의 손해를 줄 염려가 있어서 부당하므로, 일본민법 제374조 제1항과 같이 제한을 가할 필요가 있다고 본다.

③ 손해배상청구권 채무불이행으로 인한 손해배상, 즉 지연배상은 원본의 이행기일을 경과한 후의 1년분에 한한다.

---

713) 대법원 1980.7.18. 자 80마75 결정.

④ 위약금 위약금의 약정이 있는 경우에는 등기한 때에 한하여 저당권에 의하여 담보된다.

⑤ 저당권실행의 비용 저당권의 실행비용(예컨대 저당부동산감정비용·경매신청등록세)은 등기하지 않더라도 당연히 저당권에 의하여 담보된다.

(2) 목적물의 범위

1) 서 설

> A는 B은행으로 융자를 받게 되었는데, B은행에 대하여 자기 소유에 속하는 건물에 저당권을 설정하였다. A가 구입하여 건물 내에 설치한 냉장고나 옷장, C가 거실 벽에 바른 고급벽지, C가 베란다에 설치한 섀시에 저당권의 효력이 미치는가?

저당권의 효력은 목적물의 어느 범위에까지 미치는가? 저당권의 효력이 미친다는 뜻은 그 물건을 환가하여 우선변제를 받을 수 있고, 또한 그 물건을 분리하는 자가 있으면 저지할 수 있고(물권적 청구권), 경우에 따라서는 그 물건을 분리한 자에 대하여 손해의 배상을 청구할 수 있다는 의미이다.

저당권자로부터 보면 가능한 한 저당권의 효력이 미치는 범위가 넓은 경우가 유리하다. 다른 한편 저당건물 내의 벽난로가 제3자에게 양도된 경우를 생각하면 그 벽난로와 이해관계를 가지는 제3자의 기대(거래의 안전)도 고려할 필요가 있다. 그러므로 어느 범위까지 저당권이 적용되는가 하는 명확한 기준을 정할 필요가 있다.

"저당권의 효력은 저당부동산에 부합된 물건과 종물에 미친다. 그러나 법률에 특별한 규정 또는 설정행위에 다른 약정이 있으면 그러하지 아니하다"(§358). 그러므로 원칙적으로 부합물이나 종물에 대하여도 저당권의 효력이 미치나, 예외적으로 법률의 규정 또는 설정행위에 의한 다른 약정이 있으면 저당권의 효력이 미치지 아니한다.

우선 상식적으로 생각하더라도 냉장고나 옷장과 같이 저당부동산으로부터 완전히 독립한 물건에는 저당권이 미치지 못한다. 냉장고나 옷장은 주물인 건물 그 자체의 효용과는 직접 관계없는 물건이므로, 종물이 아니다. 그리고 아무리 고급벽지라고 하더라도 벽에 바르게 되면 부합에 의하여(분리에 의하여 벽지가 현저하게 훼손된다) 건물의 소유자에게 귀속하므로, 저당권의 효력이 그대로 미친다. 섀시도 역시 건물에 부합한다고 보아야 하므로, 저당권의 효력이 미친다고 볼 수 있다.

2) 부합물

(a) 부합물에 대한 저당권의 효력

민법 제358조에 의하여 부합물에는 저당권의 효력이 미친다. 민법 제358조의 부합물이란 민법 제256조에 의한 부합물과 동일한 의미로서 구체적으로 토지에 대한 수목, 건물에 대한 증축건물·부속건물(예컨대 부엌, 변소, 창고)이 해당한다. 그리고 판례는 주유소의 지하에 매설된 유류저장탱크를 토지로부터 분리하는데 과다한 비용이 들고, 유류저장탱크를 분리하여 발굴할 경우에 그 경제적 가치가 현저히 감소하므로, 유류저장탱크는 토지에 부합된다고 본다.[714]

① 건물

(i) 토지와 건물은 각각 별개의 부동산으로 토지의 저당권은 당연히 건물에는 미치지 아니한다.[715]

(ii) 건물의 증축부분이 기존건물에 부합하여 기존건물과 분리하여서는 별개의 독립물로서의 효용을 갖지 못하는 때에는 기존건물에 대한 저당권은 부합된 증축부분에도 효력이 미친다. 예컨대 등기기록상 입력되지 아니한 건물인 부엌·변소·주택은 그 자체 독립한 건물이 아니고 저당권의 목적이 된 주택 및 부속건물에 연이어 설치된 부합물로서 건물에 부속된 건물의 일부에 불과하다면 저당권의 효력이 미치는 대상이 된다.[716]

건물이 증축된 경우에 증축부분이 기존건물에 부합되는지 여부는 증축부분이 기존건물에 부착된 물리적 구조뿐만 아니라, 그 용도와 기능의 측면에서 기존건물과 독립한 경제적 효용을 가지고 거래상 별개의 소유권의 객체가 될 수 있는지 여부 및 증축부분을 소유하는 자의 의사 등을 종합하여 판단하여야 한다.[717] 다만 별개의 건물이 저당권이 설정된 건물과 동일한 지번상에 건립되어 있고, 가옥대장상에 그 건물의 부속건물이라고 기재되어 있더라고 그 건물에 부합된 물건으로서 저당권의 효력이 미치는 건물이라고 단정할 수 없다.[718]

② 입목·미분리의 과실　　정당한 권원에 의하지 않고 토지에 식재된 수목은 토지의 부합물이므로, 토지저당권의 효력이 미친다.[719] 그러나 입목법에 의하여 등기된 입목이나 명인방법을 한 수목의 집단 또는 명인방법을 갖춘 미분리의 과실은 거래상 토지와는 독립한 물건으로 취급되므로 토지에 관한 저당권의 효력이 미치지 아니한다.

(b) 부합시기

저당권의 효력이 미치는 부합물은 저당권설정 후에 부합된 물건에 한하는가 또는 부합시기가 저당권설정 전후의 어느 시기이든 상관없는가? 판례[720]나 학설은 저당권설정의 전후를 묻지 아니하고 있다.

(c) 분리물에 대한 저당권의 효력

부합물이 부동산으로부터 분리된 경우에도 저당권의 효력이 미치는가? 학설은 이견 없이 분리된 부합물에도 저당권의 효력이 미친다고 본다. 다만 분리된 부합물에 저당권의 효력이 인정되는 근거에 대하여는 공시의 원칙을 근거로 하는 공시작용설(다수설), 분

---

714) 대법원 1995.6.29. 선고 94다6345 판결.
715) 대법원 1997.9.26. 선고 97다10314 판결.
716) 대법원 1986.5.23. 자 86마295 결정.
717) 대법원 1994.6.10. 선고 94다11606 판결.
718) 대법원 1966.10.5. 자 66마222 결정.
719) 대법원 1970.11.30. 선고 68다1995 판결.
720) 대법원 1974.2.12. 선고 73다298 판결.

리된 물건이 저당물건과 아직도 사회관념상 일체성이 있으면 저당권의 효력이 분리물에 미친다고 보는 사회관념적 일체설, 물상대위의 원칙을 근거로 하는 물상대위설이 대립하고 있다.

3) 종 물

(a) 의 의

저당권의 효력은 종물에 미친다(§358 본문). 다만 어느 물건이 주된 물건인 주물의 종물인가가 문제된다. 저당권의 효력이 미치는 저당부동산의 종물이란 민법 제100조가 규정하는 종물과 같은 의미로서, 예컨대 어느 건물이 주된 건물의 종물이기 위하여는 주물의 상용에 이바지되어야 하는 관계가 있어야 한다. 그리고 '주물의 상용에 이바지한다'고 하는 의미는 주물 그 자체의 경제적 효용을 다하게 하는 경우를 말하고, 주물의 소유자나 이용자의 상용에 공여되고 있더라도 주물 그 자체의 효용과는 직접 관계없는 물건은 종물이 아니다.

저당권의 효력은 저당권설정 당시 이미 존재한 종물에 대하여만 미치는가, 혹은 저당권설정 후에 생긴 종물에 대하여도 미치는가? 저당권은 목적물의 사용수익을 저당권설정자 아래 놓고 목적물의 교환가치만을 지배하는 담보물권이다. 저당권이 가치지배권이라고 하는 성질로부터 민법 제358조에 의하여 저당권의 효력이 미치는 종물이란 가치적·경제적으로 저당부동산과 일체를 이루고, 저당부동산이 완전한 효용을 발휘하도록 돕는 물건이라고 할 수 있다. 그러므로 종물은 주물에 종속하여 그 경제적 효용을 돕는 이상, 저당부동산과 가치적·경제적으로 일체를 이루고 있으면 되고, 종물이 건물에 설치된 경우에 저당권설정 후에 설치되거나 본래 있던 종물을 다른 신형의 물건으로 교체한 경우라고 하더라도 역시 저당권의 효력이 미친다고 할 수 있다.

(b) 저당권의 효력이 미치는 종물의 예

① 백화점건물에 설치된 전화교환설비

> 갑백화점은 불특정 다수인의 상시 출입을 전제로 하여 각종 물품의 도·산매업, 레저·스포츠업 등의 경영을 위하여 건축된 10층 백화점건물을 소유하고 있었는데, 자금이 여의치 않자 A은행으로부터 금전을 빌리게 되었다. A은행에 대한 채무의 담보를 위하여 갑백화점은 백화점건물에 A은행을 위하여 저당권을 설정하고 그 등기를 마쳐주었다. 그리고 후에 A은행의 신청으로 개시된 임의경매절차에서 B가 백화점건물을 매수하고 을회사는 다시 B로부터 백화점건물을 매수하여 소유권이전등기를 마쳤다. 한편 백화점건물의 지하 2층 기계실에는 국선과 내선에 연결되어 구내전화교환에 쓰이는 전자식 구내자동교환기 등 전화교환설비가 설치되어 있었는데, C는 갑백화점에 대한 유체동산가압류결정정본에 기하여 백화점건물 내에 있는 전화교환설비를 가압류하였다. C가 갑백화점에 대한 집행권원에 터잡아 전화교환설비에 대하여 강제집행을 한 경우에 을회사에 대하여 강제집행의 효력을 주장할 수 있는가? [대법원 1993.8.13. 선고 92다43142 판결]

사례를 보면 먼저 A은행을 위하여 설정된 백화점건물에 대한 저당권이 실행되어 B가 백화점건물을 경매를 통하여 매수하고, 을회사는 다시 B로부터 백화점건물을 매수한 후에 C가 백화점건물 내에 있는 전화교환설비를 가압류한 사실이 인정된다. 그러므로 백화점건물 내에 설치된 전화교환설비에 대하여 누가 권리를 가지는가, C는 집행권원에 터잡아 전화교환설비에 대하여 강제집행을 할 수 있는가가 문제된다.

본래 백화점건물에 설치된 전화교환설비는 과다한 비용을 들이지 않고도 용이하게 백화점건물로부터 분리할 수 있는 독립한 물건이다. 그러나 백화점건물에 설치된 전화교환설비는 그 용도, 설치된 위치와 그 위치에 해당하는 건물의 용도, 건물의 형태·목적에 대한 관계를 종합하여 볼 때 건물에 연결되거나 부착하는 방법으로 설치되어 건물인 백화점의 효용과 기능을 다하기에 필요불가결한 시설물로서 객관적·경제적으로 백화점건물의 상용에 제공된 종물이라고 볼 수 있다. 역시 판례도 전화교환설비는 갑백화점이 설치한 부속시설이며, 백화점건물은 당초부터 그 시설을 수용하는 구조로 건축되어 있고, 또한 전화교환설비는 단지 전선 등으로 각층 각 방실로 연결되어 있을 뿐이어서 용이하게 분리할 수 있고, 분리하더라도 독립한 동산으로서 가치를 지니며, 그 자리에 다른 물건으로 대체할 수 있다는 사실을 인정할 수 있으므로, 백화점건물의 상용에 제공된 종물이라고 판단하고 있다.

부동산의 종물은 주물의 처분에 따르고(§100), 저당권은 그 목적부동산의 종물에 대하여도 그 효력이 미친다(§358). 그러므로 A은행의 저당권의 효력이 전화교환설비에 대하여도 미친다.

사례에서는 A은행에 의한 저당권의 실행으로 개시된 경매절차에서 백화점건물을 매수한 B와 그 승계인 을회사가 종물의 소유권을 취득하는가, 저당권이 설정된 이후에 종물에 대하여 강제집행을 한 C가 B와 그 승계인 을회사에게 강제집행의 효력을 주장할 수 있는가 하는 문제가 제기된다. C가 갑백화점에 대한 집행권원에 터잡아 강제집행을 실시한 전화교환설비는 백화점건물의 종물이고, C는 임의경매의 원인이 된 저당권이 설정된 뒤에 전화교환설비에 대하여 가압류를 하여 강제집행을 실시한 사정이 인정된다. 그러나 을회사는 백화점건물을 매수한 B로부터 그 소유권을 승계취득한 경우이므로, C의 강제집행은 갑백화점에 대한 집행권원에 터잡아 을회사 소유의 전화교환설비에 대하여 이루어진 경우가 되어 위법하다. 결국 전화교환설비에는 백화점건물에 설정된 저당권의 효력이 미치며, 을회사는 C의 강제집행보다 앞서는 저당권의 실행에 기하여 전화교환설비의 소유권을 적법하게 취득한 경우이므로, C는 을회사에 대하여 강제집행의 효력을 주장할 수 없다.

② 주유소의 주유기　　주유소의 주유기가 비록 독립된 물건이기는 하나 유류저장탱크에 연결되어 유류를 수요자에게 공급하는 기구로서 주유소영업을 위한 건물이 있는 토지의 지상에 설치되어 있고 그 주유기가 설치된 건물은 당초부터 주유소영업을 위한 건물로 건축된 사정 등을 종합하여 볼 때, 그 주유기는 계속하여 주유소건물 자체의 경제적

효용을 다하게 하는 작용을 하고 있다. 그러므로 조유소의 주유기는 주유소건물의 상용에 공하기 위하여 부속시킨 종물이라고 본다.[721]

③ 공장토지에 설치된 폐수처리시설 폐수처리시설이 공장 및 광업재단 저당법에 의하여 저당권이 설정된 공장토지와 그에 인접한 공장토지가 아닌 타인 소유의 토지에 걸쳐서 설치되어 있는 경우에 그 폐수처리시설은 설치된 토지에 부합된다고 보기 보다는 공장에 속하는 토지와 건물 및 기계, 기구와 함께 일체를 이루는 기업시설로서 그 공장소유자의 소유에 속한다고 봄이 상당하다. 그러므로 공장에 속하는 토지와 건물 및 기계, 기구 위에 설정된 공장저당권의 효력은 그 폐수처리시설에도 미친다.[722]

④ 호텔과 관련된 물건 호텔건물에 설치된 전기, 위생, 냉난방, 세탁, 전화교환, 공청, 방송, 소방, 승강기 등 시설은 호텔건물이 그 시설을 당초부터 수용하는 구조로 건축되어 있고, 또한 그 시설과 더불어 호텔로서의 효용을 할 수 있으므로 종물에 해당한다고 본 예가 있다.[723] 그러나 호텔의 각 방실에 시설된 텔레비전, 전화기, 호텔세탁실에 시설된 세탁기, 탈수기, 드라이크리닝기, 호텔주방에 시설된 냉장고, 제빙기, 호텔방송실에 시설된 브이티알, 앰프는 호텔의 경영자나 이용자의 상용에 공여됨은 별론으로 하고 호텔건물 자체의 경제적 효용에 직접 이바지하지 아니하여 호텔건물에 대한 종물이라고는 할 수 없다고 본다.[724]

(c) 종된 권리에 대한 저당권의 효력

저당권의 효력이 종된 권리에도 미치는가? 판례는 "저당권의 효력은 저당부동산에 부합된 물건과 종물에 미친다"고 규정하고 있는 민법 제358조 본문은 저당부동산에 딸린 종된 권리에도 유추적용된다고 본다. 예컨대 건물의 소유를 위하여 지상권을 설정하고 그 건물에 대하여 저당권이 설정된 경우에 지상권은 건물소유권의 종된 권리로서 건물에 대한 저당권은 그 건물의 소유를 목적으로 설정된 지상권에 그 효력을 미친다.[725] 그리고 구분소유건물의 점유부분만에 관하여 설정된 저당권의 효력은 점유부분의 소유자가 사후에라도 대지사용권을 취득하면 그 대지사용권에까지 미치고, 대지사용권에는 지상권 등 용익권 이외에 대지소유권도 포함된다.[726]

4) 과 실

저당권의 효력은 저당부동산에 대한 압류가 있은 후에 저당권설정자가 그 부동산으로부터 수취한 과실 또는 수취할 수 있는 과실에 미친다(§359 본문). 그러나 저당권자가 그 부동산에 대한 소유권, 지상권 또는 전세권을 취득한 제3자에 대하여는 그 부동산을 압류

721) 대법원 1995.6.29. 선고 94다6345 판결.
722) 대법원 1997.10.10. 선고 97다3750 판결.
723) 대법원 1985.3.26. 선고 84다카269 판결.
724) 대법원 1985.3.26. 선고 84다카269 판결.
725) 대법원 1996.4.26. 선고 95다52864 판결.
726) 대법원 1995.8.22. 선고 94다12722 판결.

한 사실을 통지한 후가 아니면 대항하지 못한다(§359 단서).

원칙적으로 저당권의 효력은 과실에는 미치지 아니한다. 다만 저당부동산에 대한 압류가 있은 후에 저당권설정자가 그 부동산으로부터 수취한 과실 또는 수취할 수 있는 과실에는 저당권의 효력이 미친다(§359 본문). 민법 제359조에서 의미하는 과실에는 천연과실뿐만 아니라 법정과실도 포함한다(다수설). 다만 소수설로서 민법 제359조의 과실은 천연과실만을 가리키고, 법정과실은 포함되지 않는다고 보는 견해가 있다.

5) 부합물이나 종물에 저당권의 효력이 미치지 않는 경우

(a) 법률에 특별한 규정이 있는 경우

법률에 특별한 규정이 있는 경우에는 저당권의 효력이 부합물이나 종물에 미치지 아니한다(§358 단서). 타인이 권원에 의하여 부속시킨 부합물, 예를 들어 지상권자가 건축한 건물이나 그 밖의 공작물, 토지임차인이 토지에 경작·재배하는 농작물은 부동산소유권에 흡수되지 않으므로, 저당권의 효력이 미치지 아니한다(§256 단서).

(b) 설정행위에서 다른 약정을 한 경우

당사자는 설정행위에 의하여 저당권의 효력이 부합물이나 종물에 미치지 아니한다고 약정할 수 있다(§358 단서). 다만 민법 제358조 단서의 약정이 있는 때에는 등기원인에 기록하여야 제3자에게 대항할 수 있다(부동산등기법 §75 I vii).

(3) 물상대위

1) 의 의

저당권은 목적물의 교환가치를 파악하는 권리로서 저당권의 실행 이외의 방법에 의하여 그 교환가치가 실현된 경우에 저당권의 효력이 당연히 그 가치대체물에 미치는 물상대위성이 있다. 예를 들어 A가 그 소유건물 위에 B를 위한 저당권을 설정한 경우에 건물이 화재로 인하여 소실되고, 그 결과 A가 보험회사 C에 대하여 화재보험금청구권을 취득하면 B는 물상대위에 의하여 A가 취득한 화재보험금청구권 위에 저당권을 행사할 수 있다.

2) 물상대위가 인정되는 대표물

저당권자가 추급할 수 있는 목적물에 갈음하는 가치대체물이란 저당목적물의 멸실·훼손 혹은 공용징수로 인하여 저당권자가 받은 보험금·손해배상금·토지수용의 보상금과 같은 금전, 그 밖의 대체물을 가리킨다. 다만 「공익사업을 위한 토지 등의 취득 및 보상에 관한 법률」에 의한 토지의 협의취득에 따라서 토지소유자가 받을 보상금(실질은 매매대금)에 대하여는－저당권자는 토지소유권이 협의취득에 의하여 이전되어도 추급을 할 수 있는 결과－토지저당권의 물상대위가 인정되지 않는다.[727]

3) 압 류

물상대위의 객체는 보험금·손해배상금·보상금 등과 같은 금전이나 그 밖의 물건 자체

727) 대법원 1981.5.26. 선고 80다2109 판결.

가 아니라, 저당목적물의 변형물에 대한 소유자의 청구권이며, 저당권자가 물상대위권을 행사하려면 저당권설정자가 받을 금전이나 그 밖의 물건의 지급 또는 인도 전에 압류하여야 한다. 다만 저당권자가 물상대위권을 행사하기 위하여 채권의 압류 및 전부명령을 신청하는 경우에 그 압류 및 전부명령은 어디까지나 담보권의 실행절차이므로, 그 요건으로서 담보권의 존재를 증명하는 서류를 제출하여 개시하면 되고, 일반채권자로서 강제집행을 하는 경우가 아니므로 집행권원을 필요로 하지 않는다.[728] 민법 제370조에 의하여 저당권에 준용되는 민법 제342조 후문이 "저당권자가 물상대위권을 행사하기 위하여서는 저당권설정자가 지급받을 금전 기타 물건의 지급 또는 인도 전에 압류하여야 한다"라고 규정한 취지는 물상대위의 목적이 되는 금전이나 그 밖의 물건의 특정성을 유지하여 제3자에게 불측의 손해를 입히지 아니하려는 데 있으므로, 저당목적물의 변형물인 금전 기타 물건에 대하여 이미 제3자가 압류하여 그 금전 또는 물건이 특정된 이상 저당권자는 스스로 압류하지 않고서도 물상대위권을 행사할 수 있다.[729]

저당목적물의 변형물인 금전 기타 물건에 대하여 물상대위권을 행사하려는 저당권자보다 먼저 일반채권자가 압류나 가압류의 집행을 한 경우에 누가 우선하는가? 일반채권자가 단순히 먼저 압류나 가압류의 집행을 함에 지나지 않은 경우에는 저당권자는 그 전에는 물론 그 후에도 목적채권에 대하여 물상대위권을 행사하여 일반채권자보다 우선변제를 받을 수가 있다.[730]

2. 저당권의 우선변제적 효력

(1) 우선변제권

저당권자는 목적물로부터 우선변제를 받을 수 있다(§356). 저당채무자가 변제기에 변제하지 아니하면 저당채권자는 저당목적물을 일정한 절차에 따라서 매각·환가하여 그 대금으로부터 다른 채권자에 우선하여 변제를 받을 수 있다.

(2) 저당권의 순위

1) 일반채권자에 대한 관계

(a) 주택·상가건물임대차보호법상의 보증금채권과의 관계

저당권자는 일반채권자에 대하여 언제나 우선하나, 예외적으로 주택임대차보호법에 의하여 우선특권이 인정되는 소액보증금(주택임대차보호법 §8),[731] 상가건물임대차보호법에

---

728) 대법원 1992.7.10. 자 92마380, 381 결정.

729) 대법원 1996.7.12. 선고 96다21058 판결.

730) 대법원 1994.11.22. 선고 94다25728 판결.

731) 주택임대차보호법 시행령 제10조에 의하면 우선변제를 받을 보증금 중 일정액의 범위는 (i) 서울특별시: 3천200만원, (ii) 「수도권정비계획법」에 따른 과밀억제권역(서울특별시는 제외한다): 2천700만원, (iii) 광역시(「수도권정비계획법」에 따른 과밀억제권역에 포함된 지역과 군지역은 제외한다), 안산시, 용인시, 김포시 및 광주시: 2천만원, (iv) 그 밖의 지역: 1천500만원이며, 임차인의 보증금 중 일정액이 주택의 가액의 2분의 1을 초과하는 경우에는 주택의 가액의 2분의 1에 해당하는 금액까지만 우선변제권이 있다.

의하여 우선변제를 받을 보증금 중 일정액(상가건물임대차보호법 §14)[732]에 대하여 임차인은 저당권자에 우선한다. 또한 저당권설정등기일보다 먼저 주택임대차보호법 또는 상가건물임대차보호법 소정의 대항요건과 임대차계약서에 확정일자를 갖춘 임차인은 그 보증금의 반환에 관하여 저당권자에 우선한다.

(b) 조세우선특권에 대한 관계

본래 국세채권(국세·가산금 또는 체납처분비) 또는 지방세채권은 다른 공과금 기타의 채권에 우선하여 징수한다(국세기본법 §35 I, 지방세기본법 §99 I). 다만 저당부동산의 소유자가 체납하고 있는 국세 또는 지방세에 관하여 법정기일 전에 저당권의 설정을 등기한 재산의 매각금액 중에서 국세 또는 지방세를 징수하는 경우에는 그 저당권에 의하여 담보된 채권에 우선하여 징수하지 못한다(국세기본법 §35 I iii, 지방세기본법 §99 I iii). 그러므로 저당권과 조세우선특권의 순위는 저당권설정등기일과 조세채권의 법정기일의 선후에 의하여 결정된다. 그러나 예외적으로 당해세, 즉「그 재산에 대하여 부과되는 국세와 가산금」(국세기본법 §35 II) 또는「그 재산에 대하여 부과된 지방세와 가산금」(지방세기본법 §99 II)은 언제나 저당권에 우선한다.

(c) 파산채권자에 대한 관계

저당부동산의 소유자가 파산선고를 받으면 저당권자는 별제권을 행사할 수 있다(채무자 회생 및 파산에 관한 법률 §411).

(d) 최종 3월분의 임금과 재해보상금과의 관계

근로관계가 소멸하게 된 경우에 최종 3개월분의 임금과 재해보상금의 채권은 사용자의 총재산에 대하여 저당권에 의하여 담보된 채권에 우선하여 변제되어야 한다(근로기준법 §38 II). 다만 근로기준법 제38조 제2항은 근로자의 최저생활을 보장하고자 하는 공익적 요청에서 담보물권의 효력을 일부 제한하고 임금채권의 우선변제권을 규정한 경우로서, 그 규정의 취지는 근로자가 최종 3개월분의 임금과 재해보상금에 관한 채권을 저당권에 의하여 담보된 채권과 동시에 사용자의 동일재산으로부터 경합하여 변제받는 경우에 그 각 채권의 성립의 선후나 저당권의 설정 여부에 관계없이 그 임금, 퇴직금 등을 우선적으로 변제받을 수 있는 권리가 있음을 밝히고 있을 뿐이며 사용자가 재산을 특정승계취득하기 전에 설정된 담보권에 대하여까지 그 임금채권의 우선변제권을 인정하지는 아니한다.[733]

2) 전세권에 대한 관계

전세금반환청구권에 대하여 우선변제권이 있는 전세권(§303 I)과 저당권의 순위는 등기

---

732) 상가건물임대차보호법 시행령 제7조에 의하면 우선변제를 받을 보증금 중 일정액의 범위는 (i) 서울특별시 : 2천200만원, (ii)「수도권정비계획법」에 따른 과밀억제권역(서울특별시는 제외한다) : 1천900만원, (iii) 광역시(「수도권정비계획법」에 따른 과밀억제권역에 포함된 지역과 군지역은 제외한다), 안산시, 용인시, 김포시 및 광주시 : 1천300만원, (iv) 그 밖의 지역 : 1천만원이다.

733) 대법원 2004.5.27. 선고 2002다65905 판결.

의 선후에 의하여 결정된다.

3) 유치권에 대한 관계

우선변제권이 없는 유치권과 저당권은 이론상 경합하거나 우열의 문제가 발생하지 아니한다. 다만 강제집행에 의한 매수인은 유치권자에게 변제하지 아니하면 경매의 목적물을 수취할 수 없으므로(민사집행법 §91 V), 사실상 유치권자에게 우선변제적 효력이 인정된다.

4) 저당권 상호간의 순위

(a) 순위확정의 원칙

동일한 부동산 위에 여러 개의 저당권이 경합하는 경우에는 각 저당권의 설정등기의 선후에 따라서 우선변제의 순위가 결정된다(§§370·333). 후순위저당권자는 선순위저당권자가 변제를 받고 남은 잔액에 대하여만 우선변제권을 행사할 수 있다.

(b) 순위승진의 원칙

순위승진의 원칙에 의하여 선순위저당권이 변제나 그 밖의 사유로 인하여 소멸하면 후순위저당권은 그 순위가 승진된다.

3. 저당권의 실행

(1) 서 설

"저당권자는 그 채권의 변제를 받기 위하여 저당물의 경매를 청구할 수 있다. 저당물의 소유권을 취득한 제3자도 경매인이 될 수 있다"(§363). 저당권자가 스스로의 발의에 의하여 주도적으로 저당물을 현금화하여 그 대가로부터 피담보채권의 변제를 받는 절차를 저당권의 실행이라고 한다. 저당권의 실행은 원칙적으로 민사집행법에 의하여 하여야 하나, 사적으로 유저당계약에 의할 수도 있다.

(2) 민사집행법에 의한 저당권의 실행

1) 서 언

저당권과 같은 담보권을 실행하기 위한 경매를 규율하던 경매법이 폐지되고, 현재는 담보권실행경매는 민사집행법 제3편에 의하여 규율되고 있다. 담보권실행경매는 이른바 「집행권원」(채무명의)이 요구되지 아니하는 측면에서 통상의 경매와 다르다. 물론 저당권의 실행을 위한 경매절차가 개시되기 위하여는 (i) 유효한 피담보채권과 저당권이 존재하여야 하고, (ii) 피담보채권의 이행기가 도래하여야 한다.

2) 경매의 절차

(a) 경매의 신청

저당권의 실행을 위한 경매절차는 경매의 신청에 의하여 개시된다. 저당권자는 경매를 목적부동산의 소재지를 관할하는 지방법원에 신청하여야 한다(민사집행법 §§268·79).

(b) 경매개시결정

집행법원은 경매신청이 적법하다고 인정할 때에 경매개시결정을 하고, 동시에 그 부동산의 압류를 명하여야 한다(민사집행법 §§268·83). 이해관계인은 경매개시결정에 대하여 이의제기를 할 수 있고, 다만 이의사유는 담보권의 부존재 또는 소멸에 한정된다(민사집행법 §§86·265).

(c) 매 각

집행법원은 감정인에게 부동산을 평가하게 하고 그 평가액을 참작하여 최저매각가격을 정하여야 한다(민사집행법 §§268·97). 다만 집행법원은 최저매각가격으로 압류채권자의 채권에 우선하는 부동산의 모든 부담과 절차비용을 변제하면 남을 금액이 없다고 인정한 때에는 압류채권자에게 그 사실을 통지하여야 한다(민사집행법 §§268·102).

(d) 매각허가결정

집행법원은 매각결정기일에 출석한 이해관계인에게 매각허가에 관한 의견을 진술하게 한 후, 매각허가결정을 한다(민사집행법 §§268·120). 그리고 매각허가결정에는 매각한 부동산, 매수인과 매각가격을 적고 특별한 매각조건으로 매각한 때에는 그 조건을 적어야 한다(민사집행법 §§268·128). 또한 매각허가결정이 확정되면 법원은 대금의 지급기한을 정하고, 그 사실을 매수인과 차순위매수신고인에게 통지하여야 하고, 매수인은 대금지급기한까지 매각대금을 지급하여야 한다(민사집행법 §§268·142).

(e) 매각대금의 배당

매각대금이 지급되면 집행법원은 배당절차를 밟아야 한다(민사집행법 §§268·145 I). 매각대금으로 배당에 참가한 모든 채권자를 만족하게 할 수 없는 때에는 집행법원은 민법, 상법 기타의 법률에 의한 우선순위에 따라서 배당하여야 한다(민사집행법 §§268·145 II).

A는 자기 소유의 갑토지를 B에게 매매대금 4억원에 매도하면서, B가 그 명의로 소유권이전등기를 마치기 전에 갑토지를 C은행에 담보로 제공하여 대출받는 돈으로 매매대금을 지급하기로 하되, 매매대금의 지급을 담보하기 위하여 B가 A에게 액면 2억원의 당좌수표를 발행·교부함과 아울러 갑토지를 A가 지정하는 사람 명의로 피담보채권액을 2억원으로 하는 저당권설정등기를 마치기로 약정하였다. 그 후 A는 자신의 아내 D를 저당권자로 지정하여 A와 B 및 D 등 3자 사이의 합의 아래 A와 D 사이에 아무런 금전대차관계가 없음에도 불구하고 형식상 A가 D로부터 2억원을 이율 연 2할5푼으로 정하여 차용한다는 내용의 차용증서를 작성하고, 그 차용금액을 피담보채권으로 갑토지에 관하여 채무자를 A, 저당권자를 D, 피담보채권액을 2억원으로 하는 저당권설정등기(1순위저당권이다)를 마친 후에 A는 B에게 근저당권설정등기에 필요한 일체의 서류를 교부하였다. 그리고 B는 A로부터 교부받은 근저당권설정서류를 이용하여 C은행에게 갑토지에 관하여 채무자를 B, 근저당권자를 C은행,

> 채권최고액을 2억6,000만원으로 하는 근저당권설정등기(2순위저당권이다)와 다시 채무자를 B, 근저당권자를 C은행, 채권최고액을 2억6,000만원으로 하는 저당권설정등기(3순위저당권이다)를 각 마쳐주고 C은행으로부터 4억원을 대출받았다. 그러나 B가 A에게 매매대금 2억원을 지급하지 아니하고 액면 2억원의 당좌수표도 지급거절된 상태에서 C은행은 대금채무의 이행이 지체되자, 2·3순위근저당권의 실행으로 경매신청을 하여 그 경매절차에서 갑토지는 4억원에 매각되었다. C은행이 경매신청권자 겸 2·3순위근저당권자로서 경매법원에 4억원의 배당을 구한 경우에 D는 1순위저당권자로서 경매법원에 2억원의 배당을 요구할 수 있는가?

갑토지에 관하여 마쳐진 1순위저당권은 A의 B에 대한 2억원의 매매대금채권의 지급담보를 위한 경우임에도 불구하고, 채권자인 A를 채무자로 하고 채무자인 B와 사이에 아무런 채권·채무관계가 없는 D를 채권자로 하여 마쳐진 저당권설정등기이므로, 담보물권의 부수성에 반하는 무효의 등기라고 보아야 하는가? 만약 D 명의의 1순위저당권이 유효하게 성립된 경우임을 전제로 하면 그에게 1순위로 2억원이 배당되어야 한다. 그러나 D 명의의 1순위저당권이 무효라고 하면 D는 배당을 요구할 수 없고, C은행이 매각대금 전액을 배당받게 된다.

부동산매매대금의 지급을 담보하기 위하여 당사자간의 합의에 의하여 소유권이전등기를 매수인에게 마치지 않은 상태에서 목적부동산 위에 저당권자를 매도인이 지정하는 제3자로, 채무자를 매도인으로 하는 저당권을 설정한 경우에 그 저당권설정등기가 담보물권의 부수성에 반하여 무효인가? 저당권은 채권담보를 위한 담보물권이므로 원칙적으로 채권자와 저당권자는 동일인이 되어야 하지만, 제3자를 저당권의 명의인으로 하는 저당권을 설정하는 경우에 그 사실에 대하여 채권자와 채무자 및 제3자 사이에 합의가 있고, 채권양도, 제3자를 위한 계약, 불가분적 채권관계의 형성 등 방법으로 채권이 그 제3자에게 실질적으로 귀속된다고 볼 수 있는 특별한 사정이 있는 경우에는 제3자 명의의 저당권설정등기도 유효하다고 보아야 한다. 사례에서 A에게 2억원의 매매대금채무를 지고 있는 갑토지의 매수인 B가 그 매도인 A와 사이에 소유권이전등기를 마치지 아니한 상태에서 갑토지를 담보로 하여 대출받는 돈으로 매매대금을 지급하기로 약정하는 한편, 그 매매대금의 지급을 담보하기 위하여 갑토지에 1순위저당권을 설정하되, 그 구체적 방안으로서 채권자인 A와 채무자인 B 및 D 등 3자 사이의 합의 아래 저당권자를 D로, 채무자를 A로 하기로 한 경우이므로, D의 저당권이 유효로 되기 위하여서는 D에게 채권을 이전할 필요가 있다. A가 D로부터 매매대금과 같은 금액인 2억원을 차용하는 내용의 차용금증서를 작성·교부하는 방법으로 D에게 매매대금채권을 귀속시키고 채무자인 B가 승낙함으로써 그 매매대금채권이 D에게 이전된 경우로 볼 수 있다. 그러므로 D가 가지는 1순위저당권이 담보하는 채무는 B의 D에 대한 2억원의 매매대금채무라고 보아야 하고, B가 D에게 매매대금을 지급하지 아니한 이상, D 명의의 1 순위저당권설정등기는 그 피담보채무가 엄연히 존재하고 있어 그 원인이 없거나 부종성에 반하는 무효의 등기라고 볼 수 없다. 결국 D는 1순위저당권자로서 경매법원에 2억원의 배당을 요구할 수 있다.

(f) 재매각

매수인이 대금지급기한까지 그 의무를 완전히 이행하지 아니하고, 차순위매수신고인이 없는 때에는 법원은 직권으로 부동산의 재매각을 명하여야 한다(민사집행법 §§268·138).

3) 경매의 효과

(a) 매수인의 권리취득

경매의 효과로서 매수인은 경매의 목적이 된 권리를 취득한다. 매수인은 저당목적물의 소유권을 매각대금을 완납한 때에 취득한다. 경매에 의한 소유권취득은 민법 제187조에 의한 물권변동에 해당하므로 등기를 요하지 아니하고, 다만 법원이 등기를 촉탁한다(민사집행법 §§268·144).

(b) 경매목적물 위의 다른 권리에 대한 효과

(i) 매각부동산 위의 모든 저당권은 순위에 관계없이 매각으로 모두 소멸된다(민사집행법 §§268·91 II).

(ii) 경매목적물의 매각으로 저당목적물 위에 존재하던 용익권(예컨대 지상권·지역권·전세권 및 등기된 임차권)이 소멸하는가는 최선순위의 저당권과의 우선순위에 의하여 결정된다. 후순위의 용익권, 즉 용익권이 저당권·압류채권·가압류채권에 대항할 수 없는 경우에는 매각으로 소멸되고, 선순위의 용익권은 매수인이 인수한다(민사집행법 §§268·91 III·IV). 다만 전세권이 선순위이더라도 전세권자가 배당요구를 하면 매각으로 소멸된다(§§268·91 IV).

(iii) 유치권은 매각이 있더라도 그대로 유효하여 매수인은 유치권자에게 그 유치권으로 담보하는 채권을 변제할 책임이 있다(민사집행법 §§268·91 V). 유치권자는 매수인에 대하여 채권의 변제가 있을 때까지 인도를 거절할 수 있으므로, 사실상의 우선변제권을 가진다.

(iv) 경매목적물의 매각으로 담보가등기는 순위와 관계없이 모두 말소되지만(가등기담보등에 관한 법률 §2 I 후문 참조), 보전가등기는 최선순위의 경우라면 말소되지 않는다.

(c) 경매의 하자

a) 절차상의 하자

경매절차상의 하자는 항고 또는 이의에 의하여 다툴 수 있다. 그러나 매각허가결정이 확정되면 절차상의 하자는 치유되어 더 이상 다툴 수 없게 되고, 매각의 효과는 확정된다. 예컨대 채권의 변제기 전에 저당권을 실행한 경우에도 매각허가결정이 확정되면 매각의 효과는 더 이상 움직일 수 없게 된다.

b) 실체법상의 하자

피담보채권이나 저당권의 소멸·무효·부존재와 같은 경매의 기초가 되는 실체법상의 권리에 하자가 있다는 사실이 경매절차가 진행되는 도중에 발생하거나 발견되면 경매절차를 정지하여야 한다(민사집행법 §266). 다만 매각허가결정이 확정되어 매수인이 매각대금을 완납한 후에는 실체법상의 하자가 있더라도 채무자는 매수인의 소유권취득을 다툴 수 없으나(민사집행법 §267), 처음부터 저당권이 존재하지 않은 경우(예컨대 처음부터 피담보채권이 없어서 저당권이 불성립하거나 위조문서에 기하여 원인무효의 저당권등기가 마쳐진 경우)에는 하자가 치유되지 아니한다.

(3) 저당권의 사적 실행 – 流抵當

1) 서 언

유저당계약은 저당권설정계약 혹은 피담보채권의 변제기가 도래하기 전의 특약으로 저당채무의 불이행이 있는 경우에 저당권자가 저당목적물의 소유권을 취득하거나(소유권이전형 유저당) 경매가 아닌 임의의 방법으로 저당목적물을 현금화하기로 하는 약정(임의현금화형 유저당)을 가리킨다. 유저당계약은 유효한가?

학설상으로는 유저당의 특약은 유효하다고 보는 견해가 통설이다. 다만 학설상 유저당을 입법에 의하여 허용하지 않는 태도가 바람직하다는 견해가 있다. 민법은 유질계약을 금지하고 있으나(§339), 유저당계약을 금지하는 규정은 두지 않고 있다.[734] 또한 민법 제370조는 저당권에 관하여 질권의 여러 규정을 준용하고 있으나, 유질계약에 대하여는 준용하지 않고 있다. 그러므로 유저당계약도 허용된다고 보는 태도가 타당하다.

2) 소유권이전형 유저당

(a) 서 설

저당목적물에 대한 당사자 사이의 대물변제의 예약은 가등기를 하는 경우와 단순히 합의만을 하고 가등기를 하지 않는 경우가 있다. 대물변제의 예약을 가등기하면 가등기담보법에 의하여 저당권자는 다시 가등기담보권을 취득하여 동일목적물 위에 저당권과 가등기담보권이 병존적으로 설정된다. 저당권자가 취득하는 가등기담보권은 독립한 담보물권으로 유저당계약으로 볼 수 없으나, 가등기를 갖추지 않은 대물변제의 예약은 유저당계약으로 본다.

(b) 민법 제607조, 제608조와의 관계

저당권설정과 함께 유저당계약으로서 대물변제의 예약을 하여 그 효과로서 저당권자가 목적물의 소유권을 취득하게 되면 저당부동산의 가액이 피담보채권액과 그 이자를 초과하는 경우가 생길 수 있다. 그리고 만일 저당부동산의 가액이 피담보채권액과 그 이자의 합산액을 초과하는 경우에 저당권자가 피담보채권액 및 그 이자와 목적물의 가액과의 차액을 청산하지 않고 그대로 취득할 수 있다고 하면 저당권자는 큰 이득을 얻어 폭리를 취하게 된다. 민법은 바로 대물변제의 예약에 따른 폭리를 금지할 목적으로 민법 제607조와 제608조를 두고 있다. 민법 제607조와 제608조에 의하면 대물변제의 예약 당시의 재산의 가액이 차용액 및 그에 붙인 이자의 합산액을 넘지 못하고, 민법 제607조에 위반한 당사

734) 입법례로서 로마법으로부터 영향을 받은 독일민법(§ 1149 BGB)이나 스위스민법(§816 ZGB)은 유저당계약을 명문으로 금지하고 있다.

자의 약정으로서 채무자에게 불리한 때에는 그 효력이 없다.

저당부동산에 관하여 유저당계약으로서 대물변제의 예약을 한 경우에 만일 대물변제의 예약 당시의 저당부동산의 가액이 피담보채권액과 이자의 합산액을 초과하면 대물변제의 예약은 무효로 되는가 하는 문제가 있다. 학설상으로는 일부무효설, 「약한 의미의 담보」설, 채권담보의사설이 대립한다. 판례는 대물변제예약으로는 무효이나, 약한 의미의 양도담보계약으로는 유효하다고 본다.

① 일부무효설　　일부무효설은 저당부동산에 대한 대물변제예약이 민법 제607조·제608조에 위반된다고 하더라도 대물변제예약을 구태여 전부무효로 할 필요는 없고 단지 피담보채권액과 그 이자를 초과하는 부분만을 무효로 하면 된다고 본다. 그러므로 일부무효설에 의하면 민법 제607조에 위반하는 초과부분만을 채무자에게 반환하는 「청산」(淸算) 내지 「정산」(精算)이 요구되며, 청산의 방법은 저당권자가 저당부동산에 대한 소유권이전등기를 받는 동시에 청산금을 지급하는 이른바 「귀속청산」에 의하고, 저당권설정자는 청산청구권을 가지며 그 성질은 부당이득반환청구권이라고 한다.

② 약한 의미의 양도담보설　　약한 의미의 양도담보설은 저당권설정계약과 함께 체결된 대물변제예약은 전부무효이지만, 무효행위의 전환에 의하여 약한 의미의 양도담보로 전환되어 그 효력으로서 청산의무가 발생한다고 본다.

③ 채권담보의사설　　채권담보의사설은 대물변제의 예약은 무효이나 담보로서의 효력을 보유하여 대물변제예약 속에 포함되어 있거나 병존하고 있다고 해석되는 채권담보의 의사를 독립적으로 파악하여 채권담보계약을 기초로 청산을 청구할 수 있다고 본다.

판례의 태도는 어떤가? 판례는 부동산에 관한 대물변제예약 당시 그 부동산의 가액이 채무원리금의 합산액을 초과하는 경우에는 대물변제예약 자체는 무효라고 하더라도 소위 「약한 의미의 양도담보계약」이 된 경우로 볼 수 있다고 본다.[735)]

(4) 임의현금화형 유저당

저당부동산에 대한 임의현금화의 약정도 유효하다는 견해에 이견이 없다. 그러므로 저당부동산의 현금화를 담보권실행경매에 의하지 아니하고 임의방법, 예컨대 제3자에게 저당부동산을 매각하여 청산하기로 하는 특약으로서의 유저당계약이 체결될 수 있다. 만약 임의현금화형 유저당계약이 체결되면 저당권자는 미리 자기 앞으로 소유권이전등기를 하여 저당부동산을 인도받아 제3자에게 매각하고, 그 매각대금에서 피보담채권액을 제외한 나머지를 저당권설정자에게 반환하여 청산하게 된다.

[더 생각할 과제 - 변제기도래 후의 특약의 효력]

저당권의 당사자는 피담보채권의 변제기가 도래한 후에도 임의환가의 특약을 할 수 있고, 저당부동산의 소유권을 저당권자가 취득하는 약정도 「대물변제」로서 유효하게 할 수 있다.

---

735) 대법원 1980.7.22. 선고 80다998 판결.

4. 저당권과 용익관계

(1) 저당부동산의 용익관계

저당권은 목적물의 물질적 이용(사용·수익)을 구속하지 않고 오직 그 교환가치만을 파악하는 가치권으로서 저당권의 설정 전후를 막론하고 저당권이 실행될 때까지는 저당권설정자가 아무런 제약 없이 목적물을 이용할 수 있다. 다만 저당권이 실행되면 저당목적물의 소유권이 매수인에게 이전하므로, 저당권설정자가 가지는 종래의 용익관계는 소멸한다.

(2) 저당권과 용익권의 관계

1) 저당권과 제3자의 대항력 있는 용익권의 관계

저당권을 설정하기 이전에 이미 제3자가 목적물에 대하여 용익권을 가지고 있는 경우에는 저당권의 실행이 있을 때까지 목적물을 이용할 수 있다. 그리고 저당권이 실행된 때에도 용익권이 저당권의 설정시 이미 성립하고 있거나 대항요건을 갖추고 있는 경우(지상권, 전세권, 대항력 있는 임차권)에는 용익권자는 그 용익권을 가지고 저당권자 혹은 매수인에게 대항할 수 있다.

2) 저당권이 설정된 후의 용익권과의 관계

저당권이 설정된 후 제3자가 용익권을 취득한 경우에는 저당권의 실행이 있을 때까지 목적물을 이용할 수 있지만, 저당권이 실행되면 용익권자는 매수인에 대하여 대항할 수 없고 목적물을 매수인에게 인도하여야 한다.

> 1번저당권의 등기가 있고, 다음에 임차권의 등기를 하고, 그 다음에 2번저당권의 등기를 하였다. 만약 2번저당권자의 신청으로 경매가 실시되면 임차인은 매수인에 대하여 대항할 수 있는가?

용익권이 저당권의 실행에 의하여 소멸하는가 여부는 경매를 신청한 저당권자의 저당권과 용익권설정의 선후로 결정되지 아니하고, 그 부동산 위의 최고순위의 저당권과 용익권설정의 선후에 의하여 결정된다. 그러므로 2번저당권의 신청으로 경매가 실시된 경우에도 임차권은 소멸하고 임차인은 매수인에게 대항할 수 없다. 왜냐하면 2번저당권자의 신청에 의한 경매에 의하여도 1번저당권은 소멸하게 되어 결국 실질적으로는 1번저당권의 실행과 같은 관계가 되기 때문이다.

(3) 법정지상권

1) 서 설

(a) 의 의

법정지상권은 동일인에게 속한 토지와 그 지상건물이 어떤 사정으로 각각 소유자를 달리하게 된 경우에 건물소유자에게 그 건물소유를 위하여 법률상 당연히 인정되는 지상권이다. 민법 제366조는 저당물의 경매로 인하여 토지와 그 지상건물이 다른 소유자에 속하게 된 경우에는 건물소유자는 토지소유자에 대하여 그 토지 위에 법정지상권을 취득한다고 규정하고 있다.

(b) 인정근거

법정지상권은 왜 인정되는가? 법정지상권은 동일인이 소유하고 있던 토지와 건물 중 어느 하나가 다른 사람에게 귀속하게 되고, 그 당사자 사이에 그 대지사용권에 관하여 아무런 합의가 없을 때 건물소유자가 아무런 권리 없이 다른 사람의 토지를 사용하는 경우라고 하여 건물을 철거하도록 한다면 사회경제상의 불이익을 가져오게 할 경우가 많다. 그러므로 법정지상권은 건물소유자에게 그 대지를 적법하게 이용할 수 있도록 하여 줌으로써 건물이 철거되는 경우를 막기 위하여 인정되는 제도이다.[736)]

(c) 민법 제366조의 법적 성질

법정지상권을 규율하는 민법 제366조는 가치권과 이용권의 조절이라는 공익상의 요청에 기한 강행규정에 해당한다. 그러므로 당사자가 민법 제366조의 적용을 배제하는 특약을 하더라도 무효이고,[737)] 다만 건물소유자가 법정지상권을 취득한 후에 자의로 포기할 수는 있다.

2) 법정지상권의 성립요건

(a) 저당권설정 당시 건물의 존재

a) 서 언

법정지상권은 저당권설정 당시부터 토지 위에 건물이 존재하는 경우에만 성립한다(통설·판례의 견해이다). 저당권설정 당시 건물이 존재하는가 하는 문제와 관련하여 아래와 같은 경우를 주의하여야 한다.

① 건물이 없는 토지에 저당권이 설정된 경우　　건물이 없는 토지에 저당권을 설정한 후에 저당권설정자가 건물을 신축하는 경우에는 그 건물을 위하여 법정지상권이 성립하지 아니한다. 역시 건물이 없는 토지에 저당권을 설정한 후 저당권설정자가 저당권자로부터 법정지상권의 성립을 인정한다는 양해를 얻어 건물을 건축하여도 법정지상권이 인정되지 아니한다.

지상건물이 없는 토지에 관하여 저당권설정 당시 저당권자가 건물의 건축에 동의한 경우에 법정지상권이 성립하는가? 토지에 관하여 저당권이 설정될 당시 그 지상에 토지소유자에 의한 건물의 건축이 개시되기 이전이라고 하면, 건물이 없는 토지에 관하여 저당권이 설정될 당시 저당권자가 토지소유자에 의한 건물의 건축에 동의한 경우라고 하더라도 그 사정은 주관적 사항에 불과하고 공시할 수도 없어서 토지를 매수한 제3자로서는 알 수가 없으므로, 그 사정을 들어 법정지상권의 성립을 인정한다면 토지소유권을 취득하려

---

736) 대법원 1993.12.28. 선고 93다26687 판결.
737) 대법원 1988.10.25. 선고 87다카1564 판결.

는 제3자의 법적 안전성을 해하는 등 법률관계가 매우 불명확하게 된다. 그러므로 건물이 없는 토지에 관하여 저당권의 설정 당시 저당권자가 건물의 건축에 동의한 경우에도 법정지상권이 성립하지 아니한다.[738]

② 건물이 없던 토지에 1번저당권의 설정 후 2번저당권설정시 건물이 존재한 경우 건물은 최선순위의 저당권이 설정될 당시 존재하여야 한다. 예를 들어 건물이 없는 토지에 1번저당권을 설정한 후에 건물을 건축하고, 다음에 2번저당권을 설정하여 2번저당권자의 신청으로 경매가 있은 경우에는 건물을 위한 법정지상권이 성립하지 아니한다.

③ 보존등기가 없는 건물 건물은 저당권설정 당시에 실제로 존재하고 있으면 되고, 비록 무허가건물로서 보존등기가 없더라도 법정지상권의 성립을 방해하지 아니한다.[739] 그러므로 건물에 대한 등기 여부는 법정지상권의 성립요건이 되지 아니한다.

④ 건축중이던 건물 토지에 관한 저당권설정 당시 그 지상에 건물이 토지소유자에 의하여 건축중에 있고, 아직 그 건물이 사회관념상 독립된 건물로 볼 수 있는 정도에 이르지 않은 경우라고 하더라도 그 건물의 규모·종류가 외형상 예상할 수 있는 정도까지 건축이 진전되어 있고, 그 후 경매절차에서 매수인이 매각대금을 다 완납할 때까지 최소한의 기둥과 지붕 그리고 주벽이 이루어지는 등 독립된 부동산으로서 건물의 요건을 갖추면 법정지상권이 인정된다.[740]

b) 저당권설정 당시 존재하던 건물의 철거 후 재축한 경우

(가) 서언

민법 제366조는 저당물의 경매로 인하여 토지와 그 지상건물이 다른 소유자에 속한 경우에는 건물소유자를 위하여 법정지상권이 성립한다고 규정하고 있다. 보통 민법 제366조가 정한 법정지상권의 성립요건으로는 (i) 저당권설정 당시에 토지상에 건물이 존재하고 있어야 하고, (ii) 저당권설정 당시에 토지와 건물이 모두 동일인의 소유에 속하고, (iii) 토지와 건물의 한쪽 또는 양쪽에 저당권이 설정되고, (iv) 경매에 의하여 토지와 건물이 서로 다른 소유자에게 귀속하여야 한다고 본다.

저당권설정 당시에 토지상에 건물이 존재하고 있어야 한다고 하는 요건은 특히 엄격하게 해석하여 나대지(건물이 없는 빈 토지를 말한다)에 저당권을 설정한 후 그 토지 위에 세워진 건물을 위하여는 법정지상권이 성립하지 않는다고 본다. 사실 나대지와 법정지상권의 제한을 받는 토지는 그 담보가치가 크게 차이가 나므로, 나대지로서 평가하여 설정한 저당권이 그 후에 법정지상권에 의하여 제한을 받게 된다면 용익권에 의한 저당권의 부당한 압박이 되어 부당하다.

(나) 토지에 저당권이 설정된 후 건물이 재축된 경우

건물이 존재하는 토지에 대하여만 저당권을 설정한 후에 건물을 철거하고 다시 신건

738) 대법원 2003.9.5. 선고 2003다26051 판결.
739) 대법원 1964.9.22. 선고 63아62 판결.
740) 대법원 2004.2.13. 선고 2003다29043 판결.

물을 지은 경우에 법정지상권이 성립하는가? 법정지상권은 저당권설정 당시에 존재한 건물이 경매시점에 존재하는 경우에만 적용이 된다고 하여 재축의 경우에는 법정지상권의 성립을 부정하고 일괄경매의 문제로 처리하는 입장도 있다. 그러나 저당권자는 저당권의 설정을 받을 때에 본래 건물이 존재하는 토지로서 평가하고 그 토지를 저당권의 목적으로 한 경우이므로, 재축된 신건물을 저당권자에 대한 관계에서 동일한 건물의 존속으로 보고 법정지상권의 규정을 적용하더라도 저당권자를 해하지는 아니한다고 보는 견해가 유력하다.

토지에 대한 저당권설정 당시 건물이 존재한 이상 그 건물이 후에 멸실되거나 철거된 후 신건물이 재축된 경우에도 신건물을 위한 법정지상권이 성립한다고 새겨야 한다. 그리고 신건물과 구건물 사이에 동일성이 있거나 소유자가 동일하여야 할 필요가 없지만, 그 법정지상권의 내용인 존속기간, 범위 등은 구건물을 기준으로 하여 그 이용에 일반적으로 필요한 범위 내로 제한된다.741)

(다) 토지와 건물 모두에 공동저당권이 설정된 후 건물이 재축된 경우

가) 서언

토지와 그 지상건물을 소유하고 있는 사람이 토지와 건물에 관하여 공동저당권을 설정하는 경우는 적지 않다. 동일인의 소유에 속하는 토지 및 그 지상건물에 대하여 공동저당권이 설정되고, 그 하나에 대하여만 경매가 실행되어 소유자가 달라지게 된 경우에도 마찬가지로 법정지상권은 인정된다.

나) 공동저당권이 설정된 후 그 지상건물이 철거되고 새로 건물이 신축되어 두 건물 사이의 동일성이 부정되는 경우

갑대지 위에는 단층주택이 건축되어 있었는데, 갑대지 및 단층주택을 매수하여 소유권을 취득한 A는 갑대지 및 단층주택을 공동담보로 제공하여 B농업협동조합 앞으로 저당권설정등기를 마쳐 주었다. 그 후 A는 C에게 단층주택의 철거와 3층 주택의 신축공사를 도급주었는데, 그 당시 신축건물에 관하여 A의 이름으로 준공검사를 받아 준공하고 A는 소유권보존등기를 필한 후에 융자금을 받아 공사비를 지급하기로 약정하였다. 그리고 C는 단층주택을 철거하고 3층 주택의 신축공사를 시행하여 완공하였다. 한편 A가 B농업협동조합에 대한 채무를 변제하지 못하자 저당권의 실행에 의하여 갑대지 및 단층주택에 관한 임의경매절차가 개시되었는데, 임의경매절차에서 단층주택이 이미 철거되었다는 이유로 단층주택에 대한 경매절차는 취소되고, 갑대지에 대한 경매절차만이 속행되어 D가 갑대지에 대한 매각허가결정을 받았다. D는 A에 대하여 신축건물의 철거와 갑대지의 명도를 청구할 수 있는가? [대법원 2003.12.18. 선고 98다43601 전원합의체 판결]

741) 대법원 2001.3.13. 선고 2000다48517 판결. 학설상으로는 신건물을 기준으로 한 법정지상권이 성립한다고 보여야 한다는 견해도 있다.

낡은 가옥을 헐고 주택 등을 재축하는 경우도 흔한 일이므로, 토지와 건물 모두에 공동저당권이 설정된 경우에 건물을 철거하고 새로이 건물을 신축하는 경우도 역시 많고, 만약 경매로 인하여 토지와 신건물이 서로 다른 소유자에게 속하게 되면 신건물을 위하여 법정지상권이 성립하는가 하는 문제가 생긴다. 공동저당의 목적인 건물을 철거하고 새로이 신건물을 재축한 경우에도 형식적으로만 보면 저당권을 설정할 당시에 토지 위에 건물이 존재하고 있으므로 법정지상권의 성립요건을 갖추고 있다. 그러나 공동저당의 경우에 대하여 단독저당에서의 판례이론을 그대로 적용하여 법정지상권의 성립을 긍정하게 되면 토지와 구건물이 갖고 있던 담보가치 전부를 확보하고 있던 공동저당권자가 겨우 법정지상권의 부담이 있는 토지(건물부지)의 가치밖에 우선변제를 받을 수 없게 되어 공동저당권자가 당초에 예상하지 못한 현저한 손해를 입게 될 수 있다. 그러므로 토지와 지상건물에 관하여 공동저당권이 설정된 후 지상건물을 헐고 재축한 다음에 토지에 대하여 저당권이 실행되는 경우에도 법정지상권이 인정되는가 하는 문제가 제기된다. 학설은 성립긍정설과 성립부정설로 크게 대립한다.

① 성립긍정설 성립긍정설(개별가치고려설)은 재축된 신건물을 위하여 법정지상권이 성립한다고 하더라도, 그 지상권의 내용을 구건물을 기준으로 정하는 이상 토지저당권을 침해하지는 아니하여 법정지상권의 성립을 인정하여야 한다고 본다. 성립긍정설은 법정지상권의 성립 여부는 토지와 건물에 저당권이 설정될 당시를 기준으로 하고, 토지와 건물에 공동저당권이 설정된 경우에도 건물이 존속한다는 전제로 설정된 토지저당권은 구건물을 위한 법정지상권을 공제한 가치를 그 담보의 목적으로 하며, 토지 또는 건물의 한쪽만이 경매에 회부된 이상 토지에 대한 저당권이 법정지상권의 가치를 공제한 교환가치만을 확보하고 있다는 사실에는 변함이 없다고 본다. 다만 성립긍정설도 저당권설정자가 저당권자의 승낙 없이 건물을 철거한 경우에는 법정지상권의 이익을 포기한 경우로 보아서 법정지상권의 주장은 권리남용으로써 허용되지 않는다고 해석한다.

② 성립부정설 성립부정설에는 다시 전면적 부정설, 전체가치고려설, 일체가치고려설, 개별가치종합설과 같은 견해가 있다.

ⓐ 전면적 부정설 전면적 부정설은 동일인 소유의 토지와 그 지상건물에 관하여 공동저당권이 설정된 후 그 건물이 철거되고 다른 건물이 재축된 경우에는 법정지상권이 성립하지 아니한다고 본다. 전면적 부정설에 의하면 법정지상권제도는 저당권설정 당시의 건물만을 염두에 두고 규정되어 있으므로, 구건물이 멸실·철거된 이상, 그 후 신건물이 재축되더라도 나대지에 저당권이 설정된 후에 건물이 축조된 경우와 다르지 않으므로 재축된 신건물을 위한 법정지상권은 성립하지 않는다고 한다.

ⓑ 일체가치고려설 일체가치고려설은 건물이 멸실되거나 철거되면 건물저당권은 소멸하여 토지저당권은 나대지의 담보가치를 파악하게 되므로 그 후 신건물이 재축되어도 법정지상권은 성립하지 않는다고 한다. 일체가치고려설은 토지·건물의 공동저당의 경우에 그 경제적 일체성을 이유로 토지의 가치와 건물의 가치의 총합이 담보가치로 파악되고 법정지상권의 가치는 관념되어 있지 않다고 본다.

ⓒ 개별가치종합설 개별가치종합설은 토지·건물의 공동저당권자는 잠재적 자기지상권을 공제한 토지의 가치부분, 잠재적 자기지상권 및 건물 그 자체의 3가지 담보가치를 종합하여 파악한다고 보는 견해이다. 개별가치종합설에 의하면 구건물이 멸실되거나 철거되어 건물에 관한 저당권이 소멸하더라도 원래 건물과 별개의 존재인 잠재적 자기지상권은 건물과 독립된 권리로 볼 수 있으므로, 잠재적 자기지상권상의 저당권은 소멸하지 않고, 그 잠재적 자기지상권에 대한 저당권은 토지에 설정된 저당권의 공동담보목록에 의하여 공시되어 공동저당권자에게 귀속되며, 결국 구건물이 철거된 후에 신건물을 건축하더라도 재축된 건물을 위한 법정지상권은 성립하지 않는다고 한다.

ⓓ 전체가치고려설 전체가치고려설은 토지·건물의 공동저당에서는 토지저당권에 의하여 토지의 가액에서 법정지상권의 가액을 공제한 담보가치를, 건물저당권에 의하여 건물 가액과 법정지상권의 가액을 더한 담보가치를 파악하여 결과적으로 토지·건물의 전체 담보가치를 파악하고 있고, 토지·건물의 소유자에게는 아무런 가치도 유보되어 있지 않다고 본다. 전체가치고려설에 의하면 소유자가 함부로 건물을 철거하면 저당권에 대한 침해행위가 되고, 또한 건물을 재축하는 경우에는 신건물에 저당권을 설정하여 주어야 하는데도 불구하고 저당권설정당사자의 합리적인 의사에 반하면서까지 건물보호라는 공익적 요청을 앞세워 신건물을 위한 법정지상권이 성립한다고 해석하게 되면 저당권자가 저당권설정 당시 담보가치를 산정할 때에 가지고 있던 기대에도 어긋나고, 저당권자에게 예상외의 손실을 입혀 저당권자의 이익을 침해하므로, 법정지상권의 성립을 부정하는 태도가 저당권설정당사자의 합리적 의사에 합치하고 건물보호라는 공익적 요청에도 부합한다고 본다.

케이스를 보면 A가 B농업협동조합을 위하여 갑대지 및 단층주택에 공동저당을 설정한 후 그 단독주택을 철거하여 3층 주택을 재축하고, A가 채무를 변제하지 못하여 갑대지에 대한 경매가 진행됨으로써 D가 갑대지를 매수한 사실이 인정된다. 그러므로 A가 재축한 3층 건물을 위하여 법정지상권을 취득하는가, 혹은 D는 A에 대하여 3층 건물의 철거와 갑대지의 명도를 청구할 수 있는가가 문제된다.

종래 판례나 학설이 확고한 태도로 긍정설을 견지하던 중 일본에서 부정설을 채택하는 판결이 선고된 이래 국내에서도 그 동안의 판례의 태도[742]를 비판하며 일본판례와 같은 부정설을 취하는 견해가 등장하기 시작하여 유력설로까지 주장되고 있고, 현재 판례는 종래의 태도를 바꾸어 부정설을 취하고 있다. 사례에서 판례는 그 동안 취한 신축건물을 위한 법정지상권이 성립된다고 하는 긍정설을 버리고, 동일인의 소유에 속하는 토지 및 그 지상건물에 관하여 공동저당권이 설정된 후 그 지상건물이 철거되고 새로 건물이 재축된 경우에는 저당물의 경매로 인하여 토지와 그 신축건물이 다른 소유자에 속하게 되더라도 그 신축건물을 위한 법정지상권은 성립하지 않는다고 하여 성립부정설을 취하고 있다. 판례는 토지 및 그 지상건물에 관하여 공동저당권이 설정된 경우에는 처음부터 지상건물로

742) 대법원 1992.6.26. 선고 92다9388 판결(변경) 참조.

인하여 토지의 이용이 제한받기를 용인하고 토지에 대하여만 저당권을 설정하여 법정지상권의 가치만큼 감소된 토지의 교환가치를 담보로 취득한 경우(토지저당권의 담보가치=토지의 교환가치-법정지상권의 가액 상당 가치)와는 달리, 공동저당권자는 토지 및 건물 각각의 교환가치 전부를 담보로 취득하므로(공동저당권의 담보가치=건물의 교환가치+나대지의 교환가치), 저당권의 목적이 된 건물이 그대로 존속하는 이상은 건물을 위한 법정지상권이 성립하여도 그로 인하여 토지의 교환가치에서 제외된 법정지상권의 가액 상당 가치는 법정지상권이 성립하는 건물의 교환가치에서 되찾을 수 있어 궁극적으로 토지에 관하여 아무런 제한이 없는 나대지로서의 교환가치 전체를 실현시킬 수 있다고 기대하지만(원래의 건물에 법정지상권이 성립하는 경우의 담보가치=법정지상권이 성립하는 건물의 교환가치+(나대지의 교환가치-법정지상권의 가액 상당 가치)), 건물이 철거된 후 재축된 신축건물에 토지와 같은 순위의 공동저당권이 설정되지 아니한 경우에도 그 신축건물을 위한 법정지상권이 성립한다고 해석하게 되면 공동저당권자가 법정지상권이 성립하는 신축건물의 교환가치를 취득할 수 없게 되는 결과(신축건물에 대한 법정지상권이 인정되는 경우의 담보가치=나대지의 교환가치-신축건물을 위한 법정지상권의 가액 상당 가치) 법정지상권의 가액 상당 가치를 되찾을 길이 막혀 당초 나대지로서의 토지의 교환가치 전체를 기대하여 담보를 취득한 공동저당권자가 불측의 손해를 입는다고 한다. 그러므로 판례는 성립부정설을 취하는 근거를 공동저당에서는 토지 및 건물 각각의 교환가치 전부를 담보로 취득한다고 보는 전체가치고려설에서 찾고 있다.

동일인의 소유에 속하는 토지 및 그 지상건물에 관하여 공동저당권이 설정된 후 그 지상건물이 철거되고 새로 건물이 재축된 경우에 법정지상권이 성립하는가 하는 문제에 관하여 긍정설을 취하든 부정설을 취하든 각각 이론적인 논거와 타당성을 가지고 있다. 그러므로 어느 견해를 취하든지 큰 문제가 없다고 보나, 종래 판례가 취한 긍정설에 심각한 이론상의 결함이 있다고 생각되지는 아니하므로, 판례를 변경하면서까지 부정설을 채택할 정도로 부정설이 이론적으로 우수하다고 보기는 어렵다고 생각된다.

민법 제366조가 법정지상권제도를 규정하는 근본적 취지는 저당물의 경매로 인하여 토지와 그 지상건물이 다른 소유자에 속하게 된 경우에 건물이 철거되어 생길 수 있는 사회경제적 손실을 방지하려는 공익상의 이유에 있고, 당사자 어느 한쪽의 이익을 보호하려는 데 있지 않다. 그러므로 법정지상권은 저당권설정당사자의 의사와 관계없이 객관적 요건만으로써 그 성립이 인정되고, 저당권자가 그 설정 당시 가진 '기대'를 가지고 법정지상권의 성립 여부를 달리 판단하는 태도는 법정지상권의 성립요건의 객관성 및 강제성과 조화되기 곤란하다.

토지와 건물 양자에 대하여 공동으로 저당권이 설정된 경우에는 원칙적으로 공동저당권자가 토지에 관하여 파악하는 담보가치는 법정지상권의 가치가 제외된 토지의 가치일 뿐이고, 건물에 관하여 파악하는 담보가치는 건물 자체의 가치 외에 건물의 존속에 필요한 법정지상권의 가치가 포함된다고 본다. 그리고 법정지상권은 그 성질상 건물에 부수하는 권리에 불과하므로 구건물이 멸실되거나 철거되어 건물저당권 자체가 소멸하면, 공동저당권자는 건물 자체의 담보가치는 물론 건물저당권을 통하여 파악하던 법정지상권의 담보가치도 잃게 되고, 결국 토지소유자는 건물저당권의 영향에서 벗어나게 된다. 그러므로 토지소유자는 그 소유권에 기하여 얼마든지 토지 위에 신건물을 재축할 수 있고, 신건물의 재축 후에 토지저당권이 실행되면 신건물을 위한 법정지상권이 성립하며, 다만 그 내용은 구건물을 기준으로 그 이용에 일반적으로 필요한 범위로 제한되어 공동저당권자가 원래 토지에 관하여 파악하던 담보가치, 즉 구건물을 위한 법정지상권의 가치를 제외한 토지의 담보가치가 그대로 유지된다고 보아야 한다.

판례는 갑대지에 대한 저당권의 실행에 의하여 갑대지와 그 지상의 신축건물이 각각 다른 사람의 소유에 속하게 되더라도 신축건물을 위한 법정지상권은 성립되지 아니하므로, B농업협동조합은 신축건물의 철거 및 갑대지의 인도청구를 할 수 있다고 본다.[743] 그러나 공동저당권자(B농업협동조합)의 「불측의 손해」를 내세워 법정지상권의 성립 자체를 부정하는 입장은 다른 관계당사자에 비하여 공동저당권자만을 지나치게 보호하고, 법정지상권을 인정하지 않을 경우에 건물을 철거하여야 하여 건물소유자의 손해가 막대할 뿐 아니라, 경제적으로도 그 손실은 매우 크다고 하지 않을 수 없다. 결국 공동저당의 목적인 건물이 재축된 경우에 신축건물에 관하여 일률적으로 법정지상권을 부정하여 어떤 경우에도 신축건물을 철거할 수밖에 없도록 하는 태도는 옳지 않다. 사례에서는 오히려 A에게 신축건물을 위한 법정지상권을 인정하여 D의 신축건물의 철거 및 갑대지의 인도청구를 배척하는 태도가 타당하다고 본다.

다) 토지와 함께 공동저당권이 설정된 건물이 그대로 존속함에도 등기부에 멸실의 기재가 이루어져 등기부가 폐쇄된 경우

토지와 함께 공동저당권이 설정된 건물이 그대로 존속함에도 불구하고 사실과 달리 등기부에 멸실의 기록이 이루어지고 그를 이유로 등기부가 폐쇄된 경우에 저당권자로서는 멸실 등으로 인하여 폐쇄된 등기기록을 부활하는 절차 등을 거쳐 건물에 대한 저당권을 행사하는 경우가 불가능하지 않는 이상 저당권자가 건물의 교환가치를 담보로 취득할 수 없게 되는 불측의 손해가 발생한 경우는 아니라고 보아야 하므로, 그 후 토지에 대하여만 경매절차가 진행된 결과 토지와 건물의 소유자가 바뀌게 되면 그 건물을 위한 법정지상권은 성립한다고 보아야 하고, 단지 건물에 대한 등기부가 폐쇄된 사정만으로 건물이 멸실된 경우와 동일하게 취급하여 법정지상권이 성립하지 아니한다고 할 수는 없다.[744]

(라) 저당권설정 당시 존재하던 건물이 증축된 경우

A는 토지 및 그 지상의 등기건물의 소유권을 취득하였으나, 그에 연접하여 있던 미등기건물에 대하여는 소유권을 취득하지 못한 상태에서, 토지 및 등기건물에 대하여 각 B협동조합 명의로 저당권을 설정하여 주었다. 그 후 A는 등기건물 및 미등기건물의 지붕을 하나의 패널지붕으로 바꾸고, 서로 마주보는 쪽의 벽을 헐어내고, 외

743) 대법원 2003.12.18. 선고 98다43601 전원합의체 판결.

744) 대법원 2013.3.14. 선고 2012다108634 판결.

부의 벽을 연결하는 등 하나의 건물로 합동(合棟)하는 개축공사를 실시하여 신건물을 새로 지었다. C가 저당권이 실행되어 개시된 경매절차에서 토지를 매수하여 그 소유권을 취득한 경우에 A는 신건물을 위한 법정지상권을 취득하는가?

저당권이 설정되는 건물이 인접한 다른 건물과 합동(合棟)됨으로 인하여 두 건물 사이의 동일성이 부정되는 때에는 저당권이 설정된 건물만을 독립하여 양도하거나 경매의 대상으로 삼을 수는 없고, 그 경우 저당권은 합동으로 인하여 생겨난 새로운 건물 중에서 저당권이 설정된 건물이 차지하는 비율에 상응하는 공유지분 위에 존속하게 된다. 사례에서 종전의 등기건물에 대한 B협동조합의 저당권은 신건물의 공유지분 위에 존속하여 그 교환가치를 계속 담보의 목적으로 삼고 있어 B협동조합으로서는 불측의 손해를 입을 염려가 없으므로, 경매로 인하여 토지와 신건물이 다른 소유자에 속하게 된 경우에 신건물을 위한 법정지상권이 성립된다고 보아야 한다. 다만 A가 취득한 법정지상권의 내용인 존속기간, 범위 등은 종전의 등기건물을 기준으로 하여 그 이용에 일반적으로 필요한 범위 내로 제한되고, 신건물 전체의 유지·사용을 위하여 필요한 범위에서 법정지상권이 성립된다고 볼 수는 없다.

c) 토지에 저당권이 설정될 당시 존재한 건물이 멸실된 후 재축되지 아니한 경우

건물이 멸실되어 현재 존재하지 아니하는 한 건물을 보호한다고 하는 목적이 존재하지 아니하므로, 법정지상권은 성립하지 아니한다고 보아야 한다. 역시 건물을 양수받은 제3자 아래에서 건물의 멸실이 생긴 경우라고 하더라도 건물이 실제로 존재하지 않는 한 법정지상권은 인정되지 아니한다.

(b) 토지와 건물의 동일인 소유

a) 서 언

저당권설정 당시 토지와 건물이 동일한 소유자에게 속하여야 법정지상권이 성립한다. 그러므로 저당권설정 당시 토지와 건물이 각각 다른 사람의 소유에 속한 경우에는 법정지상권의 성립이 인정되지 아니한다.[745] 다만 저당권실행시까지 토지와 건물이 동일인의 소유로 유지되어야 할 필요는 없다. 예를 들어 저당권설정 당시에는 토지와 건물이 동일인에게 속한 후에 저당권실행경매가 되기 전에 토지와 건물의 소유자가 달라지더라도 후에 저당권실행경매가 되면 법정지상권이 성립한다.

b) 저당권설정 후에 토지와 건물이 동일인 소유로 된 경우

저당권설정시 토지와 건물이 다른 사람에게 귀속되어 있는 경우에는 후에 토지의 소유자가 건물의 소유권을 취득하여 양자가 동일의 소유자에게 귀속되더라도 법정지상권은 성립하지 아니한다.

745) 대법원 1969.5.13. 선고 69다344 판결.

c) 2번저당권설정시 토지와 건물이 동일인 소유로 된 경우

예를 들어 건물의 1번저당권설정 당시는 다른 소유자에게 속하다가 2번저당권설정 당시 동일인에게 귀속하게 된 경우, 토지의 1번저당권설정 당시 다른 소유자에게 속하다가 2번저당권설정 당시 동일인에게 귀속하게 된 경우, 토지와 건물에 1번공동저당권을 설정할 당시 다른 소유자에게 속하다가 토지나 건물에 2번저당권을 설정할 당시 동일인에게 귀속한 경우가 있을 수 있다. 어느 경우이든 2번저당권설정시에 동일인 소유라는 요건을 충족시킨 경우에는 법정지상권이 성립하지 아니한다고 보아야 한다.

d) 저당권설정 후에 토지와 건물의 소유자가 다르게 된 경우

법정지상권의 성립요건을 충족한 후에 토지 또는 건물의 한쪽만이 양도되어 소유자가 다르게 되더라도 법정지상권의 성립에는 영향을 미치지 아니한다. 그러므로 토지에 저당권설정등기를 한 후에 건물이 양도되거나 건물에 저당권설정등기를 한 후에 토지가 양도되더라도 후에 저당권이 실행되면 건물을 위하여 법정지상권이 성립한다.

> 갑토지에 A를 위한 저당권을 설정할 당시 그 지상에 을건물이 존재하였는데, 갑토지와 을건물 양자가 동일인 B의 소유였다. 그런데 저당권의 실행으로 을토지가 경매되기 전에 B는 을건물만을 C에게 양도하였고, 그 후 D가 을토지를 경매절차를 통하여 매수하였다. C는 D에 대하여 법정지상권을 주장할 수 있는가?

사례는 갑토지에 저당권을 설정할 당시 토지의 지상에 건물이 존재하고 있고 그 양자가 동일소유자 B에게 속하다가 그 후 저당권의 실행으로 갑토지가 매수되기 전에 을건물이 제3자 D에게 양도된 경우이다. 민법 제366조가 법정지상권을 인정하는 취지가 저당물의 경매로 인하여 토지와 그 지상건물이 각 다른 사람의 소유에 속하게 된 경우에 건물이 철거되는 사회경제적 손실을 방지하려는 공익상 이유에 근거하는 사실, 저당권자로서는 저당권설정 당시에 법정지상권의 부담을 예상하고 또 저당권설정자는 저당권설정 당시의 담보가치가 저당권이 실행될 때에도 최소한 그대로 유지되어 있으면 되므로, 저당권이 실행되기 전에 건물이 제3자에게 양도된 경우에 법정지상권을 인정하더라도 저당권자 또는 저당권설정자에게는 불측의 손해가 생기지 않는다. 반면에 C의 법정지상권을 인정하지 않는다면 을건물을 양수한 C는 건물을 철거하여야 하는 손해를 입게 된다. 그러므로 을건물을 양수한 C는 민법 제366조 소정의 법정지상권을 취득한다고 보아야 한다.[746)]

e) 미등기건물과 대지를 매수하여 대지에만 소유권이전등기를 넘겨받은 경우

미등기건물을 그 대지와 함께 매수한 사람이 그 대지에 관하여만 소유권이전등기를 넘겨받고 건물에 대하여는 그 등기를 이전받지 못하고 있다가 대지에 대하여 저당권을 설정하고 그 저당권의 실행으로 대지가 경매되어 다른 사람의 소유로 된 경우에는 그 저당권의 설정 당시에 이미 대지와 건물이 각각 다른 사람의 소유에 속하고 있으므로, 법정지

746) 대법원 1999.11.23. 선고 99다52602 판결.

상권이 성립될 여지가 없다.[747)]

f) 건물의 소유권이전등기를 하지 못한 사이에 토지저당권이 실행된 경우

동일인의 소유에 속하던 토지와 지상건물 중 건물만을 양도하고, 건물을 양수한 자가 건물이 미등기건물인 관계로 아직 소유권이전등기를 하지 못한 경우라면 그 소유권은 여전히 양도인에게 남아 있다고 하여야 하고, 그 사이에 토지 위에 설정되어 있던 저당권이 실행된 결과 토지와 건물의 소유자가 달라진 경우에는 양도인이 건물의 소유를 위한 법정지상권을 취득한다.[748)]

g) 건물의 등기부상 소유명의를 명의신탁한 경우

법정지상권은 저당권의 설정 당시 동일인의 소유에 속하던 토지와 그 지상건물이 경매로 인하여 각기 그 소유자가 다르게 된 때에 건물의 소유자를 위하여 발생하므로, 토지와 그 지상건물이 각기 소유자를 달리하고 있던 중 토지 또는 그 지상건물만이 경매에 의하여 다른 사람에게 소유권이 이전된 경우에는 법정지상권이 발생할 여지가 없다. 그러므로 건물의 등기부상 소유명의를 타인에게 신탁한 경우에 신탁자는 수탁자 이외의 제3자에게 그 건물이 자기의 소유임을 주장할 수 없으므로, 그 건물과 부지인 토지가 동일인의 소유임을 전제로 한 법정지상권을 취득할 수 없다.[749)]

h) 토지가 구분소유적 공유관계에 있는 경우

공유로 등기된 토지의 소유관계가 구분소유적 공유관계에 있는 경우에는 공유자 중 1인이 소유하고 있는 건물과 그 대지는 다른 공유자와의 내부관계에서는 그 공유자의 단독소유로 된다고 하여야 한다. 그러므로 독자적으로 별개의 건물을 구분소유하고 있는 공유자가 그 건물 또는 토지지분에 대하여 저당권을 설정하고, 그 후 저당권의 실행으로 소유자가 바뀌게 되면 건물소유자는 그 건물의 소유를 위한 법정지상권을 취득하게 된다. 역시 구분소유적 공유관계에 있는 토지의 공유자가 그 토지 위에 각자 독자적으로 별개의 건물을 소유하면서 그 토지 전체에 대하여 저당권을 설정한 후에 그 저당권의 실행으로 토지와 건물의 소유자가 바뀌게 된 경우에도 법정지상권이 인정된다.[750)]

i) 토지와 건물의 소유자가 가족인 경우

토지와 건물의 소유자가 부부나 친자 등과 같이 가족인 경우라고 하더라도 법률상 동일인이라고 할 수 없으므로, 법정지상권이 성립하지 아니한다. 다만 예컨대 아버지 소유의 토지 위에 아들이 자기 소유의 건물을 건축한 경우에 토지에 대한 저당권이 실행되어 토지의 소유권이 제3자에게 넘어가면 아들은 보통 토지에 대하여 사용대차관계나 임대차관계에 있을 수 있으나, 사용대차나 임대차는 매수인에 대하여 대항할 수 없으므로, 건물의 존속이 위태롭게 될 수 있다.

747) 대법원 2002.6.20. 선고 2002다9660 전원합의체 판결.
748) 대법원 1991.5.28. 선고 91다6658 판결.
749) 대법원 1995.5.23. 선고 93다47318 판결.
750) 대판 2004.6.11. 선고 2004다13533 판결.

(c) 토지 또는 건물의 한쪽 또는 양쪽 위에 저당권의 설정

토지 또는 건물의 한쪽 혹은 양쪽 위에 저당권이 설정되어야 한다. 토지 또는 건물의 어느 한쪽에도 저당권이 설정되지 않은 경우나 저당물의 경매 이외의 다른 원인으로 인하여 토지와 건물의 소유자가 각각 다르게 된 경우에는 관습법상의 법정지상권은 성립할 수 있지만, 민법 제366조의 법정지상권은 성립하지 아니한다.

(d) 토지·건물의 소유자의 분리

저당물의 경매의 결과로 토지와 건물의 소유자가 각각 다르게 되어야 한다. 저당물의 경매 이외의 법률행위로 인하여 토지와 건물의 소유자가 달라진 경우에는 관습법상의 법정지상권이 인정될 수 있을 뿐이다.

저당물의 「경매」란 저당권의 실행에 의한 경매(담보권실행경매)만을 의미하는가, 혹은 「통상의 강제경매」, 즉 저당권자가 다른 집행권원에 기하여 저당부동산을 강제경매하거나 저당권이 있는 부동산에 대하여 일반채권자가 강제경매를 한 경우까지도 포함하여 의미하는가 하는 문제가 있다. 학설상 다수설은 저당권자가 집행권원에 기하여 저당부동산을 경매하는 경우나 저당권이 있는 부동산에 대하여 일반채권자가 강제집행을 한 경우에도 법정지상권이 성립한다고 본다. 그러나 강제경매로 인하여 토지와 건물의 소유자가 분리된 경우에는 「관습법상의 법정지상권」을 인정하면 충분하므로, 강제경매를 민법 제366조에서 일컫는 경매에 포함시킬 필요가 없다고 본다. 그러므로 민법 제366조에서 말하는 경매는 저당권의 실행에 의한 경매, 즉 담보권실행경매만을 의미한다고 보는 견해가 타당하다.

3) 법정지상권의 성립시기와 등기

(a) 성립시기

법정지상권의 성립시기는 저당목적물인 토지나 건물의 경매에 의하여 그 소유권이 다른 소유자에게 속하게 된 때, 즉 매수인이 매각대금을 완납한 때이다(민사집행법 §§268·135).

(b) 등 기

법정지상권은 민법 제366조의 규정에 의하여 성립하므로, 민법 제187조에서 말하는 「법률의 규정」에 의한 물권변동에 해당한다. 등기를 필요로 하지 않고 법정지상권취득의 효력이 발생한다. 법정지상권을 취득할 당시의 토지소유자나 토지소유자로부터 그 토지소유권을 취득한 제3자에 대하여도 등기 없이 법정지상권을 주장할 수 있다. 다만 법정지상권을 제3자에게 처분하려면 민법 제187조 단서에 의하여 등기하여야 한다.

4) 법정지상권의 내용

(a) 법정지상권의 범위

법정지상권이 미치는 토지의 범위는 건물을 이용하기 위하여 필요한 범위이다. 반드시 그 건물의 기지만에 법정지상권이 한하지 않고, 지상건물이 창고인 경우에 그 본래의 용

도인 창고로서 사용하기 위하여 일반적으로 필요한 그 둘레의 기지에까지 법정지상권이 미친다.[751] 그리고 동일소유자에 속하는 대지와 건물에 관하여 저당권이 설정된 후 그 건물이 철거되고 신건물이 재축된 경우에 대지와 신건물의 소유자가 달라지면 대지에 신건물을 위한 법정지상권이 성립되지만, 그 법정지상권의 내용은 구건물을 기준으로 하여 그 이용에 일반적으로 필요한 범위 내로 제한된다.

(b) 지 료

일반지상권에서는 지료의 지급이 요소가 아니나, 법정지상권에서는 지료를 지급하여야 한다. 법정지상권의 지료는 당사자가 협의로 정하고, 당사자의 협의로 지료를 결정하지 못한 때에는 당사자의 청구로 법원이 지료를 결정한다(§366 단서). 법정지상권을 인정하는 민법의 취지가 저당물의 경매로 인하여 토지와 그 지상건물이 각기 다른 사람의 소유에 속하게 된 경우에 건물이 철거되어 생기는 사회경제적 손실을 방지하려는 공익상 이유에 근거하고 당사자의 어느 한편의 이익을 보호하려는 데 있지는 아니하므로, 법원이 그 지료를 정할 경우에는 법정지상권설정 당시의 제반사정을 참작하여야 하고 또한 당사자 양쪽의 이익을 조화하여 어느 한편에 부당하게 불이익 또는 이익을 주는 결과가 되어서는 안된다.[752] 다만 법정지상권의 지료산정에서 법정지상권이 설정된 건물이 건립되어 있음으로 인하여 토지의 소유권이 제한을 받는 사정을 참작하여 평가하여서는 안된다.[753]

법정지상권도 2년분 이상의 지료를 지급하지 아니하면 민법 제287조에 따른 지상권소멸청구의 의사표시에 의하여 소멸한다. 다만 법정지상권에 관한 지료가 아직 결정되지 않은 경우에는 법정지상권자가 2년 이상 지료지급을 지체하더라고 토지소유자는 지상권소멸청구를 할 수 없다.[754]

(c) 존속기간

민법은 법정지상권의 존속기간에 관하여 명문규정을 두고 있지 않다. 학설은 법정지상권의 존속기간을 민법 제281조에 의한 존속기간을 약정하지 아니한 지상권으로 보아 민법 제280조의 지상권의 최단존속기간을 존속기간으로 본다. 그러므로 법정지상권의 존속기간은 석조·석회조·연와조, 또는 그와 유사한 견고한 건물이면 30년, 기타 건물이면 15년이 된다.

(d) 법정지상권의 처분

건물의 소유자가 건물의 소유권과 분리하여 법정지상권만을 처분할 수 있는가 하는 문제가 있다. 판례를 보면 법정지상권이 건물의 소유에 부속되는 종속적인 권리가 아니고 하나의 독립된 법률상의 물권으로서의 성격을 지니고 있으므로 건물의 소유자가 건물과 법정지상권 중 어느 하나만을 처분하는 경우도 가능하다고 본다.[755] 그리고 법정지상권

751) 대법원 1977.7.26. 선고 77다921 판결.
752) 대법원 1966.9.6. 선고 65다2587 판결.
753) 대법원 1989.8.8. 선고 88다카18504 판결.
754) 대법원 1996.4.26. 선고 95다52864 판결.

이 붙은 건물의 소유자가 건물을 제3자에게 처분한 경우에는 법정지상권에 관한 등기를 마치지 아니한 자로서는 건물의 소유권을 취득한 사실만 가지고는 법정지상권을 취득한다고 할 수 없어 대지소유자에게 법정지상권을 주장할 수 없고, 그 법정지상권은 여전히 당초의 법정지상권자에게 유보되어 있다고 보아야 한다.[756)]

5) 법정지상권의 소멸

법정지상권과 건물은 불가분의 관계에 있지 아니하지만 예외적으로 소실된 건물이 재건축되면 법정지상권이 소멸할 수 있다. 그리고 법정지상권은 토지소유자의 소멸청구(§287), 지상권자의 포기 및 당사자 사이의 계약에 의하여 소멸한다.

(4) 저당토지 위의 건물에 대한 일괄경매권

1) 의 의

저당권은 목적물의 교환가치의 취득을 목적으로 할 뿐, 목적물의 이용을 제한하지 아니하므로 저당권설정자로서는 저당권설정 후에도 그 저당토지상에 건물을 신축할 수 있다. 그러나 저당권설정 당시에 이미 건물이 존재하여야만 민법 제366조에 의한 법정지상권이 인정되며 토지 위에 저당권을 설정한 후 그 토지 위에 건물을 축조하면 경매로 토지소유자와 건물소유자가 다르게 되더라도 건물소유자에게 법정지상권이 인정되지 않고, 토지의 매수인은 건물소유자에게 건물의 철거·수거를 요구할 수 있게 된다. 그러나 건물의 철거·수거는 사회경제적으로도 크게 불이익하다. 그러므로 민법 제365조는 토지를 목적으로 저당권을 설정한 후 저당권설정자가 토지에 건물을 축조한 때에는 저당권자는 토지와 함께 그 건물에 대하여도 경매를 청구할 수 있는 「일괄경매권」(혹은 일괄경매청구권)을 인정하고 있다. 민법 제365조가 저당권자가 토지와 건물을 일괄하여 경매를 청구할 수 있도록 규정한 취지는 후에 저당권의 실행으로 토지가 제3자에게 매수될 경우에 건물을 철거하여 생기는 현저한 사회경제적 불이익을 방지하고, 저당권자에게도 저당토지상의 건물의 존재로 인하여 생기게 되는 경매의 어려움을 해소하여 저당권의 실행을 쉽게 할 수 있도록 하자는 데 있다.

2) 요 건

(a) 서 언

토지를 목적으로 저당권을 설정한 후 저당권설정자가 그 토지에 건물을 축조한 때에는 저당권자는 토지와 함께 그 건물에 대하여도 경매를 청구할 수 있다(§365 본문). 일괄경매를 청구하기 위하여는 (i) 건물이 토지에 대한 저당권이 설정된 후에 건축되어야 하고, (ii) 저당권설정자인 토지소유자가 건물을 축조하여 소유하여야 한다. 그러나 토지와 건물에 관하여 일괄경매가 되더라도 건물의 경매대가에 대하여는 우선변제를 받을 권리가 없다(§365 단서).

---

755) 대법원 2001.12.27. 선고 2000다1976 판결.

756) 대법원 1995.4.11. 선고 94다39925 판결.

(b) 저당권설정 당시 지상건물의 부존재

건물이 토지에 대한 저당권이 설정된 후에 신축된 경우에 한하여 일괄경매청구권이 인정된다. 토지에 대한 저당권이 설정될 당시 이미 건물이 존재한 때에는 건물소유자에게 토지용익권이 존재하거나, 또는 법정지상권(§366)이 인정되어 일괄경매를 인정할 필요가 없다. 그리고 저당권설정 당시에 건물의 존재가 예측되고, 또한 당시 사회경제적 관점에서 그 가치의 유지를 도모할 정도로 건물의 축조가 진행되어 있는 경우에도 민법 제365조에 의한 일괄경매청구권이 인정되지 않는다.[757]

(c) 저당권설정자가 축조하고 소유하는 건물

일괄경매청구권은 건물을 저당권설정자가 축조하여 소유하고 있는 경우에 한하여 인정된다. 저당권설정자가 아닌 토지소유자(예컨대 저당권을 설정한 후 토지소유권을 취득한 자)가 건물을 축조하거나 저당권설정자로부터 용익권을 취득한 자가 건물을 지은 경우에는 일괄경매청구권이 인정되지 않는다.

저당권설정자가 아닌 자가 축조한 건물에 대하여는 언제나 일괄경매를 청구할 수 없는가? 저당권의 목적물이 아닌 저당권설정자 이외의 제3자의 소유에 속하는 건물을 그 의사를 묻지 않고 임의로 경매처분한다면 부당하지만, 경우에 따라서는 건물소유자로서도 그 건물에 대한 법정지상권이 인정되지 않아 철거를 하여야 한다면 차라리 토지와 함께 건물도 경매에 붙여 정당한 대가를 받는 편이 유리하다고 할 수 있다. 그러므로 비록 건물이 저당권설정자에 의하여 축조되지 않은 경우라고 하더라도 건물소유자의 동의가 있으면 토지와 함께 그 건물에 대하여도 함께 경매를 청구할 수 있다고 새길 필요가 있다.

건물의 일부가 저당권이 설정되지 않은 다른 대지에 걸쳐 있는 경우에도 일괄경매청구를 할 수 있는가? 대지에 대한 저당권이 설정된 후 건축된 건물의 일부가 다른 대지에 걸쳐 있는 경우에 건물의 상당부분이 저당권이 설정된 대지 위에 건립되어 있고, 그 건물 전체가 불가분의 일체로서 소유권의 객체를 이루고 있다면 대지의 저당권자는 건물 전부에 대하여 일괄경매청구권을 행사할 수 있다.[758]

3) 효 과

토지를 목적으로 저당권을 설정한 후 저당권설정자가 그 토지 위에 건물을 축조한 때에는 저당권자는 토지와 함께 건물에 대하여도 경매를 청구할 수 있다. 특히 저당권이 설정된 토지와 건물의 일괄경매는 그 가액을 높이는 데 도움이 되므로, 대지와 지상건물을 같이 경매하는 경우에도 민사집행법 제124조의 과잉경매의 제한은 적용되지 아니한다.[759]

민법 제365조는 저당권자에게 토지와 함께 그 건물에 대하여도 경매를 신청할 수 있는 권능만을 인정할 뿐이고, 그 의무를 정한 규정이 아니다. 그러므로 저당권자가 일괄경매청구권을 반드시 행사하여야 할 의무를 부담하지는 않는다. 저당권자가 단지 건물소유자

757) 대법원 1987.4.28. 선고 86다카2856 판결.
758) 대법원 1985.11.12. 선고 85다카246 판결.
759) 대법원 1968.9.30. 자 68마890 결정.

를 괴롭힐 목적만으로 일부러 토지에 대하여만 경매신청을 하여 매수인이 되어 건물의 철거를 구하는 경우와 같은 특별한 사정이 없는 한 토지만에 대하여 경매를 신청하여 그 매수로 소유권을 취득하고 건물의 철거를 구하더라도 위법하다고 할 수 없다.[760]

토지의 저당권자는 일괄경매를 하더라도 건물의 경매대가에 대하여는 우선변제를 받을 권리가 없다(§365 단서). 그리고 저당권의 목적인 토지만을 경매하여도 그 대금으로부터 충분히 피담보채권의 변제를 받을 수 있는 경우에도 일괄경매를 신청할 수 있는가 하는 문제가 있다. 민법 제365조는 저당권이 설정된 토지로부터 채권의 만족을 얻지 못한다고 하는 사실을 일괄경매청구권의 요건으로 규정하지 않고 있다. 역시 판례도 대지만의 매각대금으로 경매비용과 피담보채권을 변제하는 데 충분하다 하더라도 건물도 대지와 일괄하여 경매할 수 있다고 본다.[761]

(5) 제3취득자의 지위

1) 제3취득자의 의의

저당권설정 후에도 저당권설정자는 저당부동산의 사용·수익권 혹은 처분권을 가지므로 저당부동산 위에 지상권·전세권을 설정할 수도 있고 제3자에게 양도할 수도 있다. 저당권설정자로부터 저당부동산의 소유권·지상권·전세권을 취득한 제3자(양수인·지상권자·전세권자)를 「제3취득자」라고 한다.

제3취득자는 저당권이 실행되기 전에는 아무런 제한 없이 자기의 권리(소유권·지상권·전세권)를 행사할 수 있다. 그러나 저당권이 실행되면 제3취득자는 취득한 소유권·지상권·전세권을 상실한다.

2) 제3취득자의 변제

(a) 일반제3자로서 변제

제3취득자는 이해관계 있는 제3자로서 채무자의 의사에 반하여도 채무를 변제하여 그 권리를 보호할 수 있다(§469).

(b) 제3취득자로서 변제

a) 서 언

저당부동산의 제3취득자, 즉 저당부동산에 대하여 소유권, 지상권 또는 전세권을 취득한 제3자는 저당권자에게 그 저당부동산으로 담보된 채권을 변제하고 저당권의 소멸을 청구할 수 있다(§364).

b) 제3취득자의 범위

(가) 경매개시 후의 제3취득자

민법 제364조의 규정에 의하여 저당권의 소멸을 청구할 수 있는 제3취득자는 경매신청

---

760) 대법원 1977.4.26. 선고 77다77 판결.

761) 대법원 1968.9.30. 자 68마890 결정.

전 또는 경매개시결정 전에 소유권, 지상권 또는 전세권을 취득한 자에 한하지 않는다.[762] 그러므로 경매개시 후의 제3취득자도 저당권자에게 피담보채권을 변제하고 저당권의 소멸을 청구할 수 있다.

(나) 후순위근저당권자

근저당부동산에 대하여 후순위근저당권을 취득한 자는 민법 제364조에서 정한 권리를 행사할 수 있는 제3취득자에 해당하지 아니하므로, 후순위근저당권자가 선순위근저당권의 피담보채무가 확정된 이후에 그 확정된 피담보채무를 변제한 경우에는 민법 제469조의 규정에 의한 이해관계 있는 제3자의 변제로서 유효한지 따져볼 수는 있을지언정 민법 제364조의 규정에 따라서 선순위근저당권의 소멸을 청구할 수 있는 사유로는 삼을 수 없다.[763]

(다) 제3취득자가 피담보채무를 인수한 경우

저당부동산의 제3취득자가 피담보채무를 인수한 경우에는 그때부터는 제3취득자는 채권자에 대한 관계에서 채무자의 지위로 변경되므로, 민법 제364조의 규정은 적용될 여지가 없다.[764]

c) 제3취득자의 변제시기

제3취득자가 피담보채권의 변제기 전에도 변제하여 저당권을 소멸시킬 수 있는가? 학설상으로는 부정설과 긍정설이 대립한다.

제3취득자의 변제는 피담보채권의 변제기가 도래한 후에만 할 수 있다고 보는 부정설이 다수설이다. 그러나 소수설로서 민법 제364조의 제3취득자의 변제는 채무자로서가 아닌 「변제할 권리가 있는 자로서의 변제」에 해당하여 채권의 변제기에 구애를 받지 않고 그 이전이더라도 얼마든지 민법 제468조의 제한을 받지 않고 변제할 수 있다고 보는 긍정설도 있다.

판례는 근저당부동산의 제3취득자는 민법 제364조에 의하여 결산기에 이르러 확정되는 피담보채무를 변제하고 근저당권설정등기의 말소등기를 구할 수 있으나, 근저당권설정계약의 종료 전에 근저당권설정계약을 해지하고 그 당시까지의 채무액만을 변제하는 조건으로 그 말소를 구할 수 없다고 본다.[765] 그러므로 판례는 부정설과 같은 입장을 취하고 있고, 부정설이 옳다고 본다.

d) 효 과

(가) 제3취득자와 저당권자 사이의 법률관계

민법 제364조는 제3취득자는 저당권자에게 저당부동산으로 담보된 채권을 변제하고 「저당권의 소멸을 청구할 수 있다」고 규정하고 있다. 다만 제3취득자의 변제로 인하여

762) 대법원 1974.10.26. 자 74마440 결정.
763) 대법원 2006.1.26. 선고 2005다17341 판결.
764) 대법원 2002.5.24. 선고 2002다7176 판결.
765) 대법원 1979.8.21. 선고 79다783 판결.

저당권이 당연히 소멸하는지 혹은 제3취득자가 저당권의 소멸을 청구하여야 하는지 하는 문제에 대하여는 견해가 대립한다. 제3취득자의 변제에 의하여 피담보채권이 소멸하므로, 저당권의 부종성에 의하여 저당권도 당연히 소멸하며, 민법 제187조에 의한 「법률의 규정」에 따른 물권변동이므로 등기를 요하지 아니한다고 보는 견해가 타당하다.

(나) 제3취득자와 저당채무자 사이의 법률관계

제3취득자가 변제하면 그는 저당채무자에 대하여 구상권을 가진다. 그리고 제3취득자는 변제할 정당한 이익을 가지는 자이므로, 당연히 채권자인 저당권자를 대위한다(§481).

물상보증인으로부터 저당부동산을 취득한 제3취득자의 구상권은 어떤가? 타인의 채무를 담보하기 위하여 저당권을 설정한 부동산의 소유자, 즉 물상보증인으로부터 소유권을 양수한 제3취득자는 채권자에 의하여 저당권이 실행되게 되면 저당부동산에 대한 소유권을 상실한다는 측면에서 물상보증인과 유사한 지위에 있다. 그러므로 물상보증의 목적물인 저당부동산의 제3취득자가 채무를 변제하거나 저당권의 실행으로 저당물의 소유권을 잃은 때에는 물상보증인의 구상권에 관한 민법 제370조, 제341조의 규정을 유추적용하여 보증채무에 관한 규정에 의하여 채무자에 대한 구상권이 있다.[766]

3) 제3취득자의 비용상환청구권

민법 제367조는 저당물의 제3취득자(저당물에 관한 지상권, 전세권을 취득한 자만이 아니고 소유권을 취득한 자도 민법 제367조 소정의 제3취득자에 해당한다[767])가 그 저당물에 관한 필요비 또는 유익비를 지출한 때에는 저당물의 경매대가에서 우선상환을 받을 수 있다고 규정하고 있다. 그러므로 저당권설정자가 아닌 제3취득자가 저당물에 관한 필요비 또는 유익비를 지출하여 저당물의 가치가 유지·증가된 경우에는 매각대금 중 그로 인한 부분은 일종의 공익비용과 같이 보아 제3취득자가 경매대가에서 우선상환을 받을 수 있다.

5. 저당권의 침해에 대한 구제

(1) 서 설

저당목적물의 멸실·훼손, 저당산림의 부당한 벌채, 부당관리에 의한 저당건물의 붕괴, 종물의 부당한 분리와 같이 저당권자의 담보를 위태롭게 하는 행위가 저당권의 침해이다. 저당권의 침해에 대하여는 그 침해의 배제를 청구하는 물권적 청구권이 인정되고(§§370·214), 불법행위가 성립하는 경우에는 손해배상청구권이 인정된다(§750).

---

766) 대법원 1997.7.25. 선고 97다8403 판결.

767) 대법원 2004.10.15. 선고 2004다36604 판결.

(2) 저당권침해에 대한 구제방법

1) 제3자의 저당권침해에 대한 물권적 청구권

> 채권자 A는 채무자 B로부터 B 소유의 갑건물에 대하여 저당권을 설정받고 등기를 갖추었다. 그런데 C가 갑건물을 불법으로 점유하며 침해행위를 하고 있다. A는 C에 대하여 방해배제청구권을 가지는가?

저당권도 물권인 이상 물권적 청구권이 인정된다. 다만 저당권은 목적물 자체를 점유할 권한이 없는 비점유담보이며(부동산의 점유를 저당권자에게 이전하지 않고 설정된다), 목적물의 교환가치만을 파악하는 가치권이다. 저당권은 경매절차에서 실현되는 저당부동산의 교환가치로부터 다른 채권자에 우선하여 피담보채권의 변제를 받는 내용을 가진 물권으로, 저당권자는 원칙적으로 저당부동산의 소유자가 행하는 저당부동산의 사용 또는 수익에 관하여 간섭할 수 없다. 다만 저당부동산에 대한 점유가 저당부동산의 본래의 용법에 따른 사용·수익의 범위를 초과하여 그 교환가치를 감소시키거나, 점유자에게 저당권의 실현을 방해하기 위하여 점유를 개시한 사정이 인정되는 등 그 점유로 인하여 정상적인 점유가 있는 경우의 매각대금과 비교하여 그 가격이 하락하거나 경매절차가 진행되지 못하게 하는 등 저당권의 실현이 곤란하게 될 사정이 있는 경우에는 저당권의 침해가 인정될 수 있다.

① 목적물반환청구권 저당권이 침해된 경우에 물권적 반환청구권이 인정되는가? 저당권은 목적물의 교환가치를 우선적으로 파악하는 권리이며, 목적물의 사용·수익을 지배하는 권리가 아니므로, 예컨대 제3자가 저당부동산을 불법점거한 경우에도 저당권에 기한 목적물반환청구권은 인정되지 아니한다. 다만 저당권자가 저당권설정자로부터 일탈한 저당목적물을 직접 저당권자 자신에게 반환하도록 청구할 수는 없지만, 저당목적물이 제3자에게 선의취득되지 아니한 한 원래의 장소로 원상회복하도록 청구하는 경우에는 저당권의 성질에 반하지 아니하여 허용된다.[768)]

사례에서 건물소유자 B는 불법점유자 D에 대하여 소유권에 기한 갑건물의 반환청구권을 가진다. 그러므로 저당권자 A는 자기의 채권을 보전하기 위하여 A가 가지는 소유물반환청구권을 대위행사할 수 있는가 하는 문제가 제기된다. 학설상 저당권자에게는 목적물의 점유관계에 대하여 지배·간섭할 권능이 없고, 불법점유 자체는 목적부동산의 담보가치를 감소시키지 아니하는 이상, 자기의 채권을 보전할 필요성이 인정되지 아니한다고 보고, 저당권자에게 저당부동산소유자의 소유권에 기한 반환청구권의 대위행사를 인정하지 아니하는 견해도 있다. 그러나 저당권은 목적물의 사용·수익을 지배하는 권리가 아니나, 피담보채권을 확보·보전하기 위하여 저당물의 교환가치를 파악하고, 그 교환가치로부터 우선변제를 받는 권리이므로, 저당물의 가액이 부당하게 감소되어 당초 기대한 피담보채

768) 대법원 1996.3.22. 선고 95다55184 판결.

권의 만족이 현저하게 저해되어 저당권자가 손해를 입을 우려가 큰 경우에는 채무자의 자력이 감소된 경우에 준하여 저당권자에게도 피담보채권보전의 필요성이 생긴다. 결국 저당부동산소유자가 가지는 소유권에 기한 반환청구권을 저당권자가 대위행사할 수 있다고 보는 태도가 타당하다고 본다. 긍정설의 입장에서 A는 D에 대하여 B가 가지는 소유물반환청구권을 대위행사할 수 있다.

② 방해배제청구권 저당권자의 방해배제청구권은 어떤가? 저당권자는 저당권설정 이후 환가에 이르기까지 저당물의 교환가치에 대한 지배권능을 보유하고 있으므로, 저당목적물의 소유자 또는 제3자가 저당목적물을 물리적으로 멸실·훼손하는 경우는 물론, 그 밖의 행위로 저당부동산의 교환가치가 하락할 우려가 있는 등 저당권자의 우선변제청구권의 행사가 방해되는 결과가 발생한다면 저당권자는 저당권에 기한 방해배제청구권을 행사하여 방해행위의 제거를 청구할 수 있다. 역시 민법 제370조를 통하여 민법 제124조가 준용되므로, 저당권자의 방해배제청구권은 명문으로 인정된다. 그러므로 사례에서 D가 갑건물에 대하여 단순한 점유에 그치지 아니하고, 물리적 훼손행위와 같이 직접적인 가치감소의 행위를 하여 피담보채권이 변제될 수 없는 상태에까지 이르게 하거나 불법점유를 하고 있는 경우에는 A는 D에 대하여 그 방해배제를 청구할 수 있다

> 채권자 A는 채무자 B로부터 B 소유의 갑건물에 대하여 저당권을 설정받고 등기를 갖추었다. 그런데 갑건물 내의 을종물을 C가 불법으로 반출하려고 하고 있다. A는 C에 대하여 어떤 청구를 취할 수 있는가?

A가 C에 대하여 어떤 청구를 하기 위해서는 우선 종물에 저당권의 효력이 미치는가를 판단하여야 한다. 민법 제358조는 저당권의 효력이 미치는 범위에 관하여 "저당권의 효력은 저당부동산에 부합된 물건과 종물에 미친다"고 규정하고 있다. 갑건물 내의 을종물에 대하여도 일단 저당권의 효력이 미친다고 보아야 한다. 다만 종물이 저당권설정 당시 이미 존재한 경우에 저당권의 효력이 미친다는 사실은 자명하나, 저당권설정 후에 종속된 종물인 경우에도 저당권의 효력이 미치는가 하는 문제가 제기된다. 학설상 저당권의 효력은 저당권설정 후에 생긴 종물에도 미친다고 보며, 역시 판례도 긍정한다.[769] 그러므로 갑건물 내의 을종물이 저당권설정 이전부터 존재한 경우인가 그 후에 생긴 종물인가를 묻지 않고, 일단 갑건물 내의 을종물에도 저당권의 효력이 미친다고 볼 수 있다.

저당권의 효력이 미치는 갑건물 내의 을종물을 C가 불법으로 반출하면 저당권자가 파악하는 목적물의 담보가치를 저하시키는 행위가 된다. 저당권도 목적물을 직접 지배하는 물권인 이상, 그 내용이 침해된 때에는 침해행위자의 고의·과실의 유무를 묻지 아니하고 물권적 청구권이 인정된다. C가 갑건물 내의 을종물을 반출하려고 하는 경우에 A는 반출에 의한 침해를 예방하기 위하여 물권적 청구권인 방해예방청구권에 기하여 반출의 금지를 청구할 수 있다.

769) 대법원 1971.12.10. 자 71마757 결정.

A가 가지는 저당권의 침해라고 하기 위하여는 반출 후에 남게 되는 목적물의 교환가치가 피담보채권보다 적어야 하는가 하는 문제가 있다. 저당권은 목적물의 담보가치 전체를 가지고 피담보채권을 담보한다고 볼 때(저당권에는 불가분성이 있다)에 반출에 의하여 목적물의 교환가치가 반드시 피담보채권보다 적게 되어야 한다고 볼 필요는 없다.

2) 불법행위에 기한 손해배상청구권

> 채권자 A는 채무자 B로부터 B 소유의 갑건물에 대하여 저당권을 설정받고 등기를 갖추었다. 그런데 C가 갑건물을 멸실(혹은 심하게 훼손)케 하였다. A는 C에 대하여 손해배상을 청구할 수 있는가?

저당권의 침해에 의하여 손해가 생긴 경우에는 저당권침해에 기한 불법행위(§750)가 성립하고, 손해배상청구권이 발생한다고 하는 사실에 관하여는 이견이 없다. 다만 저당권자가 입은 손해의 액은 저당권의 실행·경매의 결과를 보아야 비로소 명확하게 된다고 하는 사실을 생각할 때, 그 실행 전에 저당권침해를 이유로 손해배상청구를 할 수 있는가 하는 문제가 제기된다. 또한 저당권자에게는 목적물에 갈음하는 대상물에도 효력이 미치는 물상대위의 제도가 인정되므로, 물상대위와의 관계도 문제가 된다.

(i) 저당권에 대한 침해가 생긴 후의 구제수단으로서 손해배상청구가 인정될 때 손해배상청구권의 행사시기와 관련하여 저당권의 실행 전에도 청구할 수 있는가가 우선 문제된다. 저당권의 실행 전에도 손해배상청구를 할 수 있는가 하는 문제는 손해액의 명확화가 어느 정도 중시되는가에 따라서 긍정설과 부정설로 구분된다.

① 긍정설 긍정설은 저당권의 실행 전에도 손해액의 산정이 불가능하지는 아니하므로, 일반원칙에 따라서 불법행위가 행하여진 후에 바로 손해배상을 청구할 수 있다고 보는 견해이다. 긍정설은 그 근거로서 (i) 저당권의 실행을 기다려야 한다고 하면 저당권자의 이익이 회복되지 못할 경우도 생길 수 있고, (ii) 실행 후에 밝혀진 현실의 손해액과의 차이는 배당의 단계에서 혹은 그 후에 저당권자과 불법행위자·저당권설정자 사이에서 조정이 가능하다고 본다.

② 부정설 부정설은 저당권침해에 기한 손해액은 저당권의 실행 후 부족액이 생겨야 비로소 확정된다고 보는 견해이다. 부정설은 그 근거로서 실행 전에 손해배상을 청구하면 후에 현실적으로 경매가 행하여질 때까지의 목적물가액의 변동에 의하여 현실의 손해액과 배상액이 다르게 되어 불합리하다고 본다.

판례의 태도는 어떤가? 판례는 저당목적물을 권한 없이 멸실·훼손하거나 담보가치를 감소시키는 행위에 대하여 불법행위에 따른 손해배상청구를 하는 경우에 그 손해배상청구권은 피담보채무의 변제기가 도래하여 그 저당권을 실행할 때 비로소 발생한다고 볼 수는 없다고 본다.[770] 그러므로 판례는 긍정설에 의하여 저당권의 실행 전에도 손해배상

770) 대법원 1998.11.10. 선고 98다34126 판결. 역시 저당권의 침해에 따른 손해의 산정은 저당권의 실행시를 기준으로 하나, 그 실행 전이라고 하더라도 피담보채권의 변제기도래 후이면 손해배상청구권의 행사시, 혹은 손해배상청구소송이 제기된 때에는 구두변론종결시를 기준으로 산정할 수 있다고 판시하여 저당권의 실행 전의

청구가 가능하다고 보며, 판례와 같이 긍정설이 타당하다고 생각된다.

(ii) 물상대위제도(§§370·342)와의 관계에서 저당권자가 독자적인 손해배상청구권을 가지는가 하는 문제가 제기된다. 갑건물이 멸실·훼손된 경우에 저당권자 A뿐만 아니라, 갑건물의 소유자 B도 C에 대하여 손해배상청구권을 취득하므로, 물상대위설은 A는 물상대위에 의하여만 만족을 얻을 수 있다고 보고, 경합설은 AB 양자의 청구권이 함께 성립한다고 본다.

① 물상대위설　　물상대위설은 소유자만이 손해배상청구권을 가지고, 저당권자는 그 손해배상청구권에 물상대위권을 취득할 뿐이라고 보는 견해이다. 물상대위설은 그 근거로서 (i) 물상대위는 제3자의 불법행위에 의하여 저당물이 멸실·훼손된 경우를 대비한 저당권자의 보호제도로서 저당권자의 보호는 물상대위제도에 의하여야 하고, (ii) 저당권자·소유자 양쪽이 청구권을 가지면 법률관계가 복잡하게 된다고 본다.

② 경합설　　경합설은 제3자가 저당부동산을 훼손한 경우에 저당권자·소유자 모두에게 손해배상청구권이 성립하여 두 청구권은 경합한다고 보는 견해이다. 경합설은 그 근거로서 (i) 저당권자에게 「손해」가 생긴 이상, 독자의 손해배상청구권을 인정하는 태도가 피해의 구제에 적합하고, (ii) 물상대위의 경우에는 「압류」가 필요하여 절차가 복잡하다고 본다.

경합설이 타당하다고 보며, 다만 저당권자는 손해의 전액에 대하여 배상을 청구할 수 있고, 저당물의 소유자는 손해액으로부터 저당권자에게 배상하여야 액을 공제한 잔액에 대하여만 청구를 할 수 있다고 본다. 그러므로 A는 C에 대하여 물상대위권이 아니라, 독자적으로 손해배상청구권을 행사할 수 있다.

[더 생각할 과제 - 저당권등기의 불법말소와 손해배상책임]

저당권등기가 불법말소되더라도 그 자체만 가지고 저당권이 소멸하지는 아니하고, 저당권자는 부동산등기법의 절차에 따라서 불법말소된 저당권등기의 회복등기를 할 수 있다. 또한 저당권자는 저당권등기가 불법말소되어 회복등기를 하기 전이라고 하더라도 적법한 담보권자로서 추정을 받는다.[771] 그러므로 원칙적으로 저당권등기가 불법말소된 경우에는 저당권자에게 특별히 손해배상청구권을 인정하여야 할 필요가 없다.

(i) 채무자 또는 그 이행보조자가 저당권등기를 불법말소하면 채무자는 바로 기한의 이익을 상실하므로(§388 i), 저당권자는 회복등기에 의하여 회복된 저당권을 즉시 실행할 수 있고, 저당권자에게 별도의 손해를 인정할 실익이 없다.

(ii) 제3자 또는 물상보증인이 저당권등기를 불법말소한 경우에 저당권자는 일응 제3자 또는 물상보증인에 대하여 손해배상을 청구할 수 있지만, 만약 말소된 저당권등기의 회복이 된다고 하면 저당권등기의 회복에 소요된 비용 이외에는 손해를 인정하기가 곤란하다. 다만 불법말소된 저당권등기가 회복되기 전에 저당목적물에 대한 경매가 행하여져 매수인이 대금을 완납한 때에는 더 이상 저당권등기의 회복등기가 불가능하므로, 저당권자는 저당권등기를 불법말소한 제3자 또는 물상보증인에 대하여 손해배상청구를 할 수 있다.

손해배상청구를 긍정하고 있다(대법원 1978.7.11. 선고 78다626 판결 참조).

771) 대법원 1997.9.30. 선고 95다39526 판결.

(iii) 근저당권이 설정된 자동차의 등록을 고의로 말소한 경우에는 근저당권을 침해한 경우가 되고, 근저당권자에게 그로 인한 손해배상책임을 면할 수 없다.[772]

(3) 채무자에 대한 특별효과

1) 담보물보충청구권

"저당권설정자의 책임 있는 사유로 인하여 저당물의 가액이 현저히 감소된 때에는 저당권자는 저당권설정자에 대하여 그 원상회복 또는 상당한 담보제공을 청구할 수 있다"(§362). 그러므로 저당권설정자의 귀책사유에 의하여 저당물의 가액이 현저히 감소된 경우에는 저당권자에게 저당권설정자에 대한 원상회복청구권·담보보충청구권이 인정된다.

2) 즉시변제청구권

저당권의 침해가 채무자의 귀책사유로 발생한 경우에는 채무자는 기한의 이익을 상실하므로(§388 i), 저당권자는 즉시변제를 청구할 수 있다.

Ⅳ. 저당권의 처분과 소멸

1. 저당권의 처분

(1) 처분의 제한

"저당권은 그 담보한 채권과 분리하여 타인에게 양도하거나 다른 채권의 담보로 하지 못한다"(§361). 민법은 저당권의 처분에 대하여 부종성을 강조하는 처분제한주의를 채택하여 피담보채권 없는 저당권만의 양도 혹은 담보제공을 무효로 하고 있다. 그러므로 저당권은 피담보채권과 일체로만 처분될 수 있다.

(2) 저당권부 채권의 양도

1) 서 언

저당권은 피담보채권과 분리하여 양도하지 못하므로, 저당권부 채권의 양도는 언제나 저당권의 양도와 채권양도가 결합되어 행하여진다. 저당권부 채권의 양도에 앞서 저당권을 포기하지 않는 이상, 저당권을 보유하며 저당권부 채권만을 양도할 수는 없다. 만일 저당권을 유보하고 저당권부 채권만을 양도하면 무효로 된다(다수설). 다만 소수설로서 저당권을 보유하며 채권만을 양도하더라도 무효로 해석하기 보다는 저당권의 담보가 없는 일반채권의 양도로 해석하여야 한다고 보는 견해가 있다.

772) 대법원 1978.9.26. 선고 78다835 판결.

2) 양도방법

저당권부 채권의 양도는 민법 제186조의 부동산물권변동에 관한 규정과 민법 제449조 내지 제452조의 채권양도에 관한 규정에 의하여 규율된다. 우선 저당권의 양도에서도 물권변동의 일반원칙에 따라서 저당권을 이전한다고 하는 목적으로 하는 물권적 합의와 등기가 있어야 저당권이 이전되나, 물권적 합의는 저당권의 양도·양수받는 당사자 사이에 있으면 족하고 그 외에 그 채무자나 물상보증인 사이에까지 있어야 하지는 아니한다. 그리고 저당권부 채권의 양도는 당사자 사이에서는 채권양도의 의사표시만으로 양도의 효력이 생긴다.

3) 대항요건

(a) 서 언

저당권부채권의 양도를 채무자 기타 제3자에게 대항하기 위하여는—저당권부 채권의 양도는 채권양도를 포함하므로—양수인이 채무자에게 통지하거나 채무자가 승낙하여야 한다(§450 I). 그리고 채무자가 이의를 유보하지 않고 저당권부 채권의 양도를 승낙한 때에는 채무자는 양도인에 대하여 대항할 수 있는 사유를 가지고 양수인에게 대항하지 못한다(§451 I 본문).

(b) 이의를 유보하지 않은 승낙의 효력

만일 변제·항변권과 같은 사유에 의하여 채권이 소멸하거나 불성립한 경우에 채무자가 이의를 유보하지 않고 저당권부 채권의 양도를 승낙하면 양수인은 저당권부 채권을 취득하는가, 혹은 단순채권을 취득하는가 하는 문제가 있다. 학설상으로는 저당권부 채권취득설과 단순채권취득설이 대립한다.

① 저당권부 채권취득설(저당권부활설) 저당권부 채권취득설은 양수인의 채권취득은 채권양도에 대하여 공신의 원칙이 인정되는 결과이고, 채무자의 승낙으로 채권의 존재가 인정되는 이상 저당권의 효력도 부활하여 양수인은 저당권부 채권을 취득한다고 본다.

② 단순채권취득설(저당권부활부정설) 단순채권취득설(다수설)은 피담보채권이 소멸하면 당연히 저당권도 소멸하고, 비록 양수인이 채권을 유효하게 취득한 경우라고 하더라도 그 채권을 담보하는 저당권은 부활하지 아니하여 양수인은 단순채권을 취득한다고 본다.

(3) 저당권부 채권의 입질

저당권은 피담보채권과 분리하여 채권의 담보로 할 수 없다. 그러므로 피담보채권 없는 저당권만의 입질은 무효이고 저당권부 채권의 입질만이 가능하다(다수설). 다만 소수설로서 채권만을 입질한 때에는 법률행위해석의 문제로서 무효로 해석하기 보다는 저당권의 담보가 없는 일반채권의 입질로 해석하여야 한다고 보는 견해가 있다.

저당권부 채권의 입질에 의하여 질권자는 입질된 채권의 추심권을 가지는 동시에(§353),

질권자의 피담보채권과 입질채권이 변제기에 있으면 저당권을 실행할 수 있다. 다만 질권을 설정한 채권자는 저당권의 채권액이 질권의 채권액보다 큰 경우에도 그 차액에 대하여 입질채권을 추심할 수 없다.

2. 저당권의 소멸

(1) 저당권의 소멸사유 일반

저당권은 물권 일반·담보물권 일반에 공통된 소멸원인에 의하여 소멸하는 이외에 경매·제3취득자의 변제에 의하여도 소멸한다.

(2) 시 효

① 소멸시효 　피담보채권이 소멸시효의 완성으로 소멸하면 부종성에 의하여 저당권도 소멸한다(§369). 그러나 피담보채권의 시효소멸과는 별도로 저당권만이 단독으로 소멸시효에 걸리는 수는 없다.

② 취득시효 　취득시효에 의한 소유권의 취득은 아무런 부담이 없는 소유권의 원시취득으로 제3자(채무자, 채무자 이외의 저당권설정자가 아닌 자)가 취득시효로 인하여 저당목적물에 대한 소유권을 취득하면 저당권은 소멸한다(일본민법 §397 참조).

(3) 포 기

타인의 권리를 해하지 않는 한 저당권의 포기도 가능하다. 저당권의 포기는 물권적 단독행위로서 말소등기를 하여야 저당권소멸의 효력이 발생한다(§186). 다만 저당권의 목적이 지상권·전세권인 경우에 저당권설정자는 저당권자의 동의 없이 지상권·전세권의 포기 기타 지상권·전세권을 소멸시키는 행위를 하지 못한다(§371 II).

(4) 전세권 위에 설정된 저당권의 소멸

전세권이 존속기간이 만료되면 그 전세권을 목적으로 하여 설정된 저당권이 있는 경우에 그 저당권이 소멸하는가? 학설상으로는 저당권소멸설과 저당권존속설이 대립한다.

① 저당권소멸설 　저당권소멸설은 전세권의 존속기간이 만료된 경우에 전세권은 전세권설정등기 없이도 당연히 소멸하고, 저당권의 목적물인 전세권이 소멸하면 저당권도 당연히 소멸한다고 하는 견해이다. 다만 저당권소멸설에 의하더라도 저당권의 물상대위성으로 인하여 전세권저당권의 목적물인 전세권의 소멸로 인한 대체물로 볼 수 있는 전세금반환채권 위에 전세권저당권이 존속한다고 본다.

② 저당권존속설 　저당권존속설은 전세권의 존속기간이 만료되더라도 전세권의 담보물권적 권능은 전세금반환채권과 함께 전세권저당권의 목적물로서 존속한다고 본다. 저당권존속설에 의하면 전세금반환채권은 전세권의 본질적 내용이 되므로, 전세권저당권의 목적물은 전세권부전세금반환채권으로 보아야 한다고 본다.

> A는 B회사와의 사이에 갑건물에 관하여 관리신탁계약을 체결하고, B회사의 명의로 관리신탁을 목적으로 한 소유권이전등기를 마쳤다. 한편 C는 A로부터 갑건물을 임대보증금 4억원을 주고 임차하면서, 만일 월 임료, 관리비의 지급을 지체할 경우에는 지연손해금을 가산하여 지급하고, 갑건물에 관하여 발생하는 제세공과금은 C가 부담하며, 임대차계약종료시 갑건물 중 개조하였거나 훼손한 부분은 C의 비용으로 원상복구하기로 약정하였다. 그 후 B회사는 C와의 사이에 임대차계약을 기초로 하여 임대보증금 4억원을 전세금으로 갈음하기로 하고, 전세금반환 및 전세권의 존속기간을 정하여 갑건물에 관한 전세권설정계약을 체결한 후, C 앞으로 전세권설정등기를 하여 주면서, 특별히 전세권의 존속기간만료시에 B회사에게 미지급된 월 임료, 관리비 기타 원상복구비 등이 있을 경우에는 전세금에서 공제하고 남은 잔액을 반환하기로 약정하였다. 한편 C는 D(신용보증기금)에게 갑건물에 대한 전세권에 관하여 저당권자 D, 채권액 4억원으로 된 전세권저당권설정등기를 마쳐 주었다. C는 자금사정의 악화로 월 임료, 관리비 및 제세공과금의 지급을 지체하여 오다가, B회사로부터 전세기간만료 이후에는 재계약의사가 없다는 취지의 의사표시를 수령하고, B회사에게 전세권의 존속기간이 만료된 이후에 갑건물을 반환하였는데, C가 B회사에게 갑건물을 최종적으로 반환할 때까지 지체한 임료, 관리비, 제세공과금 및 임료상당 부당이득금(임대차기간만료 이후)의 합계는 1억8만원이고, 또한 B회사는 C가 갑건물을 점유·사용하면서 일부 개조하거나 훼손한 부분을 2천만원의 비용을 들여 원상복구하였다. 그런데 C의 B회사에 대한 전세금반환채권에 대하여 채권자 E, 청구금액 10억원인 가압류명령이 내려지고, 그 가압류명령이 그 무렵 B회사에게 송달되었다. B회사는 전세권설정계약이 기간만료로 종료됨에 따라 C에게 반환하여야 할 전세금 4억원에서 특약에 따라서 C가 연체한 임료 등을 포함하여 합계 2억원을 공제한 후, C에게 나머지 2억원을 지급하려 하였으나, 전세권에 D의 저당권이 설정되어 있고, 전세금반환채권이 E에 의하여 가압류되어 있어 B회사는 2억원을 공탁하였다. B회사는 D에 대하여 전세권저당권설정등기의 말소를 청구할 수 있는가? [대법원 1999.9.17. 선고 98다31301 판결]

사례를 보면 B회사는 C와의 사이에 갑건물에 관한 전세권설정계약을 체결한 후, C 앞으로 전세권설정등기를 마쳐 주고, 다시 C는 D에게 갑건물에 대한 전세권에 관하여 저당권을 설정하여 준 사실이 인정된다. 그리고 C는 전세권의 존속기간이 만료된 후에 B회사에게 갑건물을 반환하고, 아직 전세금을 반환받지 아니하고 있는 사이에 C의 B회사에 대한 전세금반환채권에 대하여 채권자 E를 위한 가압류명령이 내려져 있다. 한편 B회사가 C에게 전세금을 반환하려고 하지만 전세권에 D의 저당권이 설정되어 있고, 전세금반환채권이 가압류되어 있는 관계로 B회사는 전세금을 공탁한 후에 D에 대하여 전세권저당권설정등기의 말소를 청구하고 있다.

판례는 우선 전세권의 존속기간이 만료되면 전세권은 전세권설정등기의 말소등기 없이도 당연히 소멸한다고 본다. 그러나 전세권의 존속기간이 만료하는 경우에 곧바로 전세권이 완전히 소멸한다고 볼 수는 없다. 전세권의 존속기간이 만료되더라도 전세금이 전세권자에게 반환되어야 하고, 또한 목적물이 전세권설정자에게 반환되어야 하며 전세권설정등기를 말소하여야 하는 문제가 있다. 만약 전세권자가 전세권설정자로부터 전세금을 반환받지 못한 경우에는 전세권자는 다시 전세권에 기하여 전세목적물의 경매를 청구할 수 있고(§318), 그 경매대금으로부터 후순위권리자나 그 밖의 채권자보다 우선변제를 받을 필요가 있다(§303 I).

만일 전세권의 존속기간만료로 전세권도 완전히 소멸하여 버린다고 하면 전세권자가 전세금을 반환받지 못한 경우에 가지는 전세목적물에 대한 경매청구권과 우선변제권의 근거가 소멸한다. 그러므로 전세권의 존속기간이 만료된다고 하더라도 전세권자가 전세금을 반환받을 때까지는 전세권이 완전히 소멸하지는 아니한다고 보아야 한다.

사례에서는 C의 전세권 위에 D를 위한 저당권이 설정되고, 그 후에 전세권의 존속기간이 만료된 상태이다. 그러므로 전세권의 존속기간이 만료된 경우에 그 전세권을 목적으로 한 저당권도 소멸하는가 하는 문제가 있다.

판례와 같이 전세권의 존속기간이 만료하면 전세권이 소멸한다고 보는 때에는 그 논리적 귀결로서 당연히 전세권을 목적으로 한 저당권도 소멸한다고 보아야 한다. 그러나 전세권 위에 저당권을 설정받는 자는 전세권의 용익물권적 권능이 아니라 전세권의 담보물권적 권능을 중시하여, 자신의 피담보채권을 변제받지 못하는 경우에는 장래 전세권의 존속기간이 만료되면 전세금으로부터 자신의 채권을 확실하게 우선변제를 받을 수 있다고 신뢰하고서 저당권을 설정받는다. 그러므로 전세권의 존속기간이 만료된 때에는 그 전세권을 목적으로 한 저당권도 소멸하여 버린다고 한다면 당사자의 신뢰가 무시되게 된다.

판례의 태도는 저당권의 목적인 전세권을 용익물권적 측면만으로 한정하고, 전세권의 담보물권적 권능, 실제거래에서의 당사자의 의사를 도외시한 해석이라고 하지 않을 수 없다. 그리고 만일 전세권이 소멸한 때에는 그 전세권을 목적으로 하는 저당권도 소멸한다고 하면 전세금반환채권은 전세권의 한 내용으로서 전세권의 소멸로 인하여 새로이 발생하는 대체물이 아닌 결과, 물상대위의 법리에 의하여 전세권저당권의 효력이 전세금반환채권에 미친다고 볼 수도 없으므로, 전세권저당권자는 실제적으로도 보호를 받을 수 있는 방법이 없어지게 된다.

전세권저당권은 실질상으로는 채권질권과 유사한 성질을 가지고 있으므로, 채권질권에 관한 민법 제349조 제1항을 전세권저당권에 유추적용하여, 저당권을 설정한 전세권자가 전세권설정자에게 저당권이 설정된 사실을 통지하거나 전세권설정자가 승낙하면, 전세권저당권자는 전세금반환채권에 대한 압류 및 전부명령 또는 추심명령이 없어도 전세권설정자에 대하여 저당권을 주장할 수 있어야 한다고 본다. 또한 민법 제353조를 유추적용하면 전세권저당권자는 전세권설정자에 대하여 자기 채권의 한도에서 전세금의 반환을 직접 청구할 수 있다.

사례에서 D는 C가 가지고 있는 전세금반환채권에 대하여 우선변제권이 있고, B회사는 D에게 전세금을 직접 지급하여야 한다고 본다. 또한 D가 잔존의 전세금을 모두 지급받기 전에는 B회사는 D에 대하여 전세권저당권설정등기의 말소를 청구할 수 없다.

Ⅴ. 특수저당권

1. 공동저당

(1) 공동저당의 의의

공동저당(총괄저당)은 동일한 채권의 담보로서 여러 필의 토지, 토지와 지상건물과 같이 여러 개의 부동산 위에 저당권을 설정하는 경우를 가리킨다. 예컨대 A의 B에 대한 6,000만원의 채권을 위하여 B 소유의 갑토지(시가 5,000만원)와 을토지(시가 3,000만원)에 저당권을 설정하는 경우가 공동저당이다. 일방의 부동산만으로는 채권담보에 충분하지 아니하거나 담보가치가 불안한 경우에 공동저당이 이용된다.

(2) 공동저당의 성립

1) 설정방법

공동저당은 반드시 각 부동산 위에 동시에 설정되어야 하지는 아니하고, 공동저당은 서로 다른 시기에 설정되어도 상관없다(追加抵當). 목적물은 모두 동일인의 소유에 속할 필요가 없으므로, 여러 개의 목적물의 소유자가 서로 달라도 좋다. 또한 공동저당은 여러 개의 저당권의 순위에 차이가 있거나, 예컨대 민법상의 저당권과 공장 및 광업재단 저당법에 의한 저당권과 같이 종류가 상이하여도 좋다.

2) 등 기

공동저당의 공시에 대하여는 특별한 공시방법이 없고, 각 부동산 위에 저당권마다 일반원칙에 따른 등기를 하면 된다. 다만 공동저당이라는 사실을 각 부동산의 등기기록에 기록하여야 한다.[773)]

(3) 공동저당의 효력

1) 후순위저당권자와의 관계

(a) 동시배당과 부담의 안분

> A의 채권 5억원을 위하여 채무자 B 소유의 갑건물(시가 4억원)과 을토지(시가 6억원)에 A를 위한 저당권이 각각 설정되었는데, 갑건물에 대하여 후순위저당권자 C(채권액 4억원), 을토지에 대하여 후순위저당권자 D(채권액 6억원)가 있었다. 그 후 A가 가지는 갑건물과 을토지에 대한 2개의 저당권이 동시에 실행되었다. A와 C, D는 각각 갑건물과 을토지로부터 얼마를 배당받는가?

---

773) 동일한 채권에 관하여 여러 개의 부동산에 관한 권리를 목적으로 하는 저당권설정의 등기를 할 때에는 각 부동산의 등기기록에 그 부동산에 관한 권리가 다른 부동산에 관한 권리와 함께 저당권의 목적으로 제공된 뜻을 기록하여야 한다(부동산등기법 §78)

“동일한 채권의 담보로 여러 개의 부동산에 저당권을 설정한 경우에 그 부동산의 경매대금을 동시에 배당하는 때에는 각 부동산의 경매대금에 비례하여 그 채권의 분담을 정한다”(§368 I). 공동저당의 목적물 전부를 경매하여 그 경매대금을 동시에 배당하는 경우에는 각 부동산의 경매대가에 비례하여 피담보채권의 분담을 정한다. 각 저당부동산의 경매대가로부터 각 분담액을 공제하고 남은 잔액으로 후순위저당권자와 일반채권자에게 변제한다. 사례에서 갑건물의 경매대금이 4억원, 을토지의 경매대금이 6억원이라고 하면 A의 피담보채권액 5억원은 갑건물과 을토지에 각각 3:2의 비율로 분담되므로, 갑건물로부터 2억원, 을토지로부터 3억원이 A에게 우선변제된다. 그리고 C는 갑건물로부터 나머지 2억원의 배당을 받고, D는 을토지로부터 나머지 3억원의 배당을 받을 수 있다(아래「도표」를 참조하라).

	갑건물(시가 4억원)	을토지(시가 6억원)
1번저당권	A(공동저당 : 피담보채권액 5억원)	
	갑건물에서 5억원×4/10=2억원	을토지에서 5억원×6/10=3억원
2번저당권	C(피담보채권액 4억원)	D(피담보채권액 6억원)
	갑건물에서 4억원-2억원=2억원	을토지에서 6억원-3억원=3억원

(b) 이시배당과 후순위저당권자의 대위

a) 대위의 의의

> A가 B에 대하여 가지는 3억원의 채권을 위하여 B 소유의 갑토지(시가 3억원)와 C 소유의 을토지(시가 2억원)에 A를 위한 저당권이 각각 설정되었는데, 갑토지에 대하여 후순위저당권자 X(채권액 2억원), 을토지에 대하여 후순위저당권자 Y(채권액 1억원)가 있었다. 그 후 A가 가지는 갑토지의 저당권만이 실행되었다. A와 X, Y는 각각 어느 토지로부터 얼마를 배당받는가?

공동저당은 여러 개의 저당권이 동일채권을 중첩적으로 담보하고, 각 저당목적물의 소유자가 서로 다를 수 있다. 공동저당권자는 어느 저당권이든 임의로 선택하여 행사할 수 있다(§§371, 321).

공동저당권자가 어느 저당권을 실행하느냐에 따라서 저당물소유자와 후순위저당권자를 비롯한 다른 채권자의 이해관계에 중대한 영향을 미치게 된다. 그러므로 민법 제368조 제1항은 공동저당물의 경매대가가 동시에 배당되는 경우에 각 경매대가의 비례에 의하여 각 저당물의 책임분담액을 정하도록 규정하고, 민법 제368조 제2항은 공동저당권자의 실행선택권행사로 인하여 불이익을 입은 후순위저당권자를 보호하는 규정을 두어 이해관계의 조정을 도모하고 있다. 민법 제368조 제2항에 의하면 공동저당의 목적부동산 중 어느 하나의 부동산만이 경매되어 그 대가를 먼저 배당하는 경우에는 공동저당권자는 그 대가로부터 채권 전액의 변제를 받을 수 있고, 다만 경매된 부동산의 후순위저당권자는 만일 동시배당을 하면 다른 저당부동산이 공동저당채권을 부담할 금액의 한도에서 공동저당권자에 대위하여 그 저당권을 실행할 수 있다.

사례에서 A가 갑토지의 저당권만을 먼저 실행하는 경우에 A는 그 대가로부터 채권 전액에 대한 우선변제를 받고, X는 배당을 받을 수 없다.774) 그러므로 X는 A의 을토지에 대한 분담액(1억2천만원)의 범위 내에서 A의 을토지 위의 1번저당권을 대위할 수 있다. 만일 후에 을토지의 저당권이 실행되면 2억원 중 1억2천만원에 대하여 X가 우선변제를 받고, Y는 잔액에서 8천만원의 배당을 받을 수 있을 뿐이다.

만약 A가 을토지의 저당권만을 먼저 실행하는 경우에는 어떤가? A는 그 대각대금(2억원)으로부터 채권 전액의 우선변제를 받을 수 있지만, 을토지의 전가치를 취득하여도 A의 피담보채권이 만족되지 아니한다. 그러므로 갑토지의 저당권의 실행과 달리 을토지의 저당권의 실행에 의하여는 A의 갑토지에 대한 피담보채권 혹은 저당권이 소멸하지 않고, 갑토지의 저당권이 실행되어 경매대가 3억원에서 A가 나머지 채권 전액 1억원을 변제받으면 A의 저당권은 완전히 소멸한다. 그리고 Y는 갑토지에 대하여 A를 대위하여 자기의 저당권을 행사할 수 있는 지위가 부여된다.

> A는 주유소를 경영하고자 X은행으로부터 1억원을 대출받으면서 그 대금채권을 피담보채권으로 하여 1번저당권을 X은행을 위하여 갑건물 위에 설정하였다. 그 후 A는 Y저축은행으로부터 4억원을 대출받으면서 그 4억원의 대금채권을 피담보채권으로 하여 갑건물 위에 2번저당권, 을토지 위에 1번저당권을 각 설정하였다. 최근 A는 갑자기 닥친 유류파동 등 경기의 악화로 인한 주유소영업의 부진으로 인하여 부도가 났고, A가 부도가 난 시점에서 갑건물(시가 4억원)에는 B가 피담보채권 1억원으로 한 3번저당권을 가지고 있었고, 을토지(시가 2억원)에는 C가 피담보채권 1억으로 한 2번저당권을 가지고 있었다. 갑건물에 대한 경매로 먼저 배당이 이루어진 후에 을토지에 대한 경매가 이루어지는 경우에 을토지의 경매시 어떤 내용으로 배당이 되는가?

민법 제368조 제2항에 의하여 저당부동산 중 일부의 경매대가를 먼저 배당하는 이시배당의 경우에는 그 대가에서 그 채권 전부의 변제를 받을 수 있고, 그 경매한 부동산의 차순위저당권자는 선순위저당권자가 동시배당의 경우에 다른 부동산의 경매대가에서 변제를 받을 수 있는 금액의 한도에서 선순위저당권자를 대위하여 저당권을 행사할 수 있다.775) 갑건물에 대한 경매로 먼저 배당이 이루어진 후에 을토지가 경매된 경우에 2억원

774) A가 갑토지에 대하여 선배당을 받는 경우에는 아래 도표와 같이 배당된다.

	갑토지(시가 3억원)
A(1번저당권, 피담보채권 3억원))	3억원
X(2번저당권, 피담보채권 2억만원)	0원(민법 제368조 제2항에 의하여 A를 대위)

775) 갑건물에 대한 경매가 먼저 이루어져 선배당되는 경우에는 아래 도표와 같이 배당된다.

	갑건물(시가 4억원)
X은행(1번저당권)	1억원
Y저축은행(2번저당권)	3억원
B(3번저당권)	O원(민법 제368조 제2항 후문에 의하여 Y저축은행을 대위)
C	

의 경매대가로부터 우선 Y저축은행이 선순위저당권자로서 1억원의 배당을 받아 채권의 완전한 만족을 얻는다. 그리고 B는 을토지에 관하여 Y저축은행의 1번저당권의 대위행사에 의하여 6천만원의 배당을 받게 된다(§368 II 후문). B는 본래 Y저축은행의 1번저당권의 대위를 통하여 Y저축은행이 갑건물과 을토지가 동시배당된 경우라고 하면 A토지의 경매대가에서 변제를 받을 수 있는 금액의 한도에서, 즉 1억6천만원의 한도에서 Y저축은행을 대위할 수 있으나, 사례에서는 Y저축은행이 갑건물의 경매대가로부터 4억원 전액의 배당이 아닌 3억원만을 배당받고, 나머지 1억원은 을토지의 경매대가로부터 배당을 받아야 하므로, 나머지 6천만원의 한도에서 대위할 수 있을 뿐이다. 최후로 을토지에 대하여 2번저당권을 가지고 있는 C가 받는 배당은 4천만원이 된다(아래 「도표」를 참조하라).

	을토지(시가 2억원)
X은행	
Y저축은행(1번저당권)	1억원
B	6천만원(민법 제369조 제2항 후문에 의하여 Y저축은행을 대위)
C(2번저당권)	4천만원

b) 대위의 발생시기

후순위저당권자의 대위는 공동저당권자가 채권을 완제받을 때에 발생한다. 공동저당권자가 아직 완제를 받기 이전에는 후순위저당권자는 완제를 통하여 대위권을 취득할 수 있는 지위, 즉 일종의 기대권을 가질 뿐이다.

c) 대위의 효과

후순위저당권자의 대위에 의하여 공동저당권자가 가지고 있는 저당권이 후순위저당권자에게 이전하는 경우에 그 저당권의 이전은 법률의 규정에 의한 물권변동으로 등기를 요하지 않고(§187), 후순위저당권자는 대위의 부기등기 없이도 대위를 주장할 수 있다.

공동저당권자의 저당권설정등기가 말소된 후 제3자를 위한 새로운 저당권설정등기가 되어 있는 경우에도 대위의 부기등기 없이 신저당권자에 대하여 후순위저당권자는 대위를 주장할 수 있는가 하는 문제가 있다. 학설상 등기필요설과 등기불요설이 대립한다.

등기불요설은 대위될 저당권등기가 말소된 경우와 말소되지 않은 경우를 구별하여 취급을 달리할 근거가 없으므로, 역시 대위될 저당권등기가 말소되고 그 후에 제3자를 위한 저당권이 새로 설정된 경우에도 대위의 등기 없이 신저당권자에게 대위를 주장할 수 있다고 보며, 학설상 소수설이다. 그러나 대위될 저당권등기가 말소되고 그 후에 제3자를 위한 저당권이 설정된 경우(예컨대 갑토지에 대한 A의 1번저당권이 말소되고 B가 후순위저당권자로서 대위를 하는 때에 C가 그 후 새로운 저당권을 취득한 경우)에는 대위의 등기를 하여야만 그 신저당권자에게 대항할 수 있다고 보는 등기필요설(다수설)이 타당하다고 본다.

4) 물상보증인 또는 제3취득자와의 관계

(a) 서 언

공동저당의 목적물의 전부·일부가 채무자 이외의 자, 즉 물상보증인·제3취득자의 소유에 속하는 경우에 물상보증인·제3취득자는 저당권이 실행되어 채권자가 변제를 받은 때에는 구상권의 범위에서 채권자대위의 규정(§§481·482)에 의하여 다른 목적물 위의 공동저당권을 대위하게 된다.

(b) 물상보증인 소유의 부동산이 먼저 경매된 경우 : 물상보증인의 변제자대위와 후순위저당권자의 대위 사이의 충돌

> A의 5억원의 채권을 담보하기 위하여 갑건물(시가 4억원)과 을토지(시가 6억원) 위에 각 1번저당권을 설정하였다. 그런데 갑건물은 채무자 B의 소유이지만 을토지는 물상보증인 C의 소유인데, 갑건물 위에는 D의 채권(4억원)을 위한 2번저당권이 설정되었고, 을토지 위에 E의 채권(6억원)를 위한 2번저당권이 설정되었다. 그 후 A가 을토지 위의 저당권을 실행하여 피담보채권 전액을 변제를 받았다. 물상보증인 C의 변제자대위가 우선하는가, 후순위저당권자 D의 대위권이 우선하는가?

물상보증인의 소유에 속한 공동저당의 목적물의 전부·일부가 실행된 때에는 물상보증인의 변제자대위와 후순위저당권자의 대위 사이에 충돌이 생길 수 있고, 서로 충돌이 생기면 그 우열을 정하여야 하는 문제가 있다. 사례에서 A가 을토지 위의 저당권을 먼저 실행하여 피담보채권 전액 5억원의 변제를 받으면 C는 물상보증인으로서 민법 제481조에 의하여 5억원에 관하여 갑건물에 A를 대위하게 된다. 그러나 물상보증인 C가 민법 제481조에 의한 대위를 하게 되면 갑건물의 후순위저당권자 D는 전혀 배당을 받지 못하게 된다. 만일 C의 변제자대위를 민법 제368조 제2항에 의하여 2억원으로 제한하면 D는 보호될 수 있지만 C는 충분히 보호될 수 없게 된다. 그러므로 물상보증인의 변제자대위와 후순위저당권자의 대위권이 충돌하는 문제가 생기고, 그 우열관계에 관하여는 학설상 물상보증인을 우선시켜야 한다는 견해와 후순위저당권자를 우선시켜야 한다는 견해가 대립한다.

① 물상보증인우선설　　물상보증인우선설(변제자대위우선설)은 물상보증인의 변제자대위권을 후순위저당권자의 대위권보다 우선시키는 견해이다. 물상보증인우선설은 그 근거로서 아래와 같은 사유를 든다.

(i) 공동저당이시배당에서 후순위저당권자의 대위권은 채무자 소유의 수개의 부동산간에만 인정되는 제도라고 보아야 한다.

(ii) 물상보증인은 채무자 소유의 부동산이 공동담보되어 있는 결과 그 구상권이 확실한 효과를 거둘 수 있다고 기대하고 공동저당의 목적물을 제공한 경우이므로, 만일 자신의 소유물이 먼저 경매되면 채무자 소유의 다른 공동저당물에 대하여 당연히 우선적으로 대위할 수 있어야 한다.

(iii) 후순위저당권자는 물상보증인의 소유물에 저당권설정이 된 후에 채무자 소유의 공동저당물에 저당권을 설정하여 물상보증인의 법정대위를 충분히 예상할 수 있다고 보아야 하므로, 결국 물상보증인의 대위를 우선시키더라도 후순위저당권자에게 불측의 손해를 입힐 우려가 없다.

(iv) 만약 후순위저당권자를 우선시킨다면 채무자 소유의 부동산이 먼저 경매된 경우에 후순위저당권자는 물상보증인의 부동산으로부터 만족을 얻을 수 있게 되어 물상보증인은 자기와 아무런 관계가 없는 후순위저당권자의 채권까지 자신의 부동산으로 담보하는 부당한 결과가 생긴다.

② 후순위저당권자우선설 후순위저당권자우선설은 물상보증인과 후순위저당권자를 공평하게 보호하는 동시에, 공동저당의 목적부동산의 담보가치를 충분히 이용한다는 목적에 비추어 볼 때 후순위저당권자를 우선시켜야 한다고 보는 견해이다. 후순위저당권자우선설이 주장하는 논거는 아래와 같다.

(i) 민법 제368조 제2항의 후순위저당권자의 대위는 소유자를 달리하는 부동산 사이에는 적용되지 아니한다고 해석하면 공동저당의 목적물의 일부가 타인에게 양도된다는 우연한 사정으로 후순위저당권자가 갑자기 불리한 지위에 떨어지게 되어 타당하지 못하다.

(ii) 민법 제368조 제2항이 공동저당의 목적물이 모두 채무자의 소유인 경우를 요건으로 하고 있지 않음에도 불구하고 물상보증인의 보호를 위하여 후순위저당권자의 대위권을 공동저당의 목적물이 모두 채무자의 소유인 경우로 제한하는 태도는 부당하다.

(iii) 물상보증인이라도 공동저당의 목적물을 제공한 이상 그 부동산의 가격에 비례한 피담보채권의 안분액만큼은 부담할 각오가 되어 있다고 보아 그 한도에서는 후순위저당권자에게 우선하지 아니한다고 해석하여야 타당하다.

판례는 물상보증인우선설을 취하고 있고, 물상보증인우선설이 타당하다. 그러므로 물상보증인 소유의 부동산에 대하여 먼저 경매가 이루어져 그 경매대금의 교부에 의하여 1번저당권자가 변제를 받은 때에는 물상보증인은 채무자에 대하여 구상권을 취득하는 동시에, 민법 제481조, 제482조의 규정에 의한 변제자대위에 의하여 채무자 소유의 부동산에 대한 1번저당권을 취득한다. 사례에서 물상보증인 C가 B 소유의 갑건물에 대하여 1번저당권을 가지므로, 후순위저당권자 D보다 우선한다. 그러나 변제에 의한 대위에 의하여 C가 갑건물 위에 1번저당권을 취득하는 이유는 을토지가 경매된 결과이고, 한편 을토지에 대하여 C가 부담한 E의 저당권을 소실된다. 그러므로 판례는 자기 소유의 부동산이 먼저 경매되어 1번저당권자에게 대위변제한 물상보증인은 1번저당권을 대위하여 취득하고, 그 물상보증인 소유의 부동산의 후순위저당권자는 1번저당권에 대하여 물상대위를 할 수 있다고 본다(물상보증인은 채무자 소유의 부동산 위의 후순위저당권자에는 우선하고, 물상보증인 소유의 부동산 위의 후순위저당권자에는 뒤지게 된다).[776] 결국 판례에 의하면 을토지에 대한

776) 대법원 1994.5.10. 선고 93다25417 판결(물상보증인 소유의 부동산에 대한 후순위저당권자는 물상보증인에게 이전한 1번저당권으로부터 우선하여 변제를 받을 수 있고, 물상보증인이 수인인 경우에도 마찬가지이며, 물상보증인 사이의 변제자대위의 관계는 민법 제482조 제2항 제4호, 제3호에 의하여 규율된다).

저당권의 실행에 의하여 A는 5억원, E는 1억원을 배당받게 되고, C는 6억원을 대위변제한 경우가 되어 갑건물 위의 A의 저당권에 대하여 대위할 수 있게 되나, 갑건물에 대하여 C의 대위가 D보다 우선하므로 E가 그 저당권 위에 물상대위하여 우선변제를 받게 되어 E는 4억원을 배당받게 된다.

A은행이 B회사에 12억원을 대여하면서, B회사 소유의 갑부동산 및 C, D, E, F 소유의 각 을부동산, 병부동산, 정부동산, 무부동산에 대하여 각 1, 2, 3번공동저당권설정등기를 마쳤고, 그 후 추가로 F 소유의 무부동산에 대하여 5번저당권설정등기까지 하였다. 그리고 G(신용보증기금)가 B회사에 700만원을 대여하면서, C, D, E, F 소유의 각 을부동산, 병부동산, 정부동산, 무부동산에 대하여 각 4번공동저당권설정등기를 하였다. 한편 H가 E에게 3억원을 대여하면서, E 소유의 정부동산 및 각각 B회사, D 소유의 갑부동산, 병부동산에 대하여 각 5번공동저당권설정등기를 마쳤다. 또한 I은행이 J회사에게 3억원을 대여하면서, F 소유의 무부동산에 대하여 6번근저당권설정등기를 하였다. 그 후 B회사가 대출금상환을 연체하자, A은행은 공동담보물인 B회사 소유의 갑부동산 및 C, D, E, F 소유의 각 을부동산, 병부동산, 정부동산, 무부동산에 대하여 따로 따로 임의경매신청을 하는 바람에, 각 그 경매절차가 별도로 진행되고, 그 결과 갑부동산, 병부동산, 정부동산, 무부동산에 대한 경매절차가 먼저 종료되어 각 그 배당절차에서 A은행은 피담보채권을 전부 변제받고 을부동산에 대한 경매는 취하하였다. 다만 G는 무부동산에 대한 경매절차에서 그 피담보채권 전액을 변제받았으나, 각 부동산에 대한 경매절차가 동시에 이루어지지 아니하고 이시에 이루어짐에 따라서 후순위근저당권자인 H는 갑부동산, 병부동산, 정부동산에 대한 경매절차에서 전혀 배당을 받지 못하였고, 후순위근저당권자인 I은행은 무부동산에 대한 경매절차에서 2억3천만원만을 배당받았다. C는 A은행에 대하여 저당권설정등기의 말소를 청구할 수 있는가? [대법원 1994.5.10. 선고 93다25417 판결]

사례를 보면 B회사 소유의 갑부동산에는 A은행을 위한 1, 2, 3번공동저당권, H를 위한 5번공동저당권이 설정되어 있다. 또한 C 소유의 을부동산에는 A은행을 위한 1, 2, 3번공동저당권, G를 위한 4번공동저당권, D 소유의 병부동산에는 A은행을 위한 1, 2, 3번공동저당권, G를 위한 4번공동저당권, H를 위한 5번공동저당권, E 소유의 정부동산에는 A은행을 위한 1, 2, 3번공동저당권, G를 위한 4번공동저당권, H를 위한 5번공동저당권, F 소유의 무부동산에는 A은행을 위한 1, 2, 3, 5번공동저당권, G를 위한 4번공동저당권, I은행을 위한 6번공동저당권이 설정되어 있다. 그리고 그 후 B회사의 채무불이행으로 A은행이 갑, 을, 병, 정, 무부동산에 대하여 이시에 각 경매를 신청하고, 그 결과 갑, 병, 정, 무부동산에 대한 경매가 먼저 진행되어 A은행은 피담보채권 전액을 변제받아 을부동산에 대한 경매를 취하한 사실이 인정된다. 그러나 갑, 병, 정부동산에 5번공동저당권을 가지고 있는 H는 전혀 배당을 받지 못하고, 무부동산에 6번공동저당권을 가지고 있는 I은행은 채권액의 일부만을 배당받고 있다. 그러므로 아직 경매되지 아니한 공동저당물의 소유자 C로서는 A은행에 대한 피담보채무가 소멸한 사정을 이유로 저당권설정등기의 말소등기를 청구할 수 있는가가 문제된다. 본래 자기 소유의 부동산이 먼저 경매되어 1번저당권자에게 대위변제를 한 물상보증인은 1번저당권을 대위취득하고, 그 물상보증인 소유의 부동산의 후순위저당권자는 1번저당권에 대하여 물상대위를 할 수 있으므로, 물상보증인이 대위취득한 선순위저당권설정등기에 대하여는 말소등기가 아니라 물상보증인 앞으로 대위에 의한 저당권이전의 부기등기가 마쳐져야 한다. 그러므로 사례에서 아직 경매되지 아니한 공동저당물의 소유자로서 C는 1번저당권자 A은행에 대한 피담보채무가 소멸한 사정만으로는 말소등기를 청구할 수 없다.

(c) 채무자 소유의 부동산이 먼저 경매된 경우: 채무자 소유 부동산 위의 후순위저당권자의 대위권과 물상보증인

A는 채무자 B 소유의 갑건물(시가 4억원)과 물상보증인 C 소유의 을토지(시가 6억원)에 5억원의 채권을 담보하기 위하여 각 1번저당권을 취득하였는데, D가 B 소유의 갑건물에 다시 4억원의 채권을 담보하는 2번저당권, E가 C 소유의 을토지에 6억원의 채권을 담보하는 2번저당권을 각 취득하였다. 그 후 먼저 B 소유의 갑건물에 대하여 경매가 이루어졌다. D는 A를 대위하여 C 소유의 을토지에 대하여 저당권을 실행할 수 있는가?

공동저당의 목적인 채무자 소유의 부동산과 물상보증인 소유의 부동산 중 채무자 소유의 부동산에 대하여 먼저 경매가 이루어져 그 경매대금의 교부에 의하여 1번공동저당권자가 변제를 받더라도, 채무자 소유의 부동산에 대한 후순위저당권자는 민법 제368조 제2항 후단에 의하여 1번 공동저당권자를 대위하여 물상보증인 소유의 부동산에 대하여 저당권을 행사할 수 없다.777) 사례에서는 갑건물 위에 설정된 1번저당권이 을토지의 저당권과 공동저당이고, 갑건물의 경매대금이 먼저 배당된 경우이기는 하지만, 갑건물이 채무자 B 소유이고 을토지가 물상보증인 C 소유이다. 그러므로 변제자대위의 법리에 비추어 볼 때에 민법 제368조 제2항은 적용되지 않는다. 2번저당권자 D가 C 소유의 을토지에 대하여 자신의 1번저당권을 대위행사할 수 있지는 않으므로, D는 A를 대위하여 C 소유의 을토지에 대하여 저당권을 실행할 수 없다. 또한 C 소유의 을토지에 대한 저당권설정등기는 그 피담보채무의 소멸로 인하여 말소되어야 한다.

사례에서 A는 B 소유의 갑건물에 대한 경매를 통하여 우선 4억원을 배당받게 되고, D는 물상보증인 C 소유의 을토지 위에 성립한 A의 저당권에 대위가 인정되지 아니한다. 그러므로 후에 C 소유의 을토지에 대한 경매가 실행되면 A는 을토지에서 1억원의 배당을 받고, 나머지 5억원은 E가 배당을 받게 된다.

777) 대법원 1994.5.10.선고 93다25417 판결; 대법원 1995.6.13. 자 95마500 결정; 대법원 1996.3.8. 선고 95다36596 판결 참조.

2. 근저당

(1) 보통의 근저당

1) 근저당의 의의

저당권은 그 담보한 채무의 최고액만을 정하고 채무의 확정을 장래에 보류하는 방법으로 설정할 수 있다(§357 I 전문). 계속적인 거래관계로부터 발생하고 소멸하는 불특정다수의 장래채권을 변제기에 계산하여 잔존하는 채무를 일정한 한도액의 범위 내에서 담보하는 저당을 「근저당」(근저당권)이라고 한다. 예컨대 A회사와 B은행 사이에 계속적 거래관계가 있는 경우에 당좌대월계약을 체결하고 그 채무를 담보하기 위하여 A회사의 토지·건물에 저당권을 설정하여 A회사에게는 필요한 때 일정액의 한도 내에서 융자를 B은행으로부터 수시로 받을 수 있도록 하고, A회사는 B은행에게 가능한 때 가능한 범위에서 변제하도록 하는 경우에 근저당권이 이용된다.

2) 근저당권의 설정

(a) 근저당권설정계약

근저당권은 부동산물권변동의 일반원칙에 따라서 근저당권설정자와 근저당권자 사이의 근저당권설정계약(물권적 합의)과 등기에 의하여 효력이 발생한다(§186). 근저당권자는 채권자에 한하고, 근저당권설정자는 채무자뿐만 아니라 제3자(물상보증인)도 될 수 있다.

> 채권자 A와 채무자 B 사이에서 제3자 C 명의로 갑토지에 대하여 근저당권설정등기를 마치기로 합의하고, 그 합의에 기하여 갑토지에 대하여 C 명의의 근저당권설정등기를 하였다. C 명의의 근저당권설정등기는 유효한가?

채권자 아닌 제3자 명의로 근저당권설정등기가 된 경우에 그 효력은 어떤가? 근저당권은 채권담보를 위한 제도이므로, 원칙적으로 채권자와 근저당권자는 동일인이 되어야 한다. 사례에서 AB 사이에서 C 명의로 근저당권설정등기를 마치기로 하는 합의가 있을 뿐이거나, 설령 거기에 더하여 C도 같은 합의를 한 경우로 인정된다고 하더라도, B의 A에 대한 채권이 제3자 C에게 실질적으로 귀속된 경우로 인정될 수 있는 특별한 사정(예컨대 채권양도, 제3자를 위한 계약, 불가분적 채권관계의 형성 등)이 있다는 아무런 증거가 없다고 하면 근저당권설정계약상의 채권자가 아닌 제3자 명의로 행하여진 근저당권설정등기는 그 피담보채무가 존재하지 아니하여 그 원인이 없거나 부종성에 반하는 무효의 등기라 보아야 한다. 다만 C 명의의 근저당권설정등기가 된 경우라고 하더라도 그 사실에 관하여 AB 및 C 사이에 합의가 있고, 채권양도, 제3자를 위한 계약, 불가분적 채권관계의 형성 등 방법으로 A의 채권이 C에게 실질적으로 귀속되어 있다고 볼 수 있는 특별한 사정이 있는 경우에 한하여는 C 명의의 근저당권설정등기도 유효로 될 수 있다.[778)]

(b) 등 기

근저당권은 등기부상 근저당권으로 등기되어 있어야 한다. 만일 근저당권으로 등기되지 아니하면 근저당권의 효력이 발생하지 아니하고, 보통의 저당권으로만 효력이 발생한다. 그리고 근저당권설정등기의 등기원인은 「근저당권설정계약」이다.

근저당권설정등기에서는 채권의 최고액을 등기하여야 한다(부동산등기법 §75 II). 그리고 근저당권의 존속기간이나 기본계약의 결산기는 등기할 수 있으나, 등기하지 않더라도 근저당권등기가 무효로 되지는 아니한다.

3) 근저당권의 효력

(a) 피담보채권의 유동성

근저당권에 의하여 담보되는 피담보채권은 계속적으로 유통하고 교체되는 특징이 있다. 근저당권은 유통·교체되는 채권의 확정총액을 최고액까지 담보한다. 피담보채권액이 최고액을 초과하면 그 초과부분은 근저당권에 의하여 담보되지 아니하고,[779] 그 최고액까지만을 담보한다. 물론 확정된 피담보채권액이 최고액에 미달하는 경우에는 확정액만을 우선변제받을 수 있다.

(b) 피담보채권의 범위

근저당권의 효력이 미치는 피담보채권의 범위는 우선 근저당권설정계약에 의하여 결정되고, 근저당권설정계약에 의한 약정이 없는 경우에 민법 제360조, 제357조 제2항이 적용된다. 그러므로 근저당권설정계약에 의한 약정이 없는 경우에 원본, 이자, 위약금, 채무불이행으로 인한 손해배상, 근저당권의 실행비용이 모두 채권최고액의 범위 내에서 근저당권에 의하여 담보된다.

① 지연이자　　근저당권에 관하여도 민법 제360조가 일반적으로 적용된다고 하면 지연이자는 원본의 이행기일이 경과한 후 1년분에 한하여만 최고액에 포함된다고 해석된다. 그러나 민법 제357조 제2항은 「채무의 이자는 최고액 중에 산입」한 경우로 본다고 규정하고 있다. 그러므로 지연이자는 1년분에 한하여 최고액에 포함되는가, 혹은 최고액에 달할 때까지는 1년이 경과한 후의 지연이자도 최고액에 포함되는가 하는 문제가 있다. 학설상으로 다수설은 모든 지연이자가 최고액에 포함된다고 보고, 소수설로서 1년분의 지연이자만이 피담보채권에 포함된다고 보는 견해가 있다.

ⓐ 1년분에 한정하는 견해　　1년분에 한정하는 견해는 근저당권이 확정되어 근저당권을 실행할 수 있는 경우에도 불구하고 채권자가 태만한 결과로 시일이 경과하여 지연이자가 늘어난 때에도 지연이자 모두의 우선변제권을 인정하여 채권자를 보호하는 해석은 적절하지 못하다고 보고, 지연이자는 민법 제360조에 의하여 원본의 이행기가 경과한 후 1년분에 한하여만 피담보채권에 포함한다고 본다.

---

778) 대법원 2007.1.11. 선고 2006다50055 판결.

779) 대법원 1971.4.6. 선고 71다26 판결.

ⓑ 모든 지연이자를 최고액에 포함하는 견해 　모든 지연이자를 최고액에 포함하는 견해는 민법 제360조 단서가 근저당권에는 적용되지 아니하며, 민법 제357조 제2항이 「최고액」이라고 하고 있는 이상 지연이자를 1년분에 한하지 않고 모든 지연이자가 최고액에 포함되어야 한다고 본다. 근저당권의 경우에는 어차피 채무의 최고액까지를 피담보채권액으로 하므로, 지연이자를 1년분에 한정할 필요가 없다. 모든 지연이자를 최고액에 포함시키는 견해가 타당하다. 물론 최고액을 초과하는 지연이자는 포함되지 아니한다.

② 근저당권의 실행비용 　근저당권에 의하여 담보되는 채권액의 범위를 청산기에 이르러 확정되는 채권 중에서만 최고액을 정하면 근저당권의 실행비용은 최고액에 들어가지 못하므로, 근저당권의 실행비용도 최고액에 포함되는가 하는 문제가 있다. 학설상으로는 긍정설과 부정설(다수설)이 대립하고, 판례는 부정설을 따르고 있다.

ⓐ 긍정설 　긍정설은 민법 제357조가 「최고액」이라고 하고 있는 이상 일반저당권에 비하여 축소해석하여야 할 특별한 이유가 없다고 하여 근저당권의 실행비용도 최고액에 포함된다고 본다.

ⓑ 부정설 　부정설은 근저당권에서 말하는 최고액은 당사자 사이의 계속적 거래관계에서 생긴 채권 중 담보할 한도액을 가리키고, 근저당권의 실행비용은 그 속에 포함되지 아니한다고 본다.

판례의 태도는 어떤가? 판례는 근저당에 의하여 담보되는 채권액의 범위는 결산기에 이르러 확정되는 채권 중 근저당설정계약에 정하여진 채권최고액을 한도로 한다고 하여 근저당권의 실행비용은 최고액에 포함시키지 않고 있다.[780)]

(c) 담보되는 채권의 확정

근저당권을 실행하여 피담보채권의 우선변제를 받기 위하여는 유통·교체하는 채권이 확정되어야 한다. 근저당권에 의하여 담보되는 피담보채권은 (i) 근저당권의 설정계약·기본계약이 규정하고 있는 결산기가 도래한 경우, (ii) 근저당권의 존속기간이 있는 경우에 그 존속기간이 만료된 경우, (iii) 근저당권의 설정계약·기본계약이 해지·해제된 경우, (iv) 근저당권설정자(채무자·물상보증인)가 파산선고를 받은 경우, (v) 근저당권자가 경매를 신청한 경우에 확정된다. 근저당권자가 피담보채무의 불이행을 이유로 경매신청을 한 경우에는 경매신청시에 근저당권의 피담보채무액이 확정되고, 그 이후로부터 근저당권은 부종성을 가지게 되어 보통의 저당권과 같은 취급을 받는다.[781)]

(d) 부동문자로 인쇄된 근저당권설정계약서의 해석

근저당권설정계약서가 부동문자로 인쇄된 일반거래약관의 형태를 취하는 경우에 피담보채권의 범위는 문언에 따라서 결정되는가, 혹은 당사자의 의사에 따라서 결정되는가 하는 문제가 있다. 근저당권설정계약서가 부동문자로 인쇄된 일반거래약관의 형태를 취하고 있다고 하더라도 그 근저당권설정계약서는 처분문서이므로, 그 진정성립이 인정되는

---

780) 대법원 1971.4.6. 선고 71다26 판결.
781) 대법원 1997.12.9. 선고 97다25521 판결.

때에는 특별한 사정이 없는 한 그 근저당권설정계약서의 문언에 따라서 의사표시의 내용을 해석하여야 한다. 다만 근저당권설정계약체결의 경위와 목적, 피담보채무액, 근저당권설정자와 채무자 및 채권자와의 상호관계 등 제반사정에 비추어 당사자의 의사가 근저당권설정계약서의 문언과는 달리 일정한 범위 내의 채무만을 피담보채무로 약정한 취지라고 해석하여야 합리적이라고 인정되는 경우에는 근저당권설정계약서의 기재에 구속되지 말고 구체적인 당사자의 의사를 밝혀 그 피담보채무의 범위를 확정하여야 한다.[782] 예컨대 A가 B에게 기존채무로 3,800만원의 채무를 지고 있는 상황에서 새로 3,000만원의 채무를 부담하면서 채권최고액 4,500만원을 담보하기 위한 근저당권설정계약을 체결한 경우에 부동문자로 된 근저당설정계약서상의 피담보채무의 범위에 관하여 "현재 부담하고 있는 채무와 장래 부담하게 될 모든 채무를 담보한다"고 기재되어 있다고 하더라도 「현재 부담하고 있는 채무」라는 부분은 부동문자로서 인쇄된 예문(단순히 예로서 들어놓은 문언)에 불과하므로(이른바 「예문해석」에 의하여 효력이 없다), 기존의 3,800만원의 채무는 피담보채무에 포함되지 않는다.[783]

4) 근저당권의 변경

(a) 최고액 · 존속기간의 변경

당사자는 계약에 의하여 근저당권설정계약으로 정한 최고액 · 존속기간을 변경할 수 있다.

(b) 기본계약의 추가 · 변경

어떤 기본계약(예컨대 당좌대월계약)으로부터 발생하는 채권을 담보하기 위하여 근저당권을 설정한 후에 당사자가 기본계약을 변경하거나(예컨대 당좌대월계약을 어음할인계약으로 변경), 다른 기본계약을 추가하는 방법(예컨대 당좌대월계약에 어음할인계약을 추가)에 의한 기본계약의 추가 · 변경도 가능하다.

(c) 채권자 · 채무자의 변경

설정계약에 의하여 정한 채권자 · 채무자는 상속(자연인의 경우) 혹은 합병(법인의 경우)에 의하여 변경된다.

(d) 근저당권의 양도

피담보채권이 양도되면 저당권의 수반성에 의하여 근저당권도 이전한다. 다만 피담보채권과 분리하여 근저당권만의 양도는 허용되지 않고, 피담보채권이 없는 근저당권의 양도는 무효이다.[784] 근저당권의 기초가 되는 계속적 거래관계와 함께 근저당권을 양도하는 경우에는 피담보채권의 양도도 포함하여 근저당권자와 양수인 이외에 채무자를 포함하는 3면계약으로 하여야 한다.

---

782) 대법원 1997.9.26. 선고 97다22768 판결.

783) 대법원 1984.6.12. 선고 83다카2159 판결.

784) 대법원 1968.2.20. 선고 67다2543 판결.

5) 근저당권의 실행

근저당권자는 피담보채권이 확정되고 확정된 피담보채권의 변제기가 도래하면 근저당권을 실행하여 최고액까지 피담보채권의 확정액을 우선변제받을 수 있다.

6) 근저당권의 소멸

근저당권은 피담보채권이 확정된 때에 담보할 채권이 전혀 존재하지 아니하거나 채권이 있더라도 변제로 소멸한 때 또는 실행이 종료하면 소멸한다. 그리고 피담보채권이 확정되기 전에도 사정변경의 원칙에 의한 해지권의 행사로 근저당권을 소멸시킬 수 있다. 또한 경매부동산의 제3취득자는 피담보채권의 최고액과 경매비용을 변제하고 근저당권을 소멸시킬 수 있다(§364).

(2) 포괄근저당

1) 포괄근저당의 의의

포괄근저당은 일정한 기본적인 계속적 거래관계 없이 특정한 채권자에 대하여 채무자가 부담하는 일체의 채무를 담보하기 위한 근저당권이다. 예컨대 은행과 근저당권설정자와의 사이에 근저당권설정계약을 체결할 때에 작성된 근저당권설정계약서에 「채무자가 채권자(본점·지점)에 대하여 현재 및 장래에 부담하는 어음대출, 어음할인, 증서대출, 당좌대출, 지급보증(사채보증 포함), 매출채권거래, 상호부금거래, 유가증권대여, 외국환 기타의 여신거래로 말미암은 채무, 보증채무, 어음 또는 수표상의 채무, 이자채무, 지연배상금채무, 채무자나 설정자가 부담할 제비용, 보험료의 부대채무, 기타 여신거래에 관한 채무」라는 취지의 기재가 있는 경우에 그 기재는 은행의 여신거래로부터 생기는 모든 채무를 담보하기로 하는 이른바 「포괄근저당권」을 설정한다는 문언이라고 볼 수 있다.[785)]

2) 포괄근저당의 유효성에 관한 학설·판례

> A은행과 B 사이에 근저당권설정계약을 체결할 때에 B가 A은행에 대하여 현재 및 장래에 부담하는 모든 채무를 포괄적으로 담보하기 위하여 부동산에 포괄근저당권을 설정한다는 내용의 근저당권설정계약서를 일반거래약관의 형태로 작성하였다. A은행과 B 사이의 포괄근저당권설정계약은 유효한가?

포괄근저당이 유효한가 하는 문제에 관하여는 학설상 무효설, 한정적 유효설과 전면적 유효설(다수설)이 대립하고 있다. 그리고 판례는 전면적으로 포괄근저당의 효력을 인정하는 태도를 취하고 있다.

① 무효설　　무효설은 포괄근저당권을 전혀 허용하지 않는 학설이다. 국내에서는 포괄근저당권을 일반적으로 무효라고 보는 견해는 없고, 다만 약관의 불공정성을 기초로 하여 약관에 기한 포괄근저당권설정약정은 무효라고 보는 견해가 있다. 일본민법은 극단

---

785) 대법원 1997.6.24. 선고 95다43327 판결.

적인 포괄근저당권의 효력을 입법적으로 부인하고 있다(일본민법 §398의2).

② 한정적 유효설　한정적 유효설(다수설)은 특정한 채권자가 채무자에 대하여 갖는 일체의 채권을 담보한다고 하는 경우와 같은 극단적인 포괄근저당권에 대하여는 그 유효성을 인정할 수 없지만, 금융거래에서 이용되고 있는 「현재 혹은 장래의 여신거래 내지 은행거래로 인한 일체의 채무」를 담보하는 포괄근저당권은 유효성을 인정할 수 있다고 보는 견해이다. 한정적 유효설에 의하면 예컨대 「현재 및 장래에 발생할 일체의 채권을 담보」하는 포괄근저당은 무효이고, 「당좌대월계약·계약적 어음할인계약에서 생기는 채권, 그 밖의 일체의 채권을 담보」하는 포괄근저당은 유효하다고 본다.

③ 전면적 유효설　전면적 유효설은 극단적인 포괄근저당권까지도 그 유효성을 인정하는 견해이다. 전면적 유효설에 의하면 포괄근저당권도 아무런 제한 없이 유효하며 그 발생원인을 묻지 않고, 「장래의 일정한 시기」에 최고액의 범위 내에서 특정될 수 있으면 포괄근저당의 피담보채권으로 될 수 있다고 본다.

판례의 태도는 어떤가? 판례는 전면적 유효설에 따라서 「피담보채권으로서 근저당권설정 당시의 차용금채무뿐만 아니라, 그 밖의 각종 원인으로 장래 부담하게 될 모든 채무까지 담보한다」고 하는 포괄근저당까지를 유효로 본다.[786] 사례와 같이 이른바 포괄근저당권을 설정한다는 문언이 기재된 경우에 근저당권설정계약서가 부동문자로 인쇄된 약관의 형태를 취하고 있다 하더라도 그는 처분문서라고 하여야 하므로, 그 진정성립이 인정되는 때에는 A은행의 담보취득행위가 은행대차관계에 있어서 이례에 속하고 관례를 벗어나는 경우라고 보여지거나, 피담보채무를 제한하는 개별약정이 있다는 등의 특별한 사정이 없는 한, 그 문언대로 의사표시의 존재와 내용을 인정하여야 한다.[787]

(3) 공동근저당

피담보채권을 공동으로 하는 근저당권을 여러 개의 부동산 위에 설정한 경우가 공동근저당이다. 공동근저당에 대하여도 민법 제368조가 적용된다. 그러므로 확정채권액이 최고액보다 적은 때에는 확정채권액을 기준으로 하고, 많은 때에는 최고액을 기준으로 하여 동시배당에 대하여는 민법 제368조 제1항, 이시배당에 대하여는 민법 제368조 제2항을 적용하여야 한다.

3. 입목저당

입목법에 의하면 수목의 집단으로 소유권보존등기가 마쳐진 「입목」(立木)은 토지로부터 독립한 부동산으로 본다(입목법 §§2·3 I). 그리고 입목은 그 지반인 토지와 분리하여 양도 또는 저당권의 목적으로 할 수 있다(입목법 §3 II). 입목저당권은 채권자(저당권자)와 채무자

786) 대법원 1982.12.14. 선고 82다카413 판결.

787) 대법원 2003.4.11. 선고 2001다12430 판결(근저당권설정계약서의 문언에 따라서는 피담보채무의 범위에 추가로 부담하는 연대보증채무 및 신용카드채무가 포함된다고 해석할 수 있다).

혹은 제3자(물상보증인) 사이의 입목저당권설정의 합의와 입목등기부에 등기하여 설정된다.

4. 재단저당

(1) 공장저당

1) 공장토지 및 공장건물의 저당

공장소유자는 공장에 속하는 토지 혹은 공장에 속하는 건물에 저당권을 설정할 수 있다. 공장토지 및 공장건물에 설정된 저당권의 효력은 그 토지나 건물에 부합된 물건과 그 토지나 건물에 설치된 기계, 기구, 그 밖의 공장의 공용물(供用物)에 미친다(공장 및 광업재단 저당법 §§3, 4). 물론 설정행위에 특별한 약정이 있는 경우(저당권설정등기를 신청할 때에 그 내용을 적어야 한다)와 민법 제406조에 따라서 채권자가 채무자의 행위를 취소할 수 있는 경우에는 그러하지 아니하다.

공장의 토지 또는 건물에 설치된 기계, 기구, 그 밖의 공장의 공용물은 기계·기구목록에 기재되어야만 공장저당권의 효력이 미친다(공장 및 광업재단 저당법 §6). 그러므로 공장저당권이 설정된 공장의 토지 또는 건물에 대하여 압류 또는 가압류가 된 경우에도 그 때까지 기계·기구목록이 전혀 제출되지 아니한 때에는 그 압류 및 가압류의 효력이 그 기계, 기구에까지 미친다고 할 수는 없다.[788] 다만 공장건물이나 토지에 대하여 민법상의 일반저당권이 설정된 경우에는 공장 및 광업재단 저당법 제6조에 의한 목록의 작성이 없더라도 그 저당권의 효력은 민법 제358조에 의하여 당연히 그 공장의 건물이나 토지의 종물 또는 부합물에까지 미친다.[789]

공장저당권에는 추급력이 있다(공장 및 광업재단 저당법 §7). 그러므로 공장저당권의 목적이 된 물건이 제3취득자에게 인도된 후에도 공장저당권자는 그 물건에 대하여 공장저당권을 행사할 수 있다(다만 민법 제249조부터 제251조까지의 규정을 적용할 때에는 그러하지 아니하다).

공장저당권의 목적인 토지나 건물에 대한 압류, 가압류 또는 가처분은 공장저당권의 목적이 되는 물건에 효력이 미친다(공장 및 광업재단 저당법 §8 I). 다만 공장저당권이 설정된 토지나 건물과 함께하지 아니한 물건(토지나 건물에 설치된 기계, 기구, 그 밖의 공장의 공용물)은 압류, 가압류 또는 가처분의 목적으로 하지 못한다(공장 및 광업재단 저당법 §8 II).

공장소유자는 임의로 공장저당권의 목적물을 분리할 수 없다. 다만 공장소유자가 저당권자의 동의를 받아 토지나 건물에 부합된 물건, 혹은 토지나 건물에 설치한 기계, 기구, 그 밖의 공용물을 분리한 경우에 그 물건에 관하여는 저당권이 소멸한다(공장 및 광업재단 저당법 §9 I·II). 특히 공장소유자가 공장저당권의 목적물에 대한 압류, 가압류 또는 가처분이 있기 전에 저당권자의 이익을 위하여 정당한 사유를 들어 저당목적물의 분리에 대한

788) 대법원 1995.6.29. 선고 94다20174 판결.

789) 대법원 1995.6.29. 선고 94다6345 판결.

동의를 요구하면 저당권자는 그 동의를 거절하지 못한다.

2) 공장재단저당

공장재단이란 공장에 속하는 일정한 기업용 재산으로 구성되는 일단(一團)의 기업재산을 가리킨다. 하나 또는 둘 이상의 공장을 공장재단등기부에 소유권보존등기를 하여 공장재단을 설정할 수 있다. 공장재단에 속한 공장이 둘 이상일 때 각 공장의 소유자가 달라도 상관없고, 다만 공장재단의 구성물[790]은 동시에 다른 공장재단에 속하게 하지 못한다(공장 및 광업재단 저당법 §10).

공장재단은 1개의 부동산으로 본다. 공장재단은 저당권의 목적으로 할 수 있고, 공장재단 위에 저당권설정등기를 하게 되면 공장재단저당이 된다.

(2) 광업재단저당

광업재단이란 광업권과 광업권에 기하여 광물을 채굴·취득하기 위한 각종 설비 및 그 설비에 부속하는 사업의 설비로 구성되는 일단의 기업재산을 가리킨다. 광업재단은 광업권과 그 광업에 관하여 동일한 광업권자에 속하는 토지, 건물, 그 밖의 공작물 및 기계, 기구, 그 밖의 부속물, 항공기, 선박, 자동차 등 등기 또는 등록이 가능한 동산, 지상권이나 그 밖의 토지사용권, 임대인이 동의하는 경우에는 물건의 임차권, 지식재산권의 전부 또는 일부로 구성할 수 있다(공장 및 광업재단 저당법 §53).

광업재단은 역시 1개의 부동산으로 본다. 광업재단은 저당권의 목적으로 할 수 있고, 광업재단 위에 저당권설정등기를 하게 되면 광업재단저당이 된다.

5. 자동차 등 특정동산의 저당

민법상 동산은 질권의 목적은 될 수 있지만 저당권의 목적은 될 수 없다. 그러나 신용거래의 실무에서는 동산에 대하여도 채무자에게 점유를 담겨둔 채 담보화할 수 있는 방법이 강하게 요청되고 있다.

동산에 대한 점유를 이전하지 않고 동산을 담보화하는 방법으로는 (i) 양도담보, (ii) 동산을 등기·등록에 의하여 공시할 수 있게 하여 동산에 저당권을 설정하는 방법이 있다. 동산에 관한 등기·등록제도를 두고 그 동산 위에 설정하는 저당권을 등기·등록에 의하여 공시하는 담보제도를 「동산저당제도」라고 한다. 현재 동산저당제도로서는 자동차저당, 항공기저당, 건설기계저당, 선박저당이 있다(자동차 등 특정동산 저당법 §3, 선박등기법 §3).

---

790) 예컨대 공장에 속하는 토지, 건물이나 그 밖의 공작물 및 기계, 기구, 전봇대, 전선(電線), 배관(配管), 레일, 그 밖의 부속물, 항공기, 선박, 자동차 등 등기나 등록이 가능한 동산, 지상권 및 전세권, 임대인이 동의한 경우에는 물건의 임차권, 지식재산권이 공장재단의 구성물이 될 수 있고(공장에 속하는 토지나 건물로서 미등기인 때에 공장재단을 설정하기 전에 그 토지나 건물의 소유권보존등기를 하여야 한다), 타인의 권리의 목적인 물건 및 압류, 가압류 또는 가처분의 목적인 물건은 공장재단의 구성물이 될 수 없다(공장 및 광업재단 저당법 §13).

6. 권리저당

권리저당은 권리를 목적으로 설정되는 저당권이다. 민법은 지상권·전세권 위에 저당권을 설정할 수 있도록 규정하고 있고(§371), 특별법에 의하여 권리를 저당권의 목적으로 할 수 있는 경우가 있다.

제5절 비전형담보

Ⅰ. 총 설

1. 비전형담보의 의의

예를 들어 A가 B에 대한 채권을 확실하게 회수할 수 있도록 하기 위하여 AB 사이의 합의에 의하여 B 또는 제3자(물상보증인)가 소유하는 물건을 담보로 제공하는 방법으로서 민법은 질권·저당권을 규정하고 있다. 그러나 실제의 거래계에서는 질권·저당권과 같은 약정담보물권 이외에 예컨대 A가 처음부터 B 소유의 물건에 대한 소유권을 취득하고, 만일 채무가 이행되면 반환하지만 채무불이행의 경우에는 소유권을 확정적으로 취득하여 본래의 채무의 변제에 대신하는 제도를 흔히 이용하여 담보의 목적을 달성하고 있다.

실무계의 요청에 의하여 생긴 민법이 예정하지 아니한 특수한 형태의 담보제도를 비전형담보 혹은 변칙담보(변형담보·변태담보)라고 할 수 있다. 다만 비전형담보의 개념정의에 대하여는 견해에 차이가 있다. 일반적으로는 민법 또는 민법규정이 준용되는 특별법이 본래부터 담보물권으로 규정한 담보물권 이외의 새로운 담보방법을 비전형담보라고 한다. 그리고 민법이 규정하는 약정담보물권은 아니지만 약정담보물권과 유사하게 채권담보의 기능을 가지는 모든 담보제도가 비전형담보라는 견해와 채권담보를 위하여 이용되는 소유권이전 또는 권리이전의 형식에 의한 담보제도가 비전형담보라고 보는 견해도 있다.

2. 비전형담보가 생기는 이유

(1) 담보목적물의 다양화

사회적·경제적 여건의 변화에 따라서 담보목적물이 다양화되어 기존의 전형담보의 설정에 적합한 동산·부동산 이외에 각종의 권리, 계약상의 지위에 대한 담보가치가 인정되어 새로운 담보방법으로 비전형담보의 이용이 요구되고 있다.

(2) 전형담보의 경직성

민법상 질권은 원칙상 동산에만 이용할 수 있고, 저당권은 원칙상 부동산에만 이용할 수 있다. 기업용 동산·상품을 담보수단으로 이용하기 위하여는 동산질권을 설정할 수 있을 뿐이고, 저당권을 설정할 수 없다. 그러나 기업용 동산에 점유질인 질권을 설정하면 채무자는 기업용 동산을 생산활동에 이용할 수 없고, 상품에 질권을 설정하면 채무자는 상품을 판매할 수 없다. 그러므로 비전형담보는 질권·저당권과 같은 민법상의 전형담보가 갖고 있는 경직성과 한계성을 극복하기 위하여 이용된다.

(3) 설정의 간편성과 실행의 용이성

전형담보는 그 설정을 위하여 인도·등기와 같은 형식을 필요로 하고, 그 실행을 위하여 시간과 비용을 많이 필요로 한다. 그러므로 전형담보가 갖고 있는 절차상의 불편성이나 복잡성을 회피하기 위하여 그 설정이 간편하고 실행이 용이한 변칙적인 비전형담보가 이용된다.

(4) 초과이득의 취득

질권·저당권과 같은 전형담보에서는 담보목적물의 가액이 채권액을 초과하는 경우라도 원칙적으로 청산을 하여야 하고 채권자가 초과분을 취득할 수 없다. 그러므로 목적물의 가액이 채권액보다 고액인 경우에 채권액을 넘는 초과액의 취득을 가능하게 하는 변칙적 방법으로 비전형담보가 이용된다.

3. 비전형담보의 유형

(1) 자금을 매매대금으로 얻는 형식

필요한 자금을 소비대차에 의하지 않고 매매의 형식을 이용하여 매매대금으로 취득하고, 후에 매매대금을 반환하고 목적물을 다시 찾아오는 방법(환매·재매매의 예약)에 의한 비전형담보를 이른바 「매도담보」라고 한다. 매도담보는 예컨대 1,000만원의 자금이 필요한 A가 자기 소유의 부동산을 매매대금 1,000만원에 B에게 매각하여 소유권을 이전하는 동시에 필요한 자금 1,000만원을 얻고, 후에 매매대금 1,000만원을 반환하여 부동산의 소유권을 다시 회복하는 형식을 취하는 담보방법이다.

(2) 자금을 소비대차에 의하여 얻는 형식

1) 계약체결시 목적물의 소유권을 채권자에게 이전하는 형식

필요한 자금을 금전소비대차계약에 의하여 얻고 그 채권을 담보하기 위하여 목적물의 소유권을 채권자에게 이전하는 형식을 취하는 비전형담보를 본래의 의미의 양도담보 혹은 「좁은 의미의 양도담보」라고 한다. 좁은 의미의 양도담보는 예컨대 1,000만원의 자금이 필요한 A가 소비대차계약에 의하여 B로부터 1,000만원을 차용하고, 그 채무를 담보하기 위하여 A 소유의 어떤 물건의 소유권을 B에게 이전하는 형식을 취하는 담보방법이다.

2) 채무불이행시 목적물의 소유권을 채권자에게 이전하는 형식

소비대차와 동시에 대물변제의 예약을 하는 경우와 같이 자금의 융자와 함께 채권자·채무자(또는 제3자) 사이의 계약으로 채무불이행시에 본래의 채무에 갈음하여 채무자(또는 제3자) 소유의 목적물에 의한 변제를 미리 약정하는 형식을 취하는 비전형담보로서 특히 장래의 소유권취득을 보전하기 위하여 가등기를 하는 비전형담보를 가등기담보라고 한다.

Ⅱ. 가등기담보

1. 서 설

(1) 가등기담보의 의의

가등기담보란 채권(특히 금전채권)을 담보할 목적으로 채권자와 채무자(또는 제3자) 사이에서 채무자(또는 제3자) 소유의 부동산을 목적물로 하는 대물변제예약 또는 매매예약을 맺고, 동시에 채무자의 채무불이행이 있는 경우에 채권자가 바로 예약완결권을 행사하여 그 목적물의 소유권을 취득할 있도록 가등기를 하는 담보형식을 가리킨다. 예를 들어 A가 B에게 금전을 대여하는 경우에 만일 B가 약정한 기일에 차용금을 반환하지 아니하면 B 또는 제3자(물상보증인) 소유에 속한 목적물의 소유권이나 그 밖의 권리를 채권자 A에게 이전하여 본래의 채무의 이행에 갈음한다는 대물변제예약·매매예약을 체결하고, A가 가지는 목적물의 소유권이전청구권을 보전하는 가등기를 하는 형식을 취하는 담보방법이 바로 가등기담보이다.

(2) 가등기담보의 유형

1) 기본계약에 의한 분류

① 대물변제의 예약에 의한 가등기담보　　소비대차에 의하여 금전을 차용하고 채무불이행시 채무변제에 갈음하여 부동산의 소유권을 채권자에게 이전한다는 대물변제의 예약을 하고, 소유권이전청구권을 보전하는 가등기를 하는 형식을 취하는 담보방법이 「대물변제의 예약에 의한 가등기담보」이다.

② 매매예약에 의한 가등기담보　　부동산을 장차 매각한다는 매매예약을 하고, 그 매매대금을 차용금 상당액으로 하여 채무자가 미리 지급받고 소유권이전청구권의 보전을 위한 가등기를 하는 형식을 취하는 담보방법이 「매매예약에 의한 가등기담보」이다.

③ 매매에 의한 가등기담보　　매매계약을 체결하고 소유권이전의 본등기를 하지 않고 소유권이전등기청구권의 보전을 위한 가등기를 하는 형식을 취하는 담보방법이 「매매에 의한 가등기담보」이다.

2) 청산방법에 의한 분류

① 귀속(취득)청산형 법정의 청산절차를 통하여 채권자가 가등기에 의한 본등기를 하여 목적물의 소유권을 취득하는 방법으로 채권의 만족을 얻는 가등기담보를 귀속(취득) 청산형 가등기담보라고 한다(가등기담보법 §3). 다만 부동산이 귀속청산의 방법으로 담보권이 실행되어 그 소유권이 채권자에게 확정적으로 이전되기 위하여는 우선 당사자로부터 담보권의 실행이 귀속청산의 방법으로 이루어진 사실에 관한 주장이 있어야 하고, 또한 채권자가 가등기에 기하여 본등기를 마친 사실만으로는 부족하고 담보부동산을 적정한 가격으로 평가한 후 그 대금으로써 피담보채권의 원리금에 충당하고 나머지 금원을 반환하거나 평가금액이 피담보채권액에 미달하는 경우에는 채무자에게 그 내용의 통지를 하는 등 정산절차를 마친 사실이 인정되어야 한다.[791)]

② 처분청산형 채권자가 목적물의 소유권을 직접 취득하지 않고 목적물을 경매하여 그 매각대금으로부터 우선변제를 받는 가등기담보를 처분청산형 가등기담보라고 한다(가등기담보법 §12 I 본문).

(3) 가등기담보권의 성질

1) 가등기담보권 = 소유권이전형 담보물권

가등기담보는 담보형의 형태로서는 제한물권형 담보방법이 아니고 소유권이전형 담보방법이다. 가등기담보법은 가등기담보권을 명시적으로 담보물권으로 규정하고 있지 않다. 그러나 가등기담보권은 내용상 일종의 담보물권으로 볼 수 있다(다수설). 다만 담보물권인 가등기담보권의 성질에 대하여는 저당권에 유사한 특수저당권으로 이해하는 견해(다수설)와 특수저당권이라기 보다는 변칙적 특수성을 갖는 담보물권이라고 보는 견해가 대립하고 있다.

2) 담보물권의 통유성

가등기담보권은 특수저당권인 일종의 담보물권으로서 담보물권의 통유성을 가진다. 그러므로 가등기담보권에도 부종성·수반성·불가분성·물상대위성이 있다.

2. 가등기담보권의 설정·이전

(1) 가등기담보권의 설정

1) 가등기담보계약의 의의

채권담보를 위하여 채무자가 채무를 이행기에 이행하지 않는 경우에 채무자(또는 제3자)에 속하는 소유권이나 그 밖의 권리를 채권자에게 이전한다는 내용으로 체결되는 대물변제의 예약, 매매예약, 매매계약이 가등기담보계약이다. 다만 매매계약에 기한 소유권이전청구권을 보전하기 위한 가등기를 마친 후에 그 매매계약을 합의해제하여 매도인이 매수

791) 대법원 1996.7.30. 선고 95다11900 판결.

인으로부터 지급받은 매매대금을 반환할 경우에 매수인이 그 매매계약에 기한 가등기를 말소하기로 약정한 사실만으로는 매도인과 매수인 사이에 그 가등기를 담보가등기로 유용하기로 한 합의가 있다고 볼 수는 없다.[792)]

2) 가등기담보계약의 요건

① 당사자 　　가등기담보계약의 당사자는 보통 채권자와 채무자이다. 그러나 가등기담보권설정자는 채무자에 한하지 않고 제3자(물상보증인)라도 상관없다.

② 목적물 　　가등기담보계약의 목적물은 주로 부동산이지만, 등기·등록이 가능하면 부동산이 아니라도 상관없다. 입목법에 의한 입목, 등기한 선박, 자동차·항공기·건설기계, 공장재단·광업재단, 특허권·실용신안권·의장권에도 가등기담보가 가능하다.

③ 피담보채권 　　가등기담보권의 피담보채권으로 될 수 있는 채권은 소비대차에 의하여 생긴 채권에 한정되는가? 소비대차로 생긴 채권뿐만 아니라, 소비대차 이외의 사유로 생긴 채권(예컨대 외상거래로 인한 상품대금, 불법행위로 인한 손해배상채권, 부당이득반환채권)에도 적용된다는 견해(다수설)가 타당하다고 본다.

3) 가등기·가등록

가등기담보권은 공시방법으로서 등기·등록을 구비하여야 한다. 다만 담보가등기는 저당권설정등기와 달리 피담보채권에 관한 기재(예컨대 채권액·이자·채무자·변제기)를 하지 아니한다. 그리고 청구권보전의 가등기, 즉 보전가등기가 순위보전적 효력만을 가지는 반면에, 담보가등기는 일정한 실체법상의 효력으로 우선변제권을 가진다(가등기담보법 §13).

가등기가 보전가등기인지, 담보가등기인지 여부는 어떤 기준으로 결정하는가? 가등기가 담보가등기인지 여부는 그 등기부상 표시나 등기시에 주고받은 서류의 종류에 의하여 형식적으로 결정하지 않고, 거래의 실질과 당사자의 의사해석에 따라서 결정하여야 한다.[793)]

(2) 가등기담보권의 이전

가등기담보권도 일종의 재산권으로 당연히 양도성을 가진다. 다만 특수한 저당권의 일종인 가등기담보권도 그 피담보채권과 함께 양도할 수 있을 뿐이고, 피담보채권과 분리하여 양도할 수 없다(§361).

3. 가등기담보권의 효력

(1) 가등기담보권의 일반적 효력

1) 가등기담보권의 효력범위

가등기담보권은 일종의 담보물권, 즉 특수한 저당권으로 피담보채권의 범위에 대하여

792) 대법원 1996.11.29. 선고 96다31895 판결.
793) 대법원 1992.2.11. 선고 91다36932 판결.

는 민법상 저당권에 관한 규정(§360)이 적용된다(가등기담보법 §3 II). 그러므로 가등기담보권은 원본, 이자, 위약금, 채무불이행으로 인한 손해배상 및 가등기담보권의 실행비용을 담보한다.[794] 그리고 가등기담보권의 효력이 미치는 목적물의 범위는 보통 가등기담보설정계약에서 정하지만, 부합물·종물·과실에 대하여는 민법 제358조, 제359조를 적용한다.

2) 대내적 효력

가등기담보권이 설정되어도 목적물의 소유권은 가등기담보권의 실행이 있을 때까지 가등기담보권설정자에게 귀속한다. 그러므로 가등기담보권설정자는 저당권에서와 마찬가지로 목적물을 자유로 이용하고, 제3자를 위한 용익권을 설정할 수 있다.

3) 대외적 효력

채권자는 가등기담보권을 그 피담보채권과 함께 제3자에게 양도할 수 있다. 가등기담보권의 양도를 통하여 가등기담보권자는 가등기담보권의 실행에 앞서 투하자본을 회수할 수 있다.

가등기담보권은 국세기본법, 국세징수법, 지방세기본법, 채무자 회생 및 파산에 관한 법률의 적용에서는 저당권으로 본다(가등기담보법 §17 III). 가등기담보권설정자가 파산한 때에 가등기담보권자는 별제권을 가지고(가등기담보법 §17 I, 채무자 회생 및 파산에 관한 법률 §411), 가등기담보권설정자에 대하여 회생절차가 개시된 경우에는 가등기담보권은 회생담보권으로 취급된다(가등기담보법 §17 III, 채무자 회생 및 파산에 관한 법률 §141).

(2) 가등기담보권의 실행

1) 서 설

가등기담보권을 설정한 경우에 채권자는 채무자가 변제기의 도래에도 불구하고 채무의 변제를 하지 아니하면 가등기담보권의 실행에 착수하게 된다. 가등기담보권은 어떤 방법으로 실행되는가? 가등기담보법은 사적 실행방법으로서 귀속청산의 방법과 공적 실행방법으로서 처분청산의 방법 두 가지를 규정하고 있다.

가등기담보법 제3조와 제4조는 가등기담보권의 사적 실행방법으로 귀속청산의 원칙을 규정하고 있다. 사적 실행으로서 귀속청산은 채권자가 가등기담보권을 실행하는 방법으로 가등기담보법이 정하고 있는 일정한 절차를 거쳐서 담보목적물의 소유권을 취득하는 방법이다. 그리고 가등기담보법 제12와 제13조은 공적 실행방법으로 경매청구권을 행사하여 담보목적물의 매각대금으로부터 우선변제를 받는 처분청산을 별도로 규정하고 있다.

사적 실행으로서 이른바 「처분청산」형의 가등기담보권실행이 허용되는가? 가등기담보법이 가등기담보권의 사적 실행방법으로 귀속청산의 원칙, 공적 실행방법으로 경매의 청

---

794) 가등기담보채권자가 그의 권리를 보전하기 위하여 가등기담보채무자의 제3자에 대한 선순위 가등기담보채무를 대위변제하여 가지는 구상금채권도 가등기담보권의 피담보채권에 포함된다(대법원 2002.6.11. 선고 99다41657 판결; 대법원 2007.7.13. 선고 2006다46421 판결).

구 및 우선변제청구권 등 처분청산의 방법에 대하여만 별도로 규정하고 있고, 가등기담보법 제4조 제1항 내지 제3항에서 채권자의 청산금지급의무, 청산기간경과와 본등기청구, 청산금의 지급의무와 부동산의 소유권이전등기 및 인도채무의 동시이행관계 등을 순차로 규정한 다음, 가등기담보법 제4조 제4항에서 채무자 등에게 불리한 특약은 그 효력이 없다(다만 청산기간의 경과 후에 행하여진 특약으로서 제3자의 권리를 해하지 아니하는 경우는 제외된다)고 규정하고 있다. 또한 더 나아가 가등기담보법 제11조는 채무자 등이 청산금채권을 변제받을 때까지 그 채무액을 채권자에게 지급하고 그 채권담보의 목적으로 행하여진 소유권이전등기의 말소를 청구할 수 있다고 규정하고 있다. 그러므로 가등기담보권의 사적 실행에 있어서 채권자가 청산금의 지급 이전에 본등기와 담보목적물의 인도를 받을 수 있다거나 청산기간이나 동시이행관계를 인정하지 아니하는 「처분청산」형의 가등기담보권실행은 가등기담보법상 허용되지 아니한다고 보아야 한다.[795)]

2) 권리취득에 의한 실행

(a) 실행의 통지

a) 통지할 사항

채무자가 변제기에 변제를 하지 않는 경우에 가등기담보권자는 청산금의 평가액을 「채무자 등」(채무자·물상보증인·제3취득자)에게 통지하여야 한다(가등기담보법 §§3·2 ii). 그리고 가등기담보권자가 실행통지를 할 때에는 통지 당시의 목적부동산의 평가액과 민법 제360조에 규정된 채권액을 명시하여야 한다(가등기담보법 §3 II 전단).

가등기담보권자가 하는 담보권실행의 통지에는 주관적으로 평가한 통지 당시의 목적부동산의 가액과 피담보채권액을 명시하여 청산금의 평가액을 통지하면 족하다.[796)] 가등기담보권자가 나름대로 평가한 청산금의 액수가 객관적인 청산금의 평가액에 미치지 못한다고 하더라도 담보권실행의 통지로서의 효력에는 아무런 영향이 없고, 다만 채무자 등은 정당하게 평가된 청산금을 지급받을 때까지 목적부동산의 소유권이전등기 및 인도채무의 이행을 거절하면서 피담보채무 전액을 가등기담보권자에게 지급하고 채권담보의 목적으로 마쳐진 가등기의 말소를 구할 수 있을 뿐이다.[797)]

b) 통지의 상대방

채무자 등에게 통지를 하여야 한다고 할 때에 그 「채무자 등」에는 채무자와 물상보증인뿐만 아니라, 담보가등기 후 소유권을 취득한 제3취득자도 포함된다. 그리고 통지는 「채무자 등」 모두에게 하여야 하므로,[798)] 채무자 등의 전부 또는 일부에 대하여 통지를 하지 않으면 청산기간이 진행할 수 없게 된다.[799)]

---

795) 대법원 2002.12.10. 선고 2002다42001 판결.

796) 평가액산정의 기준시에 대하여는 「통지 당시」를 기준시로 보는 견해와 「청산기간이 경과한 시점」으로 파악하는 견해가 대립한다.

797) 대법원 1996.7.30. 선고 96다6974, 6981 판결.

798) 대법원 2002.4.23. 선고 2001다81856 판결.

799) 대법원 1995.4.28. 선고 94다36162 판결.

c) 통지의 시기

실행의 통지는 피담보채권의 변제기 이후에 하여야 하며(가등기담보법 §3 I), 변제기 이후이면 언제라도 상관없다. 그리고 변제기가 도래하기 전에 한 통지는 무효이고, 변제기 후에 다시 통지하여야 한다.

d) 통지의 방법

실행통지의 방법에는 아무런 제한이 없어 구두로든 서면으로든 가능하다. 통지의 도달은 청산기간의 기산점이 되어 매우 중요한 의미를 가질 뿐만 아니라 후일의 분쟁을 회피하기 위하여도 통지는 배달증명우편이나 내용증명우편의 방법에 의하는 경우가 좋다. 또한 채무자 등의 주소불명 등의 사유로 인하여 통지를 할 수 없을 때에는 민법 제113조의 규정을 준용하여 공시송달의 방법을 취할 수 있다.

담보부동산의 평가액이 피담보채권액에 미달하는 경우에는 청산금이 있을 수 없으므로 통지방법으로 부동산의 평가액 및 채권액을 구체적으로 언급할 필요 없이 그 미달을 이유로 채무자에 대하여 가등기담보권의 실행으로 그 부동산을 확정적으로 채권자의 소유로 귀속시킨다는 뜻을 알리면 족하다.[800)]

(b) 청 산

a) 서 언

가등기담보권자는 청산금평가액의 통지가 채무자 등에게 도달한 후 2개월이 경과하기까지 채무자의 변제가 없는 때에는 청산에 들어가게 된다(가등기담보법 §3 I). 청산금평가액의 통지가 도달한 날로부터 2개월이 경과할 때까지의 기간을 청산기간이라고 한다. 청산기간은 가등기담보권의 실행에서 채무자 등과의 관계(채무자의 보호기능)에서는 물론 담보목적물에 대한 후순위권리자 등과의 관계(물상대위의 권리보전기간)에서 이해관계의 조정을 도모하고자 하려는 취지에서 인정되므로, 가등기담보법에서 상당히 중요한 의미를 갖는다.

b) 청산방법

청산의 방법은 귀속청산에 의한다. 가등기담보권자는 청산금의 지급과의 동시이행으로 가등기에 기한 본등기청구 및 목적물인도청구를 할 수 있다(가등기담보법 §4 III).

c) 청산금

청산금은 통지 당시의 목적부동산의 가액에서 그 채권액을 공제한 금액이 된다(가등기담보법 §4 I 전단). 만약 목적부동산에 선순위담보권 등의 권리가 있을 때에는 그 채권액을 계산할 때에 선순위담보 등에 의하여 담보된 채권액을 포함한다(가등기담보법 §4 I 후단).

d) 청산금청구권자

청산금에 대한 청구를 할 수 있는 자는 가등기담보권설정자(채무자) 또는 제3취득자와 후순위권리자[801)]가 해당한다. 그리고 담보가등기 후에 대항력 있는 임차권을 취득한 자에게

---

800) 대법원 2001.8.24. 선고 2000다15661 판결.

도 청산금의 범위 안에서 보증금의 반환을 청구할 수 있는 권리가 있다(가등기담보법 §5 V).

e) 청산금의 지급시기

청산금은 청산기간의 만료시에 지급하여야 한다. 그러므로 채권자가 청산기간이 지나기 전에 청산금을 지급한 경우에는 그로써 후순위권리자에게 대항하지 못한다(가등기담보법 §7 II).

f) 청산금의 공탁

청산금채권이 압류 또는 가압류된 경우에 채권자는 청산기간이 지난 후 그에 해당하는 청산금을 채무이행지를 관할하는 법원에 공탁하여 그 범위에서 채무를 면할 수 있다(가등기담보법 §8 I). 그리고 채권자는 공탁을 한 경우에는 채무자 등과 압류채권자 또는 가압류채권자에게 지체 없이 공탁의 통지를 하여야 한다(가등기담보법 §8 IV).

(c) 본등기에 기한 소유권의 취득

a) 서 언

가등기담보권의 실행으로 청산절차가 종료된 후에 담보목적물에 대한 사용·수익권은 누가 가지는가? 일반적으로 담보목적으로 가등기를 마친 경우에 담보목적물에 대한 사용·수익권은 가등기담보권설정자인 소유자에게 있으나, 가등기담보약정은 채무자가 본래의 채무를 이행하지 못할 경우에 채권자에게 담보목적물의 소유권을 이전하기로 하는 예약으로서 유상계약인 쌍무계약적 재산권이전약정에 해당한다. 그러므로 성질에 반하지 않는 한 매매에 관한 민법규정이 준용되고(§567), 채권자가 가등기담보권을 실행하여 그 담보목적물의 소유권을 취득하기 위하여 가등기담보법에 따라서 채무자에게 담보권실행을 통지한 경우에 청산금을 지급할 여지가 없는 때에는 2개월의 청산기간이 경과함으로써 청산절차는 종료되고, 그에 따라서 채권자는 더 이상의 반대급부의 제공 없이 채무자에 대하여 소유권이전등기청구권 및 목적물인도청구권을 가진다. 결국 채무자가 소유권이전등기의무 및 목적물인도의무의 이행을 지연하면서 자신이 담보목적물을 사용·수익할 수 있다고 하면 심히 공평에 반하여 허용될 수 없으므로, 그 경우 담보목적물에 대한 과실수취권 등을 포함한 사용·수익권은 청산절차의 종료와 함께 채권자에게 귀속된다고 보아야 한다.[802)]

b) 소유권의 취득

가등기담보법 제4조 제2항 후단은 "담보가등기를 마친 경우에는 청산기간이 지나야 그 가등기에 따른 본등기를 청구할 수 있다"고 규정하고 있다. 그러므로 청산기간이 경과하여야 채권자가 본등기청구권을 취득할 수 있음은 명백하나, 구체적으로 그 후 어느 시기에 본등기청구권을 취득하는가가 문제된다.

---

801) 가등기담보권자가 담보권실행의 통지를 채무자에게 하고, 그 통지의 사실과 내용 및 도달일을 통지받은 후순위권리자가 채권자에게 직접 권리를 행사하고 않고, 또한 청산기간을 경과하게 되면 채권자는 채무자에게 청산금을 변제할 수 있을 뿐만 아니라, 채권자가 채무자에 대하여 가등기담보에 의하여 담보되지 아니한 별개의 금전채권을 가지고 있는 경우에는 그 금전채권을 자동채권으로 하여 채무자의 청산금채권을 상계할 수 있다(대법원 2002.6.11. 선고 99다41657 판결).

802) 대법원 2001.2.27. 선고 2000다20465 판결.

① 청산금이 없는 경우　　담보목적물의 가액이 채권액에 미달하여 청산금이 없는 경우에 가등기담보권자는 청산기간이 지난 후에 곧바로 가등기에 기한 본등기를 청구할 수 있다.

② 청산금이 있는 경우　　채무자 등은 청산금채권을 변제받을 때까지 그 채무액(반환시까지의 이자와 손해금을 포함)을 채권자에게 지급하고 그 채권담보의 목적으로 이루어진 소유권이전등기의 말소를 청구할 수 있다는 규정(가등기담보법 §11 본문) 및 담보가등기가 마쳐진 부동산에 대하여 경매 등이 행하여진 때에는 가등기담보권자는 담보가등기에 기한 본등기를 청구할 수 없다는 규정(가등기담보법 §14)에 비추어 볼 때 채권자가 본등기 청구권을 취득하는 시기는 청산기간이 지난 후 청산금을 지급하거나 청산금을 공탁한 때가 된다.

c) 법정지상권

토지 및 그 지상의 건물이 동일한 소유자에 속하는 경우에 그 토지 또는 건물의 어느 한쪽에 가등기담보권이 설정되어 실행된 결과로 가등기담보법 제4조 제2항의 규정에 의하여 소유권을 취득하거나 담보가등기에 기한 본등기가 행하여진 때에는 건물을 위하여 지상권이 설정된 경우로 본다(가등기담보법 §10).

d) 채무자 등의 등기말소청구권

채무자 등은 청산금을 변제받을 때까지 그 채무액을 채권자에게 지급하고 채권담보의 목적으로 행하여진 가등기의 말소청구를 할 수 있다(가등기담보법 §11 본문). 다만 채무의 변제기가 지난 때로부터 10년이 지나거나 또는 선의의 제3자가 소유권을 취득한 때에는 채무자 등은 채무액을 채권자에게 지급하더라도 가등기의 말소청구를 할 수 없다(가등기담보법 §11 단서).

(d) 가등기담보법을 위반하여 마쳐진 본등기의 효력

가등기담보법 제3조, 제4조에 위반하여 정산절차를 거치지 않고 담보가등기에 기한 본등기가 이루어진 경우에 그 본등기는 유효한가? 가등기담보법 제3조, 제4조의 각 규정에 비추어 볼 때에 각 규정을 위반하여 담보가등기에 기한 본등기가 이루어진 경우에는 그 본등기는 무효이고, 설령 그 본등기가 가등기권리자와 채무자 사이에 이루어진 특약에 의하여 성립한 경우라고 할지라도 만일 그 특약이 채무자에게 불리한 경우로서 무효라고 한다면 그 본등기는 여전히 무효일 뿐이며, 이른바 약한 의미의 양도담보로서 담보의 목적 내에서는 유효하다고 할 수도 없다.[803] 다만 가등기담보권자가 가등기담보법 제3조, 제4조에 정한 절차에 따라서 청산금의 평가액을 채무자 등에게 통지한 후 채무자에게 정당한 청산금을 지급하거나 지급할 청산금이 없는 경우에는 채무자가 그 통지를 받은 날로부터 2개월의 청산기간이 경과하는 등 후에 정산절차를 마치면 무효인 본등기는 실체적 법률관계에 부합하는 유효한 등기가 될 수 있다.[804]

803) 대법원 1994.1.25. 선고 92다20132 판결.

3) 경매에 의한 실행

가등기담보권자는 권리취득에 의한 실행을 하지 아니하고 목적부동산의 경매를 청구할 수 있고(가등기담보법 §12 I 전문), 그 매각대금으로부터 자기채권의 우선변제를 받을 수 있다. 경매에 의한 실행에서는 가등기담보권을 저당권으로 본다(가등기담보법 §12 I 후단).

(3) 경매에서 가등기담보권자의 배당참가

다른 권리자의 신청에 의하여 개시된 경매절차에 가등기담보권자도 참가할 수 있다. 가등기담보권자가 배당참가를 하기 위하여는 법원에 의한 채권신고의 최고에 따라서 채권신고를 하여야 한다(가등기담보법 §16 I·II). 다른 권리자에 의한 경매절차에서 가등기담보권자는 이해관계인으로 본다(가등기담보법 §16 III).

4. 가등기담보권의 소멸

(1) 일반적 소멸사유

가등기담보권의 실행으로 가등기에 의하여 담보된 채권이 만족을 얻고 소멸하면 가등기담보권도 소멸한다. 또한 가등기담보권은 채무의 변제·목적물의 멸실에 의하여 소멸한다.

가등기담보권만이 독립하여 소멸시효에 걸리지는 아니한다. 다만 피담보채권의 소멸시효가 완성되면 가등기담보권도 부종성에 의하여 소멸한다.

(2) 가등기담보권에 특유한 소멸사유

가등기담보권은 그 실행이 종료되거나, 다른 경매절차에서 우선변제권을 행사한 때에는 소멸한다. 또한 가등기담보법 제11조에 의한 말소청구에 의하여 또는 가등기담보법 제11조 단서의 사유가 발생한 경우에는 가등기담보권이 소멸한다.

Ⅲ. 양도담보

1. 서 설

(1) 양도담보의 의의

> A가 B로부터 3,000만원을 이자율 월 3푼으로 정하여 차용하고, 그 담보로 줄잡아 시가가 2억여원이 넘는 갑임야에 관하여 B 앞으로 소유권이전청구권의 보전을 위한 가등기를 하였는데, 그 후 A는 갑임야에 관하여 가등기를 말소하면서 B 앞으로 다시 매매를 원인으로 한 소유권이전등기를 마쳤다. B 앞으로 마쳐진 소유권이전등기는 대물변제인가, 아니면 종전채무의 담보인가?

804) 대법원 2002.12.10. 선고 2002다42001 판결.

채무와 관련하여 채무자 소유의 부동산이 채권자 앞으로 소유권이전등기가 이루어진 경우에 그 소유권이전등기가 대물변제조로 이전된 경우인가, 아니면 종전채무의 담보를 위하여 이전된 경우인가가 문제될 수 있다. 소유권이전 당시의 당사자의 의사해석에 관한 문제이다. 대물변제인지 종전채무의 담보인지에 관하여 명확한 증명이 없는 경우(담보목적임을 주장하는 측에 그 증명책임이 있다)에는 소유권이전 당시의 채무액과 부동산의 가액, 채무를 지게 된 경위와 그 후의 과정(가등기의 설정관계), 소유권이전 당시의 상황, 그 이후의 부동산의 지배 및 처분관계 등 제반사정을 종합하여 담보목적인지 여부를 가려야 한다.

사례에서 3,000만원의 채무의 변제에 갈음하여 줄잡아 시가 2억여원이 넘는 갑임야에 대한 소유권을 넘겨준다는 경우는 특별한 사정이 없는 한 거래의 관행이나 경험칙에 비추어 도저히 납득하기 어렵다. 그러므로 갑임야에 관하여 B 앞으로 마쳐진 소유권이전등기가 양도담보가 아닌 대물변제라고 단정하기는 곤란하다. 오히려 A가 B 앞으로 갑임야에 관한 소유권이전등기를 넘겨준 경우는 대물변제로서가 아니라, 단지 차용금의 담보를 위하여 이루어진 경우라고 보는 태도가 합리적이라 할 수 있다. 사례와 같이 A가 B로부터 금전을 대여할 때에 차용금을 반환하면 소유권을 반환한다는 약속 아래 B는 A가 소유하는 부동산의 소유권을 취득하고, 만일 A가 채무를 이행하지 않는 때에는 B가 그 목적물로부터 우선변제를 받기로 하는 담보방법을 「양도담보」라고 한다.

(2) 양도담보의 사회적 기능

양도담보란 채권담보의 목적으로 목적물의 소유권(또는 기타 재산권)을 채권자에게 이전하고, 채무자가 이행하지 아니한 경우에는 채권자가 그 목적물로부터 우선변제를 받게 되지만, 채무자가 이행을 하는 경우에는 목적물을 다시 원소유자에게 돌려주는 비전형담보제도를 말한다. 양도담보는 양도성이 있는 재산이면 어떤 물건에 대하여도 가능하다. 그리고 양도담보에서는 목적물의 점유를 채권자에게 이전할 필요가 없다. 그러므로 양도담보는 생산활동이나 일상생활에 필요한 동산, 집합물(예컨대 돈사에 사육중인 돼지, 양만장 내의 뱀장어, 물류창고에 보관중인 의류 등), 새로이 형성된 재산권(예컨대 아파트입주권, 골프회원권, 콘도미니엄사용권, 전화가입권) 혹은 고객과 같은 무형의 재산적 가치에 대한 비점유담보수단으로서 중요한 기능을 한다.

양도담보는 채권자가 목적이 된 권리를 처음부터 취득한다고 구성을 하여 경매절차에 의하지 아니하고 간이·신속하게 담보목적을 실현할 수 있고, 부동산에 대하여는 처음부터 채권자를 위한 소유권이전등기를 하여 후순위담보권자와 같은 등기상의 이해관계인이 출현할 여지가 없다. 또한 양도담보는 질권·저당권 혹은 가등기담보권보다 채권자에게 유리하여 질권·저당권·가등기담보권이 설정될 수 있는 재산뿐만 아니라 부동산에 대하여도 양도담보가 자주 이용되고 있다.

(3) 양도담보의 법률적 구성

양도담보의 법률적 구성에 대하여 학설상 (i) 신탁적 소유권이전설, (ii) 해제조건부 소유권이전설, (iii) 담보물권설이 대립할 수 있다. 그러나 가등기담보법의 시행에 따라서 양도담보의 법률적 구성은 담보물권설에 입각하고 있다고 볼 수 있다. 담보물권설에 의하면 채권자는 양도담보의 설정에 의하여 제한물권인 양도담보권을 취득하게 되고, 그 양도담보권은 가등기담보권과 같이 특수한 저당권의 일종으로 이해할 수 있다.

① 신탁적 소유권이전설 　　신탁적 소유권이전설은 양도담보란 채권의 담보를 위하여 신탁적으로 소유권이 채무자로부터 채권자에게 이전한다고 본다. 신탁적 소유권이전설은 가등기담보법이 제정되기 이전에 판례와 다수설이 취한 견해이나, 현재는 학설상 소수설에 속한다.

② 해제조건부 소유권이전설 　　해제조건부 소유권이전설은 채권자는 양도담보에 의하여 채권의 변제를 해제조건으로 하여 목적물에 대한 소유권을 취득한다고 본다. 해제조건부 소유권이전설에 의하면 채무자가 변제기에 채무를 변제하면 말소등기를 하지 않더라도 당연히 목적물의 소유권이 채권자로부터 채무자에게 복귀한다고 본다.

③ 담보물권설 　　담보물권설은 양도담보에 의하여 채권자가 진정한 의미에서 소유권을 취득하지는 아니하여 소유권은 여전히 채무자, 즉 양도담보권설정자에게 있고, 단지 채권자는 양도담보권이라고 하는 독특한 제한물권을 취득할 뿐이라고 본다. 담보물권설에 의하면 양도담보권설정자(소유자)는 소유권에서 양도담보권을 뺀 권리만을 가진다고 본다. 가등기담보법은 담보부동산에 대하여 이미 채권자 앞으로 소유권이전등기가 마쳐진 경우에는 채권자가 청산기간의 경과 후 청산금을 채무자에게 지급한 때에 소유권을 취득한다(가등기담보법 §4 II)고 명문으로 규정하여 담보물권설에 입각하고 있다.

판례의 태도는 어떤가? 가등기담보법이 시행된 이후에도 판례가 "양도담보에서는 채권담보를 위하여 신탁적으로 양도담보권자에게 소유권이 이전한다"[805] 혹은 "동산에 대하여 양도담보설정계약이 이루어진 경우에 양도담보권자는 양도담보권설정자를 제외한 제3자에 대한 관계에서는 자신이 그 동산의 소유자임을 주장하여 권리를 행사할 수 있다"[806]고 하여 신탁적 소유권이전설을 취한 듯한 경우가 있다. 그러나 양도담보가 성립한 경우에는 "담보목적의 범위 내에서 채권자에게 그 소유권이 이전된다" 혹은 "양도담보에 기한 소유권이전등기는 당사자가 달리 특별한 약정을 하지 아니하는 한 채권담보의 목적으로 마친 경우로서 당사자 사이에 정산절차를 예정하고 있는 이른바 「약한 의미의 양도담보」가 된다"[807]고 하여 간접적으로 양도담보의 성질을 담보물권으로 이해한 경우가 많다.

---

805) 대법원 1995.7.25. 선고 94다46428 판결.
806) 대법원 1999.9.7. 선고 98다47283 판결.
807) 대법원 1996.11.15. 선고 96다31116 판결.

2. 양도담보권의 설정

(1) 양도담보설정계약

1) 양도담보설정계약과 피담보채권

양도담보설정계약은 채권자와 채무자 혹은 제3자(물상보증인) 사이의 낙성·불요식의 계약이다. 양도담보권에 의하여 담보되는 피담보채권은 금전채권이 보통이지만, 금전채권에 한하지 아니한다.

2) 목적물

(a) 재산적 가치·양도성

양도담보권을 설정할 수 있는 목적물은 특별한 제한이 없고, 재산적 가치가 있고 양도성이 있으면 된다. 부동산·동산은 물론이고, 채권·지식재산권·유가증권이나 특히 점포권·영업권·기업권도 양도담보권의 목적이 될 수 있다.

(b) 유동집합동산

a) 유동집합동산의 양도담보란

유동집합동산의 양도담보란 일정한 범위에 속하는 동산의 집단을 그 구성부분이 수시로 변동할 수 있다는 사실을 전제로 하면서 유동집합동산을 일체로서 양도담보의 대상으로 삼는 경우를 가리킨다. 예를 들어 특정의 창고 속에 보관되어 있는 재고상품을 양도 및 점유개정의 방식을 통하여 채권자에게 담보로 제공하는 동시에 채권자가 양도담보권을 실행하기 이전까지는 양도담보권설정자가 자신의 영업활동을 위하여 그 재고상품을 자유로 처분할 수 있는 권리를 가지는 한편, 후에 그 창고 속에 양도담보권설정자의 소유로서 새롭게 반입되는 상품에 대하여도 기존의 양도담보의 효력이 미친다고 약정하는 경우가 유동집합동산의 양도담보에 해당한다.

b) 유동집합동산의 양도담보에 관한 학설

유동집합동산의 양도담보에 대하여는 그 약정의 유효성 여부를 비롯하여, 만약 유효하다고 볼 경우에는 물권법의 대원칙인 일물일권주의와 관련하여 그 법적 구성을 어떤 내용으로 하여야 하는가가 문제된다. 유동집합동산의 양도담보는 민법의 규정에 위반하는 탈법행위로 무효라는 주장이나 일물일권주의에 반한다는 이유를 들어 이론적인 견지에서 무효라는 견해가 있으나(부정설), 집합동산양도담보의 현실적인 필요성으로 인하여 현재는 거의 주장되지 않고 있다. 유동집합동산의 양도담보를 긍정하는 법적 구성에 관하여는 분석론, 집합물론, 한정부동담보이론과 같은 학설대립이 있다.

① 분석론　　분석론은 민법상의 일물일권주의에 충실하여 집합동산을 구성하는 개개의 동산을 양도담보의 객체로 보는 입장이다. 분석론에 의하면 집합동산양도담보는 그 구성되는 개개의 동산의 수에 따른 다수의 양도담보가 성립되고, 편의상 그 설정 및 효력

이 일체적으로 취급될 뿐이라고 본다. 다만 분석론에 대하여는 다수의 개별동산을 모두 공동담보의 목적으로 하는 공동양도담보의 이론과 어떤 차이가 있는지에 대한 설명이 없고, 다수의 동산에 관하여 개별적으로 권리변동이 있다고 하는 태도는 집합동산을 일체로 처리하려는 사회적, 경제적 요청이나 당사자의 의사에 반하는 너무 의제적인 법적 구성이라는 비판이 있다.

② 집합물론　　집합물론은 집합물을 그 구성요소인 개별동산의 변동에도 불구하고 개별동산과는 별개, 독립된 하나의 권리객체로 보아 집합물 자체를 양도담보의 객체로 보는 입장이다. 집합물론에 의하면 집합물은 그 구성부분인 개별동산과는 별개로 하나의 물건이 되고, 그 소유권이 양도담보권자에게 양도되며, 개별동산은 집합물의 구성부분으로서 그 집합물에 속하는 한 양도담보의 효력이 미친다고 본다. 그러므로 집합물론은 양도담보설정의 대항요건은 점유개정으로 충분하고, 최초의 집합물에 관하여 대항요건이 갖추어진 경우에는 그 효력은 집합물로서의 동일성을 잃지 않는 한 구성부분이 변동한 후의 집합물에 관하여도 당연히 미친다고 본다. 학설이나 판례는 집합물론의 입장에서 집합동산양도담보를 긍정하고 있고,[808] 집합물론이 타당하다고 본다.

③ 한정부동담보이론　　한정부동담보이론은 유동집합동산의 양도담보란 집합물의 개념에 의하여 한정된 일정한 범위 내에 존재하는 유체동산으로 파악되는 한도의 부동적 가치를 담보적으로 지배한다고 보는 견해이다. 집합물론과 분석론이 집합동산의 양도담보도 역시 일반적인 양도담보와 마찬가지로 물건에 대한 지배권이라는 측면을 전제로 하고 있는 반면, 한정부동담보이론에 의하면 집합동산의 양도담보란 물건이 아니라 일정한 범위의 가치의 지배라고 파악한다.

c) 구체적인 예

(가) 돈사에 대량으로 사육중인 돼지

A는 B에 대한 6천만원의 대여금채무를 담보하기 위하여 돈사에 있던 A 소유의 돼지(연령 1년 6개월 된 웅돈 10두, 1년 된 모돈 90두, 2개월 된 자돈 280두, 3개월 이상 된 육성돈 300두)의 소유권을 B에게 양도하되, 돼지는 점유개정의 방법으로 양도담보권설정자 A가 계속하여 무상으로 점유·관리·사육하기로 하는 양도담보계약을 체결하였다. 그런데 C조합은 돈사에 있던 돼지 전부(웅돈 5두, 모돈 60두, 자돈 250두, 육성돈 450두)에 대하여 압류집행을 하였다. 양도담보권자 B는 양도담보로 제공된 모돈으로부터 출산된 새끼돼지가 성장한 자돈 및 육성돈에게도 양도담보의 효력이 미치므로, C조합이 한 압류의 목적물이 B의 소유라고 주장할 수 있는가? [대법원 1996.9.10. 선고 96다25463 판결]

(i) 하나하나가 단일물 혹은 합성물인 다수의 물건이 집합하여 경제적으로 하나의 가치

808) 대법원 2007.2.22. 선고 2006도8649 판결; 대법원 2004.11.12. 선고 2004다22858 판결; 대법원 2003.3.14. 선고 2002다72385 판결; 대법원 1999.9.7. 선고 98다47283 판결 등 참조.

를 가지고 거래상으로도 하나로 다루어지는 물건을 「집합물」(Sachgesamtheit)이라고 한다. 구성부분이 변동하는 집합물 위에 양도담보가 설정될 수 있는가 하는 문제가 있다. 일물일권주의의 원칙 아래에서는 원칙적으로 집합물 위에 하나의 물권이 성립할 수 없다. 그러나 학설이나 판례는 집합동산양도담보, 특히 증감변동하는 다수의 집합동산이라도 그 종류, 수량, 소재장소를 지정하는 방법에 의하여 목적물의 범위가 특정되어 있는 경우에는 「유동집합동산양도담보」까지도 인정될 수 있다고 본다.[809] 예를 들어 제강회사가 제품생산에 필요하여 반입하는 원자재를 일정기간 계속하여 채권담보의 목적으로 삼으려는 소위 집합물양도담보설정계약에서는 목적동산의 종류와 수량의 범위가 지정되고 그 소재장소가 특정되어 있으면 그 전부를 하나의 재산권으로 보아 담보권의 설정이 가능하다.[810] 그리고 집합물에 관한 양도담보설정계약이 체결되고 양도담보권자가 양도담보설정계약 당시 존재하는 집합물을 점유개정에 의하여 그 소유권을 취득한다는 합의에 기하여 양도담보권설정자가 집합물의 구성부분으로 현재 존재하는 동산의 점유를 취득하는 경우에는 양도담보권자는 제3자에 대하여 그 동산의 소유권(담보권)을 주장할 수 있는 대항요건을 구비하게 되고, 그 후 구성부분이 변동된다고 하더라도 집합물로서의 동일성을 해치지 않는 한, 새로이 그 구성부분이 된 동산을 포함하는 집합물 위에 양도담보의 효력이 미치며, 또한 새로이 반입되는 개개의 물건에 대하여 그때마다 별도의 양도담보설정계약을 맺거나 점유개정의 표시를 하여야 하지는 않는다. 그러므로 사례에서 AB 사이에 체결된 돈사 안의 증감변동하는 집합물인 돼지 전체를 그 담보의 목적물로 제공한 유동집합동산의 양도담보계약은 유효하며, 양도담보권의 효력은 항상 현재의 집합물 위에 미치게 된다.

(ii) 양도담보목적물로부터의 천연과실은 누구에게 귀속되는가? 학설상으로는 모돈이 출산한 새끼돼지는 그 모돈의 천연과실로서 그 소유권은 특별한 사정이 없는 한 원물인 모돈의 소유자(양도담보권자)에게 귀속한다고 보는 소유자귀속설과 원물인 돼지가 출산한 새끼돼지는 천연과실에 해당하여 그 천연과실의 수취권은 원물인 돼지의 사용수익권을 가지는 양도담보권설정자에게 귀속한다고 보는 양도담보권설정자귀속설이 대립한다. 판례는 양도담보로 제공된 모돈으로부터 출산된 새끼돼지가 성장한 자돈 및 육성돈에게도 양도담보의 효력이 미치므로 C조합의 압류는 A에게 이미 양도담보로 제공된 A 소유의 돼지에 대한 경우로서 부당하다고 본 원심판결을 파기하고 돼지를 양도담보의 목적물로 하여 소유권을 양도하되 점유개정의 방법으로 양도담보권설정자가 계속하여 점유·관리하면서 무상으로 사용·수익하기로 약정한 경우에 양도담보목적물로서 원물인 돼지가 출산한 새끼돼지는 천연과실에 해당하고 그 천연과실의 수취권은 원물인 돼지의 사용·수익권을 가지는 양도담보권설정자에게 귀속되므로, 다른 특별한 약정이 없는 한 천연과실인

809) 2010년에 제정된 「동산·채권 등의 담보에 관한 법률」에 의하여 여러 개의 동산(장래에 취득할 동산을 포함한다)이더라도 목적물의 종류, 보관장소, 수량을 정하거나 그 밖에 이와 유사한 방법으로 특정할 수 있는 경우에는 법인 또는 「상업등기법」에 따라 상호등기를 한 사람은 담보약정에 따라 그 여러 개의 동산을 담보로 제공하여 담보등기를 함으로써 동산담보권을 설정할 수 있다.

810) 대법원 1988.10.25. 선고 85누941 판결.

새끼돼지에 대하여는 양도담보의 효력이 미치지 않는다고 본다.[811] 결국 판례는 양도담보목적물로부터의 천연과실의 귀속에 관하여 양도담보권설정자귀속설을 취하고 있고, 새끼돼지의 소유권은 A에게 속하므로 B는 C조합이 압류한 목적물에 대한 소유권을 주장할 수 없다고 본다.

(iii) 예컨대 A가 B에게 돼지를 양도담보로 제공한 후에 다시 D와의 사이에서 점유개정의 방법으로 돼지에 대한 이중의 양도담보설정계약을 체결한 경우에 뒤에 양도담보설정계약을 체결한 D가 양도담보권을 취득할 수 있는가? 양도담보의 경우에는 특별한 사정이 없는 한 AB 사이의 대내적 관계에서는 A가 소유권을 보유하나 대외적인 관계에서의 A는 돼지의 소유권을 이미 B에게 양도한 무권리자가 되어서 다시 다른 채권자 D와 사이에 양도담보설정계약을 체결하고 점유개정의 방법으로 인도하더라도 선의취득이 인정되지 않는 한 나중에 양도담보설정계약을 체결한 D로서는 양도담보권을 취득할 수 없는데, 현실의 인도가 아닌 점유개정의 방법으로는 선의취득이 인정되지 아니하므로 결국 뒤의 채권자 D로서는 적법하게 양도담보권을 취득할 수 없다.[812]

(나) 양만장 내의 성장을 계속하는 어류

A은행은 B와 당시 B가 부담하고 있던 채무 4억1천만원과 장래 부담하게 될 채무를 한도액 14억원으로 하여 그 채무를 담보할 목적으로 양만장 내에 있던 뱀장어를 약 1,000,000마리로 추산하여 일괄하여 A은행에게 소유권을 양도하여 인도하되 점유개정에 의하여 B가 계속하여 뱀장어를 점유하고 관리, 사육하면서 A은행의 승낙하에 뱀장어를 처분할 수 있음과 동시에 장래에 있어서 양만장에 입식하는 뱀장어도 담보의 목적으로 하기로 하는 내용의 양도담보설정계약을 체결하였다. 그리고 양도담보설정계약 당시 A은행이 그 소유권을 갖기로 하되 뱀장어는 치만(새끼뱀장어)을 구입하여 양만장에 입식시킨 후 약 1년 내지 1년 6개월 정도 사육한 성만이 되었을 때가 그 성장도와 경제성에 비추어 상품으로서의 가치가 가장 높아 그때에 처분하여야 하고 또한 그를 위하여는 계속적으로 치만을 구입하여 양만장에 입식시켜야 하는데, B가 양만장 내에 있던 뱀장어 중 적정한 크기의 뱀장어를 A은행의 승낙하에 처분하여 그 대금을 채무변제와 인건비, 사육비 및 치만구입비 등에 사용하기로 약정하였다. 그런데 그 후 B에 대한 다른 채권자 C가 양만장에 있는 뱀장어에 대하여 가압류를 하였는데, 당시 양만장에 있던 뱀장어 26,500킬로그램을 경매하여 그 환가금 1억7천만원을 보관하자 그 보관금에 대하여 C가 강제집행을 하였다. A은행은 C에 대하여 C가 강제집행한 뱀장어와 환가금에 대한 권리를 주장할 수 있는가?

사례를 보면 양도담보설정계약상 목적물이 양만장 내 뱀장어, 수량 약 1,000,000마리라고 기재되어 있다. 그러므로 양만장 내 뱀장어와 같은 집합물에 대하여도 양도담보설

811) 대법원 1996.9.10. 선고 96다25463 판결.

812) 대법원 2005.2.18. 선고 2004다37430 판결(돈사에서 대량으로 사육되는 돼지에 대한 이중의 양도담보설정계약이 체결된 경우에 뒤에 양도담보설정계약을 체결한 이중양수채권자가 임의로 돼지를 반출한 행위는 절도죄를 구성한다).

정계약이 성립하는가, 또한 수량을 약 1,000,000마리로 정하고 있으므로 그 의사해석이 문제된다.

우선 양만장 내 뱀장어에 대하여도 양도담보권이 성립할 수 있는가 하는 문제에 관하여 판례는 집합동산양도담보를 집합물론의 입장에서 긍정하고 있다. 비록 성장을 계속하는 어류일지라도 기본적으로는 원자재, 제품의 원료, 재고상품과 달리 볼 아무런 이유가 없어 집합물양도담보의 대상이 될 수 있고, 특정의 양만장 내의 뱀장어 등 어류 전부에 대한 양도담보설정계약도 그 담보목적물이 특정되어 있다고 볼 수 있으므로 유효하게 성립한다고 본다.

사례에서는 양만장 내의 뱀장어 중 약 1,000,000마리로 그 수량을 지정하여 담보의 범위를 정하고 있는데, 양도담보계약서에 기재된 수량이 양도담보의 범위를 1,000,000마리의 뱀장어로 한정한 의미인지가 문제된다. 양도담보계약서상의 1,000,000마리라는 수량은 단순히 계약 당시 양만장 내에 보관하고 있던 뱀장어 등의 수를 개략적으로 표시한 경우에 불과하고 당사자는 양만장 내의 뱀장어 등 어류 전부를 그 목적으로 하고 있다고 볼 수 있다. 결국 양만장 내의 어류를 구성하는 뱀장어가 변동되더라도 1개의 물건으로서의 동일성을 잃지 아니한 채 양도담보권의 효력은 항상 현재의 양만장 내의 뱀장어에 미치므로, C의 강제집행은 채무자 B가 아니라 A은행에게 속하는 물건의 환가금에 대하여 행하여진 경우로서 부당하다. 그러므로 A은행은 C에 대하여 환가금의 반환을 청구할 수 있다.

(2) 양도담보권의 공시방법

1) 동산의 경우

(a) 양도담보와 인도방법으로서의 점유개정

동산물권의 변동요건으로서의 인도는 현실의 인도가 원칙이다. 그러나 민법은 현실의 인도 이외에 간이인도, 점유개정 및 목적물반환청구권의 양도를 인정하고 있다(§§188 내지 190).

양도담보는 소유권이전의 형식으로 행하는 담보물권이다. 그러므로 동산에 대한 양도담보를 설정하기 위하여는 양도담보설정계약 이외에 양도담보권설정자로부터 양도담보권자에게로의 목적물에 대한 인도가 있어야 한다. 그리고 동산양도담보에서 양도담보권설정자가 인도하여야 할 동산을 계속 점유하는 경우에는 점유개정에 의하는 때에도 동산의 인도가 된다고 본다.

(b) 점유개정에 의한 이중양도담보

> 양돈업을 하는 A는 B로부터 2,000만원을 차용할 때에 그 담보를 위하여 B회사와 사이에 A 소유의 돈사에서 사육하고 있거나 사육하게 될 모든 돼지에 관하여 양도담보계약을 체결하여 점유개정의 방법으로 인도를 하고, 그 후 A는 C로부터 6,500만원을 차용하면서 그 담보로 같은 돼지에 관하여 C와 사이에 양도담보계약을 체결하

고 다시 점유개정의 방법으로 인도를 하였다. 뒤에 양도담보계약을 체결한 C가 양도담보권을 취득할 수 있는가?

점유개정의 방법으로 이중양도담보가 된 경우에 어느 양도담보가 우선하는가? 양도담보권설정자가 제1의 양도담보권자에게 동산을 양도담보로 제공하고 점유개정의 방법으로 점유하고 있다가 다시 그 동산을 제3자에게 양도담보로 제공하고 역시 점유개정의 방법으로 점유를 계속하는 경우에는 원래의 양도담보권자가 배타적으로 자기의 양도담보권을 주장할 수 있다고 본다. 뒤에 양도담보계약을 체결한 후순위채권자는 양도담보권을 취득할 수 없다.[813)]

사례에서 금전채무를 담보하기 위하여 A가 그 소유의 돼지를 B에게 양도하되 점유개정의 방법으로 인도하고 A가 계속 점유하기로 한 경우에는 특별한 사정이 없는 한 돼지의 소유권은 신탁적으로 이전됨에 불과하다. AB 사이의 대내적 관계에서 A는 의연히 소유권을 보유하나, 대외적인 관계에 있어서 A는 돼지의 소유권을 이미 B에게 양도한 무권리자가 된다. 그러므로 A가 다시 다른 채권자 C와 사이에 양도담보설정계약을 체결하고 점유개정의 방법으로 인도를 하더라도 나중에 양도담보계약을 체결한 C는 양도담보권을 취득할 수 없다.

이중양도담보에 의하여 뒤의 양도담보권자가 직접 양도담보권을 주장할 수는 없다고 하더라도, 양도담보권을 선의취득할 수 있는가 하는 문제가 있다. 현실의 인도가 아닌 점유개정에 의한 인도는 선의취득의 요건으로서의 인도로 인정될 수 없으므로, 동산에 대하여 점유개정의 방법으로 이중양도담보를 설정한 경우에 그 양도담보설정행위만으로는 뒤에 이루어진 양도담보계약의 당사자가 양도담보권을 선의취득한 경우로 볼 수 없다.

양도담보권설정자가 뒤에 이루어진 양도담보계약의 당사자인 채권자에게 목적물을 현실적으로 인도한 때에는 사정이 달라질 수 있다. 만일 양도담보의 목적물인 동산이 뒤에 이루어진 양도담보계약의 당사자에게 현실적으로 인도되고, 선의취득의 나머지 요건이 충족되면 뒤의 양도담보권자가 양도담보권을 선의취득한다고 보아야 한다. 그리고 뒤의 양도담보권자에게 선의취득이 성립하면 뒤의 양도담보권자가 원래의 양도담보권자에 대하여 양도담보권을 주장할 수 있다.

(c) 동산양도담보에서 목적물의 처분과 불법행위

양도담보권설정자가 목적물을 제3자에게 매각처분하거나 다시 양도담보를 설정한 경우에 어떤 법률관계가 성립하는가? 대외적 관계에서 양도담보권설정자에게는 아무런 처분권이 없으므로, 제3자에게 매각하거나 양도담보권을 설정할 수 있는 권한이 없다. 그러므로 양도담보권설정자의 매각행위나 제2의 양도담보설정계약은 원칙적으로 무효가 된다. 다만 양수인이나 뒤의 양도담보권자가 선의취득의 요건을 갖춘 때에는 양수인이 소유권을 취득하거나 제3자가 양도담보권을 취득하고, 결국 양도담보권설정자의 처분행위는

813) 대법원 2004.12.24. 선고 2004다45943 판결.

양도담보권자에 대한 관계에서 불법행위가 될 수 있다.

동산에 대한 점유개정의 방법으로 양도담보를 일단 설정한 후에는 양도담보권설정자가 그 점유를 상실하더라도 양도담보의 효력에는 아무런 영향이 없다. 그러므로 양도담보권설정자가 비록 목적물에 대하여 처분행위를 하더라도 원래의 양도담보권자의 양도담보권에는 전혀 영향이 없다. 다만 이중양도담보가 성립한 경우에 원래의 양도담보권자의 법적 지위는 뒤의 양도담보권자가 선의취득의 요건을 구비하고 있는가 아닌가에 따라서 영향을 받을 수 있다.

만일 뒤의 양도담보권자가 선의취득의 요건을 구비하게 되면 원래의 양도담보권자는 뒤의 양도담보권자에게 어떤 권리주장도 할 수 없고, 다만 양도담보권설정자와의 관계에서만 채권적 청산을 할 수 있을 뿐이다. 그리고 비록 뒤의 양도담보권자가 선의취득의 요건을 구비하지 못한 경우라고 하더라도 뒤의 양도담보권자가 다시 제3자에게 목적물을 처분하고, 제3자가 선의취득의 요건을 구비하여 목적물에 대한 소유권을 최종적으로 취득하게 되면 원래의 양도담보권자는 자신의 권리침해를 이유로 뒤의 양도담보권자에게 손해배상을 청구할 수 있다.

> 갑통운주식회사는 자기 소유의 컨테이너에 대하여 점유개정의 방법으로 A에게 양도담보를 설정하여 주었다. 양도담보의 설정 후에도 양도담보물인 컨테이너를 계속 점유하던 갑통운주식회사는 다시 그 컨테이너에 대하여 B에게 양도담보를 설정하였는데, B는 A가 그 컨테이너에 대한 양도담보권을 이미 취득한 사실을 알았거나 조금만 주의를 기울였다면 알 수 있었다. 그 후 뒤의 양도담보권자인 B는 갑통운주식회사로부터 컨테이너를 현실적으로 인도받아 선의·무과실의 C에게 컨테이너를 처분하여 A의 양도담보권을 침해하였다. A는 B에 대하여 자신의 양도담보권을 침해한 사실을 들어 불법행위로 인한 손해배상을 청구할 수 있는가? [대법원 2000.6.23. 선고 99다65066 판결]

사례를 보면 갑통운주식회사는 컨테이너에 대하여 점유개정의 방법으로 A와 B 양자에 대하여 이중의 양도담보를 설정하고 있다. 그리고 후에 양도담보권설정자인 갑통운주식회사는 컨테이너를 뒤의 양도담보권자인 B에게 현실적으로 인도하고, B는 컨테이너를 C에게 처분한 사실이 인정된다. 그러므로 컨테이너에 대한 B의 처분행위가 원래의 양도담보권자인 A에 대한 관계에서 불법행위가 되는가가 문제된다.

먼저 동산에 대하여 점유개정의 방법으로 이중양도담보를 설정한 경우에 어느 양도담보권자가 우선하는가 하는 문제가 있으나, 원칙적으로 원래의 양도담보권자가 뒤의 양도담보권자에 대하여 배타적으로 자기의 양도담보권을 주장할 수 있다. 다만 원래의 양도담보권자의 법적 지위는 우선 뒤의 담보권자가 선의취득을 하는가에 따라서 달라질 수 있다.

만약 뒤의 양도담보권자에게 선의취득이 된 때에는 양도담보의 목적물을 제3자에게 처분하더라도 원래의 양도담보권자에 대한 관계에서 불법행위가 된다고 보기 어렵다. 그리고 뒤의 양도담보권자가 선의취득을 못한 경우에는 뒤의 양도담보권자가 목적물을 제3자에게 처분하더라고 원래의 양도담보권자에 대한 관계에서 권리침해가 되지 아니하여 불법행위가 되지 않으나, 선의취득을 하지 아니한 뒤의 양도담보권자의 처분행위를 통하여 만약 제3자가 선의취득을 하는 때에는 원래의 양도담보권자의 권리를 침해하게 되고, 원래의 양도담보권자는 뒤의 양도담보권자에게 손해배상청구를 할 수 있다.

판례는 A는 B에 대하여 배타적으로 자기의 양도담보권을 주장할 수 있으므로, B가 양도담보의 목적물을 처분하여 A로 하여금 양도담보권을 실행할 수 없도록 하는 행위는 A의 양도담보권을 침해하는 위법한 행위가 된다고 하여 A의 B에 대한 불법행위를 이유로 한 손해배상청구를 긍정하고 있다. 다만 A가 B에 대하여 불법행위에 기한 손해배상청구를 할 수 있는가를 판단하기 위하여는 B 혹은 C의 선의취득이 성립하는지를 살펴보아야 한다. A가 갑통운주식회사 소유의 컨테이너에 대한 양도담보권을 이미 취득한 사실을 B가 알았거나 적어도 조금만 주의를 기울인 경우라면 알 수 있는데도 불구하고 게을리한 채 갑통운주식회사와의 사이에 컨테이너에 대한 이중의 양도담보약정을 체결한 사정이 있으므로, B의 선의취득은 인정되지 아니한다고 해석된다. 그러나 사례를 보면 B가 갑통운주식회사로부터 컨테이너를 넘겨받아 다시 선의·무과실의 C에게 처분까지 한 사정이 인정되므로, 비록 B가 무권리자라고 하더라도 B의 처분행위에 의하여 선의·무과실의 C가 컨테이너를 선의취득한 경우로 이해할 수 있다. 그러므로 C가 컨테이너를 선의취득한 경우라고 하면 A는 자신의 양도담보권을 침해하는 불법행위를 이유로 B에 대하여 손해배상을 청구할 수 있다

2) 부동산의 경우

양도담보의 목적물이 부동산인 경우에는 등기를 하여야 한다(§186). 「양도담보」를 등기원인으로 하는 소유권이전등기도 인정된다는 견해도 있지만, 관행상 「매매」를 등기원인으로 기재한다. 그리고 부동산실명법에 의하여 채무의 변제를 담보하기 위하여 채권자가 부동산에 관한 물건을 이전받는 경우에는 채무자·채권금액 및 채무변제를 위한 담보라는 뜻이 기재된 서면을 등기신청서와 함께 등기관에게 제출하여야 한다(부동산실명법 §3 II).

3) 채권의 경우

양도담보의 목적물이 채권 기타의 재산권인 경우에는 그 권리의 이전에 필요한 공시방법을 구비하여야 한다.

3. 양도담보권의 효력

(1) 일반적 효력(양도담보권의 효력이 미치는 범위)

1) 피담보채권의 범위

양도담보권의 피담보채권의 범위는 저당권의 피담보채권의 범위에 관한 민법 제360조

가 적용된다(가등기담보법 §3 II). 그러므로 원본, 이자, 위약금, 실행비용과 원본의 이행기를 경과한 1년분의 채무불이행으로 인한 지연배상이 양도담보권의 피담보채권에 포함된다(§360).[814)]

2) 목적물의 범위

양도담보권의 효력은 저당권과 같이 양도담보설정계약에서 달리 정하지 아니한 한 부합물·종물에 미친다(§§358·359). 판례는 천연과실인 새끼돼지에 대한 양도담보권의 효력과 관련하여 양도담보목적물로서 원물인 돼지가 출산한 새끼돼지는 천연과실에 해당하고 그 천연과실의 수취권은 원물인 돼지의 사용·수익권을 가지는 양도담보권설정자에게 귀속되므로, 다른 특별한 약정이 없는 한 천연과실인 새끼돼지에 대하여는 양도담보의 효력이 미치지 않는다고 본다.[815)]

3) 물상대위

양도담보권은 일종의 담보물권으로 당연히 물상대위성이 있다. 다만 양도담보권에서는 형식상 소유권이 양도담보권자에게 귀속하여 물상대위에 관한 민법 제342조 본문은 유추적용되지만 단서는 적용되지 아니한다.

(2) 대내적 효력

1) 담보목적물의 이용관계

(a) 목적물의 점유와 이용

양도담보설정계약에 의하여 목적물의 소유권은 채권자에게 이전하지만, 점유를 반드시 이전하여야 할 필요는 없다. 그러므로 양도담보목적물의 이용관계는 기본적으로 당사자(양도담보권자와 양도담보권설정자) 사이의 합의에 의하여 자유로 결정된다. 보통 목적물의 점유를 양도담보권 설정자 아래 두는 경우가 압도적으로 많고, 양도담보권설정자의 점유는 실질적으로는 소유자로서의 점유, 즉 자주점유이다.

일반적으로 부동산을 채권담보의 목적으로 양도한 경우에 특별한 사정이 없는 한 목적부동산에 대한 사용수익권은 채무자인 양도담보권설정자에게 있다. 그러므로 양도담보권자는 사용수익할 수 있는 정당한 권한이 있는 채무자나 채무자로부터 그 사용수익할 수 있는 권한을 승계한 자에 대하여는 사용수익을 하지 못한 사정을 이유로 임료 상당의 손해배상이나 부당이득반환의 청구는 할 수 없다.[816)]

(b) 이용관계의 법률적 구성

양도담보권설정자가 목적물을 계속하여 이용하는 경우에 이용권한에 관하여 어떤 법률관계가 성립하는가 하는 문제가 있다. 양도담보권의 설정에 의하여 융자를 할 때에 이자

---

814) 양도담보권자가 그의 권리를 보전하기 위하여 채무자의 제3자에 대한 저당채무를 대위변제하여 가지는 구상채권도 양도담보계약에 의하여 담보된다(대법원 1976.10.26. 선고 76다2169 판결).

815) 대법원 1996.9.10. 선고 96다25463 판결.

816) 대법원 1988.11.22. 선고 87다카2555 판결.

부 소비대차로 하면 양도담보권설정자의 이용관계는 사용대차가 되고, 융자를 매매대금 지급의 형식으로 하는 때에는 임대차로 이해하는 견해가 있다(다수설). 최근 양도담보권의 실질을 담보물권으로 파악하여 양도담보권설정자에 의한 목적물의 이용을 저당권설정자가 목적물을 이용하는 경우와 같이 양도담보권설정자가 목적물의 소유자로서 소유권에 기하여 행사하는 이용권에 불과하다는 이견이 있다.

2) 이용자의 목적물보관의무

양도담보권자는 양도담보권설정자로부터 이전받은 목적권리를 담보목적의 범위 내에서 행사하여야 할 의무를 부담한다. 양도담보권설정자가 목적물을 점유·이용하는 경우에도 양도담보권자로 하여금 담보목적을 달성할 수 있도록 목적물을 보관·관리할 의무를 부담한다.

(3) 대외적 효력

1) 당사자에 의한 목적물의 처분

(a) 양도담보권자의 처분

양도담보권이 설정된 경우에 양도담보권자는 변제기도래 전에 목적물이 동산인 경우에는 목적물의 점유가 없어서 처분이 곤란하고, 부동산에 대하여는 등기명의를 가지고 있어서 처분이 용이하다. 예를 들어 부동산양도담보의 경우에 양도담보권자는 목적부동산에 관하여 자기 앞으로 소유권이전등기가 마쳐져 있다는 사실을 이용하여 그 목적부동산을 자기의 소유물로 처분할 수 있고, 만약 목적부동산이 처분되면 양수인은 소유권을 취득하는가 하는 문제가 있다. 소유자가 아닌 양도담보권자에게는 처분권능이 없으므로, 원칙적으로 양도담보권자가 한 처분행위는 무효로 된다. 다만 양도담보권자로부터 목적부동산을 양수한 양수인이 선의의 제3자에 해당하는 때에는 가등기담보법 제11조 단서를 유추적용하여 확정적으로 소유권을 취득한다고 본다. 그러나 양수인이 악의인 때에는 양도담보권설정자는 양수인 명의로 마친 등기의 말소를 청구할 수 있지만, 다른 한편 실질적으로는 양수인이 양도담보권을 취득한 경우가 되므로, 양수인에게 피담보채권의 변제를 통하여 양도담보권을 소멸시키고 목적부동산을 회수할 수 있다.

부동산의 양도담보권자 A가 변제기도래 전에 양도담보권설정자 B의 승낙 없이 목적물을 제3자 C에게 매각하였다 ABC 사이의 법률관계는 어떤가?

양도담보의 본질에 관한 다수설인 제한물권설에 의하면 양도담보권자 A는 일종의 담보권을 가지고 있을 뿐이며, 목적물의 소유권의 내용인 처분권능을 가지고 있지 않다. 그러므로 A의 목적물의 처분행위는 원칙적으로 무효이다. 그러나 부동산의 등기부상 A가 소유자로 표시되어 있으므로, C가 등기부상의 표시를 신뢰하여 매수하는 경우도 있을 수 있다. 만일 C가 선의로 등기부상의 표시를 신뢰하여 매수하고 C 명의로 소유권이전등기가 마쳐진 때에는 말소등기를 청구하지 못하여(가등기담보법 §11 단서) 확정적으로 부동산

의 소유권을 취득하게 된다. 다만 C가 악의인 경우에는 B는 A의 처분행위의 무효를 주장하여 C 명의의 소유권이전등기의 말소를 청구하거나 A의 처분행위의 무효를 주장하지 않고 양도담보권의 양수를 주장하여 채권액을 제공하고 목적부동산을 회수할 수 있다. 그리고 신탁적 소유권이전설에 의하면 양도담보권자 A는 담보목적을 초과하는 처분을 하지 않을 채권적 부담이 있는 소유권을 가지고 있다. 그러나 신탁적 소유권이전설에서는 대외적으로 제3자에 대한 관계에서는 A가 소유자로서의 법적 지위를 가지므로 A의 C에 대한 물권적 처분은 유효하고, A는 B에 대하여 채권적 부담의 위반에 대한 채무불이행책임을 부담할 뿐이다.

(b) 양도담보권설정자의 처분

양도담보목적물의 소유권은 여전히 양도담보권설정자에게 남아 있으므로, 양도담보권설정자는 목적물을 제3자에게 처분할 수 있다. 다만 양도담보권설정자는 목적물이 동산인 경우에 처분이 용이하고, 부동산에 대하여는 보통 양도담보권자의 명의로 등기되어 있어서 처분하기가 곤란하다. 만약 양도담보권설정자가 제3자에게 목적물을 처분한 경우에 제3자는 양도담보권의 부담이 있는 소유권을 취득할 뿐이고, 양도담보권자는 제3자에 대하여 추급력을 행사할 수 있다.

> 동산의 양도담보권설정자 B가 양도담보권자 A의 승낙 없이 목적물(동산)을 제3자 C에게 매각하였다. ABC 사이의 법률관계는 어떤가?

양도담보의 본질에 대하여 제한물권설(다수설)을 취하는 경우에 양도담보권설정자 B는 목적물의 소유자로서 (i) 목적물을 양도담보가 붙은 동산으로 제3자 C에게 양도한 경우에는 통상의 승계적 취득이 되어 C는 담보적 부담이 있는 동산소유권을 취득하고, (ii) B가 아무런 부담이 없는 동산으로 목적물을 C에게 양도한 경우에는 양도담보에 대하여 C가 선의인 한 C는 담보적 부담이 없는 동산소유권을 취득한다. 다만 양도담보의 본질에 대하여 신탁적 소유권이전설을 취하면 B는 목적물에 대한 처분권한을 가지고 있지 않으므로 제3자 C는 선의취득의 요건을 충족하는 경우에만 권리를 취득할 수 있고, 그 반사적 효과로서 양도담보권자 A는 권리를 상실한다.

2) 일반채권자와의 관계

(a) 압 류

a) 양도담보권자의 일반채권자가 압류하는 경우

양도담보권자의 일반채권자가 담보목적물에 강제집행을 하여 압류를 하는 경우에 양도담보권설정자는 그가 소유권을 가지므로, 제3자이의의 소(민사집행법 §48)를 제기할 수 있다.

b) 양도담보권설정자의 일반채권자가 압류하는 경우

양도담보권설정자의 점유 아래 있는 목적동산을 그 일반채권자가 압류한 경우에 양도담보권자는 제3자이의의 소(민사집행법 §48)를 제기할 수 없다. 그러나 판례는 동산에 관하여 양도담보계약이 이루어지고 양도담보권자가 점유개정의 방법으로 인도를 받은 경우라고 하면 그 청산절차를 마치기 전이라 하더라도 담보목적물에 대한 사용수익권은 없지만 제3자에 대한 관계에서는 그 물건의 소유자임을 주장하고 그 권리를 행사할 수 있다고 보고, 제3자가 양도담보의 목적물에 관하여 강제집행을 하는 경우에 양도담보권자는 강제집행을 한 제3자에 대하여 그 소유권을 주장하여 제3자이의의 소를 제기함으로써 그 강제집행의 배제를 구할 수 있다고 본 경우가 있다.[817)]

(b) 파 산

a) 양도담보권자가 파산한 경우

양도담보권의 법적 성질을 담보물권으로 해석한다고 하면 양도담보권자가 파산한 경우에는 양도담보권설정자는 소유자로서 피담보채권을 변제하고 목적물을 환취할 수 있는 환취권을 가진다고 볼 수 있다.

b) 양도담보권설정자가 파산한 경우

양도담보권설정자가 파산한 경우에 양도담보권자는 환취권을 가지지 않고, 별제권을 가질 뿐이다(채무자 회생 및 파산에 관한 법률 §411).

3) 제3자에 의한 침해

(a) 목적물을 침탈한 경우

양도담보의 목적물을 제3자가 침탈한 경우에 양도담보권자는 양도담보권에 기하여, 양도담보권설정자는 소유권에 기하여, 목적물을 점유하는 자는 점유권에 기하여 각각 물권적 청구권을 행사할 수 있다. 판례도 양도담보권설정자는 그 부동산의 등기명의가 양도담보권자 앞으로 되어 있다고 할지라도 그 부동산의 불법점유자인 제3자에 대하여는 그 실질적 소유자임을 주장하여 불법점유의 상태의 배제권을 행사할 수 있다고 본다.[818)]

(b) 목적물을 멸실·훼손한 경우

제3자가 목적물을 멸실·훼손한 경우에 양도담보권자·양도담보권설정자는 모두 제3자에 대하여 손해배상청구권을 취득한다.

양도담보권자 A와 양도담보권설정자 B 사이의 양도담보의 목적물을 제3자 C가 침탈하거나 멸실·훼손한 경우에 누가 어떤 청구를 할 수 있는가?

① 목적물을 침탈한 경우 제3자 C가 양도담보의 목적물을 침탈한 경우에 제한물권설(다수설)에 의하면 양도담보권자 A는 양도담보권에 기한 물권적 청구권을 갖고, 양도담보권설정자 B는 소유권에 기한 물권적 청구권을 갖는다. 다만 신탁적 소유권이전설에

817) 대법원 1994.8.26. 선고 93다44739 판결.

818) 대법원 1988.4.25. 선고 87다카2696, 2697 판결.

의하면 A는 소유권에 기한 반환청구권을 행사할 수 있고, B는 양도저당의 경우에 한하여 점유권에 기한 반환청구권을 행사할 수 있다.

② 목적물을 멸실·훼손한 경우　　제3자 C가 목적물을 멸실·훼손한 경우에 제한물권설에 의하면 B는 소유권침해의 불법행위책임을 물을 수 있다. A는 저당권침해의 경우에 준하여 양도담보권침해의 불법행위에 기한 손해배상을 청구할 수 있다. 그리고 AB가 손해배상책임을 묻는 경우에 A는 피담보채권액을 한도로 배상을 받고, B는 목적물의 가액에서 피담보채권액을 공제한 잔액에 대하여 배상을 받을 수 있다. 다만 신탁적 소유권이전설에 의하면 A는 소유권침해에 의한 불법행위에 기하여 손해배상을 청구할 수 있고, B에 대하여는 기대권·채권의 침해가 되는가가 문제가 될 뿐이다.

4. 양도담보권의 실행

(1) 서　설

양도담보권자는 피담보채권이 이행지체에 빠지면 양도담보권을 실행할 수 있다. 양도담보권의 실행에 대하여는 목적물이 부동산인 때에는 가등기담보법 제2조 내지 제11조가 원칙적으로 적용되고, 동산인 때에는 가등기담보법의 규정이 유추적용된다. 그러므로 양도담보권의 실행은 가등기담보권의 실행과 유사하게 (i) 실행통지, (ii) 청산, (iii) 소유권취득과 같은 단계로 진행된다.

(2) 실행의 통지

채권자(양도담보권자)가 담보계약에 의한 담보권을 실행하여 그 담보목적부동산의 소유권을 취득하기 위하여는 그 채권의 변제기 후에 청산금의 평가액을 채무자 등에게 통지하여야 하고, 통지에는 그 당시의 목적부동산의 평가액과 민법 제360조에 규정된 채권액을 명시하여야 한다(가등기담보법 §3 I 전단·II 전단). 그리고 만일 평가액이 피담보채권액에 미달되어 청산금이 없다고 인정되는 때에는 그 뜻을 통지하여야 한다(가등기담보법 §3 I 후단).

채권자가 피담보채권의 만족을 얻기 위하여 양도담보의 목적물을 환가 내지 평가처분한 경우에 채권자는 정산의무가 있다. 채권자가 행하는 환가나 평가는 언제나 객관적으로 공정한 가격으로 산출하여야 하므로, 적정한 가격보다 저렴한 가격으로 환가나 평가한 때는 채무불이행이 된다.

(3) 청산금의 지급 및 소유권취득

양도담보권실행의 통지가 채무자 등에게 도달한 날로부터 2월(「청산기간」이라 한다)이 경과하면 통지된 청산금액이 확정되고(가등기담보법 §3 I 전단), 청산기간의 경과 후 청산금액을 채무자 등에게 지급한 때에 양도담보의 목적물의 소유권을 취득한다(가등기담보법 §4 II).

(4) 채무액의 지급과 소유권취득의 저지

채무자 등은 청산금채권을 변제받을 때까지 그 채무액(반환시까지의 이자와 손해금을 포함)을 채권자에게 지급하고 양도담보의 목적으로 마친 소유권이전등기의 말소를 청구할 수 있다(가등기담보법 §11 본문). 다만 양도담보의 목적으로 마친 소유권이전등기의 말소등기청구는 채무의 변제기가 경과한 때로부터 10년이 경과하거나 또는 선의의 제3자가 소유권을 취득한 때에는 허용되지 아니한다(가등기담보법 §11 단서).

5. 양도담보권의 소멸

양도담보권은 피담보채권이 변제되면 소멸하고 양도담보권자에게 이전된 목적물의 소유권은 양도담보권설정자에게 복귀한다. 양도담보권은 피담보채권의 시효소멸, 목적물의 멸실에 의하여도 소멸한다. 그러나 목적물이 훼손되면 양도담보권은 그 잔존물 위에 존속하고, 멸실·훼손된 목적물에 갈음하는 대표물이 있는 때에는 양도담보권의 물상대위가 그 대표물 위에 적용된다.

Ⅳ. 동산담보권과 채권담보권

1. 서 설

(1) 기존의 동산·채권담보제도의 문제

민법상으로도 동산이나 채권에 질권을 설정하는 방법으로 동산이나 채권을 얼마든지 담보로 이용할 수 있다. 그리고 판례를 통하여 동산양도담보나 채권양도담보가 인정되고 있다. 그러나 기업은 부동산 이외에 동산이나 채권 등을 담보로 제공하여 자금을 조달하려고 하나, 공시방법의 불완전성으로 인하여 현실적으로는 동산담보나 채권담보 등이 잘 이용되고 있지 않다.[819] 그리고 현행법상 「자산유동화에 관한 법률」에 따라 기업의 자산을 유동화할 수 있으나 자산소유자가 엄격히 제한되고, 자산유동화의 공시방법으로 금융위원회에 등록하도록 하는 등의 한계가 있다.

(2) 동산·채권 등의 담보 등에 관한 법률의 제정

동산·채권 및 지식재산권을 목적으로 하는 담보제도를 창설하고, 공시방법으로 등기를 채택함으로써 기업의 자산 중 동산이나 채권의 비중이 높은 중소기업과 자영업자의 자금조달을 원활하게 하려는 목적으로 제정된 법률이 바로 「동산·채권 등의 담보에 관한 법률」(이하 '동산담보법'이라 칭한다)이다. 동산담보법은 2010년 6월 10일 제정되어 그로부터 2

---

819) 2008년도 통계를 보면 전체 담보 중 부동산담보가 90%를 넘고, 동산담보는 1%도 안된다고 한다(법무부 주최 「동산·채권 등의 담보에 관한 법률 제정안 공청회」 자료 참조),

년 후인 2012년 6월 11일부터 시행되고 있다. 동산담보법에 의하여 동산·채권 등을 목적으로 하는 담보제도가 창설되고, 동산담보권과 채권담보권을 공시할 수 있도록 함으로써 거래의 안전을 도모하면서도 자산유동화의 활성화를 통하여 부동산자산이 부족한 중소기업과 자영업자의 자금조달에 편의를 제공하고 있다.

(3) 동산담보법의 특징

동산담보법의 주요특징으로는 아래와 같은 내용을 들 수 있다.

(i) 가장 중요한 특징으로는 동산과 채권에 관한 새로운 담보권으로서 동산담보권과 채권담보권의 창설이라고 할 수 있다. 동산이나 채권에 관한 새로운 담보제도를 도입하면서 기존에 동산담보로 이용되고 있는 양도담보나 소유권유보부 매매와 달리 그 법적 성질을 담보권으로 구성한다.

(ii) 양도담보 등 그 명칭을 불문하고 담보약정을 한 경우에는 동산담보법에 따른 등기를 할 수 있고, 담보등기부는 동산담보등기부와 채권담보등기부로 구분되어 있다.

(iii) 동산 및 채권에 관한 새로운 담보제도를 도입하면서 기존의 담보제도, 예컨대 민법상의 질권뿐만 아니라, 판례에 의하여 인정되는 양도담보, 소유권유보부 매매, 금융리스 등의 제도를 없애지 않음으로써 양 제도가 병존적으로 이용될 수 있고, 어느 일방에 우선적 지위가 부여되고 있지 않다.

(iv) 지식재산권에 관하여는 개별적으로 법률에서 지식재산권을 담보로 제공하는 제도를 갖고 있으므로 등기 대신 기존처럼 지식재산권에 대한 담보권은 해당 등록원부에 등록을 하도록 하고, 개별법률에 없는 여럿의 지식재산권을 공동담보로 제공하거나 근담보로 설정할 수 있는 특례를 도입하고 있다.

(v) 동산이나 채권에 관한 담보등기부는 물적 편성주의[820]가 아닌 인적 편성주의를 채택하여 담보권설정자별로 편제되고(똑같은 동산이나 같은 내용의 채권이 수도 없이 많으므로, 동산이나 채권에 관하여는 물적 편성주의의 채택이 불가능하다),[821] 담보등기제도의 공시효과를 보강하고 담보등기를 신뢰한 담보권자를 보호하기 위하여 담보권설정자에게 담보목적물에 대한 명시의무를 부여하고 있다.

(vi) 담보등기의 효력은 동산의 경우는 성립요건으로, 채권의 경우는 대항요건으로 되어 있다.

(vii) 동산담보권 및 채권담보권을 이용할 수 있는 인적 범위가 한정된다. 법인 또는 「상업등기법」에 따라 상호등기를 한 사람에 한하여 담보약정에 따라 동산이나 금전의 지급을 목적으로 하는 채권을 담보로 제공하는 경우에 담보등기를 할 수 있다.[822]

---

820) 부동산은 지번으로 특정되므로 부동산등기법 제15조 제1항에 의하여 물적 편성주의를 채택하고 있다.

821) 일본도 동산·채권양도등기부에 관하여 인적 편성주의를 채택하고 있다.

822) 채권자 특히 사채업자의 압력으로 개인이 가지고 있는 동산이나 채권을 담보로 제공한다면 개인에게 가혹한 결과를 초래할 수 있으므로, 새로운 제도의 도입에 따른 부작용을 막기 위하여 이용주체를 제한할 필요가 있다.

2. 동산담보권

(1) 동산담보권의 의의

동산담보권은 동산(여러 개의 동산이나 장래 취득할 동산을 포함한다)을 담보로 제공하기로 하는 담보약정(양도담보 등 명목을 묻지 아니한다)에 따라 담보등기한 담보권을 가리킨다.

(2) 동산담보권의 성립

1) 담보약정

(a) 서 언

담보약정은 동산을 담보로 제공하기로 하는 약정을 말한다. 담보약정은 양도담보 등 명목을 묻지 아니하고(동산담보법 §2 i), 어느 내용과 형식으로도 가능하다. 그러므로 반드시 동산담보권설정계약이라는 표현을 사용하여야 하지는 아니하고, 양도담보설정계약이나 소유권유보부 매매 등과 같이 표현하고 있더라도 동산을 담보로 제공하는 경우에는 담보약정에 해당한다. 양도담보 등 비전형담보의 경우에도 담보등기를 할 수 있는 길을 열어줌으로써 동산·채권담보 등의 거래를 활성화하고 거래당사자의 권리를 보호한다는 측면에서 의미가 있다.

(b) 담보권자와 담보권설정자

누가 동산담보권자로 될 수 있는가에 관하여는 제한이 없다. 다만 동산담보권을 설정할 수 있는 자는 법인 또는 상업등기법에 따라 상호등기를 한 사람으로 한정된다(동산담보법 §3 I). 동산담보권설정자의 상호등기가 중간에 말소된 경우에도 이미 설정된 동산담보권의 효력에는 영향을 미치지 아니한다(동산담보법 §4).

(c) 담보목적물

당연히 동산이 동산담보권의 객체이다. 개별동산뿐만 아니라 집합동산에도 동산담보권이 성립할 수 있다. 여러 개의 동산이더라도 목적물의 종류, 보관장소, 수량을 정하거나 그 밖에 그와 유사한 방법으로 특정할 수 있는 경우에는 그 여러 개의 동산을 목적으로 동산담보권이 성립할 수 있다(동산담보법 §3 II). 그리고 장래에 취득할 동산도 동산담보권의 목적물이 된다.

동산담보권의 대상이 될 수 없는 동산이나 증권도 있다. 아래와 같은 경우에는 동산담보권의 목적물이 되지 못한다(동산담보법 §3 III).

① 「선박등기법」에 따라 등기된 선박, 「자동차 등 특정동산 저당법」에 따라 등록된 건설기계·자동차·항공기·소형선박, 「공장 및 광업재단 저당법」에 따라 등기된 기업재산, 그 밖에 다른 법률에 따라 등기되거나 등록된 동산

② 화물상환증, 선하증권, 창고증권이 작성된 동산

③ 무기명채권증서 등 대통령령으로 정하는 증권

(d) 피담보채권

동산담보권의 피담보채권에는 제한이 없다. 금전채권은 물론, 금전채권 이외의 채권이더라도 동산담보권의 피담보채권이 될 수 있다.

2) 동산담보등기

동산담보법 제7조 제1항은 "약정에 따른 동산담보권의 득실변경(得失變更)은 담보등기부에 등기를 하여야 그 효력이 생긴다"고 규정하고 있다. 동산담보등기의 효력을 대항요건으로 할 수도 있으나(채권담보등기에는 대항요건만이 인정된다), 동산담보법 제7조 제1항은 동산담보권의 성립요건으로 하고 있다.

동일한 동산 위에 여러 개의 동산담보권이 성립하거나 동산담보권과 기존의 동산담보가 경합할 수 있다. 만약 동일한 동산에 여러 개의 동산담보권이 설정되면 그 순위는 등기의 순서에 따른다(동산담보법 §7 II). 동산담보권을 설정하면 그 순위를 등기할 수 있고, 물권에서는 시간적으로 앞선 물권이 뒤의 물권보다 우선한다고 하는 원칙이 적용되어야 하므로, 물권으로서의 동산담보권에 당연히 순위의 원칙이 적용된다고 할 수 있다. 그리고 동산담보권은 질권이나 양도담보와 같은 기존의 담보제도를 배척하지 아니하고 병존하므로, 같은 동산 위에 동산담보권과 다른 기존의 담보가 함께 성립할 수 있고, 다만 그 우열이 문제된다. 하나의 동산에 관하여 담보등기부의 등기와 민법상의 인도(현실의 인도는 물론, 간이인도, 점유개정, 목적물반환청구권의 양도를 포함한다)가 행하여진 경우에 그에 따른 권리 사이의 순위는 법률에 다른 규정이 없으면 등기와 인도의 선후(先後)에 따른다(동산담보법 §7 III).

(3) 동산담보권의 효력

1) 동산담보권의 성질

동산담보권은 하나의 담보물권이다. 그러므로 동산담보권은 담보물권의 통유성에 해당하는 부종성(피담보채권이 성립하지 않으면 동산담보권도 성립하지 않고, 피담보채권이 소멸한 때에는 동산담보권도 소멸한다), 수반성(동산담보권은 피담보채권과 분리하여 타인에게 양도할 수 없다), 불가분성(담보권자는 채권 전부를 변제받을 때까지 담보목적물 전부에 대하여 그 권리를 행사할 수 있다), 물상대위성(동산담보권은 담보목적물의 매각, 임대, 멸실, 훼손 또는 공용징수 등으로 인하여 담보권설정자가 받을 금전이나 그 밖의 물건에 대하여도 행사할 수 있다)을 가진다.

2) 동산담보권자의 권리

(a) 담보목적물에 대한 현황조사 및 담보목적물의 보충에 대한 청구

동산담보권자가 담보목적물에 대한 현황조사를 요구하는 경우에 동산담보권설정자는 정당한 사유 없이 그 요구를 거부할 수 없고, 동산담보권설정자에게 책임이 있는 사유로 담보목적물의 가액(價額)이 현저히 감소된 경우에는 동산담보권자는 동산담보권설정자에게 그 원상회복 또는 적당한 담보의 제공을 청구할 수 있다(동산담보법 §17).

(b) 동산담보권에 기한 물권적 청구권

동산담보권에 기한 담보목적물반환청구권과 담보목적물의 방해제거청구권 및 방해예방청구권에 관하여 자세하게 규정하고 있다.

① 담보목적물반환청구권 동산담보권자는 담보목적물을 점유한 자에 대하여 담보권설정자에게 반환하기를 청구할 수 있고, 담보목적물을 점유할 권원(權原)이 있거나 동산담보권설정자가 담보목적물을 반환받을 수 없는 사정이 있는 경우에 동산담보권자는 담보목적물을 점유한 자에 대하여 자신에게 담보목적물을 반환하기를 청구할 수 있다(동산담보법 §19 I·II). 물론 점유자가 그 물건을 점유할 권리가 있는 경우에는 반환을 거부할 수 있다.

② 담보목적물의 방해제거청구권 및 방해예방청구권 동산담보권자는 동산담보권을 방해하는 자에게 방해의 제거를 청구할 수 있고, 동산담보권을 방해할 우려가 있는 행위를 하는 자에게 방해의 예방이나 손해배상의 담보를 청구할 수 있다(동산담보법 §20).

(c) 담보목적물의 점유 및 용익관계

누가 담보목적물을 점유 또는 용익하는가는 약정으로 정하나, 반대의 특약이 없는 한 동산담보의 특성상 동산담보권설정자가 점유하여 용익한다고 본다. 물론 당사자가 약정으로 동산담보권자로 하여금 점유하여 용익하게 할 수 있다. 다만 담보목적물을 점유한 동산담보권자는 선량한 관리자의 주의로 담보목적물을 관리하여야 하며, 피담보채권을 전부 변제받을 때까지 담보목적물을 유치할 수 있다(동산담보법 §25 I·III).

3) 동산담보권의 효력범위

(a) 피담보채권의 범위

동산담보권의 효력이 미치는 피담보채권의 범위는 당사자의 담보약정에 의하여 정하여진다. 통상 금전채권이 해당하나, 금전채권이 아니라도 무방하다. 또한 조건부 채권이나 장래의 채권도 피담보채권이 될 수 있다.

동산담보권은 피담보채권의 원본, 이자, 위약금, 담보권실행의 비용, 담보목적물의 보존비용 및 채무불이행 또는 담보목적물의 흠으로 인한 손해배상의 채권을 담보하지만, 당사자의 약정이 있으면 그에 따른다(동산담보법 제12조는 임의규정이다). 동산담보법 제12조는 질권에 관한 민법 제334조와 동일한 취지이다. 다만 민법의 저당권에서와 같은 지연배상을 1년분에 한하는 제한(§360 단서)을 두고 있지 않다.

동산담보권은 그 담보할 채무의 최고액만을 정하고 채무의 확정을 장래에 보류하여 설정할 수도 있고(동산근담보권), 그 채무가 확정될 때까지 채무의 소멸 또는 이전은 이미 설정된 동산담보권에 영향을 미치지 아니하며, 채무의 이자는 최고액 중에 포함된 경우로 본다(동산담보법 §5). 동산근담보권의 법률관계(피담보채권의 범위, 확정사유 등)는 대체로 근저당권의 법리를 적용하여 해결된다.

(b) 동산담보권의 물적 범위

(i) 물론 동산담보권의 효력이 그 목적물인 동산 자체에 미친다. 법률에 다른 규정이 있거나 설정행위에서 다른 약정이 있지 않는 한 동산담보권의 효력이 담보목적물에 부합된 물건과 종물에까지 미친다(동산담보법 §10). 또한 동산담보권의 효력은 담보권이 실행된 이후, 즉 담보목적물에 대한 압류 또는 동산담보법 제25조 제2항의 인도청구가 있은 후에 담보권설정자가 그 담보목적물로부터 수취한 과실 또는 수취할 수 있는 과실에 미친다(동산담보법 §11).

(ii) 동산담보권에도 물상대위가 인정된다. 동산담보권은 담보목적물의 매각, 임대, 멸실, 훼손 또는 공용징수 등으로 인하여 담보권설정자가 받을 금전이나 그 밖의 물건에 대하여도 행사할 수 있고, 다만 그 지급 또는 인도 전에 압류하여야 한다(동산담보법 §14).

동산담보권의 물상대위는 질권과 저당권의 물상대위와는 약간 다르다. 질권의 물상대위에 관한 민법 제342조는 "질권은 질물의 멸실, 훼손 또는 공용징수로 인하여 질권설정자가 받을 금전 기타 물건에 대하여도 이를 행사할 수 있다"고 규정하고, 저당권에 민법 제342조를 준용하고 있다(§370). 그러므로 질물이나 저당물의 매각, 임대에는 물상대위가 인정되지 아니하나, 동산담보권의 경우에는 동산담보권자의 지위를 강화하기 위하여 담보목적물의 매각, 임대에도 물상대위를 인정한다.

4) 우선변제적 효력

동산담보법 제8조는 "담보권자는 채무자 또는 제3자가 제공한 담보목적물에 대하여 다른 채권자보다 자기채권을 우선변제받을 권리가 있다"고 규정하여 분명히 동산담보권에 우선변제권을 인정하고 있다.

(4) 동산담보권의 실행

1) 서 언

동산담보권의 실행에 관하여는 비교적 상세한 규정을 두고 있다. 우선 동산담보권의 실행은 경매가 원칙이다(동산담보법 §21 I). 다만 정당한 이유가 있는 경우에는 사적 실행이 허용된다(동산담보법 §21 II). 사적 실행의 방법으로는 동산담보권자가 담보목적물을 직접 변제에 충당하는 귀속청산과 담보목적물을 매각하여 그 대금을 변제에 충당하는 처분청산을 모두 인정하고 있다. 다만 사적 실행을 하기 위해서는 정당한 이유가 있어야 한다. 예를 들어 목적물의 가치가 적어 많은 비용을 들여 경매하는 경우가 불합리한 경우, 경매를 하면 정당한 가격을 받기 어려운 사정이 있는 경우, 공정시세가 있어 경매에 의하지 않더라도 공정한 값을 산출할 수 있는 경우 등이 정당한 이유에 해당할 수 있다. 물론 선순위권리자(담보등기부에 등기되어 있거나 선순위질권자 등 담보권자가 알고 있는 경우에 한정된다)가 있는 경우에는 후순위담보권자가 사적 실행을 하면 선순위권리자의 이익이 침해될 수 있으므로, 그때에는 선순위권리자의 동의를 받은 때에 한하여 사적 실행을 할 수 있다(동산담보법 §21 II).

2) 유담보계약

동산담보권의 실행에 관하여는 유담보약정(流擔保契約)이 허용된다. 그러므로 동산담보권자와 동산담보권설정자는 법률이 정하는 실행절차와 다른 내용의 약정을 할 수 있다(동산담보법 §31 I 본문). 예를 들어 당사자는 사적 실행을 원칙적인 실행방법으로 약정할 수 있다. 다만 동산담보법 제23조 제1항에 따른 통지가 없거나 통지 후 1개월이 지나지 아니한 경우에도 통지 없이 동산담보권자가 담보목적물을 처분하거나 직접 변제에 충당하기로 하는 유담보계약은 효력이 없다(동산담보법 §31 I 단서). 그리고 유담보계약에 의하여 다른 이해관계인의 권리를 침해할 수 없다(동산담보법 §31 II).

3) 실행방법

(a) 경매에 의한 실행

경매는 동산담보권의 원칙적인 실행방법이다. 동산담보권자는 자기의 채권의 변제를 받기 위하여 담보목적물의 경매를 청구할 수 있다(동산담보법 §21 I). 경매절차에는 민사집행법 제264조, 제271조, 제272조가 준용된다(동산담보법 §22 I). 동산담보권설정자가 담보목적물을 점유하는 경우에는 경매절차는 압류에 의하여 개시한다(동산담보법 §22 II).

(b) 사적 실행

사적 실행을 하려면 정당한 이유가 있어야 하고, 선순위권리자가 있으면 그의 동의를 얻어야 한다. 그리고 사적 실행은 동산담보권자가 담보목적물을 직접 변제에 충당하는 「귀속청산」과 담보목적물을 매각하여 그 대금을 변제에 충당하는 「처분청산」으로 구분된다.

① 귀속청산의 경우 동산담보권자는 담보목적물의 평가액에서 그 채권액을 뺀 금액(청산금)을 채무자에게 지급할 의무가 있다(동산담보 §23 III). 동산담보권자는 청산금을 채무자 등에게 지급한 때에 담보목적물의 소유권을 취득하므로(§23 IV), 담보권설정자가 목적물을 점유하는 때에는 동산담보권자가 청산금을 지급하지 아니하고 목적물의 인도를 청구하는 경우에 담보권설정자는 여전히 소유자로서 담보약정에 따라 목적물을 점유할 수 있고 청산금을 지급받을 때까지 인도를 거절할 수 있다(청산금지급의무와 목적물인도의무는 동시이행관계에 있다). 반면에 동산담보권자가 목적물을 점유하고 있더라도 청산금을 지급하지 않는 한 소유권은 여전히 담보권설정자에게 있으므로, 채무자 등은 피담보채무액을 동산담보권자에게 지급하고 담보등기의 말소를 청구할 수 있다(동산담보법 §28 I).

② 처분청산의 경우 처분청산의 경우에 동산담보권자는 담보목적물을 매각하여야 한다. 동산담보권자가 스스로 목적물을 점유하고 있는 때에는 문제가 없으나, 담보권설정자가 목적물을 점유하고 있는 경우에는 동산담보권자는 채무자 등에게 담보목적물의 인도를 청구할 수 있다(동산담보법 §25 II). 그리고 동산담보권자는 선량한 관리자의 주의의무로 목적물을 매각하여야 하고, 매각대금에서 피담보채권액을 뺀 금액(청산금)을 채무자 등에게 지급하여야 한다(동산담보법 §23 III).

4) 이의신청

이해관계인은 담보권자의 위법한 동산담보권의 실행에 대하여 이의를 신청할 수 있다. 이해관계인은 경매에 의한 실행의 경우에는 민사집행법이 정하는 절차에 따라서 이의를 신청하고(동산담보법 §30 III), 사적 실행의 경우에는 법원에 가처분을 신청하는 방법으로 이의를 신청할 수 있다(동산담보법 §30 I·II).

5) 공동담보

동산담보권에서도 공동담보가 가능하다. 공동의 동산담보권은 동일한 피담보채권을 담보하기 위하여 여러 개의 담보목적물에 동산담보권이 설정되면 성립한다. 공동저당과 마찬가지로 동산담보권이 동시에 설정될 필요는 없고, 여러 동산담보권이 동일한 피담보채권을 위하여 순차적으로 설정되어도 상관없고, 각 동산담보권의 순위가 같을 필요도 없다.

집합동산에 담보권을 설정하는 경우에는 공동담보가 되는가, 집합동산 전체를 하나의 동산담보권으로 이해하는가 하는 문제가 있다. 집합동산에 대하여도 공동담보에 관한 규정이 적용되어야 한다고 보는 견해도 있으나, 집합동산이 하나의 독립된 물건으로 다루어질 수 있는 경우에는 굳이 공동담보의 규정을 적용할 필요가 없다고 보는 견해가 타당하다.

(5) 동산담보권의 소멸

(i) 동산담보권은 담보물권 일반의 소멸사유로 인하여 소멸한다.

(ii) 동산담보권의 존속기간은 5년을 초과할 수 없으므로(동산담보법 §49 I 본문), 설정된 이후 5년이 경과한 동산담보권은 소멸한다(피담보채권이 통상 상사채권으로 5년의 소멸시효에 걸리는 사정을 규정한 규정이다). 다만 5년을 초과하지 않는 기간으로 동산담보권의 존속기간을 갱신할 수 있고(갱신의 횟수에는 제한이 없다), 존속기간을 갱신하려면 그 만료 전에 연장등기를 신청하여야 한다(동산담보법 §49 II·III).

(iii) 동산담보권이 설정된 담보목적물에 대하여 제3자가 소유권·질권을 취득하는 경우에는 민법의 규정(§§249 내지 251)에 따라서 소유권·질권을 선의취득할 수 있다(동산담보법 §32). 선의취득은 양수인이나 질권자가 동산담보권의 부담에 대하여 선의·무과실이라면 그 동산담보권의 부담이 없는 소유권이나 선순위담보권 없는 질권을 취득한다는 의미이므로, 선의취득에 의하여 동산담보권은 소멸할 수 있다.

3. 채권담보권

(1) 채권담보권의 의의

채권담보권은 금전의 지급을 목적으로 하는 지명채권(채무자가 특정되어 있는지 여부를 묻지 아니하고 장래에 발생할 여러 개의 채권을 포함한다)을 담보로 제공하기로 하는 담보약정

(양도담보 등 명목을 묻지 아니한다)에 따라 담보등기한 담보권을 가리킨다.

(2) 채권담보권의 목적

1) 금전채권

채권담보권은 금전의 지급을 목적으로 하는 지명채권에 설정될 수 있다(동산담보법 §§2 iii, 34). 금전채권에 대하여야만 채권담보권이 성립한다(예를 들어 동산인도채권에 대하여는 채권담보권은 설정할 수 없고, 민법상의 질권을 설정하여야 한다). 물론 금전채권이면 충분하므로 외화채권도 목적이 될 수 있다.

2) 장래의 채권

현존하는 채권뿐만 아니라 장래에 발생할 채권에 대하여도 채권담보권을 설정할 수 있다(동산담보법 §34 II 참조). 종래 판례는 장래채권은 양도 당시 기본적 채권관계가 어느 정도 확정되어 있어 그 권리의 특정이 가능하고 가까운 장래에 그 발생이 상당 정도 기대되는 경우에는 양도가 가능하다고 보고 있으나,[823] 채권담보권의 설정에 관하여는 그 제한 없이 가능하다.

3) 여러 개의 채권

여러 개의 채권이 채권담보권의 대상이 될 수 있다. 여러 개의 채권은 채무자가 특정되어 있는지를 묻지 아니하고, 또한 장래에 발생할 채권이더라도 채권의 종류, 발생원인, 발생연월일을 정하거나 그 밖에 그와 유사한 방법으로 특정할 수 있는 경우에는 채권담보권을 설정할 수 있다(동산담보법 §34 II).

4) 양도할 수 없는 채권

양도할 수 없는 채권에는 채권담보권을 설정할 수 없다. 다만 금전채권은 법률이 정하는 경우를 제외하고는 그 성질상 양도가 제한되는 경우를 상정하기 어려우므로, 양도할 수 없는 채권은 채권양도금지특약이 있는 경우에 한정된다(§449 II). 그러므로 양도금지특약이 있는 채권에 대하여는 채권담보권을 설정할 수 없으나, 채권담보권자가 선의인 경우에는 그러하지 아니하다(양도금지특약을 들어 담보권자에게 대항하려는 사람이 채권담보권자의 악의를 입증할 책임이 있다).

(3) 채권담보권의 효력

채권담보권의 등기는 성립요건이 아닌 대항요건일 뿐이다. 채권담보권자는 담보권설정의 물권적 합의만으로 채권담보권을 취득하며, 담보등기를 요하지 아니한다. 등기가 없는 상태에서도 채권담보권자는 담보권설정자에 대하여 채권담보권자로서 모든 권한을 행사할 수 있다.

① 제3자에 대한 대항요건 약정에 따른 채권담보권의 득실변경은 담보등기부에

---

823) 대법원 2010.4.8. 선고 2009다96069 판결.

등기한 때에 지명채권의 채무자(제3채무자) 외의 제3자에게 대항할 수 있다(동산담보법 §35 I). 「제3자」는 채권양도에서와 마찬가지로(§450 II) 담보권의 목적인 채권에 대하여 채권담보권자와 서로 양립할 수 없는 이해관계를 취득한 사람을 말한다. 대표적으로 담보권설정자로부터 동일한 채권을 양수한 사람, 담보권설정자로부터 동일한 채권에 담보권을 설정받은 사람, 동일한 채권을 압류하여 전부받은 담보권설정자의 채권자 등이 제3자에 해당한다.

② 제3채무자에 대한 대항요건 채권담보권자 또는 담보권설정자(채권담보권 양도의 경우에는 그 양도인 또는 양수인)는 제3채무자에게 담보등기사항증명서를 건네주는 방법으로 그 사실을 통지하거나 제3채무자가 승낙하지 아니하면 제3채무자에게 대항하지 못한다(동산담보법 §35 II). 그러므로 채권담보권의 존재를 제3채무자에게 주장하기 위해서는 담보등기를 하여야 할 뿐만 아니라, 그 내용을 증명하는 담보등기사항증명서를 채무자에게 교부하는 방식으로 통지하거나 채무자가 승낙하여야 한다. 채권담보권의 등기가 되어도 제3채무자로서는 통상 그 사실을 알 수 없으므로, 담보권설정자에게 변제를 한 다음 채권담보권자에게 청구를 당하는 이중변제의 위험이 발생할 수 있으므로, 제3채무자의 이중변제위험을 방지하기 위해서 제3채무자에 대해 담보권을 주장하기 위해서는 그에게 담보등기의 내용을 통지하거나 제3채무자로부터의 승낙을 요구한다. 기본적으로 민법 제450조 제1항에 의한 지명채권양도의 통지·승낙과 같은 취지이나, 통지권자에 담보권설정자뿐만 아니라 채권담보권자도 포함되는 차이가 있다

③ 담보등기와 민법상 통지 등의 순위 동일한 채권에 관하여 담보등기부의 등기와 민법상의 확정일자 있는 통지 또는 승낙이 있는 경우에 그 사이의 우열은 어떤가? 동일한 채권에 관하여 담보등기부의 등기와 민법 제349조 또는 제450조 제2항에 따른 통지 또는 승낙이 있는 경우에 채권담보권자 또는 담보의 목적인 채권의 양수인은 법률에 다른 규정이 없으면 제3채무자 외의 제3자에게 등기와 그 통지의 도달 또는 승낙의 선후에 따라 그 권리를 주장할 수 있다(동산담보법 §35 III). 예컨대 등기된 채권담보권자 사이에서는 (i) 등기의 선후, (ii) 등기된 채권담보권자와 채권양수인 사이에서는 등기일자와 확정일자 있는 통지가 제3채무자에게 도달한 일자의 선후, (iii) 등기된 채권담보권자와 전부채권자 사이에서는 등기일자와 전부명령이 제3채무자에게 도달된 일자의 선후에 따라서 각 우열이 결정된다. 만일 등기일자와 도달일자가 같아 선후를 판단할 수 없는 때에는 순위가 동등하게 되고, 원칙적으로 안분비례로 배당하여야 한다.

(4) 채권담보권의 실행

채권담보권의 실행방법으로는 직접청구에 의한 실행과 민사집행법에 따른 실행이 있다.

① 직접청구에 의한 실행 채권담보권자는 피담보채권의 한도에서 채권담보권의 목적이 된 채권을 직접 청구할 수 있다(동산담보법 §36 I).

② 민사집행법에 따른 실행 채권담보권자는 민사집행법이 정하는 집행방법으로

채권담보권을 실행할 수 있다(동산담보법 §36 II). 채권담보권의 실행은 채권담보권의 존재를 증명하는 서류가 제출되는 때에 개시하며(민사집행법 §273 I), 집행권원은 요구되지 않는다. 구체적인 실행절차는 민사집행법의 채권집행절차에 따른다(민사집행법 §273 III).

V. 매도담보

1. 서 설

(1) 매도담보의 의의

채권담보의 목적으로 소유권 기타 재산권을 채권자에게 이전하는 형식에 의하여 채무자가 이행하지 않으면 채권자가 그 목적물로부터 우선변제를 받게 되지만 채무자가 이행하면 목적물을 그 소유자 기타 권리자에게 반환하는 방법에 의한 비전형담보인 넓은 의미의 양도담보 중에서 그 신용수수를 매매의 형식으로 하는 담보방법을 매도담보라고 한다. 예컨대 금전대차관계에서 채무자가 그 소유의 부동산에 대한 소유권이전등기에 소요되는 서류를 구비하여 그 서류를 채권자에게 교부한 경우에 당사자의 의사는 그 부동산을 매도담보로 제공한다는 뜻이라고 해석할 수 있다.[824] 매도담보에서는 환매와 재매매의 예약이 담보기능을 한다.

(2) 매도담보의 작용

매도담보에서 매도인은 목적물을 매각하여 매매대금으로 융자를 받고, 후에 환매·재매매의 예약을 통하여 다시 매매대금을 반환하고 목적물을 반환받을 수 있으므로 매도담보는 그 형식은 매매이지만 실질은 채권담보의 작용을 한다. 다만 환매·재매매의 예약에서는 환매대금·재매매의 대금을 처음의 매매대금보다 고액으로 약정하여 매수인이 폭리를 취할 목적으로 이용할 가능성이 크다는 문제점이 있다.

2. 매도담보의 법률적 구성

매도담보에도 가등기담보법이 적용된다(가등기담보법 §2 I). 매도담보로 소유권이전등기를 하여도 소유권이 매수인(채권자)에게 이전하지 않고, 청산기간의 경과 후 청산금을 매도인(채무자)에게 지급하는 때에 비로소 채무자로부터 채권자에게로 소유권이 이전한다(가등기담보법 §4 II).

채권담보의 목적으로 환매·재매매의 예약을 하여 채권자 명의의 소유권이전등기가 된 경우에도 채권자는 소유권이 아니라 제한물권인 매도담보권이라는 일종의 담보물권을 취득할 뿐이고, 소유권에서 매도담보권을 뺀 잔존의 권리는 여전히 채무자에게 귀속한다.

---

824) 대법원 1970.7.21. 선고 70다964 판결.

3. 매도담보의 효력

매도담보권은 실질은 채권담보를 목적으로 하고, 형식은 매매에 의한 소유권이전방식을 취하는 담보물권으로(양도담보권과 동일한 효력이 있다), 채권자와 채무자 사이의 대내적 관계에서 채무자는 의연히 소유권을 보유하나 대외적인 관계에서 채무자는 목적물의 소유권을 이미 채권자에게 양도하여 채권자가 소유자로 된다. 예컨대 농지를 매도담보의 뜻에서 채권자 명의로 소유권이전등기를 하는 경우에도 그 채권자는 대외적인 관계에서는 완전한 소유자로서의 권리를 행사할 수 있으므로, 그 채권자에게 농지법상 농지를 취득할 수 있는 요건이 구비되어 있어야 한다.[825)]

Ⅵ. 소유권유보부 매매

1. 서 설

(1) 소유권유보부 매매의 의의

매매계약을 체결하면서 매매대금의 완제 전에 목적물의 점유를 매도인으로부터 매수인에게 이전하고, 매매대금채권의 담보를 위하여 그 소유권을 매도인에게 유보하는 경우를 소유권유보부 매매라고 한다. 소유권유보부 매매를 하면 매도인이 대금을 모두 지급받기 전에 목적물을 매수인에게 인도하지만, 대금이 모두 지급될 때까지는 목적물의 소유권은 매도인에게 유보되며 대금이 모두 지급된 때에 비로소 그 소유권이 매수인에게 이전된다. 매매에서 소유권유보의 특약을 한 경우에 목적물의 소유권을 이전한다는 당사자 사이의 물권적 합의는 매매계약을 체결하고 목적물을 인도한 때에 이미 성립하지만 대금이 모두 지급되는 사실을 정지조건으로 하므로, 목적물이 매수인에게 인도되더라도 특별한 사정이 없는 한 매도인은 대금이 모두 지급될 때까지 매수인뿐만 아니라 제3자에 대하여도 유보된 목적물의 소유권을 주장할 수 있고, 다만 대금이 모두 지급된 때에는 그 정지조건이 완성되어 별도의 의사표시 없이 목적물의 소유권이 매수인에게 이전된다.

(2) 소유권유보부 매매의 작용

자동차, TV, 전기제품 등과 같은 고가인 동산의 할부매매에서 대금채권의 담보방법으로 흔히 소유권유보부 매매가 이용된다. 그리고 부동산의 경우에도 할부매매에 의한 소유권유보가 가능하다. 할부매매에 의한 소유권유보는 매수인에 대하여는 상품의 수요를 자극하여 대량판매를 촉진하고, 매도인에 대하여는 대금채권의 회수불능의 위험을 담보하는 중요한 수단으로 작용을 한다.

---

825) 대법원 1971.12.28. 선고 71다1897, 1898 판결.

(3) 소유권유보부 매매의 법률적 구성

소유권유보부 매매의 법률적 이론구성에 대하여는 (i) 매매목적물의 소유권은 매도인에게 유보되고 매수인은 목적물의 이용권과 매매대금의 완제라고 하는 정지조건의 성취에 의하여 목적물의 소유권을 취득하는 기대권을 갖는다고 하는 견해, (ii) 매도인의 권리는 대금채권의 담보를 위하여 존재하여 소유권일 필요는 없고 유보소유권이라고 하는 일종의 담보물권으로 소유자는 실질적으로 매수인이고, 일단 매수인에게 이전한 목적물의 소유권이 담보목적으로 다시 매도인에게 형식상 이전된다고 하는 견해가 있다.

2. 소유권유보부 매매의 효력

(1) 대내적 효력

소유권유보부 매매의 대내관계는 1차적으로 계약에 의하여 결정된다. 계약에서 정하지 않은 경우에는 매수인이 목적물을 점유하여 이용하고 그 과실을 수취한다.

(2) 대외적 효력

1) 매도인과 매수인의 제3자

매수인이 목적물을 처분하면 제3자는 선의취득의 요건을 충족하지 아니하는 한 담보물권의 부담이 있는 소유권을 취득한다. 매수인의 일반채권자가 목적물을 압류하면 매도인은 우선변제청구의 소를 제기할 수 있다.

2) 매수인과 매도인의 제3자

매도인은 피담보채권과 함께 담보물권인 유보소유권을 제3자에게 처분할 수 있고, 매수인은 잔대금을 양수인에게 지급하여 목적물을 환취할 수 있다. 매도인의 일반채권자가 목적물을 압류하면 피담보채권과 함께 담보물권의 압류로 이해된다.

3) 파 산

매수인이 파산선고를 받으면 매도인에게 별제권이 인정된다(채무자 회생 및 파산에 관한 법률 §144). 매도인이 파산선고를 받으면 매수인은 할부대금의 지체가 없는 한 법적 지위에 변화가 생기지 아니한다.

3. 소유권유보부 매매의 실행

소유권유보부 매매의 실행은 매매계약의 해제의 형식으로 행하지만 그 실질은 담보물권의 실행이다. 매도인은 매수인에게 목적물의 반환을 청구할 수 있고, 이미 지급한 대금액으로부터 위약손해금을 공제한 잔액을 청산금으로 매수인에게 반환하여야 한다. 매도인이 청산금을 제공하지 않는 동안은 매수인은 잔대금을 지급하고 목적물의 완전한 소유권을 취득할 수 있다.

사항색인

【ㅂ】

【ㅅ】

【ㅇ】

【ㅈ】

【ㅊ】

[저자 약력]

전북대학교 법과대학 졸업
독일 괴팅겐대학 법학박사
독일 프라이부르그대학 교환교수
사법시험, 행정고시, 외무고시, 입법고시, 변리사시험 시험위원
현재 전북대학교 법학전문대학원 교수

[주요 저서]

민법총칙, 법영사 2014
민법강의(제2판), 두성사 1999
민법판례연구(제2증보판), 한국고시신문사 2009
의료의 법률학, 신론사 2011 (문화체육관광부 우수학술도서 선정)
법학개론, 신론사 2012
에이즈의 법률학, 신론사 2013 (한국출판문화산업진흥원 세종도서 선정)
유엔통일매매법(역서), 두성사 1995 외 다수

물권법

2014년 8월 25일 초판인쇄
2014년 8월 31일 초판발행

저 자 김 민 중
발 행 인 고 호 균
발 행 처 **법 영 사**

135-835 서울시 강남구 대치동 611
전화 (501)8898(대) Fax (501)8895
등록 1987. 5. 11. 제3-125호(윤)
Homepage : www.bubyoungsa.co.kr
E-mail : bypuco@chol.com

※ 파본은 교환해 드립니다. 정가 **35,000 원**

불법복사는 지식재산을 훔치는 범죄행위입니다.
저작권법 제136조의 ①(권리의 침해죄)에 따라 위반자는 5년 이하의 징역 또는 5천만원 이하의 벌금에 처하거나 이를 병과할 수 있습니다.

ISBN 978-89-7032-296-4